肥

科学发展当先锋

1

2

3

肥西县地处安徽中部、合肥西南、巢湖之滨，现辖4乡10镇5园区，总面积1970平方公里，人口90.1万人，素有“淮军故里、改革首县、巢湖明珠、花木之乡”美誉。近年来，全县上下紧紧围绕“科学发展当先锋、全国百强争先进、率先建成全省城乡一体化小康模范县”的奋斗目标，大力弘扬“朴厚、超新、开放、包容”的肥西精神，解放思想，真抓实干，闯出了一条科学发展的崛起新路，成为全省唯一、连续3年位居全省科学发展先进县一类县前二名、连续2年跻身全国百强的县，2010年名列全国百强第90位、中部百强第7位。

西

全国百强争先进

4

5

1、肥西县委、县政府办公大楼
2、派河岸畔
3、丽景湖风光
4、紫蓬山湿地公园
5、新桥机场 一角

宁国

东方卢森堡

1

2

3

宁国位于安徽省东南部，天目山北麓，东临苏杭，西靠黄山，是皖南山区之咽喉，南北商旅通衢之要冲。土地面积2487平方公里，辖13个乡镇、6个街道办事处，总人口38.8万人。全市森林覆盖率75%，是“中国山核桃之乡”、“中国元竹之乡”，素有“长三角绿色氧吧”之称。宁宣杭、扬绩高速公路、皖赣铁路、省道215和104线纵贯全市。宁宣杭高速与申嘉湖高速对接后，宁国将距上海浦东、南京禄口、杭州萧山三大机场仅1.5至2小时车程，构筑起连接苏浙沪发达地区的快速通道。

国

梦 中 桃 花 源

1、河沥湖南村农民公园
2、奥林匹克运动场
3、风景这边独好
4、污水处理
5、丰收的喜悦

巢

现代产业发展高地　旅游休闲

巢湖市居皖之中，是全国唯一以湖命名的城市。巢湖市位于安徽省中部、江淮丘陵南部。南滨长江，怀抱巢湖。居巢之称始于秦朝，唐朝设立巢县，1984年设立县级巢湖市，1999年底撤市改称居巢区，2011年8月行政区划调整后又改为县级巢湖市。全市总面积2031平方公里，总人口89.6万，下辖12个乡镇、6个街道。

巢湖市是全国最大的水泥生产基地，全国最大的渔网生产基地，全国十大钢构生产基地之一，全国科技工作先进县市，中国民间文化艺术之乡，安徽省优秀旅游市。

湖

度假胜地　山川秀美生态之城

1、巢湖湿地风光
2、巢湖市区一角
3、半汤温泉
4、城区洗耳池公园
5、中粮粮油工业(巢湖)有限公司

安 徽 省 统 计 局
ANHUI STATISTICAL BUREAU
国家统计局安徽调查总队
NBS SURVEY OFFICE IN ANHUI
编
COMPILED

2012
安徽统计年鉴
ANHUI STATISTICAL YEARBOOK

(总第24期 NO.24)

中国统计出版社
China Statistics Press

编辑说明

一、《安徽统计年鉴—2012》是一部全面反映安徽省国民经济和社会发展情况的资料性年刊。全面、系统地收录了全省及各市、县经济和社会各方面的2011年统计数据，反映了“十一五”时期全省主要统计数据，重点展现了“十二五”以来安徽人民在经济建设及社会发展方面取得的新成就。

二、为了服务于省“十二五”规划的建设发展要求，《安徽统计年鉴—2012》重点完善了能源、农业、文化和体育篇的内容，新增了城镇非私营单位分行业在岗职工平均工资、保障性安居工程建设情况、能源加工转换效率、主要年份少年儿童读物和课本出版情况等内容。特设“展示‘十二五’良好开局　庆祝党的十八大胜利召开”的图片专栏，充分展示安徽新形象，大力弘扬省辖市、县区、开发区的经济建设发展新面貌，以及省直各部门、各单位取得的新成绩。

三、全书内容共分24个篇章和附录，即：综合；国民经济核算；人口；就业人员和职工工资；固定资产投资；能源生产和消费；财政、金融、保险；物价指数；城乡人民生活；城市概况；自然资源和环境保护；农业；工业；建筑业；运输和邮电；国内贸易；对外经济贸易；旅游；教育、科技；卫生和社会服务；文化和体育；公共管理及其他；企业景气调查；省级和县级主要经济指标及位次。附录部分有：贫困县监测和全省建制镇基本情况。为了进一步帮助读者理解和使用有关数据，各篇章附有简要说明和主要指标解释，介绍了统计范围和统计方法。

四、2011年部分专业年报的统计口径发生新的变化，相关篇章的简要说明作了较大修订。

五、本年鉴中使用的度量衡单位均采用国际统一标准计量单位。

六、本年鉴符号使用说明：“…”表示该数据不足本表最小计量单位数；“空格”表示该项无统计数据；“#”表示其中的主要项。

七、本年鉴中部分合计数或相对数由于单位取舍不同产生的计算误差，均未作机械调整。全书中英文对照，配套出版磁质光盘。

Preface

Ⅰ. 〈Anhui Statistical Yearbook 2012〉 is an annual statistics publication, which overall and systematic covers statistics in 2011 at provincial level and local levels of city and county, reflectes statistics during the period of "eleventh five-year plan" at provincial level, mainly shows various aspects of the new achievements that the people in Anhui made in economic construction and social development since the period of "twelfth five-year plan".

Ⅱ. In coordination with the strategic demands of the construction and development of the "twelfth five-year plan" in Anhui Province, we focus on improving the content of energy, agriculture, culture and sport, newly added the contents of the town of non-private industry average wage of staff and workers, the protection of housing construction, efficiency of energy conversion, and children's books and publication of textbooks and other content in main years. We design picture column of showing good start of the period of "twelfth five-year plan" and celebrating the party's eighteenth Congress. we demonstrate and highlighted economic development new view of the municipality, the county area, the development zone, as well as obtain new result by the various departments, various units, under directly the entire provincial administration.

Ⅲ. The book contains the following 24 parts and appendix. Division of Administrative Areas and Natural Resources; General Survey; National Accounts; Population; Employment and Wages; Investment in Fixed Assets; Production and Consumption of Energy; Finance, Banking and Insurance; Price Indices; People's Livelihood; General Survey of Cities, Environment Protection; Agriculture; Industry; Construction; Transportation, Postal and Telecommunication Services; Wholesale, Retail Sale and Catering Trade; Foreign Trade and Tourism; Education, Science and Culture; Sports, Public Health, Social Welfare and Others; Key Enterprise, Group and Business Survey; Main Economic Indicators and Their Orders of Precedence of Provinces and Counties. The appendix includes: observation and survey of poor counties and basic situation of the whole province organizational towns basic situation and so on. To help readers further understand and make use of the data, each part is supplemented by brief introduction and explanatory note on main statistical indicators, introducing statistical coverage and statistical methods.

Ⅳ In 2011, statistical range of annual tables of part profession were changed. Brief descriptions of related passages are revised largely.

Ⅴ. The units of measurement used in this book are internationally standard measurement units.

Ⅵ. Notations used in this book: "…" indicates that figure is not large enough to be measured with the smallest unit in the table; "(blank)" indicates that data not available; "#" indicates the major items of the total.

Ⅶ. Statistical discrepancies due to rounding are not adjusted in this book. Anhui Statistical Yearbook is compiled in Chinese-English bilingual way and magnetic CD-ROM is published to form a complete set.

迎接党的
安徽形象

十八大召开
风采展示

芜湖市　创新

芜湖市位于安徽省东南部，地处长江下游，临江达海，是华东地区重要的综合交通枢纽城市，素有“长江巨埠、皖之中坚”的美誉。2011年区划调整，无为县、沈巷镇划入芜湖，市域面积达5988平方公里，人口385万，其中市区面积1065平方公里、常住人口145万，下辖无为、芜湖、繁昌、南陵4县和镜湖、弋江、鸠江、三山4区，拥有经济技术开发区、高新技术产业开发区2个国家级开发区和江北产业集中区。

综合实力跃上新台阶　2011年，全市实现地区生产总值1658亿元，比上年增长16%，增幅连续两年居全省第一位；财政收入286.8亿元，其中地方财政收入140亿元，分别增长31.3%和33.4%；全社会固定资产投资1354亿元，增长29.3%；

产业结构调整取得明显进展　全市积极加快产业结构调整的步伐，大力发展汽车及零部件产业为代表的四大支柱产业和高端装备制造为代表的七大战略性新兴产业，以工业化、城镇化为拉动经济增长的引擎，积极推动产业高端化、现代化。2011年，全市四大支柱产业实现增加值和完成投资分别为677.73亿元、316.46亿元，七大战略性新兴产业实现增加值和完成投资分别为191.41亿元、267.93亿元；高新技术产业实现总产值达到1803.85亿元，比上年增长34.4%，占规模工业的比重为49.5%，较上年提高2.0个百分点。全市三次产业结构调整为6.4：65.9：27.7，工业化率达59.4%。

城乡建设发展水平不断提高　2011年，全市启动了新一轮城市总体规划、全市空间发展战略规划、土地利用总体规划、产业发展与布局规划得到修编完善，城镇基础设施投资达136.45亿元，比上年增长28.5%，城镇化率达56.3%，市区建成区面积增加到145.5平方公里；开工新建10个城市公园，新增绿地面积450万平方米；完成了68个老旧住宅小区整治、改造节能路灯1.3万盏，实施亮化项目24个，新增公交车378台。着力保护生态环境，完成19个住宅小区雨污分流改造、11项农村清洁工程。实施69个减排重点项目，完成植树造林2.1万亩。南陵县成为国家级生态示范区，5个镇成为“全国环境优美乡镇”。

加速积极拓展对外开放的空间　芜湖市作为皖江城市带承接产业转移示范区核心城市之一，积极推进示范区建设，扩大对外开放。坚持挑商选资，实施精准招商，2011年，全市实际利用内资1420亿元，实际利用外资10.4亿美元，分别增长28.9%和26%；全年完成进出口总额39.65亿美元，比上年增长46.1%，其中出口27.04亿美元，增长58.3%。新增7家境外世界500强企业来芜投资，进出口备案登记企业增加235家。完成港口吞吐量7300万吨、集装箱21万标箱，均创历史新高。

社会事业快速发展　2011年，全市投入47亿元，实施了39项民生工程。出台了关于实施富民行动的意见，努力促进城乡居民收入持续提高。落实各项就业政策，完成农民工技能培训1.3万人、新型农民培训2万人；新增发放就业再就业小额担保贷款3.5亿元，累计8.5亿元，居全省第一位。完善社会保障体系，城镇职工养老、失业、医疗、工伤、生育保险参保总数196万人次，增长17.5%；四县全部纳入国家新型农村养老保险和城镇居民养老保险试点，39.9万人享受养老保障。城乡居民医疗保险基本实现全覆盖，新型农村合作医疗参保219万人、参合率98%以上；建立了新型农村合作医疗、城镇居民医疗保险与城镇职工医疗保障转接机制，工伤保险实现市级统筹。

全景芜湖

优美 和谐 幸福

弋江区服务外包园

奥林匹克公园

滨江公园

中国农业自然灾害教育体验主题公园

丰富的群众文化生活

临江桥

创新驱动　产业强市　统筹

方特梦幻王国

无为米公祠

繁昌马仁奇峰雪景

华东光电园区

新芜经济开发区

中国特种电缆之乡

WanJiangMingZhu　ChuangXinZhiCheng　WuHuShi

成乡　开放合作　和谐发展

安徽三安光电LED外延车间

海螺川崎节能厂区

美的厨卫电器生产车间

德豪润达生产车间

奇瑞重型机械

8.2万吨海轮下水

皖江明珠　创新之城　芜湖市

宣城市

稳中求进　进中求快　快中求好

市委书记童怀伟、常务副市长韩永生陪同省长李斌到企业调研

市委书记童怀伟、市长虞爱华在企业调研

市长虞爱华调研合工大宣城校区建设情况

宣城市位于皖南山区与沿江平原结合地带，是安徽的东南门户，也是东南沿海连接内陆腹地的重要通道，是皖江城市带承接产业转移示范区的重要组成部分。境内交通便捷，青弋江、水阳江与长江相接，皖赣铁路复线和宣杭铁路、318国道、205国道贯穿全境。辖郎溪、广德、泾县、绩溪、旌德、宁国5县1市和宣州区，其中广德县于2012年正式被列为省直管县体制试点县，土地面积12313平方公里，2011年末户籍人口279.4万人。

2011年，“十二五”的开局之年，面对复杂的国际国内环境，宣城人民在市委、市政府的坚强领导下，深入贯彻落实科学发展观，坚定信心，抢抓机遇，锐意进取，以昂扬的姿态迈进了新世纪第三个五年的门槛，全市经济保持了快速健康发展，开启了宣城发展的全新历程，开创了宣城经济社会发展的新局面，实现了“十二五”的精彩开局。

综合实力显著增强，发展步伐明显加快　2011年，全市完成生产总值671.4亿元，增长14.1%，增幅居全省第三位，创历年最好位次。规模工业增加值346.1亿元，增长24%，财政收入118.6亿元，增长40%；固定资产投资635.6亿元，增长30.5%，。社会消费品零售总额228.9亿元，增长17.7%。进出口总额9.95亿美元，增长43.9 %，实际到位省外资金1272亿元，增长63%，实际利用外资3.1亿美元，增长48.6%，城市居民人均可支配收入17995元，增长18.8%，农民人均纯收入7844元，增长17.9%。

产业调整持续推进，经济结构不断优化　工业经济快速扩张。2011年，新增规模以上工业企业109家，总数达到689家，居全省第六位。工业化率达到43.9%。工业经济效益综合指数达到334.7，创历史新高。产业转型升级步伐加快。2011年战略性新兴产业实现产值122.6亿元，增长70.2%。高新技术产业实现产值280亿元，增长66%。现代农业不断升级。2011年，新增2户国家级农业产业化龙头企业，总量达到6户，新增省级农民专业合作示范社10个，位居全省首位。建立水稻核心示范区75万亩、创建高产示范区20万亩。全年粮食总产137.8万吨，增长2.5%。服务业发展势头强劲。实现服务业增加值219.4亿元，增长10.7%。全市亿元以上服业项目42个，总投资额308亿元，双桥物流园区开工建设，百汇物流和中国茶府项目加快建设，农副和农资产品2个批发市场项目已经开工。宣城世纪联华建成运营，亚夏汽车城、麦莎广场已经竣工。

深化旅游资源开发，打造宣城名片　2011年，全市新建、在建旅游项目128个，总投资额412亿元，其中，5亿元以上项目23个。全年国内外游客接待量达到870万人次，增长35.5%；实现旅游总收入61.3亿元，增长39%。2011年，敬亭山、金梅岭、徽杭古道通过4A景区验收。绩溪国际、郎溪瀚海、泾县皖南国际、宁国金色王朝等高星级酒店投入使用，成功举办第五届中国文房四宝文化旅游节、第四届中国徽菜之乡美食文化节、中国（宁国）休闲农业与魅力乡村发展论坛暨农业休闲与乡村旅游系列活动。

基础设施建设加快，城市建设再添亮点　《宣城市城市近期建设规划》、《城市南部片区概念性总体规划》等编制工作完成。交通建设重点工程，绩黄高速建成通车，宣宁、芜雁高速路基工程基本完工，合福高铁宣城段、宁绩高速和宣广高速宣城东、西出入口改扩建工程进展加快，宁千高速动工建设。 城市建设“二环八射”工程取得新进展。梅溪公园、响山公园和宛溪河整治一期工程对外开放。市图书馆、体育中心、规划馆、高速公路东西出入口公园等开工建设。

加大公共投入，社会事业协调发展　2011年，全市开工保障性住房10004套，廉租住房实现保障12339户，保障性住房建设工作位居全省前列。多渠道开发就业岗位，新增城镇就业近8万人，下岗失业人员再就业2万余人，在全省率先实现城乡居民养老保险制度全覆盖。荣获“全国文化体制改革先进地区”称号。公共图书馆、博物馆和文化馆（站）全部免费开放。建成39个乡镇综合文化站和67个广播电视“村村通”工程。不断提高医药卫生服务和人口计生工作水平。基层基本药物制度实现全覆盖。新农合门诊统筹总额预算管理全面启动。卫生应急网络化组织和管理体系基本形成，医疗质量监管网络已经建立。

城市新貌

中国优秀旅游城市

合工大宣城校区开工典礼

宣城市百汇商贸物流园奠基典礼

宣城麦莎广场开业

双津集团多层共挤输液用膜生产线

山核桃加工

中国最大的扬子鳄栖息繁衍和保护基地--中国鳄鱼湖

文房四宝之乡宣城

江南最大的白酒专业生产企业——安徽宣酒集团

国家级农业产业化龙头企业——华卫集团

亿通纺织公司生产车间一角

全国最大的汽车橡胶零部件生产出口基地——中鼎集团

安徽新天丝纺织有限公司

安徽动力源生产车间

中华药都 养生亳州

亳州位于安徽省西北部，是2000年5月经国务院批准新设立的地级市，全市辖涡阳县、蒙城县、利辛县、谯城区，国土面积8374平方公里，户籍人口610万，常住人口485万。

2011年,实现生产总值626.7亿元，同比增长12.9%；财政收入62.2亿元，增长46.7%，增幅居全省第2位；规模工业增加值160.9亿元，增长25%，增幅居全省第2位；粮食总产达93.9亿斤、增长1.6%，小麦单产478公斤、居全省第1位；固定资产投资331.5亿元，增长31.9%，增幅居全省第5位；房地产投资79.6亿元，增长82.8%，增幅居全省第1位；金融机构存款余额674.9亿元，较年初增长23.9%，增幅居全省第2位；城镇居民人均可支配收入18099元，增长16.5%；农民人均纯收入5638元，增长20.3%，增幅居全省第2位；城镇化率31.3%，增长2.2%，增幅居全省第1位。

省委书记张宝顺到亳州调研

省长李斌到亳州调研

亳州历史悠久、人文荟萃 “亳”字，取“高”头、“宅”尾，象征着高处建城、社稷稳固。3700年前，商汤王建都于此，老子、庄子、曹操、华佗、陈抟、张良、李绅等都是亳州人。全市现有国家级文物保护单位5处、省级文物保护单位18处、4A级旅游景区2处。1986年被评为国家历史文化名城，1998年被评为首批中国优秀旅游城市，2011年谯城区被命名为中国长寿之乡。

亳州区位优越、交通便捷 亳州地处豫皖交界，与河南省的商丘、周口接壤。是京九铁路进入安徽的第一站，徐阜铁路穿境而过；济广高速、宁洛高速、泗许高速和已经开工建设的济祁高速公路在亳州交汇；亳州机场建设已列入安徽省“十二五”民航发展规划并通过国家评审；贯穿全境的涡河是淮河的第二大支流，通淮河入长江。

亳州资源丰富、特色鲜明 亳州是传统的农业大市，现有耕地746万亩，粮食总产接近100亿斤，约占全省的1/7、全国的1%，全年调出商品粮近50亿斤，粮食加工能力达400万吨，居全省第1位。亳州号称“中华药都”，中药材种植、加工、贸易已有1800多年的历史，拥有全国规模最大的中药材交易中心，药业生产企业100多家，中药材种植面积突破100万亩，中药产业从业人员约100万人。亳州素有“华夏酒城”的美誉，现有以古井贡酒、高炉家酒为代表的白酒生产企业130家，年产量约占全省的1/3。亳州是新兴能源城市，已探明煤炭储量57亿吨，占全省的1/5，投产煤矿4对，在建煤矿2对，原煤产量近1000万吨。

亳州火车站

市委书记方春明陪同省委副书记孙金龙慰问困难群众

市长沈强到利辛县走访慰问

第三次党代会召开选举产生中共亳州市第三届委员会

与省民政厅签订《加快推进养老服务体系建设合作协议》

亳州市被授予第二届安徽省创建文明城市工作先进城市称号。

大思路谋划发展 大手笔

江淮安驰汽车全新微车基地在蒙城县经济开发区奠基

古井产业园项目开工仪式举行

隆重举办中国（亳州）白酒文化节酒类产品展

举办中国·亳州老庄与老庄思想学术研讨会

谯城区被命名为“中国长寿之乡”称号

华佗五禽戏名列国务院第三批国家级非物质文化遗产名录

推进建设　大成效实现跨越

南部新区现代中药产业园初具规模

亳州师专新校落成

涡河公园景观带

新改造的魏武大道

亳州体育场

新落成的亳州市博物馆

中华药都　养生亳州

阜阳　千万人口大市　省

市委书记宋卫平（右一）陪同省委书记张宝顺调研

市委书记宋卫平、市长于勇陪同省长李斌调研

市长于勇陪同副省长花建慧调研商贸、旅游业

党的十六大以来，阜阳人民坚持以邓小平理论和“三个代表”重要思想为指导，深入贯彻落实科学发展观，以推进“跨越式发展、实现奋力崛起”为主题，充分发挥“六大优势”，全面实施“六大战略”，抓住发展第一要务，经济社会发展取得了一系列新的巨大成就。这十年，是经济持续快速协调健康发展和社会全面进步，不断跨上新台阶、开创新局面的十年；也是科学发展和和谐发展不断向前推进，综合实力提升最快、城乡面貌变化最大、人民群众得到实惠最多的十年。

综合实力显著增强　阜阳经济从2002年开始进入新一轮快速发展周期，增长的稳定性也明显提高。经济总量连续迈过六个百亿元台阶，2011年，全市生产总值达853.2亿元，比2002年增长1.7倍，年均增长11.5%。尤其是2004年以来，更是连续八年增速保持在两位数，是阜阳历史上发展速度最快、增长波动最小的时期。财政收入快速增长，地方财力明显增强。2011年，全市财政收入超过百亿元大关，达115亿元，是2002年的6.7倍，年均增长23.5%。人均水平跃上新阶，居民收入大幅提升。2011年，全市人均生产总值首次超过万元大关，达11202元；城镇居民人均可支配收入16686元，是2002年的2.8倍，年均增长11.9%；农民人均纯收入5100元，是2002年的2.8倍，年均增长12.1%。

优势产业加快发展　阜阳是正在崛起的煤电能源新城，是安徽省四大煤化工基地之一。近年来，依托资源优势，全市坚持工业强市战略，全力组织工业突破，工业经济蓬勃发展，形成了以八大优势产业为支柱的门类齐全的工业体系。2002年以来，全市工业增加值年均增长21.1%，明显高于其他行业。2011年工业化率达34.5%，比2002年提高15.8个百分点，

第十四届亚洲跳伞锦标赛开幕式

及文明城市　省级园林城市

年均提升1.8个百分点。运行质量同步明显提高，2011年规模以上工业企业主营业务收入882.4亿元，比2002年增长11倍；实现利润81.9亿元，增长87.8倍。阜阳是享誉盛名的百亿江淮粮仓，是国家大型商品粮、棉、油、肉生产基地。全市农业生产连续八年丰收，粮食总产连续四年超百亿斤，产量占全省的六分之一、全国的百分之一。

投资规模大幅扩张　坚持以扩大投资作为经济增长的主动力，强力主攻重点项目建设，突出抓好城乡建设，积极扩大投资规模和强度。2011年全市固定资产投资完成403.5亿元，是2002年的6.4倍，年均增长22.8%；2003—2011年累计完成投资1800亿元，是1950-2002年投资总额的3.8倍。城市面貌焕然一新，滨水园林城市倾力打造，宜居宜业的城市环境日臻完善。2011年建成区面积扩大到80多平方公里，人口增加到80万；城镇化率33.3%，2002年以来年均提高1.3个百分点。

消费市场繁荣活跃　依托承东接西、呼南应北的区位交通优势，作为皖西北重要的商贸物流名城，阜阳消费潜力巨大。2011年，全市实现社会消费品零售总额385.4亿元，是2002年的3.5倍，年均增长15%。对外贸易成绩斐然，外向经济跨越发展。2011年实现进出口总值6.5亿美元，是2002年的12.8倍，年均增长32.7%；其中出口年均增长33.1%。

未来一段时期，阜阳将坚持以科学发展为主题，以全面转型、加速崛起、富民强市为主线，重点推进新型工业化、城镇化和农业现代化进程，着力打造"实力阜阳、繁荣阜阳、文化阜阳、和谐阜阳"，加快建设有实力、有活力、有竞争力的区域性中心城市，努力开创全面建设小康社会的新局面。

南环城河

清河广场

文峰公园

第五届皖西北（阜阳）投资贸易洽谈会开幕式

阜阳 百亿江淮粮仓 人 商贸物流中心 综

江淮粮仓书神奇

人力资源显优势

阜阳市位于安徽西北部、黄淮平原南端，面积9775平方公里，总人口1025.8万，是安徽省人口最多的市、省级文明城市和省级园林城市。这里历史悠久，人文蔚盛。古称汝阴、颍州、顺昌，是管仲、鲍叔牙、甘罗的故里，晏殊、欧阳修、苏轼曾在此为官。颍州西湖历史上曾与杭州西湖齐名，阜阳生态园和颍上县八里河公园、迪沟生态园均为国家AAAA级风景区。阜阳剪纸、颍上花鼓灯、界首彩陶等列入国家非物质文化遗产名录，阜南县出土的商代青铜器龙虎尊被列为我国十大国宝青铜器之一。

阜阳是享誉盛名的百亿江淮粮仓 这里是国家大型商品粮、棉、油、肉生产基地，粮食产量连续四年突破100亿斤，占全省的六分之一、全国的百分之一；畜禽养殖业不断发展壮大，黄牛、生猪出栏量分别占全省的三分之一和六分之一。依托农产品资源优势，农业产业化水平不断提升，汇集了雨润食品、瓦店山羊、沪千木业等一大批农副产品加工龙头企业，太和桔梗、会龙辣椒、黄岗柳编、程集茄子、闻集草莓等十大名特优新产品畅销国内外。

阜阳是正在崛起的煤电能源新城 已探明煤炭可采储量超百亿吨，刘庄煤矿、谢桥煤矿已建成投产，2011年煤炭产量1847万吨，今年特大型口孜东煤矿建成达产后，将形成近3000万吨的年产量。同时，阜阳也是全省四大煤化工基地之一。阜阳华润电厂一期2×60万千瓦机组已投产运营，华润二期、颍上刘庄、颍东口孜电厂也将陆续开工建设。

阜阳是皖西北重要的商贸物流名城 全市人口超过1000万，以阜阳为中心，150公里半径范围内没有大城市，辐射人口约5000万，商贸物流发展潜力巨大。已形成了太和医药物流、临沂商城、汽贸物流等一批具有专业特色、带动力强、辐射范围广、交易规模大的专业市场和物流园区；沃尔玛、大润发、华润苏果等国内外知名零售企业也已落户阜阳；太和人发、界首再生塑料、颍上大米等特色专业市场不断壮大。

三清贯颍滨水城

阜阳城区一角

力资源大市 滨水园林城市
合交通枢纽 煤电能源新城

全市已建成10亿元以上专业市场10个，有望形成3个超百亿元大市场。

阜阳是充满活力的人力资源大市　全市劳动力资源近700万人，常年在外经商务工人员达250万人。依托丰富的人力资源，大力发展劳动密集型产业，阜阳已逐渐成为沿海产业转移的重要承接地，中航、中粮、中建材、国投、华润、晋煤集团等大型国企和北京悦康、福建南益、宁波杉杉、浙江沪千、青岛即发、南京雨润等知名民企纷纷入驻阜阳。特别是我市实施“凤还巢”工程以来，一大批外出经商务工人员纷纷返乡就业、创业，为阜阳的加快发展增添了新的强大动力。

阜阳是全国重要的综合交通枢纽　铁路、公路、航空、水运相互衔接的立体交通已经形成。6个方向的铁路在此交汇，成为全国重要的铁路枢纽，日编组能力达1.8万辆，最高峰日发送旅客达10万人。已建成运行的界阜蚌、合淮阜、阜亳、阜周高速公路和正在建设的阜新高速公路使阜阳形成东抵京沪、西达京珠、南连沪汉、北接南洛的高速公路网。境内的淮河、沙颍河是通往华东的重要水运航道。皖北唯一的4C级民航机场已开通北京、上海、广州、天津、厦门、温州、西安等地航班。

阜阳是正在打造的滨水园林城市　“三清贯颍”、“水哉洋洋”的阜阳城区，均匀分布着颍河、泉河、清河等18条河流，大小池塘湖泊点缀其间。围绕创建国家级园林城市目标，依托丰富的水资源优势，阜阳正在倾力打造以颍河、泉河为轴，以城区河流和古颍州西湖为支撑的滨水园林城市，形成宜居宜业的城市环境。

亲爱的朋友，在这块孕育着希望、充满生机和活力的沃土上，勤劳淳朴、热情好客的阜阳人民，将以热诚的胸怀、诚信的理念、优质的服务，欢迎您前来旅游观光、投资兴业、洽谈贸易、探亲访友，共话友情，共谋发展，共同创造更加美好的未来！

做活商贸大文章

九州神衢看颍淮

煤电能源展新姿

马鞍山 向着建设

市委书记郑为文陪同省委书记张宝顺在马鞍山调研

马鞍山位于安徽省东部，横跨长江两岸，南与芜湖接壤，东部、北部与江苏省南京市毗连，是长三角经济协调会成员城市，是皖江城市带承接产业转移示范区的“箭头”。现辖3县3区，总面积4042平方公里，户籍人口228.6万人。拥有1个国家级开发区、1个国家级新材料基地、1个省级高新技术产业开发区、6个省级经济开发区、1个省级服务外包产业示范园区、1个省级台湾工业园和一批特色园区。

改革开放以来，特别是进入新世纪以来，马鞍山经济社会快速发展，综合经济实力不断增强，地区生产总值、财政收入和固定资产投资等主要经济指标总量位居全省前列，城市居民人均可支配收入、农民人均纯收入连续多年全省领先。与此同时，社会各项事业全面进步，先后获得“国家卫生城市”、“国家园林城市”、“国家环保模范城市”、“中国优秀旅游城市”、“国家科技进步城市”、“全国双拥模范城”、“全国绿化模范城市”、“中国人居环境范例奖”、“迪拜国际改善居住环境良好范例奖”等称号，2009年1月，在中部六省第一个荣获“全国文明城市”称号。

综合实力得到显著提升　2011年，全市生产总值首次超千亿元，达1144.3亿元，比上年增长12.1%；财政收入186.4亿元，增长22%；固定资产投资952亿元，增长32.9%；规模以上工业增加值425.4亿元，增长14.6%；社会消费品零售总额226.1亿元，增长17.8%；城市居民人均可支配收入27329元，增长18%；农民人均纯收入9505元，增长18.5%。

转型发展迈出坚实步伐　全市加快产业升级步伐，科技倍增计划快速推进，再次荣获“全国科技进步先进市”称号，铁基新材料高技术产业群发展规划获省政府批准，高端装备制造等战略性新兴产业加快发展。2011年，全市战略性新兴产业产值比上年增长36.8%；重点技改项目完成投资235.7亿元，增长41.6%；高新技术产业产值突破500亿元。

城乡基础设施加快完善　大通道建设加快推进，长江公路大桥、宁安城际铁路主体及配套工程扎实推进，东环路高速化原址改

更高水平小康社会迈进

市委书记郑为文、市长张晓麟陪同省长李斌在马鞍山调研

造基本完成。2011年，全市实施城乡基础设施建设项目480个，完成投资310亿元。城市功能得到有效拓展，沿江大道北段等4条新建道路建成通车，市体育会展中心建设快速推进，“三馆”主体工程完工，实施18个老旧小区整治。农村基础设施进一步完善，姑孰副城区凌云大桥建成通车，完成县乡道改造91.3公里、通村道路53.6公里，危桥改造项目全面实施。

对外合作交流进一步深化 开展皖粤经贸合作和“经贸文化宝岛行”活动，总投资510.9亿元的85个项目及15.1亿美元的10个项目分别成功签约。成功承办第四届全球外包大会等一系列国际性会议。推进宁马一体化、马芜同城化取得新进展。与央企合作深入推进，招商引资取得新突破。2011年，全市实际利用内资830亿元，比上年增长69.7%；实际利用外资9.97亿美元，增长22%；实现外贸进出口总额41.97亿美元，增长38.3%。

社会事业全面进步 开展“四城同创”，再次被命名为“全国文明城市”、“国家卫生城市”，国家环境保护模范城市通过预评估、全国双拥模范城复查得到考核组的肯定；被中宣部等八部门评为“全国文化体制改革先进地区”，成为首批国家公共文化服务体系示范区创建城市；成功举办第23届马鞍山中国李白诗歌节。民生工程深入实施。40项民生工程惠及全市人民；4.1万套安置房开工建设，2.3万套交付使用；保障性安居工程39个项目开工建设，建成1.46万套。

当前和今后一个时期，全市上下将以科学发展为主题，以转型发展为主线，着力抓好“加快转变发展方式、推动一江两岸协调发展、建设更高水平小康社会”三件大事，打造“国内重要的重工业制造、江海联运枢纽、运动健康休闲和绿色食品供应”四个中心，更加突出工业兴市、产业转型、两岸联动、多点支撑，更加突出项目引领、开放带动、改革创新、城乡一体，加快建设经济繁荣、环境优美、人民幸福的新马鞍山，为马鞍山建设更高水平小康社会奠定坚实基础。

工业之城 港口之城 绿色

第四届全球外包大会在马鞍山召开

数字硅谷国际产业园（中国·马鞍山）项目签约仪式

华菱重卡生产线

马鞍山港

节庆广场

第23届马鞍山中国李白诗歌节隆重开幕

之城 文明之城 马鞍山

中国一重马鞍山高端装备制造基地项目签字仪式

马钢晋西轨道交通装备项目开工仪式

滨江新区

马钢新区

采石矶

建设中的体育会展中心鸟瞰

建设精致大气之城

台湾产业园揭牌暨台湾城奠基仪式

铜文化广场

打造幸福和谐铜陵

铜陵位于安徽中南部，长江下游南岸。辖铜陵县和铜官山、狮子山、郊区3区，代管普济圩农场，土地面积1113平方公里，2011年末户籍人口74万人。铜陵采冶铜的历史始于商周，盛于汉唐，绵延三千余年，青铜文化源远流长，新中国第一炉铜水、第一块铜锭产于铜陵，第一个铜工业基地建于铜陵，铜陵因而被誉为“中国古铜都，当代铜基地”。

铜陵物华天宝，资源丰富,素有“八宝之地”的美称。境内矿产资源繁多，在国内首屈一指，现已探明的矿产达30余种。铜陵地处黄山、九华山风景带内，境内风光秀美，人文荟萃，不仅有天井湖、螺丝山、相思树、滴水崖等山水景观，还有荆公书堂、金牛洞古采矿遗址等人文景观。李白、王安石、苏东坡、黄庭坚、汤显祖等数十位历代诗词名家，游览铜官景色，题诗酬唱，流连忘返。

改革开放以来，铜陵人民在市委、市政府的领导下，发扬“古朴厚重、熔旧铸新、自强不息、敢为人先”的铜都精神，立志走工业富市、工业强市之路，坚定不移地加快发展、扩大开放，坚持不懈地调整和优化经济结构。形成以铜产业、化工、电子、建材、能源、装备制造和纺织服装为主的多元产业发展格局，现已成为全国最大的电解铜生产基地、重要的硫磷化工基地、国家“火炬”计划电子材料产业基地和长江流域重要的水泥生产基地。特别是近年来，全市围绕资源型城市转型，积极发展循环经济，精细化工、新材料、生物医药等一批接续产业快速兴起。全市经济持续、快速、健康发展，综合实力显著增强，人民生活不断改善，城市建设日新月异，各项社会事业蓬勃发展。

自2005年成为全国首批循环经济试点市以来，铜陵又相继成为国家可持续发展试验区、全国第二批资源型城市转型试点市、国家卫生城市，铜陵经济技术开发区升级为国家级开发区，“区直管社区”基层社会管理改革创造“铜陵模式”。

铜陵区位优势明显，交通便捷。长江流经全市60公里，水运条件得天独厚；沿江铁路大动脉铜九段和合铜黄、沿江、铜宣三条高速公路穿境而过；未来几年，京台高速铁路项目庐铜铁路和对接长三角城市的城际轻轨将分步兴建，铜陵作为皖中南交通枢纽和中心城市的格局正在逐步形成。

2011年，全市实现地区生产总值579.4亿元，增长12.6%；财政收入115.6亿元，增长30.5%；城镇居民人均可支配收入21825元，增长16.8%；农民人均纯收入8562元，增长17.8%。

进入新的发展阶段，全市上下正积极抢抓皖江城市带承接产业转移示范区建设这一历史机遇，围绕建设“现代产业之城，创新创业之城，精致大气之城，幸福平安之城”的总体目标，以加快转变经济发展方式为主线，以推动资源型城市转型为重点，坚持稳中求进、好中求快，奋力拼抢抓承接，奋力持续抓转型，奋力争先抓创新，奋力持久抓一体，努力完成全面建成小康社会的预期目标，为推进科学发展、建设幸福铜陵，加速现代化进程奠定更加坚实的基础。

铜都夜景

中国古铜都

城市铜雕塑

浮雕——和谐铜陵

螺丝山广场

浮雕——汉置铜官

中国江南文化园

当代铜基地

安徽黄金第一村——朝山村

铜陵凤丹

西湖立交桥

锐展汽车发动机生产线

铜陵有色金威高精度铜板带生产线

有色铜冠机械公司陶瓷过滤机

天地之美　美在黄山

市委书记　王福宏

市长　宋国权

黄山市

中国最佳休闲城市
国家科技进步先进市
中国人居环境奖城市
全国文化体制改革先进地区

城市风貌

人生有梦　梦圆徽州

黄山市位于安徽省最南端，地处皖浙赣三省交界处，毗邻长江三角洲。境内群峰参天，山丘屏列，岭谷交错，到处清荣峻茂，水秀山灵，犹如一幅风景优美的画图。早在明代汤显祖向往古徽州时写道：“一生痴绝处，无梦到徽州”，而今的黄山市更是“天地之美、美在黄山，人生有梦、梦圆徽州”的胜景。

近年来，全市上下在省委、省政府的坚强领导下，深入贯彻落实科学发展观，紧紧围绕建设现代国际旅游城市这一战略目标，强力推进“十大工程”和“四区”建设，团结拼搏，锐意进取，经济社会发展呈现速度较快、结构优化、效益提升、民生改善的良好态势，实现了“十二五”的精彩起步、强势开局。

各项目标全面完成　初步核算，全市实现地区生产总值378.8亿元、同比增长12.5%；财政收入增长44.6%、增速位居全省第三；固定资产投资增长25.6%；社会消费品零售总额增长17.9%；规模以上工业增加值增长24.7%，增速位居全省第三；服务业增加值增长9.4%；全年接待游客3054.4万人次，旅游总收入251亿元，分别增长20%和24.2%，其中，入境游客131.4万人次，创汇3.85亿美元，分别增长25.1%和27.9%。民生工程、保障性住房建设、节能减排等省政府考核指标全面完成。2011年度黄山市获省政府目标管理考核先进单位表彰（第5名）。

重点工作扎实推进　“十大工程”强力推进，完成投资383.1亿元、增长22.5%。新安江延伸段综合开发一期工程基本完成。“百村千幢”25个古村落、268幢古民居完成保护利用，绿色质量提升行动建成提升点532个。国家服务业综合改革试点全面推开，排定亿元以上重大项目240个、总投资2700亿元，徽州府衙修复等项目基本完成，西递、宏村跻身5A景区行列，黄山风景区成为世界自然保护联盟首个中国旅游区，入选全国低碳旅游实验区。全国首个跨省跨流域的新安江流域生态补偿机制试点顺利实施，总投资11.6亿元的61个试点项目启动建设。

人民生活持续改善　在全省率先实现城乡居民养老保险全覆盖，惠及城乡居民80.98万人、参保率94.2%。城镇职工医疗保险实现市级统筹，五项社会保险参保人数达83.7万人。发放城乡居民大病救助资助金2400万元。发放价格临时补贴6301万元。“一卡通”发放涉农补贴4.8亿元，11.2万受洪灾群众得到妥善安置，9.4万农村人口饮水安全问题得到解决，5000人实现稳定脱贫。城镇居民人均可支配收入18669元、农民人均纯收入7952元，均高于全省平均水平，分别增长17.9%和18.4%。

社会事业全面进步　我市被评为国家科技进步先进市，永新股份跻身中国创新型企业百强。城乡义务教育经费保障提标扩面。黄山职业技术学院加快建设，歙县行知学校、黄山旅游管理学校跻身国家中职改革发展示范学校。完成35个乡镇综合文化站、337个农家书屋建设。“新安源有机茶”荣获全市茶叶企业首个中国驰名商标，4家企业被评为中华老字号，渔梁老街入选中国历史文化名街，屯溪老街跻身全国首批生态（社区）博物馆示范点。政府举办的基层医疗机构100%实行药品零差率销售，新型农村合作医疗参合率达99.3%。人口自然增长率控制在4‰以下。圆满完成第八届村委会换届选举工作。

转型发展　开放发展

市委书记王福宏、市长宋国权陪同省委书记张宝顺调研

市委书记王福宏、市长宋国权陪同省长李斌在黄山市调研

黄山永佳集团：“打造行业一流，铸就百年永佳”

黄山毛峰茶开采暨茶文化旅游节

齐云大道

新安江延伸段亮化

绿色发展 和谐发展

开展“农家书屋”配送书活动

关注民生共建和谐社区

龙舟比赛

徽州府衙

送医服务到乡村

重基础教育 强教学育人

中国最佳休闲城市

皖北活力新城

省委书记张宝顺莅临北京安徽农交会宿州展区指导

省长李斌在宿州百丽鞋业调研

自然概况　宿州地处苏、鲁、豫、皖四省交界，襟临沿海，背依中原，北连古城徐州。1999年撤地建市，辖4县1区和1个市经济开发区。宿州区位优越、交通便利，京沪、陇海铁路，连霍、京福高速公路纵横贯穿，京沪高速铁路、宿淮铁路和泗许高速公路也从境内穿过。境内煤炭资源丰富，是国家规划的13个大型煤炭基地之一，白云岩、大理石储量丰富，灵璧石为中国“四大奇石”之首。2011年末户籍人口 649.2万人，土地面积9787平方公里，其中，市经济开发区总体规划面积63平方公里，建成区面积20平方公里。

人文历史　宿州历史悠久，人文荟萃，唐始置宿州。自古钟灵毓秀，人才辈出，古有闵子骞、嵇康等历史名人，今有艺术大师刘开渠、萧龙士，著名哲学家孙叔平，模范师表孟二冬，社会学家邓伟志，表演艺术家李炳淑等。秦末中国历史上第一次农民大起义在埇桥区大泽乡暴发，楚汉相争的垓下之战发生在灵璧县境内，淮海战役在这里打响。老一辈无产阶级革命家邓小平、刘伯承、陈毅、粟裕、张爱萍都曾在这里战斗过。今天的宿州被誉为“书画艺术之乡”和“中国观赏石之城”。

宿州鸟瞰

文明和谐宿州

市委书记李宏鸣、副市长李令臣在埇桥区调研农业生产

市长张曙光调研市政建设

经济发展　宿州盛产小麦、玉米、棉花、油料、水果等，素有“果海粮仓”之称，是全国著名的粮棉生产基地、水果主产区和畜牧业发达地区。“十一五”时期，全市紧紧围绕“双千亿、双翻番”的奋斗目标，不断加快工业化、城镇化和农业现代化进程，促进了全市经济持续、快速、健康发展。“十二五”期间，全市上下将按照市第四次党代会的部署，继续坚定不移地推进“工业扩张、农业提升、城镇扩容”三大战略，抢抓新一轮产业转移的重大机遇，在承接产业转移中扩张工业总量，在推进产城一体中加速城镇化步伐，在促进三化同进中发展现代农业，力争走在皖北地区崛起前列，为加速建成四省交汇的区域中心城市奠定坚实基础。

2011年，全市生产总值 802.4亿元，比上年增长13.7%；财政收入64.1亿元，比上年增长48.5%；规模以上工业企业达到805家，完成增加值285.8亿元，比上年增长25.1%；固定资产投资完成480.0亿元，比上年增长32.8%；城镇居民人均可支配收入17384元，农民人均纯收入5720元，分别比上年增长18.5%和20%。

中国中部鞋都

"五路一园"开工典礼

中国华东（宿州）家居产业基地奠基仪式

高速动车组在京沪高铁宿州段刷新世界铁路最高时速486.1公里

高速公路

城市新貌

奇石书画宿州

总投资5.5亿元、年产值达40亿元的百丽鞋业

生态宿州

天下第一奇石——灵璧石

能源宿州

三角洲公园夜景

豆腐故里　能源之都

灯火辉煌淮南市体育文化中心

神秀八公山

淮河大桥

五彩淮南　欢迎宾朋

淮南“豆腐美食文化周”中五彩缤纷的豆腐菜肴绚丽夺目

淮南少儿艺术成为独特的城市名片

淮南现代化矿井顾桥矿

合蚌铁路客运专线淮南东站现雏形

建设中的淮南志高动漫科技文化产业园

蚌埠市

市委书记、市人大常委会主任　陈启涛

市长　周春雨

蚌埠市是安徽省重要的综合性工业基地和交通枢纽。全市将继续大力实施工业强市主战略，以提高自主创新能力为引领，以加快转变经济发展方式为主线，以提升速度、总量、质量、效益为目标，不断增强工业经济综合竞争力，把蚌埠打造成为全省新兴产业基地和加工制造业基地。

延伸产业链条，培育大产业　大力实施50亿元项目、百亿企业、千亿园区、千亿产业的“5111”工程，积极培育新兴产业、发展壮大优势产业、改造提升传统产业、充实完善基础产业，加快构建具有较强竞争力的现代产业体系。

实施重点突破，发展大企业　着力培育打造一批产业链关联度大、行业带动性强的大企业，打造一批具有竞争力的成长型企业，形成产业发展的支撑力和带动力。

扩大对外开放，招引大项目　今年，蚌埠将把主攻点放在世界500强、央企、省企、上市公司和知名民营企业上，着力引进一批投资额度大、科技含量高、产业关联度强的大项目。

优化工业布局，建设大园区　以工业化与城市化协调发展为目标，根据资源现状和环境承受能力，构建层次分明、功能完善的园区经济体系，使园区经济成为蚌埠市工业加快发展的重要增长极。推进自主创新，激发新活力。重点推进企业制度、技术、管理、文化“四个创新”，构建工业创新技术、孵化、中介服务“三大平台”，形成促进产业发展的核心竞争力。同时，加大扶持力度，积极培育专、精、特、新中小企业。

淮上明珠

市委书记陈启涛、市长周春雨等领导到企业调研

淮河文化广场

加快蚌埠强势

蚌埠华益导电膜玻璃生产线

晟光科技电容式触摸屏生产

玉器《黄龙玉一生如意》荣获首届中国玉文化节华夏奖金奖

蚌埠光伏玻璃项目生产线

昊方机电汽车零配件生产线

浙泰不锈钢钢管生产线

产业发展步伐

花鼓灯喜迎高铁开通

高铁直通全国大江南北

建设中的大型游乐场花鼓灯嘉年华

龙子湖风景

坚持科学发展

池州地处安徽西南部，是皖江城市带承接产业转移示范区和“两山一湖”旅游区的重要组成部分。全市面积8272平方公里，人口161.4万人。

九华山机场合作框架协议签字仪式

池州历史悠久，是安徽历史文化名城 池州自唐武德四年（公元621年）设州置府以来，迄今已近1400年的历史。池州傩戏、青阳腔、东至花灯、九华山庙会已被收入国家非物质文化遗产名录。池州文化底蕴丰厚，素有"千载诗人地"的美誉。诗仙李白“三上九华，五游秋浦”，留下四十余首诗作；杜牧曾任池州刺史，一首《清明》诗，让杏花村名播青史；历代名人包拯、岳飞、苏轼、司马光、王安石、朱熹、陆游等众多文人雅士都曾驻足池州，并留下宝贵的文化珍品；池州当代名人辈出，如中央政治局原常委、国务院原副总理姚依林，全国政协原副主席陈锦华等。

池州生态环境优美，是中国优秀旅游城市 池州境内气候温暖湿润，森林覆盖率达57.1%，是中国第一个生态经济示范区，是中国优秀旅游城市和全国旅游竞争力百强城市，是泛“长三角”地区的“后花园”。境内有四大佛教名山九华山、国家级野生动植物保护区牯牛降、国家级湿地珍禽自然保护区升金湖。池州主城区北临长江，内抱 11平方公里的平天湖，是一个滨江环湖城市。

池州发展潜力巨大，是一个蓄势待发的城市 池州交通优势明显。长江流经池州160公里，通江达海，承东接西，池州港是长江干线重点港口；318国道、206国道和沪渝高速、京台高速、铜九铁路、安景高速纵横穿越，九华山机场、宁宜城际客运铁路即将建成投入运营，望东长江公路大桥开工建设。池州矿产资源十分丰富，有金、银、铜、铅、锌、白云石、方解石、石灰石等40余种富矿，非金属矿居华东之首，开发潜力巨大。池州市现已建成国家级池州经济技术开发区和五个省级开发区。皖江示范区承接产业转移的核心区域江南产业集中区位于贵池境内，贵池工业园区获省政府批准为省级池州高新技术产业开发区，使我市拥有了承接产业转移、实现创新发展更高起点的新平台。池州已将电子信息产业确定为首位产业，积极推进转型发展。

2011年，全市人民在市委市政府的坚强领导下，坚持以科学发展为主题，以全面转型、加速崛起、兴市富民为主线，努力化解经济运行中出现的突出问题，经济稳步发展，社会事业全面进步，实现了“十二五”的良好开局。全市生产总值372.5亿元，增长13.0%；财政收入56.8亿元，增长30.9%；城镇居民人均可支配收入18925元，增长18.3%；农民人均纯收入6908元，增长18.5%。

当前和今后一个时期，池州市紧紧围绕建设国家级生态经济示范区和世界级旅游目的地，以科学发展为主题，以“全面转型、加速崛起、兴市富民”为主线，大力实施“生态立市、工业强市、旅游兴市、商贸活市、文化名市”发展战略，着力推进绿色发展、开放发展、创新发展、和谐发展，加快建设经济繁荣、环境优美、社会和谐、生活富裕的幸福池州，为全面建设小康社会奠定坚实基础。

建设幸福池州

省长李斌在池州调研

市委书记陈强在杏花村旅游文化区杏花基地调研

市长赵馨群在秋浦河大桥项目工地调研

常务副市长张夏林陪同市委书记陈强在江南集中区调研

安庆

市委书记　朱读稳

市长　肖超英

皖江明珠

安庆市位于安徽省西南部，长江下游北岸，是长江沿岸著名的港口城市。有“万里长江此封喉，吴楚分疆第一州”之美称。安庆是长江下游的第一个城市，也是万里长江安徽段的第一个城市，东与安徽省池州市、铜陵市隔江相望，南以长江与江西省九江市相连，西界湖北省黄梅、蕲春、英山三县，北接安徽省合肥市、六安市。现辖桐城、怀宁、枞阳、潜山、太湖、宿松、望江、岳西8县（市）和迎江、大观、宜秀3区，土地面积15398平方公里，2011年末户籍人口618.65万人。

安庆是一座历史文化名城，建城至今已有790多年历史。清乾隆二十五年以后的170余年间，一直是安徽省府所在地和全省政治文化中心。安庆素有“文化之邦”、“戏剧之乡”的美称，是“桐城派”的摇篮、徽剧与黄梅戏艺术的发祥地，先后诞生了明末清初思想家方以智、清代书法家篆刻家邓石如、京剧鼻祖程长庚、“两弹元勋”邓稼先、中国共产党创始人之一陈独秀等。中国第一台蒸汽机、第一艘机动船建造于此，安徽第一座图书馆、第一所大学、第一个邮局和电报局创办于这里。安庆也是全国优秀旅游城市、国家园林城市和全省文明城市，境内有振风古塔、天柱山、妙道山、司空山、浮山、小孤山、花亭湖风景区、中国民间文化产业示范基地——五千年文博园等自然和人文景观。东晋诗人郭璞曾称“此地宜城”，故安庆又别名“宜城”。

安庆是全国重要的粮、棉、油、水产品和畜禽生产基地，是安徽省重要的石油化工、汽车零部件制造和纺织加工业基地。境内有各类矿产资源70余种，其中石灰石等非金属矿储量大。近年来，安庆加快省“861”和市“3231”等重大项目建设，工业上已形成了石油化工、轻纺、建材、机械等支柱产业，2011年全市规模以上工业企业发展到1145家，涌现出安庆石化、华茂、环新、海螺、全力、鸿润等一批国内外知名企业，其中华茂为上市公司。拥有17个省级及以上经济开发区（工业园区），占地总面积156平方公里，已建成面积85.6平方公里，聚集企业1971家，2011年工业增加值293.8亿元，占全市的49.5%。

2011年，全市实现了“十二五”良好开局。全市生产总值1215.7亿元，财政收入156.7亿元，城镇居民人均可支配收入18005元，农民人均纯收入5900元；同比分别增长13.2%、29.4%、18.9%和18.3%。

素有“过了安庆不看塔”的“万里长江第一塔”——振风塔与安庆长江公路大桥遥相辉映

七仙女雕像

安庆江堤文化墙

安庆长江公路大桥

文化广场夜景

国家园林城市　历史文

菱湖风景区

皖江公园

孔雀东南飞影视基地——汉街

国家文化产业示范基地——五千年文博园

花亭湖风景区

Wan Jiang Ming Zhu　An Qing Shi

化名城　优秀旅游城市

国家5A级风景区——天柱山

国家地质公园——浮山

中华禅宗第一山——司空山

桐城文庙

长江绝岛——小孤山

皖江明珠　安庆市

皖北江南

省委书记张宝顺到淮北调研

市委书记毕美家在段园调研

淮北市是安徽的北大门，现辖濉溪县、相山区、杜集区、烈山区，总面积2741平方公里，总人口221.8万。淮北缘煤而建、因煤而兴，年产原煤5300万吨，电力装机容量210万千瓦，是华东地区重要的能源和原材料基地，经过50多年的建设与发展，初步建成以煤电、煤化工、机械制造、食品、纺织服装、新型建材六大产业为主导的新型现代化工业城市。淮北市先后荣获“国家园林城市”、“全国卫生先进城市”、“全国科技进步先进城市”、“全国循环经济试点市”、“国家节水型城市试点市”、“全国未成年人思想道德建设工作先进城市”、“全国工矿废弃地利用试点市”、“国家第二批资源枯竭型城市试点市”、“国家级创业型城市试点市”、全国“国土绿化突出贡献单位”和“安徽省文明城市”等称号，2011年荣获全国文明城市提名奖。

进入新世纪以后，淮北市逐渐步入资源枯竭期。为实现可持续发展，市委、市政府根据煤炭城市和资源禀赋的实际，把城市转型作为推动科学发展的头等大事，提出了城市转型六大路径，确立了“皖北江南、文明淮北”的城市定位，加快推进转型发展、全面发展、科学发展。目前，全市拥有省级开发区（筹建区）6个，工业总量和增速均居全省第6位，工业化率达到61%，规模企业528家，其中全国500强企业2家、亿元以上企业252家，拥有雷鸣科化、恒源煤电、华孚色纺3家上市公司，机械制造、食品等非煤产业占工业比重达到57.8%，其中机械制造业总产值近200亿元，仅次于煤炭产业。城镇化率达到55.7%，城区拥有2个4A级风景区，“山、水、湖、绿”特色鲜明，城市绿化率达到43%，不是江南、胜似江南。社会事业发展水平和城市文明程度较高，先后涌现出“中国好人”88位，人均比例居全国首位，淮北一中连续三次荣登“中国百强名校榜”，市人民医院、淮矿集团总医院均为全国“三甲医院”，社会治安连续5年全省第一，幸福感指数位居全省首位，也是全国最具幸福感的百强城市。

烈山新貌

相城新貌

文 明 淮 北

市长牛砮韬到企业调研

常务副市长叶露中调研市开发区新区建设

2011年，市委、市政府团结带领全市人民，以转型发展为主线，以改革创新为主动力，以“大投入、大招商、大建设、大发展”为主抓手，着力保增长调结构，打基础增后劲，惠民生促和谐。全年引进国内500强企业2家，亿元以上企业30家，新建、续建重大项目225个，其中亿元以上工业项目133个。红星美凯龙、南湖光影文化传播基地、儿童梦幻王国、国购汽车主题综合体、天裕煤焦电铸正式落地，平山电厂项目获国家发改委核准建设，淮水北调工程通过水利部专家评审，总规划面积30平方公里市经济开发区新区正式启动，当年完成投入11.3亿元，一期5.26平方公里“九通一平”加速推进。粮食生产实现“八连丰”，新增规模以上土地流转面积3.4万亩，城乡一体化试点范围扩大到“一区两办十镇”。全年实现地区生产总值554.9亿元，同比增长12.2%；财政收入90.4亿元，增长29.1%；固定资产投资450.1亿元，增长30.4%；城镇居民人均可支配收入17876元，增长17.7%，农民人均纯收入6313元，增长18.3%，经济社会呈现出质量提升、结构优化、后劲增强、活力彰显、和谐稳定的良好态势。

“十二五”时期是淮北市全面转型的加速期，加快发展的关键期，更是大有可为的黄金期。市委、市政府提出，要大力实施“2256”工程，即围绕争当皖北崛起排头兵、争创全国文明城市“两争”目标，突出加快转型、加快发展“两快”主题，实现地区生产总值、财政收入、固定资产投入、城镇居民人均可支配收入、农民人均纯收入“五个翻番”，力争地区生产总值增速、财政收入增速、城镇居民人均可支配收入增速、农民人均纯收入增速、工业化率、城镇化率皖北地区“六个领先”，全面提升城市综合竞争力，努力把淮北建设成为一个经济实力强、生态环境美、幸福指数优、文明程度高的现代化新型工业城市。

相山新貌

国家园林城市　科技进步

中国淮北食品工业博览会开幕

中国淮北煤矿机械博览会开幕

中国宝迪集团总部基地建设项目在淮北开工

相山区老城住宅综合整治工程启动

帝景翰园小区

农村新貌——烈山洪庄村

WanBeiJiangNan　WenMingHuaiBei

先进市　循环经济试点市

雾漫相山

凤凰山食品开发区

繁华的购物中心

宝迪食品工业园

淮海集团安徽矿业机械装备公司

天象龙盟环保纸业

皖北江南　文明淮北

依法诚信纳税 共建和谐国税

安徽国税

省长李斌、省委常委、常务副省长詹夏来到省国税局调研

省委副书记孙金龙考察指导国税工作

2011年，安徽省国税局作为国家税务总局税源专业化管理、大企业税收专业化管理、税务稽查管理方式改革试点单位，转变税务管理方式，改革税收征管模式，实施税收遵从、风险应对、执法保障、人才培养四项策略，探索纳税服务、工作运行、廉政内控、干部成长四种机制，积极构建既具有国际先进水平、又符合中国实际的税收管理方式和模式，不断提高税法遵从度和纳税人满意度，降低税收流失率和征纳成本，全力推进税务管理现代化。

全年实现国税计划口径税收收入1173亿元，收入增幅达22.8%，高于全国国税增幅3.6个百分点，居全国第15位，中部地区第2位。深入推进税源专业化管理，根据企业规模和风险等级，分类实施纳税提醒、纳税评估、税务稽查和反避税等风险应对措施，全年累计查补税款近20亿元，对全省国税增长的贡献率达9.2%，拉动国税增长2.1个百分点。积极发挥税收在调结构、转方式、促发展中的职能作用，全年累计办理各类减免退税345.7亿多元。

在做好税收业务工作的同时，进一步推动税务文化建设，深入推进“为民服务、创先争优”活动，认真组织“国税局长带头大走访活动”，不断激发队伍活力，树立文明形象，激发干部群众的上进心、荣誉感。全系统共113个集体和6名个人获省局级以上表彰，省局机关连续3届获得省级文明单位称号；全系统获得省级文明行业称号，包括省局机关在内的10个单位荣获全国文明单位称号。

总局副局长解学智来皖主持召开全国货物劳务税工作会议

总局副局长宋兰在我省开展税源专业化管理改革调研

局长胡道新开展“国税局长带头大走访”活动

局长胡道新深入基层开展税源专业化管理改革情况调研

安徽省国税局12366纳税服务热线正式开通

全省国税系统干部队伍建设工作会议在合肥召开

服务科学发展 共建和谐税收

安徽地税

2011年12月31日，省委副书记、省长李斌（前排中）到省地税局考察调研

2011年11月30日，省委常委、常务副省长詹夏来(前排左)到省地税局考察调研

2011年，安徽地税系统牢牢把握服务科学发展、共建和谐税收主题和推进税收管理转型升级主线，坚持“一个确保、两个提高”总体要求，统筹做好组织收入和服务发展“两篇文章”，锐意进取，扎实工作，圆满完成了以组织收入为中心的各项目标任务，实现“十二五”发展良好开局。

省委书记张宝顺先后两次对地税工作作出重要批示，对地税部门组织收入和支持企业发展作出的贡献表示充分肯定。2011年初，省政府专门发出贺信，对地税部门实现社保费收入增长和促进企业发展的“双赢”成效给予高度评价；省委常委、副省长赵树丛出席全省地税工作会议并发表重要讲话，充分肯定“十二五”全省地税发展思路。省政协主席王明方，省委常委、宣传部长臧世凯分别就地税部门加强效能建设，加强征纳和谐、系统和顺、家庭和美“三和”地税建设的做法和成效给予褒奖。

全年累计组织税费收入1434亿元（不含耕地占用税和契税），增长37%。其中，地方税收入891.3亿元，增长36.8%，规模列全国第12位、中部第2位，增幅列全国第7位、中部第3位、高出全国平均水平8.2个百分点；基金费收入542.6亿元，增长37.2%；社会保险费完成预算任务的119%，基本养老、基本医疗和失业保险费征缴率均超过90%。

通过全系统上下的共同努力，地税工作为全省经济社会又好又快发展和民生的持续改善作出了重要贡献。税收政策有效落实，促进保增长调结构惠民生；依法治税扎实推进，提高税收法治水平；纳税服务持续优化，提升纳税人满意度和税法遵从度；税收管理方式不断完善，提高征管质量和效率；干部队伍建设和党风廉政建设切实加强，增强干部队伍的综合素质。与此同时，精神文明建设和文明创建成果丰硕。省地税局机关等13个单位被评为全国文明单位，全系统有108个单位被评为第九届安徽省文明单位。

纪念建党90周年全省地税系统“歌党恩、颂党情”书画摄影展

为期半年的“访税情、办实事、促和谐”四级局长带头大走访

省暨合肥市全国第20个税收宣传月广场文艺宣传活动

举办全省地税系统“清风廉韵、和谐地税”反腐倡廉文艺汇演

增强全省地税系统凝聚力的“三和建设杯”乒羽球比赛

参加总局举行的所得税知识考试并获得平均分数全国第一

安徽审计 服务大局 依法审计

时任安徽省省长王三运与厅长刘战平亲切交谈

2011年，安徽省各级审计机关在省委、省政府和审计署的正确领导下，以邓小平理论和“三个代表”重要思想为指导，紧紧围绕科学发展主题和全面转型、加速崛起、兴皖富民主线，以开展“信息化推进工程”活动为抓手，切实履行宪法和法律赋予的职责，为打造“三个强省”、建设美好安徽作出了积极贡献，较好地发挥了审计保障国家经济社会健康运行的“免疫系统”功能。2011年，全省审计机关共审计和专项审计调查7108个单位，查出违规问题金额80.8亿元，损失浪费问题金额1.73亿元，管理不规范金额1065.14亿元。全省审计机关共完成对1085人的经济责任审计，查出领导干部对违法违规行为负有主管责任和直接责任的问题金额分别是27.12亿元和3541万元。通过审计，为国家增收节支22.41亿元，其中已上交财政8.64亿元，已减少财政拨款或补贴3.09亿元，已归还原渠道资金10.68亿元。审计移送司法、纪检监察机关和有关部门处理事项63件。各级审计机关共出具审计报告和报送审计调查报告7115份，向社会发布审计结果公告399篇。向被审计单位或有关单位提出审计建议17768条，其中已采纳14026条。被审计单位根据审计建议制定整改措施838项，建立健全规章制度240份。

2011年，安徽省各级审计机关围绕促进防范化解潜在风险，全力完成地方政府性债务审计；围绕推动公共财政管理不断完善，注重深化预算执行审计；围绕保障富民惠民政策落实，着力强化民生工程和资金审计；围绕优化投资结构和提高效益，继续加强重点建设项目审计；围绕促进经济社会可持续发展，积极探索开展有关专项审计；围绕加强对权力运行的监督制约，深入推进经济责任审计。2011年，安徽省审计厅分别被中央文明委和省文明委命名为文明单位，被省委、省政府评为2006-2010年全省依法治省和法制宣传教育先进集体，被评为省直效能建设先进单位，并在省政府政风评议中被评为满意等次。据统计，2011年安徽省审计厅共获得省委、省政府、审计署及有关部门表彰的奖项20多项。

组织参观全国检察机关惩治和预防渎职侵权展览安徽巡展

在黄山举办全省审计系统庆祝建党90周年楹联展

2011年安徽省地方性债务审计进点见面会

厅长刘战平到省邮储银行内部审计机构看望审计人员

审计人员对省立医院负责人经济责任审计现场

省审计厅对巢湖水污染综合治理情况进行专项审计调查

全省54名自学计算机审计中级课程学员在参加中级水平考试

把计算机应用情况纳入优秀项目评比的重要内容之一

旅游·难忘安徽

省委书记张宝顺考察安庆市太湖县五千年文博园旅游项目并题词

省长李斌在宣城市市委书记童怀伟等陪同下考察指导旅游项目开发工作

2011年,全省旅游行业全面贯彻落实党的十七届六中全会精神、国务院《关于加快发展旅游业的意见》和省政府《关于进一步加快发展旅游业的实施意见》精神,按照省委、省政府和国家旅游局的部署要求,围绕“把旅游业培育成国民经济的战略性支柱产业和人民群众更加满意的现代服务业”的战略任务,着力深化改革开放,着力扩大有效投入,着力调整产品结构,着力强化宣传营销,着力提升服务质量,圆满实现了“十二五”开门红,全省旅游业发展硕果累累。

一是主要指标高速增长。2011年全省接待入境游客262.8万人次,入境旅游收入11.8亿美元(不含旅游商品创汇),分别完成年度任务109.5%和118%,同比增长32.48%和66.49%;接待国内游客2.25亿人次,国内旅游收入1814.99亿元,分别完成年度任务121.6%和129.5%,同比增长46.82%和65.78%;旅游总收入1891.6亿元,完成年度任务128.7%,同比增长65.81%;相当于GDP比重达到12.5%,同比增长3.12个百分点;旅游总收入占全省第三产业增加值39.1%,同比增长11.4个百分点。各项指标高位运行,超额完成了年度目标任务。

二是各项排名全面进位。国内旅游收入和旅游总收入增幅均在全国位列第一,入境旅游收入和国内游客接待量增幅均在全国位列第二,入境游客接待量增幅在全国位列第三。五项指标中,除入境游客接待量继续保持中部第一、全国第十二名的位次外,其他四项指标在全国全面实现进位,其中入境旅游收入在全国排名由第14位进到第12位,在中部排名由第2位进到第1位;国内游客接待量在全国排名第14位进到第10位,在中部排名保持第4位;国内旅游收入和旅游总收入在全国排名均由第14位进到第11位,在中部排名均由第4位进到第3位。

三是消费热点持续升温。2011年,全省68家重点监测旅游景区(点)接待游客7457.46万人次,同比增长21.21%;门票收入20.82亿元,同比增长22.22%。全省星级饭店总体营业收入达60.74亿元,同比增长17%;利润5.62亿元,同比增长46%;税收4.62亿元,同比增长12%;全省旅行社营业总额达到51.3亿元,同比增长12%,其中黄山市中国旅行社和安徽中国青年旅行社有限责任公司荣登全国百强榜;全省29家旅游商品生产示范企业营收总额为12.24亿元,同比增长31.58%。

安徽省旅游局

副省长花建慧在淮南市市长曹勇等陪同下考察淮南旅游项目建设情况

局长胡学凡到黄山市休宁县齐云山调研

2011年大别山红色旅游区管理人员培训班暨六市政府协作年会在岳西县召开

ICBC 中国工商银行

工总行董事长姜建清、党委委员王希全在安徽分行调研

安徽银监局局长陈琼到工行安徽省分行网点调研

安徽省分行

中国工商银行安徽省分行是省内经营规模最大的商业银行。近年来，面对复杂多变的经营环境和更趋激烈的市场竞争形势，该行坚持以加快发展为主题，以推进转型为主线，着力提升金融服务水平，在支持我省经济平稳较快发展的同时，实现了各项业务持续健康快速发展。

工作中，该行始终坚持把支持地方经济发展与商业银行经营原则有机结合起来，不断加快金融创新，加大有效信贷投入，优化信贷资源配置，积极满足各类客户金融服务特别是融资服务需求，贷款投放总量始终居省内商业银行首位，在安徽经济社会发展中充分发挥了大型商业银行的融资主渠道作用。

该行还深入推进改革创新，持续强化内部改革，着力于通过实施业务集中运营和业务流程改造等，切实提升服务承载能力。同时大力加强融资方式和金融产品创新，为重点大型企业提供多种形式的综合金融服务，为小企业客户创新推出多种新型融资产品，并不断丰富个人金融产品体系，有效满足了各类客户多元化的金融服务需求。

在推动各项业务健康快速发展的同时，该行积极改进金融服务，进一步完善服务工作机制，促进服务水平得到有效提升，2011年该行共有8家机构荣获“中国银行业文明规范服务千佳示范单位”称号，16家机构荣获“安徽省银行业文明规范服务百家示范单位”称号。同时，该行还积极履行社会责任，2011年开展了“百花齐绽放，工行温暖行”、资助农民工上大学等公益活动，受到了社会各界的好评。

工行安徽省分行参加合肥市银企对接会

组织召开纪念建党90周年暨“三优一先”表彰大会

开展“百花齐绽放 工行温暖行”系列公益活动

开展“迎国庆‘画说工行’员工书法绘画作品展”活动

市长宋国权陪同莫桑比克共和国总理艾雷斯·阿里参观黄山

全国政协及中央统战部领导一行到黄山风景区考察

黄山 天下第一奇山

黄山风景区位于安徽南部黄山市境内，是世界文化与自然遗产、世界地质公园、国家级风景名胜区、国家5A级旅游景区，面积160.6平公里，最高峰莲花峰海拔1864.8米。景区自然景观神奇，以奇松、怪石、云海、温泉、冬雪“五绝”闻名于世，被誉为“天下第一奇山”；文化底蕴厚重，有摩崖石刻280多处，古道、古桥、古亭近百处，文学作品2万多篇（首），是“黄山画派”的摇篮；生态环境绝佳，森林覆盖率为84.7%，植被覆盖率高达93%，被誉为“天然氧吧”。明代大旅行家徐霞客曾两次登临黄山，赞叹道：“薄海内外无如徽之黄山，登黄山天下无山，观止矣！”

旅游经济　2011年，黄山风景区接待游客274.4万人，同比增长8.96%。其中，境外游客28.04万人，同比增长9.2%。集团公司实现经营收入18.19亿元，同比增长10.11%；实现税前利润3.51亿元，同比增长9.35%；上缴税收2.21亿元，同比增长9.41%。集团公司总资产突破50亿元，主要经济指标再创历史新高。

项目建设　全年完成投资18.16亿元，同比增长31.6%。建成了南大门环境综合整治（一期）、南大门立体停车场、黄山昱城皇冠假日酒店、北大门综合服务中心、消防救援指挥中心等一批事关景区长远发展的重点项目。其中，南大门环境综合整治（一期），总投资2.2亿元，建成了游客中心、多功能广场、逍遥溪水景、黄山花谷等“六大板块”，倾力打造“黄山首道风景线”；黄山昱城皇冠假日酒店，总投资7亿元，建筑面积7.8万平方米，是我市单体建筑面积最大、首家拥有国际知名品牌的高端酒店。此外，应急救援体系建设、智慧黄山精品旅游信息化、西海饭店整体改造、西海大峡谷观光缆车等工程顺利推进。

黄山南大门环境综合整治

大美黄山国际风光摄影展颁奖仪式在昱城皇冠假日酒店举行

黄山旅游集团与新西兰凯库拉望鲸公司建立友好合作关系

资源保护　实现连续32年无森林火灾，有效阻止松材线虫病传入景区，古树名木保护两项技术规范被评为省级标准。景区地表水质、空气质量、环境噪声等指标达到或优于国家标准。初步建成了景区文物数据库，修缮了部分古建筑，增补并对部分石刻进行出新。进一步完善保护管理工作机制，修订了《保护黄山工作目标管理考核办法》。

景区管理　创新旅游高峰日管理，完善了“三预”机制（预约、预测、预警），加强综合执法和旅游应急救援，成立了综合执法局、综合执法大队、紧急救援大队和安徽省黄山山岳救援队，初步实现了由综合治理向依法管理的转变。国家旅游应急救援黄山队正式成立，成为我国第一支旅游应急救援专业队伍。完成了视频监控三期建设，安徽省旅游信息化工程研究中心落户黄山。加强旅游秩序整治，严格“一日游”管理，严厉打击南大门追拉客、北大门非法代驾行为，景区旅游环境进一步优化。

品牌形象　顺利加入世界自然保护联盟和亚太旅游协会，成为世界自然保护联盟中国会员中的首家旅游景区。作为亚洲唯一单位参与全球旅游目的地管理标准制定工作。荣获了“全国文明单位”称号，成功入选首批“全国低碳旅游实验区”，集团公司连续三年跻身中国旅游集团20强，股份公司通过全国旅游标准化试点单位终期验收，成为我省唯一实现标准化经营管理的综合型旅游企业。开展了纪念建党90周年、首个中国旅游日、黄山国际登山大赛、黄山国际风光摄影大展等一系列重大活动。中央电视台多个频道对景区保护发展作了报道，黄山的知名度和美誉度持续提升。

人间仙境寻何处

广迎四海宾朋

大峡谷——瑶台

世界文化与自然遗产 世界

且待黄山入画来

始信峰日出

九龙峰

地质公园　国家风景名胜区

九华山风景区

省长李斌在九华山调研

池州市委书记陈强在九华山调研

大愿佛景区

池州市委常委、党工委书记、管委会主任王贵杰到柯村新区中心幼儿园慰问

九华山位于皖江南岸池州市境内，是中国佛教四大名山之一，是以佛教文化和自然与人文圣境为特色的国家级重点风景名胜区。2006年，九华山首批列入《国家自然与文化双遗产预备名录》，被批准为“数字景区”试点单位之一；2007年被评为首批国家5A级旅游景区；2009年被评为全国文明风景旅游区，入选国家地质公园名录。

九华山是佛教名山　以地藏菩萨道场驰名天下，享誉海内外。公元719年，新罗国（韩国）王子金乔觉渡海来唐，卓锡九华，苦心修行75载，99岁圆寂，因其生前逝后各种瑞相酷似佛经中记载的地藏菩萨，僧众尊他为地藏菩萨应世，九华山遂辟为地藏菩萨道场。受地藏菩萨“众生度尽，方证菩提，地狱未空，誓不成佛”的宏愿感召，自唐以来，寺院日增，僧众云集，香火之盛甲于天下。九华山现存寺庙99座，僧尼近千人，佛像万余樽。长期以来，各大寺庙佛事频繁，晨钟暮鼓，梵音袅袅，朝山礼佛的教徒信众络绎不绝。九华山历代高僧辈出，从唐至今自然形成了15樽肉身，现有5樽可供观瞻，其中明代无瑕和尚肉身被崇祯皇帝敕封为“应身菩萨”，1999年1月发现的仁义师太肉身是世界上唯一的比丘尼肉身。在气候常年湿润的自然条件下，肉身不腐已成为生命科学之谜，引起了社会广泛关注，更为九华山增添了一分庄严神秘的色彩。

九华山是风景名山　九华山天开神奇，清丽脱俗，是大自然造化的精品，有“莲花佛国”之称。境内群峰竞秀，怪石林立，九大主峰如九朵莲花，千姿百态，各具神韵。连绵山峰形成的天然睡佛，成为自然景观与佛教文化有机融合的典范。景区内处处清溪幽潭、飞瀑流泉，构成了一幅幅清新自然的山水画卷。还有云海、日出、雾凇、佛光等自然奇观，气象万千，美不胜收，素有“秀甲江南”之誉。

九华山是自然名山　九华山气候温和，土地湿润，生态环境佳美，森林覆盖率达90%以上，有1460多种植物和216种珍稀野生动物。基于生态的多样性和完整性，九华山季节分明，四时之景不同。春天，满山吐芳，百鸟和鸣；夏天，佳木繁阴，谷风清凉；秋天，层林尽染，别富情趣；冬天，琼楼玉宇，超然空灵。四时美景不同，让人叹为观止。

九华山是文化名山　九华山文化底蕴深厚，晋唐以来，陶渊明、李白、费冠卿、杜牧、苏东坡、王安石等文坛大儒游历于此，吟诵出一首首千古绝唱，黄宾虹、张大千、刘海粟、李可染等丹青巨匠挥毫泼墨，留下了一幅幅传世佳作。唐代大诗人李白三上九华，写下了数十首赞美九华山的不朽诗篇，尤其是“妙有分二气，灵山开九华”的诗句，成了九华山的“定名篇”。九华山现存文物2000多件，历代名人雅士的诗词歌赋500多篇，书院、书堂遗址20多处，其中唐代贝叶经、明代大藏经、血经，明万历皇帝圣旨和清康熙、乾隆墨迹等堪称稀世珍宝。

2011年，是“十二五”开局之年。一年来，风景区党工委、管委会在市委、市政府的正确领导下，紧密团结带领全山广大干群，坚持以科学发展观为统领，全面贯彻落实党的十七大和十七届三中、四中、五中、六中全会精神，紧紧围绕“十二五”规划布局，按照起好步、开好头的总体思路，着力实施“1410”工程，圆满完成了全年各项目标任务。全年完成地区生产总值15.2亿元，增长20.9%；接待游客490万人次，增长22%；实现旅游收入48亿元，增长23%；完成财政收入4亿元，增长14.29%；招商引资16.2亿元，增长32.83%。全社会固定资产投资11.5亿元，增长9.52%。随着一批主要经济发展指标的大幅度攀升，景区综合实力迈上了新的台阶，发展平台更加坚实，旅游环境不断优化，民生大为改善，社会安定和谐，顺利实现了“十二五”良好开局。元旦、春节、清明、五一、端午、十一等假日经济火爆，游客量、车流量、旅游收入等指标不断刷新纪录。

千年佛圣地 结缘九华山

九华风情河

整治一新的肉身宝殿广场

山门

整治一新的聚龙广场

九华老街

佛光大道

柯村新区中心幼儿园

肥西 淮军故里 改革

县委书记、县人大主任 陈晓波

县委副书记、县长 李海鹰

综合实力不断增强 2011年，全县经济社会发展持续保持“总量攀高、速度较快、结构优化、效益提升、民生改善”的良好态势。全年实现地区生产总值344.4亿元，增长17.3%;规上工业产值740.7亿元，增长31.8%;财政收入40.03亿元，增长37.9%;地方财政收入21.5亿元，增长55.8%;社会消费品零售总额44.7亿元，增长20.9%。地区生产总值、规上工业产值和地方财政收入均居全省首位。

工业经济领跑全省 形成以汽车、家电、装备制造、新型医药、生物医药、农副产品加工等主导产业，并致力培育高端装备制造、节能环保、生物医药、新型能源，电子信息等战略性新兴产业，县域工业已经从“一企独秀”发展到“满园春色”。2011年底，全县规上企业达286家，净增36家，实现规上工业增加值181亿元，增长20.5%，总量继续领跑全省。投资总量跃居全省首位。牢固树立“发展为上，投资为本”理念，全方位加大有效投入，全年完成全社会固定资产投资302.2亿元，增长32%，其中，工业投资150亿元，增长27.4%。固定资产投资总量跃居全省首位。

三产服务业日渐兴旺 三河古镇、紫蓬名山等旅游名片日益响亮，2011年全县接待游客260万人次，创旅游综合收入18.2亿元，荣获全省首批休闲农业与乡村旅游示范县。合家福、永辉、辉隆等大型连锁企业成功入驻，“万村千乡”市场工程乡、村覆盖率分别达到100%和75%，全县第三产业增加值占地区生产总值的比重达23%。

现代农业快速推进 广东温氏、浙江滕头、福建嘉业等一批农业重点项目相继落地，拥有市级以上农业产业化龙头企业100家、农业科技示范园40家、各类农产品市场20多个。苗木花卉面积20万亩，占全省一半以上;全年家禽出栏6772万只，为全省第一。

社会民生显著改善 始终坚持民生为本，多措并举，着力增加人民群众收入，城镇在岗职工平均工资39088元，增长16.9%;农民人均纯收入8464元，增长19.3%。投入23.5亿元的民生工程，惠及城乡所有居民，连续4年荣获合肥市第一名，群众幸福感日益增强。

肥西新貌

首县　巢湖明珠　花木之乡

省委常委、合肥市委书记吴存荣陪同省委书记张宝顺、常务副省长詹夏来在肥西调研

省委常委、合肥市委书记吴存荣、市长张庆军陪同省长李斌在肥西调研

三河庐剧博览园

合肥得一新材料科技有限公司生产车间

合肥出口加工区

安徽计算机学院

宁国市　中国耐磨铸件之都

中国(宁国)休闲农业与魅力乡村发展论坛媒体通气会在北京人民大会堂召开

2011年，全市实现生产总值163.2亿元，比上年增长16.1%；财政收入27.0亿元，增长34.5%；农民人均纯收入10001元，增长18.0%；全市规模以上工业企业达177家。省级宁国经济技术开发区入驻企业875家，2011年规模以上工业总产值270.1亿元，占全市总量的78.8%。

近年来，宁国坚持工业立市，建设皖江城市带承接产业转移示范区的先行区，汽车零部件、耐磨铸件、电子电器三大主导产业不断优化升级，节能建材与新能源应用、医疗器械与生物医药、电子信息等新兴产业发展势头强劲。铸造业发达，被中国铸造协会授予“中国耐磨铸件之都”荣誉称号。全市自主培育了5家上市公司，总量位居全省县市第一位。综合经济实力自2000年以来一直位居安徽省领先位次，连续三年被授予安徽省科学发展先进县，连续四年荣获“中国中小城市科学发展百强”称号，连续两年跻身中国十佳“两型”中小城市行列。

安徽畲乡云梯“三月三”歌会

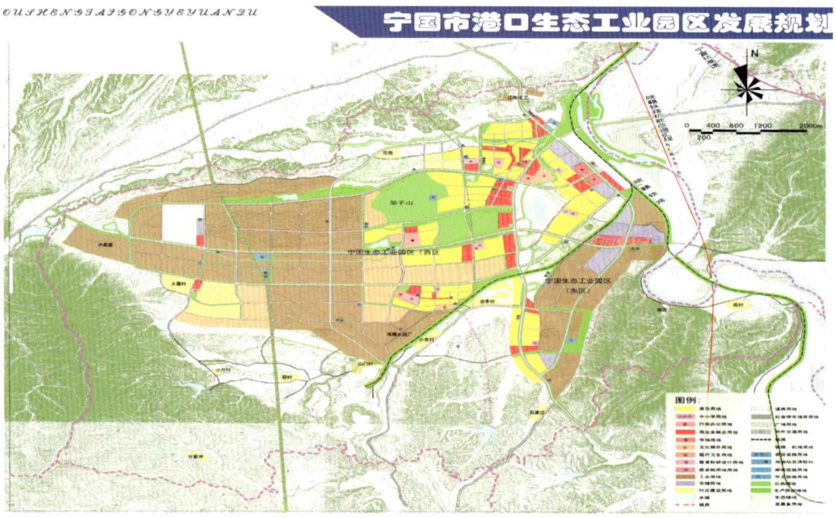

省级宁国港口生态工业园

汽车零部件基地　山核桃之乡

一流的教育设施

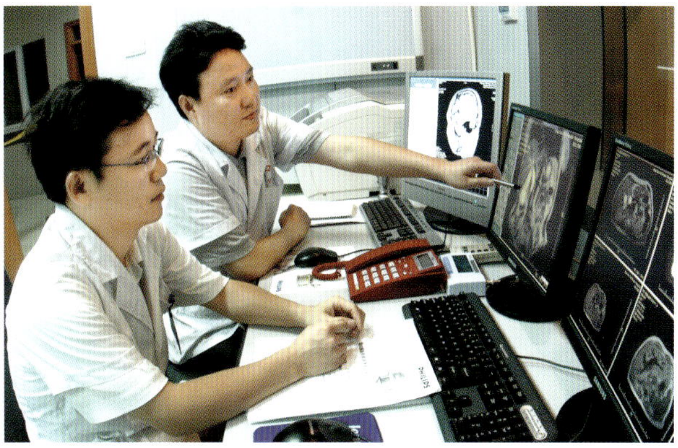

完善的医疗卫生条件

现代化养殖

科技创新型企业——安徽聚隆机械有限公司

滨河鸟瞰

巢湖市

巢湖风光

皖中明珠

巢湖是“三古”之地。堪称古人类的起源地、古文明的发祥地、古战场的必争地。已发掘的银山智人遗址表明，距今30万年以前，人类祖先已在此繁衍生息。作为人类原始巢居的发明者、巢居文明的开拓者有巢氏，已成为公认的中华人文始祖。巢湖自古乃兵家必争之地。

巢湖是“三将”之乡。冯玉祥、张治中、李克农都是从巢湖走出的一代名将，分别被誉为“布衣将军”、“和平将军”和“传奇将军”。

巢湖是“三水”之都。濒临长江，坐拥巢湖，是著名的温泉之乡。

巢湖是“三优”之城。区位优势明显，位于长三角腹地、“合芜宁”金三角中心，是皖江开发开放的中心地带，也是国家向中西部推进开发开放的过渡带。资源优势明显，800平方公里巢湖烟波浩渺，山清水秀，景色怡人，是国家级风景名胜区和安徽省重点旅游开发区，湖光、奇花、温泉、溶洞并称“巢湖四绝”；巢湖银鱼、白米虾和大闸蟹被誉为“巢湖三珍”，素有“鱼米之乡”美誉；巢湖岸线88公里，适宜建港岸线34公里，是合肥通江达海的重要枢纽地；富有23种矿产资源，石灰石、白云岩储量居全省第一位。发展优势明显，是省城合肥东向发展的门户，承接产业转移示范区的核心，已成为全国最大的水泥建材生产基地、全国最大的渔网生产基地、全国十大钢构生产基地之一。

近年来，巢湖市大力实施工业强市、生态立市、城乡统筹、项目带动四大战略,加快推进产业结构的转型升级，基本形成新型建材、机械制造、轻工纺织、食品和农副产品加工等支柱产业。到2011年底，全市共有规模以上工业企业157户，其中大中型企业20户。2011年，全市实现地区生产总值184.2亿元，比2010年增长8.9%；规模以上工业实现增加值67.5亿元，增长28.3%；社会消费品零售总额61.6亿元，增长16.2%；全社会固定资产投资104.4亿元；财政收入29.3亿元，增长32.3%；外贸进出口总额15776万美元，增长32.0%；农民人均纯收入6883元，增长17.9%。

巢湖民歌传天下

张治中故居

“中国渔网第一镇”——槐林渔网

烔炀草莓上市

娃哈哈昌盛饮料公司生产线

巢湖城市大建设工地

城区一角

包公故里　魅力肥东

县委书记　杨宏星

县长　路军

和平广场

中部领先　全国百强

市委书记吴存荣、县委书记杨宏星为湘元公司党支部揭牌

合肥市市长张庆军（左二）到合肥循环经济示范园调研

自然概况　肥东居皖中腹地、南滨巢湖，史称“吴楚要冲、包公故里”。合宁铁路穿境而过，合宁、合芜、合徐、合六高速公路和省级平安大道合蚌公路贯穿全境，高速公路总里程居全省县域之首。县城店埠距合肥市中心仅16公里。土地面积2206平方公里，辖18个乡镇，1个省级开发区、1个合肥循环经济示范园、1个省级商贸物流开发区，2011年末户籍人口108.4万人。

人文历史　肥东钟灵毓秀，人才辈出。自然景观有我国五大淡水湖之一的巢湖，奇石密布的浮槎山，江淮分水岭上的璀璨明珠岱山湖，庐阳八景之一的四顶朝霞及振湖塔、龙泉古寺等。人文景观有包氏宗祠、李鸿章家族遗存、曹植墓、六家畈古民居和瑶岗渡江战役总前委旧址纪念馆、褚老圩新四军四支队东进抗日纪念馆等，其中瑶岗纪念馆是合肥市唯一的国家级文物保护单位。孕育了包拯、李鸿章、吴邦国、张劲夫等杰出人物。

经济发展　近年来，肥东县委、县政府坚持以科学发展观为统揽，紧紧围绕“工业超千亿，全国争百强”目标，抢抓机遇，真抓实干，全县经济社会发展呈现出速度加快、效益提升、民生改善、安定和谐的良好态势。肥东是全国粮油生产重点县、科技进步先进县，全省农产品优质化工程十强县、无公害生产示范基地县，也是全国著名的建筑之乡。2011年，全县规模以上工业企业发展到305户，产值超亿元企业104户。初步形成了起重机械、钢铁加工、家用电器、农副食品加工、盐化工及新型建材等产业集群，是“中国县域产业集群竞争力100强单位”，拥有韩国SK、黑牛、雨润、唐人神、新希望、和威、桑铌科技、蒙牛、金安钢管等企业，总投资分别超100亿元的中盐合肥化工基地项目和马钢（合肥）钢材深加工项目开工建设。

2011年，全县实现地区生产总值298.6亿元，增长18.9%，规模以上工业总产值454.2亿元，增长54.3%，全社会固定资产投资263.0亿元，同比增长55.8%，财政收入23.5亿元，增长57.0%；招商引资172.1亿元，同比增长32%，农民人均纯收入8389元，增长19.4%。

综合治理后的县城店埠河一角

工业立县 产城一体

新农保首批养老金发放

留守儿童之家让孩子们感受到读书的乐趣

和谐号动车组停靠肥东车站

建好的村村通水泥路

县城夜景

四顶朝霞

开放合作　绿色肥东

县城道路一角

县城污水处理厂

凯利花生制品出口欧美地区

美菱有色金属公司生产一角

新农村建设掠影

长丰县

全市争先进 全省争一流 全国争百强

省委常委、合肥市委书记吴存荣到长丰调研

合肥市市长张庆军到长丰调研

长丰县是省会合肥市辖县，总面积1841平方公里，人口76.8万，辖14个乡镇、1个省级开发区。2011年，全县上下坚持以科学发展观为指导，解放思想，快抓实干，开启了“十二五”发展的崭新篇章。全县实现地区生产总值214亿元，增长19.2%；财政收入21.2亿元，增长53%；全社会固定资产投资208.6亿元，增长34.5%；工业总产值450亿元，增长40.6%；农民人均纯收入7291元，增长19.1%。

工业经济快速发展 紧盯工业大项目，创新招商工作机制，实行专家预审评估，变“招商引资”为“招商选资”。成功引进投资45亿元的广银铝业项目，启动建设下塘重工业园。推进项目快落地、快建设，海川重工等32个亿元以上项目开工建设，万安30万套底盘模块化项目等180个千万元以上项目建成投产。新增规模以上工业企业40户、达231户，其中产值亿元以上企业达80户、净增33户，鸿路钢构成功上市。

城市建设开创新篇 坚持规划先行，完成合肥北城新区、县城规划修编。坚持基础设施优先，北城梅冲湖路等4座铁路立交桥主体完工，县城杨公路改扩建、合淮阜高速连接线建成通车。坚持拆迁安置优先。投入资金14.1亿元，启动建设总面积70万平方米的凤麟兰庭、物华苑二期等一批安置小区。坚持社会配套优先。北城世纪城、恒大帝景等功能配套齐全的高端城市综合体开工建设。坚持生态环境优先，全面开展“绿化大会战”，实施80公里合淮阜绿色长廊景观工程，城镇绿化覆盖率达到20.7%。

城乡发展统筹推进 推进农业开发区建设，编制完成杨庙龙门寺现代农业开发区、杜集生态农业开发区规划。综合整治农村环境，改造农村危房2000户，实施造甲凤楼凤群、陶楼陶西等土地复垦整理整村推进项目。大力调整农业产业结构，实施草莓树莓、马铃薯南(冬)瓜、苗木花卉三个特色农业“20万亩”工程，全县草莓种植面积达16万亩，马铃薯、南（冬）瓜种植面积突破6万亩。

社会民生明显改善 全面实施33项民生工程。开展城乡居民社会养老保险试点，深入实施城乡居民合作医疗。投资1.67亿元实施72公里长的自来水“南水北调”工程，解决群众安全饮水问题。实施教师公租房建设，解决农村偏远地区教师住房难问题。开展送电影、送戏进敬老院活动，丰富了老年人精神文化生活。

2012年，我县将咬定“全市争先进、全省争一流、全国争百强”的奋斗目标，大力推进工业化、城市化、农业现代化和民生工程，以优异的成绩向党的十八大献礼。

广银铝业开工仪式

宝湾物流开工仪式

香溢花城

县城至合淮阜高速连接线

江铸万吨中心生产车间

北城世纪城项目

當塗

千年古县 活力新城

县委书记操隆山（右一）陪同省委书记张宝顺（左二）在当涂调研

县长杨善斌（右三）陪同省统计局局长钱晓康（右一）深入企业调研

当涂县地处安徽东部，介于南京、芜湖之间，隶属钢城马鞍山，西临长江“黄金水道”，东与江苏省一界之隔，是安徽省重要的沿江沿边县、东向发展的桥头堡和皖江城市带承接产业转移的前沿阵地。全县总面积1346平方公里，总人口65万人，辖11镇3乡3个园区（省级当涂经济开发区、青山河高新技术产业园和省级当涂现代农业示范区）。

千年古县，底蕴深厚。

当涂是一座拥有2200多年建县史的历史文化名城。县城曾为宋代太平州、明清太平府、清代长江水师、安徽学政署所在地。自秦代以来，当涂曾吸引中国文学史上600多位诗人，在这里留下了1000多首脍炙人口的诗文。诗仙李白一生七次游历当涂，晚年定居并终老于斯，李白墓园被列为全国重点文物保护单位；北宋著名词人李之仪，在当涂生活十年，去世后葬于当涂藏云山脚下。当涂享有“民歌之海”的美誉，当涂民歌入选国家首批非物质文化遗产保护名录。建于三国时期的护城河，保存完好，全国罕见；新建成的护城河综合治理一期“灯光秀”工程，全省规模最大。济美坊“布锦画”和洪滨丝画《羽毛》成为上海世博会上的当涂元素。

活力新城，魅力无限。

当涂是一座充满发展活力和投资潜力的活力新城。近年来，全县上下始终坚持工业强县战略不动摇，始终秉承“只有投资者成功，才有我们成功”的发展理念，牢固树立“开门大招商、落地倍亲商”的意识，全力优化投资发展环境。中国大唐、江苏红太阳、南京雨润、山西桂龙药业等一批国内知名企业相继落户，基本形成了机械制造、冶金压延、绿色食品、纺织服装、生物医药和能源化工等特色明显的产业集群，县域综合实力不断增强，在全省县级率先建成全面小康社会，连续三年跻身全省“科学发展先进县”行列，连续六年跨入全国中部百强县行列，连续八年位居全省“十强县”前列。

跨越发展中的当涂，活力与魅力兼具，古韵与今风共存。当前及今后一个时期，当涂人民将坚持以科学发展观为指导，以“加快全面转型，打造幸福当涂”为主题，紧紧围绕“全省争第一、中部争十强、全国争百强”的奋斗目标，努力把当涂建设成为安徽省城乡一体化先行区、新农村建设示范区、全面转型发展先导区和文明宜居的现代化中等城市，率先在全省县级全面建成更高水平的小康社会！

重点项目集中开竣工仪式

省级当涂经济开发区

古城新貌

改造后的千年护城河

当涂“三塔两浮桥”原景

无为县

省委书记张宝顺(右一)在安徽华菱电缆集团有限公司调研

跨江联动

市委书记高登榜（中）调研上海华谊无为煤化工项目

市长杨敬农(右三)来无检查指导防汛工作

拥江发展

初具规模的二坝煤化工基地

无城夜景

书画圣境——米公祠

无为县地处安徽中部，南临长江，北濒巢湖，隶属安徽省芜湖市，全县总面积2433平方公里，总人口142.9万人，辖23个乡镇，2个省级经济开发区。

无为历史悠久，人才荟萃　无为古称濡须，隋开皇元年（公元581年）始建置无为镇，已有1400余年历史，民国初设县，名取道家思想“思天下安于无事，无为而治”之意。曾哺育出宋代诗人杨杰、名医章迪、政治家王之道，明代哲学家吴庭翰，近代教育家卢仲农、五四运动先驱者李辛白、抗日民族英雄戴安澜、擂鼓诗人田间等名人志士。抗日和解放战争时期，无为是皖江抗日根据地中心区和“渡江第一船”始发地。

无为资源丰富，生态良好　无为县粮棉油及水产品产量均跨入全国百强行列，石油、天然气、煤、石灰岩等储量丰富。坐拥113公里长江黄金岸线，其中深水岸线74公里。境内有国家级森林公园天井山、竹丝湖、“江淮第一洞”泊山洞、“小九寨沟”鹤毛万年台、佛教圣地西九华、千年古刹双泉寺、黄金塔、米公祠和新四军七师旧址等自然和人文景观。

2011年，全县实现地区生产总值267.6亿元，比上年增长13.4%，是2006年的2.6倍，年均增长15.6%；完成财政收入20.31亿元，比上年增长14.3%，是2006年的2.7倍；全社会固定资产投资163.8亿元，比上年增长28.6%，是2006年的3.2倍；规模以上工业实现总产值545亿元、增加值138.5亿元，分别比上年增长44%和20.4%，是2006年的3.9倍、2.8倍；社会消费品零售总额73.4亿元，比上年增长15.2%，是2006年的2.3倍。主导产业加快发展。逐步形成以电线电缆、船舶制造、羽毛羽绒等为主导的特色产业体系。电线电缆发展成为全省最典型、最成熟的产业集群之一，转型升级步伐加快，对外影响和知名度不断扩大，全国电线电缆产品质量提升大会在无为县成功召开，2011年全行业实现产值348亿元，是2006年的3.8倍，年均增长30.5%。船舶制造业快速发展，总产值突破40亿元，年均增长231.8%。羽毛羽绒产业链不断延伸，生产企业增加到57家，实现总产值25.5亿元，年均增长32.6%。全县规模以上企业达203家，比2006年末增加1倍，其中产值超亿元企业达114家。项目建设取得实效。华谊煤化工、双钱轮胎、安徽盐化配套、中俊光伏玻璃、同人科技等一批重大项目相继开工，特别是总投资493亿元的沪皖合作项目华谊煤化工基地2008年正式落户无为开工建设，已累计完成投资63.5亿元，一期工程2011年顺利竣工投产，即将成为无为经济新的增长点。

全国电线电缆基地生产车间

全国内河最大的船舶制造基地

中国最具魅力文化休闲旅游县

南陵县

县委书记程刚（中）考察重点工程

县长徐晓明（右二）在县经济开发区调研

南陵县位于安徽省东南部，隶属皖江城市带承接产业转移示范区双核之一的国家开放城市芜湖市，是合芜蚌自主创新综合配套改革试验区的一员，总面积1263.7平方公里，现辖2个省级经济开发区、8镇、157村、20个居委会，人口55.5万人。正在建设中的合福高速铁路和国道205、318线以及省道320、216线交汇于县城，是皖南重要的交通枢纽。

南陵历史悠久，人文炳蔚　大工山古铜矿冶遗址与周朝时期的千峰山土墩墓群同被列为国家级文物保护单位，是中国青铜文化的发祥地之一，三国名将周瑜曾任县令，唐代李白曾携家寓居南陵，遗有《南陵别儿童入京》等诗作18篇。

南陵钟灵毓秀，物华天宝　有国家4A级旅游景区和国家级地质公园丫山花海石林风景区，国家4A级旅游景区大浦试验区，省级森林公园小格里，省级重点保护寺庙乌霞寺。现为国家级生态示范区、国家现代农业示范区。境内“凤丹”、“南陵大米”为国家地理标志保护产品。矿产资源有铜、铁、锑、煤、金、白云石、石灰石、氟石等。

近年来，南陵人民以科学发展观为指导，以“实施项目建设、强化招商引资、服务企业发展、促进城乡统筹”为主线，大力实施“工业强县、城乡统筹、生态立县、三产兴县”发展战略，全力推进新型工业化、城镇化、农业现代化进程，经济实力明显增强，人民生活水平不断提高，各项社会事业全面发展。2011年实现地区生产总值125.72亿元，比上年增长15%；财政收入13.36亿元，增长32.9%；全社会固定资产投资114.08亿元，增长29.1%；社会消费品零售总额40.16亿元，增长17%；农民人均纯收入9211元，增长17.2%；城镇居民人均可支配收入15573元。县域重点企业顺荣汽车部件股份有限公司在深交所成功上市。“奔牛”、“鲁班”商标被认定为中国驰名商标。荣获全国科技进步先进县。已连续五届获得全国最具投资潜力中小城市百强称号。

第四届中国（南陵）江南牡丹文化旅游节

南陵县承接高端新兴产业重点项目集中开工典礼

国家农业科技园区——大浦现代农业技术中心

大浦乡村世界国家4A级景区揭牌暨3D影院开业仪式

上市公司顺荣股份——六层吹塑主机

杉杉(芜湖)服饰有限公司——电脑绣花车间

春谷公园

绩溪县 国家历史

省委书记张宝顺（中）来我县调研新农村建设工作

全国人大领导同志一行到我县调研

自然概况 绩溪位于安徽省东南部，地处黄山山脉与天目山山脉结合带，长江与钱塘江水系分水岭，东接浙江临安，南临黄山。境内皖赣铁路纵贯南北，省道宜黄、蔡雄两线相交南行。土地面积1116平方公里，辖11个乡镇，2011年末总人口17.72万人。森林覆盖率75.5%，是联合国绿色产业示范区，国家生态示范县。

人文历史 南朝梁大同元年（535年）设良安县，唐朝永泰二年（766年）置绩溪县。绩溪文风鼎盛，人才荟萃，素有“邑小士多”之誉，隋末有统领六州的吴王汪华，明代有抗倭名帅兵部尚书胡宗宪，我国最早诗话集《苕溪渔隐丛话》编著者胡仔，清代有著名的“礼学三部”胡匡衷祖孙三代，一代巨贾红顶商人胡雪岩，胡开文墨业首创人胡天注，近代有新文化运动的先驱者胡适等。绩溪是程朱理学的重要发祥地、徽文化的核心区，“徽菜、徽剧、徽墨之源”，是国家历史文化名城、中国徽菜之乡、中国厨师之乡、全国双拥模范县。

经济发展 绩溪大力组织实施“农产品加工推进年”活动，加快打造徽菜山珍系列食品、蜂产品、特色粮油食品、中药材与保健食品、茶叶制品等五大特色产业，山核桃、蚕茧、蜂产品、名优茶、徽菜山珍系列食品等优质农产品基地已初具规模，主营业务收入超亿元的农产品加工企业达8户，省级龙头企业达10户，农业综合生产能力稳步提高。21个农产品获得无公害农产品、绿色食品、有机食品认证。工业经济稳步发展，初步形成了特钢铜材、机械链条、医药化工、丝绸轻工四大主导产业。2011年全县有规模以上工业企业62家，年产值超亿元的企业15家，完成工业增加值21.21亿元。项目建设取得新进展，投资近百亿元的绩溪抽水蓄能电站、投资22亿元的新意电缆、绩宁高速公路、京福高铁绩溪段、黄杭客专等工业和基础设施重大建设项目稳步推进。旅游业发展势头良好，当年接待国内游客210万人次，实现旅游总收入7.8亿元。绩溪生态工业园区规划面积20.4平方公里，已入园工业企业132家，100家建成投产，完成产值51.91亿元。

绩溪龙川之春

2008年以来，绩溪县连续三年获得全省“科学发展先进县”称号，受到省委、省政府通报嘉奖。2011年，该县加快经济结构调整，全年实现生产总值41.6亿元，三次产业结构调整为19.3：52.6：28.1；完成财政收入7.25亿元，固定资产投资完成额55.7亿元，实现社会消费品零售总额15亿元，农民人均纯收入达到7076元。

文化名城　中国徽菜之乡

县委书记张平调研三农工作

县长李前智深入基层调研

绩溪秋千台阁

农技人员传授技术

县城全景

绩溪　国家级生态建设示

板桥种养结合生态园

绩溪黑猪放养

徽州第一家——胡宗宪尚书府

太极湖村景区(AAAA)

有机农产品开发基地——蜀马家园

范区　联合国绿色产业示范县

鄣山大峡谷景区（AAAA）

金川丝绸生产车间一角

生产车间

徽杭古道

绩黄高速公路通车运行

广德县

中国金融生态县 最佳休闲旅游县

县委书记吴爱国（中）、县长葛建荣（右）出席广德县天燃气工程开工仪式

广德县位于安徽省东南部，苏浙皖三省八县（市）交界处，区域面积2165平方公里，辖5镇4乡、33个社区和106个行政村，人口51.5万。现有万亩竹海、千顷卢湖和“天下四绝”之一的国家风景名胜区太极洞，是辐射江南数千里祠山文化发源地，东临杭嘉湖，北倚苏锡常，“两个半小时经济圈”内有上海、杭州、南京、合肥等4个省会城市和16个大中发达城市，是安徽省唯一与苏浙两个发达省份毗邻接壤的县份，是东进西出的桥头堡、南北经济的结合点，是华东沿海经济挺进安徽等中西部地区的第一站。

2004-2009连续6年进入全省综合“十强”，2006-2010年连续5年位居全国“中部百强县”，2010年被评为全省“科学发展先进县”。先后荣获“长三角最具投资价值县市”、“浙商最佳投资服务县”、“全国区域带动力中小城市百强”、“中国金融生态县”、“2009年中国十大改革年度县”等称号。2012年被省委、省政府确定为省直接管理县。

“十二五”期间，广德县将进一步依托自身的区位优势、资源优势和体制优势，勇当宣城经济融入苏浙沪经济圈的排头兵，积极实施“工业强县”发展战略，进一步推动经济社会持续快速健康发展。

新城区建设

优良的生态环境

广德省级经济技术开发区项目集中开工仪式

大润发超市

企业生产车间

园区概览

郎溪县 皖江大地

省委书记张宝顺在企业调研

时任省长王三运莅临郎溪检查指导工作

郎溪地处皖东南，邻苏近浙，素有“三省通衢”之称。2011年，该县继续抢抓皖江示范区建设战略机遇，大力实施工业化城镇化“双轮驱动”战略，主要经济指标高位运行，县域经济社会发展高歌猛进，创造了令人瞩目的“郎溪现象”，被省政府批准为全省唯一的县级城乡一体化综合配套改革试验区。省委、省政府主要领导先后莅临郎溪视察指导，殷切期望我县“要坚持高端承接、绿色发展，争当皖江示范区建设的先行区和排头兵”。全年实现地区生产总值72.7亿元，增长17.4%；财政一般预算收入12.8亿元，增长60.2%，增幅均居全市第一。

承接产业转移成果丰硕 全年签约内资项目238个，其中超亿元项目98个，外资项目6个；实际到位内资238.9亿元、外资2025万美元，分别增长96.2%、37.6%。规模以上企业达142户，规模以上工业增加值增长30.5%，新增贷存比达148.3%，被评为“全省发展非公有制经济先进县”、“2011徽商投资最佳区域”。

“三区”建设卓有成效 省级郎溪经济开发区高新区创建扎实推进，累计建成投产企业117户，主体在建项目102个，其中特种设备制造业被命名为“全省首批新型工业化产业示范基地”；省级十字经济开发区经都产业基地总体规划和产业规划正式获批，起步区主次干道基本建成；新城区框架全面拉开，荣获“全省第二届创建文明县城工作先进县”称号。

农业农村稳步提升 加快“一村一品”发展和新农村建设，提前一年通过省级生态县创建技术核查；农田水利基本建设蝉联省“江淮杯”二等奖、市“水阳江杯”一等奖，荣获全省水利改革创新奖。

社会事业协调发展 33项民生工程全面实施；被列为“全省新型农村社会养老保险试点县”；提前一年创成“全国计划生育优质服务先进县”，被评为“全省人口和计划生育先进县”、“2011-2015年度全国科普示范县”、“全省残疾人社区康复示范县”、“省级平安县”，全县社会保持和谐稳定。

郎川大道

快速崛起的新星

城市鸟瞰

新建的郎溪中学

安徽动力源科技有限公司

宝辉清洗设备制造有限公司

新天丝纺织有限公司

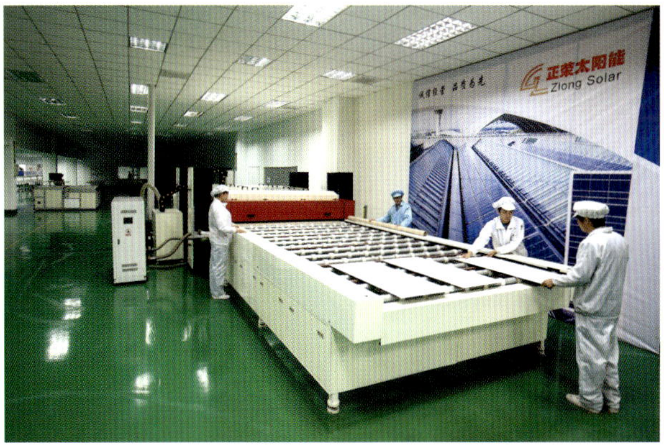

正荣太阳能有限公司

八宝之地 魅力铜陵

县委书记　黄学龙

县委副书记、县长　查文彪

铜陵县位于长江下游南岸、安徽省中南部。立县于南唐，铜采冶绵延3000余年而不绝，是中国青铜文明的发祥地之一。现辖4乡4镇，14个社区（居委会），103个行政村，面积823平方公里，人口29.3万人。

铜陵县气候温和、雨量充沛、自然资源丰富，是典型的江南“鱼米之乡”。凤丹、白姜等名特优农产品久负盛名，驰誉中外；铜、硫、石灰石储量在全国占有重要地位，被誉为“八宝之地”。此外，铜陵县还拥有金牛洞古采矿遗址、凤凰山景区、天井小镇文化旅游区等丰富的人文景观和旅游资源。

铜陵县区位交通优越，是皖中南区域交通枢纽、安徽“两山一湖”风景区的北大门。京台高速、沪蓉高速在铜陵交汇，铁路东接上海、西通武汉，在建的京福高铁、宁安城际穿境而过，长江黄金水道流经境内50多公里，九华山机场距铜陵县仅20多公里，已基本形成较为完备的公路、铁路、水路、航空立体交通网络。

铜陵县经济社会发展势头较好，2008-2010年连续三年位居全省一类县第8名，成功跻身全省县域经济发展“第一方阵”；2011年，又相继蝉联“全省文明县城”和“全国文明县城”称号，并连续第4次蝉联“全国科技进步先进县”称号。民生工程、公共卫生、社会保障、民政等工作居全省领先位次。

2011年，全县实现地区生产总值92.92亿元，按可比价计算增长13.0%；财政一般预算收入完成17.53亿元，增长40.0%；规模工业总产值183.49亿元，增长37.9%；全社会固定资产投资143.25亿元，增长45.6%；城镇居民人均可支配收入17453元，农村居民人均纯收入达8380元，分别增长16.6%和17.8%。

“十二五”时期铜陵县坚持以“转变发展方式、加速富民强县”为主线，以“全省一流、全面小康、全民幸福、全面和谐”为目标，大力实施工业强县、开放承接、创新驱动、城乡一体和绿色发展“五大战略”，加快推进经济社会转型跨越、科学发展，奋力跻身全省科学发展先进县行列。

居民全民健身活动

国色天香--铜陵凤丹

安徽圣迪乐公司自动化高品质蛋鸡养殖基地

落户于金桥工业园的安徽金桥电缆有限公司

中国江南文化园

东至县

实施工业强县战略 推动又好又快发展

市县领导到香隅化工园区调研

东至县由东流、至德两县合并，是安徽省的西南门户。全县国土面积3261平方公里，人口54.5万。襟江带湖，生态优美。是首批国家生态经济示范区和《中国二十一世纪》试点地区，人于自然协调，生态环境优良。东至南部多山，林茂水丰，植被丰富多样，森林覆盖率达到58.7%。北部为长江冲击平原，河湖纵横，这里有国际重要湿地国家级珍禽自然保护区升金湖，拥有水面20万毋，是我国最大的白头鹤越冬种群的栖息地，其中越冬东方白鹤占世界总数的1/8，有国家一级保护鸟类6种，是冬季生态旅游观鸟的好去处。资源丰富，特产众多，已探明的矿产尤以高品位的白石灰、白云石、方解石储量大，分别达20亿吨、4亿吨、2亿吨以上。农业资源得天独厚，具有农、林、牧、副、渔全面发展的优越条件。是全国“商品粮基地县”、“全国优质棉基地县”、“全国速生丰产林基地县”、“全国绿化先进县”、“沿江渔业高效示范区”、“全国红茶出口基地县”。“东至云尖”等7个品种绿茶，多次在全国农业博览会上获金奖，并被国务院办公厅和省政府制定为接待专用茶。

东至县委、县政府以挤入皖江城市带县域经济第一方阵目标，实施工业强县战略，很抓招商引资，谋划、引进一批重大项目和新兴产业，优化产业结构，提升产业层次，推动产业集聚。大力建设工业园区，提升产业承接平台。目前已拥有省级开发区2个、市级工业集中区2个。2010年香隅化工园区成功入选省首批循环经济示范单位。在2008年、2009年、2010年全省县域分类考核中，连续三年被评为“安徽省科学发展先进县”。2011年全年引进规模以上项目75 个，到位资金45.9亿元，增长50.0 %，其中超亿元项目10个、超 10 亿元项目3个。全县地区生产总值88.1亿元，增长13.1%，财政收入 8亿元，增长32.9%，农民人均纯收入6947元，增长19.0%。

丰富多彩的全民健身活动

采摘陶公菊

烟苗示范基地

华尔泰化工

尧城夜景

渔舟唱晚

萧县　坚持“三化同步”

共建合作园开工仪式

丰富多彩的群众文化活动

万亩葡萄采摘园

丁里镇乡村工业园

建设中的凤城新区

俯瞰龙霄公园

建设皖北强县

县长　韩维礼

萧县位于安徽北部，面积1885平方公里，辖23个乡镇和1个省级经济开发区，2011年末户籍人口143.6万人。

2011年，萧县主要经济社会发展指标位居全市前列，全县地区生产总值完成145.96亿元，增长15%；三次产业比例调整为29.8：40.2：30；财政收入突破8亿元，增长75.8%，增幅全省第二；全社会固定资产投资完成98.78亿元，增长51.4%；实现社会消费品零售总额42.96亿元，增长17.9%；城镇在岗职工平均工资近3万元，增长20.3%，农民人均纯收入6032元，增长20.1%；金融机构存款余额136.9亿元，增长21.4%；贷款余额48.7亿元，增长40.1%。

工业化水平迈上新台阶　大力实施"4565"工程，2011年全县规模以上工业企业总产值完成240亿元，同比增长50%，工业增加值完成54.4亿元，增长32.4%；实现销售收入226亿元，增长94%；工业品销售率99.8%，同比提高0.6个百分点；工业效益综合指数356.82%，同比提高75.79个百分点；新增产值亿元以上企业16家。园区建设扎实推进，合成革产业园入驻12家企业，一期已建成投产；萧瓯合作工业园基础设施正在建设，已有35家企业签约，15个项目开工建设。新型乡村工业园、农民工返乡创业园初具规模，姬村、轻化、食品等专业园区正在进行基础设施建设。招商引资力度不断加大，全年引进项目164个，实际到位资金74.22亿元，增长32%。投资环境明显改善，2011年被徽商协会评为最佳投资区域。

农业现代化水平实现新提升　粮食生产大旱之年再获丰收，2011年全县粮食总产量达74.3万吨，同比增长2.8%，被省政府评为"粮食生产三大行动先进县"，被国家评为全国生猪调出大县。农业产业化步伐加快，市级以上龙头企业39家。合作经济组织蓬勃发展，全县农民合作经济组织352个。重大涉农项目进展顺利，六和祖代种猪项目即将建成投产，麒翔林产品加工、六和祖代种鸡和强英肉鸭项目正在加速建设，丰顺菜业新扩展第七代日光大棚300亩，苗山葡萄采摘园建成连体大棚116栋。农村土地流转加快，熙可城乡统筹项目流转土地3000亩。水利工程扎实推进，龙岱河、洪碱河治理基本完工，石林和青龙两乡镇3.2万亩小型农田水利建设通过验收，完成4.7万人农村饮水安全工程。

城市化水平进入新阶段　实施97项城市建设重点工程，完成投资35亿元。城镇规模不断扩大，县城新规划正在评审。城市功能不断完善，虎山公园投入使用，龙山公园、西客站、柏星小学正在建设。新区建设初具规模，"两横两纵"四条主干道已建成通车，实验小学、凤翔体育场馆即将投入使用，新区医院正在建设。老城改造稳步推进，农委、陈沟等区域改造正在实施。房地产市场快速发展，安粮、嘉楼、柏星、瑞豪等小区已具规模，全年新开工房地产面积80万平方米，竣工40万平方米。城市路桥建设加速推进，龙凤大道立交桥、教育路龙河桥正在施工，世纪大道龙河桥已建成通车，县城大外环等13条道路开工建设，总长度40多公里。商业设施布局不断完善，虎山农贸市场已建成运营，浙商财富大市场、龙城国购广场、博文城市广场正在建设。

合成革车间

正冠陶瓷车间

砀山 发展转型 提速

省委书记张宝顺调研光大生物质能发电项目

中共砀山县第十三次代表大会胜利召开

黄河故道湿地保护区风光

砀山位于安徽省最北端，与皖苏鲁豫四省六县接壤，东临历史名城徐州，西接华夏古都商丘，陇海铁路、310国道贯穿全境，面积1193平方公里，人口99.7万，辖13个镇、3个园区。

砀山历史悠久，文化底蕴深厚，秦设三十六郡，砀郡居其一，是孔孟文化发祥地，五代梁王朱温故里。砀山为黄泛冲积平原，地势平坦，四季分明，是一个以种植业为主的农业大县，盛产水果、蔬菜，森林覆盖率67.3%，是国家级生态示范区、“砀山酥梨”原产地。境内黄河故道绵延近46.8公里，两岸百万亩连片果园被吉尼斯纪录认定为世界之最，年产各类水果近30亿斤，被誉为“中国梨都”、“酥梨之乡”。

2011年，全县完成地区生产总值100.14亿元，增长15.0%；固定资产投资63.9亿元，增长48.3%；规模以上工业增加值36.9亿元，增长33.6%；财政收入5.13亿元，增长59.4%；社会消费品零售总额为29.3亿元，增长17.8%；城镇居民人均可支配收入和农民人均纯收入分别为15060元和5431元，分别增长25.3%和20.2%，三次产业比例调整为32:45:23。

“十二五”时期，县委、县政府深入贯彻落实科学发展观，以“发展转型、提速提效、加快崛起、富民强县”为主线，大力实施“生态立县、工业强县、城镇突破、产业富民、承接带动、统筹发展”六大战略，积极打造实力砀山、畅通砀山、绿色砀山、水韵砀山、宜居砀山、首善砀山。

提效 加快崛起 富民强县

宿州市委书记李宏鸣（右二）调研服装生产企业

县委书记朱学亮、县长王广敏深入企业调研

砀山梨花旅游暨民俗文化节开幕式

光大（砀山）有限公司暨光大国际爱心学校竣工交付庆典

春风嫁梨花

倾力实施水果产业提升战略

五彩奇石 魅力灵璧

县委书记唐庆明在“一会两节”开幕式上致辞

县长李朝晖在“一会两节”闭幕式上致辞

自然概况　灵璧县地处安徽东北部、黄淮平原腹地，京沪高铁紧邻县城，观音机场近在咫尺，境内高速、高铁、漕运网络覆盖，自古就有苏鲁豫皖“四省通衢”之称。现辖6乡13镇和1个省级开发区，土地面积2054平方公里，耕地面积181万亩，2011年末总人口124.3万人。

人文历史　宋哲宗元祐元年（公元1086年），析虹县之零壁镇置零璧县，政和七年（公元1117年）改零璧为灵璧，沿用至今。灵璧是楚汉相争的古战场、天下第一石灵璧石原产地、传说人物钟馗的故里，素有“奇石虞姬钟馗画，一奇一美一神，灵璧三绝甲天下”之美誉，先后荣获中国观赏石之乡、中国观赏石多功能展销基地、中国民间艺术之乡等荣誉称号。

经济发展　灵璧农产品资源丰富，是全国重要的商品粮基地，优质肉牛、瘦肉型猪、禽蛋和优质棉生产基地，全省畜牧业十强县、全省小麦高产攻关活动先进县、首批全国劳务输出工作示范县。工业经济快速发展，现已形成以永盛制粉、兴程鸭业等企业为龙头的食品加工业，以笑果科技为龙头的饲料加工业，以磬玉水泥、正鑫水泥等为龙头的建材工业，以金丰机械、四方精工等为龙头的机械制造等四大产业。“十二五”时期，县委、县政府坚持以科学发展观为指导，全面实施“1356”行动计划，围绕加速崛起、跨越发展、奋力赶超“一条主线”，主攻工业立县、民营富县、城乡一体化“三大主战略”，实施园林县城、文明县城、卫生县城、生态县城、优秀旅游县城“五城联创”，建设生态灵璧、诚信灵璧、平安灵璧、和谐灵璧、魅力灵璧、富裕灵璧“六型灵璧”，力争通过五年的不懈努力，实现国内生产总值、财政收入、固定资产投资、规模以上工业增加值、农民人均纯收入和城镇居民可支配收入等六项指标翻一番以上，初步建成民主、文明、和谐的现代化中等城市。

2011年，全县生产总值111.8亿元，规模以上工业企业113家，财政收入4.25亿元。

灵璧奇石文化园亮化效果图

钟馗文化园鸟瞰图

县委书记唐庆明陪同省委书记张宝顺、宿州市委书记李宏鸣在灵璧调研

首届中国·灵璧国际奇石文化博览会暨钟馗文化旅游节、虞姬文化旅游节

汴阳楼夜景效果图

虞姬文化园鸟瞰图

天下第一石——灵璧石

蒙城县 庄子故里

亳州市委常委、县委书记袁方（右二）、县长车照启（右三）到基层调研

地理位置　蒙城县位于安徽西北部，东接京沪铁路中心站蚌埠市90公里，西连京九铁路中心站阜阳市90公里，南毗淮南，北邻淮北，南京至洛阳高速横穿东西，省道307线、305线、203线交汇于县城，涡河、茨淮新河连通淮河，长年通航。

人文历史　蒙城历史悠久，始建城池于殷商，周朝时称漆园，唐天宝元年（公元742年）更名为蒙城，是先哲庄子的故里，道家文化圣地，巾帼英雄刘金定的家乡。境内有万佛塔、文庙、庄子祠、九鼎灵山寺等名胜古迹。位于县城东北的尉迟寺新石器时代遗址，是我国保存最完整的原始部落遗址，被称为“中国原始第一村”。蒙城也是省级园林城市、安徽省文明县城，有“皖北第一明珠”的美誉。

经济建设　近年来，在蒙城县委、县政府大力推进“工业蒙城、人文蒙城、宜居蒙城”为目标的“三大蒙城”建设和实现“三化同步”的带动下，力争在皖北实现率先崛起，蒙城县经济建设取得长足发展。全县已初步形成煤炭开采业、农副产品加工业、汽车制造以及改装业等三大支柱产业，涌现了江淮安驰牌汽车、五洲牌牛肉干、东昕牌放心肉、万佛塔牌水泥、王冠牌雪茄烟、华威和春晖汽车等一批在市场上具有一定知名度和竞争力的工业产品。

2011年蒙城县粮食生产再获丰收，全年粮食总产量达到130.9万吨，较上年增长1.8%。其中，夏粮产量79.7万吨，增长2.1%。小麦单产500.5公斤，实现了小麦“千斤县”和粮食生产“吨良田”的创建目标。

2011年，蒙城县共有71家规模以上工业企业，比年初增长82.1%。全年规模以上工业总产值94.3亿元，同比增长49.7%；实现增加值31.9亿元，增长25%。 全年实现财政收入11.5亿元，同比增长40%，其中地方财政收入7.7亿元，增长43%。2011年12月末，全县人民币贷款余额54.4亿元，同比增长35.2%；居民储蓄存款88.5亿元，增长22%；存款余额122.2亿元，增长21%。农民人均纯收入6159元，同比增长18.2%。

2011年蒙城县被国务院表彰为“全国粮食生产先进县”；2009年、2010年连续被安徽省政府表彰为“科学发展先进县”，安徽省连续两届“文明县城”；在亳州市政府2011年度的县区目标管理考核中，蒙城县取得第一名的好成绩，受到亳州市政府嘉奖。

城南新区风光

万佛塔公园

道家圣地　皖北第一明珠

庄子祠

中国原始第一村——尉迟寺新石器时代遗址

汽车批发市场

皖北汽配城

江淮安驰汽车生产车间

经济开发区一角

水 乡 五 河

县委书记 胡启望

县长 周学保

五河县地处皖东北淮河中下游，因境内淮、浍、漴、潼、沱五水汇聚而得名。全县总面积1595平方公里，人口73万，辖15个乡镇和1个省级经济开发区（城南工业区和沫河口工业区）、1个省级自然保护区（沱湖省级自然保护区）、1个省级森林公园（大巩山森林公园）、237个行政村（居）。

五河历史悠久。唐代名为古虹，宋朝始称五河，至今九百余载。境内曾出土全国最完整的十万年前淮河古菱齿象化石，有多处石器时代遗址，霸王城、皇墩庙、汉王台、严小姐墓、清盐卡古韵犹存。五河民歌、钱杆舞、旱船舞、狮子舞列入省级非物质文化遗产。顺河街为安徽省历史文化名街。

五河风光秀美。大巩山省级森林公园群山环绕，绿树成荫，森林覆盖率达80%，是名副其实的天然氧吧。着力打造"两山三湖一水库"（即大巩山、浮山，沱湖、香涧湖、天井湖，樵子涧水库）旅游风景区。以沱湖省级自然保护区为核心的湿地，鱼蟹竞游，鸟类翩飞。县城四面环水，城中河水潺绕，水在城中，城在水间，素有"淮北水乡"之称，是"全省园林县城"。

五河发展较快。2011年，五河县生产总值和财政收入达111.4亿元和8.5亿元，分别增长13.8%和78%，综合经济实力进一步增强。五河发展活力充足，人民生活日臻殷实，500万元以上固定资产投资100.3亿元，增长57.4%；在岗职工平均工资收入和农民人均纯收入达到31740元和6616元，分别增长25%和19.3%。人均生产总值近两千五百美元。

五河工业经济主导地位突出。2011年，规模以上工业企业达100家，其中产值超亿元企业48家，当年新增规上企业16家，实现产值152.5亿元，增长170.5%。飞宇轴承、海华化工、天麒面粉、环球纺织等骨干企业飞速发展，机械制造、新型化工、农副产品深加工、纺织服装等主导产业逐步壮大，形成推动五河经济快速发展的增长极。

五河潜力巨大。融资平台广阔，是全省六个、皖北唯一加入省担保集团的县，纳入全省第一批利用国家开发银行政策性贷款发展县域经济行列。获"安徽省投资环境十佳县"、"招商投资最佳诚信县"、"全国最具投资潜力百强县市"称号。五河经济开发区规划面积61平方公里，下辖城南工业区、沫河口工业区。城南园区产业定位以纺织服装、粮食食品精加工为主；沫河口园区产业定位以机械加工、精细化工、精特钢深加工为主。随着华芳纺织、现代牧业、雨润集团、赛远薄钢等一批大企业、大项目相继落户五河，不远的将来，五河县将建成世界级的牧业基地和全省最大的纺织基地。

大巩山森林公园

沱湖省级自然保护区

生 态 家 园

全国粮食生产先进县

“全国林业千佳村”——沟东村举办果园采摘节

青年圩广场

行政办公中心

华芳纺织

五河凯迪绿色能源有限公司

发展四大经济　加强四项建设

霍邱县面积3487平方公里，人口165万人。2011年，完成地区生产总值175.1亿元、增长15%，人均生产总值首次突破万元。实现社会消费品零售总额60.6亿元、增长18.6%。三次产业结构为23.3:49.1:27.6。

工业经济增势强劲　完成工业投资63亿元、增长43.2%。规模工业企业发展到83家，其中亿元企业44家，税收超千万元企业17家、超亿元企业3家。实现规模工业增加值79.2亿元、增长30.1%。

农村经济长足发展　粮食生产实现“八连增”，总产达157.4万吨。继连续六年夺得全国粮食生产先进县标兵之后，2011年被国务院表彰为全国粮食生产先进单位。实现农民人均纯收入5725元、增长19.9%。

招商引资成效明显　到位境内引资90.4亿元，利用境外资金4231万美元，分别增长54%和37.8%。实施超千万元引资项目140个，其中亿元项目51个。荣获全市招商引资工作先进县。实现外贸进出口12432万美元、增长34.2%。

财税金融健康运行　实现财政收入17.57亿元、增长44.5%，总量居全市第一位；完成财政支出36.7亿元、增长34.7%。金融机构存款余额155.1亿元、贷款余额89.4亿元，分别增长25.6%和27.7%。新增贷款21.2亿元，增量居全市第一位。

发展基础进一步加强　完成固定资产投资84.3亿元、增长32.8%。县经济开发区等工业园区新增基础建设投资5亿元。县城建成区扩展到20.5平方公里、20万人。水利建设完成投资5.2亿元。交通建设完成投资1.1亿元，周六高速建成通车，阜六铁路正在铺轨。电力建设完成投资1.8亿元。

各项事业协调发展　全年投入民生工程资金11.4亿元、增长64%，各项民生工程全面完成，荣获全市5年民生工程综合考评第一名。荣获全国科技进步先进县。被列为省第二批知识产权强县试点县。第三次被命名为全省平安县。

霍邱经济开发区

打造四个强县　营造和谐霍邱

农产品加工产业园

育秧基地

安徽庆发集团

临淮岗船舶工业园

滨湖公园

西湖夕照

魅力霍山

县委书记　陈俊

县长　李中华

霍山地处安徽省西部，大别山腹地，地貌特征为“七山一水一分田，一分道路和庄园”，县域面积2043平方公里，人口36.6万，辖16个乡镇、1个经济开发区、125个行政村、20个社区，大别山主峰白马尖雄居境内，远东第一坝佛子岭水库镶嵌其中。霍山环境优美、景色可餐，是中西部第一个生态县。

2011年，全县生产总值达104.7亿元，财政收入16亿元；规模工业达到104家，30家企业产值超亿元，冶金铸造、食品酿造、电光源、竹制品加工等优势产业做大做强，光伏、新能源、汽摩配等新兴产业发展壮大，实现规模工业总产值和增加值220亿元和65亿元；完成500万元以上项目固定资产投资68.9亿元，到位内资70.7亿元，到位外资6574万美元，大城关建设、经济开发区、衡山工业园区和乡镇工业集中区投资加大，保持了经济增长的持续性；农村经济稳步发展，粮食丰产，茶叶、药材、油料、毛竹等农产品增产增效，农民人均纯收入达到6023元；教育、卫生、文化、水利等社会事业协调发展，县域经济综合竞争力有了新的提高。

霍山民风纯朴，社会安定，连续三届获全国社会治安综合治理先进县并荣获最高奖长安杯。霍山是全国文明县城，同时，霍山是全国创建文明村镇工作先进县、全国最具投资潜力中小城市百强、全国绿色小康县、全国科技进步先进县、全国计划生育优质服务先进县、国家卫生县城、浙商最佳投资城市等。

山城夜色

霍山红色纪念园

江北毛竹第一县

全国文明村镇——衡山镇

安徽迎驾集团

淠阳湖公园

茶乡新貌

天堑变通途

霍山佛子岭大坝

天长市

市委书记杨东坡、市长刘荣祥陪同省委书记张宝顺在天长调研

皖东明珠

天长地处皖东，高邮湖西岸。与江苏省南京市、扬州市、淮安市接壤，被江苏高邮市、仪征市等五县市区环抱，素有“安徽东大门”之称。2011年末总人口63.5万人，辖14个镇、1个街道办事处，总面积1751平方公里。

天长交通便捷，区位独特　深入江苏腹地，东临经济发达的“长三角”经济圈，是皖江城市带承接产业转移示范区“一轴双核两翼”产业格局中的两翼之一，是承接长三角产业转移的前沿地带。市区距长三角重点城市上海375公里，南京75公里，扬州51公里，镇江129公里，常州192公里，无锡270公里，宁连、宁淮高速公路贯穿境内。水路由白塔河入高邮湖直达沿江、沿海各大港口。

天长历史悠久，人杰地灵　天长自唐天宝元年设县，迄今已有1200多年的历史，1993年撤县设市。自古以来，天长人才辈出，宋代朱寿昌以弃官寻母成为“二十四孝”之一，明代有抗倭名将沃田，清代有被誉为晚清小说压卷之作《夜雨秋灯录》作者的宣鼎，在天文、数学、地理、书画诗赋方面成就斐然的女学者王贞仪，有科举状元戴兰芬，民国时期有著名导演卜万苍……

天长经济繁荣，社会进步　天长是国家商品粮、油基地县，盛产稻、麦、油菜、棉花等。近年来，全市实施工业兴市战略，初步形成机械制造、电缆仪表、医药医疗器械、电子电器、玩具服装、食品加工、汽车零部件、光伏等九大特色产业集群，2011年全市规模以上工业企业194家，其中天大集团、天康集团年产值分别超50亿元和30亿元，天大石油管材为上市公司。民营经济发达，拥有民营企业近3000家，2011年民营企业实现工业总产值592亿元，占全市工业经济总量的98%。拥有天长、秦栏两个省级经济开发区在内的5个工业园区建成区面积达45平方公里，聚集了近900家企业。拥有省级农民工返乡创业园7个。

2010年，天长列全省科学发展先进县第4位。2011年，全市实现生产总值184.9亿元，财政收入22亿元。连续多年获全省综合实力“十强县”。

目前，天长进入新一轮发展机遇期，天长人民将在市委、市政府的领导下，全力推进“幸福天长、创新天长、千亿天长”建设，努力实现在中部地区的率先崛起，让“皖东明珠”更加耀目！

两河改造夜景

晨练的市民

小区一角

太阳能电池片生产线

非物质文化遗产天官画

欣欣向荣的南市区

天长城市鸟瞰

来 安 中国新能源百强县 全国科技进步

省委书记张宝顺（中）在来安县中联能源公司调研

滁州市委书记江山（前排中）在来安县调研

2011年，全县经济保持了速度加快、质量提升的良好发展态势，实现生产总值86.5亿元，同比增长14.1%；财政收入10.05亿元，增长58%；固定资产投资73.5亿元，增长30.1%；城镇在岗职工平均工资35981元，增长22.2%；农民人均纯收入8188元，增长18.2%。工业经济提速提效，规模以上工业企业发展到78家，实现工业增加值39.2亿元，同比增长23.3%；亿元以上企业发展到34家，金禾公司成功上市。农村经济快速发展，实现粮食总产46.3万吨，增长2.6%；粮食生产连续八年喜获丰收，农业结构调整步伐不断加快。第三产业不断提升，实现社会消费品零售总额29.6亿元，增长18.5%；引进了双龙湖、琵琶湖、舞彩国际等一批投资数亿元的生态旅游项目，白鹭岛国家4A级风景区创建成功；引进了中行、中银富登村镇银行、徽商银行在我县设立分支机构，外贸进出口总额位居全市前列。

城乡大建设全面展开。组织开展城乡建设“后来居上”行动，城市建设投资超56亿元，完成征迁60万平方米，建设安置房100万平方米。滁来路八车道改造、规划科技馆、图书档案馆、来安中学新校区、来河综合治理、青龙街整治等重点项目得到快速实施，新来城“一城三区”的发展框架已经拉开。南京湾项目一期工程启动建设，碧桂园住宅项目开盘销售，汊河新城建设受到广泛关注。

发展活力不断增强。突出招大引强，引进项目105个，亿元以上项目42个，实际到位资金130.6亿元，投资36亿元的大唐风光互补、投资10亿元的伯龙新材料等一批重大产业项目落户来安；加快园区建设，县经济开发区、汊河经济开发区投入6.3亿元，新增开发面积7.4平方公里，发展框架进一步拉开；县经济开发区财政收入突破亿元大关，汊河经济开发区工业产值、固定资产投资、税收三大指标呈三位数增长。

人民生活水平进一步改善。民生工程精心实施，乡镇敬老院、乡镇综合文化站、保障性住房、农村中小学校安工程、中小型水库除险加固等一大批项目建成投入使用，成为我县民生工程的新亮点。同时，社会保障深入推进，社会事业全面发展，民主法制建设扎实推进，政府自身建设得到加强，全县政治安定，社会安定，人民群众安居乐业。先后获得中国新能源百强县、全国科技进步先进县、全国蔬菜产业重点县、浙商最佳投资城市四张新名片，民生工程连续两年获得省政府表彰。

国家4A级旅游景区——白鹭岛

进县 全国蔬菜产业重点县 浙商最佳投资城市

县委书记金维加（左二）调研青龙街整治工作

县长焦义朝（左一）在亿元在建企业调研

国家级蔬菜标准园——张山乡桃花村蔬菜

安徽省第一个风能发电项目——龙源来安风电场

皖东电池第一片——来安县超林太阳能电池片

安徽省著名商标——来安县扬子地板

总投资7170万元的来河综合治理工程

广东碧桂园公司400亿巨资打造的汊河碧桂园城乡一体化项目

全椒 历史文化名县

县委书记 盛必龙

县长 曹付忠

全椒地处皖东，是皖江城市带承接产业转移示范区最前沿，安徽东向发展的桥头堡、滁州的南大门。全县国土面积1568平方公里，人口46.72万，下辖1个省级经济开发区和10个镇。连续三年被省委、省政府授予安徽省科学发展先进县。

全椒是一个门户县，区位独特、交通资源密集 位于江苏、安徽两省省会之间，县城距南京市区46公里，合肥市区98公里。宁西高速铁路和沪汉蓉铁路在境内并轨设站，京沪高速铁路在城北建站，合宁高速、滁马扬高速穿境而过，境内400吨位船舶可直达长江，县城距南京禄口机场和合肥骆岗机场均在1小时车程以内。

全椒是一个文化县，底蕴深厚、民风淳朴 西汉置县，有2200多年历史，文风昌盛，代不乏人，境内古迹众多。明代“四大高僧”之一憨山大师和“开讽刺小说之先河”《儒林外史》的作者吴敬梓都出生于此。“正月十六走太平”被列为全省首批非物质文化遗产保护名录，儒林文化和太平文化是全椒两张闪亮的文化名片。

全椒是一个生态县，风光旖旎、环境优美 境内有神山国家森林公园、南屏山省级森林公园、程家市万亩桃园以及碧云湖旅游区等原生态旅游资源。全椒县城有襄河绿水环绕，南屏山青峦叠翠，襄河景观带彩带飘舞，山水相依，人文相融，风景独特。全椒森林覆盖率30.7%，有23个农产品获得国家绿色食品认证、34个产品获得无公害农产品认证。

全椒是一个产业基础较好的县，开放包容、发展加速 全面推进工业化、城镇化和东向发展战略，大力开展招商引资、积极培育产业特色，工业经济独具特色，是全国动力之乡，国家机电产品出口基地。目前已形成了机械制造、服装玩具、农产品加工、建材、电气机械等五大支柱产业，2011年全县规模以上工业企业发展到82家。全椒经济开发区规划面积13.7平方公里，扩区规划面积为47平方公里，聚集了安徽皖投置业有限责任公司、安徽全柴动力集团、全椒县福润禽业有限公司（雨润集团）、滁州华艺柔印环保科技有限公司（武汉华艺）、滁州金帅电器有限公司（金帅集团）等5家上市公司和安徽旭腾光伏电力有限公司、全椒君鸿软磁材料有限公司、安徽海孚润滑油有限公司等150多家企业。2011年，全县地区生产总值79.7亿元，财政收入10.34亿元；与2010年相比，分别增长13.5%和56.7%。

近年来，全椒县先后被评为全国生态农业建设先进县、国家生态示范区建设试点县、国家绿色农业示范区、全国绿化先进县、全国科技先进县、中国浙商最佳投资城市、浙商投资最佳服务县。

全椒新貌

毗邻长三角的通道前沿

太平桥

风光如画碧云湖

金帅冰箱生产车间

全椒县经济开发区

皖东第一家上市公司——全柴动力股份有限公司

首善之区 魅力庐阳

省委书记张宝顺在省委常委、合肥市委书记吴存荣等陪同下到我区亲切慰问少年儿童

庐阳区位于安徽省会合肥的中北部。区域面积139.32平方公里，常住人口60万（其中，户籍人口48万），现辖11个街道、1乡1镇和1个省级开发区（庐阳工业区）。庐阳区作为省委、省政府驻地，是全省政治、经济、文化、金融中心，是合肥历史文化、城市快速崛起代表性的窗口。

庐阳区是一个历史悠久的文化名区　历史上合肥自秦代置县，庐阳老城区即“古庐州府”址。两千多年的沧海桑田为后人留下了“兰若秋风教弩台”、“张辽威震逍遥津”等众多古迹；厚重的人文底蕴，哺育出了龚鼎孳、李天馥、杨振宁等杰出人物。“逍遥津”古战场，古木森森；曹操点将“教弩台”，雄风依旧；1400多年历史的明教寺，香火仍旺；清末重臣李鸿章故居，古韵犹存。

庐阳区是一个怡居逸业的核心城区　庐阳位居合肥核心，尽享交通便捷优势，境内立体交通网络全覆盖，周边高速、高铁、机场环绕。这里环境优美，生态优越，既具“城中有园、园中有城”的园林特色，又富 “金融中心、购物天堂”的现代气息。穿城而过的南淝河，碧波荡漾的董铺水库、大房郢水库，相得益彰的环城公园、三国遗址公园、 城市森林公园、坝下湿地公园等，形成了“一河襟两水带多园”的独特生态环境。

庐阳区是一个商贸发达的产业强区　区内商业网点密布，人流、物流、信息流为全省之最。以长江中路为主轴，四牌楼、三孝口核心商圈，淮河路步行街、宿州路商业街组成的中央商务区发展迅猛，以北一环商办新街区、寿春路婚庆一条街等为代表的特色街区方兴未艾，全区三产经济比重达75%，商贸零售总额一直稳居全省县区之首。近年来，金融保险、现代物流、信息服务、高档房地产、中介服务、休闲娱乐等现代服务业迅速兴起，楼宇总部集聚效应凸显。以庐阳工业区为龙头的“一区四园”，已形成以电工电器、钢材加工、出版印刷、新能源新材料为主要特色的四大产业集群。

庐阳区是一个惠民和谐的幸福城区　城乡低保、医疗救助、五保供养等在全省实现“九个率先”。创业就业被誉为“庐阳模式”，均衡教育、医药卫生改革走在全省前列。以“三大推进”为契机，区内城中村、危旧房改造及老旧小区整治扎实推进，“平安庐阳”建设成效显著，让庐阳真正成为居家生活的乐园。

2011年，全年实现地区生产总值248.88亿元，增长34.4%;规上工业产值60.60亿元，增长16.3%;财政收入18.6亿元，增长23.2%;地方财政收入11.3亿元，增长28.2%;固定资产投资完成325.54亿元，社会消费品零售总额267.8亿元，增长22.5 %。城乡居民人均收入11291元，增长15.7%。

展望未来，庐阳区将紧紧围绕在全省率先基本实现现代化的总目标，以“提升发展品质、提高幸福指数”为主线，以“转型升级、管理创新”为抓手，大力实施“双轮驱动、开放创新、民生导向、生态优先”四大战略，精心打造“商贸金融、工业物流、生态休闲”三大功能板块，一个更加繁荣、更加和谐、更加幸福、更具活力的现代化核心城区和全省首善之区正阔步走来。

区委书记吴劲为区“大建设”工作先进单位、集体和个人颁奖

区长邓真晓深入基层调研全区工业经济

发展品质优　生态环境好

区工业项目集中开工仪式

庐阳区第二届“走进社区、走向文明”文艺巡演首场演出

区新庄小学农民工子女助学金发放仪式

全民健身活动

合肥广场

北一环商办新街区

Shou Shan Zhi Qu　Mei Li Lu Yang

文化魅力强　幸福指数高

典型的社会主义新农村——环境优美的村庄民居

品三十岗西瓜、尝农家土菜、游三国遗志、观生态风光

集购物、旅游、文化、休闲、餐饮等为一体的淮河路步行街

全国重点文物保护单位——晚清军政大臣李鸿章故居

百帮创业中心

省级庐阳工业园

首善之区　魅力庐阳

屯溪区　建设现代国

区委书记　李高峰

区长　胡黎明

2011年，屯溪区紧扣建设现代国际旅游城市“首善之区”战略目标，大力倡导“敢、实、高、细、快、严”工作作风，围绕“做精一产、做强二产、做优三产”发展思路，狠抓招商引资、“十大工程”项目建设、城市建设和园区发展，强力推进“工业化、城市化、市场化”进程，全区经济社会协调发展，实现了“十二五”强势开局。

综合实力不断增强　全区实现地区生产总值49.23亿元，增长13.3%，居全市第二位；财政一般预算收入达6.81亿元，比上年净增2.2亿元，创历史最佳水平；完成固定资产投资60亿元，增长35.4%，总量与增幅均居全市首位；社会消费品零售总额49.7亿元，增长20%，总量与增幅保持全市首位。城镇居民人均可支配收入、农民人均纯收入达18669元和9149元，分别比上年增加2835元和1393元。

转型发展步伐坚实　围绕加快转变经济发展方式，调整优化经济结构，启动“七园”建设，发展都市休闲农业，提高农业产业化水平。其中“市民开心菜园”项目设计已通过评审，将建成集生产体验、旅游观光、高新技术农业示范于一体的旅游休闲体验园，推动传统农业向现代休闲农业转型。工业发展速度和质量效益显著提高。全年引进工业项目12个，完成工业投资7.24亿元，实现工业增加值12.7亿元，其中规模以上工业增加值8.75亿元；工业对经济增长的贡献率达到38.9%。扎实开展国家服务业综合改革试点工作，“百村千幢”古民居保护利用工程、希尔顿酒店、元一全景剧院加快建设，“大润发”国际连锁超市投入运营。

城市品位大幅提升　稽灵山公园、屯溪人民广场、南山公园建成并投入使用，极大地丰富了城市功能。江南片新建、续建高层建筑68幢、66.5万平方米，封顶32幢、35.8万平方米，城市品位和整体风貌大幅跃升，人居环境不断优化。坚持高品位规划、高标准建设，新建、续建15个安置区，12个安置区全面竣工，建成安置房1724套23万平方米，安置区建设完成投资4.35亿元。建成绿色质量提升点70处。

美好屯溪加快构建　累计投入资金9390万元，实施28项民生工程。建成“农家书屋”60家、镇综合文化站5个。5所镇卫生院，25所村卫生室标准化建设全面完成，“镇村30分钟医疗卫生服务圈”基本形成。城区2个卫生服务中心、11个社区卫生服务站全部完成规范化建设并投入使用，居民基本医疗卫生服务体系实现了全覆盖。新增城镇就业4200人，下岗失业人员再就业2665人，城镇登记失业率控制在3.9%以内。城乡居民社会养老保险参保人员3.2万余人。建成保障性安居工程100套。继续解决了1470户5000余人的饮水安全问题。

建设中的屯溪江南新城

际旅游城市"首善之区"

九龙低碳经济园区

中国历史文化名街——屯溪老街

功能全、质量优、环境美、生态佳的农民安置区

园区企业生产车间

屯溪政务中心大楼夜景

宣州 皖江明珠

区委书记杨业峰（右一）与环卫工人亲切交谈

区长郭金友（左一）督查食品安全

宣州是“中国文房四宝之乡”、“中国围棋之乡”宣城市唯一辖区，从秦初正式置县，自古均为郡、州、府、行署和市驻地，至今已有两千多年城史，享有“江南名邑上郡”美誉。宣州地处皖苏浙三省交界处，居皖江东南岸，东向苏浙沪、北依长江、南望黄山、西眺九华，是《皖江城市带承接产业转移示范区规划》“两翼”之一的重要组成部分，是承接长三角地区产业向中西部地区转移的“第一站”。

宣州拥有丰富的生态、矿产、劳动力资源，比较优势明显，干群思想解放，发展氛围浓厚，投资环境优越，已连续两届被评为安徽省投资环境“十佳县（市）区”，入选“2010年苏商投资中国首选城市•最佳投资环境市”。

2011年，宣州区人民抢抓承接产业转移示范区建设的政策机遇，以主动融入市区发展为主线，致力产业区域化、新型城镇化、市区一体化，着力“两区十园多带”建设，着力开展招商引资，着力保障改善民生，各项工作扎实推进，经济社会取得又好又快发展。2011年实现区属生产总值146.92亿元，是2006年的2.3倍，年均增长14.6%；城乡居民收入实现同步增长，2011年城镇人均可支配收入17995元，农民人均纯收入8938元，分别是2006年的2倍和2.3倍，年均增长14.8%和17.4%；2011年实现财政收入23.08亿元，是2006年的5.2倍，年均增长39.1%，在全省县（市、区）排名由2006年的第32位跃升到第8位，在全省15个县改区中稳居第一。

2012年，是皖江城市带承接产业转移示范区建设“三年见成效”的关键之年，是宣州区新型工业化、新型城镇化的加速推进之年。宣州区坚持新型工业化、新型城镇化“双轮驱动”，大力实施“强工富区”、“强镇发展”、“强区富民”三大战略，全力推进平台建设、招商引资、产业发展、投资环境“四大突破”，实现区域首位度、经济加速度、城乡融合度、群众幸福度、团结凝聚度“五度提升”，确保全区经济总量保持全市领先、发展速度保持皖江领先、综合实力力争全省领先，为打造创新、实力和幸福宣州奠定坚实基础。

流光溢彩——夜宣州

- ★ 国家级生态示范试点区
- ★ 全国农产品标准化综合示范区
- ★ 国家首批现代烟草农业整县推进试点区
- ★ 全国粮食生产先进县
- ★ 全国农田水利建设先进县
- ★ 全国科技进步先进县
- ★ 首批“全国法治创建活动先进县”
- ★ 中国最具特色经济发展潜力区
- ★ 两届“安徽省投资环境十佳县（市区）”

江南诗山——敬亭山

度假胜地——白马山庄

江南最大的白酒专业生产企业——安徽宣酒集团

国家级农业产业化龙头企业——华卫集团

安徽南部最大淡水资源--南漪湖

中国最大的扬子鳄栖息繁衍和保护基地--中国鳄鱼湖

淮南经济开发区

打造投资热土 铸就创业高地

省委副书记孙金龙来区调研

淮南经济开发区为省级开发区，位于淮河之滨，合徐、合阜、合蚌高速盘汇于此，京福高铁穿境而过，合肥机场咫尺之遥。良好的发展环境，优越的区位优势，便捷的水陆空交通，让淮南经济开发区屹立于经济发展的最前沿。既可以充分利用长三角的带动优势，又可以有效承接国内发达地区及国外产业转移。

淮南经济开发区规划面积50平方公里，已完成开发20平方公里，入驻企业300多家，其中规模企业近百家。作为安徽省首批13个省级开发区之一，淮南经济开发区先后被省政府命名为省级生物医药工业园和省级煤机装备制造产业示范基地。目前，正在积极申报创建国家级经济开发区。作为“火电三峡”的淮南，煤电双馨，保障了入区企业的能源供应。形成了先进机械装备、生物医药化工、纺织服装、光纤电子、轻工食品等多个产业门类。在发展主导产业的同时，新能源、新材料、节能环保等战略性新兴产业也正在迅速崛起。淮南经济开发区成为安徽省新型产业示范基地，拥有世界和国内一流煤机制造企业20多家。已经吸引了美国久益环球长壁煤机、美国卡特彼勒、中国建材集团北新建材、中国医药集团国瑞药业、陕汽重卡汽车、郑州煤机舜立机械等多家世界500强及知名企业。平安开诚、润成科技、蓝翔重工、万向轴承等国内一流企业也落户开发区。淮南经济开发区已经成为中部崛起的重要增长极、融入合肥经济圈的理想选择。

今日的淮南经济开发区，“产城一体”加快提速，“双轮驱动”战略性转变顺利推进。随着优质三产服务业的强势入驻，淮南经济开发区实现了自身的又一次华丽转型。目前，淮南市委、市政府正在举全市之力、聚全市之才、集全市之智，加快推进淮南经济开发区转型发展。

开发区道路景观

建设中的开发区新城

淮南市委书记杨振超在开发区调研

淮南市市长曹勇在开发区调研

国药集团国瑞药业奠基仪式

建设中的陕汽重卡

美国久益环球长壁煤机产品畅销海外

美国比塞洛斯（淮南）机械公司生产车间

六安经济技术开发区

现代工业新城 秀美城市新区

六安经济技术开发区始建于1992年，1993年被省政府批准为省级经济技术开发区，开发区位于六安市区东部，淠河总干渠横贯其中，312国道穿区而过，宁西铁路、沪汉蓉高速铁路、沪陕高速公路沿区而行，距在建合肥新桥国际机场仅40分钟车程，动车至武汉1.5小时、南京2小时、上海4小时，区位优势明显，水、陆、空交通便捷。园区规划控制面积57.8平方公里，建成区面积26平方公里，功能定位为“工业园、科技园、生态园和新城区”。

园区现有300多家工业企业，其中规模工业企业74家，产值亿元以上企业35家，已形成了以星瑞齿轮、冀东汽贸为代表的先进装备制造，以索伊电器、博微长安为龙头的轻工电子，以长江精工、墙煌彩铝（国内最大的彩铝板生产基地）、蓝翔节能玻璃、美雅达铝业为龙头的新型建材，以华源制药、华润雪花啤酒为代表的食品医药，以宝利嘉纺织工业园和星星服装集团为龙头的现代纺织服装，以及以金领欢乐世界文化产业、金三角国际汽车城为龙头的现代服务等六大主导产业。2011年，面对复杂多变的宏观经济形势，六安开发区抢抓机遇、克难攻坚、逆势奋进，经济继续保持了平稳较快发展态势。规模工业企业实现产值103.5亿元，规模工业增加值实现27.1亿元，财政收入实现8亿元，取得了“十二五”的良好开局，奠定了跨越发展的坚实基础。先后荣获“全省开发区综合经济运行评价先进单位”、“最佳投资服务环境开发区”、“浙商最佳服务单位”等多项殊荣，并连续七年被授予全市园区建设先进单位称号。

2012年，六安开发区将深入贯彻落实科学发展观，围绕市第三次党代会提出的建设六安东部新城的战略构想，坚持科学发展主题和转型发展主线，把握稳中求进的工作总基调，按照“大发展定位、大招商突破、大项目推动、大产业提升、大环境保障”发展思路，坚持“二产三产并重，内资外资并举，园区城区并进”发展方针，全力打造先进制造业、轻工纺织业、新型建材业、战略性新兴产业和现代服务业“五大百亿元”产业板块，努力打造六安承接产业转移的首位载体和东部新城的核心区，更好地在全市经济发展中发挥示范、辐射和引领作用，把六安开发区建设成为产业集聚、配套完善、高端发展、环境优美、社会和谐的六安东部新城。

六安开发区管委招商中心

具有国际最先进纺织技术的宝利嘉（安徽）纺织工业园

全国家电下乡冰箱销售排名第六的索伊电器生产车间

中部地区最大的车城——六安国际汽车城

亚洲最大的彩铝板生产基地——墙煌彩铝车间一角

机器人操作手——星瑞齿轮车间一角

年产40万千升啤酒的华润雪花啤酒（六安）有限公司

合肥高新区

承载使命谋发展　开放创新谱新篇

生态高新区

合肥三洋新工业园

合肥国家高新技术产业开发区（简称合肥高新区）1991年3月经国务院批准成为首批国家级高新区，是合肥市“城市空间发展战略”西部组团的核心区域，是首批“中国亚太经济合作组织科技工业园区”、首批“国家文化与科技融合示范基地”、“国家新型工业化产业示范基地（军民结合）”、“全国模范劳动关系和谐工业园区”，两度荣获全国“先进国家高新技术产业开发区”和“全国精神文明建设先进单位”荣誉称号。

园区已成为安徽省最大的高新技术产业化基地，驻有企业3000多家，集聚了智能家电、新能源、汽车与装备制造、公共安全产业、文化创意、生物医药等众多优势产业集群。2011年，合肥高新区全口径工业总产值突破千亿，达到1015亿元，成功跻身国家首批“太阳能光伏发电集中应用示范区”，获批建设国家创新型科技园区和国家生态工业示范园区。

为支持科技型中小企业做大做强，合肥高新区制定了企业上市、海归创业、动漫及服务外包产业发展、国家知识产权试点园区创建等一系列政策；建立了投资多元化、服务专业化的科技企业孵化器，在孵企业近1000家，累计毕业企业500余家；形成了以骨干企业和科研院所为主体的创新服务体系，设立有省级以上企业研发中心117个，成立了光伏发电、生物医药、公共安全、新能源汽车等产业技术创新联盟。园区创新能力强劲，2011年专利申请量2774件，专利授权量2267件，每万人拥有发明专利达62件，获得省级以上科技奖励200多项。

“十二五”，合肥高新区将按照“工业发展主引擎、创新发展新高地”的战略定位，集聚创新资源，加快科技成果转化，全面推进城市西部组团建设，努力晋级全国高新区十强，把园区建设成为创新能力强劲、高端产业发达、国际化水平较高、城市功能完善、人居环境优美的现代化科技新城区。

德国大陆轮胎工厂

赛维公司内首片皖产太阳能电池片下线

云淡风轻看高新

目　　录
CONTENTS

一、综　　合
Chapter 1 General Survey

二、国民经济核算
Chapter 2 National Accounts

三、人　口
Chapter 3 Population

四、就业人员和职工工资
Chapter 4 Employment and Wages

五、固定资产投资
Chapter 5 Investment in Fixed Assets

六、能源生产和消费
Chapter 6 Production and Consumption of Energy

七、财政、金融、保险
Chapter 7 Finance, Banking and Insurance

八、物价指数
Chapter 8 Price Indices

九、城乡人民生活
Chapter 9 Livelihood of Urban and Rural People

十、城市概况
Chapter 10 General Survey of Cities

十一、自然资源和环境保护
Chapter 11 Natural Resources and Environment Protection

十二、农　业
Chapter 12 Agriculture

十三、工　业
Chapter 13 Industry

十四、建 筑 业
Chapter 14 Construction

十五、运输和邮电
Chapter 15 Transport, Post and Telecommunication Services

十六、国内贸易
Chapter 16 Domestic Trade

十七、对外经济贸易
Chapter 17 Foreign Trade and Economic Cooperation

十八、旅　　游
Chapter 18 Tourism

十九、教育、科技
Chapter 19 Education, Science

二十、卫生和社会服务
Chapter 20 Public Health and Social Services

二十一、文化和体育
Chapter 21 Culture amd Sports

二十二、公共管理及其他
Chapter 22 Public Management and Others

二十三、企业景气调查
Chapter 23 Business Survey of Enterprises

二十四、省级和县级主要经济指标及位次
Chapter 24 Main Economic Indicators and Their Orders of Precedence of Province and County

附　录
Appendix

第一篇

Chapter 1

综合

GENERAL SURVEY

简要说明

一、本篇包括我省行政区划、国民经济综合资料等内容。

二、国民经济综合资料中的“各部门机构数”为第二次基本单位普查后部分行业企业资料更新维护数据。

三、国民经济总量、速度、结构、比例和效益指标均取自本年鉴各篇；国民经济综合资料由省统计局综合处整理。

四、我省境内国家级旅游景点黄山、九华山风景区旅游基本情况，由所在地统计部门提供。

Brief Introduction

I. This chapter covers the summary data on national economy.

II. Data on “the number of grassroots units in various sectors” are the renewed data of some trade enterprises after the second basic unit census.

III. Data on the total value, speed, structure, ratio and effects on the national economy are extracted from the concerned data in other chapters in this yearbook. The summary data on national economy are prepared by the Division of Integrated Statistics of Anhui Statistical Bureau.

IV. Data on the basic conditions of national scenic spot-Mount Huang and Mount Jiuhua are provided by the statistical department where they are.

1—1 全省行政区划（2011年末）

Administrative Divisions in Anhui (End of 2011)

单位：个（unit）

市名称 Name of City		市级区划数 Number of Regions at Cities Level	县级区划数 Number of Regions at County Level	县级市 Cities at County Level	县 Counties	市辖区 Districts under the Jurisdiction of Cities	乡镇级区划数 Number of Regions at Townships Level	镇 Towns	乡 Townships	街道办事处 Street Communi-ties
总　计	**Toatl**	**16**	**105**	**6**	**56**	**43**	**1522**	**914**	**343**	**265**
合肥市	Hefei	1	9	1	4	4	129	65	19	45
淮北市	Huaibei	1	4		1	3	35	17	1	17
亳州市	Bozhou	1	4		3	1	89	71	8	10
宿州市	Suzhou	1	5		4	1	106	71	23	12
蚌埠市	Bengbu	1	7		3	4	74	36	19	19
阜阳市	Fuyang	1	8	1	4	3	170	120	37	13
淮南市	Huainan	1	6		1	5	65	28	18	19
滁州市	Chuzhou	1	8	2	4	2	110	82	12	16
六安市	Luan	1	7		5	2	167	104	55	8
马鞍山市	Maanshan	1	6		3	3	48	30	5	13
芜湖市	Wuhu	1	8		4	4	75	40	4	31
宣城市	Xuancheng	1	7	1	5	1	95	57	24	14
铜陵市	Tongling	1	4		1	3	25	7	5	13
池州市	Chizhou	1	4		3	1	56	36	9	11
安庆市	Anqing	1	11	1	7	3	171	97	56	18
黄山市	Huangshan	1	7		4	3	107	53	48	6

1—2 全省县以上行政区划（2011年末）
Administrative Divisions of Counties and Above in Anhui (End of 2011)

省辖市 City Under Province Administration	县（市、区） Name of County (City) , District Under Administative
合肥市 Hefei	瑶海区、庐阳区、蜀山区、包河区、巢湖市、长丰县、肥东县、肥西县、庐江县 Yaohai District，Luyang DistrictShushan District，Baohe District，Chaohu，Changfeng，Feidong，Feixi，Lujiang
淮北市 Huaibei	相山区、烈山区、杜集区、濉溪县 Xiangshan District，Lieshan District，Duji District，Suixi
亳州市 Bozhou	谯城区、涡阳县、蒙城县、利辛县 Qiaocheng District，Guoyang，Mengcheng，Lixin
宿州市 Suzhou	埇桥区、萧　县、砀山县、灵璧县、泗　县 Yongqiao District，Xiaoxian，Dangshan，Lingbi，Sixian
蚌埠市 Bengbu	龙子湖区、蚌山区、禹会区、淮上区、怀远县、五河县、固镇县 Longzihu District，Bengshang District，Yuhui District，Huaishang District，Huaiyuan，Wuhe，Guzhen
阜阳市 Fuyang	颍州区、颍东区、颍泉区、界首市、临泉县、太和县、颍上县、阜南县 Yingzhou District，Yingdong District，Yingquan District，Jieshou，Linquan，Taihe，Yingshang，Funan
淮南市 Huainan	大通区、田家庵区、谢家集区、八公山区、潘集区、凤台县 Datong District，Tianjaan District，Xiejiaji District，Bagongshan District，Panji District，Fengtai
滁州市 Chuzhou	琅琊区、南谯区、天长市、明光市、来安县、全椒县、定远县、凤阳县 Langya District，Nanqiao District，Tianchang，Mingguang，Laian，Quanjiao，Dingyuan，Fengyang
六安市 Luan	金安区、裕安区、寿　县、霍邱县、舒城县、金寨县、霍山县 Jinan District，Yuan District，Shouxian，Huoqiu，Shucheng，Jinzhai，Huoshan
马鞍山市 Maanshan	花山区、雨山区、金家庄区、当涂县、含山县、和　县 Huashan District，Yushan District，Jinjiazhuang District，Dangtu，Hanshan，Hexian
芜湖市 Wuhu	镜湖区、弋江区、三山区、鸠江区、芜湖县、繁昌县、南陵县、无为县 Jinghu District，Yijiang District，Sanshang District，Jiujiang District，Wuhu，Fanchang，Nanling，Wuwei
宣城市 Xuancheng	宣州区、宁国市、郎溪县、广德县、泾　县、旌德县、绩溪县 Xuanzhou District，Ningguo，Langxi，Guangde，Jingxian，Jingde，Jixi
铜陵市 Tongling	铜官山区、狮子山区、郊　区、铜陵县 Tongguanshan District，Shizishan District，Suburban District，Tongling
池州市 Chizhou	贵池区、东至县、石台县、青阳县 Guichi District，Dongzhi，Shitai，Qingyang
安庆市 Anqing	迎江区、大观区、宜秀区、桐城市、枞阳县、怀宁县、潜山县、太湖县、宿松县、望江县、岳西县 Yingjiang District，Daguan District，Yixiu District，Tongcheng，Zongyang，Huaining，Qianshan，Taihu，Susong，Wangjiang，Yuexi
黄山市 Huangshan	屯溪区、徽州区、黄山区、歙　县、休宁县、黟　县、祁门县 Tunxi District，Huizhou District，Huangshan District，Shexian，Xiuning，Yixian，Qimen

1—3　各行业机构单位数（2011年）
Number of Grass Root Units in Various Sectors (2011)

单位：个（unit）

行业类别	Industrial Category	单位数 Numbe of Units	#法人单位 Legal Entities	#限额以上单位 Above Designated Unit
合　　计	**Total**	**359154**	**290757**	**23043**
农、林、牧、渔业	**Farming, Forestry, Animal Husbandry and Fishery**	**10405**	**9309**	
农　业	Farming	3481	3452	
林　业	Forestry	1559	1064	
畜牧业	Animal Husbandry	2710	2685	
渔　业	Fishery	866	821	
农、林、牧、渔服务业	Agicultural Services	1789	1287	
采掘业	**Mining and Quarrying**	**3270**	**3120**	**436**
煤炭开采和洗选业	Coal Mining and Dressing	305	254	78
石油和天然气开采业	Extraction of Petroleum and Natural Gas	13	12	
黑色金属矿采选业	Mining and Dressing of Ferrous Metals	551	540	101
有色金属矿采选业	Mining and Dressing of Nonferrous Metals	313	310	60
非金属矿采选业	Mining and Dressing of Nonmetal Minerals	2054	1975	197
其他采矿业	Mining and Dressing of Other Minerals	34	29	
制造业	**Manufacturing**	**67865**	**66594**	**11782**
农副食品加工业	Agricultural and Non-staple Food Processing Industry	5809	5531	1303
食品制造业	Food Production	1668	1623	255
饮料制造业	Beverages	1956	1845	226
烟草制品业	Tabacco	15	10	8
纺织业	Textiles	2582	2514	645
纺织服装、鞋、帽制造业	Textile Dress, Footwear and Headgear	4225	4198	595
皮革、毛皮、羽毛（绒）及其制品业	Leather, Furs, Feather (Down) and Related Products	907	900	179
木材加工及竹、藤、棕、草制品业	Timber Processing, Bamboo, Cane, Palm Fiber and Straw Products	3054	3005	459
家具制造业	Furniture Manufacturing	1405	1400	139
造纸及纸制品业	Papermaking and Paper Products	1305	1298	202
印刷业和记录媒介的复制	Printing and Record Medium Reproduction	1566	1530	159
文教体育用品制造业	Cultural, Educational and Sports Goods	843	825	96
石油加工、炼焦及核燃料加工业	Petroleum Processing, Coking and Nuclear Fuel Processing	118	117	26
化学原料及化学制品制造业	Raw Chemical Materials and Chemical Products	3381	3350	740
医药制造业	Medical and Pharmaceutical Products	827	825	242
化学纤维制造业	Chemical Fiber	120	120	25
橡胶制品业	Rubber Products	677	670	112
塑料制品业	Plastic Products	3384	3365	627
非金属矿物制品业	Nonmetal Mineral Products	9111	8911	1280
黑色金属冶炼及压延加工业	Smelting and Pressing of Ferrous Metals	511	490	150
有色金属冶炼及压延加工业	Smelting and Pressing of Nonferrous Metals	604	599	145
金属制品业	Metal Products	4078	4017	576
通用设备制造业	Equipments in Current Use	5364	5312	952
专用设备制造业	Equipments in Special Use	3232	3190	504
交通运输设备制造业	Transport Equipments	3368	3291	747
电气机械及器材制造业	Electric Equipments and Machinery	3678	3634	867
通信设备、计算机及其电子设备制造业	Telecommunication Equipments, Computer and Related Electronic Equipments	1400	1387	240
仪器仪表及文化、办公用机械制造业	Instruments, Meters, Cultural and Office Machinery	664	656	76
工艺品及其他制造业	Handiwork and Other Manufacturing	1445	1418	142
废弃资源和废旧材料回收加工业	Recovery and Processing of Discarded Resources and Waste Materials	568	563	65

1—3 续表1 continued

单位：个（unit）

行业类别	Industrial Category	单位数 Numbe of Units	#法人单位 Legal Entities	#限额以上单位 Above Designated Unit
电力、燃气及水的生产和供应业	**Production and Supply of Electric Power, Gas and Water**	**3401**	**2219**	**214**
电力、热力的生产和供应业	Production and Supply of Electric Power and Heating Power	1985	923	145
燃气生产和供应业	Production and Supply of Gas	199	178	39
水的生产和供应业	Production and Supply of Tap Water	1217	1118	30
建筑业	**Construction**	**14229**	**13226**	**2917**
房屋和土木工程建筑业	Civil Engineering Construction	5142	4557	1602
建筑安装业	Installation	2260	2085	430
建筑装饰业	Fitting and Decoration	4475	4323	550
其他建筑业	Other Construction	2352	2261	335
交通运输、仓储和邮政业	**Transportation, Storage and Postal Services**	**9957**	**8196**	
铁路运输业	Railway Transport	80	68	
道路运输业	Highway Transport	5657	4761	
城市公共交通业	Civic Public Transit	349	292	
水上运输业	Waterway Transport	856	791	
航空运输业	Air Transport	57	30	
管道运输业	Transport Via Pipelines	3	2	
装卸搬运和其他运输服务业	Loading, Unloading, Transporting and Other Services	1289	1186	
仓储业	Storage	1101	754	
邮政业	Postal Services	565	312	
信息传输、计算机服务和软件业	**Information Circulation, Computer Service and Software**	**7136**	**6276**	
电信和其他信息传输服务业	Telecommunication and Other Information Circulation Services	2021	1265	
计算机服务业	Computer Services	3751	3703	
软件业	Software	1364	1308	
批发和零售业	**Wholesale & Retail Trade**	**72808**	**62318**	**3297**
批发业	Wholesale Trade	42104	37926	1098
零售业	Retail Trade	30704	24392	2199
住宿和餐饮业	**Accommodation and Catering Trade**	**5924**	**4973**	**1188**
住宿业	Accomodation Trade	1937	1760	459
餐饮业	Catering Trade	3987	3213	729
金融业	**Banking**	**7596**	**2578**	
银行业	Banking	4540	498	
中央银行	Central Bank	101	33	
商业银行	Commercial Bank	4225	398	
其他银行	Other Banks	214	67	
证券业	Securities	224	136	
保险业	Insurance	1173	479	
其他金融活动	Other Financial Activities	1659	1465	
房地产业	**Real Estate**	**12974**	**11927**	**3209**
房地产开发经营	Real Estate Development and Operation	6076	5947	3209
物业管理	Estate Management	3692	3248	
房地产中介服务	Intermediary Services of Real Estate	1882	1565	
其他房地产活动	Other Real Estate Activities	1324	1167	
租赁和商务服务业	**Leasing and Commercial Services**	**20802**	**19157**	
租赁业	Leasing	1688	1645	
商务服务业	Commercial Services	19114	17512	

1—3 续表2 continued

单位：个（unit）

行业类别	Industrial Category	单位数 Numbe of Units	#法人单位 Legal Entities	#限额以上单位 Above Designated Unit
科学研究、技术服务和地质勘查业	**Scientific Research, Technical Services and Geological Prospecting**	**8942**	**7529**	
研究与试验发展	Research and Experimental Development	1026	972	
专业技术服务业	Professional and Technical Services	4381	3823	
科技交流和推广服务业	Exchange and Extending Services of Science and Technology	3359	2577	
地质勘查业	Geological Prospecting	176	157	
水利、环境和公共设施管理业	**Water Conservancy, Environmental and Public Facilities Management**	**3471**	**2349**	
水利管理业	Water Conservancy Management	1440	614	
环境管理业	Environmental Management	616	468	
公共设施管理业	Public Facilities Management	1415	1267	
居民服务和其他服务业	**Resident Services and Other Services**	**4877**	**4416**	
居民服务业	Resident Services	2401	2090	
其他服务业	Other Services	2476	2326	
教　育	**Education**	**26973**	**13566**	
学前教育	Education Before School	2630	2225	
初等教育	Primary Education	17403	5239	
中等教育	Secondary Education	4399	3752	
高等教育	High Education	222	196	
其他教育	Other Education	2319	2154	
卫生、社会保障和社会福利业	**Health Care, Social Protection and Social Welfare**	**15621**	**6209**	
卫　生	Health Care	13829	5236	
医　院	Hospitals	1016	863	
卫生院及社区医疗活动	Medical Activities in Commune Hospicals and Communities	4985	2549	
门诊部医疗活动	Medical Activities in Outpatient Departments	6226	1036	
计划生育技术服务活动	Technical Service Activities for Family Planning	912	315	
妇幼保健活动	Activities for Maternity and Child Care	123	117	
专科疾病防治活动	Activities for Specialized Disease Prevention and Treatment	143	69	
疾病预防控制及防疫活动	Activities for Disease Prevention and Controlling	272	162	
其他卫生活动	Other Health Activities	152	125	
社会保障业	Social Protection	362	224	
社会福利业	Social Welfare	1430	749	
提供住宿的社会福利	Social Welfare Services With Accomodations	1298	640	
不提供住宿的社会福利	Social Welfare Services Without Accomodations	132	109	
文化、体育和娱乐业	**Culture, Sports and Entertainment**	**3200**	**2672**	
新闻出版业	Press and Publication	221	193	
广播、电视、电影和音像业	Broadcasting, TV, Film, Audio-video and Recorders	718	464	
文化艺术业	Culture and Art	1218	1046	
体　育	Sports	275	253	
娱乐业	Entertainment	768	716	
公共管理和社会组织	**Public Management and Social Organizations**	**59703**	**44123**	
中国共产党机关	Organs of Chinese Communist Party	1631	1544	
国家机构	State Organs	28230	13415	
人民政协和民主党派	CPPCC and Democratic Parties	258	256	
群众团体、社会团体和宗教组织	Mass Organizations, Social Organizations and Religious Organizations	11203	10551	
基层群众自治组织	Local Mass Autonomy Organs	18381	18357	

1—4 国民经济和社会发展总量与速度指标

指 标		Item		总量指标 1995
人口与就业		**Population and Employment**		
人 口		**Population**		
年底总人口	(万人)	Population at the Year-end	(10000 persons)	6000
#市镇人口		Urban		1145
乡村人口		Rural		4855
#男性人口		Male		3116
女性人口		Female		2884
出生人口	(万人)	Births	(10000 persons)	96.2
死亡人口	(万人)	Deaths	(10000 persons)	38.4
人口密度	(人/平方公里)	Density of Population (person/sq.km)		428
年末总户数	(万户)	Total Number of Households at the Year-end	(10000 households)	1551.0
#乡村户数		Numbers of Rural Households		1244.3
就 业	**(万人)**	**Employment**	**(10000 persons)**	
经济活动人口		Economically Active Population		
从业人员		Employment		3206.9
#国有经济		State-owned Units		380.1
城镇集体经济		Urban of Other Types of Ownership		126.3
港澳台投资经济		Economic Units Funded by Entreneurs from Hong Kong Macao and Taiwan		2.8
外商投资经济		Foreign Funded Units		3.8
城镇私营经济		Urban Private Enteprises		10.1
城镇个体		Urban Self-employed Individuals		81.9
职工人数		Staff and Workers		502.8
国有经济		State-owned Units		363.7
城镇集体经济		Urban of Other Types of Ownership		123.1
其他经济合计		Units of Other Types of Ownership		16.0
城镇登记失业人数		Registered Unemployed in Urban Areas		29.9
宏观经济		**Macroeconomic Indicator**		
国民经济核算	**(亿元)**	**National Accounting**	**(100 million yuan)**	
生产总值		Gross Domestic Product		1810.7
第一产业		Primary Industry		584.1
第二产业		Secondary Industry		660.1
#工 业		Industry		562.4
第三产业		Tertiary Industry		566.4
支出法生产总值		Gross Domestic Expenditures		2003.6
#最终消费		Total Consumption		1174.7
居民消费		Resident Consumption		996.1
政府消费		Public Consumption		178.6
资本形成总额		Total Investment		824.6
固定资本形成		Fixed Assets		619.1
存货增加		Stock		205.5
固定资产投资	**(亿元)**	**Investment in Fixed Assets**	**(100 million yuan)**	
全社会固定资产投资额		Total Investment in Fixed Assets		532.5
#国有单位		State-owned Units		266.2
集体单位		Collective-owned Units		96.5
固定资产投资按产业分		Investment in Fixed Assets Grouped by Type of Industry		
#第一产业		Primary Industry		1.8
第二产业		Secondary Industry		188.4
第三产业		Tertiary Industry		342.3
#房地产开发		Real Estate Development		36.1

Principal Aggregate Indicators On National Economic and Social Development
and Their Related Indices and Growth Rates

Aggregate Date				速度指标 (%) Indices and Growth Rates						
2000	2005	2010	2011	指 数 (2011年为以下各年) Index (2011 as Percentage of the Following Years)				平均增长速度 Average Annual Growth Rate		
				1995	2000	2005	2010	1996—2000	2001—2005	2006—2010
6278	6516	6827	6876	114.6	109.5	105.5	100.7	0.9	0.7	0.9
1758	2313	2949	3080	269.0	175.2	133.2	104.4	9.0	5.6	5.0
4520	4203	3878	3796	78.2	84.0	90.3	97.9	-1.4	-1.4	-1.6
3258	3388	3543	3567	114.5	109.5	105.3	100.7	0.9	0.8	0.9
3020	3127	3283	3309	114.7	109.6	105.8	100.8	0.9	0.7	1.0
81.5	75.9	75.2	72.9	75.9	89.6	96.2	97.1	-3.3	-1.4	-0.2
34.5	37.9	35.2	35.2	91.9	102.2	93.1	100.2	-2.1	1.9	-1.5
448	465	490	493	493.2	115.2	110.1	106.1	100.7	0.7	1.0
1656.1	1849.4	2093.4	2118.0	136.6	127.9	114.5	101.2	1.3	2.2	2.5
1294.6	1346.1	1424.3	1438.5	115.6	111.1	106.9	101.0	0.8	0.8	1.1
3530.9	3712.8	4096.8	4177.8		118.3	112.5	102.0		1.0	2.0
3450.7	3669.7	4050.0	4120.9	128.5	119.4	112.3	101.8	1.5	1.2	2.0
314.8	208.7	206.0	219.0	57.6	69.6	104.9	106.3	-3.7	-7.9	-0.3
91.2	30.8	17.9	18.3	14.5	20.1	59.4	102.4	-6.3	-19.5	-10.3
2.3	3.7	7.0	8.3	296.4	360.9	224.3	118.7	-3.9	10.0	13.6
3.8	6.7	14.7	16.7	439.5	439.5	249.3	113.9	平	12.0	17.0
37.6	86.5	133.3	165.0	1633.7	438.8	190.8	123.8	30.1	18.1	9.0
134.8	123.6	264.1	255.1	311.5	189.2	206.4	96.6	10.5	-1.7	16.4
470.0	317.4	372.9	411.6	81.9	87.6	129.7	110.4	-1.3	-7.6	3.3
307.8	199.2	206.0	219.0	60.2	71.2	109.9	106.3	-3.3	-8.3	0.7
89.1	28.2	17.9	18.3	14.9	20.6	65.0	102.6	-6.3	-20.6	-8.7
73.1	90.1	149.1	174.2	1088.6	238.3	193.3	116.8	35.5	4.3	10.6
31.6	27.8	28.5	36.9	123.4	116.8	132.7	129.6	1.1	-2.5	0.5
2902.1	5350.2	12359.3	15300.6	562.5	349.0	212.6	113.5	10.0	10.4	13.4
741.8	966.5	1729.0	2015.3	186.6	141.3	131.5	104.0	5.7	1.5	4.8
1056.8	2245.9	6436.6	8309.4	858.4	516.1	274.4	118.0	10.7	13.5	18.4
885.1	1837.4	5407.4	7062.0	899.5	542.3	292.5	119.6	10.6	13.1	19.6
1103.5	2137.8	4193.7	4976.0	592.2	331.9	185.1	110.6	12.3	12.4	10.8
3041.2	5350.2	12359.3	15300.7							
1947.8	3006.7	6213.1	7604.3							
1615.4	2399.4	4873.4	5995.1	452.9	294.3	204.4	115.3	9.0	7.5	12.1
332.3	607.3	1339.8	1609.2							
1095.0	2354.1	6171.5	7725.0							
928.1	2214.0	6061.1	7594.4							
166.9	140.0	110.5	130.7							
866.7	2521.0	11849.4	12147.8				127.8	10.2	23.8	37.5
431.1	880.6	3061.3	2765.4				112.7	10.1	15.4	28.3
124.7	48.4	323.9	248.3				95.5	5.3	-17.2	46.2
9.1	75.4	221.6	176.1				99.1	38.3	52.6	24.1
232.9	995.1	5617.4	6086.7				130.5	4.3	33.7	41.4
624.7	1450.4	6010.5	5885.0				126.2	12.8	18.3	32.9
87.9	459.4	2251.8	2611.5				127.9	19.5	39.2	37.4

1—4 续表1 continued

指标	Item	总量指标 1995
财政 （亿元）	**Public Finance (100 million yuan)**	
财政收入	Total Revenue	147.0
中央	Central Covernment	63.2
地方	Local Governments	83.8
#增值税	Value-added Tax	14.7
营业税	Operation Tax	16.1
企业所得税	Enterprises' Income Tax	11.3
财政支出	Total Expenditures	135.9
地方	Local Governments	135.9
#基建支出	Expenditure for Capital Construction	8.3
科技三项费用	Expenditure for Scientific and Technological Promotion	0.7
文教科卫支出	Operating Expenses for Culture, Education Science & Health Care	40.6
物价总指数 （上年=100）	**Price Indices (preceding year=100)**	
商品零售价格指数	Retail Price Index	112.7
居民消费价格指数	Consumer Price Index	114.8
农业生产资料价格指数	Price Indices of Agricultural Means of Production	128.0
农产品生产价格指数	Production Price Indices of Agricultural Products	
工业生产者出厂价格指数	Ex-factory Industrial Producer Price Index	117.1
工业生产者购进价格指数	Industrial Producer Purchasing Price Index	117.9
固定资产投资价格指数	Price Indices of Investment in Fixed Assets	106.5
利用外资 （万美元）	**Utilization of Foreign Capital (USD 10000)**	
签订利用外资协议额	Amount of Foreign Capital for Utilization Through Signed Contracts or Agreements	133856
实际利用外资额	Amount of Foreign Capital Actually Utilized	76749
#外商直接投资	Foreign Direct Investments	48256
能源生产与消费 （万吨标准煤）	**Production and Consumption of Energy (10000 tons of SCE)**	
能源生产总量	Total Energy Production	3219
能源消费总量	Total Energy Consumption	4194
产业	**Industry**	
农业	**Agriculture**	
耕地面积 （千公顷）	Cultivated Areas (1000 hectares)	4291.1
总播种面积 （千公顷）	Total Sown Area (1000 hectares)	8354.2
#粮食播种面积	Sown Area of Grain Crops	5852.5
农林牧渔业总产值 （亿元）	Gross Output Value of Farming, Forestry, Animal Husbandry and Fishery (100 million yuan)	980.3
主要农产品产量	Output of Major Farm Products	
粮食 （万吨）	Grain (10000 tons)	2652.7
棉花 （万吨）	Cotton (10000 tons)	30.1
油料 （万吨）	Oil-bearing Crops (10000 tons)	191.8
黄红麻 （万吨）	Jute and Ambary Hemp (10000 tons)	8.1
烤烟 （万吨）	Flue-cured Tobacco (10000 tons)	4.3
茶叶 （万吨）	Tea (10000 tons)	4.6
猪肉 （万吨）	Pork (10000 tons)	136.7
牛肉 （万吨）	Beef (10000 tons)	23.8
羊肉 （万吨）	Mutton (10000 tons)	5.3
肉猪出栏 （万头）	Number of Slaughtered Fattened Hogs (10000 heads)	1674.6
奶类 （万吨）	milk (10000 tons)	2.5
水产品 （万吨）	Aquatic Products (10000 tons)	75.2
农业机械总动力 （万千瓦）	Total Agricultural Machinery Power (10000 kw)	1836.0
有效灌溉面积 （千公顷）	Irrigated Area (1000 hectares)	2933.7
化肥使用量 （万吨）	Consumption of Chemical Fertilizers (10000 tons)	203.3
农村用电量 （亿千瓦时）	Electricity Consumed in Rural Areas (100 million kwh)	37.4

Aggregate Date				速度指标 (%) Indices and Growth Rates						
				指 数 (2011年为以下各年) Index (2011 as Percentage of the Following Years)				平均增长速度 Average Annual Growth Rate		
2000	2005	2010	2011	1995	2000	2005	2010	1996—2000	2001—2005	2006—2010
290.4	656.6	2063.8	2633.0	1791.2	906.7	401.0	127.6	14.6	17.7	25.7
111.7	277.0	831.8	1052.1	1664.7	941.9	379.8	126.5	12.1	19.9	24.6
178.7	334.0	1149.4	1463.6	1746.5	819.0	438.2	127.3	16.4	13.3	28.0
26.3	57.7	129.5	164.7	1120.3	626.2	285.4	127.2	12.3	17.0	17.5
32.0	78.1	291.9	379.2	2355.2	1184.9	485.5	129.9	14.7	19.5	30.2
23.4	30.1	106.6	153.3	1356.3	655.0	509.2	143.8	15.7	5.2	28.8
323.5	713.1	2587.6	3303.0	2430.5	1021.0	463.2	127.6	18.9	17.1	29.4
323.5	713.1	2587.6						18.9	17.1	29.4
40.1	64.1							37.0	9.8	
2.1	3.8							24.6	12.6	
75.0	161.7	680.2	981.3	2417.0	1308.4	606.9	144.3	13.1	16.6	33.3
98.0	100.6	103.2	105.3	123.2	124.7	120.5	105.3	-0.2	0.7	2.7
100.7	101.4	103.1	105.6	143.6	130.9	122.1	105.6	1.9	1.4	2.9
98.2	108.3	102.0	114.3	165.2	175.7	147.8	114.3	-1.2	3.5	5.3
	98.7	110.8	112.8						5.1	7.4
98.9	103.3	109.0	108.3	133.1	144.5	126.9	108.3	-1.6	2.6	3.2
102.6	107.1	111.8	110.8	194.8	187.3	144.9	110.8	0.8	5.3	5.5
101.6	101.0	105.4	108.1	151.3	143.1	128.4	108.1	1.1	2.2	3.5
75154	155358	216462	344324	257.2	458.2	221.6	159.1	-10.9	15.6	6.9
41521	68845	501446	662887	863.7	1596.5	962.9	132.2	-11.6	10.6	48.8
31847	68845	501446	662887	1373.7	2081.5	962.9	132.2	-8.0	16.7	48.8
3436	6215	9696	10281	319.4	299.2	165.4	106.0	1.3	12.6	9.3
4879	6506	9707	10570	252.0	216.7	162.5	108.9	3.1	5.9	8.3
4229.6	4092.5	4181.3	4184.3	97.5	98.9	102.2	100.1	-0.3	-0.7	0.4
8418.0	8755.2	9054.9	9023.0	108.0	107.2	103.1	99.6	0.2	0.8	0.7
5565.6	5988.1	6616.4	6621.5	113.1	119.0	110.6	100.1	-1.0	1.5	2.0
1220.0	1666.2	2955.4	3459.7	204.4	150.0	134.6	104.0	6.4	2.2	5.3
2472.0	2605.3	3080.5	3135.5	118.2	126.8	120.4	101.8	-1.4	1.1	3.4
28.5	31.1	31.6	37.6	124.9	131.9	120.9	119.0	-1.1	1.8	0.3
285.1	270.7	227.6	213.8	111.4	75.0	79.0	93.9	8.3	-1.0	-3.4
2.2	1.9	1.2	1.4	17.3	63.6	73.7	112.9	-22.9	-2.9	-8.2
3.1	2.5	2.9	3.0	70.2	97.4	120.8	103.6	-6.3	-4.2	3.1
4.5	6.0	8.3	8.8	190.4	194.7	146.0	105.5	-0.4	5.9	6.7
198.5	231.7	238.8	233.1	170.5	117.4	100.6	97.6	7.7	3.1	0.6
31.9	31.5	18.3	17.8	74.9	55.9	56.6	97.4	6.0	-0.3	-10.3
11.2	17.6	14.2	14.2	267.5	126.6	80.6	99.9	16.1	9.5	-4.2
2393.2	2812.1	2782.1	2721.1	162.5	113.7	96.8	97.8	7.4	3.3	-0.2
4.1	11.0	20.5	22.5	904.2	546.5	203.8	109.8	10.6	21.8	13.2
159.8	177.6	193.3	199.6	265.4	124.9	112.4	103.2	16.3	2.1	1.7
2975.9	3983.8	5409.8	5657.1	308.1	190.1	142.0	104.6	10.1	6.0	6.3
3197.4	3330.8	3519.8	3547.7	120.9	111.0	106.5	100.8	1.7	0.8	1.1
253.2	285.7	319.8	329.7	162.2	130.2	115.4	103.1	4.5	2.4	2.3
45.8	64.2	107.4	117.3	313.6	256.1	182.7	109.2	4.1	7.0	10.8

1—4 续表2 continued

指 标		Item		总量指标 1995
工 业（规模以上）		**Industry**		
主要工业产品产量		Output of Major Industrial Products		
布	（亿米）	Cloth	(100 million m)	8.8
家用电冰箱	（万台）	Household Refrigerators	(10000 units)	150.4
房间空气调节器	（万台）	Air Conditioners	(10000 units)	12.2
家用洗衣机	（万台）	Household Washing Machines	(10000 units)	127.7
彩色电视机	（万台）	Colour Television Sets	(10000 units)	20.3
原 煤	（亿吨）	Coal	(100 million tons)	0.4
发电量	（亿千瓦时）	Electricity	(100 million kwh)	310.3
粗 钢	（万吨）	Crude Steel	(10000 tons)	325.5
钢 材	（万吨）	Rolled Steel	(10000 tons)	267.6
水 泥	（万吨）	Cement	(10000 tons)	1983
企业单位数	（个）	Number of Industrial Enterprises	(unit)	
#大型企业		Large		138
工业总产值	（亿元）	Gross Industrial Output Value	(100 million yuan)	
工业增加值	（亿元）	Value Added of Industry	(100 million yuan)	
资产总计	（亿元）	Total Assets	(100 million yuan)	
负债合计	（亿元）	Total Liabilities	(100 million yuan)	
主营业务收入	（亿元）	Revenue from principal Business	(100 million yuan)	
利润总额	（亿元）	Total Profits	(100 million yuan)	
建 筑 业		**Construction**		
企业单位数	（个）	Number of Enterprises	(unit)	75321
企业从业人员	（万人）	Number of Persons Engaged	(10000 persons)	177.3
建筑业总产值	（亿元）	Gross Output Value	(100 million yuan)	582.1
房屋建筑施工面积	（万平方米）	Floor Space of Buildings Under Construction	(10000 sq.m)	1985.4
房屋建筑竣工面积	（万平方米）	Floor Space of Buildings Completed	(10000 sq.m)	853.3
#住宅面积		Residential Buildings		389.6
交通运输		**Transportation**		
货 运 量	（万吨）	Freight Traffic	(10000 tons)	40462
铁 路		Railways		5103
公 路		Highways		30236
水 运		Waterways		5122
民 航		Total Civil Aviation Routes		1.0
客 运 量	（万人）	Passenger Traffic	(10000 persons)	57881
铁 路		Railways		2537
公 路		Highways		54153
水 运		Waterways		1098
民 航		Total Civil Aviation Routes		93
主要港口货物吞吐量	（万吨）	Volume of Freight Handled in Major Ports	(10000 tons)	4765
公路里程	（公里）	Total Length of Highways	(km)	35178
等级路里数	（公里）	Length of Expressway and Class Ⅰ to Ⅳ Highway	(km)	32102
邮电通信业		**Postal and Telecommunication Services**		
邮电业务总量(1990年不变价)	(亿元)	Total Business Revenue (1990 constant prices)	(100 million yuan)	22.6
函 件	（亿件）	Number of Letters Delivered	(100 million pieces)	2.4
报刊期发数	（万份）	Number of Newspapers and Magazines Distributed	(10000 copies)	708.0
交换机容量	（万门）	Capacity of Office Telephone Exchanges	(10000 lines)	249.0
移动电话年末用户	（万户）	Number of Mobile Telephone Subsecribers at Year-end	(10000 subscribers)	6.0
固定电话年末用户	（万户）	Number of Fixed Telephone Subsecribers at Year-end	(10000 subscribers)	124.1
城 市		Urban		103.0
农 村		Rural		21.1
公用电话	（万户）	Public Telephone	(10000 subscribers)	

注：2010、2011年电信业务总量是按照2000年不变价格计算。
a) The business volume of telecommunication services in 2010，2011 is calculated at 2000 constant prices.

Aggregate Date				速度指标 (%) Indices and Growth Rates						
2000	2005	2010	2011	指　数 (2011年为以下各年) Index (2011 as Percentage of the Following Years)				平均增长速度 Average Annual Growth Rate		
				1995	2000	2005	2010	1996—2000	2001—2005	2006—2010
7.4	5.6	10.9	11.8	134.6	159.1	209.2	108.4	-3.3	-5.3	14.1
169.9	530.4	2078.9	3114.0	2070.5	1832.8	587.1	149.8	2.5	25.6	31.4
115.8	515.0	1666.1	2821.9	23130.1	2436.8	547.9	169.4	56.8	34.8	26.5
131.7	441.8	1267.0	1629.6	1276.1	1237.3	368.9	128.6	0.6	27.4	23.5
156.1	374.4	395.3	550.5	2711.6	352.6	147.0	139.2	50.4	19.1	1.1
0.5	0.8	1.3	1.4	316.8	293.9	166.9	108.1	1.5	12.0	9.1
368.1	645.7	1443.9	1632.8	526.2	443.6	252.9	113.1	3.5	11.9	17.5
460.6	1105.6	1853.8	1966.7	604.2	427.0	177.9	106.1	7.2	19.1	10.9
431.7	1141.6	2446.4	2743.2	1025.1	635.4	240.3	112.1	10.0	21.5	16.5
2136	3218	7874	9205	464.2	430.9	286.0	116.9	1.5	8.5	19.6
3680	5277	16277	12432						7.5	25.3
193	61	100	245	177.5	126.9	401.6	245.0	6.9	-20.6	10.4
1661.4	4567.2	18732.0	25875.9							
507.4	1483.8	5290.6	6776.0							
2977.9	5067.1	15930.3	19148.7		643.0	377.9	120.2		11.2	25.7
1855.1	3029.0	9565.9	11398.7		614.4	376.3	119.2		10.3	25.9
1688.1	4523.3	18164.6	24960.2		1478.6	551.8	137.4		21.8	32.1
38.2	218.2	1445.6	1663.2		4353.8	762.2	115.1		41.7	46.0
40785	1946	2469	2528	3.4	6.2	129.9	102.4	-11.5	-45.6	4.9
125.6	98.6	158.0	167.0	94.2	133.0	169.4	105.7	-6.7	-4.7	9.9
532.0	923.1	2865.0	3599.6	618.4	676.6	389.9	125.6	-1.8	11.7	25.4
4631.3	9869.5	23295.7	28472.9	1434.1	614.8	288.5	122.2	18.5	16.3	18.7
2595.3	5081.3	10512.4	11897.8	1394.3	458.4	234.1	113.2	24.9	14.4	15.6
1448.0	3073.9	6461.5	7222.9	1853.9	498.8	235.0	111.8	30.0	16.2	16.0
44536	67128	228106	268415	663.4	602.7	399.9	117.7	1.9	8.6	27.7
6473	10386	12091	12507	245.1	193.2	120.4	103.4	4.9	9.9	3.1
32740	49614	183658	219467	725.8	670.3	442.3	119.5	1.6	8.7	29.9
5320	7125	32355	36439	711.4	684.9	511.4	112.6	0.8	6.0	35.3
1.5	3.0	2.2	2.1	210.0	140.0	70.0	96.3	8.4	14.9	-6.2
62033	72871	159597	185789	321.0	299.5	255.0	116.4	1.4	3.3	17.0
2994	3486	5552	5980	235.7	199.7	171.5	107.7	3.4	3.1	9.8
58026	68927	153697	179440	331.4	309.2	260.3	116.7	1.4	3.5	17.4
860	244	139	155	14.1	18.0	63.5	111.5	-4.8	-22.3	-10.6
153	214	208	214	230.6	140.2	100.2	103.0	10.5	6.9	-0.6
7114	17157	32502	37418.6	785.3	526.0	218.1	115.1	8.3	19.3	13.6
44493	72807	149382	149535	425.1	336.1	205.4	100.1	4.8	10.4	15.5
42579	67083	142340	143403	446.7	336.8	213.8	100.7	5.8	9.5	16.2
120.1	284.0	300.3	361.6				120.4	39.6	18.8	
1.9	2.1	2.1	1.7	71.6	90.1	82.4	82.3	-4.5	1.8	平
929.8	738.0	602.2	521.8	73.7	56.1	70.7	86.6	5.6	-4.5	-4.0
717.1	1611.7	1214.9	1129.3	453.5	157.5	70.1	93.0	23.6	17.6	-5.5
209.1	1046.9	2798.7	3259.4	54505.2	1559.0	311.3	116.5	103.6	38.0	21.7
483.8	1349.5	1231.0	1243.9	1002.8	257.1	92.2	101.1	31.3	22.8	-1.8
273.0	680.0	612.9	661.5	642.5	242.3	97.3	107.9	21.5	20.0	-2.1
210.8	669.5	618.1	582.5	2763.1	276.3	87.0	94.2	58.5	26.0	-1.6
10.9	65.5	87.9	104.5		955.4	159.5	118.8		43.1	6.1

1—4 续表3 continued

指 标		Item		总量指标 1995
国内商业		**Domestic Trade**		
社会消费品零售总额	(亿元)	Total Retail Sales of Consumer Goods	(100 million yuan)	599.6
#批发零售业		Engaged in Wholesale and Retail Trade		395.2
住宿和餐饮业		Accommodation and Catering Trade		37.3
其 他		Others		106.1
批发零售业购进总额	(亿元)	Total Goods Purchases of Enterprises in Wholesale and Retail Sale Trade	(100 million yuan)	1026.3
批发零售业销售总额	(亿元)	Total Sales of Enterprises in Wholesale and Retail Sale Trade	(100 million yuan)	1078.4
批发零售业库存总额	(亿元)	Total Inventory of Enterprises in Wholesale and Retail Sale Trade	(100 nillion yuan)	226.6
对外经济贸易		**Foreign Trade**		
进出口总额	(万美元)	Total Exports and Tourists	(USD 10000)	200739
进口额		Imports		61381
出口额		Exports		139358
国际旅游		**International Tourism**		
旅游人数	(万人次)	Total Number of Tourists	(10000 persons)	14.3
#外国人		Foreigners		7.5
旅游外汇收入	(万美元)	Foreign Exchange Earnings from Tourism	(USD 10000)	4436
旅游星级宾馆个数	(个)	Number of Tourist Hotel of Star Class	(unit)	60
金融保险		**Finance and Insurance**		
金融机构存款余额	(亿元)	Deposits of National Banking System	(100 million yuan)	1111.7
#企业存款		Deposits of Enterprises		308.2
居民储蓄存款		Saving Deposits of Residents		683.9
定 期		Fixed Deposits		
活 期		Current Deposits		
金融机构贷款余额	(亿元)	Loans of National Banking System	(100 million yuan)	1279.3
#工业贷款		Industrial Loans		273.3
商业贷款		Commercial Loans		416.0
农业贷款		Agricultural Loans		22.9
保险公司保费收入	(亿元)	Income From Premium of Insurance Companies	(100 million yuan)	
保险公司赔款及给付	(亿元)	Amount Reparations of Insurance Companies	(100 million yuan)	
教育、科技、文化		**Education, Science and Technology and Culture**		
教 育		**Education**		
幼儿园数	(个)	Number of Kindergartens	(unit)	2243
入园儿童数	(万人)	Student Enrollment in Kingdergartens	(10000 persons)	103.48
学龄儿童入学率	(%)	Percentage of School-age Children Enrolled	(%)	99.70
专任教师数	(万人)	Full-time Teachers	(10000 persons)	
普通高等学校		Regular Institutions of Higher Education		1.16
中等专业学校		Specialized Secondary Schools		0.85
普通中学		Regular Secondary Schools		14.03
#高 中		Senior Secondary Schools		2.04
职业中学		Vocational Secondary Schools		1.65
小 学		Primary Schools		26.73

Aggregate Date				速度指标　(%)　Indices and Growth Rates						
				指　数　(2011年为以下各年) Index (2011 as Percentage of the Following Years)				平均增长速度 Average Annual Growth Rate		
2000	2005	2010	2011	1995	2000	2005	2010	1996—2000	2001—2005	2006—2010
1077.8	1776.7	4151.5	4900.6	817.3	454.7	275.8	118.0	12.4	10.5	18.5
681.1	1509.6	3635.6	4303.3	1088.9	631.8	285.1	118.4	11.5	17.3	19.2
119.6	242.3	515.9	597.3	1601.3	499.4	246.5	115.8	26.2	15.2	16.3
22.4	24.8							-26.7	2.0	
1901.1	1513.1	4653.0	6185.9	602.7	325.4	408.8	132.9	13.1	-4.5	25.2
1764.0	3835.3	10044.5	12895.2	1195.8	731.0	336.2	128.4	10.3	16.8	21.2
393.8	116.2	397.5	478.5	211.2	121.5	411.8	120.4	11.7	-21.7	27.9
334689	911971	2427677	3133782	1561.1	936.3	343.6	129.1	10.8	22.2	21.6
117483	392933	1186388	1425393	2322.2	1213.3	362.8	120.1	13.9	27.3	24.7
217206	519038	1241288	1708389	1225.9	786.5	329.1	137.6	9.3	19.0	19.1
31.8	63.3	198.4	262.9	1838.2	826.6	415.3	132.5	17.3	14.8	25.7
16.8	41.1	117.4	151.7	2023.3	903.8	369.2	129.3	17.5	19.6	23.4
8621	18559	82025	117918	2658.2	1367.8	635.4	143.8	14.2	16.6	34.6
163	373	453	462	770.0	283.4	123.9	102.0	22.1	18.0	4.0
2485.5	5993.8	16366.1	19404.3	1745.5	780.7	323.7	118.6	17.5	19.2	22.2
761.9	1661.4	5208.5						19.8	16.9	25.7
1447.2	3508.7	7788.5	9233.6	1350.1	638.0	263.2	118.6	16.2	19.4	17.3
1091.4	2445.5	4852.9							17.5	14.7
355.7	1063.1	2935.6							24.5	22.5
2385.0	4313.6	11452.3	13729.8	1073.2	575.7	318.3	119.9	13.3	12.6	21.6
398.6	491.0							7.8	4.3	
679.8	626.5							10.3	-1.6	
181.1	430.6							51.2	18.9	
38.2	133.2	438.2	432.3		1131.7	324.5	98.6		28.4	26.9
12.3	30.4	104.6	125.4		1019.5	412.5	119.9		19.8	28.0
3932	2715	4018	4613	205.7	117.3	169.9	114.8	11.9	-7.1	8.2
116.19	72.38	100.82	116.81	112.9	100.5	161.4	115.9	2.3	-9.0	6.9
99.67	99.54	99.93	99.78							
1.51	3.24	4.93	5.12	441.3	339.0	158.0	103.8	5.4	16.5	8.8
0.88	0.61	0.77	0.96	112.5	108.6	156.7	123.4	0.7	-7.1	4.9
15.81	19.70	23.01	23.12	164.8	146.2	117.3	100.5	2.4	4.5	3.2
2.92	5.11	6.69	6.96	341.1	238.3	136.2	104.0	7.4	11.8	5.5
1.94	1.73	1.40	1.90	115.0	97.8	109.7	135.7	3.3	-2.3	-4.2
27.37	25.95	24.57	24.33	91.0	88.9	93.8	99.0	0.5	-1.1	-1.1

1—4 续表4 continued

指　　标		Item		总量指标 1995
在校学生数	（万人）	Student Enrollment	(10000 persons)	
普通高等学校		Regular Institutions of Higher Education		8.80
中等专业学校		Specialized Secondary Schools		12.08
普通中学		Regular Secondary Schools		281.53
#高　中		Senior Secondary Schools		28.94
职业中学		Vocational Secondary Schools		35.14
小　学		Primary Schools		606.88
在校学生毕业生数	（万人）	Graduates of Student Enrollment	(10000 persons)	
普通高等学校		Regular Institutions of Higher Education		2.90
中等专业学校		Specialized Secondary Schools		3.20
普通中学		Regular Secondary Schools		71.26
#高　中		Senior Secondary Schools		7.37
职业中学		Vocational Secondary Schools		7.02
小　学		Primary Schools		103.24
预算内教育经费支出	（亿元）	Government Expenditures on Education	(100 million yuan)	27.03
科　技		**Science and Technology**		
科学家、工程师数	（万人）	Number of Scientists and Engineers	(10000 persons)	3.84
研究与试验发展经费支出	（亿元）	Expenditures on Research and Development	(100 million yuan)	2.74
技术市场成交额	（万元）	Volume of Transaction in Technical Markets	(10000 yuan)	
文　化		**Culture**		
出版数量		Publicatons		
图　书	（万册）	Number of Books Published	(10000 copies)	27555
杂　志	（万册）	Number of Magazines Issued	(10000 copies)	3197
报　纸	（万份）	Number of Newspapers Issued	(10000 copies)	47569
公共图书馆	（个）	Number of Public Libraries	(unit)	83
公共图书馆藏书量	（万册）	Total Collections of Public Libraries	(10000 volumes)	752.4
电视节目制作时间	（小时）	Production Hours of TV Programs	(hours)	13719
广播覆盖率	（%）	Broadcast Covering Rate	(%)	82.5
电视覆盖率	（%）	TV Covering Rate	(%)	79.0
家庭、生活、环境		**Family, People's Livelihood and Environment**		
家　庭		**Family**		
城镇居民平均每户人口	（人）	Average Household Size in Urban Areas	(person)	3.18
农村居民平均每户人口	（人）	Average Household Size in Rural Areas	(person)	4.44
婚　姻	**（万对）**	**Marriages and Divorces**	**(10000 couple)**	
结婚数		Number of Marriages		60.96
离婚数		Number of Divorces		2.99
居　住	**（平方米）**	**Housing**	**(sq.m)**	
城市居民人均居住面积		Per Capita Gross Floor Space of Urban Residents		11.61
农村居民人均居住面积		Per Capita Net Floor Space of Rural Residents		17.82
生　活		**People's Livelihood**		
城镇居民人均可支配收入	（元）	Per Capita Annual Disposable Income of Urban Households	(yuan)	3779
城镇居民人均消费性支出	（元）	Per Capita Annual Living Expenditures of Urban Residents	(yuan)	3161
#食品支出		Food		1698
农村居民人均纯收入	（元）	Per Capita Net Income of Rural Residents	(yuan)	1302.8
农村居民人均生活费支出	（元）	Per Capita Annual Living Expenditures of Rural Residents	(yuan)	1070.6
#食品支出		Food		625.4

Aggregate Date				速度指标 (%) Indices and Growth Rates						
				指　数 (2011年为以下各年) Index (2011 as Percentage of the Following Years)				平均增长速度 Average Annual Growth Rate		
2000	2005	2010	2011	1995	2000	2005	2010	1996—2000	2001—2005	2006—2010
18.24	58.91	93.90	99.13	1126.4	543.5	168.3	105.6	15.7	26.4	9.8
19.19	18.55	28.93	27.71	229.4	144.4	149.4	95.8	9.7	-0.7	9.3
358.32	460.86	406.58	377.74	134.2	105.4	82.0	92.9	4.9	5.2	-2.5
54.14	116.90	127.60	127.89	441.9	236.2	109.4	100.2	13.3	16.6	1.8
45.28	54.78	48.68	48.92	139.2	108.0	89.3	100.5	5.2	3.9	-2.3
644.24	584.11	460.44	443.58	73.1	68.9	75.9	96.3	1.2	-1.9	-4.6
2.59	11.70	23.22	25.61	883.2	988.9	218.9	110.3	-2.2	35.2	14.7
6.04	3.78	9.61	10.26	320.7	169.9	271.4	106.7	13.5	-8.9	20.5
102.31	142.61	136.57	134.62	188.9	131.6	94.4	98.6	7.5	6.9	-0.9
13.15	30.10	44.38	42.42	575.6	322.6	140.9	95.6	12.3	18.0	8.1
14.83	14.51	17.76	16.33	232.6	110.1	112.5	91.9	16.1	-0.4	4.1
121.20	116.25	87.41	76.94	74.5	63.5	66.2	88.0	3.26	-0.8	-5.5
53.99	117.40	436.06	619.14	2290.6	1146.8	527.4	142.0	14.8	16.8	30.0
5.57	5.81							7.7	0.8	
20.02	45.61	163.72	214.64	7827.6	1072.5	470.6	131.1	48.8	17.9	29.1
61011	142553	461470	650337		1065.9	456.2	140.9		18.5	26.5
30992	25220	23891	25185	91.4	81.3	99.9	105.4	2.4	-4.0	-1.1
7736	5804	5842	5948	186.0	76.9	102.5	101.8	19.3	-5.6	0.1
76083	98134	116988	120769	253.9	158.7	123.1	103.2	9.8	5.2	3.6
84	88	88	100	120.5	119.0	113.6	113.6	0.2	0.9	平
787.4	847.4	1235.8	1375.4	182.8	174.7	162.3	111.3	0.9	1.5	7.8
24833	58725	82427	76953	560.9	309.9	131.0	93.4	12.6	18.8	7.0
94.8	95.6	97.3	97.6							
93.8	95.0	97.5	97.9							
3.08	2.95	2.84	2.80	88.1	90.9	94.9	98.6	-0.6	-0.9	-0.8
4.18	4.08	4.03	3.88	87.4	92.8	95.1	96.3	-1.2	-0.5	-0.2
49.20	43.94	65.09	71.05	116.6	144.4	161.7	109.2	-4.2	-2.2	8.2
4.27	5.75	13.24	8.88	296.9	207.9	154.4	67.1	7.4	6.1	18.1
14.76	19.90	31.55	32.09	276.4	217.4	161.3	101.7	4.9	6.2	9.7
22.16	27.00	32.05	35.03	196.6	158.1	129.7	109.3	4.5	4.0	3.5
5294	8471	15788	18606	492.4	351.5	219.6	117.8	7.0	9.9	13.3
4233	6368	11513	13181	417.0	311.4	207.0	114.5	6.0	8.5	12.6
1935	2782	4370	5247	309.0	271.2	188.6	120.1	2.6	7.5	9.5
1934.6	2641.0	5285.2	6232.2	478.4	322.1	236.0	117.9	8.2	6.4	14.9
1321.5	2196.2	4013.3	4957.3	463.0	375.1	225.7	123.5	4.3	10.7	12.8
693.2	999.8	1633.0	2055.2	328.6	296.5	205.6	125.9	2.1	7.6	10.3

1—4 续表5 continued

指　　标		Item		总量指标 1995
工资、居民生活和保障		**Wages, Living and Pprotection**		
职工工资总额	（亿元）	Total Wages	(100 million yuan)	228.13
国有单位		State-owned Units		179.28
城镇集体单位		Urban Collective-ownad Units		37.44
其他单位		Units of Other Types of Ownership		11.41
职工平均工资	（元）	Average Wage of Staff and Workers	(yuan)	4609
城镇居民最低生活保障	（人）	Receiving Lowest Cost-of-living in Urban Area	(person)	
农村居民最低生活保障	（人）	Receiving Lowest Cost-of-living in Rural Area	(person)	
卫　生		**Health Care**		
卫生机构数	（个）	Number of Health Institutions	(unit)	6593
医院、卫生院		Hospitals		3243
疾病防治中心		Disease Prevention and Controlling		132
妇幼保健站		Maternity and Child Care Centers		109
卫生机构床位数	（张）	Number of Beds in Health Institutions	(unit)	119846
#医院、卫生院		Hospitals		109516
卫生机构人员数	（人）	Number of Persons Engaged in Health Institutions	(person)	184884
专业卫生技术人员	（人）	Number of Technical Personnel in Hospitals	(person)	150619
#执业（助理）医师		Licensed (Assistant) Doctors		66714
注册护士		Registered Nurse		36308
市政建设		**City Construction**		
供水管道长度	（公里）	Length of Water Supply Pipelines	(km)	3164
供水总量	（万吨）	Total Annual Volume of Water Supply	(10000 tons)	192887
#生活用水		For Residential Use		46778
用水人口	（万人）	Number of Residents With Access to Tap Water	(10000 persons)	660
天然气供气量	（万立方米）	Supply of Natural Gas	(10000 cu.m)	
#家庭用量		Consumption of Coal Gas for Residential Use		
液化石油气供气量	（吨）	Liquefied Petroleum Gas	(ton)	194213
#家庭用量		Consumption of Liquefied Gas for Residential Use		80750
污水排放量	（万吨）	Volume of Sewage Discharged	(10000 tons)	99382
污水处理量	（万吨）	Volume of Sewage Treated	(10000 tons)	26849
排水管长度	（公里）	Length of Drainage	(km)	3008
生活垃圾清运量	（万吨）	Volume of Garbage Swept Away	(10000 tons)	193
生活垃圾无公害处理量	（万吨）	Volume of Garbage Treated	(10000 tons)	
公共汽（电）车总数	（辆）	Total Number of Public Buses and Trolley Buses	(unit)	3027
出租汽车数	（辆）	Number of Taxis	(unit)	12565
铺装道路长度	（公里）	Length of Paved Roads	(km)	4799
公园面积	（公顷）	Area of Parks	(hectare)	3004
绿地面积	（公顷）	Areas of Green Land	(hectare)	26556
建成区绿化覆盖率	（%）	Afforestation Covering Rate in the Constructed Area	(%)	26.8
环境、灾害		**Environment and Disaster**		
污染治理项目本年完成投资额	（万元）	Actual Investment in Implemrnyation of the Project for Pollution Treatment in the Project	(10000 yuan)	44948
化学需氧量排放量	（万吨）	Amount of CoD Discharged	(10000 tons)	
二氧化硫排放量	（万吨）	Volume of Sulphur Dioxide Emission	(10000 tons)	
突发环境事件次数	（次）	Number of Environmental Accidents	(time)	
环境污染直接经济损失	（万元）	Losses Converted Into Cash	(10000 yuan)	
火灾事故发生数	（起）	Number of Fire Disasters	(cases)	2012
火灾伤亡人数	（人）	Number of Casualties in Fire Disasters	(person)	
火灾损失金额	（万元）	Fire Loss	(10000 yuan)	2946
交通事故发生数	（起）	Number of Traffic Accidents	(cases)	4137
交通受伤人数	（人）	Number of Injured in Traffic Accidents	(person)	
交通死亡人数	（人）	Number of Death in Traffic Accidents	(person)	
交通事故损失金额	（万元）	Loss of Traffic Accidents	(10000 yuan)	1698

Aggregate Date				速度指标 (%) Indices and Growth Rates						
2000	2005	2010	2011	指　数 (2011年为以下各年) Index (2011 as Percentage of the Following Years)				平均增长速度 Average Annual Growth Rate		
				1995	2000	2005	2010	1996—2000	2001—2005	2006—2010
275.53	484.13	1162.53	1509.04	661.5	547.7	311.7	129.8	3.8	11.9	19.1
201.58	307.16	659.72	800.81	446.7	397.3	260.7	121.4	2.4	8.8	16.5
31.74	27.69	39.97	45.66	121.9	143.8	164.9	114.2	-3.2	-2.7	7.6
42.20	149.28	462.84	662.57	5806.9	1570.1	443.8	143.2	29.9	28.7	25.4
6989	15334	34341	40640	881.8	581.5	265.0	118.3	8.7	17.0	17.5
126460	977182	883944	842005		665.8	86.2	95.3		50.5	-2.0
102973	251183	2146238	2165937		2103.4	862.3	100.9		19.5	53.6
6705	9197	7383	7563	114.7	112.8	82.2	102.4	0.3	6.5	-4.3
2953	2684	2175	2313	71.3	78.3	86.2	106.3	-1.9	-1.9	-4.1
166	132	124	124	93.9	74.7	93.9	100.0	4.7	-4.5	-1.2
110	117	119	119	109.2	108.2	101.7	100.0	0.2	1.2	0.3
123873	127179	186116	203042	169.4	163.9	159.7	109.1	0.7	0.5	7.9
114921	119625	171389	187156	170.9	162.9	156.5	109.2	1.0	0.8	7.5
188278	193973	247493	315514	170.7	167.6	162.7	127.5	0.4	0.6	5.0
153808	159788	205403	217709	144.5	141.5	136.2	106.0	0.4	0.8	5.2
69943	66102	81097	84773	127.1	121.2	128.2	104.5	0.9	-1.1	4.2
41226	47329	76550	84495	232.7	205.0	178.5	110.4	2.6	2.8	10.1
6236	8745	14730	17031	538.3	273.1	194.8	115.6	14.5	7.0	11.0
200918	206386	160816	158038	81.9	78.7	76.6	98.3	0.8	0.5	-4.9
61398	49728	50889	56014	119.7	91.2	112.6	110.1	5.6	-4.1	0.5
794.1	1053	1799						3.8	5.8	11.3
600	11564	112190	138832		23138.7	1200.6	123.7		80.7	57.5
560	5123	25154	41320		7378.6	806.6	164.3		55.7	37.5
458621	613614	615770	567246	292.1	123.7	92.4	92.1	18.8	6.0	0.1
167146	195508	166335	155069	192.0	92.8	79.3	93.2	15.7	3.2	-3.2
104871	126761	124449	127134	127.9	121.2	100.3	102.2	1.1	3.9	-0.4
40660	66347	89086	100490	374.3	247.1	151.5	112.8	8.7	10.3	6.1
4120	7606	13136	16380	544.5	397.6	215.4	124.7	6.5	13.0	11.5
327.0	477.0	435.3	435.1	225.4	133.1	91.2	100.0	11.1	7.8	-1.8
165.0	83.9	281.0	378.5		230.6	453.6	135.4		-12.7	27.3
6359	8450	11875	13614	449.8	214.1	161.1	114.6	16.0	5.9	7.0
31998	34287	50068	50119	398.9	156.6	146.2	100.1	20.6	1.4	7.9
5954	7985	10157.3	10854.5	226.2	182.3	135.9	106.9	4.4	6.0	4.9
3472	3970	8685	9576	318.8	275.8	241.2	110.3	2.9	2.7	16.9
32852	41896	71463	75977	286.1	231.3	181.3	106.3	4.3	5.0	11.3
27.1	27.5	37.5	39.5							
56470	45443	58895	107084	238	190	236	182	4.7	-4.3	5.3
44.4	44.4	41.1	95.3						平	-1.5
57.1	67.2	53.3	52.9			78.8	99.4		3.3	-4.5
66	28	30	12		18.2	42.9	40.0		-15.8	1.4
802.0	275.4	231.6	50.9		6.3	18.5	22.0		-19.2	-3.4
6099	9182	5174	5400	268.4	88.5	58.8	104.4	24.8	8.5	-10.8
227	191	56	46		20.3	24.1	82.1		-3.4	-21.8
5704	3393	8474.3	5496	186.6	96.4	162.0	64.9	14.1	-9.9	20.1
25809	17474	7714	14008	338.6	54.3	80.2	181.6	44.2	-7.5	-15.1
20096	19771	9364	16500		82.1	83.5	176.2		-0.3	-13.9
3782	4355	2808	2757		72.9	63.3	98.2		2.9	-8.4
7970	6118	2349.6	4837.5	284.9	60.7	79.1	205.9	36.2	-5.2	-17.4

1—5 国民经济和社会发展结构指标
Structural Indicators on National Economic and Social Development

单位：%

指　　标	Item	1995	2000	2005	2010	2011
人口与就业	**Population and Employment**					
人　口	**Population**					
城乡结构	Urban and Rural Structure					
城　镇	Urban	19.1	28.0	35.5	43.2	44.8
乡　村	Rural	80.9	72.0	64.5	56.8	55.2
性别结构	Sexual Structure					
男	Male	51.9	51.9	52.0	51.9	51.9
女	Female	48.1	48.1	48.0	48.1	48.1
就　业	**Employment**					
产业结构	Industrial Structure					
第一产业	Primary Industry	60.7	58.5	48.6	39.1	38.8
第二产业	Secondary Industry	17.9	16.9	21.4	25.1	25.2
第三产业	Tertiary Industry	21.4	24.6	30.0	35.8	36.0
宏观经济	**Macro Economy**					
国民核算	**National Accounting**					
生产总值产业结构	Structure of Total Investment in Fixed Assets					
第一产业	Primary Industry	32.3	25.6	18.1	14.0	13.2
第二产业	Secondary Industry	36.5	36.4	42.0	52.1	54.3
第三产业	Tertiary Industry	31.3	38.0	39.9	33.9	32.5
投　资	**Investment**					
全社会固定资产产业结构	Structure of Total Investment in Fixed Assets					
第一产业	Primary Industry	0.3	1.0	3.0	1.9	1.5
第二产业	Secondary Industry	35.4	26.9	39.5	47.4	50.1
第三产业	Tertiary Industry	64.3	72.1	57.5	50.7	48.4
资金来源结构	Structure of Funded Sources					
国家预算内资金	State Budgetary Appropriation	3.4	6.4	4.6	7.3	6.6
国内贷款	Domestic Loans	27.7	18.7	17.4	9.4	8.9
利用外资	Foreign Investment	5.7	2.5	1.8	0.9	0.8
自筹和其他投资	Fundraising	63.2	72.4	76.2	82.4	83.7
财　政	**Government Finance**					
财政收入结构	Structure of Government Revenue					
中　央	Central Government	43.0	38.5	42.2	40.3	40.0
地　方	Local Government	57.0	61.5	50.9	55.7	55.6
财政支出结构	Structure of Government Expenditures					
地　方	Local Government		100.0	100.0	100.0	100.0
利用外资	**Utilization of Foreign Capital**					
实际利用外资结构	Structure of Foreign Capital Actually Utilized					
外商直接投资	Direct Investment by Foreign Entrepreneurs	62.9	76.7	100.0	100.0	100.0
能源生产与消费	**Energy Production and Consumption**					
能源生产总量结构	Composition of Total Energy Production					
原　煤	Coal	99.5	99.8	99.8	98.4	98.3
水　电	Hydro-power	0.5	0.2	0.2	1.2	0.9
能源消费总量结构	Composition of Total Energy Consumption					
煤　品	Coal			88.6	86.2	85.9
油　品	Petroleum			10.5	10.3	10.0
天然气	Natural Gas			0.2	1.8	2.5
水　电	Hydro-power			0.7	1.2	0.9
其　他	Other				0.5	0.7
产　业	**Industrial**					
农　业	**Agriculture**					
农林牧渔业产值结构	Structure of Gross Output Value					
农　业	Farming	65.1	55.4	49.1	52.3	49.6
林　业	Forestry	4.0	5.2	4.7	4.6	5.3

1—5 续表1 continued

单位：%

指　　标	Item	1995	2000	2005	2010	2011
牧　　业	Animal Husbandry	25.1	28.6	33.2	29.3	31.3
渔　　业	Fishery	5.8	10.8	9.9	10.0	10.0
工　　业	**Industry**					
工业总产值规模结构	Structure of Gross Output Value of Industry					
大型企业	Large Enterprises		49.3	41.2	34.3	39.8
中型企业	Medium-sized Enterprises		14.9	32.2	25.9	19.4
小微型企业	Small and Mini Enterprises		35.8	26.6	39.9	40.8
建 筑 业	**Construction**					
建筑业总产值结构	Structure of Gross Output Value of Construction Enterprises					
建筑工程	Construction Projects	85.2	86.6	85.1	87.5	86.4
安装工程	Installation Projects	13.3	11.0	10.8	8.6	8.5
其　　他	Others	1.5	2.4	4.1	3.9	5.1
运 输 业	**Transportation**					
货运量结构	Structure of Freight Traffic					
铁　　路	Railways	12.6	14.5	15.5	5.3	4.7
公　　路	Highways	74.7	73.5	73.9	80.5	81.8
水　　运	Waterways	12.7	12.0	10.6	14.2	13.6
民　　航	Total Civil Aviation Routes					
国内商业	**Domestic Trade**					
社会消费品零售总额构成	Composition of Retail Sales of Consumer Goods					
城　　镇	Urban				83.8	82.9
乡　　村	Rural				16.2	17.1
对外经济贸易	**Foreign Trade**					
出口商品结构	Structure of Exports					
初级产品	Primary Goods		13.3	7.1	6.3	8.9
工业制成品	Manufactured Goods		86.7	92.9	93.7	91.1
进口商品结构	Structure of Imports					
初级产品	Primary Goods		38.9	53.0	53.1	57.2
工业制成品	Manufactured Goods		61.1	47.0	46.9	42.8
国际旅游	**International Tourism**					
来华旅游人数结构	Structure of Tourists					
外国人及华侨	Foreigners and Overseas Chinese	52.2	52.7	64.9	59.2	57.7
港澳台同胞	Compatriots form Hong Kong, Macao and Taiwan	47.8	47.3	35.1	40.8	42.3
金融保险业	**Finance and Insurance**					
金融机构资金来源结构	Structure of Sources of Funds in State Banks					
#各项存款	Deposits		99.1	96.3	103.4	99.7
其　　他	Others		0.9	3.7	-3.4	0.3
金融机构资金运用结构	Structure of Fund Uses in State Banks					
#各项贷款	Loans		95.1	69.3	72.4	70.5
有价证券及投资	Securities and Investment		2.7	3.1	4.7	
教育、科技、文化	**Education, Science and Culture**					
教　　育	**Education**					
在校学生结构	Structure of Student Enrollment					
大 学 生	College and University Students	0.9	1.7	4.7	8.2	8.9
中 学 生	Secondary School Students	29.5	32.8	41.2	39.8	40.7
小 学 生	Primary School Students	63.5	59.0	46.7	40.2	39.8
专任教师结构	Full-time Teachers by Type					
大　　学	College and University Students	2.6	3.2	6.3	8.5	8.7
中　　学	Secondary School Students	37.2	39.2	42.9	43.6	43.9
小　　学	Primary School Students	60.2	57.6	50.6	42.5	41.1
科　　技	**Science and Technology**					
科技经费筹集额结构	Structure of Funding for Scientific and Technological Outlat					
#政府资金	Government Fund	19.2	28.3	23.6		
企业资金	Enternment Fund	53.0	51.9	57.6		
银行贷款	Loans from Banks					

1—5 续表2 continued

单位：%

指　　标	Item	1995	2000	2005	2010	2011
研究与试验发展经费支出	Research and Development Expenses					
#基础研究	Basic Research			9.0	7.5	8.3
应用研究	Applied research			20.1	9.6	8.9
试验发展	Experimental development			61.4	82.9	82.8
生活、环境	**People's Livelihood and Environment**					
生　活	**People's Livelihood**					
城镇居民消费结构	Consumption Structure of Urban Residents					
食 品 类	Food	53.7	45.7	43.7	38.0	39.8
衣 着 类	Clothing	13.4	10.3	12.0	10.6	10.4
居　住	Residence	6.7	8.8	9.3	10.7	11.4
家庭设备用品及服务	Household Facilities, Articles and Services	7.5	7.1	4.6	5.9	5.2
医疗保健	Health Care and medical Services	1.6	4.3	6.3	6.4	6.9
交通通信	Transport and Communications	5.3	7.3	10.6	11.8	10.4
教育文化娱乐服务	Education, Cultural and Recreation Services	8.3	12.0	10.5	12.9	12.4
杂项商品与服务	Miscellaneous Goods and Services	3.5	4.5	3.1	3.8	3.5
农村居民消费结构	Consumption Structure of Rural Residents					
食 品 类	Food	58.4	52.5	45.5	40.7	41.5
衣 着 类	Clothing	6.6	5.4	5.4	5.8	6.0
居　住	Residence	15.5	14.9	15.7	21.6	17.9
家庭设备用品及服务	Household Facilities, Articles and Services	5.4	4.4	4.8	5.8	6.1
交通通讯	Transport and Telecommunications	2.0	4.4	9.0	8.5	9.6
文教娱乐用品及服务	Education, Cultural and Recreation and Services	7.4	11.0	11.7	9.1	7.6
医疗保健	Health Care and medical Services	3.2	4.4	6.1	6.6	8.9
其他商品及服务	Other Goods and Services	1.6	3.1	1.8	2.0	2.5
卫　生	**Health Care**					
卫生技术人员结构	Composition of medical Technical personnel					
#执业（助理）医师	Licensed (Assistant) Doctors	44.3	45.5	41.4	39.5	38.9
注册护士	Registered Nurses	24.1	26.8	29.6	37.3	38.8
医院床位结构	Hospital Beds by Area					
综合医院	Comprehensive Hospitals					77.0
中医医院	Hospitals of Traditional Chinese Medicine					11.3
专科医院	Specialized Hospitals					10.8
环境、灾害	**Environment and Disasters**					
治理污染资金使用结构	Uses of Funds in Pollution Treatment					
治理废水	Waste Water Treatment	57.2	46.7	53.1	24.2	26.4
治理废气	Waste Gas Treatment	25.8	45.4	36.9	52.5	38.6
治理固体废物	Solid Wastes Treatment	7.9	3.8	6.4		2.9
治理噪声	Noise Abatement	1.6	0.7	0.5	0.2	0.3
其　他	Others	7.5	3.4	3.1	23.1	31.8
火灾事故损失额结构	Structure of Fire Losses Converted into Cash					
特　大	Extraordinarily Serious Fires	10.6	41.6	10.7	29.4	
重　大	Serious Fires	39.6	6.3	10.9	29.5	
一　般	Ordinary Fires	49.8	52.1	78.4	41.0	97.8
交通事故损失额结构	Structure of Losses of Traffic Accidents Converted into Cash					
特　大	Extraordinarily Serious Fires	11.6	3.8	5.0	5.0	
重　大	Serious Fires	40.2	19.9	31.6	48.7	
一　般	Ordinary Fires	48.2	76.3	63.4	46.4	

1—6 国民经济和社会发展比例和效益指标
Indicators on Proportions and Efficiency in National Economic and Social Development

指　标	Item	1995	2000	2005	2010	2011
人　口	**Population**					
出生率　(‰)	Birth Rate　(‰)	16.07	13.40	12.43	12.70	12.23
死亡率　(‰)	Death Rate　(‰)	6.41	5.76	6.23	5.95	5.91
自然增长率　(‰)	Natural Growth Rate　(‰)	9.66	7.64	6.20	6.75	6.32
就　业	**Employment**					
三次产业从业者比例	Employment Ratio by Type of Industry					
(以第一产业为100)	(Employment in primary industry=100)					
第一产业	Primary Industry	100.0	100.0	100.0	100.0	100.0
第二产业	Secondary Industry	29.5	29.0	44.0	64.2	65.0
第三产业	Tertiary Industry	35.3	42.0	61.8	91.6	92.8
城镇登记失业率　(%)	Registered Unemployment Rate in Urban Areas	3.1	3.3	4.4	3.7	3.7
国民核算	**National Accounting**					
全社会劳动生产率　(元/人)	Overall Labor Productivity　(yuan/person)	5722	8410	14709	30752	37452
第一产业	Primary Industry	3033	3674	5345	10979	12665
第二产业	Secondary Industry	11488	18071	29590	63966	80870
第三产业	Tertiary Industry	8245	13029	19975	29165	33926
人均生产总值　(元)	Per Capita GDP　(yuan)	3070	4779	8631	20888	25659
固定资产投资	**Investment in Fixed Assets**					
全社会固定资产投资相当于生产总值比例　(%)	Proportion of Investment in Fixed Assets to GDP　(%)	29.4	29.9	46.9	95.9	79.4
全社会房屋建筑面积竣工率　(%)	Rate of Total Floor Space of Buildings Completed in Construction　(%)	82.7	83.2	56.4	24.5	21.6
财　政	**Finance**					
财政收入相当于生产总值比例　(%)	Proportion of Government Revenue to GDP　(%)	8.1	10.0	12.2	16.7	17.2
财政支出相当于生产总值比例　(%)	Proportion of Government Expenditure of GDP　(%)	7.5	11.1	13.3	20.9	21.6
地方收入相当于中央财政收入比例　(%)	Proportion of Local Government Revenue to Central Government Revenue　(%)	132.7	160.0	120.6	138.2	139.0
利用外资	**Utilization of Foreign Capital**					
实际利用外资额相当于签订利用外资额比例　(%)	Proportion of Foreign Capital Actually Used to Total Amount of Foreign Capital for Utilization by Signed Contracts or Agreements　(%)	57.3	55.2	44.3	231.7	192.5
能源生产与消费	**Production and Consumption of Energy**					
能源生产弹性系数	Elasticity Ratio of Energy Production	0.67	0.26	0.54	0.30	0.45
电力生产弹性系数	Elasticity Ratio of Electricity Production	0.26	1.84	0.51	0.69	0.97
能源消费弹性系数	Elasticity Ratio of Energy Consumption	0.90	0.66	0.71	0.62	0.66
电力消费弹性系数	Elasticity Ratio of Electricity Consumption	0.74	1.00	1.08	0.90	0.98
每万元生产总值消耗的能源　(吨标准煤)	Energy Consumption per 10000 yuan GDP　(ton of SCE)	2.10	1.68	1.22	0.79	0.75

1—6 续表1 continued

指 标	Item	1995	2000	2005	2010	2011
农 业	**Agriculture**					
每公顷耕地农业机械总动力（千瓦）	Total Power of Agricultural Machinery per Hectare of Cultivated Land (kw)	4.28	7.04	9.73	12.94	13.52
每公顷耕地用电量 （千瓦时）	Electare Power Consumption per Hectare of Cultivated Land (kwh)	871	1083	1569	2569	2803
每公顷耕地化肥施用量 （公斤）	Chemical Fertilizer Consumption per Hectare of Cultivated Land (kg)	474	599	698	765	788
农业从业者人均农产品产量（公斤）	Output of Farm Products per Agricultural (kg)					
粮 食	Grain	1383	1235	1474	1956	1970
棉 花	Cotton	16	14	18	20	24
油 料	Oil-bearing Crops	100	142	153	145	134
肉 类	Meat	103	156	217	239	236
水 产 品	Aquatic Products	39	80	100	123	125
每公顷播种面积农产品产量（公斤）	Output of Farm Crops per Hectare of Sown Area (kg)					
粮 食	Grain	4533	4442	4351	4656	4735
棉 花	Cotton	680	867	816	918	1073
油 料	Oil-bearing Crops	1518	1956	2077	2410	2434
工 业	**Industry**					
总资产贡献率 （%）	Ratio of Total Assets to Industrial Output Value (%)		7.09	38.90	16.22	15.78
资产负债率 （%）	Assets-liability Ratio (%)		63.19	61.63	60.05	59.53
成本费用利润率 （%）	Ratio of Profits to Industrial Cost (%)		2.40	5.14	8.63	7.04
流动资产周转次数 （次/年）	Number of Times of Annual of Turnover Circulating Funds (times/year)		1.43	2.25	2.63	3.02
产品销售率 （%）	Proportion of products Sold (%)			98.24	97.57	97.63
建 筑 业	**Construction**					
技术装备率 （元/人）	Value of Machinery per Laborer (yuan/peron)	4252	4570	9020	9287	10630
产值利税率 （%）	Ratio of Per-tax Profits to Gross Output Value (%)	2.97	4.16	5.4	7.33	6.64
全员劳动生产率 （元/人）	Overall Labor Productivity (yuan/person)	36080	42406	95803	177486	229630
交通运输业	**Transportation**					
客运量弹性系数	Elasticity of Passenger Traffic	2.20	0.20	0.47	0.88	1.21
货运量弹性系数	Elasticity of Freight Traffic	-0.49	0.99	1.04	1.09	1.31
铁路网密度 （公里/万平方公里）	Railway Density (km/10000 sq.km)	126	155	169	204	224
公路网密度 （公里/万平方公里）	Highway Density (km/10000 sq.km)	2524	3191	5222	10714	10727
铁路货运密度 （吨/公里）	Railway Freight Traffic Density (ton/km)	29060	29912	44139	42424	40074
公路货运密度 （吨/公里）	Highway Freight Traffic Density (ton/km)	8595	7358	6814	12295	14677
邮电通信业	**Postal and Telecommunications Services**					
邮电业务总量弹性系数	Elasticity of Postal and Telecommunications Services	3.20	3.19	2.30		1.51
全省电话普及率 （部/百人）	Access to Telephones, National (set/100 persons)	1.73	11.38	36.78	59.03	75.50
#移动电话普及率	Access to Mobile Phones		3.43	16.07	40.10	54.61
国内商业	**Domestic Trade**					
批零和住宿餐饮业人均消费品零售额 （元）	Per Capita Retail Sales And Accommodation of Consumer Good (yuan)	724	1281	2700	6096	7153
对外经济贸易	**Foreign Trade**					
进出口总额相当于生产总值比例 （%）	Proportion of Total Imports & Exports to GDP (%)	8.3	9.1	13.9	13.3	13.2
国际旅游	**International Tourism**					
每一来华游客花费 （美元）	Expenditure per International Tourist in China(USD)	311	271	293	413	449
国内旅游人均花费 （元）	Expenditure per Domestic Tourist (yuan)			662	838	896

1—6 续表2 continued

指　　标	Item	1995	2000	2005	2010	2011
金融保险	**Finance and Insurance**					
金融机构存款相当于生产总值比例 (%)	Bank Deposits as Percentage of GDP (%)	55.50	81.80	111.50	132.42	126.82
金融机构贷款相当于生产总值比例 (%)	Bank Loans as Percentage of GDP (%)	63.80	78.50	80.24	92.66	89.73
金融机构现金支出相当于收入比例 (%)	Bank of Cash Outlay to Cash Receipt in State Banking System (%)	99.30	98.90	97.95	98.01	
教　育	**Education**					
学龄儿童入学率 (%)	Net Enrollment Ratio of Primary Schools (%)	99.70	99.67	99.54	99.93	99.78
小学升学率 (%)	Promotion Rate from Primary Schools to Junior Secondary Schools (%)	98.76	97.55	99.56	99.92	98.89
初中升学率 (%)	Promotion Rate from Junior Secondary Schools to Senior Secondary Schools (%)	31.56	33.46	60.51	83.86	84.49
学校教师负担系数 (%)	Student-teacher Ratio (in percentage) (%)					
高等学校	Colleges and Universities	7.61	12.11	18.16	19.05	19.37
中等学校	Secondary Schools	19.89	22.69	24.24	19.23	17.50
小学学校	Primary Schppls	22.71	23.53	22.51	18.74	18.23
科　技	**Science and Technology**					
研究与开发经费支出相当于生产总值比例 (%)	R&D Expenditures as Percentage of GDP (%)	0.14	0.66	0.85	1.32	1.40
卫　生	**Health Care**					
每万人执业(助理)医师数 (人)	Number of Doctors per 10000 Persons (person)	11.18	11.21	10.19	11.91	12.37
每万人医院床位数 (张)	Number of Hospital Beds per 10000 Persons (unit)	18.30	11.80	12.60	17.90	20.40
医院病床使用率 (%)	Utilization Rate of Hospital Beds (%)	66.20	58.19	68.64	85.88	87.19
文　化	**Culture**					
每百万人有艺术表演团体 (个)	Number of Troupes per Million Persons (unit)	1.50	1.50	1.42	0.81	18.89
每百万人有公共图书馆 (个)	Number of Public Libraries per Million Persons (unit)	1.40	1.30	1.36	1.29	1.45
每百万人有博物馆 (个)	Number of Museums per Million Persons (unit)	0.50	0.60	0.66	1.76	1.91
家　庭	**Family**					
负担少儿系数 (%)	Dependency Ratio of Children (%)	41.45	38.10	34.51	24.68	26.56
负担老年系数 (%)	Dependency Ratio of the Aged (%)	10.20	11.35	15.08	14.21	16.30
婚　姻	**Marriages and Divorces**					
离 婚 率 (‰)	Divorce Rate (‰)	1.00	1.37	1.76	3.89	4.28
生　活	**People's Livelihood**					
城镇与农村居民收入增长率比例 (1990=100)	Proportion of Growth Rate of Annual Income of Urban Residents to the Growth Rate of Annual Net Income of Rural Residents (1990=100)	1.15	1.09	1.28	1.19	1.19
市政建设	**City Construction**					
城市自来水普及率 (%)	Percentage of Households with Access to Tap Water (%)	93.30	95.78	90.52	96.06	96.55
城市用气普及率 (%)	Percentage of Households with Access to Tap Gas (%)	55.60	76.95	72.29	90.52	93.35
人均公园绿地面积 (平方米)	Public Green Areas per Person (sq.m)				11.00	11.88

1—7 平均每天主要社会经济活动
Selected Indicators on Average Daily Social and Economic Activities

指　　标		Item		1995	2000	2005	2010	2011
每天创造的财富		**Daily Production**						
安徽生产总值	（万元）	Gross Domestic Product	(10000 yuan)	49608	79509	146580	338612	419196
第一产业		Primary Industry		16003	20323	26479	47371	55214
第二产业		Secondary Industry		18085	28953	61532	176346	227654
工　　业		Industry		15408	24249	50339	148148	193479
建 筑 业		Construction		2677	4704	11193	28198	34175
第三产业		Tertiary Industry		15520	30233	58569	114895	136327
财政收入	（万元）	Government Revenue	(10000 yuan)	4027	7957	17988	56543	72138
#地　方		Local		2297	4896	9151	31490	40098
粮　　食	（吨）	Grain	(ton)	72678	67726	71378	84397	85904
棉　　花	（吨）	Cotton	(ton)	825	781	852	866	1030
油　　料	（吨）	Oil-bearing Crops	(ton)	5254	7811	7416	6236	5856
布	（万米）	Cloth	(10000 m)	240	203	154	298	323
原　　煤	（万吨）	Coal	(10000 tons)	12.18	13.12	23.11	35.70	38.58
发 电 量	（亿千瓦时）	Electricity	(100 million kwh)	0.85	1.01	1.77	3.96	4.47
钢	（万吨）	Steel	(10000 tons)	0.89	1.26	3.03	5.08	5.39
成品钢材	（万吨）	Rolls Steel (final products)	(10000 tons)	0.73	1.18	3.13	6.70	7.52
水　　泥	（万吨）	Cement	(10000 tons)	5.43	5.85	8.82	21.57	25.22
家用电冰箱	（台）	Household Refrigerator	(unit)	4121	4655	14532	56956	85315
家用洗衣机	（台）	Household Washing Machines	(unit)	3499	3608	12104	34712	44646
每天消费量		**Daily National Consumption**						
居民消费总额	（万元）	Resident Consumption	(10000 yuan)	27290	44258	65737	133516	164249
农村居民		Rural Residents		17598	26424	24115	41078	44527
城镇居民		Urban Residents		9692	17834	41622	92438	119723
政府消费总额	（万元）	Governmert Consumption Expenditure	(10000 yuan)	4892	9105	16638	36707	44088
能源消费量	（万吨标准煤）	Energy Consumption	(10000 tons of SCE)	11.5	13.4	17.8	26.6	28.9
每天其他经济活动		**Other Daily Economic Activities**						
货物运输量	（万吨）	Volume of Freight Traffic	(10000 tons)	110.9	122.0	183.9	624.9	735.4
旅客运输量	（万人）	Volume of Passenger Traffic	(10000 persons)	158.6	170.0	199.6	437.3	509.0
邮电业务总量	（万元）	Business Volume of Postal and Telecommunications Services	(10000 yuan)	621	2735	7781	8228	9907
出版图书	（万册）	Books Published	(10000 copies)	75	85	69	65	69
出版杂志	（万册）	Magzines Published	(10000 copies)	9.0	21.0	15.9	16.0	16.3
出版报纸	（万份）	Newspaper Published	(10000 copies)	130	208	269	321	339
固定资产投资	（万元）	Investment in Fixed Assets	(10000 yuan)	14590	23744	69068	324642	332816
城　镇		Urban			17522	58607	299409	311572
农　村		Rural			6223	10461	25233	21244
社会消费品零售总额	（万元）	Total Retail Sales of Consumer Goods	(10000 yuan)	16427	29529	48677	113740	134263
进出口总额	（万美元）	Total Value of Imports and exports	(USD 10000)	550	917	2499	6651	8586
出口额		Exports		382	595	1422	3401	4681
进口额		Imports		168	322	1077	3250	3905
实际利用外资额	（万美元）	Foreign Capital Actually Used	(USD 10000)	210.3	113.8	188.6	1373.8	1816.1
国际旅游外汇收入	（万美元）	Foreign Exchange Earnings from International Tourism	(USD 10000)	12.2	23.6	50.8	224.7	323.1
每天人口变动和婚姻		**Daily Population Changes and Marriages**						
出　　生	（人）	Births	(person)	2622	2234	2079	2060	1997
死　　亡	（人）	Deaths	(person)	1047	946	1038	964	966
结　　婚	（对）	Marriages	(couple)	1670	1348	1204	1783	1947
离　　婚	（对）	Divorces	(couple)	82	117	157	363	243

1—8 皖江城市带承接产业转移示范区主要规划目标完成情况（2011年）

The Situation of the Main Goal Ccompletion of the Wanjiang City Zone Contracting Industrial Shifting Model District (2011)

指　　标	Item	全　　省 the Whole Province	皖　　江 the Area of Wanjiang River	占全省比重(%) Percentage to the Whole Province	2015年规划目标 2015 Plan Goal
经济发展	**Economical Development**				
地区生产总值　（亿元）	Gross Domestic Product　(100 million yuan)	15300.6	10348.5	67.6	15000
财政收入　（亿元）	Government Revenue　(100 million yuan)	2633.0	1685.6	64.0	2300
城镇化率　（%）	Rate of Urbanization　(%)	44.8			≥55
R&D经费相当于GDP比例　（%）	Proportion of R&D fund to GDP　(%)	1.4			2.2
产业结构	**Industrial Structure**				
非农产业增加值比重　（%）	Proportion of Non-agricultural Industries Added Value　(%)	86.8	90.8		93
规模以上工业企业　（个）	Industrial Enterprises Above Designated Size　(unit)	12432	8130	65.4	
规模以上工业增加值中开发区所占比重　（%）	Proportion of Development Zones of Add-value of Industrial Enterprises Above Designated Size　(%)	47.5	57.6		65
开发区单位土地实现经济收入　（万元/亩）	Economic Income of Unit Land Development Zones　(10000 yuan per mu)	40.9	51.9	126.9	
开放合作	**Opening-up and Cooperation**				
实际利用外商直接投资　（亿美元）	Actual Use of Foreign Direct Investment (USD 100 million)	66.3	48.4	73.1	75
实际利用亿元以上省外资金（亿元）	(100 million yuan)	4181.2	2876.4	68.8	
外贸进出口相当于GDP比例　（%）	Proportion of Foreign Trade Import and Export to GDP　(%)	13.2	17.5		
公共服务	**Public Service**				
城镇居民人均可支配收入　（元）	Unban Dweller Per Capita Disposable Income　(yuan)	18606	20978	112.7	28500
农民人均纯收入　（元）	Farmer Per Capita Net Income　(yuan)	6232	7329	117.6	9900
新增城镇就业岗位　（万个）	New Increasing Cities Employment Post Every Year　(10 thousand)	62.3			40
职业中学在校学生数　（万人）	Number of Students in Vocational Schools　(10000 persons)	48.9			80
环境保护	**Environmental Protection**				
城市污水厂集中处理率　（%）	Central Processing Rate of Sewage Treatment Plant (%)	79.0			75
工业企业污染物稳定达标排放率　（%）	Central Processing Rate of Sewage Treatment Plant　(%)				

注：皖江城市带承接产业转移示范区是指合肥、芜湖、马鞍山、铜陵、安庆、池州、滁州和宣城市，以及六安市的金安区和舒城县。

a) The Wanjiang City Zone Contracting Industrial shifting Model District Refers to Hefei, Wuhu, Maanshan, Tongling, Anqing, Chizhou, Chuzhou and Xuancheng, and Liuan's Jinan District and Shucheng County.

1—9 皖江城市带承接产业转移示范区主要指标
The Main Indices the Wanjiang City Zone Contracting Industrial Shifting Model District

指 标		Item	
土 地		**Land**	
土地面积	(万平方公里)	Land Area	(10000 kilometer Square)
#开发区面积		Development Zone Area	
人 口		**Population**	
年末总人口	(万人)	Year-end Population	(10000 perons)
劳动就业		**Labour Employment**	
从业人员*	(万人)	Jobholders	(10000 perons)
第一产业		Primary Industry	
第二产业		Secondary Industry	
第三产业		Tertiary Industry	
#城 镇		Town	
城镇登记失业率	(%)	Cities and Towns Register Unemployment Rate	
国民经济核算		**National Economic Accounting**	
地区生产总值	(亿元)	Gross Domestic Product	(100 million yuan)
第一产业		Primary Industry	
第二产业		Secondary Industry	
#工 业		Industry	
第三产业		Tertiary Industry	
人均生产总值	(元)	Per Capita gross Domestic Product	(yuan)
固定资产投资		**Fixed Asset Investment**	
固定资产投资额*	(亿元)	Entire Social Fixed Assets Investment	(100 million yuan)
#开发区		Development Area	
#房地产		Rreal Estate	
国内贸易		**Domestic Trade**	
社会消费品零售总额	(亿元)	Social Retailgoods	(100 million yuan)
利用外资		**Use of Foreign Investment**	
实际利用外商直接投资*	(亿美元)	Actual Use of Foreign Direct Investment	(USD 100 million)
#开发区		Development Area	
开发区利用内资	(亿元)	Domestic Capital Using by Development Zone	(100 million yuan)
实际利用省外资金	(亿元)	Actual Use of Fund Outside Anhui Province	(100 million yuan)
实际利用省内资金	(亿元)	Actual Use of Fund Inside Anhui Province	(100 million yuan)
进出口总额*	(亿美元)	Total Export-Import Volume	(USD 100 million)
#开发区		Development Area	
#出 口		Export	
#开发区		Development Area	
财政金融		**Financial Work**	
财政收入	(亿元)	Finance Income	(100 million yuan)
#地方财政收入		Local Financial Revenue	
#开发区土地收入		Development Area Land Income	
地方财政支出	(亿元)	Local Financial Expenditures	(100 million yuan)
金融机构各项贷款*	(亿元)	Loans in Finance Institutions	(100 million yuan)
金融机构各项存款*	(亿元)	Savings in Finance Institutions	(100 million yuan)
农 业		**Agriculture**	
主要农产品产量	(万吨)	Output of Major Farm Products	(10000 ton)
粮 食		Ggrain	
棉 花		Cotton	
油 料		Oil Crops	
规模以上工业		**Industrial Enterprises Above Designated Size**	
企业数	(个)	Number of Enterprises	(unit)
#开发区		Development Area	
主营业务收入*	(万元)	Main Business Income	(10000 yuan)
#开发区		Development Area	
工业增加值	(万元)	Industry Value Added	(10000 yuan)
#开发区		Development Area	
资产总计*	(万元)	Total Assets	(10000 yuan)
#开发区		Development Area	
#流动资产		Current Assets	

注：带“*”号指标为不包含六安市的金安区、舒城县数据；2010年固定资产投资口径为50万元以上项目及房地产，2010年规模以上工业口径为主营业务收入500万元及以上企业。

a) The index with "*"are data not including Jinan、Shucheng in Luan city.The 2010 fixed assets investment standard are projects half-million yuan above and real estate,the large-scale industry standard are enterprises which main business income reach five million yuan and above.

全　　省 Whole Province		皖江示范区 The Wanjiang City Zone Contracting Industrial Shifting Model District		占全省比重（%） Proportion of Whole Province	
2010	2011	2010	2011	2010	2011
13.94	13.94	7.60	7.60	54.5	54.5
0.20	0.24	0.15	0.16	74.3	65.0
6827	6876	3079	3094	45.1	45.0
4050.0	4120.9	1878.2	1847.5	46.4	44.8
1583.6	1598.9	721.1	658.5	45.5	41.2
1016.5	1038.5	544.3	539.4	53.5	51.9
1449.9	1483.5	612.7	649.6	42.3	43.8
973.5	1038.3	710.2	711.9	73.0	68.6
3.7	3.7				
12359.3	15300.6	8406.8	10348.5	68.0	67.6
1729.0	2015.3	816.1	953.6	47.2	47.3
6436.6	8309.4	4717.3	6051.6	73.3	72.8
5407.4	7062.0	3977.7	5150.2	73.6	72.9
4193.7	4976.0	2873.4	3343.3	68.5	67.2
20888	25659				
11849.4	12147.8	8580.5	8385.0	72.4	69.0
3626.9	4030.1	2877.0	3205.3	79.3	79.5
2251.8	2611.5	1728.2	1881.0	76.7	72.0
4151.5	4900.6	2502.2	2958.2	60.3	60.4
50.1	66.3	37.9	48.4	75.6	73.1
34.1	45.9	27.4	36.6	80.2	79.6
2113.8	2755.8	1680.6	2137.0	79.5	77.5
732.1		560.3		76.5	
242.8	313.4	218.8	279.8	90.1	89.3
111.9	149.4	100.1	131.9	89.4	88.3
124.1	170.8	104.3	144.7	84.0	84.7
62.7	94.5	52.7	80.9	84.0	85.6
2063.8	2633.0	1319.6	1685.6	63.9	64.0
1149.4	1463.6	687.8	881.1	59.8	60.2
157.8		98.7		62.5	
2587.6	3303.0	1204.8	1594.3	46.6	48.3
11736.5	14146.4	8436.3	10323.2	71.9	73.0
16477.6	19547.3	10619.1	12521.7	64.4	64.1
3080.5	3135.5	1557.4	1590.5	50.6	50.7
31.6	37.6	25.5	27.7	80.8	73.7
227.6	213.8	136.5	127.9	60.0	59.8
16277	12432	10960	8130	67.3	65.4
13312	15677	9795	11908	73.6	76.0
181646000	249601600	129130160	175151900	71.1	70.2
76160676	113578559	62340602	94042709	81.9	82.8
52906200	67760200	35908667	45439531	67.9	67.1
23036230	32203224	18777677	26184000	81.5	81.3
159302800	191487100	105972006	129555900	66.5	67.7
68991000	84633000	50553000	61759100	73.3	73.0

1—9 续表 continued

指 标		Item	
固定资产净值年平均余额	(万元)	Annual Mean Remaining Sum of Fixed Asset Net Worth	(10000 yuan)
所有者权益	(万元)	Owner's Equity	(10000 yuan)
年平均从业人数	(万人)	Annual Mean Employed Population	(10000 perons)
建筑业		**Construction Business**	
总产值*	(亿元)	Total Value of Out-put	(100 million yuan)
#建筑工程产值		Value of Out-put of Architectural Engineering	
工程结算收入	(亿元)	Income From Settlement of Projects	(100 million yuan)
运输邮电通信业		**Transportation ,Posts and Telecommunications Industry**	
铁路营业里程	(公里)	Railroad Revenue Kilometres	(km)
公路里程*	(公里)	Road Mileage	(km)
#高速公路		Freeway	
旅客量	(亿人)	Passenger Volume	(100 million perons)
旅客周转量	(亿人公里)	Turnover of Passenger Traffic	(100 million passenger-km)
货物量	(亿吨)	Cargo Quantity	(100 million ton)
货物周转量	(亿吨公里)	Cargo Turnover	(100 million tons-km)
邮电业务总量*	(亿元)	Post and Telecommunication Service Total	(100 million yuan)
教 育		**Education**	
普通高等学校*		Regular Institutions of Higher Education	
学校数	(个)	Number of Schools	(unit)
招生数	(万人)	Entrants	(10000 perons)
在校学生数	(万人)	Enrolment	(10000 perons)
毕业生数	(万人)	Graduates	(10000 perons)
科技活动		**S&T Activities**	
科技活动人员	(人)	Personnel Engaged in S&T Activities	(peron)
#研究与试验发展(R&D)		(R&D)	
R&D经费内部支出	(万元)	The R&D funds Interior Disburses	(10000 yuan)
#大中型工业企业		Large and Middle Scale of Industry Enterprise	
科技机构数	(个)	Number of S&T Organizations	(unit)
科技项目数	(个)	Number of S&T Projects	(unit)
科技人员数	(万人)	Number of S&T People	(10000 perons)
#高中级技术职称人员		High and Middle Technical Title People	
科技项目经费内部支出	(万元)	The S&T Funds Interior Disburses	(10000 yuan)
新产品销售收入	(万元)	Sales Revenue of New Product	(10000 yuan)
#出 口		Export	
国内外三种专利申请*		Three Kinds of Patent Applied of Domestic and Foreign	
受理数	(个)	Number of Cases	(unit)
发 明		Invention	
实用新型		Utility Model	
外观设计		Layout-Design	
授权数	(个)	Number of Authorization	(unit)
发 明		Invention	
实用新型		Utility Model	
外观设计		Layout-Design	
卫 生		**Hygiene**	
卫生机构数*	(个)	Number of Health Institutions	(unit)
#医院、卫生院		Hospital. Heaith Center	
卫生技术人员*	(万人)	Health technical People	(10000 perons)
#执业(助理)医师		Licenses of (Assistant) Dr.	
医疗机构床位*	(万张)	Medical Establishment bed	(10000 unit)
#医院、卫生院		Hospital. Herlth Center	
人民生活		**National Lives**	
在岗职工平均工资*	(元)	Average Wage of Staff and Workers	(yuan)
城镇居民人均可支配收入*	(元)	Urban Per Capita Disposable Income	(yuan)
农村居民人均纯收入	(元)	Farmer Per Capita Net Income	(yuan)

全　　省 Whole Province		皖江示范区 The Wanjiang City Zone Contracting Industrial Shifting Model District		占全省比重（%） Proportion of Whole Province	
2010	2011	2010	2011	2010	2011
58143500		36666463		63.1	
63080900	76975000	42873475	53246500	68.0	69.2
264.87					
2865.0	3599.6	2222.7	2787.7	77.6	77.4
2505.8	3111.0	1953.2	2429.8	77.9	78.1
2717.1		2083.0		76.7	
2850	3121				
149382	149535	78643	78703	52.6	52.6
2929	3009	1597	1611	54.5	53.5
16.0	18.6				
1502.8	1652.5				
22.8	26.8				
7153.7	8446.6				
300.3	361.6	164.7	184.6	54.8	51.0
100	104	72	76	72.0	73.1
29.7	31.3	21.4	22.6	71.9	72.1
93.9	99.1	67.5	71.0	71.9	71.6
23.2	25.6	17.0	18.8	73.3	73.5
236524	267844	170857	200156	72.2	74.6
94610	122640	68631	88244	72.5	71.7
1637219	2146440				
1040238	1315700				
2221	2091				
37780	48556	30043	36514	79.5	75.2
6396	10982	4764	8105	74.5	73.8
14417	23209	11117	17103	77.1	73.7
16967	14365	14162	11306	83.5	78.7
16012	32681	12390	25919	77.4	79.3
1111	2026	941	1574	84.7	77.7
8839	16128	6776	12299	76.7	76.3
6062	14527	4673	12046	77.1	82.9
7383	7563	3884	3954	52.6	52.3
2175	2313	1068	1091	49.1	47.2
20.5	21.8	11.0	11.4	53.3	52.3
8.1	8.5	4.3	4.5	52.9	52.5
18.6	20.3	9.4	10.0	50.8	49.3
17.1	18.7	8.7	9.3	50.8	49.6
34341	40640	35502	47529	103.4	117.0
15788	18606	17424	20978	110.4	112.7
5285	6232	6053	7329	114.5	117.6

1—10 合芜蚌自主创新综合试验区主要指标
Main Indices of HeWuBeng Independent Innovation Comprehensive Area

指　　标		Item	
土　地		**Land**	
土地面积	（万平方公里）	Land Area	(10000 kilometer Square)
#开发区面积		Development Zone Area	
人　口		**Population**	
年末户籍人口	（万人）	Residence Population (year-end)	(10000 perons)
劳动就业		**Labour Employment**	
从业人员	（万人）	Jobholders	(10000 perons)
第一产业		Primary Industry	
第二产业		Secondary Industry	
第三产业		Tertiary Industry	
#城　镇		Town	
城镇登记失业率	（%）	Cities and Towns Register Unemployment Rate	
国民经济核算		**National Economic Accounting**	
地区生产总值	（亿元）	Gross Domestic Product	(100 million yuan)
第一产业		Primary Industry	
第二产业		Secondary Industry	
#工　业		Industry	
第三产业		Tertiary Industry	
人均生产总值	（元）	Per Capita gross Domestic Product	(yuan)
固定资产投资		**Fixed Asset Investment**	
固定资产投资额	（亿元）	Entire Social Fixed Assets Investment	(100 million yuan)
#开发区		Development Area	
#房地产		Real Estate	
国内贸易		**Domestic Trade**	
社会消费品零售总额	（亿元）	Social Retailgoods	(100 million yuan)
利用外资		**Use of Foreign Investment**	
实际利用外商直接投资	（亿美元）	Actual Use of Foreign Direct Investment	(USD 100 million)
#开发区		Development Area	
开发区利用内资	（亿元）	Domestic Capital Using by Development Zone	(100 million yuan)
实际利用省外资金	（亿元）	Actual Use of Fund Outside Anhui Province	(100 million yuan)
实际利用省内资金	（亿元）	Actual Use of Fund Inside Anhui Province	(100 million yuan)
进出口总额	（亿美元）	Total Export-Import Volume	(USD 100 million)
#开发区		Development Area	
#出　口		Export	
#开发区		Development Area	
财政金融		**Financial Work**	
财政收入	（亿元）	Finance Income	(100 million yuan)
#地方财政收入		Local Financial Revenue	
#开发区土地收入		Development Area Land Income	
地方财政支出	（亿元）	Local Financial Expenditures	(100 million yuan)
金融机构各项贷款	（亿元）	Loans in Finance Institutions	(100 million yuan)
金融机构各项存款	（亿元）	Savings in Finance Institutions	(100 million yuan)
农　业		**Agriculture**	
主要农产品产量	（万吨）	Output of Major Farm Products	(10000 ton)
粮　食		Ggrain	
棉　花		Cotton	
油　料		Oil Crops	
规模以上工业		**Industrial Enterprises Above Designated Size**	
企业数	（个）	Number of Enterprises	(unit)
#开发区		Development Area	
主营业务收入	（万元）	Main Business Income	(10000 yuan)
#开发区		Development Area	
工业增加值	（万元）	Industry Value Added	(10000 yuan)
#开发区		Development Area	
资产总计	（万元）	Total Assets	(10000 yuan)
#开发区		Development Area	
#流动资产		Current Assets	

注：2010年合芜蚌自主创新综合试验区主要指标为区划调整前数据，2011年为区划调整后数据。
a) The main index of HeWuBeng independment innovation comprehensive area are data before the region adjustment in 2010,while after that in 2011.

全　　省 Whole Province		合芜蚌主要指标 Main Indices of HeWuBeng		占全省比重（%） Proportion of Whole Province	
2010	2011	2010	2011	2010	2011
13.94	13.94	1.63	2.34	11.7	16.8
0.20	0.24	0.09	0.10	42.0	43.6
6827	6876	1087	1457	15.9	21.2
4050.0	4120.9	692.4	792.2	17.1	19.2
1583.6	1598.9	205.2	205.8	13.0	12.9
1016.5	1038.5	205.6	252.5	20.2	24.3
1449.9	1483.5	281.6	334.0	19.4	22.5
973.5	1038.3	350.2	459.6	36.0	44.3
3.7	3.7				
12359.3	15300.6	4448.3	6075.1	36.0	39.7
1729.0	2015.3	302.9	459.6	17.5	22.8
6436.6	8309.4	2480.4	3479.5	38.5	41.9
5407.4	7062.0	2027.9	2882.5	37.5	40.8
4193.7	4976.0	1665.0	2136.0	39.7	42.9
20888	25659				
11849.4	12147.8	4803.1	5220.8	40.5	43.0
3626.9	4030.1	1985.4	2323.9	54.7	57.7
2251.8	2611.5	1184.0	1287.2	52.6	49.3
4151.5	4900.6	1396.3	1758.2	33.6	35.9
50.1	66.3	20.9	29.5	41.6	44.5
34.1	45.9	16.5	22.1	48.2	48.0
2113.8	2755.8	1102.3	1420.7	52.1	51.6
732.1		343.8		47.0	
242.8	313.4	134.4	170.4	55.4	54.4
111.9	149.4	79.9	106.7	71.5	71.4
124.1	170.8	80.1	110.8	64.5	64.9
62.7	94.5	40.4	64.1	64.4	67.8
2063.8	2633.0	778.4	1046.6	37.7	39.7
1149.4	1463.6	397.2	539.8	34.6	36.9
157.8		96.5		61.2	
2587.6	3303.0	569.1	854.3	22.0	25.9
11736.5	14146.4	5794.5	7425.4	49.4	52.5
16477.6	19547.3	6540.5	8338.8	39.7	42.7
3080.5	3135.5	548.1	739.5	17.8	23.6
31.6	37.6	5.6	11.9	17.6	31.6
227.6	213.8	66.8	74.3	29.3	34.8
16277	12432	4877	4302	30.0	34.6
13312	15677	5730	7421	43.0	47.3
181646000	249601600	65971568	100864900	36.3	40.4
76160676	113578559	42253514	66097032	55.5	58.2
52906200	67760200	19373740	27975049	36.6	41.3
23036230	32203224	13556406	18915454	58.8	58.7
159302800	191487100	57491938	77982000	36.1	40.7
68991000	84633000	28377202	38270500	41.1	45.2

1—10 续表 continued

指标		Item	
固定资产净值年平均余额	（万元）	Annual Mean Remaining Sum of Fixed Asset Net Worth	(10000 yuan)
所有者权益	（万元）	Owner's Equity	(10000 yuan)
年平均从业人数	（万人）	Annual Mean Employed Population	(10000 perons)
建筑业		**Construction Business**	
总产值	（亿元）	Total Value of Out-put	(100 million yuan)
#建筑工程产值		Value of Out-put of Architectural Engineering	
工程结算收入	（亿元）	Income From Settlement of Projects	(100 million yuan)
运输邮电通信业		**Transportation ,Posts and Telecommunications Industry**	
铁路营业里程	（公里）	Railroad Revenue Kilometres	(km)
公路里程	（公里）	Road Mileage	(km)
#高速公路		Freeway	
旅客量	（亿人）	Passenger Volume	(100 million perons)
旅客周转量	（亿人公里）	Turnover of Passenger Traffic	(100 million passenger-km)
货物量	（亿吨）	Cargo Quantity	(100 million ton)
货物周转量	（亿吨公里）	Cargo Turnover	(100 million tons-km)
邮电业务总量	（亿元）	Post and Telecommunication Service Total	(100 million yuan)
教　育		**Education**	
普通高等学校		Regular Institutions of Higher Education	
学校数	（个）	Number of Schools	(unit)
招生数	（万人）	Entrants	(10000 perons)
在校学生数	（万人）	Enrolment	(10000 perons)
毕业生数	（万人）	Graduates	(10000 perons)
科技活动		**S&T Activities**	
科技活动人员	（人）	Personnel Engaged in S&T Activities	(peron)
#研究与试验发展（R&D）		（R&D）	
R&D经费内部支出	（万元）	The R&D funds Interior Disburses	(10000 yuan)
#大中型工业企业		Large and Middle Scale of Industry Enterprise	
科技机构数	（个）	Number of S&T Organizations	(unit)
科技项目数	（个）	Number of S&T Projects	(unit)
科技人员数	（万人）	Number of S&T People	(10000 perons)
#高中级技术职称人员		High and Middle Technical Title People	
科技项目经费内部支出	（万元）	The S&T Funds Interior Disburses	(10000 yuan)
新产品销售收入	（万元）	Sales Revenue of New Product	(10000 yuan)
#出　口		Export	
国内外三种专利申请		Three Kinds of Patent Applied of Domestic and Foreign	
受理数	（个）	Number of Cases	(unit)
发　明		Invention	
实用新型		Utility Model	
外观设计		Layout-Design	
授权数	（个）	Number of Authorization	(unit)
发　明		Invention	
实用新型		Utility Model	
外观设计		Layout-Design	
卫　生		**Hygiene**	
卫生机构数	（个）	Number of Health Institutions	(unit)
#医院、卫生院		Hospital. Heaith Center	
卫生技术人员	（万人）	Health technical People	(10000 perons)
#执业（助理）医师		Licenses of (Assistant) Dr.	
医疗机构床位	（万张）	Medical Establishment bed	(10000 unit)
#医院、卫生院		Hospital. Herlth Center	
人民生活		**National Lives**	
在岗职工平均工资	（元）	Average Wage of Staff and Workers	(yuan)
城镇居民人均可支配收入	（元）	Urban Per Capita Disposable Income	(yuan)
农村居民人均纯收入	（元）	Farmer Per Capita Net Income	(yuan)

全　省 Whole Province		合芜蚌主要指标 Main Indices of HeWuBeng		占全省比重（%） Proportion of Whole Province	
2010	2011	2010	2011	2010	2011
58143500		19550603		33.6	
63080900	76975000	22553575	32076600	35.8	41.7
264.87					
2865.0	3599.6	1728.5	2239.5	60.3	62.2
2505.8	3111.0	1531.0	1958.5	61.1	63.0
2717.1		1618.4		59.6	
2850	3121				
149382	149535	19814	30253	13.3	20.2
2929	3009	570	692	19.5	23.0
16.0	18.6				
1502.8	1652.5				
22.8	26.8				
7153.7	8446.6				
300.3	361.6	87.1	108.5	29.0	30.0
100	104	57	62	57.0	59.6
29.7	31.3	17.1	18.6	57.5	59.3
93.9	99.1	54.5	58.9	58.1	59.5
23.2	25.6	13.9	15.7	59.8	61.4
236524	267844	123281	152725	52.1	56.9
94610	122640	54458	72096	57.6	58.6
1637219	2146440		1210003		56.4
1040238	1315700				
2221	2091				
37780	48556	24470	27231	64.8	56.1
6396	10982	3986	7336	62.3	66.8
14417	23209	7984	12216	55.4	52.6
16967	14365	12500	7679	73.7	53.5
16012	32681	8820	20497	55.1	62.7
1111	2026	814	1467	73.3	72.4
8839	16128	4564	9163	51.6	56.8
6062	14527	3442	9867	56.8	67.9
7383	7563	1663	1981	22.5	26.2
2175	2313	439	541	20.2	23.4
20.5	21.8	5.5	6.6	26.7	30.3
8.1	8.5	2.1	2.5	25.7	29.9
18.6	20.3	4.9	6.2	26.5	30.6
17.1	18.7	4.6	5.8	27.0	31.0
34341	40640	37654	42237	109.6	103.9
15788	18606	18183	21345	115.2	114.7
5285	6232	6608	7647	125.0	122.7

1—11 分地区皖江城市带承接产业转移示范区主要规划目标完成情况（2011年）

The Situation of the Main Goal Completion of the Wanjiang City Zone Contracting Industrial Shifting Model District By Regions (2011)

地 区 Region	经 济 发 展 Economical Development				产 业 结 构 Industrial Structure			
	地区生产总值（亿元）Gross Domestic Product (100 million yuan)	财政收入（亿元）Government Revenue (100 million yuan)	城镇化率（%）Rate of Urbanization (%)	R&D经费相当于GDP比例（%）Proportion of R&D fund to GDP (%)	非农产业比重（%）Non-agricultural Industries (%)	规模以上工业企业（个）Industrial Enterprises Above Designated Size (unit)	规模以上工业增加值中开发区所占比重（%）Proportion of Development Zones of Add-value of Industrial Enterprises Above Designated Size (%)	开发区单位土地实现经济收入（万元/亩）Economic Income of Unit Land Development Zones (10000 yuan per mu)
合 肥 市 Hefei	3636.6	623.8	64.6		94.3	2054		
滁 州 市 Chuzhou	850.5	125.8	43.4		79.6	849		
马鞍山市 Maanshan	1144.3	186.9	59.4		94.2	639		
芜 湖 市 Wuhu	1658.2	286.8	56.3		93.6	1666		
宣 城 市 Xuancheng	671.4	118.6	45.0		84.8	780		
铜 陵 市 Tongling	579.4	115.6	74.9		98.1	174		
池 州 市 Chizhou	372.5	56.8	46.0		84.9	350		
安 庆 市 Anqing	1215.7	156.7	38.1		85.1	1344		
金 安 区 Jinan District	106.1	6.6			78.8	154		
舒 城 县 Shucheng	113.7	8.0			77.5	120		

地 区 Region	开放合作 Opening-up and Cooperation			公 共 服 务 Public Service				城市污水厂集中处理率（%）Central Processing Rate of Sewage Treatment Plant (%)
	实际利用外商直接投资（亿美元）Actual Use of Foreign Direct Investment (USD 100 million)	实际利用省外资金（亿元）Actual Use of Fund Outside Anhui Province (100 million yuan)	进出口额相当于GDP比例（%）Proportion of Foreign Trade Import and Export to GDP (%)	城镇居民人均可支配收入（元）Unban Dweller Per Capita Disposable Income (yuan)	农民人均纯收入（元）Farmer Per Capita Net Income (yuan)	新增城镇就业岗位（万个）New Increasing Cities Employment Post (10 thousand)	职业中学在校学生数（万人）Number of Students in Vocational Schools (10000 person)	
合 肥 市 Hefei	14.6	719.9	21.9	22459	7862		6.4	85.5
滁 州 市 Chuzhou	3.2	341.6	8.6	17918	7017		4.7	89.2
马鞍山市 Maanshan	9.9	321.9	23.7	27329	9505		1.3	75.8
芜 湖 市 Wuhu	10.4	579.0	15.4	21011	8413		2.8	75.1
宣 城 市 Xuancheng	3.1	382.5	9.6	17995	7844		2.6	84.5
铜 陵 市 Tongling	2.4	165.8	46.0	21825	8562		0.8	74.6
池 州 市 Chizhou	1.7	90.4	4.5	19133	6908		2.0	90.4
安 庆 市 Anqing	2.6	224.2	4.6	18005	5900		7.4	86.2
金 安 区 Jinan District	0.2	32.5	3.7		5746			
舒 城 县 Shucheng	0.3	13.6	4.1		5818			

1—12　黄山旅游区域主要经济指标（2011年）
Main Economic Indicators of Tourist Region of Mount Huang (2011)

指　标	Item	黄山市市区 HuangShan Region Of City	歙　县 SheXian	休宁县 XiuNing	黟　县 YiXian	祁门县 QiMen
土地面积（平方公里）	Total Land Area (sq.km)	2342	2236	2125	847	2257
年末总人口（万人）	Population at the Year-end (10000 persons)	43.9	48.3	27.6	9.6	18.8
#非农业人口	Non-agricultural Population	20.3	6.5	3.8	2.0	4.0
年末城镇从业人员数（万人）	Employment at the Year-ent (10000 persons)	13.5	3.3	2.8	1.3	1.8
生产总值（亿元）	Gross Domestic Product (100 milliog yuan)	174.83	93.38	49.95	18.95	38.72
第一产业	Primary Industry	12.56	14.35	10.08	3.14	5.00
第二产业	Secondary Industry	78.70	48.50	21.54	9.19	16.67
第三产业	Tertiary Industry	83.57	33.53	18.32	6.62	17.05
农业总产值（可比价）（亿元）	Gross Agricultural Output Value (Constant Price) (100 million yuan)	19.73	20.62	16.79	5.17	7.22
农业增加值（亿元）	Value-added of Agriculture (100 million yuan)	12.56	14.35	10.08	3.14	5.00
工业增加值（亿元）	e-added of Industry (100 million yuan)	56.68	41.18	15.74	6.74	12.97
公路通车里程（公里）	Length of Highways (km)	1432.0	1413.0	1208.0	536.0	954.0
邮电业务总量（现行价）（万元）	Business Volume of Post and Telecommunications (Current Price) (10000 yuan)	113223	38643	21442	11566	18731
全社会固定资产投资额（万元）	Total Investment in Fixed Assets (10000 yuan)	2022236	650440	494732	201556	331120
#500万元以上项目投资额	Projects Investment Above 5 million Yuan	1170789	461485	329133	162890	298351
房地产投资额	Investment in Real Estate Development	851447	188955	165599	38666	32769
社会消费品零售总额（万元）	Total Retail Sales of Consumer Goods (10000 yuan)	772066	369596	172390	53168	116187
年末职工人数（在岗）（人）	Number of Staff and Workers at the Year-end (Fully Employed) (person)	56386	13262	9181	4264	8288
职工工资总额（在岗）（万元）	Total Wages of Staff and Workers (Fully Employed) (10000 yuan)	200662	46964	33010	14788	28701
财政收入（不含基金）（万元）	Government Revenue (Excluding Fund) (10000 yuan)	433494	82618	60333	23070	40801
财政支出（不含基金）（万元）	Government Expenditure (Excluding Fund) (10000 yuan)	501099	173701	126223	63949	97254
城乡居民储蓄存款年末余额（万元）	Outstanding Amount of Saving Deposits in Urban and Rural Areas at the Year-end (10000 yuan)	1417302	754984	413953	175110	335449
农民人均纯收入（元）	Per Capita Net Income of Rural Residents (yuan)	8359	7749	8024	7707	7750
接待旅游人数（万人）	Tourists Received (10000 persons)	1654.60	474.20	266.60	518.00	141.00
#国际游客	International Tourists	87.00	14.10	9.30	20.60	0.30
国内游客	Domestic Tourists	1567.60	460.10	257.30	497.40	140.70
旅游外汇收入（万美元）	Foreign Exchange Earnings from Tourism (USD 10000)	26264.0	4461.0	2814.0	4942.0	21.0

1—13 九华山旅游区域主要经济指标（2011年）
Main Economic Indicators of Tourist Region of Mount Jiu Hua (2011)

指　标	Item	池州市市区 ChiZhou Reigon Of City	青 阳 县 QingYang	石 台 县 ShiTai	东 至 县 DongZhi
土地面积 （平方公里）	Total Land Area (sq.km)	2431.7	1180.6	1403	3256.4
年末总人口 （万人）	Population at the Year-end (10000 persons)	66.7	27.3	10.9	54.8
#非农业人口	Non-agricultural Population	14.6	4.6	2.2	7.4
年末城镇从业人员数 （万人）	Employment at the Year-ent (10000 persons)	14.4	5.2	1.0	4.6
生产总值 （万元）	Gross Domestic Product (10000 yuan)	1927812	5466823	152498	881572
第一产业	Primary Industry	234529	78525	30315	216488
第二产业	Secondary Industry	991014	292676	65209	398648
第三产业	Tertiary Industry	702269	175482	56973	266435
农业总产值（现行价） （万元）	Gross Agricultural Output Value (Current Price) (10000 yuan)	385072	122982	47028	382243
农业增加值 （万元）	Value-added of Agriculture (10000 yuan)	234529	78525	30315	216488
工业增加值 （万元）	Value-added of Industry (10000 yuan)	548334	162680	33198	205724
公路通车里程 （公里）	Length of Highways (km)	2348	1145	842	2407
邮电业务总量（现行价） （万元）	Business Volume of Post and Telecommunications (Current Price) (10000 yuan)	37070	13027	4915	19831
全社会固定资产投资额 （万元）	Total Investment in Fixed Assets (10000 yuan)	1642486	469061	85330	623265
社会消费品零售总额 （万元）	Total Retail Sales of Consumer Goods (10000 yuan)	575123	193606	67286	234947
年末职工人数（在岗） （万人）	Number of Staff and Workers at the Year-end (Fully Employed) (10000 yuan)	3.44	1.21	0.54	1.48
职工工资总额（在岗） （万元）	Total Wages of Staff and Workers (Fully Employed) (10000 yuan)	127204	40951	15754	55070
财政收入（不含基金） （万元）	Government Revenue (Excluding Fund) (10000 yuan)	347759	85179	15016	80019
财政支出（不含基金） （万元）	Government Expenditure (Excluding Fund) (10000 yuan)	463790	131593	66379	180999
城乡居民储蓄存款年末余额 （万元）	Outstanding Amount of Saving Deposits in Urban and Rural Areas at the Year-end (10000 yuan)	1237793	465828	158032	650051
农民人均纯收入 （元）	Per Capita Net Income of Rural Residents (yuan)	7336	7080	3868	6947
接待旅游人数 （人）	Tourists Received (person)	4879114	4437500	2626526	3898800
#国际游客	International Tourists	130262	65000	21014	34980
国内游客	Domestic Tourists	4748852	4372500	2605512	3863820
旅游营业收入 （万元）	Income of Tourism (10000 yuan)	515196	448002	167278	285169
旅游外汇收入 （万美元）	Foreign Exchange Earnings from Tourism (USD 10000)	5961	2776	1190	1400

主要统计指标解释

可比价格

指计算各种总量指标所采用的扣除了价格变动因素的价格，可进行不同时期总量指标的对比。按可比价格计算总量指标有两种方法：一种是直接用产品产量乘某一年的不变价格计算；另一种是用价格指数进行缩减。

平均增长速度

我国计算平均增长速度有两种方法：一种是习惯上经常使用的“水平法”，又称几何平均法，是以间隔期最后一年的水平同基期水平对比来计算平均每年增长（或下降）速度；另一种是“累计法”，又称代数平均法或方程法，是以间隔期内各年水平的总和同基期水平对比来计算平均每年增长（或下降）速度。在一般正常情况下，两种方法计算的平均每年增长速度比较接近；但在经济发展不平衡、出现大起大落时，两种方法计算的结果差别较大。

本《年鉴》内所列的平均增长速度，均用“水平法”计算。从某年到某年平均增长速度的年份，均不包括基期年在内。如建国四十三年的平均增长速度是以 1949 年为基期计算的，则写为 1950-1992 年平均增长速度，其余类推。

企业（单位）登记注册类型

是以在工商行政管理机关登记注册的各类企业为划分对象，以工商行政管理部门对企业登记注册的类型为依据，将企业登记注册类型分为内资企业、港澳台商投资企业和外商投资企业三大类。内资企业包括国有企业、集体企业、股份合作企业、联营企业、有限责任公司、股份有限公司、私营公司和其他企业；港澳台商投资企业和外商投资企业分别包括合资经营企业、合作经营企业、独资经营企业和股份有限公司。对不在工商行政管理部门进行登记注册的行政机关、事业单位和社会团体，主要按其经费来源和管理方式进行划分。

法人单位

指具备以下条件的单位：（一）依法成立，有自己的名称、组织机构和场所，能够独立承担民事责任；（二）独立拥有和使用（或授权使用）资产，承担负债，有权与其他单位签订合同；（三）会计上独立核算，能够编制资产负债表。法人单位包括企业法人、事业单位法人、机关法人、社会团体法人和其他法人。按照下属是否有产业活动单位，又分为单产业法人和多产业法人。

产业活动单位

法人单位所属的产业活动单位，指具备以下条件的单位：（一）在一个场所从事一种或主要从事一种社会经济活动；（二）相对独立组织生产经营或业务活动；（三）能够掌握收入和支出等业务核算资料。

单位数

表中的单位数为单产业法人数和多产业法人所属的产业活动单位数之和。

国有企业

指企业全部资产归国家所有，并按《中华人民共和国企业法人登记管理条例》规定登记注册的非公司制的经济组织。不包括有限责任公司中的国有独资公司。

集体企业

指企业资产归集体所有，并按《中华人民共和国企业法人登记管理条例》规定登记注册的经济组织。

股份合作企业

指以合作制为基础，由企业职工共同出资入股，吸收一定比例的社会资产投资组建，实行自主经营，自负盈亏，共同劳动，民主管理，按劳分配与按股分红相结合的一种集体经济组织。

联营企业

指两个及两个以上相同或不同所有制性质的企业法人或事业单位法人，按自愿、平等、互利的原则，共同投资组成的经济组织。联营企业包括国有联营企业、集体联营企业、国有与集体联营企业和其他联营企业。

有限责任公司

指根据《中华人民共和国公司登记管理条例》规定登记注册，由两个以上、五十个以下的股东共同出资，每个股东以其所认缴的出资额对公司承担有限责任，公司以其全部资产对其债务承担责任的经济组织。有限责任公司包括国有独资公司以及其他有限责任公司。

股份有限公司

指根据《中华人民共和国公司登记管理条例》规定登记

注册，其全部注册资本由等额股份构成并通过发行股票筹集资本，股东以其认购的股份对公司承担有限责任，公司以其全部资产对其债务承担责任的经济组织。

私营企业

指由自然人投资设立或由自然人控股，以雇佣劳动为基础的营利性经济组织。包括按照《公司法》、《合伙企业法》、《私营企业暂行条例》规定登记注册的私营有限责任公司、私营股份有限公司、私营合伙企业和私营独资企业。

其他内资企业

指上述企业之外的其他内资经济组织。

与港澳台商合资经营企业

指港澳台地区投资者与内地企业依照《中华人民共和国中外合资经营企业法》及有关法律的规定，按合同规定的比例投资设立、分享利润和分担风险的企业。

与港澳台商合作经营企业

指港澳台地区投资者与内地企业依照《中华人民共和国中外合作经营企业法》及有关法律的规定，依照合作合同的约定进行投资或提供条件设立、分配利润和分担风险的企业。

港澳台商独资经营企业

指依照《中华人民共和国外资企业法》及有关法律的规定，在内地由港澳台地区投资者全额投资设立的企业。

港澳台商投资股份有限公司

指根据国家有关规定，经外经贸部依法批准设立，其中港、澳、台商的股本占公司注册资本的比例达25%以上的股份有限公司。凡其中港、澳、台商的股本占公司注册资本的比例小于25%的，属于内资企业中的股份有限公司。

中外合资经营企业

指外国企业或外国人与中国内地企业依照《中华人民共和国中外合资经营企业法》及有关法律的规定，按合同规定的比例投资设立、分享利润和分担风险的企业。

中外合作经营企业

指外国企业或外国人与中国内地企业依照《中华人民共和国中外合作经营企业法》及有关法律的规定，依照合作合同的约定进行投资或提供条件设立、分配利润和分担风险的企业。

外资企业

指依照《中华人民共和国外资企业法》及有关法律的规定，在中国内地由外国投资者全额投资设立的企业。

外商投资股份有限公司

指根据国家有关规定，经外经贸部依法批准设立，其中外资的股本占公司注册资本的比例达25%以上的股份有限公司。凡其中外资股本占公司注册资本的比例小于25%的，属于内资企业中的股份有限公司。

行政机关、事业单位和社会团体

参照企业登记注册类型，主要按其经费来源和管理方式划分。具体规定如下：

⑴行政机关：包括国家机关和政党机关，原则上均列为“国有”。但有特殊规定的，如供销社等，则列为“集体”。

⑵事业单位：包括经国家机构编制部门和有关业务主管部门批准成立的各类事业单位，不包括实行企业化管理的事业单位。事业单位的划分办法如下：

①由国家财政预算拨款或列入财政预算外资金管理以及经费主要来源于国有主管部门或国有上级单位的事业单位，列为“国有”。

②经费主要来源于集体单位的事业单位，列为“集体”。

③公民个人（或个人合伙）开办的事业单位，列为“私营”。

④上述以外的其他事业单位，如果其经费来源不明确，按管理方式进行归类。

⑶社会团体：包括经民政部门批准成立以及未纳入社会团体管理条例范围的工会、妇联等各类社会团体。社会团体的划分办法如下：

①未纳入民政部社会团体管理条例范围的工会、妇联、共青团、青联、工商联、科协、侨联等社会团体，国家拨款设立的基金会或基金管理组织以及经费主要来源于国有业务主管部门或国有上级单位的社会团体，列为“国有”。

②经费主要来源于集体单位的社会团体，列为“集体”。

③公民个人（或个人合伙）开办的社会团体，划为“私营”。

④上述以外的其他社会团体，如果其经费来源不明确，改按管理方式进行归类。

Explanatory Notes for Major Statistical Indicators

Comparable Prices

Refer to prices that are used to remove the factors of price change in calculating economic aggregates, so as to facilitate comparison of aggregates over time. Two methods are used for calculating economic aggregates at comparable prices: 1.Multiplying the output of products by their constant prices of certain year; 2.Deflation of data at current prices by relevant price index.

Average Annual Growth Rate

Two methods for calculating average annual growth rate are applied in China, one is often called "level approach" or the method of calculating geometric average, which is derived by comparing the level of the last year of the interval with that of the beginning year; the other is called "accumulative approach" or algebraic average or equation method, which is derived by the summation of the actual figure of each year in the interval divided by the figure in the base year.

Usually the results calculated by the two methods are fairly close, but they differed sharply when uneven economic development occurred with striking fluctuations in growth.

The average annual growth rates listed in this statistical yearbook are calculated by level approach except for the growth rate of investment in fixed assets. The base years are not listed when the years are listed for average annual growth rates. For instance, the average annual growth rate of 43 years since 1949 is listed as average annual growth rate of 1950-1992 without listing the base year 1949. And the analogy of this is also the same for the rest of the years.

Registration Status of Enterprises

Enterprises are classified into 3 categories, namely domestic-funded enterprises, enterprises with investment from Hong Kong, Macao and Taiwan, and enterprises with foreign investment, in the light of the registration status of an enterprise in industrial and commercial administration agencies. Domestic-funded enterprises include state-owned enterprises, collective-owned enterprises, cooperative enterprises, joint ownership enterprises, limited liability corporations, share-holding corporations Ltd., private enterprises and other enterprises. Included in the enterprises with investment from Hong Kong, Macao and Taiwan and enterprises with foreign investment are joint-venture enterprises, cooperative enterprises, sole investment enterprises and share-holding corporations Ltd. For government agencies, institutions and social organizations which are not requested to be registered in industrial and commercial administration agencies, they are classified mainly by their sources of funds and way of management.

State-owned Enterprises

Refer to non-corporation economic units where the entire assets are owned by the state and which have registered in accordance with the Regulation of the People's Republic of China on the Management of Registration of Corporate Enterprises. Excluded from this category are sole state-funded corporations in the limited liability corporations.

Collective-owned Enterprises

Refer to economic units where the assets are owned collectively and which have registered in accordance with the Regulation of the People's Republic of China on the Management of Registration of Corporate Enterprises.

Cooperative Enterprises

refer to a form of collective economic units (enterprises) where capitals come mainly from employees as their shares, with certain proportion of capital from the outside, where production is organized on the basis of independent operation, independent accounting for profits and losses, joint work, democratic management, and a distribution system that integrates remuneration according to work with dividend according to capital share.

Joint Ownership Enterprises

Refer to economic units established by two or more corporate enterprises or corporate institutions of the same or different ownership, through joint investment on the basis of equality, voluntary participation and mutual benefits. They include state joint ownership enterprises, collective joint ownership enterprises, joint state-collective enterprises, other joint ownership enterprises.

Limited Liability Corporations

Refer to economic units established with investment from 2-50 investors and registered in accordance with the Regulation of the People's Republic of China on the Management of Registration of Corporations, each investor bearing limited liability to the corporation depending on its share of investment, and the corporation bearing liability to its debt to the maximum of its total assets. Limited liability corporations include exclusive state-funded limited liability corporations and other limited liability corporations.

Share-holding Corporations Ltd

Refer to economic units registered in accordance with the Regulation of the People's Republic of China on the Management of Registration of Corporations, with total registered capitals divided into equal shares and raised through issuing stocks. Each investor bears limited liability to the corporation depending on the holding of shares, and the corporation bears liability to its debt to the maximum of its total assets.

Private Enterprises

Refer to profit-making economic units invested and established by natural persons, or controlled by natural persons using employed labour. Included in this category are private limited liability corporations, private share-holding corporations Ltd., private partnership enterprises and private-funded enterprises registered in accordance with the Corporation Law, Partnership Enterprises Law and Interim Regulations on Private Enterprises.

Other Domestic-funded Enterprises

Refer to domestic-funded economic units other than those mentioned above.

Joint-venture Enterprises with Funds from Hong Kong, Macao and Taiwan

Refer to enterprises jointly established by investors from Hong Kong, Macao and Taiwan with enterprises in the mainland of China in accordance with the Law of the People's Republic of China on Sino-foreign Joint Venture Enterprises and other relevant laws, where the share of investment, profits and risks is stipulated in the contract.

Cooperative Enterprises with Funds from Hong Kong Macao and Taiwan

Established by investors from Hong Kong, Macao and Taiwan with enterprises in the mainland of China in accordance with the Law of the People's Republic of China on Sino-foreign Cooperative Enterprises and other relevant laws, where the investment or provision of facilities, and the share of profits and risks is stipulated in the cooperative contract.

Enterprises with Sole (exclusive) Investment from Hong Kong, Macao and Taiwan

Refer to enterprises established in the mainland of China with exclusive investment from investors from Hong Kong, Macao and Taiwan in accordance with the Law of the Peoples Republic of China on Foreign-Funded Enterprises and other relevant laws.

Share-holding Corporations Ltd. with Investment from Hong Kong, Macao and Taiwan

refer to share-holding corporations Ltd. established with the approval from the Ministry of Foreign Trade and Economic Relations in line with relevant state regulations, where the share of investment from Hong Kong, Macao or Taiwan businessmen exceeds 25% of the total registered capital of the corporation. In case the share of investment from Hong Kong, Macao or Taiwan is less than 25% of the total registered capital, the enterprise is to be classified as domestic-funded share-holding corporation Ltd.

Joint-venture Enterprises with Foreign Investment

Refer to enterprises jointly established by foreign enterprises or foreigners with enterprises in the mainland of China in accordance with the Law of the People's Republic of China on Sino-foreign Joint Venture Enterprises and other relevant laws, where the share of investment, profits and risks is stipulated in the contract.

Cooperation Enterprises with Foreign Investment

Refer to enterprises jointly established by foreign enterprises or foreigners with enterprises in the mainland of China in accordance with the Law of the People's Republic of China on Sino-foreign Cooperative Enterprises and other relevant laws, where the investment or provision of facilities, and the share of profits and risks is stipulated in the cooperative contract.

Enterprises with Sole (exclusive) Foreign Investment

Refer to enterprises established in the mainland of China with exclusive investment from foreign investors in accordance with the Law of the People's Republic of China on Foreign-Funded Enterprises and other relevant laws.

Share-holding Corporations Ltd. with Foreign Investment

refer to share-holding corporations Ltd. established with the approval from the Ministry of Foreign Trade and Economic Relations in line with relevant state regulations, where the share of investment from foreign investors exceeds 25% of the total registered capital of the corporation. In case the share of foreign investment is less than 25% of the total registered capital, the enterprise is to be classified as domestic-funded share-holding corporation Ltd.

Government Agencies, Institutions and Social Organizations are classified into following categories by source of funds and way of management taking reference of the registration status of enterprises:

(1) Government agencies: include state and party agencies, classified in principle as "state-owned". There are exceptions, such as supply and marketing cooperatives which are classified as "collective".

(2) Institutions: include institutions of various types established with the approval by organization and staffing departments of the government, but exclude institutions where enterprise management system is introduced. Institutions are further classified as follows:

a) Institutions whose main budget is listed in the government budget appropriations or extra-budget funds, or allocated from the budget of their competent government agencies. Such institutions are classified as "state-owned".

b) Institutions whose budget mainly comes from collective units. Such institutions are classified as "collective".

c) Institutions other than those mentioned above whose source of budget are not clear. Such institutions are classified by way of management.

(3) Social organizations: include social organizations established with the approval from the Ministry of Civil Affairs, and organizations that are not covered by social organization management regulations such as trade unions, women's federations etc. Social organizations are further classified as follows:

a) Social organizations that are not covered by social organization management regulations of the Ministry of Civil Affairs such as trade unions, women's federations, communist youth leagues, youth associations, industrial and commerce associations, scientists associations, overseas Chinese associations, etc., foundations and fund management organizations established with funds from the state, and social organizations whose funds mainly come from the budget of their competent government agencies. Such institutions are classified as "state-owned".

b) Social organizations whose budget mainly comes from collective units. Such institutions are classified as "collective".

c) Social organizations established by individual or a group of citizens, which are classified as "private".

d) Social organizations other than those mentioned above whose source of budget are not clear. Such organizations are classified by way of management.

第 二 篇

Chapter 2

国民经济核算

NATIONAL ACCOUNTS

简要说明

一、国民经济核算资料主要包括国内生产总值表、资金流量表、资产负债综合表。

二、居民消费水平是按人口平均计算的居民消费额，它综合反映一个国家(或地区)人民物质文化生活水平。

三、有关“指数”部分分为“以上年为 100 的指数”和“以 1978 年为 100 的指数”两个方面，“以上年为 100 的指数”表中 2000 年以前(含 2000 年)的数据是按 1990 年价格计算的，2000-2005 年的数据是按 2000 年价格计算的，2005—2010 年的数据是按 2005 年价格计算的，2010 年以后的数据是按 2010 年价格计算的；“以 1978 年为 100 的指数”是以 1978 年为基数，每年指数相乘得到的。

四、市级人均 GDP 为按年平均常住人口测算，县（市）人均 GDP 为按年均户籍人口测算。

Brief Introduction

I. Statistics on national accounts include mainly gross domestic product table, flow of fund table, assets and liability table and input-output table.

II. Consumption level of residents is average consumption value by population, and reflects people's standard of material and culture life in a country (region).

III. Indices include two parts: one is “the preceding year=100” and the other is “Year 1978=100”. Data in the tables that “the preceding year=100” are calculated at the fixed prices of 1990 before 2000 (including 2010)， data in the years from 2000 to 2005 are calculated at the fixed price of 2000，data in the years from 2005 to 2010 are calculated at the fixed price of 2010 and data are calculated at the fixed price of 2010 after 2010. Data in the tables that “Year 1978=100” are all obtained by the multiplied index each year based on 1978.

IV. Municipal GDP per capital is calculated by the annual average resident population. Country (Municipal) GDP per capital is calculated by the annual household populations.

2—1 安 徽 生 产 总 值
Gross Domestic Product

本表按当年价格计算。 Data in value terms in this table are calculated at current price.

年份 Year	生产总值 (亿元) Gross Domestic Product (100 million yuan)	第一产业 Primary Industry	第二产业 Secondary Industry	工业 Industry	建筑业 Construction	第三产业 Tertiary Industry	#交通运输仓储邮电通信业 Transportation, Storage, Post and Telecommunications	#批发和零售贸易餐饮业 Wholesale, Retail Trade and Catering Trade	人均生产总值(按常住人口计算)(元/人) Per Capita GDP by Permanent Residents (yuan/person)
1995	1810.66	584.12	660.09	562.44	97.65	566.45	108.44	162.29	3069.7
2000	2902.09	741.77	1056.78	885.10	171.68	1103.54	215.61	300.75	4779.5
2001	3246.71	760.77	1254.88	1062.00	192.88	1231.06	239.50	323.51	5313.3
2002	3519.72	783.66	1337.04	1115.09	221.95	1399.02	275.27	343.87	5736.2
2003	3923.11	749.40	1535.29	1255.80	279.49	1638.42	326.34	380.49	6375.4
2004	4759.30	950.50	1844.90	1488.90	356.00	1963.90	411.60	427.10	7681.2
2005	5350.17	966.50	2245.90	1837.36	408.54	2137.77	336.39	393.75	8630.7
2006	6112.50	1011.03	2711.18	2240.37	470.81	2390.29	363.12	442.41	9995.9
2007	7360.92	1200.18	3370.96	2810.00	560.96	2789.78	408.33	511.66	12039.5
2008	8851.66	1418.09	4198.93	3505.67	693.26	3234.64	443.81	611.15	14448.2
2009	10062.82	1495.45	4905.22	4064.72	840.50	3662.15	467.92	733.19	16407.7
2010	12359.33	1729.02	6436.62	5407.40	1029.22	4193.68	527.02	887.66	20887.8
2011	15300.65	2015.31	8309.38	7062.00	1247.38	4975.95	589.82	1050.61	25659.3

注：1. 1993—2003年的数据按2004年经济普查数据进行历史调整。
2. 2005年以后数据，交通运输仓储邮电通信业不包括电信业，批发零售贸易餐饮业不包括餐饮业。(后同)
3. 2005—2008年的数据按2008年经济普查结果进行修订。(后同)

a) Data in the table from 1993 to 2003 were adjusted according to the result of 2004 economic census.
b) In the table since 2005,Telecommunications were not included in Transportation Storage Post and Telecommunications, and Catering Trade was not included in Wholesale Retail Trade and Catering Trade.
c) In 2005-2008, data carries on the revision according to the economical general survey result in 2008 (Similarly in the following tables)

2—2 安 徽 生 产 总 值 构 成
Composition of Gross Domestic Product

本表按当年价格计算。(单位：%) Data in value terms in this table are calculated at current price. (%)

年份 Year	生产总值 Gross Domestic Product	第一产业 Primary Industry	第二产业 Secondary Industry	工业 Industry	建筑业 Construction	第三产业 Tertiary Industry	#交通运输仓储邮电通信业 Transportation, Storage, Post and Telecommunications	#批发和零售贸易餐饮业 Wholesale, Retail Trade and Catering Trade
1995	100.00	32.26	36.46	31.07	5.39	31.28	5.99	8.96
2000	100.00	25.56	36.41	30.50	5.91	38.03	7.43	10.36
2001	100.00	23.43	38.65	32.71	5.94	37.92	7.38	9.96
2002	100.00	22.26	37.99	31.68	6.31	39.75	7.82	9.77
2003	100.00	19.11	39.13	32.01	7.12	41.76	8.32	9.70
2004	100.00	19.98	38.76	31.28	7.48	41.26	8.65	8.97
2005	100.00	18.06	41.98	34.34	7.64	39.96	6.29	7.36
2006	100.00	16.55	44.35	36.65	7.70	39.10	5.94	7.24
2007	100.00	16.30	45.80	38.17	7.63	37.90	5.55	6.95
2008	100.00	16.02	47.44	39.61	7.83	36.54	5.01	6.90
2009	100.00	14.86	48.75	40.40	8.35	36.39	4.65	7.29
2010	100.00	13.99	52.08	43.75	8.33	33.93	4.26	7.18
2011	100.00	13.17	54.31	46.16	8.15	32.52	3.85	6.87

2—3 安 徽 生 产 总 值 指 数
Indices of Gross Domestic Product

本表按不变价格计算。（上年为100）　The indices in this table are calculated at constant price.（preceding year=100）

年 份 Year	生产总值 Gross Domestic Product	第一产业 Primary Industry	第二产业 Secondary Industry	工 业 Industry	建筑业 Construction	第三产业 Tertiary Industry	#交通运输仓储邮电通信业 Transportation, Storage, Post and Telecommunications	#批发和零售贸易餐饮业 Wholesale, Retail Trade and Catering Trade	人均生产总值 Per Capita GDP
1995	114.32	117.42	111.17	111.02	112.20	116.71	124.11	116.88	113.40
2000	108.27	101.20	109.49	108.88	113.66	111.46	112.65	109.37	107.57
2001	108.89	102.86	109.53	109.02	112.15	112.33	112.07	108.99	108.19
2002	109.61	101.02	111.60	111.69	111.15	113.03	113.76	107.44	109.16
2003	109.36	93.65	113.38	111.79	121.39	114.30	115.01	108.88	109.04
2004	113.31	108.60	114.67	114.00	117.74	114.18	118.34	109.60	112.54
2005	110.97	101.73	118.39	119.46	113.61	108.24	105.21	112.15	110.91
2006	112.53	104.54	118.72	119.72	114.21	109.65	104.13	111.47	114.08
2007	114.17	103.60	119.70	121.57	110.90	112.43	107.35	110.71	114.19
2008	112.67	106.20	116.08	117.51	108.70	111.10	106.69	112.37	112.44
2009	112.94	105.02	116.83	117.38	113.78	111.04	105.44	118.92	112.83
2010	114.59	104.61	120.68	121.86	113.91	110.05	110.96	113.58	118.77
2011	113.51	104.03	117.96	119.60	109.38	110.58	110.01	112.38	112.63

2—4 安 徽 生 产 总 值 指 数
Indices of Gross Domestic Product

本表按不变价格计算。（1978=100）　The indices in this table are calculated at constant price.（1978=100）

年 份 Year	生产总值 Gross Domestic Product	第一产业 Primary Industry	第二产业 Secondary Industry	工 业 Industry	建筑业 Construction	第三产业 Tertiary Industry	#交通运输仓储邮电通信业 Transportation, Storage, Post and Telecommunications	#批发和零售贸易餐饮业 Wholesale, Retail Trade and Catering Trade	人均生产总值 Per Capita GDP
1995	520.91	229.99	867.81	866.68	875.40	1002.86	1721.84	675.06	410.75
2000	839.59	303.73	1443.27	1437.49	1482.42	1789.25	3813.76	1179.58	642.84
2001	914.21	312.40	1580.75	1567.12	1662.50	2009.88	4274.10	1285.58	695.51
2002	1002.03	315.60	1764.15	1750.36	1847.79	2271.68	4862.15	1381.24	759.21
2003	1095.83	295.56	2000.14	1956.65	2243.07	2596.57	5591.75	1503.94	827.86
2004	1241.65	320.98	2293.52	2230.68	2641.02	2964.84	6617.20	1648.32	931.66
2005	1377.89	326.55	2715.18	2664.87	3000.53	3209.22	6961.69	1848.52	1033.31
2006	1550.56	341.37	3223.34	3190.29	3427.02	3518.80	7249.15	2060.53	1178.76
2007	1770.25	353.66	3858.50	3878.51	3800.64	3956.09	7781.64	2281.17	1346.00
2008	1994.46	375.59	4478.86	4557.47	4131.23	4395.21	8302.05	2563.30	1513.38
2009	2252.63	394.44	5232.61	5349.35	4700.42	4880.36	8754.06	3048.19	1707.48
2010	2581.20	412.64	6314.85	6518.59	5354.28	5370.83	9713.37	3462.13	2027.97
2011	2929.86	429.26	7449.23	7796.04	5856.69	5938.94	10685.46	3890.58	2284.10

2—5 三次产业贡献率
Contribution Rate of the Three Industries

本表按不变价格计算。（单位：%） The indices in this table are calculated at constant price.（%）

年份 Year	生产总值 Gross Domestic Product	第一产业 Primary Industry	第二产业 Secondary Industry	工业 Industry	第三产业 Tertiary Industry
1995	100.00	30.13	36.06	31.01	33.81
2000	100.00	3.24	52.63	43.02	44.13
2005	100.00	2.89	64.72	55.89	32.39
2006	100.00	6.54	62.70	54.03	30.76
2007	100.00	4.26	61.59	55.62	34.15
2008	100.00	7.46	58.94	53.77	33.60
2009	100.00	5.57	62.19	54.46	32.24
2010	100.00	4.22	70.17	63.19	25.61
2011	100.00	4.17	69.26	63.47	26.57

注：产业贡献率指各产业增加值增量与GDP增量之比，按可比价格计算。
a) Industrial Contributing refers to the proportion of increment of every industrial value-added to increment of GDP, according to comparable price computation.

2—6 三次产业拉动率
Pulling Rate of the Three Industries

本表按不变价格计算。（单位：百分点） The indices in this table are calculated at constant price.（percentage points）

年份 Year	生产总值 Gross Domestic Product	第一产业 Primary Industry	第二产业 Secondary Industry	工业 Industry	第三产业 Tertiary Industry
1995	14.32	4.32	5.16	4.44	4.84
2000	8.27	0.27	4.35	3.56	3.65
2005	10.97	0.32	7.10	6.13	3.55
2006	12.53	0.82	7.86	6.77	3.85
2007	14.17	0.60	8.73	7.88	4.84
2008	12.67	0.94	7.47	6.81	4.26
2009	12.94	0.72	8.05	7.05	4.17
2010	14.59	0.62	10.23	9.22	3.74
2011	13.51	0.56	9.36	8.58	3.59

注：产业拉动率指GDP增长速度与各产业贡献率之乘积，按可比价格计算。
a) The industrial pulling rate to GDP growth refers to the growth rate of GDP multiplying the industrial contributing rate, according to comparable price computation.

2—7 安徽生产总值收入法构成项目（2011年）
Income Method Structure of Anhui Gross Domestic Product (2011)

本表按当年价格计算。(单位：亿元) Data in this table are calculated at current price. (100 million yuan)

		增加值 Value-added	劳动者报酬 Compensation of Employees	生产税净额 Net Taxes on Production	固定资产折旧 Depreciation of Fixed Assets	营业盈余 Operation Surplus
安徽生产总值	**Gross Domestic Product**	**15300.65**	**7435.30**	**2076.10**	**1881.07**	**3908.18**
第一产业	Primary Industry	2015.31	1980.88	0.68	33.75	
第二产业	Secondary Industry	8309.38	3103.96	1447.04	995.79	2762.59
工　业	Industry	7062.00	2315.45	1269.63	940.52	2536.40
建筑业	Construction	1247.38	788.51	177.41	55.27	226.19
第三产业	Tertiary Industry	4975.95	2350.46	628.37	851.53	1145.59
交通运输、仓储及邮政业	Transportation, Storage and Postal Services	589.82	350.35	56.81	90.51	92.15
信息传输、计算机服务和软件业	Information Circulation, Computer Service and Software	193.61	52.29	12.04	57.53	71.76
批发和零售业	Wholesale & Retail Trade	1050.61	434.71	307.92	41.48	266.50
住宿和餐饮业	Accommodation and Catering Trade	252.62	111.10	33.46	38.23	69.84
金融业	Banking	503.85	145.57	62.96	25.19	270.14
房地产业	Real Estate	634.92	42.44	106.65	370.71	115.12
租赁和商务服务业	Leasing and Commercial Services	284.67	76.21	15.77	35.72	156.98
科学研究、技术服务和地质勘查业	Scientific Research, Technical Services and Geological Prospecting	117.34	58.31	8.25	9.04	41.75
水利、环境和公共设施管理业	Water Conservancy, Environmental and Public Facilities Management	97.83	26.44	2.57	58.06	10.76
居民服务和其他服务业	Resident Services and Other Services	136.72	120.16	4.63	2.61	9.32
教　育	Education	382.15	325.83	1.21	49.39	5.72
卫生、社会保障和社会福利业	Health Care, Social Protection and Social Welfare	205.21	183.46	1.24	12.78	7.73
文化、体育和娱乐业	Culture, Sports and Entertainment	81.24	39.15	13.59	9.68	18.83
公共管理和社会组织	Public Management and Social Organizations	445.38	384.47	1.29	50.60	9.01

2—8 安徽生产总值收入法构成项目比例（2011年）
Proprotion of Income Method Structure of Anhui Gross Domestic Product (2011)

本表按当年价格计算。(单位：%) Data in this table are calculated at current price. (%)

		增加值 Value-added	劳动者报酬 Compensation of Employees	生产税净额 Net Taxes on Production	固定资产折旧 Depreciation of Fixed Assets	营业盈余 Operation Surplus
安徽生产总值	**Gross Domestic Product**	**100.00**	**48.59**	**13.57**	**12.29**	**25.55**
第一产业	Primary Industry	100.00	98.29	0.03	1.68	
第二产业	Secondary Industry	100.00	37.35	17.41	11.98	33.26
工　业	Industry	100.00	32.79	17.98	13.32	35.91
建筑业	Construction	100.00	63.21	14.22	4.43	18.14
第三产业	Tertiary Industry	100.00	47.24	12.63	17.11	23.02
交通运输、仓储及邮政业	Transportation, Storage and Postal Services	100.00	59.40	9.63	15.35	15.62
信息传输、计算机服务和软件业	Information Circulation, Computer Service and Software	100.00	27.01	6.22	29.71	37.06
批发和零售业	Wholesale & Retail Trade	100.00	41.38	29.31	3.95	25.36
住宿和餐饮业	Accommodation and Catering Trade	100.00	43.98	13.25	15.13	27.64
金融业	Banking	100.00	28.89	12.50	5.00	53.61
房地产业	Real Estate	100.00	6.68	16.80	58.39	18.13
租赁和商务服务业	Leasing and Commercial Services	100.00	26.77	5.54	12.55	55.14
科学研究、技术服务和地质勘查业	Scientific Research, Technical Services and Geological Prospecting	100.00	49.69	7.03	7.70	35.58
水利、环境和公共设施管理业	Water Conservancy, Environmental and Public Facilities Management	100.00	27.03	2.63	59.35	10.99
居民服务和其他服务业	Resident Services and Other Services	100.00	87.89	3.38	1.91	6.82
教　育	Education	100.00	85.26	0.32	12.92	1.50
卫生、社会保障和社会福利业	Health Care, Social Protection and Social Welfare	100.00	89.40	0.60	6.23	3.77
文化、体育和娱乐业	Culture, Sports and Entertainment	100.00	48.19	16.72	11.91	23.18
公共管理和社会组织	Public Management and Social Organizations	100.00	86.33	0.29	11.36	2.02

2—9 第三产业增加值
Value-added of the Tertiary Industry

本表按当年价格计算。（单位：亿元） Data in value terms in this table are calculated at current price.（100 million yuan）

行业	Sector	2005	2010	2011
总计	**Total**	**2137.77**	**4193.68**	**4975.95**
交通运输、仓储及邮政业	Transportation, Storage and Postal Services	336.39	527.02	589.82
信息传输、计算机服务和软件业	Information Circulation, Computer Service and Software	108.52	180.30	193.61
批发和零售业	Wholesale & Retail Trade	393.75	887.66	1050.61
住宿和餐饮业	Accommodation and Catering Trade	96.27	193.78	252.62
金融业	Banking	127.05	396.17	503.85
房地产业	Real Estate	231.66	532.17	634.92
租赁和商务服务业	Leasing and Commercial Services	83.22	245.33	284.67
科学研究、技术服务和地质勘察业	Scientific Research, Technical Services and Geological Prospecting	63.45	94.91	117.34
水利、环境和公共设施管理业	Water Conservancy, Environmental and Public Facilities Management	29.34	71.49	97.83
居民服务和其他服务业	Resident Services and Other Services	115.80	109.44	136.72
教育	Education	213.50	337.23	382.15
卫生、社会保障和社会福利业	Health Care, Social Protection and Social Welfare	104.94	154.51	205.21
文化、体育和娱乐业	Culture, Sports and Entertainment	39.75	64.32	81.24
公共管理和社会组织	Public Management and Social Organizations	194.13	399.37	445.38

2—10 第三产业增加值构成
Composition of Value-added of the Tertiary Industry

本表按当年价格计算。（单位：%） Data in value terms in this table are calculated at current price.（%）

行业	Sector	2005	2010	2011
总计	**Total**	**100.0**	**100.0**	**100.0**
交通运输、仓储及邮政业	Transportation, Storage and Postal Services	15.7	12.6	11.9
信息传输、计算机服务和软件业	Information Circulation, Computer Service and Software	5.1	4.3	3.9
批发和零售业	Wholesale & Retail Trade	18.4	21.2	21.1
住宿和餐饮业	Accommodation and Catering Trade	4.5	4.6	5.1
金融业	Banking	5.9	9.4	10.1
房地产业	Real Estate	10.8	12.7	12.8
租赁和商务服务业	Leasing and Commercial Services	3.9	5.8	5.7
科学研究、技术服务和地质勘察业	Scientific Research, Technical Services and Geological Prospecting	3.0	2.3	2.4
水利、环境和公共设施管理业	Water Conservancy, Environmental and Public Facilities Management	1.4	1.7	2.0
居民服务和其他服务业	Resident Services and Other Services	5.4	2.6	2.7
教育	Education	10.0	8.0	7.7
卫生、社会保障和社会福利业	Health Care, Social Protection and Social Welfare	4.9	3.7	4.1
文化、体育和娱乐业	Culture, Sports and Entertainment	1.9	1.5	1.6
公共管理和社会组织	Public Management and Social Organizations	9.1	9.5	8.9

2—11 第三产业增加值指数
Indices of Value-added of the Tertiary Industry

本表按不变价格计算。（上年为100） The indices in this table are calculated at constant price. （preceding year=100)

行 业	Sector	2005	2010	2011
总 计	**Total**	**108.24**	**110.05**	**110.58**
交通运输、仓储及邮政业	Transportation, Storage and Postal Services	105.21	110.96	110.01
信息传输、计算机服务和软件业	Information Circulation, Computer Service and Software	116.67	111.89	111.20
批发和零售业	Wholesale & Retail Trade	112.15	113.58	112.38
住宿和餐饮业	Accommodation and Catering Trade	99.71	116.60	111.59
金融业	Banking	132.97	108.45	108.68
房地产业	Real Estate	120.02	101.25	108.08
租赁和商务服务业	Leasing and Commercial Services	125.01	114.22	108.67
科学研究、技术服务和地质勘察业	Scientific Research, Technical Services and Geological Prospecting	77.76	101.57	107.99
水利、环境和公共设施管理业	Water Conservancy, Environmental and Public Facilities Management	102.19	118.82	111.24
居民服务和其他服务业	Resident Services and Other Services	87.93	110.92	113.57
教 育	Education	109.17	104.87	109.49
卫生、社会保障和社会福利业	Health Care, Social Protection and Social Welfare	88.85	103.72	112.80
文化、体育和娱乐业	Culture, Sports and Entertainment	101.28	123.24	119.16
公共管理和社会组织	Public Management and Social Organizations	120.56	114.45	111.30

2—12 各市生产总值和指数
Gross Domestic Product and Its Indices by Region

本表绝对数按当年价格计算，指数按不变价格计算。
Level data in this table are calculated at current prices while indices at constant prices.

地 区	Region	生产总值(亿元) Gross Domestic Product (100 million yuan)					指 数 (上年=100) Indices (preceding year=100)				
		1995	2000	2005	2010	2011	1995	2000	2005	2010	2011
合肥市	Hefei	167.58	324.73	925.61	2701.61	3636.62	120.4	110.5	117.5	117.5	115.4
淮北市	Huaibei	72.30	103.02	205.14	461.64	554.92	110.4	106.4	110.8	114.2	112.2
亳州市	Bozhou	110.05	153.70	235.40	512.78	626.65	118.8	97.9	110.4	113.8	112.9
宿州市	Suzhou	109.46	178.81	313.79	650.57	802.42	117.2	108.0	106.6	113.1	113.7
蚌埠市	Bengbu	95.20	163.66	302.45	638.05	780.24	111.4	106.3	108.2	114.5	114.0
阜阳市	Fuyang	170.38	208.87	329.03	721.51	853.21	119.7	94.0	111.8	113.6	112.0
淮南市	Huainan	84.40	132.80	267.15	604.18	709.54	114.5	102.3	116.4	113.0	112.1
滁州市	Chuzhou	148.85	217.86	317.35	695.65	850.49	115.9	107.0	105.5	115.6	114.0
六安市	Luan	120.60	170.90	309.11	676.11	821.08	108.5	100.8	111.3	113.7	112.3
马鞍山市	Maanshan	80.29	126.17	349.54	810.72	1144.30	112.3	108.0	111.9	115.0	112.1
芜湖市	Wuhu	101.92	206.00	401.16	1108.63	1658.24	123.9	108.8	112.6	118.2	116.0
宣城市	Xuancheng	120.68	160.44	242.54	525.96	671.39	131.9	102.6	108.6	115.0	114.1
铜陵市	Tongling	44.48	75.71	182.79	466.70	579.41	115.7	109.3	117.8	117.1	112.6
池州市	Chizhou	42.99	60.05	121.00	300.84	372.49	108.7	103.9	113.3	116.1	113.0
安庆市	Anqing	165.91	242.96	421.29	989.04	1215.74	112.9	106.8	109.4	113.6	113.2
黄山市	Huangshan	40.96	79.73	158.64	309.45	378.81	114.2	109.2	111.0	113.1	112.5

注：2011年数据为巢湖区划调整后核算数据。
a) The data in 2011 are accounting data after Chaohu division adjustment.

2—13 各市生产总值（2011年）
Gross Domestic Product by Region (2011)

本表绝对数按当年价格计算，指数按可比价格计算。
Level data in this table are calculated at current prices while indices at constant prices.

（单位：亿元）
(100 million yuan)

地区	Region	第一产业 Primary Industry	第二产业 Secondary Industry	工业 Industry	建筑业 Construction	第三产业 Tertiary Industry	#交通运输、仓储和邮政业 Transport, Storage and Postal Services	批发零售业 Wholesale, Retail Trade	住宿和餐饮业 Accommodation and Catering Trade	金融业 Banking
合肥市	Hefei	208.22	2002.10	1560.40	441.70	1426.29	148.77	281.60	48.90	179.56
淮北市	Huaibei	46.89	368.15	338.65	29.50	139.88	23.58	31.35	9.67	13.62
亳州市	Bozhou	164.04	248.40	204.45	43.95	214.21	33.39	54.75	12.39	8.96
宿州市	Suzhou	217.53	325.68	285.68	40.00	259.21	41.98	60.78	11.59	7.79
蚌埠市	Bengbu	144.38	384.88	337.58	47.30	250.98	29.90	43.89	20.78	20.26
阜阳市	Fuyang	232.50	342.26	294.81	47.45	278.44	37.78	69.38	15.77	22.22
淮南市	Huainan	55.90	461.44	408.94	52.50	192.20	20.13	39.06	12.13	10.76
滁州市	Chuzhou	173.29	439.65	385.45	54.20	237.55	34.26	42.80	14.90	18.49
六安市	Luan	181.48	372.35	308.65	63.70	267.25	35.69	43.98	18.32	16.17
马鞍山市	Maanshan	67.02	779.04	711.54	67.50	298.24	26.96	68.33	19.49	25.14
芜湖市	Wuhu	107.01	1092.55	984.55	108.00	458.68	68.00	66.97	35.28	40.06
宣城市	Xuancheng	102.07	349.94	294.44	55.50	219.38	35.58	32.60	12.17	14.21
铜陵市	Tongling	11.00	433.02	403.62	29.40	135.39	19.17	24.54	10.59	19.42
池州市	Chizhou	56.29	184.55	139.80	44.75	131.65	16.01	18.53	10.98	10.02
安庆市	Anqing	180.71	672.71	592.71	80.00	362.32	31.69	71.04	30.71	24.72
黄山市	Huangshan	45.12	174.61	133.31	41.30	159.08	18.86	23.50	12.77	10.44

地区	Region	房地产业 Real Estate Trade	构成（%）Composition			指数 Indices 2009=100				人均生产总值（元/人）Per Capita GDP (yuan/person)
			第一产业 Primary Industry	第二产业 Secondary Industry	第三产业 Tertiary Industry	国内生产总值 Gross Domestic Product	第一产业 Primary Industry	第二产业 Secondary Industry	第三产业 Tertiary Industry	
合肥市	Hefei	207.10	5.7	55.1	39.2	115.4	103.5	119.8	111.4	48540
淮北市	Huaibei	12.05	8.5	66.3	25.2	112.2	104.8	114.6	108.6	26225
亳州市	Bozhou	23.47	26.2	39.6	34.2	112.9	105.0	120.2	111.0	12866
宿州市	Suzhou	15.71	27.1	40.6	32.3	113.7	105.1	122.0	111.5	14959
蚌埠市	Bengbu	27.09	18.5	49.3	32.2	114.0	104.3	120.2	110.8	24594
阜阳市	Fuyang	28.39	27.3	40.1	32.6	112.0	104.9	118.8	109.9	11202
淮南市	Huainan	16.84	7.9	65.0	27.1	112.1	103.1	114.5	109.3	30400
滁州市	Chuzhou	36.80	20.4	51.7	27.9	114.0	104.5	120.5	110.0	21608
六安市	Luan	54.69	22.1	45.3	32.6	112.3	104.6	118.9	109.6	14592
马鞍山市	Maanshan	33.88	5.8	68.1	26.1	112.1	104.1	114.3	108.8	52108
芜湖市	Wuhu	46.63	6.4	65.9	27.7	116.0	104.0	120.1	110.1	46626
宣城市	Xuancheng	23.56	15.2	52.1	32.7	114.1	104.7	119.7	110.7	26428
铜陵市	Tongling	11.58	1.9	74.7	23.4	112.6	103.8	113.8	109.7	79644
池州市	Chizhou	19.36	15.1	49.5	35.3	113.0	104.6	118.4	109.6	26446
安庆市	Anqing	40.65	14.9	55.3	29.8	113.2	104.2	118.0	109.8	22893
黄山市	Huangshan	16.55	11.9	46.1	42.0	112.5	104.4	117.8	109.5	27967

2—14 支出法计算的安徽生产总值
Gross Domestic Product of Anhui by Expenditure Approach

本表按当年价格计算，2005—2008年数据按2008年经济普查结果进行修订。
Data in value terms in this table are calculated at current prices, In 2005-2008, data carries on the revision according to the economical general survey result in 2008.

年 份 Year	支出法生产总值(亿元) Gross Domestic Product by Expenditure Approach (100 million yuan)	最终消费 Final Consumption Expenditure	资本形成总额 Gross Captital Formation	货物和服务净出口 Net Export of Goods and Services	资本形成率(投资率)(%) Capital Formation Rate (%)	最终消费率(消费率)(%) Final Consumption Rate (%)
1995	2003.58	1174.65	824.61	4.32	41.16	58.84
2000	3041.24	1947.78	1094.97	-1.50	36.00	64.05
2001	3290.13	2108.09	1185.50	-3.46	36.03	64.07
2002	3553.55	2262.95	1294.76	-4.16	36.44	63.68
2003	3973.02	2520.31	1455.21	-2.50	36.63	63.44
2004	4814.65	2835.44	1983.21	-4.00	41.19	58.89
2005	5350.17	3006.70	2354.10	-10.59	44.00	56.20
2006	6112.50	3374.70	2760.50	-22.74	45.16	55.21
2007	7360.92	3979.71	3418.20	-36.99	46.44	54.07
2008	8851.66	4571.97	4319.15	-39.46	48.79	51.65
2009	10062.82	5179.08	4914.15	-30.41	48.83	51.47
2010	12359.33	6213.15	6171.54	-25.36	49.93	50.27
2011	15300.65	7604.30	7725.04	-28.69	50.49	49.70

2—15 支出法安徽生产总值结构
Structure of Gross Domestic Product Calculated by Expenditure Approach

本表按当年价格计算，2005—2008年数据按2008年经济普查结果进行修订。
Data in value terms in this table are calculated at current prices, In 2005-2008, data carries on the revision according to the economical general survey result in 2008.

年 份 Year	最终消费 Final Consumption Expenditure								资本形成总额 Gross Capital Formation			
	绝对数(亿元) Absolute Figure (100 million yuan)				比重 Proportion				绝对数(亿元) Absolute Figure (100 million yuan)		比重(资本形成总额=100) Proportion (Gross Capital Formation=100)	
					最终消费=100 Final Consumption Expenditure=100		居民消费=100 Household Consumption=100					
	居民消费 Household Consumption Expenditure	农村居民 Rural House	城镇居民 Urban House	政府消费 Govermment Consumption Expenditure	居民消费 House hold Consumption Expenditure	政府消费 Govermment Consumption Expenditure	农村居民 Rural Households	城镇居民 Urban Households	固定资本形成总额 Gross Fixed Capital Formation	存货增加 Changes in Inventories	固定资本形成总额 Gross Fixed Capital Formation	存货增加 Changes in Inventories
1995	996.10	642.33	353.77	178.55	84.80	15.20	64.48	35.52	619.07	205.54	75.07	24.93
2000	1615.43	964.49	650.95	332.34	82.94	17.06	59.70	40.30	928.09	166.88	84.76	15.24
2001	1725.82	1003.83	721.98	382.29	81.87	18.13	58.17	41.83	1012.31	173.19	85.39	14.61
2002	1833.19	1010.70	822.49	429.76	81.01	18.99	55.13	44.87	1138.20	156.56	87.91	12.09
2003	2038.10	1086.61	951.50	482.21	80.87	19.13	53.31	46.69	1362.18	93.03	93.61	6.39
2004	2296.38	1212.25	1084.12	539.06	80.99	19.01	52.79	47.21	1877.75	105.46	94.68	5.32
2005	2399.40	880.20	1519.20	607.30	79.80	20.20	36.68	63.32	2214.00	140.00	94.05	5.95
2006	2707.20	949.30	1757.90	667.50	80.22	19.78	35.07	64.93	2656.90	103.60	96.25	3.75
2007	3225.49	1092.92	2132.57	754.22	81.05	18.95	33.88	66.12	3344.78	73.42	97.85	2.15
2008	3679.34	1205.83	2473.51	892.63	80.48	19.52	32.77	67.23	4229.64	89.51	97.93	2.07
2009	4188.29	1325.73	2862.56	990.79	80.87	19.13	31.65	68.35	4820.46	93.69	98.09	1.91
2010	4873.35	1499.35	3374.00	1339.80	78.44	21.56	30.77	69.23	6061.09	110.45	98.21	1.79
2011	5995.10	1625.22	4369.88	1609.20	78.84	21.16	27.11	72.89	7594.37	130.67	98.31	1.69

2—16 居 民 消 费 水 平
Household Consumption

本表绝对数按当年价格计算，指数按可比价格计算，2005—2008年数据按2008年经济普查结果进行修订。
Level data in this table are calculated at current prices while indices at constant prices.
In 2005-2008, data carries on the revision according to the economical general survey result in 2008.

年份 Year	绝对数（元） Value (yuan)			城乡消费水平对比（农民=1） Urban/Rural Consumption Ratio (Agricultural Households=1)	指数（上年为100） Index (Preceding year=100)			指数（1978年为100） Index (1978=100)		
	全省居民 All Households	农村居民 Agricultural Households	城镇居民 Non-agricultural Households		全省居民 All Households	农村居民 Agricultural Households	城镇居民 Non-agricultural Households	全省居民 All Households	农村居民 Agricultural Households	城镇居民 Non-agricultural Households
1990	670	570	1236	2.17	96.68	95.48	100.16	210.03	199.30	206.34
1991	683	559	1379	2.47	117.01	103.33	124.84	245.77	205.94	257.60
1992	762	597	1646	2.76	102.81	102.21	122.55	252.66	210.49	315.69
1993	973	700	2389	3.41	105.96	103.65	100.74	267.71	218.18	318.03
1994	1251	969	2671	2.76	105.74	103.69	114.23	283.07	226.22	363.27
1995	1669	1300	3441	2.65	107.20	109.43	101.84	303.45	247.55	369.95
1996	1945	1488	4073	2.74	113.12	112.85	111.64	343.26	279.37	413.02
1997	2275	1796	4429	2.47	114.34	118.52	106.02	392.48	331.12	437.90
1998	2370	1845	4675	2.53	107.10	106.20	107.05	420.06	351.40	468.78
1999	2523	1939	4985	2.57	106.60	104.70	107.40	447.96	367.83	503.34
2000	2588	1922	5323	2.77	104.30	100.70	108.00	466.94	370.43	543.36
2001	2739	1985	5806	2.92	106.31	104.05	109.13	496.40	385.43	592.97
2002	2988	2353	4468	1.90	105.96	101.01	111.52	525.99	389.32	661.28
2003	3312	2572	4933	1.92	108.04	104.65	109.83	570.17	407.42	726.28
2004	3707	2910	5343	1.84	106.80	106.40	104.90	608.94	433.49	761.86
2005	3870	2167	7102	3.28	110.40	110.40	106.30	672.27	478.57	809.86
2006	4409	2427	7886	3.25	112.10	110.50	109.20	753.61	528.82	884.37
2007	5276	2878	9204	3.20	112.90	111.30	109.80	850.83	588.58	971.04
2008	6006	3259	10196	3.13	110.90	109.30	108.40	943.57	643.32	1052.61
2009	6829	3683	11301	3.07	110.30	108.80	107.90	1040.76	699.93	1135.77
2010	8237	4447	13259	2.98	114.51	114.89	111.26	1191.77	804.15	1263.66
2011	10055	5356	14923	2.79	115.31	113.34	106.48	1374.26	911.41	1345.52

注：根据国家统计局制度规定，从2003年起按常住人口计算，2002年数据作同口径调整。
a) In accordance with the regulation of NBS, the permanent population has been used since the year 2003 and the data of 2002 have been adjusted in the same scope.

2—17 各市、县生产总值及指数（2011年）

Gross Domestic Product and Indices by County or City (2011)

市、县 County、city		生产总值（亿元） Gross Domestic Product (100 million yuan)	第一产业 Primary Industry	第二产业 Secondary Industry	第三产业 Tertiary Industry	生产总值指数（%） Indices of Gross Domestic Product (20109=100)	第一产业 Primary Industry	第二产业 Secondary Industry	第三产业 Tertiary Industry	人均生产总值（元/人） Per Capita GDP (yuan/person)
合 肥 市	**Hefei**	**3636.62**	**208.22**	**2002.10**	**1426.29**	**115.4**	**103.5**	**119.8**	**111.4**	**48540**
巢湖市	Chaohu	180.45	21.23	98.82	60.40	108.9	103.2	112.3	105.8	20195
长丰县	Changfeng	214.18	44.93	126.14	43.10	119.1	105.0	127.7	112.5	27776
肥东县	Feidong	288.12	50.22	184.39	53.52	119.6	105.0	127.3	111.7	26476
肥西县	Feixi	344.37	46.16	225.77	72.45	117.3	104.9	122.3	111.2	38238
庐江县	Lujiang	131.65	34.03	53.47	44.15	113.1	105.0	123.3	109.3	11133
淮 北 市	**Huaibei**	**554.92**	**46.89**	**368.15**	**139.88**	**112.2**	**104.8**	**114.6**	**108.6**	**26225**
濉溪县	Suixi	144.48	32.31	76.44	35.72	118.4	105.3	130.8	108.2	13079
亳 州 市	**Bozhou**	**626.65**	**164.04**	**248.40**	**214.21**	**112.9**	**105.0**	**120.2**	**111.0**	**12866**
涡阳县	Guoyang	154.53	35.84	68.59	50.09	113.0	105.0	120.2	110.2	10308
蒙城县	Mengcheng	139.77	40.36	55.90	43.51	112.9	104.9	120.9	111.0	10576
利辛县	Lixin	116.90	39.39	31.70	45.81	112.4	105.1	123.5	111.7	7413
宿 州 市	**Suzhou**	**802.42**	**217.53**	**325.68**	**259.21**	**113.7**	**105.1**	**122.0**	**111.5**	**14959**
砀山县	Dangshan	99.15	32.51	43.71	22.93	113.8	105.1	123.3	109.7	9982
萧　县	Xiaoxian	144.13	43.55	56.84	43.73	113.6	105.2	122.7	111.2	10074
灵璧县	Lingbi	110.59	45.35	30.52	34.71	111.0	104.9	123.4	109.5	8958
泗　县	Sixian	107.13	40.24	40.65	26.25	111.6	105.0	119.8	110.0	11532
蚌 埠 市	**Bengbu**	**780.24**	**144.38**	**384.88**	**250.98**	**114.0**	**104.3**	**120.2**	**110.8**	**24594**
怀远县	Huaiyuan	167.20	54.68	70.94	41.58	113.5	104.3	123.4	110.2	12358
五河县	Wuhe	111.38	42.92	37.55	30.91	113.8	104.9	125.5	113.4	15257
固镇县	Guzhen	100.77	37.07	36.60	27.10	113.4	104.2	126.9	109.9	16018
阜 阳 市	**Fuyang**	**853.21**	**232.50**	**342.26**	**278.44**	**112.0**	**104.9**	**118.8**	**109.9**	**11202**
界首市	Jieshou	86.13	19.26	44.71	22.16	114.1	105.0	120.6	109.5	10913
临泉县	Linquan	102.02	52.62	19.27	30.13	108.1	104.7	115.9	109.0	4603
太和县	Taihe	124.78	38.21	49.19	37.38	106.2	104.8	106.9	106.5	7249
阜南县	Funan	98.19	37.82	31.14	29.24	110.5	104.8	118.6	109.6	5887
颍上县	Yingshang	145.47	37.72	77.13	30.61	110.6	105.2	114.6	107.3	8532
淮 南 市	**Huainan**	**709.54**	**55.90**	**461.44**	**192.20**	**112.1**	**103.1**	**114.5**	**109.3**	**30400**
凤台县	Fengtai	196.03	24.14	135.64	36.26	108.5	102.5	109.3	109.4	31116
滁 州 市	**Chuzhou**	**850.49**	**173.29**	**439.65**	**237.55**	**114.0**	**104.5**	**120.5**	**110.0**	**21608**
天长市	Tianchang	184.91	24.94	122.22	37.75	118.0	103.0	124.3	110.2	29187
明光市	Mingguang	81.64	25.90	27.57	28.16	111.2	104.8	119.6	109.6	12547
来安县	Laian	85.52	17.00	45.96	22.56	114.1	105.1	119.5	110.8	17042
全椒县	Quanjiao	79.72	19.74	36.87	23.12	113.5	104.3	121.2	110.0	17107
定远县	Dingyuan	102.79	41.61	31.13	30.04	110.0	105.2	117.8	109.0	10578
凤阳县	Fengyang	103.24	28.16	44.09	30.99	112.0	105.4	117.7	110.5	13643

注：本表绝对额按当年价格计算，指数按可比价格计算。

a) Level data in this table are calculated at current prices while indices at constant prices.

2—17 续表 continued

市、县 County、city		生产总值(亿元) Gross Domestic Product (100 million yuan)	第一产业 Primary Industry	第二产业 Secondary Industry	第三产业 Tertiary Industry	生产总值指数(%) Indices of Gross Domestic Product (2010=100)	第一产业 Primary Industry	第二产业 Secondary Industry	第三产业 Tertiary Industry	人均生产总值(元/人) Per Capita GDP (yuan/person)
六安市	**Luan**	**821.08**	**181.48**	**372.35**	**267.25**	**112.3**	**104.6**	**118.9**	**109.6**	**14592**
寿县	Shouxian	101.29	39.84	27.73	33.72	93.5	104.6	69.8	108.2	7378
霍邱县	Huoqiu	174.96	40.88	85.90	48.18	114.9	104.6	124.9	108.7	10676
舒城县	Shucheng	113.74	25.54	50.78	37.42	113.3	104.7	122.2	108.5	11401
金寨县	Jinzhai	72.07	14.76	32.56	24.75	113.0	104.5	121.5	108.8	10822
霍山县	Huoshan	104.52	9.48	71.71	23.33	116.6	104.6	122.1	107.3	28571
马鞍山市	**Maanshan**	**1144.30**	**67.02**	**779.04**	**298.24**	**112.1**	**104.1**	**114.3**	**108.8**	**52108**
当涂县	Dangtu	247.67	28.87	173.71	45.09	120.7	102.4	127.9	109.7	37868
含山县	Hanshan	80.31	16.15	39.44	24.71	115.5	105.7	125.0	108.9	18015
和县	Hexian	91.87	18.11	47.39	26.37	115.3	105.7	124.6	107.7	16899
芜湖市	**Wuhu**	**1658.24**	**107.01**	**1092.55**	**458.68**	**116.0**	**104.0**	**120.1**	**110.1**	**46626**
芜湖县	Wuhu	125.06	14.50	86.62	23.94	121.5	104.8	129.0	109.4	36050
繁昌县	Fanchang	141.73	6.83	104.40	30.49	123.3	105.5	129.9	109.0	50653
南陵县	Nanling	124.93	22.71	75.42	26.80	114.2	105.1	119.6	107.5	22513
无为县	Wuwei	267.63	46.82	153.60	67.21	113.4	105.6	118.0	109.1	18758
宣城市	**Xuancheng**	**671.39**	**102.07**	**349.94**	**219.38**	**114.1**	**104.7**	**119.7**	**110.7**	**26428**
宁国市	Ningguo	162.69	17.09	104.19	41.41	115.7	104.6	120.7	109.3	42077
郎溪县	Langxi	72.59	11.60	45.39	15.59	117.2	104.7	123.7	110.2	21268
广德县	Guangde	121.97	15.31	61.79	44.88	114.4	104.5	122.3	108.5	23727
泾县	Jingxian	56.81	13.17	24.88	18.76	112.8	105.0	119.9	110.0	15988
绩溪县	Jixi	40.33	8.05	20.61	11.67	112.0	105.0	116.5	109.9	22754
旌德县	Jingde	24.67	5.51	11.92	7.25	111.5	104.4	118.3	107.1	16385
铜陵市	**Tongling**	**579.41**	**11.00**	**433.02**	**135.39**	**112.6**	**103.8**	**113.8**	**109.7**	**79644**
铜陵县	Tongling	92.92	7.81	67.26	17.85	113.0	104.0	115.5	108.7	31767
池州市	**Chizhou**	**372.49**	**56.29**	**184.55**	**131.65**	**113.0**	**104.6**	**118.4**	**109.6**	**26446**
东至县	Dongzhi	88.16	21.65	39.86	26.64	113.1	104.7	121.4	109.0	16131
石台县	Shitai	15.25	3.03	6.52	5.70	109.9	104.5	112.4	110.1	14017
青阳县	Qingyang	54.67	7.85	29.27	17.55	113.6	104.6	118.8	109.9	20082
安庆市	**Anqin**	**1215.74**	**180.71**	**672.71**	**362.32**	**113.2**	**104.2**	**118.0**	**109.8**	**22893**
桐城市	Tongcheng	170.07	22.36	110.66	37.04	114.2	103.6	120.4	105.0	22579
怀宁县	Huaining	138.95	18.92	88.08	31.95	114.2	102.5	119.1	109.3	20012
枞阳县	Zongyang	149.44	26.91	87.30	35.22	114.6	104.1	120.7	109.8	15409
潜山县	Qianshan	97.41	17.04	55.63	24.74	114.1	104.4	119.9	109.2	16634
太湖县	Taihu	70.03	17.51	32.52	20.00	114.8	104.2	123.9	111.6	12360
宿松县	Susong	111.49	33.43	49.73	28.33	113.0	104.2	122.4	109.1	13378
望江县	Wangjiang	72.33	20.64	32.97	18.72	114.2	105.8	123.8	108.6	11481
岳西县	Yuexi	56.12	11.66	32.05	12.41	112.6	104.2	117.9	108.4	13939
黄山市	**Huangshan**	**378.81**	**45.12**	**174.61**	**159.08**	**112.5**	**104.4**	**117.8**	**109.5**	**27967**
歙县	Shexian	96.38	14.35	48.50	33.53	113.2	104.5	118.8	109.7	19898
休宁县	Xiuning	49.95	10.08	21.54	18.32	113.0	105.2	119.7	110.6	18177
黟县	Yixian	18.95	3.14	9.19	6.62	112.2	104.0	116.8	110.4	19820
祁门县	Qimen	38.72	5.00	16.67	17.05	112.8	104.7	118.1	110.4	20617

2—18 资产负债综合表（2010年末）
Assets and Liabilities Table (end of 2010)

交易项目 Transaction	机构部门 Institutional Sector	非金融企业部门 Non-financial Enterprises		金融机构部门 Financial Institutions	
		使用 Utilization	来源 Source	使用 Utilization	来源 Source
非金融资产	**Non-financial Assets**	**18368.80**		**597.86**	
固定资产	Fixed Assets	11521.14		178.75	
#在建工程	Constructing Project	1817.78		36.11	
存货	Inventory	5709.49		3.39	
#产成品和商品库存	Products and Inventory	1105.10		0.00	
其他非金融资产	Other Non-financial Assets	1138.17		415.71	
#无形资产	Intangible Assets	810.59		38.63	
金融资产与负债	**Financial Assets and Liabilities**	**13344.00**	**16935.55**	**15613.94**	**18303.33**
国内金融资产与负债	Domestic Financial Assets and Liabilities	13220.33	15790.62	15613.94	18120.03
通货	Current in Circulation	1213.69		705.19	
存款	Savings Deposits	6733.01			16366.10
贷款	Loans		8521.99	11452.29	
股票及其他股权	Stocks and Other Stock Rights	2580.09	4644.05	82.75	256.87
证券（不含股票）	Securities (Not Including Stocks)	94.74	355.00	106.50	
保险准备金	Insurance Reserve Funds	134.22			1163.30
其他	Other	2464.58	2269.58	3267.21	333.76
国外金融资产与负债	Foreign Financial Assets and Liabilities	123.67	1144.93	0.00	183.30
直接投资	Direct Investment	123.67	1066.66		
证券投资	Security Investment		78.27		
其他投资	Other Investment				183.30
资产负债差额	**Balance Between Assets and Liabilities**		**14777.25**		**-2091.54**
资产与负债总额	**Total Financial Assets and Liabilities**	**31712.80**	**31712.80**	**16211.79**	**16211.79**

单位：亿元（100 million yuan）

政府部门 Governments		住户部门 Households		省内合计 Regional Sum		国内省外 Outside Province		国外部门 Overseas		合计 Total	
使用 Utilization	来源 Source	使用 Utilization	来源 Source	使用 Utilization	来源 Source	使用 Utilization	来源 Source	使用 Utilization	来源 Source	使用 Utilization	来源 Source
1907.68		**7705.75**		**28580.08**						**28580.08**	
1509.20		7013.90		20222.98						20222.98	
75.16				1929.05						1929.05	
5.52		685.62		6404.02						6404.02	
5.52		421.92		1532.55						1532.55	
392.97		6.23		1953.07						1953.07	
16.75				865.96						865.96	
2142.31	**547.90**	**10257.16**	**2937.15**	**41357.41**	**38723.93**	**1783.92**	**5621.97**	**1328.23**	**123.67**	**44469.56**	**44469.56**
2142.31	547.90	10257.16	2937.15	41233.74	37395.70	1783.92	5621.97			43017.66	43017.66
1.65		370.38		2290.91			2290.91			2290.91	2290.91
1783.18		7788.48		16304.67	16366.10	61.43				16366.10	16366.10
	216.32		2930.30	11452.29	11668.61	216.32				11668.61	11668.61
		1370.78		4033.62	4900.92	867.30				4900.92	4900.92
2.32		192.61		396.17	355.00		41.17			396.17	396.17
		390.21		524.43	1163.30	638.87				1163.30	1163.30
355.16	331.58	144.70	6.84	6231.65	2941.77		3289.89			6231.65	6231.65
				123.67	1328.23			1328.23	123.67	1451.90	1451.90
				123.67	1066.66			1066.66	123.67	1190.33	1190.33
					78.27			78.27		78.27	78.27
					183.30			183.30		183.30	183.30
	3502.10		**15025.76**		**31213.57**		**-3838.04**		**1204.56**		**28580.08**
4050.00	**4050.00**	**17962.91**	**17962.91**	**69937.49**	**69937.49**	**1783.92**	**1783.92**	**1328.23**	**1328.23**	**73049.65**	**73049.65**

主要统计指标解释

国内生产总值（GDP）

指按市场价格计算的一个国家（或地区）所有常住单位在一定时期内生产活动的最终成果。国内生产总值有三种表现形态，即价值形态、收入形态和产品形态。从价值形态看，它是所有常住单位在一定时期内生产的全部货物和服务价值超过同期投入的全部非固定资产货物和服务价值的差额，即所有常住单位的增加值之和；从收入形态看，它是所有常住单位在一定时期内创造并分配给常住单位和非常住单位的初次收入之和；从产品形态看，它是所有常住单位在一定时期内最终使用的货物和服务价值减去货物和服务进口价值。在实际核算中，国内生产总值有三种计算方法，即生产法、收入法和支出法。三种方法分别从不同的方面反映国内生产总值及其构成。

三次产业

三产业的划分是世界上较为常用的产业结构分类，但各国的划分不尽一致。我国的三次产业划分是：

第一产业是指农业、林业、畜牧业、渔业和农林牧渔服务业。

第二产业是指采矿业，制造业，电力、煤气及水的生产和供应业，建筑业。

第三产业是指除第一、二产业以外的其他行业。

劳动者报酬

指劳动者因从事生产活动所获得的全部报酬。包括劳动者获得的各种形式的工资、奖金和津贴，既包括货币形式的，也包括实物形式的，还包括劳动者所享受的公费医疗和医药卫生费、上下班交通补贴、单位支付的社会保险费、住房公积金等。对于个体经济来说，其所有者所获得的劳动报酬和经营利润不易区分，这两部分统一作为劳动者报酬处理。

生产税净额

指生产税减生产补贴后的余额。生产税指政府对生产单位从事生产、销售和经营活动以及因从事生产活动使用某些生产要素（如固定资产、土地、劳动力）所征收的各种税、附加费和规费。生产补贴与生产税相反，指政府对生产单位的单方面转移支出，因此视为负生产税，包括政策亏损补贴、价格补贴等。

固定资产折旧

指一定时期内为弥补固定资产损耗按照规定的固定资产折旧率提取的固定资产折旧，或按国民经济核算统一规定的折旧率虚拟计算的固定资产折旧。它反映了固定资产在当期生产中的转移价值。各类企业和企业化管理的事业单位的固定资产折旧是指实际计提的折旧费；不计提折旧的政府机关、非企业化管理的事业单位和居民住房的固定资产折旧是按照统一规定的折旧率和固定资产原值计算的虚拟折旧。原则上，固定资产折旧应按固定资产当期的重置价值计算，但是目前我国尚不具备对全社会固定资产进行重估价的基础，所以暂时只能采用上述办法。

营业盈余

指常住单位创造的增加值扣除劳动者报酬、生产税净额和固定资产折旧后的余额。它相当于企业的营业利润加上生产补贴，但要扣除从利润中开支的工资和福利等。

支出法国内生产总值

是从最终使用的角度反映一个国家（或地区）一定时期内生产活动最终成果的一种方法，包括最终消费支出、资本形成总额及货物和服务净出口三部分。计算公式为：

支出法国内生产总值=最终消费支出+资本形成总额+货物和服务净出口

最终消费支出

指常住单位为满足物质、文化和精神生活的需要，从本国经济领土和国外购买的货物和服务的支出。它不包括非常住单位在本国经济领土内的消费支出。最终消费支出分为居民消费支出和政府消费支出。

居民消费支出

指常住住户在一定时期内对于货物和服务的全部最终消费支出。居民消费支出除了直接以货币形式购买的货物和服务的消费支出外，还包括以其他方式获得的货物和服务的消费支出，即所谓的虚拟消费支出。居民虚拟消费支出包括如下几种类型：单位以实物报酬及实物转移的形式提供给劳动者的货物和服务；住户生产并由本住户消费了的货物和服务，其中的服务仅指住户的自有住房服务；金融机构提供的金融媒介服务；保险公司提供的保险服务。

政府消费支出

指政府部门为全社会提供的公共服务的消费支出和免费或以较低的价格向居民住户提供的货物和服务的净支出，前者等于政府服务的产出价值减去政府单位所获得的经营收入的价值，后者等于政府部门免费或以较低价格向居民住户提供的货物和服务的市场价值减去向住户收取的价值。

资本形成总额

指常住单位在一定时期内获得减去处置的固定资产和存货的净额，包括固定资本形成总额和存货增加两部分。

固定资本形成总额

指常住单位在一定时期内获得的固定资产减处置的固定资产的价值总额。固定资产是通过生产活动生产出来的，且其使用年限在一年以上、单位价值在规定标准以上的资产，不包括自然资产。可分为有形固定资本形成总额和无形固定资本形成总额。有形固定资本形成总额包括一定时期内完成的建筑工程、安装工程和设备工器具购置（减处置）价值，以及土地改良、新增役、种、奶、毛、娱乐用牲畜和新增经济林木价值。无形固定资本形成总额包括矿藏的勘探、计算机软件等获得减处置。

存货增加

指常住单位在一定时期内存货实物量变动的市场价值，即期末价值减期初价值的差额，再扣除当期由于价格变动而产生的持有收益。存货增加可以是正值，也可以是负值，正值表示存货上升，负值表示存货下降。存货包括生产单位购进的原材料、燃料和储备物资等存货，以及生产单位生产的产成品、在制品和半成品等存货。

货物和服务净出口

指货物和服务出口减货物和服务进口的差额。出口包括常住单位向非常住单位出售或无偿转让的各种货物和服务的价值；进口包括常住单位从非常住单位购买或无偿得到的各种货物和服务的价值。由于服务活动的提供与使用同时发生，一般把常住单位从非常住单位得到的服务作为进口，非常住单位从常住单位得到的服务作为出口。货物的出口和进口都按离岸价格计算。

直接消耗系数

也称为投入系数，记为 a_{ij}（i j=1, 2, …, n）它是指在生产经营过程中第 j 产品（或产业）部门的单位总产出所直接消耗的第 i 产品部门货物或服务的价值量，将各产品（或产业）部门的直接消耗系数用表的形式表现，就是直接消耗系数表或直接消耗系数矩阵，通常用字母 A 表示。

完全消耗系数

指第 j 产品部门每提供一个单位最终使用时，对第 i 产品部门货物或服务的直接消耗和间接消耗之和。将各产品部门的完全消耗系数用表的形式表现，就是完全消耗系数表或完全消耗系数矩阵，通常用字母 B 表示。

机构单位

指有权拥有资产和承担负债，能够独立地从事经济活动并与其他实体进行交易的经济实体。

机构部门

将相同性质的机构单位归并在一起，就形成机构部门。资金流量核算将常住机构单位划分为以下四个机构部门：非金融企业部门、金融机构部门、政府部门、住户部门。与常住单位发生经济往来关系的非常住单位组成国外部门，在资金流量核算中也视同机构部门。

非金融企业与非金融企业部门

非金融企业指主要从事市场货物生产和提供非金融市场服务的常住企业，它主要包括从事上述活动的各类法人企业。所有非金融企业归并在一起，就形成非金融企业部门。

金融机构与金融机构部门

金融机构指主要从事金融媒介以及与金融媒介密切相关的辅助金融活动的常住单位，它主要包括中央银行、商业银行和政策性银行、非银行信贷机构和保险公司。所有金融机构归并在一起，就形成金融机构部门。

政府单位与政府部门

政府单位指在我国境内通过政治程序建立的、在一特定区域内对其他机构单位拥有立法、司法和行政权的法律实体及其附属单位。政府单位的主要职能是利用征税和其他方式获得的资金向社会和公众提供公共服务。通过转移支付，对社会收入和财产进行再分配。它主要包括各种行政单位和非营利性事业单位。所有政府单位归并在一起，就形成政府部门。

住户与住户部门

住户指共享同一生活设施、部分或全部收入和财产集中使用、共同消费住房、食品和其他消费品与消费服务的常住个人或个人群体。所有住户归并在一起，就形成住户部门。

非常住单位与国外部门

所有不具有常住性的机构单位都是非常住单位。将所有与我国常住单位发生交易的非常住单位归并在一起，就形成国外部门。

初次分配总收入

初次分配是生产活动形成的净成果在参与生产活动的生产要素的所有者及政府之间的分配。生产活动的净成果是增加值。生产要素包括劳动力、土地、资本。劳动力所有者因提供劳动而获得劳动报酬；土地所有者因出租土地而获得地租；

资本的所有者因资本的形态不同而获得不同形式的收入：借贷资本所有者获得利息收入；股权所有者获得红利或未分配利润；政府因直接或间接介入生产过程而获得生产税或支付补贴。初次分配的结果形成各个机构部门的初次分配总收入。各部门的初次分配总收入之和就等于国民总收入，亦即国民生产总值。

经常转移

转移是一个机构单位向另一个机构单位提供货物、服务或资产，而同时并没有从后一机构单位获得任何货物、服务或资产作为回报的一种交易。经常转移包括扣除资本转移外的所有转移。其形式有收入税、社会保险付款、社会补助和其他经常转移。

可支配总收入

在初次分配总收入的基础上，通过经常转移的形式对初次分配总收入进行再次分配。再分配的结果形成各个机构部门的可支配总收入。各部门的可支配总收入之和称为国民可支配总收入。

总储蓄

指可支配总收入用于最终消费后的余额。各部门的总储蓄之和称为国民总储蓄。

资本转移

指一个部门无偿地向另一个部门支付用于非金融投资的资金，是一种不从对方获取任何对应物作为回报的交易。资本转移具有不同于经常转移的两个特征，一是转移的目的是用于投资，而不是用于消费；二是资本转移其实物形式往往涉及除存货和现金以外资产所有权的转移；其现金形式往往涉及除存货以外的资产的处置。资本转移包括投资性补助和其他资本转移。

净金融投资

它反映机构部门或经济总体资金富余或短缺的状况。从实物交易角度看，它是指总储蓄加资本转移收入减资本转移支出减非金融投资后的差额。从金融交易角度看，它是金融资产的增加额减金融负债的增加额之后的差额。

通货

指以现金形式存在于市场流通中的货币，包括本币和外币。

存款

指金融机构接受客户存入的货币款项，存款人可随时或按约定时间支取款项的信用业务。包括活期存款、定期存款、住户储蓄存款、财政存款、外汇存款和其他存款等。

贷款

指金融机构将其所吸收的资金，按一定的利率贷放给客户并约期归还的信用业务。包括短期贷款、中长期贷款、财政贷款、外汇贷款和其他贷款。

证券（不含股票）

由债券购买者承购的或因销售产品而拥有的，可在金融市场上交易并代表一定债权的书面证明。包括政府债券、金融债券、企业债券、商业票据、支付固定收入但不提供法人企业残余价值分享权的优先股等。

股票及其他股权

指股票购买者及直接投资者对其投资企业净资产所拥有的权益。股票是股份公司签发的证明股东投资并按其所持股份享有权益和承担义务的权益性证券。其他股权是机构单位以直接投资的方式用除股票、债权性证券以外的土地、房屋及建筑物、机器设备、存货、资源资产等实物资产，商标、专利权、土地使用权、特许使用权、商誉等无形资产及货币资金直接向其他单位进行的投资。通常以股权证、出资证明书、参与证或类似的单据为凭证。

保险准备金

指对人寿保险准备金和养恤基金的净权益、保险费预付款和未结索赔准备金。

Explanatory Notes for Major Statistical Indicators

Gross Domestic Product (GDP)

refers to the final products at market prices produced by all resident units in a country (or a region) during a certain period of time. Gross domestic product is expressed in three different perspectives, namely value, income, and products respectively. GDP in its value perspective refers to the total value of all goods and services produced by all resident units during a certain period of time, minus the total value of input of goods and services of the nature of non-fixed assets; in other words, it is the sum of the value-added of all resident units. GDP from the perspective of income includes the primary income created by all resident units and distributed to resident and non-resident units. GDP from the perspective of products refers to the value of all goods and services for final consumption by all resident units minus the net exports of goods and services during a given period of time. In the practice of national accounting, gross domestic product is calculated from three approaches, namely production approach, income approach and expenditure approach, which reflect gross domestic product and its composition from different angles.

Three Strata of Industry

Classification of economic activities into three strata of industry is a common practice in the world, although the grouping varies to some extent form country to country. In China economic activities are categorized into the following three strata of industry:

Primary industry refers to agriculture, forestry, animal husbandry and fishery and services in support of these industries.

Secondary industry refers to mining and quarrying, manufacturing, production and supply of electricity, water and gas, and construction.

Tertiary industry refers to all other economic activities not included in the primary or secondary industries.

Labourers Remuneration

refers to the total payment of various forms to labourers for the productive activities they are engaged in. It includes wages, bonuses and allowances, which the labourers earn in cash and in kind. It also includes the free medical services provided to the labourers and the medicine expenses, transport subsidies and social insurance, and housing fund paid by the employers. As regards the individual economy, since labourers remuneration is not easily distinguishable from the operating profit, both parts are treated as labourer remuneration.

Net Taxes on Production

refers to taxes on production less subsidies on production. The taxes on production refers to the various taxes, extra charges and fees levied on the production units on their production, sale and business activities as well as on the use of some factors of production, such as fixed assets, land and labour in the production activities they are engaged in. In contrast to taxes on production, subsidies on production refer to the unilateral government transfer to the production units and are therefore regarded as negative taxes on production. They include subsidies on the loss due to implementation of government policies, price subsidies, etc.

Depreciation of Fixed Assets

refers to the depreciation of fixed assets in a given period, drawn in accordance with the stipulated depreciation rate for the purpose of compensating the wear-and-tear loss of the fixed assets or the depreciation of fixed assets imputed in accordance with the stipulated unified depreciation rate in the national economic accounting system. It reflects the value of transfer of the fixed assets in the production of the current period. The depreciation of fixed assets in various enterprises and institutions managed as enterprises refers to the depreciation expenses actually drawn. In government agencies and institutions not managed as enterprises which do not draw the depreciation expenses, as well as for the houses of residents, the depreciation of fixed assets is the imputed depreciation, which is calculated in accordance with the stipulated unified depreciation rate. In principle, the depreciation of fixed assets should be calculated on the basis of the re-purchased value of the fixed assets. However, currently the conditions in China do not facilitate the revaluation of all the fixed assets. Therefore, only the above-mentioned methods can be adopted at present.

Operating Surplus

refers to the balance of the value added created by the resident units after deducting the labourers remuneration, net taxes on production and the depreciation of fixed assets. It is equivalent to the business profit of the enterprises plus subsidies to production, but the wages and welfare expenses paid from the profits should be deducted.

GDP by Expenditure Approach

refers to the method of measuring the final results of production activities of a country (region) during a given period from the perspective of final uses. It includes final consumption expenditure, gross capital formation and net export of goods and services. The formula for computation is.:

GDP by expenditure approach = final consumption expenditure + gross capital formation + net export of goods and services

Final Consumption Expenditure

refers to the total expenditure of resident units for purchases of goods and services from both the domestic economic territory and abroad to meet the needs of material, cultural and spiritual life. It does not include the expenditure of non-resident units on consumption in the economic territory of the country. The final consumption expenditure is broken down into household consumption expenditure and government consumption expenditure.

Household Consumption Expenditure

refers to the total expenditure of resident households on the final consumption of goods and services. In addition to the consumption of goods and services bought by the households directly with money, the household consumption expenditure also includes expenditure on goods and services obtained by the households in other ways, i.e. the so-called imputed consumption expenditure, which includes the following: (a) the goods and services provided to households by employers in the form of payment in kind and transfer in kind; (b) goods and services produced and consumed by the households themselves, in which the services refer only to the owner-occupied housing; (c) financial intermediate services provided by financial institutions; (d) insurance services provided by insurance companies.

Government Consumption Expenditure

refers to the consumption expenditure spent for the provision of public services provided by the government to the whole country and the net expenditure on the goods and services provided by the government to households free of charge or at reduced prices. The former equals to the output value of the government services minus the value of operating income obtained by the government departments. The latter equals to the market value of the goods and services provided by the government free of charge or at reduced prices to the households minus the value received by the government from the households.

Gross Capital Formation

refers to the fixed assets acquired less disposals and the net value of inventory, thus including gross fixed capital formation and changes in inventories.

Gross Fixed Capital Formation

refers to the value of acquisitions less those disposals of fixed assets during a given period. Fixed assets are the assets produced through production activities with unit value above a specified amount and which could be used for over one year. Natural assets are not included. Gross fixed capital formation can be categorized into total tangible fixed capital formation and total intangible fixed capital formation. Total tangible fixed capital formation includes the value of the construction projects and installation projects completed and the equipment, apparatus and instruments purchased (less those disposed) as well as the value of land improved, the value of draught animals, breeding stock and animals for milk, for wool and for recreational purposes and the newly increased forest with economic value. Total intangible fixed capital formation includes the prospecting of minerals and the acquisition of computer software minus the disposal of them.

Changes in Inventories

refers to the market value of the change in the physical volume of inventory of resident units during a given period, i.e. the difference between the values at the beginning and at the end of the period minus the gains due to the change in prices. The changes in inventories can have a positive or a negative value. A positive value indicates an increase in inventory while a negative value indicates a decrease in inventory. The inventory includes raw materials, fuels and reserve materials purchased by the production units as well as the inventory of finished products, semi-finished products and work-in-progress.

Net Export of Goods and Services

refers to the exports of goods and services subtracting the imports of goods and services. Exports include the value of various goods and services sold or gratuitously transferred by resident units to non-resident units. Imports include the value of various goods and services purchased or gratuitously acquired resident units from non-resident units. Because the provision of services and the use of them happen simultaneously, the acquisition of services by resident units from abroad is usually treated as import while the acquisition of services by non-resident units in this country is usually treated as export. The exports and imports of goods are calculated at FOB.

Direct Input Coefficient

refers to the volume of products and services of industry i, which is consumed directly by industry j in the course of its production or business, recorded as aij (i,j=1,2, … ,n). The table of direct input coefficients, or the direct input coefficients matrix, usually denoted as A, is a table that presents direct input coefficients of all industries.

Total Input Coefficient

refers to the volume of products and services of industry i which is consumed directly and indirectly by industry j in producing each unit of final use. The table of total input coefficients, or total input coefficients matrix, usually denoted as B, is a table that presents total input coefficients of all industries.

Institutional Units

refer to economic entities that are in a position to own assets and incur liabilities; to engage independently in economic activities; and to conduct transactions with other entities.

Institutional Sectors

refer to groups of institutional units that are homogenous in nature and have been grouped together. The following 4 institutional sectors are identified in the flow of funds accounts: non-financial corporations, financial institutions, general government and households. Also treated as an institutional sector is the rest of the world, which is composed of non-resident units that have economic relations with resident units.

Non-Financial Corporations and the Sector of Non-Financial Corporations

Non-financial corporations refer to resident corporations that are engaged in the production of goods and the provision of non financial services in the market, mainly covering corporate enterprises of various types engaged in the above-mentioned activities. All non-financial corporations make up the sector of non-financial corporations.

Financial Institutions and the Sector of Financial Institutions

Financial institutions refer to resident institutions that are engaged in the financial intermediary services or auxiliary financial activities that are closely related with financial intermediary services, mainly covering the Central Bank, commercial banks, policy banks, non-banking credit institutions and insurance companies. All financial institutions together make up the sector of financial institutions.

General Government and the Sector of General Governments General

government refer to legal entities and their auxiliary units within the territory of China that are established through the political process and are empowered with legislative, administrative or judicial rights over other institutional within specific regions. The main function of general government is to acquire funds through taxation or other means in order to provide public services to society and households, and to conduct redistribution of income and properties of society through transfer payment. General government cover mainly administrative and non-profit institutional units of various types. All general government together makes up the sector of general governments.

Households and the Sector of Households

Households refer to resident individuals or groups of resident individuals who share common living facilities, pool together entire or part of their income and properties for their common disposal, and share their housing, food and other consumer goods and services. All households together make up the sector of households.

Non-resident Units and the Rest of the World

Non-resident units refer to units that are of a non-resident nature. All non-resident units that have transactions with resident units together make up the rest of the world.

Total Income from Primary Distribution

Primary distribution refers to the distribution of net results from production activities among the owners of factors of production and the governments. The net results from production activities are the value-added. Factors of production include labour force, land and capital. Owners of labour force gain remuneration by providing labour. Owners of land receive rents from leasing of land. Owners of capitals get income of various forms depending on the type of capital: owners of loan capital receive income from interests. Share holders receive dividends or non-distributed profits. Government either obtains production tax or pays subsidies in participating directly or indirectly in the production processes. Results of primary distribution generate the total income from primary distribution of each sector, and the sum of the total income of primary distribution of all sectors make up the Gross National Income, or the Gross National Product.

Current Transfers

Transfer refers to the transaction in the form of provision of goods, services or assets by an institutional unit to another institutional unit without receiving any goods, services or assets in return from the recipient. Current transfers refer to all kinds of transfers other than capital transfers. They include income tax, payment to social securities, social allowances and other current transfers.

Total Disposable Income

Total income from primary distribution is re-distributed through current transfer, resulting in the total disposable income of various institutional sectors. The sum of total disposable income of all institutional sectors makes up the total national disposable income.

Total Savings

refer to total disposable income subtracting final consumption. Total savings of all sectors make up the total national savings.

Capital Transfer

refers to the free payment from one sector to another sector of non-financial investment capital, and is a transaction that seeks no return from the recipient. Capital transfer differs from current transfer in 2 aspects: 1) The purpose of the capital transfer is investment rather than consumption. 2) Capital transfer features the transfer of the ownership of assets other than inventory and cash, and capital transfer in its monetary form involves the disposal of assets other than inventory. Capital transfer includes investment subsidies and other capital transfers.

Net Financial Investment

reflects the surplus or shortage of capitals of institutional sectors or of the economy in general. It refers to total savings plus the income from capital transfer minus payment for capital transfer and the non-financial investment from the point of view of physical transaction. In terms of monetary transaction, it is the difference between the increases in financial assets minus the increases of the financial liabilities.

Currency

refers to currency that is in circulation in the market, including local and foreign currencies.

Deposits

refer to credit transactions by which financial institutions accept deposits from clients who could withdraw their deposit at any time or by an agreed time frame. They include demand deposit, time deposit, savings deposit, fiscal deposit, foreign exchange deposit and other deposits.

Loans

refer to credit transactions by which financial institutions lend their capital to clients at certain level of interest rates, which the latter will repay by an agreed time frame. They include short-term loan, medium- and long-term loan, fiscal loan, foreign exchange loan and other loans.

Securities (excluding shares)

refer to written certificates representing creditors' rights as purchased by bond holders or as acquired by selling products, which can be transacted at the financial markets. They include government bonds, financial bonds, corporation bonds, commercial drafts, preferential stocks that provide fixed income without the right to share the residual value of corporations, and so on.

Shares and Other Holding Rights

refer to the rights of stockholders and direct investors on the net assets of corporations they have invested in. Shares refer to negotiable securities on creditor's rights, issued by share companies certifying the investment by stockholders and their rights and duties in accordance with the amount of stocks that they hold. Other holding rights refer to the direct investment by institutional units in other units with currency capital or with assets, in forms other than shares and negotiable securities on creditor's rights, including such tangible assets such as land, buildings, machines and equipment, inventory, resources, etc., and such intangible assets as trade marks, patents, monopolies, rights on land use, licenses, commercial reputation, etc.. Documents of proof of holding rights usually include certificates on creditor's right, certificates on investment or on participation, etc.

Insurance Reserve Funds

consists of net equity of households in life insurance reserves and in pension funds reserves, prepayments of insurance premiums, and reserves for outstanding claims.

第 三 篇

Chapter 3

人 口

POPULATION

简要说明

一、本篇资料反映我省 2011 年及主要年份人口方面的基本情况，包括全省主要人口统计数据，主要指标有：总户数、总人口、家庭户规模、性别比、少年儿童系数、老年系数、老少比、文化程度状况、少年儿童抚养系数、老年抚养系数、总抚养系数、婚姻构成、就业者身份等。

二、本篇资料来源主要有以下三个方面：

1. 家庭户数据、人口性别比、人口受教育程度、抚养系数等资料是根据历年人口抽查调查和人口普查数据整理计算的。

2. 历史上六次人口普查资料，是根据历次人口普查资料整理的。

3. 户籍人口、非农业人口、农业人口，是根据省公安厅提供的 2011 年度户籍人口统计年报资料整理的。

三、本篇资料均由省统计局人口和社会科技统计处整理编制。

Brief Introduction

I. Data in this chapter show the basic conditions of Anhui's population in 2011, including the main data of population statistics of the whole province, such as family size, sex ratio, children ratio, the aged ratio, ratio of the aged to children, educational level, children dependency ratio, the aged dependency ratio, and total dependency ratio.

II. There are three main sources for Data published in this chapter.

1. Materials on Households, sex ratio, educational level and dependency ratio are tabulated according to the data of the population sample survey and census of the past years.

2. The historical data of the six population censuses are prepared in accordance with the previous population censuses.

3. Data of residence, non-agricultural and agricultural population are collected in accordance with the annual statistical report on residence population in 2011 by the Department of Public Security of the province.

III. Data in this chapter are prepared by the Population and Social Science Division, Anhui Statistical Bureau.

3—1 主要年份人口指标
Major Population Indicators Over The Years

年份 Year	户籍人口 Residence Populations 总数（万人）Total (10000 persons)	户籍人口 非农业人口比重（%）Proportion of Non-agricultural Populations (%)	常住人口 Permanent Populations 总数（万人）Total (10000 persons)	城镇人口比重（%）Proportion of Urban Populations (%)	出生率（‰）Birth Rate (‰)	死亡率（‰）Death Rate (‰)	自然增长率（‰）Natural Growth Rate (‰)	流向省外半年以上的人数（万人）Floating Out of This Province for More Than Half a Year (10000 persons)
1995	6000	17.40	5923	19.09	16.07	6.41	9.66	228
2000	6278	19.59	6093	28.00	13.40	5.76	7.64	433
2001	6325	19.87	6128	29.30	12.46	5.85	6.61	497
2002	6369	20.24	6144	30.70	11.20	5.17	6.03	567
2003	6410	20.57	6163	32.00	11.15	5.20	5.95	720
2004	6461	20.77	6228	33.50	11.62	5.50	6.12	630
2005	6516	20.99	6120	35.50	12.43	6.23	6.20	842
2006	6593	21.74	6110	37.10	12.60	6.30	6.30	934
2007	6676	21.98	6118	38.70	12.75	6.40	6.35	1005
2008	6741	22.23	6135	40.50	13.05	6.60	6.45	954
2009	6795	22.33	6131	42.10	13.07	6.60	6.47	992
2010	6827	22.71	5957	43.20	12.70	5.95	6.75	1038
2011	6876	22.93	5968	44.80	12.23	5.91	6.32	1199

注：1．户籍人口为公安户籍统计数，常住人口为人口普查或人口抽样调查推算数；
2．常住人口是指常住本地的人，不包括户籍人口中到省外半年以上的人口，包括外省来我省常住半年以上的人口；
3．以下各表除加以注明的外，均为常住人口数。

a) Residence population is taken from the annual reports of the Department of Public Security and permanent population is calculated from the Sample Survay of Population.
b) Permanent population refers to people inhabit local place, excluding those residence population that going out of this province for more than one year and including the population moving to this province from other province for more than one year.
c) Data in the following tables refer to permanent populations excluding those with notes.

3—2 主要年份人口系数
Ratio of Population Over the Years

单位：%

年份 Year	少年儿童系数 Ratio of Children	老年系数 Retio of the Aged	老少比 Ratio of the Aged to Children	少年儿童抚养系数 Chilren Dependency Ratio	老年抚养系数 The Aged Dependency Ratio	总抚养系数 Dependency Ratio	年龄中位数（岁）Median of Age (year)
1995	27.33	6.73	24.61	41.45	10.20	51.65	26.38
2000	25.49	7.59	29.79	38.10	11.35	49.44	30.38
2001	24.87	8.10	32.57	37.10	12.09	49.19	31.08
2002	24.36	8.50	34.89	36.28	12.65	48.93	32.22
2003	23.43	9.19	39.22	34.77	13.63	48.40	33.46
2004	22.82	9.30	40.75	33.63	13.69	47.32	34.16
2005	23.07	10.08	43.69	34.51	15.08	49.59	34.32
2006	21.48	10.16	47.30	31.42	14.86	46.28	35.04
2007	20.41	10.72	52.52	29.64	15.57	45.20	35.86
2008	19.81	11.15	56.28	28.70	16.15	44.85	36.25
2009	19.40	11.43	58.92	28.05	16.52	44.57	37.79
2010	17.77	10.23	57.57	24.68	14.21	38.89	36.36
2011	18.59	11.41	61.36	26.56	16.30	42.86	38.83

注：2000年、2010年为普查数据，其余年份为人口变动抽样调查数。

a) Data in 2000 and 2010 are taken from National Population Cansuses and data of other years were taken from the annual National Sample Surveys on Population Changes.

3—3 六次全省人口普查基本情况

Basic Statistics on National Population Census in 1953, 1964, 1982, 1990, 2000 and 2010

指标	Item	1953	1964	1982	1990	2000	2010
总人口 （万人）	**Total Population (10000 persons)**	**3066.3**	**3124.1**	**4966.6**	**5618.1**	**5900.0**	**5950.0**
男	Male	1610.7	1618.2	2576.4	2902.6	3043.8	3024.6
女	Female	1455.7	1506.0	2390.2	2715.5	2856.2	2925.5
育龄妇女 （15—49岁）	Women at Childbearing Age (Age 15-49)	705.4	741.2	1150.8	1498.8	1576.9	1702.8
总户数 （万户）	**Total Number of Households (10000 household)**	**713.2**	**765.2**	**1052.2**	**1337.7**	**1650.5**	**1932.2**
家庭户	Family Households			1047.1	1332.0	1631.4	1886.2
集体户	Non-family Households			5.1	5.6	19.2	46.0
家庭户规模 （人/户）	**Average Family Size (person/household)**	**4.3**	**4.1**	**4.6**	**4.1**	**3.5**	**3.0**
各年龄组人口 （万人）	**Population by Age (10000 persons)**						
0—6岁	Age 0-6	624.7	542.7	679.9	781.5	515.4	511.7
7—14岁	Age 7-14	481.0	657.6	1115.4	813.4	988.7	545.9
15—64岁	Age 15-64		1849.6	2968.5	3719.5	3948.0	4284.0
65岁以上	Age 65 and Over		74.2	202.8	303.7	448.0	608.5
劳动年龄人口	Population Within Working Age	1649.3	1657.6	2615.9	3336.7	3535.1	3725.1
男60岁、女55岁以上人口	Males Aged 60 and Females Aged 55 and Over			425.7	577.1	761.6	1072.7
民族人口 （万人）	**Nationality Population (10000 persons)**						
汉族	Han Nationality	3052.7	3108.6	4940.4	5585.7	5860.2	5910.5
少数民族	Minority Nationalities	13.6	15.5	26.2	32.4	39.8	39.6
15岁及以上人口 （万人）	**Marital Status of Population Aged 15 and Over (10000 persons)**			**3171.3**	**4023.2**	**4396.0**	**4892.4**
未婚	Unmarried			954.6	1112.5	964.2	951.2
有配偶	Married			1959.3	2641.9	3199.9	3582.5
丧偶	Widowed			237.2	247.7	177.1	310.3
离婚	Divorced			20.2	21.1	54.8	48.4
每十万人拥有受教育程度人口 （人）	**Population with Education Attainment Per 10000 from Population Censuses (person)**						
大专以上	Colleges and Over		258	408	883	2312	6733
高中	Senior Secondary School		1010	3977	5037	7653	10840
初中	Junior Secondary School		3861	14236	19970	32826	38604
小学	Primary School		19307	29716	34701	37362	27763
文盲人口及文盲率	**Illiterate Population and Illiterate Rate**						
文盲人口 （万人）	Illiterate Population (10000 persons)			1900.7	1381.8	602.2	484.4
文盲率 （%）	Illiterate Rate (%)			31.8	24.6	10.1	8.1
市镇乡人口 （万人）	**Population of Cities, Towns and Townships (10000 persons)**						
市	City	112.5	214.7	488.5	692.1	843.5	1218.3
镇	Town	153.8	146.7	219.7	310.3	733.2	1339.5
乡	Townships	2800.1	2762.7	4258.4	4615.7	4323.4	3392.3
人口平均预期寿命 （岁）	**Population Life Expectancy (age)**				**70.22**	**72.62**	**75.10**

3—4 各市主要人口指标（2011年）
Main Population Indicators by Region (2011)

地区	Region	户籍人口 Residence Populations 总数（万人）Total (10000 persons)	非农业人口比重（%）Proportion of Non-agricultural Populations (%)	常住人口 Permanent Populations 总数（万人）Total (10000 persons)	城镇人口比重（%）Proportion of Urban Populations (%)
总计	**Total**	**6875.87**	**22.93**	**5968**	**44.8**
合肥市	Hefei	706.13	36.80	752	64.6
淮北市	Huaibei	221.82	43.28	212	55.7
亳州市	Bozhou	604.22	11.04	488	31.3
宿州市	Suzhou	649.23	13.52	537	33.1
蚌埠市	Bengbu	365.45	28.19	318	46.6
阜阳市	Fuyang	1025.24	12.86	762	33.3
淮南市	Huainan	245.64	46.29	233	63.7
滁州市	Chuzhou	452.89	22.12	393	43.4
六安市	Luan	709.56	14.03	564	37.4
马鞍山市	Maanshan	228.61	35.67	219	59.4
芜湖市	Wuhu	385.36	42.55	357	56.3
宣城市	Xuancheng	279.39	18.14	255	45.0
铜陵市	Tongling	74.15	58.21	73	74.9
池州市	Chizhou	161.43	18.13	141	46.0
安庆市	Anqing	618.65	18.23	531	38.1
黄山市	Huangshan	148.11	24.75	135	42.8

注：本表常住人口总数及城镇人口比重为2011年人口抽样调查推算数。

a) The permanent populations and proportion of urban populations in this table are taken from the estimated number by the end of 2011.

3—5 各市户数、人口数和性别比（2011年）
Number of Households, Population, and Sex Ratio by Region (2011)

地区	Region	户数（万户）Number of Households (10000 household)	人口数（万人）Population (10000 persons)	男 Male	性别比（女=100）Sex Ratio (Female=100)
总计	**Total**	**2117.99**	**6875.87**	**3566.92**	**107.80**
合肥市	Hefei	228.62	706.13	366.50	107.91
淮北市	Huaibei	67.65	221.82	113.55	104.88
亳州市	Bozhou	173.22	604.22	316.66	110.12
宿州市	Suzhou	184.07	649.23	333.75	105.79
蚌埠市	Bengbu	108.85	365.45	189.13	107.27
阜阳市	Fuyang	288.22	1025.24	533.07	108.31
淮南市	Huainan	78.08	245.64	127.76	108.39
滁州市	Chuzhou	142.73	452.89	234.08	106.98
六安市	Luan	233.83	709.56	374.41	111.72
马鞍山市	Maanshan	73.62	228.61	118.10	106.88
芜湖市	Wuhu	127.06	385.36	199.23	107.03
宣城市	Xuancheng	96.63	279.39	144.69	107.42
铜陵市	Tongling	25.33	74.15	37.82	104.06
池州市	Chizhou	55.57	161.43	82.63	104.87
安庆市	Anqing	183.78	618.65	319.70	106.94
黄山市	Huangshan	50.76	148.11	75.84	104.95

注：本表为公安户籍年报统计数。

a) Data in this table are taken from the annual reports of Department of Puplis Security.

3—6 各市主要年份总人口文盲率
Illiteracy Ratio by Region in the Primary Years

单位：%

地区	Region	1990	1995	2000	2005	2010	2011
总计	**Total**	**24.60**	**14.09**	**10.06**	**11.74**	**8.14**	**7.34**
合肥市	Hefei	20.61	12.97	7.69	8.67	5.28	6.06
淮北市	Huaibei	21.82	12.20	8.42	7.59	6.54	7.17
亳州市	Bozhou	29.49	13.78	10.70	14.59	10.76	9.12
宿州市	Suzhou	24.43	16.34	10.28	11.32	8.64	9.18
蚌埠市	Bengbu	21.76	16.11	10.60	12.17	6.90	5.77
阜阳市	Fuyang	26.91	13.28	11.25	13.18	9.25	8.83
淮南市	Huainan	18.16	9.31	8.32	10.47	6.67	4.56
滁州市	Chuzhou	22.49	13.66	10.77	13.14	9.07	6.39
六安市	Luan	26.08	15.95	9.75	12.67	7.92	6.46
马鞍山市	Maanshan	19.99	8.76	8.87	7.94	5.24	5.38
芜湖市	Wuhu	24.25	12.27	10.81	10.45	5.87	6.11
宣城市	Xuancheng	19.74	13.29	8.88	14.47	9.46	8.85
铜陵市	Tongling	18.16	14.74	10.76	7.20	6.88	4.94
池州市	Chizhou	25.71	14.56	11.29	11.21	8.53	9.41
安庆市	Anqing	24.73	15.10	11.84	11.80	8.80	7.61
黄山市	Huangshan	17.00	10.69	8.35	8.26	6.25	5.46

3—7 各市15—49岁妇女活产和存活子女状况（2011年）
Live Births and Surviving Children of Women Aged 15-49 by Region（2011）

单位：人 (person)

地区	Region	15—49岁妇女人数 Number of Women Aged 15-49	活产子女人数 Number of Live Births	男 Male	女 Female	存活子女人数 Number of Surviving Children	男 Male	女 Female	妇女平均活产子女数 Average Number of Live Births per Women	妇女平均存活子女数 Average Number of Surviving Children per Women
总计	**Total**	**70104**	**80589**	**43522**	**37067**	**79917**	**43170**	**36747**	**1.15**	**1.14**
合肥市	Hefei	6737	6785	3741	3044	6715	3711	3004	1.01	1.00
淮北市	Huaibei	3415	3870	2067	1803	3848	2059	1789	1.13	1.13
亳州市	Bozhou	4741	6436	3551	2885	6371	3518	2853	1.36	1.34
宿州市	Suzhou	6621	8868	4886	3982	8832	4858	3974	1.34	1.33
蚌埠市	Bengbu	4204	4828	2594	2234	4805	2584	2221	1.15	1.14
阜阳市	Fuyang	6107	8391	4505	3886	8356	4484	3872	1.37	1.37
淮南市	Huainan	2295	2498	1381	1117	2485	1374	1111	1.09	1.08
滁州市	Chuzhou	6449	7167	3877	3290	7125	3859	3266	1.11	1.10
六安市	Luan	6127	6992	3888	3104	6897	3842	3055	1.14	1.13
马鞍山市	Maanshan	2092	2134	1102	1032	2116	1093	1023	1.02	1.01
芜湖市	Wuhu	3102	3190	1744	1446	3159	1725	1434	1.03	1.02
宣城市	Xuancheng	4458	4602	2338	2264	4562	2318	2244	1.03	1.02
铜陵市	Tongling	1133	993	496	497	988	492	496	0.88	0.87
池州市	Chizhou	2148	2283	1162	1121	2267	1152	1115	1.06	1.06
安庆市	Anqing	7577	8569	4648	3921	8435	4572	3863	1.13	1.11
黄山市	Huangshan	2898	2983	1542	1441	2956	1529	1427	1.03	1.02

注：本表及3—9、3—13、3—14为2011年人口变动抽样调查实际调查样本汇总数。

a) This form and 3-9,3-13,3-14 are actual survey sample total of population changing sample survey in 2011.

3—8 各市人均受教育年限
The average number of years of Education by Region

单位：年（year）

地　区	Region	2010年人均受教育年限 The average number of years of Education 1n 2010			2011年人均受教育年限 The average number of years of Education 1n 2011		
		合　计 Total	男 Male	女 Female	合　计 Total	男 Male	女 Female
总　计	**Total**	**8.12**	**8.70**	**7.52**	**8.24**	**8.76**	**7.71**
合肥市	Hefei	9.34	9.90	8.73	9.19	9.68	8.68
淮北市	Huaibei	8.56	8.98	8.13	8.66	8.92	8.33
亳州市	Bozhou	7.32	7.93	6.71	7.61	8.17	7.05
宿州市	Suzhou	7.96	8.50	7.43	7.86	8.36	7.37
蚌埠市	Bengbu	8.30	8.74	7.86	8.73	9.12	8.33
阜阳市	Fuyang	7.48	8.08	6.92	7.81	8.37	7.26
淮南市	Huainan	8.71	9.13	8.27	8.86	9.19	8.51
滁州市	Chuzhou	7.78	8.48	7.08	8.40	8.97	7.80
六安市	Luan	7.83	8.32	7.34	7.94	8.35	7.53
马鞍山市	Maanshan	8.27	8.95	7.55	8.88	9.50	8.27
芜湖市	Wuhu	8.44	9.01	7.84	8.52	9.09	7.94
宣城市	Xuancheng	7.78	8.28	7.25	7.94	8.41	7.46
铜陵市	Tongling	8.91	9.55	8.25	9.25	9.80	8.71
池州市	Chizhou	7.91	8.57	7.25	7.70	8.27	7.13
安庆市	Anqing	7.91	8.67	7.15	8.14	8.82	7.49
黄山市	Huangshan	8.28	8.88	7.65	8.25	8.77	7.73

注：2010年为普查数据，2011年为人口变动抽样调查推算数。
a) Data in 2010 is census data, Data in 2011 is estimated data of population changing sample survey.

3—9 按年龄和性别分人口构成（2011年）
Population by Age and Sex (2011)

年　龄 Age	人口数（人） Population (person)			占总人口比重（%） Percentage to Total Population (%)			性别比（女=100） Sex Ratio (female=100)
	合　计 Total	男 Male	女 Female	合　计 Total	男 Male	女 Female	
总　计 Total	**252638**	**127402**	**125236**	**100.00**	**100.00**	**100.00**	**101.73**
0—4	15701	8726	6975	6.21	6.85	5.57	125.10
5—9	15651	8785	6866	6.20	6.90	5.48	127.95
10—14	15616	8578	7038	6.18	6.73	5.62	121.88
15—19	17647	9298	8349	6.99	7.30	6.67	111.37
20—24	17237	8076	9161	6.82	6.34	7.31	88.16
25—29	14067	6617	7450	5.57	5.19	5.95	88.82
30—34	15488	7403	8085	6.13	5.81	6.46	91.56
35—39	20706	10131	10575	8.20	7.95	8.44	95.80
40—44	26813	13051	13762	10.61	10.24	10.99	94.83
45—49	24951	12229	12722	9.88	9.60	10.16	96.12
50—54	9924	5037	4887	3.93	3.95	3.90	103.07
55—59	16457	8314	8143	6.51	6.53	6.50	102.10
60—64	13560	6969	6591	5.37	5.47	5.26	105.74
65+	28820	14188	14632	11.41	11.14	11.68	96.97

3—10 各市常住人口基本情况（2011年）
Basic Conditions of Population by Region (2011)

地　区	Region	家庭户人口占总人口比重（%） Proportion of Family Members to the Total Population (%)	人口性别比（女=100） Sex Ratio (female=100)	外出半年以上人员性别比（女=100） Sex Ratio of Persons Having Gone out for More Than A Half Year (female=100)	农林牧渔业人口占在业人口比重（%） Proprtion of Farming, Forestry, Husbandary and Fishery People to the Total (%)	其他行业人口占在业人口比重（%） Proportion of People in Other Sectors to the Total (%)
总　计	**Total**	**98.03**	**101.73**	**126.28**	**40.97**	**59.03**
合 肥 市	Hefei	96.76	104.71	127.02	25.10	74.90
淮 北 市	Huaibei	97.13	97.65	144.55	30.59	69.41
亳 州 市	Bozhou	99.74	101.73	127.75	49.84	50.16
宿 州 市	Suzhou	99.27	99.91	138.72	56.83	43.17
蚌 埠 市	Bengbu	99.24	102.29	122.97	38.82	61.18
阜 阳 市	Fuyang	99.61	100.98	121.38	50.76	49.24
淮 南 市	Huainan	99.99	105.53	139.15	34.17	65.83
滁 州 市	Chuzhou	95.82	105.62	122.79	38.07	61.93
六 安 市	Luan	99.31	102.83	133.20	54.80	45.20
马鞍山市	Maanshan	99.44	99.62	121.03	27.38	72.62
芜 湖 市	Wuhu	97.28	104.02	114.80	26.38	73.62
宣 城 市	Xuancheng	98.65	102.16	118.79	37.74	62.26
铜 陵 市	Tongling	99.61	97.63	102.39	15.00	85.00
池 州 市	Chizhou	94.45	99.26	125.95	35.87	64.13
安 庆 市	Anqing	96.56	98.63	129.42	41.14	58.86
黄 山 市	Huangshan	95.73	101.26	116.14	40.69	59.31

注：本表及3—11、3—12、3—19、3—20、3—21、3—22、3—23、3—24、3—25为2011年人口抽样调查样本推算数。
a) This form and 3-11、3-12、3-19、3-20、3-21、3-22、3-23、3-24、3-25 are computative data of population sample survey in 2011.

3—11 各市按家庭户规模分的户数构成（2011年）
Composition of Households by Size of Household and Region (2011)

单位：%

地　区	Region	家庭户规模（人/户） Size of Family Household (person/household)	一人户 One Person	二人户 Two Persons	三人户 Three Persons	四人户 Four Persons	五人户 Five Persons	六人及六人以上户 Six Persons and Over
总　计	**Total**	**2.94**	**13.63**	**27.13**	**29.32**	**17.59**	**7.91**	**4.42**
合 肥 市	Hefei	2.82	14.46	25.97	34.96	15.87	6.05	2.69
淮 北 市	Huaibei	3.06	10.89	25.90	29.97	19.55	8.52	5.16
亳 州 市	Bozhou	3.15	12.87	24.13	24.50	21.91	9.51	7.08
宿 州 市	Suzhou	3.23	10.46	24.58	23.86	23.48	10.86	6.76
蚌 埠 市	Bengbu	3.01	11.62	27.40	30.51	17.03	8.08	5.37
阜 阳 市	Fuyang	2.92	16.00	27.44	24.90	18.59	7.85	5.23
淮 南 市	Huainan	2.98	12.39	24.96	32.66	17.94	7.32	4.73
滁 州 市	Chuzhou	3.03	11.13	26.94	29.72	18.11	9.39	4.73
六 安 市	Luan	2.87	15.38	28.04	27.31	17.85	7.10	4.32
马鞍山市	Maanshan	2.80	14.67	29.12	31.36	14.81	7.12	2.93
芜 湖 市	Wuhu	2.78	13.56	28.67	34.71	14.72	5.78	2.56
宣 城 市	Xuancheng	2.82	14.02	29.19	31.73	14.81	7.28	2.97
铜 陵 市	Tongling	2.72	10.69	31.08	40.56	11.05	5.70	0.93
池 州 市	Chizhou	2.79	14.24	30.22	30.55	15.13	6.75	3.10
安 庆 市	Anqing	2.84	15.46	27.55	29.55	16.48	7.38	3.57
黄 山 市	Huangshan	2.86	16.27	28.48	27.74	13.94	8.96	4.61

3—12 各市人口年龄结构（2011年）
Age Composition of Population by Region (2011)

单位：%

地区 Region	总人口（万人）Total Population (10000 persons)	年龄构成 Proportion to Total Populations 0—14岁 Age 0-14	15—64岁 Age 15-64	15—59岁 Age 15-59	65岁及以上 Age 65 and Over	抚养比 Dependency Ratio 总抚养比 Gross Dependency Ratio	少儿抚养比 Children Dependency Ratio	老年抚养比 The Aged Dependency Ratio
总　计 Total	**5967.74**	**18.59**	**70.00**	**64.63**	**11.41**	**42.85**	**26.56**	**16.30**
合肥市 Hefei	752.08	16.89	72.69	67.94	10.42	37.57	23.23	14.34
淮北市 Huaibei	211.54	17.37	71.37	66.68	11.26	40.12	24.34	15.78
亳州市 Bozhou	488.01	25.24	64.79	59.71	9.98	54.35	38.95	15.40
宿州市 Suzhou	536.61	21.19	68.28	63.61	10.52	46.45	31.04	15.41
蚌埠市 Bengbu	317.63	18.85	69.70	65.30	11.45	43.47	27.04	16.43
阜阳市 Fuyang	761.92	24.83	63.64	57.87	11.53	57.13	39.02	18.11
淮南市 Huainan	233.08	18.56	70.99	67.28	10.45	40.87	26.15	14.72
滁州市 Chuzhou	393.13	16.27	72.85	68.01	10.88	37.26	22.33	14.94
六安市 Luan	563.56	19.66	68.01	61.95	12.33	47.04	28.91	18.13
马鞍山市 Maanshan	218.77	15.09	71.14	64.41	13.78	40.58	21.21	19.37
芜湖市 Wuhu	356.63	15.34	72.86	67.04	11.79	37.24	21.06	16.18
宣城市 Xuancheng	254.74	14.01	73.77	67.81	12.22	35.56	19.00	16.56
铜陵市 Tongling	73.13	13.22	76.64	70.79	10.15	30.48	17.24	13.24
池州市 Chizhou	141.39	16.37	70.80	64.34	12.83	41.24	23.12	18.12
安庆市 Anqing	530.60	17.79	70.26	64.43	11.95	42.32	25.32	17.00
黄山市 Huangshan	134.91	12.94	74.77	68.49	12.30	33.75	17.30	16.45

3—13 各市按性别分的15岁及以上文盲人口（2011年）
Illiterate Population Aged 15 and Over by Sex and Region (2011)

地区 Region	15岁及以上人口（人）Population Aged 15 and Over (person)	男 Male	女 Female	文盲人口（人）Illiterate Population (person)	男 Male	女 Female	文盲人口占15岁及以上人口的比重 Percentage of Illiterate Population to Total Aged 15 and Over (%)	男 Male	女 Female
总　计 Total	**205670**	**101313**	**104357**	**18536**	**4986**	**13550**	**9.01**	**4.92**	**12.98**
合肥市 Hefei	18956	9480	9476	1381	363	1018	7.29	3.83	10.74
淮北市 Huaibei	9232	4397	4835	801	264	537	8.68	6.00	11.11
亳州市 Bozhou	13669	6610	7059	1668	459	1209	12.20	6.94	17.13
宿州市 Suzhou	18457	8932	9525	2149	604	1545	11.64	6.76	16.22
蚌埠市 Bengbu	12130	6026	6104	863	260	603	7.11	4.31	9.88
阜阳市 Fuyang	18098	8714	9384	2127	572	1555	11.75	6.56	16.57
淮南市 Huainan	6593	3300	3293	369	108	261	5.60	3.27	7.93
滁州市 Chuzhou	19108	9684	9424	1459	352	1107	7.64	3.63	11.75
六安市 Luan	18573	9115	9458	1493	479	1014	8.04	5.26	10.72
马鞍山市 Maanshan	6619	3256	3363	419	88	331	6.33	2.70	9.84
芜湖市 Wuhu	9197	4601	4596	664	138	526	7.22	3.00	11.44
宣城市 Xuancheng	13830	7016	6814	1423	414	1009	10.29	5.90	14.81
铜陵市 Tongling	3336	1634	1702	190	32	158	5.70	1.96	9.28
池州市 Chizhou	6722	3333	3389	756	218	538	11.25	6.54	15.87
安庆市 Anqing	21996	10634	11362	2035	502	1533	9.25	4.72	13.49
黄山市 Huangshan	9154	4581	4573	574	133	441	6.27	2.90	9.64

3—14 各市每十万人口拥有受教育程度人口（2011年）

Population by Educational Level and Region Per 100 Thousand Persons (2011)

单位：人（person）

地 区	Region	大专及以上 College and Higher Level	高中和中专 Senior Secondary School	初 中 Junior Secondary School	小 学 Primary School
总 计	**Total**	**6376**	**11855**	**38062**	**28414**
合 肥 市	Hefei	13062	15543	35919	22217
淮 北 市	Huaibei	6695	13264	43892	20532
亳 州 市	Bozhou	3511	7685	38331	29246
宿 州 市	Suzhou	2656	10234	43871	24469
蚌 埠 市	Bengbu	7593	14899	39393	23991
阜 阳 市	Fuyang	4295	8622	39241	28712
淮 南 市	Huainan	7473	14662	42750	21826
滁 州 市	Chuzhou	7051	12897	38817	28659
六 安 市	Luan	4498	9732	37372	33462
马鞍山市	Maanshan	8801	14907	35754	29211
芜 湖 市	Wuhu	9352	13881	33505	30330
宣 城 市	Xuancheng	4744	9363	37385	33524
铜 陵 市	Tongling	9625	23699	34469	22529
池 州 市	Chizhou	4852	9828	35332	33329
安 庆 市	Anqing	7000	12861	32045	33619
黄 山 市	Huangshan	5669	10662	40964	31387

3—15 各市2010—2011学年小学初中入学率状况

Percentage of Children Enrolled in Primary Schools and Junior Secondary Schools by Region (2010-2011)

单位：%

地 区	Region	初中净入学率 Net Enrollment Ratio of Junior Secondary Schools		小学净入学率 Net Enrollment Ratio of Primary Schools		初中辍学率 Percent of Junior Middle Schoolchildren Quitting Their Studies	小学辍学率 Percent of Primary Schoolchildren Quitting Their Studies
		小 计 Total	#女 Female	小 计 Total	#女 Female		
总 计	**Total**	**99.06**	**99.08**	**99.78**	**99.79**	**0.85**	**0.22**
合 肥 市	Hefei	100.00	100.00	100.00	100.00	0.16	-0.01
淮 北 市	Huaibei	99.61	99.63	100.00	100.00	0.46	-0.41
亳 州 市	Bozhou	97.49	97.42	99.49	99.46	1.81	0.70
宿 州 市	Suzhou	99.71	99.87	99.91	99.77	1.51	0.32
蚌 埠 市	Bengbu	99.80	99.76	99.93	99.93	0.49	0.07
阜 阳 市	Fuyang	98.35	98.61	99.50	99.68	1.61	0.41
淮 南 市	Huainan	99.89	99.78	99.82	99.85	0.46	0.18
滁 州 市	Chuzhou	99.01	99.01	99.73	99.52	0.94	0.13
六 安 市	Luan	97.35	97.16	99.67	99.66	0.37	-0.01
马鞍山市	Maanshan	99.76	99.81	100.00	100.00	0.65	0.01
芜 湖 市	Wuhu	100.00	100.00	100.00	100.00	0.12	-0.36
宣 城 市	Xuancheng	99.80	99.82	100.00	100.00	0.19	0.08
铜 陵 市	Tongling	100.00	100.00	100.00	100.00	0.01	0.00
池 州 市	Chizhou	99.73	99.76	99.91	99.91	0.25	0.00
安 庆 市	Anqing	99.85	99.86	100.00	100.00	0.90	0.67
黄 山 市	Huangshan	99.45	99.16	99.77	99.82	0.42	0.05

3—16 各市婚姻人口构成（2011年）
Composition of Marriage Status by Region (2011)

单位：%

地　区	Region	15岁及15岁以上的人口合计（人） Total Population Aged 15 and Over (person)	未　婚 Never Married	有配偶 With Spouses	离　婚 Divorced	丧　偶 Widowed
总　计	**Total**	**205670**	**17.12**	**75.16**	**1.16**	**6.55**
合肥市	Hefei	18956	18.47	75.64	1.12	4.76
淮北市	Huaibei	9232	20.66	72.60	1.22	5.52
亳州市	Bozhou	13669	17.18	74.81	1.02	6.99
宿州市	Suzhou	18457	18.33	74.85	0.78	6.04
蚌埠市	Bengbu	12130	17.16	75.42	1.69	5.73
阜阳市	Fuyang	18098	17.78	74.37	0.72	7.13
淮南市	Huainan	6593	17.55	74.56	1.97	5.92
滁州市	Chuzhou	19108	16.24	76.80	1.21	5.75
六安市	Luan	18573	16.35	75.50	0.77	7.39
马鞍山市	Maanshan	6619	15.79	75.10	1.93	7.18
芜湖市	Wuhu	9197	16.82	75.41	1.42	6.35
宣城市	Xuancheng	13830	14.54	76.95	1.63	6.88
铜陵市	Tongling	3336	14.54	77.34	2.49	5.64
池州市	Chizhou	6722	13.94	76.99	1.07	8.00
安庆市	Anqing	21996	18.09	73.25	0.72	7.94
黄山市	Huangshan	9154	16.09	74.98	1.61	7.32

注：本表15岁及以上人口为2011年人口变动抽样调查实际调查数。
a) This form and Population aged 15 and over are the actual survey data of population changing sample survey in 2011.

3—17 全省育龄妇女分年龄孩次的生育率（2011年）
Fertility Rate of Women At Childbearing Age by Age and Children's Order (2011)

单位：‰

年　龄 Age	生育率 Fertility-rate	第一孩生育率 The First Child	第二孩生育率 The Second Child	第三孩及以上生育率 The Third Child and Over
总　计 Total	**29.23**	**20.54**	**7.88**	**0.80**
15-19	**117.38**	**108.88**	**7.43**	**1.08**
20-24	**127.50**	**94.53**	**31.55**	**1.42**
20	210.18	178.45	30.40	1.32
21	126.10	101.71	22.83	1.56
22	118.70	85.79	31.92	1.00
23	110.12	70.08	38.38	1.67
24	89.16	53.18	34.41	1.56
25-29	**73.69**	**33.02**	**37.99**	**2.68**
25	96.18	52.40	40.07	3.70
26	71.33	33.97	33.29	4.08
27	77.24	30.08	45.80	1.37
28	68.57	27.14	37.86	3.57
29	52.91	19.42	32.82	0.67
30-34	**27.58**	**7.17**	**17.44**	**2.97**
30	41.22	12.16	27.03	2.03
31	30.42	7.45	19.86	3.10
32	29.64	9.48	17.78	2.37
33	21.31	4.14	12.43	4.74
34	16.69	3.09	11.12	2.47
35-39	**7.28**	**1.99**	**3.88**	**1.42**
40-44	**1.45**	**0.94**	**0.36**	**0.15**
45-49	**0.16**	**0.16**		

注：本表中的生育率为2011年人口抽样调查样本推算数。
a) The fertility rate of this table are computative data of population sample survey in 2011.

3—18 各市主要年份妇女平均初婚年龄
Women's Average Age At Their First Marriage in Major Years by Region

单位：岁（age）

地 区	Region	1995	2000	2005	2010	2011
总 计	**Total**	**22.72**	**22.61**	**23.37**	**21.56**	**23.36**
合 肥 市	Hefei	23.06	23.10	23.98	22.36	24.42
淮 北 市	Huaibei	22.99	22.58	23.67	21.58	22.18
亳 州 市	Bozhou	21.17	21.90	22.75	20.98	21.97
宿 州 市	Suzhou	22.55	22.32	23.34	21.35	23.25
蚌 埠 市	Bengbu	23.01	22.07	23.50	21.70	22.64
阜 阳 市	Fuyang	21.31	22.17	22.90	21.40	22.83
淮 南 市	Huainan	23.38	22.98	23.41	21.89	23.14
滁 州 市	Chuzhou	23.00	22.54	23.02	21.55	23.76
六 安 市	Luan	22.46	22.29	23.34	21.34	22.47
马鞍山市	Maanshan	22.82	23.05	23.86	22.11	25.03
芜 湖 市	Wuhu	22.87	23.21	23.87	21.93	24.35
宣 城 市	Xuancheng	22.05	22.80	23.85	21.48	23.58
铜 陵 市	Tongling	23.20	23.84	24.96	22.43	24.67
池 州 市	Chizhou	22.68	22.68	23.39	21.56	23.95
安 庆 市	Anqing	22.02	22.24	23.32	21.22	23.91
黄 山 市	Huangshan	22.76	23.13	23.46	21.72	23.63

3—19 各市按行业分的在业人口比例（2011年）
The Proportion of Employment Population by Industry by Region (2011)

单位：%

地 区	Region	合 计（人）Total (person)	农、林、牧、渔业 Farming, Forestry, Animal Husbandry and Fishery	工 业 Industry	建 筑 业 Construction	交通运输、仓 储 及 邮电通讯业 Transport, Storage, Post & Telecommunications	批发零售、贸易餐饮业 Wholesale and Retail, Catering Trade	其 他 Other
总 计	**Total**	**146158**	**40.97**	**11.11**	**8.81**	**4.49**	**13.56**	**21.05**
合 肥 市	Hefei	13225	25.10	10.28	9.38	8.35	19.42	27.48
淮 北 市	Huaibei	5629	30.59	19.28	12.68	3.22	11.23	23.01
亳 州 市	Bozhou	10046	49.84	4.55	8.90	3.14	15.73	17.85
宿 州 市	Suzhou	13638	56.83	7.92	9.21	2.79	9.56	13.68
蚌 埠 市	Bengbu	8525	38.82	12.57	6.42	5.98	15.28	20.93
阜 阳 市	Fuyang	13821	50.76	7.16	11.33	4.17	14.85	11.74
淮 南 市	Huainan	4205	34.17	22.81	7.37	5.33	14.84	15.48
滁 州 市	Chuzhou	13899	38.07	17.63	9.84	4.24	12.81	17.40
六 安 市	Luan	13304	54.80	7.14	7.40	5.00	9.65	16.01
马鞍山市	Maanshan	4325	27.38	23.38	9.71	5.29	16.44	17.80
芜 湖 市	Wuhu	6684	26.38	18.46	8.92	6.36	16.82	23.07
宣 城 市	Xuancheng	9857	37.74	10.24	5.96	4.15	10.59	31.33
铜 陵 市	Tongling	2254	15.00	34.92	4.35	6.21	14.51	25.02
池 州 市	Chizhou	4541	35.87	10.20	11.16	4.34	17.71	20.72
安 庆 市	Anqing	15235	41.14	5.74	5.77	2.68	10.85	33.82
黄 山 市	Huangshan	6970	40.69	6.64	13.10	3.08	14.82	21.66

3—20　各市未工作人口按寻找工作方式分的比例（2011年）

Proportion of Unemployed Persons by Their Types of Seeking Job by Region (2011)

单位：%

地　区	Region	合　计（人）Total (person)	在职业介绍机构求职 Looking for a Job in Employment Agencies	委托亲友找工作 Looking for a job Commissioned by Friends and Relatives	应答或刊登广告 Response or to Advertise	下岗等待安置 Be laid-off and Waiting for the Placement	为自己经营做准备 To Prepare Business by Themselves	其他方式 Others	未找工作 No Looking for a job
总　计	**Total**	**1321**	**11.88**	**25.28**	**1.59**	**3.86**	**8.33**	**16.20**	**32.85**
合肥市	Hefei	124	14.52	30.65	4.03	3.23	10.48	11.29	25.81
淮北市	Huaibei	53	7.55	16.98		5.66	9.43	22.64	37.74
亳州市	Bozhou	55	20.00	20.00		1.82	9.09	7.27	41.82
宿州市	Suzhou	105	7.62	17.14		2.86	6.67	36.19	29.52
蚌埠市	Bengbu	84	9.52	26.19		5.95	8.33	22.62	27.38
阜阳市	Fuyang	89	6.74	21.35	2.25	5.62	10.11	14.61	39.33
淮南市	Huainan	74	13.51	47.30	2.70	2.70	10.81	4.05	18.92
滁州市	Chuzhou	170	8.82	24.12	2.35	4.71	11.18	11.18	37.65
六安市	Luan	54	7.41	22.22			11.11	24.07	35.19
马鞍山市	Maanshan	37	16.22	27.03	2.70		2.70	21.62	29.73
芜湖市	Wuhu	143	18.18	25.17		0.70	2.80	17.48	35.66
宣城市	Xuancheng	107	5.61	24.30	1.87	5.61	6.54	11.21	44.86
铜陵市	Tongling	59	20.34	30.51	3.39	1.69		23.73	20.34
池州市	Chizhou	33	12.12	15.15		3.03	18.18	9.09	42.42
安庆市	Anqing	66	19.70	19.70	1.52	3.03	13.64	10.61	31.82
黄山市	Huangshan	68	8.82	30.88	2.94	13.24	5.88	14.71	23.53

3—21　各市外出半年以上人口比重、性别比及流向（2011年）

Proportion, Sexual Distinction and Floating Direction of Persons Going Out for More Than Half a Year by Region (2011)

单位：%

地　区	Region	占总人口比重（%）Percentage to Total Population (%)	外出人口性别比（女=100）Sexual Distinction of Persons Going Out (Female=100)	外出流向构成 Composition of Floating Directions			
				本县其他乡镇街道 Other Villages, Towns or Neighbourhoods in This County	本市其他县区 Other Counties or Districts in This City	本省其他市 Other Cities in This Province	外省 Other Provinces
总　计	**Total**	**31.35**	**126.28**	**16.77**	**6.19**	**8.27**	**68.77**
合肥市	Hefei	22.87	127.02	25.80	28.24	7.39	38.57
淮北市	Huaibei	18.67	144.55	16.59	7.81	14.62	60.98
亳州市	Bozhou	35.38	127.75	7.84	0.99	8.68	82.49
宿州市	Suzhou	20.11	138.72	11.89	1.40	8.68	78.03
蚌埠市	Bengbu	25.72	122.97	8.96	8.93	7.86	74.24
阜阳市	Fuyang	53.03	121.38	8.29	3.14	4.60	83.97
淮南市	Huainan	37.72	139.15	57.35	9.60	8.75	24.30
滁州市	Chuzhou	24.54	122.79	27.02	7.26	8.27	57.45
六安市	Luan	41.41	133.20	8.12	1.61	10.46	79.80
马鞍山市	Maanshan	29.80	121.03	17.18	9.15	8.89	64.78
芜湖市	Wuhu	32.07	114.80	16.71	8.88	7.45	66.96
宣城市	Xuancheng	24.32	118.79	29.69	4.58	7.88	57.84
铜陵市	Tongling	19.85	102.39	33.77	19.45	17.48	29.30
池州市	Chizhou	28.93	125.95	18.57	2.67	11.16	67.60
安庆市	Anqing	37.16	129.42	15.45	3.19	9.03	72.33
黄山市	Huangshan	29.81	116.14	22.78	10.27	6.59	60.35

3—22 各市流向省外半年以上的流动人口构成（2011年）
Composition of Persons Floating Out of the Province for More Than Half a Year by Region (2011)

单位：%

地 区	Region	合 计（人） Total (person)	江 苏 Jiangsu	浙 江 Zhejiang	上 海 Shanghai	广 东 Guangdong	北 京 Beijing	福 建 Fujian	山 东 Shandong
总 计	**Total**	**54382**	**26.34**	**27.53**	**21.80**	**5.62**	**4.24**	**2.11**	**2.09**
合 肥 市	Hefei	1993	30.11	15.05	33.17	4.42	5.72	0.85	2.21
淮 北 市	Huaibei	1272	25.35	31.97	16.93	7.95	1.42	2.20	2.83
亳 州 市	Bozhou	5334	26.36	34.51	14.08	7.93	3.30	1.33	1.29
宿 州 市	Suzhou	3675	43.53	29.54	8.79	5.96	2.07	0.90	1.85
蚌 埠 市	Bengbu	2851	20.17	34.41	32.69	3.75	1.30	3.58	0.74
阜 阳 市	Fuyang	10720	13.42	35.03	13.79	9.96	5.18	1.60	3.98
淮 南 市	Huainan	742	17.25	28.71	29.11	5.53	1.35	5.39	0.67
滁 州 市	Chuzhou	3215	54.60	19.54	16.09	2.36	1.06	1.71	1.15
六 安 市	Luan	7634	37.58	15.95	39.97	1.76	1.30	0.52	0.45
马鞍山市	Maanshan	1501	42.11	6.20	13.12	2.60	19.59	0.73	3.46
芜 湖 市	Wuhu	2329	25.98	9.10	30.44	1.98	17.52	4.59	1.12
宣 城 市	Xuancheng	2260	22.92	28.94	37.08	3.72	1.77	0.84	0.62
铜 陵 市	Tongling	223	21.08	19.28	24.22	13.45	5.83	1.35	1.35
池 州 市	Chizhou	1569	20.08	32.19	17.08	4.46	6.25	4.33	2.10
安 庆 市	Anqing	7178	18.76	24.67	19.53	6.43	4.36	5.12	3.12
黄 山 市	Huangshan	1886	8.75	67.02	12.83	3.66	0.95	0.90	2.28

地 区	Region	天 津 Tianjin	湖 北 Hubei	河 北 Hebei	辽 宁 Liaoning	河 南 Henan	新 疆 Xinjiang	陕 西 Shanxi	流向其他省市 Floating to Other Provinces or Cities
总 计	**Total**	**1.11**	**0.70**	**0.81**	**1.04**	**1.13**	**0.76**	**0.38**	**4.34**
合 肥 市	Hefei	0.60	1.15	0.25	0.30	0.35	0.55	0.25	5.02
淮 北 市	Huaibei	0.39		0.71	0.31	4.96	0.16	1.26	3.54
亳 州 市	Bozhou	0.69	0.34	1.56	0.47	1.48	0.97	0.32	5.36
宿 州 市	Suzhou	0.54	0.25	0.22	0.05	1.25	0.68	0.87	3.48
蚌 埠 市	Bengbu	0.04	0.32	0.11	0.21	0.35	0.32	0.04	2.00
阜 阳 市	Fuyang	2.30	0.56	1.84	2.45	2.17	2.07	0.46	5.19
淮 南 市	Huainan	0.13	0.94	1.75	2.56	0.94	1.48	0.27	3.91
滁 州 市	Chuzhou	0.31	0.40	0.16	0.50	0.34	0.09	0.03	1.65
六 安 市	Luan	0.18	0.18	0.17	0.10	0.20	0.04	0.12	1.48
马鞍山市	Maanshan	0.67	2.20	0.73	0.20	0.73	0.67	1.07	5.93
芜 湖 市	Wuhu	2.53	0.52	1.25	0.26	0.90		0.39	3.43
宣 城 市	Xuancheng	0.35	0.31		0.18	0.35	0.09	0.31	2.52
铜 陵 市	Tongling	1.35	1.79	0.90		0.90	0.45	1.35	6.73
池 州 市	Chizhou	1.66	0.57	0.57	3.00	0.25	1.91	0.32	5.23
安 庆 市	Anqing	2.02	2.17	0.77	2.13	1.27	0.42	0.47	8.75
黄 山 市	Huangshan	0.21	0.37	0.05	0.16	0.27	0.11	0.11	2.33

3—23　各市省内跨市外出半年以上的流动人口构成（2011年）
Composition of Floating Population From City to City in the Province by Region (2011)

单位：%

地　区　Region	合　计（人）Total (person)	合 肥 市 Hefei	淮 北 市 Huaibei	亳 州 市 Bozhou	宿 州 市 Suzhou	蚌 埠 市 Bengbu	阜 阳 市 Fuyang	淮 南 市 Huainan
总　计　Total	6544	**48.95**	**3.79**	**0.99**	**2.54**	**4.74**	**3.03**	**5.72**
合 肥 市　Hefei	382		2.88	1.31	0.79	12.57	2.88	7.59
淮 北 市　Huaibei	305	21.64		5.57	36.72	5.57	7.54	9.18
亳 州 市　Bozhou	561	36.01	9.98		0.71	8.91	17.11	5.17
宿 州 市　Suzhou	409	49.88	16.87	0.24		5.87	1.22	2.93
蚌 埠 市　Bengbu	302	54.64	5.30		6.29		1.66	10.26
阜 阳 市　Fuyang	587	42.76	11.07	5.28	1.19	4.09		10.56
淮 南 市　Huainan	267	69.66	3.37		1.12	5.62	3.00	
滁 州 市　Chuzhou	463	63.50	0.43	0.22	0.86	9.94	1.30	6.70
六 安 市　Luan	1001	73.73	0.90	0.10	0.60	4.90	0.80	9.39
马鞍山市　Maanshan	206	37.38	0.97		0.49	1.46	2.43	0.49
芜 湖 市　Wuhu	259	47.49	0.39	1.54	0.39	2.32	1.54	1.16
宣 城 市　Xuancheng	308	39.29	0.32		0.32	2.92	0.65	0.97
铜 陵 市　Tongling	133	46.62		0.75		0.75		1.50
池 州 市　Chizhou	259	40.54			0.77	0.77	1.54	
安 庆 市　Anqing	896	58.48	0.67	0.22	0.22	1.45	2.12	4.58
黄 山 市　Huangshan	206	41.26	0.49	0.97	0.49	1.46	0.97	3.88

地　区　Region	滁 州 市 Chuzhou	六 安 市 Luan	马鞍山市 Maanshan	芜 湖 市 Wuhu	宣 城 市 Xuancheng	铜 陵 市 Tongling	池 州 市 Chizhou	安 庆 市 Anqing	黄 山 市 Huangshan
总　计　Total	**2.22**	**2.20**	**3.90**	**11.66**	**1.30**	**2.52**	**1.15**	**3.39**	**1.93**
合 肥 市　Hefei	6.28	13.61	6.81	25.39	0.79	4.71	2.09	5.76	6.54
淮 北 市　Huaibei	0.66	0.98	1.97	7.87	0.33	0.33		0.66	0.98
亳 州 市　Bozhou	1.60	3.92	6.60	8.73	0.18	0.36	0.36	0.18	0.18
宿 州 市　Suzhou	5.87	2.20	4.40	6.36		1.22	0.49	1.96	0.49
蚌 埠 市　Bengbu	8.61	0.33	1.99	6.95	0.33	0.66	0.66	0.99	1.32
阜 阳 市　Fuyang	3.24	2.73	2.21	10.73	0.51	2.73	0.17	2.56	0.17
淮 南 市　Huainan	3.37	2.62	0.37	5.24	1.12	1.87		2.62	
滁 州 市　Chuzhou		0.65	5.18	5.18	0.86	0.22	0.86	3.24	0.86
六 安 市　Luan	0.70		1.40	4.50	0.40	0.50	0.30	1.00	0.80
马鞍山市　Maanshan	1.46	0.49		44.17	3.40	0.97	1.46	1.46	3.40
芜 湖 市　Wuhu	3.09	1.16	13.90		9.27	12.36	0.77	2.70	1.93
宣 城 市　Xuancheng	0.65	1.62	5.19	29.55		5.84	0.32	2.92	9.42
铜 陵 市　Tongling		0.75	3.01	19.55	0.75		5.26	16.54	4.51
池 州 市　Chizhou	1.93	3.47	1.54	9.65	3.47	1.93		31.27	3.09
安 庆 市　Anqing	0.45	0.89	4.46	14.73	0.89	5.02	3.24		2.57
黄 山 市　Huangshan	1.46	1.94	4.85	16.99	7.77	3.88	5.34	8.25	

3—24 全省外出半年以上人口分年龄构成（2011年）

Composition of Population Going out More Than Half a Year in the Whole Province (2011)

单位：%

年龄 Age	合计 Total	男 Male	女 Female	性别比 (女=100) Sex Ratio (Female=100)
总计 Total	**100.00**	**55.81**	**44.19**	**126.28**
0-4	**2.74**	**1.61**	**1.14**	**141.49**
5-9	**3.10**	**1.81**	**1.29**	**140.08**
10-14	**2.83**	**1.61**	**1.22**	**132.16**
15-19	**9.46**	**5.20**	**4.26**	**121.91**
15岁	0.89	0.51	0.38	132.57
16岁	1.38	0.77	0.61	126.71
17岁	1.71	0.93	0.78	120.33
18岁	2.38	1.30	1.08	120.84
19岁	3.09	1.68	1.42	118.64
20-24	**18.70**	**9.69**	**9.01**	**107.61**
20岁	3.65	1.94	1.72	112.95
21岁	4.38	2.20	2.18	100.75
22岁	3.91	1.99	1.92	104.02
23岁	3.54	1.86	1.67	111.32
24岁	3.22	1.70	1.52	111.88
25-29	**11.93**	**6.42**	**5.51**	**116.54**
25岁	2.77	1.45	1.32	109.36
26岁	2.43	1.30	1.13	115.44
27岁	2.25	1.22	1.03	119.21
28岁	2.17	1.19	0.98	120.67
29岁	2.32	1.27	1.05	120.29
30-34	**10.72**	**6.00**	**4.72**	**127.28**
30岁	2.12	1.16	0.96	120.82
31岁	2.17	1.24	0.93	132.48
32岁	2.17	1.22	0.95	128.89
33岁	2.34	1.29	1.05	123.49
34岁	1.92	1.09	0.83	131.81
35-39	**11.59**	**6.69**	**4.90**	**136.63**
35岁	2.25	1.31	0.94	140.49
36岁	2.14	1.21	0.93	130.39
37岁	2.21	1.24	0.97	127.70
38岁	2.43	1.39	1.04	134.14
39岁	2.55	1.53	1.02	149.81
40-44	**12.33**	**6.94**	**5.39**	**128.72**
40岁	2.56	1.43	1.13	126.99
41岁	2.75	1.58	1.17	134.88
42岁	2.44	1.36	1.08	126.11
43岁	2.50	1.41	1.09	128.84
44岁	2.08	1.16	0.92	125.93
45-49	**8.48**	**5.01**	**3.47**	**144.13**
45岁	2.09	1.20	0.89	135.14
46岁	1.88	1.11	0.77	143.54
47岁	1.54	0.90	0.64	140.75
48岁	1.69	1.02	0.67	152.26
49岁	1.28	0.78	0.50	154.39
50-54	**2.24**	**1.41**	**0.82**	**171.63**
50岁	0.52	0.31	0.21	151.53
51岁	0.33	0.20	0.13	150.00
52岁	0.33	0.21	0.12	171.58
53岁	0.51	0.34	0.16	210.85
54岁	0.55	0.35	0.20	174.84
55-59	**2.42**	**1.48**	**0.94**	**157.58**
60-64	**1.44**	**0.83**	**0.61**	**137.08**
65+	**2.01**	**1.10**	**0.91**	**120.30**

3—25 各市按外出时间分的外出人口比例（2011年）
Proportion of Persons Going Out by Time and Region (2011)

单位：%

地　区	Region	合　计（人）Total (person)	半年以下 6Month and Under	半年至一年 6Month —1Year	一至五年 1—5 Year	五年以上 5 Year and Over
总　计	**Total**	**96120**	**17.72**	**45.97**	**26.30**	**10.02**
合肥市	Hefei	6221	16.86	40.03	27.67	15.43
淮北市	Huaibei	2907	28.24	40.87	19.47	11.42
亳州市	Bozhou	8024	19.42	48.60	24.09	7.89
宿州市	Suzhou	6840	31.14	44.25	20.07	4.53
蚌埠市	Bengbu	4235	9.33	35.21	37.92	17.54
阜阳市	Fuyang	14593	12.52	49.64	30.38	7.46
淮南市	Huainan	3172	3.75	11.60	58.70	25.95
滁州市	Chuzhou	6731	16.86	41.14	30.99	11.01
六安市	Luan	10960	12.72	46.85	31.75	8.68
马鞍山市	Maanshan	2513	7.80	55.55	21.25	15.40
芜湖市	Wuhu	4082	14.80	46.18	26.38	12.64
宣城市	Xuancheng	5294	26.20	37.57	27.26	8.97
铜陵市	Tongling	901	15.54	25.97	38.40	20.09
池州市	Chizhou	3356	30.84	49.46	14.15	5.54
安庆市	Anqing	12635	21.46	60.46	12.92	5.16
黄山市	Huangshan	3656	14.52	48.30	19.39	17.78

3—26 历年全省总人口、总户数
Total Populations and Households of the Province Over the Years

单位：万户、万人 (10000 households、10000 persons)

年份 Year	总户数 Total Number of Households	总人口 Population 合计 Total	男 Male	女 Female	性别比(女=100) Sex Ratio (Female=100)	非农业人口 Non-agricultural Population	农业人口 Agriculturl Population
1978	1018	4713	2439	2274	107.27	504	4209
1980	1051	4893	2530	2363	107.10	556	4337
1985	1174	5156	2683	2473	108.46	724	4432
1990	1445	5661	2934	2727	107.57	843	4818
1995	1551	6000	3116	2884	108.08	1044	4956
1996	1569	6054	3144	2910	108.03	1086	4968
1997	1592	6109	3171	2938	107.92	1125	4984
1998	1608	6152	3191	2961	107.74	1166	4986
1999	1632	6205	3219	2986	107.81	1204	5001
2000	1656	6278	3258	3020	107.87	1230	5048
2001	1684	6325	3283	3042	107.91	1257	5068
2002	1710	6369	3307	3062	108.00	1289	5080
2003	1755	6410	3333	3077	108.32	1319	5091
2004	1795	6461	3359	3102	108.28	1342	5119
2005	1849	6516	3388	3127	108.34	1368	5148
2006	1899	6593	3429	3164	108.38	1433	5160
2007	1949	6676	3469	3206	108.20	1467	5208
2008	2000	6741	3503	3238	108.16	1498	5243
2009	2041	6795	3528	3266	108.02	1517	5277
2010	2093	6827	3543	3283	107.92	1550	5276
2011	2118	6876	3567	3309	107.80	1577	5299

注：本表为公安户籍年报统计数。
a) Data in this table are taken from the annual reports of the Department of Puplis Security.

3—27 各市、县、区户数、人口数（2011年）

Total Number of Households and Population by City, County and Region (2011)

单位：人（person）

地 区	Region	总户数（户）Total Number of Households (household)	总人口数 Population	男 Male	女 Female	性别比（女=100）Sex Ratio (Female=100)	非农业人口 Non-agricultural Population
总 计	**Total**	**21179940**	**68758711**	**35669179**	**33089532**	**107.80**	**15767488**
合肥市	**Hefei**	**2286225**	**7061288**	**3664982**	**3396306**	**107.91**	**2598578**
市辖区	Region of City	703557	2183371	1128121	1055250	106.91	1817964
瑶海区	Yaohai District	199696	579721	295956	283765	104.30	452758
庐阳区	Luyang District	142902	464932	238152	226780	105.01	431675
蜀山区	Shushan District	197438	645787	333096	312691	106.53	573138
包河区	Baohe District	163521	492931	260917	232014	112.46	360393
巢湖市	Chaohu	323041	895907	461058	434849	106.03	238814
长丰县	Changfeng	248460	773667	401911	371756	108.11	102879
肥东县	Feidong	349748	1083910	569137	514773	110.56	137882
肥西县	Feixi	293665	938647	488883	449764	108.70	138995
庐江县	Lujiang	367754	1185786	615872	569914	108.06	162044
淮北市	**Huaibei**	**676464**	**2218164**	**1135486**	**1082678**	**104.88**	**960132**
市辖区	Region of City	355246	1106522	565994	540528	104.71	802695
杜集区	Duji District	116901	341834	174427	167407	104.19	280627
相山区	Xiangshan District	125267	409778	207400	202378	102.48	335312
烈山区	Lieshan District	113078	354910	184167	170743	107.86	186756
濉溪县	Suixi	321218	1111642	569492	542150	105.04	157437
亳州市	**Bozhou**	**1732155**	**6042222**	**3166604**	**2875618**	**110.12**	**667216**
谯城区	Qiaocheng District	519547	1638176	847954	790222	107.31	218468
涡阳县	Guoyang	362453	1502191	785960	716231	109.74	157429
蒙城县	Mengcheng	373049	1323978	697042	626936	111.18	157188
利辛县	Lixin	477106	1577877	835648	742229	112.59	134131
宿州市	**Suzhou**	**1840677**	**6492323**	**3337474**	**3154849**	**105.79**	**878041**
埇桥区	Yongqiao District	575400	1879256	968360	910896	106.31	419990
砀山县	Dangshan	287289	997282	509633	487649	104.51	138615
萧 县	Xiaoxian	408686	1436430	736915	699515	105.35	148303
灵璧县	Lingbi	316516	1243175	642365	600810	106.92	94921
泗 县	Sixian	252786	936180	480201	455979	105.31	76212
蚌埠市	**Bengbu**	**1088515**	**3654470**	**1891310**	**1763160**	**107.27**	**1030372**
市辖区	Region of City	312886	927073	468572	458501	102.20	661368
龙子湖区	Longzihu District	79480	229172	115790	113382	102.12	171360
蚌山区	Bengshang District	92193	278580	139158	139422	99.81	253499
禹会区	Yuhui District	83532	241643	123075	118568	103.80	191192
淮上区	Huaishang District	57681	177678	90549	87129	103.93	45317
怀远县	Huaiyuan	379054	1363284	714680	648604	110.19	187295
五河县	Wuhe	214297	732197	380552	351645	108.22	89744
固镇县	Guzhen	182278	631916	327506	304410	107.59	91965

注：本表为公安户籍年报统计数。

a) Data in this table are taken from the annual reports of Department of Puplis Security.

3—27 续表1 continued

单位：人（person）

地　区	Region	总户数（户）Total Number of Households (household)	总人口数 Population	男 Male	女 Female	性别比（女=100）Sex Ratio (Female=100)	非农业人口 Non-agricultural Population
阜阳市	**Fuyang**	**2882161**	**10252388**	**5330662**	**4921726**	**108.31**	**1318422**
市辖区	Region of City	578406	2069550	1068563	1000987	106.75	507748
颍州区	Yingzhou District	215844	741233	377291	363942	103.67	266280
颍东区	Yingdong District	168624	647629	338651	308978	109.60	131535
颍泉区	Yingquan District	195651	712266	369074	343192	107.54	121163
临泉县	Linquan	589776	2230188	1147404	1082784	105.97	155611
太和县	Taihe	540100	1730646	909758	820888	110.83	160411
阜南县	Funan	459505	1679419	873950	805469	108.50	133223
颍上县	Yingshang	480856	1719007	904570	814437	111.07	199350
界首市	Jieshou	231805	792000	409964	382036	107.31	150849
淮南市	**Huainan**	**780811**	**2456407**	**1277646**	**1178761**	**108.39**	**1137185**
市辖区	Region of City	529432	1687585	871051	816534	106.68	972970
大通区	Datong District	68936	188102	95808	92294	103.81	77004
田家庵区	Tianjaan District	168995	544063	280300	263763	106.27	433293
谢家集区	Xiejiaji District	107752	335434	171254	164180	104.31	230491
八公山区	Bagongshan District	55330	169402	86551	82851	104.47	143134
潘集区	Panji District	128419	450584	237138	213446	111.10	89048
凤台县	Fengtai	251379	768822	406595	362227	112.25	164215
滁州市	**Chuzhou**	**1427266**	**4528940**	**2340801**	**2188139**	**106.98**	**1001770**
市辖区	Region of City	198003	538975	272561	266414	102.31	261908
琅琊区	Langya District	104611	279093	139828	139265	100.40	204338
南谯区	Nanqiao District	93392	259882	132733	127149	104.39	57570
来安县	Laian	165619	501992	257551	244441	105.36	82480
全椒县	Quanjiao	161029	467196	240584	226612	106.17	114129
定远县	Dingyuan	271445	975648	516894	458754	112.67	140712
凤阳县	Fengyang	219633	760194	398475	361719	110.16	109490
天长市	Tianchang	194931	634956	320863	314093	102.16	169157
明光市	Mingguang	216606	649979	333873	316106	105.62	123894
六安市	**Luan**	**2338318**	**7095610**	**3744133**	**3351477**	**111.72**	**995173**
市辖区	Region of City	639376	1874013	986694	887319	111.20	344269
金安区	Jinan District	301401	869604	453198	416406	108.84	191720
裕安区	Yuan District	337975	1004409	533496	470913	113.29	152549
寿　县	Shouxian	442631	1375462	729426	646036	112.91	167858
霍邱县	Huoqiu	611564	1812435	959132	853303	112.40	217545
舒城县	Shucheng	318248	1000236	519861	480375	108.22	126066
金寨县	Jinzhai	208208	667074	358624	308450	116.27	84824
霍山县	Huoshan	118291	366390	190396	175994	108.18	54611
马鞍山市	**Maanshan**	**736240**	**2286059**	**1181044**	**1105015**	**106.88**	**815326**
市辖区	Region of City	208712	639031	323937	315094	102.81	532588
金家庄区	Jinjiazhuang District	35651	105992	53877	52115	103.38	88522
花山区	Huashan District	87243	268981	135032	133949	100.81	241893
雨山区	Yushan District	85818	264058	135028	129030	104.65	202173
当涂县	Dangtu	203494	655717	339006	316711	107.04	113296
含山县	Hanshan	153794	446816	233083	213733	109.05	84262
和　县	Hexian	170240	544495	285018	259477	109.84	85180
芜湖市	**Wuhu**	**1270610**	**3853585**	**1992253**	**1861332**	**107.03**	**1639871**
市辖区	Region of City	425870	1240895	635937	604958	105.12	1240895
镜湖区	Jinghu District	162530	468406	237400	231006	102.77	468406

3—27 续表2 continued

单位：人（person）

地　区	Region	总户数（户）Total Number of Households (household)	总人口数 Population	男 Male	女 Female	性别比（女=100）Sex Ratio (Female=100)	非农业人口 Non-agricultural Population
弋江区	Yijiang District	78341	225061	114008	111053	102.66	225061
鸠江区	Jiujiang District	124372	360043	187693	172350	108.90	360043
三山区	Sanshang District	60627	187385	96836	90549	106.94	187385
芜湖县	Wuhu	117686	348070	180500	167570	107.72	64113
繁昌县	Fanchang	100899	280008	143898	136110	105.72	71470
南陵县	Nanling	187734	555442	286254	269188	106.34	83065
无为县	Wuwei	438421	1429170	745664	683506	109.09	180328
宣城市	**Xuancheng**	**966262**	**2793893**	**1446921**	**1346972**	**107.42**	**506894**
宣州区	Xuanzhou District	300507	865870	445607	420263	106.03	170318
郎溪县	Langxi	111393	342350	177260	165090	107.37	58460
广德县	Guangde	167220	514697	268886	245811	109.39	64033
泾　县	Jingxian	132188	355626	185330	170296	108.83	71443
绩溪县	Jixi	69002	177245	91494	85751	106.70	37009
旌德县	Jingde	46542	150575	78010	72565	107.50	24884
宁国市	Ningguo	139410	387530	200334	187196	107.02	80747
铜陵市	**Tongling**	**253272**	**741537**	**378151**	**363386**	**104.06**	**431661**
市辖区	Region of City	148107	448371	228283	220088	103.72	388001
铜官山区	Tongguanshan District	87156	272400	138675	133725	103.70	272336
狮子山区	Shizishan District	34301	99364	51416	47948	107.23	67895
郊　区	Suburban District	26650	76607	38192	38415	99.42	47770
铜陵县	Tongling	105165	293166	149868	143298	104.58	43660
池州市	**Chizhou**	**555653**	**1614259**	**826315**	**787944**	**104.87**	**292725**
贵池区	Guichi District	239406	667493	341099	326394	104.51	146126
东至县	Dongzhi	185607	548001	280008	267993	104.48	74106
石台县	Shitai	35008	108856	56292	52564	107.09	21973
青阳县	Qingyang	95632	289909	148916	140993	105.62	50520
安庆市	**Anqing**	**1837753**	**6186477**	**3196980**	**2989497**	**106.94**	**1127494**
市辖区	Region of City	257549	735024	368507	366517	100.54	464818
迎江区	Yingjiang District	75660	208604	104530	104074	100.44	171869
大观区	Daguan District	92876	272495	136628	135867	100.56	207821
宜秀区	Yixiu District	89013	253925	127349	126576	100.61	85128
怀宁县	Huaining	205332	696559	359281	337278	106.52	82543
枞阳县	Zongyang	285682	970584	502301	468283	107.26	112414
潜山县	Qianshan	164192	587107	302462	284645	106.26	60750
太湖县	Taihu	168030	568724	296844	271880	109.18	67704
宿松县	Susong	247878	836922	445194	391728	113.65	107836
望江县	Wangjiang	177508	632077	324644	307433	105.60	66304
岳西县	Yuexi	120492	404018	212397	191621	110.84	46555
桐城市	Tongcheng	211090	755462	385350	370112	104.12	118570
黄山市	**Huangshan**	**507558**	**1481089**	**758417**	**722672**	**104.95**	**366628**
市辖区	Region of City	150011	439223	222384	216839	102.56	203103
屯溪区	Tunxi District	58058	175382	86884	88498	98.18	136976
黄山区	Huangshan District	57425	162818	83645	79173	105.65	39259
徽州区	Huizhou District	34528	101023	51855	49168	105.46	26868
歙　县	Shexian	173893	482937	249957	232980	107.29	64943
休宁县	Xiuning	86806	275521	140906	134615	104.67	38328
黟　县	Yixian	35408	95505	48898	46607	104.92	20395
祁门县	Qimen	61440	187903	96272	91631	105.06	39859

主要统计指标解释

人口数

指一定时点、一定地区范围内的有生命的个人的总和。

常住人口

是指具有中华人民共和国国籍并在中华人民共和国境内常住的人。

（1）居住本乡、镇、街道，户口在本乡、镇、街道的人；

（2）居住本乡、镇、街道半年以上，户口在外乡、镇、街道的人；

（3）在本乡、镇、街道居住不满半年，离开户口登记地半年以上的人；

（4）居住本乡、镇、街道，户口待定的人；

（5）原住本乡、镇、街道，现在国外工作学习，暂无户口的人；

常住户口在本乡、镇、街道，但已离开本乡、镇、街道半年以上的人，在户口所在地只登记人数，不计入户口所在地的常住人口数内。

总人口文盲率

15 岁及以上不识字人数与总人口数的比例。

出生率（又称粗出生率）

指在一定时期内（通常为一年）平均每千人所出生的人数的比率，一般用千分率表示。

计算公式为：

出生率＝年出生人数/年平均人数×1000‰

式中：出生人数指活产婴儿，即胎儿脱离母体时（不含怀孕月数），有过呼吸或其他生命现象。年平均人数指年初、年底人口数的平均数，也可用年中人口数代替。

死亡率（又称粗死亡率）

指在一定时期内（通常为一年）一定地区的死亡人数与同期平均人数（或期中人数）之比，一般用千分率表示。

计算公式为：

死亡率＝年死亡人数/年平均人数×1000‰

人口自然增长率

指在一定时期内（通常为一年）人口自然增加数（出生人数减死亡人数）与该时期内平均人数（或期中人数）之比，一般用千分率表示。

计算公式为：

人口自然增长率＝（年出生人数－年死亡人数）/年平均人数×1000‰

＝人口出生率－人口死亡率

在业人口（又称就业人口）

指十五周岁及十五周岁以上人口中从事一定的社会劳动并取得劳动报酬或经营收入的人口。

未工作人口

指十五周岁及十五周岁以上人口中未从事社会劳动的人口，包括在校学生、料理家务、待升学、失去工作、离退休、退职、丧失劳动能力等非在业人口。

抚养系数

指被抚养人口（0-14 岁和 65 岁以上人口）与 15-64 岁人口的比例。

计算公式为：

抚养系数＝被抚养人口/15-64 岁人口×100%

老年抚养系数

指老年人口（65 岁以上人口）与 15-64 岁人口的比例。

计算公式为：

老年抚养系数＝老年人口/15-64 岁人口×100%

少年儿童抚养系数

指 0-14 岁少年儿童与 15-64 岁人口的比例。

计算公式为：

少年儿童抚养系数＝少年儿童人口/15-64 岁人口×100%

Explanatory Notes for Major Statistical Indicators

Total Population

refers to the total number of people alive at a certain point of time within a given area.

Permanent Population

refers to the persons who hold the nationality of, and have permanent residing place in the People's Republic of China.

a) Those who reside in the townships, towns and street communities and have their permanent household registration there.

b) Those who have resided in the townships, towns and street communities for more than 6 months but the places of their permanent household registration are elsewhere.

c) Those who have resided in the townships, towns and street communities for less than 6 months but have been away from the place of their permanent household registration for more than 6 months.

d) Those who live in the townships, towns and street communities while the places of their household registration have not yet settled.

e) Those who used to live in the townships, towns and street communities but are working or studying abroad and have no permanent household registration for the time being.

Those who have their permanent household registration in the townships, towns and street communities but have been away from these places for more than 6 months are only registered as total population not counted as permanent population of the places of their household registration.

Total Population Illiterate Ratio

refers to the ratio of the number of illiterate people aged 15 and over to total population.

Birth Rate or (Crude Birth Rate)

refers to the ratio of the number of births to the average population during a certain period of time (usually a year) which is often expressed in‰. The following formula is used:

Birth Rate=Number of Births/Average Number of Population×1000‰

Number of births refers to live births i.e. the births when babies had showed any vital phenomena regardless of the length of pregnancy.

Annual Average Number of Population is the average of the number of population at the beginning of the year and that at the end of the year. Sometimes it is substituted for with the mid year population.

Death Rate (or Crude Death Rate)

refers to the ratio of the number of deaths to the average population (or mid year population) during a certain period of time (usually a year) which is often expressed in‰. The following formula is used:

Death Rate umber of Deaths=Number of Deaths/Annual Average Number of Population×1000‰

Natural Growth Rate of Population

refers to the ratio of natural increase in population (number of births minus number of deaths) in a certain period of time (usually a year) to the average population (or mid year population) of the same period which is often expressed in‰. The following formulas are applied:

Natural Growth of Population=(Number of Births-Number of Deaths)/Average Number of Population×1000‰

Natural Growth Rate of Population=Birth Rate-Death Rate

Employed Population

refers to population aged 15 or over engaging in social labour which generates income.

Not Working Population

refers to population aged 15 or over not engaging in any social labour which generates income, including students enrolled in schools, house wives, students waiting for entering schools with higher level, persons losing their jobs, retirees, job quitters, disabled, etc.

Total Dependency Ratio

refers to the ratio of number of dependents to the total population aged 15-64, the number of dependents being population aged 0-14 and population aged 65 and over. The total dependency ratio is calculated as follows:

Total Dependency Ratio=Number of dependents/Population aged 15-64×100%

The Aged Dependency Ratio

refers to the ratio of the number of the aged population to the total population aged 15-64, the aged being population aged 65 and over. The aged dependency ratio is calculated as follows:

The Aged Dependency Ratio=Number of the aged population/Population aged 15-64×100%

The Juvenile and Children Dependency Ratio

refers to the ratio of the number of the juvenile and children to the total population aged 15-64, the juvenile and children being population aged 0-14. The juvenile and children dependency ratio is calculated as follows:

The Juvenile and Children Dependency Ratio=Number of juvenile and children/Population aged 15-64×100%

第四篇

Chapter 4

就业人员和职工工资

EMPLOYMENT AND WAGES

简要说明

一、本篇资料反映我省 2011 年及主要年份劳动经济方面的基本情况，包括全省和 16 个市的主要劳动统计数据。主要指标有：就业人员、私营和个体就业人员、城镇登记失业人员及失业率、单位就业人员、在岗职工、单位就业人员增减变动情况、职工工资总额和职工平均工资等。

二、本篇资料来源主要有四个方面：

1. 职工人数、工资总额、平均工资及单位就业人员增减变动情况，是根据《2011 年度全省劳动统计年报》汇总整理提供的。

2. 私营企业和个体就业人员，是根据省工商局提供的资料整理的。

3. 城镇登记失业人数、城镇登记失业数、新就业人数、城镇登记失业率，是根据省人力资源和社会保障厅提供的资料整理的。

4. 就业基本情况是根据全省劳动统计年报、全省 2011 年人口变动抽样调查资料、省统计局农业统计年报、省工商统计年报、省乡镇企业统计年报等综合编制的。

三、1998 年及以后城镇单位就业人员、职工工资、工资总额、平均工资等指标中不再包括离开本单位仍保留劳动关系职工及其生活费。

四、本篇资料均由省统计局人口和社会科技统计处整理编制。

Brief Introduction

I. Data in this chapter show the basic conditions of Anhui's labor economy in 2011 and the mainly previous years, including the main data of labor statistics of the whole province and 16 prefectures such as number of the employed persons, number of persons employed in the urban private enterprises and self-employment, registered urban unemployed persons and unemployment rate, number of employment in units, number of other employed persons, number of staff and workers, number of on-post staff and workers, increase and decrease in the number of the employed persons, total wages and average wages of the staff and workers.

II. There are four main sources for Data published in this chapter.

1. Data on number of staff and workers, total wages and average wages of the staff and workers and increase and decrease in the number of the employed persons are tabulated and provided in accordance with “the Annual Labor statistical Report of Anhui Province in 2011”.

2. Data on the number of person employed in private enterprises and self-employed persons are tabulated in accordance with the data supplied by the Provincial Administration for Industry and Commerce.

3. Data on newly employed registered unemployees in urban area, registered urban unemployed persons and unemployment rate and employment services and situations in employment services of labor departments are tabulated in accordance with data supplied by the Department of Labor and Social Insurance.

4. Data on persons employed are provided in accordance with the Provincial Annual Labour Statistical Report, Sample Survey of population changes in 2011, annual agricultural statistical report of Anhui Statistical Bureau, annual statistical report of industry and commerce and annual statistical report of township and village enterprises.

III. The scope of statistics on employed person in urban areas, total number of staff and workers, total wage bills, average wages do not include the persons who had left their working units and while keeping their labour contract/employment relation unchanged since 1998.

Ⅳ. Data in this chapter are prepared by the Population and Social Science Division, Anhui Statistical Bureau.

4—1 就 业 基 本 情 况
Basic Conditions of Employment

单位：万人（10000 persons）

项　　目	Item	1995	2000	2005	2010	2011
经济活动人口	**Economically Active Population**		**3530.9**	**3712.8**	**4096.8**	**4177.8**
就业人员合计	**Total Number of Employed Persons**	**3206.9**	**3450.7**	**3669.7**	**4050.0**	**4120.9**
第一产业	Primary Industry	1945.3	2018.9	1783.3	1583.6	1598.9
第二产业	Secondary Industry	574.6	584.8	783.9	1016.5	1038.5
第三产业	Tertiary Industry	687.0	847.0	1102.4	1449.9	1483.5
就业人员构成（合计=100）	**Composition of Employed Persons (total=100)**					
第一产业	Primary Industry	60.7	58.5	48.6	39.1	38.8
第二产业	Secondary Industry	17.9	16.9	21.4	25.1	25.2
第三产业	Tertiary Industry	21.4	24.6	30.0	35.8	36.0
按城乡分就业人员	**Number of Employed Persons by Urban and Rural Areas**					
城镇就业人员	Urban Employed Persons	614.7	652.9	730.5	973.5	1038.3
#国有单位	State-owned Units	380.1	314.8	208.7	206.0	219.0
城镇集体单位	Urban Collective Owned Units	126.3	91.2	30.8	17.9	18.3
股份合作单位	Share Holding Units		8.4	3.9	4.7	5.2
联营单位	Joint Owned Units	0.7	1.2	0.8	0.8	1.1
有限责任公司	Limited Liability Corporations		38.0	52.3	80.0	94.0
股份有限公司	Share-holding Corporations Ltd.		20.2	24.8	37.7	43.6
私营企业	Private Enterprises	10.1	37.6	86.5	133.3	165.0
港澳台商投资单位	Units Funded by Entrepreneurs from Hong Kong, Macao & Taiwan	2.8	2.3	3.7	7.0	8.3
外商投资单位	Foreign Funded Units	3.8	3.8	6.7	14.7	16.7
个　　体	Self-employed Individuals	81.9	134.8	123.6	264.1	255.1
乡村就业人员	Rural Employed Persons	2592.2	2797.7	2939.0	3076.5	3082.6
#私营企业	Private Enterprises		27.6	79.2	105.9	105.7
个　　体	Self-employed Individuals		201.6	143.3	67.5	72.7
全部职工人数	**Number of Staff and Workers**	**502.8**	**470.0**	**317.4**	**372.9**	**411.6**
国有单位	State-owned Units	363.7	307.8	199.2	206.0	219.0
城镇集体单位	Urban Collective Owned Units	123.1	89.1	28.2	17.9	18.3
其他单位	Units of Other Types of Ownership	16.0	73.1	90.1	149.1	174.2
城镇单位女性就业人员	**Number of Female Employment in Urban Units**		**143.0**	**112.4**	**121.3**	**131.4**
城镇登记失业人数	**Number of Registered Unemployed Persons in Urban Areas**	**29.9**	**31.6**	**27.8**	**28.5**	**36.9**
城镇登记失业率　（%）	**Registered Unemployment Rate in Urban Areas (%)**	**3.1**	**3.3**	**4.4**	**3.7**	**3.7**

注：全社会就业人员总计、城镇和乡村就业人员小计资料根据有关部门资料进行了调整，因此分市、分类型、分行业的资料相加不等于总计。（下同）

a) Data on the total employed persons and the sub-total of employed persons in urban and rural areas have been adjusted in accordance with the data of related departments. As a result, the sum of the data by city, by ownership or by sector is not equal to the total. The same as in the following tables.

4—2 主要年份分行业就业人员数
Number of Employed Persons by Industry In Main Year

单位：万人（10000 persons）

行业	Sector	2005	2010	2011
总计	**Total**	**3669.7**	**4050.0**	**4120.9**
农、林、牧、渔业	Farming, Forestry, Animal Husbandry and Fishery	1783.3	1583.6	1598.9
采矿业	Mining and Quarrying	59.9	71.2	69.8
制造业	Manufacturing	393.8	527.6	547.4
电力、燃气及水的生产和供应业	Production and Supply of Electricity Gas and Water	10.6	10.5	10.7
建筑业	Construction	319.6	407.3	410.6
交通运输、仓储和邮政业	Transport, Storage and Postal Services	133.8	168.8	171.7
信息传输、计算机服务和软件业	Information Circulation, Computer Services and Software	16.0	27.8	28.3
批发和零售业	Wholesale and Retail Trade	304.1	467.2	481.5
住宿和餐饮业	Accommodation and Catering Trade	108.9	150.5	176.5
金融业	Banking	11.9	15.1	21.7
房地产业	Real Estate	16.7	25.8	26.3
租赁和商务服务业	Leasing and Commercial Services	16.3	25.2	37.3
科学研究、技术服务和地质勘查业	Scientific Research, Technical Services and Geological Prospecting	6.4	8.3	8.5
水利、环境和公共设施管理业	Water Conservancy, Environmental and Public Facilities Management	13.5	30.6	31.1
居民服务和其他服务业	Resident Services and Other Services	319.6	345.4	312.2
教育	Education	63.8	67.6	68.7
卫生、社会保障和社会福利业	Health, Social Securities and Social Welfare	21.9	31.8	32.4
文化、体育和娱乐业	Culture, Sports and Entertainment	18.6	29.4	30.0
公共管理和社会组织	Public Management and Social Organizations	51.0	56.4	57.3

4—3 各市按三次产业分的就业人员数（2011年）
Number of Employed Persons by Type of Industry and Region (2011)

地区	Region	就业人员（万人）Total (10000 persons)	第一产业 Primary Industry	第二产业 Secondary Industry	第三产业 Tertiary Industry	构成（合计=100）Composition in Percentage (total=100) 第一产业 Primary Industry	第二产业 Secondary Industry	第三产业 Tertiary Industry
总计	**Total**	**4120.9**	**1598.9**	**1038.5**	**1483.5**	**38.8**	**25.2**	**36.0**
合肥市	Hefei	476.2	115.3	156.8	204.2	24.2	32.9	42.9
淮北市	Huaibei	113.0	39.5	38.7	34.8	35.0	34.2	30.8
亳州市	Bozhou	322.9	148.0	69.2	105.7	45.8	21.4	32.7
宿州市	Suzhou	368.4	171.1	95.4	101.9	46.4	25.9	27.7
蚌埠市	Bengbu	226.0	97.1	48.7	80.2	43.0	21.5	35.5
阜阳市	Fuyang	602.8	259.3	203.1	140.3	43.0	33.7	23.3
淮南市	Huainan	136.8	28.4	57.0	51.4	20.8	41.7	37.6
滁州市	Chuzhou	270.4	107.5	87.6	75.3	39.8	32.4	27.8
六安市	Luan	399.5	218.5	79.7	101.3	54.7	19.9	25.4
马鞍山市	Maanshan	122.0	38.7	41.4	41.8	31.8	33.9	34.3
芜湖市	Wuhu	194.1	51.8	54.3	88.0	26.7	28.0	45.3
宣城市	Xuancheng	198.6	82.3	57.3	59.1	41.4	28.8	29.7
铜陵市	Tongling	45.6	9.6	16.6	19.4	21.0	36.4	42.6
池州市	Chizhou	111.3	45.1	27.5	38.8	40.5	24.7	34.8
安庆市	Anqing	429.3	208.3	98.0	123.0	48.5	22.8	28.7
黄山市	Huangshan	95.8	37.5	24.0	34.4	39.1	25.0	35.9

4—4 主要年份按城乡分的就业人员数

Number of Employed Persons by Residence in Urban and Rural Areas and Region in Main Year

单位：万人（10000 persons）

年 份 Year	合 计 Total	城 镇 Urban Area 小 计 Sub-total	国有单位 State-owned Units	集体单位 Collective-owned Units	股份合作单位 Share Holding Units	联营单位 Joint-owned Units	有限责任公司 Limited Liability Corporations	股份有限公司 Share Holding Corpara-tions Ltd.
2000	3450.7	652.9	314.8	91.2	8.4	1.2	38.0	20.2
2005	3669.7	730.5	208.6	30.8	3.9	0.8	52.3	24.8
2006	3741.0	755.9	202.9	28.3	4.3	1.1	59.7	24.9
2007	3818.0	818.1	202.1	25.8	5.0	1.1	63.9	24.7
2008	3916.0	901.9	199.8	24.4	4.8	1.0	67.5	26.5
2009	3988.0	936.2	4.6	18.8	4.5	0.8	75.9	35.7
2010	4050.0	973.5	206.0	17.9	4.7	0.8	80.0	37.7
2011	4120.9	1038.3	219.0	18.3	5.2	1.1	94.0	43.6

年 份 Year	城 镇 Urban Area				乡 村 Rural Area			
	私营企业 Private Enterprises	港澳台商投资单位 Economic Units Funded by Entrepreneurs from Hong Kong, Macao and Taiwan	外商投资单位 Foreign Funded Economic Units	个 体 Self-employed Individuals	小 计 Sub-total	乡镇企业 Township and Village Enterprises	私营企业 Private Enterprises	个 体 Self-employed Individuals
2000	37.6	2.3	3.8	134.8	2797.7	479.8	27.6	201.6
2005	86.5	3.7	6.7	123.6	2939.2	533.2	79.2	143.2
2006	86.1	5.0	7.3	144.0	2985.1	546.5	119.5	162.6
2007	137.3	6.4	8.2	133.8	2999.9	571.1	80.7	133.5
2008	92.2	6.6	8.9	144.5	3014.1	580.6	107.5	100.1
2009	92.5	5.4	12.6	184.8	3051.8	668.3	104.6	78.5
2010	133.3	7.0	14.7	264.1	3076.5		105.9	67.5
2011	165.0	8.3	16.7	255.1	3082.6		105.7	72.7

4—5 各市按城乡分的就业人员数（2011年）

Number of Employed Persons by Residence in Urban and Rural Areas and Region (2011)

单位：人（person）

地区	Region	合计 Total	城镇 Urban Area 小计 Sub-total	国有单位 State-owned Units	集体单位 Collective-owned Units	股份合作单位 Share Holding Units	联营单位 Joint-owned Units	有限责任公司 Limited Liability Corporations	股份有限公司 Share Holding Corpara-tions Ltd.
总计	**Total**	**41209000**	**10383000**	**2190234**	**183436**	**52143**	**10842**	**940496**	**435508**
合肥市	Hefei	4762000	2869870	412687	18476	7388	1767	276470	133043
淮北市	Huaibei	1130000	486000	164611	9176	260		30414	9655
亳州市	Bozhou	3229000	569000	116200	9688	2951	20	28541	4350
宿州市	Suzhou	3684000	564000	178326	20075	3086	790	19766	5024
蚌埠市	Bengbu	2260000	549000	100790	12970	7405		53004	26160
阜阳市	Fuyang	6028099	964702	203898	27697	3941	50	59313	4519
淮南市	Huainan	1368000	644000	108869	15147	3861	811	177369	54097
滁州市	Chuzhou	2704000	610000	121259	9446	1489		28311	8787
六安市	Luan	3995000	720000	151436	18052	4686	30	35139	17267
马鞍山市	Maanshan	1219506	633899	69831	12532	2527		34677	53999
芜湖市	Wuhu	1940764	1092650	115243	2972	1641	24	85413	59751
宣城市	Xuancheng	1986300	514500	79282	4384	1450		16989	16698
铜陵市	Tongling	455600	268340	67572	630	1684	1822	34319	10366
池州市	Chizhou	1113483	251874	48497	3607	881	1325	15336	8076
安庆市	Anqing	4293000	878000	197334	16306	7206	3927	21847	12347
黄山市	Huangshan	958144	226553	54399	2278	1687	276	23588	11369

地区	Region	城镇 Urban Area 私营企业 Private Enterprises	港澳台商投资单位 Economic Units Funded by Entrepreneurs from Hong Kong, Macao and Taiwan	外商投资单位 Foreign Funded Economic Units	个体 Self-employed Individuals	乡村 Rural Area 小计 Sub-total	私营企业 Private Enterprises	个体 Self-employed Individuals
总计	**Total**	**1650453**	**83064**	**166962**	**2551327**	**30826000**	**1056635**	**726539**
合肥市	Hefei	496729	34799	69205	348227	1892090	217978	119141
淮北市	Huaibei	44174	1007	1744	112220	644000	19214	32925
亳州市	Bozhou	68029		630	258101	2660000	31257	50236
宿州市	Suzhou	44777	6350	3817	129950	3120000	50547	65483
蚌埠市	Bengbu	73803	1590	649	194754	1711000	31263	43988
阜阳市	Fuyang	88080	2219	2710	241829	5063397	107103	58759
淮南市	Huainan	42965	3563	4458	71210	724000	22636	10233
滁州市	Chuzhou	177348	1250	15881	212679	2094000	60985	25280
六安市	Luan	106460	669	1125	189287	3275000	50125	119609
马鞍山市	Maanshan	89912	7617	8054	107431	585607	63742	18267
芜湖市	Wuhu	82537	14415	43897	159654	848114	89975	17740
宣城市	Xuancheng	116311	1919	7844	127510	1471800	67878	26353
铜陵市	Tongling	28288	2639	1944	45886	187260	46008	6515
池州市	Chizhou	30789	828	2014	51972	861609	41155	37257
安庆市	Anqing	107895	1930	2146	233350	3415000	124180	73573
黄山市	Huangshan	51773	2269	844	67267	731591	32423	21180

4—6 各市分行业城镇非私营单位就业人员数（2011年）
Number of Employed Persons by Sector and Region (2011)

单位：万人（10000 persons）

地 区	Region	合 计 Total	农林牧渔业 Farming, Forestry, Animal Husbandry and Fishery	采矿业 Mining and Quarrying	制造业 Manufacturing	电力、燃气及水的生产和供应业 Production and Supply of Electricity Gas and Water	建筑业 Construction	交通运输、仓储和邮政业 Transport, Storage, Post & Telecommunications	信息传输、计算机服务和软件业 Information, Circulation Computer Services and Software	批发和零售业 Wholesale and Retail Trade	住宿和餐饮业 Accommodation and Catering Trade
总 计	**Total**	**411.55**	**5.97**	**34.03**	**85.53**	**9.75**	**58.43**	**16.70**	**4.37**	**15.51**	**3.94**
合肥市	Hefei	97.72	0.16	0.16	25.48	1.36	23.54	5.15	1.22	5.59	1.61
淮北市	Huaibei	21.83		11.76	3.16	0.46	0.14	0.45	0.14	0.17	0.06
亳州市	Bozhou	16.55	0.04	0.85	2.34	0.25	1.19	0.30	0.24	1.11	0.07
宿州市	Suzhou	24.10	0.54	3.13	2.87	0.54	2.97	0.60	0.26	0.80	0.09
蚌埠市	Bengbu	20.32	0.20		4.58	0.61	3.33	1.23	0.16	0.67	0.10
阜阳市	Fuyang	30.50	0.30	2.13	3.49	0.84	3.16	1.42	0.29	1.55	0.16
淮南市	Huainan	37.26	0.30	14.17	3.79	1.14	4.40	1.18	0.13	1.05	0.28
滁州市	Chuzhou	18.80	0.82	0.30	3.48	0.36	1.29	1.02	0.32	0.58	0.09
六安市	Luan	22.96	0.88	0.03	2.28	0.70	4.31	0.69	0.24	0.65	0.06
马鞍山市	Maanshan	19.16	0.09	1.16	7.16	0.47	1.91	0.40	0.15	0.57	0.03
芜湖市	Wuhu	33.00	0.05	0.07	12.35	0.65	4.79	2.35	0.22	0.85	0.37
宣城市	Xuancheng	12.88	0.28	0.01	3.20	0.35	0.50	0.37	0.20	0.23	0.06
铜陵市	Tongling	12.15	0.34	0.11	5.75	0.28	1.61	0.21	0.09	0.30	0.08
池州市	Chizhou	8.06	0.11	0.08	1.10	0.19	1.13	0.13	0.14	0.20	0.17
安庆市	Anqing	26.51	1.75	0.07	3.39	1.35	2.78	0.77	0.39	0.95	0.20
黄山市	Huangshan	9.75	0.09	0.01	1.10	0.21	1.38	0.42	0.18	0.23	0.49

地 区	Region	金融业 Banking	房地产业 Real Estate Trade	租赁和商务服务业 Leasing and Commercial Services	科学研究、技术服务和地质勘查业 Scientific Research, Technical Services and Geological Prospecting	水利、环境和公共设施管理业 Water Conservancy, Environmental and Public Facilities Management	居民服务和其他服务业 Resident Services and Other Services	教育 Education	卫生、社会保障和社会福利业 Health, Social Securities and Social Welfare	文化、体育和娱乐业 Culture, Sports and Entertainment	公共管理和社会组织 Public Management and Social Organizations
总 计	**Total**	**16.04**	**6.15**	**4.85**	**7.55**	**7.20**	**0.46**	**61.62**	**23.10**	**3.29**	**47.07**
合肥市	Hefei	3.20	2.36	1.15	3.06	1.28	0.14	9.58	4.16	1.06	7.48
淮北市	Huaibei	0.52	0.05	0.07	0.29	0.12	0.02	2.10	0.82	0.05	1.44
亳州市	Bozhou	0.93	0.23	0.07	0.15	0.31	0.03	4.55	1.25	0.16	2.48
宿州市	Suzhou	0.97	0.23	0.04	0.34	0.38	0.04	5.53	1.44	0.16	3.15
蚌埠市	Bengbu	0.94	0.19	0.14	0.66	0.54	0.03	3.24	1.30	0.15	2.27
阜阳市	Fuyang	1.66	0.32	0.57	0.20	0.45	0.02	6.93	2.22	0.17	4.63
淮南市	Huainan	0.98	1.10	1.64	0.35	0.63	0.02	2.79	1.36	0.14	1.82
滁州市	Chuzhou	0.84	0.11	0.08	0.29	0.67	0.02	3.84	1.39	0.06	3.22
六安市	Luan	0.76	0.24	0.06	0.25	0.69	0.03	5.40	1.79	0.20	3.71
马鞍山市	Maanshan	0.87	0.08	0.36	0.29	0.28	0.01	2.17	0.92	0.11	2.13
芜湖市	Wuhu	1.00	0.33	0.14	0.67	0.51	0.02	3.92	1.68	0.12	2.90
宣城市	Xuancheng	0.66	0.33	0.12	0.14	0.20	0.01	2.20	1.16	0.11	2.76
铜陵市	Tongling	0.36	0.09	0.07	0.14	0.21		0.83	0.39	0.08	1.21
池州市	Chizhou	0.64	0.10	0.07	0.14	0.20		1.28	0.60	0.27	1.50
安庆市	Anqing	1.11	0.29	0.17	0.43	0.44	0.04	5.86	1.91	0.33	4.27
黄山市	Huangshan	0.61	0.12	0.08	0.16	0.28	0.01	1.41	0.74	0.12	2.10

4—7 主要年份私营企业年末就业人员数
Number of Employed Persons in Private Enterprises at the Year-end in Main Year

单位：户、人（household, person）

年份 Year	合计 Total 户数 Number of Enterprises	合计 Total 就业人员 Number of Employed Persons	合计 Total #投资者 Employers	城镇 Urban Areas 户数 Number of Enterprises	城镇 Urban Areas 就业人员 Number of Employed Persons	城镇 Urban Areas #投资者 Employers	乡村 Rural Areas 户数 Number of Enterprises	乡村 Rural Areas 就业人员 Number of Employed Persons	乡村 Rural Areas #投资者 Employers
1998	28697	425646	70951	19252	262292	48898	9445	163354	22053
1999	37020	550694	91476	23891	327911	62297	13129	222783	29179
2000	46934	651992	110350	28495	375760	72252	18439	276232	38098
2001	55690	785162	134603	34653	465090	88677	21037	320072	45926
2002	60219	960698	150494	39562	596611	99057	22457	364087	51437
2003	74815	1187954	188233	46705	707726	118506	28110	480228	69727
2004	89010	1413199	228734	57127	824019	145300	31883	589180	83434
2005	105998	1656948	270425	63586	864874	160040	42412	792074	110385
2006	130476	2301402	314300	65551	861291	160332	64925	1440111	153968
2007	144895	2179457	363612	103584	1372856	255183	41311	806601	108429
2008	174046	1996617	376738	80506	921748	169862	93540	1074869	206876
2009	189525	1970807	395790	91342	925024	181707	98183	1045783	214083
2010	228670	2392061	490754	128891	1332913	270648	99779	1059148	220106
2011	263483	2707088	581356	172314	1650453	365985	91169	1056635	215371

4—8 各市私营企业年末就业人员数（2011年）
Number of Employed Persons in Private Enterprises at the Year-end by Region (2011)

单位：户、人（household, person）

地区	Region	合计 Total 户数 Number of Enterprises	合计 Total 就业人员 Number of Employed Persons	合计 Total #投资者 Employers	城镇 Urban Areas 户数 Number of Enterprises	城镇 Urban Areas 就业人员 Number of Employed Persons	城镇 Urban Areas #投资者 Employers	乡村 Rural Areas 户数 Number of Enterprises	乡村 Rural Areas 就业人员 Number of Employed Persons	乡村 Rural Areas #投资者 Employers
总计	**Total**	**263483**	**2707088**	**581356**	**172314**	**1650453**	**365985**	**91169**	**1056635**	**215371**
合肥市	Hefei	72874	714707	163946	55794	496729	124603	17080	217978	39343
淮北市	Huaibei	6272	63388	13553	4693	44174	9110	1579	19214	4443
亳州市	Bozhou	10137	99286	19247	6401	68029	11652	3736	31257	7595
宿州市	Suzhou	10068	95324	20307	5391	44777	9703	4677	50547	10604
蚌埠市	Bengbu	11745	105066	25100	8830	73803	18968	2915	31263	6132
阜阳市	Fuyang	18733	195183	37526	9489	88080	17940	9244	107103	19586
淮南市	Huainan	8655	65601	17347	5950	42965	11740	2705	22636	5607
滁州市	Chuzhou	16429	238333	34774	11624	177348	23368	4805	60985	11406
六安市	Luan	15140	156585	34210	10495	106460	23350	4645	50125	10860
马鞍山市	Maanshan	15501	153654	35734	9963	89912	22105	5538	63742	13629
芜湖市	Wuhu	23757	172512	53118	14133	82537	29491	9624	89975	23627
宣城市	Xuancheng	13626	184189	31761	8374	116311	17946	5252	67878	13815
铜陵市	Tongling	6476	74296	17870	2658	28288	6415	3818	46008	11455
池州市	Chizhou	6962	71944	15475	3612	30789	7737	3350	41155	7738
安庆市	Anqing	18916	232075	43190	10032	107895	21699	8884	124180	21491
黄山市	Huangshan	8078	84196	17896	4778	51773	9916	3300	32423	7980
其他	Others	114	749	302	97	583	242	17	166	60

4—9 主要年份个体年末就业人员数
Number of New Additional Employment and Individual at the End of the Year

单位：户、人（household, person）

年份 Year	合计 Total		城镇 Urban Areas		乡村 Rural Areas	
	户数 Number of Enterprises	就业人员 Number of Employed Persons	户数 Number of Enterprises	就业人员 Number of Employed Persons	户数 Number of Enterprises	就业人员 Number of Employed Persons
1998	1335341	3044121	547761	1249659	787580	1794462
1999	1460932	3374010	611439	1356851	849493	2017159
2000	1489085	3363571	627100	1347892	861985	2015679
2001	1492870	3396193	633513	1395799	859357	2000394
2002	1402168	3267252	586203	1325486	815965	1941766
2003	1200804	2863314	559658	1288683	641146	1574631
2004	1067271	2562432	501511	1185509	565760	1376923
2005	1110417	2668794	522609	1236364	587808	1432430
2006	1201167	2820534	530394	1194970	670773	1625564
2007	1125342	2673128	579524	1337874	545818	1335254
2008	1142457	2446113	701914	1445017	440543	1001096
2009	1250875	2633497	868141	1848366	382734	785131
2010	1341472	3315820	999110	2640651	342362	675169
2011	1436690	3277866	1106730	2551327	329960	726539

4—10 各市个体年末就业人员数（2011年）
Number of New Additional Employment and Individual at the End of the Year by Region (2011)

单位：户、人（household, person）

地区	Region	个体合计 Total		城镇 Urban Areas		乡村 Rural Areas	
		户数 Number of Enterprises	就业人员 Number of Employed Persons	户数 Number of Enterprises	就业人员 Number of Employed Persons	户数 Number of Enterprises	就业人员 Number of Employed Persons
总计	**Total**	**1436690**	**3277866**	**1106730**	**2551327**	**329960**	**726539**
合肥市	Hefei	180205	467368	153647	348227	26558	119141
淮北市	Huaibei	45323	145145	35450	112220	9873	32925
亳州市	Bozhou	111942	308337	78528	258101	33414	50236
宿州市	Suzhou	112686	195433	70818	129950	41868	65483
蚌埠市	Bengbu	75168	238742	60304	194754	14864	43988
阜阳市	Fuyang	129565	300588	98579	241829	30986	58759
淮南市	Huainan	50163	81443	43042	71210	7121	10233
滁州市	Chuzhou	97313	237959	83203	212679	14110	25280
六安市	Luan	129147	308896	80627	189287	48520	119609
马鞍山市	Maanshan	68261	125698	57884	107431	10377	18267
芜湖市	Wuhu	88697	177394	79827	159654	8870	17740
宣城市	Xuancheng	76260	153863	62876	127510	13384	26353
铜陵市	Tongling	24407	52401	21374	45886	3033	6515
池州市	Chizhou	47511	89229	25880	51972	21631	37257
安庆市	Anqing	156026	306923	122674	233350	33352	73573
黄山市	Huangshan	44016	88447	32017	67267	11999	21180

4—11 城镇非私营单位在岗职工人数
Number of Staff and Workers of Urban Non-private Owned Units

单位：万人（10000 persons）

行 业	Sector	2005	2010	2011
总 计	**Total**	**317.45**	**344.06**	**377.54**
农、林、牧、渔业	Farming, Forestry, Animal Husbandry and Fishery	8.85	5.20	4.58
采矿业	Mining and Quarrying	27.48	31.90	33.73
制造业	Manufacturing	66.20	74.14	83.99
电力、燃气及水的生产和供应业	Production and Supply of Electricity Gas and Water	9.13	9.47	9.58
建筑业	Construction	23.76	33.92	42.56
交通运输、仓储和邮政业	Transport, Storage and Postal Services	15.33	13.86	16.06
信息传输、计算机服务和软件业	Information Circulation, Computer Service and Software	2.73	3.18	4.18
批发和零售业	Wholesale and Retail Trade	16.52	13.54	14.97
住宿和餐饮业	Accommodation and Catering Trade	2.52	3.49	3.75
金融业	Banking	8.71	10.40	12.20
房地产业	Real Estate	2.93	4.24	5.47
租赁和商务服务业	Leasing and Commercial Services	3.83	3.37	4.56
科学研究、技术服务和地质勘查业	Scientific Research, Technical Services and Geological Prospecting	5.14	6.26	7.11
水利、环境和公共设施管理业	Water Conservancy, Environmental and Public Facilities Management	5.29	5.54	6.06
居民服务和其他服务业	Resident Services and Other Services	0.43	0.49	0.43
教 育	Education	56.32	58.27	59.58
卫生、社会保障和社会福利业	Health, Social Securities and Social Welfare	16.87	20.66	21.76
文化、体育和娱乐业	Culture, Sports and Entertainment	4.03	3.17	3.06
公共管理和社会组织	Public Management and Social Organizations	41.38	42.99	43.91

4—12 各市城镇非私营单位在岗职工人数（2011年）
Number of Staff and Workers of Urban Non-private Owned Units by Region (2011)

单位：万人（10000 persons）

地 区	Region	合 计 Total	国有单位 State-owned Units	城镇集体单位 Urban Collective-owned Units	其他单位 Units of Other Types of Ownership	比重（%）Proportion（%） 国有单位 State-owned Units	城镇集体单位 Urban Collective-owned Units	其他单位 Units of Other Types of Ownership
总 计	**Total**	**377.54**	**198.74**	**16.30**	**162.50**	**52.64**	**4.32**	**43.04**
合肥市	Hefei	89.24	35.59	1.62	52.02	39.88	1.82	58.30
淮北市	Huaibei	21.44	16.31	0.91	4.22	76.05	4.25	19.70
亳州市	Bozhou	15.61	10.88	0.95	3.79	69.67	6.07	24.26
宿州市	Suzhou	21.81	16.19	1.69	3.93	74.22	7.76	18.01
蚌埠市	Bengbu	17.12	9.67	0.74	6.71	56.48	4.33	39.19
阜阳市	Fuyang	29.49	19.51	2.75	7.23	66.17	9.33	24.50
淮南市	Huainan	32.97	8.01	1.36	23.60	24.29	4.12	71.58
滁州市	Chuzhou	17.53	11.26	0.90	5.37	64.24	5.15	30.60
六安市	Luan	20.29	13.82	1.44	5.03	68.12	7.09	24.79
马鞍山市	Maanshan	18.10	6.45	1.17	10.49	35.60	6.46	57.94
芜湖市	Wuhu	31.23	10.57	0.26	20.40	33.84	0.84	65.32
宣城市	Xuancheng	11.43	7.34	0.42	3.67	64.19	3.67	32.14
铜陵市	Tongling	11.16	6.16	0.05	4.95	55.24	0.41	44.35
池州市	Chizhou	7.55	4.62	0.34	2.59	61.13	4.52	34.35
安庆市	Anqing	23.42	17.30	1.48	4.64	73.86	6.32	19.82
黄山市	Huangshan	9.14	5.07	0.22	3.86	55.44	2.37	42.19

4—13 城镇非私营单位在岗专业技术人员数（2011年）
Professional and Technical Personnel of Urban Non-private Owned Units (2011)

单位：万人（10000 persons）

行业	Sector	合计 Total	国有单位 State-owned Units	城镇集体单位 Urban Collective-owned Units	其他单位 Units of Other Types of Ownership
总计	**Total**	**116.06**	**87.06**	**5.22**	**23.78**
按执行会计制度类别分组	**Grouped by Executive Acounting System Type**				
企业	Enterprises	34.33	10.70	1.61	22.02
事业	Institutions	76.46	72.05	3.56	0.85
机关	Agencies & Organizations	4.05	4.04	0.01	
民间非营利组织	Non-profit Organizations	0.72	0.00	0.02	0.70
其他	Others	0.50	0.28	0.01	0.20
按国民经济行业分组	**Grouped by Economic Sector**				
农、林、牧、渔业	Farming, Forestry, Animal Husbandry and Fishery	0.78	0.76	0.01	0.01
采矿业	Mining and Quarrying	1.95	0.85	0.03	1.08
制造业	Manufacturing	10.37	1.13	0.18	9.06
电力、燃气及水的生产和供应业	Production and Supply of Electricity Gas and Water	2.61	1.55	0.01	1.05
建筑业	Construction	6.72	1.60	0.57	4.55
交通运输、仓储和邮政业	Transport, Storage and Postal Services	2.02	1.04	0.13	0.85
信息传输、计算机服务和软件业	Information Circulation, Computer Service and Software	1.24	0.65	0.01	0.59
批发和零售业	Wholesale and Retail Trade	1.31	0.52	0.07	0.72
住宿和餐饮业	Accommodation and Catering Trade	0.27	0.07		0.20
金融业	Banking	4.10	1.84	0.43	1.82
房地产业	Real Estate	1.10	0.30	0.02	0.78
租赁和商务服务业	Leasing and Commercial Services	0.42	0.18	0.02	0.22
科学研究、技术服务和地质勘查业	Scientific Research, Technical Services and Geological Prospecting	4.09	3.60	0.04	0.45
水利、环境和公共设施管理业	Water Conservancy, Environmental and Public Facilities Management	1.05	0.93	0.02	0.11
居民服务和其他服务业	Resident Services and Other Services	0.08	0.05	0.01	0.03
教育	Education	53.03	51.56	0.14	1.32
卫生、社会保障和社会福利业	Health, Social Securities and Social Welfare	17.48	13.15	3.48	0.85
文化、体育和娱乐业	Culture, Sports and Entertainment	1.61	1.48	0.04	0.09
公共管理和社会组织	Public Management and Social Organizations	5.83	5.81	0.02	

4—14 各市城镇非私营单位在岗专业技术人员数（2011年）
Professional and Technical Personnel of Urban Non-private Owned Units by Region (2011)

单位：人（person）

地区	Region	合计 Total	国有单位 State-owned Units	城镇集体单位 Urban Collective-owned Units	其他单位 Units of Other Types of Ownership
总计	**Total**	**1160576**	**870605**	**52215**	**237756**
合肥市	Hefei	219013	144784	6285	67944
淮北市	Huaibei	37954	31572	2037	4345
亳州市	Bozhou	68655	56296	2925	9434
宿州市	Suzhou	77518	65423	6199	5896
蚌埠市	Bengbu	64231	49025	2836	12370
阜阳市	Fuyang	110506	97180	5722	7604
淮南市	Huainan	63768	36363	2641	24764
滁州市	Chuzhou	66250	55265	4541	6444
六安市	Luan	88865	72537	5975	10353
马鞍山市	Maanshan	48151	31040	1743	15368
芜湖市	Wuhu	97051	55399	1309	40343
宣城市	Xuancheng	45035	35217	2060	7758
铜陵市	Tongling	26944	18461	70	8413
池州市	Chizhou	27526	23397	1049	3080
安庆市	Anqing	87039	75357	5479	6203
黄山市	Huangshan	32070	23289	1344	7437

4—15 城镇非私营单位分行业在岗职工人数（2011年）
Number of Staff and Workers of Urban Non-private Owned Units by Status (2011)

单位：人（person）

行业	Sector	合计 Total	国有单位 State-owned Units	城镇集体单位 Urban Collective-owned Units	其他单位 Units of Other Types of Ownership
总计	**Total**	**3775392**	**1987373**	**163019**	**1625000**
按执行会计标准类别分组	**Grouped by Executive Acounting System Type**				
企业	Enterprises	2347659	636264	114872	1596523
事业	Institutions	1032243	972170	46613	13460
机关	Agencies & Organizations	375062	374307	755	
民间非营利组织	Non-profit Organizations	11831		367	11464
其他	Others	8597	4632	412	3553
按国民经济行业分组	**Grouped by Economic Sector**				
农、林、牧、渔业	**Farming, Forestry, Animal Husbandry and Fishery**	**45770**	**44720**	**462**	**588**
农业	Farming	23460	23317	66	77
林业	Forestry	9249	9242		7
牧畜业	Animal Husbandry	1022	530		492
渔业	Fishery	949	871	78	
农、林、牧、渔服务业	Agricultural Services	11090	10760	318	12
采矿业	**Mining and Quarrying**	**337341**	**132490**	**3695**	**201156**
制造业	**Manufacturing**	**839909**	**97625**	**17181**	**725103**
#饮料制造业	Beverage	37126	7575	85	29466
烟草制品业	Tobacco	6411	5107	1158	146
石油加工、炼焦及核燃料加工业	Petroleum Processing, Coking and Nuclear Fuel Processing	1510	12		1498
化学原料及化学制品制造业	Raw Chemical Materials and Chemical Products	56646	5007	819	50820
橡胶制品业	Rubber Products	17793	4	20	17769
非金属矿物制品业	Nonmetal Mineral Products	42029	6521	2781	32727
黑色金属冶炼及压延加工业	Smelting and Pressing of Ferrous Metals	58802	180		58622
有色金属冶炼及压延加工业	Smelting and Pressing of Nonferrous Metals	36028	28171		7857
金属制品业	Metal Products	28767	931	892	26944
通用设备制造业	Equipments in Current Use	70246	20747	868	48631
交通运输设备制造业	Transport Equipment	108277	8337	917	99023
电气机械及器材制造业	Electric Equipment and Machinery	85619	1769	998	82852
电力、燃气及水的生产和供应业	**Production and Supply of Electricity, Gas and Water**	**95808**	**56016**	**1001**	**38791**
建筑业	**Construction**	**425584**	**80960**	**48770**	**295854**
房屋和土木工程建筑业	Civil Engineering Construction	356700	78400	40967	237333
建筑安装业	Installation	48587	605	6807	41175
建筑装饰业	Fitting and Decoration	8095	131	634	7330
其他建筑业	Other Construction	12202	1824	362	10016
交通运输、仓储及邮政业	**Transport, Storage and Postal Services**	**160613**	**103557**	**6394**	**50662**
#铁路运输业	Railway Transport	41178	38540	403	2235
道路运输业	Highway Transport	53261	28862	2381	22018
水上运输业	Water Way Transport	10228	1354	2487	6387
航空运输业	Air Transport	2872	1534		1338
邮政业	Postal Services	19598	19291		307
信息传输、计算机服务和软件业	**Information Circulation, Computer Service and Software**	**41823**	**23418**	**165**	**18240**
电信和其他信息传输服务业	Telecommunication and Other Information Circulation Services	38251	23263	165	14823
软件业	Software	3014	7		3007
批发和零售业	**Wholesale and Retail Trade**	**149676**	**49113**	**11149**	**89414**
批发业	Wholesale	82833	37714	7733	37386
零售业	Retail Trade	66843	11399	3416	52028
住宿和餐饮业	**Accommodation and Catering Trade**	**37470**	**9395**	**1092**	**26983**
住宿业	Accommodation Trade	28999	7703	887	20409
餐饮业	Catering Services	8471	1692	205	6574

4—15 续表 continued

单位：人（person）

行　业	Sector	合　计 Total	国有单位 State-owned Units	城镇集体单位 Urban Collective-owned Units	其他单位 Units of Other Types of Ownership
金融业	**Banking and Insurance**	**122008**	**42945**	**16516**	**62547**
银行业	Bank	93485	35222	16281	41982
证券业	Securities	3245	1646		1599
保险业	Insurance	20598	4081	13	16504
其他金融活动	Other Financial Activities	4680	1996	222	2462
房地产业	**Real Estate**	**54734**	**15214**	**1087**	**38433**
#房地产开发经营	Real Estate Development and Operation	35347	7792	393	27162
物业管理	Real Estate Management	13803	3086	462	10255
租赁和商务服务业	**Leasing and Commercial Services**	**45551**	**15377**	**6345**	**23829**
租赁业	Leasing	666	76		590
商务服务业	Commercial Services	44885	15301	6345	23239
科学研究、技术服务和地质勘查业	**Scientific Research, Technical Services and Geological Prospecting**	**71059**	**60037**	**674**	**10348**
研究与试验发展	Research and Experimental Development	17634	14158	12	3464
专业技术服务业	Professional and Technical Services	35401	28461	363	6577
科技交流和推广服务业	Exchange and Extending Services of Science and Technology	8261	7738	242	281
地质勘查业	Geological Prospecting	9763	9680	57	26
水利、环境和公共设施管理业	**Water Conservancy, Environmental and Public Facilities Management**	**60632**	**54210**	**1251**	**5171**
水利管理业	Water Conservancy Management	19425	19191	93	141
环境管理业	Environmental Management	21386	20055	350	981
公共设施管理业	Public Facilities Management	19821	14964	808	4049
居民服务和其他服务业	**Resident Services and Other Services**	**4289**	**2758**	**192**	**1339**
居民服务业	Resident Services	2985	2281	174	530
其他服务业	Other Services	1304	477	18	809
教　育	**Education**	**595777**	**570653**	**2036**	**23088**
#高等教育	High Education	59155	55504		3651
中等教育	Secondary Education	269553	256148	1152	12253
初等教育	Primary Education	247706	244855	492	2359
卫生、社会保障和社会福利业	**Health, Social Securities and Social Welfare**	**217580**	**164187**	**42596**	**10797**
卫　生	Health	211600	158362	42542	10696
社会保障业	Social Securities	3480	3433	3	44
社会福利业	Social Welfare	2500	2392	51	57
文化、体育和娱乐业	**Culture, Sports and Entertainment**	**30627**	**27209**	**761**	**2657**
新闻出版业	Press and Publication	5620	4647	27	946
广播、电视、电影和音像业	Broadcasting, TV, Film, Audio-video and Recorders	13823	13370	223	230
文化艺术业	Culture and Arts	8792	7537	511	744
体　育	Sports	1746	1468		278
娱乐业	Entertainment	646	187		459
公共管理和社会组织	**Public Management and Social Organizations**	**439141**	**437489**	**1652**	
中国共产党机关	Organs of Chinese Communist Party	15183	15183		
国家机构	State Organs	414700	413781	919	
人民政协和民主党派	CPPCC and Democratic Parties	2767	2767		
群众团体、社会团体和宗教组织	Mass Organizations, Social Organizations and Religious Organizations	5858	5662	196	

4—16 城镇非私营单位分行业在岗女性从业人员占全部就业人员比重（2011年）

Proportion of Female Employed to Total of Urban Non-private Owned Units by Status by Sector (2011)

以本类型从业人员为100 (Total number of this item employed=100) 单位：%

行业	Sector	合计 Total	国有单位 State-owned Units	城镇集体单位 Urban Collective-owned Units	其他单位 Units of Other Types of Ownership
总计	**Total**	**31.9**	**32.2**	**33.1**	**31.5**
按执行会计标准类别分组	**Grouped by Executive Acounting System Type**				
企业	Enterprises	29.0	24.7	27.1	31.0
事业	Institutions	41.3	40.8	49.5	47.6
机关	Agencies & Organizations	24.1	24.1	20.6	
民间非营利组织	Non-profit Organizations	64.9		45.7	65.6
其他	Others	51.3	45.7	35.7	58.0
按国民经济行业分组	**Grouped by Economic Sector**				
农、林、牧、渔业	**Farming, Forestry, Animal Husbandry and Fishery**	**36.0**	**36.0**	**37.0**	**35.1**
农业	Farming	38.2	38.1	41.2	65.8
林业	Forestry	32.3	32.3		14.3
牧畜业	Animal Husbandry	33.5	36.9		29.9
渔业	Fishery	27.7	28.5	17.9	
农、林、牧、渔服务业	Agricultural Services	34.6	34.4	39.5	58.3
采矿业	**Mining and Quarrying**	**11.4**	**10.8**	**22.1**	**11.6**
制造业	**Manufacturing**	**37.2**	**30.4**	**50.1**	**37.8**
#饮料制造业	Beverages	38.7	35.5	69.8	39.4
烟草制品业	Tobacco	32.8	31.7	37.0	43.8
石油加工、炼焦及核燃料加工业	Petroleum Processing, Coking and Nuclear Fuel Processing	21.9	16.7		22.0
化学原料及化学制品制造业	Raw Chemical Materials and Chemical Products	31.6	26.8	41.2	32.0
橡胶制品业	Rubber Products	44.0	25.0	65.0	43.9
非金属矿物制品业	Nonmetal Mineral Products	27.9	16.8	35.7	29.3
黑色金属冶炼及压延加工业	Smelting and Pressing of Ferrous Metals	16.8	30.6		16.8
有色金属冶炼及压延加工业	Smelting and Pressing of Nonferrous Metals	19.3	19.0		20.6
金属制品业	Metal Products	28.5	20.3	51.3	27.9
通用设备制造业	Equipments in Current Use	33.0	42.8	37.3	28.8
交通运输设备制造业	Transport Equipment	24.3	28.7	44.6	23.7
电气机械及器材制造业	Electric Equipment and Machinery	36.3	29.5	48.0	36.4
电力、燃气及水的生产和供应业	**Production and Supply of Electricity Gas and Water**	**28.0**	**27.8**	**33.3**	**28.2**
建筑业	**Construction**	**11.8**	**9.7**	**14.2**	**12.4**
房屋和土木工程建筑业	Civil Engineering Construction	11.7	10.1	13.6	12.2
建筑安装业	Installation	14.7	8.0	16.5	14.7
建筑装饰业	Fitting and Decoration	11.8	37.9	11.9	11.4
其他建筑业	Other Construction	7.9	2.3	65.5	10.5
交通运输、仓储及邮政业	**Transportation, Storage and Postal Services**	**29.3**	**28.1**	**31.3**	**31.4**
#铁路运输业	Railway Transport	14.6	14.3	46.7	10.7
道路运输业	Highway Transport	34.1	33.2	24.7	36.2
水上运输业	Water Way Transport	19.2	21.3	33.4	13.6
航空运输业	Air Transport	32.0	32.3		31.6
邮政业	Postal Services	42.9	42.9		45.0
信息传输、计算机服务和软件业	**Information Circulation, Computer Service and Software**	**40.9**	**40.7**	**31.5**	**41.4**
电信和其他信息传输服务业	Telecommunication and Other Information Circulation Services	42.1	40.7	31.5	44.6
软件业	Software	25.7	11.1		25.7
批发和零售业	**Wholesale and Retail Trade**	**50.8**	**38.2**	**35.3**	**59.9**
批发业	Wholesale	39.0	32.9	31.8	47.0
零售业	Retail Trade	65.1	55.5	42.3	69.1
住宿和餐饮业	**Accommodation and Catering Trade**	**60.1**	**56.8**	**64.3**	**61.0**
住宿业	Accommodation Trade	60.8	59.0	66.3	61.3
餐饮业	Catering Services	57.6	46.4	57.7	60.3

4—16 续表 continued

单位：%

行业	Sector	合计 Total	国有单位 State-owned Units	城镇集体单位 Urban Collective-owned Units	其他单位 Units of Other Types of Ownership
金融业	**Banking and Insurance**	**48.2**	**44.1**	**42.3**	**52.2**
银行业	Bank	43.8	39.6	42.3	48.0
证券业	Securities	39.2	44.1		34.6
保险业	Insurance	56.1	52.3	46.2	57.9
其他金融活动	Other Financial Activities	49.9	51.6	39.9	49.5
房地产业	**Real Estate**	**32.8**	**26.9**	**38.6**	**34.8**
#房地产开发经营	Real Estate Development and Operation	29.4	17.1	36.9	32.6
物业管理	Real Estate Management	37.5	33.7	41.6	38.2
租赁和商务服务业	**Leasing and Commercial Services**	**23.2**	**25.2**	**5.7**	**26.4**
租赁业	Leasing	16.7	16.3		16.8
商务服务业	Commercial Services	23.3	25.2	5.7	26.7
科学研究、技术服务和地质勘查业	**Scientific Research, Technical Services and Geological Prospecting**	**26.5**	**26.5**	**31.5**	**26.2**
研究与试验发展	Research and Experimental Development	29.9	29.7	25.0	30.9
专业技术服务业	Professional and Technical Services	24.8	25.0	37.7	23.3
科技交流和推广服务业	Exchange and Extending Services of Science and Technology	27.2	26.9	21.1	40.4
地质勘查业	Geological Prospecting	26.0	25.9	37.0	7.7
水利、环境和公共设施管理业	**Water Conservancy, Environmental and Public Facilities Management**	**39.4**	**40.3**	**46.6**	**29.0**
水利管理业	Water Conservancy Management	27.4	27.4	32.3	27.7
环境管理业	Environmental Management	52.1	51.8	41.7	65.2
公共设施管理业	Public Facilities Management	33.8	36.4	49.6	22.3
居民服务和其他服务业	**Resident Services and Other Services**	**36.3**	**30.7**	**43.2**	**47.7**
居民服务业	Resident Services	38.3	30.9	45.7	71.1
其他服务业	Other Services	31.3	29.4	16.7	32.7
教育	**Education**	**40.1**	**39.6**	**39.5**	**51.3**
#高等教育	High Education	42.0	41.5	0.0	49.3
中等教育	Secondary Education	36.6	36.0	31.2	49.8
初等教育	Primary Education	41.7	41.6	49.7	50.7
卫生、社会保障和社会福利业	**Health, Social Securities and Social Welfare**	**58.3**	**59.6**	**50.9**	**68.5**
卫生	Health	58.7	60.1	51.0	68.8
社会保障业	Social Securities	43.5	43.6	66.7	34.1
社会福利业	Social Welfare	51.5	51.8	43.8	45.3
文化、体育和娱乐业	**Culture, Sports and Entertainment**	**39.4**	**38.9**	**42.4**	**44.0**
新闻出版业	Press and Publication	37.9	38.0	40.7	37.3
广播、电视、电影和音像业	Broadcasting, TV, Film, Audio-video and Recorders	35.9	35.6	38.9	49.4
文化艺术业	Culture and Arts	46.1	45.9	43.9	49.8
体育	Sports	32.2	32.4		31.1
娱乐业	Entertainment	48.7	43.1		53.4
公共管理和社会组织	**Public Management and Social Organizations**	**24.7**	**24.7**	**47.6**	
中国共产党机关	Organs of Chinese Communist Party	18.4	18.4		
国家机构	State Organs	24.8	24.7	48.0	
人民政协和民主党派	CPPCC and Democratic Parties	22.4	22.4		
群众团体、社会团体和宗教组织	Mass Organizations, Social Organizations and Religious Organizations	35.4	36.0	18.4	

4—17 各市城镇非私营单位分行业在岗职工人数（2011年）
Number of Staff and Workers of Urban Non-private Owned Units by Sector and Region (2011)

单位：人（person）

地区	Region	合计 Total	农林牧渔业 Farming, Forestry, Animal Husbandry and Fishery	采矿业 Mining and Quarrying	制造业 Manufacturing	电力、燃气及水的生产和供应业 Production and Supply of Electricity Gas and Water	建筑业 Construction	交通运输、仓储和邮政业 Transport, Storage and Postal Services	信息传输、计算机服务和软件业 Information, Circulation Computer Services and Software	批发和零售业 Wholesale and Retail Trade	住宿和餐饮业 Accommodation and Catering Trade
总计	**Total**	**3775392**	**45770**	**337341**	**839909**	**95808**	**425584**	**160613**	**41823**	**149676**	**37470**
合肥市	Hefei	892376	1586	1489	251586	13424	171952	50621	12180	55189	15437
淮北市	Huaibei	214420	20	117647	30827	4614	1350	4424	1397	1732	630
亳州市	Bozhou	156137	435	8373	22930	2471	11339	2837	2147	10835	728
宿州市	Suzhou	218069	4960	30265	28411	5397	17782	5815	2372	7729	821
蚌埠市	Bengbu	171155	1925		45019	5971	9324	11685	1566	6567	968
阜阳市	Fuyang	294904	2996	21312	34694	8353	30254	14237	2870	15465	1460
淮南市	Huainan	329741	2799	140483	36643	11234	22107	11255	1337	9581	2299
滁州市	Chuzhou	175326	7756	3020	33960	3552	12578	8235	2848	5597	856
六安市	Luan	202932	3604	306	22153	6502	30518	6745	2336	5675	572
马鞍山市	Maanshan	181034	808	11566	71281	4642	17449	3609	1423	4987	339
芜湖市	Wuhu	312276	228	424	122752	5985	43174	23137	2191	8285	3568
宣城市	Xuancheng	114333	2663	146	28265	3481	2606	3492	1920	2169	624
铜陵市	Tongling	111577	2154	800	55947	2782	13686	2054	910	2386	761
池州市	Chizhou	75516	1104	752	10906	1896	10655	1321	1345	2013	1713
安庆市	Anqing	234215	11864	686	33765	13427	17233	7083	3161	9178	1991
黄山市	Huangshan	91381	868	72	10770	2077	13577	4063	1820	2288	4703

地区	Region	金融业 Banking	房地产业 Real Estate Trade	租赁和商务服务业 Leasing and Commercial Services	科学研究、技术服务和地质勘查业 Scientific Research, Technical Services and Geological Prospecting	水利、环境和公共设施管理业 Water Conservancy, Environmental and Public Facilities Management	居民服务和其他服务业 Resident Services and Other Services	教育 Education	卫生、社会保障和社会福利业 Health, Social Securities and Social Welfare	文化、体育和娱乐业 Culture, Sports and Entertainment	公共管理和社会组织 Public Management and Social Organizations
总计	**Total**	**122008**	**54734**	**45551**	**71059**	**60632**	**4289**	**595777**	**217580**	**30627**	**439141**
合肥市	Hefei	29908	22542	11094	29077	11022	1269	92896	39773	10005	71326
淮北市	Huaibei	3332	498	689	2729	1212	186	20672	8026	464	13971
亳州市	Bozhou	5508	2258	689	1483	2762	311	44368	11819	1389	23455
宿州市	Suzhou	6847	2313	368	3253	2848	368	53415	13782	1579	29744
蚌埠市	Bengbu	7129	1791	1404	6293	4241	297	32177	12251	1423	21124
阜阳市	Fuyang	9083	3112	5726	2031	4486	213	69151	21774	1639	46048
淮南市	Huainan	5818	7775	15160	2572	4498	224	25784	12376	1277	16519
滁州市	Chuzhou	7021	1034	658	2693	4833	180	37575	12978	586	29366
六安市	Luan	6248	2249	488	2449	6723	289	52802	17079	1945	34249
马鞍山市	Maanshan	5936	590	3542	2693	2537	113	20625	8518	983	19393
芜湖市	Wuhu	8618	3164	1306	6533	3995	223	36901	15618	1044	25130
宣城市	Xuancheng	5601	1674	1044	1269	1524	101	21029	10285	913	25527
铜陵市	Tongling	3173	887	635	1284	1888	33	7967	3776	696	9758
池州市	Chizhou	4296	929	738	1200	1978	35	12208	5360	2675	14392
安庆市	Anqing	9001	2756	1196	4018	3577	384	54557	17414	3026	39898
黄山市	Huangshan	4489	1162	814	1482	2508	63	13650	6751	983	19241

4—18 城镇非私营单位主要年份在岗职工工资总额和指数

Total Wages of Staff & Workers and Related Index of Urban Non-private Owned Units in Major Years

年份 Year	工资总额(万元) Total Wages (10000 yuan)				指数(上年=100) Index (Preceding year=100)			
	合计 Total	国有单位 State-owned Units	城镇集体单位 Urban Collective-owned Units	其他单位 Units of Other Types of Ownership	合计 Total	国有单位 State-owned Units	城镇集体单位 Urban Collective-owned Units	其他单位 Units of Other Types of Ownership
1995	2281335	1792794	374403	114138	123.7	123.0	122.3	143.3
2000	2755252	2015830	317435	421987	103.2	102.1	99.0	112.2
2001	2957016	2160271	298631	498114	107.3	107.2	94.1	118.0
2002	3371312	2315317	285112	770882	114.0	107.2	95.5	154.8
2003	3610004	2410746	265168	934090	107.1	104.1	93.0	121.2
2004	4214523	2804400	258762	1151362	116.7	116.3	97.6	123.3
2005	4841315	3071572	276909	1492834	114.9	109.5	107.0	129.7
2006	5710401	3428392	311674	1970336	118.0	111.6	112.6	132.0
2007	7089072	4256242	362330	2470500	124.1	124.1	116.3	125.4
2008	8444708	4950723	397080	3096905	119.1	116.3	109.6	125.4
2009	9742920	5634976	339225	3768719	115.4	113.8	85.4	121.7
2010	11625275	6597182	399685	4628408	119.3	117.1	117.8	122.8
2011	15090405	8008129	456579	6625697	129.8	121.4	114.2	143.2

注：1998年及以后工资总额和平均工资为城镇非私营单位在岗职工总额和平均工资，1998年及以后指数按可比口径计算（以下各表同）。

a) Data on total wages since 1998 refer to wages of fully employed staff and workers of Urban Non-private Owned Units, and the indices since 1998 was calculated on the basis of comparable coverage (Similarly in the following tables).

4—19 城镇非私营单位主要年份在岗职工年平均工资及指数

Average Wage of Staff & Workers and Related Index of Urban Non-private Owned Units in Major Years

年份 Year	平均货币工资(元) Average Wage in Monetary Terms (yuan)				指数(上年=100) Index (Preceding year=100)			
	合计 Total	国有单位 State-owned Units	城镇集体单位 Urban Collective-owned Units	其他单位 Units of Other Types of Ownership	合计 Total	国有单位 State-owned Units	城镇集体单位 Urban Collective-owned Units	其他单位 Units of Other Types of Ownership
1995	4609	4994	3107	7361	121.5	120.1	124.9	115.0
2000	6989	7471	4762	7310	107.3	105.3	108.0	114.3
2001	7908	8501	5106	8125	113.1	113.8	107.2	111.1
2002	9296	9961	5808	9501	117.6	117.2	113.7	116.9
2003	10581	11220	6407	10999	113.8	112.6	110.3	115.8
2004	12928	13522	7840	13453	122.2	120.5	122.4	122.3
2005	15334	15450	9894	16788	118.6	114.3	126.2	124.8
2006	17949	17755	11869	19946	117.1	114.9	120.0	118.8
2007	22180	22428	15340	23257	123.6	126.3	129.2	116.6
2008	26363	26475	18340	27731	118.9	118.0	119.6	119.2
2009	29658	30220	20606	30011	112.5	114.1	112.4	108.2
2010	34341	35014	24537	34587	115.8	115.9	119.1	115.2
2011	40640	40732	29205	41649	118.3	116.3	119.0	120.4

4—20 城镇非私营单位分行业在岗职工工资总额（2011年）

Total Wages of Staff and Workers of Urban Non-private Owned Units by Sector (2011)

单位：万元（10000 yuan）

行业	Sector	合计 Total	国有单位 State-owned Units	城镇集体单位 Urban Collective-owned Units	其他单位 Units of Other Types of Ownership
总计	**Total**	**15090405**	**8008129**	**456579**	**6625697**
按执行会计标准类别分组	**Grouped by Executive Acounting System Type**				
企业	Enterprises	9656451	2799923	320636	6535892
事业	Institutions	3863907	3688474	131403	44029
机关	Agencies & Organizations	1496288	1493776	2512	
民间非营利组织	Non-profit Organizations	34964		1066	33898
其他	Others	38795	25957	961	11877
按国民经济行业分组	**Grouped by Economic Sector**				
农、林、牧、渔业	**Farming, Forestry, Animal Husbandry and Fishery**	**94671**	**91749**	**937**	**1985**
农业	Farming	42729	42411	121	198
林业	Forestry	20586	20565		21
牧畜业	Animal Husbandry	2443	692		1751
渔业	Fishery	1265	1145	120	
农、林、牧、渔服务业	Agricultural Services	27648	26936	696	16
采矿业	**Mining and Quarrying**	**2195426**	**838782**	**9235**	**1347409**
制造业	**Manufacturing**	**3070018**	**374759**	**45131**	**2650129**
#饮料制造业	Beverages	108406	22158	164	86084
烟草制品业	Tobacco	45729	39271	5764	695
石油加工、炼焦及核燃料加工业	Petroleum Processing, Coking and Nuclear Fuel Processing	4135	17		4118
化学原料及化学制品制造业	Raw Chemical Materials and Chemical Products	232015	13680	1828	216507
橡胶制品业	Rubber Products	67952	4	35	67914
非金属矿物制品业	Nonmetal Mineral Products	135542	24085	5335	106122
黑色金属冶炼及压延加工业	Smelting and Pressing of Ferrous Metals	318920	759		318161
有色金属冶炼及压延加工业	Smelting and Pressing of Nonferrous Metals	143100	124140		18960
金属制品业	Metal Products	107806	2436	3194	102176
通用设备制造业	Equipments in Current Use	245607	71487	2538	171582
交通运输设备制造业	Transport Equipment	467651	35011	2306	430334
电气机械及器材制造业	Electric Equipment and Machinery	346419	6521	3329	336570
电力、燃气及水的生产和供应业	**Production and Supply of Electricity Gas and Water**	**454792**	**264829**	**2529**	**187434**
建筑业	**Construction**	**1458124**	**322516**	**121398**	**1014210**
房屋和土木工程建筑业	Civil Engineering Construction	1208653	313243	102959	792451
建筑安装业	Installation	192273	1997	16321	173954
建筑装饰业	Fitting and Decoration	20613	342	1240	19031
其他建筑业	Other Construction	36585	6934	878	28774
交通运输、仓储及邮政业	**Transportation, Storage and Postal Services**	**584006**	**404082**	**10540**	**169384**
#铁路运输业	Railway Transport	238632	224301	751	13580
道路运输业	Highway Transport	139429	77245	4829	57354
水上运输业	Water Way Transport	38168	3562	3320	31286
航空运输业	Air Transport	15700	6138		9562
邮政业	Postal Services	58908	58162		746
信息传输、计算机服务和软件业	**Information Circulation, Computer Service and Software**	**171319**	**86707**	**498**	**84114**
电信和其他信息传输服务业	Telecommunication and Other Information Circulation Services	153466	86208	498	66760
软件业	Software	16246	28		16218
批发和零售业	**Wholesale and Retail Trade**	**452873**	**159578**	**18976**	**274318**
批发业	Wholesale	295239	136584	13636	145019
零售业	Retail Trade	157634	22994	5340	129299
住宿和餐饮业	**Accommodation and Catering Trade**	**84520**	**20978**	**2103**	**61439**
住宿业	Accommodation Trade	66974	17861	1677	47436
餐饮业	Catering Services	17546	3117	426	14003

4—20 续表 continued

单位：万元（10000 yuan）

行　业	Sector	合　计 Total	国有单位 State-owned Units	城镇集体单位 Urban Collective-owned Units	其他单位 Units of Other Types of Ownership
金融业	**Banking and Insurance**	**763845**	**247871**	**91814**	**424160**
金融业	Bank	611946	211209	90848	309890
证券业	Securities	35856	13767		22090
保险业	Insurance	90159	14594	171	75394
其他金融活动	Other Financial Activities	25884	8301	796	16787
房地产业	**Real Estate**	**173822**	**40076**	**2576**	**131171**
#房地产开发经营	Real Estate Development and Operation	122361	20218	1140	101003
物业管理	Real Estate Management	35141	6479	805	27857
租赁和商务服务业	**Leasing and Commercial Services**	**159402**	**39980**	**11034**	**108387**
租赁业	Leasing	2227	241		1986
商务服务业	Commercial Services	157174	39739	11034	106401
科学研究、技术服务和地质勘查业	**Scientific Research, Technical Services and Geological Prospecting**	**310456**	**266352**	**1887**	**42217**
研究与试验发展	Research and Experimental Development	91942	76156	27	15759
专业技术服务业	Professional and Technical Services	156422	129994	980	25449
科技交流和推广服务业	Exchange and Extending Services of Science and Technology	25495	23847	760	888
地质勘查业	Geological Prospecting	36598	36356	120	122
水利、环境和公共设施管理业	**Water Conservancy, Environmental and Public Facilities Management**	**163561**	**146325**	**3148**	**14087**
水利管理业	Water Conservancy Management	53243	52664	251	328
环境管理业	Environmental Management	48667	46151	549	1968
公共设施管理业	Public Facilities Management	61650	47510	2349	11791
居民服务和其他服务业	**Resident Services and Other Services**	**12201**	**8900**	**327**	**2974**
居民服务业	Resident Services	8665	7425	289	952
其他服务业	Other Services	3536	1475	38	2023
教　育	**Education**	**2282049**	**2210124**	**6615**	**65310**
#高等教育	High Education	266693	257081		9612
中等教育	Secondary Education	1051274	1010468	3494	37312
初等教育	Primary Education	899682	890441	2203	7038
卫生、社会保障和社会福利业	**Health, Social Securities and Social Welfare**	**840704**	**681883**	**122038**	**36783**
卫　生	Health	822423	664170	121927	36326
社会保障业	Social Securities	10785	10645	7	133
社会福利业	Social Welfare	7496	7067	105	324
文化、体育和娱乐业	**Culture, Sports and Entertainment**	**108771**	**96804**	**1783**	**10184**
新闻出版业	Press and Publication	26611	21160	69	5382
广播、电视、电影和音像业	Broadcasting, TV, Film, Audio-video and Recorders	46632	45432	591	609
文化艺术业	Culture and Arts	27599	24165	1122	2311
体　育	Sports	6013	5299		714
娱乐业	Entertainment	1915	747		1168
公共管理和社会组织	**Public Management and Social Organizations**	**1709846**	**1705836**	**4011**	
中国共产党机关	Organs of Chinese Communist Party	64809	64809		
国家机构	State Organs	1607965	1605228	2737	
人民政协和民主党派	CPPCC and Democratic Parties	13197	13197		
群众团体、社会团体和宗教组织	Mass Organizations, Social Organizations and Religious Organizations	22871	22283	588	

4—21 各市城镇非私营单位分行业在岗职工工资总额（2011年）

Total Wages of Staff and Workers of Urban Non-private Owned Units by Sector and Region (2011)

单位：万元（10000 yuan）

地区	Region	合计 Total	农林牧渔业 Farming, Forestry, Animal Husbandry and Fishery	采矿业 Mining and Quarrying	制造业 Manufacturing	电力、燃气及水的生产和供应业 Production and Supply of Electricity Gas and Water	建筑业 Construction	交通运输、仓储和邮政业 Transport, Storage and Postal Services	信息传输、计算机服务和软件业 Information, Circulation Computer Services and Software	批发和零售业 Wholesale and Retail Trade	住宿和餐饮业 Accommodation and Catering Trade
总计	**Total**	**15090405**	**94671**	**2195426**	**3070018**	**454792**	**1458124**	**584006**	**171319**	**452873**	**84520**
合肥市	Hefei	3960744	4620	5355	1062010	69154	755519	243872	59650	206326	36505
淮北市	Huaibei	1059987	49	735786	88731	17012	2144	17416	4885	6677	1244
亳州市	Bozhou	495725	888	57776	59673	10301	25604	6950	7323	24477	1586
宿州市	Suzhou	745212	7324	198285	57334	25853	49715	11029	8349	19728	1300
蚌埠市	Bengbu	561336	4609		117127	21808	22237	44589	7474	18210	1354
阜阳市	Fuyang	936346	4281	142204	83457	38280	62780	31419	7333	32737	2463
淮南市	Huainan	1668904	4653	960970	104901	63595	59725	37820	5350	20002	4104
滁州市	Chuzhou	606899	14532	13073	115157	20679	40410	18334	11109	16294	1726
六安市	Luan	639999	8595	833	68049	23904	84979	16591	5698	15248	1128
马鞍山市	Maanshan	827854	2228	71748	338129	22694	64780	13714	5132	14056	781
芜湖市	Wuhu	1300762	736	1330	503961	26694	140028	95860	12336	22259	9063
宣城市	Xuancheng	449101	5578	354	97082	17797	9426	9052	6254	9937	1477
铜陵市	Tongling	476748	5153	2796	215454	13004	42987	5364	3973	7297	1666
池州市	Chizhou	261620	2858	2319	28182	8550	22379	4327	4335	7303	4089
安庆市	Anqing	775044	26101	2485	101918	67373	41877	14806	13955	23597	4710
黄山市	Huangshan	324124	2466	114	28854	8093	33534	12865	8162	8727	11325

地区	Region	金融业 Banking	房地产业 Real Estate Trade	租赁和商务服务业 Leasing and Commercial Services	科学研究、技术服务和地质勘查业 Scientific Research, Technical Services and Geological Prospecting	水利、环境和公共设施管理业 Water Conservancy, Environmental and Public Facilities Management	居民服务和其他服务业 Resident Services and Other Services	教育 Education	卫生、社会保障和社会福利业 Health, Social Securities and Social Welfare	文化、体育和娱乐业 Culture, Sports and Entertainment	公共管理和社会组织 Public Management and Social Organizations
总计	**Total**	**763845**	**173822**	**159402**	**310456**	**163561**	**12201**	**2282049**	**840704**	**108771**	**1709846**
合肥市	Hefei	249199	66519	35678	153227	33057	3602	413060	191848	40776	330767
淮北市	Huaibei	18150	670	1770	9297	3573	391	76894	24196	1304	49799
亳州市	Bozhou	29556	6083	1392	4040	5398	831	141579	36327	3516	72426
宿州市	Suzhou	35511	5280	798	8801	5909	966	172864	40824	4074	91268
蚌埠市	Bengbu	33922	5450	3274	26057	14519	731	119285	42495	4997	73198
阜阳市	Fuyang	46965	7721	5889	6429	8279	468	238912	71396	4802	140531
淮南市	Huainan	38266	29643	80719	11702	13555	547	109604	45331	4178	74239
滁州市	Chuzhou	37440	3480	1075	7760	10992	582	138462	44000	1805	109990
六安市	Luan	33428	6928	1432	7451	12459	833	175555	55159	6037	115694
马鞍山市	Maanshan	35922	2500	7379	11950	8542	486	95935	36169	4538	91171
芜湖市	Wuhu	59957	13560	4017	29600	13680	958	170951	74498	4132	117143
宣城市	Xuancheng	30730	5370	4992	4841	4354	358	92521	40034	3551	105394
铜陵市	Tongling	24759	4028	2029	6542	4521	140	43625	22462	3979	66971
池州市	Chizhou	20706	3584	1755	4538	5476	112	51872	21330	9446	58460
安庆市	Anqing	46290	8442	4126	12217	10799	975	185352	67580	8571	133872
黄山市	Huangshan	23043	4564	3078	6005	8448	223	55577	27056	3065	78924

4—22 各市城镇非私营单位在岗职工工资总额（2011年）
Total Wages of Staff and Workers of Urban Non-private Owned Units at Their Posts by Region (2011)

单位：万元（10000 yuan）

地 区	Region	合 计 Total	国有济单位 State-owned Units	城镇集体单位 Urban Collective-owned Units	其他单位 Units of Other Types of Ownership
总 计	**Total**	**15090405**	**8008129**	**456579**	**6625697**
合肥市	Hefei	3960744	1685152	50531	2225061
淮北市	Huaibei	1059987	835388	23370	201228
亳州市	Bozhou	495725	364957	26849	103919
宿州市	Suzhou	745212	612651	39967	92594
蚌埠市	Bengbu	561336	365418	18646	177273
阜阳市	Fuyang	936346	615179	58694	262474
淮南市	Huainan	1668904	313860	34460	1320584
滁州市	Chuzhou	606899	392706	31877	182316
六安市	Luan	639999	444452	45430	150118
马鞍山市	Maanshan	827854	283113	35329	509411
芜湖市	Wuhu	1300762	504124	10014	786623
宣城市	Xuancheng	449101	294231	17129	137741
铜陵市	Tongling	476748	303127	1050	172571
池州市	Chizhou	261620	185181	10973	65467
安庆市	Anqing	775044	603344	44941	126759
黄山市	Huangshan	324124	205248	7319	111557

4—23 城镇非私营单位分行业在岗职工年平均工资
Average Wage of Staff and Workers of Urban Non-private Owned Units by Sector

单位：元（yuan）

行 业	Sector	2005	2010	2011
总 计	**Total**	**15334**	**34341**	**40640**
农、林、牧、渔业	Farming, Forestry, Animal Husbandry and Fishery	7827	17115	20485
采矿业	Mining and Quarrying	24473	57521	66172
制造业	Manufacturing	13651	29459	36579
电力、燃气及水的生产和供应业	Production and Supply of Electricity Gas and Water	18269	40795	47566
建筑业	Construction	11425	28558	36376
交通运输、仓储和邮政业	Transport, Storage and Postal Services	12999	30272	36837
信息传输、计算机服务和软件业	Information Circulation, Computer Service and Software	23751	38885	42143
批发和零售业	Wholesale and Retail Trade	9889	27265	30846
住宿和餐饮业	Accommodation and Catering Trade	10159	18507	22867
金融业	Banking	20099	55579	64288
房地产业	Real Estate	13964	27896	34081
租赁和商务服务业	Leasing and Commercial Services	14877	23984	38974
科学研究、技术服务和地质勘查业	Scientific Research, Technical Services and Geological Prospecting	18432	36781	44303
水利、环境和公共设施管理业	Water Conservancy, Environmental and Public Facilities Management	12310	22716	27222
居民服务和其他服务业	Resident Services and Other Services	13981	23621	28534
教 育	Education	15317	33157	38435
卫生、社会保障和社会福利业	Health, Social Securities and Social Welfare	15608	32808	39412
文化、体育和娱乐业	Culture, Sports and Entertainment	14978	29319	35636
公共管理和社会组织	Public Management and Social Organizations	17020	35302	39416

4—24 各市城镇非私营单位分行业在岗职工年平均工资（2011年）

Average Wage of Staff and Workers of Urban Non-private Owned Units by Sector By Region (2011)

单位：元（yuan）

地 区	Region	合计 Total	农林牧渔业 Farming, Forestry, Animal Husbandry and Fishery	采矿业 Mining and Quarrying	制造业 Manufacturing	电力、燃气及水的生产和供应业 Production and Supply of Electricity Gas and Water	建筑业 Construction	交通运输、仓储和邮政业 Transport, Storage and Postal Services	信息传输、计算机服务和软件业 Information, Circulation Computer Services and Software	批发和零售业 Wholesale and Retail Trade	住宿和餐饮业 Accommodation and Catering Trade
总　　计	**Total**	**40640**	**20485**	**66172**	**36579**	**47566**	**36376**	**36837**	**42143**	**30846**	**22867**
合肥市	Hefei	45442	30373	38331	42459	51489	44963	48983	52352	38881	23763
淮北市	Huaibei	50060	24250	63485	29338	36609	16725	39780	35527	38709	19942
亳州市	Bozhou	32241	20421	69644	26988	41320	25216	25161	34479	22032	20433
宿州市	Suzhou	34517	14698	64594	19434	48414	32542	18767	35300	25757	15951
蚌埠市	Bengbu	32853	23743		25551	36745	24738	39178	47850	28010	13988
阜阳市	Fuyang	32777	14195	72627	23860	46038	23740	22845	25749	21378	17269
淮南市	Huainan	51913	16442	70199	29189	56594	27894	33434	39600	21845	19599
滁州市	Chuzhou	34679	18652	42116	33350	59100	32819	22702	39102	29401	20920
六安市	Luan	32052	23982	26772	31307	36980	29796	24394	24751	27021	23016
马鞍山市	Maanshan	46439	27201	56005	47804	48784	41901	38073	37736	29301	23181
芜湖市	Wuhu	41945	31733	31211	40512	45321	34366	41500	60531	27782	25740
宣城市	Xuancheng	39357	20630	24212	34463	51169	34949	27681	33197	45393	23979
铜陵市	Tongling	42815	22569	34779	38613	45869	31539	26357	43759	29956	22334
池州市	Chizhou	36790	25725	34303	26163	44717	31489	32336	32257	36571	26311
安庆市	Anqing	33359	21587	36065	30383	50211	25888	21025	44371	25604	23007
黄山市	Huangshan	35920	28914	25267	26571	39173	26591	31962	45069	35578	23792

地 区	Region	金融业 Banking	房地产业 Real Estate Trade	租赁和商务服务业 Leasing and Commercial Services	科学研究、技术服务和地质勘查业 Scientific Research, Technical Services and Geological Prospecting	水利、环境和公共设施管理业 Water Conservancy, Environmental and Public Facilities Management	居民服务和其他服务业 Resident Services and Other Services	教育 Education	卫生、社会保障和社会福利业 Health, Social Securities and Social Welfare	文化、体育和娱乐业 Culture, Sports and Entertainment	公共管理和社会组织 Public Management and Social Organizations
总　　计	**Total**	**64288**	**34081**	**38974**	**44303**	**27222**	**28534**	**38435**	**39412**	**35636**	**39416**
合肥市	Hefei	87429	34759	37639	54037	30656	28725	45024	49510	41179	47542
淮北市	Huaibei	55351	13454	26258	34612	29284	21366	37235	30151	27567	35935
亳州市	Bozhou	55380	27425	20961	27654	18711	27783	31605	31636	25204	31547
宿州市	Suzhou	52695	22837	21992	27130	21455	27121	32739	29703	25686	30955
蚌埠市	Bengbu	48350	30246	23007	42225	34669	24530	37087	34915	34895	34719
阜阳市	Fuyang	53188	24740	16235	31702	18634	21855	34776	33338	29498	30555
淮南市	Huainan	68259	38897	60929	46751	29910	24324	42269	37654	32263	45649
滁州市	Chuzhou	54348	33787	16381	28634	23664	30286	36686	34137	30807	37736
六安市	Luan	54417	30999	29530	30374	18651	26689	33348	32913	30911	33866
马鞍山市	Maanshan	62182	42726	21126	44015	33393	43044	46933	45195	46259	47911
芜湖市	Wuhu	70290	43685	31732	45503	33529	42937	46311	49118	40040	46995
宣城市	Xuancheng	54904	32922	23570	38207	29439	35770	43970	40418	38856	42324
铜陵市	Tongling	80912	44455	31695	48674	23831	42424	54792	59995	57411	69790
池州市	Chizhou	48985	38748	23872	38688	28155	31943	42926	40667	35272	41013
安庆市	Anqing	52287	31488	33793	30718	30140	25873	34061	38967	28324	33904
黄山市	Huangshan	52005	38132	38146	40518	35012	35968	40547	40815	32295	41376

4—25 城镇非私营单位在岗职工年平均工资（2011年）
Average Wage of Staff and Workers of Urban Non-private Owned Units at Their Posts (2011)

单位：元（yuan）

行业	Sector	合计 Total	国有单位 State-owned Units	城镇集体单位 Urban Collective-owned Units	其他单位 Units of Other Types of Ownership
总　计	**Total**	**40640**	**40732**	**29205**	**41649**
按执行会计标准类别分组	**Grouped by Executive Acounting System Type**				
企　业	Enterprises	42030	44743	29586	41807
事　业	Institutions	37696	38195	28302	34192
机　关	Agencies & Organizations	40359	40373	33364	
民间非营利组织	Non-profit Organizations	30337		29205	30374
其　他	Others	45961	56885	23335	34268
按国民经济行业分组	**Grouped by Economic Sector**				
农、林、牧、渔业	Farming, Forestry, Animal Husbandry and Fishery	20485	20288	20505	37176
采矿业	Mining and Quarrying	66172	64165	24992	68272
制造业	Manufacturing	36579	38887	26474	36510
电力、燃气及水的生产和供应业	Production and Supply of Electricity Gas and Water	47566	47305	25599	48506
建筑业	Construction	36376	40333	28102	36523
交通运输、仓储和邮政业	Transport, Storage and Postal Services	36837	40008	15980	33251
信息传输、计算机服务和软件业	Information Circulation, Computer Service and Software	42143	37908	30182	47754
批发和零售业	Wholesale and Retail Trade	30846	32662	16527	31722
住宿和餐饮业	Accommodation and Catering Trade	22867	22574	19578	23103
金融业	Banking	64288	58973	56414	70096
房地产业	Real Estate	34081	31331	24301	35306
租赁和商务服务业	Leasing and Commercial Services	38974	26151	21334	53030
科学研究、技术服务和地质勘查业	Scientific Research, Technical Services and Geological Prospecting	44303	44895	27661	41945
水利、环境和公共设施管理业	Water Conservancy, Environmental and Public Facilities Management	27222	27166	25064	28367
居民服务和其他服务业	Resident Services and Other Services	28534	32048	16948	22775
教　育	Education	38435	38775	32747	30058
卫生、社会保障和社会福利业	Health, Social Securities and Social Welfare	39412	42522	28668	35430
文化、体育和娱乐业	Culture, Sports and Entertainment	35636	35616	23520	39396
公共管理和社会组织	Public Management and Social Organizations	39416	39474	24366	

4—26 各市城镇非私营单位在岗职工年平均工资（2011年）
Average Wage of Staff and Workers of Urban Non-private Owned Units at Their Posts by Region (2011)

单位：元（yuan）

地区	Region	合计 Total	国有单位 State-owned Units	城镇集体单位 Urban Collective-owned Units	其他单位 Units of Other Types of Ownership
总　计	**Total**	**40640**	**40732**	**29205**	**41649**
合肥市	Hefei	45442	48167	32203	43969
淮北市	Huaibei	50060	51938	25752	48112
亳州市	Bozhou	32241	33663	28015	29062
宿州市	Suzhou	34517	38268	24831	23319
蚌埠市	Bengbu	32853	38120	24476	26307
阜阳市	Fuyang	32777	31951	26231	37093
淮南市	Huainan	51913	39613	25490	57734
滁州市	Chuzhou	34679	35087	35309	33727
六安市	Luan	32052	32377	31687	31230
马鞍山市	Maanshan	46439	44810	32932	48814
芜湖市	Wuhu	41945	48073	38092	38823
宣城市	Xuancheng	39357	40663	33837	37544
铜陵市	Tongling	42815	49411	20924	34863
池州市	Chizhou	36790	40377	32521	29928
安庆市	Anqing	33359	35084	30811	27693
黄山市	Huangshan	35920	40711	34362	29599

4—27 城镇私营单位就业人员和工资情况（2011年）
Wages of Employed People in Private Enterprises of Urban Areas (2011)

行业	Sector	单位就业人员 Unit Employed People 年末人数（人）Number of Persons At the end of Year (person)	平均人数（人）Average Number of Persons (person)	工资总额（千元）Total Wage (1000 yuan)	平均工资（元）Average Wage (yuan)
总计	**Total**	**2834446**	**2822302**	**67199366**	**23810**
按企业、非企业分组	**Grouped by Enterprises and Non-enterprises**				
企业	Enterprises	1390742	1360934	35592371	26153
非企业	Non-enterprises	1443704	1461368	31606995	21628
按国民经济行业分组	**Grouped by Economic Sector**				
农、林、牧、渔业	Farming, Forestry, Animal Husbandry and Fishery	9544	11860	240524	20280
采矿业	Mining and Quarrying	69913	72442	2107584	29093
制造业	Manufacturing	1720986	1723348	41122447	23862
电力、燃气及水的生产和供应业	Production and Supply of Electricity Gas and Water	2682	2689	51388	19110
建筑业	Construction	545927	534479	15145714	28337
交通运输、仓储和邮政业	Transport, Storage and Postal Services	89663	88929	2121796	23859
信息传输、计算机服务和软件业	Information Circulation, Computer Service and Software	5340	4919	100228	20376
批发和零售业	Wholesale and Retail Trade	155938	153189	2886159	18841
住宿和餐饮业	Accommodation and Catering Trade	87609	86077	1713265	19904
金融业	Banking	183	189	3529	18673
房地产业	Real Estate	60419	59317	1305370	22007
租赁和商务服务业	Leasing and Commercial Services	34235	33224	668257	20114
科学研究、技术服务和地质勘查业	Scientific Research, Technical Services and Geological Prospecting	18704	18637	422120	22650
水利、环境和公共设施管理业	Water Conservancy, Environmental and Public Facilities Management	10273	10414	256252	24606
居民服务和其他服务业	Resident Services and Other Services	8886	8541	152099	17808
教育	Education	1584	1553	28516	18362
卫生、社会保障和社会福利业	Health, Social Securities and Social Welfare	8981	8972	208786	23271
文化、体育和娱乐业	Culture, Sports and Entertainment	2972	2916	53721	18423
公共管理和社会组织	Public Management and Social Organizations	607	607	10402	17137

注：本表数据为私营单位抽样调查推算数。
a) Data in this table is projected Sample Survey of private units.

4—28 城镇非私营单位分行业在岗职工年平均工资（2011年）
Average Wage of Staff and Workers of Urban Non-private Owned Units by Sector (2011)

单位：元（yuan）

行业	Sector	合计 Total	国有单位 State-owned Units	城镇集体单位 Urban Collective-owned Units	其他单位 Units of Other Types of Ownership
总计	**Total**	**40640**	**40732**	**29205**	**41649**
按执行会计制度类别分组	**Grouped by Executive Acounting System Type**				
企业	Enterprises	42030	44743	29586	41807
事业	Institutions	37696	38195	28302	34192
机关	Agencies & Organizations	40359	40373	33364	
民间非营利组织	Non-profit Organizations	30337		29205	30374
其他	Others	45961	56885	23335	34268
按国民经济行业分组	**Grouped by Economic Sector**				
农、林、牧、渔业	**Farming, Forestry, Animal Husbandry and Fishery**	**20485**	**20288**	**20505**	**37176**
农业	Farming	17814	17788	18000	25675
林业	Forestry	22250	22245		30000
牧畜业	Animal Husbandry	24976	12959		39430
渔业	Fishery	13260	13068	15410	
农、林、牧、渔服务业	Agricultural Services	25035	25113	22317	26333
采矿业	**Mining and Quarrying**	**66172**	**64165**	**24992**	**68272**
制造业	**Manufacturing**	**36579**	**38887**	**26474**	**36510**
#饮料制造业	Beverages	29697	31470	20500	29297
烟草制品业	Tobacco	71118	76596	49902	46939
石油加工、炼焦及核燃料加工业	Petroleum Processing, Coking and Nuclear Fuel Processing	27113	14417		27214
化学原料及化学制品制造业	Raw Chemical Materials and Chemical Products	40467	27288	22352	42038
橡胶制品业	Rubber Products	38732	9000	18158	38761
非金属矿物制品业	Nonmetal Mineral Products	33039	38389	18851	33245
黑色金属冶炼及压延加工业	Smelting and Pressing of Ferrous Metals	53697	44618		53723
有色金属冶炼及压延加工业	Smelting and Pressing of Nonferrous Metals	40137	44391		24662
金属制品业	Metal Products	37005	27306	37014	37321
通用设备制造业	Equipments in Current Use	35238	34983	29372	35451
交通运输设备制造业	Transport Equipment	43355	42300	25177	43613
电气机械及器材制造业	Electric Equipment and Machinery	39924	37218	31491	40086
电力、燃气及水的生产和供应业	**Production and Supply of Electricity Gas and Water**	**47566**	**47305**	**25599**	**48506**
建筑业	**Construction**	**36376**	**40333**	**28102**	**36523**
房屋和土木工程建筑业	Civil Engineering Construction	35981	40582	28743	35552
建筑安装业	Installation	42152	31850	24415	45417
建筑装饰业	Fitting and Decoration	27546	25485	37246	27125
其他建筑业	Other Construction	30895	34430	24310	30393
交通运输、仓储及邮政业	**Transportation, Storage and Postal Services**	**36837**	**40008**	**15980**	**33251**
#铁路运输业	Railway Transport	59854	60285	18640	60113
道路运输业	Highway Transport	26444	27436	19865	25905
水上运输业	Water Way Transport	36679	26117	12693	48686
航空运输业	Air Transport	56374	42480		71356
邮政业	Postal Services	30448	30533		25034
信息传输、计算机服务和软件业	**Information Circulation, Computer Service and Software**	**42143**	**37908**	**30182**	**47754**
电信和其他信息传输服务业	Telecommunication and Other Information Circulation Services	41182	37940	30182	46432
软件业	Software	57085	40429		57126
批发和零售业	**Wholesale and Retail Trade**	**30846**	**32662**	**16527**	**31722**
批发业	Wholesale	35925	36183	17022	39815
零售业	Retail Trade	24389	20697	15385	25833
住宿和餐饮业	**Accommodation and Catering Trade**	**22867**	**22574**	**19578**	**23103**
住宿业	Accommodation Trade	23221	23393	19249	23326
餐饮业	Catering Services	21611	18800	20990	22376

4—28 续表 continued

单位：元（yuan）

行　业	Sector	合　计 Total	国有单位 State-owned Units	城镇集体单位 Urban Collective-owned Units	其他单位 Units of Other Types of Ownership
金 融 业	**Banking and Insurance**	**64288**	**58973**	**56414**	**70096**
金融业	Bank	66955	60943	56613	76155
证券业	Securities	113721	86095		142146
保险业	Insurance	45512	37450	131231	47418
其他金融活动	Other Financial Activities	58061	44201	37005	70981
房地产业	**Real Estate**	**34081**	**31331**	**24301**	**35306**
#房地产开发经营	Real Estate Development and Operation	38156	37124	28579	38516
物业管理	Real Estate Management	26342	21495	18760	28147
租赁和商务服务业	**Leasing and Commercial Services**	**38974**	**26151**	**21334**	**53030**
租赁业	Leasing	34532	32187		34840
商务服务业	Commercial Services	39046	26122	21334	53551
科学研究、技术服务和地质勘查业	**Scientific Research, Technical Services and Geological Prospecting**	**44303**	**44895**	**27661**	**41945**
研究与试验发展	Research and Experimental Development	53361	54432	22250	48835
专业技术服务业	Professional and Technical Services	44851	46483	26703	38895
科技交流和推广服务业	Exchange and Extending Services of Science and Technology	30921	30854	30907	32870
地质勘查业	Geological Prospecting	37636	37706	20965	48800
水利、环境和公共设施管理业	**Water Conservancy, Environmental and Public Facilities Management**	**27222**	**27166**	**25064**	**28367**
水利管理业	Water Conservancy Management	27505	27525	27272	24684
环境管理业	Environmental Management	22852	23117	15853	19935
公共设施管理业	Public Facilities Management	31729	32175	28711	30659
居民服务和其他服务业	**Resident Services and Other Services**	**28534**	**32048**	**16948**	**22775**
居民服务业	Resident Services	29000	32436	16699	18095
其他服务业	Other Services	27454	30232	19100	25931
教　育	**Education**	**38435**	**38775**	**32747**	**30058**
#高等教育	High Education	45365	46575		26760
中等教育	Secondary Education	39186	39564	30359	31812
初等教育	Primary Education	36264	36279	45900	32418
卫生、社会保障和社会福利业	**Health, Social Securities and Social Welfare**	**39412**	**42522**	**28668**	**35430**
卫　生	Health	39648	42952	28678	35326
社会保障业	Social Securities	31600	31626	16250	31000
社会福利业	Social Welfare	30361	29921	20588	57804
文化、体育和娱乐业	**Culture, Sports and Entertainment**	**35636**	**35616**	**23520**	**39396**
新闻出版业	Press and Publication	48374	46403	25630	58882
广播、电视、电影和音像业	Broadcasting, TV, Film, Audio-video and Recorders	33587	33857	26635	25053
文化艺术业	Culture and Arts	31621	32186	22049	32508
体　育	Sports	33745	35140		26066
娱乐业	Entertainment	30497	40400		26361
公共管理和社会组织	**Public Management and Social Organizations**	**39416**	**39474**	**24366**	
中国共产党机关	Organs of Chinese Communist Party	43304	43304		
国家机构	State Organs	39248	39269	29915	
人民政协和民主党派	CPPCC and Democratic Parties	48113	48113		
群众团体、社会团体和宗教组织	Mass Organizations, Social Organizations and Religious Organizations	39733	40085	29822	

4—29 各县（市）城镇非私营单位在岗职工人数和工资（2011年）

Number of Staff and Workers and Their Wages of Urban Non-private Owned Units by County (City) (2011)

县（市） County (City)		职工人数（人）Number of Staff and Workers (person)	#国有单位 State-owned Units	#城镇集体单位 Urban Collective-owned Units	工资总额（千元）Total Wages (1000 yuan)	#国有单位 State-owned Units	#城镇集体单位 Urban Collective-owned Units	平均工资（元）Average Wage (yuan)	#国有单位 State-owned Units	#城镇集体单位 Urban Collective-owned Units
巢湖市	Chaohu	39645	21061	1322	1438829	864171	39338	35772	40954	29847
长丰县	Changfeng	40178	13432	1601	1593074	570229	47717	38703	42771	30258
肥东县	Feidong	37239	19907	2349	1366600	805438	83918	38515	40326	36838
肥西县	Feixi	60101	16622	3435	2274340	698625	116723	39088	42142	34361
庐江县	Lujiang	40853	22084	1275	1280094	797322	40123	32146	36212	31444
濉溪县	Suixi	27612	19286	4336	923618	711304	101805	33715	36937	23615
谯城区	Qiaocheng District	26494	15212	554	849980	513950	13638	33391	34533	27607
涡阳县	Guoyang	36036	26444	3290	1222030	880029	91943	32823	32245	25190
蒙城县	Mengcheng	37523	25441	1565	1155469	868806	61540	32069	34664	39832
利辛县	Lixin	31883	19086	3570	878441	572677	90984	28099	30259	26495
埇桥区	Yongqiao District	34229	25480	6011	913573	711977	143025	27350	28357	24254
砀山县	Dangshan	28165	16894	1280	761614	502561	27714	27108	29395	22189
萧　县	Xiaoxian	31679	23514	6147	915784	705449	146974	29960	30352	27288
灵璧县	Lingbi	21558	17334	1372	638768	528892	28778	29681	30684	20929
泗　县	Sixian	23524	15924	2090	644908	503562	52490	27373	31797	24278
怀远县	Huaiyuan	30903	20283	1643	879019	612703	38126	28591	30502	21264
五河县	Wuhe	15799	11572	1099	492878	398559	27964	31484	34591	25399
固镇县	Guzhen	15633	10586	1067	424584	303019	26901	26695	28346	25259
颍州区	Yingzhou District	20408	11783	946	584390	379723	35163	28783	32458	37567
颍东区	Yingdong District	18921	11090	1496	788620	422211	37959	44747	38006	24617
颍泉区	Yingquan District	25208	10467	10409	571829	335945	142826	28556	33085	24757
界首市	Jieshou	21571	17022	3190	576221	477745	72488	26734	27981	24058
临泉县	Linquan	31738	27492	3316	932640	834070	86718	30406	31529	26230
太和县	Taihe	29633	23412	2751	873871	728424	77644	29752	31540	28939
阜南县	Funan	24554	22926	878	758665	719098	22686	31008	31433	26502
颍上县	Yingshang	42441	22445	1773	1891531	638101	51506	44885	28276	29398
凤台县	Fengtai	48988	13847	3661	2540091	444758	74354	52636	31590	21069
天长市	Tianchang	19444	13816	1168	722930	474303	62761	37727	34924	55247
明光市	Mingguang	20385	15314	1583	527996	381104	47034	26208	25112	29882
来安县	Laian	13734	9450	1557	487178	328077	58932	35981	34843	37972
全椒县	Quanjiao	19185	11596	1159	672045	420615	32656	35481	36764	28176
定远县	Dingyuan	22084	16376	1469	703274	540833	41238	31482	32598	27202
凤阳县	Fengyang	19076	13560	1149	603683	451776	36449	31597	33080	32142
金安区	Jinan District	21112	11816	3387	641246	378593	108830	31020	32328	32122
裕安区	Yuan District	19598	12076	803	608072	369236	14754	32456	30589	18374
寿　县	Shouxian	23191	19782	764	628012	534474	15913	27009	26941	21105

4—29 续表 continued

县（市） County or City		职工人数（人） Number of Staff and Workers (person)	#国有单位 State-owned Units	#城镇集体单位 Urban Collective-owned Units	工资总额（千元） Total Wages (1000 yuan)	#国有单位 State-owned Units	#城镇集体单位 Urban Collective-owned Units	平均工资（元） Average Wage (yuan)	#国有单位 State-owned Units	#城镇集体单位 Urban Collective-owned Units
霍邱县	Huoqiu	27975	23469	2108	878187	763310	59871	31614	32712	28524
舒城县	Shucheng	20658	15572	2026	705908	550598	85177	34141	35370	42083
金寨县	Jinzhai	18220	13839	3418	595970	459253	113672	32981	33542	33237
霍山县	Huoshan	21956	9714	891	620490	298997	27633	29083	30767	31509
当涂县	Dangtu	14920	10966	1040	730175	615538	35111	48530	56178	31861
含山县	Hanshan	11514	9672	313	426777	370726	9093	37535	38625	29238
和　县	Hexian	21215	11886	5416	665916	396807	155141	34845	33800	35640
芜湖县	Wuhu	8356	5960	288	369642	283639	10403	44630	48213	35749
繁昌县	Fanchang	17525	5861	152	757799	294469	6792	46011	49557	44980
南陵县	Nanling	19711	7590	592	754578	332425	20056	38894	44294	33651
无为县	Wuwei	35925	24506	902	1331958	907506	28314	37071	36910	31707
宣州区	Xuanzhou District	15272	12618	615	630317	531889	20195	41181	42304	33827
宁国市	Ningguo	23619	10550	365	1031731	464740	25853	44089	43984	72215
郎溪县	Langxi	12104	7523	416	431116	282640	13075	35858	37974	31430
广德县	Guangde	10996	9781	565	455369	381812	34725	43028	40610	62231
泾　县	Jingxian	14489	9798	469	508490	358529	11830	35214	37122	26765
绩溪县	Jixi	6743	5439	235	260856	225592	8680	38829	41630	37253
旌德县	Jingde	8414	4679	937	283763	176800	22653	34703	38410	28747
铜陵县	Tongling	13286	7349		612818	390261		46630	53242	
贵池区	Guichi District	12998	9499	994	472817	369914	33482	36898	40012	33650
东至县	Dongzhi	15220	10952	1777	559568	453911	44490	36314	40775	25322
石台县	Shitai	5523	4608	21	159883	139683	250	29197	30525	11905
青阳县	Qingyang	12353	6765	454	414592	277456	26444	36693	41251	59027
桐城市	Tongcheng	19492	18255	1110	720243	683701	31047	36953	37412	28173
怀宁县	Huaining	17489	13557	1742	593883	486212	45845	34269	36279	26515
枞阳县	Zongyang	20003	16141	3361	674804	565712	93665	34124	35526	27926
潜山县	Qianshan	13757	12482	1109	453557	397045	50687	33068	31917	45871
太湖县	Taihu	16508	11643	1017	545854	388225	50765	34029	34178	49867
宿松县	Susong	22454	21261	906	669271	638331	24140	30035	30257	26822
望江县	Wangjiang	13720	11413	1348	375569	318512	34987	27996	28164	30637
岳西县	Yuexi	11531	9994	664	341656	291537	21519	29704	29186	33005
屯溪区	Tunxi District	5877	2864	72	231658	139163	2625	39927	48455	37500
黄山区	Huangshan District	9428	6033	246	318034	237460	10116	34576	39321	41459
徽州区	Huizhou District	5235	2728	377	187569	116328	16945	37054	42973	45066
歙　县	Shexian	13262	9325	416	469636	355253	11645	36010	38381	28196
休宁县	Xiuning	9181	6056	267	330095	223856	9032	36286	37241	33828
黟　县	Yixian	4264	3045	161	147881	108354	2843	34861	35398	17994
祁门县	Qimen	8288	5802	546	287008	212180	16779	34899	36488	33030

4—30 城镇登记失业人数及失业率
Number of Registered Urban Unemployed Persons and Unemployment Rate

单位：万人（10000 persons）

年份 Year	本年新登记失业人数 Number of New Unemployed Persons in this Year	登记失业人员中新增就业人数 New Added Employees of the Registered Urban Unemployed Persons	年末实有登记失业人数 Number of Unemployed Persons (Year-end)	#女性 Female	城镇登记失业率(%) Urban Unemployed Ratio (%)
2000	31.59	12.26	16.52	9.12	3.30
2002	23.84	20.30	22.21	12.15	4.00
2003	33.19	29.66	25.14	13.51	4.10
2004	35.59	32.65	26.08	13.29	4.20
2005	34.63	32.88	13.60	13.60	4.40
2006	32.96	31.99	28.20	13.59	4.25
2007	29.78	29.71	28.02	13.70	4.06
2008	26.49	26.52	29.31	13.63	3.92
2009	25.24	26.08	30.07	13.89	3.92
2010	28.48	31.69	26.86	13.01	3.66
2011	36.91	30.64	33.13	15.65	3.74

4—31 各市城镇登记失业人数及失业率（2011年）
Number of Registered Urban Unemployed Persons and Unemployment Rate by Region (2011)

单位：万人（10000 persons）

地区 Region	本年新登记失业人数 Number of New Unemployed Persons in this Year	登记失业人员中新增就业人数 New Added Employees of the Registered Urban Unemployed Persons	年末实有登记失业人数 Number of Unemployed Persons (Year-end)	#女性 Female	城镇登记失业率(%) Urban Unemployed Ratio (%)
总计 Total	**36.91**	**30.64**	**33.13**	**15.65**	**3.74**
合肥市 Hefei	9.87	3.83	11.97	5.53	3.93
淮北市 Huaibei	1.93	1.76	1.82	1.05	3.90
亳州市 Bozhou	1.60	1.39	0.78	0.45	3.51
宿州市 Suzhou	1.36	1.40	1.34	0.73	4.08
蚌埠市 Bengbu	2.60	2.48	2.12	1.56	3.58
阜阳市 Fuyang	1.50	1.68	0.85	0.42	3.13
淮南市 Huainan	0.62	0.31	2.36	0.42	4.10
滁州市 Chuzhou	3.33	2.82	1.06	0.20	2.28
六安市 Luan	1.61	1.50	1.70	0.64	3.86
马鞍山市 Maanshan	2.52	3.24	0.96	0.51	2.90
芜湖市 Wuhu	1.88	1.47	2.02	0.83	3.86
宣城市 Xuancheng	1.85	1.93	0.88	0.35	3.31
铜陵市 Tongling	3.17	3.27	1.00	0.68	3.61
池州市 Chizhou	0.22	0.46	0.88	0.40	3.63
安庆市 Anqing	2.27	2.54	2.81	1.60	4.20
黄山市 Huangshan	0.60	0.59	0.61	0.28	3.82

主要统计指标解释

就业人员

指从事一定社会劳动并取得劳动报酬或经营收入的全部劳动力。包括：1. 全部职工；2. 城镇私营企业从业人员；3. 城镇个体劳动者；4. 农村社会劳动者；5. 其他社会劳动者。这一指标反映了一定时期内全部劳动力资源的实际利用情况，是研究基本国情国力的重要指标。

单位就业人员

指在各级国家机关、政党机关、社会团体及企业、事业单位中工作，取得工资或其他形式的劳动报酬的全部人员。包括在岗职工、再就业的离退休人员、民办教师以及在各单位中工作的外方人员和港澳台方人员、兼职人员、借用的外单位人员和第二职业者。不包括离开本单位仍保留劳动关系的职工。各单位的从业人员反映了各单位实际参加生产或工作的全部劳动力。

城镇私营和个体就业人员

城镇私营就业人员指在工商管理部门注册登记，其经营地址设在县城关镇（含城关镇）以上的私营企业从业人员；包括私营企业投资者和雇工。城镇个体从业人员指在工商管理部门注册登记，并持有城镇户口或在城镇长期居住，经批准从事个体工商经营的从业人员；包括个体经营者和在个体工商户劳动的家庭帮工和雇工。

城镇登记失业人员

指有非农业户口，在一定的劳动年龄内，有劳动能力，无业而要求就业，并在当地就业服务机构进行求职登记的人员。

城镇登记失业率

指城镇登记失业人数同城镇从业人数与城镇登记失业人数之和的比。计算公式为：

城镇登记失业率=城镇登记失业人数/（城镇从业人数+城镇登记失业人数）×100%

职工

指在国有经济、城镇集体经济、联营经济、股份制经济、外商和港、澳、台投资经济、其他经济单位及其附属机构工作，并由其支付工资的各类人员，不包括返聘的离退休人员、民办教师、在国有经济单位工作的外方人员和港、澳、台人员（1998 年以后的数据均为在岗职工数据，其他相关指标如职工工资总额，职工平均工资等指标也从 1998 年按此口径进行了相应调整）。

国有单位职工

指在国有经济单位及其附属机构工作，并由其支付工资的各类人员。

城镇集体单位职工

指在城镇集体经济单位及其管理部门工作，并由其支付工资的各类人员。

其他单位职工

指在联营经济、股份制经济、外商投资经济、港、澳、台投资经济单位工作，并由其支付工资的各类人员。

在岗职工

指在本单位工作并由单位支付工资的人员，以及有工作岗位，但由于学习、病伤产假等原因暂未工作，仍由单位支付工资的人员。

专业技术人员

指从事专业技术工作的人员以及从事专业技术管理工作且已在 1983 年以前评定了专业技术职称或在 1984 年以后聘任了专业技术职务的人员。

专业技术人员具体指工程技术人员、农业技术人员、科研人员（含自然科学研究、社会科学研究及实验技术人员）、卫生技术人员、教学人员（含高等院校、中等专业学校、技工学校、中学、小学）、民用航空飞行技术人员、船舶技术人员、经济人员、会计人员、统计人员、翻译人员、图书资料、档案、文博人员、新闻、出版人员、律师、公证人员、广播电视播音人员、工艺美术人员、体育人员、艺术人员及政工人员。

专业技术管理人员具体指企业、事业单位的领导；企业、事业单位下设的职能机构、企业的生产车间和辅助车间（或附属辅助生产单位）中从事生产、技术、经济管理和政治工作的人员。

按照公务员管理或参照公务员管理的人员不统计为专业技术人员。

单位就业人员增加人数

指在报告期内，本单位招收、录用和调入的全部人员。

单位就业人员减少人数

指在报告期内，离开本单位且不再由本单位支付工资的人员。

职工工资总额

指各单位在一定时期内直接支付给本单位全部职工的劳动报酬总额。

工资总额的计算应以直接支付给职工的全部劳动报酬为依据。各单位支付给本单位全部职工的劳动报酬，不论是计入成本还是不计入成本，不论是以货币形式支付还是以实物形式支付，不论是单位自筹的资金还是上级（或政府财政部门）下拨的资金，不论是厂级单位筹集的资金还是下属车间（科室）及附属经营单位筹集的资金，均应列入工资总额计算的范围。

工资总额的统计应按国务院 1989 年 9 月 30 日批准、国家统计局 1990 年 1 月 1 日发布的《关于工资总额组成的规定》执行。

职工平均工资

指企业、事业、机关单位的职工在一定时期内平均每人所得的货币工资额。它表明一定时期职工工资收入的高低程度，是反映职工工资水平的主要指标。计算公式为：

职工平均工资=报告期实际支付的全部职工工资总额/报告期全部职工平均人数

Explanatory Notes for Major Statistical Indicators

Employed Persons

refers to the persons who are engaged in social labor and receive remuneration payment or earn business income, including: (1)Total staff and workers; (2)Employed persons in private enterprises in urban areas; (3)Self-employed individuals in urban areas; (4)Social laborers in rural areas; (5)Other social laborers. It reflects the utilization of total labor force during a given period of time.

Persons Employed in Various Units

refer to all the persons working in government agencies of various levels, political and party organizations, social organizations, enterprises and institutions, and receiving wages or other forms of payment. They include fully-employed staff and workers, re-employed retirees, teachers in schools run by the local people, foreigners and Chinese compatriots from Hong Kong, Macao, and Taiwan working in various units, part-time employees, employees of other units working temporarily at current posts, and employees holding the second job, but exclude staff and workers who have left their working units while keeping their labour contract (employment relation) unchanged. This indicator reflects the total number of laborers actually engaged in production or other operations in various units.

Persons Employed in Private Enterprises and Self-Employed Individuals in Urban Areas

Persons employed in private enterprises refer to the persons employed in the private enterprises which have been registered at the departments of industrial and commercial administration and are situated at a county town (i.e. a town where the county government is located) for business operation or at urban areas with the level higher than a county town. The self-employed individuals in urban areas refer to persons who hold the certificates of residence in urban areas or have resided in the urban areas for a long time and have been registered at the departments of industrial and commercial administration and approved to be engaged in individual industrial or commercial business, including self-employed persons as well as helpers and hired labourers who work in the individual households engaged in industrial or commercial business.

Registered Urban Unemployed Persons

The registered unemployed persons in urban areas refer to the persons who are registered as permanent residents in the urban areas engaged in non-agricultural activities, aged within the range of working age, capable to labour, unemployed but desirous to be employed and have been registered at the local employment service agencies to apply for a job.

Registered Urban Unemployment Rate

Registered unemployment rate in urban areas refers to the ratio of the number of the registered unemployed persons to the sum of the number of employed persons and the registered unemployed persons. The formula is as follows:

Registered urban unemployment rate =number of registered urban unemployed persons/(urban employed person number + registered urban unemployed person number)×100%

Staff and Workers

refer to the persons who work in (and receive payment there from) enterprises and institutions of state ownership, collective ownership, joint ownership, share holding, foreign ownership, and ownership by entrepreneurs from Hong Kong, Macao, and Taiwan, and other types of ownership and their affiliated units, excluding the retired persons invited to work in the units again, teachers in the schools run by the local people and foreigners and persons coming from Hong Kong, Macao and Taiwan and working in the state-owned economic units. (The figures since 1998 refer to those of fully employed staff and workers. Other relative figures since 1998, such as total wages of staff and workers, average wage of staff and workers, etc., were adjusted according to the standard).

Staff and Workers in State-owned Economic Units

refer to the persons who work in the state-owned economic units or their attached units and are listed in their payrolls.

Staff and Workers of Collective Owned Units in Urban Areas

refer to the persons who work in collective owned units in urban areas and their administration departments and receive payment there from.

Staff and Workers in Units of Other types of Ownership

refer to those who work in (and receive payment there from) enterprises and institutions of joint ownership, share holding, foreign ownership, and ownership by entrepreneurs from Hong Kong, Macao, and Taiwan.

Fully Employed Staff and Workers

refer to persons who work in, and receive wages from their working units, as well as persons who have their work posts, but are temporarily absent from work for reasons of study or on sick, injury or maternal leave and still receive wages from their working units.

Professional and Technical Personnel

refers to professional, technical and managerial staff members in institutions who were rated professional and technical titles before 1983 or appointed professional and technical posts after 1984.

Professional and technical personnel includes the following: Engineering, Agriculture, Scientific Research (including natural science, social science and laboratory technique), Health care, Teaching, civil aviation, shipping, economics, accounting, statistics, translating, archives, publishing, lawyer, broadcasting, craft, physical culture, art and political workers.

Managerial staff refers to the leadership of enterprises and institutions and persons engaged in production, technology, economic management and political work in functioning organizations under enterprises or institutions and workshop of enterprises.

Public servants or the personnel in light of public service are not included.

Increase of Employment in Various Units

refers to the persons recruited taken on or transferred in to this unit during the reporting period.

Decrease of Employment in Various Units

refers to the persons left this unit and no longer got payment from this unit during the reporting period.

Total Wages of Staff and Workers

refer to the total remuneration payment to staff and workers in various units during a certain period of time.

The calculation of total wages is based on the total remuneration payment to the staff and workers. Therefore, all the wages and salaries and other payments to staff and workers are included in the total wages regardless of their sources, category and forms.

Total wages should be counted in accordance with "the Regulation of the constitution of Total Wages" issued by NBS approved by the State Council on September 30, 1989.

Average Wage of Staff and Workers refers to the average wage in money terms per person during a certain period of time for staff and workers in enterprises, institutions, and government agencies, which reflects the general level of wage income during a certain period of time and is calculated as follows:

Average Wage of Staff and Workers = Total Wages of Staff and Workers in Reference Period/Average Number of Staff and Workers in Reference Period

第五篇

Chapter 5

固定资产投资

INVESTMENT IN FIXED ASSETS

简要说明

一、按照国家统计局现行统计制度规定, 2011 年固定资产投资统计的范围包括：(1)城镇投资 500 万元以上项目；(2)房地产开发投资；(3)农村非农户投资。按登记注册类型分，包括内资、港澳台商及外商投资。

二、固定资产投资统计资料来源为：跨地区项目资料来自省直有关部门；其他固定资产投资统计资料均由省统计局投资处整理提供。

三、固定资产投资统计的调查方法，均为全面统计报表。

Brief Introduction

I. According to the current statistical system stipulated by State Statistical Bureau, the fixed assets investment includes: (1)items in town with investment of five million yean and above; (2) the real estate investment; (3)invested not by farmers in rural districts; By the registration, they include domestic investment, investment from Hong Kong, Macao and Taiwan and investment from foreign countries.

II. Data sources for the statistics of investment in fixed assets are as follows: Data on the trans-regional projects are provided by the various departments under the Provincial Government. The other statistical data on the investment in fixed assets are prepared and provided by the Division of Statistics of Investment in Fixed Assets, Anhui Statistical Bureau.

III. Method of data collection: Unban and rural areas are collected by sample surveys.

5—1 固 定 资 产 投 资
Total Investment in Fixed Assets

指　标	Item	1995	2000	2005	2010	2011
投资总额　（万元）	**Total Investment (10000 yuan)**	**5325424**	**8666667**	**25209640**	**118494343**	**121477794**
按注册类型分	Grouped by Ownership					
内　资	Domestic Funded					
国有经济	State-holding Units	2661739	4311079	8805643	30613287	27654008
集体经济	Collective-owned Units	964692	1246991	484491	3239390	2482573
#农　村	Rural	781392	1064861	121968	742472	474527
私营经济	Private Units			4054698	28710810	38035354
#农　村	Rural			765026	3733574	3412107
联营经济	Joint-ownership Economic Units	21780	64789	54026	315405	353437
股份制经济	Share Holding Economic Units	178778	625138	3102845	7131811	7640487
其他经济	Others	34174	255962	4806926	43080495	40261281
个体经济	Individuals	1247623	1693002	2302287	918939	345133
外商投资经济	Foreign Funded Economic Units	1921830	353036	642187	2119765	2217664
港澳台投资经济	Economic Units Funded by Entrepreneurs from Hong Kong, Macao and Taiwan	23808	116670	956537	2364441	2487857
按三次产业分	Grouped by the Three Industries					
第一产业	Primary Industry	18415	90636	754433	2215638	1761030
第二产业	Secondary Industry	1883593	2328718	9951088	56173547	60867005
#工　业	Industry	1718877	2138299	9475947	52534585	58061550
第三产业	Tertiary Industry	3423416	6247313	14504119	60105158	58849759
#房地产开发	Real Estate Development	361015	879261	4594413	22518045	26115374
按资金来源分	Grouped by Source of Funds					
国家预算内资金	State Budgetary Appropriation	179033	546533	1308469	9360618	9060221
国内贷款	Domestic Loans	1482079	1592274	4874000	12013998	12139795
利用外资	Foreign Investment	306259	217262	499980	1138872	1126979
自筹资金	Fundraising	2738886	4647474	16227669	88102963	94707798
其他资金	Others	634816	1532662	5153255	17373040	19661172
按构成分	Grouped by Use of Funds					
建筑安装工程	Construction and Installation	3388229	5620873	15426301	76209670	77553646
设备工具器具购置	Purchase of Equipment and Instruments	1488909	2039620	5518895	24659813	26156105
其他费用	Others	448286	1006174	4264444	17624860	17768043
房屋建筑面积　（万平方米）	**Floor Space of Buildings (10000 sq.m)**					
施工面积	Floor Space Under Construction	8002.8	10091.4	12389.9	52588.2	40261.3
#住　宅	Residential Buildings			8337.6	31545.1	19340.2
竣工面积	Floor Space Completed	6614.8	8397.1	6986.2	12876.8	8699.2
#住　宅	Residential Buildings	4930.4	6782.9	5109.0	6835.8	3978.8

注：1、2010年统计口径为50万元以上项目及房地产。
2、2011年统计口径为500万元以上项目及房地产。
3、2010年之前包含农户投资数据，2010年及2011年不包含农户投资数据。

a) In 2010 Statistics is for over 500000 yuan project and real estate.
b) In 2011 Statistics is for over 5000000 yuan project and real estate.
c) Before 2010 ,Data includes farmer investment data, in 2010 and 2011 Data does not include farmer investment data.

5—2 固定资产投资增长速度
Growth Rate of Total Investment in Fixed Assets by Ownership

年 份 Year	总 计 Total	国有经济 State-owned Units	集体经济 Collective-owned Units	私营经济 Private Units	个体经济 Individuals	其他各种经济 Other Types of Ownership
增长速度（上年=100） Growth Rate (previous year=100)						
1995	33.29	34.15	39.99		36.59	10.46
2000	11.99	22.67	-3.33		0.91	12.63
2001	11.24	10.61	4.25		16.58	12.97
2002	17.55	7.68	6.35		24.53	47.59
2003	30.39	9.58	-5.81		9.30	118.80
2004	29.54	31.60	-52.01		-24.43	75.91
2005	31.70	18.92	-22.47		13.50	49.90
2006	40.61	19.47	12.14	63.39	9.28	92.03
2007	43.70	38.63	58.80	71.88	19.73	43.50
2008	33.50	22.97	55.28	10.91	16.41	54.52
2009	36.22	41.24	37.29	58.04	29.64	31.62
2010	33.55	20.79	76.15	43.85	44.00	39.80
2011	27.82	12.69	-4.47	65.17	-53.17	21.82

5—3 固定资产投资资金来源增长速度及构成
Source of Funds and Growth Rate of All Social Investment in Fixed Assets

年 份 Year	资 金 来 源 Grouped by Source Finance						按 构 成 分 Grouped by Use of Funds		
	国家预算内资金 State Budgetary Appropriation	国内贷款 Domestic Loans	债 券 Bonds	利用外资 Foreign Investment	自筹和其他资金 Fundraising and Others	其 他 Others	建筑安装工程 Construction and Installation	设备工具器具购置 Purchase of Equipment and Instruments	其他费用 Others
增长速度（上年=100） Growth Rate (previous year=100)									
1995	3.36	27.83		5.75	51.43		63.62	27.96	8.42
2000	6.31	18.37		2.51	53.62		64.86	23.53	11.61
2001	7.89	16.09		2.76	68.38		65.45	21.99	12.57
2002	7.89	17.20		2.67	72.24		64.04	22.07	13.89
2003	-16.59	50.91		-4.42	38.81		25.83	33.55	46.38
2004	19.01	0.62		-1.73	40.34		27.73	29.89	36.23
2005	41.45	58.03		68.61	28.66		32.26	27.18	35.84
2006	47.21	26.81		17.58	42.91		46.67	33.00	28.54
2007	52.76	17.18		53.19	43.11		41.21	48.84	47.08
2008	26.73	6.77		8.05	29.88		39.30	20.76	27.78
2009	29.01	40.05		2.23	44.33		37.86	37.35	27.73
2010	57.86	10.93		14.48	28.67		24.21	36.10	33.93
2011	20.68	25.98		23.38	34.03		26.88	32.24	25.62

注：2010年不含农户数据，增长速度按同口径计算。
a) Households data is not included in 2010, the growth rate over the previous year is caculated by the same caliber.

5—4 主要年份固定资产投资
Total Investment in Fixed Assets of Rural and Urban Area

单位：万元（10000 yuan）

年 份 Year	全社会投资 Total Investment	城 镇 Urban	#房地产开发 Real Estate Development	农 村 Rural	#非农户 Non-Rural Households
2000	8666667	6395369	879261	2271298	1064861
2001	9641133	7278532	1109914	2362601	1087470
2002	11333146	8700846	1464887	2632300	1112300
2003	14777162	12146765	2406505	2630397	1129546
2004	19142273	16120830	3502733	3021443	1121443
2005	25209640	21391395	4594413	3818245	1699350
2006	35446671	30611574	6374464	4835097	2460086
2007	50936811	44507343	7756432	6429468	3679677
2008	67999535	60016050	13626657	7983485	3182660
2009	92631822	81546076	16698263	11085746	7178208
2010	118494343	109284231	22518045	9210112	9210112
2011	121477794	113723717	26115374	7754077	7754077

注：2010、2011年农村中不包含农户数据。
a) Rural data in 2010, 2011 do not include rural household data.

5—5 分行业固定资产投资
Investment in Fixed Assets by Sector In Whole Society

单位：万元（10000 yuan）

行 业	Sector	2005	2010	2011
总 计	**Total**	**22991963**	**118494343**	**121477794**
农、林、牧、渔业	Farming, Forestry, Animal Husbandry and Fishery	341939	2215638	1761030
采掘业	Mining and Quarrying	1471068	4074986	3874157
制造业	Manufacturing	6046773	44593803	50915803
电力、燃气及水的生产和供应业	Production and Supply of Electricity Gas and Water	1949850	3865796	3326035
建筑业	Construction	462578	3638962	2751010
交通运输、仓储和邮政业	Transport, Storage and Postal Services	2297456	6682157	5592573
信息传输、计算机服务和软件业	Information Circulation, Computer Service and Software	339691	906311	519675
批发和零售业	Wholesale and Retail Trade	449262	2924336	2403612
住宿和餐饮业	Accommodation and Catering Trade	265639	1901810	1656556
金融业	Banking	19322	276578	573198
房地产业	Real Estate	5053472	28565844	32300774
租赁和商务服务业	Leasing and Commercial Services	158214	813224	1311066
科学研究、技术服务和地质勘查业	Scientific Research, Technical Services and Geological Prospecting	128055	730030	470426
水利、环境和公共设施管理业	Water Conservancy, Environmental and Public Facilities Management	2357571	9898894	8216068
居民服务和其他服务业	Resident Services and Other Services	32640	372074	256597
教 育	Education	574529	2164399	1696338
卫生、社会保障和社会福利业	Health Care, Social Protection and Social Welfare	151905	1149894	939603
文化、体育和娱乐业	Culture, Sports and Entertainment	210860	1199795	1062765
公共管理和社会组织	Public Management and Social Organizations	681139	2519812	1850508

注：2011年为500万元以上项目统计口径，与往年为50万元以上项目统计口径不具可比性。
a) In 2011 Statistics is for over 5000000 yuan project, it does not comparable with for over 500000 yuan in past project.

5—6 按经济类型分的固定资产投资（2011年）
Total Investment in Fixed Assets by Ownership (2011)

指 标	Item	总 计 Total	内 资 Domestic	国 有 State-owned	集 体 Collective-owned	股份合作 Cooperative	联 营 Joint	有限责任公司 Limited Liability
投资总额 （万元）	**Total Investment (10000 yuan)**	**121477794**	**116427140**	**27654008**	**2482573**	**580424**	**353437**	**35760773**
资金来源	**Grouped by Source of Funds**							
国家预算内资金	State Budgetary Appropriation	9093700	9086257	8181905	230406	7586	18801	478509
国内贷款	Domestic Loans	8785084	8544228	3727189	79958	107543	59374	2446683
利用外资	Foreign Investment	1096009	377280	98125	9468	3400		75647
自筹资金	Fundraising	79745641	76543755	14118718	2124805	440096	279538	21492202
其他资金	Others	4911565	4829395	2212028	231896	9475	5900	933392
按构成分	**Grouped by Use of Funds**							
建筑安装工程	Construction and Installation	77553646	74559016	20757261	2011494	329224	191875	21464897
设备工具器具购置	Purchase of Equipment and Instruments	26156105	24591595	3353013	231769	182438	98632	7863777
其他费用	Others	17768043	17276529	3533734	3543734	68762	62930	6432099
房屋建筑面积（万平方米）	**Floor Space of Buildings (10000 sq.m)**							
施工面积	Floor Space Under Construction	40388.93	38537.47	6527.91	896.54	113.30	108.56	15535.64
竣工面积	Floor Space Completed	8706.67	8270.15	1247.14	236.85	38.00	8.19	2902.28
#住 宅	Residential Buildings	3978.81	3767.78	671.04	117.12	7.80	3.15	1542.87

指 标	Item	股份有限公司 Share-holding	私营经济 Private	其 他 Others	港澳台商投资 Funds from Hong Kong, Macao and Taiwan	外商投资 Foreign Funded	个 体 Self-employed Individual
投资总额 （万元）	**Total Investment (10000 yuan)**	**7640487**	**38035354**	**3920084**	**2487857**	**2217664**	**345133**
资金来源	**Grouped by Source of Funds**						
国家预算内资金	State Budgetary Appropriation	54702	31946	82402	7123		320
国内贷款	Domestic Loans	621006	1294461	208014	98321	127398	15137
利用外资	Foreign Investment	25360	143135	22145	449988	266741	2000
自筹资金	Fundraising	6263997	29091345	2733054	1421334	1451144	329408
其他资金	Others	185125	908353	343226	39350	31150	11670
按构成分	**Grouped by Use of Funds**						
建筑安装工程	Construction and Installation	4306761	22638587	2858917	1451946	1329319	213365
设备工具器具购置	Purchase of Equipment and Instruments	2377539	9844076	640351	796190	658952	109368
其他费用	Others	956187	5552691	420816	239721	229393	22400
房屋建筑面积（万平方米）	**Floor Space of Buildings (10000 sq.m)**						
施工面积	Floor Space Under Construction	2081.83	12131.88	1141.82	971.99	763.47	115.99
竣工面积	Floor Space Completed	414.04	3000.90	422.76	215.53	149.16	71.82
#住 宅	Residential Buildings	139.28	1015.82	270.70	86.51	109.43	15.08

5—7 城镇建设项目投资完成情况（2011年）
Investment in Construction Items of Urban Area (2011)

行 业		Sector		合 计 Total	地方项目 Local Projects
计划投资	**（万元）**	**Total Planned Investment**	**(10000 yuan)**		
建设项目计划总投资		Total Investment of Construction Project Plan		207245476	193669956
自开始建设累计完成投资		Total Investment Complished from the Beginning		133863988	126094751
自年初累计完成投资	**（万元）**	**Total Investment Completed from the Beginning of the Year**	**(10000 yuan)**	**87608343**	**84020316**
#国有经济控股		State-owned and State-controlled		31897783	28449397
#住　　宅		Residential Buildings		2321515	2280825
按建设性质分		Grouped By Type of Construction			
#新　　建		New Construction		54736818	52207876
扩　　建		Expansion		15525614	15024363
改建和技术改造		Reconstruction and Technical Reconstruction		14588844	14071189
按构成分		Grouped by Composition			
建筑工程		Construction		48100371	46279437
安装工程		Installation		6510760	6073533
设备工器具购置		Purchase of Equipment and Instruments		23706473	22770988
#用于更新的设备		Used in Equipment Renewing		2372682	2347035
其他费用		Others		9290739	8896358
新增固定资产	**（万元）**	**Newly Increased Assets**	**(10000 yuan)**	**51335509**	**50036385**
项目个数	**（个）**	**Number of Projects**	**(unit)**		
施工项目个数		Number of Projects Under Construction		21632	21379
#本年新开工		Started this Year		15921	15758
本年投产项目个数		Number of Projects Put into Use this Year		13406	13273
房屋建筑面积	**（万平方米）**	**Floor Space of Buildings**	**(10000 sq.m)**		
施工面积		Floor Space Under Construction		17923.59	17787.26
#住　　宅		Residential Buildings		2815.61	2786.38
竣工面积		Floor Space Completed		4313.21	4302.48
#住　　宅		Residential Buildings		787.19	787.07
本年资金来源合计	**（万元）**	**Subtotal of Source of Funds this Year**	**(10000 yuan)**	**96927326**	**92964704**
上年末结余资金		Surplus Funds at the Year-end		1974010	1848813
本年资金来源小计		Subtotal of Source of Funds this Year		94953316	91115891
国家预算内资金		State Budgetary Appropriation		8608210	7436567
国内贷款		Domestic Loans		8407792	7769072
债　　券		Bonds		282089	80475
利用外资		Foreign Investment		947857	787557
#外商直接投资		Foreign Direct Investment		614415	454115
自筹资金		Self-raising Funds		72066391	70513068
#企、事业单位自有资金		Enterprise, Institution Innate Fund		17241144	16893825
其他资金来源		Others		4640977	4529152
各项应付款合计	**（万元）**	**Total of All Payable Account**	**(10000 yuan)**	**5121126**	**4858386**
#工 程 款		Project Account		2231155	2125148
征用和购置土地情况		**Take Over for Use and the Purchase Land Situation**			
规划用地面积	（万平方米）	Planning Land Area	(10000 sq.m)	84878.17	83572.52
本年实际征用和购置土地面积	（万平方米）	Actual Acquisition and Purchase of Land Area this Year	(10000 sq.m)	18464.53	18260.85
本年实际征用和购置土地成交价款	（万元）	Funds of Actual Acquisition and Purchase of Land this Year	(10000 yuan)	3209029	3110231

5—8 各行业城镇建设项目投资（2011年）

Investment of Town Construction Projects by Sector (2011)

单位：万元（10000 yuan）

行业	Sector	投资额 Investment	#新建 New Construction	扩建 Expansion	改建 Reconstruction	新增固定资产 Newly Increased Fixed Assets
总计	**Total**	**87608343**	**54736818**	**15525614**	**14588844**	**51335509**
农、林、牧、渔业	**Agriculture, Forestry, Animal Husbandry and Fishery**	**986595**	**698173**	**166906**	**119766**	**743035**
农业	Farming	312458	213849	72034	26575	231685
林业	Forestry	105999	80280	19323	6396	82354
畜牧业	Animal Husbandry	301588	242199	36790	21649	241418
渔业	Fishery	84863	64163	15450	5250	37530
农、林、牧、渔服务业	Services in Support of Agriculture	181687	97682	23309	59896	150048
采矿业	**Mining**	**3441287**	**1105548**	**679338**	**1603335**	**2318368**
煤炭开采和洗选业	Mining and Washing of Coal	1998770	584551	314503	1073931	1419504
黑色金属矿采选业	Mining and Processing of Ferrous Metal Ores	685381	277221	96179	309804	349402
有色金属矿采选业	Mining and Processing of Non-Ferrous Metal Ores	281224	55867	124239	90357	199818
非金属矿采选业	Mining and Processing of Nonmetal Ores	463274	186941	144417	119893	345706
其他采矿业	Mining of Other Ores	12638	968		9350	3938
制造业	**Manufacturing**	**46922735**	**29286851**	**8114390**	**8072693**	**27773312**
农副食品加工业	Processing of Food from Agricultural Products	2115933	1201105	396271	473414	1380463
食品制造业	Manufacture of Foods	933770	533776	202618	176701	647830
饮料制造业	Manufacture of Beverages	579131	364323	102179	104049	364641
烟草制品业	Manufacture of Tobacco	147922	81490	8550	57882	18295
纺织业	Manufacture of Textile	1454092	853428	276543	263519	847223
纺织服装、鞋、帽制造业	Manufacture of Textile Wearing Apparel, Foot ware and Caps	1962045	1370434	328285	217842	1308901
皮革毛皮羽毛(绒)及其制品业	Manufacture of Leather, Fur, Feather and Related Products	480341	318873	115368	41370	318861
木材加工及木竹藤棕草制品业	Processing of Timber, Manufacture of Wood, Bamboo, Rattan, Palm and Straw Products	858126	504488	165307	167967	539864
家具制造业	Manufacture of Furniture	476748	312914	89845	59959	311853
造纸及纸制品业	Manufacture of Paper and Paper Products	553704	329366	96866	112142	355972
印刷业和记录媒介的复制	Printing, Reproduction of Recording Media	575543	330750	108610	106161	376785
文教体育用品制造业	Manufacture of Articles For Culture, Education and Sport Activities	325718	208447	82807	27677	278103
石油加工、炼焦及核燃料加工业	Processing of Petroleum, Coking, Processing of Nuclear Fuel	676467	323774	63628	287051	785015
化学原料及化学制品制造业	Manufacture of Raw Chemical Materials and Chemical Products	2298463	1060707	427864	517604	1318757
医药制造业	Manufacture of Medicines	987281	682520	114750	169467	402742
化学纤维制造业	Manufacture of Chemical Fibers	135127	94823	15010	25294	57764
橡胶制品业	Manufacture of Rubber	607152	447767	86346	62759	239714
塑料制品业	Manufacture of Plastics	2009758	1452633	286040	226847	1080077
非金属矿物制品业	Manufacture of Non-metallic Mineral Products	4761773	3194560	742246	738219	3108146
黑色金属冶炼及压延加工业	Smelting and Pressing of Ferrous Metals	1197913	438754	86359	592788	212177
有色金属冶炼及压延加工业	Smelting and Pressing of Non-ferrous Metals	771708	281582	76793	390105	332428
金属制品业	Manufacture of Metal Products	2127952	1210303	543932	318171	1446879
通用设备制造业	Manufacture of General Purpose Machinery	4123684	2329638	894423	723238	2396985
专用设备制造业	Manufacture of Special Purpose Machinery	2394826	1463100	551842	312892	1372678
交通运输设备制造业	Manufacture of Transport Equipment	4361122	2580410	823836	828721	2221813
电气机械及器材制造业	Manufacture of Electrical Machinery and Equipment	5543916	3762851	948429	724064	2728148
通信设备、计算机及其他电子设备制造业	Manufacture of Communication Equipment, Computers and Other Electronic Equipment	3454807	2936645	259523	197267	2731208
仪器仪表文化办公用机械制造业	Manufacture of Measuring Instruments and Machinery for Cultural Activity and Office Work	379324	230894	96758	47918	174698
工艺品及其他制造业	Manufacture of Artwork and Other Manufacturing	435363	232359	100132	99622	284591
废弃资源和废旧材料回收加工业	Recycling and Disposal of Waste	193026	154137	23230	1983	130701
电力燃气水的生产供应业	**Production and Supply of Electricity, Gas and Water**	**3107835**	**1774202**	**420700**	**867490**	**1818505**
电力、热力的生产和供应业	Production and Supply of Electric Power and Heat Power	2256456	1221687	282674	710456	1317087
燃气生产和供应业	Production and Supply of Gas	278841	210258	46116	22467	135015
水的生产和供应业	Production and Supply of Water	572538	342257	91910	134567	366403
建筑业	**Construction**	**2410401**	**1476075**	**407459**	**412129**	**1737128**
房屋和土木工程建筑业	Construction of Buildings and Civil Engineering	2100090	1368470	324189	335697	1457748
建筑安装业	Building Installation	65945	14720	26610	17857	49755
建筑装饰业	Building Decoration	55073	8958	4980	28575	44868
其他建筑业	Other Construction	189293	83927	51680	30000	184757

5—8 续表 continued

单位：万元（10000 yuan）

行　　业	Sector	投资额 Investment	#新建 New Construction	扩建 Expansion	改建 Recon-Struction	新增固定资产 Newly Increased Fixed Assets
交通运输、仓储和邮政业	**Transport, Storage and Post**	**5339446**	**3651775**	**850771**	**514861**	**2075440**
铁路运输业	Railway Transport	1577494	1286173	282282	7773	53416
道路运输业	Road Transport	2410266	1504750	382016	442384	1243892
城市公共交通业	Urban Public Transport	141077	62194	22649	10012	93434
水上运输业	Water Transport	408868	141726	63774	22473	288119
航空运输业	Air Transport	164665	153140	5825	5700	14864
管道运输业	Transport Via Pipelines	330	330			
装卸搬运和其他运输服务业	Loading, Unloading and Other Transport Services	156851	112471	17130	16970	79092
仓储业	Storage	462612	373708	77095	9549	296823
邮政业	Post	17283	17283			5800
信息传输、计算机服务和软件业	**Information Transmission, Computer Services and Software**	**518475**	**153011**	**109794**	**238154**	**348423**
电信和其他信息传输服务业	Telecommunications and Other Information Transmission Services	426111	106841	81497	224807	302687
计算机服务业	Computer Services	35600	15095	9158	6797	26886
软件业	Software	56764	31075	19139	6550	18850
批发和零售业	**Wholesale and Retail Trades**	**2244114**	**1435821**	**478849**	**241046**	**1375986**
批发业	Wholesale Trade	1130681	675670	311336	87022	653879
零售业	Retail Trade	1113433	760151	167513	154024	722107
住宿和餐饮业	**Hotels and Catering Services**	**1551671**	**1065776**	**284500**	**183950**	**1063902**
住宿业	Hotels	942359	698708	154423	80703	620558
餐饮业	Catering Services	609312	367068	130077	103247	443344
金融业	**Financial Intermediation**	**573198**	**322577**	**128509**	**101350**	**511902**
银行业	Bank	471545	282834	105784	65588	450042
证券业	Security Activities	26126	1200	4505	18858	23363
保险业	Insurance	13384		3780	9604	10705
其他金融活动	Other Financial Activities	62143	38543	14440	7300	27792
房地产业	**Real Estate**	**5569779**	**4546246**	**623169**	**167035**	**2976287**
租赁和商务服务业	**Leasing and Business Services**	**1242108**	**946691**	**141681**	**115063**	**657048**
租赁业	Leasing	27301	15328	1830	5935	23483
商务服务业	Business Services	1214807	931363	139851	109128	633565
科学研究、技术服务和地质勘查业	**Scientific Research, Technical Service and Geologic Prospecting**	**464046**	**302582**	**121020**	**22134**	**274986**
研究与试验发展	Research and Experimental Development	212787	113707	83108	5100	86917
专业技术服务业	Professional Technical Services	130692	89494	29474	11114	74334
科技交流和推广服务业	Services of Science and Technology Exchanges and Promotion	105864	94436	8438	2990	106718
地质勘查业	Geologic Prospecting	14703	4945		2930	7017
水利、环境和公共设施管理业	**Management of Water Conservancy, Environment and Public Facilities**	**7804964**	**4654769**	**1996601**	**1122764**	**4437877**
水利管理业	Management of Water Conservancy	540614	252343	83923	201718	373913
环境管理业	Environmental Management	354257	197842	61132	86737	151650
公共设施管理业	Management of Public Facilities	6910093	4204584	1851546	834309	3912314
居民服务和其他服务业	**Services to Households and Other Services**	**237645**	**110718**	**56082**	**62386**	**195167**
居民服务业	Services to Households	171421	84983	41362	39666	141452
其他服务业	Other Services	66224	25735	14720	22720	53715
教育	**Education**	**1642658**	**982142**	**445110**	**145792**	**1026228**
卫生、社会保障和社会福利业	**Health, Social Security and Social Welfare**	**894922**	**449810**	**236539**	**109580**	**568103**
卫生	Health	748411	365676	181094	103698	434535
社会保障业	Social Security	10917	7567	2300		11220
社会福利业	Social Welfare	135594	76567	53145	5882	122348
文化、体育和娱乐业	**Culture, Sports and Entertainment**	**985573**	**758705**	**82231**	**113237**	**497386**
新闻出版业	Journalism and Publishing Activities	19801	3452	13749	600	35200
广播、电视、电影和音像业	Broadcasting, Movies, Television and Audiovisual Activities	104988	67581	5626	19517	54050
文化艺术业	Cultural and Art Activities	425238	373895	24226	25747	177293
体育	Sports Activities	49687	40663	7270	1754	19104
娱乐业	Entertainment	385859	273114	31360	65619	211739
公共管理和社会组织	**Public Management and Social Organization**	**1670891**	**1015346**	**181965**	**376079**	**936426**
中国共产党机关	Organs of Communist Party of China	18524	9474		9050	12340
国家机构	Government Agencies	1542827	961621	163068	327772	841997
人民政协和民主党派	People's Political Consultative Conference and Democratic Parties	4783			4783	4783
群众团体、社会团体和宗教组织	Non-Governmental Organizations, Social Organizations and Religion Organizations	58235	23963	8150	25612	31528
基层群众自治组织	Grass Roots Self-governing Organizations	46522	20288	10747	8862	45778

5—9 农村非农户固定资产投资完成情况（2011年）
Completion of the Non-farm households Investment in Fixed Asset in Rural Area (2011)

指　　标		Item		合　计 Total	地方项目 Local Projects
完成投资	(万元)	Accomplished Investment	(10000yuan)	7754077	7721605
#住　宅		Residential Buildings		411540	411540
按建设性质分		Grouped By Type of Construction			
#新　建		New Construction		4903737	4871865
扩　建		Expansion		1396817	1396217
改建和技术改造		Reconstruction and Technical Reconstruction		1232555	1232555
按构成分		Grouped by Composition			
建筑工程		Construction		4180351	4153829
安装工程		Installation		542818	540698
设备工器具购置		Purchase of Equipment and Instruments		2173212	2170842
#用于更新的设备		Using in Renewing Equipments		263687	263687
其他费用		Others		857696	856236
新增固定资产	(万元)	Newly Increased Assets	(10000yuan)	5707331	5689687
施工项目个数	(个)	Number of Projects	(unit)		
施工项目个数		Number of Construction		3615	3603
#本年新开工		Started this Year		2891	2881
本年投产项目个数		Number of Putting Into Operation of Projects this Year		2693	2686
房屋建筑施工面积	(万平方米)	Floor Space of Buildings Under Construction	(10000 sq.m)	1551.89	1550.89
#住　宅		Residential Buildings		487.92	487.92
房屋建筑竣工面积		Floor Space of Buildings Completed		757.22	757.22
#住　宅		Residential Buildings		305.28	305.28
征用和购置土地情况	(万平方米)	Acquisition and Purchase of Land Area	(10000 sq.m)		
规划用地面积		Planning Land Area		12366.79	12334.89
实际征用和购置土地面积		Actual Acquisition and Purchase of Land Area		3752.54	3750.78
实际征用和购置土地成交价款	(万元)	Funds of Actual Acquisition and Purchase of Land	(10000 yuan)	272978	271828

5—10 各市农村非农户固定资产投资完成情况（2011年）
Completion of the Non-farm households Investment in Fixed Asset in Rural Area by Region (2011)

地区	Region	完成投资（万元） Accomplished Investment (10000 yuan)	#住宅 Residential Buildings	新增固定资产（万元） Newly Increased Assets (10000 yuan)	房屋建筑施工面积（万平方米） Floor Space of Buildings Under Construction (10000 sq.m)	#住宅 Residential Buildings	房屋建筑竣工面积（万平方米） Floor Space of Buildings Completed (10000 sq.m)	#住宅 Residential Buildings	实际征用和购置土地面积（万平方米） Actual Acquisition and Purchase of Land Area (10000 sq.m)	实际征用和购置土地成交价款（万元） Funds of Actual Acquisition and Purchase of Land (10000 yuan)
总计	**Total**	**7754077**	**411540**	**5707331**	**1551.89**	**487.92**	**757.22**	**305.28**	**3752.54**	**272978**
合肥市	Hefei	887917	15590	695324	127.55	19.95	35.61	14.09	559.01	24869
淮北市	Huaibei	191314	30292	149261	118.12	59.10	44.35	15.75	74.69	4805
亳州市	Bozhou	129983	3949	92867	27.54	3.94	13.92	3.06	291.29	2412
宿州市	Suzhou	1090560	30990	896886	161.97	26.83	98.31	21.22	472.49	54591
蚌埠市	Bengbu	1212885	12604	880361	116.90	15.81	81.60	7.07	90.75	12987
阜阳市	Fuyang	211913	42456	194883	88.64	52.48	65.61	36.63	94.21	9339
淮南市	Huainan	850900	192646	626511	341.67	229.61	234.18	164.38	423.78	44932
滁州市	Chuzhou	47728	3968	38149	14.28	7.17	8.13	5.35	10.65	720
六安市	Luan	286322	12355	223196	39.41	9.39	22.53	7.02	70.45	6471
马鞍山市	Maanshan	608704		488617	80.67		41.41		93.25	6597
芜湖市	Wuhu	149661	3336	111969	38.36	20.87	13.93	10.67	51.49	4370
宣城市	Xuancheng	511370	17801	391536	191.44	11.28	32.46	8.59	302.63	34305
铜陵市	Tongling	58309	6714	52030	6.41	1.92	3.88	0.39	12.58	1340
池州市	Chizhou	605118	13800	270685	116.80	11.30	29.67	1.94	1019.64	53075
安庆市	Anqing	720672	11235	470481	49.96	7.44	23.64	3.24	63.44	8803
黄山市	Huangshan	190721	13804	124575	32.15	10.82	8.00	5.87	122.20	3362

5—11 主要年份农村农户固定资产投资和建房
Farm households Investment in Fixed Assets and Buildings Construction in Rural Area

年份 Year	投资总额（亿元） Total Investment (100 million yuan)	竣工房屋投资 Investment in Buildings Completed	#住宅 Residential Buildings	施工房屋建筑面积（万平方米） Floor Space of Buildings under Construction (10 000 sq.m)	竣工房屋建筑面积（万平方米） Floor Space of Buildings Completed (10 000 sq.m)	#住宅 Residential Buildings	竣工房屋造价（元/平方米） Cost of Buildings Completed (yuan/sq.m)	#住宅 Residential Buildings
2000	120.6	83.2	82.3	4859.0	4771.0	4712.0	174.4	174.6
2005	211.9	110.2	108.9	3028.2	2925.7	2871.0	376.8	379.2
2006	237.2	144.5	140.1	3661.1	3488.4	3381.5	414.1	414.3
2007	275.0	169.9	162.0	4005.2	3699.5	3507.2	459.3	461.9
2008	318.3	195.5	183.9	4224.3	3925.8	3698.5	497.9	497.1
2009	390.8	275.2	266.6	5365.2	5019.8	4803.6	548.1	555.1
2010	439.1	281.7	274.1	4968.0	4511.0	4344.0	624.4	631.0
2011	447.8	292.7	275.9	4828.0	4130.0	3808.0	708.7	724.6

5—12 主要年份城镇施工、投产项目

Number of Construction Projects under Construction and Put into Use in Urban Area

年 份 Year	项目投资（万元）Investment in Projects (10000 yuan)	施工项目（个）Number of projects Under Construction (unit)	全部建成投产项目（个）Number of Projects Completed and Put into Use (unit)	项目建成投产率（%）Ratio of Projects Completed and Put into Use (%)	新增固定资产（万元）Newly Increased Fixed Assets (10000 yuan)	固定资产交付使用率（%）Ratio of Fixer Assets Put into Use (%)	征用和购置土地情况 Take over for use and the Purchase Land Situation：规划用地面积（万平方米）Planning Land Area (10000 sq.m)	实际征用和购置土地面积（万平方米）Actual Acquisition and Purchase of Land Area this Year (10000 sq.m)	实际征用和购置土地成交价款（万元）Funds of Actual Acquisition and Purchase of Land this Year (10000 yuan)
2005	16698200	10535	5050	47.94	8455176	50.64			
2006	24237110	13293	6972	52.45	12199231	50.33			
2007	35586665	16761	8090	48.27	19586434	55.04			
2008	46389393	19749	10097	51.13	23778646	51.26			
2009	64847813	26877	17406	64.76	40258135	62.08			
2010	86766186	32771	22573	68.88	52348356	60.33			
2011	87608343	21632	13406	61.97	51335509	58.60	84878.17	18464.53	3209029

注：2005—2010年为50万元以上投资项目，2011年起为500万元以上投资项目，与历年数据不可比。

a) Half million above investment projests from 2005 to 2010, 5 million above investment projests after 2011, no camparing with historical data.

5—13 各市城镇500万元以上施工、投产项目（2011年）

Number of Construction Projects over 5 Million Yuan under Construction and Put into Usein Urban Area by Region（2011）

地 区 Region	项目投资（万元）Investment in Projects (10000 yuan)	施工项目（个）Number of projects Under Construction (unit)	全部建成投产项目（个）Number of Projects Completed and Put into Use (unit)	项目建成投产率（%）Ratio of Projects Completed and Put into Use (%)	新增固定资产（万元）Newly Increased Fixed Assets (10000 yuan)	固定资产交付使用率（%）Ratio of Fixer Assets Put into Use (%)	征用和购置土地情况 Take over for use and the Purchase Land Situation：规划用地面积（万平方米）Planning Land Area (10000 sq.m)	实际征用和购置土地面积（万平方米）Actual Acquisition and Purchase of Land Area this Year (10000 sq.m)	实际征用和购置土地成交价款（万元）Funds of Actual Acquisition and Purchase of Land this Year (10000 yuan)
总 计 Total	**87608343**	**21632**	**13406**	**61.97**	**51335509**	**58.60**	**84878.17**	**18464.53**	**3209029**
合肥市 Hefei	22494058	3482	2371	68.09	12996696	57.78	9770.14	2016.11	473253
淮北市 Huaibei	3665785	827	612	74.00	2948845	80.44	3035.37	372.27	41227
亳州市 Bozhou	2388831	635	269	42.36	1197483	50.13	3112.76	279.11	33502
宿州市 Suzhou	3022284	737	424	57.53	1698239	56.19	3219.49	1855.51	197203
蚌埠市 Bengbu	4270663	820	529	64.51	1965492	46.02	1344.03	499.93	110758
阜阳市 Fuyang	3053813	946	554	58.56	2603305	85.25	2451.78	828.79	133167
淮南市 Huainan	3092994	601	300	49.92	820646	26.53	2914.76	667.27	119770
滁州市 Chuzhou	5196771	1606	779	48.51	2907811	55.95	4719.48	1510.79	210681
六安市 Luan	4431036	1697	1178	69.42	3079909	69.51	4513.99	1893.66	251710
马鞍山市 Maanshan	7559146	1703	1247	73.22	4816719	63.72	6072.27	1793.89	354394
芜湖市 Wuhu	10320138	2237	1212	54.18	5116037	49.57	10915.82	1927.03	682419
宣城市 Xuancheng	4670957	1627	1084	66.63	2917938	62.47	21373.71	2517.97	221955
铜陵市 Tongling	3081352	563	273	48.49	1634385	53.04	2239.39	560.85	93086
池州市 Chizhou	1542025	516	321	62.21	936024	60.70	3731.14	680.67	68453
安庆市 Anqing	6586563	2862	1916	66.95	4772434	72.46	1507.54	624.36	167459
黄山市 Huangshan	2231927	773	337	43.60	923546	41.38	3956.50	436.32	49992

5—14 各市按注册类型分城镇建设项目投资（2011年）
Investment of Construction Items by Ownership & by Region (2011)

单位：万元（10000 yuan）

地 区	Region	总 计 Total	内 资 Domestic-funded	#国有及国有经济 State Controlling Share Hold	#私营经济 Private	港澳台商投资 Funds from Hong Kong, Macao and Taiwan	外商投资 Foreign Funded	个 体 Self-employed Individual
总 计	**Total**	**87608343**	**84145661**	**25077235**	**26224602**	**1581060**	**1652676**	**228946**
合 肥 市	Hefei	22494058	21552437	7771826	6369835	379716	541969	19936
淮 北 市	Huaibei	3665785	3623340	989575	1738776	19955	16420	6070
亳 州 市	Bozhou	2388831	2365799	1057635	172183	15151		7881
宿 州 市	Suzhou	3022284	2987187	656115	710793	21112		13985
蚌 埠 市	Bengbu	4270663	4046628	882429	2092795	132364	77481	14190
阜 阳 市	Fuyang	3053813	3005170	950576	467898	17070	6850	24723
淮 南 市	Huainan	3092994	2924987	1112317	244506	58899	97763	11345
滁 州 市	Chuzhou	5196771	5087337	1600128	1634227	76015	30587	2832
六 安 市	Luan	4431036	4347866	1166072	1427230	16342	54130	12698
马鞍山市	Maanshan	7559146	7225005	1892765	3454373	95996	233335	4810
芜 湖 市	Wuhu	10320138	9390285	2057569	3077494	581432	299680	48741
宣 城 市	Xuancheng	4670957	4536280	1158240	1644655	13744	113465	7468
铜 陵 市	Tongling	3081352	2976061	1021526	352081	59596	45695	
池 州 市	Chizhou	1542025	1462365	348235	308815	49142	26998	3520
安 庆 市	Anqing	6586563	6441318	1564801	2073610	35928	59148	50169
黄 山 市	Huangshan	2231927	2173596	847426	455331	8598	49155	578

5—15 各市城镇固定资产投资按三次产业分（2011年）
Investment in Fixed Assets in Urban Area Grouped By Three Industries by Region (2011)

单位：万元（10000 yuan）

地 区	Region	总 计 Total	第一产业 Primary Industry	第二产业 Secondary Industry	#工 业 Industry	第三产业 Tertiary Industry	#房地产 Real Estate Development	#住 宅 Residential Buildings
总 计	**Total**	**113723717**	**986595**	**55882258**	**53471857**	**56854864**	**26115374**	**18696348**
合 肥 市	Hefei	31390075	110808	12231664	12027413	19047603	8896017	6255761
淮 北 市	Huaibei	4331942	34048	2808055	2715326	1489839	666157	499339
亳 州 市	Bozhou	3201277	29289	1426376	1373496	1745612	812446	442091
宿 州 市	Suzhou	3728398	24183	2140768	1966900	1563447	706114	527609
蚌 埠 市	Bengbu	5328553	66811	3135984	2961804	2125758	1057890	813509
阜 阳 市	Fuyang	3841796	46659	2175080	1652999	1620057	787983	580936
淮 南 市	Huainan	4133464	26453	1725654	1690648	2381357	1040470	781395
滁 州 市	Chuzhou	6916102	74143	3679751	3429800	3162208	1719331	1240392
六 安 市	Luan	5394853	79220	2790301	2643042	2525332	963817	690053
马鞍山市	Maanshan	8910840	110475	4665537	4615872	4134828	1351694	1153474
芜 湖 市	Wuhu	13238483	43450	7211600	7175223	5983433	2918345	2411032
宣 城 市	Xuancheng	5842634	70356	3378008	3204573	2394270	1171677	771493
铜 陵 市	Tongling	4068879	57676	1844744	1803441	2166459	987527	581207
池 州 市	Chizhou	2320838	16798	1099770	1078939	1204270	778813	460507
安 庆 市	Anqing	7573029	146562	4483742	4346996	2942725	986466	696035
黄 山 市	Huangshan	3502554	49664	1085224	785385	2367666	1270627	791515

5—16 各市分行业城镇建设项目投资（2011年）
Investment of Town Construction Projects by Sector & by Region (2011)

单位：万元（10000 yuan）

地区 Region	合计 Total	农林牧渔业 Farming, Foresry, Animal Husbandry and Fishery	采掘业 Mining and Quarrying	制造业 Manufacturing	电力、燃气及水的生产和供应业 Production and Supply of Electricity Gas and Water	建筑业 Construction	交通运输、仓储和邮政业 Transport, Storage and Postal Services	信息传输、计算机服务和软件业 Information, Circulation Computer Services and Software	批发和零售业 Wholesale and Retail Trade	住宿和餐饮业 Accommodation and Catering Trade
总计 Total	**87608343**	**986595**	**3441287**	**46922735**	**3107835**	**2410401**	**5339446**	**518475**	**2244114**	**1551671**
合肥市 Hefei	22494058	110808	162275	11240304	624834	204251	1227300	222158	706465	549381
淮北市 Huaibei	3665785	34048	697838	1954511	62977	92729	283769	10781	75375	18156
亳州市 Bozhou	2388831	29289	162369	1110420	100707	52880	82736	34080	85837	25392
宿州市 Suzhou	3022284	24183	126504	1726009	114387	173868	215330		110355	36980
蚌埠市 Bengbu	4270663	66811	1010	2818481	142313	174180	185308	5787	97379	23488
阜阳市 Fuyang	3053813	46659	294176	1259553	99270	522081	72391		178388	21352
淮南市 Huainan	3092994	26453	797001	555468	338179	35006	182672	38770	54739	50608
滁州市 Chuzhou	5196771	74143	18572	3184835	226393	249951	146606	4350	76465	40951
六安市 Luan	4431036	79220	310819	2178248	153975	147259	381182	54511	83316	82767
马鞍山市 Maanshan	7559146	110475	124800	4159001	332071	49665	488372	29652	181131	68695
芜湖市 Wuhu	10320138	43450	212164	6685999	277060	36377	603120	83279	285888	184781
宣城市 Xuancheng	4670957	70356	139789	2780752	284032	173435	420840	2885	86510	99884
铜陵市 Tongling	3081352	57676	166632	1522239	114570	41303	359059	6314	40177	18345
池州市 Chizhou	1542025	16798	43895	985929	49115	20831	127215	1659	21095	76281
安庆市 Anqing	6586563	146562	175310	4025227	146459	136746	267645	17173	147907	81785
黄山市 Huangshan	2231927	49664	8133	735759	41493	299839	295901	7076	13087	172825

地区 Region	金融业 Banking	房地产业 Real Estate Trade	租赁和商务服务业 Leasing and Commercial Services	科学研究、技术服务和地质勘查业 Scientific Research, Technical Services and Geological Prospecting	水利、环境和公共设施管理业 Water Conservancy, Environmental and Public Facilities Management	居民服务和其他服务业 Resident Services and Other Services	教育 Education	卫生、社会保障和社会福利业 Health, Social Securities and Social Welfare	文化、体育和娱乐业 Culture, Sports and Entertainment	公共管理和社会组织 Public Management and Social Organizations
总计 Total	**573198**	**5569779**	**1242108**	**464046**	**7804964**	**237645**	**1642658**	**894922**	**985573**	**1670891**
合肥市 Hefei	444589	2223890	350651	274782	2371168	54887	691328	299454	446421	289112
淮北市 Huaibei		222286	2500	16771	83820	8426	64855	20026	6040	10877
亳州市 Bozhou	2622	365112		2150	145952		66604	43562	12086	67033
宿州市 Suzhou		185660	27530		99184	680	33804	33479	11800	102531
蚌埠市 Bengbu	3070	101376	21733	42246	142302	10837	27419	53329	32986	320608
阜阳市 Fuyang	1100	169771	65988		113221	5890	48030	33970	24650	97323
淮南市 Huainan	3846	333185	7400	24124	459939	863	45087	41261	45913	52480
滁州市 Chuzhou	800	337339		3300	434332	2995	123013	72915	31469	168342
六安市 Luan		230908	9692	41940	371238	4329	84528	66904	27310	122890
马鞍山市 Maanshan	34960	465017	77245	10440	1099988	95866	113342	36785	41208	40433
芜湖市 Wuhu	41351	442628	545472	28137	657954	6151	74613	37225	57394	17095
宣城市 Xuancheng	7620	140172	2090	2600	247475	3225	67793	46482	47595	47422
铜陵市 Tongling	496	83120	41019	11839	394705	3000	24154	32367	68128	96209
池州市 Chizhou	4924	32004	1960		76259	960	13421	9988	7374	52317
安庆市 Anqing	26050	182775	45684	3470	820899	21450	140203	41889	78110	81219
黄山市 Huangshan	1770	54536	43144	2247	286528	18086	24464	25286	47089	105000

5—17 各市分行业城镇建设项目新增固定资产（2011年）

Newly Increased Fixed Assets of Town Construction Projects by Sector & by Region (2011)

单位：万元（10000 yuan）

地 区 Region	合 计 Total	农林牧渔业 Farming, Foresry, Animal Husbandry and Fishery	采掘业 Mining and Quarrying	制造业 Manufac-turing	电力、燃气及水的生产和供应业 Production and Supply of Electricity Gas and Water	建筑业 Construc-tion	交通运输、仓储和邮政业 Transport, Storage and Postal Services	信息传输、计算机服务和软件业 Information, Circulation Computer Services and Software	批发和零售业 Wholesale and Retail Trade	住宿和餐饮业 Accommo-dation and Catering Trade
总 计 Total	**51335509**	**743035**	**2318368**	**27773312**	**1818505**	**1737128**	**2075440**	**348423**	**1375986**	**1063902**
合肥市 Hefei	12996696	85715	158225	6057148	378031	181187	194798	151806	497225	401992
淮北市 Huaibei	2948845	39100	723379	1417020	46597	41016	226755	10781	68275	5292
亳州市 Bozhou	1197483	24025	184995	450182	59034	55239	23244	30780	24576	61298
宿州市 Suzhou	1698239	21398	91168	1103829	71341	94123	18485		35729	
蚌埠市 Bengbu	1965492	18020	3500	1374391	78920	37820	116084	18322	86055	19488
阜阳市 Fuyang	2603305	33305	368985	868428	141228	632747	94367		73793	9370
淮南市 Huainan	820646	10861	67972	268122	74408	15393	47570	23635	27828	36340
滁州市 Chuzhou	2907811	60664	11990	1720559	154849	117268	115487	4049	34543	2110
六安市 Luan	3079909	56101	114276	1604592	89994	109742	236369	17143	48604	76037
马鞍山市 Maanshan	4816719	91990	66731	2963159	182660	40642	165099	23900	120546	72665
芜湖市 Wuhu	5116037	31244	160950	3362109	126570	50299	212155	46285	199839	114369
宣城市 Xuancheng	2917938	58413	116059	1719254	216807	115620	263003	2885	23354	72192
铜陵市 Tongling	1634385	57231	79061	1037543	27290	31275	39950	2154	30818	16379
池州市 Chizhou	936024	16278	30357	625382	11708	12885	46574	1117	12400	43453
安庆市 Anqing	4772434	107365	136920	2821957	137310	85618	220599	10533	90301	58120
黄山市 Huangshan	923546	31325	3800	379637	21758	116254	54901	5033	2100	74797

地 区 Region	金融业 Banking	房地产业 Real Estate Trade	租赁和商务服务业 Leasing and Commercial Services	科学研究、技术服务和地质勘查业 Scientific Research, Technical Services and Geological Prospecting	水利、环境和公共设施管理业 Water Conservancy, Environmental and Public Facilities Management	居民服务和其他服务业 Resident Services and Other Services	教育 Education	卫生、社会保障和社会福利业 Health, Social Securities and Social Welfare	文化、体育和娱乐业 Culture, Sports and Entertain-ment	公共管理和社会组织 Public Manage-ment and Social Organiza-tions
总 计 Total	**511902**	**2976287**	**657048**	**274986**	**4437877**	**195167**	**1026228**	**568103**	**497386**	**936426**
合肥市 Hefei	425638	1235187	259832	176396	1714288	40143	372515	227500	229540	209530
淮北市 Huaibei		212376	1900	3000	73830	7560	41180	14380	9594	6810
亳州市 Bozhou		64018		560	58177		54787	11538	5342	89688
宿州市 Suzhou		125710			53354	310	36892	4704	4800	36396
蚌埠市 Bengbu	1370	38206	14095	10740	37045	9837	19003	23279	5306	54011
阜阳市 Fuyang	3600	71820	12878		129020	5890	58083	35256	15870	48665
淮南市 Huainan	2132	60472	2400	3277	101120	650	15152	24342	18566	20406
滁州市 Chuzhou	1100	183202		2800	266611	1400	83142	31850	22387	93800
六安市 Luan		204022	2237	41803	224178	3479	72346	60765	9130	109091
马鞍山市 Maanshan	27640	267520	98695	9608	507849	70586	50347	15650	15530	25902
芜湖市 Wuhu	11392	205742	207059	10885	246859	13001	33976	17971	57772	7560
宣城市 Xuancheng	11100	50400	2090	2600	124541	2115	33583	33920	39035	30967
铜陵市 Tongling	4480	72152	13710	8500	132827	3000	18435	15759		43821
池州市 Chizhou		21570	960		35186	960	23570	4888	1869	46867
安庆市 Anqing	23450	136720	38214	3470	632505	20200	103963	32670	44290	68229
黄山市 Huangshan		27170	2978	1347	100487	16036	9254	13631	18355	44683

5—18 各市按资金来源和隶属关系分的城镇建设项目投资（2011年）
Investment of Urban Construction Projects by Source of Funds and Administrative Relationship (2011)

单位：万元（10000 yuan）

地 区 Region		按资金来源分 By Source of Funds						按隶属关系分 By Administrative Relationship	
		国家预算内资金 State Budgetary Appropriations	国内贷款 Domestic Loans	债券 Bonds	利用外资 Foreign Investment	自筹资金 Fund-raising	其他资金 Others	中央项目 Central Covernment Projects	地方项目 Local Projects
总 计	**Total**	**8608210**	**8407792**	**282089**	**947857**	**72066391**	**4640977**	**3588027**	**84020316**
合 肥 市	Hefei	3655768	1428553		151307	17271320	1130260	1095676	21398382
淮 北 市	Huaibei	89195	259822			3443302	53682	30623	3635162
亳 州 市	Bozhou	496189	349502		500	1922001	184613	3712	2385119
宿 州 市	Suzhou	140880	270317	600	12650	2652942	319668	116886	2905398
蚌 埠 市	Bengbu	211737	315106	500	49661	3587089	134171	100928	4169735
阜 阳 市	Fuyang	278481	349115		670	2320537	171315	286668	2767145
淮 南 市	Huainan	314323	499006	3665	51857	2524779	232366	168807	2924187
滁 州 市	Chuzhou	344051	983518	100	57058	4433990	515921	89399	5107372
六 安 市	Luan	825418	236627	4000	45565	3321972	190644	297983	4133053
马鞍山市	Maanshan	177497	965577	76200	17300	6735522	139187	223188	7335958
芜 湖 市	Wuhu	397480	949599		430201	10131327	210033	462988	9857150
宣 城 市	Xuancheng	450582	115554		5762	4129744	219744	82273	4588684
铜 陵 市	Tongling	534639	690877		15580	1967659	308738	241361	2839991
池 州 市	Chizhou	184325	125833		57200	1217477	119534	39244	1502781
安 庆 市	Anqing	310536	655844	196834	47176	4801694	423422	272740	6313823
黄 山 市	Huangshan	197109	212942	190	5370	1605036	287679	75551	2156376

5—19 各市按构成和建设性质分的城镇建设项目投资（2011年）
Investment of Urban Construction Projects by Use of Funds and Type of Constrnction (2011)

单位：万元（10000 yuan）

地 区 Region		投资额 Investment	按构成分 By Use of Funds				按建设性质分 By Type of Construction		
			建筑工程 Construction	安装工程 Installation	设备、工器具购置 Purchase of Equipment and Instruments	其他费用 Others	新建 New Construction	扩建 Expansion	改建 Recon-struction
总 计	**Total**	**87608343**	**48100371**	**6510760**	**23706473**	**9290739**	**54736818**	**15525614**	**14588844**
合 肥 市	Hefei	22494058	12787821	2193763	5483083	2029391	14253149	4767048	2661381
淮 北 市	Huaibei	3665785	1799611	154161	1351792	360221	1938365	555857	995546
亳 州 市	Bozhou	2388831	1562818	114695	349203	362115	1722907	261200	399747
宿 州 市	Suzhou	3022284	1771816	200682	746184	303602	2231809	510812	197076
蚌 埠 市	Bengbu	4270663	1725515	342367	1698951	503830	3319671	364624	271473
阜 阳 市	Fuyang	3053813	1864933	236490	618445	333945	1466904	991619	526676
淮 南 市	Huainan	3092994	1586246	274620	810625	421503	1580153	144162	1191170
滁 州 市	Chuzhou	5196771	3055560	403284	1280661	457266	3780731	674208	596938
六 安 市	Luan	4431036	2859644	362379	860816	348197	3152410	455074	755380
马鞍山市	Maanshan	7559146	3908468	461951	2205256	983471	3300390	2528653	1627088
芜 湖 市	Wuhu	10320138	4735551	596773	3919538	1068276	7414147	1457886	1267601
宣 城 市	Xuancheng	4670957	2607115	327690	1026798	709354	2954368	315440	1312701
铜 陵 市	Tongling	3081352	1579216	176993	880275	444868	1567647	419593	831917
池 州 市	Chizhou	1542025	974213	99454	374903	93455	1156904	111482	250218
安 庆 市	Anqing	6586563	3796466	426273	1771436	592388	3201374	1804821	1369568
黄 山 市	Huangshan	2231927	1485378	139185	328507	278857	1695889	163135	334364

5—20 城镇建设项目新增主要产品生产能力
Newly Increased Production Capacity Through Urban Construction Projects

名称		Item		2000	2005	2010	2011
原煤开采	（万吨/年）	Coal Mining	(10000 tons/year)	180	45	712.2	1218
焦　炭	（万吨/年）	Coke	(10000 tons/year)		80	1.2	27
铁矿石原矿开采	（万吨/年）	Crude Iron Ore Mining	(10000 tons/year)		187	476.4	420.98
钢　材	（万吨/年）	Steels	(10000 tons/year)		132.5		
热轧钢材		Hot-rolling Steel			70.5	402	210
冷加工钢材		Cold Working Steel			52	9.7	46
发电机组容量	（万千瓦）	Capacity of Power Generating Sets	(10000 kw)	90.0	190.8	172.9	
水力发电		Hydropower			7.4	1.7	2.1
火力发电		Thermal Power		90.0	183.3	164.5	
水　泥	（万吨/年）	Cement	(10000 tons/year)	30	1795.65	1308.7	865
平板玻璃	（万重量箱/年）	Plate Glass	(10000 weight cases/year)		170.5	95	106
农用氮、磷、钾化学肥料	（吨/年）	Chemical Fertilizers	(ton/year)		168300	104693	
氮　肥		Nitrogen Fertilizers			152300	53700	95500
磷　肥		Phosphate Fertilizers			16000	50000	10000
塑料树脂及共聚物	（吨/年）	Plastic Resin and Copolymer	(ton/year)		9501	82645	10014
载货汽车制造	（辆/年）	Trucks	(unit/year)		10000	70000	
轿车制造	（辆/年）	Cars	(unit/year)		70000	90000	5000
客车制造	（辆/年）	Units	(unit/year)		60150	22400	
化学纤维	（吨/年）	Chemical Fiber	(ton/year)		8000		560
棉纺锭	（锭）	Cotton Printing and Dyeing	(unit)		126340		475010
家用洗衣机	（万台/年）	Household Washing Machines	(10000 units/year)		140		
新建公路	（公里）	Length of New Highways	(km)	187	1289.23	524.88	265.1
#高速公路		Expressway			187.2		76
改建公路	（公里）	Length of Reconstructed Highways	(km)	520	1671.74	945.82	480.71
城市自来水供水能力	（万吨/日）	Tap Water Supply Capacity	(10000 tons/day)	2	23.7	69	44.07
城市污水处理能力	（万吨/日）	Urban Waster Water Treatment Capacity	(10000 tons/day)		43.6	44.6	22.23
机制纸	（万吨/年）	Machine-made Paper	(10000 tons/year)		46.5		9

5—21 房地产开发主要指标
Main Indicators of Real Estate Development

指　　标	Item	2000	2005	2009	2010	2011
企业个数（个）	**Number of Enterprises (unit)**	**988**	**1917**	**3097**	**3385**	**3209**
登记注册类型	Registration type					
内　资	Domestic Funded	901	1811	2966	3249	3094
#国　有	State-owned Enterprises	298	145	125	136	119
集　体	Collective Enterprises	148	51	28	25	20
港、澳、台投资	Funded by Entrepreneurs from Hong Kong, Macao and Taiwan	65	56	74	78	68
外商投资	Foreign Funded	22	50	57	58	47
企业控股情况	Controlling Stake of Enterprises					
国有控股	Controlling Stake of State-owner			294	312	274
集体控股	Controlling Stake of Group			122	116	96
私人控股	Controlling Stake of Priate			2390	2620	2442
港、澳、台商控股	Controlling Stake of Hong Kong, Macao and Taiwan Businessman			78	80	69
外商控股	Controlling Stake of Foreign Businessman			60	61	51
其　他	Other			153	196	277
本年完成投资额（万元）	**Investment Completed this Year (10000 yuan)**	**879261**	**4594413**	**16698263**	**22518045**	**26115374**
#住　宅	Residential Buildings	575174	3233619	11755778	15952464	18696348
本年土地购置面积（万平方米）	**Land Space Purchased this Year (10000 sq.m)**	**641.30**	**1896.39**	**1918.59**	**2611.07**	**3294.99**
资金来源小计（万元）	**Source of Funds (10000 yuan)**	**977459**	**5430807**	**22616131**	**28636982**	**33998055**
国内贷款	Domestically Loans	185685	757235	2968570	3237258	3424010
利用外资	Foreign Investment	19163	67788	158549	61827	34360
自筹资金	Fundraising	325053	2288821	9301533	12110747	15786078
其他资金	Other	447558	2316963	10187479	13227150	14753607
房屋建筑面积（万平方米）	**Floor Space of Buildings (10000 sq.m)**					
施工面积	Floor Space Under Construction	1693.36	5306.92	14169.62	17541.90	20785.80
竣工面积	Floor Space Completed	759.33	1816.86	2861.25	3020.57	3628.73
本年新开工面积	Floor Space Started this Year	900.58	2623.41	5319.72	7317.60	8658.67
#住　宅	Residential Buildings	713.17	2181.61	4218.04	5770.46	6748.80
商品房屋销售面积(万平方米)	**Floor Space of Selling House (10000 sq.m)**	**536.20**	**1907.21**	**4030.92**	**4113.88**	**4605.58**
#住　宅	Residential Buildings	462.82	1686.03	3646.44	3604.87	3991.99
商品房屋销售价格(元/平方米)	**Selling Price of House (yuan/sq.m)**	**1193**	**2220**	**3420**	**4212**	**4776**
#住　宅	Residential Buildings	1040	2065	3235	3907	4371
实收资本合计（万元）	**Total Capital Hold (10000 yuan)**	**801091**	**2976285**	**6923493**	**8603456**	**12309481**
#资产合计	State Capital	2471288	12152955	41275462	54332428	75629439
负债合计	Total Liabilities	1685674	8530794	30755216	40828272	57688412
资产负债率（%）	Ratio of Liabilities to Assets (%)	68	70	75	75	76
主营业务收入（万元）	**Total Revenue (10000 yuan)**	**701896**	**2720528**	**9597305**	**13150647**	**15385794**
#土地转让收入	land Transferred	12293	12785	137598	81646	157294

5—22 房地产开发企业（单位）财务状况
Enterprise's Financial Situation in Real Estate Development

单位：万元（10000 yuan）

项　目	Item	2000	2005	2010	2011
年初存货	**Opening Stock This Year**		**3403211**	**19892008**	**26897275**
年末资产负债	**Assets and Liabilities at the Year-end**				
流动资产合计	Total of Current Assets		10211981	46759621	64328905
#应收账款	Receivable Accounts				2510928
存　货	Stock		5013742	24613144	36351851
固定资产合计	Fixed Assets				2453101
固定资产原价	Prime Cost of Fixed Assets		642349	1537883	2463167
累计折旧	Progressive Depreciation	51914	115739	316551	481779
#本年折旧	Depreciation This Year	11650	28292	67026	113767
在建工程	Projects In building				2366718
资产总计	Total of Assets	2471288	12152955	54332428	75629439
流动负债合计	Current Liabilities				47711613
#应付账款	Payables				4537041
非流动负债合计	Non-Current Liabilities				9963615
负债合计	Total of Liabilities	1685674	8530794	40828272	57688412
所有者权益合计	Total of Ownership Interest	785614	3622161	13504156	17941027
#实收资本	Pail-up Capital	801091	2976285	8603456	12309481
损益及分配	**Profit and Loss and Distribution**				
营业收入	**Business Income**				15573950
#主营业务收入	Main Business Earning	701896	2720528	13150647	15385794
土地转让收入	Earning of Land Transfer	12293	12785	81646	157294
商品房屋销售收入	Sales Revenue of Commercial Houses	651655	2643962	12719888	14819743
房屋出租收入	Rental Income of Buildings	1781	17969	85698	105060
其他收入	Other Income	36167	45812	263415	303697
营业成本	Business Cost				11318788
#主营业务成本	Main Business Cost		2150369	9672150	11133558
营业税金及附加	Business Tax and Affixation				1233571
#主营业务税金及附加	Main Business Tax and Affixation	38186	165159	972105	1150287
其他业务利润	Other Business Profit		14302	36519	66777
销售费用	Sales Expense		79057	325905	502175
管理费用	Management Expense		193611	539208	887402
财务费用	Financial Expense		57022	166459	291515
营业利润	Operating Profit	-14439	89612	1547277	1547709
投资收益	Investment Yield		2949	29217	77172
利润总额	Total of Profit		91318	1349105	1117664
应交所得税	Payable Income Tax		45306	270053	364872
人工成本	**Labor cost**				
应付职工薪酬（贷方累计发生额）	Payable Employee Compensation Credit Cumulative Amount				399590
土地和固定资产支出	**Land and fixed assets expenditure**				**9791610**
土地购置	Acquisition of land				388398
房屋和建筑物	Housing and Buildings				9228094
机器设备	Machinery Equipment				73502
运输工具	Means of Transport				22303
其他费用	Other Expenses				79313

5—23 房地产开发企业（单位）投资、资金和土地情况
Investment, Funds and Land Condition of Real Estate Developer

单位：万元（10000 yuan）

指 标	Item	2005	2010	2011
计划总投资	Total Planned Investment	19301096	89896777	116954502
自开始建设累计完成投资	Accumulative Investment Actually Made Since Starting of Construction up to the End	8452758	59445213	72025938
本年完成投资	Investment Made this Year	4594413	22518045	26115374
#配套工程投资	Auxiliary Project	92904	235728	355294
#国有控股	State-holding Stock		3582149	4112552
按构成分：建筑工程	Grouped by Composition: Construction Project	2910705	14092819	16673247
安装工程	Installation Project	192634	1524652	1546099
设备工器具购置	Purchase of Equipment and Instrument	42448	250578	276420
其他费用	Other Expenses	1448626	6649996	7619608
#旧建筑物购置费	Total Expenses of Purchasing Old Buildings	35903	92803	197238
土地购置费	Total Value of Land Purchased	1005275	5161690	5673485
按工程用途分：	Grouped by the Use of Project			
住 宅	Residential Buildings	3233619	15952464	18696348
#90平方米以下	Below 90m^2		4402937	4602149
144平方米以上＊	Above of 144m^2		1213521	1882483
别墅、高档公寓	Villas and Good Apartments	61564	765862	912580
办公楼	Office Buildings	132116	656341	671647
商业营业用房	Houses for Business Use	648456	2924003	3864350
其 他	Other	580222	2985237	2883029
本年新增固定资产	Newly Increased Fixed Assets This Year	2366611	8564748	10737874
本年资金来源合计	Total by Source of Funds This Year	6388421	33029854	48472532
上年末结余资金	Surplus Funds at the End of Last Year	957614	4392872	14474477
本年资金来源小计	Total Funds this Year	5430807	28636982	33998055
国内贷款	Domestic Loans	757235	3237258	3424010
利用外资	Foreign Investment	67788	61827	34360
自筹资金	Self-raising Fund	2288821	12110747	15786078
其他资金来源	Others	2316963	13227150	14753607
本年各项应付款合计	Total of All Payable Account This Year	630600	3511325	5034777
#工程款	Project Account	415047	1658561	2409401
待开发土地面积 （万平方米）	Land Space Prepared for Development (10000 sq.m)	1504.06	1709.09	2369.70
本年购置土地面积 （万平方米）	Land Space Purchased this Year (10000 sq.m)	1896.39	2611.07	3294.99
本年土地成交价款	Land Costs This Year	1195393	3599668	6027044

注：＊2005、2010年为140平方米以上的口径。
a) In 2005, 2011,Statistics is for over 140 square meters.

5—24 房地产开发企业（单位）施工、销售和待售情况（2011年）
Construction, sale and for sale in Real Estate Development Units (2011)

指标 Item	合计 Total	按用途分 Grouped by the Use of Project 住宅 Residential Buildings	#90平米以下 below 90 sq.m	#别墅、高档公寓 Villas and Good Apartments	办公楼 Office Buildings	商业营业用房 Houses for Business Use	其他 Others
房屋施工面积（万平方米）Floor Space of Buildings Under Construction (10000 sq.m)	20785.8	16036.7	4323.3	439.7	534.0	2823.6	1391.5
#新开工面积 Newly Started	8658.7	6748.8	1671.4	129.8	150.2	1138.9	620.8
房屋竣工面积（万平方米）Floor Space of Buildings Completed (10000 sq.m)	3628.7	2886.3	750.1	96.5	86.3	518.8	137.4
#不可销售面积 Not for Sale	148.9	95.1	50.6	0.2	2.6	7.6	43.6
住宅竣工套数（套）Sets of Commercial Residential Buildings Completed (set)		279577	98608	4417			
房屋竣工价值（万元）Value of Buildings Completed (10000 yuan)	8030481	6244120	1504693	290305	231511	1251622	303228
批准预售面积（万平方米）Advanced Sale Area by Authorization (10000 sq.m)	5527.5	4586.5	864.8	86.4	125.7	718.7	96.6
批准预售住宅套数（套）Advanced Sale Units by Authorization (set)		440129	113763	4552			
出租房屋面积（万平方米）Floor Space of Buildings for Renting (10000 sq.m)	90.0	0.3	0.1		1.8	83.9	4.0
商品房销售面积（万平方米）Floor Space of Selling House (10000 sq.m)	4605.6	3992.0	868.8	55.0	93.7	478.3	41.6
#现房销售面积 Floor Space of Accomplished Buildings Sold	661.5	500.5	109.9	12.9	29.7	116.3	14.9
期房销售面积 Floor Space of Futures Marketable Housings Sold	3944.1	3491.5	758.9	42.1	63.9	362.0	26.7
商品房销售额（万元）Total Sales of Commercial Houses (10000 yuan)	21996724	17449951	3862870	433924	635162	3784979	126632
#现房销售额 Sales Value of Accomplished Buildings	2698191	1749239	383363	76616	187003	710191	51758
期房销售额 Sales Value of Futures House	19298533	15700712	3479507	357308	448159	3074788	74874
商品住宅销售套数（套）Sets of Commercial Residential Buildings Sold (set)		386037	112723	3030			
#现房销售套数 Sets of Accomplished Buildings Sold		47904	14742	541			
期房销售套数 Sets of Futures House		338133	97981	2489			
待售面积（万平方米）Floor Space of Vacant Houses (10000 sq.m)	681.3	454.9	112.3	64.5	31.6	152.5	42.3
待售1—3年 Vacant 1-3 Years	407.4	273.5	67.3	15.6	14.8	87.9	31.1
待售3年以上 Vacant More than 3 Years	26.6	13.2	0.8	5.2	3.1	9.3	1.0

5—25 房地产开发投资（2011年）
Investment in Real Estate Development (2011)

指 标	Item	总 计 Total	内 资 Domestic Funded	国 有 State-owned Enterprises
计划总投资	Total Planned Investment	116954502	109858644	6657068
自开始建设累计完成投资	Accumulative Investment Actually Made Since Starting of Construction up to the End	72025938	66636240	3944177
本年完成投资	Investment Made this Year	26115374	24699080	1580394
#配套工程投资	Auxiliary Project	355294	332986	17699
#国有控股	State Controlling Share Hold Enterprises	4112552	4070480	1578511
按构成分：建筑工程	Grouped by Composition: Construction Project	16673247	15547610	1061910
安装工程	Installation Project	1546099	1437958	95940
设备工器具购置	Purchase of Equipment and Instrument	276420	259660	29185
其他费用	Other Expenses	7619608	7453852	393359
#旧建筑物购置费	Total Expenses of Purchasing Old Buildings	197238	187079	18600
土地购置费	Total Value of Land Purchased	5673485	5583323	291064
按工程用途分：	Grouped by the Use of Project			
住 宅	Residential Buildings	18696348	17658431	1303159
#90平方米以下	Below $90m^2$	4602149	4394504	645249
144平方米以上	Above of $144m^2$	1882483	1740798	68782
#别墅、高档公寓	Villas and Good Apartments	912580	818461	6656
办公楼	Office Buildings	671647	616385	27743
商业营业用房	Houses for Business Use	3864350	3649988	118587
其 他	Other	2883029	2774276	130905
本年新增固定资产	Newly Increased Fixed Assets This Year	10737874	9795460	416683
待开发土地面积 （平方米）	Land Space Prepared for Development (sq.m)	23697037	21974479	1505140
本年购置土地面积 （平方米）	Land Space Purchased this Year (sq.m)	32949901	32357741	1515654
本年土地成交价款	Land Costs This Year	6027044	5979050	447904
#拆迁补偿费	Compensation for Demolition	168158	165497	5670
土地使用权出让金	Selling of land using right	5008677	4968386	407554
契 税	Deed Tax	166931	164445	12694

单位：万元（10000 yuan）

集 体 Collective Enterprises	港、澳、台投资 Funded by Entrepreneurs from Hong Kong, Macao and Taiwan	外商投资 Foreign Funded	中 央 Central Government	省 Province	市 City	县 County	乡镇企业 Township and Village Enterprises	其 他 Other
64128	4261158	2834700	1792175	6650829	21358887	7634106	915650	78602855
42511	3212089	2177609	1014404	3217141	13322109	4594276	526019	49351989
14166	891724	524570	419789	1134341	4340782	1828404	145408	18246650
1300	7845	14463	2577	2597	93029	23816	583	232692
	42072		381217	883950	1499054	443337	7200	897794
8740	698729	426908	302868	645218	2832906	1141593	116230	11634432
625	67690	40451	7379	96054	306738	93856	12191	1029881
196	13361	3399	4063	18865	58886	9715	500	184391
4605	111944	53812	105479	374204	1142252	583240	16487	5397946
	7159	3000	18000	510	70351	10925	80	97372
3706	73128	17034	76111	309520	798120	433302	8152	4048280
12080	645035	392882	367530	853820	3093238	1353027	98274	12930459
1558	130162	77483	154307	127612	1019702	342935	16705	2940888
	30357	111328	26762	56756	168852	136857	2116	1491140
	13558	80561	4980	5656	115348	21236	670	764690
	44296	10966	230	49542	143919	37697	13831	426428
1454	136132	78230	30292	117072	576519	182318	27399	2930750
632	66261	42492	21737	113907	527106	255362	5904	1959013
14846	562179	380235	234787	251084	1567385	605987	107590	7971041
	788346	934212	491773	1444612	4120901	2707071	142629	14790051
8115	217270	374890	103576	1465817	5738204	4006334	205519	21430451
2180	28020	19974	96142	303396	1364762	464604	68559	3729581
	2661			34	49118	13022	13	105971
2000	21846	18445	96142	268827	1007877	408428	28156	3199247
80	718	1768	4072	11303	32886	14516	836	103318

5—26 房地产开发企业财务状况（2011年）
Enterprise's Financial Situation in Real Estate Development (2011)

项　　目	Item	流动资产合计 Circulating Funds	#存货 Stock	固定资产原价 Original Value of Fixed Assets	累计折旧 Accumulated Depreciation	资产合计 Total Assets
总　　计	**Total**	**64328905**	**36351851**	**2463167**	**481779**	**75629439**
国有及国有控股企业	State Controlling Share Hold Enterprises	13950382	7411815	864613	159083	17834435
按注册类型分	**Grouped by Status of Registration**					
内　资	Domestic Funded	60526956	34251100	2395110	459826	71011775
#国　有	State-owned Enterprises	3953377	1480541	664638	55789	6138427
集　体	Collective Enterprises	72374	41874	3333	1216	79435
港、澳、台投资	Funded by Entrepreneurs from Hong Kong, Macao and Taiwan	2173505	1240168	39270	14441	2572847
外商投资	Foreign Funded	1628444	860582	28786	7513	2044817
按隶属关系分	**Grouped by Administrative Relationship**					
中　央	Central Government	772359	563446	4618	2325	853608
省	Province	3642115	1900366	155442	20467	4210024
地　区	Prefecture	12595780	6649553	265388	129871	15412592
县	County	4830229	3103260	130631	20194	5395848
乡镇企业	Township and Village Enterprises	506034	287105	9849	2603	547897
其　他	Other	41982389	23848121	1897238	306319	49209470
按资质等级分	**Grouped by qualification grade**					
一　级	First Grade	1664822	881400	49412	84807	1849432
二　级	Second Grade	10227327	5066131	415386	89049	12954079
三　级	Third Grade	16571767	8735514	573411	135419	18828508
四　级	Forth Grade	1836883	1010033	62512	16270	2182778
暂　定	Tentative	32335582	19596058	1336426	149790	37751514
其　他	Other	1692523	1062715	26019	6445	2063128

5—27 各市房地产开发企业财务状况（2011年）
Enterprise's Financial Situation in Real Estate Development by Region (2011)

地　区	Region	流动资产合计 Circulating Funds	#存货 Stock	固定资产原价 Original Value of Fixed Assets	累计折旧 Accumulated Depreciation	资产合计 Total Assets
总　　计	**Total**	**64328905**	**36351851**	**2463167**	**481779**	**75629439**
合 肥 市	Hefei	23070024	12197399	1396310	183650	28206093
淮 北 市	Huaibei	1490963	727104	56835	6830	1744959
亳 州 市	Bozhou	1089288	590876	11437	3607	1207196
宿 州 市	Suzhou	1421458	701992	44649	12197	1543429
蚌 埠 市	Bengbu	3923084	2285946	114913	17170	4778138
阜 阳 市	Fuyang	2099027	1003369	65780	18410	2333097
淮 南 市	Huainan	2774783	1603853	46644	13913	3340404
滁 州 市	Chuzhou	3621728	2159644	109264	20488	4073380
六 安 市	Luan	2045013	1099553	56259	13177	2375957
马鞍山市	Maanshan	3033199	1840987	105347	24302	3407482
芜 湖 市	Wuhu	9043360	5417223	131949	28413	10418031
宣 城 市	Xuancheng	2780089	1826777	50085	15397	3013237
铜 陵 市	Tongling	1977139	1138707	93571	78268	2277426
池 州 市	Chizhou	1540630	911264	26183	7727	1703184
安 庆 市	Anqing	2390849	1482058	108429	27106	2872748
黄 山 市	Huangshan	2028269	1365100	45511	11124	2334678

单位：万元（10000 yuan）

负债合计 Total Liabilities	资产负债率(%) Ratio of Liabilities to Assets (%)	所有者权益合计 Owners Equity	实收资本 Capital Hold	主营业务收入 Main Business Income	土地转让收入 Revenue of Land Transfer	主营业务成本 Main Business Cost	主营业务税金及附加 Main Business and Extra Charges	营业利润 Operating profit	应付职工薪酬 The payable staff pay
57688412	**76.28**	**17941027**	**12309481**	**15385794**	**157294**	**11133558**	**1150287**	**1547709**	**399590**
12107706	67.89	5726729	2577868	2079218	63122	1454002	124446	322955	66463
54256793	76.41	16754983	11363124	14358612	150794	10431366	1065427	1383406	376027
3922737	63.90	2215690	925732	796959	22	557706	41219	105464	18710
59712	75.17	19724	24083	9638		7194	608	-348	874
1938594	75.35	634253	488154	720696	6500	495459	55704	124220	13072
1493026	73.02	551790	458202	306486		206733	29157	40083	10492
744477	87.22	109131	36938	261637		198450	19470	31124	3635
3464240	82.29	745784	673049	784751		500549	37991	195810	17508
10359767	67.22	5052825	2740446	2717176	65704	1895305	188840	424447	72382
4007447	74.27	1388401	810101	847399	21685	609384	63955	94616	21608
481199	87.83	66699	60200	77714		58543	5613	5855	2972
38631283	78.50	10578187	7988747	10697117	69905	7871327	834417	795856	281486
1485636	80.33	363796	205474	421217		288692	32264	72277	7719
9416856	72.69	3537223	2274376	3357401	32746	2366283	212976	550780	61480
14476547	76.89	4351961	3011113	5189032	52085	3729726	388362	573382	91557
1634493	74.88	548285	399082	587567	2581	469081	44447	11725	20613
29003243	76.83	8748272	6127474	5400946	69882	3967818	431215	291083	212396
1671639	81.02	391490	291961	429631		311958	41023	48462	5825

单位：万元（10000 yuan）

负债合计 Total Liabilities	资产负债率(%) Ratio of Liabilities to Assets (%)	所有者权益合计 Owners Equity	实收资本 Capital Hold	主营业务收入 Main Business Income	土地转让收入 Revenue of Land Transfer	主营业务成本 Main Business Cost	主营业务税金及附加 Main Business and Extra Charges	营业利润 Operating profit	应付职工薪酬 The payable staff pay
57688412	**76.28**	**17941027**	**12309481**	**15385794**	**157294**	**11133558**	**1150287**	**1547709**	**399590**
21809988	77.32	6396105	4169937	6154284	27486	4310173	426201	903419	109918
1443444	82.72	301515	275522	285445	3598	219855	26093	9000	7410
1032432	85.52	174765	202321	360619	17910	303982	25585	6929	6258
1350272	87.49	193157	202447	558740	11385	327421	57941	33918	9115
2987537	62.53	1790601	564672	690921	50494	475380	54140	86836	13240
1889264	80.98	443832	436816	400177	7714	297357	36523	5814	14311
2478044	74.18	862361	770314	295478		222088	44215	-51067	13737
3223880	79.15	849500	740524	730639	32217	580349	58167	-3195	25489
1646688	69.31	729269	376673	637574	91	461023	52740	67970	13926
2581928	75.77	825554	595753	647987	157	479157	49205	60987	44609
8020805	76.99	2397226	1494977	1680848		1270072	111010	172042	31139
2550305	84.64	462932	470294	706993	3753	577133	47489	6115	21892
1707971	75.00	569456	517538	344867		273325	24031	7896	12668
1197470	70.31	505714	347989	723241		509711	43558	118890	27594
2079553	72.39	793196	567029	752027	2196	541683	58737	82568	20845
1688834	72.34	645845	576676	415955	294	284851	34655	39587	27439

5—28 各市房地产开发企业（单位）个数（2011年）
Number of Enterprises for Real Estate Development by Region (2011)

单位：个（unit）

地　区	Region	企业个数 Number of Enterprises	内资企业 Domestic Funded Enterprises	#国有 State-owned	#集体 Collective-owned	#私营 Private Units	港澳台投资企业 Funded by Entrepreneurs from Hong Kong, Macao and Taiwan	外商投资企业 Foreign Funded Enterprises	国有控股 State-owned holdings
总　计	**Total**	**3209**	**3094**	**119**	**20**	**1261**	**68**	**47**	**274**
合肥市	Hefei	702	648	37	8	235	31	23	94
淮北市	Huaibei	73	69	3		42	1	3	3
亳州市	Bozhou	93	92	1		33	1		3
宿州市	Suzhou	101	100	4	1	25		1	10
蚌埠市	Bengbu	154	148	13	1	55	4	2	28
阜阳市	Fuyang	180	176	6	1	47	4		8
淮南市	Huainan	97	96	4		43	1		7
滁州市	Chuzhou	260	258	4		93	1	1	15
六安市	Luan	185	184	3	1	102	1		11
马鞍山市	Maanshan	198	191	12		125	3	4	19
芜湖市	Wuhu	230	219	9		89	7	4	18
宣城市	Xuancheng	206	205	2		58		1	4
铜陵市	Tongling	124	122	2	1	47	2		12
池州市	Chizhou	138	134	3	3	66		4	10
安庆市	Anqing	266	261	9	4	114	4	1	18
黄山市	Huangshan	202	191	7		87	8	3	14

5—29 各市按控股情况分的房地产企业(单位)个数（2011年）
Number of Real Estate Enterprises (units) by Controlled Holdings by Region (2011)

单位：个（unit）

地　区	Region	企业个数 Number of Enterprises	国有控股 State-owned Controlled Holdings	集体控股 Collective-owned Controlled Holdings	私人控股 Private Units Collective-owned Controlled Holdings	港澳台商控股 Funded by Entrepreneurs from Hong Kong, Macao and Taiwan Controlled Holdings	外商控股 Foreign Funded Enterprises Controlled Holdings	其他 other
总　计	**Total**	**3209**	**274**	**96**	**2442**	**69**	**51**	**277**
合肥市	Hefei	702	94	24	480	30	23	51
淮北市	Huaibei	73	3	1	58	1	2	8
亳州市	Bozhou	93	3	2	71	1		16
宿州市	Suzhou	101	10	2	75		1	13
蚌埠市	Bengbu	154	28	8	99	4	2	13
阜阳市	Fuyang	180	8	8	134	4		26
淮南市	Huainan	97	7	3	81	1		5
滁州市	Chuzhou	260	15	7	218	1	3	16
六安市	Luan	185	11	5	152	2		15
马鞍山市	Maanshan	198	19	3	163	3	4	6
芜湖市	Wuhu	230	18	1	171	9	4	27
宣城市	Xuancheng	206	4	4	183		1	14
铜陵市	Tongling	124	12	6	90	2		14
池州市	Chizhou	138	10	4	99		5	20
安庆市	Anqing	266	18	15	208	3	2	20
黄山市	Huangshan	202	14	3	160	8	4	13

5—30 各市房地产开发建设投资总规模及完成投资（2011年）

General Scale of and Actually Completed Investment in Real Estate Development by Region (2011)

单位：万元（10000 yuan）

地 区	Region	计划总投资 Total Investment Actually Needed	自开始建设至本年底累计完成投资 Accumulative Investment Actually Made Since Starting of Construction up to the End of this Year	本年完成投资 Investment Made this Year	#配套工程投资额 Auxiliary Project	全部建成尚需投资 Further Investment Required for the Completion of Construction
总 计	**Total**	**116954502**	**72025938**	**26115374**	**355294**	**44928564**
合肥市	Hefei	40106259	27518457	8896017	109367	12587802
淮北市	Huaibei	2354116	1379974	666157	7152	974142
亳州市	Bozhou	2387968	1519444	812446	8609	868524
宿州市	Suzhou	2703637	1713757	706114	31482	989880
蚌埠市	Bengbu	3700162	2232060	1057890	20011	1468102
阜阳市	Fuyang	2972946	2058740	787983	6206	914206
淮南市	Huainan	3862701	2428903	1040470	28266	1433798
滁州市	Chuzhou	7561733	3817006	1719331	16020	3744727
六安市	Luan	4155427	2347703	963817	39926	1807724
马鞍山市	Maanshan	5735258	3212165	1351694	19831	2523093
芜湖市	Wuhu	17360907	10130356	2918345	11583	7230551
宣城市	Xuancheng	5605583	3325358	1171677	7091	2280225
铜陵市	Tongling	5261288	2396375	987527	1825	2864913
池州市	Chizhou	3540821	2118700	778813	5628	1422121
安庆市	Anqing	4513736	2514039	986466	28058	1999697
黄山市	Huangshan	5131960	3312901	1270627	14239	1819059

5—31 各市按用途分的房地产开发企业（单位）完成投资额（2011年）

Actually Completed Investment of Enterprises for Real Estate Development by Region and by Use (2011)

单位：万元（10000 yuan）

地 区	Region	本年完成投资额 Investment Made this Year	住宅 Residential Buildings	#90平米以下 Below 90 sq.m	144平米以上 Above of 144 sq.m	#别墅、高档公寓 Villas and Good Apartments	办公楼 Office Buildings	商业营业用房 Houses for Business Use	其他 Other
总 计	**Total**	**26115374**	**18696348**	**4602149**	**1882483**	**912580**	**671647**	**3864350**	**2883029**
合肥市	Hefei	8896017	6255761	1436850	770833	474852	374675	1422619	842962
淮北市	Huaibei	666157	499339	231752	70961	25983	11794	91198	63826
亳州市	Bozhou	812446	442091	35640	10744	10	3288	64108	302959
宿州市	Suzhou	706114	527609	128407	31796	4738	6939	89048	82518
蚌埠市	Bengbu	1057890	813509	270315	28594	8835	24300	150579	69502
阜阳市	Fuyang	787983	580936	149830	37399	3772	8378	123407	75262
淮南市	Huainan	1040470	781395	258067	137525	10135	9789	110967	138319
滁州市	Chuzhou	1719331	1240392	588944	149589	58102	16199	239393	223347
六安市	Luan	963817	690053	139567	45509	10194	12295	155262	106207
马鞍山市	Maanshan	1351694	1153474	314284	147016	48670	12281	117211	68728
芜湖市	Wuhu	2918345	2411032	382960	197811	40899	62992	302483	141838
宣城市	Xuancheng	1171677	771493	116079	35446	23899	21930	245178	133076
铜陵市	Tongling	987527	581207	285972	18123	11	18603	134748	252969
池州市	Chizhou	778813	460507	80193	43673	6880	46040	196879	75387
安庆市	Anqing	986466	696035	63597	62836	3310	25151	154411	110869
黄山市	Huangshan	1270627	791515	119692	94628	192290	16993	266859	195260

5—32 各市房地产开发企业（单位）资金来源（2011年）

Sources of Funds of Enterprises for Real Estate Development by Region (2011)

单位：万元（10000 yuan）

地区	Region	本年资金来源合计 Total Sources of Funds	上年末结余资金 Funds by the End of Last Year	本年资金来源小计 Total Funds This Year	国内贷款 Domestic Loans	#银行贷款 Bank Loan	利用外资 Foreign Investment	#外商直接投资 Foreign Direct Investment	自筹资金 Self-raising Funds	其他资金来源 Others
总计	**Total**	**48472532**	**14474477**	**33998055**	**3424010**	**2532311**	**34360**	**19970**	**15786078**	**14753607**
合肥市	Hefei	13661190	2577950	11083240	1562390	1046709	12147	12000	4212468	5296235
淮北市	Huaibei	1115040	130750	984290	86779	47400			573406	324105
亳州市	Bozhou	973819	75117	898702	55289	33289			542399	301014
宿州市	Suzhou	1117687	131962	985725	60906	42079	2100	2100	473311	449408
蚌埠市	Bengbu	1465902	123624	1342278	90149	54035			553337	698792
阜阳市	Fuyang	1126072	201518	924554	113481	99741			367119	443954
淮南市	Huainan	1898831	442954	1455877	123978	87300			738801	593098
滁州市	Chuzhou	2402940	290665	2112275	178287	136829			916734	1017254
六安市	Luan	1878691	249065	1629626	152288	121422	1364		793954	682020
马鞍山市	Maanshan	10124742	8173688	1951054	193541	188099	3279		977144	777090
芜湖市	Wuhu	5157576	1017435	4140141	313215	281915			2569683	1257243
宣城市	Xuancheng	1715261	238390	1476871	137745	70977	50		565746	773330
铜陵市	Tongling	1819355	348070	1471285	77780	70980			591166	802339
池州市	Chizhou	1048735	154720	894015	48067	43624			409323	436625
安庆市	Anqing	1410125	143946	1266179	110850	106400			629330	525999
黄山市	Huangshan	1556566	174623	1381943	119265	101512	15420	5870	872157	375101

5—33 各市房地产开发建设房屋建筑面积和造价（2011年）
Floor Space of Buildings and their Cost in Real Estate Development by Region (2011)

地 区	Region	施工房屋面积（平方米）Floor Space of Buildings Under Construction (sq.m)	新开工 Newly Started	竣工房屋面积（平方米）Floor Space of Buildings Completed (sq.m)	房屋建筑面积竣工率（%）Ratio of Floor Space of Buildings Completed (%)	竣工房屋价值（万元）Value of Buildings Completed (10000 yuan)	竣工房屋造价（元/平方米）Cost of Buildings Completed (yuan/sq.m)
总 计	**Total**	**207858045**	**86586705**	**36287297**	**17.5**	**8030481**	**2213**
合肥市	Hefei	56995349	19337731	8929156	15.7	2378147	2663
淮北市	Huaibei	7625507	2914305	771760	10.1	183591	2379
亳州市	Bozhou	6150006	3315991	904847	14.7	128685	1422
宿州市	Suzhou	6073600	3353468	1800702	29.6	354144	1967
蚌埠市	Bengbu	10558449	5405458	2729496	25.9	316719	1160
阜阳市	Fuyang	6802775	3222866	1404911	20.7	249089	1773
淮南市	Huainan	10019682	3457476	1315037	13.1	218762	1664
滁州市	Chuzhou	19000817	7925935	3170573	16.7	736418	2323
六安市	Luan	8509021	4416281	1717153	20.2	368681	2147
马鞍山市	Maanshan	10640964	4986323	3065186	28.8	566157	1847
芜湖市	Wuhu	26233680	10205027	4090947	15.6	1085681	2654
宣城市	Xuancheng	9028310	4072199	1503168	16.6	320168	2130
铜陵市	Tongling	5252444	2712642	443164	8.4	89708	2024
池州市	Chizhou	6734042	2853306	1301780	19.3	270316	2077
安庆市	Anqing	9922089	5135457	1835278	18.5	425676	2319
黄山市	Huangshan	8311310	3272240	1304139	15.7	338539	2596

5—34 各市按用途分的房地产开发企业（单位）新开工房屋面积（2011年）
Floor Space Started in Real Estate Development by Region and by Use (2011)

单位：平方米（sq.m）

地 区	Region	本年新开工房屋面积 Floor Space Started This Year	住宅 Residential Buildings	#90平米以下 Below 90 sq.m	144平米以上 Above of 144 sq.m	#别墅、高档公寓 Villas and Good Apartments	办公楼 Office Buildings	商业营业用房 Houses for Business Use	其他 Other
总 计	**Total**	**86586705**	**67487972**	**16713912**	**3633722**	**1297897**	**1501790**	**11389253**	**6207690**
合肥市	Hefei	19337731	14063204	3866070	1087344	404620	897443	2421694	1955390
淮北市	Huaibei	2914305	2437507	813115	111052	65000	33985	254882	187931
亳州市	Bozhou	3315991	2855848	284004	22570		20270	363062	76811
宿州市	Suzhou	3353468	2970101	487466	91983	10682	4760	320203	58404
蚌埠市	Bengbu	5405458	4196415	1514188	95529	38688	18507	798935	391601
阜阳市	Fuyang	3222866	2476861	506546	84259	4859	39928	583565	122512
淮南市	Huainan	3457476	2682127	712251	175711	67368	33125	355964	386260
滁州市	Chuzhou	7925935	6279877	2396760	501804	199712	10877	1083395	551786
六安市	Luan	4416281	3420112	454984	236658	9777	45443	719076	231650
马鞍山市	Maanshan	4986323	4142589	982307	239233	35231	19127	338243	486364
芜湖市	Wuhu	10205027	8576378	2107075	243148	102082	89882	996117	542650
宣城市	Xuancheng	4072199	2901603	660149	132000	45070	53474	871636	245486
铜陵市	Tongling	2712642	1975957	882601	27358	37475	11543	371125	354017
池州市	Chizhou	2853306	1973538	251782	108852	33327	85341	601605	192822
安庆市	Anqing	5135457	4005842	494664	155992	21552	79425	730485	319705
黄山市	Huangshan	3272240	2530013	299950	320229	222454	58660	579266	104301

5—35 各市商品房屋销售情况（2011年）
Selling of Commercial Houses by Region (2011)

地区	Region	房屋销售面积（平方米）Floor Space of Commercial-ized Buildings Sold (sq.m)	#住宅 Residential Buildings	现房 Completed Buildings	期房 Buildings Completed in Future	商品房销售额（万元）Total Sales of Commercial-ized Buildings (10000 yuan)	#住宅 Residential Buildings	现房 Completed Buildings	期房 Buildings Completed in Future
总计	**Total**	**46055788**	**39919945**	**6614992**	**39440796**	**21996724**	**17449951**	**2698191**	**19298533**
合肥市	Hefei	12459761	10583953	1193894	11265867	7881720	5935002	706403	7175317
淮北市	Huaibei	1365757	1266469	233863	1131894	537069	472276	101934	435135
亳州市	Bozhou	1910470	1759309	12720	1897750	732427	640512	5023	727404
宿州市	Suzhou	2502800	2295669	735855	1766945	946798	785768	271170	675628
蚌埠市	Bengbu	2013761	1671552	122435	1891326	932500	732740	55840	876660
阜阳市	Fuyang	1623384	1520202	229458	1393926	713211	608283	73167	640044
淮南市	Huainan	1871674	1758263	197443	1674231	768532	677268	61009	707523
滁州市	Chuzhou	2957717	2596479	259645	2698072	1178006	982652	99255	1078751
六安市	Luan	2785917	2452989	493007	2292910	1162344	994303	196900	965444
马鞍山市	Maanshan	2455716	2225620	670863	1784853	944837	816543	231224	713613
芜湖市	Wuhu	3812965	3414502	353206	3459759	2065631	1707389	143774	1921857
宣城市	Xuancheng	2685205	2349414	516027	2169178	1091337	875411	169819	921518
铜陵市	Tongling	1017216	901284	152930	864286	497837	406262	60238	437599
池州市	Chizhou	2114866	1306618	290533	1824333	925164	510869	127238	797926
安庆市	Anqing	3113771	2681992	912926	2200845	1053226	867172	307158	746068
黄山市	Huangshan	1364808	1135630	240187	1124621	566085	437501	88039	478046

5—36 各市按用途分的商品房屋实际销售面积（2011年）
Floor Space of Commercial Houses Actually Sold by Use and by Region (2011)

单位：平方米（sq.m）

地区	Region	房屋销售面积 Floor Space of Selling House	商品住宅 Residential Buildings	#90平米以下 Below 90 sq.m	144平米以上 Above of 144 sq.m	#别墅、高档公寓 Villas and Good Apartments	办公楼 Office Buildings	商业营业用房 Houses for Business Use	其他 Other
总计	**Total**	**46055788**	**39919945**	**8687856**	**2698395**	**550137**	**936855**	**4783165**	**415823**
合肥市	Hefei	12459761	10583953	2570414	941213	157357	582597	1149827	143384
淮北市	Huaibei	1365757	1266469	389529	57288	9116	219	91696	7373
亳州市	Bozhou	1910470	1759309	135807	11806		8900	133094	9167
宿州市	Suzhou	2502800	2295669	318618	130597	10474	9374	167954	29803
蚌埠市	Bengbu	2013761	1671552	510871	36043	17892	1265	340596	348
阜阳市	Fuyang	1623384	1520202	305787	59525	18788	5440	94971	2771
淮南市	Huainan	1871674	1758263	646091	250545		3633	103737	6041
滁州市	Chuzhou	2957717	2596479	577937	146553	46178	2000	349315	9923
六安市	Luan	2785917	2452989	362193	148256	3191	6178	323926	2824
马鞍山市	Maanshan	2455716	2225620	602071	94100	8296	23788	188725	17583
芜湖市	Wuhu	3812965	3414502	907479	246119	104312	37611	359094	1758
宣城市	Xuancheng	2685205	2349414	445950	144576	25549	20089	291960	23742
铜陵市	Tongling	1017216	901284	232350	8061		32373	71070	12489
池州市	Chizhou	2114866	1306618	203495	138423	45514	186317	557189	64742
安庆市	Anqing	3113771	2681992	201106	167936	1580	8605	375471	47703
黄山市	Huangshan	1364808	1135630	278158	117354	101890	8466	184540	36172

5—37 各市按用途分的商品房屋平均销售价格（2011年）
Average Selling Price of Commercial Houses by Region and by Use (2011)

单位：元/平方米（yuan/sq.m）

地 区	Region	房屋平均销售价格 Average Selling Price of Houses	商品住宅 Residential Buildings	#90平米以下 Below 90 sq.m	144平米以上 Above of 144 sq.m	#别墅、高档公寓 Villas and Good Apartments	办公楼 Office Buildings	商业营业用房 Houses for Business Use	其他 Other
总　计	**Total**	**4776**	**4371**	**4446**	**5625**	**7888**	**6780**	**7913**	**3045**
合 肥 市	Hefei	6326	5608	5752	7430	10517	7915	12581	2719
淮 北 市	Huaibei	3932	3729	4025	4406	12569	3288	6014	
亳 州 市	Bozhou	3834	3641	3492	2452		3842	6308	4951
宿 州 市	Suzhou	3783	3423	4135	3373	4653	5180	8993	1724
蚌 埠 市	Bengbu	4631	4384	4362	4578	7194	3557	5848	4109
阜 阳 市	Fuyang	4393	4001	4203	4297	6493	3075	10778	3248
淮 南 市	Huainan	4106	3852	3775	3752		3688	8518	2581
滁 州 市	Chuzhou	3983	3785	3819	4500	5661	5500	5488	2584
六 安 市	Luan	4172	4053	4752	4487	4522	3645	5080	4366
马鞍山市	Maanshan	3848	3669	2135	5450	5879	3315	6154	2426
芜 湖 市	Wuhu	5417	5000	4798	6443	7688	6644	9266	2912
宣 城 市	Xuancheng	4064	3726	3399	4036	6050	6968	6711	2527
铜 陵 市	Tongling	4894	4508	3525	6120		7955	8565	3965
池 州 市	Chizhou	4375	3910	3788	5416	6806	4213	5632	3394
安 庆 市	Anqing	3382	3233	3719	4270	5000	2237	4554	2754
黄 山 市	Huangshan	4148	3852	3990	4945	6844	6902	6047	3085

5—38 各市按用途分的商品房待售情况（2011年）
Commercial House for Sale by Used by Region (2011)

单位：平方米（sq.m）

地 区	Region	房屋待售面积 Square House for Sale	商品住宅 Residential Buildings	#90平米以下 Below 90 sq.m	144平米以上 Above of 144 sq.m	#别墅、高档公寓 Villas and Good Apartments	办公楼 Office Buildings	商业营业用房 Houses for Business Use	其他 Other
总　计	**Total**	**6813372**	**4549255**	**1123432**	**940548**	**645204**	**315906**	**1524812**	**423399**
合 肥 市	Hefei	1711469	1052051	340514	202571	68708	144073	272835	242510
淮 北 市	Huaibei	210085	185194	64913	11657	38355		23121	1770
亳 州 市	Bozhou	14558	14558						
宿 州 市	Suzhou	360092	240045	78548	5774		3821	93853	22373
蚌 埠 市	Bengbu	266842	151375	1304		10586		115467	
阜 阳 市	Fuyang	185098	126618	22760	23728	13196	26002	32283	195
淮 南 市	Huainan	405302	233548	71146	31118	1060	25778	143486	2490
滁 州 市	Chuzhou	484602	382749	233906	2147	2730	1760	94290	5803
六 安 市	Luan	349611	219028	16751				90258	40325
马鞍山市	Maanshan	735791	645532	202464	294014	273475		71152	19107
芜 湖 市	Wuhu	354544	271027	3225	182689	169117	1930	77659	3928
宣 城 市	Xuancheng	411745	278457	8327	29671	12999	4219	117876	11193
铜 陵 市	Tongling	94463	72048	11254			10459	8897	3059
池 州 市	Chizhou	311524	109746	3170	38194	10402	7667	164814	29297
安 庆 市	Anqing	412814	307984	28021	53951		589	79453	24788
黄 山 市	Huangshan	504832	259295	37129	65034	44576	89608	139368	16561

5—39 保障性安居工程建设情况（2011年）
Income Housing Projects Cconstruction (2011)

单位：万元、平方米、套（10000 yuan, sq.m, sets）

指标	Item	合计 Total	廉租住房 Low-rent Housing	公共租赁住房 Public Rental Housing	经济适用住房 Affordable Housing	限价商品住房 Housing Price of Goods	各类棚户区改造 Various Shantytowns
资金来源合计	Total Sources of Funds	3865645	531584	698166	94363	6000	2535532
政府安排资金	Government to Allocate Funds	1978198	438182	345997	8050		1185969
银行贷款	Bank Loans	183507	3117	77776	1233		101381
其他资金	Other Funds	1703940	90285	274393	85080	6000	1248182
住房施工面积	Housing Construction Area	35660265	5513415	6192089	1055252	75000	22824509
新开工住房面积	Newly Started Housing Area	31939550	3624443	6037250	537131	75000	21665726
住房施工套数	Housing Construction Cycle of Songs	487135	110902	113852	13488	800	248093
新开工住房套数	New Construction of the Housing Cycle of Songs	429064	72907	112181	6963	800	236213
住房竣工面积	Housing Completed in Aarea	7222663	1466091	1256943	416044		4083585
住房竣工套数	Housing Completion of Copy Number	105309	30022	25575	5472		44240

5—40 各市保障性安居工程资金来源情况（2011年）
Sources of Funding Affordable Housing Projects by Region (2011)

单位：万元（10000 yuan）

地区	Region	资金来源合计 Total Sources of Funds	政府安排资金 Government to Allocate Funds	银行贷款 Bank Loans	其他资金 Other Funds
总计	**Total**	**3865645**	**1978198**	**183507**	**1703940**
合肥市	Hefei	629258	308647	36372	284239
淮北市	Huaibei	281923	200120	38134	43669
亳州市	Bozhou	163966	148081	15885	
宿州市	Suzhou	432131	121187	3950	306994
蚌埠市	Bengbu	255635	130953	3115	121567
阜阳市	Fuyang	254362	86730		167632
淮南市	Huainan	88037	37248		50789
滁州市	Chuzhou	301918	87898		214020
六安市	Luan	33903	19413	9600	4890
马鞍山市	Maanshan	200971	187501	11002	2468
芜湖市	Wuhu	374296	292205	35	82056
宣城市	Xuancheng	89443	71716		17727
铜陵市	Tongling	255654	76182	9300	170172
池州市	Chizhou	91147	67584		23563
安庆市	Anqing	198705	68863	46100	83742
黄山市	Huangshan	92479	36684	9463	46332
不分地区	Not classified by Region	121817	37186	551	84080

5—41 各市保障性安居工程施工、新开工和竣工情况（2011年）
Affordable Housing Construction, New Construction and Completion by Region (2011)

单位：平方米、套（sq.m, sets）

地 区	Region	住房施工面积 Housing Construction Area	新开工住房面积 Newly Started Housing Area	住房施工套数 Housing Construction Cycle of Songs	新开工住房套数 New Construction of the Housing Cycle of Songs	住房竣工面积 Housing Completed in Aarea	住房竣工套数 Housing Completion of Copy Number
总 计	**Total**	**35660265**	**31939550**	**487135**	**429064**	**7222663**	**105309**
合 肥 市	Hefei	4279753	4190330	53886	52074	646173	12082
淮 北 市	Huaibei	1718972	1325120	26091	18199	315252	5737
亳 州 市	Bozhou	1481663	1189737	20914	16504	542027	5412
宿 州 市	Suzhou	2545510	2062436	29259	24615	929711	11850
蚌 埠 市	Bengbu	3122424	2326383	43721	31799	983764	12365
阜 阳 市	Fuyang	2137329	2099426	25019	24604	204900	3231
淮 南 市	Huainan	2026964	1674970	25264	20912	282529	4593
滁 州 市	Chuzhou	3021178	3021178	35264	35264	341339	4735
六 安 市	Luan	1722898	1709738	26333	26239	204075	4692
马鞍山市	Maanshan	2077494	2077494	27631	27631	293974	3661
芜 湖 市	Wuhu	3666132	3036579	64244	51585	406120	8376
宣 城 市	Xuancheng	762139	753397	10180	10004	248841	3210
铜 陵 市	Tongling	1687525	1687525	23068	23068	255550	3390
池 州 市	Chizhou	1015085	1015085	15323	15323	533683	7993
安 庆 市	Anqing	2127457	1579670	32565	23182	492567	8382
黄 山 市	Huangshan	857690	843378	9568	9568	445214	4370
不分地区	Not classified by Region	1410052	1347104	18805	18493	96944	1230

5—42 各市保障性安居工程新开工套数（2011年）
Affordable Housing Projects and New Construction of Copy Number by Region (2011)

单位：套（sets）

地 区	Region	新开工住房套数 New Construction of the Housing Cycle of Songs	廉租住房 Low-rent Housing	公共租赁住房 Public Rental Housing	经济适用住房 Affordable Housing	限价商品住房 Housing Price of Goods	各类棚户区改造 Various Shantytowns
总 计	**Total**	**429064**	**72907**	**112181**	**6963**	**800**	**236213**
合 肥 市	Hefei	52074	2342	27436	1774		20522
淮 北 市	Huaibei	18199	2656	6632	500		8411
亳 州 市	Bozhou	16504	6700	3500			6304
宿 州 市	Suzhou	24615	2784	5616	300		15915
蚌 埠 市	Bengbu	31799	7363	2946	1100		20390
阜 阳 市	Fuyang	24604	4642	5686			14276
淮 南 市	Huainan	20912	1028	4291	516		15077
滁 州 市	Chuzhou	35264	2492	7831	320		24621
六 安 市	Luan	26239	4767	4084			17388
马鞍山市	Maanshan	27631	3992	6765			16874
芜 湖 市	Wuhu	51585	19494	15906	200		15985
宣 城 市	Xuancheng	10004	1021	2572			6411
铜 陵 市	Tongling	23068	556	3548			18964
池 州 市	Chizhou	15323	5270	4768			5285
安 庆 市	Anqing	23182	4604	6258	1495	800	10025
黄 山 市	Huangshan	9568	566	2228	758		6016
不分地区	Not classified by Region	18493	2630	2114			13749

5—43 各县（市）城镇建设项目、房地产投资和新增固定资产（2011年）

Urban Construction Projects, Real Estate Investment and Newly Increased Fixed Assets by County (City) (2011)

单位：万元（10000 yuan）

县（市）	County (City)	城镇建设项目 Urban Construction Projects	新增固定资产 Newly Increased Fixed Assets	房地产开发 Investment in Real Estate Development	新增固定资产 Newly Increased Fixed Assets	新增固定资产 Newly Increased Fixed Assets
合肥市辖区	Hefei Region of City	15768514	10042581	7016833	2080738	10109121
巢湖市	Chaohu	403454	188402	354831	372845	391765
长丰县	Changfeng	931520	393296	523615	126356	467503
肥东县	Feidong	2045364	1151795	324177	122733	1324566
肥西县	Feixi	2614289	715009	565073	184488	864810
庐江县	Lujiang	730917	505613	111488	41895	534355
淮北市辖区	Huaibei Region of City	2649802	2094884	499272	199861	2192440
濉溪县	Suixi	1015983	853961	166885	8199	905666
亳州市辖区	Bozhou Region of City	1155461	281658	218255	40010	301325
涡阳县	Guoyang	583146	642552	187903	79678	643552
蒙城县	Mengcheng	338573	122731	230207	80284	177121
利辛县	Lixin	311651	150542	176081	32020	168352
宿州市辖区	Suzhou Region of City	1474546	700177	380226	198688	975717
砀山县	Dangshan	380693	129830	98304	46289	217687
萧县	Xiaoxian	560497	488827	87545	84826	814036
灵璧县	Lingbi	277285	144676	33540	33292	263096
泗县	Sixian	329263	234729	106499	10460	324589
蚌埠市辖区	Bengbu Region of City	2068371	1244584	818560	418478	1763548
怀远县	Huaiyuan	981512	393748	92284	57232	515487
五河县	Wuhe	752557	188116	129740	32575	225791
固镇县	Guzhen	468223	139044	17306		341027
阜阳市辖区	Fuyang Region of City	1437768	924866	502077	253409	974617
界首市	Jieshou	223547	111484	9332	17594	111484
临泉县	Linquan	291829	229134	39679	26894	243700
太和县	Taihe	317306	107307	67574	26402	148550
阜南县	Funan	333378	267804	52377	11969	272544
颍上县	Yingshang	449985	962710	116944	18100	1047293
淮南市辖区	Huainan Region of City	2565631	691731	979648	219923	1171924
凤台县	Fengtai	527363	128915	60822	79007	275233
滁州市辖区	Chuzhou Region of City	1093913	455950	916356	354663	462554
天长市	Tianchang	1142845	760380	216735	84723	763280
明光市	Mingguang	501605	483960	73045	31578	496568
来安县	Laian	570064	414066	159149	47828	423057
全椒县	Quanjiao	519617	242548	140383	32771	242548
定远县	Dingyuan	615681	96790	119828	103116	96790
凤阳县	Fengyang	753046	454117	93835	121503	467767
六安市辖区	Luan Region of City	1797602	1167002	549553	346939	1204349
寿县	Shouxian	520299	385726	79185	12634	406820
霍邱县	Huoqiu	708778	451525	86152	28065	540511

5—43 续表 continued

单位：万元（10000 yuan）

县（市） County (City)	城镇建设项目 Urban Construction Projects	新增固定资产 Newly Increased Fixed Assets	房地产开发 Investment in Real Estate Development	新增固定资产 Newly Increased Fixed Assets	新增固定资产 Newly Increased Fixed Assets
舒城县 Shucheng	414878	328086	85367	110041	342886
金寨县 Jinzhai	409529	381816	44209	31121	427455
霍山县 Huoshan	579950	365754	119351	23501	381084
马鞍山市辖区 Maanshan Region of City	3812159	1925912	902523	193058	2230073
当涂县 Dangtu	2751099	2087397	222818	191432	2105810
含山县 Hanshan	397906	398269	93266	41052	528922
和县 Hexian	597982	405141	133087	243600	440531
芜湖市辖区 Wuhu Region of City	5659280	2179068	2344613	1101143	2179068
芜湖县 Wuhu	1160506	535378	181649	12473	545728
繁昌县 Fanchang	1151575	563653	101260	24431	571124
南陵县 Nanling	968974	506271	108325	45061	547864
无为县 Wuwei	1379803	1331667	182498	20596	1384222
宣城市辖区 Xuancheng Region of City	770743	215321	521348	181596	364725
宁国市 Ningguo	1167058	780292	122873	40187	875337
郎溪县 Langxi	803885	410787	143320	61060	421887
广德县 Guangde	865985	630793	207420	63979	670983
泾县 Jingxian	456396	281997	50127	16570	310477
绩溪县 Jixi	467965	467965	88890	88890	467965
旌德县 Jingde	138925	130783	37699	42896	198100
铜陵市辖区 Tongling Region of City	1861867	982122	803259	102257	998692
铜陵县 Tongling	1219485	652263	184268	5668	687723
池州市辖区 Chizhou Region of City	812423	370996	614581	219888	420096
东至县 Dongzhi	495288	377288	58937	43612	429258
石台县 Shitai	40368	24880	18356	5088	44830
青阳县 Qingyang	193946	162860	86939	25429	312525
安庆市辖区 Anqing Region of City	1371423	679175	426201	252846	729568
桐城市 Tongcheng	1171044	1097142	70186	50815	1203780
怀宁县 Huaining	759628	290630	42927	22730	354946
枞阳县 Zongyang	1030366	786643	161514	32859	817653
潜山县 Qianshan	378729	359032	93469	28642	453631
太湖县 Taihu	461430	498612	31663	20772	536998
宿松县 Susong	592792	470658	81369	16900	479638
望江县 Wangjiang	415506	312022	58231	45311	374521
岳西县 Yuexi	405645	278520	20906	36992	292180
黄山市辖区 Huangshan Region of City	1076011	246630	849967	1073423	309503
歙县 Shexian	432335	254745	188935	73781	275713
休宁县 Xiuning	295490	145358	158240	60527	165098
黟县 Yixian	143866	60783	40116	12469	72157
祁门县 Qimen	284225	216030	33369	7113	225650

5—44 本年新开工大型项目基本情况（2011年）
Basic Situation of Large Projects under Construction (2011)

单位名称	Name of Enterprise
合肥第六空间大都会家居发展有限公司	Hefei Sixth Space Metropolitan Home Furnishing Development Co.,Ltd
合肥市重点工程建设管理局	Hefei Important Engineering Construction Management Bureau
合肥市瑶海区城建投资有限公司	Hefei Yaohai District Urban Construction Investment Co.,Ltd
香格里拉大酒店（合肥）有限公司	Shangrila Hotel (Hefei) Co.,Ltd
合肥市重点工程建设管理局	Hefei Important Engineering Construction and Administration Bureau
合肥市包河区淝河镇贾大郢社区居民委员会	Jiadaying Resident Committee of Hefei Baohe District Co.,Ltd
安徽中皖钢材物流园经营管理有限公司	Anhui Zhongwan Steel Logistics Park Operation and Management Co.,Ltd
中国银行股份有限公司安徽省分行	Anhui Branch of Bank of China Co.,Ltd
合肥蓝鼎国际酒店有限公司（筹建期）	Hefei Landing International Hotel Co.,Ltd (Planning period)
安徽杰信车用空调有限公司	Anhu Jiexing Vehicle Air Conditioner Co.,Ltd
合肥市瑶海区城建投资有限公司	Hefei Yaohai Area City Construction Investment Co.,Ltd
安徽赢天光电科技有限公司	Anhui Yingtian Photoelectric S&T Co.,Ltd
马钢（合肥）钢铁有限责任公司	Magang (Hefei) Steel Co.,Ltd
合肥优铌帕克化工有限公司	Hefei Youni Pake Chemical Industry Co.,Ltd
安徽交通集团合肥新桥国际机场高速公路建设办公室	Hefei Xinqiao International Airport Expressway Construction Office of Anhui Transportation Group
合肥美的暖通设备有限公司	Hefei Meide Heating Ventilation Equipment Co.,Ltd
合肥恩斯克有限公司	Hefei Ensike Co.,Ltd
合肥得一新材料科技有限公司	Hefei Deyi New Material S&T Co.,Ltd
安徽江淮汽车股份有限公司	Anhui Jianghuai Automobile Co,Ltd
安徽宝元物流信息科技有限公司	Anhui Baoyuan Logistics Information S&T Co.,Ltd
蓝雅（合肥）科技有限公司	Lanya (Hefei) S&T Co.,Ltd
赛维ＬＤＫ太阳能高科技（合肥）有限公司	Saiwei LDK Solar Energy High-Technology (Hefei) Co.,Ltd
中建材（合肥）新能源有限公司	Zhongjiancai (Hefei) Co.,Ltd
合肥晶澳太阳能科技有限公司	Hefei Jingao Solar Energy S&T Co.,Ltd
尼普洛医疗器械（合肥）有限公司	Nipuluo Medical Instrument (Hefei) Co.,Ltd
合肥海尔工业地产有限公司	Hefei Haier Industry Real Estate Co.,Ltd
合肥晶弘电器有限公司	Hefei Jinghong Electrical Equipment Co.,Ltd
合肥宝龙达信息技术有限公司	Hefei Baolongda Information Technology Co.,Ltd
花王（合肥）有限公司	Huawang (Hefei) Co.,Ltd
彩虹（合肥）光伏有限公司	Rainbow (Hefei) Photovoltaic Co.,Ltd
合肥海润光伏科技有限公司	Hefei Hairun Photovoltaic S&T Co.,Ltd
合肥鑫晟光电科技有限公司	Hefei Xingshen Photoelectric S&T Co.,Ltd
芜湖万达广场有限公司	Wuhu Wanda Square Co.,Ltd
芜湖苏宁电器有限公司	Wuhu Suning Electrical Equipment Co.,Ltd
芜湖宜居置业发展有限公司	Wuhu Yiju Real Estate Development Co.,Ltd
南翔万商（安徽）物流产业股份有限公司	Nanxiang Wanshang (Anhui) Logistics Estate Co.,Ltd
安徽康蓝光电股份有限公司	Anhu Kanglang Photoelectric Co.,Ltd
芜湖苏宁环球房地产开发有限公司	Wuhu Suning Huanqu Real Estate Developing Co.,Ltd

单位：万元（10000 yuan）

项目名称	Name of Project	开工时间 Starting Time	计划总投资 Total Planned Investment	本年完成投资 Accumulated Newly Increased Fixed Assets
第六空间家具大卖场	The Sixth Space Furniture Market	201106	100000	30000
中国合肥农产品国际物流园（百大周谷堆大兴项目）	China Hefei Agricultural Product International Logistics Park (Bada Zhougudedaxing Project)	201103	250000	39288
大兴新居	Daxing New Housing	201108	140000	15319
香格里拉大酒店	Xiangge LiLa Hotel	201106	153400	21136
包河大道高架滨湖段（一期）	The Elevated Section of Binhu River Road (First phase)	201102	153000	116330
贾大郢拆迁复建点	Jiadayin Demolition Reconstruction Point	201107	106000	28000
中皖钢材基地建设	Zhongwan Rolled Products Base Construction	201101	110000	35400
中行安徽省分行集团客服中心	Customer Service Center Bank of China Anhui Province Branch Group	201109	150000	49000
蓝鼎国际酒店	Landing International Hotel	201109	160000	38000
年产15万台车用空调项目	Yearly Production 150,000 Stands Air-Conditions Project	201108	103000	12590
合肥都市科技工业园	Hefei Dushi S&T Park	201111	173500	3000
液晶显示器专用综合电源综合生产基地	Liquid Crystal Displays for Integrated Power Comprehensive Production Base	201108	302274	17657
马钢（合肥）环保搬迁工程-冷轧项目（合肥项目）	Magang (Hefei) environmental protection relocation project-Project (Hefei Project)	201103	477566	60010
200万吨/年高硫重油品升级项目	2000000 tons/year, High Sulfur Heavy Oil Upgrading Project	201106	110925	36400
合肥新桥国际机场高速公路	Highway of Hefei Xingqiao International Airport	201103	120900	99899
美的中央空调一期	Meide Central Air-Conditioning	201103	150000	118659
一期工程	Phase One Engineering	201111	100000	1620
建设年产24000吨超细超强新型合金切割线项目	The Construction of an Annual Output of 24000 tons of Ultra-fine New Model Alloy Cutting Line Project	201103	100000	14012
乘用车基地扩建项目	Passenger Automobile Base Expansion Project	201103	178610	54948
建设环保型现代家电基地项目	Construction of Environmental Protection Type of Modern Household Appliance Base Project	201105	100000	36000
TFT-LCD液晶显示面板项目	TFT-LCD Liquid Crystal Display Face Plate Project	201106	220000	42000
1000MW晶体硅太阳电池扩建	1000MW Crystalline Silicon Solar Cell Extending	201103	208870	300
太阳能电池盖板项目	Solar Energy Battery Cover Plate Co.,Ltd	201105	160110	45050
1GW太阳能垂直一体化项目	1GW Solar Vertical Integration Energy	201108	450000	161000
医疗器械生产基地	Medical Instrument Production Base	201108	196452	46800
海尔创新产业园项目	Haier Innovation Industial Park Project	201110	195000	10500
年产500万台冰箱项目	Yearly Production 5,000,000 Stands Refrigerator Project	201111	401827	58551
笔记本电脑生产基地	Notebook PC Production Base	201103	200000	76303
纸制品生产	Paper Products Production	201108	100000	13000
彩虹光伏玻璃项目(一期)	Caihong Photovoltaic Glass Project (Phase One)	201101	185000	162302
海润光伏电池项目(一期)	Hairun Photovoltaic Battery Project (Phase One)	201101	243000	260473
电子器件厂房建设项目	Electronic Device Workshop Construction Project	201104	875600	335329
芜湖镜湖万达广场	Wuhu Jinhu Wanda Square	201103	230000	133092
苏宁广场	Suning Square	201110	110000	58027
芜湖金融服务区	Wuhu Financial Service Area	201101	160000	30641
南翔万商商贸物流城B地块建设	Nanxiang Wanshang Business Logistics City B Block Construction	201108	120000	55652
年产1200万片LED级蓝宝石基板生产线项目	Yearly Production 12 Million Pieces LED Sapphire Substrate Production Line Project	201106	192490	53500
苏宁环球·城市之光商业项目	Suning World · City of Light Commercial Project	201104	600000	200112

5—44 续表1 continued

单位名称	Name of Enterprise
芜湖双汇食品有限公司	Wuhu Shuanghui Food Co.,Ltd
格力电器（芜湖）有限公司	Geli Electrical Equipment (Wuhu) Co.,Ltd
芜湖经济技术开发区建设和公用事业管理处	Construction and Management of Public Utilities Department of Wuhu Economic and Technological Development Zone
德尔科技（安徽）有限公司	Deer S&T (Anhui) Co.,Ltd
信义电子玻璃（芜湖）有限公司	Xingyi Electron Glass(Wuhu) Co.,Ltd
安徽三安光电有限公司	Anhui Sanan Photoelectric Co.,Ltd
芜湖德豪润达光电科技有限公司	Wuhu Dehao Runda Photoelectric S&T Co.,Ltd
安徽三安光电有限公司	Anhui Sanan Photoelectric Co.,Ltd
芜湖奥托自动化设备有限公司	Wuhu Aotuo Automation Equipment Co.,Ltd
芜湖伟明房地产有限责任公司	Wuhu Weiming Real Estate Co.,Ltd
芜湖长江大桥综合经济开发区建设发展有限公司	Development Co.,Ltd of Wuhu Yangtze River Bridge Integrated Economic Development Zone
安徽中技桩业有限公司	Anhui Zhongji Pile Industry Co.,Ltd
安徽兴兆光伏玻璃科技有限公司	Anhui Xingzhao Photovoltaic Glass S&T Co.,Ltd
中俊新能源有限公司	Zhongjun New Energy Co.,Ltd
双钱集团（安徽）回力轮胎有限公司	Shuangqian Group (Anhui) Huili Tyre Co.,Ltd
蚌埠市交通运输局	Bengbu Transportation Bureau
蚌埠市城市投资控股有限公司	Bengbu City Investment Co.,Ltd
安徽皖酒制造集团华新有限责任公司	Anhui Wan Wine Manufacturing Group Huaxing Co.,Ltd
蚌埠星源环保科技有限公司	Bengbu Xingyuan Environmental Protection S&T Co.,Ltd
安徽赛远薄钢科技有限公司	Anhui Saiyuan Thin Steel S&T Co.,Ltd
华芳五河纺织有限公司	Huafang Wuhe Textile Co.,Ltd
现代牧业（蚌埠）有限公司	Modern Animal Husbandry (Bengbu) Co.,Ltd
丰原生物素	Fengyuan Biotin
马钢股份有限公司	Magang Co.,Ltd
马鞍山钢铁股份有限公司	Maanshan Steel Co.,Ltd
安徽中杭股份有限公司	Anhui Zhonghang Co.,Ltd
市重点局	Important Bureau
马鞍山市秀山新区建设指挥部	Maanshan Xiushan New Area Construction Headquarter
马鞍山市向山建设投资发展有限责任公司	Maanshan Xiangshan Construction Investment and Development Co.,Ltd
一重集团马鞍山重工有限公司	Yizhong Group Maanshan Heavy Industry Co.,Ltd
马鞍山小康汽车有限公司	Maanshan Xiaokang Automobile Co,Ltd
马鞍山市建皖投资发展有限公司	Maanshan Jianwan Investment and Development Co.,Ltd
马鞍山中油燃气开发有限公司	Maanshan Oil Gas Development Co.,Ltd
马鞍山太时芯光科技有限公司	Maanshan Sitai Core optical S&T Co.,Ltd
安徽天翊光能有限公司	Anhui Tianyu Light Energy Co.,Ltd
安徽和县天沐实业有限公司	Anhui Hexian Tianmu Co.,Ltd
淮北矿业集团	Huaibei Mine Group
铜陵新亚星焦化有限公司	Tongling Xingyaxing Coking Co.,Ltd
安徽省铜陵市承接产业转移示范园区建设投资有限责任公司	Construction Investment Zone Co.,Ltd of Undertaking Industrial Transfer Park of Anhui Tongling

单位：万元（10000 yuan）

项目名称	Name of Project	开工时间 Starting Time	计划总投资 Total Planned Investment	本年完成投资 Accumulated Newly Increased Fixed Assets
年产13万吨肉制品项目	Yearly Production 130,000 Tons Meat Product Project	201106	100000	65790
年产600万套空调及50万台热水机项目	Yearly Production 6,000,000 Suits Air Conditioning and 500,000 Stands Hydrothermal Vent Project	201106	341060	200280
城北基础设施建设	The Northern Part of The City Infrastructural Construction	201101	192100	71805
年产2000万台家用电器项目	Yearly Production 20 Million Household Appliances Project	201105	136000	32025
年产15万吨超薄玻璃项目	Yearly Production 150,000 Tons Ultrathin Glass Project	201106	200000	15099
安徽三安光电芜湖光电产业化二期项目	Anhui Sanan Photoelectric Wuhu Optoelectronics Industrialization Projects (Period two)	201106	442870	62846
芜湖德豪润达LED外延片项目	Wuhu Dehaorenda LED Epitaxial Project	201106	428100	24633
三安光电LED应用产品产业化项目	Sanan Optoelectronic Application of LED Product Industrialization Project	201109	236110	23041
大型数字伺服压机与光电光伏产业化项目	Large Scale Sigital Servo Press and Photoelectric and Photovoltaic Industry Project	201110	106085	6592
春水湾项目	Chunshuiwan Project	201110	116000	658
白象绿洲安置小区（一期）工程	Baixiang Oasis Placement Project (Period one)	201104	114370	13177
年产2000万米先张法预应力离心混泥土空心方桩生产线建设项目	Yearly Production 20 Million Meters Pretensioned Prestress Centrifugal Concrete Hollow Square Pile Production Line Construction Project	201109	104107	1006
玻璃生产线	Glass production lines	201106	287000	100876
太阳能光伏玻璃项目	Solar Energy Photovoltaic Glass Project	201105	412244	133389
年产1500万套高性能半钢丝子午线轮胎项目	Yearly Production 15 Million Units High Quantity of Semi-steel Meridian Tire Project	201105	258940	140331
蚌埠至固镇一级公路改造	Bengbu to Guzhen First Class Highway Reform	201108	132000	22050
钓鱼台棚改陶店安置房建设项目	Diaoyutai Taodian Placement of the Housing Construction Project	201111	100000	13608
高档酒类包装项目	Top Grade Intoxicating Liquor Packing Project	201109	150000	8000
环保设备项目	Environmental Protection Facility Project	201107	100000	21200
钢材深加工	Steel Deep-Processing	201101	100000	60400
30万锭高档棉纱项目	300,000 Spindles Top Grade Cotton Yarn Project	201102	100000	59400
现代牧业	Modern Animal Husbandry	201108	180000	13000
生物素生产	Biotin	201112	227000	3842
马钢（合肥）钢铁公司环保搬迁项目	Magang (Hefei) Environmental Steel Corp Relocation Project	201103	1378700	47629
马钢硅钢二期技术改造工程	Magang Silicium Steel the Second Phase Technical Transformation Project	201109	149000	2651
中杭风电项目	Zhonghang Wind Power Co.,Ltd	201111	130000	6500
马鞍山市体育中心	Maanshan Sports Centre	201110	188000	40000
安置房（雨山片区）	The Placement of the Housing (Yushan Area)	201103	150000	40674
向山安置房建设等	The Placement of the Housing Construction (Xiangshan Area)	201103	112800	52081
年产90台高端数控机床项目	Yearly Production 90 Stands High-end Numerical Control Machine Tool Project	201109	139000	14360
微型汽车项目	Minicar Lines	201109	100000	18300
建皖物流项目	Jianwan Logistics Lines	201106	150000	25500
新建	New Construction	201112	100000	4500
新建	New Construction	201112	110000	5600
太阳能晶硅	Solar Energy Crystalline Silicon	201112	100000	2700
天沐晓山国际温泉养生谷	Tianmuxiaoshan International Health Spa Valley	201109	120000	4210
维持简单再生产项目	Maintain Simple Reproduction Project	201101	278934	278934
焦化二期项目	Coking the Second Phase Project	201111	117000	13228
承接产业转移示范园区基础设施一期	Undertaking Transfer of Industries Demonstration Zone infrastructure (Period one)	201106	100000	38490

5—44 续表1 continued

单位名称	Name of Enterprise
中国石油化工股份公司安庆分公司	China Petroleum and Chemical Corporation Anqing Branch
中国石油化工股份公司安庆分公司	China Petroleum and Chemical Corporation Anqing Branch
安庆市城市建设投资发展集团有限公司	Anqing City Construction Investment Development Co.,Ltd
安徽晨曦陶瓷有限公司	Anhui Chengxi Ceramics Co.,Ltd
安徽恒昌光电玻璃有限公司	Anhui Hengchang Photoelectric Glass Co.,Ltd
黄山旅游度假区（高铁新区）指挥部办公室	Huangshan Tourism Holiday Resort Co.,Ltd
安徽银鹭食品有限公司	Anhui Yinlu Food Co.,Ltd
安徽滁州养元饮品有限公司	Anhui Chuzhou Yangyuan Beverage Co.,Ltd
滁州冠景休闲产业发展有限公司	Chuzhou Guanjing Development Co.,Ltd
全椒君鸿软磁材料有限公司	Quanjiao Junhong Soft Magnetic Material Co.,Ltd
安徽泉盛化工有限公司	Anhui Quanshen Chemical Industry Co.,Ltd
安徽凤鑫药业有限公司	Anhui Fengxin Medicine Co.,Ltd
天长吉阳新能源有限公司	Tianchang Jiyang New Energy Co.,Ltd
明光市管店镇人民政府	Mingguang Guandian Town People's Government
阜阳市交通局	Fuyang Transportation Bureau
阜阳市房地产管理局和谐佳苑项目建设办公室	Harmonious Garden Project Construction Office of Fuyang Real Estate Management Bureau Co.,Ltd
国投新集能源股份有限公司	Guotou Xingji Energy Co.,Ltd
安徽燕龙基新能源科技有限公司	Anhui Yanlongji New Energy S&T Co.,Ltd
宿州市高速公路建设指挥部	Suzhou highway Construction Headquarter
国电宿州第二热电有限公司	Guodian Suzhou The Second Thermoelectricity Co.,Ltd
安徽诺业生物工程有限公司	Anhui Nuoye Bioengineering Co,Ltd
宿州百大农产品物流有限责任公司	Suzhou Baida Agricultural Produce Logistics Co.,Ltd
冠军建材（安徽）有限公司	Guanjun Building Materials (Anhui) Co.,Ltd
安徽兴茂置业有限公司	Anhui Xingmao Real Estate Co,Ltd
六安伟宏钢结构有限公司	Luan Weihong Steel Structure Co.,Ltd
康美（亳州）华佗国际中药城有限公司	Kangmei (Buozhou) Huatuo International traditional Chinese medicine City Co.,Ltd
亳州市重点工程建设管理局	Buozhou Important Engineering Construction Control Bureau
亳州市重点工程建设管理局	Buozhou Important Engineering Construction Control Bureau
亳州市大唐置业有限公司	Buozhou Datang Real Estate Co,Ltd
亳州亿都置业有限公司	Buozhou Yidu Real Estate Co,Ltd
亳州恒大置业有限公司	Buozhou Henda Real Estate Co,Ltd
谯城区粮食产业园	Qiaocheng Food Industrial Park
涡阳县城关办事处旧城改造及安居工程建设指挥部	Old Housing Reconstruction command of Guoyang County Office of the Transformation of the Old City
安徽三星化工有限责任公司	Anhui Sanxing Chemical Industry Co.,Ltd
安徽江淮汽车集团有限公司	Anhui Jianghuai Automobile Group Co.,Ltd
宣城市住建委	Xuancheng Construction Committee
宣城市交通运输局	Xuancheng Transportation Bureau
安徽富鸿投资管理有限公司	Anhui Fuhong Investment and Administration Co.,Ltd

单位：万元（10000 yuan）

项目名称	Name of Project	开工时间 Starting Time	计划总投资 Total Planned Investment	本年完成投资 Accumulated Newly Increased Fixed Assets
丙烯腈扩建	Cyanoethylene Expand	201102	101701	44920
含硫原油加工适应性改造及油品质量升级改造	Crude Oil with Sulfur Processing Adaptability Reformation and Oil Quality Upgrading	201103	652103	221222
安庆市东部新城综合楼	The East New City of Anqing Synthetical Building	201101	108103	5783
年产7000万建筑陶瓷薄片，新建12条现代陶瓷生产线	Yearly Production 70 Million Building Ceramic Sheets, Newly 12 Modern Ceramic Production Lines	201108	150000	4000
年产700万平方米太阳能光伏玻璃	Yearly Production 7 Million Square Metres Solar Energy Photovoltaic Glass	201101	120000	36950
黄山高铁新区	Huangshan High-speed Rail New Area	201101	400000	55000
银鹭食品工业园	Yinglu Food Industrial Park	201104	150000	27918
年产30万吨植物蛋白饮料项目	Yearly Production 300,000 Tons Vegetable Proteins Drink Project	201108	106000	3382
琅琊山国际旅游度假中心一期工程项目休闲部分	Leisure Part of Langya International Mountain Tourism Resort Project (Period one)	201104	100000	2487
年产10万吨软磁非晶材料生产线	Yearly Production 100,000 Tons Soft Magnetic Non-Crystalline Material Production Line	201101	200000	16009
年产100万吨联碱项目	Yearly Production 1,000,000 Tons Combined-soda Process Project	201109	199702	11240
年产350吨阿托法伐他汀项目	Yearly Production 350 Tons Atuofafata Statin Project	201110	119220	1400
年产1920MW高效晶硅太阳能电池	Yearly Production 1920MW Highly Active Crystalline Silicon Solar Energy Battery	201102	368000	55000
栖凤湖生态旅游开发项目	Qifenghu Ecological Tourism Developmental Project	201105	100000	4500
阜阳－－－－新蔡公路安徽段	Fuyang-Xingcai Road Anhui Segment	201103	244400	74000
和谐佳苑	Hexie Jiayuan	201106	100000	5500
口孜东矿二期	Kouzidong Mine (Period two)	201102	200000	192273
太阳能光伏玻璃项目	Solar Energy Photovoltaic Glass Project	201101	420000	33000
徐州至明光高速公路宿州段	Xuzhou to Mingguang High Way Suzhou Segment	201110	377000	36000
国电宿州“上大压小”热电工程	Guodian Suzhou Shangdayaxiao Pyroelectricity Project	201106	281000	15500
氨基酸系列产品生产项目	Amino Acid Series Product Production Lines	201105	100000	5900
农产品物流中心项目	Agricultural Produce Logistics Centre Project	201107	101300	14055
瓷砖生产项目	Ceramic Tile Production Lines	201109	100000	10800
六安国际旅游度假区	Luan International Tourism Holiday Resort	201104	100000	16000
钢结构生产项目	Steel Structure Production Lines	201109	100000	24000
康美（亳州）华佗国际中药城建设项目	Kangmei (Buozhou) Huatuo International Traditional Chinese Medicine City Construction Project	201105	176881	48650
亳州市南部新区安置还原小区E1区工程	E1 District Project of Bozhou City Southern District Placement Reductior	201107	132400	10095
亳州市南部新区拆迁安置还原小区C区	C District Project of Bozhou City Southern District Demolition Placement Reduction	201105	119592	9950
亳州市大唐国际城	Buozhou Datang International City	201110	220000	15650
亳州亿都商贸城	Buozhou Yidu Trade and Business City	201106	230000	38500
亳州恒大城	Buozhou Henda City	201105	272100	32909
粮食加工	Grain Proceing	201101	107760	9000
紫光安居小区	Ziguang Comfortable Housing Living Area	201101	120000	6885
年产50万吨合成氨80万吨尿素项目	Yearly Production 500,000 Tons Synthetic Ammonia 800,000 Tons Urea Project	201104	337720	12100
年产15万辆微车项目	Yearly Production 150,000 Mini Cars Project	201112	135850	350
宛溪河综合建设（二期）	Wanxi River Synthetical Construction (The Second Period)	201107	180000	3200
宣狸路	Xuanli Road	201101	110000	24560
水晶科技产业园	Crystal S&T Industry Park	201107	180000	43480

主要统计指标解释

固定资产投资

固定资产投资额是以货币表现的建造和购置固定资产活动的工作量，它是反映固定资产投资规模、速度、比例关系和使用方向的综合性指标。固定资产投资按经济类型可分为国有、集体、个体、联营、股份制、外商、港澳台商、其他等。按照管理渠道，全社会固定资产投资统计的范围包括：⑴城镇和农村 500 万元以上固定资产投资项目；⑵房地产开发投资；⑶农村非农户投资。

房地产开发投资

指房地产开发公司、商品房建设公司及其他房地产开发法人单位和附属于其他法人单位实际从事房地产开发或经营的活动单位统一开发的包括统代建、拆迁还建的住宅、厂房、仓库、饭店、宾馆、度假村、写字楼、办公楼等房屋建筑物和配套的服务设施，土地开发工程（如道路、给水、排水、供电、供热、通讯、平整场地等基础设施工程）的投资；不包括单纯的土地交易活动。

固定资产投资的资金来源

根据固定资产投资的资金来源不同，分为国家预算内资金、国内贷款、利用外资、自筹资金和其他资金来源。

⑴国家预算资金：包括一般预算、政府性基金预算、国有资本经营预算和社保基金预算。各类预算中用于固定资产投资的资金全部用为国家预算资金填报，其中一般预算中用于固定资产投资的部分包括基建投资、车购税、灾后恢复重建基金和其他投资。各级政府债券也归入国家预算资金。

⑵国内贷款：指报告期内企、事业单位向银行及非银行金融机构借入的用于固定资产投资的各种国内借款。包括银行利用自有资金及吸收的存款发放的贷款、上级主管部门拨入的国内贷款、国家专项贷款（包括煤代油贷款、劳改煤矿专项贷款等）、地方财政专项资金安排的贷款、国内储备贷款、周转贷款等。

⑶利用外资：指报告期内收到的用于固定资产投资的国外资金，包括统借统还、自借自还的国外贷款，中外合资项目中的外资，以及对外发行债券和股票等。国家统借统还的外资指由我国政府出面同外国政府、团体或金融组织签订贷款协议、并负责偿还本息的国外贷款。

⑷自筹资金：指建设单位报告期内收到的，用于进行固定资产投资的上级主管部门、地方和企、事业单位自筹资金。

⑸其他资金来源：指报告期内收到的除以上各种拨款。

固定资产投资按建设性质分

建设项目的性质一般分为新建、扩建、改建、迁建、恢复。基本建设按建设项目划分建设性质，更新改造、国有单位其他固定资产投资及城镇集体投资等按整个企业、事业单位的建设情况确定建设性质，房地产开发单位、农村投资等投资不划分建设性质。

⑴新建：一般是指从无到有、“平地起家”新开始建设的单位。有的单位原有的基础很小，经过建设后其新增加的固定资产价值超过原有固定资产价值（原值）三倍以上的也算新建。

⑵扩建：一般是指为扩大原有产品的生产能力，在厂内或其他地点增建主要生产车间（或主要工程）、独立的生产线或分厂的企业；事业单位和行政单位在原单位增建业务用房（如学校增建教学用房、医院增建门诊部或病床用房、行政机关增建办公楼等）也作为扩建。

⑶改建：一般是指现有企业、事业单位为了技术进步，提高产品质量，增加花色品种，促进产品升级换代，降低消耗和成本，加强资源综合利用和三废治理、劳保安全等，采用新技术、新工艺、新设备、新材料等对现有设施、工艺条件进行技术改造或更新（包括相应配套的辅助性生产、生活福利设施）。有的企业为充分发挥现有生产能力，进行填平补齐而增建不增加本单位主要产品生产能力的车间等，也属于改建。

固定资产投资按构成分

固定资产投资活动按其工作内容和实现方式分为建筑安装工程，设备、工具、器具购置，其他费用三个部分。

⑴建筑安装工程（建筑安装工作量）：指各种房屋、建筑物的建造工程和各种设备、装置的安装工程。包括各种房屋建造工程，各种用途设备基础和各种工业窑炉的砌筑工程；为施工而进行的各种准备工作和临时工程以及完工后的清理工作等；铁路、道路的铺设，矿井的开凿及石油管道的架设等；水利工程；防空地下建筑等特殊工程；以及各种机械设备的安装工程；为测定安装工程质量，对设备进行的试运工作。在安装工程中，不包括被安装设备本身的价值。

⑵设备、工具、器具购置：指购置或自制达到固定资产标准的设备、工具、器具的价值，固定资产的标准按财务部门规定。新建单位、扩建单位的新建车间按照设计和计划要求购置或自制的全部设备、工具、器具，不论是否达到固定资产标准均计入“设备、工具、器具购置”中。

⑶其他费用：指在固定资产建造和购置过程中发生的，除建筑安装工程和设备、工具、器具购置以外的各种应摊入固定资产的费用。

施工项目

指报告期内曾进行建筑或安装工程施工活动的建设项目，包括报告期内新开工项目、报告期以前开工跨入报告期继续施工的项目以及报告期施过工并在报告期内全部建成投产或停缓建的项目。

全部建成投产项目

工业项目是指设计文件规定形成生产能力的主体工程及其相应配套的辅助设施全部建成，经负荷试运转，证明具备生产设计规定合格产品的条件，并经过验收鉴定合格或达到竣工验收标准，与生产性工程配套的生活福利设施可以满足近期正常生产的需要，正式移交生产的建设项目。非工业项目是指设计文件规定的主体工程和相应的配套工程全部建成，能够发挥设计规定的全部效益，经验收鉴定合格或达到竣工验收标准，正式移交使用的建设项目。

新增生产能力

指通过固定资产投资活动而增加的设计能力或工程效益，它是用实物形态表示的固定资产投资的成果。新增生产能力的计算，是以能独立发挥生产能力或工程效益的单项工程（或项目）为对象。当单项工程（或项目）建成，经有关部门鉴定合格，正式移交投入生产，即可计算新增生产能力。

新增生产能力的数量一般按设计能力计算。设计能力是指设计文件中规定的在正常情况下能够达到的生产能力，而不论投产后的实际产量如何。以设备数量、建筑物容积、面积、长度等表示的新增生产能力或工程效益，则按建成的实际数量计算。

商品住宅

指房地产开发企业（单位）建设并出售、出租给使用者，仅供居住用的房屋。

土地开发投资额

指房地产开发企业完成的前期工程投资，即路通、水通、电通、场地平整等（也称七通一平）所完成的投资。一般指生地开发成熟地的投资。在旧城区（老区拆迁）的开发中，如果有统一的规划，如政府有关部门批准的小区建设的前期工程中，有场地平整，原有建筑物、构筑物拆除，供水供电工程等工作量也可计算。未进行开发工程、只进行单纯的土地交易活动不作为土地开发投资统计。土地开发投资额在房屋用途分组中能分摊的部分就分摊，不能分摊的全部计入其他。

土地购置费

指房地产开发企业为取得土地使用权而支付的费用。土地购置费按当期发生数计入投资，如土地购置费为分期付款的，可分期计入投资；不计入新增固定资产。土地购置费支出包括：①通过草拟方式取得的土地使用权所支付的土地补偿费、附着物和青苗补偿费、安置补偿费及土地征收管理费等；②通过出让方式取得土地使用权所支付的出让金。

投资额按房屋工程用途分组

指投资额中用于各类房屋建设的投资。

住宅

指专供居住的房屋，包括别墅、公寓、职工家属宿舍和集体宿舍（包括职工单身宿舍和学生宿舍）等。但不包括住宅楼中作为人防用、不住人的地下室等。

别墅、高档公寓

一般指单位建筑面积造价高于当地同等地段商品住宅平均造价一倍以上的公寓或别墅，或者经有权审批房地产投资计划的审批单位审定为高档公寓、别墅的房地产投资项目。

本年完成开发土地面积

指报告期内对土地进行开发并已完成七通一平等前期开发工程，具备进行房屋建筑物施工或出让条件的土地面积。

本年购置土地面积

指在本年内通过各种方式获得土地使用权的土地面积。

本年土地成交价款

指进行土地使用权交易活动的最终金额。在土地一级市场，是指土地最后的划拨款和出让价；在土地二级市场是指土地转让、出租、抵押等最后确定的合同价格。土地成交价款与土地购置面积同口径，目的是正确计算平均土地购置价格。

房屋施工面积

指报告期内施工的全部房屋建筑面积。包括本期新开工的面积和上年开工跨入本期继续施工的房屋面积，以及上期已停建在本期恢复施工的房屋面积。本期竣工和本期施工后又停建缓建的房屋面积仍包括在施工面积中，多层建筑应填各层建筑面积之和。

房屋竣工面积

指报告期内房屋建筑按照设计要求已全部完工，达到住人和使用条件，经验收鉴定合格或达到竣工验收标准（实行房地产开发小区综合验收的城市，应经小区综合验收合格），可正式移交使用的各栋房屋建筑面积的总和。

实际销售面积

指报告期内已竣工的房屋面积中已正式交付给购房者或已签订（正式）销售合同的商品房屋面积。不包括已签订预售合同正在建设的商品房屋面积，但包括报告期或报告期以前签订了预售合同，在报告期又竣工的商品房屋面积。

保障性安居工程

指为增加中低收入家庭住房供应，解决中低收入家庭住房困难，列入当地政府住房保障规划和年度计划，由政府组织实施建设或筹集的住房。在城镇范围内实施的保障性安居工程，主要包括廉租住房、公共租赁住房、经济适用住房、限价商品住房、城市棚户区改造、国有工矿棚户区改造、国有林区棚户区和国有林场危旧房改造、国有垦区危房改造、中央下放地方煤矿棚户区改造等。在农村范围内实施的保障性安居工程，主要包括农村危房改造、游牧民定居工程等。保障性安居工程中，通常将廉租住房、公共租赁住房、经济适用住房和限价商品住房合称为保障性住房。

Explanatory Notes for Major Statistical Indicators

Total Investment in Fixed Assets in the Whole Country

Amount of investment in fixed assets refers to the volume of activities in construction and purchases of fixed assets in monetary terms. It is a comprehensive indicator which shows the size, pace, proportional relations and use orientation of the investment in fixed assets. Total investment in fixed assets in the whole country includes, by status of economic ownership, the investment by the state-owned units, collective units, individuals, joint ownership units, share-holding units, as well as investment by businessmen from foreign countries and from Hong Kong, Macao and Taiwan, and by other units. According to management channels, the statistical ranges of the investment in fixed assets include: (1) item invested half million Yuan and over in urban; (2) investment of real estates; (3) investment in rural district not by farmer; (4) investment in rural district by farmer.

Investment in Real Estate Development

It includes the investment by the real estate development companies, commercial buildings construction companies and other real estate development units of various types of ownership in the construction of house buildings, such as residential buildings, factory buildings, warehouses, hotels, guesthouses, holiday villages, office buildings, and the complementary service facilities and land development projects, such as roads, water supply, water drainage, power supply, heating, telecommunications, land leveling and other projects of infrastructure. It excludes the activities in simple land transactions.

Sources of Funds for Investment in Fixed Assets

state budgetary appropriation, domestic loans, foreign investment, self-raised funds, and others.

a) State budgetary appropriation refers to appropriation in the budget of the central and local governments earmarked for capital construction and for innovation projects, and the special appropriation from the budget of the central government for capital construction and for the transfer fund to banks to be issued as loans for capital construction projects.

b) Domestic loans refer to various funds borrowed by enterprises and institutions from banks and non-bank financial institutions during the reference period for the purpose of investment in fixed assets, including loans issued by banks from their self-owned funds and deposit, loans appropriated by higher responsible authorities, special loans by government (including loan for replacing petroleum with coal, special loan for reform-through-labour coal mines), loans arranged by local government from special funds, domestic reserve loan, and working loan, etc.

c) Foreign Investment refers to foreign funds received during the reference period for the purpose of investment in fixed assets, including foreign funds borrowed and managed by the government, by individual units, foreign fund in joint venture program, and issue of bonds and stocks at the international financial markets. The foreign funds borrowed and managed by the government refer to foreign loans borrowed by the government from foreign governments, organizations, or financial institutions under official agreements signed by both parties, under which government is responsible for the repayment of both the principal and interests of the foreign loans.

d) Self-raised funds refer to funds received by construction enterprises from their higher responsible authorities, local governments, or raised by enterprises or institutions themselves for the purpose of investment in fixed assets during the reference period.

f) Others refer to funds received during the reference period which are not included in the above-mentioned sources.

Investment in Fixed Assets by Type of Construction

The construction projects in general can be classified by the type of construction into new construction, expansion, reconstruction and moving away. In capital construction, the type of construction is determined by the condition of the project. In investment in innovation, in other investment by state-owned units and investment by collective-owned units, the type of construction is determined by the condition of the whole enterprise or institutions. Investment by type of construction is not applied to investment by real-estate development units, investment in rural areas.

a) New construction in general refers to newly constructed units. In the case in which the value of the original fixed assets is quite small, and the value of newly added fixed assets exceeds the original ones by three times, the expansion construction is considered as new construction.

b) Expansion refers to construction of new major production workshop or independent production line within a factory or in other locations, or construction of a branch factory so as to increase the production capacity of the original products. Newly constructed business houses in institutions and administrative organizations (such as the newly constructed teaching buildings in schools, clinics or bed building in hospitals, and office buildings in administrative agencies, etc.) are also classified as expansion.

c) Reconstruction refers to technical innovation and

transformation of the existing equipment and technical conditions undertaken by enterprises and institutions for the purposes of technological advancement, improvement in product quality, enlarging variety of products, promoting new generation of products, reducing production consumption and cost, promoting comprehensive utilization of resources, strengthening treatment of waste gas, waste water and solid wastes, and safety in production, etc. through application of new technologies and techniques, use of new equipment and new materials (including accessory facilities for production or for living and welfare purposes).Construction of new workshops for improving existing production capacity rather than increasing production capacity is also considered as reconstruction.

Investment in Fixed Assets by Structure

refers to the three major parts of investment activities, i.e. construction and installation, purchase of equipment and instrument, and other expenses.

a) Construction and installation (work volume of construction and installation) refers to the construction of various houses and buildings and installation of various kinds of equipment and instruments, including construction of various houses, equipment foundations and industrial kilns and stoves, preparation works for project construction, and clearing up works post project construction, pavement of railways and roads, drilling of mines and putting up of oil pipes, construction of projects of water conservancy, construction of underground air-raid shelters and construction of other special projects, installation of various machinery equipment, testing operation for pre-testing the quality of installation projects. The value of equipment installed is not included in the value of installation projects.

b) Purchase of equipment and instruments refers to the total value of equipment, tools, and vessels purchased or self-produced which come up to standards for fixed assets. Equipment, tools and vessels purchased or self-produced for new workshops by newly established or expanded units are categorized as purchase of equipment and instruments no matter whether they come up to the standards for fixed assets or not.

c) Other expenses refer to expenses occurring during the construction or purchase of fixed assets other than construction, installation or purchase of equipment and instruments.

Projects Under Construction

refer to projects having construction and installation activities undertaken in the reference period, including projects started in the reference period, or continued from the previous period, or completed and put into production or suspended in the reference period.

Projects Completed and Put into Use

Industrial projects refer to the major projects and accessory facilities completed which result in forming production capacity and have been checked and accepted while the living and welfare facilities have been completed and can ensure normal production and formally put into production. Non-industrial projects refer to the major projects and accessory facilities completed which possess the designed capacity and have been checked, accepted and formally put into production.

Newly Increased Production Capacity

refers to the increase of designed capacity and project efficiency through investment in fixed assets, which reflects the accomplishment of investment in fixed assets in kind. The calculation of newly increased production capacity is based on individual project which operates independently and efficiently. When an individual project is completed and checked and accepted and put into production, it is counted as newly increased production capacity.

Newly increased production capacity in terms of quantity is calculated in designed capacity in general, which refers to the production capacity of a project under normal conditions designed in construction documents regardless of the actual output.

Commercial Housing

refers to the building just for living sailed and rented to the user by real estate development company.

Amount of Investment on Land

refers to the previous construction investment completed by real estate development company, which includes road project completed, water project completed, electricity project completed, site grading and so on (and also called seven completed one grading). This investment is usually called fresh land developed in to mature land. If there lave unified planning in old section of city (the moving of old district) development, for example, in the prior project of housing estate construction authorized by related party of government the amount of work of site grading, demolition of primary buildings water supply project and power supply project can be calculated. The project without development and purely transaction of land can't be the statistics of development and investment in land. The amount of land development and investment must be apportioned if they can be apportioned in the group by the use of building. If the part can't be apportioned, they can be calculated in others wholly.

The Cost of Buying Land

refers to the cost paid by the real estate company, which can be used for gaining the usufruct of land. The cost of buying land can be calculated for investment based on the current period amounts. The cost of buying land can be calculated for investment by stages if the cost of buying land is divided payments. The cost of buying land can't be calculated for the new permanent assets. The cost of buying land includes ① compensation cost of land, adhesive material, green croups, allocation and management expenses of land expropriation paid by the land-use right in rough style. ②fees for assignment paid by the land-use right in remised style.

Amount of Investment Classified by the Use of Building Engineering

refers to the investment of all types of building construction among of the amount of investment.

House

refers to the building for living merely including villa, apartment, dormitory of employee, collective dormitory (including the dormitory for bachelors and students) and so on, excluding the basement of resident buildings for civil air defense and no living.

Villas, High-grade Apartments

refer to per construction cost on villas or high-grade apartments are higher by over 100% compared with the average prices of commercial housing at the same place, or projects for the construction of villas or high-grade apartments approved by competent departments in chare of real estate development and investment plans.

Exploitative Land Area Completed This Year

refers to prior development project of land (seven completed one grading and soon) which was developed and completed at report period. The land area has building operations or remised condition.

The Land Area Bought This Year

refers to the area attained land-use right by all kinds of modes this year.

Bargain Price of Land This Year

refers to final sum bargained for the land-use right. The price refers to the final transfer and remised price at land primary market; The price refers to the finally affirmed contract price with land remised, rented, mortgage and so on at land secondary market. Bargain price of land have the same caliber with the land buying area, the aim is to calculate the mean land buying price correctly.

Floor Space Under Construction

refers to total floor space of all buildings under construction during the reference period, including floor space of newly started buildings during the reference period, floor space of construction extended from the previous period to the current period, floor space of construction suspended during the previous period and resumed in the current period, floor space of construction completed in the current period, and floor space of construction started and then suspended in the current period.

Floor Space of Buildings Completed

refers to the floor space of buildings completed in the reference period, which have come up to the designed standards and have been put into use.

Effective Sale Areas

refer to commercial building areas which were handed formally to the buyers or signed sale contracts in the completed building areas at the report period. The area include the accomplish commercial building area at the report period which was signed pre contract at the report period or before the report period, excluding the commercial building area which was building now and has been signed pre contract.

第六篇

Chapter 6

能源生产和消费

PRODUCTION AND CONSUMPTION OF ENERGY

简要说明

一、本篇主要内容有：能源生产、消费及品种构成，能源生产和消费弹性系数，近年来综合能源平衡表和电力平衡表，分行业分主要能源品种的消费量等。

二、2011 年及以前年份为分行业主要能源品种消费量、分行业工业用水量是指全部国有及年销售收入 500 万元以上工业企业。2011 年起为全部国有及年销售收入 2000 万元以上工业企业，与历史年份不可比。

三、本篇资料取自省统计局能源处，是按照国家统计局报表制度逐级汇总整理。

四、关于数据口径与计算的说明

1. 一次能源生产量与工业统计数据一致。

2. 行业分类采用现行统一的国民经济行业分类国家标准。

3. 能源生产与消费弹性系数分别以能源生产、消费增长速度与国内生产总值增长速度相比求得。

Brief Introduction

I. Data in this chapter cover mainly the energy production, consumption and their composition, the elasticity ratio of energy production and consumption, the overall balance of energy and the balance of electricity, the consumption of energy by sector and by main variety.

II. The consumption of energy by sector and by main variety and industrial water consumption by sector include all state-owned industrial enterprises and the industrial enterprises with yearly sales revenue over five million yuan.

III. Data in this chapter are prepared and provided by the Division of Energy, Anhui Statistical Bureau, in accordance with the national reporting system.

IV. Coverage and calculation of data:

1. Data on the production of primary energy are the same as the concerned data of the industrial statistics.

2. The state classification of national economic sectors is used in the classification of sectors.

3. The elasticity ratio of energy production is calculated as the quotient of the growth rate of energy production divided by the growth rate of GDP; and the elasticity ratio of energy consumption is calculated as the quotient of the growth rate of energy consumption divided by the growth of GDP.

6—1 能源生产和消费总量及电力生产和消费量
Total Production and Consumption of Energy and Electricity

年　份 Year	能源生产总量（万吨标准煤）Total Energy Production（10000 tons of SCE）	电力生产量（亿千瓦时）Electricity (100 million kwh)	能源消费总量（万吨标准煤）Total Energy Consumption（10000 tons of SCE）	电力消费量（亿千瓦时）Electricity (100 million kwh)
1995	3218.53	309.33	4194.06	288.97
2000	3436.14	364.63	4878.82	338.92
2002	4478.04	465.66	5315.97	389.94
2003	4844.90	557.18	5457.09	445.44
2004	5845.96	611.57	6016.89	515.94
2005	6215.42	648.38	6505.98	581.65
2006	5993.75	734.38	7069.39	662.40
2007	6742.44	868.04	7739.33	768.70
2008	8413.93	1101.94	8325.40	858.87
2009	9288.36	1328.58	8895.90	952.30
2010	9689.27	1463.31	9706.60	1077.92
2011	10281.42	1655.07	10570.23	1221.19

注：1. 电力生产量为全社会发电量。能源生产和消费量按等价热值计算。2006年后能源生产总量不含跨地区原煤产量。
　　2. 根据第二次全国经济普查结果，2005年以后的有关数据有所调整（下同）。

a) Electricity Production is the whole social power rate.Energy Production and Consumption are calculated on the basis of equal caloric value. After 2006, Total Energy Production does not contain the trans-regional raw coal output.
b) According to the second economic census result, after 2005 related data has been adjusted (same as below).

6—2 综合能源平衡表
Overall Energy Balance

单位：万吨标准煤（10000 tons of SCE）

指　标	Item	1995	2000	2005	2010	2011
可供消费的能源总量	**Total Energy Available for Consumption**					
一次能源生产量	Primary Energy Output	3218.53	3436.14	6215.42	9689.27	10281.42
能源消费总量	**Total Energy Consumption**	**4194.06**	**4878.82**	**6505.98**	**9706.60**	**10570.23**
在总量中：	Consumption by Sector:					
农、林、牧、渔、水利业	Farming, Forestry, Animal Husbandry, Fishery and Water Conservancy	176.02	163.48	149.10	199.48	209.37
工　业	Industry	3249.67	3881.06	5016.86	7464.63	8039.06
建筑业	Construction	47.20	53.93	54.32	114.56	136.77
交通运输和邮电通信业	Transportation, Post and Telecommunications Services	156.91	178.38	280.27	528.00	610.48
商业、饮食、物资供销和仓储业	Commerce, Catering Services, Materials Supply, Marketing and Storage	37.94	57.24	101.75	150.29	209.29
其　他	Others	44.19	57.65	132.90	252.02	269.40
生活消费	Residential Consumption	386.28	487.07	770.78	997.58	1095.87
在总量中：	Consumption by Usage:					
终端消费	Final Consumption	4046.48	4689.61	6126.54	9259.76	9970.52
#工　业	Industry	3197.99	3691.85	4637.41	7024.57	7443.84
加工转换损失量	Losses in Processing and Transformation	51.68	189.21	379.44	440.06	389.35
输配损失量	Losses in Transportation and Delivery	95.90	73.64	155.34	237.84	260.09
平衡差额	**Balance**	**9.47**	**8.38**	**17.54**	**-43.42**	**-44.78**

6—3 能源生产弹性系数
Elasticity Ratio of Energy Production

年　份 Year	能源生产比上年增长（%） Growth Rate of Energy Production over preceding Year (%)	电力生产比上年增长（%） Growth Rate of Electricity Production over Preceding Year (%)	安徽生产总值比上年增长（%） Growth Rate of Gross Domestic Product (GDP) over Preceding Year (%)	能源生产弹性系数 Elasticity Ratio of Energy Production	电力生产弹性系数 Elasticity Ratio of Electricity Production
1995	9.53	3.67	14.3	0.67	0.26
2000	2.16	15.25	8.3	0.26	1.84
2005	6.32	6.02	11.8	0.54	0.51
2010	4.32	10.14	14.6	0.30	0.69
2011	6.11	13.10	13.5	0.45	0.97

注：能源生产增长速度按等价热值计算；电力生产增长速度按实物量计算。
a) The rate of rise of energy production is calculated on the basis of equal caloric value; The rate of rise of electricity production is calculated on the basis of real amount.

6—4 能源消费弹性系数
Elasticity Ratio of Energy Consumption

年　份 Year	能源消费比上年增长（%） Growth Rate of Energy Consumption over Preceding Year (%)	电力消费比上年增长（%） Growth Rate of Electricity Consumption over Preceding Year (%)	安徽生产总值比上年增长（%） Growth Rate of Gross Domestic Product (GDP) over Preceding Year (%)	能源消费弹性系数 Elasticity Ratio of Energy Consumption	电力消费弹性系数 Elasticity Ratio of Electricity Consumption
1995	12.83	10.64	14.3	0.90	0.74
2000	5.47	8.29	8.3	0.66	1.00
2005	8.33	12.74	11.8	0.71	1.08
2010	9.11	13.19	14.6	0.62	0.90
2011	8.90	13.29	13.5	0.66	0.98

注：能源消费增长速度按等价热值计算；电力消费增长速度按实物量计算。
a) The rate of rise of energy consumption is calculated on the basis of equal caloric value; The rate of rise of electricity consumption is calculated on the basis of real amount.

6—5 能源加工转换效率
Efficiency of Energy Conversion

单位：%

年　份 Year	总效率 Total Efficiency	火力发电 Thermal Power Generation	炼　焦 Coking	炼　油 Petroleum Refining
2005	65.58	34.66	88.99	94.17
2010	65.87	39.95	95.76	99.45
2011	66.24	40.20	94.87	99.47

6—6 主要年份电力平衡表
Electricity Balance Sheet in Main Year

单位：亿千瓦小时（100 million kwh）

指　标	Item	1995	2000	2005	2010	2011
可供量	**Total Energy Available for Consumption**					
生产量	Output	309.33	364.63	648.38	1463.31	1655.07
水力发电及其它发电	Hydraulic Power Generation and Others	11.39	4.58	13.48	43.47	31.07
火　电	Thermal Power	297.94	360.05	634.90	1419.84	1624.00
消费量	**Total Energy Consumption**	**288.97**	**338.92**	**581.65**	**1077.92**	**1221.19**
在消费量中	Consumption by Sector					
农、林、牧、渔、水利业	Agriculture, Forestry, Animal Husbandry, Fishery and Water Conservancy	23.85	21.31	11.75	11.91	12.94
工　业	Industry	190.69	238.26	430.98	777.18	877.79
#输配电损失量	Losses in Transmission	24.73	22.81	43.81	76.81	85.07
建筑业	Construction	3.00	3.75	4.88	14.75	18.21
交通运输、仓储和邮政业	Transport, Storage and Post	2.96	4.22	4.98	14.58	17.93
批发、零售业和住宿、餐饮业	Wholesale and Retail Trades, Hotels and Catering Services	2.87	5.74	12.57	34.97	44.41
其他行业	Others Sectors	8.03	12.61	26.79	50.55	58.36
生活消费	Household Consumption	32.84	53.03	89.70	173.98	191.55

6—7 主要年份平均每天各种能源消费量
Average Daily Energy Consumption by Variety in Main Year

指　标		Item		1995	2000	2005	2010	2011
合　计	**（万吨标准煤）**	**Total**	**(10000 tons of SCE)**	**11.49**	**13.36**	**17.82**	**26.59**	**28.96**
原　煤	（万吨）	Coal	(10000 tons)	13.84	15.96	23.24	37.55	41.24
焦　炭	（万吨）	Coke	(10000 tons)	1.21	1.46	1.48	2.49	2.60
原　油	（万吨）	Crude Oil	(10000 tons)	0.76	0.94	1.14	1.31	1.33
燃料油	（万吨）	Fuel Oil	(10000 tons)	0.13	0.13	0.07	0.03	0.03
汽　油	（万吨）	Gasoline	(10000 tons)	0.16	0.19	0.24	0.43	0.48
柴　油	（万吨）	Diesel Oil	(10000 tons)	0.29	0.39	0.58	1.00	1.14
电　力	（亿千瓦小时）	Electricity	(100 million kwh)	0.79	0.93	1.59	2.95	3.35

6—8 主要年份生活能源消费量
Average Annual Energy Consumption for Households in Main Year

指　标		Item		1995	2000	2005	2010	2011
合　计	**（万吨标准煤）**	**Total**	**(10000 tons of SCE)**	**386.28**	**487.07**	**770.78**	**997.55**	**1095.87**
煤　炭	（万吨）	Coal	(10000 tons)	325.00	433.00	580.00	341.25	226.00
液化石油气	（万吨）	Liquefied Petroleum Gas	(10000 tons)	9.04	16.30	28.11	42.13	41.74
天然气	（亿立方米）	Natural Gas	(100 million cu.m)			0.40	2.80	8.00
热　力	（万百万千焦）	Heat	(10 billion kilo-joule)	92.06		653.00	661.00	2082.00
电　力	（亿千瓦小时）	Electricity	(100 million kwh)	32.84	53.03	89.70	173.98	191.55

6—9 主要年份人均生活能源消费量
Annual per Capita Energy Consumption of Households in Main Year

指　标		Item		1995	2000	2005	2010	2011
平均每人生活消费能源	**（千克标准煤）**	**Annual per Capita Consumption for Households**	**(kg of SCE)**	**65.04**	**80.22**	**124.84**	**168.60**	**183.62**
煤　炭	（千克）	Coal	(kg)	54.72	71.31	93.94	57.68	37.87
液化石油气	（千克）	Liquefied Petroleum Gas	(kg)	1.52	2.68	4.55	7.12	6.99
天然气	（立方米）	Natural Gas	(cu.m)			0.65	4.73	13.40
热　力	（万千焦）	Heat	(kilo-joule)	1.55		10.58	11.17	34.89
电　力	（千瓦小时）	Electricity	(kwh)	55.30	87.34	145.29	294.04	320.95

注：按年平均人口数计算。
a) Data in the table are calculated with the data on the annual average population.

6—10 主要年份能源消耗指标
Energy Consumption Indices in Main Year

年份 Year	单位地区生产总值能耗(等价值) Unit GDP Energy Consumption (Equal Values)		单位工业增加值能耗(规模以上，当量值) Unit GDP Energy Consumption (Above Scale, Equivalent Value)		单位地区生产总值电耗 Unit GDP Electricity Consumption	
	指标值(吨标准煤/万元) Indices (standard coal ton /10000Yuan)	上升或下降(±%) Up or Down	指标值(吨标准煤/万元) Indices (standard coal ton /10000Yuan)	上升或下降(±%) Up or Down	指标值(千瓦小时/万元) Indices (kilowatt-hour/10000 yuan)	上升或下降(±%) Up or Down
2005	1.22		3.13		1088.11	
2006	1.17	-3.44	2.86	-6.96	1099.86	1.08
2007	1.13	-4.11	2.63	-8.61	1118.33	1.68
2008	1.08	-4.52	2.34	-9.92	1109.06	-0.83
2009	1.02	-5.39	2.10	-11.13	1088.76	-1.83
2010	0.785	-4.78	1.33	-12.94	872.16	-1.17
2011	0.754	-4.06	1.20	-9.54	870.49	-0.19

注：1、2010年以后，国内生产总值按照2010年可比价格计算(下同)。

2、按2005年可比价格计算的2010年单位生产总值能耗为0.97，单位工业增加值能耗为1.82，单位生产总值电耗为1075.99。

a) After 2010, GDP is calculated by 2010 comparable price.

b) As caculating by 2005 comparable price, Unit GDP Energy Consumption is 0.97, Unit GDP Energy Consumptionis 1.82, Unit GDP Electricity Consumption is 1075.99.

6—11 各市能源消耗指标（2011年）
Energy Consumption Indices by Region (2011)

地区	Region	单位地区生产总值能耗(等价值) Unit GDP Energy Consumption (Equal Values)		单位工业增加值能耗(规模以上，当量值) Unit GDP Energy Consumption (Above Scale, Equivalent Value)		单位地区生产总值电耗 Unit GDP Electricity Consumption	
		指标值(吨标准煤/万元) Indices (standard coal ton /10000Yuan)	上升或下降(±%) Up or Down	指标值(吨标准煤/万元) Indices (standard coal ton /10000Yuan)	上升或下降(±%) Up or Down	指标值(千瓦小时/万元) Indices (kilowatt-hour/10000 yuan)	上升或下降(±%) Up or Down
合肥市	Hefei	0.641	-4.06	0.60	-12.74	504.54	-1.17
淮北市	Huaibei	1.073	-4.03	1.24	-7.60	832.32	-2.88
亳州市	Bozhou	0.651	-3.96	0.45	-15.40	465.36	6.60
宿州市	Suzhou	0.800	-4.00	1.18	-10.11	612.86	4.03
蚌埠市	Bengbu	0.691	-4.02	1.22	-8.81	624.35	-2.39
阜阳市	Fuyang	1.004	-3.95	1.25	-13.60	895.50	6.66
淮南市	Huainan	0.957	-4.10	2.76	-5.60	969.46	-2.03
滁州市	Chuzhou	0.691	-4.01	0.80	-9.90	914.84	0.70
六安市	Luan	0.744	-4.04	0.35	-19.02	707.90	4.26
马鞍山市	Maanshan	1.695	-4.61	3.10	-6.94	1298.08	-5.84
芜湖市	Wuhu	0.667	-4.08	0.83	-5.00	703.56	2.28
宣城市	Xuancheng	0.868	-4.11	1.37	-15.85	1184.94	4.07
铜陵市	Tongling	1.042	-4.14	1.72	1.55	1029.68	-6.96
池州市	Chizhou	1.129	-4.05	2.70	-9.70	903.10	4.50
安庆市	Anqing	0.772	-4.04	1.23	-9.60	676.33	0.86
黄山市	Huangshan	0.456	-2.46	0.30	-6.60	570.24	6.24

6—12 全社会用电情况
Electricity Used in Whole Society

单位：亿千瓦时（100 million kwh）

类别	Types	2005	2010	2011
全社会用电量总计	**Total of Electricity Used in Whole Society**	**581.65**	**1077.92**	**1221.19**
全行业用电量合计	Total of Electricity Used in Whole Trade	491.95	903.94	1029.64
第一产业	Primary Industry	11.75	11.91	12.94
第二产业	Secondary Industry	435.86	791.93	895.99
第三产业	Tertiary Industry	44.34	100.10	120.71
城乡居民生活用电量合计	Electricity Used for Life	89.70	173.98	191.55
城镇居民	Urban	47.97	89.50	93.75
乡村居民	Rural	41.73	84.48	97.80
分行业用电	Grouped by Trade			
农、林、牧、渔业	Farming, Forestry,Animal Husbandry and Fishery	11.75	11.91	12.94
工　业	Industry	430.98	777.18	877.79
#轻工业	Light Industry	68.65	108.54	117.19
重工业	Heavy Industry	362.32	668.64	760.60
#采矿业	Mining and Quarrying	45.97	79.45	86.57
制造业	Manufacturing	290.86	509.39	584.15
电力、燃气及水的生产和供应业	Production and Supply of Electricity Gas and Water	94.14	188.34	207.07
建筑业	Construction	4.88	14.75	18.20
交通运输、仓储和邮政业	Transport, Storage and Postal Services	4.98	14.58	17.93
信息传输、计算机服务和软件业	Information Circulation, Computer Services and Software	2.58	6.40	7.51
商业和住宿、餐饮业	Commercial、Accommodation and Catering Trade	12.57	34.97	44.41
金融、房地产、商务及居民服务业	Finance、Real Estate、Business Affair & Resident Service	8.24	14.46	17.06
公共事业及管理组织	Public Service & Management Organization	15.97	29.69	33.80

6—13 电力建设情况
Electric Power Construction Situation

类别		Types		2005	2010	2011
发电量	**（亿千瓦时）**	**Electric Power Generated**	**(100 million kwh)**	**648.38**	**1463.31**	**1655.07**
线损率	**（%）**	**Electricity Loss Rate on Lines**	**(%)**	**6.09**	**5.85**	**5.28**
年末发电设备容量	**（万千瓦）**	**Power Generating Equipment Capacity (year-end)**	**(10000 kw)**	**1217.30**	**2933.00**	**3183.29**
架空线长度	**（公里）**	**Length of Overhead Lines**	**(km)**	**32432.51**	**49017.00**	**52185.07**
500KV		500KV		1857.92	5115.00	5701.04
220KV		220KV		6212.53	10511.00	11203.92
110KV		110KV		8143.99	12538.00	13343.25
35KV		35KV		16218.07	20467.00	21551.46
电缆长度	**（公里）**	**Length of Cable**	**(km)**	**101.54**	**376.00**	**851.87**
110KV		110KV		63.41	157.00	584.96
35KV		35KV		38.13	124.00	149.44
公用变电容量	**（万千伏安）**	**Public Transformer Capacity**	**(10000 kva)**	**3948.13**	**8752.00**	**9755.60**
500KV		500KV		510.30	1760.00	1760.00
220KV		220KV		1452.00	3366.00	3846.00
110KV		110KV		1419.80	2712.00	3084.63
35KV		35KV		566.10	914.00	1064.97
用电最高负荷	**（万千瓦）**	**Transport, Storage and Postal Services**	**(10000 kw)**	**1010.00**	**1871.00**	**1991.75**

6—14 主要年份工业企业主要能源品种消费量
Major of Energy Consumption Species of Industrial Enterprises in Main Year

指标		Item		2000	2005	2006	2010	2011
原　煤	(万吨)	Coal	(10000 tons)	3378.49	7121.30	7769.88	13521.91	15019.05
洗精煤	(万吨)	Washed and Refined Coal	(10000 tons)	399.60	643.14	686.52	1257.91	1281.00
其他洗煤	(万吨)	Other Washed Coal	(10000 tons)		105.49	71.31	171.72	341.61
焦　炭	(万吨)	Coke	(10000 tons)	251.52	537.63	623.68	900.88	936.27
原　油	(万吨)	Crude Oil	(10000 tons)	344.17	414.49	445.40	477.57	483.79
汽　油	(万吨)	Gasoline	(10000 tons)	4.02	4.98	7.00	7.48	6.70
煤　油	(万吨)	Kerosene	(10000 tons)		0.44	0.46	0.61	0.46
柴　油	(万吨)	Diesel Oil	(10000 tons)	11.00	21.22	22.98	33.26	33.57
燃料油	(万吨)	Fuel Oil	(10000 tons)	18.65	19.82	15.99	9.53	8.69
热　力	(万百万千焦)	Heat	(10 billion kilo-joule)		5381.30	5157.25	5840.68	5799.54

6—15 成品油批发和零售企业能源商品购进、销售与库存（2011年）
Energy Products Trade and Inventory of Refined Oil Wholesale and Retail Businesses (2011)

单位：吨（ton）

指标	Item	汽油 Gasoline	柴油 Diesel Oil	煤油 Kerosene	燃料油 Fual Oil	润滑油 Lubricating oil
批发企业	**Wholesale Business**					
年初库存量	Inventory At the Beginning of the Year	60852	176235	7	172	4675
累计购进量	Total Purchase	1880610	4569246	780	64216	21797
#购自省外	Purchased from Outside the Province	728853	2062036		59828	2423
累计销售量	Total Sales	1863594	4649908	796	64221	20458
#销往省外	Sale to Outside the Province	8322	84801		59590	1147
售予省内批发和零售企业	Sales to Wholesale and Retail Business	1238324	3235025	32	988	12106
期末库存量	Inventories at the end of Period	87353	187800	6	163	5863
零售企业	**Retail Business**					
年初库存量	Inventory At the Beginning of the Year	47691	67475	16	201	3559
累计销售量	Total Sales	1822939	3211137	169	19854	14476
#本季销售量	Sales During the Period	460629	905345	52	4380	3702
年末库存量	Inventories at the end of the Year	61234	52911	22	266	2413

6—16 主要年份分行业全社会工业用电量
Industrial Electricity Consumption of Sector in Main Year

单位：亿千瓦时（100 million kwh）

行业	Sector	1995	2000	2005	2010	2011
消费总量	**Total Consumption**	**190.69**	**238.26**	**430.98**	**777.18**	**877.79**
煤炭开采和洗选业	Coal Mining and Dressing	20.20	21.14	37.09	55.81	62.40
黑色金属矿采选业	Mining and Dressing of Ferrous Metals	3.03	3.69	5.74	13.63	15.17
有色金属矿采选业	Mining and Dressing of Nonferrous Metals	3.81	4.52	1.09	4.23	3.58
非金属矿采选业	Mining and Dressing of Nonmetal Minerals	2.51	2.45	2.05	5.78	5.41
其他矿采选业	Other Minerals Mining and Dressing		0.06			
农副食品加工业	Agricultural and Non-staple Food Processing Industry	3.60	2.33	4.34	14.78	17.87
食品制造业	Food Production	0.80	1.67	4.52	3.56	4.18
饮料制造业	Beverage Manufacturing	2.47	1.55	2.72	3.75	3.47
烟草加工业	Tobacco Processing	0.75	1.25	1.55	1.01	1.03
纺织业	Textiles	9.96	10.90	15.28	17.07	18.37
纺织服装鞋帽制造业	Textile Dress, Footwear and Headgear	0.54	0.20	1.39	2.97	3.47
皮革毛皮羽绒及其制品业	Leather, Furs, Down and Related Products	0.20	0.16	0.49	1.15	1.34
木材加工及竹藤棕草制品业	Timber Processing, Bamboo, Cane, Palm Fiber and Straw Products	0.53	0.55	3.90	9.61	11.66
家具制造业	Furniture Manufacturing	0.14	0.02	0.11	0.67	0.96
造纸及纸制品业	Papermaking and Paper Products	4.53	3.45	0.10	9.43	10.38
印刷业、记录媒介的复制	Printing and Record Medium Reproduction	0.30	1.80	1.29	2.75	2.97
文教体育用品制造业	Cultural, Educational and Sports Goods	0.11	0.12	0.49	1.40	1.56
石油加工、炼焦及核燃料加工业	Petroleum Processing, Coking and Nuclear Fuel Processing	2.09	2.63	2.11	3.38	3.33
化学原料及制品制造业	Raw Chemical Materials and Chemical Products	35.89	43.61	65.13	77.33	87.92
医药制造业	Medical and Pharmaceutical Products	2.33	1.35	3.96	5.33	5.20
化学纤维制造业	Chemical Fiber	2.65	3.83	7.41	7.01	8.18
橡胶制品业	Rubber Products	0.97	0.59	2.38	4.70	5.67
塑料制品业	Plastic Products	1.72	1.92	5.84	10.69	12.20
非金属矿物制品业	Nonmetal Mineral Products	16.21	19.45	59.89	114.84	133.36
黑色金属冶炼及压延加工业	Smelting and Pressing of Ferrous Metals	25.17	26.95	66.74	126.24	138.46
有色金属冶炼及压延加工业	Smelting and Pressing of Nonferrous Metals	5.67	7.74	9.67	16.61	19.77
金属制品业	Metal Products	3.45	3.12	7.37	22.05	26.78
普通机械制造业	Ordinary Machinery	2.84	5.72	5.04	12.42	13.88
专用设备制造业	Equipment for Special Purposes	1.98	0.72	1.77	2.82	3.34
交通运输设备制造业	Transport Equipment	2.36	1.69	6.32	12.49	15.40
电气机械及器材制造业	Electric Equipment and Machinery	2.48	0.90	5.65	15.35	18.35
通信设备、计算机及其他电子设备制造业	Telecommunication Equipments, Computer and Related Electronic Equipments	0.52	0.60	1.77	3.47	8.60
仪器仪表及文化办公用机械制造业	Instruments, Meters, Cultural and Office Machinery	0.14	0.10	0.23	0.36	0.55
工艺品及其他制造业	Handiwork and Other Manufacturing	5.06	5.47	2.89	5.25	4.69
废弃资源和废旧材料回收加工业	Recovery and Processing of Discarded Resources and Waste Materials			0.51	0.90	1.20
电力、热力的生产和供应业	Production and Supply of Electric Power and Heating Power	22.18	52.10	88.61	179.61	197.12
煤气的生产和供应业	Production and Supply of Gas	0.02	0.06	0.64	1.20	1.73
自来水的生产和供应业	Production and Supply of Tap Water	3.39	3.66	4.90	7.53	8.23

6—17 分行业工业用水情况（2011年）
Industrial Water Situation by Industry (2011)

单位：万立方米（10000 M³）

行业	Sector	工业取水总量 Industrial Water Got Total Amount of Industrial Water Got	地表水 Surface	地下水 Ground	自来水 Tap	其他水 Other	重复用水数量 Repeat of Water Consumption
消费总量	**Total Consumption**	**432601.1**	**366920.0**	**26395.4**	**34301.0**	**4984.7**	**814353.3**
煤炭开采和洗选业	Coal Mining and Dressing	8818.4	1314.4	6150.4	1268.4	85.2	10190.7
黑色金属矿采选业	Mining and Dressing of Ferrous Metals	2594.4	1605.2	635.2	205.3	148.7	9987.3
有色金属矿采选业	Mining and Dressing of Nonferrous Metals	325.7	101.0	163.1	58.2	3.4	209.2
非金属矿采选业	Mining and Dressing of Nonmetal Minerals	637.6	573.0	46.1	18.5		0.2
农副食品加工业	Agricultural and Non-staple Food Processing Industry	1881.9	124.1	673.8	1081.4	2.6	41.6
食品制造业	Food Production	1617.4	133.5	247.7	1080.6	155.6	564.6
饮料制造业	Beverage Manufacturing	2744.5	228.8	1049.1	1455.4	11.3	261.6
烟草加工业	Tobacco Processing	230.6	16.0	7.4	207.1		
纺织业	Textiles	2306.7	371.8	169.8	1764.0	1.1	1322.7
纺织服装鞋帽制造业	Textile Dress, Footwear and Headgear	651.8	6.6	36.6	608.0	0.5	1.3
皮革毛皮羽绒及其制品业	Leather, Furs, Down and Related Products	975.5	541.7	51.8	381.4	0.6	50.3
木材加工及竹藤棕草制品业	Timber Processing, Bamboo, Cane, Palm Fiber and Straw Products	418.9	53.1	82.7	283.1		19.3
家具制造业	Furniture Manufacturing	69.0	1.2	5.7	62.1		
造纸及纸制品业	Papermaking and Paper Products	3313.2	2462.1	402.3	403.7	45.0	3111.9
印刷业、记录媒介的复制	Printing and Record Medium Reproduction	200.8	1.4	11.3	188.2		88.8
文教体育用品制造业	Cultural, Educational and Sports Goods	89.2	3.9	14.3	71.0	0.1	0.1
石油加工、炼焦及核燃料加工业	Petroleum Processing, Coking and Nuclear Fuel Processing	2944.5	0.1	116.9	2397.6	429.8	59739.4
化学原料及化学制品制造业	Raw Chemical Materials and Chemical Products	13187.7	7793.7	2100.7	3094.0	199.3	116866.2
医药制造业	Medical and Pharmaceutical Products	2549.7	465.6	1063.2	1016.7	4.2	531.7
化学纤维制造业	Chemical Fiber	1493.6	770.4	241.1	482.0		44139.2
橡胶制品业	Rubber Products	675.2	194.3	92.1	388.5	0.3	4997.1
塑料制品业	Plastic Products	892.6	25.4	78.3	788.3	0.7	109.9
非金属矿物制品业	Nonmetal Mineral Products	8080.1	5298.6	643.2	2024.1	114.2	5052.7
黑色金属冶炼及压延加工业	Smelting and Pressing of Ferrous Metals	17102.2	12715.3	48.3	1090.3	3248.4	267181.3
有色金属冶炼及压延加工业	Smelting and Pressing of Nonferrous Metals	6383.7	605.0	1542.3	4231.6	4.7	28709.8
金属制品业	Metal Products	814.5	22.1	43.8	744.2	4.3	8.8
通用设备制造业	Equipment in Current Use	1871.3	156.6	383.5	1320.5	10.7	535.5
专用设备制造业	Equipment in Special Use	490.6	8.2	39.3	443.1		100.5
交通运输设备制造业	Transport Equipment	2570.8	140.3	59.3	2255.1	116.1	1478.6
电气机械及器材制造业	Electric Equipment and Machinery	2263.9	28.1	74.9	2159.9	1.0	342.6
通信设备、计算机及其他电子设备制造业	Telecommunication Equipments, Computer and Related Electronic Equipments	1178.1	1.1	21.8	1155.2		474.6
仪器仪表及文化办公用机械制造业	Instruments, Meters, Cultural and Office Machinery	58.1		0.5	57.7		
工艺品及其他制造业	Handiwork and Other Manufacturing	215.6	9.8	102.6	103.1		7.4
废弃资源和废旧材料回收加工业	Recovery and Processing of Discarded Resources and Waste Materials	63.9	0.3	14.9	33.7	15.0	0.3
电力、热力的生产和供应业	Production and Supply of Electric Power and Heating Power	217538.9	214110.4	2669.6	756.0	3.0	258227.8
煤气的生产和供应业	Production and Supply of Gas	56.3		0.4	55.8		
自来水的生产和供应业	Production and Supply of Tap Water	125294.3	117037.0	7311.2	567.6	378.6	

6—18 分行业工业企业主要能源品种消费量（2011年）
Consumption of Main Energy Varieties by Sector (2011)

行　业	Sector	原　煤（吨）Raw Coal (ton)
消费总量	**Total Consumption**	**150190494**
煤炭开采和洗选业	Coal Mining and Dressing	45057093
黑色金属矿采选业	Mining and Dressing of Ferrous Metals	145768
有色金属矿采选业	Mining and Dressing of Nonferrous Metals	1394
非金属矿采选业	Mining and Dressing of Nonmetal Minerals	363537
农副食品加工业	Agricultural and Non-staple Food Processing Industry	312979
食品制造业	Food Production	195476
饮料制造业	Beverage Manufacturing	290144
烟草加工业	Tobacco Processing	11061
纺织业	Textiles	159694
纺织服装、鞋、帽制造业	Textile Dress, Footwear and Headgear	40078
皮革、毛皮、羽毛（绒）及其制品业	Leather, Furs, Down and Related Products	30076
木材加工及竹、藤、棕、草制品业	Timber Processing, Bamboo, Cane, Palm Fiber and Straw Products	108276
家具制造业	Furniture Manufacturing	
造纸及纸制品业	Papermaking and Paper Products	1004177
印刷业、记录媒介的复制	Printing and Record Medium Reproduction	25845
文教体育用品制造业	Cultural, Educational and Sports Goods	8347
石油加工、炼焦及核燃料加工业	Petroleum Processing, Coking and Nuclear Fuel Processing	367036
化学原料及化学制品制造业	Raw Chemical Materials and Chemical Products	8172110
医药制造业	Medical and Pharmaceutical Products	235305
化学纤维制造业	Chemical Fiber	830929
橡胶制品业	Rubber Products	161745
塑料制品业	Plastic Products	123196
非金属矿物制品业	Nonmetal Mineral Products	17829556
黑色金属冶炼及压延加工业	Smelting and Pressing of Ferrous Metals	4059543
有色金属冶炼及压延加工业	Smelting and Pressing of Nonferrous Metals	202125
金属制品业	Metal Products	63178
通用设备制造业	Equipment in Current Use	448120
专用设备制造业	Equipment in Special Use	15750
交通运输设备制造业	Transport Equipment	131513
电气机械及器材制造业	Electric Equipment and Machinery	63644
通讯设备、计算机及其他电子设备制造业	Telecommunication Equipments, Computer and Related Electronic Equipments	6804
仪器仪表及文化、办公用机械制造业	Instruments, Meters, Cultural and Office Machinery	18
工艺品及其他制造业	Handiwork and Other Manufacturing	13836
废弃资源和废旧材料回收加工业	Recovery and Processing of Discarded Resources and Waste Materials	112011
电力、热力的生产和供应业	Production and Supply of Electric Power and Heating Power	69599532
燃气的生产和供应业	Production and Supply of Gas	600
水的生产和供应业	Production and Supply of Tap Water	

洗精煤 (吨) Washed and Refined Coal (ton)	其他洗煤 (吨) Other Washed Coal (ton)	煤制品 (吨) Coal Product (ton)	焦炭 (吨) Coke (ton)	焦炉煤气 (万立方米) Coke Oven Coal Gas (10000 cu.m)	原油 (吨) Crude Oil (ton)
12810027	**3416117**	**77446**	**9362665**	**260278**	**4837928**
2543356	3125585				
120					
		8			
120		444	386		
	6502	78	281		
			56		
438		264			
					10
		2324			
		55			
			6637		107
1453934				890	4834829
475568	2337	10613	36433	554	2965
			2190		
		1400	172		
8870	11435	18332	9530	124	
8306092		38686	9000546	253446	
4501			41058	5261	
266	48	2	14965		
13638		4504	218677	2	
			6231		
2790		716	17577		
189		6	6639		18
145		14			
			80		
			1208		
	270210			1	

6—18 续表 continued

行 业	Sector	汽 油 (吨) Gasoline (ton)
消 费 总 量	**Total Consumption**	**66987**
煤炭开采和洗选业	Coal Mining and Dressing	4311
黑色金属矿采选业	Mining and Dressing of Ferrous Metals	621
有色金属矿采选业	Mining and Dressing of Nonferrous Metals	243
非金属矿采选业	Mining and Dressing of Nonmetal Minerals	135
农副食品加工业	Agricultural and Non-staple Food Processing Industry	4520
食品制造业	Food Production	779
饮料制造业	Beverage Manufacturing	824
烟草加工业	Tobacco Processing	1035
纺织业	Textiles	987
纺织服装、鞋、帽制造业	Textile Dress, Footwear and Headgear	825
皮革、毛皮、羽毛（绒）及其制品业	Leather, Furs, Down and Related Products	507
木材加工及竹、藤、棕、草制品业	Timber Processing, Bamboo, Cane, Palm Fiber and Straw Products	241
家具制造业	Furniture Manufacturing	830
造纸及纸制品业	Papermaking and Paper Products	691
印刷业、记录媒介的复制	Printing and Record Medium Reproduction	2174
文教体育用品制造业	Cultural, Educational and Sports Goods	343
石油加工、炼焦及核燃料加工业	Petroleum Processing, Coking and Nuclear Fuel Processing	94
化学原料及化学制品制造业	Raw Chemical Materials and Chemical Products	2936
医药制造业	Medical and Pharmaceutical Products	537
化学纤维制造业	Chemical Fiber	4
橡胶制品业	Rubber Products	1740
塑料制品业	Plastic Products	2015
非金属矿物制品业	Nonmetal Mineral Products	6101
黑色金属冶炼及压延加工业	Smelting and Pressing of Ferrous Metals	960
有色金属冶炼及压延加工业	Smelting and Pressing of Nonferrous Metals	707
金属制品业	Metal Products	3249
通用设备制造业	Equipment in Current Use	6422
专用设备制造业	Equipment in Special Use	2912
交通运输设备制造业	Transport Equipment	7966
电气机械及器材制造业	Electriç Equipment and Machinery	4456
通讯设备、计算机及其他电子设备制造业	Telecommunication Equipments, Computer and Related Electronic Equipments	1164
仪器仪表及文化、办公用机械制造业	Instruments, Meters, Cultural and Office Machinery	533
工艺品及其他制造业	Handiwork and Other Manufacturing	170
废弃资源和废旧材料回收加工业	Recovery and Processing of Discarded Resources and Waste Materials	1039
电力、热力的生产和供应业	Production and Supply of Electric Power and Heating Power	4172
燃气的生产和供应业	Production and Supply of Gas	227
水的生产和供应业	Production and Supply of Tap Water	520

煤　油 (吨) Kerosene (ton)	柴　油 (吨) Diesel Oil (ton)	液化石油气 (吨) Liquefied Petroleum Gas (ton)	天然气（气态） (万立方米) Natural Gas (Gaseous) (10000 cu.m)	热　力 (百万千焦) Heat (10 billion kilo-joule)	电　力 (万千瓦时) Electric Power (10000 watt hour)	其他能源 (吨标准煤) Others Energy Source (tons of SCE)
4621	**335681**	**26057**	**66365**	**57995366**	**8763114**	**73700**
	24914				582268	
	29251				141532	
	1334		52		33420	
	15052			4161466	50479	
14	2947	74	858	357403	230462	15548
	879	70	1916	623856	53864	1208
30	1095	15	710	1552175	44801	1445
	552	40	934	333853	13310	
42	569	2264	221	842694	239504	4025
	3660	4	85	62587	44549	4210
	68	22			17163	
	1675		13	14	109667	8722
	328	2	6		8986	24
	2176	0	277	5497236	139409	90
5	1583		183	30260	29238	
	221		4		8585	
	1067	19		12407743	68695	
1097	10244	15368	8805	16353055	976883	3033
4	606	14	632	988024	61516	
	224			16894	55779	
243	2042		249	2348512	84158	1150
12	1735	102	628	207377	180992	827
264	137434	918	23494	18156	1245918	19560
	16916		7428	8207200	1354717	
33	11075	5	6781	121773	333178	250
9	8663	743	1020	38734	89049	131
658	13535	696	1651	27054	288816	3006
156	5253	5	703	61170	69571	
2004	18471	671	4542	1267202	218973	
19	11023	5018	1633	774710	260935	8706
12	1193	8	1611	65308	122309	
16	143				7855	
2	284		41		12488	
	821				7435	
	7977			1630911	1521276	1765
	338		1890		9954	
	331				45380	

6—19 规模以上工业企业能源购进、消费及库存（2011年）

Buys, Consumes and Stock of the Energy of Above Designated Size Industrial Enterprises (2011)

能源名称	Energy Item	购进量 Purchasing Amount 实物量 Real Amount	购进量 Purchasing Amount 金额（万元） Amount (10000 yuan)	消费量 Consumption Amount 工业生产消费 Consumption of Industrial Production	#用于原材料 Used in the Raw Materials	非工业生产消费 Used in non-consumption of Industrial Production	年末库存量 Volume of Stock of the end of the Year
原　煤　（吨）	Raw Coal (ton)	107330188	71759214.9	149864521	3574167	325973	4760214
#无烟煤	Anthracite	1376000	1802237.1	2050722	49455	19634	105282
炼焦烟煤	Byerlyte	56409	62628.5	1294495		79	10041
一般烟煤	Generally Bituminous Coal	101895018	67401212.8	142479162	3524712	301098	4599616
褐　煤	Lignite	3987941	2482625.0	4040142		5162	43973
洗精煤　（吨）	Washed and Refined Coal (ton)	10342448	10299222.4	12809971	210713	56	338689
其他洗煤　（吨）	Other Washed Coal (ton)	289508	109575.2	3416088		29	4192
煤制品　（吨）	Coal Product (ton)	74812	70005.9	76586	9983	859	2004
焦　炭　（吨）	Coke (ton)	4359231	6843942.0	9362642	2391	23	149553
其他焦化产品　（吨）	Other Coking Products (ton)	90450	283101.4	84281	80835		13372
焦炉煤气　（万立方米）	Coke Oven Coal Gas (10000 cu.m)	5942	37349.0	237493		22785	
高炉煤气　（万立方米）	Blast Furnace Gas (10000 cu.m)	2300	484.2	2722299			
转炉煤气　（万立方米）	Converter Coal Gas (10000 cu.m)			29865			
发生炉煤气（万立方米）	Producer Gas (10000 cu.m)			133808			
天然气(气态)(万立方米)	Natural Gas(Gaseous) (10000 cu.m)	99935	2168669.4	64038	1166	2328	
液化天然气　（吨）	Liquefied Natural Gas (ton)	7456	44362.1	7432		23	12
原　油　（吨）	Crude Oil (ton)	4837815	28044880.6	4837908		20	78930
汽　油　（吨）	Gasoline (ton)	66039	521628.8	37800	1393	29187	753
煤　油　（吨）	Kerosene (ton)	4358	32539.5	3092	225	1528	146
柴　油　（吨）	Diesel Oil (ton)	336082	2541230.6	274267	8088	61414	13720
燃料油　（吨）	Fuel Oil (ton)	73815	284175.5	86820	31	47	4077
液化石油气　（吨）	Liquefied Petroleum Gas (ton)	26641	149061.9	25797	15566	260	1145
炼厂干气　（吨）	Refinery Gas (ton)	33408	63087.9	177880	19		
润滑油　（吨）	Lubricating Oil (ton)	1518	15514.9	1263	2	238	55
溶剂油　（吨）	Solvent Oil (ton)	3750	31266.1	3737	1414		18
石油焦　（吨）	Refinery Coke (ton)	41911	50182.1	44224			2113
其他石油制品　（吨）	Other Petroleum Products (ton)	288288	1139885.1	553460	149072	5146	17938
热　力　（百万千焦）	Heat (10 billion kilo-joule)	23651032	1529411.9	57408877		586489	
余热余压　（百万千焦）	Afterheat Excess Pressure (10 billion kilo-joule)	107611	4371.0	40338031		838898	

6—20 地区能源消费与单位GDP能耗
Energy Consumption and Unit GDP Energy Consumption

单位：万吨标准煤（10000 tons of SCE）

指 标	Item	2010	2011
能源消费总量（等价值）	Unit GDP Energy Consumption (Equal Values)	9706.60	10570.23
第一产业能源消费	Primary Industry Energy Consumption	199.01	209.37
第二产业能源消费	Secondary Industry Energy Consumption	7580.68	8175.82
工业能源消费	Industry Energy Consumption	7466.27	8039.06
建筑业能源消费	Construction Industrial Energy Consumption	114.41	136.77
第三产业能源消费	Tertiary Industry Energy Consumption	929.33	1089.17
#交通运输业能源消费	Transportation Industry Energy Consumption	527.70	610.48
居民生活用能	Residences Life Energy Consumption	997.58	1095.87
城市居民	Unban	624.84	656.29
农村居民	Rural	372.75	439.58
单位GDP能耗（等价值） （吨标准煤/万元）	Unit GDP Energy Consumption （ton of SCE/10000 yuan)	0.79	0.75

注：GDP按照2010年可比价格计算。
a) GDP is calculated by 2010 comparable price.

6—21 各市全社会用电情况（2011年）
Electricity Used in Whole Society by Region (2011)

单位：亿千瓦时（100 million kwh）

地 区	Region	全社会用电量总计 Total of Electricity Used in Whole Society	全行业用电量合计 Total of Electricity Used in Whole Trade	第一产业 Primary Industry	第二产业 Secondary Industry	第三产业 Tertiary Industry	城乡居民生活用电量合计 Electricity Used for Life	城镇居民 Urban	乡村居民 Rural
总 计	**Total**	**1221.19**	**1029.64**	**12.94**	**895.99**	**120.71**	**191.55**	**93.75**	**97.80**
合肥市	Hefei	172.42	135.82	1.59	100.45	33.78	36.60	26.12	10.48
淮北市	Huaibei	43.10	37.37	0.27	34.39	2.71	5.73	3.16	2.57
亳州市	Bozhou	32.40	20.55	0.23	16.24	4.08	11.85	4.64	7.21
宿州市	Suzhou	45.33	32.39	0.74	25.09	6.56	12.94	4.33	8.61
蚌埠市	Bengbu	61.39	49.55	0.88	39.84	8.83	11.84	6.00	5.84
阜阳市	Fuyang	71.26	53.10	0.49	44.54	8.07	18.16	6.08	12.08
淮南市	Huainan	65.69	56.65	0.71	51.39	4.55	9.04	6.35	2.69
滁州市	Chuzhou	55.36	44.11	0.97	36.02	7.12	11.25	4.35	6.90
六安市	Luan	53.84	39.60	0.84	31.98	6.78	14.24	4.42	9.82
马鞍山市	Maanshan	138.65	129.80	1.60	121.44	6.76	8.85	5.16	3.69
芜湖市	Wuhu	108.65	94.43	1.22	83.09	10.12	14.22	6.77	7.45
宣城市	Xuancheng	73.85	64.33	1.46	58.84	4.03	9.52	4.03	5.49
铜陵市	Tongling	54.11	50.80	0.13	47.57	3.10	3.31	2.35	0.96
池州市	Chizhou	31.25	26.47	0.35	23.44	2.68	4.78	2.04	2.74
安庆市	Anqing	75.75	61.32	1.18	53.11	7.03	14.43	5.43	9.00
黄山市	Huangshan	19.84	15.04	0.29	10.23	4.52	4.80	2.55	2.25

6—22 各市主要年份工业用电量
Industrial Electricity Used in Main Year by Region

单位：亿千瓦时（100 million kwh）

地 区	Region	2000	2005	2010	2011
总 计	**Total**	**238.26**	**430.98**	**777.18**	**877.79**
合 肥 市	Hefei	23.33	34.07	64.10	94.90
淮 北 市	Huaibei	15.11	20.51	31.63	33.96
亳 州 市	Bozhou		9.05	13.42	15.61
宿 州 市	Suzhou	7.75	13.55	20.32	24.20
蚌 埠 市	Bengbu	10.52	23.44	34.32	39.19
阜 阳 市	Fuyang	15.43	18.80	36.89	43.91
淮 南 市	Huainan	22.54	31.61	46.31	50.76
滁 州 市	Chuzhou	8.76	16.36	30.39	34.65
六 安 市	Luan	8.40	14.73	25.60	30.87
马鞍山市	Maanshan	28.35	60.64	104.54	120.20
芜 湖 市	Wuhu	12.64	27.03	62.03	81.88
宣 城 市	Xuancheng	4.81	23.93	48.13	57.56
铜 陵 市	Tongling	14.35	28.37	45.47	47.28
池 州 市	Chizhou	3.72	10.07	18.82	23.00
安 庆 市	Anqing	14.51	27.86	46.01	52.25
黄 山 市	Huangshan	1.63	4.12	7.89	9.64

6—23 各市工业用水情况（2011年）
Industrial Water Situation by Region (2011)

单位：万立方米（10000 M^3）

地 区	Region	工业取水总量 Industrial Water Got Total Amount of Industrial Water Got	#地表水数量 Surface Water	地下水数量 Ground Water	自来水数量 Tap Water	重复用水数量 Repeat of Water Consump-tion
总 计	**Total**	**432601.10**	**366920.03**	**26395.44**	**34300.98**	**814353.31**
合 肥 市	Hefei	65327.44	57711.76	467.22	7027.59	138717.60
淮 北 市	Huaibei	9648.54	114.02	7004.93	2010.10	3919.63
亳 州 市	Bozhou	1745.65	23.57	1682.13	39.95	5968.81
宿 州 市	Suzhou	5928.09	1793.80	4037.24	65.73	59871.76
蚌 埠 市	Bengbu	11802.84	9314.91	786.38	1695.12	11817.77
阜 阳 市	Fuyang	6310.09	2070.29	3993.96	245.84	93134.39
淮 南 市	Huainan	30388.29	25569.23	3730.21	1060.05	99340.76
滁 州 市	Chuzhou	8479.62	5916.24	650.44	1907.54	13273.52
六 安 市	Luan	5041.17	3121.00	570.74	1321.26	179.18
马鞍山市	Maanshan	121302.78	114675.28	38.40	2936.21	256073.61
芜 湖 市	Wuhu	109521.40	104174.25	189.83	5102.72	36332.58
宣 城 市	Xuancheng	7243.11	4992.51	945.70	1274.71	1964.26
铜 陵 市	Tongling	16770.53	10337.18	1901.39	4521.11	33023.40
池 州 市	Chizhou	3913.05	3282.72	16.23	614.09	975.33
安 庆 市	Anqing	26413.43	21741.71	359.77	3828.97	59209.63
黄 山 市	Huangshan	2765.08	2081.55	20.87	650.01	551.07

主要统计指标解释

能源生产总量

指一定时期内全省一次能源生产量的总和，是观察全省能源生产水平、规模、构成和发展速度的总量指标。一次能源生产量包括原煤，原油，天然气，水电、核能及其他动力能（如风能、地热能等）发电量，不包括低热值燃料生产量、生物质能、太阳能等的利用和由一次能源加工转换而成的二次能源产量。

能源消费总量

指一定时期内全省物质生产部门、非物质生产部门和生活消费的各种能源的总和，是观察能源消费水平、构成和增长速度的总量指标。能源消费总量包括原煤和原油及其制品、天然气、电力，不包括低热值燃料、生物质能和太阳能等的利用。能源消费总量分为终端能源消费量、能源加工转换损失量和损失量三部分。

⑴终端能源消费量：指一定时期内全省生产和生活消费的各种能源在扣除了用于加工转换二次能源消费量和损失量以后的数量。

⑵能源加工转换损失量：指一定时期内全省投入加工转换的各种能源数量之和与产出各种能源产品之和的差额，是观察能源在加工转换过程中损失量变化的指标。

⑶能源损失量：指一定时期内能源在输送、分配、储存过程中发生的损失和由客观原因造成的各种损失量，不包括各种气体能源放空、放散量。

能源生产弹性系数

是研究能源生产增长速度与国民经济增长速度之间关系的指标。计算公式为：

能源生产弹性系数＝能源生产总量年平均增长速度/国民经济年平均增长速度

国民经济年平均增长速度，可根据不同的目的或需要，用国民生产总值、国内生产总值等指标来计算，本年鉴是采用国内生产总值指标计算的。

电力生产弹性系数

是研究电力生产增长速度与国民经济增长速度之间关系的指标。一般来说，电力的发展应当快于国民经济的发展，也就是说电力应超前发展。计算公式为：

电力生产弹性系数＝电力生产量年平均增长速度/国民经济年平均增长速度

能源消费弹性系数

是反映能源消费增长速度与国民经济增长速度之间比例关系的指标。计算公式为：

能源消费弹性系数＝能源消费量年平均增长速度/国民经济年平均增长速度

电力消费弹性系数

反映电力消费增长速度与国民经济增长速度之间比例关系的指标。计算公式为：

电力消费弹性系数＝电力消费量年平均增长速度/国民经济年平均增长速度

能源加工转换效率

指一定时期内能源经过加工、转换后，产出的各种能源产品的数量与同期内投入加工转换的各种能源数量的比率。它是观察能源加工转换装置和生产工艺先进与落后、管理水平高低等的重要指标。计算公式为：

能源加工转换效率＝能源加工、转换产出量/能源加工、转换投入量×100

Explanatory Notes for Major Statistical Indicators

Total Energy Production

refers to the total production of primary energy by all energy producing enterprises in the province in a given period of time. It is a comprehensive indicator to show the capacity, scale, composition and development of energy production of the province. The production of primary energy includes that of coal, crude oil, natural gas, hydro-power and electricity generated by nuclear energy and other means such as wind power and geothermal power. However, it excludes the production of fuels of low calorific value, bio-energy, solar energy and the secondary energy converted from the primary energy.

Total Domestic Energy Consumption

refers to the total consumption of energy of various kinds by material production sectors, non material production sectors and households in the province in a given period of time. It is a comprehensive indicator to show the scale, composition and development of energy consumption. The total energy consumption includes that of coal, crude oil and their products, natural gas and electricity; However, it excludes the consumption of fuel of low calorific value, bio-energy and solar energy. Total domestic energy consumption can be divided into three parts:

a)Final Energy Consumption: It refers to the total energy consumption by material production sectors, non material production sectors and households in the province in a given period of time, but excludes the consumption in conversion of the primary energy into the secondary energy and the loss in the process of energy conversion.

b) Loss During the Process of Energy Conversion: It refers to the total input of various kinds of energy for conversion, minus the total output of various kinds of energy in the province in a given period of time. It is an indicator to show the loss that occurs during the process of energy conversion.

c) Loss: It refers to the total of the loss of energy during the course of energy transport, distribution and storage and the loss caused by any objective reason in a given period of time. The loss of various kinds of gas due to gas discharges and stocktaking is excluded.

Elasticity Ratio of Energy Production

is an indicator to show the relationship between the growth rate of energy production and the growth rate of the national economy. The formula is:

Elasticity Ratio of Energy Production=Average Annual Growth Rate of Energy Production / Average Annual Growth Rate of National Economy

The average annual growth rate of the national economy can be shown by the gross national product, gross domestic product and other indicators, depending upon the purposes or needs. The gross domestic product is used in calculation of the ratio in this chapter.

Elasticity Ratio of Electricity Production

is an indicator to show the relationship between the growth rate of electricity production and the growth rate of the national economy. Generally speaking, the growth rate of electricity production should be higher than that of the national economy. Its formula is:

Elasticity Ratio of Electricity Production=Average Annual Growth Rate of Electricity Production / Average Annual Growth Rate of National Economy

Elasticity Ratio of Energy Consumption

is an indicator to show the relationship between the growth rate of energy consumption and the growth rate of the national economy. The formula is:

Elasticity Ratio of Energy Consumption=Average Annual Growth Rate of Energy Consumption / Average Annual Growth Rate of National Economy

Elasticity Ratio of Electricity Consumption

is an indicator to show the relationship between the growth rate of electricity consumption and the growth rate of the national economy. The formula is:

Elasticity Ratio of Electricity Consumption=Average Annual Growth Rate of Electricity / Average Annual Growth Rate of National Economy

Efficiency of Energy Processing and Conversion

refers to the ratio of the total output of energy products of various kinds after processing and conversion and the total input of energy of various kinds for processing and conversion in the same reference period. It is an important indicator to show the current conditions of energy processing and conversion equipment, production technique and management. The formula is:

Efficiency of Energy Processing & Conversion=Output of Energy After Processing & Conversion/Input of Energy for Processing & Conversion×100%

第七篇

Chapter 7

财政、金融、保险

FINANCE, BANKING AND INSURANCE

简要说明

一、本篇反映全省财政收支、金融保险业发展状况。

二、财政收支资料来源于省财政厅财政决算。

三、金融保险业资料有以下三个部分：一是反映金融机构、国有商业银行、农村信用社等信贷收支情况，资料由中国人民银行合肥中心支行提供；二是反映保险业务情况，资料由中国保险监督管理委员会安徽监管局提供；三是反映股票发行及筹资情况，资料由中国证券监督管理委员会安徽监管局提供。

Brief Introduction

I. Data in this chapter show the provincial government revenue and expenditure and the development of banking and insurance.

II. Data on the government revenue and expenditure come from the Department of Finance in the province. Data are based on the final financial accounts.

III. Data of banking and insurance include the following three parts:

1. Data on the credit funds revenue and expenditure of banking institutions, state-owned commercial banks and rural credit cooperatives are provided by Hefei Branch Office of the People's Bank of China.

2. Data on the business of insurance are provided by Anhui Regulatory Bureau of the Insurance Regulatory Commission of China.

3. Data on issuing summary for stocks are provided by Anhui Regulatory Bureau of the Securities Regulatory Commission of China.

7—1 财政收支总额及增长速度
Total Government Revenue and Expenditures and Their Increase Rate

年 份 Year	财政收入 (万元) Total Revenue (10000 yuan)	财政支出 (万元) Total Expenditures (10000 yuan)	增长速度 (%) Increase Rate (%) 财政收入 Total Revenue	 财政支出 Total Expenditures
1990	528866	615702	0.9	11.4
1995	1469994	1358776	35.2	45.7
1996	1931403	1787143	31.4	31.5
1997	2308100	2115260	19.5	18.4
1998	2620687	2420656	13.5	14.4
1999	2808495	2886031	7.2	19.2
2000	2904229	3234728	8.0	12.1
2001	3095500	4037988	6.6	25.2
2002	3466520	4568579	12.0	13.1
2003	4122917	5074398	18.9	11.1
2004	5207114	6015280	26.3	18.5
2005	6565525	7130633	26.1	18.5
2006	8165120	9402329	24.4	31.9
2007	10347253	12438342	26.7	32.3
2008	13260466	16471253	28.2	32.4
2009	15512563	21419217	17.0	30.0
2010	20638197	25876135	33.0	20.8
2011	26330221	33029911	27.6	27.6

注：2000年财政收入增长速度按可比口径计算；2000年财政支出根据《安徽60年》做了修正，财政支出增长速度相应做出调整。

a) The increase rate of total revenue in 2000 is calculated according to comparable requirement. The total expenditures are corrected in 2000 according to <Anhui 60 Years>, the increase rate is adjusted as also.

7—2 财政收入占安徽生产总值的比重
Government Revenue as Percentage to Gross Product of Anhui

年 份 Year	财政收入 (万元) Total Revenue (10000 yuan)	安徽生产总值 (万元) Gross Domestic Product (10000 yuan)	财政收入相当安徽生产总值的百分比 (%) Percentage of Government Revenue to the Gross Product of Anhui (%)
1990	528866	6580200	8.0
1995	1469994	18106600	8.1
1996	1931403	20933000	9.2
1997	2308100	23473200	9.8
1998	2620687	25429600	10.3
1999	2808495	27123400	10.4
2000	2904229	29020900	10.0
2001	3095500	32467100	9.5
2002	3466520	35197200	9.8
2003	4122917	39231100	10.5
2004	5207114	47593000	10.9
2005	6565525	53501700	12.3
2006	8165120	61125000	13.4
2007	10347253	73609200	14.1
2008	13260466	88516600	15.0
2009	15512563	100628200	15.4
2010	20638197	123593300	16.7
2011	26330221	153006500	17.2

注：2005—2008年安徽生产总值数据根据2008年经济普查资料进行了修订。

a) In 2005-2008, According to 2008 the economical general survey material, Gross Product of Anhui has the adjustment.

7—3 中央和地方财政收入及比重
Total Revenue and Proportion of Central and Local Governments

年份 Year	绝对数（万元） Total Revenue (10000 yuan)			比重（%） Proportion (%)	
	全省 Total	中央 Central Government	地方 Local Governments	中央 Central Government	地方 Local Governments
1995	1469994	631740	838254	43.0	57.0
2000	2904229	1117042	1787187	38.5	61.5
2005	6565525	2769790	3340170	42.2	50.9
2006	8165120	3298929	4280265	40.4	52.4
2007	10347253	4241715	5436973	41.0	52.5
2008	13260466	5278878	7246197	39.8	54.6
2009	15512563	6181100	8639175	39.8	55.7
2010	20638197	8318470	11493952	40.3	55.7
2011	26330221	10521113	14635608	40.0	55.6

注：2005—2011年财政收入包括出口货物退增值税。
a) Financial Revenue of 2005 - 2011 Includes Value-added Taxes Reimbursed from Exports.

7—4 税收收入和非税收入及比重
Total Revenue and Proportion of Tax and Non-tax

年份 Year	绝对数（万元） Total Revenue (10000 yuan)			比重（%） Proportion (%)	
	全省 Total	税收收入 Tax Revenue	非税收入 Non-tax Revenue	税收收入 Tax Revenue	非税收入 Non-tax Revenue
1995	838254	728977	109277	87.0	13.0
2000	1787187	1445761	341426	80.9	19.1
2005	3340170	2445450	894720	73.2	26.8
2006	4280265	3124220	1156045	73.0	27.0
2007	5436973	4018799	1418174	73.9	26.1
2008	7246197	5279349	1966848	72.9	27.1
2009	8639175	6293236	2345939	72.8	27.2
2010	11493952	8665517	2828435	75.4	24.6
2011	14635608	11083094	3552514	75.7	24.3

7—5 各项税收收入
Government Tax Revenue

单位：万元（10000 yuan）

年份 Year	税收收入 Tax	#增值税 Value-added Tax	#营业税 Operation Tax	#契税 Contract Tax	#企业所得税 Enterprises' Income Tax	#个人所得税 Individual Income Tax
1995	728977	147115	161039		112559	28802
2000	1445761	262559	319719	23493	233524	94675
2005	2445450	577244	781042	178145	300808	124964
2006	3124220	691811	1025791	238502	410852	139687
2007	4018799	823766	1366197	313501	559040	182886
2008	5279349	967533	1777021	405443	747311	214336
2009	6293236	1061787	2197687	479024	798857	230346
2010	8665517	1294839	2919300	959149	1065948	319746
2011	11083094	1646777	3791816	1002723	1532602	400445

7—6 地方财政收支情况
Revenue and Expenditure of Local Governments

单位：万元（10000 yuan）

指　标	Item	2010	2011
收入合计	**Total Revenue**	**11493952**	**14635608**
增值税	Value-added Tax	1294839	1646777
营业税	Operation Tax	2919300	3791816
企业所得税	Enterprises' Income Tax	1065948	1532602
个人所得税	Individual Income Tax	319746	400445
资源税	Resources Tax	126488	145233
城市维护建设税	Tax on Town maintenance and Construction	543983	746490
房产税	Tax on Real Estates	176182	230943
印花税	Stamp Tax	111528	137028
城镇土地使用税	Tax on the Use of Urban Land	325215	428479
土地增值税	Land Value Added Tax	302222	519784
车船税	Vehiclesand Ship Tax	59462	74090
耕地占用税	Tax on the Occupancy of Cultivated Land	455748	419911
契　税	Contract Tax	959149	1002723
烟叶税	Leaf Tobacco Tax	5707	6773
专项收入	Expert Project Income	737869	799902
行政事业性收费收入	Income from Adiministrative Departments Fees	944613	1257109
罚没收入	Penalty and Confiscatory Income	267660	340738
国有资本经营收入	Stated-owned Assets Profit	200537	280425
国有资源（资产）有偿使用收入	Income from the Paid Use of Stated-owned Resources (Assets)	598012	622039
其他收入	Other Income	79744	252301
支出合计	**Total Expenditure**	**25876135**	**33029911**
一般公共服务	General Public Service	2737167	3453371
国　防	National Defence	46340	55660
公共安全	Public Security	1194768	1285816
教　育	Education	3863071	5647064
科学技术	Science	579817	770251
文化体育与传媒	Culture, Sports and Media	516833	623451
社会保障和就业	Social Security and Employment	3341539	3929760
医疗卫生	Public Health	1842232	2772261
节能环保	Energy Saving and Environmental Protection	647203	819647
城乡社区事务	Expenses in Urban、Rural Areas and Communities	2361782	2807584
农林水事务	Expenses of Agriculture、Forest and Irrigation	2925244	3518663
交通运输	Transport	1248616	2195891
资源勘探电力信息等事务	Resource Prospecting and Electric Power Information and so on	1249406	1253996
商业服务业等事务	Commercial and Service Industry and so on	458382	656290
金融监管等事务支出	Finance Supervision and so on	51665	80626
国土资源气象等事务	Land Resources and Meteorology and so on	616884	408697
住房保障支出	Housing Safeguard	933614	1612193
粮油物资管理事务	Grain and Oil Management Service	307059	272994
储备事务支出	Reserve Expenditure		39117
国债还本付息支出	National Debt Repay and Interests Expenditure	76237	118996
其他支出	Other Expenditure	878276	707583

7—7 各市地方财政收入（2011年）
Final Statement of Local Government Revenue by Region (2011)

单位：万元（10000 yuan）

地 区	Region	收入合计 Total Revenue	增值税 Value-added Tax	营业税 Operation Tax	企业所得税 Enterprises' Income Tax
合肥市	Hefei	3385113	344133	1168933	302527
淮北市	Huaibei	380719	105788	96890	46919
亳州市	Bozhou	340441	45294	105995	13755
宿州市	Suzhou	389623	50660	115179	16607
蚌埠市	Bengbu	613600	75255	155803	30039
阜阳市	Fuyang	557333	90256	152917	29642
淮南市	Huainan	713809	154050	164881	46221
滁州市	Chuzhou	738584	78210	203258	42771
六安市	Luan	567561	51264	172257	32046
马鞍山市	Maanshan	914394	163473	198605	44268
芜湖市	Wuhu	1399704	181434	420731	121602
宣城市	Xuancheng	683601	110662	174531	37560
铜陵市	Tongling	453581	66917	108322	27074
池州市	Chizhou	409908	23625	104321	16793
安庆市	Anqing	723948	77539	171468	32180
黄山市	Huangshan	455001	28217	147730	19751

地 区	Region	个人所得税 Individual Income Tax	资源税 Resources Tax	城市维护建设税 Tax on Town Maintenance and Construction	房产税 Tax on Real Estates	印花税 Stamp Tax
合肥市	Hefei	73666	8491	185412	76616	41532
淮北市	Huaibei	8509	10108	33246	5826	4720
亳州市	Bozhou	4552	1515	17723	4120	3072
宿州市	Suzhou	5781	8818	19890	4755	3077
蚌埠市	Bengbu	7546	100	56995	9997	5028
阜阳市	Fuyang	8078	4812	43471	6523	4930
淮南市	Huainan	21771	14112	50679	12282	6908
滁州市	Chuzhou	10361	8970	37470	11024	6522
六安市	Luan	10234	11929	24118	7285	4386
马鞍山市	Maanshan	15824	17403	56987	25080	13512
芜湖市	Wuhu	28346	13708	93917	28570	19291
宣城市	Xuancheng	11968	14488	40759	8678	6562
铜陵市	Tongling	5452	10978	25616	6917	4825
池州市	Chizhou	5489	8615	10764	3686	2668
安庆市	Anqing	10603	8125	27717	11184	6399
黄山市	Huangshan	7681	3061	13845	8176	3167

7—7 续表 continued

单位：万元（10000 yuan）

地 区	Region	城镇土地使用税 Tax on the Use of Urban Land	土地增值税 Land Value Added Tax	车船税 Tax on Vehicles and Vessels	耕地占用税 Tax on the Occupancy of Cultivated Land	契 税 Contract Tax	烟叶税 Leaf Tobacco Tax
合肥市	Hefei	56204	171930	17514	31965	266438	
淮北市	Huaibei	27761	12971	2391		3077	
亳州市	Bozhou	8314	10629	4909	16707	25894	530
宿州市	Suzhou	13105	17759	3550	8168	24462	6
蚌埠市	Bengbu	20161	35313	3701	23720	32120	
阜阳市	Fuyang	10314	22389	8097	11410	58123	127
淮南市	Huainan	24024	16601	2747	16802	55562	
滁州市	Chuzhou	31919	33670	4066	6646	66697	
六安市	Luan	12156	20521	5694	13182	61924	
马鞍山市	Maanshan	33326	27259	3335	16747	71272	
芜湖市	Wuhu	92089	47876	5244	17923	112036	1400
宣城市	Xuancheng	29574	26821	3489	13691	53456	3864
铜陵市	Tongling	22772	14461	1357	4524	32669	
池州市	Chizhou	21612	14074	1380	5068	44458	676
安庆市	Anqing	14704	22888	4696	22445	48332	
黄山市	Huangshan	10065	24622	1920	13851	46127	170

地 区	Region	专项收入 Expert Project Income	行政事业性收费收入 Income from Adiministrative Departments Fees	罚没收入 Penalty and Confiscatory Income	国有资本经营收入 State-owned Assets Profit	国有资源（资产）有偿使用收入 Income from the Paid Use of Stated-owned Resources (Assets)	其他收入 Other Income
合肥市	Hefei	110568	181384	41006	83934	107932	114928
淮北市	Huaibei	25795	12392	7269	-25804	1625	1236
亳州市	Bozhou	11383	35726	16983	4775	7090	1475
宿州市	Suzhou	15982	49477	20684	374	9385	1904
蚌埠市	Bengbu	35529	73157	14518	8620	20433	5565
阜阳市	Fuyang	24198	56505	13256		5840	6445
淮南市	Huainan	29692	55175	14742	19598	5961	2001
滁州市	Chuzhou	34377	71567	26232	51	57866	6907
六安市	Luan	21655	83880	17079	549	12237	5165
马鞍山市	Maanshan	35142	74287	18149	3619	93906	2200
芜湖市	Wuhu	53224	70597	37593	15827	22680	15616
宣城市	Xuancheng	26809	33142	25964	25459	33770	2354
铜陵市	Tongling	15849	39341	4555	12394	36500	13058
池州市	Chizhou	16316	62612	7191		55050	5510
安庆市	Anqing	23065	93407	20555	58903	56841	12897
黄山市	Huangshan	8471	29979	14187	14508	39497	19976

7—8 各市财政支出(2011年)
Final Statement of Government Expenditure by Region (2011)

单位：万元（10000 yuan）

地区	Region	支出合计 Total Expenditure	一般公共服务 General Public Service	国防 National Defence	公共安全 Public Security	教育 Education
合肥市	Hefei	4748895	511263	6893	181152	671066
淮北市	Huaibei	872917	84073	297	39063	167983
亳州市	Bozhou	1386189	153009	808	50505	296119
宿州市	Suzhou	1570260	167035	494	64697	403972
蚌埠市	Bengbu	1412099	124041	2482	61339	249768
阜阳市	Fuyang	2165641	179037	4508	87849	473487
淮南市	Huainan	1096382	120454	5020	64204	195931
滁州市	Chuzhou	1832473	179455	4708	78976	296976
六安市	Luan	2097019	233122	1434	84719	458629
马鞍山市	Maanshan	1382943	162198	275	57960	250134
芜湖市	Wuhu	2381774	161052	3558	72931	356648
宣城市	Xuancheng	1421828	187706	977	54921	285675
铜陵市	Tongling	706635	78653	72	39988	80797
池州市	Chizhou	881080	157677	2722	30110	143217
安庆市	Anqing	2148887	296507	1659	88957	496390
黄山市	Huangshan	962226	141696	5581	48570	106105

地区	Region	科学技术 Science	文化体育与传媒 Culture, Sports and Media	社会保障和就业 Social Security and Employment	医疗卫生 Public Health	节能环保 Energy Saving and Environmental Protection
合肥市	Hefei	190348	53590	384341	308893	103562
淮北市	Huaibei	11648	6776	102430	78888	9364
亳州市	Bozhou	8664	9777	194934	203727	19566
宿州市	Suzhou	10299	23658	126102	206167	28030
蚌埠市	Bengbu	45090	14886	163545	136355	91470
阜阳市	Fuyang	13133	21668	324064	306392	23061
淮南市	Huainan	20076	11731	133185	90011	18439
滁州市	Chuzhou	17422	15806	196425	169911	35330
六安市	Luan	14172	29522	193340	250927	47448
马鞍山市	Maanshan	34956	22427	127681	110434	40309
芜湖市	Wuhu	145933	33494	220279	156376	135317
宣城市	Xuancheng	42518	22046	124992	132737	32335
铜陵市	Tongling	17938	9407	75425	38620	22164
池州市	Chizhou	10150	9476	86559	73631	16805
安庆市	Anqing	34719	41212	239009	237270	52770
黄山市	Huangshan	21190	29854	120365	82761	33407

7—8 续表 continued

单位：万元（10000 yuan）

地 区	Region	城乡社区事务 Expenses in Urban、Rural Areas and Communities	农林水事务 Expenses of Agriculture、Forest and Irrigation	交通运输 Transport	资源勘探电力信息等事务 Resource Prospecting and Electric Power Information and so on	商业服务业等事务 Commercial and Service Industry and so on	金融监管等事务支出 Finance Supervision and so on
合肥市	Hefei	1107402	339547	120100	297772	82904	7083
淮北市	Huaibei	136657	68102	21780	34992	18324	3036
亳州市	Bozhou	21447	175738	42471	38805	38986	6632
宿州市	Suzhou	33779	235172	51688	54100	31969	7624
蚌埠市	Bengbu	137959	150313	48121	18471	32197	844
阜阳市	Fuyang	93441	265646	87676	67851	44759	9291
淮南市	Huainan	121566	95509	33980	55098	20150	619
滁州市	Chuzhou	141549	346397	83676	41605	30152	6381
六安市	Luan	82702	351636	95352	22788	42149	2291
马鞍山市	Maanshan	176084	116998	50570	29475	32661	2476
芜湖市	Wuhu	282702	200468	60838	130529	34167	3568
宣城市	Xuancheng	136357	204079	61131	19786	28629	3923
铜陵市	Tongling	88252	23730	26886	73654	43317	817
池州市	Chizhou	68147	114576	33822	23755	16262	1006
安庆市	Anqing	99356	287545	71724	20861	45444	5141
黄山市	Huangshan	37046	122671	32780	23553	33390	2324

地 区	Region	国土资源气象等事务 Land Resources and Meteorology and so on	住房保障支出 Housing Safeguard	粮油物资管理事务 Grain and Oil Management Service	储备事务支出 Reserve Expenditure	国债还本付息 National Debt Repay and Interests Expenditure	其他支出 Other Expenditure
合肥市	Hefei	30686	181235	16805	4638	630	148985
淮北市	Huaibei	22563	57175	3075	899	441	5351
亳州市	Bozhou	7387	86957	13002	1198	856	15601
宿州市	Suzhou	16421	79929	15427	1791	7598	4308
蚌埠市	Bengbu	16111	105928	9853	931	486	1909
阜阳市	Fuyang	15181	113623	15621	2501	3457	13395
淮南市	Huainan	21453	67417	4854	1406	11843	3436
滁州市	Chuzhou	34132	104387	22862	2131	9102	15090
六安市	Luan	16141	93685	17220	2562	23099	34081
马鞍山市	Maanshan	24375	127606	6820	666	3388	5450
芜湖市	Wuhu	9578	224534	6830	1500	15687	125785
宣城市	Xuancheng	12356	53182	9115	858	3690	4815
铜陵市	Tongling	14394	56084	2114	763	309	13251
池州市	Chizhou	4951	55346	3616	561	794	27897
安庆市	Anqing	17966	80918	13849	1987	4479	11124
黄山市	Huangshan	10396	49079	2972	1177	14810	42499

7—9 各县（市）地方财政收入（2011年）
Final Statement of Local Government Revenue by County (City) (2011)

单位：万元（10000 yuan）

县（市） County (City)	收入合计 Total Revenue	增值税 Value-added Tax	营业税 Operation Tax	企业所得税 Enterprises' Income Tax	个人所得税 Individual Income Tax	资源税 Resources Tax	城市维护建设税 Tax on Town Maintenance and Construction	耕地占用税 Tax on The Occupancy of Cultivated Land	契税 Contract Tax
合肥市本级 Hefei City at Its Own Level	2227030	231565	781146	217261	52977	2058	132175	15510	197048
巢湖市 Chaohu	65683	7762	21819	5094	1269	4105	2950	1381	6511
长丰县 Changfeng	131020	17677	49412	8202	1108	35	6034	836	10387
肥东县 Feidong	157804	19139	54240	4250	963	14	6707	1515	13995
肥西县 Feixi	214885	25618	67473	11827	2624	6	12251	7807	29200
庐江县 Lujiang	86923	9933	23383	9596	1403	2248	3303	4916	9297
淮北市本级 Huaibei City at Its Own Level	230915	76753	39471	37391	5689	5854	26631		3000
濉溪县 Suixi	79411	21421	28332	6275	1627	1552	4664		77
亳州市本级 Bozhou City at Its Own Level	61460	13153	21175	4430	1646		5672	2274	
涡阳县 Guoyang	74783	10258	20764	2068	1006	789	3751	3547	3610
蒙城县 Mengcheng	77204	8131	21413	2383	782	601	2820	3810	6696
利辛县 Lixin	50561	2447	17395	1802	361	21	1313	3943	9708
宿州市本级 Suzhou City at Its Own Level	132252	14507	36984	7928	1720	1158	7573	1248	4752
砀山县 Dangshan	34570	3426	9749	795	344	88	960	286	5624
萧县 Xiaoxian	52996	4720	13591	3244	379	998	1359	1230	8731
灵璧县 Lingbi	31704	1541	10242	808	365	625	704	626	1960
泗县 Sixian	37545	2519	11203	866	338	708	745	3697	2869
蚌埠市本级 Bengbu City at Its Own Level	258302	38249	50971	12720	3579		40159	2730	13066
怀远县 Huaiyuan	78121	11859	19610	3154	605	60	3880	2689	5007
五河县 Wuhe	65932	3778	15746	833	374	19	1528	5709	10162
固镇县 Guzhen	53287	1440	8393	685	307	20	669	10704	3885
阜阳市本级 Fuyang City at Its Own Level	184729	14122	45316	4429	2902		20929	5754	29800
界首市 Jieshou	47930	13692	7342	1421	353		4915	781	2979
临泉县 Linquan	37616	3776	12565	1318	631	94	1411	2500	1106
太和县 Taihe	60014	9199	16748	1725	550	4	3090	218	7685
阜南县 Funan	27642	2443	10056	732	419	4	917	1279	2989
颍上县 Yingshang	101902	34050	20011	14173	2307	4661	8241	708	1304
淮南市本级 Huainan City at Its Own Level	351123	64807	44673	32379	13603	8794	21549	16270	40094
凤台县 Fengtai	153071	58808	28136	2897	4626	4373	13986	532	2429
滁州市本级 Chuzhou City at Its Own Level	163409	19843	36667	13748	3128	192	15894	1569	17223
天长市 Tianchang	134573	22193	26779	6068	1077	447	6374	472	17276
明光市 Mingguang	52756	3392	16873	1561	1035	611	2135	1427	3801
来安县 Laian	64525	7680	19594	3612	987	165	2466	517	7096
全椒县 Quanjiao	73561	4999	19679	5149	966	1291	1785	210	6025
定远县 Dingyuan	63491	3195	21630	2299	599	2106	1625	2086	6826
凤阳县 Fengyang	82564	7970	17877	4583	965	3518	2382	365	2535
六安市本级 Luan City at Its Own Level	175941	9019	63556	6741	2579	10	8250	3121	28260
寿县 Shouxian	37333	2110	12621	1499	955	140	884	1901	6591

7—9 续表1 continued

单位：万元（10000 yuan）

县（市） County (City)	收入合计 Total Revenue	增值税 Value-added Tax	营业税 Operation Tax	企业所得税 Enter-ises' Income Tax	个人所得税 Individual Income Tax	资源税 Resources Tax	城市维护建设税 Tax on Town Mainten-ance and Construction	耕地占用税 Tax on The Occupancy of Cultivated Land	契税 Contract Tax
霍邱县 Huoqiu	102341	15088	24071	8112	2135	10450	3193	3766	3913
舒城县 Shucheng	53642	3848	17555	3024	932	53	1718	723	5134
金寨县 Jinzhai	37400	3391	11326	1494	810	81	1242	537	5276
霍山县 Huoshan	66085	11401	10468	5886	700	211	5988	170	4580
马鞍山市本级 Maanshan City at Its Own Level	348009	63766	54045	14262	8394	5858	23483	5000	44354
当涂县 Dangtu	180205	46895	40028	7947	2006	4048	12976	7213	12357
含山县 Hanshan	54117	6009	15191	2773	565	1788	2000	767	7738
和县 Hexian	63310	7211	18966	3450	1278	4577	2449	3767	6823
芜湖市本级 Wuhu City at Its Own Level	450106	77692	78241	44295	13952	1	47800	6231	5437
芜湖县 Wuhu	134374	14450	54366	9020	725	1093	6512	391	13686
繁昌县 Fanchang	136605	21662	32057	21439	1468	10810	6417	1744	6042
南陵县 Nanling	87328	8280	34489	5291	1434	527	3518	749	5257
无为县 Wuwei	113220	22999	26025	4722	2633	388	6152	2807	8464
宣城市本级 Xuancheng City at Its Own Level	111161	7493	37423	5538	2220	1972	7120	1424	7728
宁国市 Ningguo	160704	21892	41917	11560	3994	2249	8897	4114	7275
郎溪县 Langxi	65716	17936	16100	1653	679	1202	5587	867	4888
广德县 Guangde	100011	21825	24653	7219	1364	4979	6646	555	5911
泾县 Jingxian	50334	7698	13173	1881	885	1053	2154	479	2479
旌德县 Jingde	27079	4280	5755	1178	436	237	1244	377	4116
绩溪县 Jixi	43715	6514	7791	1998	478	313	2151	4980	3676
铜陵市本级 Tongling City at Its Own Level	277951	25115	48042	14541	3075	4132	19748	996	25601
铜陵县 Tongling	87166	22305	18532	4215	789	4930	5868	3339	7068
池州市本级 Chizhou City at Its Own Level	173537	7285	41182	7720	1775	3816	5686	342	26137
东至县 Dongzhi	62307	3402	12956	1499	1102	1473	1179	271	6623
石台县 Shitai	11532	677	3194	340	190	122	258	366	1563
青阳县 Qingyang	62813	4537	15261	2415	820	1797	1477	1356	5645
安庆市本级 Anqing City at Its Own Level	228701	33595	40780	11291	3897	192	12901	1500	7000
桐城市 Tongcheng	109129	8101	24396	4675	1258	462	3262	2198	8457
怀宁县 Huaining	108938	8914	14941	4888	1227	2325	2222	10369	6863
枞阳县 Zongyang	64035	10294	12948	3931	690	4137	1789	867	7584
潜山县 Qianshan	41183	3694	11823	1381	325	6	1250	1337	6633
太湖县 Taihu	23856	1803	7202	488	521	154	637	1400	3550
宿松县 Susong	36966	2146	10982	652	600	316	773	1384	3525
望江县 Wangjiang	28270	2121	10379	828	397	258	831	1310	3450
岳西县 Yuexi	19155	1875	5939	599	363	159	597	2080	1270
黄山市本级 Huangshan City at Its Own Level	164831	4956	52095	7323	2716		4112	1000	20700
歙县 Shexian	58271	5078	18668	2952	756	655	1853	1500	5614
休宁县 Xiuning	42668	3878	13009	1535	752	509	1411	2970	6556
黟县 Yixian	17948	1171	6839	382	262	198	616	393	956
祁门县 Qimen	32400	1966	6675	718	297	804	675	2006	3816

7—9 续表2 continued

单位：万元（10000 yuan）

县（市） County (City)	烟叶税 Leaf Tobacco Tax	其他各项税收收入 Other Income of Tax	专项收入 Expert Projcct Income	行政事业性收费收入 Income from Adiministr-ative Departments Fees	罚没收入 Penalty and Confisca-tory Income	国有资本经营收入 Stated-owned Assets Profit	国有资源（资产）有偿使用收入 Income from the Paid Use of Stated-owned Resources (Assets)	其他收入 Other Income
合肥市本级 Hefei City at Its Own Level		114196	88608	106711	23233	83654	90182	90706
巢湖市 Chaohu		9799	2049	2558	225		74	87
长丰县 Changfeng		13366	3994	5791	2590		2856	8732
肥东县 Feidong		13288	4722	22766	3412		2096	10697
肥西县 Feixi		19817	6925	26488	2922		876	1051
庐江县 Lujiang		6172	4253	8980	2476		963	
淮北市本级 Huaibei City at Its Own Level		22173	17480	10461	6293	-22427	1249	897
濉溪县 Suixi		10900	7048	174	232	-3377	147	339
亳州市本级 Bozhou City at Its Own Level		5673	3120	1734	1929		654	
涡阳县 Guoyang		6494	3627	6436	5627	4775	577	1454
蒙城县 Mengcheng		6874	1817	16807	4154		895	21
利辛县 Lixin		5582	748	4340	2638		263	
宿州市本级 Suzhou City at Its Own Level		20433	6356	17675	7165	374	3095	1284
砀山县 Dangshan		4164	990	4775	2860		404	105
萧县 Xiaoxian		3631	2115	10209	2543		242	4
灵璧县 Lingbi		2169	1551	5556	3495		1556	506
泗县 Sixian		2580	744	5354	2649		3273	
蚌埠市本级 Bengbu City at Its Own Level		19437	25514	30469	5977	7550	5533	2348
怀远县 Huaiyuan		7956	3087	15601	2739		1874	
五河县 Wuhe		4454	1348	10706	1523		8380	1372
固镇县 Guzhen		3856	963	12537	3231	1070	4605	922
阜阳市本级 Fuyang City at Its Own Level		17168	10426	22530	4035		2280	5038
界首市 Jieshou		3414	2896	5998	2433		694	1012
临泉县 Linquan		4989	1021	3156	3766		1283	
太和县 Taihe	85	4491	1998	12849	907		389	76
阜南县 Funan		2596	804	4490	542		149	222
颍上县 Yingshang	42	8255	5263	1767	776		344	
淮南市本级 Huainan City at Its Own Level		25789	18253	32775	10429	19598	2109	1
凤台县 Fengtai		11010	9837	12877	2253		1307	
滁州市本级 Chuzhou City at Its Own Level		19199	9113	14106	5582	51	3120	3974
天长市 Tianchang		14423	3652	15205	4945		15132	530
明光市 Mingguang		7615	1148	9022	1558		2539	39
来安县 Laian		6478	1983	2997	6847		3239	864
全椒县 Quanjiao		9584	1824	3065	994		17817	173
定远县 Dingyuan		8248	1230	8307	2397		2943	
凤阳县 Fengyang		10494	13694	13802	2039		1798	542
六安市本级 Luan City at Its Own Level		16333	5928	22574	5414	77	2861	1218
寿县 Shouxian		2945	656	3536	2998	2	356	139

7—9 续表3 continued

单位：万元（10000 yuan）

县（市） County (City)	烟叶税 Leaf Tobacco Tax	其他各项税收收入 Other Income of Tax	专项收入 Expert Projcct Income	行政事业性收费收入 Income from Adiministr-ative Departments Fees	罚没收入 Penalty and Confisca-tory Income	国有资本经营收入 Stated-owned Assets Profit	国有资源（资产）有偿使用收入 Income from the Paid Use of Stated-owned Resources (Assets)	其他收入 Other Income
霍　邱　县 Huoqiu		5406	6818	15899	2133		1332	25
舒　城　县 Shucheng		7613	1067	5962	1951		462	3600
金　寨　县 Jinzhai		2582	1037	4902	592		4130	
霍　山　县 Huoshan		5579	4203	14551	1668	470	210	
马鞍山市本级 Maanshan City at Its Own Level		46883	15565	41205	7754	2219	13326	1895
当　涂　县 Dangtu		18166	9231	9627	5686		4020	5
含　山　县 Hanshan		4452	1641	7197	1945	1400	412	239
和　　县 Hexian		6307	1917	4220	1340		971	34
芜湖市本级 Wuhu City at Its Own Level		53705	25883	42747	21514	15265	9962	7381
芜　湖　县 Wuhu	1005	17986	3556	4099	6600		56	829
繁　昌　县 Fanchang		16477	6896	2262	2230		7079	22
南　陵　县 Nanling	395	9340	2179	8691	3557	562	341	2718
无　为　县 Wuwei		11892	4633	9680	2996		5174	4655
宣城市本级 Xuancheng City at Its Own Level		11613	4903	8210	3610		11907	
宁　国　市 Ningguo	80	18154	4166	8309	4248	22251	1598	
郎　溪　县 Langxi	454	6518	3970	2504	3077		281	
广　德　县 Guangde	74	11815	4536	4000	6400		34	
泾　　县 Jingxian	130	6506	1411	4934	4861		2690	
旌　德　县 Jingde	83	1930	1145	1148	850	88	2513	1699
绩　溪　县 Jixi		5525	1360	2365	1372		5192	
铜陵市本级 Tongling City at Its Own Level		36583	11517	34574	2609	11794	26568	13056
铜　陵　县 Tongling		10005	4332	3987	1106	600	90	
池州市本级 Chizhou City at Its Own Level		13735	4136	49289	2274		10146	14
东　至　县 Dongzhi	486	11174	961	2400	2306		16460	15
石　台　县 Shitai	56	1325	260	820	606		1755	
青　阳　县 Qingyang	108	8780	8774	2772	902		8150	19
安庆市本级 Anqing City at Its Own Level		17437	10520	19907	5657	58612	5296	116
桐　城　市 Tongcheng		10094	1410	18085	1850		23931	950
怀　宁　县 Huaining		7256	3938	29565	1846		14584	
枞　阳　县 Zongyang		3802	1513	7144	1933		1801	5602
潜　山　县 Qianshan		3150	1297	2927	2052		3878	1430
太　湖　县 Taihu		1840	963	2103	2011		198	986
宿　松　县 Susong		2359	566	5874	2760		1722	3307
望　江　县 Wangjiang		2454	740	3280	548	284	1263	127
岳　西　县 Yuexi		1677	622	2601	861		178	334
黄山市本级 Huangshan City at Its Own Level		18963	1905	14568	9005	362	22361	4765
歙　　县 Shexian	104	5208	1546	3882	1300		3493	5662
休　宁　县 Xiuning	42	3047	1058	2064	798	3878	261	900
黟　　县 Yixian		1392	438	1095	296		379	3531
祁　门　县 Qimen		3351	531	2100	504	4989	1366	2602

7—10 各县（市）财政支出（2011年）
Final Statement of Government Expenditure by County (City) (2011)

单位：万元（10000 yuan）

县（市）	County (City)	支出合计 Total Revenue	一般公共服务 General Public Service	国防 National Defence	公共安全 Public Security	教育 Education	科学技术 Science	文化体育与传媒 Culture, Sports and Media
合肥市本级	Hefei City at Its Own Level	2649064	199879	5906	116358	228985	154061	38236
巢湖市	Chaohu	215109	30195	277	3604	45365	2041	1058
长丰县	Changfeng	282153	31265	219	9758	58829	2248	2247
肥东县	Feidong	354121	49508		9392	70616	11935	3757
肥西县	Feixi	352756	70693	173	12483	70679	12491	3420
庐江县	Lujiang	319562	32002	318	9427	62967	2407	1981
淮北市本级	Huaibei City at Its Own Level	420696	26064	297	24045	53210	5966	4383
濉溪县	Suixi	292594	27054		8224	72643	3809	1844
亳州市本级	Bozhou City at Its Own Level	146308	15894	423	16820	15719	2070	923
涡阳县	Guoyang	309374	26473	263	9718	67712	1354	2996
蒙城县	Mengcheng	301037	35696		9370	70134	3311	1910
利辛县	Lixin	317575	37560	122	11659	73779	219	2238
宿州市本级	Suzhou City at Its Own Level	261768	29191	269	24515	26260	3474	12705
砀山县	Dangshan	203597	22032	118	8315	57456	785	2051
萧县	Xiaoxian	301834	27803	20	9904	86540	1674	2327
灵璧县	Lingbi	252430	19627		7117	75102	723	2068
泗县	Sixian	203084	22413	87	8557	53814	1275	2352
蚌埠市本级	Bengbu City at Its Own Level	540177	32051	810	35988	50944	30172	8371
怀远县	Huaiyuan	315255	28313	1192	8385	70377	10071	2192
五河县	Wuhe	221662	21822	106	7039	46145	2683	2006
固镇县	Guzhen	190909	22131	205	4850	46871	411	1147
阜阳市本级	Fuyang City at Its Own Level	307410	33500	3357	31166	35607	1757	8363
界首市	Jieshou	177897	14059	37	8387	27522	1795	1389
临泉县	Linquan	338506	26524	327	10834	76898	3061	2289
太和县	Taihe	303732	22759	50	10328	75048	1278	2429
阜南县	Funan	292887	19623	186	8723	64676	444	2387
颍上县	Yingshang	334228	24030	276	8754	92847	1145	2741
淮南市本级	Huainan City at Its Own Level	536679	57763	2762	44089	51587	14019	6067
凤台县	Fengtai	253550	26784	325	9445	54107	3231	3096
滁州市本级	Chuzhou City at Its Own Level	317245	41721	1858	26889	28255	4486	4571
天长市	Tianchang	282687	20362	213	11918	50741	1926	2406
明光市	Mingguang	180089	19115	1803	6324	32139	665	908
来安县	Laian	168815	16657	114	5945	28931	1833	1458
全椒县	Quanjiao	191373	19591	423	7131	26958	2621	1549
定远县	Dingyuan	259199	18796	98	7888	45536	2362	1484
凤阳县	Fengyang	247084	29452	199	9141	40521	1197	2771
六安市本级	Luan City at Its Own Level	328542	36569	429	34079	36373	2960	7522
寿县	Shouxian	319362	29872	127	10229	67649	1951	3972

7—10 续表1 continued

单位：万元（10000 yuan）

县（市）	County (City)	支出合计 Total Revenue	一般公共服务 General Public Service	国防 National Defence	公共安全 Public Security	教育 Education	科学技术 Science	文化体育与传媒 Culture, Sports and Media
霍邱县	Huoqiu	379217	40322	190	10717	92969	1855	4242
舒城县	Shucheng	241786	26222	128	8221	58255	1796	2003
金寨县	Jinzhai	218597	26219	108	8065	52478	1335	4071
霍山县	Huoshan	174102	17378	136	7400	35448	1603	2798
马鞍山市本级	Maanshan City at Its Own Level	518400	61488	66	30366	45442	20160	13981
当涂县	Dangtu	302239	35828		9913	70490	5142	3290
含山县	Hanshan	151501	14583	145	5655	43340	1875	1819
和县	Hexian	184978	22954	64	5573	39716	2402	2418
芜湖市本级	Wuhu City at Its Own Level	987559	30572	2079	33551	72506	125750	21726
芜湖县	Wuhu	224450	18701	198	6148	38736	6679	1235
繁昌县	Fanchang	221671	25908	291	5752	28440	2448	3196
南陵县	Nanling	197176	17573	191	6481	33210	2547	1425
无为县	Wuwei	329379	29218	226	9985	106271	3300	2730
宣城市本级	Xuancheng City at Its Own Level	200964	26033	503	16156	9751	9080	6596
宁国市	Ningguo	256007	40699	187	9842	51202	6900	2006
郎溪县	Langxi	157249	16527		2352	40740	7867	1571
广德县	Guangde	207002	33594	61	9154	47663	4269	3751
泾县	Jingxian	142707	20842	17	5161	32920	2262	2103
旌德县	Jingde	77843	9168		3679	15781	2398	1876
绩溪县	Jixi	105986	13370	5	5349	24441	2182	2800
铜陵市本级	Tongling City at Its Own Level	422528	39414	72	24974	34689	13649	6673
铜陵县	Tongling	163747	17747		6729	27024	3244	1918
池州市本级	Chizhou City at Its Own Level	279208	53133	2607	13019	15710	4375	3438
东至县	Dongzhi	180999	35985		6289	43145	1948	1445
石台县	Shitai	66379	9537		4024	9842	690	1117
青阳县	Qingyang	131593	21534	10	4008	23116	2185	2179
安庆市本级	Anqing City at Its Own Level	374695	34260	837	29062	50794	6691	17931
桐城市	Tongcheng	265250	36466		7192	61748	5837	2518
怀宁县	Huaining	252288	43424	487	7832	70808	3843	5331
枞阳县	Zongyang	237286	33596	267	6282	64275	3507	3352
潜山县	Qianshan	198194	29769	68	7405	43590	2808	2463
太湖县	Taihu	179143	23292		7875	43458	2190	1387
宿松县	Susong	200562	29091		7791	49975	2850	1908
望江县	Wangjiang	163556	21098		5567	40140	2292	1738
岳西县	Yuexi	149817	16006		5747	37306	2695	3561
黄山市本级	Huangshan City at Its Own Level	235988	36498	5157	17595	14216	4177	7227
歙县	Shexian	173701	18255		6759	31474	5484	5041
休宁县	Xiuning	126223	16261		5763	16089	2326	5963
黟县	Yixian	63949	9310	10	2996	6867	1294	3716
祁门县	Qimen	97254	13807	32	4639	10747	3087	2940

7—10 续表2 continued

单位：万元（10000 yuan）

县（市） County (City)		社会保障和就业 Social Security and Employment	医疗卫生 Public Health	节能环保 Energy Saving and Environmental Protection	城乡社区事务 Expenses in Urban、Rural Areas and Communities	农林水事务 Expenses of Agriculture、Forest and Irrigation	交通运输 Transport	资源勘探电力信息等事务 Resource Prospecting and Electric Power Information and so on
合肥市本级	Hefei City at Its Own Level	153119	93155	59221	881886	89334	72666	257000
巢湖市	Chaohu	32530	20648	8653	10282	28858	10158	6830
长丰县	Changfeng	23663	37347	7433	20741	38474	7087	12647
肥东县	Feidong	39783	42383	10441	27320	54628	7652	1749
肥西县	Feixi	29293	46745	5815	17946	49679	8372	1832
庐江县	Lujiang	55886	37450	10051	8999	55291	10274	5376
淮北市本级	Huaibei City at Its Own Level	47880	28868	4177	97829	14504	11800	30993
濉溪县	Suixi	30930	38513	4275	29188	35949	8292	1529
亳州市本级	Bozhou City at Its Own Level	6396	8119	6628	3914	11533	6808	4932
涡阳县	Guoyang	46242	55911	3010	3789	46720	7921	4926
蒙城县	Mengcheng	44035	44472	4860	2594	37976	7560	4329
利辛县	Lixin	54836	49797	2973	3211	41515	8081	7973
宿州市本级	Suzhou City at Its Own Level	7525	11534	9913	12954	25555	11149	36533
砀山县	Dangshan	14673	32462	3710	1497	28499	5969	3149
萧县	Xiaoxian	28052	44187	6813	4203	43398	9749	4617
灵璧县	Lingbi	21606	37343	3123	4212	42070	7524	3190
泗县	Sixian	12903	28792	2673	3217	40865	6232	3454
蚌埠市本级	Bengbu City at Its Own Level	56350	39418	80023	77879	25627	23218	4219
怀远县	Huaiyuan	39855	43781	4438	7080	52608	8782	7485
五河县	Wuhe	28711	23407	2969	6545	42810	7234	2982
固镇县	Guzhen	20843	20809	2783	18521	21923	5770	3272
阜阳市本级	Fuyang City at Its Own Level	36035	14003	4844	29563	15409	30376	24809
界首市	Jieshou	29975	22836	2012	8491	19505	3503	19860
临泉县	Linquan	54935	65526	1478	8802	43958	8363	5274
太和县	Taihe	36157	50896	2500	15119	42545	11088	3939
阜南县	Funan	48996	47636	3829	6239	46793	13953	2847
颍上县	Yingshang	47195	46936	4023	14864	46852	11888	4332
淮南市本级	Huainan City at Its Own Level	68348	46704	12789	58765	28681	23634	32571
凤台县	Fengtai	34631	23416	5168	8681	45099	9230	5860
滁州市本级	Chuzhou City at Its Own Level	22957	15735	7533	31526	49113	11049	10876
天长市	Tianchang	24867	28051	6472	34085	46893	24375	4916
明光市	Mingguang	22362	18895	1736	12001	40931	5237	3200
来安县	Laian	17300	18060	3186	19223	30421	6577	2799
全椒县	Quanjiao	22183	16941	3786	11169	40628	18552	1385
定远县	Dingyuan	32223	31277	2684	16401	60449	9051	323
凤阳县	Fengyang	32785	25446	8539	6962	43778	6373	4913
六安市本级	Luan City at Its Own Level	15188	16279	13718	30985	45300	12868	7881
寿县	Shouxian	28237	42345	11627	6020	67791	16031	3184

7—10 续表3 continued

单位：万元（10000 yuan）

县（市）	County (City)	社会保障和就业 Social Security and Employment	医疗卫生 Public Health	节能环保 Energy Saving and Environmental Protection	城乡社区事务 Expenses in Urban、Rural Areas and Communities	农林水事务 Expenses of Agriculture、Forest and Irrigation	交通运输 Transport	资源勘探电力信息等事务 Resource Prospecting and Electric Power Information and so on
霍 邱 县	Huoqiu	36573	50043	4098	12519	65942	24644	6140
舒 城 县	Shucheng	25055	33195	5050	8238	41272	8541	1725
金 寨 县	Jinzhai	24744	27121	4081	4434	37950	7281	747
霍 山 县	Huoshan	17264	19245	4180	14959	26676	8620	1127
马鞍山市本级	Maanshan City at Its Own Level	42662	31650	19088	116320	19750	31470	17285
当 涂 县	Dangtu	33202	28878	2109	26672	33553	5786	5742
含 山 县	Hanshan	14241	14504	4654	7061	24670	4980	384
和 县	Hexian	19859	25436	4298	2493	32238	8334	1305
芜湖市本级	Wuhu City at Its Own Level	58844	33967	119309	125861	74159	19277	31699
芜 湖 县	Wuhu	23716	18292	4248	13731	25228	5807	42539
繁 昌 县	Fanchang	25871	17633	4271	22585	20413	5391	24377
南 陵 县	Nanling	26610	19752	1307	14344	29958	17826	8914
无 为 县	Wuwei	46615	44028	5890	8743	38068	9036	3848
宣城市本级	Xuancheng City at Its Own Level	16183	9984	4980	38446	30348	6796	3445
宁 国 市	Ningguo	20395	25682	4354	31193	29230	9810	6647
郎 溪 县	Langxi	10265	14695	4753	12225	25043	5664	262
广 德 县	Guangde	18219	25213	4077	8778	28514	6014	2904
泾 县	Jingxian	10190	11634	1581	11574	19162	10146	1012
旌 德 县	Jingde	8183	7417	3088	4212	13082	2058	311
绩 溪 县	Jixi	8195	10127	7454	3137	13180	2110	4682
铜陵市本级	Tongling City at Its Own Level	46785	18058	20592	62736	6072	20781	54328
铜 陵 县	Tongling	15181	15457	1139	6174	14542	4878	6655
池州市本级	Chizhou City at Its Own Level	16370	10883	9993	48414	26490	12889	20670
东 至 县	Dongzhi	22009	17648	2091	2156	28474	6317	1029
石 台 县	Shitai	7840	5392	1494	2580	10727	3723	1149
青 阳 县	Qingyang	14609	11684	1740	13609	20099	5402	601
安庆市本级	Anqing City at Its Own Level	56443	29110	18384	32124	27340	24231	10002
桐 城 市	Tongcheng	23642	26488	5247	27956	36157	8555	2292
怀 宁 县	Huaining	23014	24884	5695	6028	30766	4161	627
枞 阳 县	Zongyang	27830	37419	2441	1958	36371	6080	1452
潜 山 县	Qianshan	24012	19407	5442	14566	27316	6896	806
太 湖 县	Taihu	18568	19623	5251	1505	32555	5512	505
宿 松 县	Susong	18652	29074	2772	4765	31612	7216	1061
望 江 县	Wangjiang	18622	22135	3672	1588	30031	4907	1185
岳 西 县	Yuexi	17109	16434	2035	2814	22234	3514	1546
黄山市本级	Huangshan City at Its Own Level	18831	11426	11263	13027	13974	9973	10054
歙 县	Shexian	28046	22450	5366	4830	25396	5719	836
休 宁 县	Xiuning	18753	12629	4583	2619	21756	3578	2129
黟 县	Yixian	8461	6442	1910	2590	9805	1923	899
祁 门 县	Qimen	13808	10895	2652	2638	14516	3111	2487

7—10 续表4 continued

单位：万元（10000 yuan）

县（市） County (City)	商业服务业等事务 Resource Prospecting and Electric Power Information and so on	金融监管等事务支出 Finance Supervision and so on	国土资源气象等事务 Land Resources and Meteorology and so on	住房保障支出 Housing Safeguard	粮油物资管理等事务 Grain and Oil Management Service	储备事务支出 Reserve Expenditure	国债还本付息 National Debt Repay and Interests Expenditure	其他支出 Other Expenditure
合肥市本级 Hefei City at Its Own Level	42436	4368	13331	122925	2132	2157	179	111730
巢湖市 Chaohu	3955	46	2880	4755	1708	242		1024
长丰县 Changfeng	3556	1326	3212	11573	2908	994	178	6448
肥东县 Feidong	4948	248	2705	13176	2546	1149		185
肥西县 Feixi	4462	677	2702	6681	3474			5139
庐江县 Lujiang	5832	418	5852	10111	4037	96	273	514
淮北市本级 Huaibei City at Its Own Level	6902	2716	16410	41573	800	594	94	1591
濉溪县 Suixi	9542	320	6123	11366	2275	305	122	291
亳州市本级 Bozhou City at Its Own Level	2557	5800	1883	22254	73	181		13381
涡阳县 Guoyang	7797	580	2600	16016	3187	219	207	1733
蒙城县 Mengcheng	9672		1456	20208	2779	175	500	
利辛县 Lixin	8558	252	906	9295	4115	205		281
宿州市本级 Suzhou City at Its Own Level	11916	6542	3352	21744	508	853	3000	2276
砀山县 Dangshan	5087	84	879	13654	1666	80	63	1368
萧县 Xiaoxian	5557	562	2568	20439	2796	174	122	329
灵璧县 Lingbi	5473	67	6694	11224	3695	332	1215	25
泗县 Sixian	2902	103	1051	8268	2820	232	1054	20
蚌埠市本级 Bengbu City at Its Own Level	11279	167	3748	57089	861	332		1631
怀远县 Huaiyuan	4154	92	8002	13055	4667	357	143	226
五河县 Wuhe	3105	413	597	20042	2739	81	207	19
固镇县 Guzhen	3361	156	3754	12257	1586	161	65	33
阜阳市本级 Fuyang City at Its Own Level	3457	6606	2912	13531	762	50	182	11121
界首市 Jieshou	3481	780	2576	10410	1000	192	87	
临泉县 Linquan	6641	51	738	19163	3005	450	189	
太和县 Taihe	7392	205	1579	16357	3413	237		413
阜南县 Funan	4783	1322	1902	15410	2465	388	195	90
颍上县 Yingshang	4878	229	3228	13217	2368	429	2278	1718
淮南市本级 Huainan City at Its Own Level	5691	363	13305	51267	2157	1278	11714	3125
凤台县 Fengtai	6999	256	3951	10329	2697	128	117	
滁州市本级 Chuzhou City at Its Own Level	1434	3712	5756	42323	647	145	888	5771
天长市 Tianchang	7233	1282	1692	8997	4736	640	116	766
明光市 Mingguang	2939	228	763	7144	2286	130	68	1215
来安县 Laian	2554	51	742	9685	2941	199	124	15
全椒县 Quanjiao	3835	458	588	9831	2831	314	105	494
定远县 Dingyuan	3540	251	5648	8497	3490	197	7611	1393
凤阳县 Fengyang	3336	239	18498	8760	3823	135	131	85
六安市本级 Luan City at Its Own Level	3257	149	1598	27641	1111	348	20500	13787
寿县 Shouxian	4356	418	1398	19861	3203	930	160	1

7—10 续表5 continued

单位：万元（10000 yuan）

县（市） County (City)	商业服务业等事务 Resource Prospecting and Electric Power Information and so on	金融监管等事务支出 Finance Supervision and so on	国土资源气象等事务 Land Resources and Meteorology and so on	住房保障支出 Housing Safeguard	粮油物资管理等事务 Grain and Oil Management Service	储备事务支出 Reserve Expenditure	国债还本付息 National Debt Repay and Interests Expenditure	其他支出 Other Expenditure
霍邱县 Huoqiu	8427	1032	7636	5321	4662	366		1519
舒城县 Shucheng	5182	466	1130	9976	1988	220	157	2966
金寨县 Jinzhai	5540	21	1342	6489	1282	156	1845	3288
霍山县 Huoshan	3772	155	1138	7156	652	209	330	3856
马鞍山市本级 Maanshan City at Its Own Level	8669	1289	6997	46644	1468	70	1378	2157
当涂县 Dangtu	9892	584	8328	20474	1324	110		922
含山县 Hanshan	5589	665	1634	8888	2991	147	1507	
和县 Hexian	2899	227	853	7711	1565	161	132	42
芜湖市本级 Wuhu City at Its Own Level	4237	376	1567	8778	2463	325	74	68
芜湖县 Wuhu	13515	1365	2131	120367	1198	560	8750	90373
繁昌县 Fanchang	3283	222	219	14161	569	143		595
南陵县 Nanling	2975	936	3849	21880	1113	260	178	3904
无为县 Wuwei	3370	380	1446	9375	959	390	252	866
宣城市本级 Xuancheng City at Its Own Level	4625	1380	3502	7986	724	295	3082	1069
宁国市 Ningguo	3577	910	1071	9578	493	42		2189
郎溪县 Langxi	6336	32	1370	6521	1008			18
广德县 Guangde	4899	626	1670	4012	2233	187	214	950
泾县 Jingxian	2590	159	1209	9136	581	161	267	
旌德县 Jingde	1060	47	775	3053	1539	45	71	
绩溪县 Jixi	1453	566	1476	4029	849	45	56	480
铜陵市本级 Tongling City at Its Own Level	7848	817	12370	42568	1255	763	309	7775
铜陵县 Tongling	29884	0	1421	8671	859			2224
池州市本级 Chizhou City at Its Own Level	5200	878	2571	28942	652	100	441	2433
东至县 Dongzhi	2812	27	802	6055	1226	191	130	1220
石台县 Shitai	5157	28	318	2556	162	43		
青阳县 Qingyang	1881	73	1080	6913	535	227	88	20
安庆市本级 Anqing City at Its Own Level	9149	3076	3139	18630	2283	130	243	836
桐城市 Tongcheng	5679	1065	2353	8792	2012	160	145	946
怀宁县 Huaining	3696	154	3456	14320	2776	700		286
枞阳县 Zongyang	3738	49	1244	5741	1360	212		112
潜山县 Qianshan	4387	328	1371	5402	821	174	141	1022
太湖县 Taihu	3793	54	1893	5814	707	145	2966	2050
宿松县 Susong	3333	231	2599	5576	1481	210	118	247
望江县 Wangjiang	3436	184	459	4813	1482	157		50
岳西县 Yuexi	2860	0	756	10765	476	84	866	3009
黄山市本级 Huangshan City at Its Own Level	18290	1015	3394	7419	518	76	9475	22383
歙县 Shexian	2451	488	2112	6421	732	124	159	1558
休宁县 Xiuning	2725	299	1939	7559	305	105	56	786
黟县 Yixian	1267	290	718	4063	193	50		1145
祁门县 Qimen	2485	48	706	5811	223	94	79	2449

7—11 主要年份金融机构人民币各项存款和贷款余额
Total Deposite and Loan (RMB) in Financial organ In Main Years

单位：亿元（100 million yuan）

年份 Year	各项存款合计 Total Deposit	#企业存款 Enterprise Deposit	#农村存款 Countryside Deposit	#城乡居民储蓄存款 City and Countryside Resident Savings Deposit	#城镇 Cities	各项贷款合计 Total Loan	#工业企业 Industrial Enterprise	#商业企业 Commercial Department	#农业贷款 Agriculture Loan
1990	293.44	81.00	9.14	163.05	117.53	446.03	118.38	178.16	20.56
1995	1111.72	308.20	28.57	683.93	512.42	1279.25	273.27	415.96	22.93
2000	2485.54	761.90		1447.15		2384.95	398.58	679.76	181.12
2002	3449.23	978.21		2047.51		2941.59	463.28	677.74	256.79
2003	4190.20	1234.15		2475.83		3374.59	515.85	632.96	307.80
2004	5045.34	1489.54		2972.37		3900.57	543.49	646.53	370.66
2005	5993.82	1661.44		3508.67		4313.55	490.97	626.47	430.60
2006	7100.37	2017.32		4077.80		5132.02	606.78	674.69	482.13
2007	8406.57	2537.03		4546.49		6042.51	714.89	734.27	564.87
2008	10303.30	3019.66		5647.51		6948.70	686.84	704.62	560.36
2009	13306.53	4318.24		6619.48		9289.40	757.79	788.58	630.23
2010	16366.10	5208.51		7788.48		11452.29			
2011	19404.30					13729.83			

注：本表中工业企业、商业企业、农业贷款均属短期贷款，其中1995年为国家银行口径。

a) In this table, industrial enterprises, commercial enterprises, agriculture loans are short-term loans, In1995 for State bank data.

7—12 主要年份金融机构现金投放回笼差额
Total Cash Difference Currency Issued and Recalled in Financial Organ In Main Years

单位：万元（10000 yuan）

年份 Year	现金收入 Cash Income	现金支出 Cash Expenditures	投放（+） 回笼（-） Currency Issued (+) Currency Recalled (-)
1990	4450423	4695717	245294
1995	21571432	21411267	-160165
2000	54124477	53544668	-579809
2002	75830095	74354623	-1475472
2003	97357708	95329803	-2027905
2004	125343547	122772480	-2571067
2005	140581519	137695147	-2886372
2006	163504543	160479040	-3025502
2007	196132412	192282475	-3849937
2008	207759090	203377676	-4381414
2009	234001250	229373317	-4627933
2010	272471281	267052888	-5418393

注：1995年数据系“国家银行”口径，包括人民银行、工商银行、农业银行、中国银行、建设银行、交通银行、中信银行、农业发展银行、邮政储汇局。2011年起，因行业制度改革，本表资料缺。

a) Data from 1995 were about "national banks", including People's Bank, Industrial and Commercial Bank, Agricultural Bank, Bank of China, Construction Bank, Communication Bank, Credit Bank, Agricultural Bank and Savings Deposit Agencies of Post offices. Since 2011, because of industry reform, data lacked in this table.

7—13 金融机构人民币信贷资金平衡表（资金来源表1）
Credit Funds Balance Sheet of Financial Institutions (Sources of Funds 1)

（年末余额）(year-end) 单位：万元（10000 yuan）

项　　目	Item	2005	2010
资金来源合计	**All Sources**	**62208918**	**158212499**
各项存款	Deposits	59938218	163661014
企业存款	Deposits of Enterprises	16614416	52085141
活期存款	Carrent Deposits	13061948	38971577
定期存款	Fixed Deposits	3552469	13113564
财政存款	Treasury Deposits	1386975	4428934
机关团体存款	Deposits of Government Agencies and Organizations	2542688	13402894
储蓄存款	Urban and Rural Savings Deposits	35086727	77884800
活期储蓄	Carrent Deposits	10631280	29355524
定期储蓄	Fixed Deposits	24455447	48529277
农业存款	Agricultural Deposits	1028014	5416625
委托存款	Commission Deposits	368341	614206
其他存款	Other Deposits	2911056	9828414
金融债券	Bonds	50	32
应付及暂收款	Account Payable and Temporary Credit	868630	3069099
#应付及预收利息	Payable and Pre-received Interest	291029	1345492
同业往来	Commercial Dealings of the Same Trade	571807	2499329
各项准备	Every Capital Reserve	591755	1897923
#贷款损失准备	Capital Reserves for Loss of Loan	432165	1821231
所有者权益	Creditors' Equity	400413	5782529
#实收资本	Paid-in Capital	626271	2544472
当年结益	Carried Interest in the Same Year	336631	
其　　他	Others	-161954	-18697427

注：本表金融机构包括中国人民银行、政策性银行、国有商业银行、股份制商业银行、徽商银行、农村合作银行、农村商业银行、邮储银行、农村信用社、财务公司、信托投资公司等。（下表同）

a) Financial institutions in this table include Chinese People's Bank, policy banks, state-sole-owned commercial bank, commercial banks of stock-sharing system, urban commercial banks, savings deposit agencies of postal banks, rural credit cooperative, rural credit cooperatives and financial trust investment agencies.

7—14 金融机构人民币信贷资金平衡表（资金来源表2）
Credit Funds Balance Sheet of Financial Institutions (Sources of Funds 2)

（年末余额）(year-end) 单位：万元（10000 yuan）

项　　目	Item	2011
资金来源合计	**All Sources**	**194701601**
各项存款	Deposits	194043047
单位存款	Unit Deposits	92957385
活期存款	Carrent Deposits	52147132
定期存款	Fixed Deposits	18656413
通知存款	Notice Deposits	2007435
保证金存款	Margin Deposits	9340900
个人存款	Personal Deposits	93419257
储蓄存款	Urban and Rural Savings Deposits	92335727
保证金存款	Deposits	31578
结构性存款	Margin Deposits	1051952
财政性存款	Fiscal Deposits	5201162
临时性存款	Temporary Deposits	527379
委托存款	Commission Deposits	333827
其他存款	Other Deposits	1604036
金融债券	Bonds	399178
应付及暂收款	Account Payable and Temporary Credit	3835596
#应付及预收利息	Payable and Pre-received Interest	1893672
同业往来	Commercial Dealings of the Same Trade	1975922
各项准备	Every Capital Reserve	2791171
#贷款损失准备	Capital Reserves for Loss of Loan	2733042
所有者权益	Creditors' Equity	742634
#实收资本	Paid-in Capital	3003409
其　　他	Others	-21086784

7—15 金融机构人民币信贷资金平衡表（资金运用）
Credit Funds Balance Sheet of Financial Institutions (Uses of Funds) (2010)

（年末余额）(year-end)　　单位：万元（10000 yuan）

项　　目	Item	2010	2011
资金运用合计	**Total of Capital Lutilization**	**158212499**	**194701601**
各项贷款	Loans	114522946	137298290
境内贷款	Within the Boundaries Loan	114522946	137291256
短期贷款	Short-term Loan	40441674	49962087
个人贷款及透支	Individual Loan and Overdrawing	9078913	10578158
#个人消费贷款	Individual Consumption Loan	1036971	1377362
单位贷款及透支	Unit Loan and Overdrawing	29846329	36669378
#经营贷款	Management Loan	29015839	36245437
固定资产贷款	Fixed Asset Loan	764732	421339
普通并购货款	Ordinary Merger Loan		
银团贷款	Syndicate Loan	85935	170449
贸易融资	Trade Financing	1430497	2544102
中长期贷款	Medium and Long-term Loan	71004991	82709259
个人贷款	Individual Loan	23722000	29135265
#个人消费贷款	Individual Consumption Loan	19065546	22970419
单位贷款	Unit Loan	44323105	48550124
#经营贷款	Management Loan	9704317	7948490
固定资产贷款	Fixed Asset Loan	34513840	40601634
普通并购货款	Ordinary Merger Loan		124500
银团贷款	Syndicate Loan	2959886	4440357
贸易投资	Trade Financing		457700
信托贷款	Trust Loans		
融资租赁	Capital Blending and Leasing		
委托贷款	Commission Loans	148138	
票据融资	Note Financing	2918448	4601901
#贴　现	Discount	2879063	4601901
各项垫款	Advanced Money to be Paid Back Later	9694	18010
境外贷款	Beyond Border Loan		7034
有价证券及投资	Securities & Investment	7476663	
应收及预付款	Receivables and prepayments	1457693	1137215
#应收利息	Interest Recievable	242239	482173
同业往来	Commercial Dealings of the Same Trade	117246	221720
行内资金往来	Inter-bank Debts	31955072	42095784
外汇占款	Purchase of Foreign Exchanges	13190	
固定资产	Fixed Assets	1634775	2152265
库存现金	Cash Stock	1033305	1257510
投资性房地产	Investment of Real Estate	1609	1493

7—16 金融机构本外币合并信贷收支（表1）
Source and Uses of Credit Funds of Home and Foreign Currency of Financial Institutions（1）

（年末余额）(year-end) 单位：万元（10000 yuan）

项 目	Item	2005	2010
各项存款	**Deposits**	**60687902**	**164775912**
企事业单位存款	Deposits of Enterprises and Institutions	16901815	52943142
活期存款	Current Deposits	13304091	39625292
定期存款	Fixed Deposits	3597723	13317850
储蓄存款	Saving Deposits	35517112	78138105
活期储蓄	Carrent Deposits	10688392	29424751
定期储蓄	Fixed Deposits	24828720	48713354
委托存款	Commission Deposits	372658	591127
其他存款	Other Deposits	7896317	33103538
各项贷款	**Loans**	**43992467**	**117365296**
短期贷款	Short-term Loans	22788687	41420407
中长期贷款	Medium-term & Long-term Loans	17571315	71750093
信托贷款	Trust Loans	70444	
委托贷款	Commission Loans	483022	148138
其他贷款	Other Loans	413946	1118515
票据融资	Note Financing	2568907	2918448
各项垫款	Advanced Money to be Paid Back Later	96146	9694

7—17 金融机构本外币合并信贷收支（表2）
Source and Uses of Credit Funds of Home and Foreign Currency of Financial Institutions（2）

（年末余额）(year-end) 单位：万元（10000 yuan）

项 目	Item	2011
各项存款	**Deposits**	**195473293**
单位存款	Unit Deposits	94092083
活期存款	Current Deposits	52897646
定期存款	Fixed Deposits	18945987
个人存款	Personal Deposits	93704839
储蓄存款	Saving Deposits	92612934
临时性存款	Temporary Deposits	557426
委托存款	Commission Deposits	334993
其他存款	Other Deposits	1604426
各项贷款	**Loans**	**141463945**
短期贷款	Short-term Loans	52796065
个人贷款及透支	Personal Loans and Overdrafts	10578361
单位普通贷款及透支	Common Unit Loans and Overdrafts	38212896
中长期贷款	Medium-term & Long-term Loans	83888830
个人贷款	Personal Loans	29135265
单位普通贷款	Common Unit Loans	48967433
票据融资	Note Financing	4601902
各项垫款	Advanced Money to be Paid Back Later	18010

7—18 各市金融机构本外币信贷收支（2011年）

Credit Income and Expenses of Renminbi and Foreign Currencies of Financial Institutions by Region (2011)

（年末余额）(year-end) 单位：万元（10000 yuan）

地区	Region	各项存款 Deposits	单位存款 Unit Deposits	活期存款 Carrent Deposits	定期储蓄 Fixed Deposits	个人存款 Personal Deposits	储蓄存款 Saving Deposits	各项贷款 Loans
总计	**Total**	**195473293**	**94092083**	**52897646**	**18945987**	**93704839**	**92612934**	**141463945**
合肥市	Hefei	58220588	37460462	17546750	9937879	17323266	17017958	55126276
淮北市	Huaibei	6968500	3353317	1911015	810785	3542233	3507311	4065961
亳州市	Bozhou	6752928	1988478	1520487	275245	4530130	4520656	3265709
宿州市	Suzhou	8542357	2594388	1762512	354919	5645473	5609679	3799041
蚌埠市	Bengbu	8396034	3472963	2220487	479086	4610864	4528915	4848867
阜阳市	Fuyang	12524164	3503100	2719226	410243	8795160	8757441	5357623
淮南市	Huainan	9612912	4567295	2486467	1244712	4883308	4813995	7220388
滁州市	Chuzhou	9179082	3827212	2650837	610578	4951693	4925341	5852114
六安市	Luan	10548977	4232317	3058242	626586	5822341	5810622	5785761
马鞍山市	Maanshan	10940857	5110237	2699397	898728	5629721	5553911	8062522
芜湖市	Wuhu	16771788	9321586	4248087	1087565	7157958	7111186	14278367
宣城市	Xuancheng	6796201	2728241	2164278	326893	3904045	3887777	4838429
铜陵市	Tongling	4856632	2556007	1344062	636441	2236973	2217125	4963730
池州市	Chizhou	4365997	1754799	1180273	258918	2522281	2514911	3167986
安庆市	Anqing	14086309	4949000	3615511	548073	8751541	8717135	6942768
黄山市	Huangshan	5615477	2330781	1705064	349335	3130620	3107294	3505413

7—19 人民币信贷收支情况（2011年）
Credit Receipts and Payments (2011)

（年末余额）(year-end) 单位：万元（10000 yuan）

项目	Item	中资全国性大型银行 Chinese Large National Banks	中资全国性中小型银行 Chinese National Small and Medium-sized Banks	中资区域性中小型银行 Chinese Regional Small and Medium-sized Banks	#农村商业银行 Rural Commercial Bank	#农村合作银行 Roral Cooperative Bank	农村信用社 Rural Credit Cooperatives
各项存款	**Deposits**	**116955029**	**38602181**	**20258096**	**8883173**	**10750185**	**12571211**
单位存款	Unit Deposits	50802427	30442792	8030201	4441689	3075914	2186383
活期存款	Current Deposits	28207995	16421966	4865067	2299322	2202680	1849961
定期存款	Fixed Deposits	10976259	5343740	1648139	1087225	493139	216758
通知存款	Notice Deposits	1037716	943505	2713	743	1970	
保证金存款	Margin Deposits	2633596	5314405	1221385	856986	315304	119664
个人存款	Personal Deposits	64173808	6708495	12170665	4416283	7642870	10350430
储蓄存款	Saving Deposits	63493143	6311102	12167294	4415433	7640480	10348329
保证金存款	Margin Deposits	4402	21704	3371	850	2390	2101
结构性存款	Commission Deposits	676263	375689				
临时性存款	Temporary Deposits	339309	96442	57230	25201	31401	34398
其他存款	Other Deposits	1639484	1354452				
各项贷款	**Loans**	**75237580**	**37788615**	**14168126**	**6158355**	**7539145**	**8617363**
境内贷款	Within the Boundaries Loan	75232321	37787415	14168126	6158355	7539145	8617363
短期贷款	Short-term Loan	17752816	17387888	9051873	3228033	5442480	5150856
个人贷款及透支	Individual Loan and Overdrawing	2275877	1095738	3615907	787947	2729725	3578679
#个人消费贷款	Individual Consumption Loan	670169	169111	258963	26408	229725	267162
单位贷款及透支	Unit Loan and Overdrawing	13303565	15897496	5375207	2423863	2668219	1492213
#经营贷款	Management Loan	12954126	15878923	5332352	2418522	2633175	1486839
固定资产贷款	Fixed Asset Loan	347438	17972	42855	5341	35044	5374
银团贷款	Syndicate Loan	25826	3900	60759	16223	44536	79964
贸易融资	Trade Financing	2147549	390753				
中长期贷款	Medium and Long-term Loan	56808987	19214793	3715939	1942084	1746091	2447794
个人贷款	Individual Loan	20472996	4885856	1960866	1054898	885617	1628388
#个人消费贷款	Individual Consumption Loan	17785734	3861022	842330	612625	220809	294175
单位普通贷款	Unit Loan	33459963	13259014	1221207	752456	462988	328753
#经营贷款	Management Loan	3855180	2674863	954682	583649	366765	305947
固定资产贷款	Fixed Asset Loan	29604782	10584151	266525	168807	96223	22806
普通并购贷款	Ordinary Merger Loan	124500					
银团贷款	Syndicate Loan	2751528	610910	533866	134730	397486	490653
贸易融资	Trade Financing		457700				
境外筹资转贷款	Overseas financing Loan		1313				
票据融资	Note Financing	665254	1175267	1397034	987453	348079	1018713
#贴　现	Discount	665254	1175267	1397034	987453	348079	1018713
各项垫款	Advanced Money to be Paid Back Later	5263	9467	3280	785	2495	

注：1．本表中资全国性大型银行包括国家开发银行、中国工商银行、中国农业银行、中国银行、中国建设银行、交通银行、中国邮政储蓄银行。

2．本表中资全国性中小型银行包括中国进出口银行、中国农业发展银行、中信银行、光大银行、招商银行、兴业银行、民生银行、华夏银行、徽商银行、九江银行、杭州银行、东莞银行。

3．本表中资区域性中小型银行包括农村商业银行、农村合作银行、村镇银行。

a) The table of Chinese large national banks include: the National Development Bank, ICBC, Agricultural Bank of China, Bank of China, China Construction Bank, Bank of communications, China Post.

b) The table of Chinese national small and medium-sized banks include: the import and Export Bank of China, China Agricultural Development Bank, CITIC Bank, China Everbright Bank, China Merchants Bank, industrial bank, Minsheng bank, Bank of huaxia, Bank of huishang, Bank of Jiujiang, Bank of Hangzhou, Bank of Dongguan.

c)The table of Chinese regional small and medium-sized banks include rural commercial banks, rural cooperative banks, rural bank.

7—20 安徽省上市公司数量
Number of Listed Companies of Anhui

单位：家（unit）

年份 Year	全省合计 Provincial Total	上交所 Shanghai Stock Exchange	深交所 Shenzhen Stock Exchange	仅发A股公司 A Share Only	发A、H股公司 A & H Share	发A、B股公司 A & B Share	仅发H股公司 H Share Only
1995	3	1	2	2	1		
1999	20	6	12	14	1	3	2
2000	26	9	15	20	1	3	2
2001	29	12	15	23	1	3	2
2002	33	18	15	27	3	3	
2003	36	21	15	30	3	3	
2004	44	27	17	38	3	3	
2005	45	27	18	39	3	3	
2006	47	27	19	40	3	3	1
2007	53	28	24	46	3	3	1
2008	56	28	27	49	3	3	1
2009	58	28	29	51	3	3	1
2010	65	29	36	59	3	3	
2011	77	29	48	71	3	3	

7—21 安徽省股票发行及筹资情况
Issuing Summary for Stocks of Anhui

年份 Year	股票发行（万股）Amount Issued (10000 shares)		筹资额合计（万元）Raised Capital (10000 yuan)						
	A股 A Shares	H股 H Shares		A股 A Shares	H股 H Shares	配股筹资 Shares Rights Issued	可转债筹资 Changeable Bonds	认股权行权 Stocks and Rights Issue	公司债 Corporate Bonds
1999	6000		64074	39000		25074			
2000	27300		391741	226602		165139			
2001	20300		245990	186680		59310			
2002	60500		288552	268140		20412			
2003	13300	7220	308633	94504	63129		151000		
2004	47817		339453	234020		17433	88000		
2005	4000		15200	15200					
2006	24500	16757	726267	125860	50407		550000		
2007	188184		1451247	1364247			87000		
2008	119083		1765186	1458052				307134	
2009	91711		1629589	1429589					200000
2010	128849		1713126	1513126			200000		
2011	122790		3583653	1993653			30000		1560000

注：股票发行包括首次发行、增发和认股权行权。
a) Amount issued and raised capital of shares include the-first-time issued and additional issued stocks and rights issues .

7—22 各市股票发行情况及筹资情况（截止2011年）
Issuing Summary for Stocks by Region (Up to 2011)

地 区	Region	上市公司（家）Number of Listed Companies (unit)	发行股票（只）Number of Listed Shares (unit)	股份总数（万股）Number of Shares (10000 share)	#无限售股份 Unlimited Shares	当年募集资金（万元）Raised Capital (10000 yuan)	#发行股票 Amount of Listed Shares
总　计	**Total**	**77**	**83**	**4908883**	**4185609**	**3583653**	**1993653**
合 肥 市	Hefei	29	31	1449175	1135929	966575	966575
淮 北 市	Huaibei	3	3	168493	78972	60000	
亳 州 市	Bozhou	1	2	50360	48680	126000	126000
宿 州 市	Suzhou	1	1	101209	29599		
蚌 埠 市	Bengbu	4	4	158741	158487		
阜 阳 市	Fuyang	1	1	55578	55578		
淮 南 市	Huainan	1	1	185039	185039		
滁 州 市	Chuzhou	3	3	50200	33890	135385	135385
六 安 市	Luan	1	1	58657	58657		
马鞍山市	Maanshan	8	9	1051065	985761	834136	284136
芜 湖 市	Wuhu	11	12	895080	812785	1058670	108670
宣 城 市	Xuancheng	3	3	128742	90444	304348	274348
铜 陵 市	Tongling	6	6	339240	326441	98539	98539
池 州 市	Chizhou						
安 庆 市	Anqing	2	2	119894	107846		
黄 山 市	Huangshan	3	4	97411	77503		

注：增发股票、认股权行权募集资金包括在发行股票中。
a) The raised capital of additional listed stocks is included in the listed shares.

7—23 保险公司业务经济技术指标（2011年）
Main Professional Technical Indicators of Insurance Companies (2011)

单位：万元（10000 yuan）

项　目	Item	保费收入 Income From Premium	赔　付 Claim and Payment
合　计	**Total**	**4322981**	**1254386**
按公司类型分：	**Devided By The Character of Company**		
财产保险公司	Property Insurance Companies	1460912	720912
人身保险公司	Life Insurance Companies	2862069	533473
按业务性质分：	**Devided BY The Nature of The Business**		
财产保险业务	**Property Insurance Businesses**	**1428173**	**711059**
企业财产险	Enterprise Property Insurance	62171	17641
家庭财产险	Family Property Insurance	3502	363
机动车辆险	Motor Vehicle Insurance	1125114	576674
工程保险	Engineering Insurance	9650	2847
责任保险	Liability Insurance	32066	15156
信用保险	Credit Insurance	13750	6586
保证保险	Guarantee Insurance	12642	2273
船舶保险	Ship Insurance	15412	6049
货物运输险	Freight Transport Insurance	13849	4479
特殊风险保险	Peculiar Risk Insurance	213	2
农业保险	Agriculture Insurance	138319	78767
其他保险	Other Insurance	1484	221
人身保险业务	**Insurance Service of Life**	**2894808**	**543326**
寿　险	Life Insurance	2675256	469020
健康险	Health Insurance	68635	60128
意外伤害险	Personal Accident Insurance	150918	14178

主要统计指标解释

财政收入

指国家财政参与社会产品分配所取得的收入，是实现国家职能的财力保证。财政收入所包括的内容几经变化，目前主要包括：

（1） 税收收入：包括增值税、消费税、营业税、企业所得税、个人所得税、资源税、城市维护建设税、房产税、印花税、城镇土地使用税、土地增值税、车船税、耕地占用税、契税和烟叶税等。

（2） 非税收入：包括专项收入、行政事业性收费收入、罚没收入、国有资本经营收入和国有资源（资产）有偿使用收入等。

财政支出

国家财政将筹集起来的资金进行分配使用，以满足社会各项事业发展和经济建设的需要，主要包括：

（1）一般公共服务：反映政府提供一般公共服务的支出。具体包括人大事务、政协事务、政府办公厅（室）及相关机构事务、发展与改革事务、统计信息事务、财政事务、税收事务、审计事务、海关事务、人事事务、纪律监察事务、人口与计划生育事务、商贸事务、知识产权事务、工商行政管理事务、食品和药品监督管理事务、质量技术监督与检验检疫事务、国土资源事务、海洋管理事务、测绘事务、地震事务、气象事务、民族事务、宗教事务、港澳台侨事务、档案事务、共产党事务、民主党派事务、群众团体事务、彩票事务、国债事务、其他一般公共服务支出。

（2）公共安全：反映政府维护社会公共安全方面的支出。具体包括武装警察、公安、国家安全、检察、法院、司法、监狱、劳教、国家保密、其他公共安全支出。

（3）教育：反映政府教育支出情况。具体包括教育管理事务、普通教育、职业教育、成人教育、广播电视教育、留学教育、特殊教育、教师进修及干部继续教育、教育附加及基金支出、其他教育支出。

（4）科学技术：反映国家用于科学技术方面的支出。具体包括科学技术管理事务、基础研究、应用研究、技术研究与开发、科技条件与服务、社会科学、科学技术普及、科技交流与合作、其他科学技术支出。

（5）文化体育与传媒：反映政府在文化、文物、体育、广播影视、新闻出版等方面支出。

（6）社会保障和就业：反映政府在社会保障与就业方面的支出。具体包括社会保障和就业管理事务、民政管理事务、财政对社会保险基金的补助、补充全国社会保障基金、行政事业单位离退休、企业关闭破产补助、就业补助、抚恤、退役安置、社会福利、残疾人事业、城市居民最低生活保障、其他城镇社会救济、农村社会救济、自然灾害生活救助、红十字事业、其他社会保障和就业支出。

（7）医疗卫生：反映政府用于医疗卫生方面的支出。具体包括医疗卫生管理事务、医疗服务、社区卫生服务、医疗保障、疾病预防控制、卫生监督、其他医疗卫生支出。

（8）环境保护：反映政府用于环境保护方面的支出。具体包括环境保护管理事务支出、环境监测与监察支出、污染防治支出、自然生态保护支出、天然林保护支出、退耕还林支出、风沙荒漠治理支出、退牧还草支出、已垦草原退耕还草支出等，

（9）城乡社区事务： 反映政府用于城乡社区事务方面的支出。包括城乡社区管理事务、城乡社区规划与管理、城乡社区公共设施、城乡社区住宅、城乡社区环境卫生、建设市场管理与监督、政府住房基金支出、土地有偿使用支出、城镇公用事业附加支出、其他城乡社区事务支出。

（10）农林水事务：反映政府用于农林水事务方面的支出。具体包括农业支出、林业支出、水利支出、南水北调支出、扶贫支出、农业综合开发支出、其他农林水事务支出。

（11）交通运输：反映政府用于交通运输方面的支出。具体包括公路运输支出、铁路运输支出、民用航空运输支出等。

信贷资金

指金融机构以信用方式积聚和分配的货币资金。金融机构信贷资金的来源有各项存款、对国际金融机构负债、流通中货币、银行自有资金及当年结益等；信贷资金的运用有各项贷款、黄金占款、外汇占款、财政借款及在国际金融机构中的资产等。

存款

指企业、机关、团体或居民根据资金必须收回的原则，把货币资金存入银行或其他信用机构保管并取得一定利息的一种信用活动形式。根据存款对象的不同可划分为企业存款、财政存款、机关团体存款、基本建设存款、城镇储蓄存款、农村存款等科目。它是银行信贷资金的主要来源。

贷款

指银行或其他信用机构根据资金必须归还的原则，按一定利率，为企业、个人等提供资金的一种信用活动形式。我国银行贷款分为流动资金贷款、固定资产贷款、城乡个体工商户贷款以及农业贷款等科目。

保费

指投保人为取得保险人在约定范围内所承担赔偿责任而支付给保险人的费用。

赔款

指保险人根据保险合同的规定，向被保险人支付的赔偿保险责任损失的金额。

给付

包括死伤医疗给付和满期给付。死伤医疗给付是指保险人根据人寿保险及长期健康保险合同的规定，因被保险人在保险期内发生保险责任范围内的保险事故支付给被保险人（或受益人）的金额。满期给付是指被保险人生存期满，保险人按人寿保险合同规定支付给被保险人的满期保险金额。

Explanatory Notes for Major Statistical Indicators

Government Revenue

refers to the revenue of the government finance by means of participating in the distribution of the social products, which is the financial resource for ensuring the government to function. The contents of government revenue have been changed several times. Now it includes the following main items:

1) Various tax revenues, including value added tax, consumption tax, business tax, Enterprise tax, individual income tax, resource tax, city maintenance construction tax, estate tax, stamp tax, town land used tax, land value added tax, vehicle tax and land occupy tax, contract tax and tobacco tax etc.

2) Non tax revenue: Include special revenue and administrative collect fees revenue, punish revenue, state-owned capital operation revenue and state-owned resource (asset) used revenue etc.

Government Expenditure

refers to the distribution and use of the funds the government finance has raised, so as to meet the needs of social various causes and economic construction and. It includes the following main items:

(1) general public service: refers to government expenditure for general public service. Include affairs of the National People's Congress, affairs of the Chinese People's Political Consultative Conference , government office and its relation organization , affairs of development and reform , statistical information, financial, tax revenue, audit, customs, personnel and discipline, population and family planning, business trade , intellectual property, industry and commercial management, food and medicine management, quality and technical supervise and inspection and quarantine, territory resource, marine management, survey, Earthquake, meteorological, national, religious, Hong Kong and Macao and Taiwan, files, affairs of the Communist Party, affairs of democratic party, the organization of the masses, affairs of lottery ticket, affairs of national debt, other general public service expenditure.

(2) Public safety: refers to government expenditure for maintenance social public safety. Include armed police, public security, national safety, procurator work, court, administration of justice, prison, labor education, national security and other public safety expenditure.

(3) Education: Refers to government educational expenditure. Include educational management, ordinary education, professional education, adult education and the education of broadcasting television , study abroad education , special education, teacher study and cadre continued education , education additional and fund expenditure and other educational expenditure.

(4) Science and technology: refers to country expenditure for science and technology. Include the management, basic research, application research, technical research and development of science and technology, the condition of science and technology and service, social science, the popularity of science and technology, the exchange of science and technology and cooperative, other science and technology expenditure.

(5) Culture sport and media: refers to government expenditure for cultural, cultural relic, sports, broadcast movie and TV, news publication and other expenditure.

(6) Social security and employment: refers to government expenditure for social security and employment. Include social security and employment management, administration management and finance, the subsidy for social safety fund, the supplementary nation fund of social security and administrative institution of retirement ,and enterprise to close bankruptcy subsidy and employment subsidy, compensated , discharge to settle, social welfare, handicapped person, city resident lowest life guarantee, other town social relief , rural social relief , natural calamity life help, Red Cross , other social security and employment expenditure

(7) Medical and sanitary: refers to government expenditure for medical and sanitary. Include medical and sanitary management, medical service, community sanitary service, medical guarantee, disease prevention and control, sanitary supervise and other medical and sanitary expenditure.

(8) environmental protection: refers to government expenditure for environmental protection. Include the management expenditure for environmental protection, and supervise expenditure, pollution prevention expenditure, and natural ecology protection expenditure ,natural forest protection expenditure, retreating to plough forest expenditure, desert of dust storm administer expenditure , retreat to herd rough expenditure , already retreat to plough still rough expenditure,

(9) Town and rural community: Refers to government expenditure for the community of town and rural. Include the community management of town and rural, the community program and management of town and rural, community public facility of town and rural, the community residence of town and rural, the community sanitary of town and rural, building market and supervise, government housing fund expenditure and land used payment, town public affairs additional expenditure, the other community expenditure of town and rural of.

(10) Agricultural and forest and water: Refers to

government expenditure for agricultural and forest and water. Include agricultural expenditure, forestry expenditure, the expenditure of water conservancy, south water to north, help poor expenditure, agricultural comprehensive development expenditure and other expenditure agricultural and forest and water.

(11) Traffic transportation: refers to government expenditure for traffic transportation. Include highway transportation expenditure, railway transportation expenditure, civil aerial transportation expenditure and so on.

Credit Funds

refer to the funds issued as loans by banking institutions. The sources of credit funds of the banking institutions included deposits, liabilities to international financial institutions, currency in circulation, self-owned funds and current retained profits, etc. The credit funds can be used in forms of loans, gold, foreign exchange, government debt and assets in the international financial institutions.

Deposit

is a form of credit by which enterprises, institutions, organizations or households can put money into banks and other credit institutions for safekeeping and interest earning under the principle of free withdrawal. According to different depositors, deposits are divided into enterprise deposits, treasury deposits, deposits of government agencies and organizations, capital construction deposits, urban savings deposits, rural deposits and other deposits. Deposits are major sources of the credit funds of banks.

Loan

is a form of credit by which banks and other credit institutions provide funds at certain interest rate to enterprises and individuals in the light of the principle of unconditional repayment. Loans from Chinese banks include circulating capital loans, fixed assets loans, loans to urban and rural individuals engaged in industrial and commercial business and agricultural loans.

Premium

is the fee paid by the insurant to the insurer to obtain the obligation of compensation from the insurance within the agreed terms.

Settled Claim

is the compensation paid by the insurer to the insurant in accordance with the insurance contract.

Payment

includes payment for death, injury or medical treatment and mature payment. Payment for death, injury or medical treatment refers to the money paid to the insurant (or the beneficiary) in accordance with the life or health insurance contract when the insurant encounters accidents within the insured period covered in the contract. Mature payment refers to the mature payment to the insurant in accordance with the life insurance contract at the end of the insured period.

第八篇

Chapter 8

物价指数

PRICE INDICES

简要说明

一、本篇价格指数资料，反映生产、流通、消费与投资等环节的价格变动趋势和变动幅度。主要包括居民消费价格指数、商品零售价格指数、农业生产资料价格指数、农产品生产价格指数、工业品出厂价格指数、原材料燃料动力购进价格指数、固定资产投资价格指数、房地产价格指数。

二、价格指数统计由国家统计局安徽调查总队组织实施，各市、县调查队依据国家统计局统一制定的价格统计调查制度向基层采集原始数据汇总后上报。

三、消费、零售价格指数都是采用分层抽样调查方法编制的，以样本推断总体，被抽选的调查市县 16 个。

四、农产品生产价格调查采用抽样调查和重点调查相结合的调查方法，调查采用月报和季报相结合的方式，目前我省抽选的调查县为 31 个。

五、工业生产者出厂价格及购进价格指数采用重点调查和典型调查相结合的方法，调查实行月报，调查对象包括全省 16 个市的 3000 余家工业企业。

六、固定资产投资价格调查采用重点调查与典型调查相结合的方法，调查实行季报，调查对象为全省重点建筑施工企业和建设单位。

Brief Introduction

I. Data on the price indices in this chapter show the changing trend and change rates in production, circulation, consumption and investment, etc., including mainly consumer price indices of residents, retail price indices, price indices of agricultural means of production, purchasing price indices of farm products, producers price indices of industrial products, purchasing price indices of raw materials, fuels and power, prices of investment in fixed assets and price index of real estate.

II. The statistics of price indices is organized by the NBS Survey Office in Anhui. The survey offices of the selected cities and counties collect statistical data from the grassroots units in accordance with the scheme of prices survey stipulated by the State Statistical Bureau, tabulate them and report them to higher agencies.

III. Data for calculation of the consumer price indices of residents and the retail price indices are collected with the stratified sampling method. Data on the population are estimated on the basis of the sample. Sixteen cities and counties have been selected for this purpose.

IV. Agricultural product produce price surveys were calculated by sample survey and typical survey. The surveys were performed monthly and quarterly together including 31conties in Anhui province.

V. Data for the calculation of the price indices of industrial products, raw materials, fuels and energy are collected by the key survey and typical survey. The surveys are performed monthly including more than 3000 industrial enterprises in Anhui 16 cities.

VI. Data for the calculation of the price indices of the investment in fixed assets are collected by the key unit survey and typical survey. The surveys are performed quarterly including all important building and construction enterprises and construction units in Anhui province.

8—1 各种价格总指数
Price Indices

上年=100（preceding year=100）

年份 Year	居民消费价格指数 General Consumer Price Index	城市居民消费价格指数 Urban Areas	农村居民消费价格指数 Rural Areas	商品零售价格指数 General Retail Price Index	工业生产者出厂价格指数 Ex-factory Industrial Producer Price Index	工业生产者购进价格指数 Industrial Producer Purchasing Price Index	农业生产资料价格指数 Price Indices of Agricultural Means of Production	固定资产投资价格指数 Investment in Fixed Assets Price Index
1995	114.8	115.9	113.7	112.7	117.1	117.9	128.0	106.5
1998	100.0	100.3	99.9	98.1	96.4	96.0	94.8	100.0
1999	97.8	97.6	98.0	96.6	95.9	94.5	95.3	99.3
2000	100.7	100.9	100.5	98.0	98.9	102.6	98.2	101.6
2001	100.5	100.0	101.3	99.6	98.6	100.2	97.9	99.5
2002	99.0	99.1	98.7	99.2	99.8	98.2	99.9	101.1
2003	101.7	101.8	101.7	101.3	103.5	106.7	100.2	103.5
2004	104.5	104.3	104.8	102.7	108.2	115.0	112.0	106.1
2005	101.4	101.0	101.9	100.6	103.3	107.1	108.3	101.0
2006	101.2	101.4	100.9	100.8	103.1	103.9	100.0	101.9
2007	105.3	105.3	105.2	104.5	103.6	105.1	106.8	105.4
2008	106.2	106.0	106.4	106.3	108.4	112.4	123.9	109.4
2009	99.1	98.9	99.4	99.0	92.8	95.3	95.8	96.0
2010	103.1	103.0	103.4	103.2	109.0	111.8	102.0	105.4
2011	105.6	105.4	105.9	105.3	108.3	110.8	114.3	108.1

8—2 各种价格定基指数
Fixed-base Price Indices

（1990=100）

年份 Year	居民消费价格指数 General Consumer Price Index	城市居民消费价格指数 Urban Areas	农村居民消费价格指数 Rural Areas	商品零售价格指数 General Retail Price Index	工业生产者出厂价格指数 Ex-factory Industrial Producer Price Index	工业生产者购进价格指数 Industrial Producer Purchasing Price Index	农业生产资料价格指数 Price Indices of Agricultural Means of Production	固定资产投资价格指数 Investment in Fixed Assets Price Index
1995	191.8	197.4	186.3	176.8	193.0	211.3	186.1	216.4
1998	213.6	222.1	205.6	184.7	187.5	226.8	187.0	226.8
1999	208.9	216.8	201.5	178.4	179.8	214.3	178.2	225.2
2000	210.4	218.8	202.5	174.8	177.7	219.8	175.0	228.8
2001	211.5	218.8	205.1	174.1	175.3	220.2	171.4	227.6
2002	209.4	216.8	202.4	172.7	175.0	216.3	171.2	230.1
2003	213.0	220.7	205.8	175.0	181.1	230.8	171.5	238.2
2004	222.6	230.2	215.7	179.7	195.9	265.4	192.1	252.6
2005	225.7	232.5	219.8	180.8	202.4	284.2	208.0	255.1
2006	228.4	235.8	221.8	182.3	208.7	295.2	208.0	259.8
2007	240.5	248.3	233.3	190.5	216.2	310.3	222.1	273.8
2008	255.4	263.2	248.2	202.5	234.4	348.8	275.2	299.5
2009	253.1	260.3	246.7	200.5	217.5	332.4	263.6	287.5
2010	260.9	268.1	255.1	206.9	237.1	371.6	268.9	303.0
2011	275.5	282.6	270.2	217.9	256.8	411.7	307.4	327.5

注：工业生产者出厂价格、工业生产者购进价格、固定资产投资价格指数以1992年为100。
a) Ex-factory industrial producer price index, industrial producer purchasing price, the price index of investment in fixed assets are 100 in 1992.

8—3 居民消费价格分类指数（2011年）
Consumer Price Indices by Category (2011)

上年=100（preceding year=100）

类　　别	Item	全　省 Provincial Indices	城　市 Urban Indices	农　村 Rural Indices
居民消费价格总指数	**General Consumer Price Index**	**105.6**	**105.4**	**105.9**
食　品	**Food**	**112.2**	**112.1**	**112.4**
粮　食	Grain	116.9	113.6	121.6
淀粉及制品	Starch and Related Products	108.0	107.5	109.1
干豆类及豆制品	Bean and Its Products	104.1	104.5	103.2
油　脂	Oil or Fat	116.0	114.8	118.8
肉禽及其制品	Meat and Poultry	124.7	124.1	125.7
蛋	Eggs	112.0	111.8	112.6
水产品	Aquatic Products	110.3	110.3	110.3
菜	Vegetables	101.2	102.4	99.1
#鲜　菜	Fresh Vegetables	101.0	102.3	98.7
调味品	Flavoring	106.9	106.7	107.2
糖	Carbohydrate	111.8	110.7	113.9
茶及饮料	Tea and Beverages	104.5	103.9	105.7
干鲜瓜果	Melons and Fruits	118.1	120.1	113.6
糕点饼干面包	Cake and Bread	107.9	107.3	109.6
液体乳及乳制品	Liquid Breast and Its Products	104.5	104.7	104.1
在外用膳食品	Food for External Use	106.9	107.8	104.9
其他食品	Other Food and Food Processing Services	109.5	109.4	109.7
烟　酒	**Tobacco and Liquor**	**103.6**	**103.4**	**103.9**
烟　草	Tobacco	100.0	99.9	100.0
酒	Liquor	109.3	108.2	111.0
衣　着	**Clothing**	**104.2**	**104.1**	**104.3**
服　装	Garments	105.3	105.2	105.4
衣着材料	Clothing Material	110.7	109.9	111.5
鞋袜帽	Footwear and Hats	101.0	101.1	100.9
衣着加工服务费	Clothing Manufacturing Services	105.0	104.7	105.4
家庭设备用品及维修服务	**Household Facilities and Maintenance Service**	**101.3**	**101.8**	**100.2**
耐用消费品	Durable Consumer Goods	98.9	99.7	97.3
室内装饰品	Interior Decorations	101.8	101.7	102.3
床上用品	Bed Articles	102.5	102.6	102.2
家庭日用杂品	Daily Use Household Articles	102.3	101.7	103.6
家庭服务及加工维修服务	Household Services and Processing Maintenance Services	109.8	113.1	102.9
医疗保健和个人用品	**Medicine, Medical Services and Personal Articles**	**103.5**	**103.0**	**104.6**
医疗保健	Medical Services	103.4	102.7	104.7
个人用品及服务	Personal Articles and Services	103.8	103.6	104.5
交通和通信	**Means of Transportation and Communication**	**100.3**	**100.1**	**100.7**
交　通	Transportation	102.5	102.5	102.6
通　信	Communication	98.1	97.8	98.8
娱乐教育文化用品及服务	**Recreational, Educational and Cultural Articles & Services**	**99.9**	**100.1**	**99.6**
文娱用耐用消费品及服务	Durable Consumer Goods and Services for Recreational Use	94.7	94.3	95.6
教　育	Education	100.6	100.9	100.1
文化娱乐类	Cultural and Entertainment	100.6	100.3	101.2
旅　游	Traveling	101.9	102.3	100.6
居　住	**Housing**	**104.6**	**104.4**	**105.2**
建房及装修材料	Building and Decoration Material	104.3	103.6	105.4
住房租金	Housing Rents	106.4	106.6	105.1
自有住房	One's Own House	105.6	105.5	105.7
水、电、燃料	Water, Electricity and Fuel	102.6	102.2	103.9

8—4 商品零售价格分类指数（2011年）
Retail Price Indices by Category of Commodities (2011)

上年=100（preceding year=100）

类别	Item	全省 Provincial Indices	城市 Urban Indices	农村 Rural Indices
商品零售价格总指数	**General Retail Price Index**	**105.3**	**105.0**	**106.1**
食品	**Food**	**112.2**	**112.1**	**112.4**
粮食	Grain	116.2	113.9	121.6
淀粉及制品	Starch and Related Products	111.4	112.1	109.1
干豆类及豆制品	Bean and Its Products	104.0	104.4	102.9
油脂	Oil or Fat	116.0	115.1	118.5
肉禽及其制品	Meat and Poultry	124.7	124.3	125.8
蛋	Eggs	112.1	111.9	112.6
水产品	Aquatic Products	110.3	110.3	110.3
菜	Vegetables	101.3	102.1	99.2
调味品	Flavoring	106.9	106.9	107.1
糖	Carbohydrate	111.7	111.1	113.5
干鲜瓜果	Melons and Fruits	118.0	119.6	113.4
糕点饼干面包	Cake and Bread	109.1	108.3	111.8
液体乳及乳制品	Liquid Breast and Its Products	104.8	105.0	104.1
在外用膳食品	Food for Exteral Use	107.1	107.9	104.6
其他食品	Other Food	109.6	109.7	109.6
饮料、烟酒	**Beverages, Tobacco and Liquor**	**104.7**	**104.4**	**105.5**
茶及饮料	Tea and Beverages	104.3	103.9	105.6
烟草	Tobacco	100.0	100.0	100.0
酒	Liquor	109.5	109.0	111.0
服装、鞋帽	**Garments, Shoes and Hats**	**103.8**	**103.8**	**103.9**
服装	Garments	105.1	105.0	105.4
鞋袜帽	Footwear and Hats	101.0	101.1	100.9
其他	Other	98.7	99.2	97.7
纺织品	**Textiles**	**104.9**	**104.8**	**105.4**
衣着材料	Clothing Material	109.7	109.0	110.8
床上用品	Bed Articles	102.8	103.2	101.7
家用电器及音像器材	**Household Electrical Appliance and Audio-video Supplies**	**96.7**	**97.2**	**95.1**
家庭设备	Household Facilities	98.8	99.8	96.0
文娱用耐用消费品	Durable Consumer Goods for Recreational Use	93.1	93.0	93.2
专业音像器材	Professional Video Equipment	99.9	99.7	100.5
文化办公用品	**Cultural and Office Articles**	**98.4**	**97.9**	**99.7**
日用品	**Articles for Daily Use**	**101.5**	**101.6**	**101.1**
日用百货	Daily Use Sundry Goods	101.9	102.0	101.7
日用杂品	Daily Use Groceries	102.1	101.6	103.7
洗涤用品	Washing Articles	101.8	102.3	100.0
其它日用品	Other Articles for Daily Use	100.2	100.5	99.1
体育娱乐用品	**Sports and Recreational Articles**	**100.4**	**100.3**	**100.8**
体育用品	Sports Articles	100.4	100.3	101.1
娱乐用品	Recreational Articles	100.4	100.4	100.7
交通、通信用品	**Transportation and Telecommunication Articles**	**95.9**	**95.3**	**98.6**
交通运输机械	Transportation Mechanism	99.3	99.1	99.7
通信器材	Telecommunication Facility	88.1	86.4	95.6
家具	**Furniture**	**102.1**	**102.5**	**100.8**
化妆品	**Cosmetics**	**101.0**	**101.0**	**100.9**
金银珠宝	**Jewelry**	**114.5**	**114.3**	**116.0**
中西药品及医疗保健用品	**Traditional Chinese and Western Medicines and Health Care Articles**	**105.0**	**104.4**	**106.9**
医疗器具及用品	Medical Appliances and Articles	100.5	100.4	100.5
中药材及中成药	Traditional Chinese Medicine	110.6	109.2	115.0
西药	Western Medicine	101.6	101.5	101.6
保健器具及用品	Health Care Appliances and Articles	106.5	105.0	111.1
书报杂志及电子出版物	**Newspapers, Magazines and Electronic Publications**	**99.6**	**99.5**	**100.1**
教材及参考书	Teaching Materials and Reference Books	99.0	98.7	99.6
书报杂志	Newspapers and Magzines	100.2	100.1	100.4
电子音像制品	Electronic Audio-video Products	99.9	99.6	101.0
燃料	**Fuels**	**109.7**	**109.0**	**111.4**
煤炭及制品	Coal and Related Products	108.2	107.7	109.0
石油及制品	Petroleum and Related Products	110.0	109.3	112.3
建筑材料及五金电料	**Building Materials, Hardware and Electrical Materials**	**104.3**	**103.8**	**105.9**
建筑装璜材料	Building Decoration Materials	105.2	104.7	106.6
五金电料	Hardware and Electrical Materials	101.4	100.9	103.2

8—5 调查市、县居民消费价格分类指数（2011年）

Consumer Price Indices by Category and by Surveyed City and County (2011)

上年=100（preceding year=100）

市 县 Surveyed City and County		总指数 General Index	食品 Food	#粮食 Grain	油脂 Oil or Fat	肉禽及其制品 Meat and Poultry	蛋 Eggs	水产品 Aquatic Products	菜 Vegetables	鲜菜 Fresh Vegetables
合肥市	Hefei	105.7	112.9	116.7	118.8	125.8	112.4	111.6	98.8	98.5
淮北市	Huaibei	105.4	113.3	110.4	112.1	126.2	115.8	115.3	101.8	101.1
亳州市	Bozhou	104.9	109.6	106.6	109.4	117.5	110.3	112.2	107.8	108.2
宿州市	Suzhou	105.4	111.7	108.3	116.7	122.1	111.0	110.9	105.6	105.9
蚌埠市	Bengbu	105.4	112.2	114.0	114.9	126.5	111.8	109.3	104.8	105.0
阜阳市	Fuyang	105.6	112.2	113.4	113.0	124.5	111.9	107.9	102.4	102.2
淮南市	Huainan	105.2	111.6	122.1	114.5	127.4	111.2	114.6	98.3	98.1
滁州市	Chuzhou	105.2	113.2	117.1	118.2	121.4	109.1	108.6	104.0	103.6
马鞍山市	Maanshan	104.8	110.5	112.8	109.2	123.5	111.3	107.5	102.0	102.0
芜湖市	Wuhu	105.7	112.9	111.8	113.5	123.8	115.2	109.3	102.9	102.5
宣城市	Xuancheng	105.4	112.2	124.8	114.0	127.8	110.2	110.5	102.1	102.1
铜陵市	Tongling	105.3	114.6	115.0	118.3	129.4	107.2	113.4	101.0	100.8
安庆市	Anqing	105.5	111.1	113.1	113.5	123.0	111.2	109.5	100.4	100.5
黄山市	Huangshan	105.3	112.9	111.8	120.7	125.5	114.2	107.9	108.6	109.3
桐城市	Tongcheng	106.1	112.6	117.4	124.4	123.6	114.2	114.0	96.8	96.2
歙县	Shexian	106.5	112.4	120.0	120.7	124.3	115.5	106.0	95.9	94.9

市 县 Surveyed City and County		茶及饮料 Tea and Beverages	干鲜瓜果 Melons and Fruits	烟酒 Tobacco and Ligquor	衣着 Clothing	家庭设备用品及维修服务 Household Facilities and Maintenance Service	医疗保健和个人用品 Medicine, Medical Services and Personal Articles	交通和通信 Means of Transportation & Communication	娱乐教育文化用品及服务 Recreational, Educational and Cultural Articles and Services	居住 Housing
合肥市	Hefei	103.6	119.1	105.4	102.7	105.2	101.7	99.6	100.3	105.4
淮北市	Huaibei	106.3	124.2	103.5	103.0	101.1	102.6	99.2	99.5	104.3
亳州市	Bozhou	103.0	131.5	104.3	104.7	101.4	103.1	100.8	101.1	104.8
宿州市	Suzhou	103.8	125.5	102.8	107.7	98.3	105.6	99.4	99.7	104.0
蚌埠市	Bengbu	103.7	114.8	103.6	103.3	102.9	103.0	101.5	100.5	103.0
阜阳市	Fuyang	99.6	120.0	103.1	105.4	101.6	102.4	100.3	101.1	103.8
淮南市	Huainan	104.6	118.6	103.4	104.2	99.2	103.0	100.4	98.6	105.8
滁州市	Chuzhou	99.5	121.1	102.6	100.8	100.2	103.3	99.7	98.6	104.5
马鞍山市	Maanshan	101.5	120.2	103.0	103.4	100.1	102.7	100.0	100.2	105.1
芜湖市	Wuhu	110.8	116.4	103.6	103.5	104.0	103.8	99.4	99.4	105.2
宣城市	Xuancheng	105.0	110.7	103.4	101.9	99.6	104.5	100.4	99.3	105.2
铜陵市	Tongling	108.9	117.3	101.1	103.1	100.3	102.0	100.8	100.1	101.3
安庆市	Anqing	104.5	115.2	102.3	106.4	103.7	103.6	101.9	99.7	103.6
黄山市	Huangshan	103.2	121.1	102.6	105.2	99.3	104.2	98.0	102.2	101.8
桐城市	Tongcheng	105.5	120.8	104.0	106.7	100.3	103.3	101.4	99.9	104.5
歙县	Shexian	107.4	109.8	105.0	106.4	101.2	106.3	100.7	100.0	106.1

8—6 调查市、县商品零售价格分类指数（2011年）
Retail Price Indices by Category of Commodities and Surveyed City and County (2011)

上年=100（preceding year=100）

市 县 Surveyed City and County		总指数 General Index	#食 品 Food	饮料、烟 酒 Beverages, Tobacco and Liquor	服装、鞋帽 Clothing, Shoes and Hats	纺织品 Textiles	家用电器及音像器材 Household Electrical Appliance and Audio-video Supplies	文化办公用品 Cultural and Office Articles	日用品 Articles for Daily Use
合肥市	Hefei	105.1	112.9	106.6	102.6	106.4	99.1	97.3	101.7
淮北市	Huaibei	104.9	112.6	104.0	102.8	105.2	94.3	96.3	99.5
亳州市	Bozhou	104.4	108.9	104.9	104.4	100.1	97.1	98.6	101.9
宿州市	Suzhou	105.1	111.1	103.5	107.2	103.1	93.3	98.1	101.3
蚌埠市	Bengbu	105.4	112.3	104.4	102.9	105.1	99.2	99.3	101.2
阜阳市	Fuyang	105.4	112.0	102.6	104.9	106.7	99.7	98.5	101.1
淮南市	Huainan	104.9	111.6	104.1	104.2	100.8	94.1	100.1	102.1
滁州市	Chuzhou	104.6	113.5	102.3	100.5	97.3	94.1	95.3	101.5
马鞍山市	Maanshan	103.9	110.3	104.1	103.4	105.3	96.2	95.5	100.1
芜湖市	Wuhu	105.0	113.0	105.4	103.4	108.2	98.2	98.2	102.0
宣城市	Xuancheng	105.6	112.2	105.0	101.8	103.0	93.9	100.0	100.5
铜陵市	Tongling	105.5	114.7	102.5	102.7	101.7	96.3	98.0	101.6
安庆市	Anqing	105.1	111.1	103.4	106.3	106.4	98.2	96.5	103.7
黄山市	Huangshan	105.4	112.7	103.3	105.4	109.5	90.5	104.8	101.0
桐城市	Tongcheng	106.4	112.6	105.4	105.8	110.3	96.0	100.8	101.6
歙县	Shexian	107.0	112.4	106.9	105.9	104.7	97.0	97.9	102.1

市 县 Surveyed City and County		体育娱乐用品 Sports and Recreational Articles	交通、通信用品 Transportation and telecommunication Articles	家具 Furniture	化妆品 Cosmetics	金银珠宝 Jewelry	中西药品及医疗保健用品 Traditional Chinese and Western Medicines and Health Care Articles	书报杂志及电子出版物 Newspapers, Magzines and Electronic Publications	燃料 Fuels	建筑材料及五金电料 Building Materials, Hardware and Electrical Materials
合肥市	Hefei	100.6	93.2	105.6	99.8	112.7	104.5	99.8	107.9	103.3
淮北市	Huaibei	100.0	95.4	101.1	98.7	116.1	104.1	99.5	109.2	106.2
亳州市	Bozhou	100.0	99.1	100.3	100.1	112.6	107.4	99.3	110.4	100.1
宿州市	Suzhou	100.4	94.2	101.7	105.7	118.6	107.0	98.5	112.4	103.3
蚌埠市	Bengbu	99.3	97.7	99.3	101.0	113.5	104.2	99.5	110.2	103.8
阜阳市	Fuyang	100.6	96.3	102.8	101.6	116.0	102.7	99.2	109.7	105.4
淮南市	Huainan	100.4	97.4	101.0	101.9	115.9	104.3	100.0	108.7	104.2
滁州市	Chuzhou	98.6	95.2	104.7	103.1	109.7	102.4	99.4	110.1	104.0
马鞍山市	Maanshan	101.9	95.9	99.0	100.4	114.9	101.4	99.3	107.8	104.0
芜湖市	Wuhu	102.3	93.7	101.1	101.0	115.5	105.2	98.5	109.2	101.8
宣城市	Xuancheng	99.6	98.1	99.9	99.6	114.8	107.1	100.3	111.3	106.9
铜陵市	Tongling	100.0	96.5	100.5	102.6	112.4	101.5	99.0	112.4	106.0
安庆市	Anqing	100.1	96.9	102.7	98.8	116.5	104.7	99.9	105.9	105.6
黄山市	Huangshan	99.1	92.6	102.6	103.2	114.8	106.6	100.1	112.4	104.0
桐城市	Tongcheng	103.3	99.9	98.7	103.9	123.7	101.4	98.9	109.4	104.1
歙县	Shexian	101.0	98.1	105.0	100.1	110.0	109.2	101.0	114.4	106.1

8—7 农业生产资料价格分类指数
Price Indices of Agricultural Means of Production by Category

上年=100 (preceding year=100)

类别	Item	1995	2000	2005	2008	2009	2010	2011
总指数	**General Index**	**128.0**	**98.2**	**108.3**	**123.9**	**95.8**	**102.0**	**114.3**
农用手工工具	Hand Tools for Agriculture uses	122.9	100.5	111.1	120.1	102.8	99.4	107.9
饲料	Forage	137.0	94.0	107.6	122.8	108.3	104.5	111.1
产品畜	Product Animals	126.5	111.8	114.7	126.5	90.8	106.1	157.3
半机械化农具	Semi-mechanized Farm Tools	110.0	97.6	105.0	126.2	100.7	99.0	104.5
机械化农具	Mechanized Farm Machinery	119.8	96.0	106.2	121.9	100.5	96.9	106.4
化学肥料	Chemical Fertilizer	138.5	92.2	109.0	136.4	81.0	99.6	114.5
农药及农药械	Pesticide & Its Appliances	112.9	97.1	103.9	108.2	100.4	99.0	101.5
农用机油	Oil for Farm Machinery	107.3	122.0	107.9	109.4	93.7	111.4	114.5
其他农业生产资料	Other Agricultural Means of Production				113.0	105.8	104.4	109.8
农业生产服务	Agricultural Production Service				108.3	102.0	104.0	111.7

注：农用手工工具2005年以前为小农具。
a) Before 2005 hand tools for agriculture were small farm tools .

8—8 调查市、县农业生产资料价格指数（2011年）
Price Indices of Agricultural Means of Production by Category and Surveyed City and County (2011)

上年=100 (preceding year=100)

市县 Surveyed City and County	总指数 General Index	农业手工工具 Hand Tools for Agriculture uses	饲料 Forage	产品畜 Product Animals	半机械化农具 Semimechanized Farm Tools	机械化农具 Mechanized Farm Machinery	化学肥料 Chemical Fertilizer	农药及农药械 Pesticide & Its Appliances	农用机油 Oil for Farm Machinery	其他农业生产资料 Other Agricultural Means of Production	农业生产服务 Agricultural Production Service
宣城市 Xuancheng	111.9	104.3	105.8	166.0	105.7	106.8	108.0	98.6	116.3	106.7	117.8
桐城市 Tongcheng	118.5	120.7	132.1	133.6	108.6	106.0	120.3	104.2	111.4	109.1	107.8
歙县 Shexian	113.5	100.6	100.5	166.8	100.0	106.2	117.9	103.1	114.6	116.6	105.9

8—9 农产品生产价格指数
Production Price Indices of Agricultural Products

上年=100（preceding year=100）

类　　别	Item	2005	2008	2009	2010	2011
总指数	**General Index**	**98.71**	**114.68**	**99.08**	**110.82**	**112.83**
农业产品	**Agricultural Products**	**97.30**	**109.63**	**103.14**	**114.77**	**106.09**
谷　物	Cereal	95.41	107.38	107.38	109.97	110.31
小　麦	Wheat	91.51	107.80	112.48	107.65	105.03
稻　谷	Rice	98.98	108.04	104.96	110.43	114.88
玉　米	Corn	96.96	103.10	99.30	117.58	110.70
薯　类	Tubers	102.95	105.80	100.67	119.94	116.54
豆　类	Beans	88.64	126.89	85.20	115.38	102.39
油　料	Oil-bearing Crops	89.23	127.47	78.54	116.19	113.90
棉　花	Cotton	109.54	88.48	111.45	161.74	73.73
蔬　菜	Vegetables	102.89	110.05	105.93	115.16	101.90
茶	Tea	112.35	104.11	110.01	122.92	116.20
林业产品	**Forestry Products**	**107.39**	**106.46**	**97.58**	**106.36**	**110.73**
木　材	Timber	107.00	106.48	97.56	103.90	107.60
原　木	Logs	106.74	106.51	96.96	103.88	109.92
竹　材	Bamboo Material	110.39	109.32	95.41	103.07	104.47
牧　业(饲养动物及其产品)	**Animal Husbandry (Breeding Animals and Their Products)**	**99.71**	**125.88**	**90.59**	**104.26**	**126.70**
牲畜的饲养（活牲畜）	Livestock Breeding (Live Animals)	108.01	124.46	91.22	108.25	134.74
牛	Cattle and Buffalo	108.25	124.58	89.03	105.45	109.03
羊	Sheep and Goats	112.56	124.51	99.93	111.29	123.23
猪	Pig	91.37	137.14	82.56	99.31	138.09
家　禽	Poultry	106.34	109.23	102.84	106.95	108.89
鸡	Chicken	103.76	110.34	100.98	105.93	108.51
鸭	Duck	102.41	102.85	105.99	110.51	116.36
禽　蛋	Poultry Eggs	110.74	110.95	103.50	106.65	114.17
鸡　蛋	Chicken Eggs	110.67	111.28	104.06	106.69	114.95
奶　类	Dairy Products	98.86	123.54	70.12	112.62	
渔　业	**Fishery**	**105.56**	**107.29**	**106.02**	**106.89**	**112.45**
内陆水域水产品	Aquatic products in Inland Water	105.56	107.29	106.02	106.89	112.45
淡水鱼类	Freshwater Fishes	104.93	108.28	106.49	105.57	113.54
淡水虾蟹类	Freshwater Shrimps and Crabs	108.08	102.43	104.07	112.41	108.35
其他淡水养殖产品	Other Freshwater Aquatic Products	100.00	108.59	104.49	111.10	110.62

8—10 工业生产者出厂价格分类指数
Ex-factory Price Indices of Industrial Products

上年=100（preceding year=100）

年份 Year	总指数 Total Industry Products	生产资料 Means of production	采掘工业 Mining & Quarrying Industry	原材料工业 Raw Materials Industry	加工工业 Manufa-cturing Industry	生活资料 Consumer Goods	食品 Food	衣着 Clothing	一般日用品 Articles for Daily Use	耐用消费品 Durable Consumer Goods
1995	117.12	113.31	116.16	108.32	118.30	121.69	125.01	121.79	117.55	109.72
2000	98.86	102.05	100.11	106.16	98.78	93.73	91.14	98.48	96.12	98.22
2005	103.25	104.91	113.04	111.06	100.47	98.93	99.60	100.32	101.84	96.67
2006	103.07	104.53	97.85	114.90	100.56	98.36	98.43	100.68	101.55	96.86
2007	103.62	103.74	104.20	102.98	104.05	103.25	105.63	100.89	101.64	100.95
2008	108.41	109.27	119.54	104.54	109.92	105.42	109.70	102.03	102.24	101.25
2009	92.83	91.39	94.98	90.59	91.14	97.82	98.89	99.43	98.56	95.67
2010	108.98	110.86	111.45	116.89	108.12	103.03	104.96	101.97	102.67	100.45
2011	108.30	109.20	104.80	111.20	108.80	105.60	108.90	107.50	106.40	100.40

8—11 分部门工业生产者出厂价格指数
Ex-factory Price Indices of Industrial Products by Department

上年=100（preceding year=100）

类别	Item	1995	2000	2005	2010
总指数	**General Index**	**117.12**	**98.86**	**103.25**	**108.98**
冶金工业	Metallurgical Industry	94.49	103.34	106.92	120.86
电力工业	Power Industry	110.36	99.70	104.94	101.40
煤炭工业	Coal Industry	111.78	95.65	112.78	109.49
石油工业	Petroleum Industry	99.81	130.33	121.13	119.02
化学工业	Chemical Industry	125.10	96.09	105.83	105.95
机械工业	Machine Building Industry	107.61	100.09	100.07	103.17
建筑材料工业	Building Materials Industry	114.14	96.13	89.58	108.44
森林工业	Timber Industry	105.88	98.21	99.87	101.03
食品工业	Food Industry	125.01	91.74	99.44	104.48
纺织工业	Textile Industry	124.05	104.07	98.28	116.95
缝纫工业	Tailoring Industry	100.59	90.77	100.75	103.14
皮革工业	Leather Industry	93.48	99.46	101.04	98.72
造纸工业	Paper Industry	152.36	103.38	101.06	106.95
文教艺术用品工业	Cultural Educational & Handicrafts Articles	111.66	98.55	100.56	103.56

8—12 工业生产者出厂价格轻重工业分类指数
Sub-index of Light and Heavy industry of Ex-factory Industrial Producer Price Index

上年=100（preceding year=100）

年份 Year	轻工业 Light Industry	以农产品为原料 Using Farm Products as Raw Materials	以非农产品为原料 Using Non-farm Products Raw Materials	重工业 Heavy Industry	#采掘工业 Mining and Quarrying	原料工业 Raw Materials Industry	加工工业 Manufacturing Industry
1995	123.88	126.37	115.54	110.13	116.16	104.44	115.02
2000	95.68	95.36	97.64	102.06	101.01	106.09	97.67
2005	99.05	99.54	98.62	106.31	112.59	111.32	101.36
2008	105.35	107.08	103.80	110.12	119.02	104.93	116.66
2009	97.01	97.87	96.19	90.52	95.40	90.33	89.45
2010	104.77	106.38	103.19	111.36	110.97	116.63	108.11
2011	107.70	109.90	103.60	108.50	104.80	110.90	107.70

8—13 工业生产者购进价格分类指数
Industrial Products Purchased from the Price Indices by Category

上年=100（preceding year=100）

年份 Year	全部原材料 Total Raw and Other Materials	#燃料、动力类 Fuel and Power	黑色金属材料 Ferrous Metals	有色金属材料和电线类 Nonferrous Metals	化工原料 Industrial Chemicals	木材及纸浆 Timber and Paper Pulp	建筑材料 Building Materials	其他工业原材料及半成品 Other Raw Materials and Semi-finished Products	农副产品 Agricultural and Subsidiary Products	纺织原料 Textile Raw Material
1995	117.90	107.39	94.40	129.34	127.71	121.11	115.21		146.01	117.46
2000	102.58	103.22	102.94	110.50	108.97	100.24	95.25	100.76	94.32	103.95
2005	107.13	114.95	108.07	116.42	106.87	103.47	106.55	104.35	98.16	95.41
2008	112.39	116.69	119.38	97.53	107.75	110.48	110.26	110.72	114.92	102.23
2009	95.25	98.54	86.93	84.32	90.50	99.32	100.16	94.17	96.08	97.04
2010	111.76	110.91	113.45	124.92	111.29	103.92	106.94	105.90	110.05	108.52
2011	110.80	112.90	110.10	116.10	109.50	108.70	117.40	103.90	116.30	112.10

注：1997年以后的建筑材料类为建筑材料及非金属矿类。1995—1996年建筑材料及非金属矿类中不包括非金属矿类。1996年以前无“其他工业原材料及半成品”分类。

a) Construction materials include building materials and nonmetal mine since 1997 and nonmetal mine wasn't included from 1995 to 1996. There was no such classification as "Other Raw Materials and Semi finished Products" before 1996.

8—14 固定资产投资价格指数
Price Indices of Investment in Fixed Assets

上年=100（preceding year=100）

年份 Year	固定资产投资 Investment in Fixed Assets	建筑安装工程 Construction and Installation	设备工器具购置 Purchase of Equipment, Tools and Instruments	其他费用 Others
1995	106.50	102.40	107.70	131.10
2000	101.60	102.80	100.10	98.20
2005	101.04	100.98	100.33	102.26
2008	109.43	113.66	101.17	103.80
2009	95.97	94.35	97.10	101.05
2010	105.35	107.51	101.23	101.54
2011	108.13	110.99	101.93	103.96

主要统计指标解释

居民消费价格指数

是度量消费商品及服务项目价格水平随着时间而变动的相对数，反映居民家庭购买的消费品及服务价格水平的变动情况。它是宏观经济分析和决策、价格总水平监测和调控以及国民经济经济核算的重要指标。其按年度计算的变动率通常被用来作为反映通货膨胀（或紧缩）程度的指标。

商品零售价格指数

商品的零售价格是商品在流通过程中最后一个环节的价格，是工业、商业、餐饮业和其他零售企业向城乡居民、机关团体出售生活消费品和办公用品的价格。商品零售价格指数，反映了市场商品零售价格的变动趋势和变动程度，为国家宏观调控和国民经济核算提供参考依据。同时，还可以在此基础上编制其他派生价格指数。

城市居民消费价格指数

是反映城市居民家庭所购买的生活消费品价格和服务项目价格变动趋势和程度的相对数。城市居民消费价格指数可以观察和分析消费品的零售价格和服务项目价格变动对职工货币工资的影响，作为研究职工生活和确定工资政策的依据。

农村居民消费价格指数

是反映农村居民家庭所购买的生活消费品价格和服务项目价格变动趋势和程度的相对数。农村居民消费价格指数可以观察农村消费品的零售价格和服务项目价格变动对农村居民生活消费支出的影响，直接反映农民生活水平的实际变化情况，为分析和研究农村居民生活问题提供依据。

农产品生产价格指数

是反映一定时期内，农产品生产者出售农产品价格水平变动趋势及幅度的相对数。该指数可以客观反映全省农产品生产价格水平和结构变动情况，满足农业与国民经济核算需要。其中某代表品生产价格指数是通过对全部有出售该产品行为的调查单位的个体指数进行几何平均求得的，类价格指数是通过对其所属的类（或代表品）的价格指数进行加权平均求得的。季度累计价格指数的计算方法与分季指数的计算方法相同。

工业生产者出厂价格指数

是反映各工业行业产品出厂价格总水平的变动趋势和程度的相对数。为国民经济核算、测算工业发展速度、宏观经济分析和调控、理顺价格体系提供依据。

工业生产者购进价格指数

是反映工业企业作为生产投入，而从物资交易市场和能源、原材料生产企业购买原材料、燃料和动力产品时，所支付的价格水平变动趋势和程度的统计指标，是扣除工业企业物质消耗成本中的价格变动影响的重要依据。

目前，我国编制的原材料、燃料和动力购进价格指数所调查的产品包括燃料动力、黑色金属、有色金属、化工、建材等九大类的900多种产品。

固定资产投资价格指数

是反映固定资产投资额价格变动趋势和程度的相对数。固定资产投资额是由建筑安装工程投资完成额、设备、工器具购置投资完成额和其他费用投资完成额三部分组成的。编制固定资产投资价格指数应首先分别编制上述三部分投资的价格指数，然后采用加权算术平均法求出固定资产投资价格总指数。

编制固定资产投资价格指数可以准确地反映固定资产投资中涉及的各类商品和取费项目价格变动趋势和变动幅度，消除按现价计算的固定资产投资指标中的价格变动因素，真实地反映固定资产投资的规模、速度、结构和效益，为国家科学地制定、检查固定资产投资计划并提高宏观调控水平，为完善国民经济核算体系提供科学的、可靠的依据。

Explanatory Notes for Major Statistical Indicators

Resident's Consumer Price Index

As relative index which measures the change in price level of a group of representative consumer goods and services with the passage of time, reflecting the changes in prices of consumer goods and services purchased by residents. It is an important index of macroscopic economic analysis and decisions, general price level monitoring, adjustment and control, and national business accounting. Its changing rate by the year is usually regarded as reflecting the degree of inflation (or tightens).

Retail Price Index

Retail price of goods is the price of the last link in the circulating course. It is the price of consumer goods and official supplies sold to urban and rural residents or organs by industrial, commercial, catering trade and other retail enterprises. Retail price index reflects the trend and degree of changes in retail price of market commodities. It offers the consulting basis of national macroscopic adjustment and control and national business accounting. Besides, other deriving price indices could be worked out basing on it.

Urban Consumer Price Index

reflects the trend and degree of changes in prices of consumer goods and services purchased by urban households. It can be used to observe and analyze the impact of price changes in consumer goods and services on money wages of staff and workers, and provide basis for policy making concerning the living cost and wages of staff and workers.

Rural Consumer Price Index

reflects the trend and degree of changes in prices of consumer goods and services purchased by rural households. It can be used to observe the impact of change in retail prices of consumer goods and service prices in rural areas on living expenditure of rural households, and to show the changes in the living standard of peasants. It provides basis for analysis and research on condition of life in rural areas.

Ex-factory Price Indices of Industrial Products

reflect the trend and degree of changes in general ex-factory prices of all provincial products during a given period, including sales of industrial products by an industrial enterprise to all units outside the enterprise, as well as sales of consumer goods to residents. It can be used to analyze the impact of ex-factory prices on gross output value and value-added of the industrial sector.

Ex-factory Price Index of Industrial Products

reflects the trend and degree of changes in general ex-factory prices of all industrial products. It offers basis of national business accounting, calculating industrial development speed, national macroscopic analysis, adjustment and control and rationalizing the price system.

Indices of Purchasing Prices of Raw Materials, Fuels and Power

reflect changes in the level and degree of prices paid by industrial enterprises when they purchase production input such as raw materials, fuels and power from the market or from other energy or raw materials producing enterprises. These indices provide important basis for measuring the material consumption of industrial enterprises after removing influence of price changes.

At present, over 900 products in 9 categories, including fuels and power, ferrous metals, non-ferrous metals, chemicals, building materials, are covered in China for the survey to produce indices of purchasing prices of raw materials, fuels and power.

Price Index of Investment in Fixed Assets

reflects the trend and degree of changes in prices of investment in fixed assets. The investment in fixed assets consists of three components, namely the investment in construction and installation, the investment in purchases of equipment and instrument, and the investment in other items. Price index of investment in fixed assets is calculated as the weighted arithmetic mean of the price indices of the three components of investment in fixed assets. Removing the factor of price change in the aggregates of investment at current prices, this indicator shows the changes in the prices of commodities and fees involved in the investment of fixed assets, and can be used to observe the actual size, growth, structure, and efficiency of investment in fixed assets and provides reliable and scientific data for government planning, management, decision making, and further improving the current national accounting system.

第九篇

Chapter 9

城乡人民生活

LIVELIHOOD OF URBAN AND RURAL PEOPLE

简要说明

一、本篇资料反映我省城乡人民生活状况。包括就业、居民收支、消费水平、住房及主要消费品拥有量、文化、教育、卫生、公用设施等。

二、本篇中有关城镇居民生活状况的数据来源于城镇住户调查资料，是对城镇居民家庭抽样调查汇总的结果。主要内容包括家庭人口及其构成、家庭现金收支、主要商品购买数量及支出金额、劳动就业状况、居住状况和耐用消费品的拥有量等。

城镇住户调查是由国家统计局安徽调查总队组织实施，各市、县调查队依据国家统计局统一制定的城镇住户调查方案收集资料逐级汇总上报。

城镇住户调查是采用固定样本户进行连续记帐调查方式，一般连续调查 3 年，每年轮换三分之一。调查户是按“多阶段”、“划类选点”、“等距抽样”随机抽选的。共抽选出调查市县 15 个、调查户 2500 户。

2002 年，国家城调总队对城市住户调查制度进行了较大改革，其中家庭总收入、可支配收入、消费支出等主要指标口径进行了调整，新老指标的数据不可直接使用比较。

三、有关农村居民生活的统计资料主要来源于国家统计局安徽调查总队的农村居民住户调查。主要内容包括农村居民家庭基本情况、人均纯收入、生活消费支出、主要消费品消费量、耐用消费品拥有量等。

国家统计局安徽调查总队的农村住户调查采取多阶段、随机选点、对称等距的抽样方法。抽样时一般分为省抽县、县抽村、村抽户等几个阶段。共抽中 31 个调查县(市)，调查户 3100 户。

Brief Introduction

I. Data in this chapter show the condition of urban and rural people's livelihood in Anhui, including employment, income and expenditure of the residents, standard of consumption, housing condition, possession of the consumer goods, culture, education, health care and public facilities.

II. Data on the livelihood of the urban residents in this chapter come from data collected by the sample survey on the urban households. The main content of the survey includes the population in the household and its composition, the cash income and expenditure of the household, the quantity of major commodities purchased and the expenditure for them, the employment of the household members, the housing condition and the ownership of the durable consumer goods.

The survey on the urban household is organized by the NBS Survey office in Anhui. The survey organization of the cities and counties collect Data in accordance with the survey scheme stipulated by the State Statistical Bureau and report them to the higher organization.

The survey on the urban household is conducted in such a way that the selected households by sampling method should keep accounts for successive three years and be interviewed by the enumerators. By a rotation sampling scheme, one third of the old sample households should be replaced by the new sample households every year. The respondent households are selected by the two-stage stratified systematic random sampling scheme. Totally, 15 sample cities (counties) and 2500 households are selected.

In 2002, big reforms were made in urban household survey system by the National Urban Socio-economic Survey Organization. The scope of total income of the household, disposable income and living expenditures have been adjusted, so that the old quota and the new one could not be contrasted directly.

III. Data on the livelihood of the rural residents come mainly from Data collected by the sample survey on the rural households, which is organized by the NBS Survey Office in Anhui. The main content of the survey includes the basic condition of the rural households, the per capita total income and net income, the expenditure for the residential consumption, the consumption of major consumer goods and the quantity of durable consumer goods owned.

The sample survey on the rural households is conducted with a multi-stage balanced systematic sampling scheme with a random chose sample. In the sampling process, the sample counties are selected by the provinces; the sample villages are selected by the sample counties; and the sample households are selected by the sample villages. Totally, 31 sample counties (cities) and 3100 households are selected.

9—1 人民物质文化生活情况
People's Material and Cultural Life

项目	Item	1995	2000	2005	2010	2011
就业	**Employment**					
每一农村劳动力负担人数（人）	Number of Dependents per Rural Laborer (person)	1.48	1.51	1.45	1.39	1.38
每一城镇就业者负担人数（人）	Number of Dependents per Urban Employee (person)	1.71	1.86	1.92	1.93	1.94
城镇登记失业率（%）	Urban Unemployment Rate (%)	3.1	3.3	4.4	3.7	3.7
收入	**Income of Rural and urban Residents**					
农村居民家庭人均纯收入（元）	Annual per Capita Net Income of Rural Residents (yuan)	1302.8	1934.6	2641.0	5285.2	6232.2
农村居民家庭人均纯收入指数（1990=100）	Index of Annual per Capita Net Income of Rural Residents (1990=100)	241.64	358.81	489.83	980.26	1155.91
城镇居民家庭人均可支配收入（元）	Annual per Capita Disposable Income of Urban Residents (yuan)	3779	5294	8471	15788	18606
城镇居民家庭人均可支配收入指数（1990=100）	Index of Annual per Capita Disposable Income of Urban Residents (1990=100)	279.0	390.8	625.3	1165.6	1373.5
农村基尼系数	Gini Coefficient of Countryside	0.26	0.23	0.29	0.30	0.32
城市基尼系数	Gini Coefficient of City	0.19	0.29	0.29		
农村居民家庭恩格尔系数（%）	Engle Coefficient of Rural Households (%)	58.4	52.5	45.5	40.7	41.1
城镇居民家庭恩格尔系数（%）	Engle Coefficient of Urban Households (%)	53.7	45.7	43.7	38.0	39.8
职工年平均工资（元）	Annual Average Wages of Staff and Workers (yuan)	4609	6989	15334	34341	40640
消费水平（元）	**Annual per Capita Consumption (yuan)**					
全省居民	Per Capita Consumption of All Residents	1669	2588	3870	8237	10055
农村居民	Rural Residents	1300	1922	2167	4447	5356
城镇居民	Urban Residents	3441	5323	7102	13259	14923
储蓄	**Savings**					
城乡居民年底储蓄存款余额（亿元）	Balance of Savings Deposit of Rural and Urban Residents (year-end) (100 million yuan)	683.9	1447.2	3508.7	7788.5	9233.6
平均每人储蓄存款余额（元）	Per Capita Balance of Saving Deposit (yuan)	1146	2319	5408	11435	13477
住房面积（平方米）	**Per Capita Floor Space of Residential Buildings (sq.m)**					
农村平均每人居住	Rural Areas (Net)	17.82	22.16	27.00	32.05	35.03
城市平均每人居住	Urban Areas (Net)	11.61	14.76	19.90	31.55	32.09
交通	**Traffic**					
城镇每百户拥有摩托车（辆）	Number of Motor Cycles per 100 Households in Urban Areas (unit)	5.51	16.56	21.87	23.00	18.33
城市每万人拥有公共车辆(标台)	Number of Buses per 10000 Persons in Cities (unit)	5.0	7.6	7.3	8.2	10.6
城市公用事业	**Public Utilities in Urban Areas**					
自来水普及率（%）	Ratio of Access to Tap Water (%)	93.3	95.8	90.5	96.1	96.6
燃气普及率（%）	Ratio of Access to Tap Water (%)	55.6	77.0	72.3	90.5	93.4
人均公园绿地（平方米）	Per Capita Park Greenery Area (sq.m)	6.1	7.0	7.0	11.0	11.9
文化	**Culture**					
城镇每百户有彩色电视机（台）	Number of Color TV Sets per 100 Household in Urban Areas (unit)	79.77	111.47	132.42	141.50	140.13
农村每百户有彩色电视机（台）	Number of Color TV Sets per 100 Household in Rural Areas (unit)	9.00	39.29	84.65	112.13	113.48
广播人口覆盖率（%）	Broadcast Covering Ratio of Population (%)	82.5	94.8	95.6	97.3	97.6
电视人口覆盖率（%）	TV Covering Ratio of Population (%)	79.0	93.8	95.0	97.5	97.9
教育	**Education**					
学龄儿童入学率（%）	Enrollment Ratio of School-age Children (%)	99.7	99.7	99.5	99.9	99.8
每万人口中在校大学生数（人）	Number of University Students per 10000 Persons (person)	14.7	29.1	90.4	155.5	166.3
卫生	**Public Health**					
每万人有医院、卫生院病床数（张）	Number of Hospital Beds per 10000 Persons (unit)	18.2	18.4	18.4	25.2	27.3
每万人有医生数（人）	Number of Doctors per 10000 Persons (person)	11.1	11.2	10.2	11.9	12.4

注：2009年始，城市平均每人居住面积为建筑面积。
a) Since 2009, urban per capita living space is the construction area.

9—2 全省城乡储蓄存款年末余额和年增加额
Savings Deposit in Urban and Rural Areas (Year-end)

单位：万元（10000 yuan）

年份 Year	年末余额 Outstanding Amount 储蓄存款 Savings Deposit	城镇 Urban	农村 Rural	定期 Fixed Deposits	活期 Current Deposits	年增加额 Increased Amount 储蓄存款 Savings Deposit	城镇 Urban	农村 Rural
1995	6839300	5124200	1715100			1965200	1525000	440200
1997	10365500	7888300	2477200			1524800	1117200	407600
1998	11750779	8959612	2791167	9401107	2349672	1385279	1071312	313967
1999	13028756	10050649	2978107	10185760	2842996	1277977	1091037	186940
2000	14471539	11199341	3272198	10914299	3557240	1442783	1148692	294091
2001	17004661	13220052	3784609	12550595	4454066	2533122	2020711	512411
2002	20475117	16091364	4383753	14738457	5736660	3470456	2871312	599144
2003	24758257	19613835	5144422	17506286	7251971	4283140	3522471	760669
2004	29723666	23556586	6167080	20759945	8963721	4965409	3942751	1022658
2005	35086727	27863991	7222736	24455447	10631280	5363061	4307405	1055656
2006	40778041	32301332	8476709	27728939	13049102	5691314	4437341	1253973
2007	45464944			30173327	15291617	4686903		
2008	56475121			38436895	18038226	11010177		
2009	66194831			42769530	23425302	9715535		
2010	77884800			48529277	29355524	11686596		
2011	92335727					14509808		

注：1．1997年以前数据根据中国人民银行合肥中心支行历史资料进行了调整。
　　2．2009年、2010年储蓄存款增加额根据《安徽省金融统计月报》资料填列。

a) The data before the year 1997 were adjusted in accordance with the data of Hefei Branch of the People's Bank of China.

b) According to "Anhui Province Statistics of finances Monthly Report", the annual saving deposit rate increasing volume in 2009，2010 was filled out the forms.

9—3 城乡居民人均收入及恩格尔系数
Per Capita Annual Income and Engel's Coefficient of Urban and Rural Households

年份 Year	农村居民家庭人均纯收入 Per Capita Annual Net Income of Rural Households 绝对数（元）Value (yuan)	指数（1990年=100）Index（1990=100）	城镇居民家庭人均可支配收入 Per Capita Annual Disposable Income of Urban Households 绝对数（元）Value (yuan)	指数（1990年=100）Index（1990=100）	农村居民家庭恩格尔系数（%）Engle Coefficient of Rural Households (%)	城镇居民家庭恩格尔系数（%）Engle Coefficient of Urban Households (%)
1995	1302.82	241.64	3778.86	279.0	58.41	53.7
1997	1808.75	335.48	4599.27	339.5	56.51	52.4
1998	1863.06	345.55	4770.47	352.2	54.92	49.5
1999	1900.29	352.45	5064.60	373.9	54.37	47.3
2000	1934.57	358.81	5293.55	390.8	52.45	45.7
2001	2020.04	374.66	5668.80	418.5	49.75	44.2
2002	2117.57	392.75	6032.40	445.3	47.46	43.2
2003	2127.48	394.59	6778.03	500.4	46.03	44.2
2004	2499.33	463.56	7511.43	554.5	47.50	43.9
2005	2640.96	489.83	8470.68	625.3	45.50	43.7
2006	2969.08	550.69	9771.05	721.1	43.17	42.4
2007	3556.27	659.59	11473.58	847.0	43.30	39.7
2008	4202.49	779.45	12990.35	959.0	44.30	41.0
2009	4504.32	835.43	14085.74	1039.9	40.90	39.6
2010	5285.17	980.26	15788.17	1165.6	40.70	38.0
2011	6232.21	1155.91	18606.13	1373.5	41.10	39.8

9—4 城镇居民家庭基本情况
Basic Conditions of Urban Households

项目	Item	1995	2000	2005	2010	2011
调查户数 （户）	**Number of Households Surveyed (household)**	**1270**	**1750**	**2150**	**2500**	**2500**
平均每户家庭人口 （人）	**Average Household Size (person)**	**3.18**	**3.08**	**2.95**	**2.84**	**2.80**
平均每户就业人口 （人）	**Average Number of Employed persons per Household (person)**	**1.86**	**1.66**	**1.54**	**1.47**	**1.44**
平均每户就业面 （%）	**Percentage of Employment per Household (%)**	**58.49**	**53.90**	**52.20**	**51.76**	**51.43**
平均每一就业者负担人数（包括就业者本人） （人）	**Number of Persons Supported by Each Employee Including the Employee Himself or Herself (persons)**	**1.71**	**1.86**	**1.92**	**1.93**	**1.94**
平均每人全部年收入 （元）	**Per Capita Annual Income (yuan)**	**3796.93**	**5331.58**	**9184.55**	**17626.71**	**20751.11**
#可支配收入	Disposable Income	3778.86	5293.55	8470.68	15788.2	18606.1
工资性收入	Wages Income	3046.97	3648.29	6425.54	11442.4	12916
经营性收入	Net Income From Business	56.78	336.16	620.71	1172.36	1874.45
财产性收入	Property Income	52.32	73.21	124.59	427.01	569.96
转移性收入	Transfer Income	640.86	1273.92	2013.71	4584.91	5390.73
平均每人消费性支出 （元）	**Per Capita Annual Living Expenditures for Consumption (yuan)**	**3161.41**	**4232.98**	**6367.67**	**11512.55**	**13181.46**
#食　品	Food	1697.66	1934.83	2781.50	4369.63	5246.76
衣　着	Clothing	423.32	437.55	763.54	1225.56	1371.01
居　住	Residence	212.46	370.90	590.27	1229.64	1501.39
家庭设备用品及服务	Household Facilities, Articles and Service	237.37	301.43	290.88	678.75	690.66
医疗保健	Medicine and Medical Service	49.21	181.23	400.34	737.05	907.58
交通和通信	Transportation and Communications	167.55	307.87	676.86	1356.57	1365.01
教育文化娱乐服务	Education, Cultural & Recreation Service	263.93	508.62	666.42	1479.75	1631.28
杂项商品与服务	Miscellaneous Commodities and Services	109.91	190.55	197.87	435.62	467.77
平均每人消费性支出构成（人均消费性支出=100） （%）	**Composition of per Capita Annual Living Expenditures for Consumption (%)**	**100.00**	**100.00**	**100.00**	**100.00**	**100.00**
#食　品	Food	53.70	45.71	43.68	37.96	39.80
衣　着	Clothing	13.39	10.34	11.99	10.65	10.40
居　住	Residence	6.72	8.76	9.27	10.68	11.39
家庭设备用品及服务	Household Facilities, Articles and Service	7.51	7.12	4.57	5.90	5.24
医疗保健	Medicine and Medical Service	1.56	4.28	6.29	6.40	6.89
交通和通信	Transportation and Communications	5.30	7.27	10.63	11.78	10.36
教育文化娱乐服务	Education, Cultural & Recreation Service	8.35	12.02	10.47	12.85	12.38
杂项商品与服务	Miscellaneous Commodities and Services	3.48	4.50	3.11	3.78	3.54

9—5 城镇居民家庭平均每人全年购买的主要商品数量
Per Capita Annual Purchases of Major Commodities in Urban Households

单位：千克（kg）

项目	Item	1995	2000	2005	2010	2011
粮食	Grain	110.82	93.30	85.13	83.00	89.62
鲜菜	Fresh Vegetables	106.68	116.40	122.07	112.74	113.58
食用植物油	Edible Vegetable Oil		10.20	9.90	8.33	9.32
猪肉	Pork	21.64	21.40	21.59	19.86	20.47
牛羊肉	Beef and Mutton	2.02	2.90	3.63	3.32	3.70
家禽	Poultry	5.72	8.50	11.23	9.86	11.21
鲜蛋	Fresh Eggs	11.70	13.60	14.71	12.97	13.51
水产品	Aquatic Products	9.67	13.00	12.02	12.76	12.83
酒类	Liquor	9.02	13.20	13.17	10.80	12.21
煤炭	Coal	181.27	196.90	157.09	25.64	25.39

9—6 城镇居民家庭平均每百户年末耐用消费品拥有量
Number of Major Durable Consumer Goods Owned Per 100 Urban Households at Year-end

项目		Item		1995	2000	2005	2010	2011
成套家具	（套）	Unit Furniture	(set)	25.00	49.66	66.88		
摩托车	（辆）	Motorcycle	(unit)	5.51	16.56	21.87	23.00	18.33
自行车	（辆）	Bicycle	(unit)	167.55	142.61	124.91		
助力车	（辆）	Strength-aid Cycle	(unit)			8.42	31.84	41.14
家用汽车	（辆）	Automobile	(unit)		0.65	0.76	4.95	9.20
洗衣机	（台）	Washing Machine	(unit)	86.51	87.17	97.28	97.35	94.93
电风扇	（台）	Electric Fan	(unit)	245.50	244.60	241.93		
电冰箱	（台）	Refrigerator	(unit)	69.83	83.50	91.75	96.61	96.15
冰柜	（台）	Freezer	(unit)	2.19	5.81	4.45		
彩电	（台）	Color TV Set	(unit)	79.77	111.47	132.42	141.50	140.13
影碟机	（台）	Video Disc Player	(unit)		33.57	60.48		
录音机	（台）	Recorder	(unit)		26.75	39.34		
录放像机	（台）	Video-Recorder	(unit)	12.02	16.96	13.74		
家用电脑	（台）	Computer	(unit)		6.72	25.97	63.79	74.04
组合音响	（套）	Music Center	(set)	8.10	19.04	22.00	19.22	16.83
摄像机	（架）	Pickup Camera	(unit)		1.12	2.39	3.77	5.85
照相机	（架）	Camera	(unit)	22.54	27.82	35.84	29.71	32.21
钢琴	（架）	Piano	(unit)	0.45	0.82	1.96	1.11	1.45
微波炉	（台）	Microwave Oven	(unit)		11.28	40.54	57.77	61.03
空调器	（台）	Air Conditioner	(unit)	9.58	30.77	81.82	120.04	127.94
取暖器	（台）	Warmer	(unit)			44.83		
电炊具	（台）	Electric Cooking Utensils	(unit)	60.22	88.28	97.06		
淋浴热水器	（台）	Shower	(unit)	23.95	44.36	64.14	86.78	89.54
排油烟机	（台）	Fume Deflector	(unit)	27.24	46.62	54.86		
消毒碗柜	（台）	Sterilizing Cupboard	(unit)			5.76	6.59	6.30
洗碗机	（台）	Dish Washer	(unit)			0.41	0.31	0.21
饮水机	（台）	Drinking Machine	(unit)			29.92		
吸尘器	（台）	Dust Catcher	(unit)	4.40	7.23	7.99		
健身器材	（套）	Setting-up Apparatus	(set)		2.81	3.86	2.32	2.52
普通电话	（部）	Ordinary Telephone	(unit)			95.94	85.34	77.00
移动电话	（部）	Mobile Telephone	(unit)			111.33	168.46	190.09
传真机	（部）	Fax Machine	(unit)			0.24		

9—7 按收入等级分的城镇居民家庭基本情况（2011年）
Basic Conditions of Urban Households by Level of Income (2011)

项目	Item	总平均 Average	最低收入户 Lowest Income Households	#更低户 Lower Income Households	低收入户 Low Income Households	中等偏下户 Lower Middle Income Households
调查户数（户）	Number of Households Surveyed (household)	2500	241	114	251	497
比重（%）	Proportion (%)	100.00	9.64	4.56	10.04	19.88
平均每户家庭人口（人）	Average Household Size (person)	2.80	3.10	3.04	3.03	3.00
平均每户就业人口（人）	Average Number of Employees per Household (person)	1.44	1.46	1.52	1.32	1.44
平均每户就业面（%）	Percentage of Employed Persons per Household (%)	51.43	47.10	50.00	43.56	48.00
平均每一就业者负担人数（包括就业者本人）（人）	Number of Persons Supported by Each Employee (including the employee himself or herself) (person)	1.94	2.12	2.00	2.30	2.08
平均每人全部年收入（元）	Per Capita Annual Income (yuan)	20751.11	8588.38	7057.40	12553.47	15534.81
平均每人可支配收入（元）	Per Capita Disposable Income (yuan)	18606.13	7483.72	6203.88	10902.99	14127.30
平均每人消费性支出（元）	Per Capita Annual Living Expenditure (yuan)	13181.46	6857.28	5712.24	8945.13	10600.05

项目	Item	中等收入户 Middle Income Households	中等偏上户 Upper Middle Income Households	高收入户 High Income Households	最高收入户 Highest Income Households	#更高户 Higher Income Households
调查户数（户）	Number of Households Surveyed (household)	502	506	249	254	126
比重（%）	Proportion (%)	20.08	20.24	9.96	10.16	5.04
平均每户家庭人口（人）	Average Household Size (person)	2.83	2.53	2.45	2.33	2.25
平均每户就业人口（人）	Average Number of Employees per Household (person)	1.43	1.48	1.47	1.41	1.48
平均每户就业面（%）	Percentage of Employed Persons per Household (%)	50.53	58.50	60.00	60.52	65.78
平均每一就业者负担人数（包括就业者本人）（人）	Number of Persons Supported by Each Employee (including the employee himself or herself) (person)	1.98	1.71	1.67	1.65	1.52
平均每人全部年收入（元）	Per Capita Annual Income (yuan)	20077.75	26479.51	34571.40	51627.97	62602.21
平均每人可支配收入（元）	Per Capita Disposable Income (yuan)	17966.28	23618.83	30810.46	47320.95	57363.25
平均每人消费性支出（元）	Per Capita Annual Living Expenditure (yuan)	12737.27	16445.29	19821.57	28839.38	36923.74

9—8 按收入等级分的城镇居民家庭就业情况（2011年）
Household Size and Employment of Urban Households by Level of Income (2011)

项 目	Item	总平均 Average	最低收入户 Lowest Income Households	#更低户 Lower Income Households	低收入户 Low Income Households	中等偏下户 Lower Middle Income Households
调查户数 （户）	**Number of Households Surveyed (household)**	**2500**	**241**	**114**	**251**	**497**
家庭人口数 （人/户）	**Household Size (person/household)**	**2.80**	**3.10**	**3.04**	**3.03**	**3.00**
有收入者人数	Persons With Income	2.04	1.88	1.87	1.83	2.09
就业人口数	Number of Employed Persons per Household	1.44	1.46	1.52	1.32	1.44
国有经济单位职工人数	Working in State-owned Units	0.63	0.23	0.16	0.49	0.51
城镇集体经济单位职工人数	Workers and Staff of Urban Collective Economic Units	0.06	0.09	0.04	0.05	0.11
其他经济单位职工人数	Working in Other Types of Units	0.22	0.24	0.22	0.19	0.23
城镇个体经营者人数	Number of Self-employed Urban Individuals	0.18	0.29	0.31	0.11	0.25
城镇个体被雇者人数	Number of Employed Urban Individuals	0.27	0.48	0.58	0.31	0.29
离退休再就业人数	Reemployed Retirees	0.02			0.01	0.01
其他就业者人数	Other Employed Persons	0.06	0.13	0.21	0.16	0.05
离退休者人数	Retired Persons	0.55	0.21	0.09	0.37	0.61
其他有收入者人数	Other Persons With Income	0.06	0.20	0.26	0.14	0.03
无收入者人数	Persons Without Income	0.76	1.22	1.18	1.20	0.91
期末家庭人口数 （人）	**Household Size at Year-end (person)**	**2.80**	**3.10**	**3.04**	**3.03**	**3.00**
附：非家庭人口在家用餐人次数 （人次/户）	Number of Nonfamily Persons Eating at Home (person-time/household)	5.60	1.92	1.36	4.59	4.74
家庭人口在外用餐人次数 （人次/户）	Number of the Persons Eating Outside (person-time/household)	13.17	11.89	9.06	12.20	12.62

项 目	Item	中等收入户 Middle Income Households	中等偏上户 Upper Middle Income Households	高收入户 High Income Households	最高收入户 Highest Income Households	#更高户 Higher Income Households
调查户数 （户）	**Number of Households Surveyed (household)**	**502**	**506**	**249**	**254**	**126**
家庭人口数 （人/户）	**Household Size (person/household)**	**2.83**	**2.53**	**2.45**	**2.33**	**2.25**
有收入者人数	Persons With Income	2.14	2.10	2.06	2.04	1.96
就业人口数	Number of Employed Persons per Household	1.43	1.48	1.47	1.41	1.48
国有经济单位职工人数	Working in State-owned Units	0.68	0.77	0.98	0.94	1.03
城镇集体经济单位职工人数	Workers and Staff of Urban Collective Economic Units	0.05	0.02	0.04	0.01	0.01
其他经济单位职工人数	Working in Other Types of Units	0.25	0.24	0.14	0.13	0.14
城镇个体经营者人数	Number of Self-employed Urban Individuals	0.15	0.10	0.14	0.20	0.20
城镇个体被雇者人数	Number of Employed Urban Individuals	0.26	0.27	0.12	0.07	0.05
离退休再就业人数	Reemployed Retirees	0.02	0.03	0.03	0.05	0.06
其他就业者人数	Other Employed Persons	0.03	0.04	0.02	0.01	0.01
离退休者人数	Retired Persons	0.69	0.60	0.56	0.63	0.47
其他有收入者人数	Other Persons With Income	0.03	0.02	0.02	0.01	
无收入者人数	Persons Without Income	0.69	0.43	0.39	0.29	0.29
期末家庭人口数 （人）	**Household Size at Year-end (person)**	**2.83**	**2.53**	**2.45**	**2.33**	**2.25**
附：非家庭人口在家用餐人次数 （人次/户）	Number of Nonfamily Persons Eating at Home (person-time/household)	4.75	9.18	6.60	7.25	6.82
家庭人口在外用餐人次数 （人次/户）	Number of the Persons Eating Outside (person-time/household)	13.11	12.98	17.20	14.30	14.93

9—9 按收入等级分的城镇居民家庭年人均现金收入（2011年）
Annual Per Capita Cash Income of Urban Households by Level of Income (2011)

单位：元（yuan）

项　　目	Item	总平均 Average	最低收入户 Lowest Income Households	#更低户 Lower Income Households	低收入户 Low Income Households	中等偏下户 Lower Middle Income Households
家庭总收入	**Total Income**	**20751.11**	**8588.38**	**7057.40**	**12553.47**	**15534.81**
#可支配收入	Disposable Income	18606.13	7483.72	6203.88	10902.99	14127.30
工资性收入	Wages Income	12915.97	5541.14	4844.66	8363.22	9085.54
工资及补贴收入	Wage and Subsidy Income	12620.39	5234.70	4603.53	7946.93	8910.30
其他劳动收入	Other Labor Income	295.58	306.44	241.13	416.30	175.24
经营性收入	Net Income From Business	1874.45	1215.17	776.52	938.75	2011.25
财产性收入	Property Income	569.96	32.66	19.12	161.26	228.31
利息收入	Interest	69.15	3.40	2.52	42.38	53.03
股息与红利收入	Dividend and Bonus	65.45	1.31	1.05	32.16	10.77
保险收益	Insurance Profits	3.03			16.22	3.51
其他投资收入	Other Investment Income	181.19	4.54	3.42	1.48	20.10
出租房屋收入	Income From Renting House	249.90	23.41	12.12	69.01	140.10
知识产权收入	Income From Intellectual Property Right					
其他财产收入	Other Property Income	1.23				0.81
转移性收入	Transfer Income	5390.73	1799.42	1417.11	3090.24	4209.72
养老金或离退休金	Pension for Old-age for Retired Persons	4246.65	1060.10	348.85	2192.76	3560.08
社会救济收入	Social Relief	64.91	395.35	607.18	16.52	25.26
辞退金	Dismissal Income	4.30			3.31	12.24
赔偿收入	Income From Compensation	2.93			1.90	4.37
保险收入	Income From Insurance	39.25	16.54	19.96	38.76	25.02
赡养收入	Supporting Income	216.74	141.32	235.28	445.44	224.20
捐赠收入	Giving Income	428.98	105.87	141.78	235.58	228.40
亲友搭伙费	Boarding Expenses From Kith and Kin					
提取住房公积金	Withdraw Housing Collective Accumulation Fund	245.13	0.22	0.47	6.38	14.46
记帐补贴	Account Subsidy	83.30	67.17	57.67	84.35	76.71
其他转移性收入	Other Transfer Income	58.54	12.83	5.92	65.23	38.98
出售财物收入	**Income From Selling Belongings**	**376.92**	**72.39**	**2.77**	**30.89**	**151.07**
出售住房收入	Income From Selling House	353.51	70.17		23.59	145.92
出售其他物品收入	Income From Selling Other Goods	23.40	2.22	2.77	7.30	5.15
借贷收入	**Loan Income**	**4540.38**	**1986.79**	**1559.24**	**1988.13**	**1979.88**
提取储蓄存款	Withdraw Saving Deposit	3710.66	1551.44	1280.74	1809.63	1712.21
借入款	Cash Borrowed	248.71	358.35	243.70	50.85	87.27
收回借出款	Paid-back Loan	181.45	7.99	15.87	35.06	112.03
收回储蓄性保险本金	Withdraw Saving Premium	18.92	31.15	8.46	0.91	6.32
兑售有价证券	Securities Cashed and Sold	11.39			0.25	0.25
收回投资本金	Withdraw Investment Principal	28.04	3.80			13.29
住房贷款	Housing Loan	246.10				29.61
汽车贷款	Personal Auto Loan					
教育贷款	Education Loan	11.68	9.08	7.31	81.53	
其他贷款	Other Loans	2.62	8.29	3.16		2.45
其他借贷收入	Other Loan Income	80.81	16.70		9.90	16.46

9—9 续表 continued

单位：元（yuan）

项 目	Item	中等收入户 Middle Income Households	中等偏上户 Upper Middle Income Households	高收入户 High Income Households	最高收入户 Highest Income Households	#更高户 Higher Income Households
家庭总收入	**Total Income**	**20077.75**	**26479.51**	**34571.40**	**51627.97**	**62602.21**
#可支配收入	Disposable Income	17966.28	23618.83	30810.46	47320.95	57363.25
工资性收入	Wages Income	13104.68	17713.93	22637.73	26583.51	31783.07
工资及补贴收入	Wage and Subsidy Income	12865.60	17462.78	22265.50	25904.67	30917.14
其他劳动收入	Other Labor Income	239.08	251.16	372.23	678.84	865.93
经营性收入	Net Income From Business	1389.21	1452.71	2675.77	6046.86	7628.05
财产性收入	Property Income	297.00	750.30	1017.25	3519.22	5884.58
利息收入	Interest	30.06	73.49	218.19	235.08	310.97
股息与红利收入	Dividend and Bonus	40.93	94.05	87.02	436.93	577.55
保险收益	Insurance Profits		0.28		0.40	
其他投资收入	Other Investment Income	31.26	79.50	121.01	2271.53	4212.56
出租房屋收入	Income From Renting House	194.74	501.80	591.02	562.43	757.13
知识产权收入	Income From Intellectual Property Right					
其他财产收入	Other Property Income		1.18		12.84	26.38
转移性收入	Transfer Income	5286.86	6562.57	8240.65	15478.39	17306.51
养老金或离退休金	Pension for Old-age for Retired Persons	4661.61	5595.28	6551.22	9871.66	8967.23
社会救济收入	Social Relief	6.48	12.27	15.04	12.85	
辞退金	Dismissal Income	0.82		7.15	2.15	4.44
赔偿收入	Income From Compensation	2.04	4.83	4.74	0.66	1.37
保险收入	Income From Insurance	28.62	35.05	60.21	156.02	144.50
赡养收入	Supporting Income	163.28	134.19	196.55	275.87	345.68
捐赠收入	Giving Income	240.30	466.92	841.60	2163.07	2777.07
亲友搭伙费	Boarding Expenses From Kith and Kin					
提取住房公积金	Withdraw Housing Collective Accumulation Fund	52.94	104.55	406.66	2812.70	4849.46
记帐补贴	Account Subsidy	81.11	99.44	89.55	94.62	100.48
其他转移性收入	Other Transfer Income	49.65	110.04	67.94	88.77	116.29
出售财物收入	**Income From Selling Belongings**	**371.66**	**101.39**	**392.31**	**3272.44**	**6214.23**
出售住房收入	Income From Selling House	362.39	93.28	279.33	3131.69	5947.04
出售其他物品收入	Income From Selling Other Goods	9.27	8.11	112.98	140.75	267.19
借贷收入	**Loan Income**	**3422.81**	**5961.55**	**8323.89**	**19387.06**	**26886.46**
提取储蓄存款	Withdraw Saving Deposit	2706.22	4732.39	6340.42	16437.57	24354.08
借入款	Cash Borrowed	183.18	340.98	530.08	643.36	1026.84
收回借出款	Paid-back Loan	180.11	376.16	364.38	355.29	450.84
收回储蓄性保险本金	Withdraw Saving Premium	16.33	4.16	29.26	112.75	165.45
兑售有价证券	Securities Cashed and Sold		3.43	25.95	134.65	111.39
收回投资本金	Withdraw Investment Principal	7.00	3.80	168.93	143.33	295.15
住房贷款	Housing Loan	280.83	378.70	588.21	1203.14	
汽车贷款	Personal Auto Loan					
教育贷款	Education Loan				0.17	0.34
其他贷款	Other Loans	5.20				
其他借贷收入	Other Loan Income	43.94	121.91	276.67	356.80	482.37

9—10 按收入等级分的城镇居民家庭年人均现金支出（2011年）

Annual Per Capita Expenditure of Urban Households by Level of Income (2011)

单位：元（yuan）

项 目	Item	总平均 Average	最低收入户 Lowest Income Households	#更低户 Lower Income Households	低收入户 Low Income Households	中等偏下户 Lower Middle Income Households
家庭总支出	**Total Expenditure**	**18830.03**	**9060.86**	**7275.58**	**11861.95**	**13515.77**
消费性支出	Consumption Expenditure	13181.46	6857.28	5712.24	8945.13	10600.05
#服务性消费支出	Service Consumption Expenditure	3413.37	1652.42	1108.02	2307.76	2472.12
转移性支出	Transfer Expenditure	2291.37	939.95	663.05	1171.86	1340.25
交纳的税赋	Paid Taxes	63.94	6.27	3.95	13.41	13.72
捐赠支出	Expenditure Presented	1358.83	417.45	285.05	707.56	922.07
购买彩票	Buying Lottery Tickets	29.01	2.64	1.01	12.75	17.59
赡养支出	Expenditure of Alimony	688.71	410.85	223.69	371.59	286.39
#在外子女就学费用	School Costs of Children Not in Family	487.96	367.29	172.59	271.08	183.56
各种非储蓄性保险支出	Non-saving Premium	87.91	14.99	16.05	27.38	58.77
#车辆保险支出	Vehicle Insurance Expenditure	6.89			2.86	21.54
其他转移性支出	Other Transfer Expenditure	62.98	87.76	133.30	39.17	41.71
财产性支出	Property Expenditure	171.70	19.71	18.78	114.80	138.48
社会保障支出	Social Protection Expenditure	1997.74	1031.22	791.90	1552.72	1317.07
购房与建房支出	Expenditure From Buying and Constructing House	1187.76	212.69	89.61	77.44	119.92
购 房	Buying House	1169.44	212.69	89.61	39.31	106.66
建 房	Constructing House	18.32			38.13	13.26
借贷支出	**Loan Expenditure**	**5551.20**	**992.65**	**708.31**	**1956.98**	**2948.07**
存入储蓄存款	Depositing Money	4150.74	706.63	444.14	1295.86	2402.99
借出款	Cash Lent	170.98	2.27		9.57	29.95
归还借款	Returning Borrowed Cash	241.90	33.81	59.30	96.41	44.61
储蓄性保险支出	Saving Premium Expenditure	111.85	62.09	16.12	89.79	47.21
购买有价证券	Buying Securities	43.00			12.43	14.77
其他投资支出	Other Investment Expenditure	94.76	0.89		4.53	25.28
归还住房贷款	Returning Housing Loan	646.94	177.95	176.51	369.92	317.40
归还汽车贷款	Returning Automobile Loan	21.44				
归还教育贷款	Returning Education Loan					
归还其他贷款	Returning Other Loans	25.04			15.75	22.14
其他贷款支出	Other Loan Expenditure	44.54	9.01	12.24	62.73	43.72

9—10 续表 continued

单位：元（yuan）

项　　目	Item	中等收入户 Middle Income Households	中等偏上户 Upper Middle Income Households	高收入户 High Income Households	最高收入户 Highest Income Households	#更高户 Higher Income Households
家庭总支出	**Total Expenditure**	**18208.51**	**23880.67**	**29774.02**	**47931.53**	**61608.55**
消费性支出	Consumption Expenditure	12737.27	16445.29	19821.57	28839.38	36923.74
#服务性消费支出	Service Consumption Expenditure	3123.69	4381.30	5420.58	8595.66	11298.62
转移性支出	Transfer Expenditure	2018.80	3344.56	4605.79	6075.94	7540.11
交纳的税赋	Paid Taxes	37.93	102.85	174.86	309.37	432.17
捐赠支出	Expenditure Presented	1278.47	1895.43	2967.22	3094.93	3132.26
购买彩票	Buying Lottery Tickets	21.99	84.88	24.08	35.23	27.70
赡养支出	Expenditure of Alimony	571.29	1046.89	1205.63	2179.58	3317.09
#在外子女就学费用	School Costs of Children Not in Family	386.87	711.27	764.23	1688.57	2724.07
各种非储蓄性保险支出	Non-saving Premium	57.14	114.07	177.73	375.30	505.82
#车辆保险支出	Vehicle Insurance Expenditure	0.08	3.56		8.55	
其他转移性支出	Other Transfer Expenditure	51.97	100.44	56.27	81.52	125.06
财产性支出	Property Expenditure	98.21	232.77	369.44	523.06	731.69
社会保障支出	Social Protection Expenditure	1992.42	2658.39	3496.54	3903.03	4706.31
购房与建房支出	Expenditure From Buying and Constructing House	1361.81	1199.67	1480.69	8590.12	11706.70
购　房	Buying House	1350.56	1199.67	1376.03	8590.12	11706.70
建　房	Constructing House	11.26		104.66		
借贷支出	**Loan Expenditure**	**4408.15**	**7045.48**	**11647.34**	**23767.19**	**31756.44**
存入储蓄存款	Depositing Money	3178.59	4757.00	8833.76	18947.95	25399.36
借出款	Cash Lent	47.34	442.10	635.55	440.52	236.97
归还借款	Returning Borrowed Cash	428.08	450.33	316.38	546.08	670.29
储蓄性保险支出	Saving Premium Expenditure	121.27	100.67	330.96	244.96	329.70
购买有价证券	Buying Securities	18.04	131.80	12.71	168.52	327.29
其他投资支出	Other Investment Expenditure	119.30	83.32	27.16	772.73	1004.75
归还住房贷款	Returning Housing Loan	403.14	1040.72	1376.17	2164.75	2881.75
归还汽车贷款	Returning Automobile Loan	53.32	20.59	2.52	125.69	257.90
归还教育贷款	Returning Education Loan					
归还其他贷款	Returning Other Loans	8.55	11.38	9.63	205.52	356.71
其他贷款支出	Other Loan Expenditure	30.51	7.57	102.48	150.48	291.71

9—11 按收入等级分的城镇居民家庭年人均消费性支出（2011年）
Per Capita Annual Living Expenditure of Urban Households by Income Scale (2011)

单位：元（yuan）

项目	Item	总平均 Average	最低收入户 Lowest Income Households	#更低户 Lower Income Households	低收入户 Low Income Households	中等偏下户 Lower Middle Income Households
消费性支出	**Total Living Expenditures**	**13181.46**	**6857.28**	**5712.24**	**8945.13**	**10600.05**
食　品	Food	5246.76	3144.12	2782.91	3884.35	4777.17
粮油类	Grain and Edible Oil	704.59	517.56	494.00	638.23	687.13
肉禽蛋水产品类	Meat, Poultry, Eggs and Aquatic Products	1372.41	877.92	812.18	1082.52	1314.64
蔬菜类	Vegetables	538.66	360.95	342.63	462.42	521.78
调味品	Condiment	43.21	29.98	26.30	35.48	38.43
糖烟酒饮料类	Sugar, Tobacco, Liquor and Beverages	843.48	478.11	437.82	608.74	765.61
干鲜瓜果类	Dried and Fresh Fruits	351.57	215.98	206.78	268.30	322.41
糕点、奶及奶制品	Cakes, Milk and Dairy Products	378.56	239.67	226.06	286.93	369.19
其他食品	Other Food	90.84	51.76	45.18	63.16	80.15
饮食服务	Catering Services	923.45	372.19	191.96	438.57	677.83
衣　着	Clothing	1371.01	600.32	426.67	876.13	1176.44
服　装	Garments	954.30	371.59	261.10	579.12	812.33
衣着材料	Clothing Material	11.56	13.27	14.79	6.52	12.09
鞋　类	Footwear	338.06	178.09	122.26	235.56	301.40
其他衣着用品	Other Clothing Articles	56.89	32.77	25.89	41.58	41.81
衣着加工服务费	Clothing Processing Fee	10.20	4.60	2.63	13.36	8.82
居　住	Residence	1501.39	689.61	679.61	916.13	953.71
住　房	Housing	726.87	189.19	222.97	266.43	210.68
水电燃料及其他	Water, Electricity, Fuel and Others	661.03	462.73	422.13	519.03	667.75
居住服务费	Living Services Fee	113.49	37.68	34.51	130.66	75.29
家庭设备用品及服务	Household Facilities, Articles and Services	690.66	281.85	231.35	447.65	451.98
耐用消费品	Durable Consumer Goods	339.24	100.78	67.82	170.67	205.44
室内装饰品	Interior Furnishing Articles	32.30	8.29	1.05	39.79	19.27
床上用品	Bedding	83.51	43.23	43.34	46.27	47.67
家庭日用杂品	Household Articles of Daily Use	191.91	125.29	116.47	168.52	161.37
家具材料	Furniture Material	6.53	0.04	0.01	10.92	3.04
家庭服务	Household Services	37.18	4.22	2.66	11.49	15.19
医疗保健	Medicine and Medical Services	907.58	584.58	550.43	535.22	676.27
医疗器具	Medical Appliances	10.53	2.53	0.10	1.23	2.22
保健器具	Setting-up Apparatus	11.18	1.76	0.12	0.53	3.74
药品费	Drugs Fee	443.88	417.63	418.47	307.54	332.75
滋补保健品	Nutritious and Heath Food	102.46	28.44	27.40	31.77	84.70
医疗费	Medical Expenses	323.06	128.58	101.35	183.10	240.24
其　他	Others	16.47	5.63	2.99	11.06	12.62
交通和通信	Transportation and Communications	1365.01	544.83	343.45	803.07	1081.23
交　通	Transportation	677.96	166.41	94.97	341.02	491.86
通　信	Communications	687.06	378.42	248.49	462.05	589.38
教育文化娱乐服务	Education, Cultural and Recreation Services	1631.28	869.13	585.09	1277.60	1175.13
文化娱乐用品	Recreation Articles	374.24	119.21	79.03	159.86	215.24
文化娱乐服务	Recreation Services	480.14	91.51	47.49	180.72	311.00
教　育	Education	776.90	658.41	458.57	937.02	648.89
杂项商品和服务	Miscellaneous Commodities and Services	467.77	142.85	112.72	204.97	308.12
杂项商品	Miscellaneous Commodities	312.52	74.64	59.29	115.31	195.83
服　务	Services	155.26	68.21	53.43	89.66	112.28

9—11 续表 continued

单位：元（yuan）

项目	Item	中等收入户 Middle Income Households	中等偏上户 Upper Middle Income Households	高收入户 High Income Households	最高收入户 Highest Income Households	#更高户 Higher Income Households
消费性支出	**Total Living Expenditures**	**12737.27**	**16445.29**	**19821.57**	**28839.38**	**36923.74**
食　品	Food	5647.92	6368.44	7054.87	7722.19	8351.65
粮油类	Grain and Edible Oil	738.59	774.81	811.72	869.58	934.94
肉禽蛋水产品类	Meat, Poultry, Eggs and Aquatic Products	1458.67	1617.46	1711.50	1866.88	2016.61
蔬菜类	Vegetables	551.36	629.46	632.38	723.17	767.84
调味品	Condiment	48.20	49.14	54.59	60.17	64.49
糖烟酒饮料类	Sugar, Tobacco, Liquor and Beverages	936.17	1027.73	1103.88	1284.07	1366.29
干鲜瓜果类	Dried and Fresh Fruits	359.68	434.75	486.34	496.64	528.17
糕点、奶及奶制品	Cakes, Milk and Dairy Products	412.06	434.11	467.96	527.83	559.72
其他食品	Other Food	94.36	119.59	127.36	135.58	135.63
饮食服务	Catering Services	1048.82	1281.38	1659.14	1758.26	1977.97
衣　着	Clothing	1406.92	1716.28	2291.07	2531.71	2913.13
服　装	Garments	980.97	1212.44	1628.57	1848.76	2140.87
衣着材料	Clothing Material	10.92	12.65	15.29	10.55	8.98
鞋　类	Footwear	351.39	402.02	547.42	546.39	613.94
其他衣着用品	Other Clothing Articles	53.82	77.88	89.02	108.05	135.76
衣着加工服务费	Clothing Processing Fee	9.82	11.29	10.77	17.97	13.58
居　住	Residence	984.11	1485.77	2179.47	7068.33	11914.11
住　房	Housing	245.87	613.43	1228.57	5744.35	10228.93
水电燃料及其他	Water, Electricity, Fuel and Others	664.96	773.66	753.11	895.62	992.74
居住服务费	Living Services Fee	73.29	98.68	197.78	428.35	692.44
家庭设备用品及服务	Household Facilities, Articles and Services	621.00	988.75	1328.21	1550.35	1947.16
耐用消费品	Durable Consumer Goods	305.85	496.35	720.89	886.01	1276.35
室内装饰品	Interior Furnishing Articles	21.43	41.88	90.05	51.19	44.77
床上用品	Bedding	67.92	166.09	147.67	123.37	127.37
家庭日用杂品	Household Articles of Daily Use	190.89	243.81	240.10	296.68	329.87
家具材料	Furniture Material	4.70	2.70	12.89	31.82	64.27
家庭服务	Household Services	30.21	37.93	116.61	161.28	104.54
医疗保健	Medicine and Medical Services	836.90	1361.54	1187.57	1841.46	1778.37
医疗器具	Medical Appliances	26.65	10.25	14.93	27.68	13.06
保健器具	Setting-up Apparatus	6.95	15.83	15.09	74.58	15.85
药品费	Drugs Fee	451.44	562.38	517.92	770.53	771.66
滋补保健品	Nutritious and Heath Food	88.24	141.46	185.20	296.94	367.93
医疗费	Medical Expenses	248.75	606.10	426.61	641.19	597.24
其　他	Others	14.86	25.52	27.82	30.54	12.63
交通和通信	Transportation and Communications	1218.83	1709.97	2255.13	3644.64	4698.14
交　通	Transportation	485.45	882.24	1160.58	2505.43	3391.17
通　信	Communications	733.38	827.73	1094.55	1139.20	1306.97
教育文化娱乐服务	Recreation, Education and Cultural Services	1569.46	2162.59	2534.41	3296.24	4021.43
文化娱乐用品	Recreation Articles	379.29	620.16	670.32	902.00	1070.10
文化娱乐服务	Recreation Services	490.65	728.25	854.93	1368.85	1717.20
教　育	Education	699.52	814.19	1009.16	1025.39	1234.13
杂项商品和服务	Miscellaneous Commodities and Services	452.13	651.95	990.84	1184.47	1299.76
杂项商品	Miscellaneous Commodities	296.31	447.69	687.70	867.59	958.24
服　务	Services	155.81	204.26	303.14	316.88	341.52

9—12 按收入等级分的城镇居民家庭年人均消费性支出构成（2011年）
Composition of Per Capita Annual Living Expenditure of Urban Households by Income Scale (2011)

单位：%

项目	Item	总平均 Average	最低收入户 Lowest Income Households	#更低户 Lower Income Households	低收入户 Low Income Households	中等偏下户 Lower Middle Income Households
消费性支出	**Total Living Expenditures**	**100.00**	**100.00**	**100.00**	**100.00**	**100.00**
食　品	Food	39.80	45.85	48.72	43.42	45.07
衣　着	Clothing	10.40	8.75	7.47	9.79	11.10
居　住	Residence	11.39	10.06	11.90	10.24	9.00
家庭设备用品及服务	Household Facilities, Articles and Services	5.24	4.11	4.05	5.00	4.26
医疗保健	Medicine and Medical Services	6.89	8.52	9.64	5.98	6.38
交通和通信	Transportation and Communications	10.36	7.95	6.01	8.98	10.20
教育文化娱乐服务	Education, Cultural and Recreation Services	12.38	12.67	10.24	14.28	11.09
杂项商品和服务	Miscellaneous Commodities and Services	3.55	2.08	1.97	2.29	2.91

项目	Item	中等收入户 Middle Income Households	中等偏上户 Upper Middle Income Households	高收入户 High Income Households	最高收入户 Highest Income Households	#更高户 Higher Income Households
消费性支出	**Total Living Expenditures**	**100.00**	**100.00**	**100.00**	**100.00**	**100.00**
食　品	Food	44.34	38.73	35.59	26.78	22.62
衣　着	Clothing	11.05	10.44	11.56	8.78	7.89
居　住	Residence	7.73	9.03	11.00	24.51	32.27
家庭设备用品及服务	Household Facilities, Articles and Services	4.88	6.01	6.70	5.38	5.27
医疗保健	Medicine and Medical Services	6.57	8.28	5.99	6.39	4.82
交通和通信	Transportation and Communications	9.57	10.40	11.38	12.64	12.72
教育文化娱乐服务	Education, Cultural and Recreation Services	12.32	13.15	12.79	11.43	10.89
杂项商品和服务	Miscellaneous Commodities and Services	3.55	3.96	5.00	4.11	3.52

9—13 按收入等级分的城镇居民家庭平均每百户年末耐用消费品拥有量（2011年）

Number of Durable Consumer Goods Owned Per 100 Urban Households at Year-end by Level of Income (2011)

项目 Item		总平均 Average	最低收入户 Lowest Income Households	#更低户 Lower Income Households	低收入户 Low Income Households	中等偏下户 Lower Middle Income Households	中等收入户 Middle Income Households	中等偏上户 Upper Middle Income Households	高收入户 High Income Households	最高收入户 Highest Income Households	#更高户 Higher Income Households
摩托车（辆）Motorcycle	(unit)	18.33	18.37	6.00	16.96	20.07	19.39	20.86	11.45	14.50	14.80
助力车（辆）Strength-aid Cycle	(unit)	41.14	42.80	43.90	50.35	43.74	40.19	42.57	29.08	28.67	21.04
家用汽车（辆）Automobile	(unit)	9.20	0.58		8.64	8.85	8.11	9.53	13.55	21.21	26.32
洗衣机（台）Washing Machine	(unit)	94.93	87.58	79.95	92.41	91.56	99.40	96.37	100.47	100.32	101.63
电冰箱（台）Refrigerator	(unit)	96.15	82.94	69.50	88.41	99.00	99.72	99.19	100.19	100.10	102.03
彩电（台）Color TV Set	(unit)	140.13	110.18	103.80	116.99	143.02	148.56	142.74	163.20	162.51	169.17
家用电脑（台）Computer	(unit)	74.04	48.20	37.90	64.48	67.05	77.05	82.43	88.06	106.80	126.74
组合音响（套）Combined Acoustics	(set)	16.83	5.78	1.38	15.52	17.00	22.16	15.56	15.24	28.40	32.90
摄像机（架）Pickup Camera	(unit)	5.85	2.29	0.72	4.71	2.47	7.19	5.50	9.96	16.39	20.68
照相机（架）Camera	(unit)	32.21	10.22	5.83	15.06	25.95	34.83	43.33	45.34	64.15	74.49
钢琴（架）Piano	(unit)	1.45	1.07	1.67	2.29	0.23	1.51	1.39	1.59	4.28	5.20
微波炉（台）Microwave Oven	(unit)	61.03	32.45	19.89	48.31	56.61	71.68	66.99	73.74	85.26	87.65
空调器（台）Air Conditioner	(unit)	127.94	69.84	50.72	89.14	119.80	133.92	147.98	165.59	198.39	210.82
淋浴热水器（台）Shower	(unit)	89.54	71.47	61.75	84.90	87.93	93.04	94.26	99.33	99.00	101.66
消毒碗柜（台）Sterilizing Cupboard	(unit)	6.30	1.04	1.69	5.64	4.93	6.29	6.84	7.21	17.29	17.13
洗碗机（台）Dish Washer	(unit)	0.21				0.25	0.27	0.08		1.18	
健身器材（套）Setting-up Apparatus	(unit)	2.52	0.50	0.99	0.13	0.71	6.06	3.39	2.42	4.72	6.58
普通电话（部）Ordinary Telephone	(unit)	77.00	62.38	49.96	70.87	79.46	77.50	81.74	83.64	81.72	91.63
移动电话（部）Mobile Telephone	(unit)	190.09	151.02	147.07	188.44	188.10	194.76	197.83	205.33	212.17	216.02

9—14 按收入等级分的城镇居民家庭平均每人全年购买商品数量（2011年）
Per Capita Annual Purchases of Major Commodities of Urban Households by Level of Income (2011)

项目	Item	总平均 Average	最低收入户 Lowest Income Households	#更低户 Lower Income Households	低收入户 Low Income Households	中等偏下户 Lower Middle Income Households	中等收入户 Middle Income Households	中等偏上户 Upper Middle Income Households	高收入户 High Income Households	最高收入户 Highest Income Households	#更高户 Higher Income Households
粮食（千克）	Grain (kg)	89.62	68.24	65.55	83.57	87.00	95.10	97.59	101.23	104.29	110.74
淀粉及薯类(千克)	Starches and Tubers (kg)	8.75	6.57	5.77	7.36	8.43	9.34	9.82	10.38	10.74	11.20
干豆类及豆制品（元）	Dried Beans and Bean Products (yuan)	78.74	59.57	59.18	75.20	78.11	74.44	86.58	94.47	99.02	104.24
食用植物油(千克)	Edible Vegetable Oil (kg)	9.32	6.72	6.31	8.02	9.52	10.14	10.10	10.23	10.97	11.64
食用动物油（元）	Edible Animal Oil (yuan)	18.11	18.39	18.68	22.27	19.07	19.78	15.53	11.72	15.42	16.21
猪肉（千克）	Pork (kg)	20.47	14.02	13.34	16.95	20.71	20.99	23.38	24.05	26.10	27.26
牛肉（千克）	Beef (kg)	2.92	1.68	1.33	2.12	2.68	3.36	3.49	4.06	3.88	4.13
羊肉（千克）	Mutton (kg)	0.78	0.45	0.33	0.47	0.74	0.94	0.90	1.14	1.10	1.24
禽类（千克）	Poultry (kg)	11.21	7.29	6.79	9.19	10.19	11.64	14.47	13.32	14.65	15.44
鲜蛋（千克）	Fresh Eggs (kg)	13.51	9.68	8.70	11.22	13.51	14.33	15.13	15.46	16.80	17.91
鱼（千克）	Fish (kg)	9.78	6.51	6.44	8.39	9.53	10.08	11.46	11.58	12.62	13.72
虾（千克）	Shrimp (kg)	1.41	0.80	0.64	1.02	1.27	1.49	1.76	1.97	2.11	2.30
鲜菜（千克）	Fresh Vegetables (kg)	113.58	79.71	76.22	99.75	111.96	118.13	128.86	129.27	143.29	149.26
糖类（元）	Sugar (yuan)	40.15	23.61	21.79	33.12	35.93	42.87	50.09	49.97	57.86	57.97
烟草类（元）	Tobaccos (yuan)	392.64	213.65	194.48	281.21	351.50	434.88	496.12	491.94	620.46	649.47
白酒（千克）	Liquor (kg)	3.60	2.37	2.43	3.56	3.75	3.69	3.84	4.05	4.20	4.57
啤酒（千克）	Beer (kg)	8.29	5.97	6.89	6.79	9.23	9.17	8.52	8.83	8.57	9.35
鲜瓜果（千克）	Fresh Melons & Fruits (kg)	50.93	34.78	31.63	38.83	47.30	52.90	61.59	68.26	66.85	69.69
糕点（千克）	Cake (kg)	3.38	2.48	2.50	2.81	3.33	3.33	3.99	4.15	4.12	4.20
鲜乳品（千克）	Fresh Dairy Products (kg)	9.47	5.06	4.54	6.43	7.73	10.47	12.11	13.96	15.96	18.08
奶粉（千克）	Milk Powder (kg)	1.52	1.03	0.94	1.37	1.65	1.64	1.59	1.69	1.63	1.65
酸奶（千克）	Yogurt (kg)	9.86	7.09	6.87	7.84	9.15	11.37	11.03	11.40	12.97	13.61
洗衣机（台/百户）	Washing Machine (unit/100 household)	3.82	1.03	0.41	1.47	2.24	3.25	4.89	9.19	8.96	13.35
电冰箱（台/百户）	Refrigerator (unit/100 household)	4.40	1.31	0.09	1.20	3.83	8.51	3.16	5.54	7.91	12.89
空调器（台/百户）	Air Conditioners (unit/100 household)	6.44	1.00	0.62	2.38	3.97	5.37	10.76	12.68	13.06	17.95
移动电话（部/百户）	Mobile Telephone Subscribers (unit/100 household)	43.54	14.70	6.15	20.74	38.28	55.33	53.08	73.46	53.17	51.19
彩色电视机（台/百户）	Color Television Set (unit/100 household)	5.63	1.61	1.29	1.58	3.59	5.64	6.61	13.46	12.60	12.73
家用电脑（台/百户）	Computer (unit/100 household)	5.42	2.03	1.02	2.44	2.47	5.49	9.75	7.63	10.56	12.86

9—15 各市城镇居民家庭年人均现金收支（2011年）
Annual Per Capita Cash Income and Expenditure of Urban Households by Region (2011)

项　　目	Item	全　省 Proince Indices	合肥市 Hefei	淮北市 Huaibei	亳州市 Bozhou	宿州市 Suzhou
家庭总收入	**Total Income**	**20751.11**	**24828.29**	**20744.21**	**18685.16**	**18828.27**
#可支配收入	Disposable Income	18606.13	22458.91	17875.51	18099.15	17562.59
工资性收入	**Wages Income**	**12915.97**	**15637.15**	**13026.03**	**8558.96**	**10848.27**
工资及补贴收入	Wage and Subsidy Income	12620.39	15385.32	12379.47	8392.36	10619.97
其他劳动收入	Other Labor Income	295.58	251.83	646.56	166.59	228.30
经营性收入	**Net Income From Business**	**1874.45**	**3002.75**	**796.49**	**6817.55**	**874.25**
财产性收入	**Property Income**	**569.96**	**641.26**	**267.44**	**612.26**	**328.74**
利息收入	Interest	69.15	39.45	14.71	61.42	43.96
股息与红利收入	Dividend and Bonus	65.45	207.43	14.73	11.19	84.38
保险收益	Insurance Profits	3.03				
其他投资收入	Other Investment Income	181.19	45.99	9.15	88.33	40.74
出租房屋收入	Income from Hiring House	249.90	347.15	228.86	451.33	159.61
知识产权收入	Income From Intellectual Property Right					
其他财产收入	Other Property Income	1.23	1.24			0.05
转移性收入	**Transfer Income**	**5390.73**	**5547.12**	**6654.25**	**2696.40**	**6777.02**
养老金或离退休金	Pension for Old-age for Retired Persons	4246.65	4034.86	6191.57	1438.93	5638.84
社会救济收入	Social Relief	64.91	11.32	0.43	14.91	45.00
辞退金	Dismissal Income	4.30			30.57	
赔偿收入	Income From Compensation	2.93	13.15	0.55		
保险收入	Income From Insurance	39.25	25.41	19.26	13.51	5.30
赡养收入	Supporting Income	216.74	104.20	83.84	363.47	235.50
捐赠收入	Giving Income	428.98	974.11	46.57	642.97	280.06
提取住房公积金	Withdraw Housing Collective Accumulation Fund	245.13	273.05	238.15	86.21	433.15
记帐补贴	Account Subsidy	83.30	79.66	73.56	89.38	82.93
其他转移性收入	Other Transfer Income	58.54	31.36	0.32	16.45	56.23
出售财物收入	**Income From Selling Belongings**	**376.92**	**153.08**	**7.10**	**338.48**	**7.49**
出售住房收入	Income From Selling House	353.51	150.40	0.11	92.07	0.72
出售其他物品收入	Income From Selling Other Goods	23.40	2.69	6.99	246.41	6.77
借贷收入	**Loan Income**	**4540.38**	**4857.21**	**4057.63**	**2455.78**	**1784.95**
提取储蓄存款	Withdraw Saving Deposit	3710.66	4092.87	2895.33	1284.85	1702.85
借入款	Cash Borrowed	248.71	178.10	375.17	18.41	71.17
收回借出款	Paid-back Loan	181.45	141.43	36.80	730.10	1.08
收回储蓄性保险本金	Withdraw Saving Premium	18.92	26.65	73.92	7.15	6.06
兑售有价证券	Securities Cashed and Sold	11.39	0.96			3.79
收回投资本金	Withdraw Investment Principal	28.04	72.06		396.84	

单位：元（yuan）

蚌埠市 Bengbu	阜阳市 Fuyang	淮南市 Huainan	滁州市 Chuzhou	六安市 Luan	马鞍山市 Maanshan	芜湖市 Wuhu	宣城市 Xuancheng	铜陵市 Tongling	池州市 Chizhou	安庆市 Anqing	黄山市 Huangshan
19744.07	**19144.42**	**21182.27**	**19316.17**	**18835.31**	**30915.41**	**23158.74**	**20071.89**	**24634.84**	**20893.77**	**19847.48**	**20673.78**
18143.29	16686.00	18218.96	17917.77	17269.88	27329.40	21010.67	17994.64	21825.39	19133.04	18004.76	18669.02
11355.96	**13966.18**	**15909.13**	**11431.72**	**12916.57**	**17877.84**	**12470.76**	**11328.55**	**16176.57**	**14136.35**	**12310.57**	**13223.87**
11142.13	13554.78	15738.64	11150.27	12624.09	17362.97	12009.00	11174.43	16068.27	14006.46	11386.23	13054.41
213.83	411.40	170.49	281.45	292.48	514.87	461.76	154.12	108.30	129.89	924.34	169.46
1557.99	**1132.80**	**963.00**	**1847.92**	**1664.22**	**1750.97**	**2026.38**	**3041.77**	**2213.87**	**2831.15**	**1639.33**	**1206.39**
747.09	**622.67**	**296.42**	**756.99**	**316.72**	**2738.54**	**626.90**	**873.14**	**487.53**	**902.29**	**648.01**	**432.20**
57.39	42.83	97.89	235.77	59.97	41.43	119.93	127.27	152.82	111.46	67.71	68.42
59.16	75.61	48.49	42.22	49.65	81.58	23.74	116.79	101.90	38.71	28.33	38.63
		0.32					0.52				1.57
504.42	55.62	36.30	255.29	5.60	2417.71	38.58	18.49	96.79	64.45	250.30	65.71
126.12	448.62	113.42	172.74	193.67	197.77	444.65	610.08	136.02	687.67	301.67	257.87
			50.96	7.83	0.05						
6083.03	**3422.77**	**4013.72**	**5279.54**	**3937.80**	**8548.07**	**8034.71**	**4828.42**	**5756.86**	**3023.97**	**5249.57**	**5811.33**
4647.09	2723.99	2701.63	4042.56	3081.58	6392.11	6610.60	4014.55	4904.80	2208.92	4436.84	4834.54
56.35	52.38	84.93	64.40	18.19	11.61	30.27	26.99	28.78	36.75	56.84	186.99
	25.52					6.90				3.39	
	9.46				1.81						
25.01	8.52	129.36	95.94		173.19	59.33	49.73	28.15	17.87	40.64	9.96
211.66	222.15	57.34	322.90	215.25	153.27	192.08	105.53	168.70	35.91	174.34	68.55
695.31	178.35	531.57	517.17	393.94	909.08	274.03	276.42	157.12	68.74	379.29	408.94
402.32	109.56	299.66	78.04	131.88	818.95	557.42	182.89	429.54	161.09	9.86	33.93
	91.81	119.70	70.80	75.96	79.07	119.52	58.49	39.76	56.61	72.74	107.00
45.30	1.04	89.55	87.73	21.00	8.98	184.55	113.83		438.07	75.63	161.41
1505.80	**14.64**	**279.63**	**941.62**	**5.99**	**1114.89**	**766.80**	**1005.98**	**0.23**	**14.10**	**1874.38**	**45.61**
1355.97		271.98	910.80		1112.32	753.89	999.85			1859.97	
149.82	14.64	7.65	30.82	5.99	2.56	12.91	6.13	0.23	14.10	14.41	45.61
7350.66	**4120.30**	**7187.07**	**2870.41**	**2265.17**	**6596.34**	**4909.20**	**8031.50**	**5968.61**	**3984.83**	**3428.29**	**2898.78**
5758.90	3996.51	5806.31	2141.68	2107.84	5876.47	4311.05	3768.86	5275.67	3484.36	3094.24	2837.39
758.59	50.25	187.22	526.35	3.70	628.96	145.39	671.81	604.75	11.86	125.24	26.83
56.57	67.41	79.52	142.64	42.57	29.28	273.58	747.76	68.21	385.58	167.55	9.44
		19.72	59.70		0.09	28.98		18.17	1.45	3.35	4.29
	1.48	14.16	0.04		60.09	36.23	102.26				20.82
12.21	4.64			9.26			63.98		101.57	37.91	

9—15 续表 continued

项　目	Item	全　省 Proince Indices	合肥市 Hefei	淮北市 Huaibei	亳州市 Bozhou	宿州市 Suzhou
住房贷款	Housing Loan	246.10	345.03	646.84		
汽车贷款	Auto Loan					
教育贷款	Education Loan	11.68				
其他贷款	Other Loans	2.62		29.57	18.41	
其他借贷收入	Other Loan Income	80.81	0.12			
家庭总支出	**Total Expenditure**	**18830.03**	**21521.91**	**19515.59**	**14301.65**	**14907.58**
消费性支出	**Consumption Expenditure**	**13181.46**	**15697.09**	**12802.93**	**11349.50**	**10681.60**
#服务性消费支出	Service Consumption Expenditure	3413.37	4424.72	3110.89	2771.71	2761.58
财产性支出	**Property Expenditure**	**171.70**	**117.81**	**128.47**	**21.11**	**87.41**
转移性支出	**Transfer Expenditure**	**2291.37**	**2107.52**	**2331.37**	**1827.44**	**2462.88**
交纳的个人所得税	Individual Income Tax	63.94	66.48	44.03	2.22	11.83
捐赠支出	Expenditure Presented	1358.83	1357.03	1455.99	1318.41	1670.84
购买彩票	Buying Lottery Tickets	29.01	32.87	19.17	21.48	22.54
赡养支出	Expenditure of Alimony	688.71	482.47	777.07	381.15	665.47
各种非储蓄性保险支出	Non-saving Premium	87.91	154.78	17.92	96.98	46.59
其他转移性支出	Other Transfer Expenditure	62.98	13.87	17.18	7.19	45.62
社会保障费支出	**Social Protection Expenditure**	**1997.74**	**2223.24**	**2751.11**	**494.41**	**1170.92**
个人交纳的养老基金	Old-age Fund Paid	729.10	961.82	872.53	117.33	268.53
个人交纳的住房公积金	Housing Collective Accumulation Fund Paid	961.55	802.36	1382.81	298.81	742.80
个人交纳的医疗基金	Medical Fund Paid	222.21	376.17	267.48	68.39	140.75
个人交纳的失业基金	Unemployment Fund Paid	44.15	55.24	83.88	5.96	13.83
其他社会保障支出	Other Social Protection Expenditure	40.72	27.65	144.41	3.92	5.01
购房与建房支出	**Expenditure From Buying and Constructing House**	**1187.76**	**1376.25**	**1501.71**	**609.19**	**504.77**
购　房	Buying House	1169.44	1376.25	1501.71	153.45	324.50
建　房	Constructing House	18.32			455.74	180.28
借贷支出	**Loan Expenditure**	**5551.20**	**5310.47**	**3897.24**	**6880.21**	**4766.99**
存入储蓄存款	Depositing Money	4150.74	3156.43	3104.23	6582.53	3948.41
借出款	Cash Lent	170.98	162.85	18.95	52.48	
归还借款	Returning Borrowed Cash	241.90	122.51	168.35	42.26	348.42
储蓄性保险支出	Saving Premium Expenditure	111.85	147.67	55.44	45.01	
购买有价证券	Buying Securities	43.00	11.85	0.01		0.31
其他投资支出	Other Investment Expenditure	94.76	221.89	44.61	0.37	17.49
归还住房贷款	Returning Housing Loan	646.94	1407.05	317.18	150.57	444.17
归还汽车贷款	Returning Automobile Loan	21.44	58.67	152.89		
归还教育贷款	Returning Education Loan					
归还其他贷款	Returning Other Loans	25.04	21.53	28.15	6.99	
其他贷款支出	Other Loan Expenditure	44.54		7.43		8.20

单位：元（yuan）

蚌埠市 Bengbu	阜阳市 Fuyang	淮南市 Huainan	滁州市 Chuzhou	六安市 Luan	马鞍山市 Maanshan	芜湖市 Wuhu	宣城市 Xuancheng	铜陵市 Tongling	池州市 Chizhou	安庆市 Anqing	黄山市 Huangshan
706.23		981.34				113.97	689.68				
12.77		5.04			1.45						
3.48								1.82			
41.90		93.77		101.80			1987.15				
19558.31	**18524.09**	**21555.46**	**16421.84**	**17714.12**	**24700.85**	**21373.23**	**19788.52**	**22226.69**	**16889.60**	**17019.01**	**17485.97**
12565.88	**12884.62**	**12781.58**	**13343.92**	**12993.10**	**15814.54**	**15009.28**	**13530.62**	**15629.76**	**12824.32**	**12317.30**	**13144.29**
3372.35	3396.57	3343.86	3245.30	3185.21	4103.31	3929.57	3574.82	4267.94	3177.03	3001.36	3418.40
225.95	**62.53**	**167.33**	**30.30**	**44.11**	**118.23**	**133.57**	**549.84**	**251.27**	**54.28**	**79.63**	**377.57**
2384.20	**2930.52**	**2615.24**	**1751.22**	**3198.43**	**2352.51**	**2255.84**	**2908.72**	**1856.08**	**2321.49**	**1963.63**	**2155.59**
55.30	67.49	169.79	31.20	10.99	168.13	59.42	65.20	54.75	14.60	20.34	89.25
1315.73	2209.38	1587.50	1267.82	1757.43	1216.52	1272.12	1809.03	875.41	989.00	888.50	984.64
16.66	44.12	12.73	16.47	37.49	24.56	16.94	15.98	11.95	8.64	7.46	19.50
655.80	464.35	685.59	397.75	1304.28	745.18	488.38	944.18	860.15	1204.10	921.07	1003.95
59.71	56.37	121.87	24.83	34.95	165.23	76.22	25.96	37.07	23.24	97.00	47.48
281.01	88.81	37.76	13.14	53.29	32.88	342.76	48.37	16.76	81.91	29.26	10.77
1545.49	**2299.12**	**2673.83**	**1296.40**	**1478.48**	**3338.81**	**1969.14**	**1953.56**	**2714.93**	**1689.51**	**1749.64**	**1808.52**
697.06	728.15	1071.12	466.51	308.46	1137.14	852.11	493.22	714.49	320.03	603.83	487.17
626.06	1222.81	1205.22	472.90	968.42	1708.86	780.06	1239.97	1647.97	1158.17	873.85	1144.12
174.69	249.29	263.82	231.26	183.54	295.93	298.07	171.56	252.60	200.42	201.70	148.07
38.14	38.77	101.09	55.21	13.48	125.11	35.01	23.92	55.06	8.94	31.65	22.28
9.54	60.10	32.58	70.53	4.57	71.78	3.88	24.90	44.81	1.95	38.62	6.86
2836.79	**347.29**	**3317.49**			**3076.77**	**2005.41**	**845.79**	**1774.64**		**908.81**	
2836.79	347.29	3317.49			3076.77	2005.41	845.79	1774.64		908.81	
9156.28	**3312.74**	**7020.20**	**4839.91**	**3077.73**	**12824.84**	**6818.14**	**6939.88**	**5515.93**	**7658.33**	**6472.43**	**3914.10**
7073.28	2879.67	5305.81	3280.29	2297.20	11696.01	5635.64	3411.10	3551.07	6320.85	5658.01	2167.93
743.45	72.93	388.36	137.51	29.22	58.57	12.89	186.50	141.50	88.98	71.77	3.58
169.26	20.84	259.85	723.70	168.99	149.03	211.88	998.19	73.78	165.30	120.56	345.11
206.06	16.84	214.70	49.08	126.47	147.54	84.35	81.96	371.26	473.52	69.82	250.47
119.70	34.73	44.29	21.09		48.36	48.95	398.90	99.61		71.41	64.03
56.02	165.65	111.75	286.57		99.26		199.54	156.80	13.07	173.62	41.50
773.85	122.07	485.65	234.36	419.79	614.21	747.98	937.11	754.34	452.05	296.01	1022.41
		2.10			4.74	5.22	82.62			7.40	19.08
14.66		19.91	107.31	22.96	7.13		45.45	320.34	29.02	3.83	
		187.77		13.11		71.23	598.51	47.24	115.54		

9—16 按收入等级分的城镇居民家庭就业人员年均收入（2011年）
Annual Per Capita Income of Employees of Urban Households by Level of Income (2011)

单位：元（yuan）

项　目	Item	工资性收入 Wages Income	#工资及补贴收入 Wage and Subsidy Income	#其他劳动收入 Part-time Income	经营净收入 Mangement Income
总平均	**Average**	**12915.97**	**12620.39**	**295.58**	**1874.45**
最低收入户	Lowest Income Households	5541.14	5234.70	306.44	1215.17
#更低户	Lower Income Households	4844.66	4603.53	241.13	776.52
低收入户	Low Income Households	8363.22	7946.93	416.30	938.75
中等偏下户	Lower Middle Income Households	9085.54	8910.30	175.24	2011.25
中等收入户	Middle Income Households	13104.68	12865.60	239.08	1389.21
中等偏上户	Upper Middle Income Households	17713.93	17462.78	251.16	1452.71
高收入户	High Income Households	22637.73	22265.50	372.23	2675.77
最高收入户	Highest Income Households	26583.51	25904.67	678.84	6046.86
#更高户	Higher Income Households	31783.07	30917.14	865.93	7628.05

9—17 各市城镇居民家庭就业人员年均收入情况（2011年）
Annual Per Capita Income of Employees of Urban Households by Level of Income by Region (2011)

单位：元（yuan）

地　区	Region	工资性收入 Wages Income	#工资及补贴收入 Wage and Subsidy Income	#其他劳动收入 Part-time Income	经营净收入 Mangement Income
全　省	**Proince Indices**	**12915.97**	**12620.39**	**295.58**	**1874.45**
合肥市	Hefei	15637.15	15385.32	251.83	3002.75
淮北市	Huaibei	13026.03	12379.47	646.56	796.49
亳州市	Bozhou	8558.96	8392.36	166.59	6817.55
宿州市	Suzhou	10848.27	10619.97	228.30	874.25
蚌埠市	Bengbu	11355.96	11142.13	213.83	1557.99
阜阳市	Fuyang	13966.18	13554.78	411.40	1132.80
淮南市	Huainan	15909.13	15738.64	170.49	963.00
滁州市	Chuzhou	11431.72	11150.27	281.45	1847.92
六安市	Luan	12916.57	12624.09	292.48	1664.22
马鞍山市	Maanshan	17877.84	17362.97	514.87	1750.97
芜湖市	Wuhu	12470.76	12009.00	461.76	2026.38
宣城市	Xuancheng	11328.55	11174.43	154.12	3041.77
铜陵市	Tongling	16176.57	16068.27	108.30	2213.87
池州市	Chizhou	14136.35	14006.46	129.89	2831.15
安庆市	Anqing	12310.57	11386.23	924.34	1639.33
黄山市	Huangshan	13223.87	13054.41	169.46	1206.39

9—18 各市城镇居民平均每人全年家庭收入来源（2011年）
Per Capita Annual Income in Urban Residents by Source and by Region (2011)

单位：元（yuan）

地 区	Region	家庭总收入 Total Income	#可支配收入 Disposable Income	工资性收入 Wages Income	经营性收入 Management Income	财产性收入 Income From Property	转移性收入 Transfer Income
全 省	**Proince Indices**	**20751.11**	**18606.1**	**12915.97**	**1874.45**	**569.96**	**5390.73**
合肥市	Hefei	24828.29	22458.9	15637.15	3002.75	641.26	5547.12
淮北市	Huaibei	20744.21	17875.5	13026.03	796.49	267.44	6654.25
亳州市	Bozhou	18685.16	18099.2	8558.96	6817.55	612.26	2696.40
宿州市	Suzhou	18828.27	17562.6	10848.27	874.25	328.74	6777.02
蚌埠市	Bengbu	19744.07	18143.3	11355.96	1557.99	747.09	6083.03
阜阳市	Fuyang	19144.42	16686.0	13966.18	1132.80	622.67	3422.77
淮南市	Huainan	21182.27	18219.0	15909.13	963.00	296.42	4013.72
滁州市	Chuzhou	19316.17	17917.8	11431.72	1847.92	756.99	5279.54
六安市	Luan	18835.31	17269.9	12916.57	1664.22	316.72	3937.80
马鞍山市	Maanshan	30915.41	27329.4	17877.84	1750.97	2738.54	8548.07
芜湖市	Wuhu	23158.74	21010.7	12470.76	2026.38	626.90	8034.71
宣城市	Xuancheng	20071.89	17994.6	11328.55	3041.77	873.14	4828.42
铜陵市	Tongling	24634.84	21825.4	16176.57	2213.87	487.53	5756.86
池州市	Chizhou	20893.77	19133.0	14136.35	2831.15	902.29	3023.97
安庆市	Anqing	19847.48	18004.8	12310.57	1639.33	648.01	5249.57
黄山市	Huangshan	20673.78	18669.0	13223.87	1206.39	432.20	5811.33

9—19 各市城镇居民家庭平均每人全年消费性支出（2011年）
Per Capita Annual Living Expenditure of Urban Residents by Region (2011)

单位：元（yuan）

地 区	Region	消费性支出 Living Expenditure	#服务性消费支出 Service Consumption Expenditure	食品 Food	粮油类 Grain and Oil	肉禽蛋水产品类 Meat, Poultry and Related Products Eggs Aquatic Products	蔬菜类 Vegetables	调味品 Condiment	糖烟酒饮料类 Sugar, Tobacco, Liquor and Beverages	干鲜瓜果类 Dried and Fresh Fruits
全 省	**Proince Indices**	**13181.46**	**3413.37**	**5246.76**	**704.59**	**1372.41**	**538.66**	**43.21**	**843.48**	**351.57**
合肥市	Hefei	15697.09	4424.72	5969.62	666.62	1498.55	528.51	45.82	1105.57	379.56
淮北市	Huaibei	12802.93	3110.89	5566.41	869.53	1485.50	520.23	54.36	789.04	342.96
亳州市	Bozhou	11349.50	2771.71	4310.64	691.67	1024.86	424.89	67.43	709.71	254.32
宿州市	Suzhou	10681.60	2761.58	4489.05	648.63	1399.68	570.06	39.48	385.07	313.23
蚌埠市	Bengbu	12565.88	3372.35	5287.36	645.64	1413.48	405.70	40.95	788.15	354.54
阜阳市	Fuyang	12884.62	3396.57	5073.01	607.51	1266.72	500.93	44.56	666.66	356.10
淮南市	Huainan	12781.58	3343.86	5192.59	639.79	1340.44	423.22	38.92	792.95	356.39
滁州市	Chuzhou	13343.92	3245.30	5279.58	684.54	1427.72	613.61	41.63	826.80	368.97
六安市	Luan	12993.10	3185.21	5350.38	645.50	1402.19	516.96	38.81	1033.27	304.69
马鞍山市	Maanshan	15814.54	4103.31	5964.33	717.02	1651.17	658.91	50.02	1103.10	441.28
芜湖市	Wuhu	15009.28	3929.57	5742.40	738.09	1700.50	656.57	48.08	894.69	365.62
宣城市	Xuancheng	13530.62	3574.82	5450.35	650.17	1368.72	611.64	42.77	905.67	385.50
铜陵市	Tongling	15629.76	4267.94	6236.08	678.88	1586.43	707.05	46.67	926.50	455.59
池州市	Chizhou	12824.32	3177.03	4904.64	569.74	1100.73	658.06	26.78	896.14	329.92
安庆市	Anqing	12317.30	3001.36	5465.75	640.62	1482.67	742.04	39.53	997.74	311.00
黄山市	Huangshan	13144.29	3418.40	5195.17	715.04	1353.47	557.13	38.50	681.81	364.10

9—19 续表1 continued

单位：元（yuan）

地 区 Region	糕点、奶及奶制品 Cakes, Milk and Dairy Products	其他食品 Other Food	饮食服务 Catering Services	衣 着 Clothing	服 装 Garments	衣着材料 Clothing Materials	鞋 类 Foot ware	其他衣着用品 Other Clothing Articles	衣着加工服务费 Clothing Processing Fee
全 省 Proince Indices	**378.56**	**90.84**	**923.45**	**1371.01**	**954.30**	**11.56**	**338.06**	**56.89**	**10.20**
合 肥 市 Hefei	472.77	80.20	1192.02	1674.14	1188.08	9.20	399.48	68.25	9.13
淮 北 市 Huaibei	350.14	99.33	1055.33	1341.28	883.11	7.43	351.93	82.28	16.53
亳 州 市 Bozhou	222.68	134.83	780.26	1473.61	952.46	8.70	385.95	117.68	8.81
宿 州 市 Suzhou	246.43	124.90	761.55	1048.55	724.35	7.50	254.54	47.35	14.81
蚌 埠 市 Bengbu	383.35	95.77	1159.79	1184.27	822.60	20.69	303.73	31.99	5.26
阜 阳 市 Fuyang	296.93	110.14	1223.47	1536.29	1007.64	17.86	402.96	96.05	11.78
淮 南 市 Huainan	344.29	84.24	1172.34	1303.73	935.69	8.77	328.90	24.57	5.80
滁 州 市 Chuzhou	310.97	185.30	820.04	1443.57	987.71	14.93	335.11	93.33	12.50
六 安 市 Luan	322.02	58.56	1028.39	1578.58	1106.54	10.08	407.51	43.00	11.45
马鞍山市 Maanshan	483.66	125.43	733.72	1505.03	991.30	12.17	402.24	87.07	12.25
芜 湖 市 Wuhu	389.08	86.85	862.93	1457.89	1020.86	9.20	370.77	44.97	12.11
宣 城 市 Xuancheng	328.75	106.45	1050.70	1480.65	1075.83	12.25	341.84	41.68	9.05
铜 陵 市 Tongling	412.60	175.38	1246.98	1797.08	1300.03	11.02	408.50	65.06	12.47
池 州 市 Chizhou	406.10	122.32	794.84	1769.19	1299.00	5.42	387.78	59.44	17.56
安 庆 市 Anqing	315.22	123.99	812.95	1238.91	827.67	8.49	324.85	70.89	7.01
黄 山 市 Huangshan	477.03	149.92	858.16	1475.19	1094.64	12.06	307.28	49.00	12.20

地 区 Region	家庭设备用品及服务 Houshold Facilities, Articles and Services	耐用消费品 Durable Consumer Goods	室内装饰品 Interior Furnishing Articles	床上用品 Bedding	家庭日用杂品 Household Articles For Daily Use	家具材料 Furniture Material	家庭服务 Household Services	医疗保健 Medical and Medical Services	医疗器具 Medical Appliances
全 省 Proince Indices	**690.66**	**339.24**	**32.30**	**83.51**	**191.91**	**6.53**	**37.18**	**907.58**	**10.53**
合 肥 市 Hefei	661.86	285.31	31.39	78.86	194.22	4.53	67.54	909.79	8.39
淮 北 市 Huaibei	591.49	300.99	26.64	51.50	175.15	2.42	34.81	964.91	17.82
亳 州 市 Bozhou	512.89	192.74	47.01	102.62	164.00		6.52	839.30	9.36
宿 州 市 Suzhou	707.58	404.17	54.97	87.82	138.01		22.60	864.75	5.87
蚌 埠 市 Bengbu	605.90	297.87	24.83	60.71	202.47	0.92	19.10	925.19	11.04
阜 阳 市 Fuyang	748.82	419.45	42.40	113.28	157.40	1.40	14.89	845.97	12.95
淮 南 市 Huainan	801.95	454.14	22.02	77.43	228.61	0.10	19.64	721.95	31.59
滁 州 市 Chuzhou	771.09	304.79	74.44	95.09	287.13		9.64	814.98	8.23
六 安 市 Luan	876.08	533.76	25.17	83.30	208.32	4.22	21.31	735.14	6.76
马鞍山市 Maanshan	741.80	414.38	12.63	99.95	176.31	1.36	37.18	1040.15	9.98
芜 湖 市 Wuhu	1086.17	595.98	51.21	109.51	220.69	3.46	105.32	796.98	21.34
宣 城 市 Xuancheng	860.38	435.31	42.41	92.55	234.79		55.32	742.81	3.34
铜 陵 市 Tongling	672.60	278.56	12.94	103.65	164.18	70.63	42.63	581.61	1.72
池 州 市 Chizhou	790.11	325.29	20.92	114.64	249.06	2.27	77.92	429.99	0.14
安 庆 市 Anqing	537.10	188.77	17.40	58.25	160.60	5.81	106.27	732.37	6.60
黄 山 市 Huangshan	658.41	317.24	56.66	51.65	197.99	1.48	33.38	992.77	5.02

9—19 续表2 continued

单位：元（yuan）

地区 Region	保健器具 Setting-up Apparatus	药品费 Drugs	滋补保健品 Nutritious and Health Food	医疗费 Medical Expenses	交通和通信 Transportation and Communications	交通 Transportation	通信 Communications	教育文化娱乐服务 Recreation Education and Cultural Services	文化娱乐用品 Recreation Articles
全　省 Proince Indices	**11.18**	**443.88**	**102.46**	**323.06**	**1365.01**	**677.96**	**687.06**	**1631.28**	**374.24**
合肥市 Hefei	7.60	421.41	94.66	361.90	2337.07	1375.77	961.30	2122.74	496.47
淮北市 Huaibei	6.04	549.53	131.05	221.89	1269.40	494.26	775.14	1360.46	387.26
亳州市 Bozhou	7.68	472.28	79.05	267.43	1104.76	412.95	691.81	1252.33	307.39
宿州市 Suzhou	9.20	374.89	108.91	339.74	841.54	305.81	535.73	1354.02	267.13
蚌埠市 Bengbu	21.51	538.69	88.82	260.05	1198.82	554.20	644.62	1460.98	292.41
阜阳市 Fuyang	4.57	458.31	86.22	264.70	1234.38	438.78	795.60	1496.75	402.42
淮南市 Huainan	7.08	336.96	85.02	253.13	1312.06	646.84	665.22	1660.28	424.99
滁州市 Chuzhou	32.68	306.76	110.90	317.24	1253.77	555.41	698.36	1663.71	426.68
六安市 Luan	5.23	351.95	32.49	328.96	1364.03	674.00	690.03	1570.22	589.88
马鞍山市 Maanshan	10.33	486.69	93.38	377.03	2143.74	1397.30	746.44	2591.61	497.29
芜湖市 Wuhu	6.80	385.00	92.90	286.41	1767.94	935.40	832.54	2114.96	589.69
宣城市 Xuancheng	3.43	423.95	79.82	224.37	1436.50	636.13	800.37	1792.19	389.89
铜陵市 Tongling	4.75	262.61	56.45	237.78	1721.89	951.24	770.65	2111.64	435.90
池州市 Chizhou	22.61	144.76	112.84	140.23	1307.91	657.39	650.52	1841.04	426.43
安庆市 Anqing	1.30	374.75	49.89	269.41	1171.53	496.81	674.72	1588.95	401.28
黄山市 Huangshan	9.75	386.33	132.69	436.37	1288.98	591.06	697.92	1684.28	441.27

地区 Region	文化娱乐服务 Recreation Services	教育 Education	居住 Residence	住房 Housing	水电燃料及其他 Water, Electricity, Fuels and Others	居住服务费 Living Service Fee	杂项商品和服务 Miscellaneous Commodities and Services	杂项商品 Miscellaneous Commodities	服务 Services
全　省 Proince Indices	**480.14**	**776.90**	**1501.39**	**726.87**	**661.03**	**113.49**	**467.77**	**312.52**	**155.26**
合肥市 Hefei	656.30	969.97	1360.57	431.70	701.93	226.94	661.30	503.33	157.97
淮北市 Huaibei	322.94	650.26	1330.70	696.05	582.29	52.36	378.27	235.45	142.82
亳州市 Bozhou	388.95	555.99	1274.43	420.97	732.28	121.18	581.53	358.81	222.72
宿州市 Suzhou	475.70	611.19	1011.72	269.71	630.10	111.91	364.39	184.80	179.59
蚌埠市 Bengbu	491.59	676.98	1485.15	718.85	682.47	83.83	418.22	280.91	137.31
阜阳市 Fuyang	346.09	748.24	1376.71	543.00	708.14	125.57	572.68	342.25	230.43
淮南市 Huainan	518.21	717.09	1323.66	752.22	509.73	61.71	465.37	328.87	136.49
滁州市 Chuzhou	454.09	782.93	1396.97	738.91	543.95	114.10	720.25	489.48	230.78
六安市 Luan	375.72	604.62	1007.07	262.30	663.06	81.71	511.60	308.63	202.96
马鞍山市 Maanshan	817.59	1276.73	1253.69	545.52	607.75	100.42	574.19	377.24	196.95
芜湖市 Wuhu	764.01	761.25	1399.24	596.66	707.77	94.81	643.70	424.53	219.17
宣城市 Xuancheng	678.19	724.11	1134.00	386.34	654.22	93.44	633.74	430.58	203.16
铜陵市 Tongling	585.50	1090.24	1997.43	1239.57	703.15	54.71	511.44	331.07	180.37
池州市 Chizhou	445.18	969.43	1270.48	461.75	627.62	181.11	510.96	373.60	137.37
安庆市 Anqing	448.87	738.79	1091.89	304.82	709.86	77.22	490.81	338.76	152.05
黄山市 Huangshan	427.75	815.26	1295.69	444.79	721.85	129.05	553.80	372.47	181.33

9—20 各市城镇居民家庭平均每百户年末耐用消费品拥有量（2011年）

Number of Major Durable Consumer Goods Owned Per 100 Urban Households at the Year-end by Region (2011)

地　区	Region	摩托车（辆）Motorcycle (unit)	助力车（辆）Strength-aid Cycle (unit)	家用汽车（辆）Automobile (unit)	洗衣机（台）Washing Machine (unit)	电冰箱（台）Refrigerator (unit)	彩色电视机（台）Color TV Set (unit)	家用电脑（台）Computer (unit)	组合音响（套）Combined Acoustics (set)	摄像机（架）Pickup Camera (unit)
全　省	**Proince Indices**	**18.33**	**41.14**	**9.20**	**94.93**	**96.15**	**140.13**	**74.04**	**16.83**	**5.85**
合肥市	Hefei	10.75	42.50	15.00	98.50	100.75	137.25	82.50	17.75	10.00
淮北市	Huaibei	6.67	14.29	5.71	95.24	97.14	117.14	66.67	13.33	4.76
亳州市	Bozhou	28.00	111.00	9.00	106.00	97.00	134.00	74.00	8.00	4.00
宿州市	Suzhou	18.00	42.00	1.00	97.00	86.00	116.00	48.00	11.00	4.00
蚌埠市	Bengbu	6.21	13.04	4.97	97.52	97.52	145.34	74.53	9.94	8.07
阜阳市	Fuyang	9.00	55.00	8.00	101.00	91.00	134.00	77.00	23.00	5.00
淮南市	Huainan	12.96	21.03	3.91	98.04	99.27	149.63	73.84	16.14	4.65
滁州市	Chuzhou	24.00	57.00	3.00	108.00	97.00	146.00	57.00	11.00	6.00
六安市	Luan	36.00	40.00	5.00	93.00	98.00	148.00	66.00	17.00	5.00
马鞍山市	Maanshan	17.04	57.56	9.65	99.04	100.32	142.77	75.24	20.58	9.65
芜湖市	Wuhu	8.61	46.36	11.92	96.69	99.34	159.60	85.43	17.22	4.64
宣城市	Xuancheng	22.84	17.28	10.49	98.15	101.23	153.09	78.40	11.73	7.41
铜陵市	Tongling	16.50	18.00	13.00	94.50	99.00	143.50	74.50	20.00	8.50
池州市	Chizhou	14.00	61.00	7.00	98.00	101.00	122.00	99.00	12.00	2.00
安庆市	Anqing	25.87	61.69	6.97	94.53	99.00	134.33	71.14	11.94	3.98
黄山市	Huangshan	26.09	60.87	6.96	91.30	95.65	157.39	81.74	12.17	3.48

地　区	Region	照相机（架）Camera (unit)	钢琴（架）Piano (unit)	微波炉（台）Microwave Oven (unit)	空调器（台）Air Conditioner (unit)	淋浴热水器（个）Shower (unit)	消毒碗柜（台）Sterilizing Cupboard (unit)	洗碗机（台）Dish Washer (unit)	健身器材（套）Setting-up Apparatus (set)	普通电话（部）Ordinary Telephone (unit)	移动电话（部）Mobile Telephone (unit)
全　省	**Proince Indices**	**32.21**	**1.45**	**61.03**	**127.94**	**89.54**	**6.30**	**0.21**	**2.52**	**77.00**	**190.09**
合肥市	Hefei	41.00	3.00	77.25	156.75	97.50	11.00	0.50	2.00	65.25	196.50
淮北市	Huaibei	18.10		43.81	119.05	84.76	5.71		2.86	82.86	163.81
亳州市	Bozhou	22.00	1.00	31.00	114.00	46.00	5.00		1.00	82.00	210.00
宿州市	Suzhou	11.00		44.00	95.00	70.00	4.00		2.00	87.00	147.00
蚌埠市	Bengbu	21.74	1.24	73.91	135.40	96.27	1.24		0.62	75.78	188.20
阜阳市	Fuyang	41.00	2.00	59.00	123.00	79.00	1.00		4.00	72.00	205.00
淮南市	Huainan	27.87	1.71	65.77	132.03	96.33	0.73		2.20	67.97	217.85
滁州市	Chuzhou	37.00	2.00	79.00	129.00	98.00	4.00	1.00	4.00	72.00	185.00
六安市	Luan	32.00	4.00	58.00	131.00	107.00	9.00		6.00	77.00	195.00
马鞍山市	Maanshan	48.23	1.61	82.96	161.74	100.64	6.75	0.96	3.54	83.92	174.60
芜湖市	Wuhu	33.77	2.65	72.85	162.91	99.34	11.92	0.66	3.97	83.44	173.51
宣城市	Xuancheng	43.83	1.85	67.28	180.25	88.89	16.05	0.62	3.70	80.86	184.57
铜陵市	Tongling	35.00	2.50	66.00	158.50	101.50	7.00	0.50	2.50	86.00	186.00
池州市	Chizhou	42.00	1.00	59.00	182.00	111.00	7.00	1.00	2.00	72.00	231.00
安庆市	Anqing	27.36	1.99	55.72	141.79	86.57	7.96		1.49	74.63	176.62
黄山市	Huangshan	39.13	1.74	56.52	122.61	89.57	12.17		1.74	77.39	220.87

9—21 城镇居民家庭居住情况
Living Condition of Urban Households

单位：%

项目	Item	2000	2005	2009	2010	2011
按房屋产权分	**Grouped by Property of Dwelling**	**100.00**	**100.00**	**100.00**	**100.00**	**100.00**
租赁公房	Rented Public House	16.06	5.44	2.63	2.04	2.92
租赁私房	Rented Private House	2.40	2.34	3.13	2.70	3.86
原有私房	Original Private House		17.67	14.42	15.16	12.98
房改私房	Private House of Housing Reform	72.23	49.72	41.69	40.69	35.10
商品房	Commercial House		22.78	34.66	36.20	41.91
其　他	Others	9.31	2.05	3.47	3.21	3.23
按住宅建筑式样分	**Grouped by the Type of Residential Building**	**100.00**	**100.00**	**100.00**	**100.00**	**100.00**
单栋住宅	Independent House	1.89	3.21	6.57	8.76	3.50
四居室	Four Rooms	1.37	1.45	2.23	1.85	2.14
三居室	Three Rooms	22.29	25.99	26.79	29.14	32.10
二居室	Two Rooms	34.86	42.09	48.82	46.24	46.69
一居室	Single Room	5.71	4.28	3.91	3.30	3.08
普通楼房	Ordinary Stored Building	11.54	8.96	7.03	6.39	8.53
平房及其他	Single-store House and Others	22.34	14.01	4.65	4.33	3.95
按饮水情况分	**Grouped by Water Drinking**		**100.00**	**100.00**	**100.00**	**100.00**
自来水	Tap Water		87.73	96.33	97.21	98.48
矿泉水	Mineral Water		0.24	0.15	0.11	0.06
纯净水	Pure Water		8.30	2.11	2.09	0.99
井、河水	Well Water or River Water		3.73	1.08	0.57	0.47
其　他	Others			0.33	0.03	
按用水情况分	**Grouped by Water Usage**		**100.00**	**100.00**	**100.00**	**100.00**
独用自来水	Tap Water for Sole Use	91.60	91.15	98.39	99.29	99.46
公用自来水	Public Tap Water	5.10	1.14	0.20	0.11	0.04
井、河水	Well Water or River Water		7.55	1.29	0.38	0.35
其　他	Others		0.16	0.12	0.23	0.14
按卫生设备分	**Grouped by Sanitary Equipment**	**100.00**	**100.00**	**100.00**	**100.00**	**100.00**
无卫生设施	Without Sanitary Equipment	25.54	12.40	4.00	2.78	3.28
有浴室厕所	With Bathroom and Toilet	52.63	72.46	86.57	88.37	91.79
有厕所无浴室	With Toilet But No Bathroom	19.03	13.78	7.97	7.39	4.67
公　用	Public Sanitary Equipment	2.80	1.36	1.46	1.46	0.26
按取暖设备分	**Grouped by Heater**	**100.00**	**100.00**	**100.00**	**100.00**	**100.00**
无取暖设备	Without Heater	81.38	40.27	27.53	23.86	17.24
空调设备	Air Conditioner	16.03	51.46	68.59	72.06	78.54
暖　气	Heating Installation	1.73	2.25	2.53	2.49	3.05
其　他	Others	0.86	6.02	1.35	1.59	1.17
按炊用燃料使用情况分	**Grouped by Cooking Usage**	**100.00**	**100.00**	**100.00**	**100.00**	**100.00**
管道煤气、天然气	Pipeline petroleum Gas	22.91	22.69	34.16	42.56	49.81
液化石油气	Liquefied Petroleum	48.06	49.95	46.16	46.37	43.77
煤	Coal	28.51	26.83	16.95	9.62	4.12
其　他	Others	0.51	0.53	2.73	1.44	2.30
信息化情况	**Information of the Situation**					
接入互联网移动电话	Access Internet Mobile Phone					19.58
接入有线电视网络电视机	Access the Cable Network TV					97.06
接入互联网计算机	Access Internet Computer					55.82

9—22 农村居民家庭基本情况
Basic Conditions of Rural Households

项 目	Item	1995	2000	2005	2010	2011
调查户数 (户)	**Number of Households Surveyed (household)**	**3100**	**3100**	**3100**	**3100**	**3100**
常住人口 (人)	Number of Permanent Residents in the Households Surveyed (person)	13777	12950	12637	12491	12036
平均每户常住人口 (人)	Average Number of Permanent Residents per Household (person)	4.44	4.18	4.08	4.03	3.88
平均每户整半劳力 (人)	Average Number of Able-bodied and Semi-able-bodied Laborers per Household (person)	3.00	2.76	2.83	2.89	2.82
平均每个劳动力负担人口(含本人) (人)	Average Number of Persons Supported by a Laborer (including the laborer himself of herself) (person)	1.48	1.51	1.45	1.39	1.38
平均每人年收入 (元)	**Per Capita Annual Income (yuan)**					
总收入	Total Revenue	2016.35	2585.56	3669.00	6895.62	8469.10
工资性收入	Wages Income	234.21	547.83	1010.05	2203.94	2723.17
家庭经营收入	Household Business Income	1688.53	1910.31	2471.25	4145.98	5059.63
财产性收入	Property Income	35.39	24.70	44.91	141.95	105.96
转移性收入	Transfer Income	58.22	102.71	142.80	403.76	580.34
现金收入	Cash Income	1367.72	1901.60	3043.19	5959.79	7464.46
工资性收入	Wages Income	233.87	547.20	1009.70	2201.62	2721.17
家庭经营收入	Household Business Income	1041.42	1230.52	1872.49	3259.33	4128.89
财产性收入	Property Income	20.94	23.15	25.88	103.16	56.79
转移性收入	Transfer Income	71.48	100.74	135.12	395.69	557.61
平均每人年支出 (元)	**Per Capita Annual Expenditures (yuan)**					
总支出	Total Expenditure	1855.83	2045.56	3360.35	5909.58	7602.86
家庭经营费用支出	Expendititure for Household Business	568.97	452.22	861.60	1357.76	1829.46
购置生产性固定资产	Purchasing Productive Fixed Assets	66.06	53.66	108.86	150.57	174.76
税费支出	Expendititure for Tax and Fee	97.10	93.28	14.61	7.98	10.63
生活消费支出	Expendititure for Consumption	1070.64	1321.50	2196.23	4013.31	4957.29
转移性支出	Expendititure for Transfer		112.63	176.46	355.43	620.02
财产性支出	Expendititure for Property		12.26	2.59	24.53	6.53
现金支出	Cash Expenditure	1321.74	1614.69	2887.90	5377.42	7072.55
家庭经营费用支出	Expendititure for Household Business	399.34	395.44	788.56	1297.79	1763.94
购置生产性固定资产	Purchasing Productive Fixed Assets	66.06	53.66	108.86	150.57	174.76
税费支出	Expendititure for Tax and Fee	94.05	91.65	14.52	7.98	10.63
生活消费支出	Expendititure for Consumption	682.54	954.93	1797.66	3541.90	4499.35
转移性支出	Expendititure for Transfer		112.30	175.72	354.65	613.17
财产性支出	Expendititure for Property		6.69	2.59	24.53	6.53
平均每人年纯收入 (元)	**Per Capita Annual Net Income (yuan)**	**1302.82**	**1934.57**	**2640.96**	**5285.17**	**6232.21**
工资性收入	Wages Income	234.24	547.83	1010.05	2203.94	2723.17
家庭经营纯收入	Household Business Income	980.70	1298.40	1499.25	2626.42	2986.07
转移性纯收入	Transfer Income	52.50	63.64	86.75	312.86	417.00
财产性纯收入	Property Income	35.40	24.70	44.91	141.95	105.96

9—23 农村居民按纯收入分组的户数占调查户比重
Percentage of Rural Households Grouped by per Capita Annual Net Income

项 目	Item	1995	2000	2005	2010	2011
按纯收入分组户数占调查户比重 （%）	**Percentage of Households Grouped by per Capita Annual Net Income (%)**					
100元以下	Under 100 Yuan			0.32	0.10	0.61
100—200元	100—200 Yuan			0.16		0.03
200—300元	200—300 Yuan	0.45	0.06	0.10		0.06
300—400元	300—400 Yuan	0.42	0.03	0.35	0.06	0.13
400—500元	400—500 Yuan	1.42	0.23	0.45	0.10	0.06
500—600元	500—600 Yuan	2.13	0.48	0.35	0.03	0.13
600—800元	600—800 Yuan	9.65	2.39	1.74	0.26	0.29
800—1000元	800—1000 Yuan	14.90	4.48	2.68	0.42	0.45
1000—1200元	1000—1200 Yuan	18.42	8.16	4.55	0.48	0.58
1200—1300元	1200—1300 Yuan	7.58	4.87	2.77	0.65	0.42
1300—1500元	1300—1500 Yuan	14.42	10.42	5.68	1.19	1.00
1500—1700元	1500—1700 Yuan	8.68	10.48	6.32	1.16	0.87
1700—2000元	1700—2000 Yuan	10.13	16.42	10.39	2.32	2.10
2000—2500元	2000—2500 Yuan	7.06	19.29	16.23	5.97	4.19
2500—3000元	2500—3000 Yuan	3.06	10.23	13.29	6.35	4.94
3000—3500元	3000—3500 Yuan	0.97	5.74	10.42	7.65	5.45
3500—4000元	3500—4000 Yuan	0.42	2.87	7.03	8.74	7.10
4000—4500元	4000—4500 Yuan	0.19	1.71	4.84	7.48	6.61
4500—5000元	4500—5000 Yuan	0.03	0.74	3.65	7.23	5.29
5000元以上	5000 Yuan and Over	0.06	1.39	8.68	49.81	59.68

9—24 农村居民家庭按人均纯收入分组（2011年）
Rural Households Grouped by per Capita Annual Net Income (2011)

项 目	Item	调查户数（户） Number of Households Surveyed (household)	比 重（%） Percentage (%)	常住人口（人） Number of Permanent Residents in the Households Surveyed (person)	纯收入总额（元） Total Net Income (yuan)	比 重（%） Percentage (%)
合 计	**Total**					
400元以下	Under 400 Yuan	26	0.84	91	-478514.00	-0.64
400—500元	400—500 Yuan	2	0.06	8	3312.00	
500—600元	500—600 Yuan	4	0.13	21	11717.00	0.02
600—800元	600—800 Yuan	9	0.29	33	22323.00	0.03
800—1000元	800—1000 Yuan	14	0.45	60	52946.00	0.07
1000—1500元	1000—1500 Yuan	62	2.00	289	377429.00	0.50
1500—2000元	1500—2000 Yuan	92	2.97	404	716037.00	0.95
2000—2500元	2000—2500 Yuan	130	4.19	586	1327831.00	1.77
2500—3000元	2500—3000 Yuan	153	4.94	670	1844595.00	2.46
3000元以上的户	3000 Yuan and Over	2608	84.13	9875	71134725.00	94.83

9—25 主要年份按来源分农村居民家庭人均纯收入
Per Capita Net Income of Rural Households Grouped by Source in Major Years

单位：元（yuan）

年 份 Year	纯收入 Net Income	工资性收入 Income from Wages and Salaries	家庭经营纯收入 Income from Household Operations	财产性收入 Income from Properties	转移性收入 Income from Transfers
1995	1302.8	234.2	980.7	35.4	52.5
2000	1934.6	547.8	1298.4	24.7	63.6
2005	2641.0	1010.1	1499.3	44.9	86.8
2006	2969.1	1184.1	1617.8	52.8	114.4
2007	3556.3	1470.1	1820.9	102.0	163.4
2008	4202.5	1737.8	2114.2	119.0	231.4
2009	4504.3	1882.4	2238.6	117.0	266.3
2010	5285.2	2203.9	2626.4	142.0	312.9
2011	6232.2	2723.2	2986.1	106.0	417.0

9—26 各市按来源分农村居民家庭人均纯收入（2011年）
Per Capita Net Income of Rural Households Grouped by Source by Region (2011)

单位：元（yuan）

地 区	Region	纯收入 Net Income	工资性收入 Income from Wages and Salaries	家庭经营纯收入 Income from Household Operations	财产性收入 Income from Properties	转移性收入 Income from Transfers
全 省	**Proince Indices**	**6232.21**	**2723.17**	**2986.07**	**105.96**	**417.00**
合肥市	Hefei	7861.57	3974.57	3197.03	305.90	384.07
淮北市	Huaibei	6313.29	3568.85	2364.35	136.95	243.14
亳州市	Bozhou	5638.38	2508.67	2660.37	206.42	262.91
宿州市	Suzhou	5720.13	2843.21	2176.11	295.16	405.64
蚌埠市	Bengbu	6615.29	2522.94	3665.79	87.77	338.78
阜阳市	Fuyang	5100.49	2422.01	2150.31	156.76	371.42
淮南市	Huainan	6795.00	3344.68	2863.75	192.10	394.47
滁州市	Chuzhou	7017.00	3075.96	3203.18	311.84	426.02
六安市	Luan	5643.45	2537.54	2549.17	167.05	389.68
马鞍山市	Maanshan	9504.78	5157.86	3631.99	222.13	492.81
芜湖市	Wuhu	8413.30	4533.29	3230.42	291.87	357.72
宣城市	Xuancheng	7844.39	3864.23	3425.98	125.46	428.71
铜陵市	Tongling	8562.33	5311.96	2633.17	262.42	354.78
池州市	Chizhou	6908.46	3835.33	2641.36	94.12	337.65
安庆市	Anqing	5899.59	3571.45	1744.09	149.76	434.29
黄山市	Huangshan	7952.44	3808.25	3621.50	149.14	373.54

9—27 农村居民人均收支情况
Per Capita Cash Income and Expenditure of Rural Residents

单位：元（yuan）

项　　目	Item	2000	2005	2010	2011
总收入	**Total Income**	**2585.56**	**3669.00**	**6895.62**	**8469.10**
工资性收入	Wage Income	547.83	1010.05	2203.94	2723.17
在非企业组织中得到收入	From Organizations Except Enterprises	76.27	114.51	227.91	242.74
在本地企业中得到收入	From Local Enterprises	94.29	135.99	324.61	376.56
#在本地乡企得到收入	From Local Township Enterprises	69.67	47.70		
常住人口外出从业得到收入	From Insiders Working Outside	312.64	635.44	1310.16	1536.33
其　他	Others	64.64			
家庭经营收入	Income From Household Business	1910.31	2471.25	4145.98	5059.63
财产性收入	Property Income	24.70	44.91	141.95	105.96
转移性收入	Transfer Income	102.71	142.80	403.76	580.34
纯收入	**Net Income**	**1934.57**	**2640.96**	**5285.17**	**6232.21**
按纯收入来源分	**By Source of Income**				
工资性收入	Wage Income	547.83	1010.05	2203.94	2723.17
家庭经营收入	Income From Household Business	1298.40	1499.25	2626.42	2986.07
农业收入	Farming	802.76	1031.24	1878.10	2052.84
林业收入	Forest	17.38	29.17	65.75	73.66
牧业收入	Husbandry	228.52	184.31	158.13	202.70
渔业收入	Fishery	14.34	33.47	51.63	80.50
工业收入	Industry	31.81	20.14	30.21	45.69
建筑业收入	Construction	42.30	33.45	123.36	134.72
交通、运输和邮电业收入	Transportation, Postal and Telecommunication	35.78	32.59	90.54	107.66
批发零售贸易、餐饮业收入	Wholesale, Retail Sale and Catering Trade	45.03	74.07	141.66	227.27
社会服务业收入	Service Trade	26.70	24.49	43.05	28.25
文教卫生业收入	Culture, Education and Public Health	4.98	8.89	17.28	9.41
其他家庭经营收入	From Other Household Business	48.79	27.43	26.72	23.38
财产性收入	Property Income	24.70	44.91	141.95	105.96
转移性收入	Transfer Income	63.64	86.75	312.86	417.00
按收入性质分	**By Type of Income**				
生产性纯收入	Productive Income	1819.54	2484.81	4787.31	5582.81
非生产性纯收入	Non-productive Income	115.03	156.15	497.86	649.40
期内现金收入合计	**Total Income During the Period**	**1901.60**	**3043.19**	**5959.79**	**7464.46**
工资性收入	Wage Income	547.20	1009.70	2201.62	2721.17
在非企业组织中得到收入	From Organizations Except Enterprises	76.20	114.51	226.92	242.06
在本乡地域内劳动得到收入	Working Inside the Town		260.00	665.26	943.42
在企业中劳动得到收入	Working in the Enterprises		135.99	324.50	376.36
在国家投资基建项目得到收入	Working in the National Funded Capital Construction Projects		7.26	16.00	19.45
提供其他劳务收入	Providing Other Labour Services		116.75	324.76	547.62
外出从业得到收入	Working Outside		635.19	1309.44	1535.69
在乡外县内从业得到收入	Outside the Township and Inside the County		56.98	136.00	201.21
在县外省内从业得到收入	Outside the County and Inside the Province		53.88	142.54	197.44
在省外国内从业得到收入	Outside the Province and Inside the Country		524.33	1029.15	1131.60
家庭经营收入	Income From Household Business	1230.52	1872.49	3259.33	4128.89
#出售产品的收入	Selling Products	931.47	1519.07	2541.56	3202.02
出售农业产品收入	Selling Farming Products	568.32	1051.85	1955.88	2278.83
出售林业产品收入	Selling Forest Products	20.06	34.59	67.96	94.74

9—27 续表 continued

单位：元（yuan）

项　　目	Item	2000	2005	2010	2011
出售牧业产品收入	Selling Husbandry Products	308.13	370.76	419.36	626.51
出售渔业产品收入	Selling Fishery Products	19.56	61.87	79.63	183.68
出售工业产品的收入	Selling Industrial Products	7.06	15.86	16.98	15.63
出售其他产品的收入	Selling Other Products	8.34	1.87	1.75	2.62
工业加工费	Industrial Processing	35.59	22.71	23.26	71.40
建筑业	Construction	50.83	35.50	137.47	157.89
交通运输	Transportation	52.80	61.10	154.59	200.82
批发和零售贸易、餐饮业	Wholesale, Retail Sale and Catering Trade	56.32	115.93	208.01	284.65
社会服务业	Service Trade	32.27	27.05	55.26	38.13
文教卫生业	Culture, Education and Public health	6.00	10.81	22.07	14.12
其他家庭经营收入	From Other Household Business	50.96	27.91	32.87	27.05
财产性收入	Property Income	23.15	25.88	103.16	56.79
转移性收入	Transfer Income	100.74	135.12	395.69	557.61
#家庭非常住人口寄回或带回	Cash Sent Back by Outsiders	42.52	15.35	18.86	18.34
亲友赠送	Cash Presented by Kith and Kin	40.84	53.15	93.45	166.89
农村外部亲友赠送	From Kith and Kin Out of the Rural Area	5.23	3.03	7.47	148.98
非收入所得	**Got Except Income**	**259.57**	**402.05**	**781.43**	**974.45**
期内现金支出合计	**Total Cash Expenditure in the Period**	**1614.69**	**2887.90**	**5377.42**	**7072.55**
生产费用支出	Productive Expenditures	449.11	897.41	1448.36	1942.87
家庭经营费用支出	Expenditures for Household Business	395.44	788.56	1297.79	1763.94
农业生产支出	Farming	245.84	499.90	837.45	1035.25
林业生产支出	Forest	2.94	6.08	4.95	26.48
牧业生产支出	Husbandry	94.89	174.91	265.06	430.18
渔业生产支出	Fishery	7.12	29.46	49.58	112.19
工业生产支出	Industry	8.02	16.19	7.08	31.06
建筑业生产支出	Construction	5.17	1.67	11.82	19.53
交通运输支出	Transportation	13.50	20.52	44.92	64.86
批发和零售贸易、餐饮业	Wholesale, Retail Sale and Catering Trade	7.54	35.75	56.71	29.65
社会服务业支出	Service Trade	3.42	1.71	10.34	7.32
文教卫生业	Culture, Education and Public Health	0.62	1.04	3.59	4.02
其他经营支出	Others	6.39	1.32	6.28	3.40
购置生产性固定资产支出	Purchasing Productive Fixed Assets	53.66	108.21	150.57	174.76
税费支出	Tax Paid	91.65	14.52	7.98	10.63
第一产业	Primary Industry				0.00
第二产业	Secondary Industry			0.03	0.47
第三产业	Tertiary Industry		0.77	0.74	4.42
其他各项收费	Other Expenditure		13.75	7.21	5.74
生活消费支出	Consumption Expenditure	954.93	1797.66	3541.90	4499.35
财产性支出	Property Expenditure	6.69	2.59	24.53	6.53
转移性支出	Transfer Expenditure	112.30	175.72	354.65	613.17
#寄给或带给家庭非常住人口	Cash Sent to Outsiders	2.79	31.36	21.02	
赠送亲友支出	Cash Presented to Kith and Kin	100.08	125.72	269.08	343.17
赠送农村外部亲友	To Kith and Kin Out of the Rural Area	1.40	3.96	6.55	325.63
非消费性现金支出	**Non-consumption Expenditure**	**196.45**	**440.99**	**800.54**	**949.06**

9—28 农村居民家庭平均每人生活消费支出
Per Capita Living Expenditure of Rural Households

单位：元（yuan）

项　目	Item	1995	2000	2005	2010	2011
生活消费支出	**Living Expenditure**	**1070.64**	**1321.50**	**2196.23**	**4013.31**	**4957.29**
按消费类别分	**By Category of Consumption**					
食　品	Food	625.42	693.15	999.79	1632.96	2055.23
衣　着	Clothing	70.56	71.16	117.41	232.20	297.00
居　住	Residence	165.63	196.85	344.86	867.51	885.15
家庭设备用品及服务	Household Facilities, Articles and Services	57.23	57.58	106.36	231.23	304.25
医疗保健	Medicines and Medical Services	34.07	58.05	133.68	264.39	440.53
交通通讯	Transportation and Communications	21.29	58.44	196.72	338.99	475.19
文教娱乐用品及服务	Cultural, Educational and Recreational Articles and Services	79.45	145.46	256.80	363.92	376.18
其他商品及服务	Other Commodities and Services	17.00	40.81	40.61	82.11	123.75
按消费性质分	**By Source of Consumption**					
货币性消费	**Consumption Paid in Money**	**682.54**	**954.93**	**1797.66**	**3541.90**	**4499.34**
食　品	Food	285.09	362.25	638.93	1215.05	1645.98
衣　着	Clothing	69.87	70.76	117.21	232.13	296.98
居　住	Residence	118.54	161.58	310.20	814.16	836.54
家庭设备用品及服务	Household Facilities, Articles and Services	57.23	57.58	103.63	231.15	304.19
医疗保健	Medicines and Medical Services	34.07	58.05	133.68	264.39	440.53
交通通讯	Transportation and Communications	21.29	58.44	196.72	338.99	475.19
文教娱乐用品及服务	Cultural, Educational and Recreational Articles and Services	79.45	145.46	256.80	363.92	376.18
其他商品及服务	Other Commodities and Services	17.00	40.81	40.49	82.11	123.75
实物性消费	**Consumption in Kind**	**388.11**	**366.57**	**398.57**	**471.41**	**457.88**
食　品	Food	340.33	330.90	360.86	417.91	409.25
衣　着	Clothing	0.69	0.40	0.20	0.07	0.02
居　住	Residence	47.09	35.27	34.66	53.35	48.61

9—29 农村居民家庭平均每人生活消费支出构成
Composition of per Capita Living Expenditure of Rural Households

单位：%

项　目	Item	1995	2000	2005	2010	2011
生活消费支出	**Living Expenditure**	**100.00**	**100.00**	**100.00**	**100.00**	**100.00**
按消费类别分	**By Category of Consumption**					
食　品	Food	58.42	52.45	45.52	40.70	41.46
衣　着	Clothing	6.59	5.38	5.35	5.78	5.99
居　住	Residence	15.47	14.90	15.70	21.62	17.86
家庭设备用品及服务	Household Facilities, Articles and Services	5.35	4.36	4.84	5.76	6.14
医疗保健	Medicines and Medical Services	3.18	4.39	6.09	6.58	8.89
交通通讯	Transportation and Communications	1.99	4.42	8.96	8.45	9.59
文教娱乐用品及服务	Cultural, Educational and Recreational Articles and Services	7.42	11.01	11.69	9.07	7.59
其他商品及服务	Other Commodities and Services	1.59	3.09	1.85	2.04	2.50
按消费性质分	**By Source of Consumption**					
货币性消费	**Consumption Paid in Money**	**100.00**	**100.00**	**100.00**	**100.00**	**100.00**
食　品	Food	41.77	37.93	35.54	34.31	36.58
衣　着	Clothing	10.24	7.41	6.52	6.55	6.60
居　住	Residence	17.37	16.92	17.26	22.99	18.59
家庭设备用品及服务	Household Facilities, Articles and Services	8.38	6.03	5.76	6.53	6.76
医疗保健	Medicines and Medical Services	4.99	6.08	7.44	7.46	9.79
交通通讯	Transportation and Communications	3.12	6.12	10.94	9.57	10.56
文教娱乐用品及服务	Cultural, Educational and Recreational Articles and Services	11.64	15.23	14.29	10.27	8.36
其他商品及服务	Other Commodities and Services	2.49	4.27	2.25	2.32	2.75
实物性消费	**Consumption in Kind**	**100.00**	**100.00**	**100.00**	**100.00**	**100.00**
食　品	Food	87.69	90.27	90.54	88.65	89.38
衣　着	Clothing	0.18	0.11	0.05	0.01	0.00
居　住	Residence	12.13	9.62	8.70	11.32	10.62

9—30 农村居民家庭平均每人主要消费品消费量
Per Capita Consumption of Major Consumer Goods in Rural Households

品　名		Item		1995	2000	2005	2010	2011
粮食（原粮）	（公斤）	Grain (Unprocessed)	(kg)	256.50	270.24	214.68	174.75	164.89
#细　粮		Wheat and Rice		246.64	255.78	203.18	165.18	158.34
蔬　菜	（公斤）	Fresh Vegetables	(kg)	79.41	80.28	78.70	77.27	73.43
食　油	（公斤）	Edible Oil	(kg)	5.76	7.66	6.31	6.46	8.25
猪牛羊肉	（公斤）	Pork, Beef and Mutton	(kg)	8.05	9.51	10.70	10.15	11.47
家　禽	（公斤）	Poultry	(kg)	2.42	3.57	4.64	4.76	5.43
蛋及制品	（公斤）	Eggs and Related Products	(kg)	3.51	5.56	4.69	5.85	6.08
鱼　虾	（公斤）	Fish and Shrimp	(kg)	2.81	3.50	5.00	5.33	6.10
食　糖	（公斤）	Sugar	(kg)	1.53	1.59	1.16	0.89	0.91
酒	（公斤）	Liquor	(kg)	6.12	9.99	12.72	12.02	11.85

9—31 农村居民家庭平均每百户年底耐用消费品拥有量
Number of Durable Consumer Goods Owned per 100 Rural Households at the Year-end

品　名		Item		1995	2000	2005	2010	2011
洗 衣 机	（台）	Washing Machine	(set)	2.29	14.74	32.71	56.52	55.29
电 冰 箱	（台）	Refrigerator	(set)	1.90	8.16	21.71	63.26	74.77
空 调 机	（台）	Air Conditioner	(set)				26.16	30.74
抽油烟机	（台）	Exhaust Fan	(set)				7.19	7.26
自 行 车	（辆）	Bicycle	(unit)	124.35	127.42	114.32	101.35	86.00
摩 托 车	（辆）	Motorcycle	(unit)	1.19	8.65	34.65	55.61	51.77
生活用汽车	（辆）	Automobile	(unit)				0.58	17.42
电 话 机	（部）	Telephone	(set)			72.84	68.10	57.65
移动电话	（部）	Mobile Telephone	(set)			50.23	136.90	163.71
黑白电视机	（台）	Black and White TV Set	(set)	78.45	68.65	32.23	6.68	4.35
彩色电视机	（台）	Color TV Set	(set)	9.00	39.29	84.65	112.13	113.48
照 相 机	（台）	Camera	(set)	0.94	2.03	3.06	3.71	1.90
家用计算机	（台）	Computer	(set)				7.94	10.39
热 水 器	（台）	Shower	(unit)		0.94	8.26	43.87	49.68

9—32 各市农村居民家庭平均每百户年底耐用消费品拥有量（2011年）

Number of Durable Consumer Goods Owned per 100 Rural Households at the Year-end by Region (2011)

地　区	Region	洗衣机 (台) Washing Machine (set)	电冰箱 (台) Refrigerator (set)	空调机 (台) Air Conditioner (set)	抽油烟机 (台) Exhaust Fan (set)	自行车 (辆) Bicycle (unit)	摩托车 (辆) Motorcycle (unit)	生活用汽车 (辆) Automobile (unit)
全　省	**Proince Indices**							
合肥市	Hefei	48.76	86.69	40.12	25.55	87.27	34.57	4.74
淮北市	Huaibei	94.52	79.50	26.36	6.14	129.41	62.49	4.24
亳州市	Bozhou	89.75	42.80	8.78	0.85	129.58	58.41	3.30
宿州市	Suzhou	85.87	56.43	13.46	1.28	130.47	58.56	4.41
蚌埠市	Bengbu	93.36	78.47	34.95	5.46	109.33	62.13	1.43
阜阳市	Fuyang	75.40	42.47	11.40	0.64	127.67	45.93	1.26
淮南市	Huainan	94.85	88.11	54.15	15.62	113.68	62.32	3.98
滁州市	Chuzhou	84.56	89.93	42.55	10.69	74.50	72.92	2.32
六安市	Luan	40.60	79.15	27.63	7.00	82.26	60.15	4.37
马鞍山市	Maanshan	65.95	89.63	73.36	24.00	118.49	45.01	2.09
芜湖市	Wuhu	51.09	88.52	73.36	27.95	104.48	33.59	5.24
宣城市	Xuancheng	47.09	91.46	55.22	28.70	81.08	63.84	4.92
铜陵市	Tongling	42.21	92.38	67.76	20.90	64.82	41.28	0.81
池州市	Chizhou	22.91	89.89	48.00	18.77	75.88	73.39	3.87
安庆市	Anqing	28.26	70.57	42.83	12.64	67.93	71.44	4.34
黄山市	Huangshan	29.58	72.74	20.15	12.20	95.98	58.71	3.85

地　区	Region	电话机 (部) Telephone (set)	移动电话 (部) Mobile Telephone (set)	黑白电视机 (台) Black and White TV Set (set)	彩色电视机 (台) Color TV Set (set)	照相机 (台) Camera (set)	家用计算机 (台) Computer (set)
全　省	**Proince Indices**						
合肥市	Hefei	76.91	166.74	7.93	120.84	6.24	12.91
淮北市	Huaibei	56.58	181.64	5.33	116.17	7.22	14.58
亳州市	Bozhou	61.93	128.59	5.40	104.41	2.72	6.47
宿州市	Suzhou	51.38	154.50	7.24	109.87	2.03	5.45
蚌埠市	Bengbu	61.89	156.58	5.49	118.69	2.34	10.78
阜阳市	Fuyang	55.03	111.97	4.68	102.05	1.86	4.06
淮南市	Huainan	59.34	188.55	5.50	127.50	4.22	15.82
滁州市	Chuzhou	57.86	185.47	6.13	125.64	3.08	12.51
六安市	Luan	65.48	141.91	11.41	112.56	3.01	7.12
马鞍山市	Maanshan	79.68	180.27	3.26	130.07	6.08	25.94
芜湖市	Wuhu	63.17	180.22	8.83	125.73	6.08	19.03
宣城市	Xuancheng	72.77	208.57	6.14	132.15	6.43	21.61
铜陵市	Tongling	63.03	189.56	6.42	118.44	6.69	22.49
池州市	Chizhou	83.42	196.66	6.23	115.07	3.48	15.11
安庆市	Anqing	92.85	152.94	17.00	108.60	5.85	13.97
黄山市	Huangshan	83.17	160.48	9.49	125.29	4.56	15.36

9—33 农村居民人均粮食收支情况
Per Capita Grain Received and Expenditure of Rural Residents

单位：公斤（kg）

项　目	Item	1995	2000	2005	2010	2011
年内粮食收入合计	**Total Grain Received in the Year**	**662.78**	**808.17**	**831.05**	**1127.41**	**1144.10**
家庭经营生产的	Produced From Household Operation	636.64	737.33	779.92	1035.35	1032.98
购　入	Purchased	23.72	69.71	50.78	86.33	110.71
#从集市上购入	From Country Fair	9.57				
借　入	Borrowed	1.33	0.31	0.06	2.08	
收回借出粮	Recall of Loaned Grain	0.83	0.36	0.02	2.96	
其他粮食收入	Other Grain Income	0.21	0.45	0.27	0.69	0.41
年内粮食支出合计	**Total Expenditure**	**563.02**	**712.37**	**729.93**	**923.67**	**957.31**
主食用粮	Staple Food	256.50	270.24	214.68	174.75	164.89
#稻　谷	Rice	160.34	171.81			110.08
小　麦	Wheat	86.30	83.97			48.26
其他生活用粮	Other Living Expense of Grain	0.53	0.94	0.58	0.57	0.10
出　售	Sold	217.62	319.00	445.13	679.78	714.28
种　籽	Seeds	13.88	12.96	15.72	24.27	25.95
饲　料	Forage	72.15	103.11	53.34	44.21	51.52
借　出	Loaned Grain	0.06	1.64	0.11		
归还借粮	Returning Borrowed Grain	0.10	0.72	0.09		
其他粮食支出	Other Expenditure From Grain	0.97	1.59	0.27	0.08	0.57
补充资料：生产加工用粮	Grain for Processing		1.19			
#食品加工用粮	For Food		0.44			
饲料加工用粮	For Feed		0.67			

9—34 农村家庭房屋使用情况
Housing Conditions of Rural Households

项　目	Item	1995	2000	2005	2010	2011
本年新建房屋	**Rooms Newly Built Within the Year**					
面　积　（平方米/人）	Per Capita Floor Space of Houses (sq.m/person)	0.79	0.91	1.03	1.12	1.33
#砖木结构	Brick and Wood Structure	0.37	0.26	0.19	0.09	0.17
钢筋混凝土结构	Reinforced Concrete Structure	0.38	0.60	0.84	1.02	1.15
每平方米价值　（元）	Value per Square Meter (yuan)	192.21	227.86	373.88	681.37	810.42
楼房面积　（平方米/人）	Per Capita Floor Space of Multi-floor Buildings (sq.m/person)	0.06	0.60	0.87	1.03	1.21
年末使用房屋	**Rooms Used at the Year-end**					
居住面积　（平方米/人）	Per Capita Floor Space (sq.m/person)	17.82	22.16	27.02	32.05	34.59
#砖木结构	Brick and Wood Structure	11.97	12.80	14.04	12.83	13.95
钢筋混凝土结构	Reinforced Concrete Structure	2.62	7.72	12.37	18.77	20.13

9—35 农村居民人均居住情况
Living Condition of Rural Residents

单位：平方米（(sq.m）

项　目	Item	2008	2009	2010	2011
期末住房情况	**Housing Conditions End of this Term**				
住房面积	Living Area	29.88	31.01	32.05	35.03
住房价值　（元）	Housing Value (yuan/sq.m)	9326.52	10545.53	12365.59	20923.07
住房类型	Housing Type				
楼房面积	Building of Two or More Storey Area	16.43	17.73	18.94	21.63
砖瓦平房面积	Bricks and Tiles Collage Area	12.99	12.61	12.51	12.51
其　他	Other	0.45	0.68	0.60	0.46
住房结构	Housing Structure				
钢筋混凝土结构面积	Reinforced Concrete Structure Housing Area	15.51	17.98	18.77	20.13
砖木结构面积	Bricks and Woods Structure Housing Area	13.91	12.37	12.83	13.95
其　他	Other	0.47	0.66	0.44	0.52
期内新建（购）住房情况	**Newly Built (Bought) Housing Situation This Term**				
新建（购）住房面积	Housing Area	1.57	1.57	1.12	1.33
新建（购）住房价值　（元）	Housing Value (yuan)	797.94	949.25	762.97	810.42
新建（购）住房类型	Housing Style				
楼房面积	Building of Two or More Storey Area	1.40	1.41	1.03	1.21
砖瓦平房面积	Bricks and Tiles Collage Area	0.17	0.16	0.09	0.12
其　他	Other	0.01			
新建（购）住房结构	Newly built (Bought) Housing Structure				
钢筋混凝土结构面积	Reinforced Concrete Structure Housing Area	1.37	1.35	1.02	1.15
砖木结构面积	Bricks and Woods Structure Housing Area	0.20	0.22	0.09	0.17
其　他	Other	0.01			
期内新建（购）房屋资金来源	Fund Source of Newly Built Bought) Housing This Term				
自　筹　（元）	Self-financing (yuan)	634.11	784.85	572.37	94.13
银行、信用社贷款　（元）	Loan from Bank and Credit Cooperative (yuan)	18.57	20.40	48.92	839.56
其　他　（元）	Other (yuan)	145.26	144.00	114.72	120.43

9—36 各市农村居民人均现金收入情况
Per Capita Income in Cash of Rural Households by Region

单位：元（yuan）

地　区	Region	2000	2005	2010	2011
全　省	**Proince Indices**	**1901.60**	**3043.19**	**5959.79**	**7464.46**
合肥市	Hefei	1981.94	3322.71	7063.07	7772.18
淮北市	Huaibei	2331.63	3274.88	6108.99	6966.13
亳州市	Bozhou	2289.60	3118.08	5413.95	6966.13
宿州市	Suzhou	1987.23	2506.18	6037.39	7157.56
蚌埠市	Bengbu	2329.05	3102.48	6226.47	7405.86
阜阳市	Fuyang	2080.14	2611.10	4791.96	6226.33
淮南市	Huainan	3186.96	3578.14	6439.77	7287.91
滁州市	Chuzhou	2131.99	3047.04	6811.03	8368.65
六安市	Luan	1716.47	2217.58	4823.54	5926.29
马鞍山市	Maanshan	3098.44	5017.12	10473.38	10273.08
芜湖市	Wuhu	2846.81	4235.57	8261.67	8696.79
宣城市	Xuancheng	2086.29	3130.56	7230.20	8573.43
铜陵市	Tongling	2802.74	3445.25	7786.18	9120.83
池州市	Chizhou	2147.17	2994.06	6067.54	7114.20
安庆市	Anqing	1816.93	2685.82	5276.46	6315.55
黄山市	Huangshan	2117.47	2868.42	6896.13	8066.43

9—37 各市农村居民人均现金支出情况
Per Capita Expenditure in Cash of Rural Households by Region

单位：元（yuan）

地　区	Region	2000	2005	2010	2011
全　省	**Proince Indices**	**1614.69**	**2887.90**	**5377.42**	**7072.55**
合肥市	Hefei	1442.25	2912.22	5134.15	5439.92
淮北市	Huaibei	1644.72	2412.62	5564.33	6047.97
亳州市	Bozhou	1605.84	2391.38	4478.39	5221.46
宿州市	Suzhou	1459.43	2006.64	4739.26	5434.48
蚌埠市	Bengbu	1698.30	2655.90	5139.39	5685.12
阜阳市	Fuyang	1378.59	2121.57	3996.69	4873.00
淮南市	Huainan	2052.62	2770.82	4898.68	6138.28
滁州市	Chuzhou	1515.29	2365.21	5843.40	7090.61
六安市	Luan	1247.34	1965.96	4467.93	5396.66
马鞍山市	Maanshan	2034.54	4254.36	8164.55	8742.35
芜湖市	Wuhu	1949.46	3131.96	6503.96	6715.78
宣城市	Xuancheng	1673.42	2872.09	5877.99	7479.07
铜陵市	Tongling	2063.78	2820.57	6653.73	8189.00
池州市	Chizhou	1609.52	2682.19	4917.35	5970.95
安庆市	Anqing	1271.68	2433.17	3765.59	4920.43
黄山市	Huangshan	1541.60	2450.08	5014.58	5724.58

9—38 各市、县农村居民人均现金收支情况（2011年）
Per Capita Income and Expenditure in Cash of Rural Households by County or City (2011)

单位：元（yuan）

市、县	County、city	期内现金收入合计 Total Cash Income in the Period	工资性收入 Wage Income	家庭经营现金收入 Cash Income From Household Business	#出售产品的现金 From Selling Products	批发零售贸易、住宿和餐饮业现金收入 Wholesale Retail Sales Trade, Lodging and Catering Cash Income	财产性收入 Property Income	转移性收入 Transfer Income
合肥市	**Hefei**	**7772.18**	**3957.51**	**3261.55**	**2570.15**	**102.29**	**106.20**	**446.92**
瑶海区	Yaohai District	9735.41	7825.59	535.92			419.50	954.40
庐阳区	Luyang District	11759.51	8756.07	1717.34	514.09	356.78	858.55	427.55
蜀山区	Shushan District	10959.15	8329.60	1099.08	195.47		1232.95	297.51
包河区	Baohe District	10057.47	6887.30	2353.36	1701.01	27.77	480.44	336.37
长丰县	Changfeng	7756.69	2926.80	4477.17	4024.14	86.32	26.66	326.06
肥东县	Feidong	8631.44	4820.66	3203.05	2342.37	152.15	124.40	483.32
肥西县	Feixi	8530.47	4264.93	3717.52	3482.42	44.48	102.18	445.84
庐江县	Lujiang	6699.94	3188.58	2908.95	2006.18	158.06	31.12	571.29
巢湖市	Chaohu	6284.06	2881.86	3029.46	2080.09	43.09	36.43	336.31
淮北市	**Huaibei**	**6966.13**	**3563.61**	**3030.13**	**2417.63**	**172.29**	**95.17**	**277.27**
杜集区	Duji District	7599.48	4960.59	1819.34	1165.08	72.56	269.65	549.91
相山区	Xiangshan District	7042.41	3775.86	2708.91	1483.53	728.05	195.81	361.84
烈山区	Lieshan District	6105.17	4567.72	1245.19	1188.05	23.26	123.84	168.42
濉溪县	Suixi	7049.09	3075.47	3675.12	2994.43	176.21	50.12	248.38
亳州市	**Bozhou**	**6629.55**	**2488.73**	**3811.61**	**3150.20**	**158.02**	**58.32**	**270.89**
谯城区	Qiaocheng District	7481.97	2909.66	4243.45	3143.93	367.33	96.66	232.21
涡阳县	Guoyang	6482.51	2671.54	3439.19	2805.66	87.03	111.07	260.71
蒙城县	Mengcheng	7484.12	2534.36	4663.41	4032.17	115.30	0.71	285.64
利辛县	Lixin	5311.59	1895.56	3092.98	2775.38	72.41	19.38	303.68
宿州市	**Suzhou**	**7157.56**	**2828.30**	**3753.14**	**3077.97**	**150.97**	**178.89**	**397.22**
埇桥区	Yongqiao District	6651.83	2518.15	3300.57	2888.09	56.65	118.30	714.81
砀山县	Dangshan	7405.76	2806.27	4362.68	3956.66	169.08		236.81
萧县	Xiaoxian	7226.42	3210.15	3422.43	2816.35	44.58	274.55	319.30
灵璧县	Lingbi	7470.72	2627.30	4167.39	2984.64	321.35	337.23	338.80
泗县	Sixian	7200.08	3005.81	3840.17	3022.54	228.94	102.59	251.52
蚌埠市	**Bengbu**	**7405.86**	**2492.75**	**4441.80**	**3573.81**	**241.18**	**47.58**	**423.73**
龙子湖区	Longzihu District	7084.06	2732.78	4311.51	1282.79	1078.19		39.77
蚌山区	Bangshan District	6372.75	3535.97	2573.63	2378.14		45.12	218.02
禹会区	Yuhui District	7629.70	4366.69	3025.71	1853.04	409.92	58.60	178.71
淮上区	Huaishang District	6085.77	3407.84	2336.43	1771.16	193.88	35.81	305.69
怀远县	Huaiyuan	7614.58	2709.26	4448.95	3394.34	376.77	41.01	415.36
五河县	Wuhe	6386.00	2281.18	3715.96	2793.51	76.00	56.87	331.99
固镇县	Guzhen	8645.82	1682.75	6229.15	5985.75	58.21	58.44	675.49
阜阳市	**Fuyang**	**6226.33**	**2390.73**	**3351.08**	**2579.44**	**176.70**	**58.52**	**426.00**
颍州区	Yingzhou District	7511.72	3049.21	3996.43	2527.86	267.45	51.32	414.76
颍东区	Yingdong District	5400.84	2227.90	2771.63	2241.65	72.88	16.94	384.37
颍泉区	Yingquan District	6945.43	3286.50	3182.02	2393.99	354.25	29.18	447.61
临泉县	Linquan	5475.44	1697.76	3452.69	2943.01	80.96	8.94	316.05
太和县	Taihe	7155.07	3101.67	3569.15	2597.35	456.37	72.62	411.63
阜南县	Funan	5022.03	1948.81	2707.31	2169.69	38.11	55.08	310.83
颍上县	Yingshang	6387.07	2132.30	3418.10	2341.86	73.30	164.77	671.91
界首市	Jieshou	8126.11	3418.66	4145.99	3415.80	259.86	15.86	545.61
淮南市	**Huainan**	**7287.91**	**3324.46**	**3431.68**	**1849.39**	**378.39**	**129.65**	**402.12**
大通区	Datong District	8087.23	2228.00	5486.06	1938.15	443.99	5.18	368.00
田家庵区	Tianjaan District	8411.82	4512.68	3361.97	1820.05	728.66	320.60	218.06
谢家集区	Xiejiaji District	8030.46	4791.74	2880.57	1883.02	222.56	43.35	314.80
八公山区	Bagongshan District	8877.14	6351.18	2008.12	187.08	83.62	88.30	429.53
潘集区	Panji District	6556.43	3058.26	2903.26	1978.26	361.62	139.39	455.51
凤台县	Fengtai	7517.88	3319.00	3603.23	1823.89	419.59	162.71	432.94
毛集区	Maoji Distrct	6677.55	2960.35	3316.65	1904.47	11.70	0.84	399.71
滁州市	**Chuzhou**	**8368.65**	**2968.00**	**4801.77**	**4178.70**	**89.97**	**142.90**	**455.99**
琅琊区	Langya District	9169.75	4439.47	3806.68	3647.49		437.38	486.23
南谯区	Nanqiao District	8047.14	3041.70	4378.11	3302.13	88.60	272.64	354.69
来安县	Laian	9708.29	3555.70	5525.88	5047.52	161.27	109.60	517.11
全椒县	Quanjiao	8540.70	2624.07	5043.46	4691.58	17.85	261.88	611.29
定远县	Dingyuan	7740.79	1453.98	5904.08	5444.02	56.57	41.99	340.73
凤阳县	Fengyang	7277.66	2372.53	4227.31	2584.96	146.91	81.26	596.56
天长市	Tianchang	10232.42	6110.77	3349.54	3254.40		341.58	430.54
明光市	Mingguang	8212.01	2640.40	5123.20	4519.84	158.95	63.64	384.77

9—38 续表1 continued

单位：元（yuan）

市、县	County、city	期内现金收入合计 Total Cash Income in the Period	工资性收入 Wage Income	家庭经营现金收入 Cash Income From Household Business	#出售产品的现金 From Selling Products	批发零售贸易、住宿和餐饮业现金收入 Wholesale Retail Sales Trade, Lodging and Catering Cash Income	财产性收入 Property Income	转移性收入 Transfer Income
六安市	**Luan**	**5926.29**	**2495.84**	**2964.79**	**2320.40**	**101.76**	**46.01**	**419.65**
金安区	Jinan District	5310.50	2653.51	2289.83	1662.22	27.31	17.88	349.28
裕安区	Yuan District	5099.92	2642.70	2087.55	1064.28	205.23	23.58	346.09
寿县	Shouxian	6857.44	2315.08	4305.22	4116.17	9.34	7.66	229.48
霍邱县	Huoqiu	6026.60	2799.79	2690.64	2515.52	8.65	9.97	526.20
舒城县	Shucheng	5326.31	1830.96	2828.93	1601.35	241.77	121.17	545.24
金寨县	Jinzhai	5991.69	2440.52	2893.94	1609.83	180.69	94.58	562.64
霍山县	Huoshan	5882.08	2154.56	3061.37	2092.34	304.92	225.91	440.25
叶集区	Yeji District	7912.59	4307.81	3111.83	2270.33	66.94	13.11	479.84
马鞍山市	**Maanshan**	**10273.08**	**5154.24**	**4412.18**	**3622.35**	**276.03**	**131.01**	**575.65**
金家庄区	JInjiazhan District	13096.90	7439.59	5335.20	3529.24	780.73	115.14	206.97
花山区	Huashan District	11330.15	9713.29	1065.35	686.13		178.51	373.01
雨山区	Yushan District	11805.28	8859.74	1956.02	1394.53	44.45	40.32	949.19
当涂县	Dangtu	11964.13	6169.71	5067.79	3908.40	238.43	149.46	577.18
含山县	Hanshan	7980.69	4479.03	2891.12	1965.59	593.25	88.02	522.52
和县	Hexian	9658.05	3525.72	5384.25	5160.93	85.49	154.47	593.62
芜湖市	**Wuhu**	**8696.79**	**4470.20**	**3702.98**	**2334.50**	**464.71**	**85.02**	**438.58**
弋江区	Yijiang District	10050.03	6345.12	3299.94	772.59	985.37	26.93	378.05
鸠江区	Jiujiang District	8612.03	5699.06	2700.76	2475.90			212.22
三山区	Sanshang District	9056.63	4705.55	3813.20	1877.39	654.01	51.87	486.01
芜湖县	Wuhu	10458.09	5346.04	4565.97	3554.65	217.56	100.41	445.67
繁昌县	Fanchang	9387.91	6035.57	2797.08	1142.44	523.34	113.40	441.85
南陵县	Nanling	9189.39	5164.50	3242.26	2344.91	68.72	151.14	631.50
无为县	Wuwei	7535.30	2994.16	4120.79	2493.57	710.19	63.40	356.94
宣城市	**Xuancheng**	**8573.43**	**3839.65**	**4079.01**	**2913.03**	**205.23**	**125.46**	**529.31**
宣州区	Xuanzhou District	9844.51	3486.52	6010.14	5028.25	297.41	24.09	323.76
郎溪县	Langxi	6705.68	3995.17	2492.65	1935.94	103.33	34.56	183.30
广德县	Guangde	9543.14	4529.76	4219.86	2102.59	264.18	377.99	415.52
泾县	Jingxian	7145.91	3340.09	3262.49	2208.19	188.11	48.16	495.16
绩溪县	Jixi	7399.68	3209.85	3484.75	2865.49	39.24	79.69	625.40
旌德县	Jingde	6646.72	3284.07	2509.76	812.43	190.88	129.30	723.58
宁国市	Ningguo	9932.48	6162.43	2872.41	2013.69	357.03	388.32	509.31
铜陵市	**Tongling**	**9120.83**	**5309.70**	**3034.01**	**1647.96**	**126.06**	**256.75**	**520.37**
狮子山区	Shuzushan District	10344.95	6430.00	3324.47	1885.18		283.00	307.47
郊区	Reigon of City	9573.05	6100.00	2774.10	1786.22	495.32	239.59	459.36
铜陵县	Tongling	8923.45	5070.16	3044.63	1601.79	81.31	256.72	551.93
池州市	**Chizhou**	**7114.20**	**3816.78**	**2811.99**	**1838.21**	**206.36**	**84.58**	**400.85**
市辖区	Reigon of City	9264.32	5155.51	3923.46	249.84	370.09	17.94	167.40
贵池区	Guichi District	7193.47	4045.76	2677.73	1824.99	198.83	104.67	365.31
东至县	Dongzhi	7046.61	3683.27	3015.91	2310.74	145.39	32.80	314.64
石台县	Shitai	4560.18	2156.04	2159.23	1536.53	71.60	26.20	218.72
青阳县	Qingyang	7971.49	4177.24	2857.28	1087.65	397.65	180.15	756.83
安庆市	**Anqing**	**6315.55**	**3659.68**	**2073.96**	**1174.22**	**176.26**	**120.35**	**461.56**
迎江区	yingjiang District	9785.24	4688.00	4574.92	1154.63	906.65	96.74	425.57
大观区	daguan District	9269.74	5744.39	2794.84	699.10	624.76	320.77	409.74
宜秀区	yixu District	9018.77	4701.25	3143.47	551.74	43.88	373.35	800.69
怀宁县	Huaining	7289.06	6394.52	675.88	384.57	72.59	44.02	174.64
枞阳县	Zongyang	6488.62	2766.21	2798.17	1215.24	141.15	146.88	777.36
潜山县	Qianshan	5267.29	3281.89	1746.96	663.89	206.01	16.40	222.04
太湖县	Taihu	5078.59	3072.53	1644.50	1598.66	115.93	24.10	337.45
宿松县	Susong	5154.32	2419.29	2294.30	1740.01	98.32	54.17	386.55
望江县	Wangjiang	5634.17	2798.13	2152.38	1888.96	21.41	75.34	608.32
岳西县	Yuexi	4245.01	2226.01	1534.88	909.13	67.79	336.68	147.43
桐城市	Tongcheng	8740.44	5358.70	2489.09	1093.86	538.32	211.86	680.80
黄山市	**Huangshan**	**8066.43**	**3808.03**	**3661.30**	**2932.38**	**148.63**	**143.96**	**453.14**
屯溪区	Tunxi District	11047.39	5774.05	4143.49	1711.68	570.20	576.26	553.60
黄山区	Huangshan District	9222.37	3993.70	4363.23	3021.66	319.94	369.61	495.83
徽州区	Huizhou District	8478.70	3941.95	3825.88	3515.61	44.31	126.87	584.00
歙县	Shexian	7909.65	3877.60	3505.12	3077.28	110.51	51.29	475.64
休宁县	Xiuning	7220.10	3756.16	3077.12	2419.78	57.41	33.67	353.14
黟县	Yixian	8599.01	2988.45	4737.58	3627.64	267.23	168.35	704.62
祁门县	Qimen	7081.29	2923.41	3627.81	3092.04	86.98	141.03	389.05

9—38 续表2 continued

单位：元（yuan）

市、县	County、city	期内现金支出合计 Total Cash Expenditure in the Period	生产费用支出 Productive Expenditure	缴纳生产税 Productive Tax	生活消费支出 Expenses on Household Consumption	财产性支出 Expenses on Properties	转移性支出 Expenses on Transfers
合肥市	**Hefei**	**5439.92**	**1221.16**	**0.16**	**3786.36**	**26.20**	**374.20**
瑶海区	Yaohai District	8913.22	8.69		7776.97	11.26	1116.29
庐阳区	Luyang District	8191.93	461.05		7150.32	244.81	334.52
蜀山区	Shushan District	7830.60	377.59		6662.33	292.17	495.72
包河区	Baohe District	7696.49	407.70		6783.84		503.83
长丰县	Changfeng	5152.84	1558.49		3401.32	2.30	190.02
肥东县	Feidong	5434.10	1299.58		3836.44	3.83	254.69
肥西县	Feixi	6007.73	1616.19	0.88	3834.06	79.84	469.86
庐江县	Lujiang	5123.27	1111.73		3526.23	14.98	466.10
巢湖市	Chaohu	4648.23	886.00		3218.08	4.54	398.22
淮北市	**Huaibei**	**6047.97**	**1511.25**	**0.36**	**4125.86**	**1.99**	**396.84**
杜集区	Duji District	5379.43	785.04	0.42	4147.96	9.47	422.11
相山区	Xiangshan District	6585.07	1496.79		4407.27	0.25	676.99
烈山区	Lieshan District	4351.66	806.12	1.99	3020.10	0.05	497.68
濉溪县	Suixi	6506.48	1798.92		4352.17	1.30	345.44
亳州市	**Bozhou**	**5221.46**	**1432.06**	**1.54**	**3394.35**	**4.90**	**370.75**
谯城区	Qiaocheng District	6215.31	2323.73	5.91	3504.52	11.13	348.38
涡阳县	Guoyang	5713.44	1180.65		3991.33	1.16	534.58
蒙城县	Mengcheng	5456.77	1269.53	0.42	3769.53	8.37	396.79
利辛县	Lixin	3659.38	1002.27		2414.66	0.10	211.55
宿州市	**Suzhou**	**5434.48**	**1499.84**	**0.09**	**3633.49**	**4.56**	**270.44**
埇桥区	Yongqiao District	4220.90	1155.63		2789.94	1.58	260.63
砀山县	Dangshan	6685.79	1848.97		4601.32	6.76	204.46
萧县	Xiaoxian	5316.92	1145.47	0.06	3947.25	1.43	213.33
灵璧县	Lingbi	5916.14	1980.86	0.39	3508.27	13.55	339.60
泗县	Sixian	5663.98	1627.97		3669.80	0.37	352.33
蚌埠市	**Bengbu**	**5685.12**	**2144.69**	**1.47**	**3270.32**	**0.70**	**215.31**
龙子湖区	Longzihu District	3553.01	644.13		2787.64		115.76
蚌山区	Bangshan District	4575.12	931.11		3486.76		157.25
禹会区	Yuhui District	6199.63	2119.53	6.94	3879.15		111.80
淮上区	Huaishang District	5463.23	1152.91		4055.05	7.69	201.77
怀远县	Huaiyuan	5691.63	2001.49	0.37	3334.59	0.20	303.38
五河县	Wuhe	5191.15	2107.09	0.17	2849.86	0.63	143.90
固镇县	Guzhen	6586.65	3048.50	5.37	3368.81		145.76
阜阳市	**Fuyang**	**4873.00**	**1775.01**	**1.55**	**2716.61**	**6.16**	**338.76**
颍州区	Yingzhou District	6371.02	1845.49	1.26	4165.12	5.26	320.46
颍东区	Yingdong District	4427.64	1552.44	19.34	2461.42	2.18	387.69
颍泉区	Yingquan District	6695.29	1425.90		4548.62	47.09	616.03
临泉县	Linquan	4362.38	2097.23	0.47	1953.35	1.29	282.51
太和县	Taihe	4849.69	1671.44	0.56	2895.15	0.66	232.13
阜南县	Funan	3636.05	1067.78		2189.48	0.50	317.95
颍上县	Yingshang	5153.26	2093.13	0.03	2637.56	3.66	412.09
界首市	Jieshou	6634.47	2449.24		3756.52	21.63	373.71
淮南市	**Huainan**	**6138.28**	**1758.59**	**19.14**	**4077.83**	**6.76**	**256.19**
大通区	Datong District	6711.43	2120.72	0.86	4388.89		177.11
田家庵区	Tianjaan District	5515.66	1485.97	13.81	3778.35	1.24	215.77
谢家集区	Xiejiaji District	6473.75	1573.02	0.07	4570.98	1.07	290.34
八公山区	Bagongshan District	5163.10	249.91	41.93	4615.76		254.28
潘集区	Panji District	6362.22	1926.14	14.66	4098.20	16.46	275.30
凤台县	Fengtai	6204.66	1899.98	34.25	3982.64	5.59	275.97
毛集区	Maoji Distrct	5052.21	1031.34		3807.49		187.81
滁州市	**Chuzhou**	**7090.61**	**2297.39**	**12.78**	**4291.43**	**14.98**	**453.28**
琅琊区	Langya District	6771.36	1492.27		4916.79		362.31
南谯区	Nanqiao District	6550.43	2243.68		3852.09	57.60	369.39
来安县	Laian	9086.63	2915.93		5218.89	36.75	813.59
全椒县	Quanjiao	6308.70	1862.45		3982.14	0.98	451.08
定远县	Dingyuan	7912.60	2799.24	36.77	4686.89	12.86	369.00
凤阳县	Fengyang	5460.52	1742.01	15.50	3458.73	0.21	223.78
天长市	Tianchang	7880.85	2107.84	5.01	4884.43	10.21	869.37
明光市	Mingguang	6295.46	2269.93	2.44	3769.02	17.99	233.34

9—38 续表3 continued

单位：元（yuan）

市、县	County、city	期内现金支出合计 Total Cash Expenditure in the Period	生产费用支出 Productive Expenditure	缴纳生产税 Productive Tax	生活消费支出 Expenses on Household Consumption	财产性支出 Expenses on Properties	转移性支出 Expenses on Transfers
六安市	**Luan**	**5396.66**	**1388.10**	**8.98**	**3620.74**	**3.51**	**351.55**
金安区	Jinan District	4249.01	774.02	0.02	3140.41		320.54
裕安区	Yuan District	4182.10	978.59	55.03	2958.94	3.00	180.59
寿　县	Shouxian	4526.50	1377.78		2689.10	6.37	422.27
霍邱县	Huoqiu	7356.70	1933.31	4.62	5006.95	0.93	376.82
舒城县	Shucheng	4692.44	702.69	0.83	3687.24	9.52	266.74
金寨县	Jinzhai	5679.01	1782.88	0.75	3320.18	0.29	542.54
霍山县	Huoshan	7384.99	2777.60		4192.97	3.91	406.30
叶集区	Yeji District	4351.64	654.18		3428.33	0.31	263.41
马鞍山市	**Maanshan**	**8742.35**	**1833.67**	**2.38**	**5091.42**	**90.08**	**1701.48**
金家庄区	JInjiazhan District	8192.40	571.25		6382.59	32.11	1206.45
花山区	Huashan District	8111.50	285.36		7140.14		686.00
雨山区	Yushan District	8608.28	1075.75	2.51	6584.62		943.80
当涂县	Dangtu	12651.77	2244.16		6348.52	205.58	3838.97
含山县	Hanshan	5835.79	955.89	9.06	4291.57	0.59	511.54
和　县	Hexian	6326.82	2312.49		3777.99	40.32	192.90
芜湖市	**Wuhu**	**6715.78**	**1116.26**	**1.12**	**5234.97**	**20.85**	**337.26**
弋江区	Yijiang District	7898.71	1021.39	16.60	6266.29		590.08
鸠江区	Jiujiang District	4872.75	796.17		3760.10		306.38
三山区	Sanshang District	6495.55	756.78		5281.03	1.32	453.36
芜湖县	Wuhu	9673.20	1656.00		7288.68	130.32	593.24
繁昌县	Fanchang	7164.10	1142.61		5798.00	1.24	220.14
南陵县	Nanling	6942.80	1259.68		5266.92	2.27	411.97
无为县	Wuwei	5752.49	1013.29	1.02	4515.37	10.53	204.59
宣城市	**Xuancheng**	**7479.07**	**1519.89**	**0.84**	**5340.68**	**18.89**	**588.42**
宣州区	Xuanzhou District	7089.12	1821.09		4832.20	27.24	406.81
郎溪县	Langxi	5681.39	1131.64	0.56	4108.33	7.16	402.99
广德县	Guangde	7384.07	1277.65		5205.70	16.08	867.79
泾　县	Jingxian	10034.22	1636.68		7884.92	11.56	495.75
绩溪县	Jixi	5257.48	1466.12		3494.56	7.21	287.94
旌德县	Jingde	5426.13	1088.37	1.59	3740.97	0.35	592.23
宁国市	Ningguo	9307.07	1374.91	5.12	6870.23	72.97	968.67
铜陵市	**Tongling**	**8189.00**	**1626.38**	**10.43**	**5724.28**	**37.50**	**716.02**
狮子山区	Shuzushan District	8291.81	927.57		7050.95		313.30
郊　区	Reigon of City	6422.07	1072.58		4657.00	2.54	689.60
铜陵县	Tongling	8454.84	1785.31	13.15	5754.05	46.85	761.81
池州市	**Chizhou**	**5970.95**	**1648.30**	**1.61**	**3798.86**	**28.33**	**450.81**
市辖区	Reigon of City	6372.93	153.70		5486.75		732.48
贵池区	Guichi District	5954.64	1923.75	3.08	3532.25	39.53	397.30
东至县	Dongzhi	5837.40	1589.71	0.03	3675.19	33.28	487.10
石台县	Shitai	5449.68	1029.52	1.47	3954.63	11.95	444.21
青阳县	Qingyang	6478.75	1523.25	1.91	4472.02	1.53	473.87
安庆市	**Anqing**	**4920.43**	**1031.46**	**1.25**	**3522.73**	**25.54**	**312.09**
迎江区	yingjiang District	6878.19	1477.81		4541.44	0.85	821.58
大观区	daguan District	3959.67	322.57		3426.07	16.77	194.26
宜秀区	yixu District	5708.55	340.63		4667.25	40.91	659.62
怀宁县	Huaining	3788.56	417.66	2.65	3220.15		140.11
枞阳县	Zongyang	3460.79	634.80		2677.95		104.67
潜山县	Qianshan	4318.26	731.10	1.85	3268.99	0.01	260.11
太湖县	Taihu	6007.11	1569.44	7.61	4146.75		258.56
宿松县	Susong	5610.47	1673.16		3516.94	122.69	282.02
望江县	Wangjiang	5789.36	2356.32		2982.46	13.12	383.26
岳西县	Yuexi	3204.34	516.65		2293.27	6.08	363.85
桐城市	Tongcheng	6936.69	649.23		5570.81	40.72	672.54
黄山市	**Huangshan**	**5724.58**	**1386.11**		**3886.25**	**36.78**	**405.08**
屯溪区	Tunxi District	11369.65	1242.83		8639.71	26.11	1458.65
黄山区	Huangshan District	8348.59	2359.31		5205.33	70.44	704.98
徽州区	Huizhou District	6322.51	1637.33		4287.45	5.76	385.50
歙　县	Shexian	4754.67	1174.53		3321.76	50.47	192.77
休宁县	Xiuning	4346.46	1268.05		2839.44	9.66	225.05
黟　县	Yixian	7655.87	2382.48		4629.68	86.26	548.60
祁门县	Qimen	4857.94	692.92		3569.45	8.26	572.81

9—39 各市、县农村居民家庭平均每人生活消费现金支出（2011年）

Per Capita Living Expenditure in Cash of Rural Households by County or City (2011)

单位：元（yuan）

市、县	County、city	生活消费支出合计 Living Expenditure	食品 Food	衣着 Clothing	居住 Residence	医疗保健 Medicines and Medical Services	交通和通讯 Transport, and Communication Services	文教、娱乐用品及服务 Cultural, Educational and Recreational Articles and Services	其他商品及服务 Other Commodities and Services
合肥市	**Hefei**	**3786.36**	**1494.82**	**293.14**	**444.64**	**309.15**	**389.87**	**411.41**	**443.34**
瑶海区	Yaohai District	7776.97	3679.05	817.86	623.99	84.58	586.16	879.67	1105.67
庐阳区	Luyang District	7150.32	3185.78	903.43	529.72	236.89	745.21	741.62	807.68
蜀山区	Shushan District	6662.33	2287.65	579.66	490.36	139.83	1782.67	581.30	800.85
包河区	Baohe District	6783.84	3215.72	828.61	802.38	354.60	464.82	461.99	655.72
长丰县	Changfeng	3401.32	1328.06	277.45	364.14	315.72	389.51	354.52	371.92
肥东县	Feidong	3836.44	1437.38	262.65	445.09	391.88	310.73	465.74	522.97
肥西县	Feixi	3834.06	1608.78	313.66	374.17	276.27	453.94	397.51	409.73
庐江县	Lujiang	3526.23	1280.98	233.66	533.52	334.41	362.78	446.90	333.97
巢湖市	Chaohu	3218.08	1262.94	232.89	388.08	223.68	320.01	291.28	499.21
淮北市	**Huaibei**	**4125.86**	**1455.26**	**320.00**	**610.56**	**416.06**	**460.02**	**400.82**	**463.14**
杜集区	Duji District	4147.96	1643.91	426.59	426.60	489.58	406.75	396.80	357.72
相山区	Xiangshan District	4407.27	1567.13	410.12	417.06	432.47	498.20	622.55	459.74
烈山区	Lieshan District	3020.10	1393.67	323.54	206.60	268.42	270.11	223.88	333.87
濉溪县	Suixi	4352.17	1427.55	293.24	751.41	436.00	509.53	423.25	511.20
亳州市	**Bozhou**	**3394.35**	**1195.39**	**277.13**	**822.01**	**218.19**	**369.44**	**206.15**	**306.03**
谯城区	Qiaocheng District	3504.52	1246.05	240.78	1036.21	183.95	318.91	206.10	272.53
涡阳县	Guoyang	3991.33	1444.54	404.90	1019.23	261.56	350.34	198.08	312.69
蒙城县	Mengcheng	3769.53	1114.82	255.41	1051.08	245.59	556.70	218.41	327.52
利辛县	Lixin	2414.66	974.14	204.03	252.98	185.00	282.00	204.09	312.43
宿州市	**Suzhou**	**3633.49**	**1325.40**	**247.09**	**631.50**	**274.61**	**469.68**	**310.62**	**374.59**
埇桥区	Yongqiao District	2789.94	1090.13	216.12	364.83	256.84	315.77	200.30	345.95
砀山县	Dangshan	4601.32	1769.36	239.97	1207.48	260.76	452.15	373.25	298.35
萧县	Xiaoxian	3947.25	1264.80	264.41	462.60	364.73	718.21	408.15	464.35
灵璧县	Lingbi	3508.27	1236.64	272.42	824.55	185.54	318.49	319.68	350.95
泗县	Sixian	3669.80	1460.18	243.82	489.99	290.81	538.59	259.09	387.33
蚌埠市	**Bengbu**	**3270.32**	**1375.11**	**252.09**	**613.82**	**242.65**	**306.93**	**208.47**	**271.26**
龙子湖区	Longzihu District	2787.64	1188.30	347.79	204.17	31.73	610.83	76.66	328.14
蚌山区	Bangshan District	3486.76	1385.17	142.86	1060.79	137.56	193.08	304.19	263.11
禹会区	Yuhui District	3879.15	1808.63	428.58	367.43	142.37	507.43	323.71	301.02
淮上区	Huaishang District	4055.05	1822.29	294.80	513.60	172.08	545.11	299.48	407.71
怀远县	Huaiyuan	3334.59	1316.37	246.01	721.21	281.62	261.08	210.71	297.59
五河县	Wuhe	2849.86	1310.64	173.64	535.64	179.20	279.46	167.95	203.34
固镇县	Guzhen	3368.81	1411.19	319.21	559.65	300.81	312.18	220.11	245.66
阜阳市	**Fuyang**	**2716.61**	**1038.04**	**182.23**	**536.70**	**221.33**	**259.64**	**224.99**	**253.68**
颍州区	Yingzhou District	4165.12	1279.29	236.94	1300.68	328.16	292.88	380.25	346.92
颍东区	Yingdong District	2461.42	1048.44	166.77	224.66	213.97	270.13	220.15	317.31
颍泉区	Yingquan District	4548.62	1388.32	242.57	1586.78	285.00	363.83	378.58	303.54
临泉县	Linquan	1953.35	798.32	121.56	384.54	110.73	191.46	149.12	197.62
太和县	Taihe	2895.15	1040.74	258.13	454.50	275.70	312.14	225.22	328.72
阜南县	Funan	2189.48	888.39	156.03	286.69	221.54	216.65	217.16	203.02
颍上县	Yingshang	2637.56	1132.21	117.28	535.09	225.55	232.84	175.01	219.58
界首市	Jieshou	3756.52	1437.71	323.18	662.97	304.21	386.23	355.44	286.78
淮南市	**Huainan**	**4077.83**	**1638.51**	**364.91**	**585.55**	**206.62**	**429.72**	**280.29**	**572.23**
大通区	Datong District	4388.89	1645.68	326.13	901.82	229.47	399.05	304.23	582.51
田家庵区	Tianjaan District	3778.35	1583.28	405.59	392.18	133.40	674.06	185.28	404.56
谢家集区	Xiejiaji District	4570.98	2074.25	296.56	924.23	202.41	348.26	185.32	539.94
八公山区	Bagongshan District	4615.76	1967.46	404.24	376.15	104.93	288.12	353.37	1121.49
潘集区	Panji District	4098.20	1642.88	344.93	616.45	241.30	339.53	281.74	631.36
凤台县	Fengtai	3982.64	1569.88	411.54	346.10	217.15	517.09	347.00	573.88
毛集区	Maoji Distrct	3807.49	1460.74	262.04	1237.87	126.31	197.19	110.39	412.96
滁州市	**Chuzhou**	**4291.43**	**1644.75**	**318.44**	**746.06**	**265.40**	**424.43**	**392.60**	**499.74**
琅琊区	Langya District	4916.79	1715.38	287.32	1274.13	237.18	541.62	242.50	618.66
南谯区	Nanqiao District	3852.09	1567.01	427.91	480.84	169.93	341.57	365.92	498.92
来安县	Laian	5218.89	1756.53	397.19	1071.24	439.92	474.04	478.28	601.69
全椒县	Quanjiao	3982.14	1509.85	206.16	601.69	183.57	618.65	336.82	525.41
定远县	Dingyuan	4686.89	1962.91	287.95	943.42	271.48	356.44	488.11	376.57
凤阳县	Fengyang	3458.73	1507.82	319.42	343.23	180.46	360.17	265.27	482.36
天长市	Tianchang	4884.43	1464.52	369.41	987.75	311.43	451.40	520.90	779.02
明光市	Mingguang	3769.02	1522.36	284.14	625.25	278.40	454.87	263.77	340.23

9—39 续表 continued

单位：元（yuan）

市、县	County、city	生活消费支出合计 Living Expenditure	食品 Food	衣着 Clothing	居住 Residence	医疗保健 Medicines and Medical Services	交通和通讯 Transport, and Communication Services	文教、娱乐用品及服务 Cultural, Educational and Recreational Articles and Services	其他商品及服务 Other Commodities and Services
六安市	**Luan**	**3620.74**	**1491.75**	**234.03**	**632.30**	**176.98**	**378.20**	**237.16**	**470.32**
金安区	Jinan District	3140.41	1287.64	318.24	313.57	193.14	350.33	322.40	355.10
裕安区	Yuan District	2958.94	1249.62	192.89	478.88	124.28	368.44	200.36	344.47
寿县	Shouxian	2689.10	1138.07	168.39	499.02	138.95	219.18	159.81	365.68
霍邱县	Huoqiu	5006.95	2172.98	218.63	1053.25	218.56	488.92	210.01	644.59
舒城县	Shucheng	3687.24	1343.36	251.28	785.69	185.61	337.47	296.86	486.97
金寨县	Jinzhai	3320.18	1284.30	250.89	408.61	184.95	353.95	236.07	601.41
霍山县	Huoshan	4192.97	1712.07	446.56	411.77	183.52	517.50	440.79	480.76
叶集区	Yeji District	3428.33	1218.57	195.35	345.39	235.40	919.73	237.14	276.75
马鞍山市	**Maanshan**	**5091.42**	**1701.79**	**416.49**	**709.85**	**435.40**	**599.09**	**767.89**	**460.92**
金家庄区	JInjiazhan District	6382.59	2877.14	1135.09	206.96	170.30	546.62	786.37	660.11
花山区	Huashan District	7140.14	3049.48	660.75	658.50	190.97	648.41	1111.87	820.16
雨山区	Yushan District	6584.62	2836.07	727.44	522.32	324.08	811.37	671.35	692.00
当涂县	Dangtu	6348.52	1990.18	485.77	798.84	651.15	747.13	1117.22	558.23
含山县	Hanshan	4291.57	1511.91	397.08	586.72	322.40	478.89	666.33	328.25
和县	Hexian	3777.99	1200.23	254.83	752.37	300.21	481.90	403.01	385.45
芜湖市	**Wuhu**	**5234.97**	**2207.25**	**398.38**	**719.54**	**311.52**	**462.81**	**515.24**	**620.23**
弋江区	Yijiang District	6266.29	2393.33	553.85	530.11	204.48	633.12	1106.68	844.71
鸠江区	Jiujiang District	3760.10	1573.49	253.29	503.26	563.34	298.36	260.98	307.38
三山区	Sanshang District	5281.03	2186.95	534.78	732.07	248.90	485.05	461.49	631.80
芜湖县	Wuhu	7288.68	2570.72	577.85	1382.14	513.69	680.03	766.80	797.45
繁昌县	Fanchang	5798.00	2012.68	611.03	922.60	276.82	626.18	726.89	621.80
南陵县	Nanling	5266.92	1856.42	332.35	977.21	488.15	441.36	598.27	573.16
无为县	Wuwei	4515.37	2384.32	293.07	400.73	137.34	364.45	324.23	611.23
宣城市	**Xuancheng**	**5340.68**	**1542.23**	**423.54**	**938.44**	**308.75**	**609.87**	**521.20**	**996.64**
宣州区	Xuanzhou District	4832.20	1549.33	354.59	1290.62	308.94	421.13	496.15	411.44
郎溪县	Langxi	4108.33	1298.79	496.25	749.74	129.59	526.42	476.45	431.09
广德县	Guangde	5205.70	1654.13	506.00	663.90	240.36	724.80	701.52	715.00
泾县	Jingxian	7884.92	1401.90	337.99	951.01	424.22	497.36	400.20	3872.24
绩溪县	Jixi	3494.56	1010.73	178.92	774.90	348.34	448.06	256.94	476.68
旌德县	Jingde	3740.97	947.12	498.60	695.29	358.36	338.19	239.33	664.08
宁国市	Ningguo	6870.23	2136.65	569.76	854.74	419.10	1240.60	708.69	940.69
铜陵市	**Tongling**	**5724.28**	**2069.95**	**472.13**	**1094.05**	**271.69**	**478.98**	**698.31**	**639.16**
狮子山区	Shuzushan District	7050.95	2928.51	731.80	535.46	228.69	831.01	1092.66	702.82
郊区	Reigon of City	4657.00	1853.02	532.95	471.93	143.57	446.62	595.10	613.82
铜陵县	Tongling	5754.05	2015.09	435.76	1249.18	296.18	447.63	673.67	636.55
池州市	**Chizhou**	**3798.86**	**1381.88**	**248.43**	**628.33**	**257.57**	**449.36**	**455.43**	**377.86**
市辖区	Reigon of City	5486.75	1940.49	600.63	792.19	215.75	1156.58	362.23	418.88
贵池区	Guichi District	3532.25	1254.23	216.35	568.25	222.40	447.73	476.06	347.23
东至县	Dongzhi	3675.19	1428.91	236.60	594.24	261.78	375.38	437.76	340.53
石台县	Shitai	3954.63	1319.00	247.01	822.47	389.66	339.08	504.61	332.79
青阳县	Qingyang	4472.02	1549.49	320.31	744.15	275.71	606.28	434.29	541.80
安庆市	**Anqing**	**3522.73**	**1429.15**	**248.72**	**401.11**	**218.96**	**372.05**	**365.23**	**487.51**
迎江区	yingjiang District	4541.44	1408.33	325.30	490.35	278.60	393.59	711.51	933.76
大观区	daguan District	3426.07	1523.15	689.42	209.66	396.48	238.91	154.93	213.52
宜秀区	yixu District	4667.25	1728.82	402.08	805.01	235.83	427.38	434.29	633.84
怀宁县	Huaining	3220.15	1233.23	228.51	247.48	309.69	342.97	273.01	585.26
枞阳县	Zongyang	2677.95	916.99	338.83	296.93	41.73	198.48	302.24	582.75
潜山县	Qianshan	3268.99	1629.05	260.37	280.95	84.62	503.38	210.97	299.65
太湖县	Taihu	4146.75	2345.37	162.09	419.37	147.26	299.51	401.28	371.87
宿松县	Susong	3516.94	1380.30	161.74	388.80	332.68	352.22	467.58	433.62
望江县	Wangjiang	2982.46	1264.78	159.31	409.76	171.93	273.72	360.52	342.42
岳西县	Yuexi	2293.27	869.91	214.13	276.99	115.44	282.64	199.68	334.48
桐城市	Tongcheng	5570.81	1890.67	292.43	781.46	480.63	751.56	615.50	758.55
黄山市	**Huangshan**	**3886.25**	**1432.34**	**258.26**	**579.78**	**346.40**	**443.74**	**373.01**	**452.72**
屯溪区	Tunxi District	8639.71	3238.88	813.00	1090.99	482.87	1046.82	902.77	1064.37
黄山区	Huangshan District	5205.33	1561.24	401.61	899.15	570.90	698.56	582.35	491.52
徽州区	Huizhou District	4287.45	1669.07	297.28	571.44	393.86	513.15	424.88	417.77
歙县	Shexian	3321.76	1405.07	145.68	489.94	303.05	347.58	269.98	360.46
休宁县	Xiuning	2839.44	1128.47	203.91	331.71	245.92	275.06	277.48	376.89
黟县	Yixian	4629.68	1401.57	283.31	947.19	421.65	473.49	525.09	577.37
祁门县	Qimen	3569.45	1045.13	291.63	581.80	321.29	481.96	325.20	522.45

主要统计指标解释

城镇家庭总收入

指调查户中生活在一起的所有家庭成员在调查期得到的工薪收入、经营净收入、财产性收入、转移性收入的总和，不包括出售财物和借贷收入。

城镇家庭可支配收入

指调查户可用于最终消费支出和其它非义务性支出以及储蓄的总和，即居民家庭可以用来自由支配的收入。它是家庭总收入扣除交纳的所得税、个人交纳的社会保障费以及调查户的记账补贴后的收入。计算公式为：

可支配收入=家庭总收入—交纳所得税—个人交纳的社会保障费—记账补贴

城镇家庭总支出

指家庭除借贷支出以外的全部实际支出。包括消费性支出、购房建房支出、转移性支出、财产性支出、社会保障支出。

城镇家庭消费性支出

指调查户用于本家庭日常生活的全部支出，包括食品、衣着、家庭设备用品及服务、医疗保健、交通和通信、教育文化娱乐服务、居住、杂项商品和服务八大类等。

农村居民家庭总收入

指调查期内农村住户和住户成员从各种来源渠道得到的收入总和。按收入的性质划分为工资性收入、家庭经营收入、财产性收入和转移性收入。

农村居民家庭纯收入

指农村住户当年从各个来源得到的总收入相应地扣除所发生的费用后的收入总和。计算方法：

纯收入=总收入—税费支出—家庭经营费用支出—生产性固定资产折旧—农村内部亲友赠送

纯收入主要用于再生产投入和当年生活消费支出，也可用于储蓄和各种非义务性支出。“农民人均纯收入”按人口平均的纯收入水平，反映的是一个地区或一个农户农村居民的平均收入水平。

农村居民家庭生活消费支出

指农村住户用于物质生活和精神生活方面的支出。生活消费支出包括食品、衣着、居住、家庭设备用品及服务、医疗保健、交通和通讯、文化教育娱乐用品及服务、其他商品和服务等消费支出。

城乡居民储蓄存款余额

指某一时点城乡居民存入银行及农村信用社的储蓄金额，包括城镇居民储蓄存款和农民个人储蓄存款，不包括居民的手存现金和工矿企业、部队、机关、团体等单位存款。

Explanatory Notes for Major Statistical Indicators

Total Income of Urban Households

refers to the total income of all the family members living together in the sample households, including wage income, net income of business, property income and transfer income. The income from selling belongings and loan income are excluded.

Disposable Income of Urban Households

refers to the total amount of the sample households, including that could be used as ultimate expenditure for consumption and other non-obligation expenditure and savings deposit that is the income that the household could freely budget. It is the balance that total income of household minus income tax, social protection fee and account subsidy of sample household. The formula is as follows:

Disposable income=total income of household – income tax – social protection fee paid by individual – account subsidy

Total Expenditure of Urban Households

refers to the total actual expenditure of the household except loan expenditure. It includes expenditure for consumption, expenditure from buying and constructing house, property expenditure and expenditure for social protection.

Expenditure for Consumption of Urban Households

refers to total expenditure of the sample households for consumption in daily life, including eight categories as follows: food, clothing, household appliances and services, health care and medical services, transport and communications, recreation, education and cultural services, housing, miscellaneous goods and services.

Total Income of Rural Households

refers to the sum of income earned from various sources by the rural households and their members during the reference period, and is classified as income from wages and salaries, income from household operations, income from properties and income from transfers.

Net Income of Rural Households

refers to the total income of rural households from all sources minus all corresponding expenses. The formula for calculation is as follows:

Net income = total income – household operation expenses – taxes and fees – depreciation of fixed assets for production – subsidy for participating in household survey – gifts to non-rural relatives

Net income is mainly used as input for reproduction and as consumption expenditure of the year, and also used for savings and non-compulsory expenses of various forms. "Per capita net income of farmers" is the level of net income averaged by population which reflects the average income level of rural households in a given area.

Expenditure on Consumption of Rural Households

refers to expenditure by rural households on their material and cultural life, including expenditure on food; clothing; housing; household appliances, articles and services; health and medical service; transportation and communications; articles and services on culture, education and recreation; and other goods and services.

The Savings Deposits of Urban and Rural Residents

refers to the total value of savings deposits of urban and rural households in banks and rural credit cooperatives at a given point of time, including the savings deposit of urban residents and the savings deposit of rural residents. The cash in hand by residents and the deposits of organizations such as enterprises, military units, government agencies, institutions, etc. are not included.

第 十 篇

Chapter 10

城市概况

GENERAL SURVEY OF CITIES

简要说明

一、本篇资料反映全省及16个地级城市市辖区社会、经济发展和城市建设的规模、效益及综合水平等基本情况，主要内容：

1. 人口、劳动力及土地面积；

2. 综合经济指标；

3. 固定资产投资；

4. 教育、科技、文化、卫生情况；

5. 财政、金融情况；

6. 人民生活情况；

7. 社会福利、劳动保险；

8. 市政公用事业情况；

二、全省城市社会经济资料由安徽省统计局综合处根据国家统计局《城市社会经济基本情况统计报表制度》搜集、汇总整理提供。

Brief Introduction

I. Data in this chapter show the social and economic development as well as the scale, economic efficiency, overall level and other basic conditions of 16 cities at the prefecture and county level in Anhui Province. The main content is composed of the following parts.

1. Population, labor force and area of land.

2. Comprehensive economic indicators.

3. Investment in fixed assets.

4. The conditions of education, science and technology, culture and health care.

5. The conditions of finance and banking.

6. People's livelihood.

7. Social welfare and labor insurance.

8. The conditions of municipal public utilities.

II. Data on the social and economic conditions of the cities in the province are prepared and provided by the Division of Integrated Statistics of Anhui Statistical Bureau in accordance with the statistical reporting scheme on the basic social and economical situations of the cities, which is stipulated by the State Statistical Bureau.

10—1 地级城市基本情况（2011年） Basic Statement of Cities at Prefectural Level (2011)

指标		Item		全省 Province	#市区合计 City
人口、劳动力及土地面积		**Population, Labor Force and Land Area**			
年末户籍人口	（万人）	Residence Population (year-end)	(10000 persons)	6875.87	1910.52
#非农业人口		Non-agricultural Population		1576.67	
年平均人口	（万人）	Annual Average Population	(10000 persons)	6851.50	1902.05
年末单位从业人员数	（万人）	Employed Persons in Various Units (year-end)	(10000 persons)	411.55	274.06
城镇私营和个体从业人员	（人）	Self-employed Individuals in Urban Areas	(persons)	4201780	2136848
行政区域土地面积	（平方公里）	Land Area	(sq.m)	139427	25489
#建成区面积		Developed Area			1480.0
综合经济		**General Economy**			
地区生产总值（当年价格）	（万元）	Gross Regional Product (at current price)	(10000 yuan)	153006456	80680110
第一产业增加值		Primary Industry		20153123	3868453
第二产业增加值		Secondary Industry		83093800	47177771
第三产业增加值		Tertiary Industry		49759533	29633886
财政、金融		**Government Finance and Banking**			
地方财政一般预算内收入	（万元）	Local Budgetary Financial Revenue	(10000 yuan)	14635608	7847301
地方财政一般预算内支出	（万元）	Local Budgetary Financial Expenditure	(10000 yuan)	33029911	12425421
一般性公共服务支出		General Public Service		3453371	1252426
科学技术支出		Expenses for Science		770251	439029
教育支出		Expenses for Education		5647064	1755684
文化体育与传媒支出		Culture, Sports and Media		623451	180162
社会保障和就业支出		Social Security and Employment		3929760	1151589
社会保险基金支出		Social Security Subsidiary Expenses			2807394
医疗卫生支出		Expenses for Public Health		2772261	817073
环境保护支出		Environmental Protection		819647	428767
城乡社区事务支出		Expenses in Urban、Rural Areas and Communities		2807584	2042994
交通运输支出		Transport		2195891	409326
城乡居民储蓄年末余额	（万元）	Balance of Savings Deposit of Rural and Urban Residents (year-end)	(10000 yuan)	92335727	46392965
农业		**Agriculture**			
蔬菜产量	（吨）	Output of Vegetables	(ton)	22139877	
水果产量	（吨）	Output of Fruits	(ton)	6048331	
肉类总产量	（吨）	Output of Meat	(ton)	3754683	
奶类产量	（吨）	Output of Milk	(ton)	225184	
水产品产量	（吨）	Output of Aquatic Products	(ton)	1995505	
工业		**Industry**			
规模以上工业法人企业		Industrial Corporate Enterprises above Designated Size			
工业企业数	（个）	Number of Enterprises	(unit)	12432	4391
内资企业		Domestic Funded Enterprises		11682	3953
港澳台商投资企业		Funded by Entrepreneurs from Hong Kong, Macao and Taiwan		312	178
外商投资企业		Foreign Funded Enterprises		438	260
工业总产值（当年价格）	（万元）	Gross Output Value (at current price)	(10000 yuan)	258758700	140143750
内资企业		Domestic Funded Enterprises		224301900	112860593
港澳台商投资企业		Funded by Entrepreneurs from Hong Kong, Macao and Taiwan		13598800	10089850
外商投资企业		Foreign Funded Enterprises		20858000	17193307
从业人员年平均人数	（万人）	Annual Average Number of Employed Persons	(10000 persons)	268.36	151.22
流动资产合计	（万元）	Total Circulating Funds	(10000 yuan)	84633000	55576234
固定资产合计	（万元）	Total Fixed Assets	(10000 yuan)	80171900	52503957
主营业务收入	（万元）	Main Business Revenue	(10000 yuan)	249601600	137142983
主营业务税金及附加	（万元）	Main Business Taxes and Extra-charges	(10000 yuan)	3071200	2376341
本年应交增值税	（万元）	Value Added Tax Payable	(10000 yuan)	8004400	4932441
利润总额	（万元）	Total Profits	(10000 yuan)	16631600	7949679

10—1 续表1 continued

指标		Item		全省 Province	#市区合计 City
交通运输、邮电通信、能源电力		**Transportation, Post & Telecommunication and Electric Power**			
铁路旅客运量	（万人）	Passenger Traffic of Railways	(10000 persons)	5980	
铁路货物运量	（万吨）	Freight Traffic of Railways	(10000 tons)	12507	
境内铁路营业里程	（公里）	Length of Railways Within the Boundary	(km)	3121	
民用汽车拥有量	（辆）	Number of Civil Vehicles Owned	(unit)	2894286	
#私人汽车拥有量		Number of Motor Vehicls owned by Individuals		2052743	
公路客运量	（万人）	Passenger Traffic of Highways	(10000 persons)	179440	
公路货运量	（万吨）	Freight Traffic of Highways	(10000 tons)	219467	
境内等级公路里程	（公里）	Length of Classfied Highways Within the Boundary	(km)	143404	
境内高速公路里程	（公里）	Express Highways	(km)	3009	
内河港口货物吞吐量	（万吨）	Cargo Handled in Ports of Inland Rivers	(10000 tons)	37419	
水运客运量	（万人）	Passenger Traffic of Waterways	(10000 persons)	155	
水运货运量	（万吨）	Freight Traffic of Waterways	(10000 tons)	36439	
民用航空货邮运量	（万吨）	Freight Traffic of Civil Aviation	(10000 tons)	2	
民用航空客运量	（人）	Passenger Traffic of Civil Aviation	(persons)	2144500	
年末邮政局（所）数	（处）	Number of Post Offices (year-end)	(unit)	1803	590
邮政业务总量	（万元）	Business Revenue of of Postal Services	(10000 yuan)	268129	
电信业务总量	（万元）	Business Revenue of of Telecommunication Services	(10000 yuan)	3348013	
年末固定电话用户数	（万户）	Local Telephone Subscribers at Year-end	(10000 subscribers)	1243.95	519.54
年末移动电话用户数	（万户）	Number of Mobile Telephone Subscribers at Year-end	(10000 subscriber)	3259.41	1488.42
国际互联网用户数	（万户）	Number of Subscribers of Internet Service	(10000 subscriber)	457.36	309.61
全社会用电量	（万千瓦时）	Total Electricity Consumption	(10000 kwh)	12211876	6007478
#工业用电		Industrial Electricity Consumption		8777879	4225994
居民生活用电		Residential Power Consumption		1915500	853849
内外贸易、外经、旅游		**Trade Foreign Trade and Tourism**			
限额以上批发和零售业商品销售总额	（万元）	Total Sale of Enterprises Above Designed Size in Wholesale and Retail Trade	(10000 yuan)	128952000	56866200
社会消费品零售总额	（万元）	Retailsale of Consumer Goods	(10000 yuan)	49006000	27143658
货物进口额（海关数）	（万美元）	Total Imports (customs statistics)	(USD 10000)	1425393	
货物出口额（海关数）	（万美元）	Total Exports (customs statistics)	(USD 10000)	1708389	
外商直接投资		Forign Drirect Investment			
当年新签项目（合同）个数	（个）	Number of Contracts Newly Signed	(unit)	263	163
当年实际使用外资金额	（万美元）	Amount of Foreign Capital Actually Used	(USD 10000)	662887	437426
海外游客人数（含一日游游客）	（人）	Number of International Tourists (including one-day tour)	(person)	2628662	
#外国人		Foreigners		1517481	
港、澳、台同胞		Compatriots from Hong Kong, Macao and Taiwan		1111181	
旅游（外汇）收入	（万美元）	Foreign Exchange Earnings from International Tourism	(10000 USD)	117918	
星级饭店数	（个）	Number of Tourist Hotel of Star Class	(unit)	462	
固定资产投资		**Investment in Fixed Assets**			
全社会固定资产投资总额	（万元）	Total Actually Completed Investment in Fixed Assets	(10000 yuan)	121477794	
#城镇固定资产投资额		Amount of Investment in Fixed Assets of Urban Area		113723717	66357119
#房地产开发投资额		Total Investment in Real Estate Devlopment		26115374	18727242
#住　宅		Residential Buildings		18696348	13365068
全年新增固定资产	（万元）	Newly Increased Fixed Assets	(10000 yuan)	51335509	30501282

10—1 续表2 continued

指 标		Item		全 省 Province	#市区合计 City
商品房屋销售面积	（万平方米）	Floor Space of Selling House	(10000 sq.m)	4605.58	2656.69
#住 宅		Residential Buildings		3991.99	2273.97
商品房屋销售额	（万元）	Total Sales of Commercial House	(10000 yuan)	21996724	14377185
#住 宅		Residential Buildings		17449951	11258453
商品房屋待售面积	（万平方米）	Square Commercial House for Sal	(10000 sq.m)	681.34	328.38
教育、科技、文化、卫生		**Education, S&T, Culture and Public Health**			
学校数	（所）	Number of Schools	(unit)		
普通高等学校		Institutions of Higher Education		104	102
中等职业教育学校		Secondary Vocational Technical School		429	250
普通中学		Regular Secondary Schools		3695	1027
小 学		Primary Schools		13343	2952
专任教师数	（人）	Number of Full-time Teachers	(person)		
普通高等学校		Institutions of Higher Education		51185	47514
中等职业教育学校		Secondary Vocational Technical School		28535	14910
普通中学		Regular Secondary Schools		231156	72754
小 学		Primary Schools		243319	67824
在校学生数		Number of Student Enrollment			
普通高等学校	（人）	Institutions of Higher Education	(person)	991267	968930
高中阶段在校学生	（人）	Senior Secondary		1278903	540213
中等职业教育学校	（人）	Secondary Vocational Technical School	(person)	766287	446702
普通中学	（万人）	Regular Secondary Schools	(10000 persons)	377.74	107.26
小 学	（万人）	Primary Schools	(10000 persons)	443.58	122.67
成人高等学校在校学生数	（人）	Student Enrollment in Institutions of Higher Education for Adults	(person)	217990	196083
体育场馆数	（个）	Number of Stadiuns and Gymnasiums	(unit)	140	130
剧场、影剧院数	（个）	Number of Theaters and Music Halls	(unit)	90	51
公共图书馆图书总藏量	（千册、件）	Total Collecters of Public Libraries	(1000 unit)	13754	8604
医院、卫生院数	（个）	Number of Hospitals	(unit)	2313	916
医院、卫生院床位数	（张）	Number of Hospital Beds	(unit)	187156	95061
医生数（执业医师+执业助理医师）	（人）	Number of Doctors (Practicing Doctors + Practicing Mediatinuses)	(person)	84773	43417
注册护士	（人）	Registered Nurses	(person)	84495	49857
人民生活、社会保障		**Living Standards, Social Security**			
在岗职工平均人数	（万人）	Average Number of Staff and Workers at Their Posts	(10000 persons)	377.54	223.42
在岗职工工资总额	（万元）	Total Wages of Staff and Workers at Their Posts	(10000 yuan)	15090405	9860571
城镇基本养老保险参保人数	（人）	Number of Staff and Workers Participated in Endowment Insurance	(person)	7292715	3656277
城镇基本医疗保险参保人数	（人）	Number of People Participated in Medical Insurance	(person)	6593154	4221277
失业保险参保人数	（人）	Number of People Participated in Unemployed Insurance	(person)	3977226	2648594
社区服务设施数	（个）	Number of Service Facilities of Community	(unit)	12947	5131
城镇居民最低生活保障人数	（人）	Number of Urban Residents Living on the Minimum Standard of Living	(person)	842005	405968
社会治安		**Public Security**			
交通事故死亡人数	（人）	Number of Deaths on Traffic Accidents	(person)	2757	1056
交通事故损失额	（万元）	Amount of Loss on Traffic Accidents	(10000 yuan)	4838.00	2895.00
火灾事故死亡人数	（人）	Number of Deaths on Fire Accidents	(person)	33	32
火灾事故损失额	（万元）	Amount of Loss on Fire Accidents	(10000 yuan)	5496.00	2306.00

10—2 地级城市市区基本情况(2011年)
Basic Statement of Cities at Prefectural Level by Region (2011)

指 标	Item	合肥市 Hefei	淮北市 Huaibei	亳州市 Bozhou	宿州市 Suzhou
人口、劳动力及土地面积	**Population, Labor Force and Land Area**				
年末总人口 (万人)	Population (year-end) (10000 persons)	218.34	110.65	163.82	187.90
#非农业人口	Non-agricultural Population				
年平均人口 (万人)	Annual Average Population (10000 persons)	216.96	110.22	162.74	186.88
年末单位从业人员数 (万人)	Employed Persons in Various Units (year-end) (10000 persons)	73.53	19.07	5.43	12.82
城镇私营和个体从业人员 (人)	Self-employed Individuals in Urban Areas (10000 persons)	750353	147284	47577	95300
行政区域土地面积 (平方公里)	Land Area (sq.m)	598	760	2226	2868
#建成区面积	Developed Area	360	79	57	58
综合经济	**General Economy**				
地区生产总值(当年价格) (万元)	Gross Regional Product (at current price) (10000 yuan)	23802200	4090208	2201401	3288252
第一产业	Primary Industry	116600	145762	484500	558815
第二产业	Secondary Industry	12914200	2902883	947805	1487206
第三产业	Tertiary Industry	10771400	1041563	769096	1242231
财政、金融	**Government Finance, Banking and Insurance**				
地方财政一般预算内收入 (万元)	Local Budgetary Financial Revenue (10000 yuan)	2728798	301308	137893	100556
地方财政一般预算内支出 (万元)	Local Budgetary Financial Expenditure (10000 yuan)	3225194	580323	458203	347547
一般性公共服务支出	General Public Service	297600	57019	53280	45969
科学技术支出	Expenses for Science	159226	7839	3780	2368
教育支出	Expenses for Education	362610	95340	84494	104800
文化体育与传媒支出	Culture, Sports and Media	41127	4932	2633	2155
社会保障和就业支出	Social Security and Employment	203186	71500	49821	41343
社会保险基金支出	Social Security Subsidiary Expenses	556484	152382	37659	65887
医疗卫生支出	Expenses for Public Health	124320	40375	53547	51849
环境保护支出	Environmental Protection	61169	5089	8723	1798
城乡社区事务支出	Expenses in Urban、Rural Areas and Communities	1022114	107469	11853	7696
交通运输支出	Transport	76557	13488	18909	11065
年末金融机构存款余额 (万元)	Balance of Deposits of Financial Institutions (10000 yuan)	48846640	5293522	2827932	4165174
工 业	**Industry**				
规模以上工业法人企业	Industrial Corporate Enterprises above Designated Size				
工业企业数 (个)	Number of Enterprises (unit)	882	357	147	215
内资企业	Domestic Funded Enterprises	759	345	145	213
港澳台商投资企业	Funded by Entrepreneurs from Hong Kong, Macao and Taiwan	47	5	1	
外商投资企业	Foreign Funded Enterprises	76	7	1	2
工业总产值(当年价格) (万元)	Gross Output Value (at current price) (10000 yuan)	37898650	9080482	2220373	2934291
内资企业	Domestic Funded Enterprises	26209763	8813051	2161452	2921140
港澳台商投资企业	Funded by Entrepreneurs from Hong Kong, Macao and Taiwan	3134410	74340	5851	
外商投资企业	Foreign Funded Enterprises	8554477	193091	53070	13151
从业人员年平均人数 (万人)	Annual Average Number of Employed Persons (10000 persons)	31.84	20.63	3.19	6.99
流动资产合计 (万元)	Total Circulating Funds (10000 yuan)	14352339	4489287	995640	578445
固定资产合计 (万元)	Main Business Revenue (10000 yuan)	10023274	5475111	461850	1577369
主营业务收入 (万元)	Main Business Revenue (10000 yuan)	31282615	10568946	2060709	3380010
主营业务税金及附加 (万元)	Main Business Taxes and Extra-charges (10000 yuan)	513162	80168	57476	24643
本年应交增值税 (万元)	Value Added Tax Payable (10000 yuan)	1262637	497142	92482	102063
利润总额 (万元)	Total Profits (10000 yuan)	2349915	588474	278447	208213

蚌埠市 Bengbu	阜阳市 Fuyang	淮南市 Huainan	滁州市 Chuzhou	六安市 Luan	马鞍山市 Maanshan	芜湖市 Wuhu	宣城市 Xuancheng	铜陵市 Tongling	池州市 Chizhou	安庆市 Anqing	黄山市 Huangshan
92.71	210.11	182.10	53.90	187.40	63.90	124.09	86.59	44.84	66.75	73.50	43.92
92.63	208.53	181.81	53.69	185.70	63.89	123.94	86.36	44.83	66.47	73.58	43.82
13.85	15.00	31.98	6.59	17.36	14.12	24.23	8.01	10.56	4.06	11.46	5.99
147492	109872	112954	88828	42000	25006	310516	42880	36188	83574	30549	66475
601	1844	1690	1404	3583	340	1065	2625	290	2432	821	2342
109	83	98	70	64	83	146	48	62	36	80	47
4053760	2925062	5132895	2126425	2129659	7240117	9967679	1765370	4864892	1956929	3387049	1748212
133909	468639	317647	159384	456936	36456	161504	313471	32126	234830	122286	125588
2407910	1187479	3257977	1318186	858649	5184977	6709034	710686	3657557	1018385	1827774	787063
1511941	1268944	1557271	648855	814074	2018684	3097141	741213	1175209	703714	1436989	835561
416260	282229	572378	267114	270760	616761	928177	124881	366415	235379	194678	303714
684308	718391	866942	503226	763955	744225	1409098	274070	542888	463790	342162	501099
51777	72042	96787	55482	93109	88833	69652	27473	60906	69885	28549	84063
31925	5410	17271	6818	5632	25537	130959	7560	14694	5227	5784	8999
86375	136496	147305	72150	151830	96588	149991	63177	53773	65480	44347	40928
9541	10433	8877	5230	12436	14900	24908	1343	7489	4074	17890	12194
74136	106806	100508	44705	61467	60379	97467	33362	60244	40143	55225	51297
178158	161848	247662	75934	132433	365781	396549	28273	109730	47457	191053	60104
48358	72562	69317	31241	78978	41616	56671	27985	23163	38359	28387	30345
81281	9219	13774	8927	18412	29248	119601	2048	21025	11434	18123	18896
105813	39926	113236	41708	36532	139858	223299	26792	82078	41089	19162	24369
26335	38881	24902	13511	30235	31470	22778	18533	22008	17974	24231	18449
5654107	4876248	8289662	3358394	4439976	7382432	11533537	2547740	3970988	2556086	5170852	3225593
225	218	244	245	275	191	635	122	119	166	179	171
198	208	230	213	267	160	527	112	103	156	156	161
11	4	7	10	4	11	49	1	9	7	7	5
16	6	7	22	4	20	59	9	7	3	16	5
7425082	3376973	8350513	5005135	3580003	12024635	22625803	2217016	13411718	2122730	5754003	2116343
5335118	3048788	7693706	3263609	3489674	10835675	16086374	2063440	11409058	2044020	5431806	2053919
1572615	31634	594620	526810	52642	252223	1814662	4030	1783624	60767	141652	39970
517349	296551	62187	1214716	37687	936737	4724767	149546	219036	17943	180545	22454
6.90	4.43	18.97	5.75	5.60	9.65	18.32	2.37	7.56	2.01	4.92	2.09
2528359	1227364	3883903	1253961	1053275	6224624	10092834	666378	5392646	824552	1406175	606452
2039954	969077	11054231	1189949	1008028	5564171	6435428	722834	3179421	966975	1515349	320936
6979692	3203647	8629900	4738184	3377694	15018762	21004904	2126009	15203128	2025537	5520273	2022973
360257	172553	40751	160815	13485	47511	446691	10733	36420	12736	390953	7987
204975	93714	614435	174845	57395	450568	888713	68803	157280	79745	123461	64183
289190	237363	508064	469085	353091	722216	889990	200816	435406	246959	21869	150581

10—2 续表1 continued

指　　标	Item	合肥市 Hefei	淮北市 Huaibei	亳州市 Bozhou	宿州市 Suzhou
邮电通信、电力	**Post & Telecommunication and Electric Power**				
年末邮政局（所）数 （处）	Number of Post Offices (year-end) (unit)	61	25	31	44
年末固定电话用户数 （万户）	Installed Telephones at Year-end (10000 subscribers)	117.96	24.18	21.81	43.09
年末移动电话用户数 （万户）	Number of Mobile Telephone Subscribers at Year-end (10000 subscriber)	350.42	84.59	69.13	111.58
国际互联网用户数 （户）	Number of Subscribers of Internet Service (subscriber)	533300	169711	78811	147457
全社会用电量 （万千瓦时）	Total Electricity Consumption (10000 kwh)	1004013	308944	105053	226875
#工业用电	Industrial Electricity Consumption	457248	254919	35851	135674
居民生活用电	Residential Power Consumption	227307	33767	45440	47325
内外贸易、外经	**Trade Foreign Trade and Tourism**				
限额以上批发零售贸易业商品销售总额 （万元）	Total Sale of Enterprises Above Designed Size in Wholesale and Retail Trade (10000 yuan)	31361375	851290	924719	140676
社会消费品零售总额 （万元）	Retailsale of Consumer Goods (10000 yuan)	8853021	1078082	872918	643335
外商直接投资	Forign Drirect Investment				
当年新签项目（合同）个数 （个）	Number of Contracts Newly Signed (unit)	60	2	5	2
当年实际使用外资金额 （万美元）	Amount of Foreign Capital Actually Used (USD 10000)	146126	15084	5970	1617
固定资产投资	**Investment in Fixed Assets**				
全社会固定资产投资额 （万元）	Actually Completed Investment in Fixed Assets (10000 yuan)				
#城镇固定资产投资额	Amount of Investment in Fixed Assets of Urban Area	24047111	3261045	1384795	1277478
#房地产开发投资完成额	Actually Completed Investment in Real Estate Devlopment	7013885	477671	218255	181874
#住　宅	Residential Buildings	4924046	374902	158072	115632
全年新增固定资产 （万元）	Newly Increased Fixed Assets (10000 yuan)	12648324	2430282	393629	15168
商品房屋销售面积 （万平方米）	Floor Space of Selling House (10000 sq.m)	863.44	83.61	66.77	31.53
#住　宅	Residential Buildings	719.35	75.51	63.53	29.44
商品房屋销售额 （万元）	Total Sales of Commercial House (10000 yuan)	6030704	369998	274549	147782
#住　宅	Residential Buildings	4429373	317543	257178	119757
商品房屋待售面积 （万平方米）	Square Commercial House for Sal (10000 sq.m)	106.60	20.94	1.46	3.02
教育、科技、文化、卫生	**Education, S&T, Culture and Public Health**				
学校数 （所）	Number of Schools (unit)				
普通高等学校	Institutions of Higher Education	48	3	2	3
中等职业教育学校	Secondary Vocational Technical School	53	18	11	8
普通中学	Regular Secondary Schools	105	81	65	90
小　学	Primary Schools	143	153	359	335
专任教师数 （人）	Number of Full-time Teachers (person)				
普通高等学校	Institutions of Higher Education	21852	1693	623	1206
中等职业教育学校	Secondary Vocational Technical School	2265	748	1299	634
普通中学	Regular Secondary Schools	9758	4879	4678	6454
小　学	Primary Schools	7371	4992	6276	6458

蚌埠市 Bengbu	阜阳市 Fuyang	淮南市 Huainan	滁州市 Chuzhou	六安市 Luan	马鞍山市 Maanshan	芜湖市 Wuhu	宣城市 Xuancheng	铜陵市 Tongling	池州市 Chizhou	安庆市 Anqing	黄山市 Huangshan
24	43	57	31	40	18	98	26	16	28	22	26
27.50	33.14	40.27	17.28	25.85	32.43	45.45	19.46	15.04	15.09	21.71	19.28
79.18	99.75	115.81	46.86	94.60	71.71	122.10	50.87	34.07	40.09	73.00	44.66
758672	173729	202100	77111	72050	153500	247782	135080	68747	58751	121255	98075
308818	290300	479764	138575	201447	992016	638395	127932	488230	202481	385511	109124
196737	187883	361653	85190	101700	898900	481240	76282	436069	159464	309777	47407
48839	56756	67940	14160	56425	51137	67956	29457	23320	22291	37904	23825
1634374	3324166	1858009	1300096	1539336	3890864	4919393	1261393	1157771	586231	1523508	592999
2019692	1497080	1833663	612619	1139826	1332700	2498121	896257	999408	586423	1508447	772066
9	7	9	6	6	14	16	5	10	5	3	4
39166	5576	15563	2843	6570	78409	71910	2162	21190	11112	655	13473
3347715	1537447	4238635	1956701	2263451	5144851	8145358	1365412	2694670	1642486	2027728	2022236
793573	496377	979648	862788	508259	878341	2486078	1135005	803259	614581	426201	851447
600229	366662	740646	635656	402398	776215	2083016	521348	471165	368294	257464	569323
2203939	1016835	856303	754085	1321895	2357903	3316192	209317	1120332	577852	679175	600051
129.00	95.24	173.16	101.50	131.00	172.26	278.09	109.84	83.50	164.75	89.83	83.17
103.15	90.60	165.58	82.10	118.50	159.40	251.86	96.81	73.70	97.37	80.70	66.37
650154	472751	704962	436339	526808	622756	1646165	468891	439990	755050	436846	393440
492726	415086	642846	360474	475453	561796	1375082	367202	360755	407082	379687	296413
25.13	11.50	33.96	2.00	19.70	14.59	24.14	8.55	8.23	20.51	16.18	11.87
4	3	5	3	4	6	11	1	3	3	4	2
15	32	22	6	18	5	11	8	5	5	20	13
42	109	100	30	119	25	61	55	28	39	42	36
114	440	258	56	407	40	109	97	50	170	127	94
2541	1703	2863	1118	1494	2621	6145	296	1167	1045	1666	687
797	1706	1250	495	534	940	732	963	193	841	1136	377
3144	6807	7898	2335	7151	2647	3748	3433	2087	2491	3510	1734
3100	8279	5699	2115	6097	2420	3710	2993	1656	2384	2663	1611

10—2 续表2 continued

指标	Item	合肥市 Hefei	淮北市 Huaibei	亳州市 Bozhou	宿州市 Suzhou
在校学生数	Number of Student Enrollment				
普通高等学校 （人）	Institutions of Higher Education (person)	409507	31439	10776	32427
高中阶段在校学生 （人）	Senior Secondary (person)	59175	29378	46276	29090
中等职业教育学校 （人）	Secondary Vocational Technical School (person)	93013	31525	20969	33610
普通中学 （万人）	Regular Secondary Schools (10000 persons)	14.77	6.77	8.81	6.46
小 学 （万人）	Primary Schools (10000 persons)	16.95	7.38	13.43	10.37
初中毕业生升学率 (%)	Proportion of Junior Secondary Graduates Entering into Senior Secondary Schools (%)	184.00	73.00	81.00	68.52
成人高等学校在校学生数 （人）	Student Enrollment in Institutions of Higher Education for Adults (person)	81248	1432	10978	
体育场馆数 （个）	Number of Stadiuns and Gymnasiums (unit)	37	6	10	7
剧场、影剧院数 （个）	Number of Theaters and Music Halls (unit)	19	2	3	3
公共图书馆图书藏量(千册、件)	Total Collecters of Public Libraries (1000 units)	4303	490	130	21
医院、卫生院数 （个）	Number of Hospitals (unit)	225	78	37	49
医院、卫生院床位数 （张）	Number of Hospital Beds (unit)	22191	7183	3459	3834
医生数（执业医师+执业助理医师） （人）	Number of Doctors (Practicing Doctors + Practicing Mediatinuses) (person)	8934	3064	1090	1893
注册护士 （人）	Registered Nurses (person)	11723	3733	1417	1808
人民生活	**People's Livelihood**				
在岗职工平均人数 （万人）	Average Number of Staff and Workers at Their Posts (10000 persons)	64.80	18.43	5.07	3.30
在岗职工工资总额 （万元）	Total Wages of Staff and Workers at Their Posts (10000 yuan)	3136231	967625	170131	91357
城镇居民人均可支配收入 （元）	Annual Per Capita Disposable Income of Urban Households (yuan)	22459	17876	18099	17384
城镇居民人均消费支出 （元）	Annual Per Capita Consumption Expenditure of Urban (yuan)	15697	12803	11350	10682
食 品	Food	5970	5566	4311	4489
衣 着	Clothing	1674	1341	1474	1049
居 住	Residence	1361	1331	1274	1012
家庭设备用品及服务	Household Facilities, Articles and Service	662	591	513	708
医疗保健	Medicine and Medical Service	910	965	839	865
交通和通信	Transportation and Communications	2337	1269	1105	842
教育文化娱乐服务	Education, Cultural & Recreation Service	2123	1360	1252	1354
每百户居民家庭拥有：	Per 100 Households Possessing				
家用汽车 （辆）	Automobile (unit)	15	6	9	1
家用电脑 （台）	Computer (unit)	83	67	74	48
人均住房建筑面积 （平方米）	Per-capita Area of Housing (sq.m)	28.47	25.78	46.76	30.41
居民消费价格指数(上年为100) (%)	Conumer Price Indices of Residents (preceding year=100) (%)	105.73	105.40	104.90	105.40
社会福利、劳动保险	**Social Welfare, Labor and Insurance**				
城镇基本养老保险参保人数 （人）	Number of Staff and Workers Participated in Fundmental Pension Insurance (person)	925926	302973	55287	71310
城镇基本医疗保险参保人数（人）	Number of People Participated in Medical Insurance (person)	994305	384326	68556	61308
失业保险参保人数 （人）	Number of People Participated in Unemployed Insurance (person)	787139	225772	44300	60000
社区服务设施数 （个）	Number of Service Facilities of Community (unit)	334	119	98	138
城镇居民最低生活保障人数 （人）	Number of People Enjoyed the Lowest Residential Living Protection Line (person)	21851	56166	9833	17530

蚌埠市 Bengbu	阜阳市 Fuyang	淮南市 Huainan	滁州市 Chuzhou	六安市 Luan	马鞍山市 Maanshan	芜湖市 Wuhu	宣城市 Xuancheng	铜陵市 Tongling	池州市 Chizhou	安庆市 Anqing	黄山市 Huangshan
51738	27499	64730	34132	35746	48372	140677	6039	28379	27306	36240	16350
16916	45570	77119	27566	58349	15604	20306	16243	11051	16834	49532	21204
20257	56778	42335	16280	21541	19042	16830	13377	7554	18744	24091	10756
4.54	13.03	9.37	3.35	13.65	3.68	5.30	2.99	2.75	4.16	5.35	2.28
5.46	16.76	9.98	3.13	11.93	3.46	6.07	4.37	2.62	4.23	4.23	2.30
130.20	120.00	104.00	131.00	99.00	159.00	86.00	94.00	93.00	100.00	138.00	118.00
21061	6590	15794	1925	4213	5123	16983	806	7274	2559	12746	7351
19	2	4		2	10	10	4	6	1	10	2
4	1		1		5	6	1	2		3	1
323	129	291	105	468	882	436	3	426	88	330	179
67	66	81	17	52	24	64	28	18	34	31	45
7588	6888	8644	3096	5095	3167	8583	2776	3158	2037	4668	2694
2952	2918	3766	1175	2475	3918	4146	1084	1507	1039	2246	1210
3875	3267	4555	1448	2411	2612	4814	1220	1714	1169	2627	1464
10.57	13.42	27.32	5.88	8.20	13.34	22.99	1.53	9.82	3.26	9.93	5.56
374832	425105	1414895	226599	284993	645567	979369	62974	415466	127204	337561	200662
18143	16686	18219	17918	17095	27329	21561	17995	21825	18925	18005	18669
12567	12885	12782	13344	12993	15815	14898	13531	15630	12824	12317	13144
5287	5073	5193	5280	5350	5964	6073	5450	6236	4905	5466	5195
1184	1536	1304	1444	1579	1505	1446	1481	1797	1769	1239	1475
1485	1368	1324	1397	1570	1254	1174	1134	1997	1271	1092	1296
606	749	802	771	1007	742	878	860	673	790	537	658
925	846	722	815	876	1040	838	743	582	430	732	993
1199	1234	1312	1254	735	2144	1807	1436	1722	1308	1172	1289
1461	1497	1660	1664	1364	2592	2026	1792	2112	1841	1589	1684
5	8	4	3	5	10	10	10	13	7	7	7
75	77	74	57	66	75	85	78	75	99	71	82
26.70	34.89	25.87	30.86	38.16	35.61	29.31	30.63	28.38	37.85	36.41	36.00
105.40	105.64	105.20	106.60	105.20	104.80	105.70	105.40	105.27	105.70	105.50	105.30
358591	140869	232203	123258	98009	276527	360334	129029	145184	65950	261553	109274
333084	174981	457964	128256	139364	354756	430005	91975	235382	70840	202512	93663
156598	129950	261191	70780	93500	178207	254551	43560	133042	37501	121303	51200
145	79	132	221	28	158	1017	1	59	1	2515	86
30919	49104	53065	14154	22175	23340	32011	9719	18081	10939	24684	12397

10—3 城市市政公用基础设施基本情况
Basic Statistics on Urban Public Utilities

指标	Item	2000	2005	2010	2011
城市面积	**Cities Areas**				
建成区面积 (平方公里)	Developed Areas (sq.km)	886.00	1260.35	1491.32	1597.69
城市人口密度 (人/平方公里)	Population Density of Urban Districts (persons/sq.km)	1542	1449	2469	2265
供水、供气及供热	**Water Supply, Gas Supply and Heating**				
供水管道长度 (公里)	Length of the Pipeline for Supplying Water (km)	6236	8745	14730	17031
供水总量 (万立方米)	Annual Supply of Tap Water (10000 cu.m)	200918	206386	160816	158038
#居民家庭用水量	Water Consumption for Residential Use	61398	49728	50889	56014
人均日生活用水 (升)	Per Capita Water Consumption for Residential Use (liter)	211.84	195.69	160.83	169.00
用水普及率 (%)	Percentage of Population With Access to Tap Water (%)	95.78	90.52	96.06	96.55
天然气供气量 (万立方米)	Supply of Natural Gas (10000 cu.m)	600	11564	112190	138832
#家庭用量	Consumption of Coal Gas for Residential Use	560	5123	25154	41320
液化石油气供气量 (吨)	Liquefied Petroleum Gas (ton)	458621	613614	615770	567246
#家庭用量	Consumption of Liquefied Gas for Residential Use	167146	195508	166335	155069
供气管道长度 (公里)	Length of Gas Pipelines (km)	2007.00	4068.30	10125.80	11921.00
燃气普及率 (%)	Percentage of Population With Access to Gas (%)	76.95	72.29	90.52	93.35
集中供热面积 (万平方米)	Heated Area (10000 sq.m)	208.29	313.36	2463.70	2846.70
公共交通	**Public Traffic**				
公共汽（电）车总数 (辆)	Number of Public Transportation Vehicles (buses and trolley buses etc.) (unit)	6359	8450	11875	13614
每万人拥有 (标台)	Number of Public Transportation Vehicles per 10000 Population (unit)	7.60	7.29	8.23	10.60
出租汽车 (辆)	Taxi (unit)	31998	34287	50068	50119
市政工程	**Municipal Engineering**				
道路长度 (公里)	Length of Paved Roads (km)	5954.00	7985.47	10157.30	10854.46
道路面积 (万平方米)	Area of Paved Roads (10000 sq.m)	6865	13454	19927	22722
每人拥有 (平方米)	Area of Paved Roads per Population (sq.m)	9.62	11.92	16.01	18.00
排水管道长度 (公里)	Length of Sewer Pipelines (km)	4120	7606	13136	16380
建成区排水管道密度 (公里/平方公里)	Density of Sewer Pipelines (km/sq.km)	4.74	6.03	8.81	10.25
防洪堤长度 (公里)	Length of Flood-preventing Dyke (km)	1333.40	1479.40	1193.00	1222.00
污水排放量 (万立方米)	Volume of Waste Water Discharged (10000 cu.m)	104871	126761	124449	127134
污水处理厂处理量 (万立方米)	Volume of Waste Water Treated (10000 cu.m)	40660	66347	89086	100490
城市绿化	**Forestation in Cities**				
绿化覆盖面积 (公顷)	Afforested Area (hectare)	37865	47946	85281	94063
#建成区	Developed District	23978	34680	55927	63055
园林绿地面积 (公顷)	Greenery Area of Gardens (hectare)	32852	41896	71463	75977
#建成区	Developed District	19325	28864	50214	55201
公园绿地面积 (公顷)	Park Greenery Area (hectare)			13630	15001
人均公园绿地面积 (平方米)	Per Capita Park Greenery Area (sq.m)			11	12
公园个数 (个)	Number of Parks (unit)	105	140	247	265
公园面积 (公顷)	Area of Parks (hectare)	3472	3970	8685	9576
市容环境卫生	**Environmental Sanitation**				
生活垃圾清运量 (万吨)	Volume of Disposal of Excrement (10000 tons)	327.00	477.00	435.25	435.08
生活垃圾无害化处理量 (万吨)	Environment-friendly Handling Capacity of the Domestic Rubbish (10000 tons)		83.87	281.00	378.46
生活垃圾无害化处理率 (%)	Living Refuse Treatment Rate (%)			64.56	86.99
公共厕所 (座)	Public Lavatory (unit)	4755	3600	3168	3087
#三类以上	Above Three Kinds			2469	2506

10—4 各市城市建设情况（2011年）
Statistics on City Construction by Region (2011)

单位：平方公里（sq.km）

地 区	Region	城市建设用地面积 Land Area for City Construction	居住用地 For Residence	公共设施用地 For Public Facilities	道路广场用地 For Roads & Squares	绿地 For Green Areas	征用土地面积 Land Put in Requisition for State Construction Projects	城市人口密度（人/平方公里）Population Density of Urban Area (persons/sq.km)
总计	**Total**	**1565.01**	**518.22**	**159.85**	**169.81**	**194.45**	**117.53**	**2265**
合肥市	Hefei	295.77	98.79	31.40	43.67	41.70	15.40	4141
淮北市	Huaibei	84.37	29.35	6.46	14.16	8.44	4.85	3919
亳州市	Bozhou	46.59	16.65	5.52	3.55	1.59	6.27	4017
宿州市	Suzhou	64.50	19.90	9.40	8.09	5.92	1.99	2870
蚌埠市	Bengbu	108.00	37.80	8.64	5.40	8.64	12.00	3092
阜阳市	Fuyang	82.45	42.66	7.99	8.00	4.04	2.58	2257
淮南市	Huainan	96.29	36.72	10.00	12.00	9.07	8.15	2559
滁州市	Chuzhou	80.15	23.35	9.80	13.77	7.66	1.06	1251
六安市	Luan	64.30	21.62	8.03	8.36	10.72	1.98	3786
马鞍山市	Maanshan	89.86	23.38	9.49	10.16	8.27	21.26	3564
芜湖市	Wuhu	145.50	33.50	8.00	8.00	48.00	20.00	1641
宣城市	Xuancheng	47.75	14.12	4.75	2.40	4.80	6.37	2441
铜陵市	Tongling	47.85	13.00	8.10	4.10	3.70	3.40	2295
池州市	Chizhou	36.15	13.88	4.23	0.48	3.30	0.78	1125
安庆市	Anqing	81.77	28.68	7.64	5.43	6.22	4.45	2078
黄山市	Huangshan	36.20	15.60	3.76	2.30	6.50	2.25	724
桐城市	Tongcheng	28.57	5.92	2.99	5.30	2.69	2.06	1744
天长市	Tianchang	29.71	8.85	1.90	4.20	3.60	0.50	5511
明光市	Mingguang	23.40	9.38	2.48	3.32	1.39	0.96	556
界首市	Jieshou	17.55	7.65	2.69	2.37	0.98	0.29	2380
宁国市	Ningguo	20.99	4.52	1.98	3.15	2.52	0.30	525
巢湖市	Chaohu	37.29	12.90	4.60	1.60	4.70	0.63	5713

10—5 各市城市市政设施情况（2011年）
Basic Statistics on Municipal Infrastructure in Cities by Region (2011)

地 区	Region	年末实有道路长度（公里）Length of Paved Roads (year-end) (km)	年末实有道路面积（万平方米）Area of Paved Roads (year-end) (10000 sq.m)	人均城市道路面积（平方米）Urban Road Area Per Capital (sq.m)	城市桥梁数（座）Number of City Bridges (unit)	城市道路照明灯（盏）Number of Street Lights (unit)	城市排水管道（公里）Length of City Sewage Pipes (km)	污水管道 Sewage Pipeline	防洪堤长度（公里）Length of Flood Control Dam (km)
总计	**Total**	**10854.5**	**22721.5**	**18.00**	**1176**	**659485**	**16380.45**	**6097.46**	**1222**
合肥市	Hefei	2032.6	4664.0	18.83	235	143131	4188.27	1884.39	63
淮北市	Huaibei	601.5	981.0	11.92	30	18880	135.00	135.00	
亳州市	Bozhou	706.5	1072.2	35.25	108	17494	681.24	205.86	11
宿州市	Suzhou	529.3	1020.7	21.62	45	33722	670.02	109.70	
蚌埠市	Bengbu	676.9	1294.0	14.70	76	39773	831.00	237.60	40
阜阳市	Fuyang	567.1	1289.1	17.17	104	30824	516.75	138.17	77
淮南市	Huainan	687.0	1072.2	10.08	48	22471	648.00	133.00	195
滁州市	Chuzhou	391.6	1055.4	29.86	49	26240	836.00	293.00	50
六安市	Luan	385.3	1036.8	16.48	22	16140	353.95	160.95	19
马鞍山市	Maanshan	406.6	1051.3	16.78	41	24650	1259.22	493.25	95
芜湖市	Wuhu	1204.0	2927.4	24.71	79	66453	2000.00	750.00	242
宣城市	Xuancheng	292.4	727.1	22.71	56	14168	571.99	168.00	20
铜陵市	Tongling	286.0	476.0	11.49	29	12427	570.00	142.00	165
池州市	Chizhou	391.8	701.7	24.65	25	60442	466.60	186.60	31
安庆市	Anqing	502.3	974.9	15.07	72	35678	962.68	336.25	50
黄山市	Huangshan	339.1	632.9	19.60	33	41435	311.95	233.65	43
桐城市	Tongcheng	110.7	292.4	18.31	7	5100	195.28	53.84	13
天长市	Tianchang	252.1	403.5	24.45	30	7426	156.00	34.00	5
明光市	Mingguang	95.6	220.0	15.22	6	8000	260.00	92.00	20
界首市	Jieshou	101.0	226.3	12.20	18	7505	150.50	35.20	8
宁国市	Ningguo	140.2	303.8	18.05	39	13000	193.00	61.00	13
巢湖市	Chaohu	155.0	298.9	12.00	24	14526	423.00	214.00	62

10—6 各市城市设施水平（2011年）
Level of Public Facilities in Cities by Region (2011)

地 区	Region	城市用水普及率(%) Coverage Rate of Urban Population with Access to Tap Warer (%)	城市燃气普及率(%) Coverage Rate of Urban Population with Access to Gas (%)	每万人拥有公共交通车辆(标台) Number of Public Transportation Vehicles Per 10000 Population (unit)	人均城市道路面积(平方米) Per Capita Area of Paved Roads (sq.m)	人均公园绿地面积(平方米) Per Capita Area of Parks and Green Land (sq.m)
总 计	**Total**	**96.55**	**93.35**	**10.60**	**18.00**	**11.88**
合肥市	Hefei	99.73	98.11	17.36	18.83	13.87
淮北市	Huaibei	98.58	97.40	9.23	11.92	14.30
亳州市	Bozhou	91.22	89.74	3.44	35.25	10.19
宿州市	Suzhou	99.13	93.20	6.23	21.62	10.72
蚌埠市	Bengbu	100.00	99.99	13.91	14.70	7.19
阜阳市	Fuyang	92.37	80.04	9.67	17.17	7.98
淮南市	Huainan	97.51	92.51	7.55	10.08	11.67
滁州市	Chuzhou	99.80	99.66	10.16	29.86	12.82
六安市	Luan	94.56	78.86	9.05	16.48	13.21
马鞍山市	Maanshan	100.00	100.00	11.52	16.78	15.02
芜湖市	Wuhu	100.00	100.00	13.02	24.71	12.62
宣城市	Xuancheng	97.50	91.04	8.53	22.71	10.46
铜陵市	Tongling	94.11	99.66	11.83	11.49	13.22
池州市	Chizhou	96.13	90.16	8.57	24.65	18.20
安庆市	Anqing	90.34	90.09	7.08	15.07	9.02
黄山市	Huangshan	98.02	96.78	8.30	19.60	14.46
桐城市	Tongcheng	78.40	82.65		18.31	8.70
天长市	Tianchang	91.52	97.03		24.45	11.03
明光市	Mingguang	90.24	84.43		15.22	3.88
界首市	Jieshou	72.78	46.85		12.20	3.07
宁国市	Ningguo	76.71	76.35		18.05	11.29
巢湖市	Chaohu	98.76	92.93		12.00	12.16

10—7 各市城市公共交通情况（2011年）
Basic Statistics on Public Transportation in Cities by Region (2011)

地 区	Region	年末公共交通运营数(辆) Number of Public Vehicles under Operation at Year-end (unit)	公共汽、电车 Bus and Trolley Bus	运营线路总长度(公里) Length of Operation Line (km)	公共汽、电车 Bus and Trolley Bus	公共交通客运总量(万人次) Passengers Transported by Public Vehicles (10000 person-times)	公共汽、电车 Bus and Trolley Bus	出租汽车(辆) Number of Taxi (unit)
总 计	**Total**	**13614**	**13614**	**14224**	**14224**	**223887.0**	**223887.0**	**50119**
合肥市	Hefei	3522	3522	2454	2454	67471.6	67471.6	10546
淮北市	Huaibei	709	709	446	446	8531.0	8531.0	1625
亳州市	Bozhou	254	254	298	298	1814.6	1814.6	2431
宿州市	Suzhou	506	506	712	712	6423.0	6423.0	2301
蚌埠市	Bengbu	1112	1112	894	894	21526.9	21526.9	2885
阜阳市	Fuyang	855	855	796	796	16755.0	16755.0	3470
淮南市	Huainan	885	885	854	854	20019.3	20019.3	2970
滁州市	Chuzhou	703	703	715	715	13671.0	13671.0	2692
六安市	Luan	603	603	779	779	8899.0	8899.0	3900
马鞍山市	Maanshan	576	576	657	657	8530.7	8530.7	3078
芜湖市	Wuhu	1695	1695	1684	1684	21735.0	21735.0	4971
宣城市	Xuancheng	490	490	766	766	6501.2	6501.2	1696
铜陵市	Tongling	379	379	326	326	6067.4	6067.4	1584
池州市	Chizhou	299	299	903	903	2877.8	2877.8	1103
安庆市	Anqing	703	703	1046	1046	9325.2	9325.2	4143
黄山市	Huangshan	323	323	894	894	3738.3	3738.3	724

10—8 各市城市绿地和园林（2011年）

Basic Statistics on Parks and Green Areas in Cities by Region (2011)

地 区	Region	绿化覆盖面积(公顷) Green Areas (hectare)	建成区 Completed Area	园林绿地面积(公顷) Area of Urban Green Areas (hectare)	公园绿地面积(公顷) Park Green Areas (hectare)	人均公园绿地面积(平方米) Park Green Areas (sq.m)	公园(个) Number of Parks (unit)	建成区绿地率(%) Per Capita ParkGreen Areas (%)	建成区绿化覆盖率(%) Green Covered Area as % of Completed Area (%)
总 计	**Total**	**94063**	**63055**	**75977**	**15001**	**11.88**	**265**	**34.55**	**39.47**
合肥市	Hefei	14804	14720	12398	3436	13.87	47	35.54	43.41
淮北市	Huaibei	3953	3411	4002	1177	14.30	7	41.73	43.25
亳州市	Bozhou	1630	1530	1127	310	10.19	13	29.72	40.71
宿州市	Suzhou	3065	2265	2032	506	10.72	20	34.00	39.05
蚌埠市	Bengbu	4738	4016	3503	633	7.19	11	32.25	37.01
阜阳市	Fuyang	3530	2745	3350	599	7.98	5	28.90	33.04
淮南市	Huainan	4471	3972	3955	1241	11.67	9	37.58	40.68
滁州市	Chuzhou	3817	2538	3269	453	12.82	17	32.23	36.06
六安市	Luan	2936	2623	2730	831	13.21	19	37.79	40.79
马鞍山市	Maanshan	5457	3570	5193	941	15.02	12	40.63	43.27
芜湖市	Wuhu	5650	5650	5494	1495	12.62	14	35.25	38.83
宣城市	Xuancheng	3520	1718	3025	335	10.46	8	31.31	36.17
铜陵市	Tongling	4782	2896	4720	548	13.22	6	45.74	46.79
池州市	Chizhou	1605	1410	1329	518	18.20	8	32.02	39.36
安庆市	Anqing	10864	3056	2830	584	9.02	9	35.35	38.20
黄山市	Huangshan	13410	2259	12505	467	14.46	24	38.22	47.86
桐城市	Tongcheng	686	666	543	139	8.70	7	20.62	25.29
天长市	Tianchang	1306	1092	1196	182	11.03	6	33.40	38.32
明光市	Mingguang	94	78	98	56	3.88	3	2.48	3.33
界首市	Jieshou	1075	441	194	57	3.07	1	10.98	25.09
宁国市	Ningguo	1030	865	856	190	11.29	9	39.20	40.80
巢湖市	Chaohu	1640	1534	1628	303	12.16	10	31.50	35.84

10—9 各市城市燃气情况（2011年）

Basic Statistics on Supply of Gas in Cities by Region (2011)

地 区	Region	管道长度(公里) Length of Gas Pipelines (km)		全年供气总量 Volume of Gas Supply		用气人口(万人) Population with Access to Gas (10000 persons)	
		液化石油气 Liquefied Petroleum Gas	天然气 Natural Gas	液化石油气(吨) Liquefied Petroleum Gas (ton)	天然气(万立方米) Natural Gas (10000 cu.m)	液化石油气 Liquefied Petroleum Gas	天然气 Natural Gas
总 计	**Total**	**283.51**	**11637.57**	**567246.31**	**138832.48**	**392.53**	**786.10**
合肥市	Hefei	15.53	2901.24	24258.00	28138.60	39.00	204.00
淮北市	Huaibei		567.60	11292.00	4407.00	18.96	61.20
亳州市	Bozhou		343.00	20100.00	1810.00	19.80	7.50
宿州市	Suzhou		443.91	7445.00	2250.00	23.00	21.00
蚌埠市	Bengbu	13.00	1012.00	11719.31	15329.00	25.50	62.50
阜阳市	Fuyang		458.10	5320.00	7300.00	14.60	45.50
淮南市	Huainan		943.50	22010.00	8943.00	32.66	65.70
滁州市	Chuzhou		589.33	6180.00	10657.83	7.32	27.90
六安市	Luan		367.14	7520.00	3287.14	33.32	16.28
马鞍山市	Maanshan		871.00		14001.00	0.00	62.67
芜湖市	Wuhu		883.39	29023.00	22928.00	27.37	91.09
宣城市	Xuancheng	3.00	120.00	3600.00	1770.00	24.35	4.80
铜陵市	Tongling		611.00	12488.00	9920.00	1.10	40.20
池州市	Chizhou	32.58	297.10	2988.40	1239.00	8.70	16.96
安庆市	Anqing	94.90	383.36	360072.00	3678.34	35.30	23.00
黄山市	Huangshan	34.50	35.50	12129.00	62.00	31.24	0.01
桐城市	Tongcheng	40.00	70.00	4400.00	300.00	6.00	7.20
天长市	Tianchang		43.90	5500.00	59.62	13.00	3.01
明光市	Mingguang		38.00	2990.00	140.00	2.20	10.00
界首市	Jieshou		41.50	2615.00	249.90	7.11	1.58
宁国市	Ningguo	50.00	200.00	9200.00		12.85	0.00
巢湖市	Chaohu		417.00	6396.60	2362.05	9.15	14.00

10—10 城市供水用水情况
Water Supply and Water Use of Cities

年份 Year	综合生产能力 (万立方米/日) Integrated Production Capacity (10000 cu.m/day)	地下水 Ground Water	供水总量 (万立方米) Water Supply (10000 cu.m)	用水总量(万立方米) Water Use (10000 cu.m) #生产运营用水 Water Used for Business	公共服务用水 Water Used for Public Services	居民家庭用水 Water Used for Residents	消防及其他用水 Water Used for Fire Fighting and Others	人均日生活用水量(升) Per Capita Water Use (liter)
1995	901.1	150.2	192887	134953		46788		194.30
2000	961.8	159.6	200918	123629		61398		211.84
2005	1032.7	156.5	206386	123285	23231	49728	10142	195.69
2006	1026.0	145.7	220174	102877	28373	57515	6778	237.84
2007	999.2	109.3	207574	116823	20918	48145	3780	180.40
2008	1728.7	109.4	195543	101119	19353	50323	3596	174.71
2009	2080.6	92.9	162243	67362	18656	49072	4248	160.96
2010	1992.8	99.2	160816	62871	19191	50889	5155	160.83
2011	820.2	103.2	158039	51387	18921	56014	5899	169.00

10—11 各市城市供水用水情况（2011年）
Water Supply and Water Use of Cities by Region (2011)

地区 Region	综合生产能力 (万立方米/日) Integrated Production Capacity (10000 cu.m/day)	地下水 Ground Water	供水总量 (万立方米) Water Supply (10000 cu.m)	用水总量(万立方米) Water Use (10000 cu.m) #生产运营用水 Water Used for Business	公共服务用水 Water Used for Public Services	居民家庭用水 Water Used for Residents	消防及其他用水 Water Used for Fire Fighting and Others	人均日生活用水量(升) Per Capita Water Use (liter)
总计 Total	**820.2**	**103.2**	**158038.8**	**51386.9**	**18920.6**	**56014.4**	**5899.4**	**169**
合肥市 Hefei	125.0		32206.9	5187.3	7137.9	15311.8		249
淮北市 Huaibei	41.5	23.0	5593.8	1915.1	215.2	2968.0	194.5	107
亳州市 Bozhou	10.5	10.5	2815.0	910.0	290.0	1225.0		150
宿州市 Suzhou	26.5	26.5	6539.0	2944.6	779.0	2006.8	26.3	163
蚌埠市 Bengbu	77.2	2.1	15073.1	7843.4	2957.7	3572.0		203
阜阳市 Fuyang	35.5	25.5	6106.0	2200.0	593.0	2540.0		124
淮南市 Huainan	55.0		11033.8	2221.8	883.8	3751.1	925.6	123
滁州市 Chuzhou	21.0		4217.0	1492.0	287.0	1341.0	229.0	126
六安市 Luan	27.5		5302.7	1494.6	379.1	1853.5	449.0	103
马鞍山市 Maanshan	124.3		19623.3	12181.9	910.2	3509.0	785.9	193
芜湖市 Wuhu	92.0		17218.3	4906.9	2086.6	5387.2	1192.0	173
宣城市 Xuancheng	18.6		2212.2	417.5	418.3	1021.9	45.9	126
铜陵市 Tongling	30.0		7034.8	1770.0	392.0	2812.0	102.0	225
池州市 Chizhou	9.5		2432.4	406.5	160.0	1057.2	26.5	122
安庆市 Anqing	56.8		8658.0	2853.4	452.5	2590.9	801.2	146
黄山市 Huangshan	22.4	0.1	3237.5	555.2	299.0	1207.6	552.1	145
桐城市 Tongcheng	3.2		994.0	116.0	45.0	443.0	192.0	107
天长市 Tianchang	12.9	6.9	1117.0	51.3	65.2	510.8	108.3	105
明光市 Mingguang	6.5	3.3	1264.0	481.0	83.0	594.0	35.0	142
界首市 Jieshou	5.3	5.3	1680.2	778.0	83.0	728.0	4.2	165
宁国市 Ningguo	7.0		1225.0	450.0	50.0	584.0	18.0	135
巢湖市 Chaohu	12.0		2454.9	210.5	353.1	999.7	212.0	151

10—12 各市城市污水排放和处理情况（2011年）
City Sewage Emission and Processing by Region (2011)

单位：万立方米（10000 cu.m）

地 区	Region	城市污水排放量 City Sewage discharge	城市污水处理总量 Total of Sewage Processing	污水处理厂处理量 Processing Amount of Sewage Processing Plant	其他污水处理量 Processing Amount of Others	城市污水处理率(%) Rate of City Sewage Treatment (%)	城市污水处理厂集中处理率(%) Central Processing Rate of Sewage Treatment Plant (%)
总　计	**Total**	127134	115807	100490	15317	91.09	79.04
合肥市	Hefei	31076	31023	26559	4464	99.83	85.46
淮北市	Huaibei	4474	4256	3906	350	95.13	87.30
亳州市	Bozhou	2992	2893	2638	255	96.69	88.17
宿州市	Suzhou	5210	3349	2769	580	64.28	53.15
蚌埠市	Bengbu	11883	11506	10557	949	96.83	88.84
阜阳市	Fuyang	5190	4314	4314		83.12	83.12
淮南市	Huainan	9428	9224	5324	3900	97.84	56.47
滁州市	Chuzhou	3790	3487	3379	108	92.01	89.16
六安市	Luan	3750	3014	2577	437	80.37	68.72
马鞍山市	Maanshan	12295	10752	9324	1428	87.45	75.84
芜湖市	Wuhu	12157	10630	9130	1500	87.44	75.10
宣城市	Xuancheng	1610	1400	1360	40	86.96	84.47
铜陵市	Tongling	4280	3413	3193	220	79.74	74.60
池州市	Chizhou	1805	1631	1631		90.36	90.36
安庆市	Anqing	6144	5294	5294		86.17	86.17
黄山市	Huangshan	2427	2297	2137	160	94.64	88.05
桐城市	Tongcheng	732	540	512	28	73.77	69.95
天长市	Tianchang	1117	970	970		86.84	86.84
明光市	Mingguang	1200	1158	1095	63	96.50	91.25
界首市	Jieshou	1214	1124	902	222	92.59	74.30
宁国市	Ningguo	980	875	875		89.29	89.29
巢湖市	Chaohu	3380	2657	2044	613	78.61	60.47

10—13 各市城市市容环境卫生情况（2011年）
Basic Statistics on Urban Sanitation in Cities by Region (2011)

地 区	Region	清扫保洁面积（万平方米） Area under Cleaning Program (10000 sq.m)	生活垃圾清运量（万吨） Volume of Garbage Disposal (10000 tons)	生活垃圾无害化处理量（万吨） Volume of Garbage hazard-free Disposal (10000 tons)	生活垃圾无害化处理率(%) Living Refuse Treatment Rate (%)	粪便清运量（万吨） Volume of Excrement and Urine Disposal (10000 tons)	市容环卫专用车辆设备总数（台） Number of Special Vehicles for Environmental Sanitation (unit)	公共厕所（座） Number of Public Lavatories (unit)
总　计	**Total**	**18315**	**435.08**	**378.46**	**86.99**	**64.00**	**2059**	**3087**
合肥市	Hefei	3359	75.82	75.82	100.00	1.71	776	214
淮北市	Huaibei	715	16.20	16.20	100.00	0.25	64	33
亳州市	Bozhou	526	10.08	10.08	100.00	5.00	59	259
宿州市	Suzhou	790	19.80	18.00	90.91	2.70	136	148
蚌埠市	Bengbu	930	33.00	33.00	100.00	3.20	82	307
阜阳市	Fuyang	852	24.67	22.50	91.20	7.20	48	173
淮南市	Huainan	1180	31.60	28.88	91.39	0.48	143	215
滁州市	Chuzhou	946	10.24	10.24	100.00	2.00	32	171
六安市	Luan	697	19.04	17.90	94.01	0.62	38	256
马鞍山市	Maanshan	950	16.95	16.95	100.00	0.60	72	100
芜湖市	Wuhu	2585	47.60	47.60	100.00	29.00	118	302
宣城市	Xuancheng	703	15.30	15.30	100.00		35	32
铜陵市	Tongling	787	10.70	10.70	100.00		131	129
池州市	Chizhou	702	10.32	10.12	98.06	0.20	52	128
安庆市	Anqing	970	31.73	8.82	27.80	3.80	61	179
黄山市	Huangshan	385	13.55	10.35	76.38		42	43
桐城市	Tongcheng	220	8.60				29	6
天长市	Tianchang	360	4.72	4.72	100.00	5.00	37	166
明光市	Mingguang	180	10.00			1.00	8	11
界首市	Jieshou	138	8.96	5.59	62.39	0.54	45	96
宁国市	Ningguo	260	6.20	6.20	100.00		19	31
巢湖市	Chaohu	80	10.00	9.49	94.90	0.70	32	88

主要统计指标解释

供水管道长度

指从送水泵至用户水表之间所有管道的长度。不包括新安装尚未使用、水厂内以及用户建筑物内的管道。

供水总量

指报告期供水企业（单位）供出的全部水量。包括有效供水量和漏损水量。

公共服务用水

指为城市社会公共生活服务的用水。包括行政事业单位、部队营区和公共设施服务、社会服务业、批发零售贸易业、旅馆饮食业以及社会服务业等单位的用水。

居民家庭用水

居民家庭用水指城市范围内所有居民家庭的日常生活用水。包括城市居民、农民家庭、公共供水站用水。

用水普及率

指报告期末城区内用水人口与总人口的比率。计算公式：

用水普及率=城区用水人口 /（城区人口+城区暂住人口）×100%

供气总量

指报告期燃气企业（单位）向用户供应的燃气数量。包括销售量和损失量。

燃气普及率

指报告期末使用燃气的人口与总人口的比率。计算公式：

燃气普及率=城区用气人口 /（城区人口+城区暂住人口）×100%

排水管道长度

指所有排水总管、干管、支管、检查井及连接井进出口等长度之和。

公园绿地

城市中向公众开放的、以游憩为主要功能，有一定的游憩设施和服务设施，同时兼有健全生态、美化景观、防灾减灾等综合作用的绿化用地。

公园面积

指报告期末综合公园、专类公园和带状公园的全部占地总面积。

Explanatory Notes for Major Statistical Indicators

Length of Water Supply Pipelines

refers to the total length of all the pipelines between the water pumps and the user water meters, excluding pipelines newly installed but not used yet, and in water plant, user building's pipeline as well as.

Volume of Water Supply

refers to the total volume of water supplied by water-works (units) during the reference period, including both the effective water supply and loss during the water supply.

Consumption of Water for Public Service

refers to the water consumption of urban society public service, including the consumption of government agencies and public institutions, military barracks, public facilities, wholesale and retail outlets, restaurants, hotels, and other units providing public services.

Consumption of Water for Residential Use

refers to the consumption of water for daily life of all households in the boundary of cities, including households of urban residents and farmers, and public water supply stations.

Percentage of Urban Population with Access to Tap Water

refers to the ratio of the urban population with access to tap water to the total urban population. The formula is:

Percentage of population with access to tap water=(Urban population with access to tap water) / (Urban population)×100%

Volume of Gas Supply

refers to the total volume of gas provided to users by gas-producing enterprises (units) in a year, including the volume sold and the volume lost.

Percentage of Urban Population with Access to Gas

refers to the ratio of the urban population with access to gas to the total urban population at the end of the reference period. The formula is:

Percentage of population with access to gas = (Urban population with access to gas / Urban population) x 100%

Length of Urban Sewage Pipes

refers to the total length of general drainage, trunks. branch and inspection wells, connection wells, inlets and outlets, etc.

Park Green Area

refers to green areas open to the public for amusement and rest with the facilities of amusement, rest and services. Its function includes perfecting ecology, beautifying landscape, and preventing and reducing disaster.

Park Area

Total areas of including comprehensive park, community park, topic park, belt-shaped park.

第十一篇

Chapter 11

自然资源和环境保护

NATURAL RESOURCES AND ENVIRONMENT PROTECTION

简要说明

一、自然状况包括地域、气象状况。自然资源包括土地、气候、林木、水资源。

1. 林木资料来自省林业厅；

2. 水资源资料由省水利厅和省水产局提供；

3. 气象资料由省气象中心整理提供。

二、环境保护统计资料由省环保厅提供。统计资料是依据国家环保总局制定的环境统计报表制度，由各市的环境统计年报汇总整理而成。主要包括“三废”排放与处理，反映各工业行业有关“三废”排放与处理的情况。

Brief Introduction

I. Natural conditions cover region and meteorological conditions. Natural resources cover land, climate, forest and water resources.

1. Data on forest are provided by the Department of Forestry of Anhui Province.

2. Data on water conservancy are provided by the Water Conservancy Department and the Marine Products Bureau of Anhui Province.

3. The meteorological data are provided by the Provincial Meteorological Center.

II. Data on environmental protection are provided by the Provincial Environment Protection Department. Data are collected and tabulated by the prefectures and cities in accordance with the annual environmental protection reporting scheme stipulated by the State Environment Protection General Bureau. Data include mainly the discharge and treatment of waste water, waste gas and solid wastes, which show various indicators about the discharge and treatment of waste water, waste gas and solid wastes in various regions and various industrial sectors.

11—1 自 然 状 况
Natural Conditions

项 目		Item		2011
区 域		**Climate**		
土地总面积	（平方公里）	Total Land Area	(sq.km)	139427
山 区		Mountain		41162
平 原		Plain		34608
丘 陵		Hills		40448
圩 区		Low-lying Paddy Fields		12097
湖泊洼地		Lakes and Low-lying Lands		11122
山峰高程	**（米）**	**Height of Mountain Peak**	**(m)**	
大别山		Da Bie Shan		1729.0
黄 山		Huang Shan		1864.8
九华山		Jiu Hua Shan		1344.4
天柱山		Tian Zhu Shan		1489.8
河流长度	**（公里）**	**Length**	**(km)**	
淮 河		Huaihe River		430
长 江		Changjiang River		416
新安江		Xin An Ijng River		240
湖泊面积		**Area of Lakes**		
巢 湖	（平方公里）	Chao Hu Lake	(sq.km)	800
气 候		**Climate**		
年平均气温	（摄氏度）	Annual Average Temperature	(℃)	
淮北地区		Huai Bei Area		15.0
江淮地区		Jiang Huai Area		15.8
沿江地区		Along Chang Jiang River		16.7
江南地区		Lying South of Chang Jiang		15.9
降水量	（毫米）	Precipitation	(mm)	1064.4
淮河流域		Huaihe River Basin		834.4
淮河上游区		The Upper Reaches of Huaihe River		629.7
淮河中游区		The Middle Reaches of Huaihe River		830.2
淮河下游区		The Lower Reaches of Huaihe River		1007.7
沂沭泗河		Yishusi River		883.3
长江流域		Changjiang River Basin		1226.8
湖口以下干流		Main Rivers Below Hukou		1208.4
鄱阳湖水系		River System of Poyang Lake		1622.0
太湖水系		River System of Taihu Lake		1422.0
东南诸河		South-eastern Rivers		1770.0
钱塘江		Qiantang River		1770.0

11—2 自 然 资 源
Natural Resources

项 目		Item		2011
土地资源		**Land Resources**		
常用耕地面积	(千公顷)	Area of Cultivated Land	(1000 hectares)	4184.32
水 田		Paddy Fields		1896.15
旱 田		Dry Fields		2288.17
林业用地面积	(千公顷)	Area of Afforestated Land	(1000 hectares)	4431.80
#造林面积		Area of Afforesded Hilly Area		88.73
果园面积		Area of Orchard		110.01
茶园面积		Area of Tea Plantations		138.00
林木资源		**Forest Resources**		
活立木总蓄积量	(万立方米)	Total Standing Stock Volume	(10000 cu.m)	21710.12
森林面积	(千公顷)	Forest Area	(1000 hectares)	3804.20
森林覆盖率	(%)	Forest-cover Rate	(%)	27.53
水资源		**Water Resources**		
水资源总量	(亿立方米)	Total Resources	(100 million cu.m)	602.08
淮河流域		Huaihe River Basin		184.28
淮河上游区		The Upper Reaches of Huaihe River		0.75
淮河中游区		The Middle Reaches of Huaihe River		174.75
淮河下游区		The Lower Reaches of Huaihe River		8.13
沂沭泗河		Yishusi River		0.65
长江流域		Changjiang River Basin		353.19
湖口以下干流		Main Rivers Below Hukou		330.01
鄱阳湖水系		River System of Poyang Lake		21.67
太湖水系		River System of Taihu Lake		1.51
东南诸河		South-eastern Rivers		64.61
钱塘江		Qiantang River		64.61
天然年径流量	(亿立方米)	Natural Annual Flow	(100 million cu.m)	544.17
淮河流域		Huaihe River Basin		139.01
淮河上游区		The Upper Reaches of Huaihe River		0.40
淮河中游区		The Middle Reaches of Huaihe River		131.67
淮河下游区		The Lower Reaches of Huaihe River		6.69
沂沭泗河		Yishusi River		0.25
长江流域		Changjiang River Basin		340.55
湖口以下干流		Main Rivers Below Hukou		317.37
鄱阳湖水系		River System of Poyang Lake		21.67
太湖水系		River System of Taihu Lake		1.51
东南诸河		South-eastern Rivers		64.61
钱塘江		Qiantang River		64.61
地下水天然补给资源量	(亿立方米)	Natural Supply of Ground Water	(100 million cu.m)	165.40
淮河流域		Huaihe River Basin		84.60
长江流域		Changjiang River Basin		76.94
新安江流域		Xinanjiang River Basin		3.87
淡水面积	(千公顷)	Freshwater Area	(1000 hectares)	1054.00
#养殖面积		Cultivated Area		544.21
主要矿产基础储量		**Major Mineral Basic Reserves**		
煤 炭	(亿吨)	Coal	(100 million tons)	109.40
铁 矿	(矿石，亿吨)	Iron	(Ore, 100 million tons)	20.70
钒 矿	(V_2O_5，万吨)	Vanadium	(V_2O_5, 10000 tons)	37.10
铜 矿	(铜，万吨)	Copper	(Metal, 10000 tons)	225.90
铅 矿	(铅，万吨)	Lead	(Metal, 10000 tons)	14.60
硫铁矿	(矿石，万吨)	Pyrite Ore	(Ore, 10000 tons)	31719.10
磷 矿	(矿石，万吨)	Phosphorus Ore	(Ore, 10000 tons)	2947.80
高岭土	(矿石，万吨)	Kaolin Ore	(Ore, 10000 tons)	1242.10

11—3 主要城市平均气温（2011年）
Monthly Average Temperature in Major Cities (2011)

单位：摄氏度（℃）

城 市	City	1月 Jan.	2月 Feb.	3月 Mar.	4月 Apr.	5月 May.	6月 June	7月 July	8月 Aug.	9月 Sept.	10月 Oct.	11月 Nov.	12月 Dec.	年平均 Annual Average
合肥市	Hefei	0.3	5.4	9.9	18.0	22.6	25.0	28.3	27.1	23.0	17.9	14.1	3.9	16.3
淮北市	Huaibei	-1.1	4.0	9.7	16.9	21.9	26.6	27.7	26.0	20.8	16.2	11.4	2.4	15.2
亳州市	Bozhou	-1.1	4.0	9.5	16.8	21.1	26.5	28.0	25.4	20.0	16.4	10.6	1.9	14.9
宿州市	Suzhou	-0.7	3.7	9.5	16.9	21.9	26.5	27.7	26.4	21.5	16.8	12.1	2.5	15.4
蚌埠市	Bengbu	-0.8	4.1	9.4	17.0	21.9	25.7	27.5	26.3	21.6	16.8	12.7	3.0	15.4
阜阳市	Fuyang	-1.2	4.4	9.1	17.1	21.1	25.9	27.6	25.7	20.6	16.4	11.4	2.1	15.0
淮南市	Huainan	0.4	5.6	10.5	18.2	22.8	26.4	28.4	26.9	22.4	17.9	13.4	4.1	16.4
滁州市	Chuzhou	-1.3	3.7	8.6	16.4	21.5	24.4	27.1	26.2	21.9	16.5	13.5	3.0	15.1
六安市	Luan	-0.3	5.3	9.8	18.1	22.0	24.9	27.7	26.1	21.6	17.1	13.0	3.7	15.8
马鞍山市	Maanshan	0.2	5.7	9.7	17.2	22.2	24.4	27.7	26.6	22.9	17.7	14.9	4.8	16.2
芜湖市	Wuhu	0.4	5.7	9.8	17.5	22.5	24.9	28.8	27.7	23.6	18.1	15.0	4.7	16.6
宣城市	Xuancheng	-0.1	5.5	9.0	16.9	21.6	24.6	28.6	27.5	23.3	17.7	14.6	4.0	16.1
铜陵市	Tongling	0.9	6.6	10.3	17.4	22.2	24.8	28.5	27.6	23.2	18.1	14.7	4.8	16.6
池州市	Chizhou	0.9	6.7	10.3	17.7	22.2	24.7	28.8	27.8	23.4	18.3	15.1	5.2	16.8
安庆市	Anqing	1.0	6.8	10.5	17.9	22.4	24.8	28.9	27.9	23.5	18.3	14.9	5.2	16.8
黄山市	Huangshan	1.5	7.7	10.4	17.4	21.9	24.9	29.2	28.0	24.2	18.5	15.2	5.8	17.1

11—4 主要城市降水量（2011年）
Monthly Precipitation in Major Cities (2011)

单位：毫米（millimeters）

城 市	City	1月 Jan.	2月 Feb.	3月 Mar.	4月 Apr.	5月 May.	6月 June	7月 July	8月 Aug.	9月 Sept.	10月 Oct.	11月 Nov.	12月 Dec.	全年 Annual Total
合肥市	Hefei	13.3	18.1	43.8	10.0	47.5	249.4	235.5	238.5	26.8	43.5	61.8	12.3	1000.5
淮北市	Huaibei	0.0	39.0	9.2	12.9	65.3	30.3	134.3	226.8	44.2	28.6	84.1	18.8	693.5
亳州市	Bozhou	0.0	39.5	11.1	9.7	62.3	40.6	52.0	149.6	49.4	39.0	111.1	19.8	584.1
宿州市	Suzhou	0.2	42.4	13.0	8.2	32.3	49.9	287.7	182.5	33.6	21.4	49.1	16.9	737.2
蚌埠市	Bengbu	1.3	40.9	27.8	7.8	48.6	76.7	147.0	298.6	45.6	46.2	41.4	13.6	795.5
阜阳市	Fuyang	1.5	54.1	28.4	9.2	122.4	52.5	101.7	99.2	32.9	63.9	70.9	13.2	649.9
淮南市	Huainan	4.7	34.2	30.5	7.3	51.5	96.4	128.0	262.3	62.2	51.9	53.5	12.2	794.7
滁州市	Chuzhou	8.0	21.3	36.1	9.5	43.4	268.6	268.5	259.7	53.2	55.2	60.3	16.3	1100.1
六安市	Luan	14.4	21.5	48.3	12.1	77.9	244.9	164.1	296.3	67.9	52.4	61.2	16.3	1077.3
马鞍山市	Maanshan	14.7	29.4	50.0	9.8	38.9	269.5	205.1	185.2	51.1	35.4	24.3	16.7	930.1
芜湖市	Wuhu	19.7	30.8	49.7	42.8	54.6	379.7	232.6	233.4	55.4	33.5	24.0	18.1	1174.3
宣城市	Xuancheng	25.4	31.3	75.0	54.1	59.6	555.9	143.6	305.3	45.3	35.3	25.9	27.6	1384.3
铜陵市	Tongling	31.6	36.8	70.1	71.3	66.5	387.3	249.0	157.9	69.8	35.8	43.3	25.1	1244.5
池州市	Chizhou	33.7	34.3	75.7	61.8	124.1	484.4	284.5	244.4	32.6	37.2	58.3	28.2	1499.2
安庆市	Anqing	22.4	24.1	61.2	53.6	89.3	377.1	245.2	128.6	28.3	27.3	43.9	16.5	1117.5
黄山市	Huangshan	52.2	19.6	68.1	88.4	125.1	813.2	166.1	129.4	66.8	88.1	31.8	25.9	1674.7

11—5 各市全年降水量（2011年）
Total Precipitation by Region (2011)

地 区	Region	年降水量 Precipitation 毫 米 0.001(m)	亿立方米 (100 million cu.m)	多年平均降水量（亿立方米）Average Precipitation in Many Years (100 million cu.m)	与上年比较 Compared With Last Year (±%)	与多年平均比较 Compared With The Average Precipitation of Many Years (±%)
总　计	**Total**	**1064.40**	**1484.64**	**1636.34**	**-18.70**	**-9.30**
合 肥 市	Hefei	895.60	100.70	115.10	-28.10	-12.50
淮 北 市	Huaibei	653.60	17.81	23.00	-8.00	-22.60
亳 州 市	Bozhou	671.10	56.20	69.12	-14.80	-18.70
宿 州 市	Suzhou	847.00	83.45	82.61	10.40	1.00
蚌 埠 市	Bengbu	941.30	56.59	52.69	17.70	7.40
阜 阳 市	Fuyang	635.70	62.63	87.12	-20.90	-28.10
淮 南 市	Huainan	825.60	21.54	23.13	-1.30	-6.90
滁 州 市	Chuzhou	964.70	128.57	127.35	-5.50	1.00
六 安 市	Luan	976.90	180.18	218.00	-28.90	-17.30
马鞍山市	Maanshan	978.20	38.06	41.35	-22.10	-8.00
芜 湖 市	Wuhu	1176.30	70.20	72.82	-19.60	-3.60
宣 城 市	Xuancheng	1444.60	178.26	178.58	-7.30	-0.20
铜 陵 市	Tongling	1395.30	15.53	15.48	-11.40	0.30
池 州 市	Chizhou	1481.60	124.87	135.56	-26.20	-7.90
安 庆 市	Anqing	1152.50	178.24	215.68	-31.70	-17.40
黄 山 市	Huangshan	1748.00	171.81	178.75	-18.30	-3.90

11—6 流域分区全年降水量（2011年）
Total Precipitation by Area of Rivers (2011)

流域分区 River Area	年降水量 Precipitation 毫 米 0.001(m)	亿立方米 (100 million cu.m)	多年平均降水量（亿立方米）Average Precipitation in Many Years (100 million cu.m)	与上年比较 Compared With Last Year (±%)	与多年平均比较 Compared With The Average Precipitation of Many Years (±%)
总　计 Total	**1064.40**	**1484.64**	**1636.34**	**-18.70**	**-9.30**
淮河流域 Huaihe River Basin	834.40	555.96	628.42	-12.00	-11.50
淮河上游区 The Upper Reaches of Huaihe River	629.70	2.33	3.52	-27.00	-33.80
淮河中游区 The Middle Reaches of Huaihe River	830.20	531.43	602.67	-12.30	-11.80
淮河下游区 The Lower Reaches of Huaihe River	1007.70	19.55	20.00	-4.50	-2.30
沂沭泗河 Yishusi River	883.30	2.65	2.23	21.00	18.80
长江流域 Changjiang River Basin	1226.80	814.69	892.75	-23.10	-8.70
湖口以下干流 Main Rivers Below Hukou	1208.40	765.54	840.75	-22.90	-8.90
鄱阳湖水系 River System of Poyang Lake	1622.00	45.95	48.89	-28.30	-6.00
太湖水系 River System of Taihu Lake	1422.20	3.20	3.11	5.60	2.90
东南诸河 South-eastern Rivers	1770.00	113.99	115.17	-14.90	-1.00
钱塘江 Qiantang River	1770.00	113.99	115.17	-14.90	-1.00

11—7 各市水资源总量（2011年）
Water Resources by Region (2011)

单位：亿立方米（100 million cu.m）

地区	Region	天然年径流量 Natural Annual Flow by Region	山丘区地下水资源量 Ground Water Volume of Mountain and Hill Areas	山丘区河川基流量 River Flow of Mountain and Hill Areas	平原区降水入渗补给量 Permeated Precipitation Supply of Plain Areas	平原区降水入渗补给形成的河道排泄量 River Way Drainage Volume Caused by Permeated Precipitation Supply of Plain Areas	地下水资源与地表水资源不重复量 Amount of Non-repeat-calculated Water Between Ground Water and Surface Water	水资源总量 Total Amount of Water Resources by Region
总计	**Total**	**544.17**	**63.23**	**63.02**	**73.47**	**8.25**	**57.91**	**602.08**
合肥市	Hefei	27.63	3.46	3.46	1.04		2.01	29.64
淮北市	Huaibei	2.47	0.05	0.02	3.04	0.38	2.69	5.16
亳州市	Bozhou	10.56			10.36	1.49	8.87	19.43
宿州市	Suzhou	13.92	0.36	0.18	13.98	2.16	12.00	25.92
蚌埠市	Bengbu	15.33	0.31	0.31	8.43	2.15	6.28	21.61
阜阳市	Fuyang	10.74			11.28	1.58	9.70	20.44
淮南市	Huainan	5.14	0.04	0.04	2.31	0.49	1.76	6.90
滁州市	Chuzhou	39.53	5.31	5.31	3.09		2.38	41.91
六安市	Luan	61.03	9.82	9.82	3.83		2.61	63.64
马鞍山市	Maanshan	14.00	1.03	1.03	2.34		1.06	15.06
芜湖市	Wuhu	27.86	1.44	1.44	4.39		1.40	29.26
宣城市	Xuancheng	83.74	11.72	11.72	1.20		0.83	84.57
铜陵市	Tongling	6.41	0.61	0.61	0.71		0.48	6.89
池州市	Chizhou	59.13	7.57	7.57	2.10		1.41	60.54
安庆市	Anqing	69.60	6.94	6.94	5.37		4.43	74.03
黄山市	Huangshan	97.08	14.57	14.57				97.08

11—8 流域分区水资源总量（2011年）
Water Resources by Area of Rivers (2011)

单位：亿立方米（100 million cu.m）

流域分区 River Area	天然年径流量 Natural Annual Flow by Region	山丘区地下水资源量 Ground Water Volume of Mountain and Hill Areas	山丘区河川基流量 River Flow of Mountain and Hill Areas	平原区降水入渗补给量 Permeated Precipitation Supply of Plain Areas	平原区降水入渗补给形成的河道排泄量 River Way Drainage Volume Caused by Permeated Precipitation Supply of Plain Areas	地下水资源与地表水资源不重复量 Amount of Non-repeat-calculated Water Between Ground Water and Surface Water	水资源总量 Total Amount of Water Resources by Region
总计 Total	**544.17**	**63.23**	**63.02**	**73.47**	**8.25**	**57.91**	**602.08**
淮河流域 Huaihe River Basin	139.01	13.02	12.81	55.12	8.25	45.27	184.28
淮河上游区 The Upper Reaches of Huaihe River	0.40			0.41	0.06	0.35	0.75
淮河中游区 The Middle Reaches of Huaihe River	131.67	12.85	12.64	52.38	8.14	43.08	174.75
淮河下游区 The Lower Reaches of Huaihe River	6.69	0.17	0.17	1.88		1.44	8.13
沂沭泗河 Yishusi River	0.25			0.45	0.05	0.40	0.65
长江流域 Changjiang River Basin	340.55	40.47	40.47	18.35		12.64	353.19
湖口以下干流 Main Rivers Below Hukou	317.37	37.00	37.00	18.35		12.64	330.01
鄱阳湖水系 River System of Poyang Lake	21.67	3.24	3.24				21.67
太湖水系 River System of Taihu Lake	1.51	0.23	0.23				1.51
东南诸河 South-eastern Rivers	64.61	9.74	9.74				64.61
钱塘江 Qiantang River	64.61	9.74	9.74				64.61

11—9 主要年份供水和用水情况
Water Supply and Water Use in Rural Area

年份 Year	供水总量(亿立方米) Water Supply (100 million cu.m)	地表水 Surface Water	地下水 Ground-water	其他 Others	用水总量(亿立方米) Water Use (100 million cu.m)	农业 Agricul-ture	工业 Industry	城镇公共 Urban Public	生活 Consump-tion	生态环境补水 Ecological Protection	人均用水量(立方米/人) Per Capita Water Use (cu.m/person)
2005	208.03	189.60	17.85	0.58	208.03	116.21	67.72	2.84	19.89	1.37	328.50
2006	245.17	226.82	17.87	0.48	245.17	138.27	82.69	3.13	19.64	1.44	401.30
2007	232.05	211.65	19.92	0.48	232.05	122.84	83.81	3.45	20.35	1.60	379.30
2008	266.36	242.38	23.50	0.48	266.36	154.15	85.40	3.66	21.52	1.63	434.20
2009	292.40	265.78	26.13	0.49	292.40	170.43	93.28	4.09	22.65	1.94	476.90
2010	292.50	258.54	33.08	0.89	292.50	167.54	94.32	4.91	23.40	2.30	491.60
2011	293.44	258.80	33.75	0.89	293.44	169.24	91.36	5.27	23.61	3.96	491.70

11—10 各市供水和用水情况（2011年）
Water Supply and Water Use by Region (2011)

地区 Region	供水总量(亿立方米) Water Supply (100 million cu.m)	地表水 Surface Water	地下水 Ground-water	其他 Others	用水总量(亿立方米) Water Use (100 million cu.m)	农业 Agricul-ture	工业 Industry	城镇公共 Urban Public	生活 Consump-tion	生态环境补水 Ecological Protection	人均用水量(立方米/人) Per Capita Water Use (cu.m/person)
总计 Total	**293.44**	**258.80**	**33.75**	**0.89**	**293.44**	**169.24**	**91.36**	**5.27**	**23.61**	**3.96**	**491.70**
合肥市 Hefei	32.28	31.21	0.40	0.67	32.28	19.23	7.90	1.14	3.36	0.65	429.30
淮北市 Huaibei	5.24	1.56	3.68		5.24	2.24	2.03	0.14	0.81	0.02	247.20
亳州市 Bozhou	10.75	3.88	6.87		10.75	6.73	2.29	0.17	1.51	0.05	223.60
宿州市 Suzhou	10.81	3.17	7.64		10.81	5.38	3.07	0.24	2.10	0.02	201.30
蚌埠市 Bengbu	15.64	12.85	2.67	0.12	15.64	9.98	3.89	0.31	1.20	0.26	494.90
阜阳市 Fuyang	17.98	10.05	7.93		17.98	11.62	3.55	0.20	2.49	0.12	236.00
淮南市 Huainan	18.86	16.89	1.89	0.08	18.86	6.48	10.79	0.35	1.08	0.16	809.40
滁州市 Chuzhou	23.42	22.97	0.45		23.42	17.94	3.24	0.48	1.66	0.10	585.10
六安市 Luan	32.10	31.41	0.69		32.10	26.11	3.56	0.41	2.00	0.02	569.10
马鞍山市 Maanshan	24.66	24.47	0.19		24.66	8.74	13.94	0.41	1.10	0.47	1092.00
芜湖市 Wuhu	30.41	30.27	0.14		30.41	14.06	13.91	0.37	1.65	0.42	866.70
宣城市 Xuancheng	14.92	14.64	0.28		14.92	10.25	3.17	0.19	1.03	0.28	585.70
铜陵市 Tongling	11.64	11.60	0.04		11.64	1.34	9.35	0.14	0.41	0.40	1601.30
池州市 Chizhou	10.34	10.22	0.12		10.34	5.86	3.24	0.14	0.56	0.54	736.70
安庆市 Anqing	28.62	28.02	0.58	0.02	28.62	19.45	6.34	0.30	2.11	0.42	539.60
黄山市 Huangshan	5.77	5.59	0.18		5.77	3.84	1.09	0.28	0.54	0.03	424.20

11—11 环境综合整治
Environmental Improvement

指标	Item	2000	2005	2010	2011
环境质量	**Environment Quality**				
大气总悬浮微粒日平均值可吸入颗粒物（毫克/立方米）	The Average Daily Indicators of Respirable Suspended Particulate Matter in Atmosphere (mg/cu.m)	0.215	0.084	0.081	0.080
二氧化硫日平均值（毫克/立方米）	The Average Daily Indicators of Sulfur Dioxide (mg/cu.m)	0.023	0.030	0.027	0.028
二氧化氮日平均值（毫克/立方米）	The Average Daily Indicators of Nitrogen Dioxide (mg/cu.m)	0.036	0.031	0.026	0.026
饮用水源水质达标率 (%)	Up-to-standard Rate of Drinking Water Quality (%)	99.6	98.2	93.4	96.1
城市地面水质达标率 (%)	Up-to-standard Rate of Urban Surface Water Quality (%)	84.4	82.4		
区域环境噪声平均值(分贝(A))	The Average Indicator of Urban Noise (decibel)	55.6	54.8	54.1	53.6
交通干线噪声平均值(分贝(A))	The Average Indicator of Traffic Main Line Noise (decibel)	68.6	68.6	68.3	67.2
省辖城市区域环境达标数 (个)	Developed Districts of Environmental Noise Meeting National Standard (unit)		9	12	11
省辖城市道路交通环境噪声达标 (个)	Area of Urban Environmental Noise Meeting National Standard (unit)		12	15	15
生态环境	**Eco-environment Protection**				
森林面积 (万公顷)	Area of Forest (10000 hectares)	331.9	360.1	380.4	380.4
森林覆盖率 (%)	Forest Coverage (%)	24.02	26.06	27.53	27.53
当年造林面积 (万公顷)	Area of Reforestation of the Year (10000 hectares)	6.9	5.7	6.6	
自然保护区数 (个)	Number of Nature Reserves (unit)	31	31	38	6
#国家级	National Level	6	6	6	8
自然保护区面积 (万公顷)	Area of Nature Reserves (10000 hectares)	34.7	34.7	43.6	43.2
自然保护区面积占辖区面积比重 (%)	Area of Nature Reserves in Regions (%)	2.5	2.5	3.1	3.1
生态示范区数 (个)	Number of Demonstration Zones of Ecology (unit)	34	34	34	34
#国家级	National Level	30	30	30	17
污染控制	**Pollution Control**				
工业固体废物综合利用率 (%)	Rate of Comprehensive Utilization of Solid Industrial Waste (%)	71.6	79.3	84.6	78.7
危险废物处置率 (%)	Rate of Treatment of Hazardous Waste (%)	2.2	49.9	59.4	12.1
环境建设	**Environment Improvement**				
城市污水处理厂集中处理率 (%)	Rate of Concentrating Treatment of Sewage in the City (%)	38.80	26.31	71.58	79.04
城市燃气普及率 (%)	Rate of Gas Utilization in the City (%)	77.5	72.3	90.5	93.4
建成区绿化覆盖率 (%)	Green Coverage Rate in Constructed Areas (%)	27.1	27.5	37.5	39.5

注：“三同时”是指防治污染设施必须与主体工程同时设计、同时施工、同时投产。饮用水源水质达标率自2008年起改变计算方法，与历史年份数据不可比。

a) The "Three-simultaneous" means that pollution prevention measures shall be adopted simultaneously with construction, production and designing. The calculation method of up-to-standard rate of drinking water quality is changed since 2008, uncomparing with historical data.

11—11 续表 continued

指标	Item	2000	2005	2010	2011
自然灾害	**Natural Disaster**				
发生地质灾害起数（次）	Geological Disaster (unit)	3779	8548	338	175
#滑 坡	Landslide	1964	3397	143	102
崩 塌	Collapse	1236	4907	164	60
泥石流	Mudflow	300	228		
地面塌陷	Land Subsidence				
人员伤亡（人）	Casualties (person)	21		12	2
#死亡人数	Deaths	9		6	2
森林病虫害防治面积（万公顷）	Forest Area Affected and Cured from Diseasease and Pests (10000 hectares)	27.4	21.0	30.1	34.9
环境污染	**Pollution**				
突发环境事件次数（次）	Suddenly Environment Event Number (time)	66	28	30	12
#水污染	Water Pollution	43	16	10	4
大气污染	Air Pollution	23	10	8	3
固体废物污染	Solid Waste Pollution			5	1
人员伤亡（人）	Personnel Casualty (person)				
污染直接经济损失（万元）	Direct Economic Loss Due to Pollution (10000 yuan)	802.0	275.4	231.6	50.9
突发环境事件赔款总额（万元）	Compensation Total Amount of Suddenly Environment Event (10000 yuan)		144.1	133.0	125.0
污染损害罚款总额（万元）	Fine Total Amount of Pollution Harm (10000 yuan)	62.0	55.2	23.0	40.0
二氧化硫排放量（万吨）	Sulphur Dioxide Discharge (10000 tons)	57.1	67.2	53.26	52.95
#生 活	Life			4.82	4.18
COD排放量（万吨）	COD Discharge (10000 tons)	44.40	44.38	41.11	95.33
氨氮排放总量（万吨）	Ammonia Nitrogen Discharge (10000tons)			4.43	10.98
城镇生活污水排放量（亿吨）	Urban Comsumption Waste Water Discharge (100 million tons)		9.31	11.37	17.24
#生活污水中化学需氧量排放量（万吨）	COD Discharge from Urban Consumption Waste Water (10000 tons)			29.63	45.05
#生活污水中氨氮排放量（万吨）	Ammonia Nitrogen Discharge from Urban Consumption Waste Water (10000 ton)			3.22	6.06
环境污染治理	**Investment in the Treatment of Environmental Pollution**				
省辖市空气质量达二级标准（个）	Cities Directly under the Provincial Government Where the Air Quality Attains the Second Grade National Standards (unit)		14	16	14
绿色标志产品（个）	Green-Labeled Products (unit)		363	408	110
无公害农产品（个）	Pollution-Free Agriculture Products (unit)		109	316	296
建设项目环评执行率（%）	Construct Projects Assessment against the Environment		97	98	99
应执行“三同时”项目数（个）	3-Simultaneous Policy for Construction Projects Should Carry Out (unit)		679	2429	1981
实际执行“三同时”项目数（个）	3-Simultaneous Policy for Construction Projects Carried out (unit)		649	2381	1980
“三同时”合格率（%）	3-Simultaneous Policy up to Standard (%)		92.2	99.0	99.0

11—12 环保系统机构、人员数
Environmental Protection Agencies and Persons Engaged

年份 Year	机构总数（个）Number of Agencies (unit)	人员总数（人）Total Number of Staff & Workers (person)	#科技人员 Scientific and Technical Personnel	#监测人员 Monitoring Personnel	#监理人员 Supervising and Administrative Personnel
1995	240	2376	1687	1220	179
2000	361	4104	1934	1442	957
2001	387	4371		1517	1122
2002	388	4388	1971	1517	1122
2003	379	4769	2027	1544	1435
2004	384	4896	2109	1551	1536
2005	388	5128	2195	1593	1626
2006	391	5281			
2007	402	5547			
2008	386	5532	2503	1675	2107
2009	405	5527	2513	1659	2109
2010	390	5722	2648	1767	2145
2011	429	5766	2735	1734	2223

11—13 生活污染物排放
Discharge of Pollutants from Daily Life

年份 Year	城镇生活污水排放量（万吨）Volume of Urban Waste Water Discharged From Daily Life (10000 tons)	生活污水中化学需氧量排放量（吨）Absorption of Oxygen by Waste Water From Daily Life (ton)	生活及其他二氧化硫排放量（吨）Emission of Sulfur Dioxide From Daily Life and Others (ton)	生活及其他烟尘排放量（吨）Emission of Dust From Daily Life and Others (ton)
1998	71688	283923	44474	32516
1999	71389	277300	45545	34860
2000	80189	275104	44639	37166
2001	72564	284273	47588	37982
2002	78171	285012	47487	36105
2003	77735	289184	49500	35075
2004	84262	300908	50529	35439
2005	93104	307257	56495	45116
2006	96351	310100	65300	56535
2007	101771	311046	54969	51569
2008	101662	305954	53061	49435
2009	106259	295299	51560	50396
2010	113729	296274	48164	47958
2011	172384	40509	42246	15499

注：生活及其他烟尘排放量2011年数据为生活源烟（粉）尘排放量，不包括其他排放量。
a) Life and other soot emissions in 2011 data are life (powder) smoke and dust emissions, do not include other emissions.

11—14 工业企业“三废”排放及治理

Discharge and Treatment of Waste Water, Waste Gas and Solid Wastes by Industry Enterprises

指　　标	Item	1995	2000	2005	2010	2011
废　　水	**Waste Water**					
工业废水排放总量（万吨）	Total Volume of Waste Water Discharged (10000 tons)	87006	63106	63487	70971	70720
#工业废水COD排放量	COD Discharge from Industrial Waste				11.48	9.41
废　　气	**Waste Gas**					
工业废气排放总量（亿标立方米）	Total Volume of Industrial Waste Gas Emission (100 million cu.m)	3559	3945	6960	17849	30411
工业二氧化硫排放量（万吨）	Volume of Sulphur Dioxide Emission (10000 tons)	35.00	35.00	51.47	48.44	48.72
烟尘排放量（万吨）	Volume of Soot Emission (10000 tons)	26.00	24.00	25.27	20.74	41.06
工业粉尘排放量（万吨）	Volume of Industrial Dust Emission (10000 tons)	22.00	29.00	46.23	26.37	
固体废物	**Solid Wastes**					
工业固体废物产生量（万吨）	Volume of Industrial Solid Wastes Produced (10000 tons)	2749	2815	4196	9158	11473
工业固体废物综合利用量（万吨）	Volume of Industrial Solid Wastes Utilized (10000 tons)	1522	2014	3357	7849	9366
工业固体废物综合利用率（%）	Percentage of Industrial Solid Wastes Utilized (%)	55.40	71.60	79.32	84.55	78.70
工业固体废物贮存量（万吨）	Volume of Industrial Solid Wastes Accumulated (10000 tons)	600	489	360	518	1096
工业固体废物处置量（万吨）	Volume of Industrial Solid Wastes Treated (10000 tons)	829	949	519	916	1761
污染治理	**Pollution Treatment**					
本年施工项目总数（个）	Total of Construction Items (unit)	722	861	265	69	203
污染治理项目本年完成投资额（万元）	Actual Investment in Implentation of the Project for Pollution Treatment in the Year (10000 yuan)	44948	56470	45443	58895	107084
#治理废水	Treatment of Waste Water	25724	26389	24122	14250	28314
治理废气	Treatment of Waste Gas	11599	25621	16768	30932	41354
治理固体废物	Treatment of Solid Wastes	3535	2165	2902		3094
治理噪声	Noise Abatement	698	375	249	108	273
治理其他	Others	3391	1920	1402	13588	34050
排污收费及使用	**Fee for Discharging Waste and Fines for Pollution**					
排污费交纳单位（个）	Number of Units Charged (unit)	3932		22617	15031	11191
排污费征收额（万元）	Amount of Pollution Charges (10000 yuan)	10752	13215	28112	55838	49241
排污费支出额（万元）	Outlays of Pollution Levy Charges (10000 yuan)	8377	14159	13886	37838	12365

11—15 各市工业废水排放及处理（2011年）
Discharge and Treatment of Industrial Waste Water by Region (2011)

地 区	Region	汇总工业企业个数（个）Number of Industrial Enterprises (unit)	工业废水排放总量（万吨）Total Volume of Waste Water Discharge (10000 tons)	#排入污水处理厂 Disperses into the Sewage Treatment Plants	工业废水中污染物排放量（吨）Total Volume Pollutant of Waste Water Discharge (ton) #化学需氧量 COD	#石油类 Petroleum
总 计	**Total**	**8552**	**70719.90**	**8516.50**	**94088.90**	**776.85**
合肥市	Hefei	853	6038.90	1493.93	8468.06	24.57
淮北市	Huaibei	361	2654.37	672.21	2766.65	29.23
亳州市	Bozhou	701	3282.20	132.38	3826.96	21.27
宿州市	Suzhou	533	7229.13	127.70	12067.51	33.50
蚌埠市	Bengbu	436	4370.40	3464.79	3983.02	21.69
阜阳市	Fuyang	699	3045.19	246.30	3063.00	116.05
淮南市	Huainan	261	10625.93		6662.52	121.47
滁州市	Chuzhou	725	3972.20	0.01	9722.83	67.69
六安市	Luan	655	3012.71	115.13	6517.68	29.11
马鞍山市	Maanshan	585	7446.74	574.95	6673.50	70.89
芜湖市	Wuhu	574	2690.74	1276.73	6792.21	42.26
宣城市	Xuancheng	974	4672.83	3.60	8092.03	101.74
铜陵市	Tongling	220	4351.36	0.40	5089.88	23.56
池州市	Chizhou	250	1571.54	153.93	3401.52	12.78
安庆市	Anqing	506	4637.11	176.38	5096.13	49.76
黄山市	Huangshan	219	1118.55	78.07	1865.42	11.29

地 区	Region	#氨 氮 Ammonia & Nitrogen	废水治理设施数（套）Number of Facilities for Treatment of Waste Water (set)	废水治理设施处理能力（万吨／日）Handling Ability of Facilities for Treatmnent of Waste Water (10000cu.m/h)	废水治理设施运行费用（万元）Opearating Cost of Facilities of Waste Water (10000Yuan)
总 计	**Total**	**8971.04**	**2321**	**903.44**	**183885.1**
合肥市	Hefei	537.44	258	85.31	14604.0
淮北市	Huaibei	180.22	144	82.46	7896.7
亳州市	Bozhou	632.25	95	18.72	6059.3
宿州市	Suzhou	818.41	82	32.16	8009.4
蚌埠市	Bengbu	252.07	125	15.39	12618.3
阜阳市	Fuyang	2071.10	99	15.78	5009.9
淮南市	Huainan	1198.74	93	81.92	5988.4
滁州市	Chuzhou	982.97	167	22.54	6771.6
六安市	Luan	439.84	119	26.35	4187.4
马鞍山市	Maanshan	274.75	197	310.22	61952.8
芜湖市	Wuhu	104.27	216	33.16	10718.6
宣城市	Xuancheng	360.04	222	19.06	4435.0
铜陵市	Tongling	335.47	143	120.25	17064.8
池州市	Chizhou	197.72	107	5.30	3481.7
安庆市	Anqing	215.38	173	30.75	13367.2
黄山市	Huangshan	370.38	81	4.09	1720.0

11—16 各市工业废气排放及处理（2011年）
Emission and Treatment of Industrial Waste Gas by Region (2011)

地　区	Region	汇总工业企业个数（个）Number of Industrial Enterprises (unit)	工业废气治理设施数（套）Number of Facilities for treat-ment of Waste Gas (set)	工业废气排放总量（亿标立方米）Total Volume of Industrial Waste Gas Emission (100 million cu.m)	工业二氧化硫排放量（吨）Volume of Sulphur Dioxide Emission by Industry (ton)
总　计	**Total**	**8552**	**4755**	**30411**	**487228**
合肥市	Hefei	853	590	2775	49497
淮北市	Huaibei	361	269	1295	48141
亳州市	Bozhou	701	113	389	16206
宿州市	Suzhou	533	157	798	30906
蚌埠市	Bengbu	436	163	670	19004
阜阳市	Fuyang	699	258	858	20454
淮南市	Huainan	261	209	2692	70362
滁州市	Chuzhou	725	190	6192	17233
六安市	Luan	655	283	1093	15307
马鞍山市	Maanshan	585	493	5493	66457
芜湖市	Wuhu	574	528	2459	36289
宣城市	Xuancheng	974	316	1792	20541
铜陵市	Tongling	220	486	1845	38478
池州市	Chizhou	250	301	945	16561
安庆市	Anqing	506	225	1058	17685
黄山市	Huangshan	219	174	57	4106

地　区	Region	工业二氧化硫去除量（吨）Volume of Industry Sulphur Dioxide Removed (ton)	工业烟（粉）尘排放量（吨）Volume of Industrial Soot Emission (ton)	工业烟（粉）尘去除量（吨）Volume of Industrial Soot Removed (ton)	废气治理设备运用运行费用（万元）Annual Expenditure for Operation (10000 yuan)
总　计	**Total**	**1836909**	**410590**	**38095679**	**430479**
合肥市	Hefei	46420	40062	4202013	61641
淮北市	Huaibei	21804	25620	1236982	17882
亳州市	Bozhou	1279	7326	9006	1017
宿州市	Suzhou	25070	28171	908683	12587
蚌埠市	Bengbu	33632	9285	144166	13126
阜阳市	Fuyang	35152	12733	1257901	14525
淮南市	Huainan	152749	22612	9230239	52341
滁州市	Chuzhou	4946	40134	1554888	3358
六安市	Luan	2147	12920	133264	3489
马鞍山市	Maanshan	60659	31427	1937292	125878
芜湖市	Wuhu	50893	79358	7052993	33009
宣城市	Xuancheng	17213	48673	2015031	9850
铜陵市	Tongling	1315786	17296	4817003	55442
池州市	Chizhou	51316	13856	698989	8776
安庆市	Anqing	17843	19241	2880195	16707
黄山市	Huangshan		1875	17035	851

11—17 各市工业固体废物产生及处理利用（2011年）
Discharge, Treatment and Utilization of Industrial Solid Wastes by Region (2011)

地 区	Region	汇总工业企业个数（个）Number of Industrial Enterprises (unit)	工业固体废物产生量（万吨）Volume of Industrial Solid Wastes Produced (10000 tons)	#危险废物（吨）Hazardous Wastes (ton)	工业固体废物综合利用量（万吨）Volume of Industrial Solid Wastes Utilized (10000 ton)	#危险废物（吨）Hazardous Wastes (ton)
总　计	**Total**	**8552**	**11473.25**	**242811**	**9366.42**	**212707**
合肥市	Hefei	853	1065.96	16589	1000.83	11834
淮北市	Huaibei	361	866.80	1365	803.14	1079
亳州市	Bozhou	701	244.49	6	243.97	
宿州市	Suzhou	533	957.42	1239	517.94	49
蚌埠市	Bengbu	436	209.37	2919	207.53	2205
阜阳市	Fuyang	699	448.00	75381	441.96	75372
淮南市	Huainan	261	2316.89	296	2130.05	182
滁州市	Chuzhou	725	207.48	964	167.04	40
六安市	Luan	655	459.89	219	357.35	95
马鞍山市	Maanshan	585	2130.86	20729	1461.83	13372
芜湖市	Wuhu	574	398.62	9297	336.77	3812
宣城市	Xuancheng	974	454.81	2825	349.66	1797
铜陵市	Tongling	220	1315.79	67680	1012.43	61522
池州市	Chizhou	250	181.69	4774	135.04	3770
安庆市	Anqing	506	178.43	38280	173.19	37566
黄山市	Huangshan	219	36.74	250	27.69	12

地 区	Region	工业固体废物综合利用率（%）Ratio of Industrial Solid Wastes Utilized (%)	工业固体废物贮存量（万吨）Volume of Industrial Solid Wastes in Stocks (10000 tons)	工业固体废物处置量（万吨）Volume of Industrial Solid Wastes Treated (10000 tons)	工业固体废物处置率（%）Handling Rate of Industrial Solid Wastes (%)
总　计	**Total**	**78.70**	**1096.22**	**1760.99**	**14.91**
合肥市	Hefei	93.80	57.94	8.19	0.77
淮北市	Huaibei	88.84	83.47	48.62	5.41
亳州市	Bozhou	99.78		0.53	0.22
宿州市	Suzhou	46.49	542.82	56.03	5.84
蚌埠市	Bengbu	99.12	1.84	0.01	
阜阳市	Fuyang	98.65	3.14	2.90	0.65
淮南市	Huainan	87.55	87.71	475.49	18.45
滁州市	Chuzhou	80.37		40.79	19.66
六安市	Luan	74.42	0.01	121.63	26.45
马鞍山市	Maanshan	68.59	113.11	556.44	26.11
芜湖市	Wuhu	84.48	17.91	28.14	7.06
宣城市	Xuancheng	74.90	10.14	151.94	30.41
铜陵市	Tongling	72.33	131.99	255.37	19.41
池州市	Chizhou	74.30	40.90	5.86	3.22
安庆市	Anqing	97.06	0.71	4.53	2.54
黄山市	Huangshan	75.37	4.52	4.52	12.31

11—18 各市城市空气质量指标（2011年）
Ambient Air Quality in Main Cities by Region (2011)

单位：毫克／立方米（milligram/cu.m）

地　区	Region	可吸入颗粒物 (PM_{10}) Clean Area	二氧化硫 (SO_2) Lightly Polluted Area	二氧化氮 (NO_2) Moderately Polluted Area	空气质量达到及好于二级的天数（天） Days of Air Quality Equal to or Above Grade II (days)
全省平均	**Average**	**0.080**	**0.028**	**0.026**	**352**
合 肥 市	Hefei	0.112	0.024	0.029	296
淮 北 市	Huaibei	0.102	0.020	0.021	349
亳 州 市	Bozhou	0.088	0.030	0.023	357
宿 州 市	Suzhou	0.078	0.018	0.026	355
蚌 埠 市	Bengbu	0.083	0.024	0.031	352
阜 阳 市	Fuyang	0.072	0.014	0.014	351
淮 南 市	Huainan	0.094	0.031	0.028	335
滁 州 市	Chuzhou	0.082	0.027	0.033	360
六 安 市	Luan	0.064	0.027	0.035	363
马鞍山市	Maanshan	0.088	0.027	0.033	350
芜 湖 市	Wuhu	0.084	0.031	0.030	356
宣 城 市	Xuancheng	0.070	0.034	0.027	361
铜 陵 市	Tongling	0.079	0.055	0.022	362
池 州 市	Chizhou	0.053	0.022	0.021	365
安 庆 市	Anqing	0.086	0.043	0.032	348
黄 山 市	Huangshan	0.050	0.015	0.017	365

11—19 各市城市道路交通噪声监测情况（2011年）
Monitoring of Urban Road Traffic Noise in Key Cities by Region (2011)

地　区	Region	监测总长度（公里） Total Length of Roads (km)	路段平均宽度（米） Average Width of Roads (m)	平均车流量（辆/小时） Average Traffic Volume (car/hour)	噪声均值（分贝） Average Noise Value (LeqdBA)
总　　计	**Total**	**1697.71**	**38.3**	**1462**	**67.2**
合 肥 市	Hefei	591.70	48.7	2195	67.4
淮 北 市	Huaibei	61.51	40.8	1342	67.7
亳 州 市	Bozhou	69.80	48.0	317	67.7
宿 州 市	Suzhou	23.65	24.2	1019	62.2
蚌 埠 市	Bengbu	116.08	41.3	1194	67.1
阜 阳 市	Fuyang	29.43	43.1	1349	70.8
淮 南 市	Huainan	56.03	36.9	1299	68.0
滁 州 市	Chuzhou	65.95	31.6	1104	66.8
六 安 市	Luan	68.25	31.3	1358	67.0
马鞍山市	Maanshan	98.53	43.1	1487	67.7
芜 湖 市	Wuhu	260.54	46.1	2206	66.5
宣 城 市	Xuancheng	67.26	37.1	893	63.6
铜 陵 市	Tongling	38.47	33.8	2248	67.9
池 州 市	Chizhou	28.85	31.9	2840	66.5
安 庆 市	Anqing	53.18	42.3	1700	67.5
黄 山 市	Huangshan	62.50	31.8	921	69.0

11—20 水资源情况
Water Resources

年份 Year	水资源总量（亿立方米） Total Water Resources (100 million cu.m)	地表水资源量 Surface Water	地下水资源量 Ground Water	地表水与地下水资源重复量 Duplicated Measurement Between Surface Water and Groundwater	人均水资源量（立方米／人） Per Capita Water Resources (cu.m/person)
1995	558.82	502.91	140.40	84.49	931.40
2000	644.21	554.62	188.74	99.15	1026.10
2005	719.25	672.20	195.41	148.36	1135.70
2006	580.50	532.77	159.12	111.39	950.10
2007	712.46	666.10	181.84	135.48	1164.50
2008	699.24	651.88	178.09	130.73	1139.80
2009	733.10	685.92	185.43	138.25	1195.70
2010	939.05	876.27	197.81	135.03	1578.20
2011	602.08	544.17	143.48	85.57	1008.80

注：水资源总量=地表水资源量＋地下水资源量－地表水与地下水资源重复量。

a) Total Water Resources=Surface Water+Ground Water-Duplicated Measurement Between Surface Water and Groundwater.

11—21 各市水资源情况（2011年）
Water Resources by Region (2011)

地区	Region	水资源总量（亿立方米） Total Water Resources (100 million cu.m)	地表水资源量 Surface Water	地下水资源量 Ground Water	地表水与地下水资源重复量 Duplicated Measurement Between Surface Water and Groundwater	人均水资源量（立方米／人） Per Capita Water Resources (cu.m/person)
总计	**Total**	**602.08**	**544.17**	**143.48**	**85.57**	**1008.80**
合肥市	Hefei	29.64	27.63	4.61	2.60	394.10
淮北市	Huaibei	5.16	2.47	3.43	0.74	243.40
亳州市	Bozhou	19.43	10.56	11.54	2.67	404.20
宿州市	Suzhou	25.92	13.92	15.52	3.52	482.70
蚌埠市	Bengbu	21.61	15.33	9.52	3.24	683.80
阜阳市	Fuyang	20.44	10.74	12.67	2.97	268.20
淮南市	Huainan	6.90	5.14	2.57	0.81	296.10
滁州市	Chuzhou	41.91	39.53	8.60	6.22	1047.00
六安市	Luan	63.64	61.03	14.05	11.44	1128.40
马鞍山市	Maanshan	15.06	14.00	3.57	2.51	667.00
芜湖市	Wuhu	29.26	27.86	6.16	4.76	833.90
宣城市	Xuancheng	84.57	83.74	12.98	12.15	3320.40
铜陵市	Tongling	6.89	6.41	1.34	0.86	947.90
池州市	Chizhou	60.54	59.13	9.74	8.33	4313.20
安庆市	Anqing	74.03	69.60	12.61	8.18	1395.60
黄山市	Huangshan	97.08	97.08	14.57	14.57	7137.70

11—22 农村环境状况
The Environment of Rural Areas

年份 Year	农村改水受益率(%) Benefical Rate of the Water Renovation in Rural Areas (%)	农村自来水普及率(%) Popularity Rate of Tape Water in Rural Areas (%)	农村卫生厕所普及率(%) Popularity Rate of Sanitation Toilet in Rural Areass (%)	农村户用沼气 Marsh Gas in Rural House		太阳能热水器 Solar Water Heater
				用户数(万户) (10000 Housrholds)	总产气量(万立方米) Total Volum Gas Production (10000 cu.m)	面积(万平方米) Area (10000 sq.m)
1995	85.0		10.8			
2000	98.5	36.8	40.1	11.44	2862	50.37
2005	99.0	37.6	54.2	31.94	9076	172.88
2006	98.2	39.5	55.6	37.64	10809	224.50
2007	96.2	35.2	51.9	49.21	14763	262.14
2008	97.7	39.1	53.3	56.43	17959	307.53
2009	98.4	43.7	54.1	67.06	20654	373.16
2010	99.6	47.8	57.5	75.26	22334	422.12
2011	96.1	50.4	58.0	79.08	27677	464.40

11—23 各市农村环境状况（2011年）
The Environment of Rural Areas by Region (2011)

地区	Region	农村改水受益率(%) Benefical Rate of the Water Renovation in Rural Areas (%)	农村自来水普及率(%) Popularity Rate of Tape Water in Rural Areas (%)	农村卫生厕所普及率(%) Popularity Rate of Sanitation Toilet in Rural Areass (%)	农村户用沼气 Marsh Gas in Rural House		太阳能热水器 Solar Water Heater
					用户数(万户) (10000 Housrholds)	总产气量(万立方米) Total Volum Gas Production (10000 cu.m)	面积(万平方米) Area (10000 sq.m)
总　计	**Total**	**96.06**	**50.35**	**58.01**	**79.08**	**27676.74**	**464.40**
合肥市	Hefei	82.15	40.70	83.42	8.31	2907.35	96.38
淮北市	Huaibei	100.00	72.05	67.94	2.22	775.67	19.28
亳州市	Bozhou	100.00	27.85	41.91	3.15	1101.45	20.41
宿州市	Suzhou	100.00	44.78	44.21	4.72	1652.53	27.73
蚌埠市	Bengbu	99.76	23.42	50.40	2.27	793.42	40.09
阜阳市	Fuyang	100.00	29.68	31.40	7.34	2569.28	25.35
淮南市	Huainan	98.95	50.30	83.07	1.53	533.89	8.71
滁州市	Chuzhou	100.00	63.46	56.77	4.45	1555.96	34.60
六安市	Luan	77.97	45.66	66.17	9.74	3409.91	35.62
马鞍山市	Maanshan	99.81	81.00	47.15	2.02	707.67	21.06
芜湖市	Wuhu	98.46	91.61	93.47	1.42	495.29	25.97
宣城市	Xuancheng	98.81	73.33	78.18	5.80	2029.34	37.23
铜陵市	Tongling	99.77	92.90	78.52	0.78	272.86	8.61
池州市	Chizhou	98.43	59.26	43.89	7.08	2477.51	13.83
安庆市	Anqing	97.03	69.22	64.32	14.52	5081.65	30.96
黄山市	Huangshan	96.54	91.94	60.69	3.75	1312.99	18.57

11—24 农村改水、改厕情况
The Water and Toilets Renovation in Rural Area

指标		Item		2005	2010	2011
农村改水		**Water Renovation**				
农村总人口	(万人)	Total Rural Population	(10000 persons)	4490.8	5250.8	5281.0
累计已改水受益人口	(万人)	Accumulative Population to benefit from water renovation	(10000 persons)	4419.4	5227.5	5073.2
自来水		Tap Water				
厂、站	(个)	Factory, Sation	(unit)	14162	14501	13376
累计受益	(万人)	Accumulative Benefit Population	(10000 persons)	1690.6	2511.4	2659.0
占农村总人口	(%)	Proportion of the Total Rural Population	(%)	37.7	47.8	50.4
手压机井		Manual Pumped Wells				
数量	(万台)	Number	(10000 unat)	640.0	543.1	574.1
累计受益	(万人)	Accumulative Benefit Population	(10000 persons)	2241.3	2438.3	2224.6
占农村总人口	(%)	Proportion of the Total Rural Population	(%)	49.9	46.4	42.1
雨水收集		Rainwater Collection				
水窖	(个)	Water Cellars	(unit)	4019	466	331
累计受益	(万人)	Accumulative Benefit Population	(10000 persons)	31.7	16.4	2.8
占农村总人口	(%)	Proportion of the Total Rural Population	(%)	0.7	0.3	0.1
其他		Other				
累计受益	(万人)	Accumulative Benefit Population	(10000 persons)	455.8	261.4	186.8
占农村总人口	(%)	Proportion of the Total Rural Population	(%)	10.2	5.0	3.5
农村改厕		**Toilets Renovation in Rural Area**				
农村总户数	(万户)	Total Rural Households	(10000 subscribers)	1213.7	1346.5	1435.5
累计使用卫生厕所户数	(万户)	Households Used Toilets	(10000 subscribers)	657.4	774.9	832.7
卫生厕所普及率	(%)	Rate of the Sanitation Toilets	(%)	54.2	57.5	58.0
累计使用卫生公厕户数	(万户)	Household Used Public Sanitation Toilets	(10000 subscribers)	82.3	125.9	185.1

11—25 农村改水、改厕投资情况
Investment of Water and Toilets Renovation in Rural Area

指标		Item		2005	2010	2011
农村改水		**Water Renovation in Rural Area**				
农村改水投入	(万元)	Investment	(10000 yuan)	21669	132386	133976
国家投入		State Investment		10011	114919	122361
国家投入占总投入比重	(%)	The Proportion of State Investment	(%)	46.20	86.81	91.33
农村改厕		**Toilets Renovation in Rural Area**				
农村改厕投入	(万元)	Investment	(10000 yuan)	11413	33327	59203
国家投入		State Investment		3577	21952	41250
国家投入占总投入比重	(%)	The Proportion of State Investment	(%)	31.34	65.87	69.68

11—26 突发环境事件情况
Environmental Accidents

年 份 Year	突发环境事件次数（次） Number of Environmental Accidents (time)	水污染 Water Pollution	大气污染 Air Pollution	固体废物污染 Solid Wastes Pollution	噪声与振动危害 Noise and Vibration Pollution	直接经济损失（万元） Direct Economic Losses (10000 yuan)	突发环境事件罚款总额（万元） Reparations and Fines on Environmental Accidents (10000 yuan)	污染损害赔款总额（万元） Total Compensation Amount Damage of Pollution (10000 yuan)
2000	66	43	23			802.20	62.46	802.20
2005	28	16	10		2	275.40	55.20	275.40
2006	21	15	4		2	354.80	58.70	452.90
2007	22	13	9			450.00		
2008	16	9	6	1		1440.70		30.00
2009	22	12	3	7		625.36	17.00	
2010	30	10	8	5		231.60	23.00	133.00
2011	12	4	3	1		50.88	40.00	125.00

11—27 各市突发环境事件情况（2011年）
Environmental Accidents by Region (2011)

地 区	Region	突发环境事件次数（次） Number of Environmental Accidents (time)	水污染 Water Pollution	大气污染 Air Pollution	噪声与振动危害 Noise and Vibration Pollution	直接经济损失（万元） Direct Economic Losses (10000 yuan)	突发环境事件罚款总额（万元） Reparations and Fines on Environmental Accidents (10000 yuan)	污染损害赔款总额（万元） Total Compensation Amount Damage of Pollution (10000 yuan)
总 计	**Total**	**12**	**4**	**4**		**50.88**	**40.00**	**125.00**
合肥市	Hefei							
淮北市	Huaibei							
亳州市	Bozhou	3				22.00		125.00
宿州市	Suzhou	3		2		0.38		
蚌埠市	Bengbu							
阜阳市	Fuyang							
淮南市	Huainan							
滁州市	Chuzhou							
六安市	Luan	1	1			6.00		
马鞍山市	Maanshan	1	1					
芜湖市	Wuhu							
宣城市	Xuancheng	2	1	1		2.00		
铜陵市	Tongling							
池州市	Chizhou							
安庆市	Anqing	2	1			20.50	40.00	
黄山市	Huangshan							

11—28 土地利用情况
Land Use

单位：公顷（hectares）

年份 Year	土地调查面积 Area Under Land Survey	农用地 Land for Agriculture Use	#园地 Garden Land	建设用地 Land for Construction	居民点及工矿用地 Land for Living Quarters, Mining and Manufacturing Sites	交通用地 Land for Transport Pacilities	水利设施用地 Land for Water Conservancy Facilities
1995	14012579	9754831	341365	1733484	1255073	255656	222755
2000	14012579	9720009	342242	1771264	1272671	273137	225456
2005	14012579	11212107	342070	1621772	1302399	91982	227391
2006	14012579	11200504	341812	1639505	1315212	97377	226915
2007	14012579	11193252	340533	1652351	1325947	99102	227302
2008	14012579	11190204	339428	1661804	1334111	100744	226949

11—29 各市土地利用情况（2008年）
Land Use by Region (2008)

单位：公顷（hectares）

地区	Region	土地调查面积 Area Under Land Survey	农用地 Land for Agriculture Use	#园地 Garden Land	建设用地 Land for Construction	居民点及工矿用地 Land for Living Quarters, Mining and Manufacturing Sites	交通用地 Land for Transport Pacilities	水利设施用地 Land for Water Conservancy Facilities
总计	**Total**	**14012579**	**11190204**	**339428**	**1661804**	**1334111**	**100744**	**226949**
合肥市	Hefei	702948	543315	2171	120332	94267	7350	18715
淮北市	Huaibei	274091	218555	5156	47013	41891	2812	2310
亳州市	Bozhou	852258	708677	6312	124517	106192	9092	9233
宿州市	Suzhou	993980	791159	53940	149115	124463	8580	16073
蚌埠市	Bengbu	595213	454447	2742	82371	68367	4602	9403
阜阳市	Fuyang	1012277	775668	3174	185968	159974	10556	15437
淮南市	Huainan	258513	187260	3209	46228	37810	3193	5226
滁州市	Chuzhou	1352322	1078431	8585	186329	135122	6473	44734
六安市	Luan	1841094	1513659	55860	186974	142630	8133	36212
马鞍山市	Maanshan	168574	122367	720	25786	22062	1180	2544
巢湖市	Chaohu	939367	686715	8703	110850	90833	5419	14599
芜湖市	Wuhu	336255	266262	3743	48559	41978	3715	2866
宣城市	Xuancheng	1232343	1054613	47693	73170	55848	6985	10337
铜陵市	Tongling	106447	67619	1996	18221	15058	1349	1814
池州市	Chizhou	839173	675535	31247	45855	35175	3828	6852
安庆市	Anqing	1539839	1153305	25393	161470	127262	12422	21786
黄山市	Huangshan	967884	892617	78783	49044	35179	5054	8811

11—30 主要年份地质灾害及防治情况
Geological Disasters and Prevention and Cure

年 份 Year	发生地质灾害起数（次）Geological Disasters (time)	#滑 坡 Land-slide	#崩 塌 Collapse	人员伤亡（人）Casualties (person)	#死亡人数 Deaths	直接经济损 失（万元）Direct Economic Losses (10000 yuan)	地质灾害防治项目（个）Number of Projects of Prevention of Geological Disasters (unit)	地质灾害防治投资（万元）Investment of Projects of Prevention of Geological Disasters (10000 yuan)
2005	8320	1528	6445	44	40	96800.0	46	3614
2006	360	72	260	6	3	3714.0	73	9921
2007	314	123	161	5	3	7486.6	123	9361
2008	556	247	285	3	2	8753.2	164	14814
2009	349	116	216	8	2	2179.3	156	12253
2010	338	143	164	12	6	2536.3	189	11352
2011	175	102	60	2	2	1569.6	338	27288

11—31 各市地质灾害及防治情况（2011年）
Geological Disasters and Prevention and Cure by Region (2011)

地 区	Region	发生地质灾害起数（次）Geological Disasters (time)	#滑 坡 Land-slide	#崩 塌 Collapse	人员伤亡（人）Casualties (person)	#死亡人数 Deaths	直接经济损 失（万元）Direct Economic Losses (10000 yuan)	地质灾害防治项目（个）Number of Projects of Prevention of Geological Disasters (unit)	地质灾害防治投资（万元）Investment of Projects of Prevention of Geological Disasters (10000 yuan)
总 计	**Total**	**175**	**102**	**60**	**2**	**2**	**1569.6**	**332**	**26666**
合肥市	Hefei	6	4	2			21.0	2	393
淮北市	Huaibei								25
亳州市	Bozhou							4	15
宿州市	Suzhou								20
蚌埠市	Bengbu	2		2			6.0	3	102
阜阳市	Fuyang								
淮南市	Huainan	1							50
滁州市	Chuzhou							7	649
六安市	Luan	18	11	7			213.5	18	2347
马鞍山市	Maanshan							2	445
芜湖市	Wuhu	2		1			15.0	8	610
宣城市	Xuancheng	24	15	6	2	2	288.5	23	4056
铜陵市	Tongling	3	1				85.0	4	895
池州市	Chizhou	27	23	2			602.5	18	1021
安庆市	Anqing	36	8	25			39.2	227	3502
黄山市	Huangshan	56	40	15			298.9	16	12537

11—32 自然保护基本情况
Basic Situation of Natural Protection

年份 Year	自然保护区(市级以上) Nature Reserves 个数(个) Number of Nature Reserves (unit)	#国家级 Nation Level	面积(万公顷) Area of Nature Reserves (10000 hectares)	#国家级 Nation Level	珍稀濒危动物繁殖场(个) Number of Farms to Breed Rare or Endangered Animals (unit)	珍稀植物引种栽培场(个) Cultivating Farms of Rare Plants (unit)	生态示范区建设试点地区和单位(个) Number of Experimental Units and Region of Ecological Demonstration Zones (unit)	已批准国家级生态示范区(个) Number of Approved the National-level Ecological Demonstration Zones (unit)
2005	31		34.68		5	1	34	9
2006	35		44.81		3		34	9
2007	37		44.00				34	11
2008	37		46.13				34	13
2009	38		43.84				34	13
2010	38	6	43.61	13.14			34	13
2011	38	7	43.20	13.92			34	17

11—33 各市自然保护基本情况(2011年)
Basic Situation of Natural Protection by Region (2011)

地区 Region	自然保护区(市级以上) Nature Reserves 个数(个) Number of Nature Reserves (unit)	#国家级 Nation Level	面积(万公顷) Area of Nature Reserves (10000 hectares)	#国家级 Nation Level	珍稀濒危动物繁殖场(个) Number of Farms to Breed Rare or Endangered Animals (unit)	珍稀植物引种栽培场(个) Cultivating Farms of Rare Plants (unit)	生态示范区建设试点地区和单位(个) Number of Experimental Units and Region of Ecological Demonstration Zones (unit)	已批准国家级生态示范区(个) Number of Approved the National-level Ecological Demonstration Zones (unit)
总计 Total	**38**	**7**	**43.20**	**13.92**			**34**	**17**
合肥市 Hefei								
淮北市 Huaibei							1	
亳州市 Bozhou							1	1
宿州市 Suzhou	6		2.09				2	1
蚌埠市 Bengbu	3		1.62				2	
阜阳市 Fuyang	2		2.56				3	2
淮南市 Huainan								
滁州市 Chuzhou	2		2.46				1	
六安市 Luan	4	1	5.18	2.89			3	3
马鞍山市 Maanshan	1		1.07				1	1
芜湖市 Wuhu							3	1
宣城市 Xuancheng	3	2	3.14	2.64			5	2
铜陵市 Tongling	1	1	3.15	3.15				
池州市 Chizhou	4	1	5.45	3.34			1	1
安庆市 Anqing	4	1	13.78	1.23			5	1
黄山市 Huangshan	8	1	2.70	0.67			4	4

11—34 主要年份湿地面积
Area of Wetlands

年 份 Year	湿地面积 (千公顷) Area of Wetlands (1000 hectares)	天然湿地 Natural Wetlands	河 流 Rivers	湖 泊 Lakes	人工湿地 Man-made Wetlands	湿地面积占国土面积比重(%) Proportion of Wetlands in Total Area of Territory (%)
2005	653.9	590.0	239.5	350.5	63.9	4.73
2006	653.9	590.0	239.5	350.5	63.9	4.73
2007	653.9	590.0	239.5	350.5	63.9	4.73
2008	653.9	590.0	239.5	350.5	63.9	4.73
2009	653.9	590.0	239.5	350.5	63.9	4.73
2010	653.9	590.0	239.5	350.5	63.9	4.73
2011	653.9	590.0	239.5	350.5	63.9	4.73

11—35 森林资源情况
Forest Resources

年 份 Year	林业用地面积 (千公顷) Area of Afforested Land (1000 hectares)	森林面积 (千公顷) Forest Area (1000 hectares)	#人工林 Man-made Forest	森林覆盖率 (%) Forest Coverage Rate (%)	活立木总蓄积量 (万立方米) Total Standing Forest Stock (10000 cu.m)	森林蓄积量 (万立方米) Stock Volume of Forest (10000 cu.m)
1995	4186.50	3170.50	1075.90	22.95	10441.14	82957.70
2000	4123.20	3318.70	1174.80	24.02	12667.41	10371.90
2005	4403.50	3600.70	2098.70	26.06	16258.35	13755.41
2007	4404.00	3601.00	2099.00	26.06	16258.35	13755.41
2008	4404.00	3601.00	2099.00	26.06	16258.35	13755.41
2009	4404.00	3601.00	2099.00	26.06	16258.35	13755.41
2010	4431.80	3804.20	2250.70	27.53	21710.12	18074.85
2011	4431.80	3804.20	2250.70	27.53	21710.12	18074.85

注：2005年及以后为一类资源清查数。

a) The figures after 2005 of the national first class forest resources by Surveyed.

11—36 各市森林资源情况（2011年）
Forest Resources by Region (2011)

地 区	Region	林业用地面积（千公顷）Area of Afforested Land (1000 hectares)	森林面积（千公顷）Forest Area (1000 hectares)	森林覆盖率(%) Forest Coverage Rate (%)	活立木总蓄积量（万立方米）Total Standing Forest Stock (10000 cu.m)	森林蓄积量（万立方米）Stock Volume of Forest (10000 cu.m)
合 肥 市	Hefei	148.20	125.60	11.32	833.00	489.00
淮 北 市	Huaibei	48.40	43.40	16.51	266.00	205.00
亳 州 市	Bozhou	157.20	149.20	17.77	1054.00	782.00
宿 州 市	Suzhou	286.40	268.00	27.51	1372.00	1146.00
蚌 埠 市	Bengbu	95.00	77.50	13.62	513.00	360.00
阜 阳 市	Fuyang	167.00	159.70	16.66	894.00	804.00
淮 南 市	Huainan	50.00	48.10	18.58	298.00	257.00
滁 州 市	Chuzhou	184.20	131.70	10.05	1519.00	895.00
六 安 市	Luan	675.40	586.00	34.98	2715.00	2376.00
马鞍山市	Maanshan	59.30	40.50	10.44	267.00	160.00
芜 湖 市	Wuhu	103.80	78.50	14.34	447.00	290.00
宣 城 市	Xuancheng	732.30	594.00	54.37	2868.00	2778.00
铜 陵 市	Tongling	38.60	32.20	33.93	155.00	131.00
池 州 市	Chizhou	536.10	408.20	57.18	2733.00	2688.00
安 庆 市	Anqing	602.00	536.30	36.39	2625.00	2427.00
黄 山 市	Huangshan	803.50	613.90	78.62	3977.00	3935.00

注：数据为各地考核2011年基础数据
a) Data are 2011 foundation data of Local examination.

11—37 造 林 面 积
Area of Afforestation

单位：公顷（hectares）

年份 Year	造林总面积 Total Area of Afforestation	#人工造林 Manual Planting	按林种用途分 by Function of Forest 用材林 Timber Forests	经济林 By-product Forests	防护林 Protection Forests	薪炭林 Fuel Forests	特种用途林 Forests for Special Purpose
1995	72506	72506	21170	42302	1679	35	1320
2000	69214	69214	29068	33592	4730		1824
2005	57457	57457	26388	4489	25727	739	114
2006	45888	45888	19517	6655	19704		12
2007	58910	52240	21083	6947	29048	179	1653
2008	53322	48366	17037	8444	26440	1033	368
2009	83606	70229	25314	8858	48171		1263
2010	65612	57012	17724	12380	33804	849	855
2011	88731	72747	23939	22445	41121	405	821

11—38 各 市 造 林 面 积（2011年）
Area of Afforestation by Region (2011)

单位：公顷（hectares）

地区	Region	造林总面积 Total Area of Afforestation	#人工造林 Manual Planting	按林种用途分 by Function of Forest 用材林 Timber Forests	经济林 By-product Forests	防护林 Protection Forests	特种用途林 Forests for Special Purpose
总计	**Total**	**88731**	**72747**	**23939**	**22445**	**41121**	**821**
合肥市	Hefei	9690	8557	1590	1515	6376	157
淮北市	Huaibei	1193	1193		156	1037	
亳州市	Bozhou	2740	2740	545	56	2139	
宿州市	Suzhou	7642	6108	2355	1987	3221	79
蚌埠市	Bengbu	1602	1602	503	86	1009	4
阜阳市	Fuyang	3040	3040	1989	121	930	
淮南市	Huainan	913	913	34	85	794	
滁州市	Chuzhou	7459	6261	2699	657	3996	107
六安市	Luan	10483	10016	2253	5812	2271	147
马鞍山市	Maanshan	1125	1125	541	93	491	
芜湖市	Wuhu	1766	1366	753	134	828	51
宣城市	Xuancheng	10543	9143	3010	3880	3465	188
铜陵市	Tongling	650	297	176	48	66	7
池州市	Chizhou	6321	3822	2956	573	2779	13
安庆市	Anqing	17014	10014	2878	3833	10250	53
黄山市	Huangshan	6550	6550	1657	3409	1469	15

11—39 退耕还林工程建设情况
Situation of Projects for Reforesting Formerly Cultivated Land

单位：公顷（hectares）

年份 Year	造林总面积 Total Area of Afforesta-tion	退耕地造林面积 Reforesting Formerly Cultivated Land Area	荒山荒地造林面积 Afforested Area of Waste Mountains & Land	按林种用途分 by Function of Forest: 用材林 Timber Forests	经济林 By-product Forests	防护林 Protection Forests	薪炭林 Fuel Forests	特种用途林 Forests for Special Purpose	林业投资完成额（万元） Completed Investment in Forestry (10000 yuan)
2004	29462	6701	22761	3654	1467	23588	753		
2005	17026	13333	3693	1054	725	15082	133	32	
2006									
2007	16557		16557	258	1635	14353		311	
2008	19567		19134	3556	3303	12705	3		
2009	32540		19211	1802	386	30144		208	
2010	17820		17820	4179	4441	8205	400	595	59665
2011	18520	1805	10229	3265	3155	11198	353	549	112715

11—40 各市退耕还林工程建设情况（2011年）
Situation of Projects for Reforesting Formerly Cultivated Land by Region (2011)

单位：公顷（hectares）

地区 Region	造林总面积 Total Area of Afforesta-tion	退耕地造林面积 Reforesting Formerly Cultivated Land Area	荒山荒地造林面积 Afforested Area of Waste Mountains & Land	按林种用途分 by Function of Forest: 用材林 Timber Forests	经济林 By-product Forests	防护林 Protection Forests	薪炭林 Fuel Forests	特种用途林 Forests for Special Purpose	林业投资完成额（万元） Completed Investment in Forestry (10000 yuan)
总计 Total	**18520**	**1805**	**10229**	**3265**	**3155**	**11198**	**353**	**549**	**112715**
合肥市 Hefei	2866	1800	533	123	116	2470		157	10675
淮北市 Huaibei	5	5			5				793
亳州市 Bozhou	25		25			25			557
宿州市 Suzhou	235		235	46	140			49	2385
蚌埠市 Bengbu									715
阜阳市 Fuyang	322		322	260	62				48699
淮南市 Huainan									1176
滁州市 Chuzhou	850		850	60	58	625		107	8243
六安市 Luan	396		396	263	88			45	6888
马鞍山市 Maanshan	169		169	121	48				2519
芜湖市 Wuhu	638		238	127	60	400		51	2653
宣城市 Xuancheng	4479		3612	806	1005	2577		91	6513
铜陵市 Tongling	422		69	28	34		353	7	587
池州市 Chizhou	267		267	200	67				2487
安庆市 Anqing	5589		1256	636	1097	3816		40	8758
黄山市 Huangshan	2257		2257	595	375	1285		2	9067

11—41 森林病虫害防治情况
Prevention of Forest Diseases and Pests

年份 Year	合计 Total			森林病害 Forest Diseases			森林虫害 Forest Plague		
	发生面积(公顷) Area of Occurrence (hectare)	防治面积(公顷) Area of Prevention (hectare)	防治率(%) Prevention Rate (%)	发生面积(公顷) Area of Occurrence (hectare)	防治面积(公顷) Area of Prevention (hectare)	防治率(%) Prevention Rate (%)	发生面积(公顷) Area of Occurrence (hectare)	防治面积(公顷) Area of Prevention (hectare)	防治率(%) Prevention Rate (%)
1995	287180	186693	65.01	55047	30200	54.86	232133	152627	65.75
2000	370273	274367	74.10	55187	24580	44.54	315087	249787	79.28
2005	261516	210369	80.44	22508	20527	91.20	239008	189842	79.43
2006	324916	279230	90.27	41014	38758	100.00	283882	240452.3	84.70
2007	348314	271562	77.96	49604	44547	89.81	298640	227017	76.02
2008	351110	288916	82.29	48225	39811	82.55	302865	244150	80.61
2009	336606	260229	77.31	59401	49480	83.30	277139	210682	76.02
2010	355750	300543	84.48	55385	42130	76.07	300365	258413	86.03
2011	400865	349334	87.15	52667	40230	76.39	348119	309104	88.82

11—42 各市森林病虫害防治情况（2011年）
Prevention of Forest Diseases and Pests by Region (2011)

地区 Region	合计 Total			森林病害 Forest Diseases			森林虫害 Forest Plague		
	发生面积(公顷) Area of Occurrence (hectare)	防治面积(公顷) Area of Prevention (hectare)	防治率(%) Prevention Rate (%)	发生面积(公顷) Area of Occurrence (hectare)	防治面积(公顷) Area of Prevention (hectare)	防治率(%) Prevention Rate (%)	发生面积(公顷) Area of Occurrence (hectare)	防治面积(公顷) Area of Prevention (hectare)	防治率(%) Prevention Rate (%)
总计 Total	**400865**	**349334**	**87.15**	**52667**	**40230**	**76.39**	**348119**	**309104**	**88.82**
合肥市 Hefei	22737	20304	89.30	3023	2820	93.28	19714	17484	88.69
淮北市 Huaibei	10301	8920	86.59	7400	6400	86.49	2901	2520	86.87
亳州市 Bozhou	35673	29562	82.87	7873	5000	63.51	27800	24562	88.35
宿州市 Suzhou	65414	56640	86.59	7147	5020	70.24	58267	51620	88.59
蚌埠市 Bengbu	23622	20825	88.16	974	800	82.14	22648	20025	88.42
阜阳市 Fuyang	43121	36756	85.24	8347	6070	64.94	34774	30686	88.24
淮南市 Huainan	2389	2150	90.00				2389	2150	90.00
滁州市 Chuzhou	24463	21993	89.90	3695	2568	69.50	20768	19425	93.53
六安市 Luan	50967	46870	91.96	5913	4740	80.16	45054	42130	93.51
马鞍山市 Maanshan	533	533	100.00	279	279	100.00	254	254	100.00
芜湖市 Wuhu	478	478	100.00				478	478	100.00
宣城市 Xuancheng	43720	40500	92.63	6932	5643	81.41	36788	34857	94.75
铜陵市 Tongling									
池州市 Chizhou	24086	19546	81.15	67	40	60.00	24020	19506	81.21
安庆市 Anqing	34814	28650	85.17	1097	850	77.48	33717	27800	82.45
黄山市 Huangshan	18547	15607	84.15				18547	15607	84.15

主要统计指标解释

森林面积

指生长着乔木和竹林，郁闭度在0.3以上（不包括0.3）的林地面积，即有林地面积。它是反映森林资源总面积的重要指标。森林面积包括天然林面积和人工林面积。但不包括灌木林地和疏林地面积。

森林覆盖率

通常是指森林面积以及四旁树木的覆盖面积与土地总面积之比。森林覆盖率，是反映一个国家或地区森林资源和绿化水平的重要指标。计算公式：

森林覆盖率（%）＝森林面积/土地总面积×100%

活立林总蓄积量

指全部土地上树木蓄积的总量。包括森林蓄积、疏林蓄积、散生木蓄积和四旁树蓄积。

森林蓄积量

指一定森林面积上生长着林木树干材积总量。它是反映一个国家或地区森林资源总规模和水平的重要指标。

降水量

指降水深度，即降水平铺在地域面积上的深度。

降水总量

即降水深度（mm）×地域面积

水资源蕴藏量

指水资源总量中可以开采的水量。

水资源总量

一定区域内的水资源总量指当地降水形成的地表和地下产水量，即地表径流量与降水入渗补给量之和，不包括过境水量。

地表水资源量

指河流、湖泊、冰川等地表水体中由当地降水形成的、可以逐年更新的动态水量，即天然河川径流量。

地下水资源量

指当地降水和地表水对饱水岩土层的补给量。

地表水与地下水资源重复量

指地表水和地下水相互转化的部分，即在河川径流量中包括一部分地下水排泄量，地下水补给量中包括一部分来源于地表水的入渗量。

供水总量

指各种水源工程为用户提供的包括输水损失在内的毛供水量。

地表水源水供水量

指地表水体工程的取水量，按蓄、引、提、调四种形式统计。从水库、塘坝中引水或提水，均属蓄水工程供水量；从河道或湖泊中自流引水的，无论有闸或无闸，均属引水工程供水量；利用扬水站从河道或湖泊中直接取水的，属提水工程供水量；跨流域调配指水资源一级区或独立流域之间的跨流域调配水量，不包括在蓄、引、提水量中。

地下水源供水量

指水井工程的开采量，按浅层谈水、深层承压水和微咸水分别统计。城市地下水源供水量包括自来水厂的开采量和工矿企业自备井的开采量。

其他水源供水量

包括污水处理再利用、集雨工程、海水淡化等水源工程的供水量。

用水总量

指分配给用户的包括输水损失在内的毛用水量。按用户特性分为农业、工业、生活和生态用水四大类。

农业用水

包括农田灌溉和林牧渔业用水。林牧渔业用水指林果地灌溉、草地灌溉和鱼塘补水。

工业用水

按新水取用量计，不包括企业内部的重复利用水量。

生活用水

包括城镇生活用水和农村生活用水。城镇生活用水由居民用水和公共用水（含服务业、商饮业、货运邮电业及建筑业等用水）组成；农村生活用水除居民生活用水外，还包括畜用水在内。

生态环境补水

仅包括河湖人工补水和城市环境用水。

工业废水排放量

指经过企业厂区所有排放口排到企业外部的工业废水量。包括生产废水、外排的直接冷却水、超标排放的矿井地下水和与工业废水混排的厂区生活污水，不包括外排的间接冷却水（清污不分流的间接冷却水应计算在内）。

工业废水排放达标量

指报告期内废水中各项污染物指标都达到国家或地方排放标准的外排工业废水量，包括未经处理外排达标的，经废水处理设施处理后达标排放的，以及经污水处理厂处理后达标排放的。

工业废水排放达标率

指工业废水排放达标量占工业废水排放量的百分率，计算公式为：

工业废水排放达标率=工业废水排放达标量/工业废水排放量×100%

城镇生活污水排放量

指城镇居民每年排放的生活污水。用人均系数法测算。测算公式为：

城镇生活污水排放量=城镇生活污水排放系数×市镇非农业人口×365

城镇生活污水中化学需氧量（COD）产生量

指城镇居民每年排放的生活污水中的COD的产生量。用人均系数法测算。测算公式为：

城镇生活污水中COD 产生量=城镇生活污水中COD 产生系数×市镇非农业人口×365

化学需氧量（COD）

测量有机和无机物质化学所消耗氧的质量浓度的水污染指数。

工业废气排放量

指报告期内企业厂区内燃料燃烧和生产工艺过程中产生的各种排入大气的含有污染物的气体的总量，以标准状态（273K，101325Pa）计算。测算公式为：

工业废气排放量=燃料燃烧过程中废气排放量+生产工艺过程中废气排放量

生活及其他SO_2排放量

以生活及其他煤炭消费量和其含硫量为基础，根据以下公式计算：

生活及其他SO_2排放量=生活及其他煤炭消费量×含硫量×0.8×2

工业SO_2排放量

指报告期内企业在燃料燃烧和生产工艺过程中排入大气的SO_2总量，计算公式为：

工业SO_2排放量=燃料燃烧过程中SO_2排放量+生产工艺过程中SO_2排放量

工业烟尘排放量

指企业厂区内燃料燃烧过程中产生的烟气中夹带的颗粒物排放量。

生活及其他烟尘排放量

指除工业生产活动以外的所有社会、经济活动及公共设施的经营活动中燃烧所排放的烟尘纯重量。以生活及其他煤炭消费量为基础进行测算。

工业粉尘排放量

指企业在生产工艺过程中排放的能在空气中悬浮一定时间的固体颗粒物排放量。如钢铁企业的耐火材料粉尘、焦化企业的筛焦系统粉尘、烧结机的粉尘、石灰窑的粉尘、建材企业的水泥粉尘等。不包括电厂排入大气的烟尘。

工业固体废物产生量

指报告期内企业在生产过程中产生的固体状、半固体状和高浓度液体状废弃物的总量，包括危险废物、冶炼废渣、粉煤灰、炉渣、煤矸石、尾矿、放射性废物和其他废物等；不包括矿山开采的剥离废石和掘进废石（煤矸石和呈酸性或碱性的废石除外）。酸性或碱性废石指采掘的废石其流经水、雨淋水的pH值小于4或pH值大于10.5者。

危险废物

指列入国家危险废物名录或根据国家规定的危险废物鉴别标准和鉴别方法认定的，具有爆炸性、易燃性、易氧化性、毒性、腐蚀性、易传染疾病等危险特性之一的废物。

工业固体废物综合利用量

指报告期内企业通过回收、加工、循环、交换等方式，从固体废物中提取或者使其转化为可以利用的资源、能源和其他原材料的固体废物量（包括当年利用往年的工业固体废物贮存量），如用作农业肥料、生产建筑材料、筑路等。综合利用量由原产生固体废物的单位统计。

工业固体废物综合利用率

指工业固体废物综合利用量占工业固体废物产生量（包括综合利用往年贮存量）的百分率。计算公式为：

工业固体废物综合利用率=工业固体废物综合利用量/（工业固体废物产生量+综合利用往年贮存量）×100%

工业固体废物贮存量

指报告期内企业以综合利用或处置为目的，将固体废物暂时贮存或堆存在专设的贮存设施或专设的集中堆存场所内的数量。专设的固体废物贮存场所或贮存设施必须有防扩散、防流失、防渗漏、防止污染大气、水体的措施。

工业固体废物处置量

指报告期内企业将固体废物焚烧或者最终置于符合环境保护规定要求的场所，并不再回取的工业固体废物量（包括当年处置往年的工业固体废物贮存量）。处置方式有填埋（其中危险废物应安全填埋）、焚烧、专业贮存场（库）封场处理、深层灌注、回填矿井及海洋处置（经海洋管理部门同意投海处置）等。

工业固体废物排放量

指报告期内企业将所产生的固体废物排到固体废物污染防治设施、场所以外的数量，不包括矿山开采的剥离废石和掘进废石（煤矸石和呈酸性或碱性的废石除外）。

“三废”综合利用产品产值

指报告期内利用“三废”作为主要原料生产的产品价值（现行价）；已经销售或准备销售的应计算产品价值，留作生产自用的不应计算产品价值。

生活垃圾清运量

指报告期内收集和运送到垃圾处理厂（场）的生活垃圾数量。生活垃圾指城市日常生活或为城市日常生活提供服务的活动中产生的固体废物以及法律行政规定的视为城市生活垃圾的固体废物。包括：居民生活垃圾、商业垃圾、集市贸易市场垃圾、街道清扫垃圾、公共场所垃圾和机关、学校、厂矿等单位的生活垃圾。

生活垃圾无害化处理率

指报告期生活垃圾无害化处理量与生活垃圾产生量比率。在统计上，由于生活垃圾产生量不易取得，可用清运量代替。计算公式为：

生活垃圾无害化处理率=生活垃圾无害化处理量/生活垃圾产生量×100%

土地调查面积

指行政区域内的土地调查总面积，包括农用地、建设用地和未利用地。

农用地

指直接用于农业生产的土地，包括耕地、园地、林地、牧草地及其他农用地。

人工林面积

指由人工播种、植苗或扦插造林形成的生长稳定，（一般造林3-5年后或飞机播种5-7年后）每公顷保存株数大于或等于造林设计植树株数80%或郁闭度0.20以上（含0.20）的林分面积。

造林总面积

指报告期内在荒山、荒地、沙丘、退耕地等一切可以造林的土地上，采用人工播种、飞机播种、植苗造林、分植造林等方法新植成片乔木林和灌木林，经过检查验收符合《造林技术规程》要求的单位面积株数，并按《中华人民共和国森林法实施条例》规定，成活率达85%以上（含85%，年降雨量在400毫米以下且无浇灌条件的地区造林成活率达70%以上）的总面积。四旁植树如一侧在四行以上，连片面积0.066公顷（一亩）以上，应统计在造林面积内。造林面积，通常按所有制（国有、国有集体合作、集体和个人）、造林方式（人工、飞机播种）、主要林种用途（用材林、经济林、防护林、薪炭林、特种用途林）分组进行统计。

用材林

指以生产木材为主要目的的森林和林木，包括以生产竹材为主要目的的竹林。

经济林

指以生产果品，食用油料、饮料、调料，工业原料和药材为主要目的的林木。经济林是人们为了取得林木的果实、叶片、皮层、胶液等产品作为工业原料或者供食用所营造的林木，如油茶、油桐、核桃、樟树、花椒、茶、桑、果等。

防护林

指以防护为主要目的的森林、林木和灌木丛。包括水源涵养林，水土保持林，防风固沙林，农田、牧场防护林，护岸林，护路林等。

薪炭林

指以生产燃料为主要目的的林木。

特种用途林

指以国防、环境保护、科学实验等为主要目的的森林和林木。包括国防林、实验林、母树林、环境保护林、风景林，名胜古迹和革命纪念地的林木，自然保护区的森林。

退耕还林还草工程

是我国林业建设上涉及面最广、政策性最强、工序最复杂、群众参与度最高的生态建设工程。主要解决重点地区的水土流失问题。

野生动植物保护及自然保护区建设工程

野生动植物保护及自然保护区建设工程,是一个面向未来,着眼长远,具有多项战略意义的生态保护工程,也是呼应国际大气候、树立中国良好国际形象的“外交工程”。主要解决基因保存、生物多样性保护、自然保护、湿地保护等问题。

湿地

指天然或人工、长久或暂时性的沼泽地、泥炭地或水域地带，包括静止或流动、淡水、半咸水、咸水体，低潮时水深不超过6米的水域以及海岸地带地区的珊瑚滩和海草床、滩涂、红树林、河口、河流、淡水沼泽、沼泽森林、湖泊、盐沼及盐湖。

自然保护区

指对有代表性的自然生态系统、珍稀濒危野生动植物物种的天然分布区、水源涵养区、有特殊意义的自然历史遗迹等保护对象所在的陆地、陆地水体或海域，依法划出一定面积进行特殊保护和管理的区域。以县及县以上各级人民政府正式批准建立的自然保护区为准（包括“六五”以前由部门或“革委会”批准且现仍存在的自然保护区）。风景名胜区、文物保护区不计在内。

生态示范区

指省级以上环境保护行政主管部门批准，以省、地、县政府为主按批准的生态示范区建设规划实施的行政区域。包括已经过国家或省级环境保护行政主管部门验收的和正在开展试点工作的。

滑坡

指斜坡上不稳定的岩土体在重力作用下沿一定软面（或滑动带）整体向下滑动的物理地质现象。地表水和地下水的作用以及人为的不合理工程活动对斜坡岩、土体稳定性的破坏，经常是促使滑坡发生的主要因素。在露天采矿、水利、铁路、公路等工程中，滑坡往往造成严重危害。

崩塌

指陡坡上大块的岩土体在重力作用下突然脱离母体崩落的物理地质现象。它可因多裂隙的岩体经强烈的物理风化、雨水渗入或地震而造成，往往毁坏建筑物，堵塞河道或交通路线。

泥石流

指山地突然爆发的包含大量泥沙、石块的特殊洪流，多见于半干旱山地高原地区。其形成条件是地形陡峻，松散堆积物丰富，有特大暴雨或大量冰融水的流出。

地面塌陷

指地表岩、土体在自然或人为因素作用下向下陷落，并在地面形成塌陷坑（洞）的一种动力地质现象。由于其发育的地质条件和作用因素的不同，地面塌陷可分为：岩溶塌陷、非岩溶塌陷。

突发环境事件

指由于违反环境保护法规的经济、社会活动与行为，以及意外因素的影响或不可抗拒的自然灾害等原因，致使环境受到污染，国家重点保护的野生动植物、自然保护区受到破坏，人体健康受到危害，社会经济和人民财产受到损失，造成不良社会影响的突发性事件。

环境污染治理投资

指在工业污染源治理和城市环境基础设施建设的资金投入中，用于形成固定资产的资金。包括工业新老污染源治理工程投资、建设项目“三同时”环保投资，以及城市环境基础设施建设所投入的资金。

Explanatory Notes for Major Statistical Indicators

Forest Area

refers to the area of forest land where trees, and bamboo grow with canopy density above 0.3, including land of natural woods and planted woods but excluding bush land and thin forest land, which reflects the total areas.

Forestry Coverage-rate

refers to the ratio of area of afforested land to total area of land (measured in recent). According to regulations of the country, when calculating Forestry Cover-rate, in addition to afforested land, bush land, forestry land inside farmland and along sides should be taken into account. This indicator reflects forestry resources and afforestation progress of a country or region. The statistics of Forestry Cover-rate in this statistical year book is calculated as follows:

Forestry Cover-rate(%) = Area of Forestry Land/Area of Total Land × 100%

Total Standing Stock Volume

refers to the total stock volume of trees growing in land, including trees in forest, tress in sparse forest, scattered trees and trees planted by the side of farm houses and along the roads, rivers and fields.

Stock Volume of Forest

refers to total stock volume of wood growing in forest area, which shows the total size and level of forest resources of a country or a region.

Precipitation

refers to deep of precipitation, the deep of the area by precipitation.

Total Precipitation

refers to deep × area.

Total Water Resources Stock Volume

refers to the water volume that can be developed.

Total Water Resources

refers to total volume of water resources measured as run-off for surface water from rainfall and recharge for groundwater in a given area, excluding transit water.

Surface Water Resources

refers to total renewable resources which exist in rivers, lakes, glaciers and other collectors from rainfall and are measured as run-off of rivers.

Groundwater Resources

refers to replenishment of aquifers with rainfall and surface water.

Duplicated Measurement Between Surface Water and Groundwater

refers to mutual exchange between surface water and groundwater, i.e. run-off of rivers includes some depletion with groundwater while groundwater includes some replenishment with surface water.

Water Supply

refers to gross water supply by supply systems from sources to consumers, including losses during distribution.

Surface Water Supply

refers to withdrawals by surface water supply system, broken down with storage, flow, pumping and transfer. Supply from storage projects includes withdrawals from reservoirs; supply from flow includes withdrawals from rivers and lakes with natural flows no matter if there are locks or not; supply from pumping projects includes withdrawals from rivers or lakes with pumping stations; and supply from transfer refers to water supplies transferred from first-level regions of water resources or independent river drainage areas to others, and should not be covered under supplies of storage, flow and pumping.

Groundwater Supply

refers to withdrawals from supplying wells, broken down with shallow layer freshwater, deep layer freshwater and slightly brackish water. Groundwater supply for urban areas includes water mining by both waterworks and own wells of enterprises.

Other Water Supply Sources

include supplies by waste-water treatment, rain collection, seawater desalinization and other water projects.

Water Use

refers to gross water use distributed to users, including loss during transportation, broken down with use by agriculture, industry, living consumption and biological protection.

Water Use by Agriculture

includes uses of water by irrigation of farming fields and by forestry, animal husbandry and fishing. Water use by forestry, animal husbandry and fishing includes irrigation of forestry and orchards, irrigation of grassland and replenishment of fishing pools.

Water Use by Industry

refers to new withdrawals of water, excluding reuse of water within enterprises.

Water Use by Living Consumption

includes use of water for living consumption in both urban and rural areas. Urban water use by living consumption is composed of household use and public use (including services, commerce, restaurants, cargo transportation, posts, telecommunication and construction). Rural water use by living consumption includes both households and animals.

Water Use by Biological Protection

includes replenishment of rivers and lakes and use for urban environment.

Waste Water Discharged by Industry

refers to the volume of waste water discharged by industrial enterprises through all their outlets, including waste water from production process, directly cooled water, groundwater from mining wells which does not meet discharge standards and sewage from households mixed with waste water produced by industrial activities, but excluding indirectly cooled water discharged (It should be included if the discharge is not separated with waste water).

Industrial Waste Water Meeting Discharge Standards

refers to volume of industrial waste water discharge which, with or without treatment, reaches national or local standards with regard to all pollutants.

Ratio of Industrial Waste Water Meeting Discharge Standards

refers to percentage of industrial waste water meeting discharge standards over total industrial waste water discharge. It is calculated as:

Ratio of industrial waste water meeting discharge standards = industrial waste water meeting discharge standards / total industrial waste water discharge

Urban Non-industrial Waste Water Discharge

refers to annual discharge of non-industrial waste water by urban households. It is estimated by per capita coefficient using the formula:

Urban non-industrial waste water discharge = urban non-industrial waste water discharge coefficient urban non-agricultural population 365

Volume of Chemical Oxygen Demand (COD) Generated by Urban Non-industrial Waster Water

refers to chemical oxygen demand generated through the annual discharge of non-industrial waste water by urban households. It is estimated as:

Volume of chemical oxygen demand (cod) generated by urban non-industrial waster water = Coefficient of COD generated through urban non-industrial waste water urban non-agricultural population 365

Chemical Oxygen Demand (COD)

refers to index of water pollution measuring the mass concentration of oxygen consumed by the chemical breakdown of organic and inorganic matter.

Industrial Waste Air Emission

refers to discharge into atmosphere of waste air containing pollutants generated from fuel burning and production process in enterprises within a given period of time. It is calculated at standard status (273K, 101325Pa) as:

Industrial waste air emission = emission through fuel burning + emission through production process

SO_2 Emission through Non-industrial and Other Activities

is calculated on the basis of consumption of coal by households and other activities and the sculpture content of coal with the following formula:

SO_2 emission through non-industrial and other activities = consumption of coal by households and other activities sculpture content 0.82

SO_2 Emission through Industrial Activities

refers to volume of sculpture dioxide emission from fuel burning and production process by enterprises during a given period of time. It is calculated as:

SO_2 emission through industrial activities = SO_2 emission from fuel burning + SO_2 emission from production process

Industrial Soot Emission

refers to volume of soot in smoke emitted in process of fuel burning in premises of enterprises.

Soot Emission by Consumption and Others

refers to net volume of soot emitted by fuel burning from all social and economic activities and operation of public facilities other than industrial activities. It is calculated on the basis of coal consumption by households and others.

Industrial Dust Emission

refers to volume of dust emitted by production process of enterprises and suspended in the air for a given period of time, including dust from refractory material of iron and steel works, dust from coke-screening systems and sintering machines of coke plants, dust from lime kilns and dust from cement production in building material enterprises, but excluding soot and dust emitted from power plants.

Industrial Solid Wastes Produced

refers to total volume of solid, semi-solid and high concentration liquid residues produced by industrial enterprises from production process in a given period of time, including hazardous wastes, slag, coal ash, gangue, tailings, radioactive residues and other wastes, but excluding stones stripped or dug out in mining (gangue and acid or alkaline stones not included). A stone is acid or alkaline depending on the pH value of the water below 4 or above 10.5 when the stone is in, or soaked by, the water.

Hazardous Wastes

refers to those included in the national hazardous wastes catalogue or specified as any one of the following properties in the national hazardous wastes identification standards: explosive, ignitable, oxidizable, toxic, corrosive or liable to cause infectious diseases or lead to other dangers.

Industrial Solid Wastes Utilized

refers to volume of solid wastes from which useful materials can be extracted or which can be converted into usable resources, energy or other materials by means of reclamation, processing, recycling and exchange (including utilizing in the year the stocks of industrial solid wastes of the previous year). Examples of such utilizations include fertilizers, building materials and road materials. The information shall be collected by the producing units of the wastes.

Ratio of Industrial Solid Wastes Utilized

refers to the percentage of industrial solid wastes utilized over industrial solid wastes produced (including stocks of the previous years). It is calculated as:

Ratio of industrial solid wastes utilized = volume of industrial solid wastes utilized / (industrial solid wastes produced + stock of previous years) 100%

Stocks of Industrial Solid Wastes

refers to volume of solid wastes placed in special facilities or special sites for purposes of utilization or disposal. The sites or facilities should take measures against dispersion, loss, seepage, and air and water contamination.

Industrial Solid Wastes Disposed

refers to quantity of industrial solid wastes which are burnt or placed ultimately in the sites meeting the requirements for environmental protection and not salvaged or recycled (including disposition in the year of those wastes of previous years). The disposition includes landfill (Safe landfills should be conducted for hazardous wastes), incineration, containment spaces, deep underground disposal, backfill in mining pits and disposal at sea.

Industrial Solid Wastes Discharged

refers to volume of industrial solid wastes discharged by producing enterprises to disposal facilities or to other sites. The wastes exclude stones stripped or dug from mining (gangue and acid or alkaline waste stones not included).

Output Value of Products Made from Waste Gas, Waste Water and Solid Wastes

refers current value of products with waste gas, waste water and solid wastes as main materials of production. Products sold and ready to sell shall be included while those produced for own use shall not be included.

Consumption Wastes Transported

refers to volume of consumption wastes collected and transported to disposal factories or sites. Consumption wastes are solid wastes produced from urban households or from service activities for urban households, and solid wastes regarded by laws and regulations as urban consumption wastes, including those from households, commercial activities, markets, cleaning of streets, public sites, offices, schools, factories, mining units and other sources.

Ratio of Consumption Wastes Treated

refers to consumption wastes treated over that produced. In practical statistics, as it is difficult to estimate, the volume of consumption wastes produced is replaced with that transported. It is calculated as:

Ratio of consumption wastes treated = consumption wastes treated / consumption wastes produced ×100%

Area under Land Survey

refers to the total area of land, under the land survey, within the jurisdiction of the administrative region, including land for agriculture use, land for construction and unused land.

Land for Agriculture Use

refers to land directly used for agriculture production, including land for cultivation, gardening, forests, herbage and other agriculture activities.

Total Area of Afforestation

refers to the total area of land suitable for afforestation, including barren hills, idle land, sand dunes, rain for green land, on which acres of arbores or bushes are planted through manual planting, airplane planting, plant seedlings, etc. in accordance with the required density standards of the Technical Procedures of Afforestation, and with a survival rate of over 85% in line with the Implementing Rules of the Forest Law of the People Republic of China (or a survival rate of 75% in areas with less that 400 mm of annual rainfall and without irrigation facilities). Included in the this category are trees planted alone the roadsides, riversides, or next to houses that occupy an area over 0.066 hectares, or where more than 4 lines of trees are planted. Total area of afforestation is further classified by ownership (state-owned, state-collective, collective or private), by approach of planting (manual, airplane), and by type of forests (timber, by-products, protection, fuel, special use, etc.).

Timber Forests

refer to forests which are mainly for the production of timber, including bamboo groves planted to harvest bamboos.

By-product Forests

refer to forests that mainly produce fruits, nuts, edible oil, beverages, indigents, raw materials and medicine materials. By-product forests are planted to harvest the fruits, leaves, bark or liquid of trees, and consume them as food or raw materials for the manufacturing industry, such as tea-oil trees, tong oil trees, walnut trees, camphor trees, tea bushes, mulberry trees, fruit trees, etc.

Protection Forests

refer to forests, trees and bushes planted mainly for protection or preservation purpose, including water resource conservation forests, water and soil conservation forests, windbreak and dune-fixing forests, farmland and pasture protection forests, riverside protection forests, roadside protection forests, etc.

Fuel Forests

refer to forests planted mainly for fuels.

Forests for Special Purpose

refer to forests planted mainly for national defense, environment protection or scientific experiments, including national defense forests, experimental forests, mother-tree forests, environment protection forests, scenery forests, and trees in historical or scenic spots, forests in natural reserves.

Project on Preservation of Natural Forests

is the Number One ecological project in China forest industry that involves the largest investment. It consists of 3 components: 1) Complete halt of all cutting and logging activities in the natural forests at the upper stream of Yangtze River and the upper and middle streams of the Yellow River. 2) Significant reduction of timber production of key state forest zones in northeast provinces and in Inner Mongolia. 3) Better protection of natural forests in other regions through rehabilitation programmers.

Projects on Converting Cultivated Land to Forests and Grassland (Grain for Green Projects)

aiming at preventing soil erosion in key regions, these projects are ecological construction projects in the development of forest industry that have the widest coverage and most sophisticated procedures, with strong policy implications and most active participation of the people.

Projects on Protection Forests in North China and Yangtze River Basin

covering the widest areas in China with a rich variety of contents, these projects aim at solving the problem of sand and dust in northeastern China, northern China and northwestern China and the ecological issues in other areas. More specifically, they include phase IV of project on North China protection forests, phase II of project on protection forests at the middle and lower streams of Yangtze River and at the Huihe River and Taihu Lake valley, phase II of project on coastal protection forests, phase II of project on Pearl River protection forests, phase II project on greenery of Taihang Mountain and phase II projects on greenery of plains.

Projects on Harnessing Source of Sand and Dust in Beijing and Tianjin

these Beijing-ring projects aim at harnessing the sand and dust weather around Beijing and its vicinities. As the key to the development of Beijing-Tianjin ecological zone, these projects are of particular importance as it concerns the image of China capital city and the whole country.

Wetlands

refer to marshland and peat bog, whether natural or man-made, permanent or temporary; water covered areas, whether stagnant or flowing, with fresh or semi-fresh or salty water that is less than 6 meters deep at low tide; as well as coral beach, weed beach, mud beach, mangrove, river outlet, rivers, fresh-water marshland, marshland forests, lakes, salty bog and salt lakes along the coastal areas.

Nature Reserves

refer to certain areas of land, waters or sea that are representative in natural ecological systems, or are natural habitats for rare or endangered wild animals or plants, or water conservation zones, or the location of important natural or historic relics, which are demarked by law and put under special protection and management. Nature reserves are designated by the formal approval of governments at and above county level (including those approved by relevant departments or "revolutionary committees" before 1980). Scenic spots and cultural preservation zones are not included.

Ecological Demonstration Zones

refer to administrative areas approved by the environment protection agencies of central and provincial governments and established by provincial, prefecture or county governments in line with the approved programmed for ecological demonstration zones. They include those evaluated and accepted by the environment protection agencies of central and provincial governments and those under pilot development stage.

Landslides

refer to the geological phenomenon of unstable rocks and earth on slopes sliding down along certain soft surface as a result of gravitational force. Role of surface water and underground water, and destruction of the stability of slopes by irrational construction work are usually main factors triggering the landslides. Several damages are often caused by landslides in open mining, in water conservancy projects, and in the construction of railways and highways.

Collapse

refers to the geological phenomenon of large mass of rocks or earth suddenly collapsing from the mountain or cliff as a result of gravitational force. Usually caused by weathering of rocks, permanent of rain or earthquakes, collapse often destructs buildings and blocks river course or transport routes.

Mud-rock Flow

refers to the sudden rush of flood torrents containing large amount of mud and rocks in mountainous areas. It is found mostly in semi-arid hills or plateaus. High and precipitous topographic features, loose soil mass, heavy rains or melting water contribute to the mud-rock flow.

Land Subside

refers to the geological phenomenon of surface rocks or earth subsiding into holes or pits as a result of natural or human factors. Land subside can be classified as karst subside and non-karst subside.

Environment Pollution and Destruction Accidents

refer to sudden accidents, due to economic or social activities that are in contrast to environment protection laws or due to unforeseen factors or natural disasters, that lead to the environment pollution, the destruction of protected wild animals, plants or nature reserves, the damage to human health, the economic and property losses, and the negative impact on the society.

Investment in Environment Pollution Harnessing Projects

refers to the proportion of investment in fixed assets in the total investment in harnessing industrial pollution and in the construction of urban environment infrastructure facilities. It includes investment in harnessing sources of industrial pollution, investment in environment protection facilities designed concurrently with construction projects, and investment in urban environment infrastructure facilities.

Investment in Fixed Assets for Afforestation

refers to the investment in capital construction and updating projects in afforestation during the reference period.

第十二篇

Chapter 12

农业

AGRICULTURE

简要说明

一、本篇资料反映我省农业生产和农村经济的基本情况，内容主要包括乡村户数、人口与从业人员、耕地、农业机械拥有量、农林牧渔业产值、主要产品产量、水利设施与灌溉防涝、农村居民家庭拥有生产性固定资产等。

二、本篇资料来源：除农村居民家庭拥有生产性固定资产由国家统计局安徽调查总队提供外，其余资料均来源于省统计局农村处的农村统计调查报表制度。

农村统计调查报表制度的统计范围包括各市、县（区）辖区的各种经济类型的全部农林牧渔业以及各非农行业附属的农林牧渔业生产单位。但不包括农业科学试验机构进行的农业生产。

农村统计调查报表制度是按照国家统计局统一要求，由各市、县（区）统计局收集、汇总报送，采取抽样调查、典型调查、重点调查和其他调查所取得的。部分指标及林业生产情况、渔业生产情况等指标均取自同级业务部门的统计资料。

农田水利建设和灌溉防涝情况、农作物受灾情况、农业机械和农产品加工机械拥有量、国营农场基本情况等资料由省水利厅、省民政厅、省农机局、省农垦总公司提供。

Brief Introduction

I. Data in this chapter show the basic conditions of agricultural production and rural economy, including mainly number of rural households, population and number of laborers, cultivated land, quantity of agricultural machinery, output of farming, forestry, animal husbandry and fishery, output of major products, facilities of water conservancy and irrigation and flood prevention, productive fixed assets owned by the rural households.

II. Source of data: Data come from the Agricultural Statistical Reporting System stipulated by the Agricultural Office of Anhui Statistical Bureau, except Data on productive fixed assets owned by the Enterprise Survey Organization of Anhui, which is supplied by the Rural Socio-economic Survey Organization of Anhui.

Statistics on agriculture cover all agricultural production activities except activities undertaken by agriculture research institutions.

Data on agriculture are collected, tabulated and processed by the statistical bureau in cities and counties, with sample survey, survey on key units and typical units and other surveys. Data on forestry production, state farm are taken from the professional departments at the same level.

Data on facilities of water conservancy and irrigation and flood prevention, crops disaster, agricultural machinery and processing machinery of agricultural products and state farm are provided by the Water Conservancy Department, the Department of Civil Affairs, Bureau of Agricultural Machinery and General Company of Agricultural Reclamation.

12—1　农村基本情况和农业生产条件
Rural Basic Data and Agricultural Production Conditions

指　　标		Item		1995	2000	2005	2010	2011
乡镇数	（个）	Number of Township and Town Governments	(unit)	1854	1841	1466	1232	1228
#镇个数		Number of Town Governments		847	941	915	869	870
村民委员会	（个）	Number of Villagers' Committees	(unit)	30523	30658	24076	15744	15130
自来水受益村数	（个）	Villages with Access to Tap Water	(unit)	4254	5490	6181	7866	8592
通汽车村数	（个）	Villages with Motor Vehicle Communication	(unit)	24790	29146	23317	15690	15102
通电话村数	（个）	Villages with Telephone Communication	(unit)	10608	50186	24034	15736	15130
乡村户数	（万户）	Number of Rural Households	(10000 household)	1244.30	1294.62	1346.13	1424.31	1438.46
乡村人口数	（万人）	Rural Population	(10000 persons)				5363.95	5388.07
#男		Male						2815.43
乡村劳动力资源数	（万人）	Rural labor force resources number	(10000 persons)					3368.84
#男		Male						1791.92
乡村从业人员数	（万人）	Number of Engaged Persons in Rural Area	(10000 persons)	2592.24	2797.76	2939.21	3075.86	3085.09
#男		Male		1381.65	1487.89	1574.17	1658.61	1656.73
#农　业		Agriculture						1493.01
年末实有耕地面积	（千公顷）	Areas of Cultivated (year-end)	(1000 hectares)	4291.12	4229.55	4092.45	4181.29	4184.32
农业机械总动力	（万千瓦）	Total Agricultural Machinery Power	(10000 kw)	1836.00	2975.87	3983.83	5409.78	5657.08
农用排灌机械总动力	（万千瓦）	Irrigation and Drainage Machinery for Agricultural Use	(10000 kw)	394.72	522.98	581.82	654.11	667.72
农用大中型拖拉机	（台）	Number of Large and Medium Agricultural Tractors	(unit)	9622	29612	104798	124660	145320
小型拖拉机	（万台）	Number of Mini-tractors	(10000 units)	88.12	165.78	207.98	236.12	238.06
大中型拖拉机配套农具	（万台）	Number of Related Farm Implements of Large and Medium Tractor	(10000 units)	1.24	2.80	7.97	23.31	27.70
小型拖拉机配套农具	（万台）	Related Farm Implements of Mini-tractor	(10000 units)	131.92	351.92	489.71	534.21	537.47
农用排灌柴油机	（万台）	Number of Diesel Engines	(10000 units)	67.98	31.41	33.70	38.65	39.53
联合收获机	（台）	Combine Harvester	(unit)	978	9499	48739	102167	113696
机耕面积	（千公顷）	Area Ploughed by Tractors	(1000 hectares)	2769.72	3600.94	3775.15	4056.35	4129.21
机播面积	（千公顷）	Seeded Area by Tractors	(1000 hectares)	1463.09	1995.52	2329.34	3606.59	3908.81
机械植保作业面积	（千公顷）	Plant Protection Area by Tractors	(1000 hectares)	1439.75	2864.51	2801.01	3547.89	3734.50
机收面积	（千公顷）	Harvest Area by Tractors	(1000 hectares)	1299.46	2425.13	3326.47	5264.28	5536.81
农村用电量	（亿千瓦时）	Electricity Consumed in Rural Area	(100 million kwh)	37.39	45.81	64.22	107.41	117.28
农用化肥施用量	（万吨）	Consumption of Chemical Fertilizer	(10000 tons)				319.77	329.67
#氮　肥		Nitrogenous Fertilizer					112.14	114.36
磷　肥		Phosphate Fertilizer					35.94	36.08
农用塑料薄膜使用量	（万吨）	Used Plastic Film	(10000 tons)	4.07	5.81	7.83	8.07	8.61
#地膜使用量		Plastic Used			3.11	3.38	3.73	3.92
地膜覆盖面积	（千公顷）	Plastic Used Area	(1000 hectares)		697.76	477.76	425.57	437.17
农用柴油使用量	（万吨）	Diesel Oil Use for Agriculture	(10000 tons)	32.90	41.62	55.58	68.13	70.42
农药使用量	（万吨）	Used Agricultural Chemical Insecticides	(10000 tons)	6.33	7.56	9.48	11.66	11.75
旱涝保收面积	（千公顷）	Area With Stable Yields Despite Drought or Water logging	(1000 hectares)	2090.71	2391.19	2532.96	2623.27	2643.60
除涝面积	（千公顷）	Flooded or Waterlogged Area Under Control	(1000 hectares)	2048.40	2148.49	2210.00	2269.05	2283.40
堤防保护耕地面积	（千公顷）	Protection Cultivated Land Areas of Embankment	(1000 hectares)	2295.28	2293.85	2350.96	2341.48	2348.90
有效灌溉面积	（千公顷）	Irrigated Area	(1000 hectares)	2933.74	3197.35	3330.84	3519.78	3547.65
#机电排灌面积		Electrical Irrigation and Drainage Area		2470.60	2735.60	2874.87	3000.69	3035.41
机电井数	（万眼）	Electrical Well	(10000 units)	12.65	16.31	19.54	19.74	21.34
#已配套		Form a Complete Set		6.22	9.32	11.07	13.33	14.13

注：1. 2002年以前交通运输、仓储及邮政业为交通运输仓储及邮电通信业；批发和零售业为批发零售贸易餐饮业。
2. 2004年从业人员增加信息传输、计算机服务和软件业及住宿和餐饮业。

a) Before 2002, the sector of "transport, storage and postal services" was "transport, storage, postal and telecommunication" and the sector of "wholesale and retail trade" was "wholesale, retail trade and catering".

b) The range of employees added the sector of "information transmission, service of the computer and software industry and accommodation and catering trade" in 2004.

12—2 主要年份农林牧渔业生产情况
Output of Farming, Forestry, Animal Husbandry and Fishery

指　　标		Item		1995	2000	2005	2010	2011
农产品产量	(万吨)	Yield of Farm Crops	(10000 tons)					
粮　食		Grain		2652.74	2472.01	2605.31	3080.50	3135.50
谷　物		Cereal		2358.97	2202.23	2399.66	2911.17	2974.03
#稻　谷		Rice		1296.13	1195.14	1317.25	1383.43	1387.08
小　麦		Wheat		757.52	730.33	808.11	1206.67	1215.70
玉　米		Corn		265.53	247.28	234.97	312.75	362.58
豆　类		Beans		74.14	114.60	101.98	121.91	115.00
薯　类		Tubers		219.63	233.18	103.67	47.42	46.47
油　料		Oil-bearing Crops		191.76	285.06	270.67	227.60	213.75
#花　生		Peanuts		42.76	111.15	79.29	86.40	84.34
油菜籽		Rapeseeds		141.60	156.77	182.33	133.73	122.78
芝　麻		Sesame		7.39	16.62	89.57	6.61	6.24
棉　花		Cotton		30.12	28.50	31.10	31.60	37.60
黄红麻		Jute and Ambary Hemp		8.14	2.22	1.94	1.24	1.40
烟　叶		Tobacco		4.40	3.21	2.60	2.98	3.10
#烤　烟		Flue-cured Tobacco		4.26	3.09	2.47	2.91	3.02
蚕　茧		Silkworm Cocoons		4.04	2.46	3.13	3.32	3.23
茶　叶		Tea		4.59	4.54	5.96	8.33	8.76
#绿　茶		Green Tea					7.70	8.14
园林水果		Garden Fruits		52.66	110.61	151.72	235.67	241.79
农产品单位面积产量	(公斤/公顷)	Yield of Farm Crops per Hectare	(kg/hectare)					
谷　物		Cereal		4908	4887	4829	5367	5422
棉　花		Cotton		680	867	816	918	1073
花　生		Peanuts		2356	3328	3324	4440	4465
油菜籽		Rapeseeds		1429	1625	1912	1935	1917
芝　麻		Sesames		831	1049	822	1263	1299
黄红麻		Jute and Ambary Hemp		2556	2623	2981	2903	2998
烤　烟		Flue-cured Tobacco		2207	1638	2407	2735	2702
造林面积	(千公顷)	Afforested Area	(1000 hectares)	72.50	69.21	57.46	65.61	88.73
茶园面积	(千公顷)	Area of Tea Plantations at Year-end	(1000 hectares)	121.92	108.37	117.61	133.53	138.00
果园面积	(千公顷)	Area of Orchards at Year-end	(1000 hectares)	97.64	84.78	104.18	107.13	110.01
大牲畜年末头数	(万头)	Number of Large Animals (year-end)	(10000 heads)	723.70	559.35	366.16	151.53	147.68
#牛		Cattle and Buffaloes		701.34	552.95	364.35	150.90	147.23
马		Horses		5.35	1.58	0.35	0.17	0.15
驴		Donkeys		13.97	3.73	1.12	0.37	0.24
骡		Mules		3.04	1.09	0.34	0.09	0.06
肉猪出栏头数	(万头)	Number of Slaughtered Fattened Hogs	(10000 heads)	1674.58	2393.18	2812.08	2782.10	2721.09
猪年末头数	(万头)	Number of Hogs (year-end)	(10000 heads)	1565.56	1871.01	1737.41	1442.50	1467.31
羊年末头数	(万只)	Number of Sheep and Goats (year-end)	(10000 heads)	621.11	794.94	953.03	590.50	591.60
山　羊		Goats		613.22	792.52	950.18	589.60	590.60
绵　羊		Sheep		7.90	2.42	2.85	0.90	1.00
肉类产量	(万吨)	Output of Meat	(10000 tons)	197.75	311.52	382.88	376.94	375.47
#猪牛羊肉		Pork, Beef and Mutton		165.78	241.59	280.79	271.30	265.07
猪　肉		Pork		136.71	198.50	231.74	238.80	233.07
牛　肉		Beef		23.81	31.88	31.46	18.30	17.82
羊　肉		Mutton		5.26	11.21	17.59	14.20	14.18
奶　类	(吨)	Milk	(ton)	24904	41204	110491	205000	225184
#牛　奶		Cow Milk		24891	41194	110186	205000	225135
绵羊毛	(吨)	Sheep Wool	(ton)	313	174	129	164	148
禽　蛋	(万吨)	Poultry Eggs	(10000 tons)	51.24	107.40	122.06	119.00	119.65
淡水产品产量	(万吨)	Total Output of Freshwater Aquatic Products	(10000 tons)	75.20	159.80	177.57	193.31	199.55

12—3　主要年份农作物总播种面积及构成
Total Sown Area and its Composition

单位：千公顷（1000 hectare）

指　标	Sector	1995	2000	2005	2010	2011
农作物总播种面积	**Total Sown Area**	**8354.23**	**8418.01**	**8755.19**	**9054.87**	**9022.99**
粮　食	Grain Crops	5852.48	5565.58	5988.10	6616.42	6621.54
谷　物	Cereal	4806.36	4506.56	4968.79	5424.45	5484.96
#稻　谷	Rice	2156.10	2005.49	2288.61	2245.37	2230.82
小　麦	Wheat	1992.66	1931.17	1989.53	2365.67	2383.00
玉　米	Corn	552.37	486.61	595.08	761.11	818.82
豆　类	Beans	517.70	601.81	794.91	1021.23	969.01
薯　类	Tubers	528.42	457.21	224.40	170.74	167.57
油　料	Oil-bearing Crops	1263.47	1457.36	1303.05	944.25	878.28
棉　花	Cotton	482.72	328.84	381.27	344.40	350.40
麻　类	Fiber Crops	38.61	15.02	12.84	9.44	9.37
糖　料	Sugar Crops	4.77	8.40	5.73	5.73	5.42
烟　叶	Tobacco	20.08	19.67	10.83	10.92	11.43
蔬　菜	Vegetables	361.93	539.68	664.87	775.61	788.98

指　标	Sector	构　成（%）　Composition				
		1995	2000	2005	2010	2011
农作物总播种面积	**Total Sown Area**					
粮　食	Grain Crops	70.05	66.12	68.39	73.07	73.39
谷　物	Cereal	57.53	53.53	56.75	59.91	60.79
#稻　谷	Rice	25.81	23.82	26.14	24.80	24.72
小　麦	Wheat	23.85	22.94	22.72	26.13	26.41
玉　米	Corn	6.61	5.78	6.80	8.41	9.07
豆　类	Beans	6.20	7.15	9.08	11.28	10.74
薯　类	Tubers	6.33	5.43	2.56	1.89	1.86
油　料	Oil-bearing Crops	15.12	17.31	14.88	10.43	9.73
棉　花	Cotton	5.78	3.91	4.35	3.80	3.88
麻　类	Fiber Crops	0.46	0.18	0.15	0.10	0.10
糖　料	Sugar Crops	0.06	0.10	0.07	0.06	0.06
烟　叶	Tobacco	0.24	0.23	0.12	0.12	0.13
蔬　菜	Vegetables	4.33	6.41	7.59	8.57	8.74

12—4 农村居民家庭平均每户生产性固定资产原值
Original Value of Productive Fixed Assets of per Rural Household

单位：元（yuan）

指　　标	Item	1995	2000	2005	2010	2011
合　计	**Total**	**2780.24**	**4160.98**	**5857.13**	**9296.89**	**14111.00**
役畜和产品畜	Draught and Commodity Animals	670.43	377.83	453.07	424.63	467.25
大中型铁木农具	Large and Medium Wood and Iron Farm Tools	212.61	312.26	416.33	626.06	470.26
农林牧渔业机械	Machinery of Farming, Forestry, Animal Husbandry and Fishery	812.95	1734.23	2719.81	3517.43	4355.59
工业机械	Industrial Machinery	31.32	113.76	74.81	124.82	572.48
运输机械	Transport Machinery	206.45	292.19	453.19	1151.15	1683.84
生产用房	Buildings for Productive Purpose	695.00	994.81	1140.46	2243.74	4457.55
其　他	Others	151.48	335.90	599.46	1209.06	1496.45

注：本表为农村住户抽样调查资料。
a) Data in this table are obtained from the sample surveys on rural households.

12—5 农村居民家庭每百户拥有生产性固定资产数量
Number of Productive Fixed Assets of per 100 Rural Household

指　　标		Item		1995	2000	2005	2010	2011
汽　车	(辆)	Motor Vehicles	(unit)	0.34	0.47	1.00	1.72	2.61
大中型拖拉机	(台)	Large and Medium Tractors	(unit)	1.01	1.40	2.15	3.66	5.97
小型及手扶拖拉机	(台)	Mini and Walking Tractors	(unit)	19.99	29.02	40.16	39.82	35.24
机动脱粒机	(台)	Motorized Threshing Machines	(unit)	20.73	19.18	14.27	16.14	12.34
胶轮大车	(辆)	Carts With Rubber Tires	(unit)	0.98	12.19	5.74	4.29	2.65
收 割 机	(台)	Harvesters	(unit)		6.11	3.69	2.20	1.58
役　畜	(头)	Draught Animals	(head)	38.95	23.22	9.24	5.57	2.48
产 品 畜	(头)	Commodity Animals	(head)	24.52	28.06	27.90	14.35	14.52

注：本表为农村住户抽样调查资料。
a) Data in this table are obtained from the sample surveys on rural households.

12—6 农林牧渔业总产值及指数
Gross Output Value of Farming, Forestry, Animal Husbandry and Fishery and Related Indices

本表按当年价格计算。 (Data in value terms in this table are calculated at current prices.)

年 份 Year	绝对数 （万元） Gross Output Value (10000 yuan)						指 数 （%） Related Indices (%)					
	农林牧渔业总产值 Total of Farming, Forestry, Animal Husbandry and Fishery	农 业 Farming	林 业 Forestry	牧 业 Animal Husbandry	渔 业 Fishery	农林牧渔服务业 Agricultural Services	农林牧渔业总产值 Total of Farming, Forestry, Animal Husbandry and Fishery	农 业 Farming	林 业 Forestry	牧 业 Animal Husbandry	渔 业 Fishery	农林牧渔服务业 Agricultural Services
1990	3709359	2608524	169704	819844	111287		104.11	104.45	100.46	104.34	100.58	
1995	9802574	6379076	395940	2461908	565650		114.24	111.54	106.73	113.25	164.68	
2000	12199576	6752705	640199	3493827	1312845		101.66	98.60	107.58	105.50	105.02	
2005	16661915	8184809	784147	5535614	1656235	501110	101.41	97.85	105.18	103.91	106.68	115.49
2006	17427221	9075313	883803	4911580	1745031	811494	106.48	108.65	107.29	103.01	106.72	107.37
2007	20700913	10540065	1005045	6373559	1950244	832000	103.79	103.68	106.76	101.99	105.05	109.95
2008	24465113	11978860	1144563	8068922	2323265	949503	106.30	105.47	107.15	107.15	106.32	109.21
2009	25694570	13036410	1112508	7958223	2575913	1011516	105.54	103.99	111.33	106.41	107.50	106.93
2010	29554490	15444267	1352804	8649764	2948154	1159501	104.46	103.24	107.64	104.93	105.47	110.54
2011	34596589	17148396	1820685	10835360	3462285	1329863	103.95	103.93	109.04	102.63	103.91	108.20

注：1）从2003年年报起，农林牧渔业总产值增加农林牧渔服务业，原农业产值中的家庭兼营商品性工业取消。
2）2004年以后农林牧渔业总产值指数按农产品生产者价格指数缩减计算。
3）从2010年年报起，农林牧渔业总产值使用《统计用产品分类目录》计算，2009年数据作了相应调整。

a) From the year 2003 yearport, "agriculture, forestry, animal husbandry and fishing services" was added in the total output value, merchantability industry undertaken by rural households on the side" was cancelled.
b) After 2004, GDP index is calculated by producer price index of agricultural products reducing.
c) From 2010 annual report, the agriculture, forestry animal husbandry and fishery total output value use "Statistics with Product Classified catalog" calculating, in 2009 the data has adjusted correspondingly.

12—7 农林牧渔业增加值及构成
Value-added of Farming, Forestry, Animal Husbandry and Fishery and its Composition

本表按当年价格计算。 (Data in value terms in this table are calculated at current prices.)

年 份 Year	绝对数 （万元） Gross Output Value (10000 yuan)						构 成 （%） Composition (%)					
	农林牧渔业增加值 Value added of Farming, Forestry, Animal Husbandry and Fishery	农 业 Farming	林 业 Forestry	牧 业 Animal Husbandry	渔 业 Fishery	农林牧渔服务业 Agricultural Services	农林牧渔业增加值 Value added of Farming, Forestry, Animal Husbandry and Fishery	农 业 Farming	林 业 Forestry	牧 业 Animal Husbandry	渔 业 Fishery	农林牧渔服务业 Agricultural Services
1990	2461001	1730576	112714	543881	73830		100.00	70.32	4.58	22.10	3.00	
1995	5812410	4013771	305216	1097630	395793		100.00	69.06	5.25	18.88	6.81	
2000	7320079	4296385	491481	1623483	908730		100.00	58.69	6.72	22.18	12.41	
2005	9664935	5033658	559526	2743105	1089396	239250	100.00	52.08	5.79	28.38	11.27	2.48
2006	10110276	5606000	631724	2355624	1151814	365114	100.00	55.45	6.25	23.30	11.39	3.61
2007	12001765	6468000	710665	3124000	1275000	424100	100.00	53.89	5.92	26.03	10.62	3.54
2008	14180737	7362249	803322	4023720	1519623	471823	100.00	51.92	5.66	28.37	10.72	3.33
2009	14954495	8036573	778866	3965014	1670359	503683	100.00	53.74	5.21	26.51	11.17	3.37
2010	17290240	9524691	942064	4302684	1943482	577319	100.00	55.09	5.45	24.88	11.24	3.34
2011	20153123	10575491	1268286	5364495	2282408	662443	100.00	52.48	6.29	26.62	11.32	3.29

12—8 主要年份耕地面积
Cultivated Area in Major Years

单位：公顷（hectare）

指标	Item	1995	2000	2005	2010	2011
年初实有耕地面积	Cultivated Area at the Beginning of the Year	4302821	4240001	4108856	4171222	4181295
年内新增耕地面积	Newly-increased Cultivated Area Within the Year	1782	4215	16913	31151	27009
年内减少耕地面积	Reduced Cultivated Area Within the Year	13485	14665	28370	20644	25339
#国家基建占地	Taken Up by National Capital Construction	5559	7720	7027	9423	10072
其他基建占地	Taken up by Others			3968	8338	7439
退耕还林还草占地	Returning Land for Farming to Forestry and Grass Plot			3136	761	1166
耕地改园地	Returning Land for Farming to Garden Plot			1431	185	1598
年末实有耕地面积	Cultivated Area at the End of the Year	4291118	4229551	4092451	4181295	4184323
水田	Paddy Field	1857616	1834333	1821499	1891774	1896150
旱地	Dry Field	2433502	2395218	2270952	2289521	2288173

注：年内新增、减少面积为耕地总资源数。
a) The newly-increased and reduced cultivated area refer to the total area of cultivated land.

12—9 农田水利建设
Water Conservancy Construction

年份 Year	水电站装机容量（千瓦）Capacity of Rural Hydropower Station an Year-end (kw)	已建成水库（座）Number of Reservoirs (unit)	水库库容量（亿立方米）Capacity of Reservoirs (100 million cu.m)	节水灌溉面积（千公顷）Irrigated Area With Saved Water (1000 hectares)	治理水土流失面积（千公顷）Area of Soil Erosion Under Control (1000 hectares)	堤防长度（公里）Total Length of Dikes (km)	堤防保护耕地面积（千公顷）Area of Land Protected by Dikes (1000 hectares)
1985	54532	4340	175.58		1271.95	17554	2223.48
1990	66184	4533	182.25		1428.00	19222	2144.00
1995	96892	4787	184.39		1575.33	19524	2190.24
2000	98102	4815	185.10	534.86	1765.30	19902	2184.20
2005	632092	4872	195.50	705.48	1955.90	20074	2226.94
2006	893122	4816	196.11	725.09	1983.64	20206	2319.11
2007	912200	4797	195.64	743.73	2017.53	20212	2319.86
2008	976400	4796	195.39	764.58	2059.19	20255	2357.22
2009	1068404	4808	194.99	788.63	2102.32	20377	2381.60
2010	1074105	4818	199.51	815.77	2136.08	20456	2341.48
2011	1129345	4926	199.99	842.69	2180.33	20632	2348.90

12—10 主要年份农村居民家庭平均每人出售主要农产品
Per Capita Major Farm Products Sold by Rural Households in Major Years

单位：公斤（kg）

年　份 Year	粮　食 Crain	棉　花 Cotton	油　料 Oil-bearinh Crops	麻　类 Fiber Crops	烟　叶 Tobacco	蔬　菜 Vegetables	水　果 Fruits
2000	319.00	5.50	42.19	0.09	0.41	68.54	2.18
2005	444.13	25.24	39.37		0.21	55.82	3.74
2006	596.42	30.23	28.46	0.26	0.45	52.16	3.64
2007	562.56	37.65	23.67	0.07	0.20	42.01	3.82
2008	593.10	24.44	26.16	0.23	0.18	43.58	4.09
2009	621.14	40.55	41.77	0.05	0.17	44.25	4.03
2010	679.66	19.29	23.51	0.09	0.70	45.83	3.69
2011	714.28	25.70	19.31		1.99	38.59	1.17

注：本表为农村住户抽样调查资料。
a) Data in this table are obtained from the sample surveys on rural households.

12—11 主要年份农村居民家庭土地经营情况
Area of Land Managed by Rural Households in Maior Years

单位：亩/人（mu/person）

年　份 Year	经营耕地 面　积 Area of Cultivated Land under Management	经营山地 面　积 Hilly Area under Management	园地面积 Area of Garden Plot	养殖水面 面　积 Water Area for Breeding Aquatics
2000	1.43	0.19	0.03	0.02
2005	1.68	0.32		
2006	1.70	0.24		
2007	1.73	0.30	0.04	0.15
2008	1.76	0.31	0.05	0.08
2009	1.81	0.33	0.05	0.08
2010	1.87	0.34	0.05	0.11
2011	1.87	0.28	0.07	0.08

注：本表为农村住户抽样调查资料。
a) Data in this table are obtained from the sample surveys on rural households.

12—12 主要年份林业生产情况
Basic Data of Forest Production in Major Years

指 标				1995	2000	2005	2010	2011
营林情况	(公顷)	Management of Forest	(hectares)					
人工造林面积		Afforested Area		72502	75703	57457	57012	72747
迹地更新面积		Refreshed Area			6560	3967	1007	1827
新封山育林面积		Area of Setting Apart Mountains for Forestation			45860	50964	20943	31128
新增育苗面积		Area of Growing Seedlings			5933	7812	6709	11106
幼林抚育面积		Area of Tending Young Forest			379356		307795	271948
成林抚育面积		Area of Tending Adult Forest			431746	448187	629653	579261
油桐籽	(吨)	Tung-oil Seeds	(ton)		3109	3208	3054	2374
油茶籽	(吨)	Tea-oil Seeds	(ton)		10419	9743	25864	31608
板 栗	(吨)	Chestnuts	(ton)		45710	68786	137239	148680
竹材采伐量	(万根)	Determination of Bamboo Cut	(10000 units)		4000	6315	9784	10111
木材采伐量	(万立方米)	Determination of Timber Cut	(10000 cu.m)		263	328	458	495

12—13 主要年份茶叶、水果生产情况
Tea, Fruits Production in Major Years

单位：吨、公顷（ton, Hectares）

指 标	Item	1995	2000	2005	2010	2011
茶叶合计	Tea	45881	45376	59619	83276	87598
#绿 茶	Green Tea				76984	81412
园林水果	Garden Fruits		1106071	1517201	2356680	2417902
#苹 果	Apples		302040	278143	406858	411238
梨	Pears		616192	638058	966259	1004351
柑橘类	Citrus		5282	12427	27750	28843
其他园林水果	Other Garden Fruits			588573	955813	973470
#桃	Peachs			212186	430134	424137
葡 萄	Grapes		56156	173264	261114	259177
茶园面积	Area of Tea Plantations at Year-end	121916	108373	117606	133529	137997
年末果园面积	Area of Orchards at Year-end	97636	84784	104180	107127	110008
#苹 果	Apples			13914	16806	16826
梨	Pears			38605	38136	36451
葡 萄	Grapes			6023	9434	9600

12—14 主要年份牲畜饲养情况
Number of Livestock in Major Years

单位：万头（万只）（10000 heads）

年份 Year	大牲畜年末头数 Large Animals (year-end)	牛 Cattle and Buffaloes	马（头） Horses (heads)	驴（头） Donkeys (heads)	骡（头） Mules (heads)	肉猪出栏头数 Slaughtered Fattened Hogs	猪年末头数 Hogs (year-end)	羊年末只数 Sheep and Goats (year-end)	山羊 Goats	家禽 Poultry
1995	723.7	701.3				1674.6	1565.6	592.8		16944.0
2000	559.1	553.0	15805	37238	10929	239.3	187.1	794.9	792.5	
2005	366.2	364.4	3459	11217	3350	2812.1	1737.4	953.0	950.2	22672.8
2006	284.4	283.4	2884	5949	1598	284.4	1471.0	819.8	817.7	22290.5
2007	144.0	143.0	2487	6134	1663	2363.1	1334.2	536.0	532.9	19801.5
2008	145.2	144.5	2105	3346	1092	2527.4	1432.4	560.3	557.3	21489.5
2009	149.5	148.8	1994	3564	1028	2680.2	1482.6	584.2	581.0	22540.8
2010	151.5	150.9	1746	3671	898	2782.1	1442.5	590.5	589.6	23329.8
2011	147.7	147.2	1461	2389	638	2721.1	1467.3	591.6	590.6	23906.0

12—15 主要年份畜产品产量
Output of Livestock Products in Major Years

单位：吨（ton）

年份 Year	肉类总产量 Output of Meat	#猪牛羊肉 Output of Pork,Beef and Mutton	猪肉 Pork	牛肉 Beef	羊肉 Mutton	牛奶 Cow Milk	禽蛋 Poultry Eggs	蜂蜜 Honey	蚕茧 Sikworm Cocoons
1995	1977542	1657794	1367103	238088	52603	24891	512376		40363
2000	3115231	2415925	1984985	318794	112146	41194	1074038	10550	24563
2005	3828828	2807853	2317366	314553	175934	110186	1220556	11258	31300
2006	3938028	2830512	2358212	292696	179604	127955	1235618	12831	36000
2007	3236448	2326653	2024503	170643	131507	180937	1085618	14342	38695
2008	3439155	2479187	2173931	171099	134157	181275	1121000	14997	38359
2009	3625873	2612150	2298494	175448	138208	201000	1181919	16312	28838
2010	3769426	2713000	2388000	193000	142000	205000	1190000	16447	33177
2011	3754683	2650704	2330710	178200	141794	225135	1196541	18287	32335

12—16 农林牧渔业总产值（2011年）
Gross Output Value of Farming, Forestry, Animal Husbandry and Fishery (2011)

单位：万元（10000 yuan）

指标	Item	按可比价格计算 Caculated According to Constant Price	按当年价格计算 At Current Prices
农林牧渔业总产值	**Total Gross Output Value**	**30722037**	**34596589**
农业产值	**Gross Output Value of Farming**	**16051308**	**17148396**
谷物及其他作物	Cereal and Other Crops	9975323	10635689
谷物	Cereal		7465321
#小麦	Wheat		2799781
稻谷	Rive		3653541
玉米	Corn		929670
薯类	Tubers		201929
油料	Oil-bearing Crops		1193164
#花生	Peanuts		499750
油菜籽	Rapeseeds		566244
豆类	Beans		560502
棉花	Cotton		825591
生麻	Raw Hemp		12513
糖类	Sugar Crops		43020
烟叶	Tobacco		41345
其他农作物	Other Crops		292304
#饲料作物	Feed Crops		29282
蔬菜、食用菌及花卉盆景园艺产品	Vegetables, Edible Fungus and Flowers and Plants Bonsai Horticultural Goods	3803714	3993139
#蔬菜（含菜用瓜）	Vegetables (Including Gourd)		3709458
水果、坚果、茶、饮料和香料	Fruits, Nut, Tea, Beverage and Spice	1958417	2203611
水果（含果用瓜）	Fruits (including fruited melon)		1693204
#苹果	Apples		85210
坚果	Nut		150761
茶及饮料原料	Tea and Beverage Raw Material		352934
#茶	Tea		335553
香料作物	Spice Crops		6712
中草药材	Chinese Medicinal Herbs	313854	315957
林业产值	**Gross Output Value of Forestry**	**1475140**	**1820685**
林木的培育和种植	Cultivation and Planting of Woods	513608	598662
#造林	Forestation		101348
竹木采运	Lumbering and Transport of Bamboo and Timber	542991	594086
#村及村以下	At Village Level and Below		257605
林产品	Forest Products	418541	627937
牧业产值	**Gross Output Value of Animal Husbandry**	**8877574**	**10835360**
牲畜饲养	Animals Breeding	1204340	1393904
#牛的饲养	Cattle and Buffaloes Breeding		642562
羊的饲养	Sheep and Goats Breeding		641536
其他牲畜饲养	Other Animals Breeding		23321
奶产品	Dairy Products		74451
#牛奶	Milk		74451
毛绒产品	Down Products		2342
猪的饲养	Hogs Breeding	4273494	5860243
家禽的饲养	Poultry Breeding	2812098	2965639
狩猎和捕捉动物	Animals Hunting and Catching	35588	44805
其他畜牧业	Other Animal Husbandry	552054	570769
#蚕茧	Silkworm Cocoon		88584
渔业产值	**Gross Output Value of Fishery**	**3063427**	**3462285**
淡水产品	Freshwater Aquatic Products	3063427	3462285
#养殖	Cultured		2523964
#鱼类	Fishes		1926616
虾蟹类	Shrimps and Crabs		1175319
农林牧渔服务业	**Agricultural Services**	**1254588**	**1329863**

注：从2010年年报起，农林牧渔业总产值使用《统计用产品分类目录》计算。
a) From 2010 Annual Report onwards,the output of agriculture, forestry, animal husbandry and fishery is caculated by <Statistics Using Categories of Products>.

12—17 农作物主要产品生产和结构情况（2011年）
Production of Major Farm Products (2011)

指　标	Item	播种面积（千公顷）Sown Area (1000 hectares)	结构 Composition	产量（万吨）Yield (10000 tons)
农作物总播种面积	**Total**	**9022.99**	**100.00**	
粮食作物合计	Grain Crops	6621.54	73.39	3135.50
#夏收粮食	Summer-Harvest Crops	2425.67	26.88	1221.20
谷　物	Cereal	5484.96	60.79	2974.03
稻　谷	Rive	2230.82	24.72	1387.08
早　稻	Early Rice	256.19	2.84	137.18
中稻和一季晚稻	Middle-season Rice and Single-crop Late Rice	1702.20	18.87	1113.33
双季晚稻	Late Rice	272.42	3.02	136.57
小　麦	Wheat	2383.00	26.41	1215.70
冬小麦	Wintry Wheat	2383.00	26.41	1215.70
玉　米	Corn	818.82	9.07	362.58
谷　子	Millet	0.10		
高　粱	Sorghum	1.00	0.01	0.20
其他谷物	Other Cereal	51.22	0.57	8.47
#大　麦	Barley	42.67	0.47	8.47
豆类合计	Beans	969.01	10.74	115.00
#大　豆	Soybean	885.91	9.82	107.50
绿　豆	Mung Bean	66.50	0.74	2.39
红小豆	Small Red Bean	5.10	0.06	0.16
薯　类	Tubers	167.57	1.86	46.47
#马铃薯	Potato	10.70	0.12	
油料合计	Oil-bearing Crops	878.28	9.73	213.75
#花　生	Peanuts	188.90	2.09	84.34
油菜籽	Rapeseeds	640.41	7.10	122.78
芝　麻	Sesame	48.04	0.53	6.24
向日葵籽	Sunflower Seeds	0.01		0.02
棉　花	Cotton	350.40	3.88	37.60
麻类合计	Fiber Crops	9.37	0.10	2.58
#黄红麻	Jute and Ambary Hemp	4.67	0.05	1.40
苎　麻	Ramie	2.47	0.03	0.37
大　麻	Hemp	1.90	0.02	0.50
糖料合计	Sugar Crops	5.42	0.06	21.64
#甘　蔗	Sugarcane	5.42	0.06	21.64
烟叶合计	Tobacco	11.43	0.13	3.10
#烤　烟	Flue-cured Tobacco	11.19	0.12	3.02
药材类合计	Crude Drugs	74.43	0.82	40.36
蔬菜（含菜用瓜）	Vegetables (including gourd)	788.98	8.74	2213.99
瓜果类（果用瓜）	Melon and Fruit (Fruited Melon)	171.13	1.90	604.83
#西　瓜	Watermelon	136.31	1.51	510.94
甜　瓜	Muskmelon	14.32	0.16	44.52
草　莓	Strawberry	12.18	0.13	27.89
其他作物	Other Crops	112.02	1.24	
#青饲料	Green Feed	33.15	0.37	

12—18 各市农村基层组织情况（2011年）
Basic Conditions of Rural Grassroots Units by Region (2011)

单位：个 (unit)

地 区	Region	乡镇数 Number of Township and Town Governments	#镇 数 Town Governments	村民委员会 Number of Villagers' Committees	自来水受益村 Villages with Access to Tap Water	通汽车村 Villages with Highway Communication	通电话村 Villages with Telephone Communication
总 计	**Total**	**1228**	**870**	**15130**	**8592**	**15102**	**15130**
合 肥 市	Hefei	80	60	1129	821	1129	1129
淮 北 市	Huaibei	17	16	303	109	303	303
亳 州 市	Bozhou	78	71	1250	356	1250	1250
宿 州 市	Suzhou	90	67	1216	425	1214	1216
蚌 埠 市	Bengbu	52	33	924	236	924	924
阜 阳 市	Fuyang	165	118	1757	508	1757	1757
淮 南 市	Huainan	45	27	571	170	571	571
滁 州 市	Chuzhou	90	78	1009	560	996	1009
六 安 市	Luan	155	100	2065	869	2065	2065
马鞍山市	Maanshan	35	29	400	392	400	400
芜 湖 市	Wuhu	46	41	703	676	703	703
宣 城 市	Xuancheng	79	53	745	663	745	745
铜 陵 市	Tongling	12	7	145	139	144	145
池 州 市	Chizhou	42	33	588	491	588	588
安 庆 市	Anqing	147	90	1595	1472	1595	1595
黄 山 市	Huangshan	95	47	730	705	718	730

12—19 各市乡村人口与乡村从业人员（2011年）
Rural Population and workers by Region (2011)

单位：人 (person)

地 区	Region	乡村户数（户） Number of Households (household)	乡村人口数 Rural Population	乡村从业人员数 Number of Rural Laborers	#男 Male	#农 业 Agriculture
总 计	**Total**	**14384624**	**53880704**	**30850948**	**16567278**	**14930093**
合 肥 市	Hefei	1230146	4510794	2602637	1401004	1068242
淮 北 市	Huaibei	367993	1404421	736748	398017	423854
亳 州 市	Bozhou	1297565	5068922	2809820	1500798	1406932
宿 州 市	Suzhou	1390541	5474968	3119910	1644131	1700918
蚌 埠 市	Bengbu	693815	2777395	1646507	874524	942521
阜 阳 市	Fuyang	2204957	8821845	4954635	2636587	2247431
淮 南 市	Huainan	359926	1343503	833183	448299	281071
滁 州 市	Chuzhou	929089	3635832	2093956	1112986	1151210
六 安 市	Luan	1762195	6443081	3582040	1971703	1787134
马鞍山市	Maanshan	410120	1445693	834293	454415	347858
芜 湖 市	Wuhu	753199	2477906	1532309	822447	617744
宣 城 市	Xuancheng	717477	2367013	1429133	794828	747406
铜 陵 市	Tongling	98650	308447	201681	106576	71752
池 州 市	Chizhou	390250	1363927	789756	422726	399986
安 庆 市	Anqing	1410168	5246617	2942749	1590666	1371047
黄 山 市	Huangshan	368533	1190340	741591	387571	364987

12—20 各市农、林、牧、渔业总产值及指数（2011年）

Gross Output Value of Farming, Forestry, Animal Husbandry and Fishery and Related Indices by Region (2011)

本表绝对数按当年价格计算，指数按可比价格计算。

Absolute figures in this table are calculated at current prices while indices are calculated at comparable prices.

地区	Region	绝对数（万元） Gross Output Value of Farming, Forestry, Animal Husbandry and Fishery (10000 yuan) 农林牧渔业总产值 Total	农业 Farming	林业 Forestry	牧业 Animal Husbandry	渔业 Fishery	农林牧渔服务业 Agricultural Services
总计	**Total**	**34596589**	**17148396**	**1820685**	**10835360**	**3462285**	**1329863**
合肥市	Hefei	3648662	1729166	95050	1260185	492089	72172
淮北市	Huaibei	792358	456012	14485	263874	33567	24420
亳州市	Bozhou	2878283	1875132	72541	665737	66083	198790
宿州市	Suzhou	3857321	2100247	138538	1430340	79311	108885
蚌埠市	Bengbu	2358475	1345178	55267	677026	239793	41211
阜阳市	Fuyang	4332924	2376488	167195	1513711	141208	134332
淮南市	Huainan	843379	458029	10629	250488	102834	21399
滁州市	Chuzhou	2923572	1434224	52170	979107	407491	50580
六安市	Luan	3224778	1451431	290200	1067330	351601	64216
马鞍山市	Maanshan	1119326	568898	15801	185444	283568	65615
芜湖市	Wuhu	1931934	886175	88691	337015	361048	259005
宣城市	Xuancheng	1710392	821921	174161	420389	181021	112900
铜陵市	Tongling	181099	93304	15247	33642	28172	10734
池州市	Chizhou	942238	436539	96044	205064	141306	63285
安庆市	Anqing	3138006	1340266	195716	888163	519307	194554
黄山市	Huangshan	762625	387644	101323	234712	21565	17381

地区	Region	指数（上年=100） Gross Output Value of Farming, Forestry, Animal Husbandry and Fishery (preceding year=100) 农林牧渔业总产值 Total	农业 Farming	林业 Forestry	牧业 Animal Husbandry	渔业 Fishery	农林牧渔服务业 Agricultural Services
总计	**Total**	**103.95**	**103.93**	**109.04**	**102.63**	**103.91**	**108.20**
合肥市	Hefei	103.50	103.89	117.91	100.02	108.41	102.64
淮北市	Huaibei	105.00	102.97	103.06	103.62	104.46	110.74
亳州市	Bozhou	104.70	102.65	109.79	100.30	108.85	112.02
宿州市	Suzhou	104.92	106.60	102.87	102.43	103.40	109.35
蚌埠市	Bengbu	104.09	103.08	105.81	102.53	112.14	114.50
阜阳市	Fuyang	104.70	104.25	113.22	103.70	101.98	117.23
淮南市	Huainan	103.25	103.05	109.40	102.28	104.66	109.02
滁州市	Chuzhou	104.26	104.42	103.84	104.66	102.18	108.72
六安市	Luan	104.50	103.90	115.79	102.83	103.30	107.49
马鞍山市	Maanshan	104.10	104.04	94.58	101.87	101.44	125.61
芜湖市	Wuhu	104.15	103.91	97.61	102.13	102.84	111.52
宣城市	Xuancheng	104.66	104.97	107.16	101.87	103.96	110.03
铜陵市	Tongling	103.77	103.96	107.81	101.93	101.47	107.50
池州市	Chizhou	104.62	105.31	102.06	101.61	108.97	103.18
安庆市	Anqing	104.38	105.01	111.23	103.08	103.07	102.81
黄山市	Huangshan	104.37	105.82	107.03	100.86	103.16	106.95

注：全省农林牧渔业总产值指数按农产品生产者价格指数缩减计算。

a) The index of gross output value of agriculture, forestry, animal husbandry and fishery of the whole province reduces calculating according to producer's price index of agricultural products.

12—21 各市农、林、牧、渔业增加值及构成（2011年）

Value-added of Farming, Forestry, Animal Husbandry and Fishery and its Composition by Region (2011)

本表按当年价格计算。 (Data in value terms in this table are calculated at current prices.)

地 区	Region	绝对数（万元） Gross Output Value (10000 yuan)					
		农林牧渔业增加值 Value-added of Farming, Forestry, Animal Husbandry and Fishery	农业 Farming	林业 Forestry	牧业 Animal Husbandry	渔业 Fishery	农林牧渔服务业 Agricultural Services
总计	**Total**	**20153123**	**10575491**	**1268286**	**5364495**	**2282408**	**662443**
合肥市	Hefei	2082243	973044	66033	682448	318791	41927
淮北市	Huaibei	468925	276930	8624	146582	21423	15366
亳州市	Bozhou	1640444	1162161	55646	286252	46135	90250
宿州市	Suzhou	2175302	1308879	91632	676943	58778	39070
蚌埠市	Bengbu	1443804	803102	36571	391136	190835	22160
阜阳市	Fuyang	2325026	1333770	114481	710613	95614	70548
淮南市	Huainan	558983	290482	7477	173600	71894	15530
滁州市	Chuzhou	1732886	863225	33659	512080	291711	32211
六安市	Luan	1814798	861557	195273	518206	199635	40127
马鞍山市	Maanshan	670178	337612	9449	96797	187952	38368
芜湖市	Wuhu	1070119	495289	55614	149595	236042	133579
宣城市	Xuancheng	1020682	507911	127279	204717	118326	62449
铜陵市	Tongling	110044	59478	10546	16329	18538	5153
池州市	Chizhou	562871	275193	73106	101153	89632	23787
安庆市	Anqing	1807141	756562	133432	509260	318271	89616
黄山市	Huangshan	451221	241629	70278	117002	13468	8844

地 区	Region	构成（%） Composition (%)					
		农林牧渔业增加值 Value-added of Farming, Forestry, Animal Husbandry and Fishery	农业 Farming	林业 Forestry	牧业 Animal Husbandry	渔业 Fishery	农林牧渔服务业 Agricultural Services
总计	**Total**	**100.00**	**52.48**	**6.29**	**26.62**	**11.32**	**3.29**
合肥市	Hefei	100.00	46.73	3.17	32.77	15.31	2.01
淮北市	Huaibei	100.00	59.06	1.84	31.26	4.57	3.28
亳州市	Bozhou	100.00	70.84	3.39	17.45	2.81	5.50
宿州市	Suzhou	100.00	60.17	4.21	31.12	2.70	1.80
蚌埠市	Bengbu	100.00	55.62	2.53	27.09	13.22	1.53
阜阳市	Fuyang	100.00	57.37	4.92	30.56	4.11	3.03
淮南市	Huainan	100.00	51.97	1.34	31.06	12.86	2.78
滁州市	Chuzhou	100.00	49.81	1.94	29.55	16.83	1.86
六安市	Luan	100.00	47.47	10.76	28.55	11.00	2.21
马鞍山市	Maanshan	100.00	50.38	1.41	14.44	28.05	5.73
芜湖市	Wuhu	100.00	46.28	5.20	13.98	22.06	12.48
宣城市	Xuancheng	100.00	49.76	12.47	20.06	11.59	6.12
铜陵市	Tongling	100.00	54.05	9.58	14.84	16.85	4.68
池州市	Chizhou	100.00	48.89	12.99	17.97	15.92	4.23
安庆市	Anqing	100.00	41.87	7.38	28.18	17.61	4.96
黄山市	Huangshan	100.00	53.55	15.58	25.93	2.98	1.96

12—22　各市耕地面积（2011年）
Area of Cultivated Land by Region (2011)

单位：公顷（hectare）

地　区	Region	年初实有耕地面积 Cultivated Area at the Beginning of the Year	年内新增耕地面积 Newly-Increased Cultivated Area Within the Year	年内减少耕地面积 Reduced Cultivated Area Within the Year	#国家基建占地 Taken Up by National Capital Construction	年末实有耕地面积 Cultivated Area at the End of the Year	#水田 Paddy Field	水浇地 Irrigated Land
总　计	**Total**	**4181295**	**27009**	**25339**	**10072**	**4184323**	**1896150**	**1808969**
合肥市	Hefei	339389	2715	4725	975	337560	269719	55463
淮北市	Huaibei	135939	236	1179	1040	136080	34	1895
亳州市	Bozhou	499367	2031	2242	942	499702	3328	496374
宿州市	Suzhou	481131	1907	2487	1228	480477	7072	384500
蚌埠市	Bengbu	293298	930	676	372	295078	110466	175895
阜阳市	Fuyang	574473	1561	1386	591	575689	57763	433043
淮南市	Huainan	114413	235	1233	189	113426	79774	28820
滁州市	Chuzhou	404184	6125	1148	600	407102	286748	65382
六安市	Luan	432985	1793	1694	488	433891	372765	41954
马鞍山市	Maanshan	124927	218	526	204	124630	112098	12425
芜湖市	Wuhu	176238	2400	2308	1407	175757	124865	34316
宣城市	Xuancheng	153323	1401	1639	823	153118	137748	2302
铜陵市	Tongling	23574		169	156	23476	18117	5359
池州市	Chizhou	82189	2245	2123	270	82920	61446	1918
安庆市	Anqing	298293	2546	1452	523	298017	214672	65548
黄山市	Huangshan	47571	666	352	264	47400	39535	3775

注：年内新增、年内减少耕地面积为耕地总资源数。
a)　Newly-increased and reduced cultivated land within the year refer to the total area of cultivated land.

12—23　各市主要农业机械年末拥有量（2011年）
Agricultural Machinery at the Year-end by Region (2011)

地　区	Region	农业机械总动力（万千瓦） Total Power of Agricultural Machinery (10000 kw)	大中型拖拉机 Large and Medium Agricultural Tractors: 数量（台） Number (unit)	动力（万千瓦） Capacity (10000 kw)	小型拖拉机 Mini-tractors: 数量（台） Number (unit)	动力（万千瓦） Capacity (10000 kw)	大中型拖拉机配套农具（部） Number of Large and Medium Tractor Towing Farm Machinery (unit)	小型拖拉机配套农具（部） Number of Mini-tractor Towing Farm Machinery (unit)	农用运输车（辆） Capacity of Transport Vehicles for Agricultural Use (unit)	节水灌溉面积（千公顷） Irrigated Area With Saved Water (1000 hectares)
总　计	**Total**	**5657.08**	**145320**	**566.19**	**2380554**	**1902.27**	**276958**	**5374702**	**664602**	**1282.90**
合肥市	Hefei	358.04	5477	26.05	209327	112.61	7012	417260	17525	0.81
淮北市	Huaibei	250.59	12544	38.38	107277	115.68	25142	332636	16623	139.94
亳州市	Bozhou	726.87	15518	75.69	183278	208.45	23349	419952	237392	340.00
宿州市	Suzhou	759.19	36221	110.77	212473	212.21	66327	513035	188527	369.24
蚌埠市	Bengbu	498.87	9988	43.94	331024	302.69	20026	749035	7489	5.70
阜阳市	Fuyang	634.52	23092	96.14	127240	140.26	52501	322923	106438	304.70
淮南市	Huainan	173.85	3592	16.19	114793	93.30	6921	263074	7967	6.30
滁州市	Chuzhou	608.39	20165	78.17	470400	277.24	35696	1053843	14551	37.84
六安市	Luan	622.48	11018	46.98	271621	197.13	25545	702278	27379	60.30
马鞍山市	Maanshan	128.58	2407	10.37	47287	27.27	5278	107200	4412	0.76
芜湖市	Wuhu	183.01	1361	6.71	57701	45.91	2890	105237	5120	0.15
宣城市	Xuancheng	214.42	944	3.98	55283	49.13	1235	77533	11861	0.79
铜陵市	Tongling	37.27	326	1.53	5456	3.69	444	8998	1481	0.50
池州市	Chizhou	109.83	375	1.74	72533	42.53	1330	104317	2207	7.90
安庆市	Anqing	280.94	1975	9.04	98563	62.62	3243	164981	12100	6.70
黄山市	Huangshan	70.22	317	0.51	16298	11.54	19	32400	3530	1.27

注：节水灌溉面积为农委部门统计数。
a)　The areas of water saving irrigation were statisticed by the committee on agriculture.

12—24 各市有效灌溉面积、农用化肥施用、用电情况（2011年）

Irrigated Area and Consumption of Chemical Fertilizer and Electricity in Rural Area by Region (2011)

地 区	Region	有效灌溉面积（千公顷）Irrigated Area (1000 hectares)	旱涝保收面积（千公顷）Area With Stable Yields Despite Drought or Waterlogging (1000 hectares)	机电排灌面积（千公顷）Electrical Irrigation and Drainage Area (1000 hectares)	化肥施用量（吨）Consumption of Chemical Fertilizer (ton)	#氮肥 Nitrogenous Fertilizer	磷肥 Phosphate Fertilizer	钾肥 Potash Fertilizer
总 计	**Total**	**3547.65**	**2643.60**	**3035.41**	**3296711**	**1143555**	**360829**	**328369**
合肥市	Hefei	363.60	276.30	309.95	315919	116174	40057	39038
淮北市	Huaibei	144.95	70.69	110.33	97633	28290	4981	6206
亳州市	Bozhou	322.13	218.91	342.46	300955	62356	31578	29615
宿州市	Suzhou	371.39	224.59	390.09	335391	116684	30023	39866
蚌埠市	Bengbu	207.66	176.39	261.94	292527	113378	39639	29471
阜阳市	Fuyang	376.86	232.23	455.68	381386	89808	25896	30014
淮南市	Huainan	104.47	91.60	120.10	134276	54039	26446	10339
滁州市	Chuzhou	355.73	279.46	213.59	333835	109803	46090	23417
六安市	Luan	383.40	319.32	166.05	371309	168903	33790	34581
马鞍山市	Maanshan	128.97	111.01	126.46	93554	29116	7595	7950
芜湖市	Wuhu	199.12	158.77	202.62	145159	69876	20186	15077
宣城市	Xuancheng	148.31	124.51	63.45	142495	50424	14704	10940
铜陵市	Tongling	24.98	18.61	18.20	23216	8399	5362	3674
池州市	Chizhou	83.47	76.35	58.93	60039	25337	2143	8411
安庆市	Anqing	257.87	216.05	144.60	230041	82067	31021	37314
黄山市	Huangshan	42.76	28.80	9.64	38976	18901	1318	2456

地 区	Region	农用排灌机械（台）Number of Diesel Engines (unit)	农村用电量（万千瓦时）Electricity Consumed in Rural Area (10000 kwh)	农用塑料薄膜使用量（吨）Used Plastic Film (ton)	#地膜使用量（吨）Used of Plastic Film (ton)	地膜覆盖面积（公顷）The Area of Plastic Film Covered (hectares)	农用柴油使用量（吨）Consumption of Diesel Oil for Farm Use (ton)	农药使用量（吨）Consumption of Agricultural Pesticide (ton)
总 计	**Total**	**1564728**	**1172761**	**86114**	**39231**	**437166**	**704194**	**117475**
合肥市	Hefei	137987	138838	11618	4109	38622	68606	5976
淮北市	Huaibei	13107	17815	2534	389	2897	26615	2519
亳州市	Bozhou	83518	68358	5607	2822	33703	77581	7670
宿州市	Suzhou	40174	71488	15285	8386	69141	115795	22653
蚌埠市	Bengbu	11449	58799	9611	5897	82321	57797	5652
阜阳市	Fuyang	209664	106356	16044	3204	36433	42165	7142
淮南市	Huainan	13984	72359	1119	487	6926	34893	5864
滁州市	Chuzhou	87691	82547	3276	1976	40739	39772	5676
六安市	Luan	183420	113258	5082	2935	28479	100287	13643
马鞍山市	Maanshan	178116	41140	2755	954	14930	13500	4014
芜湖市	Wuhu	263768	111716	2733	1516	29211	33966	7701
宣城市	Xuancheng	128304	87651	2866	1374	17401	14283	4561
铜陵市	Tongling	31229	15201	263	165	1757	4456	718
池州市	Chizhou	65139	30256	489	281	5352	19668	6079
安庆市	Anqing	88799	140754	4843	3466	22727	47760	14425
黄山市	Huangshan	28379	18371	1989	1270	6527	7050	3182

12—25 各市农作物播种面积（2011年）
Total Sown Areas of Farm Crops by Region (2011)

单位：公顷（hectare）

地区 Region	农作物总播种面积 Total Sown Area	粮食作物播种面积 Sown Area of Grain Crops	谷物 Cereal	#稻谷 Rice	小麦 Wheat	玉米 Corn	豆类 Soybeans	薯类 Tubers	油料 Oil-bearing Crops	#花生 Peanuts	油菜籽 Rapeseeds	芝麻 Sesame
总计 Total	**9022992**	**6621540**	**5484960**	**2230820**	**2383000**	**818820**	**969010**	**167570**	**878277**	**188899**	**640412**	**48040**
合肥市 Hefei	751154	475169	455033	338053	101081	14258	12012	8124	141650	16958	122083	2609
淮北市 Huaibei	286387	266485	177673	398	128407	48068	88123	689	2080	861	715	504
亳州市 Bozhou	1050543	863123	631738	7122	415808	191972	199296	32089	12842	5474	4198	3170
宿州市 Suzhou	991886	794197	619126	8343	383589	224624	147083	27988	60119	47864	9635	2620
蚌埠市 Bengbu	650647	478779	422939	110175	245426	66562	48860	6980	66497	59959	4751	1787
阜阳市 Fuyang	1234618	1017416	808252	72420	506208	228771	183531	25633	44974	8185	18626	18163
淮南市 Huainan	249708	212357	200107	94466	103364	1951	10289	1961	5058	1860	2536	662
滁州市 Chuzhou	866655	700336	659186	349177	274343	34324	29949	11201	82413	25522	51427	5464
六安市 Luan	889244	702314	678559	420337	232732	24415	15085	8670	87737	8219	76674	2844
马鞍山市 Maanshan	238143	146094	140648	97458	42066	1093	3331	2115	45180	2052	42094	1034
芜湖市 Wuhu	387099	198813	187376	157298	25530	4259	6982	4455	64012	2410	60524	1078
宣城市 Xuancheng	357006	230159	211360	158529	48121	4647	10297	8502	52787	4070	46632	2085
铜陵市 Tongling	47456	27006	25571	17059	6566	1917	1051	384	9728	337	9229	146
池州市 Chizhou	199978	114123	109033	98050	5901	5078	3666	1424	40291	948	37619	1724
安庆市 Anqing	772834	450707	425102	379505	37346	7898	13199	12406	134942	3709	127506	2817
黄山市 Huangshan	130513	64984	48737	38855	255	9619	7619	8628	27967	471	26163	1333

地区 Region	棉花 Cotton	麻类 Fiber Crops	#黄红麻 Jute and Ambary Hemp	糖料 Sugar Crops	烟叶 Tobacco	#烤烟 Fluecured Tobacco	药材 Medicinal Materials	蔬菜 Vegetables	瓜果类 Melon	#西瓜 Watermelon	甜瓜 Melon	草莓 Strawberry
总计 Total	**350400**	**9366**	**4668**	**5420**	**11426**	**11191**	**74434**	**788982**	**171126**	**136313**	**14324**	**12175**
合肥市 Hefei	34264	143		648				71513	22768	11517	1044	8614
淮北市 Huaibei	1263			1	9		364	14105	1959	1045	49	3
亳州市 Bozhou	15018	15	15	99	2562	2562	45602	89961	21270	18940	1756	90
宿州市 Suzhou	24374	13	13	43	29	29	1097	67431	34123	31744	1840	472
蚌埠市 Bengbu	20478	15	15	29	17	17	33	64833	19242	17907	754	220
阜阳市 Fuyang	14999	533	533	560	358	147	7345	129012	17261	12081	3013	641
淮南市 Huainan	927			23				25502	5453	3490	861	755
滁州市 Chuzhou	9684			170			50	43760	13968	12865	298	479
六安市 Luan	12293	6315	3977	547	26	26	4295	63011	6682	4888	160	151
马鞍山市 Maanshan	12764	143		354				23829	9156	5509	3575	72
芜湖市 Wuhu	45639	172	33	986	1866	1866	1769	48960	4831	4236	272	145
宣城市 Xuancheng	11645	1275	23	895	5208	5203	4011	35523	6317	5224	122	264
铜陵市 Tongling	4726	47		29			229	4263	1132	955	136	37
池州市 Chizhou	26254	553		63	1066	1061	804	14612	1578	1505	54	19
安庆市 Anqing	75976	130	59	291	46	41	2435	70606	3324	2432	354	186
黄山市 Huangshan	453	12		682	239	239	6400	22061	2062	1975	36	27

注：全省粮食及棉花播种面积来源于国家统计局安徽调查总队抽样调查数。

a) The sown area of grain is from Anhui Province survey organization of National bureau of Statistics sample survey.

12—26 各市主要农产品单位面积产量（2011年）
Yield of Major Farm Crops per Hectare by Region (2011)

单位：公斤/公顷（kg/hectare）

地区	Region	谷物 Cereals	棉花 Cotton	花生 Peanuts	油菜籽 Rapeseeds	芝麻 Sesame	黄红麻 Jute and Ambary Hemp	烤烟 Fluecured Tobacco	药材 Medicinal Materials	蔬菜 Vegetables	瓜果类 Melon
总计	**Total**	**5422**	**1073**	**4465**	**1917**	**1299**	**2998**	**2702**	**5423**	**28061**	**35344**
合肥市	Hefei	6878	1037	3849	1449	1552				22305	22896
淮北市	Huaibei	6205	1264	3066	1758	1014			7777	31534	31952
亳州市	Bozhou	6685	1290	5252	2470	1362	3867	3713	4117	27695	35294
宿州市	Suzhou	5784	1296	4659	1836	1241	692	2310	2245	37409	43891
蚌埠市	Bengbu	6259	1403	5619	1459	1131	3200	2059	3939	35496	45523
阜阳市	Fuyang	6052	1168	2662	1839	1149	3263	1850	16319	35639	36966
淮南市	Huainan	6911	1668	4161	2023	1690				28889	32356
滁州市	Chuzhou	6445	1048	3544	2132	1232			2040	30427	36430
六安市	Luan	6850	1332	3425	1621	1208	2956	2038	12065	20669	27149
马鞍山市	Maanshan	7383	1305	2737	2253	1452				27161	29439
芜湖市	Wuhu	7254	1193	2747	2358	1475	6030	2625	2724	24338	37242
宣城市	Xuancheng	6198	1186	2914	2088	1891	2565	2330	3584	19747	29510
铜陵市	Tongling	6102	1139	3208	2219	1938			6223	24036	26518
池州市	Chizhou	6217	1187	2345	2268	1439		2480	1103	22953	25837
安庆市	Anqing	6077	1343	2756	2062	1698	2119	2951	3366	20487	26532
黄山市	Huangshan	6379	989	2301	1444	1137		2197	1405	17752	19627

12—27 各市主要农产品产量（2011年）
Yield of Major Farm Crops by Region (2011)

单位：吨（ton）

地区	Region	粮食 Grain							油料 Oil-bearing Crops			
			谷物 Cereal				豆类 Beans	薯类 Tubers		#花生 Peanuts	油菜籽 Rapeseeds	芝麻 Sesame
				#稻谷 Rice	小麦 Wheat	玉米 Corn						
总计	**Total**	**31355000**	**29740300**	**13870800**	**12157000**	**3625800**	**1150000**	**464700**	**2137502**	**843418**	**1227783**	**62399**
合肥市	Hefei	3213412	3129855	2584994	452968	85115	31736	51821	246240	65276	176915	4049
淮北市	Huaibei	1261757	1102387	3160	833534	259575	156245	3125	4408	2640	1257	511
亳州市	Bozhou	4695170	4223331	41423	2983813	1168582	327560	144279	43439	28752	10368	4319
宿州市	Suzhou	4000566	3581194	67891	2306637	1195883	267454	151918	243917	222976	17690	3251
蚌埠市	Bengbu	2761548	2647119	828291	1469549	345335	79841	34588	345889	336938	6930	2021
阜阳市	Fuyang	5378148	4891146	478036	3174749	1235354	359417	127585	76910	21791	34251	20868
淮南市	Huainan	1415526	1382841	758032	618153	4909	21501	11184	13989	7740	5130	1119
滁州市	Chuzhou	4404865	4248255	2563534	1490864	187542	59737	96873	206812	90452	109630	6730
六安市	Luan	4758980	4648084	3344903	1196337	102768	47521	63375	155849	28147	124266	3436
马鞍山市	Maanshan	1070448	1038383	815938	217502	4806	7379	24686	101950	5617	94832	1501
芜湖市	Wuhu	1420216	1359250	1215512	119271	23516	19652	41314	150904	6620	142694	1590
宣城市	Xuancheng	1378312	1309990	1066205	216986	26734	20653	47669	113145	11858	97345	3942
铜陵市	Tongling	160991	156036	125567	20737	9634	2629	2326	21839	1081	20475	283
池州市	Chizhou	694496	677869	640542	18276	19045	8434	8193	90006	2223	85303	2480
安庆市	Anqing	2675744	2583194	2436654	109540	35829	32549	60001	281815	10223	262922	4783
黄山市	Huangshan	361913	310916	283941	395	26567	15633	35364	40390	1084	37775	1516

注：全省粮食及棉花产量来源于国家统计局安徽调查总队抽样调查数。

a) The sown area of grain is from Anhui Province survey organization of National bureau of Statistics sample survey.

12—27　续表　continued

单位：吨（ton）

地　区	Region	棉　花 Cotton	麻　类 Fiber Crops	#黄红麻 Jute and Ambary Hemp	烟　叶 Tobacco	#烤　烟 Flucured Tobacco	药　材 Medicinal Materials	蔬　菜 Vegetables	瓜果类 Melon	#西瓜 Water-melon	甜　瓜 Melon	草　莓 Strawb-erry
总　计	**Total**	**376000**	**25789**	**13994**	**30966**	**30236**	**403636**	**22139877**	**6048331**	**5109446**	**445208**	**278852**
合肥市	Hefei	35520	232					1595130	521296	290117	20488	189914
淮北市	Huaibei	1597			18		2831	444785	62594	35063	2002	90
亳州市	Bozhou	19367	59	58	9513	9513	187733	2491505	750704	663981	67759	2968
宿州市	Suzhou	31588	9	9	67	67	2463	2522523	1497685	1420708	71470	5507
蚌埠市	Bengbu	28740	48	48	35	35	130	2301308	875956	820646	28551	16700
阜阳市	Fuyang	17517	1739	1739	951	272	119863	4597804	638076	452175	102241	25275
淮南市	Huainan	1546						736739	176438	117966	32633	18834
滁州市	Chuzhou	10148					102	1331467	508848	475063	5731	3928
六安市	Luan	16380	20214	11757	53	53	51821	1302363	181411	144794	3007	2924
马鞍山市	Maanshan	16654	306					647211	269540	164088	93187	994
芜湖市	Wuhu	54445	471	199	4898	4898	4818	1191605	179914	173101	5966	847
宣城市	Xuancheng	13815	1527	59	12136	12121	14376	701455	186417	168554	3095	6007
铜陵市	Tongling	5385	84				1425	102467	30018	28166	1284	413
池州市	Chizhou	31152	821		2642	2631	887	335384	40770	40318	299	153
安庆市	Anqing	102069	251	125	128	121	8197	1446507	88194	75253	7091	3864
黄山市	Huangshan	448	28		525	525	8990	391624	40470	39453	404	434

12—28　各市茶叶、水果生产情况（2011年）
Tea, Fruits Production by Region (2011)

单位：吨（ton）

地　区	Region	茶　叶 Tea	#绿　茶 Green Tea	园林水果 Garden Fruits	#苹　果 Apples	梨 Pears	葡　萄 Grapes
总　计	**Total**	**87598**	**81412**	**2417902**	**411238**	**1004351**	**259177**
合肥市	Hefei	1240	1225	142444	26	9889	63261
淮北市	Huaibei			100646	21205	13987	19356
亳州市	Bozhou			42047	6789	6012	3048
宿州市	Suzhou			1653564	373277	862430	106631
蚌埠市	Bengbu			69379	626	35740	3216
阜阳市	Fuyang			68478	7392	16721	6339
淮南市	Huainan			30915		6688	5051
滁州市	Chuzhou	474	474	67374	666	6392	18441
六安市	Luan	16444	16107	47514	438	11394	8170
马鞍山市	Maanshan	335	335	21558	442	2469	4388
芜湖市	Wuhu	2434	2434	38214	89	4439	5785
宣城市	Xuancheng	26463	26434	38290	75	13889	2547
铜陵市	Tongling	95	95	4566		87	2422
池州市	Chizhou	5772	3493	6178	13	784	269
安庆市	Anqing	8710	8466	29206	200	4045	457
黄山市	Huangshan	25631	22349	57529		9385	9796

12—29 各市主要林业生产情况（2011年）
Conditions of Forest Production by Region (2011)

地区	Region	营林情况（公顷） Management of Forest (hectares) 人工造林面积 Man-made Afforested Area	迹地更新面积 Reforestated Area	新封山育林面积 Area of Setting Apart Mountains for Afforestation	新增育苗面积 Area of Growing Seedlings	幼林抚育面积 Area of Tending Young Forest	成林抚育面积 Area of Tending Adult Forest	油桐籽（吨） Tung-oil Seeds (ton)	油茶籽（吨） Tea-oil Seeds (ton)	竹材采伐量（万根） Determination of Bamboo Cut (10000 units)	木材采伐量（万立方米） Determination of Timber Cut (10000 cu.m)
总　　计	**Total**	**72747**	**1827**	**31128**	**11106**	**271948**	**579261**	**2374**	**31608**	**10111**	**495**
合 肥 市	Hefei	8557	9	1600	3036	9348	54465	3	113	36	20
淮 北 市	Huaibei	1193			98	3973	9169				4
亳 州 市	Bozhou	2740			650	10000	12667				65
宿 州 市	Suzhou	6108		1534	687	49996	124572	18			46
蚌 埠 市	Bengbu	3040	80		978	11407	76235				38
阜 阳 市	Fuyang	1602	150	86	230	24597	23139			2	21
淮 南 市	Huainan	913		467	205	579	26799				1
滁 州 市	Chuzhou	6261		3933	1772	23512	21629		3	6	32
六 安 市	Luan	10016	24	2800	520	19490	35971	1043	11115	2603	36
马鞍山市	Maanshan	1125	297		246	3814	6439		40	24	2
芜 湖 市	Wuhu	1366		400	180	13042	16080	51	30	1097	9
宣 城 市	Xuancheng	9143		3333	116	22488	72256	128	512	4085	48
铜 陵 市	Tongling	297	47	400	71	9146	4075	400	2	28	2
池 州 市	Chizhou	3822	608	6708	1175	14366	16523	217	109	985	81
安 庆 市	Anqing	10014	45	9867	582	29744	55426	510	16491	597	44
黄 山 市	Huangshan	6550	567		560	26446	23816	4	3193	648	44

12—30 各市牲畜饲养情况（2011年）
Number of Livestock by Region (2011)

单位：头（只） (heads)

地区	Region	大牲畜年末头数 Large Animals (year-end)	牛 Cattle and Buffaloes	马 Horses	驴 Donkeys	骡 Mules	肉猪出栏头数 Slaughtered Fattened Hogs	猪年末头数 Hogs (year-end)	羊年末只数 Sheep and Goats (year-end)	#山羊 Goats	家禽（万只） Poultry (10000 heads)
总　　计	**Total**	**1476788**	**1472300**	**1461**	**2389**	**638**	**27210890**	**14673110**	**5916000**	**5906000**	**23906.05**
合 肥 市	Hefei	118242	118219		23		2690802	1343153	71903	71682	5983.35
淮 北 市	Huaibei	12130	12130				607164	365114	274284	272437	860.00
亳 州 市	Bozhou	128518	127658	453	111	296	2730024	1378618	1101234	1101103	1039.00
宿 州 市	Suzhou	167581	166323	226	946	86	4340623	2731508	2201430	2173662	3165.00
蚌 埠 市	Bengbu	204175	204085		90		1816601	889107	656949	656949	1816.10
阜 阳 市	Fuyang	311882	310125	345	1194	218	5017880	2596575	1199561	1199561	2168.05
淮 南 市	Huainan	56114	56114				452570	254072	117773	117773	697.00
滁 州 市	Chuzhou	171334	171334				3028574	1594185	325835	322835	2228.00
六 安 市	Luan	178052	178052				3794650	1997167	415215	415215	3215.00
马鞍山市	Maanshan	20051	20051				384143	179170	54699	54699	668.97
芜 湖 市	Wuhu	42782	42782				744910	406747	28077	28077	1293.00
宣 城 市	Xuancheng	54626	54626				994481	538304	37994	37994	2358.00
铜 陵 市	Tongling	4133	4133				96639	66202	4574	4574	366.85
池 州 市	Chizhou	16463	16463				667605	396254	12125	12125	650.00
安 庆 市	Anqing	128524	128524				2561864	1610999	42419	42419	2624.20
黄 山 市	Huangshan	30682	30182	437	25	38	922859	666390	3398	3398	295.60

注：全省猪、牛、羊、禽数据来源于国家统计局安徽调查总队畜禽监测数。

a) The pigs, sheep, poultry data is from Anhui Province survey organization of National bureau of statistics monitoring survey.

12—31 各市畜产品产量（2011年）
Output of Livestock Products by Region (2011)

单位：吨（ton）

地区	Region	肉类总产量 Output of Meat	猪牛羊肉 Output of Pork,Beef and Mutton	猪肉 Pork	牛肉 Beef	羊肉 Mutton	牛奶 Cow Milk	禽蛋 Poultry Eggs	蜂蜜 Honey	蚕茧 Sikworm Cocoons
总计	**Total**	**3754683**	**2650704**	**2330710**	**178200**	**141794**	**225135**	**1196541**	**18287**	**32335**
合肥市	Hefei	447432	229125	220404	7083	1638	104691	180836	349	3457
淮北市	Huaibei	81990	60073	52618	1056	6399	10167	39893		
亳州市	Bozhou	285888	253922	213260	17583	23079	13197	59480	20	
宿州市	Suzhou	458692	395262	327977	18796	48489	12941	219270	149	1290
蚌埠市	Bengbu	291371	207040	154882	35662	16496	19033	60751		
阜阳市	Fuyang	566286	494196	421498	43984	28714	3186	131470	1874	624
淮南市	Huainan	81999	50800	41863	5892	3045	46416	58860	15	
滁州市	Chuzhou	351316	272079	247082	17560	7437	9451	103270	144	
六安市	Luan	492525	340200	311255	16107	12838	21730	134595	209	5619
马鞍山市	Maanshan	78604	33142	31428	381	1333	40418	15958	271	
芜湖市	Wuhu	141304	68393	63843	4020	530	6567	73707	61	875
宣城市	Xuancheng	200330	83523	79856	2887	780	650	49230	1402	5928
铜陵市	Tongling	16126	8218	8028	126	64		6201	20	70
池州市	Chizhou	79737	56176	54565	1395	216		32665	1739	1545
安庆市	Anqing	299138	214876	203613	10320	943		161358	1906	7218
黄山市	Huangshan	86838	80490	79338	1096	56	3086	18112	10128	5709

注：全省猪、牛、羊、禽、奶数据来源于国家统计局安徽调查总队畜禽监测数。
a) The pigs, sheep, poultry, milk data is from Anhui Province survey organization of National bureau of statistics monitoring survey.

12—32 各市农村居民家庭平均每户动物产品的出售量（2011年）
Sales of Livestock, Poultry, Small Animals and Fishery Per Rural Household by Region (2011)

地区	Region	肉猪（头） Fattened Hogs (head)	菜羊（只） Mutton Sheep and Goat (head)	牛（头/百户） Cattle (head/100 households)	家禽（只） Poultry (head)	蛋类（公斤） Poultry Cocoons (kg)	蚕茧（公斤） Silkworm Cocoons (kg)	水产品（公斤） Aquatic Products (kg)
合肥市	Hefei	0.40	0.03	0.93	10.93	4.40	2.27	24.27
淮北市	Huaibei	1.04	0.42	0.07	5.03	4.49		0.17
亳州市	Bozhou	1.46	0.87	3.78	9.33	0.79		1.75
宿州市	Suzhou	1.92	0.58	0.43	6.92	27.77	4.08	0.72
蚌埠市	Bengbu	1.19	0.06	4.57	12.72	2.16		14.03
阜阳市	Fuyang	1.34	0.36	9.05	3.16	0.88		0.72
淮南市	Huainan	0.19	0.08	1.43	0.96	20.18		16.49
滁州市	Chuzhou	0.74	0.05	1.62	4.66	6.06		19.11
六安市	Luan	0.62	0.04	0.65	2.02	2.83	4.22	9.01
马鞍山市	Maanshan	0.67	0.04	0.54	25.98	4.86		76.42
芜湖市	Wuhu	0.12		2.19	8.82	2.66	0.03	36.98
宣城市	Xuancheng	0.27	0.01	1.09	44.17	1.53	5.41	35.72
铜陵市	Tongling	0.05			19.17	2.18		24.36
池州市	Chizhou	0.22		0.74	1.76	1.37	4.30	22.63
安庆市	Anqing	0.64		11.31	1.44	1.82	3.13	11.94
黄山市	Huangshan	1.17		1.14	1.07	9.03	17.76	6.31

12—33 各市水产品产量（2011年）
Output of Aquatic Products by Region (2011)

单位：吨（ton）

地　区	Region	水产品总产量 Total Aquatic Products	养殖产量 Cultured Products	捕捞产量 Fishing Products	鱼类 Fish	甲壳类 Crustacean	贝类 Shell-fish	其它类 Others
总　计	**Total**	**1995505**	**1676215**	**319290**	**1573976**	**299093**	**86258**	**36178**
合肥市	Hefei	203000	150586	52414	142366	51122	4279	5233
淮北市	Huaibei	26280	25270	1010	26007	242	21	10
亳州市	Bozhou	46376	38437	7939	43687	2071	522	96
宿州市	Suzhou	37999	34828	3171	33463	3811	207	518
蚌埠市	Bengbu	104034	75190	28844	84258	13516	3163	3097
阜阳市	Fuyang	89046	75283	13763	76219	9490	2372	965
淮南市	Huainan	67292	49149	18143	55187	6321	5108	676
滁州市	Chuzhou	288000	260907	27093	208878	66743	9882	2497
六安市	Luan	271109	204136	66973	230800	30764	6363	3182
马鞍山市	Maanshan	105574	91277	14297	67116	28515	8581	1362
芜湖市	Wuhu	157542	139369	18173	115839	24725	6649	10329
宣城市	Xuancheng	101545	86226	15319	71257	16096	10910	3282
铜陵市	Tongling	21099	18949	2150	18113	1675	1007	304
池州市	Chizhou	114500	102759	11741	94712	10894	8044	850
安庆市	Anqing	343676	307314	36362	288994	32683	18516	3483
黄山市	Huangshan	18433	16535	1898	17080	425	634	294

12—34 各市受灾面积（2011年）
Areas Covered by Natural Disaster by Region (2011)

单位：千公顷（1000 hectares）

地　区	Region	农作物受灾情况合计 Total Situation of Crops Affected by Disaster		旱灾 Drought		洪涝灾 Flood	
		受灾面积 Areas Covered	绝收 Total Crops Failure	受灾面积 Areas Covered	绝收 Total Crops Failure	受灾面积 Areas Covered	绝收 Total Crops Failure
总　计	**Total**	**2363.99**	**71.07**	**1615.07**	**35.87**	**604.47**	**30.20**
合肥市	Hefei	148.25	12.12	140.33	8.00		
淮北市	Huaibei	43.97		43.97			
亳州市	Bozhou	175.16	1.30	167.10		7.03	1.30
宿州市	Suzhou	65.18		30.00		31.48	
蚌埠市	Bengbu	119.56	5.38	21.90	0.05	91.21	5.33
阜阳市	Fuyang	457.58		428.15		2.00	
淮南市	Huainan	65.75	3.48	58.13	1.01	7.61	2.47
滁州市	Chuzhou	396.12	6.19	180.83	6.19	210.00	
六安市	Luan	222.29	10.19	213.62	9.63	3.30	0.37
马鞍山市	Maanshan	35.61	0.91	32.42	0.91	3.19	
芜湖市	Wuhu	92.48	4.80	71.08	4.47	24.66	0.33
宣城市	Xuancheng	185.51	12.95	68.77	0.78	71.75	12.12
铜陵市	Tongling	12.18	0.40	1.60		6.52	0.32
池州市	Chizhou	75.64	2.87	43.31	1.04	34.17	1.82
安庆市	Anqing	221.31	8.05	113.85	3.80	72.67	3.57
黄山市	Huangshan	47.41	2.46			38.88	2.58

12—35 国营农场基本情况
Basic Statistics on State Farms

指　标		Item		1995	2000	2005	2010	2011
农场数	（个）	Number of Farms	(unit)	26	25	25	21	21
职工人数	（人）	Number of Staff and Workers	(person)	65699	57773	44849	44759	44334
耕地面积	（千公顷）	Cultivated Area	(1000 hectares)	34.51	34.36	32.98	34.75	34.55
农业机械总动力	（千瓦）	Total Power of Agricultural Machinery	(1000 watts)	200084	241215	316001	454679	469686
农业机械拥有量	（台、辆）	Ownership of Agricultural Machinery	(unit)					
大中型农用拖拉机		Large and Medium Agricultural Tractors		1159	1349	1765	2568	2639
小型及手扶拖拉机		Mini and Walking Agricultural Tractors		2041	3567	5569	6111	5843
农用排灌动力机械		Machinery for Agricultural Drainage and Irrigation		2138	3360	3802	5115	5344
联合收获机		Combine Harvesters		373	626	730	1078	1171
农用载重汽车		Trucks for Agricultural Use		232	186	71	181	180
农用化肥施用量	（吨）	Consumption of Chemical Fertilizers	(ton)	39986	38355	47187	66814	71287
农业总产值	（万元）	Gross Agricultural Output Value	(10000 yuan)	73529	59620	102784	176197	196288
农作物总播种面积	（千公顷）	Sown Area of Farm Crops	(1000 hectares)	59.83	58.40	55.57	68.53	68.61
粮食作物		Grain		44.78	47.54	44.24	61.04	61.52
棉　花		Cotton		7.67	3.31	6.20	3.77	3.73
油　料		Oil-bearing Crops		4.44	5.54	3.98	1.58	1.27
年末实有茶园面积		Area of Tea Plantations (year-end)		3.47	3.40	3.38	3.15	3.04
年末实有果园面积		Area of Orchards (year-end)		1.18	1.19	1.14	1.09	1.09
主要农产品产量		Yield of Major Farm Crops						
粮食作物	（吨）	Grain	(ton)	200836	222809	233538	340720	370681
棉　花	（吨）	Cotton	(ton)	8206	3389	8730	5431	5947
油　料	（吨）	Oil-bearing Crops	(ton)	5475	7253	7258	3283	2493
茶　叶	（吨）	Tea	(ton)	3818	7793	10460	10894	10749
水　果	（吨）	Fruits	(ton)	16695	15937	16776	26589	18358
畜牧业、渔业生产		Production of Animal Husbandry and Fishery						
大牲畜年末头数	（头）	Number of Large Animals (year-end)	(head)	6365	6022	9581	7799	7274
猪年末头数	（头）	Number of Hogs	(head)	22025	17532	19660	38821	39979
羊年末只数	（只）	Number of Sheep and Goats	(head)	3924	6911	6319	5561	5907
畜产品产量	（吨）	Output of Livestock Products	(ton)					
肉类总产量		Pork, Beef and Mutton		5148	8204	5556	11037	12200
#猪　肉		Pork		2067	2432	2778	4553	5296
牛　奶		Milk		10361	11845	18982	19018	19554
禽　蛋		Poultry Eggs		2027	3220	2605	3346	3176
水产品总产量	（吨）	Total Output of Aquatic Products	(ton)	1317	2786	3431	4777	4565

注：本表为农垦系统数据。
a) Data in this table cover those of the land reclamation department.

12—36 各县（市）农村基本情况（2011年）
Basic Statement of Rural Area by County or City (2011)

县（市）	County (City)	乡镇数（个）Number of Township and Town Governments	#镇数 Town Governments	村民委员会（个）Number of Villagers' Committees (unit)	乡村户数（户）Number of Households (household)	乡村人口数（人）Rural Population (person)	乡村从业人员数（人）Number of Rural Laborers (person)	#男 Male	自来水受益村（个）Villages with Access to Tap Water (unit)	通汽车村（个）Villages with Highway Communication (unit)
合肥市辖区	Hefei Reigon of City	9	7	93	107973	348832	192909	109458	75	93
巢湖市	Chaohu	12	11	139	185642	659840	380391	204378	129	139
长丰县	Changfeng	13	7	193	171597	663528	377875	206219	93	193
肥东县	Feidong	17	10	267	245009	942604	590596	320702	138	267
肥西县	Feixi	13	9	243	224553	819100	510646	279104	214	243
庐江县	Lujiang	16	16	194	295372	1076890	550220	281143	172	194
淮北市辖区	Huaibei Reigon of City	7	7	89	123821	459571	245821	137571	62	89
濉溪县	Suixi	10	9	214	244172	944850	490927	260446	47	214
亳州市辖区	Bozhou Reigon of City	22	20	272	337812	1243298	690067	377822	26	272
涡阳县	Guoyang	20	20	377	348066	1332036	734587	385024	138	377
蒙城县	Mengcheng	14	12	255	273227	1115060	633551	343524	83	255
利辛县	Lixin	22	19	346	338460	1378528	751615	394428	109	346
宿州市辖区	Suzhou Reigon of City	24	15	318	354027	1349172	769269	402342	69	318
砀山县	Dangshan	12	12	145	221950	855915	525984	271510	145	145
萧县	Xiaoxian	22	17	279	346490	1324866	691805	370103	91	279
灵璧县	Lingbi	18	12	300	259080	1093379	624799	323673	58	300
泗县	Sixian	14	11	174	208994	851636	508053	276503	62	172
蚌埠市辖区	Bengbu Reigon of City	10	5	145	106290	361505	216480	117584	60	145
怀远县	Huaiyuan	18	9	364	285316	1189560	692774	365005	72	364
五河县	Wuhe	14	12	223	167771	666622	401791	210129	48	223
固镇县	Guzhen	10	7	192	134438	559708	335462	181806	56	192
阜阳市辖区	Fuyang Reigon of City	29	20	316	427578	1613784	921168	494917	131	316
界首市	Jieshou	18	12	151	179469	662686	384515	204590	66	151
临泉县	Linquan	31	21	382	472458	2002954	1079762	567563	89	382
太和县	Taihe	30	25	306	405955	1520551	892032	470782	80	306
阜南县	Funan	28	19	324	349188	1560438	855566	452261	84	324
颍上县	Yingshang	29	21	278	370309	1461432	821592	446474	58	278
淮南市辖区	Huainan Reigon of City	27	18	320	193601	732757	460151	248959	127	320
凤台县	Fengtai	15	6	213	139635	507384	309123	165245	32	213
毛集区	Maoji District	3	3	38	26690	103362	63909	34095	11	38
滁州市辖区	Chuzhou Reigon of City	8	8	84	77303	249500	135778	72506	60	84
天长市	Tianchang	14	14	119	151763	545893	333724	167416	113	119
明光市	Mingguang	13	12	139	142753	547374	307571	167924	73	139
来安县	Laian	11	7	130	103707	403169	254220	140752	31	130
全椒县	Quanjiao	9	9	94	84878	340215	189216	101340	73	94
定远县	Dingyuan	21	15	245	196644	864321	480653	245133	158	239
凤阳县	Fengyang	14	13	198	172041	685360	392794	217915	52	191
六安市辖区	Luan Reigon of City	36	23	579	438341	1619214	961444	523033	187	579
寿县	Shouxian	25	20	235	361848	1349335	728720	397744	98	235

12—36 续表 continued

县（市） County (City)	乡镇数（个）Number of Township and Town Governments	#镇数 Town Governments	村民委员会（个）Number of Villagers' Committees (unit)	乡村户数（户）Number of Households (household)	乡村人口数（人）Rural Population (person)	乡村从业人员数（人）Number of Rural Laborers (person)	#男 Male	自来水受益村（个）Villages with Access to Tap Water (unit)	通汽车村（个）Villages with Highway Communication (unit)
霍邱县 Huoqiu	32	21	425	439426	1553291	843550	470005	100	425
舒城县 Shucheng	20	14	394	236648	877766	507692	280362	189	394
金寨县 Jinzhai	22	10	226	157352	577229	294123	164586	173	226
霍山县 Huoshan	16	12	135	91306	326535	173141	95517	113	135
叶集区 Yeji District	4		71	37274	139711	73370	40456	9	71
马鞍山市辖区 Maanshan Reigon of City	5	2	53	38100	106971	62603	32790	53	53
当涂县 Dangtu	13	10	167	153070	545026	311108	171309	167	167
含山县 Hanshan	8	8	95	98061	362672	207079	110607	95	95
和县 Hexian	9	9	85	120889	431024	253503	139709	77	85
芜湖市辖区 Wuhu Reigon of City	4	3	101	152736	501575	265242	144623	101	101
芜湖县 Wuhu	5	5	112	85426	300780	170552	92282	112	112
繁昌县 Fanchang	6	6	72	66688	210902	124805	67354	72	72
南陵县 Nanling	8	8	157	146225	493373	309527	160230	130	157
无为县 Wuwei	23	19	261	302124	971276	662183	357958	261	261
宣城市辖区 Xuancheng Reigon of City	18	14	167	224389	750035	440935	241129	156	167
宁国市 Ningguo	13	8	103	94618	313055	191379	103967	103	103
郎溪县 Langxi	11	7	93	81521	278106	161519	89539	88	93
广德县 Guangde	8	4	106	138571	455633	288886	171899	85	106
泾县 Jingxian	10	8	132	97515	301604	189947	104570	88	132
绩溪县 Jixi	10	7	76	44691	144877	84111	44661	76	76
旌德县 Jingde	9	5	68	36172	123703	72356	39063	67	68
铜陵市辖区 Tongling Reigon of City	4	3	38	22795	68380	40667	21059	37	37
铜陵县 Tongling	8	4	107	75855	240067	161014	85517	102	107
池州市辖区 Chizhou Reigon of City	11	10	165	150121	534249	297337	158334	142	165
东至县 Dongzhi	14	11	234	142595	501679	300933	160051	183	234
石台县 Shitai	7	5	79	27428	95120	56645	30686	79	79
青阳县 Qingyang	10	7	110	70106	232879	134841	73655	87	110
安庆市辖区 Anqing Reigon of City	13	5	113	100441	335540	193247	100590	111	113
桐城市 Tongcheng	12	12	197	176017	658619	388817	212455	177	197
怀宁县 Huaining	19	14	204	166428	636538	345326	184797	186	204
枞阳县 Zongyang	21	13	227	235845	844846	526739	288658	226	227
潜山县 Qianshan	15	10	175	142577	542510	276495	154482	169	175
太湖县 Taihu	14	9	174	137151	512601	288855	155707	114	174
宿松县 Susong	21	8	205	192021	729277	382475	203292	204	205
望江县 Wangjiang	9	7	118	149077	584429	333384	176033	111	118
岳西县 Yuexi	23	12	182	110611	402257	207411	114652	174	182
黄山市辖区 Huangshan Reigon of City	24	16	161	87522	277885	162185	85177	144	161
歙县 Shexian	27	12	194	140162	438332	276649	144319	192	183
休宁县 Xiuning	20	9	157	72333	249248	152877	80909	151	156
黟县 Yixian	7	3	66	25712	77181	52349	26434	66	66
祁门县 Qimen	17	7	152	42804	147694	97531	50732	152	152

12—37 各市、县农民人均纯收入
Per Capita Net Income of Peasants by City and County

单位：元（yuan）

地区	Region	1995	2000	2005	2010	2011
全省	**Province Indices**	**1302.80**	**1934.60**	**2641.00**	**5285.20**	**6232.21**
合肥市	**Hefei**	**1300.00**	**1975.24**	**3207.26**	**7117.47**	**7861.57**
瑶海区	Yaohai District			5145.25	8148.08	9416.16
庐阳区	Luyang District			5164.05	9758.25	11291.38
蜀山区	Shushan District			5210.10	9844.40	11314.12
包河区	Baohe District			5203.20	8377.22	9878.20
长丰县	Changfeng	984.95	1460.93	2565.12	6120.07	7291.48
肥东县	Feidong	1210.83	1953.59	3134.44	7026.67	8388.61
肥西县	Feixi	1325.59	1950.29	3172.84	7096.82	8463.63
庐江县	Lujiang	1241.09	1984.09	2724.37	5837.31	6951.61
巢湖市	Chaohu	1250.00	2270.65	3003.01	5838.37	6883.30
淮北市	**Huaibei**	**1381.74**	**2084.73**	**2665.08**	**5336.95**	**6313.29**
杜集区	Duji District		2357.44	3149.50	6351.60	7520.91
相山区	Xiangshan District		2781.60	3750.30	5745.87	6747.66
烈山区	Lieshan District		3004.99	2921.50	5305.60	6180.28
濉溪县	Suixi	1324.72	1977.20	2509.50	5178.24	6099.96
亳州市	**Bozhou**		**1922.26**	**2353.06**	**4688.50**	**5638.38**
谯城区	Qiaocheng District	1353.00	2160.00	2630.20	5122.56	6144.00
涡阳县	Guoyang	1253.00	2157.00	2607.01	5105.66	6123.30
蒙城县	Mengcheng	1336.00	2120.00	2637.58	5211.51	6159.00
利辛县	Lixin	996.00	1318.00	1601.75	3486.86	4292.43
宿州市	**Suzhou**	**1326.94**	**1800.56**	**2155.97**	**4765.70**	**5720.13**
埇桥区	Yongqiao District	1383.16	1866.79	2288.94	4851.71	5830.11
砀山县	Dangshan	1354.40	1798.57	2172.05	4520.08	5431.07
萧县	Xiaoxian	1293.97	1969.08	2260.73	5020.37	6031.62
灵璧县	Lingbi	1206.45	1779.07	1963.44	4576.99	5489.30
泗县	Sixian	1408.85	1685.05	2170.26	4715.19	5648.19
蚌埠市	**Bengbu**	**1460.13**	**2078.00**	**2780.20**	**5564.85**	**6615.29**
龙子湖区	Longzihu District			2932.73	5509.70	6566.18
蚌山区	Bangshan District			2681.27	5169.36	6156.49
禹会区	Yuhui District			2962.66	5260.30	6228.76
淮上区	Huaishang District			2843.13	5547.98	6569.29
怀远县	Huaiyuan	1497.91	2052.00	2757.17	5609.44	6664.28
五河县	Wuhe	1446.97	2152.00	2831.28	5547.75	6616.17
固镇县	Guzhen	1394.22	2087.22	2811.42	5562.14	6607.34
阜阳市	**Fuyang**	**1168.00**	**1834.00**	**2085.16**	**4186.96**	**5100.49**
颍州区	Yingzhou District		2201.00	2606.22	5228.00	6215.02
颍东区	Yingdong District		1901.00	1903.95	3840.49	4592.20
颍泉区	Yingquan District		1909.00	2415.02	5048.14	6024.62
临泉县	Linquan	1020.00	1498.00	1753.01	3476.38	4301.54
太和县	Taihe	1298.00	2124.00	2557.16	5057.50	6012.50
阜南县	Funan	996.00	1398.00	1662.17	3401.48	4242.60
颍上县	Yingshang	968.00	1835.00	1957.88	4107.59	5127.02
界首市	Jieshou	1257.00	2250.00	2608.16	5266.42	6322.10
淮南市	**Huainan**	**1472.37**	**2186.00**	**2786.16**	**5746.36**	**6795.00**
大通区	Datong District		2597.22	2745.28	5586.14	6608.96
田家庵区	Tianjaan District		3421.00	3196.21	6736.06	7974.00
谢家集区	Xiejiaji District		3230.07	3127.03	6265.67	7424.00
八公山区	Bagongshan District		3302.00	4268.23	7379.23	8643.86
潘集区	Panji District		2028.00	2361.70	5285.26	6256.60
凤台县	Fengtai	1433.11	1980.00	2817.92	5955.10	7041.00
毛集区	Maoji Distrct			3142.30	6112.64	7198.00
滁州市	**Chuzhou**	**1345.00**	**2239.78**	**2801.11**	**5915.44**	**7017.00**
琅琊区	Langya District	1966.00	2543.39	3938.32	7467.98	8335.34
南谯区	Nanqiao District	1301.00	2203.43	2887.67	5696.99	7615.97
来安县	Laian	1249.00	2260.00	3065.11	6924.94	8188.01
全椒县	Quanjiao	1500.00	2241.00	2852.00	6273.88	7469.00
定远县	Dingyuan	1320.00	2117.00	2335.78	5345.44	6358.15
凤阳县	Fengyang	1112.00	2158.27	2658.00	5759.57	6857.76
天长市	Tianchang	1659.00	2494.00	3803.46	7558.02	9000.51
明光市	Mingguang	1351.00	2102.23	2673.36	5425.48	6431.88

12—37 续表 continued

单位：元（yuan）

地 区	Region	1995	2000	2005	2010	2011
六安市	**Luan**	**1209.80**	**1571.27**	**2254.71**	**4713.63**	**5643.45**
金安区	Jinan District		1578.25	2218.40	4714.43	5745.99
裕安区	Yuan District		1426.18	2120.40	4681.02	5536.60
寿 县	Shouxian	1257.63	1492.00	2316.65	4597.58	5432.60
霍邱县	Huoqiu	1300.00	1556.00	2298.01	4773.00	5725.00
舒城县	Shucheng	1109.80	1598.30	2304.40	4818.52	5817.88
金寨县	Jinzhai	1013.97	1542.00	2045.27	4428.25	5430.60
霍山县	Huoshan	1175.69	1575.12	2344.10	5047.24	6022.61
叶集区	Yeji District			2604.03	5058.00	5819.84
马鞍山市	**Maanshan**	**1507.70**	**2682.59**	**4511.19**	**9331.45**	**9504.78**
金家庄区	JInjiazhan District				10500.43	12369.18
花山区	Huashan District				10034.44	11970.49
雨山区	Yushan District				9705.32	11577.00
当涂县	Dangtu	1410.70	2552.00	4397.61	9213.42	10845.00
含山县	Henshan	1278.86	2175.64	3134.50	6986.57	8319.00
和 县	Hexian	1298.36	2177.13	3252.91	6933.23	8235.00
芜湖市	**Wuhu**	**1560.35**	**2658.00**	**3993.40**	**7834.15**	**8413.30**
弋江区	Yijiang District		3318.00	4370.00	7278.71	8601.70
鸠江区	Jiujiang District		3586.00	4607.09	7553.67	8405.30
三山区	Sanshang District				7202.39	8504.87
芜湖县	Wuhu	1529.82	2625.00	3998.45	8238.62	9693.34
繁昌县	Fanchang	1608.10	2564.36	3894.70	7996.35	9479.52
南陵县	Nanling	1517.87	2574.00	3941.46	7861.09	9210.58
无为县	Wuwei	1195.92	1960.37	2814.54	6193.12	7285.37
宣城市	**Xuancheng**	**1588.00**	**2288.42**	**3157.21**	**6650.95**	**7844.39**
宣州区	Xuanzhou District	1668.00	2429.62	3438.32	7581.27	8938.11
郎溪县	Langxi	1580.00	1393.04	2225.90	5304.26	6318.49
广德县	Guangde	1601.00	2408.88	3753.00	7813.87	9202.53
泾 县	Jingxian	1391.00	2360.63	2656.62	5313.27	6312.11
绩溪县	Jixi	1504.00	2364.50	3101.88	5941.06	7076.54
旌德县	Jingde	1590.00	2114.39	3053.40	5451.87	6435.09
宁国市	Ningguo	1644.00	2408.35	3953.99	8474.85	10000.66
铜陵市	**Tongling**	**1423.00**	**2436.00**	**3353.58**	**7266.10**	**8562.33**
狮子山区	Shuzushan District			3629.91	8146.50	9600.46
郊 区	Region of City	1796.00	3082.00	3760.80	7664.81	9040.00
铜陵县	Tongling	1381.00	2356.00	3251.25	7113.54	8380.20
池州市	**Chizhou**	**1469.90**	**2071.85**	**2939.50**	**5827.49**	**6908.46**
市辖区	Reigon of City			4562.92	6294.52	7434.59
贵池区	Guichi District	1535.10	2267.97	3089.00	6214.22	7336.12
东至县	Dongzhi	1387.20	2053.87	2711.36	5837.78	6946.54
石台县	Shitai	1474.50	1144.77	1492.93	3280.64	3867.93
青阳县	Qingyang	1488.80	2145.86	2858.09	5949.93	7080.14
安庆市	**Anqing**	**1205.87**	**1804.07**	**2610.99**	**4985.26**	**5899.59**
迎江区	yingjiang District			3231.36	7086.06	8366.31
大观区	daguan District			3182.31	6979.69	8231.97
宜秀区	yixu District	1670.00	2513.48	3752.75	7042.59	8312.02
怀宁县	Huaining	1626.56	2386.00	3566.08	6345.92	7523.72
枞阳县	Zongyang	908.42	1589.34	1796.00	4398.62	5219.00
潜山县	Qianshan	1196.00	1390.00	1810.28	3989.14	4719.05
太湖县	Taihu	1058.15	1456.49	1748.15	3853.57	4553.38
宿松县	Susong	995.25	1391.48	1796.72	4489.24	5299.99
望江县	Wangjiang	1206.46	1706.39	1998.00	4347.47	5132.19
岳西县	Yuexi	790.35	1387.02	1838.57	3600.00	4255.20
桐城市	Tongcheng	1562.83	2472.02	3728.08	7149.31	8484.78
黄山市	**Huangshan**	**1075.00**	**2241.00**	**3157.82**	**6715.67**	**7952.44**
屯溪区	Tunxi District	1343.00	3073.00	4268.40	7755.91	9149.37
黄山区	Huangshan District	1188.00	2416.00	3398.08	6928.61	8185.19
徽州区	Huizhou District	1127.00	2455.35	3393.45	6832.42	8061.60
歙 县	Shexian	918.00	2190.00	2988.26	6524.07	7749.30
休宁县	Xiuning	1145.00	2191.00	3170.19	6756.05	8023.56
黟 县	Yixian	1119.00	2126.32	2995.53	6497.97	7706.95
祁门县	Qimen	1177.00	1944.13	2942.74	6536.83	7750.14

12—38 各县（市）农林牧渔业总产值（2011年）

Gross Putput Value of Farming, Forestry, Animal Husbandry and Fishery by County or City (2011)

本表按当年价格计算　(At current price)　　单位：万元 (10000 yuan)

县（市）	County (City)	农林牧渔业 Farming, Forestry, Animal Husban and Fishery	农业 Farming	林业 Forestry	牧业 Animal Husban	渔业 Fishery	农林牧渔服务业 Agricultural Services
合肥市辖区	Hefei Reigon of City	200862	99337	20147	42189	26449	12740
巢湖市	Chaohu	379691	173374	8277	105198	73177	19665
长丰县	Changfeng	733173	339796	13539	318692	53550	7596
肥东县	Feidong	907016	406957	23957	341772	121467	12863
肥西县	Feixi	805120	331431	9991	346791	107872	9035
庐江县	Lujiang	622800	378271	19139	105543	109574	10273
淮北市辖区	Huaibei Reigon of City	253983	125236	6267	95098	18792	8590
濉溪县	Suixi	538375	330776	8218	168776	14775	15830
亳州市辖区	Bozhou Reigon of City	783627	590936	11900	136701	15911	28179
涡阳县	Guoyang	676176	436081	17323	133542	14781	74449
蒙城县	Mengcheng	701241	438180	33816	154111	18978	56156
利辛县	Lixin	717239	409935	9502	241383	16413	40006
宿州市辖区	Suzhou Reigon of City	965087	515942	33304	345676	23856	46309
砀山县	Dangshan	577651	369911	20899	162997	5094	18750
萧县	Xiaoxian	810676	422911	40251	326443	11025	10046
灵璧县	Lingbi	793872	410932	20434	324676	12602	25228
泗县	Sixian	710035	380551	23650	270548	26734	8552
蚌埠市辖区	Bengbu Reigon of City	158646	114897	6746	9520	25818	1665
怀远县	Huaiyuan	887768	523589	18509	248461	81328	15881
五河县	Wuhe	691148	340961	14645	213612	113710	8220
固镇县	Guzhen	620913	365731	15367	205433	18937	15445
阜阳市辖区	Fuyang Reigon of City	847794	455767	27334	306964	25351	32378
界首市	Jieshou	354711	192696	22158	122005	6252	11600
临泉县	Linquan	958530	556265	17421	335105	14650	35089
太和县	Taihe	734974	440513	23014	245405	11832	14210
阜南县	Funan	727930	395626	39748	238515	33840	20201
颍上县	Yingshang	708985	335621	37520	265717	49283	20844
淮南市辖区	Huainan Reigon of City	421984	246626	3367	107306	55370	9315
凤台县	Fengtai	347515	174739	5670	121159	35077	10870
毛集区	Maoji District	73880	36664	1592	22023	12387	1214
滁州市辖区	Chuzhou Reigon of City	233539	126794	8100	67182	26099	5364
天长市	Tianchang	411748	178438	3965	108955	112780	7610
明光市	Mingguang	439200	176606	7393	124861	120070	10270
来安县	Laian	282263	166802	7468	79908	21971	6114
全椒县	Quanjiao	329333	182889	10175	88485	38568	9216
定远县	Dingyuan	749726	352046	9828	337444	44208	6200
凤阳县	Fengyang	477763	250649	5241	172272	43795	5806
六安市辖区	Luan Reigon of City	767655	374779	91768	206060	82220	12828
寿县	Shouxian	725432	293599	28863	278875	115195	8900

12—38 续表 continued

单位：万元（10000 yuan）

县（市）	County (City)	农林牧渔业 Farming, Forestry, Animal Husban and Fishery	农　业 Farming	林　业 Forestry	牧　业 Animal Husban	渔　业 Fishery	农林牧渔服务业 Agricultural Services
霍 邱 县	Huoqiu	780277	294528	56930	339497	80722	8600
舒 城 县	Shucheng	439471	206367	42761	124759	46264	19320
金 寨 县	Jinzhai	266047	149769	33072	59366	12710	11130
霍 山 县	Huoshan	170181	98775	22648	34157	11601	3000
叶 集 区	Yeji District	75715	33614	14158	24616	2889	438
马鞍山市辖区	Maanshan Reigon of City	57248	29574	1882	21752	3140	900
当 涂 县	Dangtu	440391	162597	3232	59179	202813	12570
含 山 县	Hanshan	279146	141444	7803	46882	41892	41125
和 县	Hexian	342541	235283	2884	57631	35723	11020
芜湖市辖区	Wuhu Reigon of City	282482	165583	9394	43209	46173	18123
芜 湖 县	Wuhu	243108	140860	6000	38442	45600	12206
繁 昌 县	Fanchang	130783	45265	25512	32074	18844	9088
南 陵 县	Nanling	399779	174232	25398	84581	92458	23110
无 为 县	Wuwei	875782	360235	22387	138709	157973	196478
宣城市辖区	Xuancheng Reigon of City	534069	300403	17876	79851	103438	32501
宁 国 市	Ningguo	277750	126559	25821	101090	10860	13420
郎 溪 县	Langxi	194014	105688	10976	28420	40375	8555
广 德 县	Guangde	261191	103401	43580	85720	15080	13410
泾 县	Jingxian	214675	85486	45169	68807	4702	10511
绩 溪 县	Jixi	136091	68600	7020	32842	3076	24553
旌 德 县	Jingde	92602	31784	23719	23659	3490	9950
铜陵市辖区	Tongling Reigon of City	59958	30246	3168	12685	11296	2563
铜 陵 县	Tongling	121141	63058	12079	20957	16876	8171
池州市辖区	Chizhou Reigon of City	389985	174369	30246	99657	69141	16572
东 至 县	Dongzhi	382243	190716	30809	65854	55479	39385
石 台 县	Shitai	47028	24212	13973	7829	194	820
青 阳 县	Qingyang	122982	47242	21016	31724	16492	6508
安庆市辖区	Anqing Reigon of City	212813	87350	6687	43088	60603	15085
桐 城 市	Tongcheng	381814	140562	23761	156956	52415	8120
怀 宁 县	Huaining	326352	142408	13038	122386	38293	10227
枞 阳 县	Zongyang	446467	180596	24579	106707	121285	13300
潜 山 县	Qianshan	259518	120514	43211	82395	5573	7825
太 湖 县	Taihu	312856	94640	34540	139156	38839	5681
宿 松 县	Susong	596519	260359	15858	91092	127210	102000
望 江 县	Wangjiang	403350	203377	8412	90986	72064	28511
岳 西 县	Yuexi	198317	110460	25630	55397	3025	3805
黄山市辖区	Huangshan Reigon of City	218099	96999	37494	64765	15001	3840
歙 县	Shexian	231360	135647	8843	81067	2303	3500
休 宁 县	Xiuning	178443	85170	25131	59645	3076	5421
黟 县	Yixian	54439	20579	13442	17464	234	2720
祁 门 县	Qimen	80284	49249	16413	11771	951	1900

12—39 各县（市）农作物产量和耕地面积（2011年）
Yield of Farm Crops and Area of Cultivated Land by County or City (2011)

县（市）	County (City)	粮　食（吨）Grain (ton)	棉　花（吨）Cotton (ton)	油　料（吨）Oil-bearing Crops (ton)	耕地面积（公顷）Cultivated Area (hectare)	#水　田 Paddy Field	播种面积（公顷）Total Sown Area (hectare)
合肥市辖区	Hefei Reigon of City	63144	1187	2759	10152	6822	24106
巢 湖 市	Chaohu	342648	9426	44745	47113	34137	90288
长 丰 县	Changfeng	628665	5831	26138	65918	49816	144171
肥 东 县	Feidong	722571	5571	86423	80229	62667	183609
肥 西 县	Feixi	583120	7945	53274	61314	49781	134420
庐 江 县	Lujiang	873264	5560	32901	72834	66496	174560
淮北市辖区	Huaibei Reigon of City	217280	775	2274	24865	34	61798
濉 溪 县	Suixi	1044477	822	2134	111215		224589
亳州市辖区	Bozhou Reigon of City	883693	14298	9359	127319		278832
涡 阳 县	Guoyang	1350452	1266	4997	130948		269359
蒙 城 县	Mengcheng	1309019	2733	23674	122318	138	257748
利 辛 县	Lixin	1152006	1070	5409	119117	3190	244604
宿州市辖区	Suzhou Reigon of City	1145091	8516	42164	141847	346	279225
砀 山 县	Dangshan	279536	4820	44492	37313		102039
萧　　县	Xiaoxian	742695	11088	20821	91759	65	186527
灵 璧 县	Lingbi	987942	3087	59269	120840	2020	230440
泗　　县	Sixian	845302	4077	77171	88718	4641	193655
蚌埠市辖区	Bengbu Reigon of City	187124	7827	2070	21362	12816	48279
怀 远 县	Huaiyuan	1260061	6783	92676	128480	57484	263112
五 河 县	Wuhe	802961	3867	69924	73947	38420	180978
固 镇 县	Guzhen	511402	17997	181219	71289	1746	158278
阜阳市辖区	Fuyang Reigon of City	918039	2312	15788	105705	40	226653
界 首 市	Jieshou	397872	2380	6199	38808		86092
临 泉 县	Linquan	1096585	4245	19833	113349	1668	258229
太 和 县	Taihe	1014759	3190	8249	115580		234247
阜 南 县	Funan	878000	1306	19377	98415	17259	209447
颍 上 县	Yingshang	1072893	4084	7464	103832	38796	219950
淮南市辖区	Huainan Reigon of City	694359	1311	10066	57373	40417	132055
凤 台 县	Fengtai	600450	235	3461	45981	32487	97093
毛 集 区	Maoji District	120717		462	10072	6870	20560
滁州市辖区	Chuzhou Reigon of City	302431	2555	21158	27886	17086	73578
天 长 市	Tianchang	719379		15948	59519	58394	117252
明 光 市	Mingguang	559384	416	34565	56776	27192	127504
来 安 县	Laian	462741	357	30979	48021	36216	96817
全 椒 县	Quanjiao	451786	4844	51669	41320	29534	86877
定 远 县	Dingyuan	1162049	1394	31848	105024	78403	217044
凤 阳 县	Fengyang	747095	582	20645	68556	39923	147583
六安市辖区	Luan Reigon of City	885814	6837	65521	94369	80182	211506
寿　　县	Shouxian	1500212	4290	19881	122233	105716	246290

12—39 续表 continued

县（市）	County (City)	粮食（吨）Grain (ton)	棉花（吨）Cotton (ton)	油料（吨）Oil-bearing Crops (ton)	耕地面积（公顷）Cultivated Area (hectare)	#水田 Paddy Field	播种面积（公顷）Total Sown Area (hectare)
霍邱县	Huoqiu	1577168	1993	14237	124089	109309	231761
舒城县	Shucheng	419433	2824	35052	41632	34609	99801
金寨县	Jinzhai	154307	20	9313	23085	20464	47555
霍山县	Huoshan	111227	370	4960	16917	14333	31310
叶集区	Yeji District	110819	46	6885	11566	8152	21021
马鞍山市辖区	Maanshan Reigon of City	35254	74	5477	4521	4040	10377
当涂县	Dangtu	440668	4562	35608	43570	39386	88859
含山县	Hanshan	259871	10719	37261	34791	31534	54331
和县	Hexian	334655	1299	23604	41748	37138	84576
芜湖市辖区	Wuhu Reigon of City	191433	2558	28081	21596	19546	51359
芜湖县	Wuhu	217610	4359	18987	19341	16527	54147
繁昌县	Fanchang	88367	1172	7989	15973	12148	21052
南陵县	Nanling	402751	2000	14195	32917	20164	89286
无为县	Wuwei	520055	44356	81652	85930	56480	171255
宣城市辖区	Xuancheng Reigon of City	517830	10839	41240	54511	49751	133380
宁国市	Ningguo	83835	175	13206	13808	10329	28172
郎溪县	Langxi	297399	1379	15763	24367	21612	64450
广德县	Guangde	199142	310	16170	25413	23190	51391
泾县	Jingxian	153327	933	10756	19000	18731	41052
绩溪县	Jixi	62948	29	9100	6707	5872	16744
旌德县	Jingde	63831	150	6910	9312	8263	21817
铜陵市辖区	Tongling Reigon of City	73531	560	2899	6026	5658	16194
铜陵县	Tongling	87460	4825	18940	17450	12459	31262
池州市辖区	Chizhou Reigon of City	314957	8964	36806	33725	26204	78316
东至县	Dongzhi	228922	21305	40938	31524	19631	83912
石台县	Shitai	17908	673	4770	3154	2671	8495
青阳县	Qingyang	132709	210	7492	14517	12940	29255
安庆市辖区	Anqing Reigon of City	110385	9752	16637	17542	10222	38542
桐城市	Tongcheng	349981	2898	26973	39287	34457	86597
怀宁县	Huaining	367814	7020	30545	39244	31632	105481
枞阳县	Zongyang	516949	9935	38544	35944	25192	129954
潜山县	Qianshan	248110	3694	14138	22925	21335	60091
太湖县	Taihu	208534	6856	19512	25363	20761	62522
宿松县	Susong	383026	32250	60607	48120	32340	136983
望江县	Wangjiang	397663	29378	70881	53727	25592	116279
岳西县	Yuexi	93282	286	3978	15865	13141	36385
黄山市辖区	Huangshan Reigon of City	96596	95	6923	13482	10750	31118
歙县	Shexian	85109	30	15608	10098	7895	40433
休宁县	Xiuning	103533	42	9408	11984	11067	32380
黟县	Yixian	28666	29	3752	4983	3944	9874
祁门县	Qimen	48009	252	4699	6853	5879	16708

12—40 各县（市）主要林业生产情况（2011年）
Production of Major Forestry Products by County or City (2011)

县（市）	County (City)	营林情况（公顷） Management of Forest (hectares) 人工造林面积 Man-made Afforested Area	新增育苗面积 Area of Growing Seedlings	幼林抚育面积 Area of Tending Young Forest	油桐籽（吨） Tung-oil Seeds (ton)	油茶籽（吨） Tea-oil Seeds (ton)	竹材采伐量（万根） Determination of Bamboo Cut (10000 units)	木材采伐量（万立方米） Determination of Timber Cut (10000 cu.m)
合肥市辖区	Hefei Reigon of City	4029	993	153				3.84
巢湖市	Chaohu	336	167	333	3	23	4.50	5.90
长丰县	Changfeng	485	133					6.46
肥东县	Feidong	893	233	2865				1.05
肥西县	Feixi	2020	1400	3367				0.98
庐江县	Lujiang	794	110	2630		90	31.00	1.45
淮北市辖区	Huaibei Reigon of City	1054	29	2325				1.31
濉溪县	Suixi	139	69	1648				3.09
亳州市辖区	Bozhou Reigon of City	616	200					15.00
涡阳县	Guoyang	934	170					16.00
蒙城县	Mengcheng	455	120	3000				19.20
利辛县	Lixin	735	160	7000				15.04
宿州市辖区	Suzhou Reigon of City	719	160	13333	18			12.78
砀山县	Dangshan	1033	47	20100				5.60
萧县	Xiaoxian	1730	200	11000				11.00
灵璧县	Lingbi	1493	180	3150				10.57
泗县	Sixian	1133	100	2413				6.09
蚌埠市辖区	Bengbu Reigon of City	162	83	297				1.34
怀远县	Huaiyuan	538	47	11800			2.00	7.40
五河县	Wuhe	481	20	4500				7.40
固镇县	Guzhen	421	80	8000				5.24
阜阳市辖区	Fuyang Reigon of City	508	178	1172				7.47
界首市	Jieshou	251	100	600				2.99
临泉县	Linquan	349	93	2105				6.02
太和县	Taihe	672	200	2000				8.60
阜南县	Funan	745	200	4000				6.16
颍上县	Yingshang	515	200	1530				6.80
淮南市辖区	Huainan Reigon of City	693	88	446				0.49
凤台县	Fengtai	133	57	133				0.40
毛集区	Maoji District	87	60					0.12
滁州市辖区	Chuzhou Reigon of City	2156	429	6919			4.59	12.30
天长市	Tianchang	133	53	133				9.20
明光市	Mingguang	953	450	4000			0.60	2.45
来安县	Laian	732	320	2000				1.32
全椒县	Quanjiao	838	272	1260			0.50	4.39
定远县	Dingyuan	866	120	7200				1.84
凤阳县	Fengyang	583	128	2000		3		0.85
六安市辖区	Luan Reigon of City	2151	109	3765	3	468	521.30	10.85
寿县	Shouxian	564	267					0.70

12—40　续表　continued

县（市）	County (City)	营林情况（公顷） Management of Forest (hectares): 人工造林面积 Man-made Afforested Area	新增育苗面积 Area of Growing Seedlings	幼林抚育面积 Area of Tending Young Forest	油桐籽（吨） Tung-oil Seeds (ton)	油茶籽（吨） Tea-oil Seeds (ton)	竹材采伐量（万根） Determination of Bamboo Cut (10000 units)	木材采伐量（万立方米） Determination of Timber Cut (10000 cu.m)
霍邱县	Huoqiu	646	42	7750				3.71
舒城县	Shucheng	2430	73	5242	35	8080	167.00	5.73
金寨县	Jinzhai	1892	14	2733	1005	1067	315.00	9.21
霍山县	Huoshan	2036				1500	1600.00	6.06
叶集区	Yeji District	297	15					
马鞍山市辖区	Maanshan Reigon of City	36	12	448			8.85	
当涂县	Dangtu	200	127	533			10.69	
含山县	Hanshan	590	7	1500		40	3.00	1.12
和县	Hexian	299	100	1333			1.00	
芜湖市辖区	Wuhu Reigon of City	29	85	415	1		2.59	
芜湖县	Wuhu	213	10					
繁昌县	Fanchang	167	13	2000		10	1020.00	1.80
南陵县	Nanling	567	7	2007	50		59.59	2.75
无为县	Wuwei	390	65	8620		20	15.00	3.69
宣城市辖区	Xuancheng Reigon of City	1507				10	296.00	10.35
宁国市	Ningguo	1894	20	4100			1112.11	9.48
郎溪县	Langxi	583	2	667	35		77.50	1.23
广德县	Guangde	2278					2000.00	4.68
泾县	Jingxian	1399	30	10000	50	70	480.00	10.85
绩溪县	Jixi	682	30	3615	31	410	52.11	4.58
旌德县	Jingde	800	34	4106	12	22	67.16	7.05
铜陵市辖区	Tongling Reigon of City	95	4	646			4.40	0.84
铜陵县	Tongling	202	67	8500	400	2	23.35	1.52
池州市辖区	Chizhou Reigon of City	533	44	1433		2	76.15	16.01
东至县	Dongzhi	1800	878	4953	90	81	698.76	32.24
石台县	Shitai	433	16	5620	127	26	140.00	10.96
青阳县	Qingyang	1056	237	2360			70.01	21.89
安庆市辖区	Anqing Reigon of City	668	13	217			23.00	1.71
桐城市	Tongcheng	683	350		100	350	5.60	6.93
怀宁县	Huaining	1610	30			20		3.17
枞阳县	Zongyang	109	20	11			18.00	3.30
潜山县	Qianshan	1402	26	3820	6	3860	132.00	12.70
太湖县	Taihu	1688	2	12130	380	6480	62.75	7.36
宿松县	Susong	1516	114	8617		576	240.00	5.07
望江县	Wangjiang	1187	20	2648	24	5	2.00	1.51
岳西县	Yuexi	1151	7	2301		5200	114.00	2.27
黄山市辖区	Huangshan Reigon of City	1535	260	9209		1060	172.30	8.77
歙县	Shexian	1700	120	5662		154	15.26	4.08
休宁县	Xiuning	1097	120	2212		611	230.90	8.73
黟县	Yixian	489	53	830	4	168	125.00	3.58
祁门县	Qimen	1729	7	8533		1200	105.00	18.80

12—41 各县（市）茶叶、水果生产情况（2011年）
Tea, Fruits Production by County or City (2011)

单位：吨（ton）

县（市）	County (City)	茶叶 Tea	#绿茶 Green Tea	园林水果 Garden Fruits	#葡萄 Grapes
合肥市辖区	Hefei Reigon of City			11129	11004
巢湖市	Chaohu	457	457	12628	2722
长丰县	Changfeng			14906	1968
肥东县	Feidong	5		21689	1843
肥西县	Feixi	38	28	42568	9683
庐江县	Lujiang	740	740	39524	36041
淮北市辖区	Huaibei Reigon of City			98677	18945
濉溪县	Suixi			1969	411
亳州市辖区	Bozhou Reigon of City			19713	422
涡阳县	Guoyang			7778	1194
蒙城县	Mengcheng			8586	532
利辛县	Lixin			5970	900
宿州市辖区	Suzhou Reigon of City			48291	5830
砀山县	Dangshan			1268430	
萧县	Xiaoxian			282985	99869
灵璧县	Lingbi			52658	932
泗县	Sixian			1200	
蚌埠市辖区	Bengbu Reigon of City			6586	1026
怀远县	Huaiyuan			23127	950
五河县	Wuhe			23634	452
固镇县	Guzhen			16032	788
阜阳市辖区	Fuyang Reigon of City			13033	1186
界首市	Jieshou			9300	656
临泉县	Linquan			25900	2230
太和县	Taihe			4000	1050
阜南县	Funan			11365	1080
颍上县	Yingshang			4880	137
淮南市辖区	Huainan Reigon of City			21320	4193
凤台县	Fengtai			9195	832
毛集区	Maoji District			400	26
滁州市辖区	Chuzhou Reigon of City	360	360	4529	87
天长市	Tianchang	6	6	26	3
明光市	Mingguang	24	24	6249	167
来安县	Laian	14	14	6065	2914
全椒县	Quanjiao	66	66	6632	690
定远县	Dingyuan	4	4	13258	1720
凤阳县	Fengyang			30615	12860
六安市辖区	Luan Reigon of City	4059	4042	15095	294
寿县	Shouxian			15392	1667

12—41 续表 continued

单位：吨 (ton)

县（市）	County (City)	茶叶 Tea	#绿茶 Green Tea	园林水果 Garden Fruits	#葡萄 Grapes
霍邱县	Huoqiu			6702	1331
舒城县	Shucheng	2115	1795	7837	4868
金寨县	Jinzhai	5120	5120	580	
霍山县	Huoshan	5150	5150	330	
叶集区	Yeji District			1578	10
马鞍山市辖区	Maanshan Reigon of City	48	48	2271	1161
当涂县	Dangtu	65	65	9000	1163
含山县	Hanshan	206	206	9034	1420
和县	Hexian	16	16	1253	644
芜湖市辖区	Wuhu Reigon of City	25	25	1703	1345
芜湖县	Wuhu	1660	1660	6350	850
繁昌县	Fanchang	85	85	4776	1137
南陵县	Nanling	450	450	2044	81
无为县	Wuwei	214	214	23341	2372
宣城市辖区	Xuancheng Reigon of City	14413	14404	22456	1844
宁国市	Ningguo	2000	2000	4000	64
郎溪县	Langxi	6240	6240	2982	67
广德县	Guangde	1259	1259	3610	472
泾县	Jingxian	1270	1250	2525	45
绩溪县	Jixi	931	931	1597	46
旌德县	Jingde	350	350	1120	9
铜陵市辖区	Tongling Reigon of City	4	4	3281	2220
铜陵县	Tongling	91	91	1285	202
池州市辖区	Chizhou Reigon of City	971	668	2419	173
东至县	Dongzhi	1996	1200	1761	86
石台县	Shitai	2564	1384	860	4
青阳县	Qingyang	241	241	1138	6
安庆市辖区	Anqing Reigon of City	46	41	9594	
桐城市	Tongcheng	433	427	2255	89
怀宁县	Huaining	195	195	2711	91
枞阳县	Zongyang	232	225	572	59
潜山县	Qianshan	2399	2395	1920	8
太湖县	Taihu	2110	2098	3553	6
宿松县	Susong	365	155	8000	200
望江县	Wangjiang	30	30	192	
岳西县	Yuexi	2900	2900	409	4
黄山市辖区	Huangshan Reigon of City	3104	3037	8432	168
歙县	Shexian	8400	8400	43097	9499
休宁县	Xiuning	7144	5878	1899	3
黟县	Yixian	1482	1283	2103	45
祁门县	Qimen	5501	3751	1998	81

12—42 各县（市）畜牧业、渔业生产情况（2011年）

Production of Animal Husbandry, Fishery by County or City (2011)

县（市）	County (City)	出栏猪（头）Sjaughtered Fattened Hogs (heads)	出栏牛（头）Sjaughtered Cattle and Buffaloes (heads)	出栏羊（只）Sjaughtered Sheep and Goats (heads)	出栏家禽（万只）Sjaughtered Poultry (10000 heads)	禽蛋产量（吨）Output of Poultry Eggs (ton)	水产品产量（吨）Output of Aquatic Products (ton)
合肥市辖区	Hefei Reigon of City	112668	263	1385	536.74	1382	10591
巢湖市	Chaohu	179076	5437	16651	1135.75	17943	33015
长丰县	Changfeng	893805	13950	46512	2959.00	25640	31006
肥东县	Feidong	908978	12964	23574	2029.00	43395	46201
肥西县	Feixi	395390	11856	25356	6772.00	73563	39687
庐江县	Lujiang	200885	5821	2983	1047.00	18913	42500
淮北市辖区	Huaibei Reigon of City	259038	2719	119057	536.50	13885	16348
濉溪县	Suixi	348126	6611	361227	844.50	26008	9932
亳州市辖区	Bozhou Reigon of City	595101	22156	306832	703.00	15341	11182
涡阳县	Guoyang	539484	20968	502185	368.00	14058	12416
蒙城县	Mengcheng	719939	31200	312030	365.00	11610	11220
利辛县	Lixin	875500	51577	604818	658.00	18471	11558
宿州市辖区	Suzhou Reigon of City	1133765	18406	612234	925.00	41266	13830
砀山县	Dangshan	423410	12114	831540	228.00	16514	3010
萧县	Xiaoxian	891846	20108	825623	535.00	55684	5630
灵璧县	Lingbi	1061748	45730	428069	929.00	74948	5525
泗县	Sixian	829854	51102	589262	1278.00	30858	10004
蚌埠市辖区	Bengbu Reigon of City	88407	6160	21778	557.86	4372	9554
怀远县	Huaiyuan	608522	104121	458315	1388.00	11859	38710
五河县	Wuhe	432396	68798	263258	1245.00	17263	46547
固镇县	Guzhen	687276	58852	408154	1989.00	27257	9223
阜阳市辖区	Fuyang Reigon of City	1055989	36943	601465	1048.03	24618	16771
界首市	Jieshou	277647	13999	147704	357.79	10209	4301
临泉县	Linquan	1105541	92400	442081	1101.57	27580	7852
太和县	Taihe	923377	33680	286460	650.06	14228	9230
阜南县	Funan	805538	47324	291117	716.97	27153	11769
颍上县	Yingshang	849788	68325	292586	516.45	27682	39123
淮南市辖区	Huainan Reigon of City	164501	18208	80953	1010.70	33857	33492
凤台县	Fengtai	242125	23063	146324	836.00	19785	24737
毛集区	Maoji District	45944	2329	18490	159.30	5218	9063
滁州市辖区	Chuzhou Reigon of City	148060	4893	83377	438.00	3585	22810
天长市	Tianchang	281197	855	6032	433.00	20877	62500
明光市	Mingguang	376987	41942	63339	564.00	19010	71061
来安县	Laian	240681	7524	59100	746.00	7031	22011
全椒县	Quanjiao	245170	5516	72550	1629.00	8750	40100
定远县	Dingyuan	1368789	25722	81307	902.00	21504	31191
凤阳县	Fengyang	367690	38181	156560	767.00	22513	38327
六安市辖区	Luan Reigon of City	691598	5378	68936	2273.00	10311	44522
寿县	Shouxian	1042011	41600	385900	2308.00	41242	90500

12—42　续表　continued

县（市）	County (City)	出栏猪（头）Sjaughtered Fattened Hogs (heads)	出栏牛（头）Sjaughtered Cattle and Buffaloes (heads)	出栏羊（只）Sjaughtered Sheep and Goats (heads)	出栏家禽（万只）Sjaughtered Poultry (10000 heads)	禽蛋产量（吨）Output of Poultry Eggs (ton)	水产品产量（吨）Output of Aquatic Products (ton)
霍邱县	Huoqiu	1361110	38305	272711	1956.00	55390	82000
舒城县	Shucheng	210782	2541	5090	1809.00	22225	34500
金寨县	Jinzhai	252663	17300	50758	313.00	4150	11287
霍山县	Huoshan	132485	4250	16500	256.00	826	7000
叶集区	Yeji District	104001	146	56513	203.00	451	1300
马鞍山市辖区	Maanshan Reigon of City	71259	314	22608	112.92	1395	2271
当涂县	Dangtu	161370	765	51579	710.00	4636	66549
含山县	Hanshan	75000	921	10598	492.00	5732	18375
和县	Hexian	76514	699	9148	1546.00	4195	18379
芜湖市辖区	Wuhu Reigon of City	95422	687	4596	687.00	7178	26671
芜湖县	Wuhu	90779	580	9500	360.00	6700	27100
繁昌县	Fanchang	54494	513	954	495.00	10319	11322
南陵县	Nanling	245951	6500	9770	1206.00	18184	31109
无为县	Wuwei	258264	19727	8990	1568.00	31326	61340
宣城市辖区	Xuancheng Reigon of City	180749	1368	19189	1660.00	11085	55935
宁国市	Ningguo	216240	1500	5500	2220.00	11875	6430
郎溪县	Langxi	66304	612	12568	413.00	7738	22768
广德县	Guangde	207962	350	17320	2318.00	11250	9700
泾县	Jingxian	111981	4765	5110	1012.00	4339	3017
绩溪县	Jixi	140155	6189	980	39.00	1363	1995
旌德县	Jingde	71090	7926	1650	134.00	1580	1700
铜陵市辖区	Tongling Reigon of City	30451	298	817	125.59	1663	6793
铜陵县	Tongling	66188	495	2685	450.00	4538	14306
池州市辖区	Chizhou Reigon of City	267362	2760	7451	773.00	16264	52501
东至县	Dongzhi	282443	6129	6940	420.00	9341	46119
石台县	Shitai	35000	120	250	35.00	720	185
青阳县	Qingyang	82800	600	300	283.00	6340	15695
安庆市辖区	Anqing Reigon of City	103505	2671	3776	269.00	10443	39275
桐城市	Tongcheng	349680	3096	3565	604.00	56162	30006
怀宁县	Huaining	264864	5032	1640	578.00	4402	24425
枞阳县	Zongyang	195850	2786	2538	880.00	28680	80050
潜山县	Qianshan	226550	5934	4163	365.00	11050	4450
太湖县	Taihu	609016	22059	5051	2050.00	7214	30020
宿松县	Susong	330360	20000	8495	355.00	14500	75140
望江县	Wangjiang	318406	8972	8839	890.00	26625	59300
岳西县	Yuexi	163633	4442	14285	127.00	2282	1010
黄山市辖区	Huangshan Reigon of City	217540	4469	647	184.10	4588	11872
歙县	Shexian	310624	1256	1480	109.00	7665	1919
休宁县	Xiuning	271527	1616	308	94.70	4087	3395
黟县	Yixian	54233	646	697	27.00	654	482
祁门县	Qimen	68935	135	430	21.90	1118	765

12—43 各县（市）农业机械化及主要能源、物资消耗情况（2011年）

Mechanization of Agriculture and Consumption of Main Energy and Material by County or City (2011)

县（市）	County (City)	农业机械总动力（千瓦）Total Power of Agricultural Machinery (kw)	农用排灌机械（台）Number of Diesel Engines (unit)	农村用电量（万千瓦时）Electricity Consumed in Rural Areas (10000 kwh)	农用化肥施用量（吨）Consumption of Chemical Fertilizers (ton)	农用塑料薄膜使用量（吨）Consumption of Plastic Film for Farm Use (ton)	农药使用量（吨）Consumption of Agricultural Pesticide (ton)
合肥市辖区	Hefei Reigon of City	97741	4344	7727.00	10915	681	269
巢湖市	Chaohu	458496	22373	51035.00	42684	1505	755
长丰县	Changfeng	691131	3639	13322.00	75750	6385	880
肥东县	Feidong	584987	9978	22624.00	58643	1207	582
肥西县	Feixi	603003	10486	21854.00	53545	1414	2479
庐江县	Lujiang	1145037	87167	22276.00	74382	426	1011
淮北市辖区	Huaibei Reigon of City	557717	3851	10534.00	18240	1849	686
濉溪县	Suixi	1948167	9256	7281.30	79393	685	1833
亳州市辖区	Bozhou Reigon of City	1686804	29862	22397.00	78935	1652	1772
涡阳县	Guoyang	1801862	10180	15068.20	76637	1051	2134
蒙城县	Mengcheng	2149934	10891	15724.50	83149	1836	1831
利辛县	Lixin	1630088	32585	15168.00	62234	1068	1933
宿州市辖区	Suzhou Reigon of City	2000674	6164	16595.00	105310	3343	1722
砀山县	Dangshan	1028159	9045	9420.00	41040	3950	14030
萧县	Xiaoxian	1445263	11512	13541.00	53123	5512	4211
灵璧县	Lingbi	1537249	3525	17873.60	75886	1094	1689
泗县	Sixian	1580554	9928	14058.00	60032	1386	1001
蚌埠市辖区	Bengbu Reigon of City	383518	1355	7190.20	18003	1223	583
怀远县	Huaiyuan	2551434	5828	26266.00	120897	2417	2052
五河县	Wuhe	1049857	2217	14257.00	84859	3342	1577
固镇县	Guzhen	1003855	2049	11086.00	68768	2629	1440
阜阳市辖区	Fuyang Reigon of City	998920	16467	20039.00	93924	2922	891
界首市	Jieshou	409210	11061	14338.00	34330	808	749
临泉县	Linquan	1466433	130895	22357.00	81245	4120	1396
太和县	Taihe	1406066	22869	13850.00	69535	750	1169
阜南县	Funan	1122595	14269	21377.00	47142	4267	1058
颍上县	Yingshang	942017	14103	14395.00	55210	3177	1879
淮南市辖区	Huainan Reigon of City	944704	10134	47392.00	73487	772	2564
凤台县	Fengtai	793790	3850	20772.00	49813	308	2893
毛集区	Maoji District			4195.00	10976	39	407
滁州市辖区	Chuzhou Reigon of City	426775	3773	4514.41	34874	304	186
天长市	Tianchang	1073119	8373	29463.00	48299	326	740
明光市	Mingguang	768160	2653	12306.00	40158	507	677
来安县	Laian	773443	27530	7980.00	38049	542	458
全椒县	Quanjiao	619760	12350	6337.00	33256	448	740
定远县	Dingyuan	1368195	11562	12245.00	81500	609	1373
凤阳县	Fengyang	1054485	21450	9702.00	57699	540	1502
六安市辖区	Luan Reigon of City	1531522	36234	32928.64	70278	582	1005
寿县	Shouxian	1855917	70927	22870.00	152322	396	5303

12—43 续表 continued

县（市）	County (City)	农业机械总动力（千瓦）Total Power of Agricultural Machinery (kw)	农用排灌机械（台）Number of Diesel Engines (unit)	农村用电量（万千瓦时）Electricity Consumed in Rural Areas (10000 kwh)	农用化肥施用量（吨）Consumption of Chemical Fertilizers (ton)	农用塑料薄膜使用量（吨）Consumption of Plastic Film for Farm Use (ton)	农药使用量（吨）Consumption of Agricultural Pesticide (ton)
霍邱县	Huoqiu	1449385	7435	27785.00	75696	2350	4815
舒城县	Shucheng	728460	40963	12941.00	23220	389	2117
金寨县	Jinzhai	377694	17010	10024.00	29164	788	177
霍山县	Huoshan	281857	10851	4696.00	4850	420	115
叶集区	Yeji District			2013.00	15779	157	111
马鞍山市辖区	Maanshan Reigon of City	63294	7710	7542.00	3644	201	121
当涂县	Dangtu	435000	71584	13284.00	25372	558	2280
含山县	Hanshan	327528	42777	8648.00	27649	167	534
和县	Hexian	460015	56045	11666.00	36889	1829	1079
芜湖市辖区	Wuhu Reigon of City	299124	64360	21098.00	39216	698	4176
芜湖县	Wuhu	302270	40765	4581.00	20363	114	524
繁昌县	Fanchang	194752	28150	0.00	4404	16	123
南陵县	Nanling	348459	46493	37710.00	23250	388	1315
无为县	Wuwei	685453	84000	48327.00	57926	1517	1563
宣城市辖区	Xuancheng Reigon of City	800052	49733	23478.00	45346	1327	2074
宁国市	Ningguo	231665	11950	10938.20	11044	343	339
郎溪县	Langxi	272057	15342	4272.00	27371	114	897
广德县	Guangde	521632	25601	33144.00	29278	555	401
泾县	Jingxian	156788	10129	9839.00	13755	280	438
绩溪县	Jixi	86158	11245	3341.00	8629	156	315
旌德县	Jingde	75862	4304	2639.00	7072	91	97
铜陵市辖区	Tongling Reigon of City	85975	2964	4174.40	7676	95	360
铜陵县	Tongling	286684	28265	11027.00	15540	168	358
池州市辖区	Chizhou Reigon of City	377394	23658	14725.00	19248	141	2072
东至县	Dongzhi	373900	24625	8240.00	29824	226	3249
石台县	Shitai	108908	1745	1139.32	2586	57	163
青阳县	Qingyang	238142	15111	6152.00	8381	65	595
安庆市辖区	Anqing Reigon of City	321897	7548	16319.00	17639	404	833
桐城市	Tongcheng	458448	24862	34110.00	15936	759	1165
怀宁县	Huaining	391167	14345	8679.00	14467	1055	2443
枞阳县	Zongyang	433871	13809	17928.14	35964	386	1905
潜山县	Qianshan	309328	6447	13573.00	24986	213	741
太湖县	Taihu	199215	9079	7712.00	28051	359	1013
宿松县	Susong	329509	5454	23737.00	49879	919	3556
望江县	Wangjiang	259100	5517	11660.00	32588	568	2590
岳西县	Yuexi	106871	1738	7036.00	10531	180	179
黄山市辖区	Huangshan Reigon of City	198426	10670	2950.00	8691	571	586
歙县	Shexian	192871	6581	6706.00	15163	677	1411
休宁县	Xiuning	143768	6165	3665.00	9785	434	759
黟县	Yixian	65224	2138	1343.00	3274	74	216
祁门县	Qimen	101910	2825	1560.00	2063	233	210

12—44 各县（市）农田水利情况（2011年）

Statement of Water Conservancy by County or City (2011)

单位：千公顷（1000 hectares）

县（市）	County (City)	有效灌溉面积 Irrigated Areas	节水灌溉面积 Irrigated Area With Saved Water	旱涝保收面积 Area With Stable Yields Despite Drought or Waterlogging	机电排灌面积 Electrical Irrigation and Drainage Area	除涝面积 Flooded or Waterlogged Area Under Control	堤防保护耕地面积 Levee Protection Cultivated Area
合肥市辖区	Hefei Reigon of City	13.02	5.67	6.69	6.57	4.07	4.10
巢湖市	Chaohu	48.50	2.91	42.79	46.21	11.36	17.90
长丰县	Changfeng	65.81	4.63	41.65	63.52	4.01	6.40
肥东县	Feidong	98.30	7.80	78.46	73.54	4.56	4.56
肥西县	Feixi	63.72	31.70	42.00	28.26	7.95	8.85
庐江县	Lujiang	74.25	22.24	64.71	91.85	35.18	34.55
淮北市辖区	Huaibei Reigon of City	27.07	7.79	22.69	15.83	18.65	24.40
濉溪县	Suixi	117.88	39.50	48.00	94.50	115.00	71.00
亳州市辖区	Bozhou Reigon of City	82.07	21.97	47.30	82.07	115.10	38.00
涡阳县	Guoyang	79.83	6.92	46.68	79.83	113.33	87.40
蒙城县	Mengcheng	92.53	8.52	63.73	104.48	102.65	92.13
利辛县	Lixin	67.70	9.05	61.20	76.08	89.90	115.00
宿州市辖区	Suzhou Reigon of City	101.63	18.49	59.60	105.25	86.44	79.80
砀山县	Dangshan	51.75	25.83	37.96	51.75	38.51	30.00
萧县	Xiaoxian	73.78	38.95	44.07	72.35	65.17	59.28
灵璧县	Lingbi	74.28	16.13	41.96	82.37	101.61	107.11
泗县	Sixian	69.95	15.76	41.00	78.37	69.20	86.67
蚌埠市辖区	Bengbu Reigon of City	19.86	4.21	14.33	19.75	11.08	21.32
怀远县	Huaiyuan	91.02	14.43	79.79	98.79	92.59	126.94
五河县	Wuhe	54.87	14.06	48.80	96.93	59.41	61.78
固镇县	Guzhen	41.91	9.99	33.47	46.47	62.13	70.20
阜阳市辖区	Fuyang Reigon of City	75.63	6.66	49.61	90.89	88.01	102.48
界首市	Jieshou	27.66	2.89	16.24	27.84	30.41	20.45
临泉县	Linquan	65.01	11.41	31.63	67.01	72.45	15.79
太和县	Taihe	58.41	15.07	45.09	58.41	102.41	100.29
阜南县	Funan	62.42	4.43	31.41	89.89	61.14	26.60
颍上县	Yingshang	87.73	40.23	58.25	121.64	77.28	83.15
淮南市辖区	Huainan Reigon of City	60.27	26.14	47.40	64.04	23.29	47.91
凤台县	Fengtai	44.20	26.59	44.20	56.06	19.04	55.31
毛集区	Maoji District						
滁州市辖区	Chuzhou Reigon of City	26.19	4.11	24.11	13.39	3.15	4.11
天长市	Tianchang	58.54	4.64	47.18	42.32	12.00	15.67
明光市	Mingguang	48.43	6.28	41.97	31.14	15.20	14.97
来安县	Laian	44.05	2.63	37.98	21.98	12.87	14.00
全椒县	Quanjiao	39.98	3.80	34.65	20.13	6.29	5.93
定远县	Dingyuan	80.59	3.18	50.41	38.53	1.08	1.08
凤阳县	Fengyang	57.95	2.01	43.16	46.10	9.81	14.30
六安市辖区	Luan Reigon of City	93.44	70.12	59.22	33.36	8.16	8.02
寿县	Shouxian	99.12	82.02	86.78	55.27	23.54	89.15

12—44 续表1 continued

单位：千公顷（1000 hectares）

县（市）	County (City)	有效灌溉面积 Irrigated Areas	节水灌溉面积 Irrigated Area With Saved Water	旱涝保收面积 Area With Stable Yields Despite Drought or Waterlogging	机电排灌面积 Electrical Irrigation and Drainage Area	除涝面积 Flooded or Waterlogged Area Under Control	堤防保护耕地面积 Levee Protection Cultivated Area
霍邱县	Huoqiu	115.89	81.80	109.50	60.98	33.29	74.95
舒城县	Shucheng	42.16	17.91	38.74	10.31	10.09	30.00
金寨县	Jinzhai	18.17	10.48	14.99	3.00	0.21	1.67
霍山县	Huoshan	14.62	6.67	10.09	3.13	0.81	1.82
叶集区	Yeji District						
马鞍山市辖区	Maanshan Reigon of City	6.40	1.65	6.31	6.53	3.51	4.07
当涂县	Dangtu	45.99	5.33	42.82	42.50	44.04	45.77
含山县	Hanshan	34.12	2.39	20.52	28.97	8.58	13.12
和县	Hexian	42.46	3.74	41.36	48.46	30.18	29.84
芜湖市辖区	Wuhu Reigon of City	26.74	0.00	16.44	29.24	27.49	16.04
芜湖县	Wuhu	20.60	0.35	18.44	20.46	16.78	16.40
繁昌县	Fanchang	14.80	1.00	14.80	15.40	9.43	9.50
南陵县	Nanling	32.84	7.36	30.00	26.96	15.12	18.20
无为县	Wuwei	104.14	2.53	79.09	110.56	67.20	
宣城市辖区	Xuancheng Reigon of City	53.83	2.63	41.96	34.31	26.18	26.16
宁国市	Ningguo	13.32	0.84	10.65	3.87		5.95
郎溪县	Langxi	22.67	1.80	21.45	15.02	8.61	11.01
广德县	Guangde	27.39	2.42	25.75	5.17	0.68	5.68
泾县	Jingxian	16.30	1.85	14.25	3.05	0.26	2.20
绩溪县	Jixi	6.20	0.49	5.07	1.30		2.82
旌德县	Jingde	8.60	0.77	5.38	0.73		
铜陵市辖区	Tongling Reigon of City	6.83	0.53	3.11	6.03	1.13	2.86
铜陵县	Tongling	18.15	4.66	15.50	12.17	11.75	15.85
池州市辖区	Chizhou Reigon of City	30.77	0.20	30.77	29.91	26.95	24.05
东至县	Dongzhi	33.26	1.89	29.10	24.86	22.16	21.57
石台县	Shitai	3.73	0.75	3.45	0.43		0.80
青阳县	Qingyang	15.71	1.06	13.03	3.73	4.05	2.31
安庆市辖区	Anqing Reigon of City	13.85	1.40	9.08	15.88	8.87	3.47
桐城市	Tongcheng	39.80	2.39	29.75	15.52	11.54	7.80
怀宁县	Huaining	30.41	3.79	26.10	16.86	11.80	10.61
枞阳县	Zongyang	39.44	1.18	36.81	40.21	27.12	38.80
潜山县	Qianshan	24.10	2.10	21.67	10.15	6.03	14.17
太湖县	Taihu	20.72	3.89	16.78	4.49	2.35	2.40
宿松县	Susong	44.45	1.42	34.22	21.40	13.78	40.86
望江县	Wangjiang	32.74	1.43	30.30	20.04	27.80	36.73
岳西县	Yuexi	12.36	1.17	11.34	0.05	0.03	
黄山市辖区	Huangshan Reigon of City	11.05	3.30	8.90	3.77	0.64	6.27
歙县	Shexian	8.98	1.62	2.87	2.18		1.90
休宁县	Xiuning	11.02	1.33	9.15	2.20	0.75	2.40
黟县	Yixian	4.92	0.38	4.00	0.40		0.80
祁门县	Qimen	6.79	1.66	3.88	1.09		4.13

12—44 续表2 continued

县（市）	County (City)	已建成水库总库容（万立方米）Total of Established Reservoir Storage Capacity (10000 m^3)	全部堤防保护人口（万人）Protection Population of Compelete Embankment (10000 persons)	水土流失治理面积（千公顷）Area of Soil Erosion Under Control (1000 hectares)	农作物受灾面积（千公顷）Area of Farm Crops by Natural Disaster (1000 hectares)	旱灾（千公顷）Area Affected by Drought (1000 hectares)	洪涝灾（千公顷）Area Affected by Flood (1000 hectares)
合肥市辖区	Hefei Reigon of City	45041.60	23.92	0.43			
巢湖市	Chaohu	6346.00	38.41	53.98			
长丰县	Changfeng	30172.72	4.06	1.51	39.62	35.67	
肥东县	Feidong	37435.25	25.45	17.66	73.96	70.00	
肥西县	Feixi	11701.00	18.00		34.67	34.67	
庐江县	Lujiang	10111.00	30.80	53.30	13.97	13.97	
淮北市辖区	Huaibei Reigon of City	1207.60	77.49	10.40	30.00	30.00	
濉溪县	Suixi		76.50	5.40	175.16	167.10	7.03
亳州市辖区	Bozhou Reigon of City		40.00		52.21	51.80	0.03
涡阳县	Guoyang		98.75		0.65		
蒙城县	Mengcheng		86.00		32.30	25.30	7.00
利辛县	Lixin		70.15		90.00	90.00	
宿州市辖区	Suzhou Reigon of City	1797.30	95.10	10.83	25.81	8.00	19.81
砀山县	Dangshan	2959.00	52.54	1.89	11.60	3.00	3.33
萧县	Xiaoxian	1206.00	68.82	20.80	7.44	7.00	
灵璧县	Lingbi	688.08	98.10	4.50	12.00	7.00	5.00
泗县	Sixian	245.89	74.52	7.00	8.33	5.00	3.33
蚌埠市辖区	Bengbu Reigon of City	165.30	84.96		1.26	1.26	
怀远县	Huaiyuan	115.00	133.63	1.00	63.52	4.62	58.90
五河县	Wuhe	3564.44	62.21	6.50	17.32	6.01	4.86
固镇县	Guzhen		62.60		37.45	10.00	27.45
阜阳市辖区	Fuyang Reigon of City		177.38		58.76	46.13	2.00
界首市	Jieshou		38.20		9.00	9.00	
临泉县	Linquan		23.22		161.20	161.20	
太和县	Taihe		129.61		90.16	90.16	
阜南县	Funan		32.41		52.00	38.67	
颍上县	Yingshang		92.54		86.46	83.00	
淮南市辖区	Huainan Reigon of City	2655.10	149.86	4.02	38.61	36.67	1.95
凤台县	Fengtai		59.30	10.77	17.67	12.00	5.67
毛集区	Maoji District				9.47	9.47	
滁州市辖区	Chuzhou Reigon of City	41868.20	6.11	19.48	216.66	6.66	210.00
天长市	Tianchang	51037.00	25.00	6.85	27.80	27.80	
明光市	Mingguang	24183.87	11.95	52.27	33.72	33.27	
来安县	Laian	26532.58	14.91	33.26	17.00	17.00	
全椒县	Quanjiao	50021.00	9.54	28.79	8.10	8.10	
定远县	Dingyuan	68776.00	2.09	33.53	52.70	48.00	
凤阳县	Fengyang	30588.65	10.00	28.15	40.13	40.00	
六安市辖区	Luan Reigon of City	11418.40	17.52	28.43	55.93	55.48	
寿县	Shouxian	19970.50	74.05		70.00	69.33	

12—44　续表3　continued

县（市）	County (City)	已建成水库总库容（万立方米） Total of Established Reservoir Storage Capacity ($10000\ m^3$)	全部堤防保护人口（万人） Protection Population of Compelete Embankment (10000 persons)	水土流失治理面积（千公顷） Area of Soil Erosion Under Control (1000 hectares)	农作物受灾面积（千公顷） Area of Farm Crops by Natural Disaster (1000 hectares)	旱灾（千公顷） Area Affected by Drought (1000 hectares)	洪涝灾（千公顷） Area Affected by Flood (1000 hectares)
霍　邱　县	Huoqiu	21936.00	38.33		37.67	36.71	
舒　城　县	Shucheng	1545.00	51.42	79.79	20.27	17.00	
金　寨　县	Jinzhai	3930.00	14.77	143.07	22.16	20.97	1.19
霍　山　县	Huoshan	2122.00	5.72	86.47	9.18	7.07	2.11
叶　集　区	Yeji District				7.09	7.07	
马鞍山市辖区	Maanshan Reigon of City	499.83	38.51	0.38	13.48	12.83	0.66
当　涂　县	Dangtu	585.50	59.60	10.06	22.13	19.59	2.53
含　山　县	Hanshan	8631.90	9.64	33.75	13.01	11.26	1.75
和　　　县	Hexian	6952.80	54.30	29.43	9.87	9.00	
芜湖市辖区	Wuhu Reigon of City		122.69	2.20	7.08	4.33	2.04
芜　湖　县	Wuhu		29.14	3.34	18.57	14.03	4.12
繁　昌　县	Fanchang	1427.50	16.00	14.24	10.54	8.67	8.87
南　陵　县	Nanling	2401.96	32.10	28.15	21.21	13.33	7.88
无　为　县	Wuwei	2829.00	142.90	15.64	22.07	19.47	
宣城市辖区	Xuancheng Reigon of City	368386.85	46.16	30.26	68.20	43.00	35.80
宁　国　市	Ningguo	2693.77	3.88	35.06	10.25	1.01	6.71
郎　溪　县	Langxi	8603.18	12.60	17.58	26.33	16.84	4.49
广　德　县	Guangde	13686.90	1.02	28.69	22.00	3.30	9.33
泾　　　县	Jingxian	2635.67	9.80	53.15	15.44	3.82	7.24
绩　溪　县	Jixi	1722.40	6.94	37.77	36.70		5.10
旌　德　县	Jingde	1688.99		27.69	6.60	0.80	3.08
铜陵市辖区	Tongling Reigon of City	124.52	20.27	1.60	2.49	1.60	1.07
铜　陵　县	Tongling	1544.68	19.50	4.53	9.69	0.00	5.45
池州市辖区	Chizhou Reigon of City	3637.50	40.23	33.44	35.23	15.51	10.20
东　至　县	Dongzhi	13551.00	26.83	178.98	27.50	21.50	15.35
石　台　县	Shitai	2955.23	3.84	37.24	5.30	4.60	2.01
青　阳　县	Qingyang	7371.60	4.97	25.99	7.61	1.70	6.61
安庆市辖区	Anqing Reigon of City	717.10	7.82	5.95	14.12	8.44	5.68
桐　城　市	Tongcheng	14170.70	25.00	32.50	29.38	24.80	1.44
怀　宁　县	Huaining	9510.10	18.15	18.67	19.82	13.73	3.27
枞　阳　县	Zongyang	3794.10	96.00	32.30	33.23	2.73	22.50
潜　山　县	Qianshan	7491.12	20.00	80.19	44.03	28.50	12.00
太　湖　县	Taihu	245386.51	2.31	87.99	10.76	7.20	2.58
宿　松　县	Susong	12377.90	72.52	20.20	22.65	8.80	8.65
望　江　县	Wangjiang	1583.20	46.00	10.95	41.00	15.00	16.00
岳　西　县	Yuexi	9310.10		183.77	6.33	4.65	0.56
黄山市辖区	Huangshan Reigon of City	14777.84	30.51	80.13	11.57		8.97
歙　　　县	Shexian	784.88	6.50	90.62	16.67		16.67
休　宁　县	Xiuning	2348.37	4.26	64.35	11.36		5.81
黟　　　县	Yixian	3062.07	3.80	39.25	4.02		4.02
祁　门　县	Qimen	3447.72		34.19	3.80		3.42

主要统计指标解释

农林牧渔业总产值

农林牧渔业总产值是以货币表现的农林牧渔业的全部产品总量和对农林牧渔业生产活动进行的各种支持性服务活动的价值。它反映一定时期内农林牧渔业生产总规模和总成果，是观察农林牧渔业生产水平和发展速度，研究农林牧渔业内部比例关系、农林牧渔业与工业、农林牧渔业与国家建设、人民生活比例关系的重要指标，同时也是计算农林牧渔业劳动生产率和农林牧渔业增加值的基础资料。1957 年以前的农业总产值中包括了厩肥和农民自给性手工业（如农民自制衣服、鞋、袜，自己从事粮食初步加工等）。1958 年及以后的农业总产值，林业中增加了村及村以下竹木采伐产值；牧业中取消了厩肥产值；副业中取消了农民自给性手工业产值，增加了村及村以下办的工业产值；渔业中增加了海洋捕捞水产品产值。1980 年及以后的农业总产值，在副业中增加了农民家庭兼营工业商品部分的产值。从 1984 年起村及村以下工业产值划归工业。从 1993 年起取消副业，将野生动物的捕猎划入牧业，野生植物采集和农民家庭兼营商品性工业划归农业。2003 年起，取消农业中的农民家庭兼营商品性工业，增加了农林牧渔服务业。

粮食产量

指全社会的产量。包括国有经济经营的、集体统一经营的和农民家庭经营的粮食产量，还包括工矿企业办的农场和其他生产单位的产量。粮食除包括稻谷、小麦、玉米、高粱、谷子及其他杂粮外，还包括薯类和豆类。其产量计算方法，豆类按去豆荚后的干豆计算；薯类（包括甘薯和马铃薯，不包括芋头和木薯）1963 年以前按每 4 公斤鲜薯折 1 公斤粮食计算，从 1964 年开始改为按 5 公斤鲜薯折 1 公斤粮食计算。城市郊区作为蔬菜的薯类（如马铃薯等）按鲜品计算，并且不作粮食统计。其他粮食一律按脱粒后的原粮计算。

油料产量

指全部油料作物的生产量。包括花生、油菜籽、芝麻、向日葵籽、胡麻籽（亚麻籽）和其他油料。不包括大豆、木本油料和野生油料。花生以带壳干花生计算。

水产品产量

指人工养殖的水产品和天然生长的水产品的捕捞量。包括海水的鱼类、虾蟹类、贝类和藻类以及内陆水域的鱼类、虾蟹类和贝类，不包括淡水生植物。

猪、牛、羊肉产量

指当年出栏并已屠宰、除去头蹄下水后带骨肉（即胴体重）的重量。

期初（末）畜禽存栏头（只）数

指报告期初（末）农村各种合作经济组织和国营农场、农民个人、机关、团体、学校、工矿企业、部队等单位以及城镇居民饲养的大牲畜、猪、羊、家禽等畜禽的存栏数。

耕地面积

指可以用来种植农作物、经常进行耕锄的田地，包括熟地、当年新开荒地、连续撂荒未满三年的耕地和当年的休闲地（轮歇地），还包括以种植农作物为主并附带种植桑树、茶树、果树和其他林木的土地，以及沿海、沿湖地区已围垦利用的“海涂”、“湖田”等面积。不包括属于专业性的桑园、茶园、果园、果木苗圃、林地、芦苇地、天然或人工草地面积。

农作物播种面积

指实际播种或移植有农作物的面积。凡是实际种植有农作物的面积，不论种植在耕地上还是种植在非耕地上，均包括在农作物播种面积中。在播种季节基本结束后，因遭灾而重新改种和补种的农作物面积，也包括在内。

有效灌溉面积

指具有一定的水源，地块比较平整，灌溉工程或设备已经配套，在一般年景下当年能够进行正常灌溉的耕地面积。

农用化肥施用量

指本年内实际用于农业生产的化肥数量，包括氮肥、磷肥、钾肥和复合肥。化肥施用量要求按折纯量计算数量。折纯量是指把氮肥、磷肥、钾肥分别按含氮、含五氧化二磷、含氧化钾的百分之一百成份进行折算后的数量。复合肥按其所含主要成分折算。

农业机械总动力

指主要用于农、林、牧、渔业的各种动力机械的动力总和。包括耕作机械、排灌机械、收获机械、农用运输机械、植物保护机械、牧业机械、林业机械、渔业机械和其他农业机械〔内燃机按引擎马力折成瓦（特）计算、电动机按功率折成瓦（特）计算〕。不包括专门用于乡、镇、村、组办工业、基本建设、非农业运输、科学试验和教学等非农业生产方面用的动力机械与作业机械。

农林牧渔业劳动力

指全社会直接参加农林牧渔业生产活动的劳动力。

Explanatory Notes for Major Statistical Indicators

Gross Output Value of Farming, Forestry, Animal Husbandry and Fishery

refers to the total value of products and all kinds of supporting services of farming, forestry, animal husbandry and fishery, which reflects the total scale and result of agricultural production during a given period. It is an important indicator to observe the production level and the development speed of farming, forestry, animal husbandry and fishery and to research into the interior proportion relations of farming, forestry, animal husbandry and fishery, the proportion relations of farming, forestry, animal husbandry and fishery to industry, national construction and the lives of the people. It is also the basic data to calculate the labor productivity and value-added of farming, forestry, animal husbandry and fishery. Prior to 1957, Chinas gross agricultural output value included barnyard manure and handicraft products for self-consumption (clothes, shoes, stockings, and initial grain processing undertaken by peasant s). Since 1958, cutting and felling of bamboo and trees by villages and other cooperative organizations under villages have been included in forestry; value of barnyard manure has been excluded from animal husbandry; self consumed handicraft s has been excluded from sideline occupations, while the output value of industries run by villages and cooperative organizations under village had been included in sideline occupations and the out put value of fish catches by mot or fishing boats has been added to fishery. Since 1980, the value of handicraft products made for sale by individuals in households had been added to sideline occupations. Since 1984, industries run by villages and under villages have been included in the sector of industry. Since 1993, the subdivision of sideline occupations has been canceled, and the hunting of wild animals has been classified into animal husbandry, and the gathering of wild plants and commodity industry run by rural household have been included in farming. Since 2003, the commercial industrial activities undertaken by rural households as sideline production have been cancelled and the farming, forestry, animal husbandry and fishery services have been included in farming.

Grain Yield

refers to the yield in the whole country including grains produced by state farms, collective units, industrial enterprises and mines. Grain includes rice, wheat, corn, sorghum, millet and other miscellaneous grains as well as tubers and beans. Output of beans refers to dry beans without pods. The output of tubers (sweet potatoes and potatoes, not including taros and cassava) was converted into that of grain at the ratio 4:1, i.e. 4 kilograms of fresh tubers was equivalent to 1 kilogram of grain up to 1963.Since 1964 the ratio for conversion has been 5:1. Tubers supplied as vegetables (such as potatoes) in cities and suburbs are calculated as fresh vegetables and their output is not included in the output of grain. Output of all other grains refers to husked grain.

Yield of Oil-bearing Crops

refers to the total yield of oil bearing crops of various kinds, including peanuts, (dry, in shell) rapeseeds, sesame, sunflower seeds, flax seeds, and other oil bearing crops. Soybeans, oil-bearing woody plants, and wild oil-bearing crops are not included.

Output of Aquatic Products

refers to catches of both artificially cultured and naturally grown aquatic products, including fish, shrimps, crabs and shellfish in sea and inland water as well as seaweed. Freshwater plants are not included.

Output of Pork, Beef, and Mutton

refers to the meat of slaughtered hogs, cattle, sheep and goats with head, feet, and offal taken away.

Number of Livestock or Poultry in Stock at Beginning (or End)

refers to the total number of large animals, pigs, sheep, fowls, etc. raised by rural cooperative organizations, state farms, rural individuals, government agencies, schools, industrial and mining enterprises, army, and urban residents at the beginning (or end) of the reference period.

Cultivated Area (Area under cultivation)

refers to farmland which is plowed constantly for growing crops, including cultivated land, newly cultivated land in the current year, farmland left without cultivation for less than three years and fallow land in the current year, rotation land, rotation land of grass and crops, farmland with some fruit trees, mulberry trees and other trees and cultivated seashore land, lake land, and etc. The land of mulberry fields, tea plantations, orchards, nurseries of young plants, forest land, reed land, natural and man-made grassland and other land are not included in cultivated land.

Sown Area of Crops

refers to area of land sown or transplanted with crops regardless of being in cultivated area or non cultivated area.

Area of land re-sown due to natural disasters is also included.

Irrigated Area

refers to areas that are effectively irrigated, i.e. level land which has water source and complete sets of irrigation facilities to lift and move adequate water for irrigation purpose under normal conditions.

Consumption of Chemical Fertilizers in Agriculture

refers to the quantity of chemical fertilizers applied in agriculture in the year, including nitrogenous fertilizer, phosphate fertilizer, potash fertilizer, and compound fertilizer. The consumption of chemical fertilizers is required in calculation to convert the gross weight into weight containing 100% effective component (e.g. 100% nitrogen content in nitrogenous fertilizer, 100% phosphorous pent oxide contents in phosphate fertilizer, 100% potassium oxide contents in potash fertilizer). Compound fertilizer is converted with its major component.

Total Power of Farm Machinery

refers to total mechanical power of machinery used in farming, forestry, animal husbandry, and fishery, including plough , irrigation and drainage, harvesting, transport, plant protection, stock breeding, forestry and fishery. The power of internal combustion engines is required to convert horsepower into watts and the power of electric motors is required to be converted into watts. Machinery employed for non agricultural purposes, such as the machines used in township run and village-run industry, construction, non agricultural transport, scientific experiments and teaching, is excluded.

Labour Force Engaged in Farming, Forestry, Animal Husbandry and Fishery

refers to the total laborers who are directly engaged in production of farming, forestry, animal husbandry and fishery.

第十三篇

Chapter 13

工业

INDUSTRY

简要说明

一、本篇主要包括以下几部分汇总资料：

1. 全部工业企业按登记注册类型、行业分组的企业单位数和工业总产值(其中1995年后工业总产值均按新规定计算)。

2. 全部年主营业务收入在 2000 万元及以上的工业企业按地区和行业分组的主要经济指标和经济效益指标，主要包括工业总产值、工业增加值、资本金、流动资产、固定资产、流动负债、所有者权益、主营业务收入、主营业务税金及附加、利润总额、应交增值税、总资产贡献率、资产负债率、成本费用利润率、流动资产周转次数、产品销售率等指标。

3. 大中型工业企业的主要经济指标。

4. 主要工业产品产量。

二、1998年开始工业统计范围为全部国有企业及年主营业务收入在500万元及以上的工业法人单位，2011年开始工业统计范围为年主营业务收入在2000万元及以上的工业法人单位。与历史年份具有不可比性。

三、1995年及以后年份工业总产值为调整数。

四、资料来源：由省统计局工业处根据国家统计局工业统计报表制度收集、汇总、整理提供。

Brief Introduction

Ⅰ. Data in this chapter cover the following parts:

1. The number of industrial enterprises, the gross industrial output value of all industrial enterprises classified by registration status and industrial division. (The gross industrial output value is calculated according to the new stipulation after 1995.)

2. Main economic indicators and efficiency indicators of all state-owned industrial enterprises, and of non-state enterprises each with an main business revenue of over five million yuan, classified by region and by industrial division, including gross industrial output value, industrial value-added, capital, circulating assets, fixed assets, liquid liabilities, creditors's equity, main business revenue, main business tax and extra-charges, sales profit, total profits, ratio of value-added to gross industrial output value, ratio of profits and taxes to funds and output value, turnover of working capital and overall labor productivity.

3. Main economic indicators of large and medium size industrial enterprises.

4. Output of key industrial products.

Ⅱ. Since 1998, the coverage of industrial statistics is all state-owned industrial enterprises and non-state enterprises each with main business revenue over five million yuan.

Ⅲ. Data on gross industrial output value have been adjusted since 1995.

Ⅳ. Source of data: All data are prepared and provided by the Division of Industrial Statistics, Anhui Statistical Bureau, in accordance with the industrial statistical reporting system of SSB. Data are collected, tabulated and processed by the statistical bureau in the prefectures and cities.

13—1 工业企业单位数和总产值
Number of Industrial Enterprises and Gross Industrial Output Value

分　类	Sector	2000	2005	2010	2011
企业单位数　（个）	**Number of Industrial Enterprises (unit)**	**3680**	**5277**	**16277**	**12432**
在总计中：	Of the Total:				
国有及国有控股企业	State Controlling Share Hold Enterprises	1128	619	737	605
在总计中：	Of the Total:				
集体企业	Collective-owned Enterprises	979	261	194	104
私营企业	Private Enterprises	533	2725	11269	7905
港澳台商投资企业	Enterprises Funded by Entrepreneurs from Hong Kong, Macao and Taiwan	118	200	375	312
外商投资企业	Foreign Funded Enterprises	133	296	539	438
工业总产值　（亿元）	**Gross Industrial Output Value (100 million yuan)**	**1661.44**	**4567.23**	**18732.00**	**25875.87**
在总计中：	Of the Total:				
国有及国有控股企业	State Controlling Share Hold Enterprises	1044.54	2418.44	6902.07	8378.91
在总计中：	Of the Total:				
集体企业	Collective-owned Enterprises	177.65	89.44	149.73	166.08
私营企业	Private Enterprises	77.16	714.73	6068.83	8558.44
港澳台商投资企业	Enterprises Funded by Entrepreneurs from Hong Kong, Macao and Taiwan	60.84	226.49	804.94	1359.88
外商投资企业	Foreign Funded Enterprises	152.40	517.32	1763.63	2085.80

注：工业总产值按当年价格计算。
a) Gross industrial output value is calculated at current prices.

13—2 工业增加值
Value-added of Industry

本表按当年价格计算　(Data in this table are calculated at current prices)　　单位：亿元（100 million yuan）

年　份 Year	工业增加值 Value-added of Industry	内资企业 Domestic Funded Enterprise	#国有及国有控股企业 State-owned or Controlling Share Hold Industry	#集体企业 Collective-owned Industry	私营企业 Private Enterprises	港澳台商投资企业 Enterprises Funded by Entrepreneurs from Hong Kong, Macao and Taiwan	外商投资企业 Foreign Funded Enterprises
2000	507.38	451.57	340.42	49.60	22.24	17.56	38.18
2002	690.64	583.67	429.51	37.08	55.89	37.93	69.04
2003	881.52	740.34	532.98	30.11	98.85	54.93	86.25
2004	1190.47	1005.10	666.21	31.15	151.09	71.45	113.92
2005	1483.76	1250.18	835.34	22.17	215.10	78.46	155.16
2006	1885.64	1584.14	973.45	38.48	333.64	94.68	206.82
2007	2562.70	2185.24	1211.17	45.21	537.00	91.35	286.11
2008	3259.71	2783.05	1471.12	46.27	822.74	154.94	321.72
2009	3980.55	3474.52	1778.23	30.33	1095.93	151.98	354.05
2010	5290.62	4618.07	2222.19	38.85	1577.45	209.35	463.20
2011	6776.02	5936.86	2541.42	40.65	2065.39	320.69	518.47

注：口径为规模以上工业企业（下同）。2008年为工业快报口径。
a) They referred to industrial enterprises above designated size. The same as following tables. in 2008, It is for express industrial-caliber.

13—3 规模以上工业企业工业增加值
Value-added of Industry of All State-owned and Non-state-owned Industrial Enterprises Above Designated Size

单位：亿元（100 million yuan）

行业	Sector	2000	2005	2008	2010	2011
总计	**Total**	**507.38**	**1483.75**	**3259.71**	**5290.62**	**6776.02**
总计中：	**Of the Total:**					
内资企业	Domestic Funded Enterprise	451.57	1250.13	2783.05	4618.07	5936.86
国有企业	State-owned Enterprise	171.00	247.63	355.44	319.25	708.34
集体企业	Collective-owned Enterprise	49.60	22.17	46.27	38.85	40.65
股份合作企业	Share Holding Cooperative Enterprises	16.45	9.81	19.60	16.69	14.21
联营企业	Joint Owned Enterprises	2.53	2.65	4.00	3.84	5.07
有限责任公司	Limited Liability Corporations	101.74	475.95	1060.09	1924.16	2172.74
股份有限公司	Share-holding Corporations Ltd.	85.05	272.50	467.91	716.51	832.70
私营企业	Private Enterprises	22.24	215.10	822.74	1577.55	2065.39
其他企业	Other Enterprises	2.96	4.32	7.00	21.32	97.76
港澳台商投资企业	Enterprises Funded by Entrepreneurs from Hong Kong, Macao and Taiwan	17.62	78.46	154.94	209.35	320.69
外商投资企业	Foreign Funded Enterprises	38.19	155.16	321.72	463.20	518.47
总计中：	**Of the Total:**					
独资企业	Enterprise Owned by a Sole Investor	240.87			755.37	1233.33
合作合伙企业	Cooperative Enterprises	24.93			67.02	147.76
股份有限公司	Share-holding Corporations Ltd.	92.56			873.02	1014.80
有限责任公司	Limited Liability Corporations	149.03			3595.21	4352.77
总计中：	**Of the Total:**					
国有及国有控股企业	State Controlling Share Hold Enterprises	340.42	835.34	1471.12	2222.19	2541.42
总计中：	**Of the Total:**					
轻工业	Light Industry	206.02	452.18	911.06	1498.68	2000.13
重工业	Heavy Industry	301.36	1031.57	2348.65	3791.94	4775.89
总计中：	**Of the Total:**					
大型企业	Large-sized Enterprises	270.74	658.94	1245.31	2102.42	3023.48
中型企业	Medium-sized Enterprises	77.68	470.09	781.75	1277.42	1251.95
小型企业	Small Enterprises	158.96	354.73	1232.65	1910.78	2447.28
微型企业	Mini Enterprises					53.30

13—4 各市规模以上工业企业工业增加值
Value-added of Industry of All State-owned and Non-state-owned Industrial Enterprises Above Designated Size by Region

单位：亿元（100 million yuan）

地区	Region	2000	2005	2008	2009	2010	2011
总计	**Total**	**507.38**	**1483.8**	**3259.71**	**3980.55**	**5290.62**	**6776.02**
合肥市	Hefei	81.29	263.74	606.29	767.51	1092.71	1515.38
淮北市	Huaibei	29.8	99.65	184.33	265.51	375.51	481.96
亳州市	Bozhou		25.74	66.73	85.39	94.89	149.47
宿州市	Suzhou	11.81	38.01	116.01	158.19	184.80	288.07
蚌埠市	Bengbu	32.58	74.6	138.44	189.81	234.93	350.31
阜阳市	Fuyang	22.63	49.18	126.31	155.14	216.98	282.37
淮南市	Huainan	30.71	116.06	241.67	280.15	341.98	382.00
滁州市	Chuzhou	32.07	74.37	166.18	193.87	282.29	381.58
六安市	Luan	18.78	46.79	143.5	187.12	228.71	287.71
马鞍山市	Maanshan	49.7	197.52	374.07	357.56	358.32	425.40
芜湖市	Wuhu	48.79	167.05	371.33	464.6	609.74	931.81
宣城市	Xuancheng	20.09	49.54	123.53	189.72	262.21	329.24
铜陵市	Tongling	23.5	92.39	187.09	172.97	290.07	369.01
池州市	Chizhou	4.02	18.96	46.63	60.98	80.14	94.97
安庆市	Anqing	50.24	105.54	194.21	262.06	339.87	405.57
黄山市	Huangshan	8.09	21.87	60.15	63.9	85.23	101.18

13—5 分行业规模以上工业企业工业增加值
Value-added of Industry of All Industrial Enterprises Above Designated Size by Industry

单位：万元（10000 yuan）

行 业	Sector	2005	2010	2011
总 计	**Total**	**14837484**	**52906185**	**67760209**
煤炭开采和洗选业	Coal Mining and Dressing	1633817	6147768	7176658
黑色金属矿采选业	Ferrous Metals Mining and Dressing	182394	925759	1286143
有色金属矿采选业	Nonferrous Metals Mining and Dressing	44536	248160	258580
非金属矿采选业	Nonmetal Minerals Mining and Dressing	50709	262560	279305
农副食品加工业	Agricultural and Non-staple Food Processing Industry	591405	2377262	2908327
食品制造业	Food Manufacturing	257707	582472	786581
饮料制造业	Beverage Manufacturing	358211	1093519	1428813
烟草制品业	Tobacco Manufacturing	826086	1771356	2063457
纺织业	Textile Industry	457682	1236524	1600092
纺织服装、鞋、帽制造业	Textile Dress, Footwear and Headgear Manufacturing	100452	765413	1142513
皮革毛皮羽毛（绒）及其制品业	Leather, Furs, Down and Related Products	110752	397612	594764
木材加工及木竹藤棕草制品业	Timber Processing, Bamboo, Cane, Palm Fiber and Straw Products	146036	612087	784400
家具制造业	Furniture Manufacturing	12488	197061	294971
造纸及纸制品业	Papermaking and Paper Products	139473	448208	563931
印刷业和记录媒介的复制	Printing and Record Medium Reproduction	84667	323590	456106
文教体育用品制造业	Cultural, Educational and Sports Goods Manufacturing	43483	145638	203830
石油加工、炼焦及核燃料加工业	Petroleum Processing, Coking and Nuclear Fuel Processing	91315	690137	451409
化学原料及制品制造业	Raw Chemical Materials and Chemical Products Manufacturing	859906	2994169	3794806
医药制造业	Medical and Pharmaceutical Products	171630	659928	964799
化学纤维制造业	Chemical Fiber Manufacturing	47925	126495	156237
橡胶制品业	Rubber Products	247263	608497	743546
塑料制品业	Plastic Products	357819	1190956	1508254
非金属矿物制品业	Nonmetal Mineral Products	667028	2809340	4482733
黑色金属冶炼及压延加工业	Smelting and Pressing of Ferrous Metals	1658322	3729104	3787863
有色金属冶炼及压延加工业	Smelting and Pressing of Nonferrous Metals	608836	2698709	3334214
金属制品业	Metal Products	297738	1259495	1900677
通用设备制造业	Equipments in Current Use	501564	2613863	3450107
专用设备制造业	Equipments in Special Use	265661	1517280	2013700
交通运输设备制造业	Transport Equipment Manufacturing	919855	3986081	4647554
电气机械及器材制造业	Electric Equipment and Machinery Manufacturing	1301400	4941349	7372951
通信设备、计算机及其他电子设备制造业	Telecommunication Equipment, Computer and Other Electronic Equipment Manufacturing	232679	901734	1682168
仪器仪表及文化办公用机械制造	Instruments, Meters, Cultural and Office	99487	343711	404909
工艺品及其他制造业	Handiwork and Other Manufacturing	70598	288648	398124
废弃资源和废旧材料回收工业	Recovery and Processing of Discarded Resources and Waste Materials	8236	453896	582583
电力、热力的生产和供应业	Production and Supply of Electric Power and Heating Power	1316260	3329358	3978866
燃气生产和供应业	Production and Supply of Gas	13065	89147	143487
水的生产和供应业	Production and Supply of Tap Water	61001	139299	132752

13—6 规模以上工业企业主要经济指标（2011年）
Main Indicators Above Designated Size Industrial Enterprises (2011)

行　　业	Sector	企业单位数（个）Number of Enterprises (unit)	工业总产值（现价）Gross Industrial Output Value
总　　计	**Total**	**12432**	**25875.87**
总计中:	**Of the Total:**		
内资企业	Domestic Funded Enterprise	11682	22430.19
国有企业	State-owned Enterprise	211	2413.33
集体企业	Collective-owned Enterprise	104	166.08
股份合作企业	Share Holding Cooperative Enterprises	54	53.54
联营企业	Joint Owned Enterprises	14	20.76
有限责任公司	Limited Liability Corporations	2840	7449.73
股份有限公司	Share-holding Corporations Ltd.	299	3331.08
私营企业	Private Enterprises	7905	8558.44
其他企业	Other Enterprises	255	437.24
港澳台商投资企业	Enterprises Funded by Entrepreneurs from Hong Kong, Macao and Taiwan	312	1359.88
外商投资企业	Foreign Funded Enterprises	438	2085.80
总计中:	**Of the Total:**		
国有及国有控股企业	State Controlling Share Hold Enterprises	605	8378.91
总计中:	**Of the Total:**		
轻工业	Light Industry	5113	8130.15
重工业	Heavy Industry	7319	17745.72
总计中:	**Of the Total:**		
大型企业	Large-sized Enterprises	245	10286.64
中型企业	Medium-sized Enterprises	1244	5021.41
小型企业	Small Enterprises	10541	10331.50
微型企业	Mini Enterprises	402	236.31
按行业分	**Grouped by Sector**		
煤炭开采和洗选业	Coal Mining and Dressing	78	1056.89
黑色金属矿采选业	Ferrous Metals Mining and Dressing	101	283.92
有色金属矿采选业	Nonferrous Metals Mining and Dressing	60	71.50
非金属矿采选业	Nonmetal Minerals Mining and Dressing	197	144.30
农副食品加工业	Agricultural and Non-staple Food Processing Industry	1303	1872.72
食品制造业	Food Manufacturing	255	349.05
饮料制造业	Beverage Manufacturing	226	409.58
烟草制品业	Tobacco Manufacturing	8	258.69
纺织业	Textile Industry	645	701.55
纺织服装、鞋、帽制造业	Textile Dress, Footwear and Headgear Manufacturing	595	438.85
皮革毛皮羽毛（绒）及其制品业	Leather, Furs, Down and Related Products	179	231.14
木材加工及木竹藤棕草制品业	Timber Processing, Bamboo, Cane, Palm Fiber and Straw Products	459	413.71
家具制造业	Furniture Manufacturing	139	122.07
造纸及纸制品业	Papermaking and Paper Products	202	261.51
印刷业和记录媒介的复制	Printing and Record Medium Reproduction	159	165.92
文教体育用品制造业	Cultural, Educational and Sports Goods	96	76.21
石油加工、炼焦及核燃料加工业	Petroleum Processing, Coking and Nuclear Fuel Processing	26	401.19
化学原料及制品制造业	Raw Chemical Materials and Chemical Products	740	1549.99
医药制造业	Medical and Pharmaceutical Products	242	352.43
化学纤维制造业	Chemical Fiber	25	80.81
橡胶制品业	Rubber Products	112	236.66
塑料制品业	Plastic Products	627	611.37
非金属矿物制品业	Nonmetal Mineral Products	1280	1439.70
黑色金属冶炼及压延加工业	Smelting and Pressing of Ferrous Metals	150	1774.12
有色金属冶炼及压延加工业	Smelting and Pressing of Nonferrous Metals	145	1579.91
金属制品业	Metal Products	576	719.41
通用设备制造业	Equipments in Current Use	952	1271.23
专用设备制造业	Equipments in Special Use	504	728.70
交通运输设备制造业	Transport Equipment	747	2146.95
电气机械及器材制造业	Electric Equipment and Machinery	867	3098.21
通信设备、计算机及其他电子设备制造业	Telecommunication Equipment, Computer and Other Electronic Equipment Manufacturing	240	587.48
仪器仪表及文化办公用机械	Instruments, Meters, Cultural and Office	76	120.23
工艺品及其他制造业	Handiwork and Other Manufacturing	142	143.18
废弃资源和废旧材料回收工业	Recovery and Processing of Discarded Resources and Waste Materials	65	260.24
电力、热力的生产和供应业	Production and Supply of Electric Power and Heating Power	145	1830.62
燃气生产和供应业	Production and Supply of Gas	39	62.71
水的生产和供应业	Production and Supply of Tap Water	30	23.11

单位：亿元（100 million yuan）

工业销售产值（现价） Value of Industrial Products Sales (At current prices)	#出口交货值 Delivery Value for Export	资产合计 Total Assets	流动资产合计 Circulating Funds	#存货 Stock	#产成品 Finished Product	固定资产合计 Total of Fixed Assets	固定资产原价 Original Value of Fixed Assets	固定资产累计折旧 Accumulated Depreciation of Fixed Assets
25261.69	**1270.36**	**19148.71**	**8463.30**	**2125.39**	**791.67**	**8017.19**	**10831.88**	**4073.72**
21902.52	859.24	17038.51	7356.11	1867.31	689.27	7225.47	9618.59	3592.48
2391.19	20.51	2246.07	571.79	167.77	22.97	1409.79	2167.15	832.88
162.62	1.66	55.36	36.10	7.51	4.45	12.98	24.75	12.82
52.02	0.50	33.88	14.87	3.87	1.72	11.28	16.79	6.21
20.47	9.59	11.86	8.79	2.00	1.47	2.48	2.39	0.80
7258.48	223.33	6954.40	2786.67	689.22	245.61	3072.14	3648.90	1281.83
3278.43	323.80	3606.42	1725.86	420.58	147.15	1284.21	1791.93	749.16
8312.38	273.48	3904.44	2115.02	552.60	254.56	1349.62	1878.52	689.88
426.93	6.36	226.07	97.01	23.77	11.33	82.96	88.16	18.90
1324.34	155.55	880.75	416.67	87.14	31.29	360.93	481.59	150.53
2034.82	255.58	1229.45	690.53	170.94	71.11	430.80	731.70	330.71
8270.97	355.17	9798.64	3400.48	835.36	206.31	4868.10	6433.38	2484.77
7937.76	626.96	4032.90	2148.44	693.20	271.17	1356.32	1961.91	728.11
17323.92	643.40	15115.81	6314.86	1432.19	520.51	6660.88	8869.97	3345.61
10129.71	728.31	10195.86	4034.33	993.31	290.59	4579.75	5926.06	2271.61
4864.53	288.59	3796.25	1704.92	415.73	170.57	1558.14	2322.45	912.63
10037.56	251.98	5048.52	2662.28	706.23	325.83	1845.61	2540.85	878.56
229.89	1.48	108.08	61.78	10.12	4.68	33.70	42.52	10.92
1045.41	0.00	2440.30	597.79	76.01	37.67	1382.91	1325.89	509.92
272.15	0.00	373.33	103.77	12.70	6.38	99.09	121.18	35.65
70.35	0.00	49.36	26.39	2.96	1.11	16.54	20.64	6.79
140.95	0.48	60.61	25.15	4.79	3.21	26.42	32.40	8.59
1856.69	27.45	716.04	390.42	150.07	55.98	228.32	350.87	143.33
343.95	15.29	157.44	72.95	24.36	10.35	63.90	87.08	28.28
386.02	5.65	294.86	166.38	59.73	25.02	91.32	119.65	37.52
261.60	0.25	184.49	133.19	98.93	2.99	38.82	78.98	44.28
683.57	98.30	431.39	184.35	62.43	28.10	151.37	209.36	75.10
430.35	52.96	174.90	87.46	20.80	10.07	69.05	79.57	17.76
225.24	41.46	107.32	59.68	18.93	10.21	34.63	39.29	10.78
403.52	29.73	142.72	72.75	28.02	12.12	56.28	83.11	32.32
117.17	5.22	42.47	19.81	5.71	2.51	17.26	22.93	7.35
257.25	2.67	171.82	77.88	17.43	8.97	72.58	107.92	38.06
160.38	1.48	108.68	57.57	17.30	7.83	40.69	54.80	19.01
74.31	18.08	30.65	16.74	5.59	2.55	10.46	20.98	10.96
394.35	0.00	143.86	48.98	19.55	7.24	78.31	151.53	73.24
1520.25	61.44	1017.48	493.77	119.18	54.51	378.86	535.14	208.14
338.19	16.38	257.02	149.36	35.82	14.62	78.45	152.59	86.09
77.82	9.60	83.81	27.04	7.65	3.29	37.13	52.36	16.11
230.72	62.25	180.70	107.37	27.76	10.83	65.61	111.64	56.47
594.93	16.46	352.03	188.86	44.89	21.21	125.25	196.48	79.07
1400.01	10.79	1234.25	554.69	99.00	42.08	553.41	740.58	243.62
1761.88	36.56	1306.59	674.49	199.44	48.84	523.61	893.65	440.56
1552.87	35.02	822.76	433.14	165.02	17.21	189.68	250.52	79.43
694.81	15.91	410.42	254.34	70.41	29.25	113.66	162.69	57.38
1219.83	52.03	903.31	532.19	142.26	60.25	255.88	383.49	160.45
693.56	19.66	469.75	284.92	88.31	33.65	123.58	166.43	57.31
2090.52	237.83	1716.13	861.49	191.60	81.61	591.16	728.98	285.55
2995.54	253.76	1532.29	972.11	195.92	103.74	404.82	510.95	150.76
561.95	88.89	706.21	340.88	53.69	21.88	272.81	288.28	52.00
115.52	6.30	103.30	72.79	9.93	3.59	22.10	29.86	9.87
136.07	48.46	69.64	40.07	12.75	7.32	20.86	25.58	6.96
248.14	0.00	80.96	44.83	10.36	4.50	28.71	57.16	31.16
1821.28	0.00	2091.72	235.45	23.48	0.56	1659.77	2510.14	912.80
62.41	0.00	87.64	31.21	1.11	0.30	39.59	48.02	11.25
22.15	0.00	92.48	23.04	1.49	0.15	54.30	81.14	29.81

13—6 续表 continued

行业	Sector	负债合计 Total Liabilities	流动负债 Liquid Liabilities
总计	**Total**	**11398.66**	**8201.43**
总计中：	**Of the Total:**		
内资企业	Domestic Funded Enterprise	10232.85	7219.71
国有企业	State-owned Enterprise	1542.49	1001.61
集体企业	Collective-owned Enterprise	27.75	26.59
股份合作企业	Share Holding Cooperative Enterprises	16.64	12.62
联营企业	Joint Owned Enterprises	4.48	4.13
有限责任公司	Limited Liability Corporations	4463.08	2985.44
股份有限公司	Share-holding Corporations Ltd.	2079.79	1466.65
私营企业	Private Enterprises	1964.51	1613.64
其他企业	Other Enterprises	134.09	109.03
港澳台商投资企业	Enterprises Funded by Entrepreneurs from Hong Kong, Macao and Taiwan	480.02	397.24
外商投资企业	Foreign Funded Enterprises	685.79	584.48
总计中：	**Of the Total:**		
国有及国有控股企业	State Controlling Share Hold Enterprises	6439.14	4080.33
总计中：	**Of the Total:**		
轻工业	Light Industry	2042.52	1735.61
重工业	Heavy Industry	9356.14	6465.83
总计中：	**Of the Total:**		
大型企业	Large-sized Enterprises	6390.17	4285.36
中型企业	Medium-sized Enterprises	2249.39	1720.79
小型企业	Small Enterprises	2707.45	2157.57
微型企业	Mini Enterprises	51.66	37.72
按行业分	**Grouped by Sector**		
煤炭开采和洗选业	Coal Mining and Dressing	1690.62	902.39
黑色金属矿采选业	Ferrous Metals Mining and Dressing	171.65	130.61
有色金属矿采选业	Nonferrous Metals Mining and Dressing	20.39	16.56
非金属矿采选业	Nonmetal Minerals Mining and Dressing	27.14	21.17
农副食品加工业	Agricultural and Non-staple Food Processing Industry	346.64	301.07
食品制造业	Food Manufacturing	74.03	62.34
饮料制造业	Beverage Manufacturing	145.72	132.09
烟草制品业	Tobacco Manufacturing	35.72	35.59
纺织业	Textile Industry	232.23	170.62
纺织服装、鞋、帽制造业	Textile Dress, Footwear and Headgear Manufacturing	90.51	72.76
皮革毛皮羽毛（绒）及其制品业	Leather, Furs, Down and Related Products	49.28	44.04
木材加工及木竹藤棕草制品业	Timber Processing, Bamboo, Cane, Palm Fiber and Straw Products	68.57	58.23
家具制造业	Furniture Manufacturing	20.45	16.01
造纸及纸制品业	Papermaking and Paper Products	84.52	67.76
印刷业和记录媒介的复制	Printing and Record Medium Reproduction	54.02	41.53
文教体育用品制造业	Cultural, Educational and Sports Goods	16.58	15.20
石油加工、炼焦及核燃料加工业	Petroleum Processing, Coking and Nuclear Fuel Processing	118.32	102.41
化学原料及制品制造业	Raw Chemical Materials and Chemical Products	567.76	446.60
医药制造业	Medical and Pharmaceutical Products	122.05	109.85
化学纤维制造业	Chemical Fiber	47.93	29.29
橡胶制品业	Rubber Products	100.42	75.77
塑料制品业	Plastic Products	171.65	147.84
非金属矿物制品业	Nonmetal Mineral Products	648.86	467.90
黑色金属冶炼及压延加工业	Smelting and Pressing of Ferrous Metals	801.24	523.59
有色金属冶炼及压延加工业	Smelting and Pressing of Nonferrous Metals	581.19	433.71
金属制品业	Metal Products	218.14	189.30
通用设备制造业	Equipments in Current Use	498.26	409.47
专用设备制造业	Equipments in Special Use	247.31	221.91
交通运输设备制造业	Transport Equipment	1054.16	875.15
电气机械及器材制造业	Electric Equipment and Machinery	859.74	785.24
通信设备、计算机及其他电子设备制造业	Telecommunication Equipment, Computer and Other Electronic Equipment Manufacturing	382.28	236.65
仪器仪表及文化办公用机械	Instruments, Meters, Cultural and Office	41.04	37.55
工艺品及其他制造业	Handiwork and Other Manufacturing	31.12	26.37
废弃资源和废旧材料回收工业	Recovery and Processing of Discarded Resources and Waste Materials	44.26	42.28
电力、热力的生产和供应业	Production and Supply of Electric Power and Heating Power	1638.22	888.95
燃气生产和供应业	Production and Supply of Gas	59.17	38.94
水的生产和供应业	Production and Supply of Tap Water	37.48	24.68

单位：亿元（100 million yuan）

非流动负债 Long-term Liabilities	所有者权益 Creditors' Equity	#实收资本 Capital Hold	主营业务收入 Revenue from principal Business	主营业务成本 Cost of Principal Business	主营业务税金及附加 Business and Extra Charges	利润总额 Total Profits	本年应付职工薪酬 Wages Payable in This Year	本年应交增值税 Value Added Tax Payable	土地和固定资产支出 Land and Fixed Capital Expenditure	#土地 Land
2725.07	**7697.50**	**3506.92**	**24960.16**	**21226.87**	**307.12**	**1663.16**	**1270.23**	**800.44**	**2318.92**	**190.30**
2589.92	6761.97	2986.47	21919.12	18644.30	294.30	1440.02	1139.43	687.75	2102.68	171.05
435.56	703.17	304.38	2332.39	1720.47	177.07	128.56	147.31	100.64	372.07	2.61
0.58	26.98	7.29	163.59	137.10	0.65	16.97	5.70	7.56	2.86	0.56
1.09	16.82	9.14	51.48	45.56	0.33	2.59	2.65	1.18	2.66	0.06
0.23	7.38	3.04	20.57	17.12	0.07	2.10	2.55	0.54	0.77	0.56
1370.16	2475.97	1258.82	7467.35	6472.01	35.98	493.34	516.24	274.31	1019.54	91.04
589.40	1525.01	460.48	3411.21	2935.71	38.75	210.21	174.27	118.39	272.32	18.41
171.54	1916.86	903.22	8093.31	6990.08	39.77	559.29	276.04	175.69	395.98	52.59
21.35	89.78	40.10	379.23	326.26	1.68	26.97	14.67	9.43	36.48	5.22
74.56	398.10	201.82	1285.71	1103.75	4.50	87.62	56.70	36.84	82.65	13.30
60.59	537.44	318.63	1755.32	1478.82	8.32	135.52	74.11	75.86	133.60	5.95
2188.44	3353.19	1439.51	8729.37	7323.41	218.22	478.77	637.92	366.19	1330.65	71.85
197.07	1971.69	798.35	7464.50	6230.28	182.98	544.80	329.45	225.42	446.79	44.80
2528.00	5725.81	2708.58	17495.66	14996.60	124.13	1118.35	940.79	575.02	1872.14	145.50
2004.50	3798.49	1457.32	10249.22	8693.69	232.13	619.12	716.75	438.17	1427.11	91.26
442.01	1534.68	779.42	4637.11	3737.22	25.49	439.32	259.37	152.91	434.58	41.86
276.71	2308.60	1242.23	9845.34	8587.04	48.48	594.45	291.56	205.24	451.35	56.51
1.85	55.73	27.95	228.49	208.93	1.02	10.27	2.55	4.12	5.89	0.67
747.69	749.44	324.35	1194.39	903.03	9.44	115.70	287.32	103.69	525.89	44.43
31.89	200.23	99.73	267.12	217.57	2.60	28.66	17.02	13.16	27.16	0.48
2.18	28.91	9.21	68.97	53.04	1.26	7.59	4.00	2.75	6.46	0.13
3.89	33.17	19.45	135.20	108.47	1.95	6.72	4.67	3.34	5.10	0.29
23.76	363.43	132.58	1839.44	1654.51	5.05	104.71	40.77	20.83	61.20	8.80
7.44	82.63	40.68	338.31	289.30	1.64	21.79	15.28	8.42	26.95	1.93
6.97	147.20	60.71	367.20	247.02	27.12	42.07	20.09	19.99	35.40	5.06
0.03	148.77	32.96	261.18	81.92	127.78	29.02	16.48	30.99	0.97	0.06
46.47	198.08	80.65	677.49	604.15	2.87	43.36	38.07	13.98	34.37	3.86
7.63	81.12	42.04	421.52	364.49	2.71	23.28	42.28	8.58	23.11	3.15
2.97	56.88	20.36	221.95	186.45	0.59	24.46	9.54	4.91	12.37	1.10
5.30	72.56	33.35	397.22	356.65	1.64	22.62	12.80	8.49	18.96	1.48
0.96	21.86	10.36	116.14	96.16	0.78	7.99	6.59	1.99	4.29	0.64
12.70	86.62	33.81	257.12	223.57	0.75	12.64	9.29	8.38	18.82	1.94
5.66	54.39	20.69	153.26	125.18	0.81	14.53	9.74	3.72	9.47	0.66
1.09	13.93	7.13	70.50	59.55	0.28	6.31	5.63	1.88	1.97	0.25
15.59	25.52	41.25	390.27	353.94	38.24	-17.08	5.52	6.95	5.89	0.27
101.62	447.82	201.77	1408.78	1197.93	5.59	105.51	48.60	31.37	189.99	15.97
8.49	134.34	56.10	361.99	299.65	1.70	28.07	18.13	11.19	12.79	3.17
18.51	35.88	15.57	78.40	66.42	0.27	4.87	2.07	2.59	20.09	0.31
8.82	79.98	37.39	208.78	178.40	1.05	13.67	13.34	6.35	18.55	2.26
13.77	178.20	74.07	578.03	492.45	2.65	52.70	24.84	13.81	44.11	4.68
144.62	581.37	285.81	1379.91	1100.34	7.82	175.43	55.29	51.75	148.34	14.93
263.81	504.61	155.69	2012.66	1890.45	5.38	81.34	47.13	56.42	59.54	1.55
137.83	241.00	103.20	1716.04	1590.94	3.51	53.85	24.71	24.11	18.78	3.13
15.84	190.18	83.36	695.83	604.65	3.75	45.43	46.91	16.57	27.20	3.34
66.61	400.23	174.75	1201.47	1020.83	5.42	99.93	66.73	33.30	76.69	10.47
18.20	218.91	91.99	629.00	528.92	2.86	54.13	35.48	16.43	50.95	7.29
153.21	659.62	248.42	1994.56	1757.99	17.49	88.09	96.42	59.25	161.88	16.91
51.19	668.09	354.97	2630.64	2190.47	9.66	213.00	84.41	100.51	160.41	18.40
140.66	322.01	232.28	521.61	448.62	1.91	33.86	33.18	29.91	80.26	10.36
2.69	61.63	13.81	112.87	84.55	0.39	15.50	6.14	3.53	3.39	0.17
1.62	38.17	12.12	130.19	107.30	1.99	11.44	5.99	3.23	3.23	0.32
0.28	36.39	11.22	259.66	239.11	2.82	18.89	5.34	20.12	1.52	0.19
625.00	451.90	301.62	1778.32	1435.72	6.88	65.13	102.83	55.64	404.45	1.66
20.03	27.43	16.86	62.56	51.56	0.28	6.05	2.80	1.47	4.08	0.66
10.02	55.00	26.63	21.57	15.55	0.18	1.92	4.82	0.89	14.29	0.02

13—7 规模以上工业企业主要经济效益指标（2011年）

Main Indicators on Economic Benefit Above Designated Size Industrial Enterprises by Industrial Branch (2011)

行　业	Sector
总　　计	**Total**
总计中：	**Of the Total:**
内资企业	Domestic Funded Enterprise
国有企业	State-owned Enterprise
集体企业	Collective-owned Enterprise
股份合作企业	Share Holding Cooperative Enterprises
联营企业	Joint Owned Enterprises
有限责任公司	Limited Liability Corporations
股份有限公司	Share-holding Corporations Ltd.
私营企业	Private Enterprises
其他企业	Other Enterprises
港澳台商投资企业	Enterprises Funded by Entrepreneurs from Hong Kong, Macao and Taiwan
外商投资企业	Foreign Funded Enterprises
总计中：	**Of the Total:**
国有及国有控股企业	State Controlling Share Hold Enterprises
总计中：	**Of the Total:**
轻工业	Light Industry
重工业	Heavy Industry
总计中：	**Of the Total:**
大型企业	Large-sized Enterprises
中型企业	Medium-sized Enterprises
小型企业	Small Enterprises
微型企业	Mini Enterprises
按行业分	**Grouped by Sector**
煤炭开采和洗选业	Coal Mining and Dressing
黑色金属矿采选业	Ferrous Metals Mining and Dressing
有色金属矿采选业	Nonferrous Metals Mining and Dressing
非金属矿采选业	Nonmetal Minerals Mining and Dressing
农副食品加工业	Agricultural and Non-staple Food Processing Industry
食品制造业	Food Manufacturing
饮料制造业	Beverage Manufacturing
烟草制品业	Tobacco Manufacturing
纺织业	Textile Industry
纺织服装、鞋、帽制造业	Textile Dress, Footwear and Headgear Manufacturing
皮革毛皮羽毛（绒）及其制品业	Leather, Furs, Down and Related Products
木材加工及木竹藤棕草制品业	Timber Processing, Bamboo, Cane, Palm Fiber and Straw Products
家具制造业	Furniture Manufacturing
造纸及纸制品业	Papermaking and Paper Products
印刷业和记录媒介的复制	Printing and Record Medium Reproduction
文教体育用品制造业	Cultural, Educational and Sports Goods
石油加工、炼焦及核燃料加工业	Petroleum Processing, Coking and Nuclear Fuel Processing
化学原料及制品制造业	Raw Chemical Materials and Chemical Products
医药制造业	Medical and Pharmaceutical Products
化学纤维制造业	Chemical Fiber
橡胶制品业	Rubber Products
塑料制品业	Plastic Products
非金属矿物制品业	Nonmetal Mineral Products
黑色金属冶炼及压延加工业	Smelting and Pressing of Ferrous Metals
有色金属冶炼及压延加工业	Smelting and Pressing of Nonferrous Metals
金属制品业	Metal Products
通用设备制造业	Equipments in Current Use
专用设备制造业	Equipments in Special Use
交通运输设备制造业	Transport Equipment
电气机械及器材制造业	Electric Equipment and Machinery
通信设备、计算机及其他电子设备制造业	Telecommunication Equipment, Computer and Other Electronic Equipment Manufacturing
仪器仪表及文化办公用机械	Instruments, Meters, Cultural and Office
工艺品及其他制造业	Handiwork and Other Manufacturing
废弃资源和废旧材料回收工业	Recovery and Processing of Discarded Resources and Waste Materials
电力、热力的生产和供应业	Production and Supply of Electric Power and Heating Power
燃气生产和供应业	Production and Supply of Gas
水的生产和供应业	Production and Supply of Tap Water

总资产贡献率 (%) Ratio of Total Assets to Industrial Output Value (%)	资产负债率 (%) Assets-liability Ratio (%)	流动资产周转次数 (次/年) Number of Times of Annual of Turnover Circulating Funds (times/year)	工业成本费用利润率 (%) Ratio of Profits to Industrial Cost (%)	产品销售率 (%) Proportion of Products Sold (%)
15.78	**59.53**	**3.02**	**7.04**	**97.63**
15.55	60.06	3.05	6.97	97.65
19.17	68.68	4.14	6.85	99.08
46.24	50.13	4.54	11.69	97.92
13.18	49.12	3.58	5.17	97.15
23.57	37.79	2.34	11.45	98.63
13.11	64.18	2.80	6.66	97.43
11.14	57.67	2.03	6.37	98.42
21.31	50.31	3.85	7.44	97.12
18.00	59.31	3.93	7.60	97.64
15.65	54.50	3.12	7.29	97.39
19.10	55.78	2.63	7.69	97.56
12.17	65.71	2.68	5.72	98.71
24.80	50.65	3.53	7.84	97.63
13.38	61.90	2.84	6.71	97.62
13.92	62.67	2.65	6.19	98.47
17.57	59.25	2.76	10.48	96.88
18.22	53.63	3.72	6.45	97.15
15.23	47.79	3.73	4.65	97.28
11.14	69.28	2.26	9.32	98.91
12.54	45.98	2.64	11.70	95.85
24.15	41.30	2.62	13.03	98.39
20.84	44.78	5.39	5.50	97.68
19.88	48.41	4.73	6.01	99.14
21.37	47.02	4.67	6.78	98.54
30.77	49.42	2.24	13.50	94.25
101.51	19.36	1.96	27.68	101.13
15.32	53.83	3.70	6.74	97.44
20.87	51.75	4.84	5.95	98.06
29.40	45.92	3.72	12.38	97.45
24.72	48.04	5.47	6.02	97.54
26.86	48.14	5.90	7.37	95.99
14.31	49.19	3.33	5.25	98.37
18.59	49.70	2.68	10.42	96.66
29.29	54.10	4.22	9.73	97.51
21.56	82.25	8.21	-4.50	98.29
15.23	55.80	2.91	7.88	98.08
16.97	47.49	2.44	8.23	95.96
10.67	57.19	2.91	6.67	96.30
13.07	55.57	2.09	6.40	97.49
20.99	48.76	3.10	9.80	97.31
20.27	52.57	2.51	14.35	97.24
12.15	61.32	2.99	4.16	99.31
11.78	70.64	4.09	3.17	98.29
17.29	53.15	2.76	6.99	96.58
16.31	55.16	2.33	8.70	95.96
16.69	52.65	2.24	9.05	95.18
10.19	61.43	2.41	4.42	97.37
22.52	56.11	2.79	8.31	96.69
9.96	54.13	1.55	6.57	95.66
19.19	39.73	1.57	15.80	96.08
24.94	44.69	3.25	9.63	95.03
52.70	54.67	5.79	7.63	95.35
8.12	78.32	7.63	4.22	99.49
9.45	67.52	2.04	10.47	99.52
3.74	40.52	1.04	8.69	95.82

13—8 国有控股工业企业主要经济指标（2011年）
Main Indicators of State-owned and State-holding Industrial Enterprises (2011)

行　业	Sector	企业单位数（个）Number of Enterprises (unit)	工业总产值（现价）Gross Industrial Output Value
总　计	**Total**	**605**	**8378.91**
总计中：	**Of the Total:**		
内资企业	Domestic Funded Enterprise	571	8179.54
国有企业	State-owned Enterprise	211	2413.33
股份合作企业	Share Holding Cooperative Enterprises	4	5.87
联营企业	Joint Owned Enterprises	5	7.48
有限责任公司	Limited Liability Corporations	290	3500.15
股份有限公司	Share-holding Corporations Ltd.	58	2250.66
其他企业	Other Enterprises	3	2.05
港澳台商投资企业	Enterprises Funded by Entrepreneurs from Hong Kong, Macao and Taiwan	13	110.30
外商投资企业	Foreign Funded Enterprises	21	89.07
总计中：	**Of the Total:**		
轻工业	Light Industry	140	1151.09
重工业	Heavy Industry	465	7227.82
总计中：	**Of the Total:**		
大型企业	Large-sized Enterprises	101	6691.05
中型企业	Medium-sized Enterprises	185	1009.15
小型企业	Small Enterprises	305	670.32
微型企业	Mini Enterprises	14	8.38
按行业分	**Grouped by Sector**		
煤炭开采和洗选业	Coal Mining and Dressing	20	996.87
黑色金属矿采选业	Ferrous Metals Mining and Dressing	6	36.09
有色金属矿采选业	Nonferrous Metals Mining and Dressing	4	7.40
非金属矿采选业	Nonmetal Minerals Mining and Dressing	11	13.96
农副食品加工业	Agricultural and Non-staple Food Processing Industry	31	64.31
食品制造业	Food Manufacturing	7	8.65
饮料制造业	Beverage Manufacturing	14	81.03
烟草制品业	Tobacco Manufacturing	4	253.05
纺织业	Textile Industry	12	47.13
纺织服装、鞋、帽制造业	Textile Dress, Footwear and Headgear Manufacturing	7	4.05
木材加工及木竹藤棕草制品业	Timber Processing, Bamboo, Cane, Palm Fiber and Straw Products	4	5.95
造纸及纸制品业	Papermaking and Paper Products	4	37.96
印刷业和记录媒介的复制	Printing and Record Medium Reproduction	4	9.88
石油加工、炼焦及核燃料加工业	Petroleum Processing, Coking and Nuclear Fuel Processing	3	302.72
化学原料及制品制造业	Raw Chemical Materials and Chemical Products	41	365.60
医药制造业	Medical and Pharmaceutical Products	15	68.71
化学纤维制造业	Chemical Fiber	2	29.21
橡胶制品业	Rubber Products	1	1.65
塑料制品业	Plastic Products	13	77.40
非金属矿物制品业	Nonmetal Mineral Products	51	302.65
黑色金属冶炼及压延加工业	Smelting and Pressing of Ferrous Metals	9	1052.48
有色金属冶炼及压延加工业	Smelting and Pressing of Nonferrous Metals	6	754.41
金属制品业	Metal Products	11	31.08
通用设备制造业	Equipments in Current Use	37	177.78
专用设备制造业	Equipments in Special Use	26	83.84
交通运输设备制造业	Transport Equipment	54	1111.29
电气机械及器材制造业	Electric Equipment and Machinery	27	494.69
通信设备、计算机及其他电子设备制造业	Telecommunication Equipment, Computer and Other Electronic Equipment Manufacturing	22	179.00
仪器仪表及文化办公用机械	Instruments, Meters, Cultural and Office	3	10.82
工艺品及其他制造业	Handiwork and Other Manufacturing	2	2.22
电力、热力的生产和供应业	Production and Supply of Electric Power and Heating Power	127	1733.14
燃气生产和供应业	Production and Supply of Gas	7	18.22
水的生产和供应业	Production and Supply of Tap Water	20	15.67

单位：亿元（100 million yuan）

工业销售产值（现价） Value of Industrial Products Sales (At current prices)	#出口交货值 Delivery Value for Export	资产合计 Total Assets	流动资产合计 Circulating Funds	#存货 Stock	#产成品 Finished Product	固定资产合计 Total of Fixed Assets	固定资产原价 Original Value of Fixed Assets	固定资产累计折旧 Accumulated Depreciation of Fixed Assets
8270.97	**355.17**	**9798.64**	**3400.48**	**835.36**	**206.31**	**4868.10**	**6433.38**	**2484.77**
8073.15	353.06	9654.71	3344.54	820.51	203.72	4796.05	6272.12	2387.32
2391.19	20.51	2246.07	571.79	167.77	22.97	1409.79	2167.15	832.88
5.74	0.38	5.50	2.38	0.40	0.23	2.73	5.62	2.89
7.36		7.10	6.39	1.32	1.28	0.45	0.42	0.15
3439.45	96.62	4756.51	1593.20	353.60	88.35	2351.05	2638.67	916.12
2227.11	235.55	2637.62	1170.19	297.31	90.85	1031.15	1459.23	634.96
2.30	0.00	1.92	0.59	0.13	0.04	0.87	1.04	0.32
109.81	1.91	42.95	21.87	5.31	1.36	17.54	20.33	7.78
88.02	0.20	100.99	34.06	9.54	1.24	54.51	140.93	89.67
1122.94	39.49	906.33	491.70	182.26	35.52	263.62	427.33	179.34
7148.02	315.68	8892.31	2908.77	653.09	170.79	4604.49	6006.05	2305.43
6609.45	339.11	8001.77	2830.34	718.88	170.32	3860.70	4966.49	1948.89
985.68	9.80	1143.66	355.89	73.98	21.34	618.12	959.34	388.87
667.56	6.26	642.62	212.57	42.24	14.48	383.55	498.00	143.12
8.28		10.59	1.68	0.26	0.17	5.74	9.55	3.89
985.29		2397.46	579.88	73.56	36.09	1363.54	1297.48	500.75
30.32		184.47	26.64	3.28	0.97	29.86	50.87	21.00
7.65		13.32	7.83	0.57	0.24	5.11	6.48	2.13
13.84	0.08	19.14	5.56	0.98	0.61	10.82	15.58	4.91
63.04	0.25	26.85	11.30	5.86	0.85	12.87	20.22	7.97
8.22	3.60	4.71	1.48	1.12	0.40	3.12	4.63	1.59
69.11	0.36	80.42	56.65	13.01	3.81	13.62	23.07	10.52
255.86	0.23	178.75	129.78	98.21	2.54	38.06	74.10	40.16
46.17	5.69	88.76	28.54	7.12	2.51	28.65	40.01	13.95
3.93		3.02	1.68	0.36	0.22	1.12	1.40	0.28
5.80		6.47	2.27	1.15	0.43	3.60	4.07	1.07
38.24	0.38	65.35	28.23	4.96	2.38	25.15	35.39	10.02
9.88		9.36	5.11	1.14	0.89	3.14	2.81	1.19
300.21		75.48	24.14	11.01	3.50	44.33	97.15	52.82
357.10	20.95	368.95	158.67	47.14	21.30	165.01	236.11	101.43
66.19	2.71	74.94	40.31	10.78	2.74	22.36	62.78	41.43
28.07	5.83	55.77	13.45	2.19	0.37	25.43	39.11	13.68
1.65		0.93	0.68	0.23	0.10	0.23	0.35	0.11
78.47	2.98	78.34	35.90	10.46	3.74	31.29	51.98	21.36
295.06	3.85	439.45	200.23	17.13	6.69	188.49	261.72	87.26
1054.23	15.39	1009.19	486.81	155.07	24.84	443.92	782.57	400.51
746.64	26.12	601.78	293.68	118.59	0.34	147.07	194.46	62.36
27.47	0.37	27.11	17.79	2.30	0.72	4.59	6.17	1.99
170.53	12.93	181.82	111.61	38.75	11.26	53.16	76.67	27.07
82.13	1.51	81.60	48.46	12.68	2.61	21.78	24.15	8.22
1109.12	197.04	1048.21	524.96	115.68	46.92	356.56	360.84	132.56
481.26	19.79	243.52	174.67	41.85	22.72	34.68	47.98	14.74
163.14	34.79	351.17	134.72	16.96	5.68	169.53	179.34	25.13
10.89	0.31	21.73	14.94	2.12	0.18	2.98	5.87	2.90
2.22		3.99	1.74	0.37	0.01	2.25	2.83	0.61
1725.97		1955.00	202.92	19.18	0.55	1562.66	2350.51	848.15
18.12		35.91	12.44	0.43	0.08	14.76	18.84	4.98
15.16		65.65	17.42	1.11		38.39	57.86	21.93

13—8 续表 continued

行业	Sector	负债合计 Total Liabilities	流动负债 Liquid Liabilities
总计	**Total**	**6439.14**	**4080.33**
总计中：	**Of the Total:**		
内资企业	Domestic Funded Enterprise	6360.90	4017.00
国有企业	State-owned Enterprise	1542.49	1001.61
股份合作企业	Share Holding Cooperative Enterprises	2.93	2.33
联营企业	Joint Owned Enterprises	2.71	2.48
有限责任公司	Limited Liability Corporations	3190.68	1912.46
股份有限公司	Share-holding Corporations Ltd.	1621.36	1097.39
其他企业	Other Enterprises	0.73	0.73
港澳台商投资企业	Enterprises Funded by Entrepreneurs from Hong Kong, Macao and Taiwan	21.44	20.09
外商投资企业	Foreign Funded Enterprises	56.80	43.24
总计中：	**Of the Total:**		
轻工业	Light Industry	418.32	349.26
重工业	Heavy Industry	6020.82	3731.07
总计中：	**Of the Total:**		
大型企业	Large-sized Enterprises	5184.77	3273.37
中型企业	Medium-sized Enterprises	804.16	548.42
小型企业	Small Enterprises	442.88	254.09
微型企业	Mini Enterprises	7.33	4.45
按行业分	**Grouped by Sector**		
煤炭开采和洗选业	Coal Mining and Dressing	1667.03	885.15
黑色金属矿采选业	Ferrous Metals Mining and Dressing	65.89	54.84
有色金属矿采选业	Nonferrous Metals Mining and Dressing	3.03	2.98
非金属矿采选业	Nonmetal Minerals Mining and Dressing	8.98	6.76
农副食品加工业	Agricultural and Non-staple Food Processing Industry	14.03	12.49
食品制造业	Food Manufacturing	2.17	2.01
饮料制造业	Beverage Manufacturing	32.50	31.97
烟草制品业	Tobacco Manufacturing	33.26	33.17
纺织业	Textile Industry	57.60	39.19
纺织服装、鞋、帽制造业	Textile Dress, Footwear and Headgear Manufacturing	1.42	1.39
木材加工及木竹藤棕草制品业	Timber Processing, Bamboo, Cane, Palm Fiber and Straw Products	4.83	4.54
造纸及纸制品业	Papermaking and Paper Products	34.05	26.46
印刷业和记录媒介的复制	Printing and Record Medium Reproduction	3.98	1.71
石油加工、炼焦及核燃料加工业	Petroleum Processing, Coking and Nuclear Fuel Processing	64.94	64.66
化学原料及制品制造业	Raw Chemical Materials and Chemical Products	228.83	164.10
医药制造业	Medical and Pharmaceutical Products	40.17	38.65
化学纤维制造业	Chemical Fiber	29.15	15.37
橡胶制品业	Rubber Products	0.72	0.72
塑料制品业	Plastic Products	34.67	33.24
非金属矿物制品业	Nonmetal Mineral Products	238.21	144.71
黑色金属冶炼及压延加工业	Smelting and Pressing of Ferrous Metals	621.26	373.54
有色金属冶炼及压延加工业	Smelting and Pressing of Nonferrous Metals	438.66	316.14
金属制品业	Metal Products	15.38	13.58
通用设备制造业	Equipments in Current Use	97.73	89.82
专用设备制造业	Equipments in Special Use	49.44	42.34
交通运输设备制造业	Transport Equipment	698.09	570.43
电气机械及器材制造业	Electric Equipment and Machinery	155.47	147.12
通信设备、计算机及其他电子设备制造业	Telecommunication Equipment, Computer and Other Electronic Equipment Manufacturing	192.59	80.25
仪器仪表及文化办公用机械	Instruments, Meters, Cultural and Office	9.67	8.90
工艺品及其他制造业	Handiwork and Other Manufacturing	1.99	1.75
电力、热力的生产和供应业	Production and Supply of Electric Power and Heating Power	1541.25	840.63
燃气生产和供应业	Production and Supply of Gas	29.29	18.08
水的生产和供应业	Production and Supply of Tap Water	22.86	13.66

单位：亿元（100 million yuan）

非流动负债 Long-term Liabilities	所有者权益 Creditors' Equity	#实收资本 Capital Hold	主营业务收入 Revenue from principal Business	主营业务成本 Cost of Principal Business	主营业务税金及附加 Business and Extra Charges	利润总额 Total Profits	本年应付职工薪酬 Wages Payable in This Year	本年应交增值税 Value Added Tax Payable	土地和固定资产支出 Land and Fixed Capital Expenditure	#土地 Land
2188.44	**3353.19**	**1439.51**	**8729.37**	**7323.41**	**218.22**	**478.77**	**637.92**	**366.19**	**1330.65**	**71.85**
2185.86	3291.08	1405.73	8539.36	7151.79	217.71	467.73	630.27	355.82	1318.29	71.12
435.56	703.17	304.38	2332.39	1720.47	177.07	128.56	147.31	100.64	372.07	2.61
0.54	2.58	1.45	5.82	4.55	0.05	0.79	0.45	0.22	0.41	
0.22	4.39	2.36	7.20	4.85	0.02	1.45	0.49	0.24	0.09	0.04
1226.17	1563.69	797.60	3769.34	3264.92	14.85	238.22	357.32	167.93	768.00	59.91
523.38	1016.08	299.58	2422.32	2155.05	25.72	98.52	124.62	86.77	177.59	8.56
	1.19	0.36	2.30	1.96	0.01	0.19	0.08	0.02	0.13	0.01
0.32	20.99	4.13	107.05	95.11	0.14	8.56	3.33	7.11	6.12	0.57
2.26	41.12	29.65	82.95	76.51	0.38	2.48	4.32	3.26	6.25	0.16
62.01	487.72	140.76	1075.85	762.27	139.10	97.52	58.32	63.24	80.84	4.64
2126.43	2865.47	1298.75	7653.52	6561.14	79.12	381.25	579.60	302.95	1249.81	67.21
1844.93	2814.26	1080.26	7113.55	6082.85	210.90	345.03	556.26	310.80	1148.95	62.60
211.51	338.01	218.79	955.45	661.43	4.76	93.12	59.78	33.56	136.33	7.60
130.93	197.65	138.18	651.78	571.21	2.52	40.50	21.71	21.65	45.31	1.65
1.07	3.27	2.28	8.60	7.92	0.04	0.12	0.18	0.17	0.06	
743.78	730.39	316.11	1136.43	855.77	7.95	112.76	279.61	101.30	525.75	44.43
6.52	118.59	75.61	66.79	52.79	0.16	4.05	12.13	3.43	4.14	
0.05	10.30	1.28	7.49	2.61	0.12	2.88	1.42	0.47	1.14	
2.23	10.16	7.17	13.80	8.94	0.39	0.89	1.25	0.84	1.23	0.09
1.23	12.57	8.69	62.78	54.01	0.11	4.23	1.53	0.43	2.41	0.05
	2.52	0.80	7.95	7.11	0.02	0.71	0.63	0.28	0.20	
0.53	47.92	13.67	63.70	26.51	8.64	12.51	7.04	6.60	4.61	1.08
0.00	145.49	32.12	255.40	77.18	127.76	28.82	16.18	30.69	0.23	0.03
18.34	31.16	4.64	60.87	57.10	0.23	5.26	3.77	1.58	3.30	0.13
0.03	1.60	0.96	3.73	2.63	0.02	0.55	0.91	0.11	0.60	0.09
0.29	1.64	2.25	5.92	5.39	0.02	0.64	0.22	0.23	3.30	0.10
7.59	31.30	9.01	44.16	38.25	0.07	0.92	1.58	2.85	4.72	
2.23	5.38	1.56	7.10	4.74	0.06	0.39	2.29	0.12	0.15	0.07
0.28	10.54	24.29	299.57	268.73	38.12	-17.36	3.96	6.35	0.47	
63.83	140.11	61.17	349.58	312.02	1.57	16.35	16.51	6.47	114.93	7.20
1.42	34.76	11.61	100.04	85.43	0.34	2.77	7.54	2.72	2.31	0.64
13.79	26.61	9.58	31.47	26.54	0.13	1.56	0.27	0.51	12.48	0.17
0.00	0.21	0.04	1.61	1.21	0.01	0.20	0.14	0.07	0.14	
1.43	43.67	13.20	71.61	64.26	0.25	2.67	3.29	2.03	1.96	0.18
88.71	201.05	81.47	296.35	195.88	1.59	83.41	11.77	17.63	54.44	2.09
247.57	387.64	102.67	1303.39	1251.81	2.79	31.71	35.99	35.03	45.24	0.01
122.52	163.12	58.52	910.20	858.15	2.37	21.61	19.12	8.80	0.24	
1.74	11.73	6.18	29.28	22.98	0.28	2.82	1.78	1.17	0.68	0.06
6.41	81.29	29.64	189.89	165.35	0.99	14.37	19.60	6.03	12.25	0.38
6.31	31.42	11.20	72.52	57.10	0.41	8.74	7.28	2.10	8.19	1.56
127.36	350.10	105.27	1053.90	933.61	15.09	40.35	51.57	41.90	70.90	8.13
6.61	88.05	21.87	389.11	341.51	1.29	34.08	12.74	12.94	21.29	2.37
110.42	158.17	136.39	161.67	154.99	0.61	-1.60	11.35	20.14	39.89	2.36
0.77	12.06	1.77	11.38	9.17	0.04	1.04	1.26	0.16	0.01	
0.23	2.00	1.00	2.22	1.57	0.01	0.36	0.44	0.09	0.08	
588.44	412.24	266.74	1685.43	1352.45	6.59	59.07	100.09	52.00	382.75	0.61
11.22	6.61	5.48	19.41	16.52	0.08	1.18	1.10	0.42	2.43	
6.55	42.79	17.57	14.61	11.07	0.15	0.85	3.56	0.69	8.19	0.02

13—9 国有控股工业企业主要经济效益指标（2011年）
Main Indicators on Economic Benefit of State-owned and State-holding Industrial Enterprises (2011)

行　业	Sector
总　　计	**Total**
总计中：	**Of the Total:**
内资企业	Domestic Funded Enterprise
国有企业	State-owned Enterprise
股份合作企业	Share Holding Cooperative Enterprises
联营企业	Joint Owned Enterprises
有限责任公司	Limited Liability Corporations
股份有限公司	Share-holding Corporations Ltd.
其他企业	Other Enterprises
港澳台商投资企业	Enterprises Funded by Entrepreneurs from Hong Kong, Macao and Taiwan
外商投资企业	Foreign Funded Enterprises
总计中：	**Of the Total:**
轻工业	Light Industry
重工业	Heavy Industry
总计中：	**Of the Total:**
大型企业	Large-sized Enterprises
中型企业	Medium-sized Enterprises
小型企业	Small Enterprises
微型企业	Mini Enterprises
按行业分	**Grouped by Sector**
煤炭开采和洗选业	Coal Mining and Dressing
黑色金属矿采选业	Ferrous Metals Mining and Dressing
有色金属矿采选业	Nonferrous Metals Mining and Dressing
非金属矿采选业	Nonmetal Minerals Mining and Dressing
农副食品加工业	Agricultural and Non-staple Food Processing Industry
食品制造业	Food Manufacturing
饮料制造业	Beverage Manufacturing
烟草制品业	Tobacco Manufacturing
纺织业	Textile Industry
纺织服装、鞋、帽制造业	Textile Dress, Footwear and Headgear Manufacturing
木材加工及木竹藤棕草制品业	Timber Processing, Bamboo, Cane, Palm Fiber and Straw Products
造纸及纸制品业	Papermaking and Paper Products
印刷业和记录媒介的复制	Printing and Record Medium Reproduction
石油加工、炼焦及核燃料加工业	Petroleum Processing, Coking and Nuclear Fuel Processing
化学原料及制品制造业	Raw Chemical Materials and Chemical Products
医药制造业	Medical and Pharmaceutical Products
化学纤维制造业	Chemical Fiber
橡胶制品业	Rubber Products
塑料制品业	Plastic Products
非金属矿物制品业	Nonmetal Mineral Products
黑色金属冶炼及压延加工业	Smelting and Pressing of Ferrous Metals
有色金属冶炼及压延加工业	Smelting and Pressing of Nonferrous Metals
金属制品业	Metal Products
通用设备制造业	Equipments in Current Use
专用设备制造业	Equipments in Special Use
交通运输设备制造业	Transport Equipment
电气机械及器材制造业	Electric Equipment and Machinery
通信设备、计算机及其他电子设备制造业	Telecommunication Equipment, Computer and Other Electronic Equipment Manufacturing
仪器仪表及文化办公用机械	Instruments, Meters, Cultural and Office
工艺品及其他制造业	Handiwork and Other Manufacturing
电力、热力的生产和供应业	Production and Supply of Electric Power and Heating Power
燃气生产和供应业	Production and Supply of Gas
水的生产和供应业	Production and Supply of Tap Water

总资产贡献率 (%) Ratio of Total Assets to Industrial Output Value (%)	资产负债率 (%) Assets-liability Ratio (%)	流动资产周转次数 (次/年) Number of Times of Annual of Turnover Circulating Funds (times/year)	工业成本费用利润率 (%) Ratio of Profits to Industrial Cost (%)	产品销售率 (%) Proportion of Products Sold (%)
12.17	**65.71**	**2.68**	**5.72**	**98.71**
12.11	65.88	2.67	5.71	98.70
19.17	68.68	4.14	6.85	99.08
20.56	53.20	2.44	15.63	97.92
24.51	38.20	1.13	25.61	98.34
10.51	67.08	2.54	6.12	98.27
8.93	61.47	2.13	4.08	98.95
11.69	37.99	3.93	8.78	112.43
37.24	49.92	4.95	8.75	99.55
7.45	56.25	2.46	2.95	98.82
33.46	46.16	2.27	10.78	97.55
10.00	67.71	2.75	5.10	98.90
12.14	64.80	2.64	4.95	98.78
12.67	70.31	2.74	12.32	97.67
11.83	68.92	3.12	6.35	99.59
5.69	69.17	5.19	1.43	98.73
11.04	69.53	2.23	9.48	98.84
4.54	35.72	2.55	6.11	84.01
25.89	22.72	0.96	63.34	103.42
12.00	46.92	2.49	7.12	99.10
19.67	52.26	5.58	7.41	98.02
22.01	45.95	5.43	9.04	94.98
34.21	40.41	1.16	28.08	85.29
104.48	18.61	1.97	29.07	101.11
8.80	64.89	2.14	8.64	97.97
21.91	46.98	2.22	16.60	97.07
16.86	74.67	2.63	10.87	97.52
7.36	52.11	1.62	2.12	100.73
6.56	42.52	1.44	6.13	99.94
37.94	86.03	12.81	-6.02	99.17
8.14	62.02	2.29	4.58	97.68
8.53	53.60	2.51	2.80	96.33
5.54	52.28	2.37	5.09	96.12
31.81	76.94	2.37	14.37	100.00
7.40	44.26	2.02	3.72	101.39
24.49	54.21	1.50	36.75	97.49
8.18	61.56	2.68	2.47	100.17
7.32	72.89	3.28	2.29	98.97
16.20	56.73	1.68	10.67	88.38
12.17	53.75	1.90	7.17	95.92
14.37	60.58	1.58	12.37	97.96
9.67	66.60	2.12	3.72	99.80
19.83	63.84	2.42	8.35	97.28
6.04	54.84	1.23	-0.90	91.14
5.29	44.52	0.77	9.92	100.60
11.57	49.83	1.34	18.33	99.87
7.97	78.84	8.39	4.06	99.59
4.77	81.57	1.61	6.28	99.46
2.92	34.82	0.91	5.63	96.74

13—10 外商投资和港澳台投资工业企业主要经济指标（2011年）
Main Indicators of Industrial Enterprises with Hong Kong, Macao, Taiwan and Foreign Funds (2011)

行 业	Sector	企业单位数（个）Number of Enterprises (unit)	工业总产值（现价）Gross Industrial Output Value
总 计	**Total**	**750**	**3445.68**
总计中：	**Of the Total:**		
港澳台商投资企业	Enterprises Funded by Entrepreneurs from Hong Kong, Macao and Taiwan	312	1359.88
外商投资企业	Foreign Funded Enterprises	438	2085.80
总计中：	**Of the Total:**		
轻工业	Light Industry	346	1596.54
重工业	Heavy Industry	404	1849.14
总计中：	**Of the Total:**		
大型企业	Large-sized Enterprises	43	1612.85
中型企业	Medium-sized Enterprises	218	1040.28
小型企业	Small Enterprises	469	744.72
微型企业	Mini Enterprises	20	47.82
按行业分	**Grouped by Sector**		
黑色金属矿采选业	Ferrous Metals Mining and Dressing	2	15.12
有色金属矿采选业	Nonferrous Metals Mining and Dressing	2	0.69
非金属矿采选业	Nonmetal Minerals Mining and Dressing	6	2.51
农副食品加工业	Agricultural and Non-staple Food Processing Industry	24	89.47
食品制造业	Food Manufacturing	20	86.80
饮料制造业	Beverage Manufacturing	17	56.40
纺织业	Textile Industry	56	67.79
纺织服装、鞋、帽制造业	Textile Dress, Footwear and Headgear Manufacturing	64	90.17
皮革毛皮羽毛（绒）及其制品业	Leather, Furs, Down and Related Products	16	60.17
木材加工及木竹藤棕草制品业	Timber Processing, Bamboo, Cane, Palm Fiber and Straw Products	19	21.18
家具制造业	Furniture Manufacturing	5	12.72
造纸及纸制品业	Papermaking and Paper Products	14	22.81
印刷业和记录媒介的复制	Printing and Record Medium Reproduction	10	22.77
文教体育用品制造业	Cultural, Educational and Sports Goods	13	11.18
石油加工、炼焦及核燃料加工业	Petroleum Processing, Coking and Nuclear Fuel Processing	3	33.68
化学原料及制品制造业	Raw Chemical Materials and Chemical Products	48	273.63
医药制造业	Medical and Pharmaceutical Products	22	28.29
化学纤维制造业	Chemical Fiber	2	17.93
橡胶制品业	Rubber Products	8	94.49
塑料制品业	Plastic Products	35	55.77
非金属矿物制品业	Nonmetal Mineral Products	42	100.56
黑色金属冶炼及压延加工业	Smelting and Pressing of Ferrous Metals	9	142.99
有色金属冶炼及压延加工业	Smelting and Pressing of Nonferrous Metals	7	181.41
金属制品业	Metal Products	29	63.81
通用设备制造业	Equipments in Current Use	38	177.26
专用设备制造业	Equipments in Special Use	30	225.44
交通运输设备制造业	Transport Equipment	71	290.97
电气机械及器材制造业	Electric Equipment and Machinery	51	820.55
通信设备、计算机及其他电子设备制造业	Telecommunication Equipment, Computer and Other Electronic Equipment Manufacturing	36	138.89
仪器仪表及文化办公用机械	Instruments, Meters, Cultural and Office	4	35.36
工艺品及其他制造业	Handiwork and Other Manufacturing	10	32.10
废弃资源和废旧材料回收工业	Recovery and Processing of Discarded Resources and Waste Materials	3	24.86
电力、热力的生产和供应业	Production and Supply of Electric Power and Heating Power	9	111.26
燃气生产和供应业	Production and Supply of Gas	22	32.52
水的生产和供应业	Production and Supply of Tap Water	3	4.11

单位：亿元（100 million yuan）

工业销售产值（现价）Value of Industrial Products Sales (At current prices)	#出口交货值 Delivery Value for Export	资产合计 Total Assets	流动资产合计 Circulating Funds	#存货 Stock	#产成品 Finished Product	固定资产合计 Total of Fixed Assets	固定资产原价 Original Value of Fixed Assets	固定资产累计折旧 Accumulated Depreciation of Fixed Assets
3359.16	**411.12**	**2110.20**	**1107.19**	**258.08**	**102.40**	**791.73**	**1213.29**	**481.24**
1324.34	155.55	880.75	416.67	87.14	31.29	360.93	481.59	150.53
2034.82	255.58	1229.45	690.53	170.94	71.11	430.80	731.70	330.71
1572.53	289.09	697.68	395.06	91.31	40.44	228.30	344.52	128.78
1786.63	122.03	1412.52	712.13	166.77	61.95	563.43	868.78	352.46
1574.94	264.17	804.79	473.29	95.03	41.62	256.04	338.76	103.08
1012.89	89.76	800.19	351.75	91.80	31.74	360.09	610.12	272.29
723.42	56.59	477.37	263.69	70.50	28.70	166.92	254.47	104.45
47.91	0.61	27.86	18.47	0.74	0.33	8.67	9.94	1.44
15.29		28.88	11.37	0.56	0.27	10.72	12.57	3.41
0.65		3.58	1.95	0.09	0.03	0.80	0.53	0.30
2.40	0.38	3.76	1.74	0.26	0.08	0.79	1.40	0.62
88.55	3.73	62.84	35.73	12.89	5.86	11.66	36.49	25.68
88.01	2.41	40.89	18.77	5.43	1.50	15.70	22.44	8.04
55.67	1.21	48.96	20.09	11.77	2.33	21.96	32.26	12.00
65.55	16.36	49.09	20.53	8.37	3.58	21.46	31.43	13.36
88.67	20.48	39.40	17.53	4.10	1.45	19.86	25.21	6.56
59.70	15.19	23.30	10.59	1.73	0.77	5.73	9.24	3.86
20.12	8.05	16.79	8.82	2.92	1.54	5.46	8.92	4.20
12.84	2.20	5.42	3.53	0.22	0.14	1.88	2.30	0.43
22.89	0.19	16.32	7.28	1.67	0.68	8.41	10.60	2.54
21.42	0.14	16.15	9.71	4.03	2.04	6.29	12.20	6.21
10.89	7.28	6.06	2.75	1.24	0.80	2.23	2.45	0.32
30.61		25.77	10.62	2.62	0.90	13.22	24.66	11.46
280.44	10.77	172.05	88.62	13.68	5.25	61.88	81.54	26.70
27.38	4.82	22.25	13.01	4.04	1.75	6.82	8.69	2.94
17.87	0.00	9.46	5.27	2.77	1.31	2.35	3.17	0.82
91.70	35.64	86.30	48.96	11.04	5.47	34.99	62.40	30.01
54.50	6.98	45.34	26.28	5.36	1.76	14.43	23.77	10.02
93.16	2.90	135.10	46.12	10.88	5.55	75.51	84.33	19.07
136.64	3.29	61.17	37.13	14.17	5.85	22.03	28.06	10.34
176.94		59.92	36.66	10.56	0.76	19.56	21.11	3.80
60.19	2.94	41.87	24.98	7.59	2.44	13.36	17.44	4.65
174.52	11.98	162.82	92.90	16.06	5.55	42.93	66.68	30.27
211.47	3.63	141.79	90.05	40.64	14.97	32.79	44.19	14.00
288.24	29.56	209.38	112.34	14.66	5.94	83.95	108.49	26.24
794.05	179.49	256.11	181.74	29.62	17.71	60.45	91.28	32.27
134.90	10.10	66.01	32.98	8.71	4.25	27.86	36.99	11.93
34.02	5.32	29.37	24.37	2.83	0.90	4.43	7.47	4.20
31.31	26.06	12.88	7.19	1.36	0.64	5.07	5.56	0.88
25.42		6.18	3.68	0.32	0.11	2.48	2.75	0.35
106.97		145.68	34.90	5.26		103.90	245.75	141.86
32.46		42.38	15.46	0.43	0.07	20.88	24.79	5.70
3.71		16.93	3.56	0.20	0.14	9.90	16.13	6.23

13—10 续表 continued

行 业	Sector	负债合计 Total Liabilities	流动负债 Liquid Liabilities
总 计	**Total**	**1165.82**	**981.72**
总计中：	**Of the Total:**		
港澳台商投资企业	Enterprises Funded by Entrepreneurs from Hong Kong, Macao and Taiwan	480.02	397.24
外商投资企业	Foreign Funded Enterprises	685.79	584.48
总计中：	**Of the Total:**		
轻工业	Light Industry	391.07	345.72
重工业	Heavy Industry	774.74	636.00
总计中：	**Of the Total:**		
大型企业	Large-sized Enterprises	453.56	400.70
中型企业	Medium-sized Enterprises	447.45	359.06
小型企业	Small Enterprises	258.05	216.39
微型企业	Mini Enterprises	6.76	5.58
按行业分	**Grouped by Sector**		
黑色金属矿采选业	Ferrous Metals Mining and Dressing	7.29	5.93
有色金属矿采选业	Nonferrous Metals Mining and Dressing	0.33	0.31
非金属矿采选业	Nonmetal Minerals Mining and Dressing	0.83	0.76
农副食品加工业	Agricultural and Non-staple Food Processing Industry	39.06	37.01
食品制造业	Food Manufacturing	20.24	18.31
饮料制造业	Beverage Manufacturing	29.24	27.26
纺织业	Textile Industry	21.38	15.67
纺织服装、鞋、帽制造业	Textile Dress, Footwear and Headgear Manufacturing	21.22	15.51
皮革毛皮羽毛（绒）及其制品业	Leather, Furs, Down and Related Products	8.04	6.95
木材加工及木竹藤棕草制品业	Timber Processing, Bamboo, Cane, Palm Fiber and Straw Products	10.91	9.48
家具制造业	Furniture Manufacturing	3.71	3.65
造纸及纸制品业	Papermaking and Paper Products	8.56	7.35
印刷业和记录媒介的复制	Printing and Record Medium Reproduction	8.34	5.76
文教体育用品制造业	Cultural, Educational and Sports Goods	2.12	1.67
石油加工、炼焦及核燃料加工业	Petroleum Processing, Coking and Nuclear Fuel Processing	17.58	13.79
化学原料及制品制造业	Raw Chemical Materials and Chemical Products	104.24	86.29
医药制造业	Medical and Pharmaceutical Products	10.53	8.25
化学纤维制造业	Chemical Fiber	7.48	5.38
橡胶制品业	Rubber Products	53.20	45.28
塑料制品业	Plastic Products	20.42	17.81
非金属矿物制品业	Nonmetal Mineral Products	63.33	49.81
黑色金属冶炼及压延加工业	Smelting and Pressing of Ferrous Metals	40.45	38.64
有色金属冶炼及压延加工业	Smelting and Pressing of Nonferrous Metals	47.05	41.86
金属制品业	Metal Products	17.89	17.39
通用设备制造业	Equipments in Current Use	95.40	73.89
专用设备制造业	Equipments in Special Use	73.98	70.42
交通运输设备制造业	Transport Equipment	94.08	85.63
电气机械及器材制造业	Electric Equipment and Machinery	155.03	150.54
通信设备、计算机及其他电子设备制造业	Telecommunication Equipment, Computer and Other Electronic Equipment Manufacturing	37.10	31.53
仪器仪表及文化办公用机械	Instruments, Meters, Cultural and Office	10.93	10.89
工艺品及其他制造业	Handiwork and Other Manufacturing	6.76	6.39
废弃资源和废旧材料回收工业	Recovery and Processing of Discarded Resources and Waste Materials	2.62	2.62
电力、热力的生产和供应业	Production and Supply of Electric Power and Heating Power	92.44	46.18
燃气生产和供应业	Production and Supply of Gas	26.04	17.19
水的生产和供应业	Production and Supply of Tap Water	8.00	6.33

单位：亿元（100 million yuan）

非流动负债 Long-term Liabilities	所有者权益 Creditors' Equity	#实收资本 Capital Hold	主营业务收入 Revenue from principal Business	主营业务成本 Cost of Principal Business	主营业务税金及附加 Business and Extra Charges	利润总额 Total Profits	本年应付职工薪酬 Wages Payable in This Year	本年应交增值税 Value Added Tax Payable	土地和固定资产支出 Land and Fixed Capital Expenditure	#土地 Land
135.15	**935.53**	**520.45**	**3041.03**	**2582.57**	**12.82**	**223.13**	**130.80**	**112.69**	**216.25**	**19.25**
74.56	398.10	201.82	1285.71	1103.75	4.50	87.62	56.70	36.84	82.65	13.30
60.59	537.44	318.63	1755.32	1478.82	8.32	135.52	74.11	75.86	133.60	5.95
31.19	303.24	182.80	1351.59	1123.70	8.24	100.72	58.13	60.08	97.87	3.43
103.96	632.29	337.65	1689.44	1458.87	4.58	122.42	72.67	52.62	118.38	15.82
45.35	348.67	150.88	1337.61	1134.00	4.52	102.76	54.45	63.23	92.09	8.47
63.91	350.20	218.77	938.80	794.64	6.26	77.92	55.10	31.10	82.49	7.48
25.72	215.59	144.73	717.55	610.95	1.97	37.35	20.89	17.09	41.38	3.25
0.17	21.08	6.07	47.08	42.98	0.08	5.11	0.37	1.27	0.29	0.05
1.36	21.59	1.16	15.94	7.71	0.41	6.37	0.50	1.91	2.21	
	3.24	0.12	0.65	0.43	0.01	0.20	0.13	0.06		
0.07	2.94	1.70	2.61	1.76	0.03	0.19	0.12	0.17	0.10	
1.70	23.75	16.38	96.21	87.75	0.12	3.44	2.36	0.93	3.90	0.20
1.93	20.65	15.45	86.81	76.13	0.20	4.49	4.09	3.01	14.46	0.21
1.34	18.38	15.13	53.98	38.62	3.22	4.49	2.95	2.47	7.12	0.61
3.33	27.40	17.14	58.93	51.33	0.17	3.30	4.11	1.83	6.53	0.50
4.04	17.50	10.97	84.93	73.41	0.45	4.33	9.62	2.02	4.63	0.52
0.14	15.20	5.97	60.18	47.42	0.18	9.77	3.25	2.27	0.61	
0.59	5.79	4.55	18.68	15.92	0.04	1.57	0.95	0.50	3.73	0.21
0.01	1.71	0.95	10.09	8.20	0.02	1.35	0.57	0.31	0.32	0.07
1.18	7.67	4.91	21.72	18.69	0.07	2.31	1.13	0.76	1.74	0.07
0.43	7.81	3.37	17.56	11.79	0.11	4.16	1.04	0.84	2.15	0.06
0.34	3.85	2.27	10.53	8.63	0.03	1.66	1.23	0.25	0.12	0.03
3.80	8.19	8.13	27.74	24.24	0.03	1.10	0.59	0.44	0.16	0.02
14.37	67.52	51.72	202.99	156.63	0.93	12.63	6.84	6.77	13.25	1.37
2.27	11.57	6.38	23.92	15.68	0.09	3.51	1.13	1.02	1.49	0.13
2.10	1.98	1.53	17.94	14.26	0.01	1.55	0.88	0.88	3.14	0.02
7.92	33.10	22.89	88.13	80.49	0.31	1.50	8.05	3.66	12.06	1.31
2.61	24.37	8.80	53.23	43.93	0.13	4.66	4.01	1.83	9.96	0.61
11.10	71.58	42.04	94.48	72.34	0.35	14.56	4.84	3.90	16.01	4.49
1.05	20.72	13.30	138.56	133.21	0.33	6.32	1.80	7.77	1.26	0.11
5.20	12.87	18.42	200.27	169.18	0.03	-2.52	0.43	0.11	1.99	0.37
0.36	23.84	9.65	58.46	47.93	0.24	8.36	2.75	1.88	3.86	0.53
18.42	64.83	32.85	156.53	134.87	0.54	18.86	7.17	6.14	15.79	3.43
3.51	67.16	26.28	164.57	140.70	0.52	17.03	9.62	4.79	20.94	1.46
3.97	114.90	46.37	274.06	246.06	0.39	7.94	14.36	4.94	10.83	1.02
4.34	101.01	46.24	648.13	559.54	2.33	42.21	21.11	37.77	30.58	0.43
3.26	28.59	26.91	122.61	102.83	0.32	10.22	7.15	5.09	12.02	0.87
0.04	18.12	1.99	33.15	21.11	0.01	7.35	1.67	1.55	0.11	
0.37	6.12	2.22	30.36	23.58	0.68	2.80	0.95	0.40	0.25	
	3.56	1.25	25.44	25.09	0.04	4.82	0.06	1.13	0.12	0.01
23.71	52.74	38.14	105.52	95.27	0.28	7.89	3.11	4.25	7.87	0.46
8.65	16.34	8.79	32.06	25.68	0.17	3.97	1.39	0.90	0.91	0.13
1.67	8.93	6.48	4.07	2.19	0.02	0.74	0.83	0.15	6.04	

13—11 外商投资和港澳台工业企业主要经济效益指标（2011年）
Main Indicators on Economic Benefit of Industrial Enterprises with Hong Kong, Macao, Taiwan and Foreign Funds (2011)

行　业	Sector
总　计	**Total**
总计中：	**Of the Total:**
港澳台商投资企业	Enterprises Funded by Entrepreneurs from Hong Kong, Macao and Taiwan
外商投资企业	Foreign Funded Enterprises
总计中：	**Of the Total:**
轻工业	Light Industry
重工业	Heavy Industry
总计中：	**Of the Total:**
大型企业	Large-sized Enterprises
中型企业	Medium-sized Enterprises
小型企业	Small Enterprises
微型企业	Mini Enterprises
按行业分	**Grouped by Sector**
黑色金属矿采选业	Ferrous Metals Mining and Dressing
有色金属矿采选业	Nonferrous Metals Mining and Dressing
非金属矿采选业	Nonmetal Minerals Mining and Dressing
农副食品加工业	Agricultural and Non-staple Food Processing Industry
食品制造业	Food Manufacturing
饮料制造业	Beverage Manufacturing
纺织业	Textile Industry
纺织服装、鞋、帽制造业	Textile Dress, Footwear and Headgear Manufacturing
皮革毛皮羽毛（绒）及其制品业	Leather, Furs, Down and Related Products
木材加工及木竹藤棕草制品业	Timber Processing, Bamboo, Cane, Palm Fiber and Straw Products
家具制造业	Furniture Manufacturing
造纸及纸制品业	Papermaking and Paper Products
印刷业和记录媒介的复制	Printing and Record Medium Reproduction
文教体育用品制造业	Cultural, Educational and Sports Goods
石油加工、炼焦及核燃料加工业	Petroleum Processing, Coking and Nuclear Fuel Processing
化学原料及制品制造业	Raw Chemical Materials and Chemical Products
医药制造业	Medical and Pharmaceutical Products
化学纤维制造业	Chemical Fiber
橡胶制品业	Rubber Products
塑料制品业	Plastic Products
非金属矿物制品业	Nonmetal Mineral Products
黑色金属冶炼及压延加工业	Smelting and Pressing of Ferrous Metals
有色金属冶炼及压延加工业	Smelting and Pressing of Nonferrous Metals
金属制品业	Metal Products
通用设备制造业	Equipments in Current Use
专用设备制造业	Equipments in Special Use
交通运输设备制造业	Transport Equipment
电气机械及器材制造业	Electric Equipment and Machinery
通信设备、计算机及其他电子设备制造业	Telecommunication Equipment, Computer and Other Electronic Equipment Manufacturing
仪器仪表及文化办公用机械	Instruments, Meters, Cultural and Office
工艺品及其他制造业	Handiwork and Other Manufacturing
废弃资源和废旧材料回收工业	Recovery and Processing of Discarded Resources and Waste Materials
电力、热力的生产和供应业	Production and Supply of Electric Power and Heating Power
燃气生产和供应业	Production and Supply of Gas
水的生产和供应业	Production and Supply of Tap Water

总资产贡献率 (%) Ratio of Total Assets to Industrial Output Value (%)	资产负债率 (%) Assets-liability Ratio (%)	流动资产周转次数 (次/年) Number of Times of Annual of Turnover Circulating Funds (times/year)	工业成本费用利润率 (%) Ratio of Profits to Industrial Cost (%)	产品销售率 (%) Proportion of Products Sold (%)
17.66	**55.25**	**2.81**	**7.53**	**97.49**
15.65	54.50	3.12	7.29	97.39
19.10	55.78	2.63	7.69	97.56
25.52	56.05	3.53	7.44	98.50
13.77	54.85	2.42	7.61	96.62
22.47	56.36	2.93	7.56	97.65
15.58	55.92	2.72	8.66	97.37
12.68	54.06	2.75	5.66	97.14
23.49	24.27	2.55	11.53	100.19
29.74	25.24	1.41	66.60	101.14
6.95	9.33	0.33	36.89	94.09
10.44	21.98	1.50	8.14	95.65
8.59	62.16	2.81	3.58	98.97
19.16	49.49	4.73	5.14	101.39
21.22	59.71	2.81	8.09	98.71
11.85	43.56	2.89	5.85	96.70
18.00	53.85	4.86	5.40	98.33
53.30	34.49	5.68	19.68	99.23
14.67	64.96	2.13	9.01	94.98
30.95	68.38	2.91	13.30	101.00
21.04	52.47	3.00	11.26	100.34
32.76	51.65	1.83	29.60	94.08
32.31	34.95	3.90	17.87	97.38
7.45	68.23	2.82	4.01	90.89
12.58	60.59	2.37	6.56	102.49
21.95	47.31	1.85	17.11	96.78
26.17	79.04	3.40	10.61	99.62
7.92	61.64	2.05	1.48	97.05
15.50	45.04	2.09	9.28	97.73
14.40	46.88	2.06	18.13	92.65
24.68	66.13	3.74	4.44	95.57
-2.52	78.52	5.47	-1.46	97.53
25.86	42.72	2.39	15.85	94.33
16.60	58.59	1.70	12.63	98.46
16.88	52.18	1.85	10.43	93.80
6.78	44.93	2.49	2.98	99.06
34.31	60.53	3.71	6.10	96.77
24.57	56.21	3.73	9.07	97.13
30.36	37.20	1.40	27.56	96.20
31.43	52.51	4.22	9.98	97.53
97.78	42.44	6.92	19.09	102.23
11.13	63.45	3.07	7.75	96.14
12.67	61.45	2.11	13.84	99.81
6.52	47.26	1.35	18.54	90.17

13—12 私营工业企业主要经济指标（2011年）
Main Indicators of Private Enterprises (2011)

行 业	Sector	企业单位数（个）Number of Enterprises (unit)	工业总产值（现价）Gross Industrial Output Value
总 计	**Total**	**7905**	**8558.44**
总计中：	**Of the Total:**		
私营独资	Private Sole-source Investment Enterprise	812	691.31
私营合伙	Private Partnership Enterprise	120	76.53
私营有限责任公司	Private Companies with Limited Liabilities	6655	7184.96
私营股份有限公司	Private Share-holding Companies with Limited Liabilities	318	605.63
总计中：	**Of the Total:**		
轻工业	Light Industry	3301	3371.29
重工业	Heavy Industry	4604	5187.15
总计中：	**Of the Total:**		
大型企业	Large-sized Enterprises	35	532.46
中型企业	Medium-sized Enterprises	468	1540.76
小型企业	Small Enterprises	7119	6345.72
微型企业	Mini Enterprises	283	139.49
按行业分	**Grouped by Sector**		
煤炭开采和洗选业	Coal Mining and Dressing	38	39.15
黑色金属矿采选业	Ferrous Metals Mining and Dressing	78	207.42
有色金属矿采选业	Nonferrous Metals Mining and Dressing	45	57.80
非金属矿采选业	Nonmetal Minerals Mining and Dressing	132	94.75
农副食品加工业	Agricultural and Non-staple Food Processing Industry	933	1204.38
食品制造业	Food Manufacturing	157	167.81
饮料制造业	Beverage Manufacturing	118	110.31
烟草制品业	Tobacco Manufacturing	1	0.27
纺织业	Textile Industry	404	381.80
纺织服装、鞋、帽制造业	Textile Dress, Footwear and Headgear Manufacturing	385	231.08
皮革毛皮羽毛（绒）及其制品业	Leather, Furs, Down and Related Products	123	104.56
木材加工及木竹藤棕草制品业	Timber Processing, Bamboo, Cane, Palm Fiber and Straw Products	288	232.91
家具制造业	Furniture Manufacturing	95	84.15
造纸及纸制品业	Papermaking and Paper Products	124	131.44
印刷业和记录媒介的复制	Printing and Record Medium Reproduction	99	73.08
文教体育用品制造业	Cultural, Educational and Sports Goods	63	54.91
石油加工、炼焦及核燃料加工业	Petroleum Processing, Coking and Nuclear Fuel Processing	9	7.19
化学原料及制品制造业	Raw Chemical Materials and Chemical Products	443	488.06
医药制造业	Medical and Pharmaceutical Products	113	133.42
化学纤维制造业	Chemical Fiber	13	9.37
橡胶制品业	Rubber Products	58	45.24
塑料制品业	Plastic Products	448	374.66
非金属矿物制品业	Nonmetal Mineral Products	843	678.01
黑色金属冶炼及压延加工业	Smelting and Pressing of Ferrous Metals	94	363.47
有色金属冶炼及压延加工业	Smelting and Pressing of Nonferrous Metals	93	293.30
金属制品业	Metal Products	408	410.49
通用设备制造业	Equipments in Current Use	660	602.08
专用设备制造业	Equipments in Special Use	327	287.83
交通运输设备制造业	Transport Equipment	447	466.91
电气机械及器材制造业	Electric Equipment and Machinery	549	877.70
通信设备、计算机及其他电子设备制造业	Telecommunication Equipment, Computer and Other Electronic Equipment Manufacturing	125	148.68
仪器仪表及文化办公用机械	Instruments, Meters, Cultural and Office	52	49.77
工艺品及其他制造业	Handiwork and Other Manufacturing	101	83.20
废弃资源和废旧材料回收工业	Recovery and Processing of Discarded Resources and Waste Materials	28	57.71
电力、热力的生产和供应业	Production and Supply of Electric Power and Heating Power	3	1.82
燃气生产和供应业	Production and Supply of Gas	5	2.83
水的生产和供应业	Production and Supply of Tap Water	3	0.89

单位：亿元（100 million yuan）

工业销售产值（现价） Value of Industrial Products Sales (At current prices)	#出口交货值 Delivery Value for Export	资产合计 Total Assets	流动资产合计 Circulating Funds	#存货 Stock	#产成品 Finished Product	固定资产合计 Total of Fixed Assets	固定资产原价 Original Value of Fixed Assets	固定资产累计折旧 Accumulated Depreciation of Fixed Assets
8312.38	**273.48**	**3904.44**	**2115.02**	**552.60**	**254.56**	**1349.62**	**1878.52**	**689.88**
670.16	14.19	202.39	99.43	29.07	13.74	84.94	119.08	40.68
74.84	0.91	33.61	18.23	4.24	1.93	12.73	19.58	8.88
6982.51	243.26	3318.01	1793.78	466.23	216.45	1152.21	1585.87	574.22
584.87	15.13	350.43	203.57	53.06	22.44	99.74	154.00	66.10
3282.36	182.25	1334.00	674.10	239.02	107.10	509.61	726.99	275.75
5030.02	91.23	2570.44	1440.92	313.58	147.47	840.00	1151.53	414.13
522.26	36.68	378.67	180.05	42.91	17.02	149.77	160.26	36.65
1494.81	98.05	814.64	430.89	108.81	48.24	275.81	421.49	179.60
6159.76	137.88	2659.26	1472.84	394.14	186.09	910.40	1280.51	469.43
135.55	0.87	51.87	31.23	6.74	3.21	13.63	16.27	4.19
39.49		24.84	8.42	0.95	0.67	14.57	21.34	6.81
201.61		117.28	53.05	6.74	4.24	30.50	32.44	7.19
56.47		29.66	15.37	2.01	0.70	9.21	11.68	3.79
92.62	0.03	25.12	11.71	2.15	1.44	9.60	10.46	2.27
1186.17	18.91	384.63	204.97	90.13	35.19	137.80	202.32	77.95
163.71	3.71	70.32	30.71	11.61	5.03	28.44	37.24	11.31
105.16	3.46	59.17	26.69	11.56	6.51	22.89	24.59	4.22
0.25		0.05	0.03	0.01	0.01	0.03	0.04	0.01
374.15	50.06	161.55	77.36	26.05	12.04	59.47	81.69	29.05
226.24	17.73	84.00	41.91	11.01	5.22	33.21	35.84	7.05
101.37	7.89	45.84	28.46	10.58	5.77	14.30	18.36	5.23
229.09	18.57	71.01	36.31	13.66	5.52	26.43	38.41	13.84
79.71	2.06	28.62	12.95	3.97	1.53	11.83	15.18	4.97
129.57	2.06	55.36	23.91	5.70	2.91	26.52	46.01	21.29
71.45	0.30	42.03	19.55	5.41	2.37	16.72	19.84	4.55
53.90	8.05	19.94	11.24	3.44	1.38	6.57	16.46	10.15
6.88		4.13	2.50	0.47	0.23	0.78	4.43	3.65
470.16	18.77	190.57	104.44	29.32	14.51	66.04	97.31	39.01
126.61	6.80	79.46	48.14	10.35	4.20	25.35	33.58	12.76
9.28	0.92	3.83	1.10	0.30	0.15	2.62	3.01	0.53
43.79	2.07	24.35	13.84	3.22	1.99	8.32	25.35	18.09
361.20	3.85	165.14	93.16	20.28	11.41	56.90	82.70	30.59
663.75	2.04	391.51	187.42	41.66	17.02	174.54	251.98	94.77
357.75	15.23	157.47	95.72	20.55	11.07	44.57	60.79	22.33
289.29	1.02	61.83	40.15	11.90	5.43	12.01	13.33	2.30
396.76	9.79	209.42	124.43	36.15	15.09	64.48	96.88	37.39
573.35	13.68	281.94	162.78	41.01	18.64	91.17	154.59	74.76
276.90	12.73	137.66	77.76	19.45	8.45	46.43	66.29	24.26
442.73	6.46	210.96	115.24	30.81	15.13	78.41	109.23	42.74
848.64	19.55	507.19	297.40	55.32	28.46	154.01	195.28	61.20
145.47	13.04	180.77	104.43	14.95	5.81	48.84	38.01	6.48
47.58	0.65	21.29	13.75	2.31	1.18	5.23	6.45	1.64
78.31	14.05	30.16	17.11	6.33	4.01	9.96	13.89	4.90
57.47		20.30	11.18	2.81	1.24	7.42	8.64	2.15
1.82		3.63	0.73	0.32		2.91	3.02	0.26
2.83		2.17	0.53	0.10	0.03	0.94	1.02	0.07
0.83		1.25	0.58	0.03	0.01	0.61	0.90	0.30

13—12 续表 continued

行业	Sector	负债合计 Total Liabilities	流动负债 Liquid Liabilities
总计	**Total**	**1964.51**	**1613.64**
总计中：	**Of the Total:**		
私营独资	Private Sole-source Investment Enterprise	85.74	68.83
私营合伙	Private Partnership Enterprise	17.27	12.58
私营有限责任公司	Private Companies with Limited Liabilities	1703.29	1402.94
私营股份有限公司	Private Share-holding Companies with Limited Liabilities	158.21	129.30
总计中：	**Of the Total:**		
轻工业	Light Industry	639.74	526.07
重工业	Heavy Industry	1324.77	1087.57
总计中：	**Of the Total:**		
大型企业	Large-sized Enterprises	178.35	135.47
中型企业	Medium-sized Enterprises	431.43	360.15
小型企业	Small Enterprises	1325.76	1096.70
微型企业	Mini Enterprises	28.97	21.32
按行业分	**Grouped by Sector**		
煤炭开采和洗选业	Coal Mining and Dressing	11.39	6.57
黑色金属矿采选业	Ferrous Metals Mining and Dressing	72.15	54.11
有色金属矿采选业	Nonferrous Metals Mining and Dressing	15.30	11.86
非金属矿采选业	Nonmetal Minerals Mining and Dressing	11.41	8.76
农副食品加工业	Agricultural and Non-staple Food Processing Industry	169.11	141.99
食品制造业	Food Manufacturing	31.25	25.30
饮料制造业	Beverage Manufacturing	33.46	28.34
烟草制品业	Tobacco Manufacturing	0.04	0.01
纺织业	Textile Industry	84.67	63.71
纺织服装、鞋、帽制造业	Textile Dress, Footwear and Headgear Manufacturing	39.73	31.51
皮革毛皮羽毛（绒）及其制品业	Leather, Furs, Down and Related Products	20.73	18.83
木材加工及木竹藤棕草制品业	Timber Processing, Bamboo, Cane, Palm Fiber and Straw Products	31.55	25.47
家具制造业	Furniture Manufacturing	12.96	9.33
造纸及纸制品业	Papermaking and Paper Products	22.50	17.62
印刷业和记录媒介的复制	Printing and Record Medium Reproduction	22.42	16.65
文教体育用品制造业	Cultural, Educational and Sports Goods	11.91	11.13
石油加工、炼焦及核燃料加工业	Petroleum Processing, Coking and Nuclear Fuel Processing	2.47	2.15
化学原料及制品制造业	Raw Chemical Materials and Chemical Products	98.01	82.07
医药制造业	Medical and Pharmaceutical Products	32.48	27.97
化学纤维制造业	Chemical Fiber	1.33	1.00
橡胶制品业	Rubber Products	11.07	9.48
塑料制品业	Plastic Products	82.32	66.01
非金属矿物制品业	Nonmetal Mineral Products	215.78	171.90
黑色金属冶炼及压延加工业	Smelting and Pressing of Ferrous Metals	88.83	72.23
有色金属冶炼及压延加工业	Smelting and Pressing of Nonferrous Metals	43.27	32.91
金属制品业	Metal Products	101.03	87.54
通用设备制造业	Equipments in Current Use	145.87	120.78
专用设备制造业	Equipments in Special Use	67.83	60.22
交通运输设备制造业	Transport Equipment	122.45	101.67
电气机械及器材制造业	Electric Equipment and Machinery	234.01	209.81
通信设备、计算机及其他电子设备制造业	Telecommunication Equipment, Computer and Other Electronic Equipment Manufacturing	89.06	65.67
仪器仪表及文化办公用机械	Instruments, Meters, Cultural and Office	8.94	7.83
工艺品及其他制造业	Handiwork and Other Manufacturing	14.22	11.20
废弃资源和废旧材料回收工业	Recovery and Processing of Discarded Resources and Waste Materials	11.02	9.31
电力、热力的生产和供应业	Production and Supply of Electric Power and Heating Power	2.63	1.51
燃气生产和供应业	Production and Supply of Gas	0.76	0.68
水的生产和供应业	Production and Supply of Tap Water	0.54	0.54

单位：亿元（100 million yuan）

非流动负债 Long-term Liabilities	所有者权益 Creditors' Equity	#实收资本 Capital Hold	主营业务收入 Revenue from principal Business	主营业务成本 Cost of Principal Business	主营业务税金及附加 Business and Extra Charges	利润总额 Total Profits	本年应付职工薪酬 Wages Payable in This Year	本年应交增值税 Value Added Tax Payable	土地和固定资产支出 Land and Fixed Capital Expenditure	#土地 Land
171.54	**1916.86**	**903.22**	**8093.31**	**6990.08**	**39.77**	**559.29**	**276.04**	**175.69**	**395.98**	**52.59**
6.73	114.36	57.65	663.72	587.55	3.84	36.02	19.00	11.68	20.15	2.34
1.58	16.14	9.88	74.44	65.67	0.62	4.19	2.77	1.37	4.01	0.70
147.25	1596.63	768.02	6779.07	5844.69	32.26	462.28	233.64	147.62	343.58	45.29
15.98	189.72	67.67	576.08	492.18	3.06	56.81	20.64	15.02	28.25	4.26
50.55	684.92	273.16	3221.91	2810.06	16.02	207.65	120.70	54.85	143.48	19.13
121.00	1231.94	630.06	4871.40	4180.02	23.75	351.65	155.35	120.83	252.50	33.47
37.55	197.88	80.79	479.61	398.31	1.71	54.89	25.03	13.13	52.71	8.82
58.22	380.17	151.13	1426.13	1189.24	6.94	140.16	73.23	45.91	99.88	12.41
75.26	1316.22	656.86	6048.28	5276.24	30.39	360.16	176.29	114.24	240.06	30.85
0.51	22.58	14.44	139.28	126.29	0.73	4.08	1.50	2.41	3.33	0.52
3.60	13.32	5.43	38.97	31.40	0.57	2.51	5.33	1.71	0.05	
13.79	43.68	15.51	160.40	141.53	1.40	12.91	2.28	6.24	11.28	0.23
1.82	14.29	7.12	55.36	45.54	1.02	4.19	2.25	1.92	4.95	0.12
0.93	13.52	7.32	86.62	71.00	1.13	3.72	2.48	1.83	2.17	0.18
11.39	211.42	70.60	1177.23	1060.99	3.43	65.61	21.93	12.38	30.28	4.87
3.44	38.49	13.95	159.63	136.48	1.06	10.44	6.66	2.89	8.21	1.17
2.82	25.39	12.17	106.76	88.53	2.44	8.30	2.94	3.03	10.00	1.87
0.03	0.01	0.01	0.25	0.21			0.01			
11.31	76.36	31.67	365.07	321.10	1.33	25.09	17.62	6.50	15.71	2.00
1.55	43.11	18.86	226.57	195.97	1.67	11.52	20.67	4.12	11.50	1.24
1.08	24.74	10.30	100.20	89.53	0.27	6.42	3.79	1.53	3.04	0.46
3.35	39.07	15.07	226.60	203.66	1.01	12.90	7.02	4.26	7.88	0.63
0.76	15.58	7.21	81.46	66.33	0.62	5.51	4.63	1.28	1.87	0.27
1.48	32.74	12.81	127.27	110.50	0.45	6.56	3.64	3.09	8.75	1.22
1.23	19.38	7.75	70.60	59.92	0.37	5.74	2.81	1.23	3.48	0.16
0.71	7.98	3.84	50.46	43.11	0.21	3.77	3.62	1.41	1.38	0.14
	1.66	1.54	6.88	6.55	0.01	0.18	0.13	0.05	1.32	0.25
5.79	91.87	44.04	457.98	394.09	1.87	37.36	11.13	6.58	27.67	4.40
2.38	46.85	15.21	122.17	102.71	0.66	10.48	4.77	2.99	4.76	1.01
0.33	2.50	1.34	9.34	8.06	0.01	1.14	0.39	0.18	0.07	
0.44	13.21	6.71	42.30	35.08	0.22	3.06	1.78	0.86	3.09	0.20
7.20	81.54	38.05	348.81	295.40	1.41	37.12	12.99	7.61	24.92	2.35
25.56	173.69	97.80	645.59	550.80	4.10	42.09	24.69	17.38	47.17	4.15
7.87	68.39	26.95	366.08	330.08	0.82	27.85	5.55	11.81	9.65	0.99
0.86	18.31	11.69	271.45	256.63	0.34	9.40	2.10	4.11	3.70	0.45
4.84	107.15	41.59	391.36	342.73	1.74	24.74	14.97	8.85	15.93	1.95
11.19	134.50	58.45	563.39	477.02	2.78	41.69	23.19	12.86	25.63	3.60
3.42	68.15	31.32	273.70	233.24	1.27	17.67	11.65	6.27	16.62	3.18
5.83	87.29	40.67	427.54	372.54	1.26	22.02	17.52	7.47	19.98	2.45
11.94	271.30	171.70	801.03	644.35	3.18	64.86	22.93	23.31	40.67	5.97
22.15	91.45	58.48	146.67	115.06	0.49	20.05	8.19	4.07	27.20	6.61
0.35	12.18	6.92	45.83	37.23	0.25	5.22	2.06	1.39	2.07	0.14
0.76	15.65	5.96	77.79	66.31	1.19	6.63	3.15	2.15	1.79	0.21
0.14	8.97	3.22	56.16	51.47	1.12	2.11	0.90	3.95	1.03	0.12
1.12	1.00	0.78	1.70	1.56	0.03	-0.01	0.08	0.30	2.04	
0.09	1.41	0.64	3.25	2.69	0.02	0.36	0.12	0.06	0.06	0.01
	0.71	0.51	0.83	0.68		0.08	0.08		0.06	

13—13 私营工业企业主要经济效益指标（2011年）
Main Indicators on Economic Benefit of Private Industrial Enterprises (2011)

行　业	Sector
总　　计	**Total**
总计中:	**Of the Total:**
私营独资	Private Sole-source Investment Enterprise
私营合伙	Private Partnership Enterprise
私营有限责任公司	Private Companies with Limited Liabilities
私营股份有限公司	Private Share-holding Companies with Limited Liabilities
总计中:	**Of the Total:**
轻工业	Light Industry
重工业	Heavy Industry
总计中:	**Of the Total:**
大型企业	Large-sized Enterprises
中型企业	Medium-sized Enterprises
小型企业	Small Enterprises
微型企业	Mini Enterprises
按行业分	**Grouped by Sector**
煤炭开采和洗选业	Coal Mining and Dressing
黑色金属矿采选业	Ferrous Metals Mining and Dressing
有色金属矿采选业	Nonferrous Metals Mining and Dressing
非金属矿采选业	Nonmetal Minerals Mining and Dressing
农副食品加工业	Agricultural and Non-staple Food Processing Industry
食品制造业	Food Manufacturing
饮料制造业	Beverage Manufacturing
烟草制品业	Tobacco Manufacturing
纺织业	Textile Industry
纺织服装、鞋、帽制造业	Textile Dress, Footwear and Headgear Manufacturing
皮革毛皮羽毛（绒）及其制品业	Leather, Furs, Down and Related Products
木材加工及木竹藤棕草制品业	Timber Processing, Bamboo, Cane, Palm Fiber and Straw Products
家具制造业	Furniture Manufacturing
造纸及纸制品业	Papermaking and Paper Products
印刷业和记录媒介的复制	Printing and Record Medium Reproduction
文教体育用品制造业	Cultural, Educational and Sports Goods
石油加工、炼焦及核燃料加工业	Petroleum Processing, Coking and Nuclear Fuel Processing
化学原料及制品制造业	Raw Chemical Materials and Chemical Products
医药制造业	Medical and Pharmaceutical Products
化学纤维制造业	Chemical Fiber
橡胶制品业	Rubber Products
塑料制品业	Plastic Products
非金属矿物制品业	Nonmetal Mineral Products
黑色金属冶炼及压延加工业	Smelting and Pressing of Ferrous Metals
有色金属冶炼及压延加工业	Smelting and Pressing of Nonferrous Metals
金属制品业	Metal Products
通用设备制造业	Equipments in Current Use
专用设备制造业	Equipments in Special Use
交通运输设备制造业	Transport Equipment
电气机械及器材制造业	Electric Equipment and Machinery
通信设备、计算机及其他电子设备制造业	Telecommunication Equipment, Computer and Other Electronic Equipment Manufacturing
仪器仪表及文化办公用机械	Instruments, Meters, Cultural and Office
工艺品及其他制造业	Handiwork and Other Manufacturing
废弃资源和废旧材料回收工业	Recovery and Processing of Discarded Resources and Waste Materials
电力、热力的生产和供应业	Production and Supply of Electric Power and Heating Power
燃气生产和供应业	Production and Supply of Gas
水的生产和供应业	Production and Supply of Tap Water

总资产贡献率 (%) Ratio of Total Assets to Industrial Output Value (%)	资产负债率 (%) Assets-liability Ratio (%)	流动资产周转次数 (次/年) Number of Times of Annual of Turnover Circulating Funds (times/year)	工业成本费用利润率 (%) Ratio of Profits to Industrial Cost (%)	产品销售率 (%) Proportion of Products Sold (%)
21.31	**50.31**	**3.85**	**7.44**	**97.12**
26.70	42.36	6.69	5.82	96.94
19.61	51.40	4.12	6.00	97.79
20.85	51.33	3.80	7.34	97.18
22.71	45.15	2.87	10.67	96.57
22.47	47.96	4.80	6.92	97.36
20.70	51.54	3.40	7.79	96.97
19.13	47.10	2.71	12.75	98.08
25.45	52.96	3.33	10.64	97.02
20.47	49.85	4.12	6.39	97.07
14.80	55.85	4.46	3.08	97.17
20.53	45.87	4.63	7.30	100.87
18.81	61.52	3.12	8.63	97.20
25.16	51.58	3.60	8.71	97.71
27.90	45.42	7.41	4.80	97.75
22.86	43.97	5.75	5.89	98.49
21.71	44.44	5.21	7.02	97.56
24.88	56.55	4.00	8.58	95.34
18.01	74.67	8.88	1.37	93.73
22.20	52.41	4.75	7.38	98.00
22.02	47.29	5.43	5.51	97.91
19.41	45.22	3.52	6.83	96.95
27.17	44.44	6.25	6.07	98.36
27.74	45.29	6.33	7.39	94.73
19.78	40.64	5.33	5.64	98.58
19.04	53.35	3.62	8.83	97.77
29.26	59.74	4.49	8.06	98.15
6.43	59.77	2.78	2.63	95.61
25.38	51.43	4.43	8.85	96.33
19.18	40.87	2.56	9.28	94.89
36.37	34.70	8.48	13.18	99.08
18.75	45.45	3.08	7.83	96.80
29.42	49.85	3.78	11.71	96.41
17.93	55.11	3.46	6.98	97.90
26.51	56.41	3.83	8.17	98.43
24.38	69.99	6.79	3.54	98.63
18.32	48.24	3.16	6.79	96.66
21.61	51.74	3.50	7.97	95.23
19.79	49.27	3.53	6.95	96.20
15.89	58.05	3.71	5.48	94.82
19.68	46.14	2.72	8.87	96.69
14.14	49.27	1.43	15.68	97.84
33.39	42.01	3.34	12.69	95.60
34.93	47.13	4.55	9.34	94.12
37.08	54.29	5.02	3.97	99.58
13.69	72.43	2.33	-0.35	99.96
20.84	35.15	6.15	12.55	100.00
7.31	43.45	1.45	10.59	94.25

13—14 大中型工业企业主要经济指标（2011年）
Main Indicators of Large and Medium-sized Industrial Enterprises (2011)

行　业	Sector	企业单位数（个）Number of Enterprises (unit)	工业总产值（现价）Gross Industrial Output Value
总　计	**Total**	**1489**	**15308.05**
总计中：	**Of the Total:**		
内资企业	Domestic Funded Enterprise	1228	12654.92
国有企业	State-owned Enterprise	105	2177.49
集体企业	Collective-owned Enterprise	17	22.56
股份合作企业	Share Holding Cooperative Enterprises	7	11.21
联营企业	Joint Owned Enterprises	3	10.60
有限责任公司	Limited Liability Corporations	434	5041.72
股份有限公司	Share-holding Corporations Ltd.	138	3115.69
私营企业	Private Enterprises	503	2073.22
其他企业	Other Enterprises	21	202.44
港澳台商投资企业	Enterprises Funded by Entrepreneurs from Hong Kong, Macao and Taiwan	111	946.24
外商投资企业	Foreign Funded Enterprises	150	1706.90
总计中：	**Of the Total:**		
轻工业	Light Industry	691	4416.63
重工业	Heavy Industry	798	10891.42
总计中：	**Of the Total:**		
大型企业	Large-sized Enterprises	245	10286.64
中型企业	Medium-sized Enterprises	1244	5021.41
按行业分	**Grouped by Sector**		
煤炭开采和洗选业	Coal Mining and Dressing	35	1007.55
黑色金属矿采选业	Ferrous Metals Mining and Dressing	15	148.12
有色金属矿采选业	Nonferrous Metals Mining and Dressing	8	16.35
非金属矿采选业	Nonmetal Minerals Mining and Dressing	4	9.28
农副食品加工业	Agricultural and Non-staple Food Processing Industry	61	459.37
食品制造业	Food Manufacturing	40	181.92
饮料制造业	Beverage Manufacturing	40	261.06
烟草制品业	Tobacco Manufacturing	6	257.68
纺织业	Textile Industry	102	302.50
纺织服装、鞋、帽制造业	Textile Dress, Footwear and Headgear Manufacturing	146	216.18
皮革毛皮羽毛（绒）及其制品业	Leather, Furs, Down and Related Products	33	133.21
木材加工及木竹藤棕草制品业	Timber Processing, Bamboo, Cane, Palm Fiber and Straw Products	21	65.46
家具制造业	Furniture Manufacturing	10	36.42
造纸及纸制品业	Papermaking and Paper Products	18	94.38
印刷业和记录媒介的复制	Printing and Record Medium Reproduction	12	64.53
文教体育用品制造业	Cultural, Educational and Sports Goods	22	37.19
石油加工、炼焦及核燃料加工业	Petroleum Processing, Coking and Nuclear Fuel Processing	4	368.98
化学原料及制品制造业	Raw Chemical Materials and Chemical Products	61	813.06
医药制造业	Medical and Pharmaceutical Products	29	137.08
化学纤维制造业	Chemical Fiber	7	71.16
橡胶制品业	Rubber Products	18	179.42
塑料制品业	Plastic Products	34	176.92
非金属矿物制品业	Nonmetal Mineral Products	91	530.87
黑色金属冶炼及压延加工业	Smelting and Pressing of Ferrous Metals	24	1421.19
有色金属冶炼及压延加工业	Smelting and Pressing of Nonferrous Metals	17	943.55
金属制品业	Metal Products	37	271.21
通用设备制造业	Equipments in Current Use	106	626.93
专用设备制造业	Equipments in Special Use	50	329.68
交通运输设备制造业	Transport Equipment	116	1531.91
电气机械及器材制造业	Electric Equipment and Machinery	130	2286.35
通信设备、计算机及其他电子设备制造业	Telecommunication Equipment, Computer and Other Electronic Equipment Manufacturing	63	450.08
仪器仪表及文化办公用机械	Instruments, Meters, Cultural and Office	5	62.14
工艺品及其他制造业	Handiwork and Other Manufacturing	24	60.72
废弃资源和废旧材料回收工业	Recovery and Processing of Discarded Resources and Waste Materials	14	134.08
电力、热力的生产和供应业	Production and Supply of Electric Power and Heating Power	66	1569.98
燃气生产和供应业	Production and Supply of Gas	7	34.17
水的生产和供应业	Production and Supply of Tap Water	13	17.38

单位：亿元（100 million yuan）

工业销售产值（现价） Value of Industrial Products Sales (At current prices)	#出口交货值 Delivery Value for Export	资产合计 Total Assets	流动资产合计 Circulating Funds	#存货 Stock	#产成品 Finished Product	固定资产合计 Total of Fixed Assets	固定资产原价 Original Value of Fixed Assets	固定资产累计折旧 Accumulated Depreciation of Fixed Assets
14994.24	**1016.89**	**13992.11**	**5739.25**	**1409.04**	**461.16**	**6137.89**	**8248.51**	**3184.24**
12406.41	662.97	12387.14	4914.21	1222.20	387.80	5521.75	7299.63	2808.88
2156.71	20.11	1983.34	496.91	156.75	20.34	1244.81	1954.86	774.60
22.34	1.62	15.58	8.95	1.49	0.74	4.55	10.52	6.06
10.83	0.38	10.61	2.90	1.36	0.67	3.30	4.83	1.54
10.58	9.56	2.85	1.36	0.32	0.06	1.16	1.66	0.60
4919.20	175.48	5614.51	2118.37	505.36	162.16	2548.02	2971.25	1083.13
3070.94	317.91	3439.50	1624.76	395.99	135.13	1240.27	1721.00	717.47
2017.07	134.74	1193.31	610.94	151.72	65.27	425.58	581.75	216.25
198.75	3.17	127.43	50.03	9.22	3.45	54.06	53.76	9.23
918.85	137.32	662.21	287.73	55.31	19.32	289.72	396.08	126.76
1668.98	216.61	942.76	537.30	131.53	54.05	326.42	552.80	248.61
4317.08	456.45	2446.18	1311.15	398.79	137.97	782.28	1159.68	442.16
10677.15	560.45	11545.93	4428.10	1010.25	323.19	5355.61	7088.84	2742.08
10129.71	728.31	10195.86	4034.33	993.31	290.59	4579.75	5926.06	2271.61
4864.53	288.59	3796.25	1704.92	415.73	170.57	1558.14	2322.45	912.63
996.30		2419.01	581.98	74.98	36.96	1378.86	1320.34	508.33
142.04		319.93	77.65	6.84	2.74	80.64	100.45	32.37
15.69		19.76	10.86	1.23	0.36	7.72	9.13	2.62
8.74	0.08	8.51	3.23	0.61	0.36	4.35	8.08	3.73
464.06	9.84	255.62	140.38	35.11	11.94	64.48	99.72	40.96
181.64	7.59	79.54	35.82	11.30	4.23	34.02	45.16	13.96
243.56	0.10	207.97	123.64	39.88	14.95	56.67	77.29	27.78
260.58	0.25	182.68	131.94	98.89	2.99	38.28	77.55	43.39
292.65	52.16	266.42	104.62	34.90	14.50	90.16	123.15	45.92
211.95	31.19	92.04	45.17	9.36	4.50	36.30	45.13	11.79
129.72	36.43	62.65	32.52	8.69	4.96	20.73	24.08	8.41
64.08	16.07	33.37	18.74	6.43	2.93	11.66	18.93	9.27
34.26	1.83	15.12	7.28	1.63	0.46	5.86	7.58	2.24
93.05	0.38	91.80	42.72	8.27	4.18	35.67	48.95	14.13
61.34	1.04	44.92	26.84	8.42	3.57	15.67	22.13	9.23
36.63	12.98	16.15	8.32	3.19	1.35	5.61	15.50	9.99
363.15	0.00	131.30	40.59	17.68	6.50	75.91	135.69	59.80
804.40	40.23	683.98	315.09	72.45	31.14	264.47	374.79	147.82
131.62	6.30	120.82	65.42	15.61	5.59	39.76	104.50	70.08
68.40	8.68	77.40	24.52	7.06	3.01	34.11	48.81	15.36
175.40	61.64	147.86	88.46	23.49	8.12	54.74	89.82	43.91
174.90	8.17	123.99	60.53	15.83	6.14	49.93	77.88	29.33
510.93	6.45	674.50	274.37	39.42	15.87	332.20	442.56	148.52
1414.02	30.51	1170.23	585.02	180.44	39.12	489.05	844.75	418.80
928.39	34.38	686.65	344.78	140.77	7.43	164.16	219.63	70.89
261.74	9.15	192.94	124.53	36.43	13.43	46.85	68.25	23.49
603.04	39.61	569.81	330.31	90.44	35.10	154.94	226.99	94.46
311.49	12.47	254.50	155.04	58.06	20.55	58.42	73.26	23.47
1502.56	231.28	1393.32	685.70	147.51	60.92	492.72	602.93	245.27
2214.39	236.07	1035.91	664.27	139.11	73.74	268.55	333.25	89.72
428.87	80.71	605.06	273.72	41.12	16.09	246.46	252.36	40.41
60.04	4.92	69.80	50.96	6.11	2.05	13.19	19.18	6.78
59.19	36.40	26.82	16.73	4.82	1.55	8.13	8.74	1.15
132.90		50.84	26.88	5.70	3.17	19.28	47.19	29.58
1561.77		1731.92	182.36	15.86	0.40	1369.23	2134.20	807.46
34.17		57.76	20.65	0.49	0.15	25.23	32.57	8.40
16.58		71.21	17.64	0.89	0.14	43.86	67.99	25.42

13—14 续表1 continued

行　业	Sector	负债合计 Total Liabilities	流动负债 Liquid Liabilities
总　计	**Total**	**8639.56**	**6006.15**
总计中：	**Of the Total:**		
内资企业	Domestic Funded Enterprise	7738.55	5246.39
国有企业	State-owned Enterprise	1350.40	908.17
集体企业	Collective-owned Enterprise	8.41	8.25
股份合作企业	Share Holding Cooperative Enterprises	5.81	2.90
联营企业	Joint Owned Enterprises	0.79	0.67
有限责任公司	Limited Liability Corporations	3682.57	2369.79
股份有限公司	Share-holding Corporations Ltd.	1995.95	1392.80
私营企业	Private Enterprises	609.78	495.62
其他企业	Other Enterprises	84.85	68.20
港澳台商投资企业	Enterprises Funded by Entrepreneurs from Hong Kong, Macao and Taiwan	362.54	295.80
外商投资企业	Foreign Funded Enterprises	538.47	463.95
总计中：	**Of the Total:**		
轻工业	Light Industry	1277.19	1096.02
重工业	Heavy Industry	7362.37	4910.13
总计中：	**Of the Total:**		
大型企业	Large-sized Enterprises	6390.17	4285.36
中型企业	Medium-sized Enterprises	2249.39	1720.79
按行业分	**Grouped by Sector**		
煤炭开采和洗选业	Coal Mining and Dressing	1685.46	898.70
黑色金属矿采选业	Ferrous Metals Mining and Dressing	139.87	106.93
有色金属矿采选业	Nonferrous Metals Mining and Dressing	4.40	3.56
非金属矿采选业	Nonmetal Minerals Mining and Dressing	4.71	4.51
农副食品加工业	Agricultural and Non-staple Food Processing Industry	130.91	115.23
食品制造业	Food Manufacturing	37.94	31.43
饮料制造业	Beverage Manufacturing	103.00	95.81
烟草制品业	Tobacco Manufacturing	35.29	35.19
纺织业	Textile Industry	150.24	102.60
纺织服装、鞋、帽制造业	Textile Dress, Footwear and Headgear Manufacturing	49.07	40.02
皮革毛皮羽毛（绒）及其制品业	Leather, Furs, Down and Related Products	27.41	23.83
木材加工及木竹藤棕草制品业	Timber Processing, Bamboo, Cane, Palm Fiber and Straw Products	18.87	15.96
家具制造业	Furniture Manufacturing	9.16	7.19
造纸及纸制品业	Papermaking and Paper Products	47.66	37.94
印刷业和记录媒介的复制	Printing and Record Medium Reproduction	18.87	16.12
文教体育用品制造业	Cultural, Educational and Sports Goods	9.14	8.17
石油加工、炼焦及核燃料加工业	Petroleum Processing, Coking and Nuclear Fuel Processing	111.34	95.91
化学原料及制品制造业	Raw Chemical Materials and Chemical Products	397.30	301.56
医药制造业	Medical and Pharmaceutical Products	61.29	57.46
化学纤维制造业	Chemical Fiber	45.15	27.21
橡胶制品业	Rubber Products	83.79	61.46
塑料制品业	Plastic Products	52.97	48.33
非金属矿物制品业	Nonmetal Mineral Products	338.88	220.94
黑色金属冶炼及压延加工业	Smelting and Pressing of Ferrous Metals	710.64	448.93
有色金属冶炼及压延加工业	Smelting and Pressing of Nonferrous Metals	492.09	358.68
金属制品业	Metal Products	104.99	93.38
通用设备制造业	Equipments in Current Use	318.98	263.30
专用设备制造业	Equipments in Special Use	142.16	127.66
交通运输设备制造业	Transport Equipment	866.71	714.41
电气机械及器材制造业	Electric Equipment and Machinery	627.51	580.29
通信设备、计算机及其他电子设备制造业	Telecommunication Equipment, Computer and Other Electronic Equipment Manufacturing	326.01	186.09
仪器仪表及文化办公用机械	Instruments, Meters, Cultural and Office	27.26	25.12
工艺品及其他制造业	Handiwork and Other Manufacturing	14.68	13.38
废弃资源和废旧材料回收工业	Recovery and Processing of Discarded Resources and Waste Materials	27.80	27.76
电力、热力的生产和供应业	Production and Supply of Electric Power and Heating Power	1346.59	764.43
燃气生产和供应业	Production and Supply of Gas	44.15	26.49
水的生产和供应业	Production and Supply of Tap Water	27.25	20.14

单位：亿元（100 million yuan）

非流动负债 Long-term Liabilities	所有者权益 Creditors' Equity	#实收资本 Capital Hold	主营业务收入 Revenue from principal Business	主营业务成本 Cost of Principal Business	主营业务税金及附加 Business and Extra Charges	利润总额 Total Profits	本年应付职工薪酬 Wages Payable in This Year	本年应交增值税 Value Added Tax Payable	土地和固定资产支出 Land and Fixed Capital Expenditure	#土　地 Land
2446.51	**5333.18**	**2236.74**	**14886.33**	**12430.91**	**257.62**	**1058.44**	**976.12**	**591.08**	**1861.69**	**133.12**
2337.25	4634.30	1867.09	12609.92	10502.27	246.85	877.77	866.58	496.75	1687.11	117.17
385.42	632.76	246.19	2108.37	1520.78	176.15	116.54	139.42	93.88	366.31	2.20
	7.07	1.86	24.53	19.23	0.23	2.28	2.93	1.08	0.91	0.03
0.49	4.80	1.45	11.22	9.68	0.11	0.49	1.47	0.31	0.91	0.01
0.02	2.06	0.89	10.42	9.64	0.02	0.40	2.22	0.24	0.62	0.56
1255.99	1924.43	946.67	5174.64	4453.21	23.71	356.03	445.48	224.03	878.40	73.93
583.11	1442.65	417.34	3213.94	2767.78	37.77	195.46	167.56	114.87	258.44	15.00
95.77	578.05	231.92	1905.74	1587.55	8.65	195.05	98.26	59.03	152.59	21.23
16.44	42.47	20.77	161.07	134.38	0.21	11.51	9.24	3.31	28.93	4.21
62.92	298.56	143.69	864.39	742.80	3.83	74.57	48.49	28.54	61.77	11.33
46.34	400.31	225.96	1412.02	1185.85	6.95	106.11	61.06	65.79	112.81	4.63
144.01	1162.74	432.87	3891.79	3089.92	164.29	338.58	215.74	170.05	291.63	25.49
2302.50	4170.43	1803.87	10994.54	9340.99	93.34	719.86	760.38	421.03	1570.06	107.63
2004.50	3798.49	1457.32	10249.22	8693.69	232.13	619.12	716.75	438.17	1427.11	91.26
442.01	1534.68	779.42	4637.11	3737.22	25.49	439.32	259.37	152.91	434.58	41.86
747.33	733.49	321.24	1146.67	866.03	8.11	109.39	285.87	102.30	525.82	44.43
30.65	178.75	88.49	134.62	95.50	1.97	24.83	15.05	10.73	23.65	0.20
0.19	15.36	2.74	15.02	8.73	0.42	3.62	2.61	0.67	2.59	0.01
0.14	3.80	2.86	8.65	5.36	0.29	0.58	1.06	0.54	0.08	
10.01	123.10	37.69	443.51	388.82	0.78	37.60	17.77	8.06	17.96	3.97
5.04	41.58	23.57	177.78	150.00	0.56	12.07	10.13	6.18	18.11	0.93
3.76	104.74	35.22	224.15	127.54	23.56	32.87	15.56	16.53	25.26	3.25
	147.39	31.90	260.17	81.26	127.77	28.95	16.26	30.88	0.97	0.06
41.30	115.89	40.93	299.96	268.85	1.04	22.27	22.58	7.65	21.13	2.33
6.13	40.37	22.64	207.24	178.86	0.99	12.27	26.38	4.70	12.01	1.70
2.36	35.09	10.11	126.43	99.28	0.30	19.97	6.54	3.27	8.38	0.70
2.51	14.47	7.00	62.40	56.77	0.14	3.23	2.75	1.92	5.81	0.33
0.06	5.89	3.82	31.76	24.46	0.09	3.68	3.05	0.94	2.20	0.33
9.69	44.03	14.33	98.27	85.30	0.19	4.88	3.65	5.88	8.70	0.16
2.70	26.05	7.65	54.16	41.11	0.26	7.39	5.48	1.91	2.33	0.25
0.78	6.92	4.01	33.30	27.59	0.08	3.74	3.18	1.09	1.15	0.11
15.44	19.96	37.80	359.61	324.77	38.14	-18.84	5.18	6.61	4.50	
89.82	286.41	117.28	708.51	592.92	2.86	54.11	32.23	19.83	160.13	11.93
3.53	59.28	20.03	164.60	135.27	0.62	10.64	11.51	5.12	5.98	1.93
17.94	32.25	13.38	68.70	58.10	0.26	3.92	1.75	2.34	19.39	0.19
8.23	63.96	28.97	154.45	132.83	0.78	9.84	10.73	5.18	15.80	1.98
4.52	70.34	18.28	168.51	145.64	0.54	15.46	10.78	4.27	13.73	0.70
112.79	335.12	135.66	505.73	352.27	2.36	119.52	26.35	28.09	93.39	8.36
260.96	459.26	128.95	1657.04	1555.46	4.22	66.42	43.74	45.67	55.74	0.69
133.23	194.56	76.72	1087.65	1022.84	2.90	27.11	21.84	14.06	11.59	0.92
9.03	87.50	23.50	273.64	234.00	1.68	20.19	31.89	7.12	7.77	0.81
54.76	247.94	97.22	615.24	521.47	2.29	62.48	42.04	20.24	46.81	5.35
13.17	110.85	42.96	260.83	220.36	1.01	25.23	21.48	8.27	29.18	3.45
146.29	526.30	173.90	1429.28	1262.45	15.79	61.81	76.35	49.49	133.75	13.18
42.71	405.52	180.30	1891.80	1579.30	6.68	154.19	64.08	81.11	126.74	13.29
137.51	278.01	211.78	391.52	340.64	1.26	23.73	26.55	26.04	73.20	9.52
2.14	42.54	3.87	59.47	41.78	0.10	9.49	3.69	2.16	0.61	
0.66	12.13	3.93	55.44	44.04	1.59	5.45	2.75	1.25	0.78	0.05
0.04	22.94	6.02	135.68	120.27	1.39	10.66	4.39	9.18	0.01	
508.34	384.83	235.30	1527.31	1203.26	6.37	66.12	94.89	50.45	369.85	1.44
17.66	12.59	7.10	32.33	26.78	0.11	2.60	1.78	0.62	3.13	0.54
5.10	43.95	19.58	14.89	10.99	0.14	1.00	4.19	0.73	13.43	0.02

13—15 大中型工业企业主要经济效益指标（2011年）
Main Indicators on Economic Benefit of Large and Medium-sized Industrial Enterprises (2011)

行　业	Sector
总　　计	**Total**
总计中：	**Of the Total:**
内资企业	Domestic Funded Enterprise
国有企业	State-owned Enterprise
集体企业	Collective-owned Enterprise
股份合作企业	Share Holding Cooperative Enterprises
联营企业	Joint Owned Enterprises
有限责任公司	Limited Liability Corporations
股份有限公司	Share-holding Corporations Ltd.
私营企业	Private Enterprises
其他企业	Other Enterprises
港澳台商投资企业	Enterprises Funded by Entrepreneurs from Hong Kong, Macao and Taiwan
外商投资企业	Foreign Funded Enterprises
总计中：	**Of the Total:**
轻工业	Light Industry
重工业	Heavy Industry
总计中：	**Of the Total:**
大型企业	Large-sized Enterprises
中型企业	Medium-sized Enterprises
按行业分	**Grouped by Sector**
煤炭开采和洗选业	Coal Mining and Dressing
黑色金属矿采选业	Ferrous Metals Mining and Dressing
有色金属矿采选业	Nonferrous Metals Mining and Dressing
非金属矿采选业	Nonmetal Minerals Mining and Dressing
农副食品加工业	Agricultural and Non-staple Food Processing Industry
食品制造业	Food Manufacturing
饮料制造业	Beverage Manufacturing
烟草制品业	Tobacco Manufacturing
纺织业	Textile Industry
纺织服装、鞋、帽制造业	Textile Dress, Footwear and Headgear Manufacturing
皮革毛皮羽毛（绒）及其制品业	Leather, Furs, Down and Related Products
木材加工及木竹藤棕草制品业	Timber Processing, Bamboo, Cane, Palm Fiber and Straw Products
家具制造业	Furniture Manufacturing
造纸及纸制品业	Papermaking and Paper Products
印刷业和记录媒介的复制	Printing and Record Medium Reproduction
文教体育用品制造业	Cultural, Educational and Sports Goods
石油加工、炼焦及核燃料加工业	Petroleum Processing, Coking and Nuclear Fuel Processing
化学原料及制品制造业	Raw Chemical Materials and Chemical Products
医药制造业	Medical and Pharmaceutical Products
化学纤维制造业	Chemical Fiber
橡胶制品业	Rubber Products
塑料制品业	Plastic Products
非金属矿物制品业	Nonmetal Mineral Products
黑色金属冶炼及压延加工业	Smelting and Pressing of Ferrous Metals
有色金属冶炼及压延加工业	Smelting and Pressing of Nonferrous Metals
金属制品业	Metal Products
通用设备制造业	Equipments in Current Use
专用设备制造业	Equipments in Special Use
交通运输设备制造业	Transport Equipment
电气机械及器材制造业	Electric Equipment and Machinery
通信设备、计算机及其他电子设备制造业	Telecommunication Equipment, Computer and Other Electronic Equipment Manufacturing
仪器仪表及文化办公用机械	Instruments, Meters, Cultural and Office
工艺品及其他制造业	Handiwork and Other Manufacturing
废弃资源和废旧材料回收工业	Recovery and Processing of Discarded Resources and Waste Materials
电力、热力的生产和供应业	Production and Supply of Electric Power and Heating Power
燃气生产和供应业	Production and Supply of Gas
水的生产和供应业	Production and Supply of Tap Water

总资产贡献率 (%) Ratio of Total Assets to Industrial Output Value (%)	资产负债率 (%) Assets-liability Ratio (%)	流动资产周转次数 (次/年) Number of Times of Annual of Turnover Circulating Funds (times/year)	工业成本费用利润率 (%) Ratio of Profits to Industrial Cost (%)	产品销售率 (%) Proportion of Products Sold (%)
14.91	**61.75**	**2.68**	**7.46**	**97.95**
14.37	62.47	2.66	7.36	98.04
20.47	68.09	4.29	7.05	99.05
23.26	53.95	2.76	10.23	99.05
9.21	54.72	3.87	4.57	96.64
24.89	27.64	7.71	4.04	99.81
12.32	65.59	2.59	6.81	97.57
11.07	58.03	2.03	6.28	98.56
23.44	51.10	3.15	11.16	97.29
13.22	66.58	3.25	7.68	98.18
17.16	54.75	3.05	9.07	97.11
20.35	57.12	2.73	7.39	97.78
28.47	52.21	3.04	9.39	97.75
12.03	63.77	2.58	6.80	98.03
13.92	62.67	2.65	6.19	98.47
17.57	59.25	2.76	10.48	96.88
10.86	69.68	2.24	9.10	98.88
12.18	43.72	1.82	21.06	95.90
24.07	22.26	1.39	32.69	95.98
18.77	55.33	2.69	7.46	94.15
19.50	51.21	3.19	8.96	101.02
24.81	47.69	5.03	6.99	99.85
35.23	49.53	1.85	18.39	93.29
102.41	19.32	1.97	27.85	101.13
12.86	56.39	2.90	7.72	96.74
20.73	53.31	4.60	6.33	98.05
39.29	43.75	3.89	18.66	97.38
17.62	56.56	3.33	5.40	97.89
31.88	60.59	4.43	12.34	94.08
13.72	51.92	2.34	5.20	98.58
21.59	42.01	2.04	15.70	95.05
32.25	56.61	4.02	12.23	98.49
21.83	84.80	9.15	-5.39	98.42
12.50	58.09	2.32	7.86	98.93
14.48	50.73	2.53	6.73	96.02
9.92	58.34	2.82	6.10	96.12
12.14	56.67	1.91	6.00	97.76
17.38	42.72	2.81	9.60	98.86
23.59	50.24	1.88	29.17	96.24
11.16	60.73	2.84	4.12	99.50
8.28	71.67	3.31	2.43	98.39
15.90	54.42	2.23	7.97	96.51
15.70	55.98	1.96	10.36	96.19
14.54	55.86	1.73	9.78	94.48
9.61	62.20	2.20	4.22	98.08
24.87	60.58	2.96	8.18	96.85
8.94	53.88	1.46	6.02	95.29
16.98	39.05	1.19	18.97	96.61
32.18	54.71	3.32	10.87	97.47
42.48	54.68	5.05	8.55	99.12
9.00	77.75	8.43	5.18	99.48
6.41	76.44	1.59	8.46	100.00
2.92	38.27	0.97	6.23	95.40

13—16 工业分行业职工人数
Number of Staff and Workers in Industry by Industrial Branch

单位：人（person）

项目	Item	1995	2000	2005	2010	2011
总计	**Total**	**3113653**	**1626088**	**1552051**	**2648674**	**2683585**
按登记注册类型分	**Grouped Type of Registration**					
国有	State-owned	1526763	800067	146883	130869	148927
集体	Collective-owned	1401396	497414	43694	25570	17697
其他	Other Ownership	185494	328607	1361474	2492235	2516961
按行业分	**Grouped by Sector**					
采掘业	**Mining and Quarrying**					
煤炭开采和洗选业	Coal Mining and Dressing	302167	255624	276451	309904	284585
黑色金属矿采选业	Ferrous Metals Mining and Dressing	40864	28444	30385	32454	27708
有色金属矿采选业	Nonferrous Metals Mining and Dressing	18832	9299	8004	12026	11214
非金属矿采选业	Nonmetal Minerals Mining and Dressing	74495	17013	14135	21292	15262
制造业	**Manufacturing**					
农副食品加工业	Agricultural and Non-staple Food Processing Industry	135990	59313	55730	130893	129060
食品制造业	Food Manufacturing	52584	20240	36699	46181	47722
饮料制造业	Beverage Manufacturing	87180	61831	47488	60172	55499
烟草制品业	Tobacco Manufacturing	16046	14905	9494	10238	9862
纺织业	Textile Industry	384329	186103	130701	146783	142239
纺织服装、鞋、帽制造业	Textile Dress, Footwear and Headgear Manufacturing	67831	22808	39937	140606	154965
皮革毛皮羽毛（绒）及其制品业	Leather, Furs, Down and Related Products	36360	16890	22948	38965	42190
木材加工及木竹藤棕草制品业	Timber Processing, Bamboo, Cane, Palm Fiber and Straw Products	39734	23803	27310	55413	47029
家具制造业	Furniture Manufacturing	19547	4008	2889	15273	18291
造纸及纸制品业	Papermaking and Paper Products	77756	30019	20514	31415	29641
印刷业和记录媒介的复制	Printing and Record Medium Reproduction	33039	12431	12200	24739	23637
文教体育用品制造业	Cultural, Educational and Sports Goods	23987	15687	17306	29622	22388
石油加工、炼焦及核燃料加工业	Petroleum Processing, Coking and Nuclear Fuel Processing	18264	8879	6579	10319	7984
化学原料及制品制造业	Raw Chemical Materials and Chemical Products	185646	112540	80801	132995	122671
医药制造业	Medical and Pharmaceutical Products	39499	26303	29246	53092	52874
化学纤维制造业	Chemical Fiber	12426	15177	5108	8213	9073
橡胶制品业	Rubber Products	37057	21850	23124	39322	34259
塑料制品业	Plastic Products	64292	28407	31679	70042	71578
非金属矿物制品业	Nonmetal Mineral Products	455413	121522	88375	164406	159173
黑色金属冶炼及压延加工业	Smelting and Pressing of Ferrous Metals	113064	75381	73458	84021	84357
有色金属冶炼及压延加工业	Smelting and Pressing of Nonferrous Metals	40659	36459	32289	49177	49783
金属制品业	Metal Products	75232	21200	29203	91921	111941
通用设备制造业	Equipments in Current Use	162994	76310	73557	166869	168097
专用设备制造业	Equipments in Special Use	96313	42924	36628	80551	79319
交通运输设备制造业	Transport Equipment	102966	64632	80207	191975	206050
电气机械及器材制造业	Electric Equipment and Machinery	94613	47752	70564	185145	234182
通信设备、计算机及其他电子设备制造业	Telecommunication Equipment, Computer and Other Electronic Equipment Manufacturing	31797	16334	22556	70139	82912
仪器仪表及文化办公用机械	Instruments, Meters, Cultural and Office	20939	5810	6195	12894	12756
工艺品及其他制造业	Handiwork and Other Manufacturing	67725	19200	30284	28131	25211
废弃资源和废旧材料回收工业	Recovery and Processing of Discarded Resources and Waste Materials			3054	11630	12990
电力燃气及水生产和供应业	**Production & Supply of Electric Power, Gas and Water**					
电力、热力的生产和供应业	Production and Supply of Electric Power and Heating Power	56949	83422	61342	72617	80955
燃气生产和供应业	Production and Supply of Gas	5634	5270	4034	5597	6278
水的生产和供应业	Production and Supply of Tap Water	12653	12893	11577	13642	9850

13—17　各市全部规模以上工业企业单位数和总产值（2011年）
Number Above Designated Size Industrial Enterprises and Gross Industrial Output Value by Region (2011)

单位：亿元（100 million yuan）

地　区	Region	企　业单位数（个）Number of Enterprises (unit)	#国有及国有控股企业 State-owned or Controlling Share Hold Industry	工　业总产值（现价）Gross Industrial Output Value	#国有及国有控股企业 State-owned or Controlling Share Hold Industry	工　业增加值（现价）Value-added of Industry	#国有及国有控股企业 State-owned or Controlling Share Hold Industry	工业销售产　值（当年价）Value of Industrial Products Sales	#国有及国有控股企业 State-owned or Controlling Share Hold Industry
总　　计	**Total**	**12432**	**605**	**25875.87**	**8378.91**	**6776.02**	**2541.42**	**25261.69**	**8270.97**
合 肥 市	Hefei	2054	162	6168.35	2364.54	1515.38	568.73	5991.92	2328.66
淮 北 市	Huaibei	527	25	1203.05	513.54	481.96	308.06	1197.12	511.50
亳 州 市	Bozhou	449	20	521.73	155.93	149.47	66.56	500.03	141.09
宿 州 市	Suzhou	869	32	1171.63	144.54	288.07	66.56	1159.70	139.22
蚌 埠 市	Bengbu	582	28	1290.70	319.85	350.31	119.61	1266.79	314.24
阜 阳 市	Fuyang	628	27	924.51	292.60	282.37	136.21	901.07	290.57
淮 南 市	Huainan	348	24	893.23	595.12	382.00	301.00	883.24	589.20
滁 州 市	Chuzhou	849	38	1543.87	229.03	381.58	72.06	1493.63	223.40
六 安 市	Luan	765	27	1110.65	85.45	287.71	19.67	1086.72	86.00
马鞍山市	Maanshan	639	37	1789.92	1002.87	425.40	226.13	1746.09	994.44
芜 湖 市	Wuhu	1666	58	3700.49	1064.56	931.81	284.73	3622.28	1056.50
宣 城 市	Xuancheng	780	31	1419.58	133.25	329.24	36.49	1383.30	133.29
铜 陵 市	Tongling	174	29	1524.66	958.11	369.01	243.91	1487.79	946.92
池 州 市	Chizhou	350	16	371.60	66.92	94.97	19.39	356.17	67.26
安 庆 市	Anqing	1344	41	1810.88	443.36	405.57	70.22	1768.89	439.62
黄 山 市	Huangshan	408	10	431.02	9.24	101.18	2.11	416.94	9.05

13—18　各市全部规模以上工业总产值（2011年）
Gross Industrial Output Value Industrial Enterprises Above Designated Size by Region (2011)

本表按当年价格计算 (Data in value terms in this table are calculated at current prices)　　单位：亿元（100 million yuan）

地　区	Region	工业总产值 合　计（当年价）Gross Industrial Outpnt Value	国有及国有控股企业 State-owned or Controlling Share Hold Industry	集体企业 Collective-owned Enterprises	股　份有限公司 Share Holding Enterprises	港澳台商投资企业 Enterprises Funded by Entrepreneurs form Hong Kong, Macao and Taiwan	外　商投资企业 Foreign Funded Enterprises	轻 工 业 Light Industry	重 工 业 Heavy Industry
总　　计	**Total**	**25875.87**	**8378.91**	**166.08**	**3331.08**	**1359.88**	**2085.80**	**8130.15**	**17745.72**
合 肥 市	Hefei	6168.35	2364.54	25.98	841.90	357.46	932.82	2290.56	3877.79
淮 北 市	Huaibei	1203.05	513.54	2.24	84.24	20.33	27.53	293.41	909.64
亳 州 市	Bozhou	521.73	155.93	2.68	62.09	0.57	6.89	327.00	194.73
宿 州 市	Suzhou	1171.63	144.54	9.97	45.53	51.30	19.38	594.85	576.78
蚌 埠 市	Bengbu	1290.70	319.85	5.56	155.85	179.54	61.37	478.31	812.39
阜 阳 市	Fuyang	924.51	292.60	4.04	45.54	5.11	37.05	387.27	537.23
淮 南 市	Huainan	893.23	595.12	6.44	103.36	59.78	6.26	95.01	798.22
滁 州 市	Chuzhou	1543.87	229.03	8.35	107.39	63.43	137.58	651.06	892.81
六 安 市	Luan	1110.65	85.45	1.55	87.24	69.51	43.84	557.85	552.80
马鞍山市	Maanshan	1789.92	1002.87	3.44	787.59	35.52	137.70	213.87	1576.04
芜 湖 市	Wuhu	3700.49	1064.56	8.18	598.55	215.73	531.86	824.26	2876.23
宣 城 市	Xuancheng	1419.58	133.25	68.35	134.18	26.13	80.68	369.38	1050.20
铜 陵 市	Tongling	1524.66	958.11	0.31	30.91	201.33	23.98	43.37	1481.29
池 州 市	Chizhou	371.60	66.92	1.09	39.51	9.98	8.81	82.45	289.15
安 庆 市	Anqing	1810.88	443.36	16.62	178.28	57.03	25.43	739.95	1070.93
黄 山 市	Huangshan	431.02	9.24	1.27	28.91	7.12	4.61	181.53	249.48

13—19 各市全部规模以上工业企业主要经济指标（2011年）

Main Indicators Above Designated Size Industrial Enterprises by Region (2011)

单位：亿元（100 million yuan）

地 区	Region	企业单位数（个）Number of Enterprises (unit)	工业总产值（现价）Gross Industrial Output Value	工业销售产值（当年价）Value of Industrial Products Sales	资产合计 Total Assets	流动资产合计 Circulating Funds	固定资产合计 Total of Fixed Assets	固定资产原价 Original Value of Fixed Assets	负债合计 Total Liabilities
总 计	**Total**	**12432**	**25875.87**	**25261.69**	**19148.71**	**8463.30**	**8017.19**	**10831.88**	**11398.66**
合 肥 市	Hefei	2054	6168.35	5991.92	4327.15	1994.35	1827.52	2793.60	2555.87
淮 北 市	Huaibei	527	1203.05	1197.12	1498.58	506.43	622.16	810.66	972.16
亳 州 市	Bozhou	449	521.73	500.03	332.54	164.62	140.58	180.45	192.68
宿 州 市	Suzhou	869	1171.63	1159.70	485.13	175.84	245.70	333.77	252.46
蚌 埠 市	Bengbu	582	1290.70	1266.79	697.03	347.77	290.12	617.07	355.37
阜 阳 市	Fuyang	628	924.51	901.07	578.03	242.48	265.81	404.91	357.70
淮 南 市	Huainan	348	893.23	883.24	1689.00	399.65	1116.50	1063.80	1147.61
滁 州 市	Chuzhou	849	1543.87	1493.63	854.92	413.79	331.66	445.06	452.40
六 安 市	Luan	765	1110.65	1086.72	697.94	322.70	276.36	317.01	409.73
马鞍山市	Maanshan	639	1789.92	1746.09	1808.80	793.08	721.69	1093.50	1033.35
芜 湖 市	Wuhu	1666	3700.49	3622.28	2774.02	1484.93	916.21	1145.19	1658.17
宣 城 市	Xuancheng	780	1419.58	1383.30	718.01	366.46	238.99	298.43	402.09
铜 陵 市	Tongling	174	1524.66	1487.79	1239.94	604.35	407.45	535.80	863.08
池 州 市	Chizhou	350	371.60	356.17	283.06	120.68	129.38	157.59	169.15
安 庆 市	Anqing	1344	1810.88	1768.89	949.69	398.27	418.80	550.07	460.97
黄 山 市	Huangshan	408	431.02	416.94	214.86	127.90	68.29	84.99	115.87

地 区	Region	#流动负债 Liquid Liabilities	所有者权益 Creditors Equity	#实收资本 Total Capital Hold	主营业务收入 Revenue from principal Business	主营业务成本 Cost of Principal Business	主营业务税金及附加 Business and Extra Charges	利润总额 Total Profits	本年应交增值税 Value Added Tax Payable
总 计	**Total**	**8201.43**	**7697.50**	**3506.92**	**24960.16**	**21226.87**	**307.12**	**1663.16**	**800.44**
合 肥 市	Hefei	1982.08	1755.29	773.06	5363.44	4539.89	60.23	374.88	183.17
淮 北 市	Huaibei	626.89	523.81	180.60	1350.55	1144.23	12.82	71.75	55.98
亳 州 市	Bozhou	139.57	139.65	56.59	490.62	388.55	8.66	54.67	18.13
宿 州 市	Suzhou	146.64	230.13	120.89	1128.80	1002.16	7.65	51.77	23.06
蚌 埠 市	Bengbu	290.22	339.67	122.63	1230.46	1044.26	38.39	41.32	25.81
阜 阳 市	Fuyang	257.16	217.64	90.17	882.39	704.61	23.07	81.85	35.61
淮 南 市	Huainan	602.60	541.32	347.24	920.53	738.24	4.22	54.10	61.85
滁 州 市	Chuzhou	361.42	398.90	187.91	1485.99	1202.34	21.26	165.08	49.25
六 安 市	Luan	309.00	282.03	126.03	1033.11	870.35	10.55	97.09	27.85
马鞍山市	Maanshan	696.46	772.23	328.00	2053.58	1850.74	7.19	105.16	62.87
芜 湖 市	Wuhu	1303.51	1112.70	568.24	3492.59	3021.08	50.73	176.06	122.83
宣 城 市	Xuancheng	274.33	313.87	120.01	1325.89	1140.76	4.64	140.85	43.37
铜 陵 市	Tongling	637.74	376.65	175.91	1696.39	1479.92	4.49	55.50	26.30
池 州 市	Chizhou	122.61	113.07	58.57	348.59	278.53	1.99	37.55	11.04
安 庆 市	Anqing	352.87	481.94	214.09	1748.72	1467.61	49.78	131.75	43.47
黄 山 市	Huangshan	98.31	98.61	37.00	408.51	353.60	1.45	23.77	9.86

13—20 各市国有控股工业企业主要经济指标（2011年）
Main Indicators of State-owned and State Holding Majority Shares Industrial Enterprises by Region (2011)

单位：亿元（100 million yuan）

地　区	Region	企业单位数（个）Number of Enterprises (unit)	工业总产值（现价）Gross Industrial Output Value	工业销售产值（当年价）Value of Industrial Products Sales	资产合计 Total Assets	流动资产合计 Circulating Funds	固定资产合计 Total of Fixed Assets	固定资产原价 Original Value of Fixed Assets	负债合计 Total Liabilities
总　计	**Total**	**605**	**8378.91**	**8270.97**	**9798.64**	**3400.48**	**4868.10**	**6433.38**	**6439.14**
合肥市	Hefei	162	2364.54	2328.66	2140.43	738.18	1121.02	1683.63	1341.16
淮北市	Huaibei	25	513.54	511.50	1165.48	365.96	485.48	590.96	806.57
亳州市	Bozhou	20	155.93	141.09	143.96	58.04	73.15	100.35	101.34
宿州市	Suzhou	32	144.54	139.22	160.96	26.19	108.98	178.89	120.29
蚌埠市	Bengbu	28	319.85	314.24	299.00	130.66	138.39	251.67	168.35
阜阳市	Fuyang	27	292.60	290.57	230.23	69.97	125.93	203.40	162.23
淮南市	Huainan	24	595.12	589.20	1470.92	294.27	1019.39	908.37	1009.24
滁州市	Chuzhou	38	229.03	223.40	205.38	66.55	106.89	149.83	119.87
六安市	Luan	27	85.45	86.00	92.70	19.88	66.80	90.88	75.10
马鞍山市	Maanshan	37	1002.87	994.44	1293.88	522.23	561.72	893.07	759.07
芜湖市	Wuhu	58	1064.56	1056.50	1137.46	517.97	443.26	499.19	740.33
宣城市	Xuancheng	31	133.25	133.29	160.43	72.19	77.92	121.47	124.53
铜陵市	Tongling	29	958.11	946.92	918.72	402.41	324.30	427.81	661.34
池州市	Chizhou	16	66.92	67.26	102.28	29.30	69.89	86.95	64.41
安庆市	Anqing	41	443.36	439.62	264.45	83.43	136.90	232.90	176.84
黄山市	Huangshan	10	9.24	9.05	12.35	3.25	8.09	14.02	8.48

地　区	Region	#流动负债 Liquid Liabilities	所有者权益 Creditors Equity	#实收资本 Total Capital Hold	主营业务收入 Revenue from principal Business	主营业务成本 Cost of Principal Business	主营业务税金及附加 Business and Extra Charges	利润总额 Total Profits	本年应交增值税 Value Added Tax Payable
总　计	**Total**	**4080.33**	**3353.19**	**1439.51**	**8729.37**	**7323.41**	**218.22**	**478.77**	**366.19**
合肥市	Hefei	953.19	795.05	351.02	2133.16	1847.92	46.13	86.03	84.99
淮北市	Huaibei	499.54	358.91	94.32	667.93	537.46	5.15	40.57	40.97
亳州市	Bozhou	62.28	42.62	14.52	140.54	83.41	5.72	34.04	11.01
宿州市	Suzhou	43.80	40.39	35.81	136.23	119.15	1.38	5.79	9.13
蚌埠市	Bengbu	127.54	130.65	42.74	315.62	222.03	35.11	18.32	17.79
阜阳市	Fuyang	91.71	67.81	20.87	273.90	171.48	17.14	39.83	17.63
淮南市	Huainan	494.94	461.68	295.98	614.53	469.39	2.74	39.88	53.91
滁州市	Chuzhou	75.01	84.86	36.06	222.60	151.29	15.70	25.77	9.82
六安市	Luan	50.23	17.60	16.41	83.62	62.55	0.17	18.05	1.96
马鞍山市	Maanshan	460.10	534.10	206.33	1300.23	1192.48	3.65	41.16	32.90
芜湖市	Wuhu	512.44	397.02	115.92	1068.36	919.50	42.41	64.11	54.03
宣城市	Xuancheng	65.79	35.90	20.85	131.67	92.25	0.56	19.39	5.87
铜陵市	Tongling	468.71	257.38	108.54	1117.74	1003.72	3.28	38.36	13.33
池州市	Chizhou	40.61	37.87	19.46	66.76	46.58	0.34	8.96	2.51
安庆市	Anqing	131.57	87.48	59.94	447.53	396.01	38.73	-1.86	10.20
黄山市	Huangshan	2.88	3.87	0.74	8.96	8.17	0.02	0.38	0.13

13—21 各市外商投资和港澳台工业企业主要经济指标（2011年）

Main Indicators on Economic Benefit of Industrial Enterprises with Hong Kong, Macao, Taiwan and Foreign Funds by Region (2011)

单位：亿元（100 million yuan）

地　区	Region	企业单位数（个）Number of Enterprises (unit)	工业总产值（现价）Gross Industrial Output Value	工业销售产值（当年价）Value of Industrial Products Sales	资产合计 Total Assets	流动资产合计 Circulating Funds	固定资产合计 Total of Fixed Assets	固定资产原价 Original Value of Fixed Assets	负债合计 Total Liabilities
总　　计	**Total**	**750**	**3445.68**	**3359.16**	**2110.20**	**1107.19**	**791.73**	**1213.29**	**1165.82**
合 肥 市	Hefei	180	1290.28	1245.63	716.27	416.99	254.16	435.38	403.15
淮 北 市	Huaibei	25	47.87	47.73	51.94	14.25	24.02	45.15	26.63
亳 州 市	Bozhou	5	7.46	7.44	5.06	2.40	2.15	2.51	2.22
宿 州 市	Suzhou	26	70.67	70.22	37.17	19.06	11.56	13.46	13.74
蚌 埠 市	Bengbu	38	240.90	236.94	157.99	69.99	79.33	121.32	56.77
阜 阳 市	Fuyang	22	42.16	40.08	48.15	15.11	29.32	41.44	28.03
淮 南 市	Huainan	16	66.05	65.58	89.05	29.39	54.93	99.92	65.07
滁 州 市	Chuzhou	63	201.01	195.77	102.24	52.26	41.19	68.36	53.83
六 安 市	Luan	23	113.36	111.41	95.39	49.20	30.28	32.07	50.25
马鞍山市	Maanshan	45	173.22	170.42	114.54	53.08	40.88	55.55	66.51
芜 湖 市	Wuhu	143	747.59	735.68	444.55	264.62	133.96	187.12	260.34
宣 城 市	Xuancheng	53	106.82	105.36	62.92	30.23	17.98	22.21	29.64
铜 陵 市	Tongling	21	225.31	217.96	100.71	55.75	37.98	45.38	71.73
池 州 市	Chizhou	17	18.79	18.22	22.59	9.01	10.46	14.03	11.60
安 庆 市	Anqing	56	82.46	79.38	55.25	22.44	21.25	26.37	23.12
黄 山 市	Huangshan	17	11.72	11.35	6.38	3.40	2.29	3.00	3.19

地　区	Region	#流动负债 Liquid Liabilities	所有者权益 Creditors Equity	#实收资本 Total Capital Hold	主营业务收入 Revenue from principal Business	主营业务成本 Cost of Principal Business	主营业务税金及附加 Business and Extra Charges	利润总额 Total Profits	本年应交增值税 Value Added Tax Payable
总　　计	**Total**	**981.72**	**935.53**	**520.45**	**3041.03**	**2582.57**	**12.82**	**223.13**	**112.69**
合 肥 市	Hefei	338.21	307.72	160.45	975.18	808.44	4.94	92.27	43.11
淮 北 市	Huaibei	22.27	24.73	15.38	47.78	42.91	0.50	2.60	1.05
亳 州 市	Bozhou	1.70	2.84	1.13	7.62	5.42	0.01	1.28	0.09
宿 州 市	Suzhou	11.91	23.29	8.80	70.62	60.80	0.38	7.83	1.59
蚌 埠 市	Bengbu	51.81	100.99	33.36	222.09	196.39	0.97	6.47	1.65
阜 阳 市	Fuyang	14.93	19.92	15.53	40.79	34.68	0.58	3.33	1.61
淮 南 市	Huainan	42.00	23.98	24.11	64.58	56.42	0.23	3.65	2.64
滁 州 市	Chuzhou	45.37	48.27	33.67	191.47	160.51	0.57	15.98	6.84
六 安 市	Luan	38.08	44.99	12.67	113.22	94.08	1.89	15.36	5.36
马鞍山市	Maanshan	59.93	47.98	34.39	170.56	153.48	0.52	19.55	8.99
芜 湖 市	Wuhu	243.27	184.04	99.82	692.94	596.24	1.60	35.69	33.28
宣 城 市	Xuancheng	25.99	32.99	16.86	102.73	85.60	0.20	13.08	3.17
铜 陵 市	Tongling	60.40	28.98	30.74	239.98	199.97	0.08	-0.27	1.05
池 州 市	Chizhou	7.44	10.94	8.77	17.80	14.66	0.08	1.67	0.58
安 庆 市	Anqing	15.74	30.75	22.67	72.90	63.61	0.23	4.13	1.42
黄 山 市	Huangshan	2.67	3.13	2.10	10.76	9.37	0.03	0.51	0.25

13—22 各市私营工业企业主要经济指标（2011年）
Main Indicators of Private Enterprises by Region (2011)

单位：亿元（100 million yuan）

地 区	Region	企业单位数（个） Number of Enterprises (unit)	工业总产值（现价） Gross Industrial Output Value	工业销售产值（当年价） Value of Industrial Products Sales	资产合计 Total Assets	流动资产合计 Circulating Funds	固定资产合计 Total of Fixed Assets	固定资产原价 Original Value of Fixed Assets	负债合计 Total Liabilities
总 计	**Total**	**7905**	**8558.44**	**8312.38**	**3904.44**	**2115.02**	**1349.62**	**1878.52**	**1964.51**
合 肥 市	Hefei	1352	1522.38	1446.62	784.72	441.83	254.33	496.38	404.89
淮 北 市	Huaibei	396	487.69	486.57	158.73	68.50	77.37	138.08	66.42
亳 州 市	Bozhou	210	139.77	137.36	78.78	45.35	30.04	31.46	35.09
宿 州 市	Suzhou	488	560.36	555.58	142.73	61.21	66.17	71.16	52.72
蚌 埠 市	Bengbu	333	375.74	368.27	95.47	52.67	35.81	150.15	45.33
阜 阳 市	Fuyang	226	190.69	184.09	79.70	42.09	33.95	39.10	38.24
淮 南 市	Huainan	230	132.53	129.13	56.42	32.13	19.77	21.88	24.78
滁 州 市	Chuzhou	446	697.40	674.97	315.53	175.88	110.09	132.46	162.56
六 安 市	Luan	493	581.28	569.29	305.31	147.55	100.86	107.93	162.30
马鞍山市	Maanshan	475	475.37	450.42	277.67	161.56	84.56	104.61	146.08
芜 湖 市	Wuhu	1257	1370.57	1341.39	763.62	448.87	238.81	268.09	404.44
宣 城 市	Xuancheng	501	696.50	675.40	250.01	124.67	85.34	86.09	137.30
铜 陵 市	Tongling	72	82.41	80.49	67.70	44.62	14.51	16.14	39.39
池 州 市	Chizhou	216	184.37	176.54	83.63	42.62	30.70	33.23	42.22
安 庆 市	Anqing	900	799.75	784.22	329.39	154.81	134.51	145.31	136.34
黄 山 市	Huangshan	310	261.64	252.05	115.03	70.64	32.81	36.44	66.40

地 区	Region	#流动负债 Liquid Liabilities	所有者权益 Creditors Equity	#实收资本 Total Capital Hold	主营业务收入 Revenue from principal Business	主营业务成本 Cost of Principal Business	主营业务税金及附加 Business and Extra Charges	利润总额 Total Profits	本年应交增值税 Value Added Tax Payable
总 计	**Total**	**1613.64**	**1916.86**	**903.22**	**8093.31**	**6990.08**	**39.77**	**559.29**	**175.69**
合 肥 市	Hefei	342.58	374.96	154.52	1405.76	1183.05	5.41	111.63	30.42
淮 北 市	Huaibei	52.09	90.96	48.76	484.19	434.25	2.62	21.40	10.44
亳 州 市	Bozhou	30.49	43.58	15.28	137.42	120.93	0.52	7.86	1.96
宿 州 市	Suzhou	36.75	89.00	39.35	539.65	481.35	2.47	19.36	5.62
蚌 埠 市	Bengbu	38.88	49.84	20.42	358.63	323.11	0.89	6.65	2.63
阜 阳 市	Fuyang	35.19	41.00	16.73	184.91	159.22	2.08	12.90	3.76
淮 南 市	Huainan	22.75	31.61	14.43	129.59	115.50	0.43	6.64	1.65
滁 州 市	Chuzhou	143.55	151.08	70.71	675.80	563.02	2.57	78.64	22.03
六 安 市	Luan	127.05	138.95	57.37	525.22	448.73	2.65	41.88	12.66
马鞍山市	Maanshan	125.37	129.56	60.58	455.27	399.06	2.54	30.18	15.67
芜 湖 市	Wuhu	322.01	356.99	227.22	1279.72	1113.02	5.04	60.67	24.50
宣 城 市	Xuancheng	98.41	111.53	47.45	645.10	583.10	2.33	56.65	13.89
铜 陵 市	Tongling	36.88	28.10	17.81	78.82	65.59	0.22	3.30	1.22
池 州 市	Chizhou	34.26	41.09	16.53	170.34	142.15	1.02	16.45	5.35
安 庆 市	Anqing	107.37	190.28	74.07	774.98	642.23	8.20	70.97	19.93
黄 山 市	Huangshan	60.00	48.34	21.99	247.90	215.77	0.78	14.10	3.96

13—23 各市大中型工业企业主要经济指标（2011年）

Main Indicators of Large-scale and Medium-scale Industrial Enterprises by Region (2011)

单位：亿元（100 million yuan）

地区	Region	企业单位数（个） Number of Enterprises (unit)	工业总产值（现价） Gross Industrial Output Value	工业销售产值（当年价） Value of Industrial Products Sales	资产合计 Total Assets	流动资产合计 Circulating Funds	固定资产合计 Total of Fixed Assets	固定资产原价 Original Value of Fixed Assets	负债合计 Total Liabilities
总计	**Total**	**1489**	**15308.05**	**14994.24**	**13992.11**	**5739.25**	**6137.89**	**8248.51**	**8639.56**
合肥市	Hefei	281	4465.21	4368.27	3350.62	1435.72	1507.90	2244.10	2027.89
淮北市	Huaibei	69	734.65	734.25	1334.45	431.23	548.01	672.85	902.20
亳州市	Bozhou	49	216.21	198.23	175.29	68.92	86.47	118.23	123.47
宿州市	Suzhou	75	360.75	354.45	250.31	81.29	131.34	203.97	161.24
蚌埠市	Bengbu	75	623.48	611.81	431.63	199.08	190.22	400.68	206.51
阜阳市	Fuyang	86	579.45	566.77	411.73	153.91	201.05	328.23	272.85
淮南市	Huainan	41	724.41	717.44	1596.51	349.89	1082.21	1023.72	1098.78
滁州市	Chuzhou	133	826.08	794.93	477.48	236.05	177.45	251.84	246.07
六安市	Luan	107	553.63	547.44	408.12	179.02	164.95	183.75	255.31
马鞍山市	Maanshan	80	1178.63	1165.71	1459.36	614.84	590.76	933.91	833.95
芜湖市	Wuhu	179	2221.96	2173.93	1956.71	999.08	674.61	826.01	1197.03
宣城市	Xuancheng	88	547.67	530.94	381.73	206.23	122.21	167.09	212.71
铜陵市	Tongling	38	1156.08	1135.52	1027.60	484.65	329.51	436.18	717.76
池州市	Chizhou	20	118.72	113.01	123.75	51.04	56.08	65.10	69.35
安庆市	Anqing	150	902.77	885.63	540.25	207.37	254.53	367.28	284.73
黄山市	Huangshan	18	98.36	95.90	66.58	40.93	20.57	25.59	29.69

地区	Region	#流动负债 Liquid Liabilities	所有者权益 Creditors Equity	#实收资本 Total Capital Hold	主营业务收入 Revenue from principal Business	主营业务成本 Cost of Principal Business	主营业务税金及附加 Business and Extra Charges	利润总额 Total Profits	本年应交增值税 Value Added Tax Payable
总计	**Total**	**6006.15**	**5333.18**	**2236.74**	**14886.33**	**12430.91**	**257.62**	**1058.44**	**591.08**
合肥市	Hefei	1552.54	1314.74	551.25	3808.80	3218.16	53.87	256.84	150.30
淮北市	Huaibei	569.82	431.49	127.92	888.67	726.24	9.36	51.70	46.70
亳州市	Bozhou	81.44	51.78	20.67	193.54	126.15	7.22	34.88	12.18
宿州市	Suzhou	76.53	88.39	54.68	342.57	299.01	2.18	20.40	13.81
蚌埠市	Bengbu	165.44	224.02	66.86	594.15	468.93	36.33	26.42	19.82
阜阳市	Fuyang	181.80	137.49	50.02	550.28	412.29	20.32	64.87	30.52
淮南市	Huainan	561.04	497.73	322.07	754.71	591.39	3.68	46.05	59.61
滁州市	Chuzhou	209.73	230.37	85.62	801.39	617.03	18.52	100.86	32.15
六安市	Luan	190.18	150.24	56.52	488.87	391.48	8.53	68.01	18.77
马鞍山市	Maanshan	559.46	625.29	245.29	1466.35	1326.17	4.48	63.14	42.75
芜湖市	Wuhu	911.47	758.81	333.95	2111.10	1796.66	45.32	121.45	92.02
宣城市	Xuancheng	135.87	168.31	53.43	492.67	406.81	1.88	69.10	20.89
铜陵市	Tongling	510.14	309.80	130.51	1309.34	1151.92	3.53	49.98	17.80
池州市	Chizhou	53.03	54.37	20.05	114.33	80.87	0.37	20.22	5.76
安庆市	Anqing	222.81	253.52	110.00	878.16	741.73	41.52	58.89	23.42
黄山市	Huangshan	24.84	36.85	7.89	91.39	76.06	0.52	5.64	4.58

13—24 主要工业产品产量
Output of Major Industrial Products

项目		Item		1995	2000	2005	2010	2011
原　煤	（万吨）	Raw Coal	(10000 tons)	4444	4790	8434	13030	14080
洗　煤	（万吨）	Coal Washing	(10000 tons)	497	464	823	1603	2434
铁矿石原矿量	（万吨）	Iron Ore Products	(10000 tons)	1008	836	1100	3237	3760
铜金属含量	（吨）	Amount Contained of Copper	(ton)	43442	45564	66466	129145	129883
混合饲料	（万吨）	Blending Feed	(10000 tons)	125.0	102.9	161.0	121.9	102.3
原　盐	（吨）	Raw Salt	(ton)		328413	567340	1461487	1459685
大　米	（吨）	Rice	(ton)		951857	1567509	10421141	11458877
食用植物油	（万吨）	Edible Vegetable Oil	(10000 tons)	95.27	39.72	49.99	66.23	76
乳制品	（吨）	Dairy Products	(ton)	4575	14970	54343	664812	790222
罐　头	（吨）	Can (tin)	(ton)	126847	24897	61143	308924	348834
鲜、冻畜肉	（万吨）	Fresh and Frozen Meat	(10000 tons)		10.2	14.8	59.0	89.4
糖　果	（吨）	Candy	(ton)		6740	4289	27682	42204
酱　油	（吨）	Soy Sauce	(ton)		22367	7021	41281	60531
发酵酒精	（万千升）	Fermented Alcohol	(10000 kl)	14.0	9.5	25.5	68.0	19.7
白　酒	（万千升）	Liquor	(10000 kl)	46.1	46.7	22.4	48.0	39.5
啤　酒	（万千升）	Beer	(10000 kl)	56.7	119.3	115.5	154.1	167.5
精制茶	（吨）	Refined Tea	(ton)	25296	9951	57042	178927	187025
卷　烟	（亿支）	Cigarettes	(100 million pieces)	970.0	788.5	1030.6	1225.9	1258.3
纱	（吨）	Yarn	(ton)	223024	275052	383057	565419	649795
布	（万米）	Cloth	(10000 m)	87501	74047	56293	108663	117777
棉　布	（万米）	Cotton Cloth	(10000 m)	50040	35778	37373	82439	84605
印染布	（万米）	Printing and Dyeing Cloth	(10000 m)	26163	14377	18332	18392	15294
绒线（毛线）	（吨）	Knitting Wool	(ton)	4496	31	1996	528	2792
麻袋（混合数）	（万条）	Gunny Sack	(10000 pieces)	7653	1238	413	194	
丝	（吨）	Silk	(ton)	5520	2118	3807	6438	5487
丝织品	（万米）	Silk Fabrics	(10000 m)	8928	3446	2867	4005	5912
服　装	（万件）	Clothing	(10000 units)	24225	6283	11288	53505	54974
梭织服装		Shuttled Clothing			3799	5079	30888	23337
针织服装		Knit Clothing			2433	3625	22617	31637
人造板	（万立方米）	Man-made Board	(10000 cu.m)	81.2	65.4	200.2	573.0	811.5
机制纸及纸板	（万吨）	Machine-made Paper and Paperboard	(10000 tons)	108.2	55.0	111.1	221.1	258.0

13—24 续表1 continued

项　　目		Item		1995	2000	2005	2010	2011
纸制品	（吨）	Paper Products	(ton)		53876	228047	690161	901768
原油加工量	（万吨）	Volume of Processed Crude Oil	(10000 tons)		344.8	416.0	476.6	482.5
汽　油	（万吨）	Gasoline	(10000 tons)	74.1	79.4	86.0	97.0	96.3
柴　油	（万吨）	Diesel Oil	(10000 tons)	98.9	151.9	177.4	196.0	208.2
燃料油	（万吨）	Fuel Oil	(10000 tons)	48.5	10.7	8.3	12.4	7.9
液化石油气	（万吨）	Liquefied Petroleum	(10000 tons)		20.4	30.5	34.1	34.9
焦　炭	（万吨）	Coke	(10000 tons)	293.5	330.2	487.9	839.6	868.7
硫酸（折100%）	（万吨）	Sulfuric Acid (100%)	(10000 tons)	135.3	143.1	202.5	439.7	486.1
浓硝酸（折100%）	（万吨）	Enriched Nitric Acid (100%)	(10000 tons)	8.3	13.6	32.5	54.5	62.5
氢氧化钠（烧碱）（折100%）	（万吨）	Caustic Soda (100%)	(10000 tons)	11.4	10.8	18.8	29.0	39.1
碳酸钠（纯碱）	（万吨）	Soda Ash	(10000 tons)	9.8	8.1	24.1	35.4	42.1
合成氨	（万吨）	Synthetic Ammonia	(10000 tons)	164.2	179.4	231.4	266.4	284.3
农用氮肥磷钾化学肥料总计	（万吨）	Chemical Fertilizers	(10000 tons)	165.7	157.6	204.1	255.4	257.8
氮肥（折含N100%）	（万吨）	Nitrogen Fertilizers	(10000 tons)	110.9	120.9	148.2	201.5	207.9
磷　肥	（万吨）	Phosphate Fertilizers	(10000 tons)	54.7	36.5	55.9	54.0	49.9
化学农药	（万吨）	Chemical Pesticide	(10000 tons)	0.8	1.8	3.7	15.1	14.9
塑料树脂及共聚物	（吨）	Plastics	(ton)	51434	71687	268920	568858	671817
肥　皂	（吨）	Soap	(ton)	38473	20326	22803	20704	
合成洗涤剂	（万吨）	Synthetic Detergents	(10000 tons)	26.4	39.8	41.3	74.6	81.8
牙膏（自然支）	（万支）	Toothpaste	(10000 units)	14351	6941	65764	77835	
化学原料药	（吨）	Chemical Medicine	(ton)	6914	4807	18960	9208	17996
中成药	（吨）	Traditional Chinese Medicine	(ton)	38923	9371	9672	26190	46855
化学纤维	（万吨）	Chemical Fiber	(10000 tons)	2.0	12.4	11.4	22.0	25.8
轮胎外胎	（万条）	Tires	(10000 units)	145.0	574.0	1073.6	3744.3	7918.4
塑料制品	（吨）	Plastic Products	(ton)	690481	321435	735029	1867544	2050261
塑料薄膜	（吨）	Plastic Film	(ton)	100923	28057	173228	166674	171537
水　泥	（万吨）	Cement	(10000 tons)	1983	2136	3218	7874	9205
大理石板材	（万平方米）	Marble Plate	(10000 sq.m)	159.53	2.01	3.30	13.90	68.65
花岗石板材	（万平方米）	Granite Plate	(10000 sq.m)	115.77	4.07	11.60	109.82	30.21
平板玻璃	（万重量箱）	Plate Glass	(10000 weight cases)	242.5	151.5	507.7	1044.3	2680.4
生　铁	（万吨）	Pig Iron	(10000 tons)	428.0	524.3	1105.7	1844.9	1829.8
钢	（万吨）	Steel	(10000 tons)	325.5	460.6	1105.6	1853.8	1966.7

13—24 续表2 continued

项　目		Item		1995	2000	2005	2010	2011
钢　材	（万吨）	Rolled Steel	(10000 tons)	267.6	431.7	1141.6	2446.4	2743.2
铁道用钢材		Steel Use for Railway		15.1	9.0	14.8	11.9	15.5
中小型钢材		Rolled-steel, Medium and Small		88.8	185.3	124.7	158.5	232.6
无缝钢管		Seamless Steel Pipe			3.0	25.4	20.0	103.8
线　材		Wire Rod		98.2	105.8	171.9	301.1	343.1
铜	（万吨）	Copper	(10000 tons)	8.2	22.8	35.9	83.1	61.9
工业锅炉	（蒸吨）	Industrial Boilers	(ton)	2318	779	2478	5196	9380
内燃机	（万千瓦）	Internal Combustion Engines	(10000 kw)	442.0	265.7	713.1		
金属切削机床	（台）	Metal-cutting Machine Tools	(unit)	4003	4743	11769	26283	40479
起重设备	（吨）	Derrick Equipment	(ton)	14291	2761	54935	334543	668787
叉　车	（台）	Forklift	(unit)	4273	10017	20303	40613	48236
泵	（台）	Pump	(unit)	467846	97578	82312	409494	303794
轴　承	（万套）	Bearing	(10000 sets)	2795	3212	8055	23665	40878
矿山设备	（吨）	Mining Equipment	(ton)	14245	39769	112593	74055	208306
小型拖拉机	（台）	Mini-tractors	(unit)	220967	168271	119899	17833	10998
农业运输机械	（辆）	Machinery for Agricultural Transportation	(unit)		250987	32287		
汽　车	（辆）	Motor Vehicles	(unit)	30250	107187	401087	1244735	1170282
载货汽车		Trucks			37441	116639	273645	252802
公路汽车		Coach			69452	84980	78426	62415
交流电动机	（万千瓦）	Alternating Current Motor	(10000 kw)	208.9	164.4	515.8	1599.5	1656.8
变压器	（万千伏安）	Transformer	(10000 KVA)	487.0	520.3	1758.6	4136.9	3820.3
蓄电池	（千伏安时）	Storage Battery	(KVA.h)	487745	143046	806458	6610665	5726029
家用洗衣机	（万台）	Household Washing Machines	(10000 units)	127.7	131.7	441.8	1267.0	1629.6
家用电冰箱	（万台）	Household Refrigerators	(10000 units)	150.4	169.9	530.4	2078.9	3114.0
电风扇	（万台）	Electric Fans	(10000 units)	134.70	11.00	2.93		
房间空气调节器	（万台）	Air Conditioners	(10000 units)	12.20	115.80	515.00	1666.08	2821.9
电视机	（万部）	TV Sets	(10000 units)	79.0	159.7	374.4	395.3	550.5
#彩色电视机		Color TV		20.3	156.1	374.4	395.3	550.5
微型电子计算机	（部）	Micro-computers	(unit)		141777	42737	18118	1239713
发电量	（亿千瓦时）	Electricity	(100 million kwh)	310.3	368.1	645.7	1443.9	1632.8
火　电		Thermal Power		297.9	363.5	634.9	1420.2	1607.4
水　电		Hydropower		12.4	4.58	10.87	18.85	17.89
煤　气	（亿立方米）	Gas	(100 million cu.m)	83.5	90.9	147.6	286.6	262.9

13—25 各市主要工业产品产量（2011年）
Output of Major Industrial Products by Region (2011)

项目		Item		合肥市 Hefei	淮北市 Huaibei	亳州市 Bozhou	宿州市 Suzhou
原煤	（万吨）	Raw Coal	(10000 tons)		5342.3	695.8	1522.5
洗煤	（万吨）	Coal Washing	(10000 tons)		1858.6	98.4	100.5
铁矿石原矿量	（万吨）	Iron Ore Products	(10000 tons)	287.4	151.8		
原盐	（万吨）	Raw Salt	(10000 tons)				
大米	（万吨）	Rice	(10000 tons)	177.4	2.3		2.4
混合饲料	（万吨）	Blending Feed	(10000 tons)	2.5	24.0		
食用植物油	（万吨）	Edible Vegetable Oil	(10000 tons)	12.8	9.5		1.8
白酒	（千升）	Liquor	(kl)	1849.0	30242.3	97215.1	10170.0
精制茶	（吨）	Refined Tea	(ton)	4220.0			
纱	（吨）	Yarn	(ton)	24877.6	32794.0	8968.1	92140.9
布	（万米）	Cloth	(10000 m)	23709.5	13284.4		7397.6
机制纸及纸板	（万吨）	Machine-made Paper and Paperboard	(10000 tons)	26.8			84.9
原油加工量	（万吨）	Volume of Processed Crude Oil	(10000 tons)				
农用氮肥磷钾化学肥料总计	（万吨）	Chemical Fertilizers	(10000 tons)	15.3		14.5	26.0
中成药	（吨）	Traditional Chinese Medicine	(ton)	3348.7	53.4		25898.0
化学纤维	（万吨）	Chemical Fiber	(10000 tons)	4.3			
轮胎外胎	（万条）	Tires	(10000 units)	1765.9			
水泥	（万吨）	Cement	(10000 tons)	1529.5	582.6	179.4	452.1
平板玻璃	（万重量箱）	Plate Glass	(10000 weight cases)				
生铁	（万吨）	Pig Iron	(10000 tons)	146.0			
钢	（万吨）	Steel	(10000 tons)	167.4			
成品钢材	（万吨）	Steel Products	(10000 tons)	282.4			4.6
铜	（万吨）	Copper	(10000 tons)				
叉车	（台）	Forklift	(unit)	46771.0			
汽车	（辆）	Motor Vehicles	(unit)	509173.0			
载货汽车		Trucks		229116.0			
家用洗衣机	（万台）	Household Washing Machines	(10000 units)	1610.7			
家用电冰箱	（万台）	Household Refrigerators	(10000 units)	2734.1			
房间空气调节器	（万台）	Air Conditioners	(10000 units)	1204.2			
彩色电视机	（万部）	Color TV	(10000 units)	398.6			
发电量	（亿千瓦时）	Electricity	(100 million kwh)	155.9	84.2	0.1	104.3

注：宿州、亳州等市原煤、洗煤产量包含淮北、淮南企业位于该市境内下属矿的产量。
a) Output of altogether coal and washed coal of Suzhou city including the output in Suzhou city belonged to Huaibei and Wanbei Mining Bureau.

蚌埠市 Bengbu	阜阳市 Fuyang	淮南市 Huainan	滁州市 Chuzhou	六安市 Luan	马鞍山市 Maanshan	芜湖市 Wuhu	宣城市 Xuancheng	铜陵市 Tonglin	池州市 Chizhou	安庆市 Anqin	黄山市 Huangshan
	1847.4	8457.2			9.7	41.0	5.5			10.8	
		476.7									
				1890.0	1333.3	56.6			22.5	18.6	
			146.0								
49.2	54.3	64.3	230.8	189.3	26.7	78.3	90.0	0.8	12.0	161.7	7.6
14.3			49.1	0.6		0.6	11.3				
6.6	0.2	0.7	0.2	12.2	13.7	6.4	2.5	0.8	3.4	5.1	0.4
15829.0	104831.1		12086.0	86343.3	6014.0		12075.0	215.0	6598.0	11507.0	
				18838.0		1760.0	37349.0		20035.0	24.0	104799.1
54762.4	52222.7	9511.0	25629.0	12257.6	19913.0	62387.8	11369.2	3870.0	12351.1	216272.7	10467.9
14659.5	3965.7	3188.0	436.0		579.6	1686.1	3652.7	1352.9	1146.0	35894.9	6824.0
	2.1	0.6	14.6	11.6	89.4	1.0	16.5		4.4	6.1	0.1
										482.5	
	80.4	30.2	10.5					57.1	2.1	19.1	2.6
	1893.9		2050.0	757.8		6973.5	513.9			4087.3	1278.6
			7.4							14.1	
6143.3							5.2				4.1
297.9	243.0	520.6	594.9	424.1	1156.0	1394.8	484.4	684.4	122.2	455.3	83.5
490.8			787.1			1402.6					
	2.6				1529.4	147.9	3.9				
					1552.6	133.9	104.0			8.8	
16.0		54.6	98.9	108.5	1625.2	280.1	108.2	114.9	42.2	7.1	0.4
	0.1					1.8		59.1			0.9
	1465.0										
					20416.0	640693.0					
					20416.0	3270.0					
			18.9								
			331.3	48.6							
			230.0			1387.6					
			142.4			9.4					
93.9	73.7	522.9	6.9	13.8	183.9	124.4	46.5	140.4	34.1	48.0	

13—26 工业主要产品生产能力
Main Prodnct Productivity of Industrial Enterprises

项 目		Item		2010	2011
化学纤维	（吨）	Chemical Fiber	(ton)	446804	441156
棉纺绽（环锭纺）	（锭）	Cotton Printing and Dyeing	(unit)	3334137	3569695
气流纺绽（转杯纺）	（头）	Gas Spins and Splits	(unit)	159082	111138
棉布织机	（台）	Cotton Fabric Loom	(unit)	33314	74576
家用电冰箱	（台）	Household Refrigerators	(unit)	27610000	32280000
房间空气调节器	（台）	Air Conditioners	(unit)	19700000	32447124
卷 烟	（万支）	Cigarettes	(10000 pieces)	15106500	14890500
彩色电视机	（台）	Color TV	(unit)	6850400	8858160
农用氮磷钾化学肥料总计	（吨）	Chemical Fertilizers	(ton)	3385983	4517937
发电设备容量总计	（万千瓦）	Total of Generating Set Capacity	(10000 kw)	2867	3062
#火 电		Thermal Power		2735	2845
水 电		Hydropower		123	62
金属切削机床	（台）	Metal-cutting Machine Tools	(unit)	46373	44044
汽 车	（辆）	Motor Vehicles	(unit)	1501000	1719740
轿 车	（辆）	Cars	(unit)	992000	1021000
电子计算机	（台）	Computer	(unit)	101000	2411000
微型电子计算机	（台）	Micro-computers	(unit)	101000	2409000
原 煤	（吨）	Raw Coal	(ton)	137410052	187865232
生 铁	（吨）	Pig Iron	(ton)	22126700	21436825
粗 钢	（吨）	Thick Steel	(ton)	24674168	27350258
钢 材	（吨）	Rolled Steel	(ton)	32493772	36174251
铁合金	（吨）	Ferroalloy	(ton)	941	74996
焦 炭	（吨）	Cofe	(ton)	9910000	11779000
水泥熟料	（吨）	Cement Clinker	(ton)	110035705	120355810
水 泥	（吨）	Cement	(ton)	116298921	140902015
平板玻璃	（重量箱）	Plate Glass	(weight cases)	11690000	26807210
浮法玻璃		Float Glass		9490000	24107210

13—27　各县（市）工业企业单位数和总产值（2011年）

Number and Output Value of Industrial Enterprises by County or City (2011)

单位：亿元（100 million yuan）

县（市）	County (City)	企业单位数（个）Number of Enterprises (unit)	工业总产值（当年价）Gross Industrial Output Value (at current prices)	工业销售产值（当年价）Sales Value of Industry (at current prices)	工业增加值（当年价）Value Added of Industry (at current prices)
瑶海区	Yaohai District	215	553.73	526.50	137.09
庐阳区	Luyang District	135	227.55	213.47	57.32
蜀山区	Shushan District	417	2321.62	2257.11	621.26
包河区	Baohe District	142	1302.70	1293.11	270.98
巢湖市	Chaohu	166	272.35	265.39	68.54
长丰县	Changfeng	283	336.52	321.52	79.87
肥东县	Feidong	299	449.39	428.17	108.35
肥西县	Feixi	279	606.80	590.65	145.34
庐江县	Lujiang	118	97.70	96.01	26.63
杜集区	Duji District	130	110.25	108.99	31.30
相山区	Xiangshan District	43	100.51	102.12	19.77
烈山区	Lieshan District	102	136.00	135.20	37.86
濉溪县	Suixi	171	294.89	291.97	71.36
亳州市辖区	District of Bozhou City	8	64.49	56.05	20.98
谯城区	Qiaocheng District	139	154.74	149.83	35.65
涡阳县	Guoyang	131	153.53	147.56	51.12
蒙城县	Mengcheng	86	97.38	96.41	30.20
利辛县	Lixin	85	51.59	50.18	11.53
埇桥区	Yongqiao District	286	512.52	505.84	149.66
砀山县	Dangshan	184	172.35	170.17	36.87
萧县	Xiaoxian	143	249.49	249.53	54.41
灵璧县	Lingbi	114	134.28	132.67	24.84
泗县	Sixian	142	102.99	101.48	22.28
龙子湖区	Longzihu District	40	68.07	63.71	18.48
蚌山区	Bengshan District	11	11.98	11.21	3.75
禹会区	Yuhui District	56	232.01	226.59	67.78
淮上区	Huaishang District	62	86.43	86.43	23.98
怀远县	Huaiyuan	150	251.75	249.38	57.27
五河县	Wuhe	100	154.08	150.79	35.01
固镇县	Guzhen	108	142.36	137.92	34.71
阜阳市辖区	District of Fuyang City	50	220.42	218.26	69.37
颍州区	Yingzhou District	50	36.71	35.56	8.39
颍东区	Yingdong District	56	51.09	49.84	12.40
颍泉区	Yingquan District	62	29.48	28.36	7.71
界首市	Jieshou	83	168.72	161.39	39.15
临泉县	Linquan	59	64.70	62.59	14.85
太和县	Taihe	106	123.10	117.49	29.29
阜南县	Funan	97	64.84	62.47	14.89
颍上县	Yingshang	66	165.45	165.12	86.33
大通区	Datong District	78	88.93	84.98	23.50
田家庵区	Tianjaan District	40	115.69	112.05	27.01
谢家集区	Xiejiaji District	39	53.02	52.86	12.67
八公山区	Bagongshan District	10	18.03	17.44	7.46
潘集区	Panji District	53	82.60	82.28	20.72
凤台县	Fengtai	104	58.18	57.33	11.80
滁州市辖区	District of Chuzhou City	105	335.97	321.51	94.83
琅琊区	Langya District	42	62.07	59.29	16.18
南谯区	Nanqiao District	98	102.47	99.88	24.96
天长市	Tianchang	210	507.53	492.54	124.57
明光市	Mingguang	71	63.13	60.68	13.86
来安县	Laian	86	156.37	152.81	37.54
全椒县	Quanjiao	82	113.91	109.12	26.17
定远县	Dingyuan	78	80.52	79.79	14.47
凤阳县	Fengyang	77	121.90	118.01	29.01

13—27 续表 continued

单位：亿元（100 million yuan）

县（市）	County (City)	企业单位数（个）Number of Enterprises (unit)	工业总产值（当年价）Gross Industrial Output Value (at current prices)	工业销售产值（当年价）Sales Value of Industry (at current prices)	工业增加值（当年价）Value Added of Industry (at current prices)
金安区	Jinan District	154	247.73	242.18	58.49
裕安区	Yuan District	121	109.68	102.90	29.18
寿县	Shouxian	54	41.54	41.22	8.80
霍邱县	Huoqiu	157	264.52	260.50	77.64
舒城县	Shucheng	120	138.73	134.80	32.50
金寨县	Jinzhai	55	102.46	101.68	23.77
霍山县	Huoshan	104	205.99	203.43	57.32
金家庄区	Jinjiazhuang District	66	238.59	238.33	58.22
花山区	Huashan District	26	57.00	53.42	12.13
雨山区	Yushan District	97	268.75	264.40	64.57
当涂县	Dangtu	254	379.12	357.57	95.48
含山县	Hanshan	112	94.64	90.87	24.48
和县	Hexian	82	113.69	108.62	28.76
镜湖区	Jinghu District	23	94.49	93.20	20.54
弋江区	Yijiang District	128	442.31	436.11	139.35
鸠江区	Jiujiang District	222	307.29	294.71	77.05
三山区	Sanshang District	63	100.57	90.86	23.99
大桥开发区	Daqiao development area	2	0.42	0.41	0.15
芜湖经开区	Wuhu economic development area	196	1317.50	1293.95	296.86
芜湖县	Wuhu	304	278.30	273.10	67.85
繁昌县	Fanchang	255	420.54	409.65	128.22
南陵县	Nanling	249	190.60	188.07	46.13
无为县	Wuwei	224	548.47	542.21	131.68
宣城市直	Xuancheng directly under	28	101.93	101.86	23.64
宣州区	Xuanzhou District	94	119.78	114.05	26.88
宁国市	Ningguo	177	347.57	334.33	91.32
郎溪县	Langxi	142	258.07	253.45	56.10
广德县	Guangde	163	387.64	380.32	84.36
泾县	Jingxian	84	86.65	85.66	19.44
绩溪县	Jixi	66	82.26	80.16	18.76
旌德县	Jingde	26	35.69	33.48	8.73
铜官山区	Tongguanshan District	24	349.80	343.30	87.18
狮子山区	Shizishan District	26	97.73	94.95	23.19
郊区	Suburb District	21	189.60	188.00	50.28
铜陵县	Tongling	55	183.49	169.19	50.32
贵池区	Guichi District	166	212.27	203.73	54.95
东至县	Dongzhi	92	82.49	78.71	20.61
石台县	Shitai	19	12.09	11.44	3.37
青阳县	Qingyang	73	64.74	62.29	16.04
安庆开发区	Anqin development area	59	113.80	110.59	31.08
迎江区	Yingjiang District	29	39.92	38.80	11.40
大观区	Daguan District	46	380.00	375.54	50.31
宜秀区	Yixou District	45	41.62	39.43	11.00
桐城市	Tongcheng	297	296.79	291.63	75.23
怀宁县	Huaining	202	200.03	196.94	49.96
枞阳县	Zongyang	189	210.67	200.95	53.21
潜山县	Qianshan	127	124.74	121.26	30.70
太湖县	Taihu	86	103.54	100.66	22.58
宿松县	Susong	119	109.99	108.35	25.99
望江县	Wangjiang	70	107.70	103.07	24.23
岳西县	Yuexi	75	82.08	81.66	19.88
屯溪区	Tunxi District	72	47.78	46.27	12.38
黄山区	Huangshan District	27	60.29	58.56	12.17
徽州区	Huizhou District	72	103.61	100.92	24.61
歙县	Shexian	114	114.44	108.58	27.89
休宁县	Xiuning	43	55.38	54.27	12.29
黟县	Yixian	27	18.17	17.81	4.19
祁门县	Qimen	53	31.35	30.53	7.64

主要统计指标解释

工业

指从事自然资源的开采，对采掘品和农产品进行加工和再加工的物质生产部门。具体包括：(1)对自然资源的开采，如采矿、晒盐等(但不包括禽兽捕猎和水产捕捞)；(2)对农副产品的加工、再加工，如粮油加工、食品加工、缫丝、纺织、制革等；(3)对采掘品的加工、再加工，如炼铁、炼钢、化工生产、石油加工、机器制造、木材加工等，以及电力、自来水、煤气的生产和供应等；(4)对工业品的修理、翻新，如机器设备的修理、交通运输工具(如汽车)的修理等。

工业统计调查单位为独立核算法人工业企业。

独立核算法人工业企业指从事工业生产经营活动的单位。独立核算法人工业企业应同时具备以下条件：①依法成立，有自己的名称、组织机构和场所，能够承担民事责任；②独立拥有和使用资产，承担负债，有权与其他单位签订合同；③独立核算盈亏，并能够编制资产负债表。

国有及国有控股企业

指国有企业加上国有控股企业。国有企业(即原全民所有制工业或国营工业)指企业全部资产归国家所有，并按《中华人民共和国企业法人登记管理条例》规定登记注册的非公司制的经济组织。包括国有企业、国有独资公司和国有联营企业。1957年以前的公私合营和私营工业，后均改造为国营工业，1992年改为国有工业，这部分工业的资料不单独分列时，均包括在国有企业内。国有控股企业是对混合所有制经济的企业进行的“国有控股”分类。它是指这些企业的全部资产中国有资产(股份)相对其他所有者中的任何一个所有者占资(股)最多的企业。该分组反映了国有经济控股情况。

本篇涉及的其他企业登记注册类型的解释详见综合篇。

轻工业

指主要提供生活消费品和制作手工工具的工业。按其所使用的原料不同，可分为两大类：(1)以农产品为原料的轻工业，是指直接或间接以农产品为基本原料的轻工业。主要包括食品制造、饮料制造、烟草加工、纺织、缝纫、皮革和毛皮制作、造纸以及印刷等工业；(2)以非农产品为原料的轻工业，是指以工业品为原料的轻工业。主要包括文教体育用品、化学药品制造、合成纤维制造、日用化学制品、日用玻璃制品、日用金属制品、手工工具制造、医疗器械制造、文化和办公用机械制造等工业。

重工业

指为国民经济各部门提供物质技术基础的主要生产资料的工业。按其生产性质和产品用途，可以分为下列三类：(1)采掘(伐)工业，是指对自然资源的开采，包括石油开采、煤炭开采、金属矿开采、非金属矿开采等工业；(2)原材料工业，指向国民经济各部门提供基本材料、动力和燃料的工业。包括金属冶炼及加工、炼焦及焦炭、化学、化工原料、水泥、人造板以及电力、石油和煤炭加工等工业；(3)加工工业，是指对工业原材料进行再加工制造的工业。包括装备国民经济各部门的机械设备制造工业、金属结构、水泥制品等工业，以及为农业提供的生产资料如化肥、农药等工业。

根据上述划分原则，修理业中以重工业产品为修理作业对象的划为重工业，反之划为轻工业。

工业总产值

(1)定义：

工业总产值是工业企业在一定时期内生产的以货币形式表现的工业最终产品或提供工业性劳务活动的总价值量。它反映一定时间内工业生产的总规模和总水平。

(2)计算原则：

工业生产的原则，即凡是企业在报告期生产的经检验合格的产品，不管是否在报告期销售，均包括在内。

最终产品的原则，即凡是计入工业总产值的产品，必须是本企业生产的经检验合格的，不需要再进行任何加工的最终产品。如果企业有中间产品(半成品)对外销售，则对外销售的中间产品应视为企业的最终产品。

工厂法原则，即工业总产值是以工业企业作为基本计算(核算)单位，即按企业的最终产品计算工业总产值。按这种方法计算的工业总产值，不允许同一产品价值在企业内部重复计算，不能把企业内部各个车间(分厂)生产的成果相加，但允许企业间的重复计算。

(3)内容及计算方法：

1995年全国工业普查对工业总产值(原规定)的内容及计算原则和方法做了某些修订，修订后的工业总产值(新规定)包括三项内容：即本期生产成品价值、对外加工费收入、在制品半成品期末期初差额价值三部分。

本期生产成品价值：指企业本期生产，并在报告期内不再进行加工，经检验、包装入库的全部工业成品(半成品)价值合计，包括企业生产的自制设备及提供给本企业在建工程、其他非工业部门和福利部门等单位使用的成品价值。本期生产成品价值为按自备原材料生产的产品的数量乘以本期不含增值税(销项税额)的产品实际销售平均单价计算；会计核算中按成本价格转帐的自制设备和自产自用的成品，按成本价格计算生产成品价值。生产成品价值中不包括用定货者来料加工的成品(半成品)价值。

对外加工费收入：指企业在报告期内完成的对外承接的工业品加工(包括用定货者来料加工产品)的加工费收入和对外工业修理作业所取得的加工费收入。对外加工费收入按不含增值税(销项税额)的价格计算，可根据会计“产品销售收入”科目的有关资料取得。

对于本企业对内非工业部门提供的加工修理、设备安装的劳务收入，如果企业会计核算基础较好，能取得这部分资料，而且这部分价值所占比重较大，应包括在对外加工费收入中。

自制半成品在制品期末期初差额价值：指企业报告期在制品期末减期初的差额价值，本指标一般可以从会计核算资料中取得。如果会计产品成本核算中不计算半成品、在制品的成本，则总产值中也不包括这部分价值，反之则包括。

(4)工业总产值统计范围变化和计算方法修订情况：

1984 年以前工业总产值不包括村办工业，村办工业总产值划归农业。1984 年以后工业总产值包括村办工业。

1995 年工业普查对工业总产值计算方法做了修订，即从 1995 年始按新修订(新规定)方法计算工业总产值。新规定与原规定的区别如下：

全价与加工费的计算原则不同：新规定为凡自备原材料，不论其生产繁简程度如何，一律按全价计算工业总产值；凡来料加工，允许按加工费计算工业总产值。原规定则视生产加工的繁简程度不同，规定哪些行业按全价，哪些行业按加工费计算工业总产值。

自制半成品、在产品期末期初差额价值的计算原则不同：新规定要求，凡会计产品成本核算时计算了成本的差额价值，总产值中就应包括，否则可不包括；原规定则按生产周期六个月的界限区分，凡生产周期六个月以上的企业，总产值计算中应包括这部分差额价值，否则可不包括。

计算价格不同：新规定按不含增值税(销项税额)的价格计算；原规定则按含增值税(销项税额)的价格计算。

工业增加值

指工业企业在报告期内以货币表现的工业生产活动的最终成果。

工业增加值有两种计算方法：一是生产法，即工业总产出减去工业中间投入加上应交增值税；二是收入法，即从收入的角度出发，根据生产要素在生产过程中应得到的收入份额计算，具体构成项目有固定资产折旧、劳动者报酬、生产税净额、营业盈余，这种方法也称要素分配法。

资产总计

指企业拥有或控制的能以货币计量的经济资源，包括各种财产、债权和其他权利。资产按流动性分为流动资产、长期投资、固定资产、无形资产、递延资产和其他资产。该指标根据企业会计“资产负债表”中“资产总计”项目的期末数增列。

流动资产

指企业可以在一年内或者超过一年的一个生产周期内变现或者耗用的资产，包括现金及各种存款、短期投资，应收及预付款项、存货等。

固定资产原价

指企业在建造、购置、安装、改建、扩建、技术改造某项固定资产时所支出的全部货币总额。它一般包括买价、包装费、运杂费和安装费等。

固定资产净值

指固定资产原价减去历年已提折旧额后的净额。计算公式为：

固定资产净值=固定资产原价-累计折旧

负债合计

指企业所承担的能以货币计量，将以资产或劳务偿付的债务，偿还形式包括货币、资产或提供劳务。负债一般按偿还期长短分为流动负债和长期负债。根据会计“资产负债表”中“负债合计”的年末数填列。

所有者权益合计

指企业投资人对企业净资产的所有权。企业净资产为企业全部资产与企业全部负债的差额，包括实收资本、资本公积、盈余公积、未分配利润等。根据会计“资产负债表”中“所有者权益”项的期末数填列。

主营业务收入

指会计“利润表”中对应指标的本年累计数。未执行 2001 年《企业会计制度》的企业，用“产品销售收入”的本期累计数代替。

主营业务成本

指会计“利润表”中对应指标的本年累计数。未执行 2001 年《企业会计制度》的企业，用“产品销售成本”的本期累计数代替。

主营业务税金及附加

指会计“利润表”中对应指标的本年累计数。未执行 2001

年《企业会计制度》的企业，用“产品销售税金及附加”的本期累计数代替。

利润总额

指企业在生产经营过程中各种收入扣除各种耗费后的盈余，反映企业在报告期内实现的盈亏总额，包括营业利润、补贴收入、投资净收益和营业外收支净额。根据会计“利润表”中的对应指标的本期累计数填列。

本年应交增值税

指企业按税法规定，从事货物销售或提供加工、修理修配劳务等增加货物价值的活动本期应交纳的税金。指企业在报告期应交增值税额。计算公式为：

本年应交增值税=销项税额-（进项税额-进项税额转出）

-出口抵减内销产品应纳税额-减免税款+出口退税

本年进项税额指工业企业在报告期内购入货物或接受应税劳务而支付的、准予从销项税额中抵扣的增值税额。

本年销项税额指工业企业在报告期内销售货物或提供应税劳务应收取的增值税额。

从业人员平均人数

是指报告期内每天拥有的从业人员人数。其计算公式为：

月平均人数=报告月内每天实有人数之和/报告月日历日数

季平均人数=季内各月平均人数之和/3

年平均人数=年内各月平均人数之和/12

总资产贡献率

反映企业全部资产的获利能力，是企业经营业绩和管理水平的集中体现，是评价和考核企业盈利能力的核心指标。计算公式为：

总资产贡献率（%）=（利润总额+税金总额+利息支出）/平均资金总额×100%

公式中：税金总额为产品销售税金及附加与应交增值税之和；平均资产总额为期初期末资产之和的算术平均值。

资产负债率

该指标既反映企业经营风险的大小，也反映企业利用债权人提供的资金从事经营活动的能力。计算公式为：

资产负债率（%）=负债总额/资产总额×100%

资产与负债均为报告期期末数。

流动资产周转次数

指一定时期内流动资产完成的周转次数，反映投入工业企业流动资金的周转速度。计算公式为：

流动资产周转次数产品销售收入/全部流动资产平均余额

公式中：全部流动资产平均余额为期初和期末的流动资产之和的算术平均值。

成本费用利润率

反映企业投入的生产成本及费用的经济效益，同时也反映企业降低成本所取得的经济效益。计算公式为：

成本费用利润率（%）=利润总额/成本费用总额×100%

公式中：成本费用总额为产品销售成本、销售费用、管理费用、财务费用之和。

产品销售率

该指标反映工业产品已实现销售的程度，是分析工业产销衔接情况，研究工业产品满足社会需求的指标。计算公式为：

产品销售率（%）=工业销售产值/工业总产值（现价）×100%

Explanatory Notes for Major Statistical Indicators

Industry

refers to the material production sector which is engaged in the extraction of natural resources and processing and reprocessing of minerals and agricultural products, including (1) extraction of natural resources, such as mining, salt production (but not including hunting and fishing); (2) processing and reprocessing of farm and sideline produces, such as rice husking, flour milling, wine making, oil pressing, silk reeling, spinning and weaving, and leather making; (3) manufacture of industrial products, such as steel making, iron smelting, chemicals manufacturing, petroleum processing, machine building, timber processing; water and gas production and electricity generation and supply; (4)repairing of industrial products such as the repairing of machinery and means of transport (including cars).

In industrial statistics surveys, the units of enquiry are corporate industrial enterprises with independent accounting systems.

Corporate industrial enterprises with independent accounting systems refer to enterprises engaging in industrial production activities, which meet the following requirements: (1) They are established legally, having their own names, organizations, location and able to take civil liability; (2) They possess and use their assets independently, assume liabilities and are entitled to sign contracts with other units; (3) They are financially independent and compile their own balance sheets.

State-owned and State-holding Enterprises

refer to state-owned enterprises plus State-holding enterprises. State-owned enterprises (originally known as State-run enterprises with ownership by the whole society) are non-corporate economic entities registered in accordance with the Regulation of the People's Republic of China on the Management of Registration of Legal Enterprises, where all assets are owned by the State. Included in this category are State-owned enterprises, State-funded corporations and State-owned joint-operation enterprises. Joint State-private industries and private industries, which existed before 1957, were transformed into state-run industries since 1957, and into State-owned industries after 1992. Statistics on those enterprises are included in the State-owned industries instead of being grouped them separately. State-holding enterprises are a sub-classification of enterprises with mixed ownership, referring to enterprises where the percentage of State assets (or shares by the State) is larger than any other single share holder of the same enterprise. This sub-classification illustrates the control of the State over a particular industry.

For explanation of enterprises of other types of registration covered in this chapter, please refer to General Survey.

Light Industry

refers to the industry that produces consumer goods and hand tools. It consists of two categories, depending on the materials used:

(1) Industries using farm products as raw materials. These are the branches of light industry which directly or indirectly use farm products as basic raw materials, including the manufacture of food and beverages, tobacco processing, textile, clothing, fur and leather manufacturing, paper making, printing, etc.

(2) Industries using non-farm products as raw materials. These are the branches of light industry which use manufactured goods as raw materials, including the manufacture of cultural, educational articles and sports goods, chemicals, synthetic fibre, chemical products for daily use, glass products for daily use, metal products for daily use, hand tools, medical apparatus and instruments, and the manufacture of cultural and office machinery.

Heavy Industry

refers to the industry which produces capital goods, and provides various sectors of the national economy with necessary material and technical basis for production. It consists of the following three branches according to the purpose of production or the use of products:

(1) Mining, quarrying and logging industry, which refers to the industry that extracts natural resources, including extraction of petroleum, coal, metal and non-metal ores.

(2) Raw materials industry refers to the industry that provides various sectors of the national economy with raw materials, fuels and power. It includes smelting and processing of metals, coking and coke chemistry, chemical materials and building materials such as cement, plywood, and power, petroleum refining and coal dressing.

(3) Manufacturing industry which refers to the industry that

processes raw materials. It includes machine-building industries which equip sectors of the national economy; industries producing metal structure and cement products; and industries producing means of agricultural production, such as chemical fertilizers and pesticides.

In accordance with the above principles of classification, the repairing trades, which are engaged primarily in repairing products of heavy industry, are classified as heavy industry while those which are engaged in repairing products of light industry are classified as light industry.

Gross Industrial Output Value

(1) Definition: Gross industrial output value is the total volume of final industrial products produced and industrial services provided during a given period in monetary terms. It reflects the total achievements and overall scale of industrial production during a given period.

(2) Principles for calculation:

Statistics on industrial production follow the principle that all products produced by the enterprises and accepted through quality check during the reference period are to be included no matter whether they are sold or not during the reference period.

Determination of final products follows the principle that all products that are included in the calculation of gross industrial output value are the final products of the enterprise which have been accepted through quality check and require no further processing. If an enterprise has intermediate (semi-finished) products to sell, these intermediate products are considered as the final products of the enterprise.

Gross industrial output value is calculated following the principle of factory approach, i.e. industrial enterprise is used as the basic accounting unit in calculating the gross industrial output value. By this approach, value of the same product is not to be double-counted, and the output value of different workshops (branch factories) within the enterprise should not be added. However, this approach allows the possibility of double counting between enterprises.

(3) Content and method of calculation: The old definition of gross industrial output value was modified during the 1995 National Industrial Census. The revised (new) definition of gross industrial output value consists of 3 components: value of the finished products during the reference period, income from processing for external parties, and value of change in semi-finished products between the end and the beginning of the reference period.

Value of finished products during the reference period: refers to the value of all finished (semi-finished) industrial products that are produced during the reference period without the need for further processing, checked for acceptance, packed and put into the warehouse of the enterprise, including the value of own-produced equipment and the value of products provided to the projects under construction of the enterprise, and to other non-industrial or welfare units. Value of finished products during the reference period is calculated by the quantity of products produced using own materials multiplied by the average unit prices at which products are sold (excluding value-added tax). Own-produced equipment and products produced for own use are valued at cost prices as in the case of enterprise accounting. Value of finished products does not include the value of finished products (semi-finished products) that are produced using the materials from the clients who place the orders.

Income from external processing: refers to income from contracted external processing of industrial products (including processing of industrial products using materials from the clients), and the income from industrial repairing work provided to other parties. Income from external processing is calculated using information from the item “products sales income” in the enterprise accounting at the prices with value-added tax excluded.

For income from services such as processing, repairing and installation of equipment provided to non-industrial units within the enterprise, if the accounting work of the enterprise is good enough to separate it from other records, and the share of such services is significant, it should also be included in the income from external processing.

Value of change in semi-finished products between the end and the beginning of the reference period: refers to the value of change in semi-finished products between the end and the beginning of the reference period, which generally can be obtained from accounting records of enterprises. If the enterprise accounting excludes the cost of semi-finished products, then it should not be included in the gross industrial output value, and the reverse if otherwise.

(4) Changes in the scope and method of calculation of the gross industrial output value

Prior to 1984, the value of rural industry run by villages was classified into agriculture instead of industry. Since 1984, it has been included in the gross industrial output value. Method of calculation for the gross industrial output value was modified in the industrial census in 1995. The difference in the new method as compared with the old one is outlined below:

Principle in using full value vs. processing fee: The new method stipulates that all products produced using own materials are to be calculated with full value in reporting the gross industrial output value irrespective of the complexity of production, and for external processing, it allows calculation using processing fee. In the old method, however, the use of full value or processing fee was determined by the degree of complexity of production in different branches of industries.

Principle in determining the value of change in semi-finished products: The new method requires that value of change in semi-finished products should be included in the gross industrial output value if it is included in the accounting record of the enterprise, otherwise it should not be included. In the old method, it is determined by the type of enterprises in terms of production cycle. If the production cycle is over 6 months, the value of change in semi-finished products is included in the gross industrial output value, otherwise it is not.

Difference in prices: The new method uses prices excluding value-added tax in the calculation of gross industrial output value, while the old method used prices including value-added tax.

Value-added of Industry

refers to the final results of industrial production of industrial enterprises in money terms during the reference period.

Industrial value-added can be calculated by two approaches: the production approach, i.e. gross industrial output value minus intermediate input plus value-added tax, and the income approach, i.e. income for various factors used in the course of production, including depreciation of fixed assets, remuneration of labourers, net of production tax, and operating surplus.

Total Assets

refer to all economic resources, in monetary term, these are owned or controlled by enterprises, including properties, creditor's equity and other economic rights of all forms. Classified by the degree of liquidity, total assets include working capitals, long-term investment, fixed assets, intangible assets, deferred assets and other assets. Data on this indicator can be obtained by the year-end figures of total assets in the Assets and Liability Table of accounting records of enterprises.

Working Capital

refers to capital that an enterprise can cash or use during one year or one production cycle that may exceed one year, including cash and savings deposits of various forms, short-term investment, money receivable and prepaid money, inventories, etc.

Annual Average Value of Working Capital

refers to the average value of all working capital of the enterprise during the reference period.

Original Value of Fixed Assets

refers to the total value, in monetary terms, that an enterprise spent on fixed assets, through construction, purchase, installation, transformation, expansion or technical upgrading. Generally, it covers cost of purchase, packing, transportation and installation, etc.

Net Value of Fixed Assets

refers to the original value of fixed assets minus depreciation over the years, i.e.:

Net value of fixed assets = original value of fixed assets - cumulative depreciation

Total Liabilities

refer to payable liabilities of enterprises that have to be repaid in terms of money, assets or labour services. In terms of payment, it can be divided into liquid liabilities and long-term liabilities. Data on this item is obtained from the ending figures on total liabilities from the Assets and Liability Table from the enterprises.

Total Equity

refers to the ownership of net assets of enterprise by its investors. Net assets equal total assets minus total liabilities of the enterprise, including the paid-in capital, accumulation of capital and operating surplus and non-distributed profits. Data are obtained from the ending figures on "total equity" from the "balance sheets".

Revenue from Principal Business

refers to the annual accumulation of the corresponding item in the "profit table" of the accountant. For enterprises that do not follow the 2001 Enterprise Accounting Standards, the year-end accumulation of revenue from the sales of products is used as a substitute.

Cost of Principal Business

refers to the annual accumulation of the corresponding item in the "profit table" of the accountant. For enterprises that do not follow the 2001 Enterprise Accounting Standards, the year-end accumulation of cost for the sales of products is used as a substitute.

Tax and Extra Charges from Principal Business

refer to the annual accumulation of the corresponding item in the "profit table" of the accountant. For enterprises that do not follow the 2001 Enterprise Accounting Standards, the year-end accumulation of tax and extra charges from the sales of products is used as a substitute.

Total Profits

refers to the balance of various incomes minus various spendings in the course of operation, reflecting the total profits and losses of enterprises in reporting period. It includes: operating profits, income from subsidies, net investment income and net income from activities other than operation. Data are obtained from the annual accumulation of the corresponding item in the "profit table" of the accountant.

Value-added Tax Payable in the Current Year

refers to the payable tax of enterprises which engaged in selling of goods or providing services that bring added value to the goods, such as processing, repairing, fitting and other activities should be paid according to Tax Law. It refers to the amount of the value-added tax which should be paid by the enterprises during the reference period. The formula is as follows:

Value-added Tax Payable in the Current Year = tax on sales-(tax on purchase-transferred tax on purchase)-exports deduct tax payable on domestic sales-tax relief+the export tax rebate.

Tax on Purchase in Current Year

refers to goods purchased by industrial enterprises or value added tax that should be paid but being granted the right to deduct from the tax on sales.

Tax on Sales in Current Year

refers to value added tax on industrial enterprises from sales of goods or taxable services that should be charged value added tax.

Average Annual Number of Employed Persons

Employed persons refer to all those who are employed in enterprises and receive remunerations there from, including currently working employees, retirees who are re-employed, teachers of local-run schools, as well as foreigners, staff from Hong Kong, Macao and Taiwan, part-time employees and persons with second job who are employed by the enterprise, and employees of other units temporarily working in the enterprises, but excluding former employees who left the enterprise with their employment records still being kept by the enterprises.

Average number of employed persons refers to the number of employee everyday during the reference period, calculated with the following formula:

Monthly average number = sum of actual employees everyday in reference month / number of calendar dates in reference month

Quarterly average number = sum of monthly average number in reference quarter / 3

Annual average number = sum of monthly average number in reference year / 12

Ratio of Profits, Taxes and Interests to Average Assets

reflects the profit-making capability of all assets of the enterprise and is a key indicator manifesting the performance and management and evaluating the profit-making potential of the enterprise. It is calculated as follows:

Ratio of Profits, Taxes and Interests to Average Assets (%) = (total profits + total taxes + interest payment) / average assets × 100%

In the above formula, total taxes is the sum of tax and extra charges on the sales of products and value-added tax payable; and average assets is the arithmetic mean of the sum of beginning assets and ending assets.

Ratio of Debts to Assets

reflects both the operation risk and the capability of the enterprise in making use of the capital from the creditors. It is calculated as follows:

Ratio of Debts to Assets (%) = total debts / total assets × 100%

Both assets and debts are figures at the end of the reference period.

Turnover of Working Capital

refers to the number of times of turnover of working capital in a given period of time, which reflects the speed of the turnover of working capital of industrial enterprises, and is calculated as follows:

Turnover of Working Capital = sales revenue of products / average balance of total working capital

In the above formula, average balance of total working capital refers to the arithmetic mean of the sum of working capital at the beginning and at the end of the reference period.

Ratio of Profits to Total Industrial Costs

refers to the ratio of profits realized in a given period to the total costs in the same period, which reflects the economic efficiency of input cost and is calculated as follows:

Ratio of Profits to Total Industrial Cost (%) = total profits / total costs × 100%

Total costs in the above formula are the sum of cost of products sold, marketing cost, management cost and financial cost.

Sales Ratio of Products

is an indicator reflecting the actual sale of industrial products, analyzing the production-selling and supply-demand relations. It is calculated as:

Sales Ratio of Products (%) = value of industrial sales / gross industrial output value (current prices) × 100%

第十四篇

Chapter 14

建筑业

CONSTRUCTION

简要说明

一、本篇资料反映我省建筑业概况和发展情况。主要包括建筑业企业生产经营情况，指标有企业个数、从业人员数、建筑业总产值、房屋建筑面积、机械设备、资产负债、利润税金、劳动生产率、技术装备率等。此外，2003 年及以前还包括农村建筑队主要指标。

二、建筑业企业资料由省统计局固定资产投资处提供。建筑业统计范围从 1996 年年报起由原城镇及城镇以上各种经济类型的建筑业企业扩大到具有建筑业资质等级四级及四级以上的各种经济类型的建筑业企业，资料来源依据国家统计局制定的“建筑业统计报表制度”收集的有关年报资料。

Brief Introduction

I. Data in this chapter show the general situation and the development of the construction in the province. They cover mainly the situation of production and management of the enterprises of construction, including number of enterprises number of employed persons, gross output value, floor space of the building, machinery and equipment, assets and liabilities, profits and taxes, labor productivity, per capita machinery, etc. They also cover the main indicators of the rural construction teams at 2003 and before.

II. Data on the enterprises of construction in this chapter are provided by the Division of Statistics in Investment in Fixed Assets, Anhui Statistical Bureau. The coverage of construction statistics has been enlarged since 1996 when the annual statistical reports were submitted. The original coverage includes all the construction enterprises of various types of ownership at and above town level. The new coverage includes all the construction enterprises of various types of ownership with qualification criteria at or above Class 4. Data are collected in accordance with the “reporting scheme of construction statistics” stipulated by the National Bureau of Statistics.

14—1 建筑业企业概况
Main Indicators on Construction Enterprises

年 份 Year	总 计 Total	内 资 Domestic Funded	#国有经济 State-owned	#集体经济 Collective-owned	港澳台商投资企业 Funded from Hong Kong, Macao and Taiwan	外 商投资企业 Foreign Funded	国有及国有控股企业 State Controlling Funded Hold Enterprises
企业单位数（个）							
Number of Enterprises (unit)							
1995	75321		146	317	4	1	
2000	40785		258				
2002	38335	1678	245	545	12	6	
2003	37843	1697	226	448	10	6	325
2004	1926	1912	212	313	6	9	348
2005	1946	1934	193	278	8	4	321
2006	1996	1980	185	212	12	4	305
2007	2153	2137	183	176	12	4	303
2008	2357	2344	184	163	7	6	292
2009	2408	2394	172	151	7	7	259
2010	2469	2457	168	139	6	6	249
2011	2528	2516	153	134	6	6	249
从业人员（万人）							
Number of Persons Engaged (10000 persons)							
1995	177.31		24.23	14.17	0.02	0.03	
2000	125.62		21.66				
2002	153.73	89.19	20.69	31.87	0.14	0.20	28.53
2003	155.77	90.80	20.09	28.04	0.17	0.18	27.24
2004	91.83	91.43	16.79	16.71	0.13	0.29	28.00
2005	98.57	98.13	16.67	13.45	0.32	0.11	24.35
2006	112.26	111.63	21.47	9.83	0.44	0.19	32.99
2007	123.25	122.52	22.09	8.75	0.50	0.23	34.10
2008	138.07	137.67	30.56	8.77	0.18	0.22	40.67
2009	143.53	143.14	27.00	7.67	0.14	0.26	37.65
2010	157.97	157.62	31.79	6.68	0.16	0.19	42.66
2011	167.01	166.73	29.85	5.60	0.12	0.15	42.27
总 产 值（万元）							
Gross Output Value (10000 yuan)							
1995	5821071		1078593	309454	1602	1231	
2000	5320294		1349050				
2002	7070835	5259807	1627324	1378030	13098	9278	2403850
2003	9108572	6207110	1851883	1248254	14496	8841	2928452
2004	7887558	7857732	2137019	937303	13296	16530	3806414
2005	9230814	9194875	2678924	815820	25256	10683	3674953
2006	11682365	11623868	3494138	623919	40253	18244	5651081
2007	15169772	15079204	4376254	582524	62313	28256	7081557
2008	18578870	18527361	5772807	767214	22006	29503	8085556
2009	22399290	22338010	6799816	777343	26469	34812	9256453
2010	28649619	28583665	8940053	743385	32530	33424	12034370
2011	35996220	35922882	8871556	799971	27509	45829	14371631

注：1．附营施工单位的生产活动在整个建筑生产活动中所占份额极小，加之资料不全，因而在总计中已略去。
2．2004年及以后年份为总承包和专业承包建筑业企业，城镇集体和农村建筑队不作统计。

a) The production activity of subsidiary construction units is omitted in the total because the portion is very small and the data are incomplete.

b) After 2004, Data are general contracting and professional contract of construction enterprises, Cities collective and construction crew of countryside doesn't count.

14—2 主要年份建筑业企业主要经济指标
Main Economic Indicators on Construction Enterprises

指标		Item		1995	2000	2005	2010	2011
企业单位数	（个）	Number of Construction Enterprises	(unit)	478	1571	1946	2469	2528
从业人数	（万人）	Staff and Workers (annual average)	(10000 persons)	38.83	71.41	98.57	157.97	167.01
自有固定资产原价	（万元）	Fixed Assets Owned (original value)	(10000 yuan)	507546	1135784	2403291	4034386	4184462
自有固定资产净值	（万元）	Fixed Assets Owned (net value)	(10000 yuan)	361527	783712	1666488	2744333	2865474
自有机械设备净值	（万元）	Net Value of Machinery and Equipment Owned	(10000 yuan)	165092	326347	889068	1466999	1775380
自有机械设备总台数	（台）	Number of Machinery and Equipment Owned	(unit)	91742	237822	383944	415557	441058
自有机械设备总功率	（万千瓦）	Total Power of Machinery and Equipment Owned	(10000 kw)	169.97	250.57	464.92	663.58	798.88
建筑业总产值	（万元）	Gross Output Value of Construction	(10000 yuan)	1400973	3028240	9230814	28649619	35996220
建筑工程		Construction Projects		1193521	2621894	7859068	25058430	31110163
安装工程		Installation Projects		186860	331987	993979	2468351	3047890
其　他		Others		20592	74359	377768	1122838	1838168
固定资产本年折旧	（万元）	Depreciation of Fixed Assets	(10000 yuan)	24803	55430	139061	260805	280160
应付职工薪酬	（万元）	Payable Employee compensation	(10000yuan)					5316282
工程结算税金及附加	（万元）	Taxes and Extra Charges on Project Settle Accounts	(10000 yuan)	38038	89526	300229	1043879	1069363
管理费用中的税金	（万元）	Taxes in Management Expenses	(10000 yuan)	2666	8423	20141	73676	48220
营业利润	（万元）	Business Profit	(10000yuan)					1244265
利润总额	（万元）	Total Profits	(10000 yuan)	943	28123	178167	983596	1270856
利税总额	（万元）	Total Taxes	(10000 yuan)	61646	126073	498536	2101151	2388439
劳动生产率	（元/人）	Overall Labor Productivity	(yuan/person)					
按总产值计算		In Terms of Gross Output Value		36080	42406	95803	177486	229630
房屋建筑施工面积	（万平方米）	Floor Space of Buildings Under Construction	(10000 sq.m)	1985.43	4631.27	9869.50	23295.69	28472.86
房屋建筑竣工面积	（万平方米）	Floor Space of Buildings Completed	(10000 sq.m)	853.33	2595.33	5081.27	10512.36	11897.81
技术装备率	（元/人）	Value of Machines per Laborer	(yuan/person)	4252	4570	9020	9287	10630
动力装备率	（千瓦/人）	Power of Machines per Laborer	(kw/person)	4.38	3.51	4.72	4.20	4.78
房屋建筑面积竣工率	（%）	Ratio of Floor Space of Buildings Completed	(%)	42.98	56.04	51.48	45.13	41.79
产值利润率	（%）	Ratio of Profit to Gross Output Value	(%)	0.06	0.93	1.93	3.43	3.53
产值利税率	（%）	Ratio of Per-tax Profit to Gross Output Value	(%)	2.97	4.16	5.40	7.33	6.64

14—3 国有经济建筑业企业主要经济指标
Main Economic Indicators on State-owned Construction Enterprises

指 标	Item	1995	2000	2005	2010	2011
企业单位数 （个）	Number of Construction Enterprises (unit)	146	258	193	168	153
从业人数 （万人）	Staff and Workers (annual average) (10000 persons)	24.23	21.66	16.67	31.79	29.85
自有固定资产原价 （万元）	Fixed Assets Owned (original value) (10000 yuan)	416972	636476	918516	1127747	887086
自有固定资产净值 （万元）	Fixed Assets Owned (net value) (10000 yuan)	291809	403625	602836	713964	546842
自有机械设备净值 （万元）	Net Value of Machinery and Equipment Owned (10000 yuan)	129661	160000	347370	336767	307325
自有机械设备总台数 （台）	Number of Machinery and Equipment Owned (unit)	47796	63023	52287	57483	50140
自有机械设备总功率（万千瓦）	Total Power of Machinery and Equipment Owned (10000 kw)	137.59	127.93	134.58	166.01	139.86
建筑业总产值 （万元）	Gross Output Value of Construction (10000 yuan)	1078593	1349050	2678924	8940053	8871556
建筑工程	Construction Projects	910192	1199993	2228410	8187459	8211270
安装工程	Installation Projects	155217	128402	365681	545846	536211
其 他	Others	13184	20655	84834	206749	124076
固定资产本年折旧 （万元）	Depreciation of Fixed Assets (10000 yuan)	20951	34460	63261	98762	91301
应付职工薪酬 （万元）	Payable Employee compensation (10000yuan)					1251140
工程结算税金及附加 （万元）	Taxes and Extra Charges on Project Settle Accounts (10000 yuan)	29677	39416	87807	346359	244653
管理费用中的税金 （万元）	Taxes in Management Expenses (10000 yuan)	1682	3070	3375	17833	10005
营业利润 （万元）	Business Profit (10000yuan)					144456
利润总额 （万元）	Total Profits (10000 yuan)	630	-5159	34788	246938	151134
利税总额 （万元）	Total Taxes (10000 yuan)	31989	37327	91182	611130	405792
劳动生产率 （元/人）	Overall Labor Productivity (yuan/person)					
按总产值计算	In Terms of Gross Output Value	44515	62283	154711	242736	372177
房屋建筑施工面积（万平方米）	Floor Space of Buildings Under Construction (10000 sq.m)	1054	1167	1995	4552	5677
房屋建筑竣工面积（万平方米）	Floor Space of Buildings Completed (10000 sq.m)	409.30	566.55	747.17	1040.81	1261.34
技术装备率 （元/人）	Value of Machines per Laborer (yuan/person)	5351	7387	20836	10594	10295
动力装备率 （千瓦/人）	Power of Machines per Laborer (kw/person)	5.38	5.91	8.07	5.22	4.69
房屋建筑面积竣工率 （%）	Ratio of Floor Space of Buildings Completed (%)	38.90	48.57	37.46	22.86	22.22
产值利润率 （%）	Ratio of Profit to Gross Output Value (%)	0.10	-0.38	1.30	2.76	1.70
产值利税率 （%）	Ratio of Per-tax Profit to Gross Output Value (%)	3.00	2.77	3.40	6.80	4.57

14—4 集体经济建筑业企业主要经济指标
Main Economic Indicators on Collective Construction Enterprises

指标		Item		1995	2000	2005	2010	2011
企业单位数	（个）	Number of Construction Enterprises	(unit)	317	983	278	139	134
从业人数	（万人）	Staff and Workers (annual average)	(10000 persons)	14.17	37.20	13.45	6.68	5.60
自有固定资产原价	（万元）	Fixed Assets Owned (original value)	(10000 yuan)	85112	340764	222841	154132	164376
自有固定资产净值	（万元）	Fixed Assets Owned (net value)	(10000 yuan)	65977	256869	151513	91261	104736
自有机械设备净值	（万元）	Net Value of Machinery and Equipment Owned	(10000 yuan)	33944	119608	74952	42288	42199
自有机械设备总台数	（台）	Number of Machinery and Equipment Owned	(unit)	42308	134122	49967	20526	28151
自有机械设备总功率	（万千瓦）	Total Power of Machinery and Equipment Owned	(10000 kw)	31.10	91.52	51.46	29.48	21.51
建筑业总产值	（万元）	Gross Output Value of Construction	(10000 yuan)	309454	1222373	815820	743385	799971
建筑工程		Construction Projects		273710	1029445	598784	455317	464998
安装工程		Installation Projects		30815	154211	173967	245882	287465
其　　他		Others		4929	38717	43069	42186	47508
固定资产本年折旧	（万元）	Depreciation of Fixed Assets	(10000 yuan)	3569	14553	10190	8020	7764
应付职工薪酬	（万元）	Payable Employee compensation	(10000yuan)					138256
工程结算税金及附加	（万元）	Taxes and Extra Charges on Project Settle Accounts	(10000 yuan)	8035	36180	26367	25581	26362
管理费用中的税金	（万元）	Taxes in Management Expenses	(10000 yuan)	947	4458	3079	3239	3139
营业利润	（万元）	Business Profit	(10000yuan)					32876
利润总额	（万元）	Total Profits	(10000 yuan)	1301	26275	16798	26468	34592
利税总额	（万元）	Total Taxes	(10000 yuan)	10283	66913	46244	55288	64093
劳动生产率	（元/人）	Overall Labor Productivity	(yuan/person)					
按总产值计算		In Terms of Gross Output Value		21839	32859	62914	117883	155165
房屋建筑施工面积	（万平方米）	Floor Space of Buildings Under Construction	(10000 sq.m)	905	2557	933	692	544
房屋建筑竣工面积	（万平方米）	Floor Space of Buildings Completed	(10000 sq.m)	430.60	1539.42	553.89	347.45	373.61
技术装备率	（元/人）	Value of Machines per Laborer	(yuan/person)	2395	3215	5573	6331	7534
动力装备率	（千瓦/人）	Power of Machines per Laborer	(kw/person)	2.19	2.46	3.83	4.41	3.84
房屋建筑面积竣工率	（%）	Ratio of Floor Space of Buildings Completed	(%)	47.60	60.20	59.35	50.23	68.64
产值利润率	（%）	Ratio of Profit to Gross Output Value	(%)	0.40	2.15	2.06	3.56	4.32
产值利税率	（%）	Ratio of Per-tax Profit to Gross Output Value	(%)	3.30	5.47	5.67	7.44	8.01

14—5 建筑业企业技术装备情况
Number and Power of Machinery and Equipment Owned by Construction Enterprises

年份 Year	自有机械设备净值(万元) Net Value of Machinery and Equipment Owned (10000 yuan)	自有机械设备总台数(台) Number of Machinery and Equipment Owned (unit)	自有机械设备总功率(万千瓦) Total Power of Machinery and Equipment Owned (10000 kw)	#施工机械功率 Power of Construction Machines	技术装备率(元/人) Value of Machines per Laborer (yuan/person)	动力装备率(千瓦/人) Power of Machines per Laborer (kw/person)
1995	165092	91742	169.97	139.66	4252	4.38
1999	287433	220975	255.35	200.25	4106	3.65
2000	326347	237822	250.57	197.56	4570	3.51
2001	428163	319755	316.30	272.26	4750	3.51
2002	735011	351576	370.81	312.15	8287	4.18
2003	723018	352540	310.48	310.48	7700	4.07
2004	690428	349167	450.59		7554	4.93
2005	889068	383944	464.92		9020	4.72
2006	781405	402482	515.72		6961	4.59
2007	951296	433405	532.35		7718	4.32
2008	1111351	395274	580.00		7875	4.11
2009	1166826	383615	591.68		8129	4.12
2010	1466999	415557	663.58		9287	4.20
2011	1775380	441058	798.88		10630	4.78

14—6 国有经济建筑业企业技术装备情况
Number and Power of Machinery and Equipment of State-owned Construction Enterprises

年份 Year	自有机械设备净值(万元) Net Value of Machinery and Equipment Owned (10000 yuan)	自有机械设备总台数(台) Number of Machinery and Equipment Owned (unit)	自有机械设备总功率(万千瓦) Total Power of Machinery and Equipment Owned (10000 kw)	#施工机械功率 Power of Construction Machines	技术装备率(元/人) Value of Machines per Laborer (yuan/person)	动力装备率(千瓦/人) Power of Machines per Laborer (kw/person)
1995	129661	47796	137.59	113.70	5351	5.38
1999	144873	60984	132.26	102.55	6162	5.63
2000	160000	63023	127.93	94.08	7387	5.91
2001	164475	72763	138.34	108.92	6415	5.40
2002	327766	86991	168.11	100.91	11341	5.95
2003	202299	60514	114.67	89.49	9427	5.34
2004	197022	52973	129.16		10586	6.94
2005	347370	52287	134.58		20836	8.07
2006	167597	60046	163.36		7805	7.61
2007	286147	60430	168.34		12954	7.62
2008	378195	55035	144.10		12035	4.59
2009	355830	44235	155.42		13181	5.76
2010	336767	57483	166.01		10594	5.22
2011	307325	50140	139.86		10295	4.69

14—7 建筑业企业主要生产指标（2011年）
Main Indicators on Construction Enterprises (2011)

指　标		Item		合　计 Total Enterprises	总承包 General Contractor	专业承包 Professional Contractor
企业单位个数	（个）	Number of Enterprises in Charge of Construction	(unit)	2528	1456	1072
签订的合同额	（万元）	Volume of Signed Contracts	(10000 yuan)	59130219	54258454	4871765
直接从建设单位承揽工程完成的产值	（万元）	Accomplished Output Value of the Project Taken Directly from Construction Units	(10000 yuan)	35605376	31721416	3883960
自行完成施工产值		Output Value Completed by Self		35216761	31405150	3811612
分包出去工程产值		Engineering Subcontract Value		388614	316266	72348
从建设单位以外承揽工程完成的产值	（万元）	Accomplished Output Value of the Project Not Taken from Construction Units	(10000 yuan)	779459	682485	96974
建筑业总产值	（万元）	Gross Output Value of Construction	(10000 yuan)	35996220	32087634	3908586
#装饰装修产值		Decoration and Fixing UP		1555714	850720	704994
在外省完成产值		In Other Provinces		8034107	7338254	695853
#建筑工程		Construction Projects		31110163	29105454	2004709
安装工程		Installation Projects		3047890	1879297	1168593
其　他		Others		1838168	1102883	735285
竣工产值	（万元）	Output Value of Buildings Completed	(10000 yuan)	19902941	17354505	2548436
房屋建筑施工面积	（万平方米）	Floor Space of Buildings Under Construction	(10000 sq.m)	28472.86	27808.14	664.72
#本年新开工		Newly Started Projects in this Year		16035.94	15689.05	346.89
#投标承包的面积		Floor Space Through Tender for the Construction		22129.12	21857.18	271.93
#本年新开工		Newly Started Projects in this Year		12812.26	12620.42	191.85
房屋建筑竣工面积	（万平方米）	Floor Space of Buildings Completed	(10000 sq.m)	11897.81	11535.40	362.41
房屋竣工价值	（万元）	Value of Buildings Completed	(10000 yuan)	12688191	12425246	262945
自有机械设备净值	（万元）	Net Value of Machinery owned	(10000 yuan)	1775380	1620256	155124
自有机械设备总台数	（台）	Number of Machinery Owned	(set)	441058	390962	50096
自有机械设备总功率	（万千瓦）	Capacity of Machinery Owned	(10000 kw)	1775.38	1620.26	155.12
主要建筑材料消耗量		Main Building Material Consumption				
#水　泥	（万吨）	Cement	(10000 tons)	4750.15	4580.23	169.92
平板玻璃	（万重量箱）	Flat glass	(10000 weight boxes)	357.42	242.58	114.83
铝　材	（万吨）	Aluminum	(10000 tons)	58.57	53.26	5.31
计算劳动生产率的平均人数	(万人)	Labor Capacity Calculated by Average Person	(10000 person)	156.76	141.89	14.87
从业人员	（万人）	Employed Persons at the Year-End	(10000 person)	167.01	149.07	17.94
#工程技术人员		Engineering Technical Personnel		21.51	18.67	2.84
#一级建造师		First Grade Architect		0.89	0.71	0.18
全员劳动生产率	（元/人）	Overall Labor Productivity	(yuan/person)	229630	226147	262863
技术装备率	（元/人）	Per Capita Machinery Value	(yuan/person)	10630	10869	8645
动力装备率	（千瓦/人）	Per Capita Machines Power	(kw/person)	10.63	10.87	8.64
房屋建筑面积竣工率	（%）	Rate of Floor Space of Buildings Completed	(%)	41.79	41.48	54.52

内资企业 Domestic Funded	#集体 Collective-owned	#私营 Private	港澳台商投资企业 Funded Enterprises from Hong, Kong, Macao and Taiwan	外商投资企业 Foreign Funded	国有及国有控股企业 State Controlling Funded Hold Enterprises	房屋工程建筑业 Building	土木工程建筑业 Civil Engineering	建筑安装业 Construction Installation Industry	建筑装饰业 Construction Decoration Industry	其他建筑业 Other
2516	108	1177	6	6	249	1039	448	407	531	103
59041758	669191	13584320	34434	54027	26923951	32788260	20252910	4630255	936820	521974
35533469	533502	9418448	27509	44397	14259595	20148188	11042122	3252742	798546	363778
35144855	533502	9321039	27509	44397	14058513	20068261	10864129	3131762	793658	358950
388614		97409			201082	79927	177993	120980	4888	4828
778027	11179	199690		1432	313118	350069	236285	154591	24600	13914
35922882	544681	9520729	27509	45829	14371631	20418330	11100414	3286353	818259	372864
1553494	4907	633368	1229	991	350716	753764	61048	110241	629648	1012
8018949	136850	740490	6132	9027	6117902	3553368	3560343	822409	43132	54856
31069567	391569	7982840	11289	29306	13109498	18609119	9883716	1932980	391537	292810
3020741	109531	703190	11991	15158	995342	1058013	861260	1027709	85125	15784
1832574	43582	834699	4229	1365	266791	751199	355439	325664	341597	64270
19851502	441049	5958858	7405	44034	6136994	12514696	4346122	2149724	597393	295006
28420.19	471.04	8544.99	10.32	42.36	7914.42	25527.90	1294.39	1520.35	52.68	77.55
15993.93	331.22	5154.07	5.89	36.13	4004.85	14340.77	796.79	814.43	41.76	42.19
22088.77	376.72	5835.24	5.89	34.46	7174.55	19871.03	1079.10	1100.11	19.10	59.77
12777.81	285.80	3886.40	0.00	34.46	3219.37	11436.12	698.36	638.32	16.40	23.06
11868.05	336.56	4171.45	4.49	25.27	1911.33	10705.51	431.65	685.87	51.98	22.81
12659430	278743	4173962	5028	23733	2981055	11332848	512631	752413	52450	37848
1773087	34736	693865	1421	872	504376	1065772	578709	83020	22837	25042
440342	25438	153780	458	258	71646	312705	79279	28377	16648	4049
1773.09	34.74	693.86	1.42	0.87	504.38	1065.77	578.71	83.02	22.84	25.04
4736.11	94.47	1523.83	2.37	11.67	1271.36	3475.05	1046.86	164.31	16.64	47.28
357.39	3.72	219.02	0.01	0.01	41.35	218.39	13.13	16.39	109.41	0.09
58.54	0.63	30.90	0.01	0.02	3.75	44.31	2.18	7.08	4.73	0.28
156.46	4.09	53.00	0.14	0.16	38.26	109.44	28.27	13.03	4.36	1.67
166.73	4.59	58.38	0.12	0.15	42.27	112.41	33.10	13.53	6.30	1.67
21.45	0.68	7.94	0.03	0.03	4.29	13.54	4.72	2.10	0.78	0.37
0.89	0.01	0.25			0.34	0.39	0.32	0.10	0.05	0.02
229604	133083	179632	200214	279103	375586	186577	392620	252276	187881	223808
10634	7573	11886	11544	5720	11931	9481	17486	6135	3626	14983
10.63	7.57	11.89	11.54	5.72	11.93	9.48	17.49	6.13	3.63	14.98
41.76	71.45	48.82	43.50	59.66	24.15	41.94	33.35	45.11	98.68	29.41

14—8 建筑业企业主要财务指标（2011年）
Main Financial Indicators on Construction Enterprises (2011)

指　标	Item	企业数（个）Number of Enterprises (unit)	流动资产合计 Circulating Funds	#存货 Stock
总　计	**Total**	**2528**	**20119630**	**4290102**
#国有及国有控股企业	State Controlling Share Hold Enterprises	249	9675404	2403690
按登记注册类型分	**Grouped by registration Type**			
内资企业	Domestic Funded Enterprise	2516	20061348	4289036
国有企业	State-owned Enterprise	136	3686541	990524
集体企业	Collective-owned Enterprise	108	238974	54054
股份合作企业	Share Holding Cooperative Enterprises	25	272442	58046
联营企业	Joint Owned Enterprises	4	25484	8790
有限责任公司	Limited Liability Corporations	916	10111626	2160131
股份有限公司	Share-holding Corporations Ltd.	120	1352283	270596
私营企业	Private Enterprises	1177	4278119	735806
其他企业	Other Enterprises	30	95879	11089
港澳台商投资企业	Enterprises Funded by Entrepreneurs from Hong Kong, Macao and Taiwan	6	24033	62
外商投资企业	Foreign Funded Enterprises	6	34249	1004
按国民经济行业分	**Grouped by Sector**			
房屋和土木工程建筑业	Building & Civil Engineering	1487	17416104	3710997
房屋工程建筑业	Building	1039	8693897	1791812
土木工程建筑业	Civil Engineering	448	8722207	1919185
#铁路道路隧道和桥梁工程建筑业	Railroad Road Tunnel &Bridge Engineering Enterprises	243	5117744	1112016
建筑安装业	Construction Installation Industry	407	1770617	376045
建筑装饰业	Construction Decoration Industry	531	633329	163547
其他建筑业	Other Construction Industry	103	299580	39513
#工程准备	Project Preparation	42	160866	16582
按资质等级分	**By Qualification Standard**			
施工总承包	Chief Construction Contract	1456	17589457	3760037
特　级	Top Grade	3	3091509	719997
一　级	First Grade	135	7914985	1772970
二　级	Second Grade	531	4448316	815631
三级及以下	Third Grade and Below	787	2134647	451439
专业承包	Professional Contract	1072	2530173	530064
一　级	First Grade	76	791592	219430
二　级	Second Grade	283	863729	142853
三级及以下	Third Grade and Below	713	874853	167782

单位：万元（10000 yuan）

固定资产合计 Total Fixed Assets	固定资产原价 Original Value of Fixed Assets	累计折旧 Progessive Depreciation	#本年折旧 Depreciation this Year	资产总计 Total of Assets	负债合计 Total of Liabilities	#流动负债 Current Liabilities	所有者权益 Creditors' Equity	#实收资本 Capital Hold	#国家资本 National Capital
3641983	**4184462**	**1318988**	**280160**	**26026887**	**17584844**	**16374618**	**8442043**	**4914857**	**503446**
1134905	1496044	592306	147863	11830530	9624947	9054715	2205584	1271462	475170
3606333	4156660	1312263	278830	25931080	17530952	16320974	8400128	4894554	494898
569647	732797	282774	77258	4421713	3583357	3247281	838356	549910	279891
80572	102990	42540	4457	377944	198534	183272	179410	140896	840
51709	60848	16976	3300	369532	271216	270182	98316	37992	270
5257	10933	5797	1009	30741	15032	14537	15708	5228	2458
1581713	1894884	615136	124798	13118491	9294114	8792782	3824376	2184068	209016
237765	266249	68263	15856	1794872	1278436	1199090	516436	289416	1819
1051444	1056038	275438	51014	5687306	2829359	2555418	2857947	1643635	326
28227	31922	5340	1139	130482	60903	58412	69579	43408	278
23498	19430	4656	1026	48061	15873	15873	32188	14779	8548
12152	8373	2069	304	47746	38019	37771	9727	5524	
3142855	3609965	1151689	245411	22480927	15481248	14464916	6999679	4007146	438321
1788440	1859309	486878	89407	11577598	7167968	6595735	4409630	2421615	136972
1354415	1750656	664811	156004	10903329	8313280	7869181	2590049	1585531	301349
598514	904156	346140	59099	6208435	4775241	4679353	1433194	969882	124048
342551	377526	105062	21149	2397381	1497866	1346089	899516	529567	40348
101728	118914	30576	5960	768357	384281	358392	384075	257765	7416
54849	78058	31661	7640	380222	221449	205221	158773	120379	17361
24752	34973	14454	2043	207290	132169	123326	75121	62150	7458
3114576	3574574	1129843	237619	22710464	15563164	14478115	7147300	4066897	439118
376714	465861	178499	59891	3982570	3325283	3081264	657288	324812	152053
1043088	1303236	426936	91333	9902539	7444756	7003844	2457783	1100862	119099
1007820	1061975	339650	52092	5748315	3228121	2968128	2520194	1585691	108217
686953	743502	184758	34303	3077040	1565005	1424878	1512035	1055532	59749
527408	609888	189145	42541	3316423	2021680	1896503	1294743	847960	64328
124814	149051	49774	15322	962087	645097	596277	316990	169466	26703
181464	210704	65368	12090	1145106	685537	634686	459568	307154	16837
221129	250133	74003	15129	1209230	691046	665541	518185	371340	20788

14—8 续表 continued

指　标	Item	主营收入 Project Settlement Income	主营成本 Project Settlement Cost	主营税金及附加 Project Settlement Tax and Extra Charges
总　计	**Total**	**32084408**	**28355737**	**1069363**
#国有及国有控股企业	State Controlling Share Hold Enterprises	13350452	12013990	417158
按登记注册类型分	**Grouped by registration Type**			
内资企业	Domestic Funded Enterprise	32006062	28293052	1067066
国有企业	State-owned Enterprise	5660117	5160866	184869
集体企业	Collective-owned Enterprise	509477	412402	18006
股份合作企业	Share Holding Cooperative Enterprises	266918	227876	8286
联营企业	Joint Owned Enterprises	40863	34581	1367
有限责任公司	Limited Liability Corporations	14751729	13011282	485957
股份有限公司	Share-holding Corporations Ltd.	2394923	2143290	78272
私营企业	Private Enterprises	8202060	7142865	284529
其他企业	Other Enterprises	179974	159890	5781
港澳台商投资企业	Enterprises Funded by Entrepreneurs from Hong Kong, Macao and Taiwan	37918	27719	984
外商投资企业	Foreign Funded Enterprises	40429	34966	1313
按国民经济行业分	**Grouped by Sector**			
房屋和土木工程建筑业	Building & Civil Engineering	27878505	24785594	929587
房屋工程建筑业	Building	17043073	15234399	588039
土木工程建筑业	Civil Engineering	10835432	9551195	341548
#铁路道路隧道和桥梁工程建筑业	Railroad Road Tunnel &Bridge Engineering Enterprises	5694227	5034258	186304
建筑安装业	Construction Installation Industry	3030478	2576407	96079
建筑装饰业	Construction Decoration Industry	835043	698655	30549
其他建筑业	Other Construction Industry	340383	295081	13149
工程准备	Project Preparation	147447	131738	4908
按资质等级分	**By Qualification Standard**			
施工总承包	Chief Construction Contract	28344684	25247501	949096
特　级	Top Grade	2545321	2263157	76561
一　级	First Grade	14475334	13009932	458048
二　级	Second Grade	7612911	6767858	274090
三级及以下	Third Grade and Below	3711117	3206553	140398
专业承包	Professional Contract	3739724	3108236	120267
一　级	First Grade	1473657	1261096	47998
二　级	Second Grade	1126700	934242	35833
三级及以下	Third Grade and Below	1139368	912898	36436

单位：万元（10000 yuan）

其他业务利润 Other Business Profit	销售费用 Operating Expense	管理费用 Management Expense	#税金 Tax	财务费用 Financial Expenses	营业利润 Operating Profit	利润总额 Total Profit	应交所得税 Payable Income Tax	本年应付工资薪酬 Total Payable Wages this Year
99006	**166369**	**1030682**	**48220**	**143708**	**1244265**	**1270856**	**236975**	**5316282**
43535	22351	433163	14193	22259	363122	372254	60673	1781955
98579	162611	1027391	48148	143665	1237981	1264486	236235	5306794
21477	13676	173459	9281	32627	107323	113713	24451	929478
1564	8627	42160	2255	2246	25597	26124	2957	99244
1939	3560	22221	837	-1380	7272	8461	1522	38338
23	808	840	50	15	3276	3275	817	6960
42262	64594	472705	15574	38620	563296	570284	102624	2232642
2756	12712	59361	3225	16894	84864	91811	19567	313044
28281	57463	251881	16675	53205	439106	443654	82101	1651078
277	1172	4764	252	1438	7248	7164	2196	36009
400	3683	2104	46	-18	3558	3550	173	4051
26	75	1187	26	62	2726	2820	566	5438
81874	125444	828742	36561	121948	995471	1017750	192051	4667756
37114	77613	393558	23170	95453	632267	640015	126728	3418026
44760	47831	435183	13390	26495	363204	377735	65323	1249731
18908	18208	209600	7285	-10274	165543	170517	26037	576285
8417	29572	136152	8456	13654	184480	188431	29970	462005
1362	8903	48171	2314	5350	44634	44552	9959	135473
7354	2450	17617	889	2756	19681	20123	4994	51049
7086	1016	7155	152	1421	8265	8294	2647	17064
88141	117001	812008	36064	123706	1012519	1031807	196440	4834707
13012	8055	128022	946	-17990	127062	130001	15269	445816
37406	25209	307148	9647	71565	448800	452359	82852	2244605
28333	39078	222326	14554	49489	284176	294518	64226	1447727
9390	44660	154511	10918	20643	152480	154929	34093	696558
10864	49367	218675	12156	20002	231747	239049	40535	481576
1564	10006	72334	3728	7823	74781	77498	15298	156737
3445	17548	71199	4260	5548	61656	62875	10402	173556
5855	21813	75142	4168	6632	95309	98676	14835	151283

14—9 劳务分包建筑业企业生产经营情况（2011年）
Productions and Business Indicators of Subcontract Construction Enterprises (2011)

指　标		Item		合计 Total	国有及国有控股企业 State-owned and State-controlled Enterprises
生产情况		**Producing Indicators**			
企业单位数	（个）	Number of Enterprises	(unit)	389	10
建筑业总产值	（万元）	Gross Output Value of Costruction	(10000 yuan)	628450	64495
#装饰装修产值		Outpnt Value of Construction Pecoration		77724	10860
年末从业人数	（万人）	Number of Employed Persons at the Year-end	10000 person)	13.54	1.74
#现场施工工人		Persons On-site Construction		10.02	1.65
财务状况		**Financial Indicators**			
资产负债		Assets and Liabilities			
固定资产原价	（万元）	Prime Cost of Fixed Assets	(10000 yuan)	44919	181
本年折旧	（万元）	Depreciation This Year	(10000 yuan)	4609	24
资产总计	（万元）	Total of Assets	(10000 yuan)	234110	12475
负债合计	（万元）	Total of Liabilities	(10000 yuan)	80178	6075
实收资本	（万元）	Paicl-up Capital	(10000 yuan)	58234	1857
损益及分配		Profit and Loss and Distribution			
营业收入	（万元）	Business Earning	(10000 yuan)	579075	56774
#主营业务收入		Main Business Earning		562824	56774
营业成本	（万元）	Sales Cost	(10000 yuan)	510947	53863
#主营业务成本		Main Business Cost		472511	53863
营业税金及附加	（万元）	Business Tax and Surcharges	(10000 yuan)	17004	515
#主营业务税金及附加		Main Business Tax and Affixation		16059	515
销售费用	（万元）	Total Expense	(10000 yuan)	3917	
管理费用	（万元）	Management expense	(10000 yuan)	24084	4394
财务费用	（万元）	Financial expense	(10000 yuan)	1996	6
营业利润	（万元）	Operating Profit	(10000 yuan)	25300	354
利润总额	（万元）	Total of Profit	(10000 yuan)	29864	355
从业人员工资报酬	（万元）	Labour Reward of Staff and Workers	(10000 yuan)	387884	49106
全部从业人员年平均人数	（万人）	Average Number of Staff and Workers	10000 person)	12.42	1.52

14—10 建筑业企业房屋建筑完成情况（2011年）
Floor Space of Buildings Completed by Construction Enterprises (2011)

指 标	Item	房屋建筑竣工面积（万平方米）Completed Area of Building Construction (10000 sq.m)	#国有及国有控股企业 State Controlling Funded Hold Enterprises	竣工房屋价值（万元）Value of the Completed House (10000 yuan)	#国有及国有控股企业 State Controlling Funded Hold Enterprises
总 计	**Total**	**11897.81**	**1911.33**	**12688191**	**2981055**
住 宅	Residential Buildings	7222.86	1176.55	7290526	1356080
商业及服务用房屋	Buildings Used for Business and Services	641.76	125.00	724622	143088
批发和零售用房	Buildings Used for Wholesale and Retail	224.93	63.78	212909	62825
住宿用房	Buildings Used for Accommodation	35.81	6.08	38043	9921
餐饮用房	Buildings Used for Catering Services	60.66	30.52	104733	45210
商务会展用房屋	Buildings Used for	12.55	11.00	10403	9080
居民服务业用房	Buildings Used for Resident Services	307.81	13.63	358534	16051
办公用房	Office Buildings	962.74	167.24	1045854	198539
科研、教育、医疗用房	Buildings Used for Scientific Research,Education, Medical Services	792.71	91.70	744321	119730
科研用房	Buildings Used for Scientific Research	32.48	6.54	34354	7073
教育用房	Buildings Used for Education	634.30	59.70	565934	68632
卫生医疗用房	Buildings Used for Sanitation and Medical Services	125.93	25.46	144034	44025
文化、体育和娱乐用房	Buildings Used for Culture, Physical Training and Entertainment	105.99	21.41	365629	242906
厂房及建筑物	Workshops and Buildings	1678.23	281.15	1990995	786452
厂 房	Workshops	1050.71	237.33	1411542	739947
仓 库	Storehouses	112.00	16.81	91977	17585
其他用房	Others	381.53	31.46	434269	116675

14—11 各市建筑业企业房屋建筑完成情况（2011年）
Floor Space of Buildings Completed by Construction Enterprises by Region (2011)

地 区	Region	房屋建筑竣工面积（万平方米）Completed Area of Building Construction (10000 sq.m)	#住 宅 Residential Buildings	竣工房屋价值（万元）Value of the Completed House (10000 yuan)	#住 宅 Residential Buildings
总 计	**Total**	**11897.81**	**7222.86**	**12688191**	**7290526**
合 肥 市	Hefei	4410.28	2706.47	5031847	2906132
淮 北 市	Huaibei	150.72	88.76	147078	87985
亳 州 市	Bozhou	137.65	87.48	120885	76900
宿 州 市	Suzhou	360.15	204.12	324036	174029
蚌 埠 市	Bengbu	440.11	336.23	526820	445138
阜 阳 市	Fuyang	453.99	283.55	395088	236177
淮 南 市	Huainan	364.33	293.54	492551	375505
滁 州 市	Chuzhou	608.83	422.93	578001	412198
六 安 市	Luan	922.75	502.65	814609	428918
马鞍山市	Maanshan	783.19	453.84	1264954	456563
芜 湖 市	Wuhu	940.02	586.98	981662	603328
宣 城 市	Xuancheng	457.69	217.26	426280	224075
铜 陵 市	Tongling	275.37	154.00	249061	128034
池 州 市	Chizhou	349.82	192.43	322563	165497
安 庆 市	Anqing	948.99	520.44	762310	420747
黄 山 市	Huangshan	293.92	172.17	250448	149301

14—12 各市按登记注册类型和行业分的建筑业企业单位数（2011年）
Number of Construction Enterprises by Registration Status, Section and Region (2011)

单位：个（unit）

地 区	Region	合 计 Total Enterprises	内资企业 Domestic Funded	港澳台商投资企业 Funded by Entrepreneurs from Hong Kong, Macao and Taiwan	外商投资企业 Foreign Funded	国有及国有控股企业 State-owned and State-controlled Enterprises	房屋工程建筑业 Building	土木工程建筑业 Civil Engineering	建筑安装业 Construction Installation Industry	建筑装饰业 Construction Decoration Industry	其他建筑业 Other
总 计	**Total**	**2528**	**2516**	**6**	**6**	**249**	**1039**	**448**	**407**	**531**	**103**
合肥市	Hefei	803	798	3	2	85	219	141	200	222	21
淮北市	Huaibei	53	51	2		8	21	10	10	6	6
亳州市	Bozhou	38	38			8	26	8	1	3	
宿州市	Suzhou	103	103			11	53	15	27	7	1
蚌埠市	Bengbu	130	129		1	12	41	24	21	41	3
阜阳市	Fuyang	122	122			15	66	32	5	9	10
淮南市	Huainan	66	66			13	31	11	14	6	4
滁州市	Chuzhou	127	125		2	11	57	27	18	19	6
六安市	Luan	133	133			10	79	40	4	8	2
马鞍山市	Maanshan	158	157	1		18	58	30	25	37	8
芜湖市	Wuhu	180	180			19	77	25	25	46	7
宣城市	Xuancheng	121	120		1	3	48	16	14	36	7
铜陵市	Tongling	92	92			8	32	7	15	23	15
池州市	Chizhou	89	89			5	44	13	11	17	4
安庆市	Anqing	237	237			17	146	41	12	31	7
黄山市	Huangshan	76	76			6	41	8	5	20	2

14—13 各市按经济类型和行业分的建筑业总产值（2011年）
Overall Output Value of Enterprises in Charge of Construction by Ownership and Region (2011)

单位：万元（10000 yuan）

地 区	Region	合 计 Total Enterprises	内资企业 Domestic Funded	港澳台商投资企业 Funded by Entrepreneurs from Hong Kong, Macao and Taiwan	外商投资企业 Foreign Funded	国有及国有控股企业 State-owned and State-controlled Enterprises	房屋工程建筑业 Building	土木工程建筑业 Civil Engineering	建筑安装业 Construction Installation Industry	建筑装饰业 Construction Decoration Industry	其他建筑业 Other
总 计	**Total**	**35996220**	**35922882**	**27509**	**45829**	**14371631**	**20418330**	**11100414**	**3286353**	**818259**	**372864**
合肥市	Hefei	17783245	17773633	8312	1300	9045123	8802319	6460012	1887503	552134	81278
淮北市	Huaibei	627209	608209	19000		414909	123303	479528	15180	2827	6371
亳州市	Bozhou	231496	231496			36557	181115	45850		4531	
宿州市	Suzhou	1176115	1176115			305147	469910	103649	589772	3288	9497
蚌埠市	Bengbu	1625405	1619354		6051	691616	736152	814416	41271	14989	18577
阜阳市	Fuyang	937761	937761			154107	627015	266435	12983	14769	16560
淮南市	Huainan	1656390	1656390			1399704	1207908	400680	42832	1718	3252
滁州市	Chuzhou	1158547	1149940		8607	92305	705409	192031	229428	21499	10180
六安市	Luan	1299747	1299747			57689	999363	272621	11158	7610	8996
马鞍山市	Maanshan	2408807	2408610	197		1161536	1830981	488528	23023	35252	31023
芜湖市	Wuhu	2986101	2986101			618852	1647673	1033526	211849	65231	27823
宣城市	Xuancheng	823629	793758		29872	9476	634220	99156	41022	14404	34826
铜陵市	Tongling	705333	705333			120577	409487	87586	78403	22906	106950
池州市	Chizhou	694103	694103			34442	514461	92262	68611	8837	9931
安庆市	Anqing	1316762	1316762			197913	1037102	204579	31246	36270	7567
黄山市	Huangshan	565569	565569			31679	491913	59556	2073	11994	33

14—14 各市建筑业企业生产情况（2011年）
Production Indicators on Construction Enterprises by Region (2011)

地 区	Region	企业单位个数（个）Number of Enterprises (unit)	总产值（万元）Total Output Value (10000 yuan)	建筑工程 Construction	安装工程 Installation	其它产值 Other Output Value	竣工产值（万元）Outpu Value of Buildings Completed (10000 yuan)
总 计	**Total**	**2528**	**35996220**	**31110163**	**3047890**	**1838168**	**19902941**
合 肥 市	Hefei	803	17783245	15485197	1406110	891938	8244027
淮 北 市	Huaibei	53	627209	557407	37020	32782	382231
亳 州 市	Bozhou	38	231496	206683	21259	3555	173602
宿 州 市	Suzhou	103	1176115	708495	342499	125121	790430
蚌 埠 市	Bengbu	130	1625405	1472090	64050	89264	1045786
阜 阳 市	Fuyang	122	937761	880152	27847	29762	634861
淮 南 市	Huainan	66	1656390	1320048	322567	13776	758384
滁 州 市	Chuzhou	127	1158547	973349	81471	103727	787570
六 安 市	Luan	133	1299747	1187727	57731	54289	1054697
马鞍山市	Maanshan	158	2408807	2022955	211744	174108	1775589
芜 湖 市	Wuhu	180	2986101	2628103	229064	128935	1520153
宣 城 市	Xuancheng	121	823629	745310	59754	18565	623423
铜 陵 市	Tongling	92	705333	624479	46410	34444	435533
池 州 市	Chizhou	89	694103	644978	38311	10814	404090
安 庆 市	Anqing	237	1316762	1173650	66560	76553	976718
黄 山 市	Huangshan	76	565569	479539	35494	50536	295848

地 区	Region	房屋建筑施工面积（万平方米）Floor Space of Building Under Construction (10000 sq.m)	房屋建筑竣工面积（万平方米）Floor Space of Building Completed (10000 sq.m)	自有施工机械设备 Machinery and Equipment Owned			期末从业人数（万人）Staff and Workers (annual average) (10000 persons)
				净值（万元）Net Value (10000 yuan)	总台数（台）Number (unit)	总功率（万千瓦）Total Power (10000 kw)	
总 计	**Total**	**28472.86**	**28472.86**	**1775380**	**441058**	**798.88**	**167.01**
合 肥 市	Hefei	12188.53	12188.53	882345	153920	335.41	75.19
淮 北 市	Huaibei	258.01	258.01	21827	8633	17.23	3.88
亳 州 市	Bozhou	210.90	210.90	16309	9531	8.30	1.51
宿 州 市	Suzhou	622.20	622.20	77821	25133	30.20	7.25
蚌 埠 市	Bengbu	1244.12	1244.12	37823	7325	19.59	5.15
阜 阳 市	Fuyang	999.69	999.69	62345	24330	34.04	5.37
淮 南 市	Huainan	2216.37	2216.37	53279	12184	21.39	5.00
滁 州 市	Chuzhou	965.09	965.09	44618	10669	36.64	7.00
六 安 市	Luan	1378.25	1378.25	73671	25472	80.59	9.49
马鞍山市	Maanshan	1651.37	1651.37	116419	43066	43.56	8.08
芜 湖 市	Wuhu	2179.51	2179.51	159431	24169	45.92	10.15
宣 城 市	Xuancheng	1017.77	1017.77	53621	24197	23.45	4.90
铜 陵 市	Tongling	609.75	609.75	25754	9887	25.52	4.14
池 州 市	Chizhou	641.49	641.49	21228	7318	11.94	3.97
安 庆 市	Anqing	1625.27	1625.27	104617	45042	52.39	11.70
黄 山 市	Huangshan	664.54	664.54	24273	10182	12.71	4.23

14—15 各市国有经济建筑业企业生产情况（2011年）
Production of State-owned Construction Enterprises by Region (2011)

地 区	Region	企业单位个数（个）Number of Enterprises (unit)	总产值（万元）Total Output Value (10000 yuan)	建筑工程 Construction	安装工程 Installation	其它产值 Other Output Value	竣工产值（万元）Outpu Value of Buildings Completed (10000 yuan)
总 计	**Total**	**153**	**8871556**	**8211270**	**536211**	**124076**	**3548637**
合肥市	Hefei	48	6317853	5861980	393654	62219	2480591
淮北市	Huaibei	5	37690	37680		10	29207
亳州市	Bozhou	6	21966	21329	637		21706
宿州市	Suzhou	10	297947	242453	38494	17000	178137
蚌埠市	Bengbu	8	34107	16116		17992	30773
阜阳市	Fuyang	11	130782	128470	2125	187	69574
淮南市	Huainan	7	1050913	984273	66640		369690
滁州市	Chuzhou	8	90280	88466		1813	64740
六安市	Luan	7	36321	32865	3456		33757
马鞍山市	Maanshan	10	101025	89970	375	10680	51407
芜湖市	Wuhu	10	543879	501406	30830	11643	112697
宣城市	Xuancheng	1					
铜陵市	Tongling	2	1667	1480		187	1144
池州市	Chizhou	3	17477	17477			5859
安庆市	Anqing	12	170031	169131		900	87423
黄山市	Huangshan	5	19619	18174		1445	11933

地 区	Region	房屋建筑施工面积（万平方米）Floor Space of Building Under Construction (10000 sq.m)	#本年新开工面积 Newly Started Projects in this Year	自有施工机械设备 Machinery and Equipment Owned: 净值（万元）Net Value (10000 yuan)	总台数（台）Number (unit)	总功率（万千瓦）Total Power (10000 kw)	期末从业人数（万人）Staff and Workers (annual average) (10000 persons)
总 计	**Total**	**5677.42**	**2860.10**	**307325**	**50140**	**139.86**	**29.85**
合肥市	Hefei	3343.52	1941.03	183320	31551	87.07	21.21
淮北市	Huaibei	18.52	6.57	3711	2317	5.45	0.51
亳州市	Bozhou	0.57	0.30	1596	673	1.26	0.11
宿州市	Suzhou	116.86	81.85	16914	2699	5.22	1.82
蚌埠市	Bengbu	0.00	0.00	1088	237	0.52	0.07
阜阳市	Fuyang	24.18	12.03	19406	4158	13.48	0.46
淮南市	Huainan	1876.15	622.57	4883	1905	3.34	2.44
滁州市	Chuzhou	58.96	47.38	3638	303	2.35	0.56
六安市	Luan	5.35	4.07	7447	1497	7.59	0.34
马鞍山市	Maanshan	13.87	7.72	26783	533	2.20	0.31
芜湖市	Wuhu	0.28	0.28	24029	1398	5.61	0.47
宣城市	Xuancheng						
铜陵市	Tongling	1.09	0.80				0.04
池州市	Chizhou			941	38	0.33	0.03
安庆市	Anqing	218.08	135.50	10514	2239	3.21	1.29
黄山市	Huangshan			3057	592	2.22	0.18

14—16 各市建筑业企业主要财务指标（2011年）
Main Financial Indicators on Construction Enterprises by Region (2011)

单位：万元（10000 yuan）

地 区	Region	流动资产合计 Circulating Funds	固定资产合计 Total Fixed Assets	固定资产原价 Original Value of Fixed Asseds	累计折旧 Depreciation Drawn Accumulated	#本年 This Year	资产合计 Total Assets	负债合计 Total Liabilities	所有者权益 Creditors' Equity	#实收资本 Capital Hold
总 计	**Total**	**20119630**	**3641983**	**4184462**	**1318988**	**280160**	**26026887**	**17584844**	**8442043**	**4914857**
合 肥 市	Hefei	10785633	1779011	1918422	598863	145659	13910846	9853338	4057508	2024131
淮 北 市	Huaibei	247475	82887	104246	47781	20519	341013	187092	153921	73724
亳 州 市	Bozhou	103219	35927	38013	7557	1670	146937	86555	60382	47541
宿 州 市	Suzhou	380428	175526	197271	48684	9004	580543	299926	280618	189536
蚌 埠 市	Bengbu	1030887	91920	122241	47332	7706	1352144	961536	390608	282245
阜 阳 市	Fuyang	667679	113705	135576	38612	5460	817289	547890	269399	193350
淮 南 市	Huainan	1013572	119686	164196	54000	13074	1169764	987775	181989	111993
滁 州 市	Chuzhou	470638	121015	131759	33096	5701	643103	358581	284522	206185
六 安 市	Luan	537963	180785	204241	66748	9158	772137	389812	382325	224917
马鞍山市	Maanshan	1257360	191838	214455	74786	13760	1544510	1060130	484380	302609
芜 湖 市	Wuhu	1479278	226082	303534	101083	19148	1887467	1243163	644304	391033
宣 城 市	Xuancheng	465994	92650	107666	28665	5142	612115	374027	238088	182422
铜 陵 市	Tongling	527393	70289	95301	35017	4457	630723	401521	229202	155069
池 州 市	Chizhou	363168	48472	63122	18781	3685	440534	275979	164555	110223
安 庆 市	Anqing	599850	254879	307687	91432	11614	904610	413277	491333	323423
黄 山 市	Huangshan	189095	57311	76734	26553	4403	273153	144242	128911	96458

地 区	Region	主营收入 Main Business Income	主营成本 Main Business Cost	主营税金及附加 Main Business and Extra Charges	经营费用 Operating Expense	管理费用 Management Expense	#税金 Tax	财务费用 Financial Expenses	营业利润 Operating Profit	利润总额 Total Profit	本年应付薪酬总额 Payable Salary This Year
总 计	**Total**	**32084408**	**28355737**	**1069363**	**166369**	**1030682**	**48220**	**143708**	**1244265**	**1270856**	**5316282**
合 肥 市	Hefei	15694098	13952957	504132	63634	476706	18852	59141	664694	683070	2859913
淮 北 市	Huaibei	659915	578226	15327	5982	30833	1012	263	29466	28938	156335
亳 州 市	Bozhou	186300	159353	6939	5087	8975	612	936	4734	5261	28932
宿 州 市	Suzhou	1067316	882266	33623	15206	69312	4801	8828	78059	77126	173315
蚌 埠 市	Bengbu	1448448	1179735	48108	1571	35269	2440	12411	38333	38304	150880
阜 阳 市	Fuyang	774068	693446	27683	3668	26803	1284	2246	21671	22569	119920
淮 南 市	Huainan	1764139	1616471	56380	4770	40373	1213	1592	45251	46326	166588
滁 州 市	Chuzhou	867182	759365	34255	3564	29490	1774	5130	34426	35387	188132
六 安 市	Luan	1162053	1009248	41803	10495	32365	2206	9876	60502	63168	234653
马鞍山市	Maanshan	2281028	2044070	70590	5689	77248	2151	8039	80730	80248	268036
芜 湖 市	Wuhu	2461076	2219470	87070	7237	74210	2613	12009	64637	66361	325678
宣 城 市	Xuancheng	738945	654758	28754	9034	24860	1226	3158	17525	17684	123997
铜 陵 市	Tongling	681380	607616	22279	749	24917	1740	6169	21190	22256	111384
池 州 市	Chizhou	567132	483212	22716	10042	15411	741	2637	32522	32802	106299
安 庆 市	Anqing	1209484	1046561	49815	15368	47437	5107	9152	39766	40768	218084
黄 山 市	Huangshan	521846	468982	19890	4272	16474	448	2121	10759	10589	84135

14—17 各市国有经济建筑业企业主要财务指标（2011年）

Main Financial Indicators of State-owned Construction Enterprises by Region (2011)

单位：万元（10000 yuan）

地 区	Region	流动资产合计 Circulating Funds	固定资产合计 Total Fixed Assets	固定资产原价 Original Value of Fixed Asseds	累计折旧 Depreciation Drawn Accumulated	#本年 This Year	资产合计 Total Assets	负债合计 Total Liabilities	所有者权益 Creditors' Equity	#实收资本 Capital Hold
总 计	**Total**	**4724458**	**669442**	**887086**	**340244**	**91301**	**5878537**	**4774517**	**1104020**	**654731**
合肥市	Hefei	3401254	473253	595861	235711	73825	4292334	3515850	776483	438640
淮北市	Huaibei	14548	9262	10941	2850	249	23825	11265	12560	8193
亳州市	Bozhou	12240	3538	4860	1322	79	17335	10981	6354	4433
宿州市	Suzhou	100095	21223	30698	9560	795	124333	92143	32189	27264
蚌埠市	Bengbu	17663	1953	5217	3330	943	23575	13760	9816	7189
阜阳市	Fuyang	151633	19304	31925	12622	1018	174810	140978	33832	19678
淮南市	Huainan	538285	39104	60381	21573	5701	585255	535303	49952	22683
滁州市	Chuzhou	41402	13620	20812	7622	648	59368	32941	26428	17053
六安市	Luan	23451	10905	14744	4451	401	34596	15738	18858	12571
马鞍山市	Maanshan	51617	7752	9528	5460	385	64976	45717	19258	14204
芜湖市	Wuhu	267478	33422	55011	21660	6160	327506	273323	54183	37739
宣城市	Xuancheng	7	9	11	2	1	16	6	10	10
铜陵市	Tongling	3183	84	84	8	3	4222	2852	1370	1209
池州市	Chizhou	36293	2212	5146	2962	245	38509	32256	6253	6556
安庆市	Anqing	57029	28967	33987	7889	705	93652	46435	47217	29720
黄山市	Huangshan	8281	4836	7880	3224	145	14227	4968	9258	7588

地 区	Region	主营收入 Main Business Income	主营成本 Main Business Cost	主营税金及附加 Main Business and Extra Charges	经营费用 Operating Expense	管理费用 Management Expense	#税金 Tax	财务费用 Financial Expenses	营业利润 Operating Profit	利润总额 Total Profit	本年应付薪酬总额 Payable Salary This Year
总 计	**Total**	**7590962**	**6942520**	**244653**	**13812**	**214911**	**10005**	**35388**	**144456**	**151134**	**1251140**
合肥市	Hefei	5215638	4773647	164905	8832	143677	6463	28534	99675	106062	973262
淮北市	Huaibei	36574	31182	1569	42	2339	45	10	1450	1450	6148
亳州市	Bozhou	21317	17858	1124	110	911	235	231	867	1000	1650
宿州市	Suzhou	296074	261928	8999	1336	11070	1575	3528	9916	9302	47670
蚌埠市	Bengbu	23804	19413	2330	146	793	16	127	988	978	4104
阜阳市	Fuyang	122043	108086	4749	489	4210	84	637	3924	3961	20348
淮南市	Huainan	1059614	988854	34548	4	18325	405	1684	16409	16335	109674
滁州市	Chuzhou	77260	65576	3781	13	2539	185	78	4989	5444	16725
六安市	Luan	35561	31093	1114	184	1996	23	241	798	800	6814
马鞍山市	Maanshan	108021	98526	1744	133	5719	229	-9	2338	2727	8698
芜湖市	Wuhu	410749	377400	13177	582	16607	411	-159	2902	2847	27033
宣城市	Xuancheng	2	1	1		23	1		-23	-23	52
铜陵市	Tongling	879	633	25	250	242	2	8	-21	-21	499
池州市	Chizhou	17350	15681	621	387	403	35	164	135	135	1239
安庆市	Anqing	147229	138038	5175	114	4103	272	268	-287	-264	23961
黄山市	Huangshan	18848	14603	792	1191	1955	26	47	396	402	3265

主要统计指标解释

建筑业统计单位

指从事房屋、构筑物建造和设备安装活动的法人企业。建筑业法人企业应具有建筑业资质并能够独立核算，同时其应具备以下条件：①依法成立，有自己的名称、组织机构和场所，能够承担民事责任；②独立拥有和使用资产，承担负债，有权与其他单位签订合同；③独立核算盈亏，能够编制资产负债表。

建筑业总产值

是以货币形式表现的建筑业企业在一定时期内生产的建筑业产品和提供的服务的总和。建筑业总产值包括：

(1)建筑工程产值：指列入建筑工程预算内的各种工程价值。

(2)安装工程产值：指设备安装工程价值，不包括被安装设备本身的价值。

(3)其他产值：建筑业总产值中除建筑工程、安装工程以外的产值。包括房屋构筑物修理产值、非标准设备制造产值、总包企业向分包企业收取的管理费以及不能明确划分的施工活动所完成的产值。

a.房屋构筑物修理产值：指房屋和构筑物修理所完成的产值，但不包括被修理房屋、构筑物本身价值和生产设备的修理价值。

b.非标准设备制造产值：指加工制造没有定型的非标准生产设备的加工费和原材料价值(如化工厂、炼油厂用的各种罐、槽，矿井生产统一使用的各种漏斗、三角槽、阀门等)以及附属加工厂为本企业承建工程制作的非标准设备的价值。

房屋建筑施工面积

指在报告期内施过工的全部房屋建筑面积，包括本期新开工的房屋面积、上期施工跨入本期继续施工的房屋面积、上期停缓建在本期恢复施工的房屋面积、本期竣工的房屋面积及本期施工后又停缓建的房屋面积。

房屋建筑竣工面积

指在报告期内房屋建筑按照设计要求全部完工，达到了使用条件，经验收鉴定合格，正式移交使用单位的房屋建筑面积。

自有机械设备年末总功率

指本企业自有施工机械、生产设备、运输设备以及其他设备等列为在册固定资产的生产性机械设备年末总功率，按设定能力或查定能力计算。包括机械本身的动力和为该机械服务的单独动力设备，如电动机等。计算单位用千瓦，动力换算可按 1 马力＝0.735 千瓦折合成千瓦数。电焊机、变压器、锅炉不计算动力。

Explanatory Notes for Major Statistical Indicators

Statistical Unit in the Construction Industry

refers to a corporate enterprise engaged in the construction of buildings and structures and in the installation of equipment. A corporate construction enterprise should have qualification certificates with independent accounting system, and should meet the following 3 requirements: a) being set up in line with relevant legal basis, having its full name, organization and location, and capable of taking civil liabilities; b) independently possessing and using its assets and assuming its liabilities, and entitled to sign contracts with other institutions; and c) making independent accounts of its profits and losses, and capable of compiling its own balance sheet.

Gross Output Value of Construction

refers to total of construction products and services, expressed in money terms, produced or rendered by construction and installation enterprises during a given period of time. It includes:

(1) Output value of construction projects: the value of projects covered by the project budgets;

(2) Output value of installation projects: the value of the installation of equipment, (excluding the value of the equipment to be installed);

(3) Other output values: the output value of construction industry apart from that of construction projects and installation projects. It includes: output value of repair of buildings and structures; output value of non-standard equipment manufacturing; overhead expenses received by contracted enterprises from the sub-contracted enterprises and the completed output value of construction activities for which there is no clear definition.

a. Output value of repair of buildings and structures: the value created through the repairs of buildings or structures. It does not include the value of buildings or structures being repaired and the value of the repair of production equipment;

b. Output value of manufactured non-standard equipment: the value of non-standard production equipment, including raw materials and manufacturing cost, made for the construction project (i.e., chemical plant; kettles or tanks used by refineries; various fillers, triangle tanks, valves used by mines). It also includes the output value of equipment manufactured by subsidiary workshops.

Floor Space of Buildings Under Construction

refers to floor space of buildings under construction during the reference period, including the floor space of buildings for which construction has newly started; buildings for which construction has started earlier and is continuing during the reference period; and buildings for which construction has been suspended earlier but has restarted during the reference period; buildings completed during the reference period; and buildings under construction but construction has subsequently been during the reference period.

Floor Space of Buildings Completed

refers to the floor space of buildings that are completed in the reference period in accordance with the requirements of the design, up to the standard for being put into use, and having been checked and accepted by departments concerned as qualified ones.

Total Power of Machinery and Equipment Owned by the End of Year

refers to the total power of machinery and equipment owned by the enterprises, and listed as the fixed assets of the enterprises by the end of the year, including machinery and equipment for construction, production and transportation. The power of the machinery is calculated on basis of the designed or verified capacity, covering the power of the machinery/equipment and the separate power equipment serving the machinery/equipment (such as electric motors), but excluding welders, transformers and boilers. The unit used for the calculation of power is kilowatt, with horsepower converted to kilowatt by 1 horsepower=0.735 kilowatt.

第十五篇

Chapter 15

运输和邮电

TRANSPORT, POST AND TELECOMMUNICATION SERVICES

简要说明

一、交通运输业资料主要包括：铁路、公路、水路、民航四种运输方式的线路里程、运输设备拥有量，各种运输方式完成的货物运输量等。

邮电通信业资料主要包括：全省邮电局(所)及邮路情况，邮电通信主要电路及设备拥有量，主要邮电业务完成情况，邮电通信发展水平等资料。

二、有关交通运输资料分别来源于上海铁路局，省交通运输厅，民航安徽监管办，东航安徽分公司，省公安厅及本局有关年报资料。邮电通信业资料来源于省邮政公司、通信管理局。

三、各部门资料调查范围及统计单位。

1. 铁路资料：包括国家以及国有控股合资铁路运营情况，资料来源于国家铁道部反馈数据。

2. 公路、水运、港口资料：公路和水运线路里程为年末通车和通航里程数(不含在建和未正式投入使用的公路和航道)由省交通运输厅提供。民用和公路营运车辆拥有量分别由省公安厅、省交通运输厅和农机局提供。

3. 民航运输资料：民航运输统计对象为我省境内从事民用航空运输飞行和通用飞行的东方航空公司安徽分公司。

4. 邮电通信资料：邮电通信包括邮政和电信业务。邮电业务量按业务范围分为国内业务量和国际及港澳业务量(对台业务量统计在港澳中)。

Brief Introduction

I. Data of transport cover mainly the length of the routes of railways, highways, waterways and civil aviation transport, the ownership of the transport equipment, the freight traffic and passenger traffic accomplished by various means of transportation.

Data of post and telecommunications cover mainly the situation of post and telecommunications offices and postal routes, the telephone lines, telegraph lines and the ownership of the telecommunication facilities, the principal postal and telecommunications services rendered, and the level of the development of the postal and telecommunications services, etc.

II. Data on transport come from Shanghai Railway Bureau, the Department of Transportation, Civil Aviation Administration of Anhui Province, China Eastern Anhui Branch, the Department of Public Security and related annual report of Anhui Statistical Bureau. Data on post and telecommunications come from the provincial administrative bureau of post and telecommunications.

III. The statistical coverage and statistical units of the various data:

1. Data on railways Include State-owned holding joint capital railway operation situation Data come from National Railway Department .

2. Data on highways, waterways and ports: The length of highways and waterways refer to the length open to traffic or navigation at the end of the year (not including the mileage of highways and waterways under construction but not officially put into use.) and Data are provided by the Department of Communication. Data on the stock of the highway civilian and transport business vehicles are provide by the Department of Public Security and Department of transportation and Agricultural Machinery Bureau .

3. Data on the civil aviation transport: The statistical units of the civil aviation transport include the enterprises registered in Anhui and engaged in the civil aviation transport flights and flights for general purpose, including the enterprises directly under the Civil Aviation Administration of Anhui Province or not under it.

4. Data on post and telecommunications: The post and telecommunications statistics cover postal and telecommunication services. The business volume of post and telecommunications is classified by business area into the domestic volume, the volume between China mainland and Hong Kong and Macao (including Taiwan) and the international volume.

15—1 交通运输业基本情况
Basic Conditions of Transportation

指 标	Item	1995	2000	2005	2010	2011
运输线路长度（公里）	Length of Transportation Routes (km)					
铁路营业里程	Railways in Operation	1756	2164	2353	2850	3121
公 路	Highways	35178	44493	72807	149382	149535
内 河	Navigable Inland Waterways	5612	5611	5587	5587	5605
民 航	Total Civil Aviation Routes	34590	60553	72263	76303	59052
#国际航线	International Routes		6536	11616	6575	2994
客运量总计（万人）	Total Passenger Traffic (10000 persons)	57881	62033	72871	159597	185789
铁 路	Railways	2537	2994	3486	5552	5980
国 家	National	2537	2808	3307	5552	5980
地 方	Local and Joint Venture Railways		186	179		
公 路	Highways	54153	58026	68927	153697	179440
水 运	Waterways	1098	860	244	139	155
民 航	Total Civil Aviation Routes	93	153	214	208	214
旅客周转量总计（万人公里）	Total Passenger-kilometers (10000 passenger-km)	3827628	5368953	8062657	15027550	16525048
铁 路	Railways	1498866	2040820	3008651	4680584	4752422
国 家	National	1498866	1945470	2908851	4680584	4752422
地 方	Local and Joint Venture Railways		95350	99800		
公 路	Highways	2205313	3141134	4812462	10101874	11515975
水 运	Waterways	49231	36408	3093	2684	3168
民 航	Total Civil Aviation Routes	74218	150591	238451	242408	253483
货运量总计（万吨）	Total Freight Traffic (10000 tons)	40462.0	44535.5	67128.0	228106.1	268415.5
铁 路	Railways	5103	6473	10386	12091	12507
国 家	National	5103	6026	8638	12091	12507
地 方	Local and Joint Venture Railways		447	1748		
公 路	Highways	30236	32740	49614	183658	219467
水 运	Waterways	5122	5320	7125	32355	36439
民 航	Total Civil Aviation Routes	1.0	1.5	3.0	2.2	2.1
货物周转量总计（万吨公里）	Total Freight Ton-kilometers (10000 tons-km)	9067545	10777360	15664802	71536800	84466179
铁 路	Railways	5605254	6201382	8837574	10165481	1013367
国 家	National	5605254	6106612	8577452	10165481	1013367
地 方	Local and Joint Venture Railways		94770	260122		
公 路	Highways	1909684	2747117	4226699	50049069	61232222
水 运	Waterways	1551569	1826251	2596868	11319581	13097690
民 航	Total Civil Aviation Routes	1038	2610	3661	2669	2600
民用汽车拥有量（辆）	Number of Civil Vehicles Owned (unit)	244639	386706	804952	2432339	2894286
载客汽车辆数	Number of Buses and Cars	93088	187940	436372	1409937	1813283
载货汽车辆数	Number of Trucks	135548	192348	332139	663361	745064
私人汽车拥有量	Number of Motor Vehicles Owned by Individuals	57202	156577	354139	1661937	2052743
民用运输船舶拥有量（艘）	Number of Civil Transport Vessels (unit)			33372	29186	29728
#机动船	Motor Vessels	30700	21692	30439	27041	27691
驳 船	Barges	4474	3946	2933	2145	2037
私人运输船舶拥有量（艘）	Number of Private-owned Transport Vessels (unit)			10010	4278	3472
机动船	Motor Vessels	21410	12350	9989	4262	3454
驳 船	Barges	53	445	21	16	18

15—2 运 输 路 线 长 度
Length of Transportation Routes

单位：公里（km）

指 标	Item	1995	2000	2005	2010	2011
铁 路	**Railways**					
营业里程（省境内）	Length of Railways in Operation (within the boundaries of the province)	1756	2164	2353	2850	3121
公 路	**Highways**					
公路里程	Total Length of Highways	35178	44493	72807	149382	149535
国道、省道	National and Provincial Routes	9897	10497	10997	12412	12510
县 道	County Routes	12847	17494	24200	23970	23975
乡 道	Village and town Routes	12176	16226	36606	36226	36245
专用公路	Special Highways	258	276	1004	1004	1002
高速公路	Express-way	123	470	1501	2929	3009
一级公路	First Class	197	264	338	499	627
二级公路	Second Class	4160	6347	9633	10504	10640
三级公路	Third Class	5277	9050	12537	15306	15722
四级公路	Forth Class	22345	26448	43074	113106	113406
等外公路	Highway Below Class IV	3076	1914	5724	7042	6131
在公路里程中：	Of the Total Length of Highways:					
晴雨通车里程	Length of Highways Opened to Traffic Despite Rain or Shine	33403	43252	69975	145514	145884
绿化里程	Length of Forestation Highways	21924	29512	49843	60448	69765
水 运	**Waterways**					
内河航道通航里程	Length of Navigable Inland Waterways	5612	5611	5587	5587	5605
民 航	**Total Civil Aviation Routes**					
国际航线	International Routes		6536	11616	6575	2994
国内航线	Domestic Routes	34590	54017	60647	69728	56058

15—3 运输线路质量
Quality of Transportation Routes

指　标		Item		1995	2000	2005	2010	2011
铁路营业里程	**（公里）**	**Length of Railways in Operation**	**(km)**	**1756**	**2164**	**2353**	**2850**	**3121**
#复线里程	（公里）	Double-Tracking Length	(km)	823	947	1080	1523	1829
复线里程比重	(%)	Proportion	(%)	46.9	43.8	45.9	53.4	58.6
公路线路里程	**（公里）**	**Length of Highways**	**(km)**	**35178**	**44493**	**72807**	**149382**	**149535**
#等级公路里程	（公里）	Expressway and Class I to IV Highways	(km)	32102	42579	67083	142340	143404
等级公路里程比重	(%)	Proportion	(%)	91.3	95.7	92.1	95.3	95.9
内河航道里程	**（公里）**	**length of Navigable Inland Waterways**	**(km)**				**6507**	**6507**
#等级航道里程	（公里）	Standard Waterways	(km)				5226	5235
等级航道里程比重	(%)	Proportion	(%)				80.3	80.5

15—4 内河港口码头吞吐量
Volume of Passenger and Freight Handled in Ports of Inland Rivers

年　份 Year	旅客吞吐量 （万人） Passenger Handled (10000 persons)	#旅客离港量 Out-port	货物吞吐量 （万吨） Cargo Handled (10000 tons)	#集装箱（万标准箱） Container (10000 standard cases)
1995	559.90	284.10	4764.90	
2000	164.00	77.00	7114.00	2.40
2002	173.66	100.81	8611.71	5.53
2003	207.60	138.22	11284.49	7.47
2004	223.97	148.08	16380.65	9.14
2005	182.49	137.49	17156.70	11.26
2006	166.20	116.20	19995.80	16.17
2007	191.35	161.35	24700.60	21.79
2008	203.00	118.28	27267.01	23.91
2009	96.11	54.61	26449.00	19.91
2010	69.18	57.00	32502.00	22.20
2011	105.00	54.20	37418.60	38.80

注：2011年统计范围为通过能力在200万吨以上内河港口，以及从事外贸、集装箱的港口。与历年数据具有不可比性。
a) 2011 statistic range are ports of capacity of 2000000 tons and over in inland river, and portsengaged in foreign trade, container port. the data of the past years are not comparable.

15—5 主要港口分货类吞吐量
Volume of Throughput in Major Ports by Type of Freight

单位：万吨（10000 tons）

货　类	Type of Goods	2005	2010	2011
吞吐量合计	**Total Throughput**	**1850.47**	**1049.70**	**1065.84**
煤炭及制品	Coal and Products	962.91	571.73	606.62
金属矿石	Metal Ores	282.10	185.02	147.56
钢　铁	Steel and Iron	35.41	99.79	117.67
矿建材料	Mineral Building	243.00	24.97	14.07
水　泥	Cement	154.41	8.70	4.12
木　材	Timber	21.33		
非金属矿石	Nonmetal Ores	63.21	5.14	21.34
化肥及农药	Chemical Fertilizers and Pesticides	4.60		
盐	Salt	2.35		0.06
粮　食	Grain	1.13		
机械、设备、电器	Machinery , Equipment, Electric Apparatus	3.23	0.13	
化工原料及制品	Industrial Chemicals and Products	3.40	10.33	0.10
轻工、医药产品	Light industry, Medical Products	0.83		0.09
农林牧渔业产品	Agriculture, Forestry, Animal Husbandry and Fishery Products	1.95	0.08	
其　他	Other	70.61	143.81	154.21

注：资料来源芜湖港口有限责任公司。
a) Data from Wuhu port Co.,Ltd.

15—6 全社会水路分货类运输量
Freight Traffic of Waterway

货　类	Type of Goods	货运量（万吨） Freight Traffic (10000 tons)		货物周转量（万吨公里） Frright Ton-kilometers (10000 tons-km)	
		2010	2011	2010	2011
合　计	**Total**	**32355**	**36439**	**11319581**	**13097690**
煤炭及制品	Coal and Products	3274	3634	1327774	1799619
石油天然气及制品	Petroleum Gas and Products	600	575	299241	234253
金属矿石	Metal Ores	2086	1744	451184	390132
钢　铁	Steel and Iron	910	1191	442203	448490
矿建材料	Mineral Building	16553	18334	5169892	5174935
水　泥	Cement	3692	4438	1775684	2105101
木　材	Timber	37	34	11413	7823
非金属矿石	Nonmetal Ores	1983	2860	797780	1218136
化肥及农药	Chemical Fertilizers and Pesticides	128	253	36891	118340
盐	Salt	12	59	5315	9477
粮　食	Grain	590	1271	233290	572772
机械、设备、电器	Machinery, Equipment, Electric Apparatus	199	499	77056	207003
化工原料及制品	Industrial Chemicals and Products	642	842	174356	536600
有色金属	Nonferrous Metals	17	56	5500	20528
轻工、医药产品	Light Industry, Medical Products	11	225	1503	96742
农林牧渔业产品	Agriculture, Forestry, Animal Husbandry and Fishery Products	77	149	14682	68321
其　他	Other	1544	275	495817	89418

15—7 全社会公路分货类运输量
Freight Traffic of Highway

货　类	Type of Goods	货运量 (万吨) Freight Traffic (10000 tons) 2010	2011	货物周转量 (万吨公里) Frright Ton-kilometers (10000 tons-km) 2010	2011
合　计	**Total**	**183658**	**219467**	**50049069**	**61232222**
煤炭及制品	Coal and Products	23927	28852	6969190	8572600
石油天然气及制品	Petroleum Gas and Products	5937	6600	1716138	1984010
#原　油	Crude Oil	141	133	45261	54676
金属矿石	Metal Ores	8898	8158	1786791	1440960
钢　铁	Steel and Iron	11990	14684	3541392	4520241
矿建材料	Mineral Building	27221	37008	5987860	7917313
水　泥	Cement	14794	15363	3752303	4287914
木　材	Timber	4101	5317	1270703	1786422
非金属矿石	Nonmetal Ores	6250	7906	1229445	1768094
#磷　矿	Phosphorus Ores	421	207	79742	73762
化肥及农药	Chemical Fertilizers and Pesticides	6700	8955	1903829	2591003
盐	Salt	2391	2442	401187	996321
粮　食	Grain	13519	12767	3901984	4097661
机械、设备、电器	Machinery, Equipment, Electric Apparatus	9759	9076	2788854	3143480
化工原料及制品	Industrial Chemicals and Products	8065	12774	2231910	3200085
有色金属	Nonferrous Metals	1185	4570	256728	1179778
轻工、医药产品	Light Industry, Medical Products	7374	9855	2462263	3407194
#日用工业品	Industrial Commodity	1753	3872	536280	1363904
农林牧渔业产品	Agriculture, Forestry, Animal Husbandry and Fishery Products	6440	8068	1797887	2283436
#棉　花	Cotton	518	494	206912	183152
其　他	Other	25107	27072	8050605	8055710

15—8 各市公路客货运输量（2011年）
Volum of Highway Transportation By Region (2011)

地　区	Region	客运量 (万人) Passenger Traffic (10000 persons)	旅客周转量 (万人公里) Passenger-kilometers (10000 passenger-km)	货运量 (万吨) Freight Traffic (10000 tons)	货物周转量 (万吨公里) Freight Ton-kilometers (10000 tons-km)
总　计	**Total**	**179440**	**11515975**	**219467**	**61232222**
合肥市	Hefei	26891	2277439	26504	6516623
淮北市	Huaibei	7034	233328	5611	1009484
亳州市	Bozhou	6646	517345	12788	6036053
宿州市	Suzhou	6308	365251	18108	5213506
蚌埠市	Bengbu	13508	542131	14007	4512397
阜阳市	Fuyang	22295	1680816	24420	9578702
淮南市	Huainan	6281	575185	6015	1427728
滁州市	Chuzhou	10352	698232	11405	3395950
六安市	Luan	25627	1475118	24718	9766255
马鞍山市	Maanshan	5822	594297	12239	1820634
芜湖市	Wuhu	13438	811217	11955	2195568
宣城市	Xuancheng	10700	384828	9473	1530389
铜陵市	Tongling	9171	223888	8856	568295
池州市	Chizhou	5679	317620	6645	928082
安庆市	Anqing	7347	566195	20896	4516205
黄山市	Huangshan	2341	253085	5827	2216351

15—9 主要年份公路线路年底到达数（按技术等级分）
Length of Highway Routes at the Year-end (classified by technical level)

单位：公里（km）

年 份 Year	公路里程总计 Total Length of Highways	等级路 Express-way and Class I to IV Hughway	高速 Express-way	一级 First Class	二级 Second Class	三、四级公路 Third and Forth Class	等外公路 Highway Below Class IV
1990	30126	25872		28	2167	23677	4254
1995	35178	32102	123	197	4160	27622	3076
2000	44493	42579	470	264	6347	35498	1914
2004	71783	65800	1294	319	9143	55044	5983
2005	72807	67083	1501	338	9633	55611	5724
2006	147611	122584	1747	347	9162	111328	25027
2007	148372	128241	2206	362	9824	115849	20130
2008	148827	134669	2506	385	10077	121700	14158
2009	149184	139424	2810	475	10312	125827	9759
2010	149382	142340	2929	499	10504	128412	7042
2011	149535	143403	3009	627	10640	129128	6131

15—10 公路线路年底到达数（按技术等级分）（2011年）
Length of Highway Routes at the Year-end (classified by technical level) (2011)

单位：公里（km）

项 目	Item	公路里程总计 Total Length of Highways	等级公路 Expressway and Class I to IV Highway 合计 Total	高速 Express-way	一级 First Class	二级 Second Class	三级 Third Class	四级 Forth Class	等外公路 Highway Below Class IV
上年年底到达数	End of Last Year	149382	142341	2925	499	10504	15306	113106	7042
国 道	National Routes	5037	5037	2594	279	1906	136	122	
省 道	Provincial Routes	7375	7375	332	191	6040	516	296	
县 道	County Routes	23970	23966		28	2396	13390	8151	5
乡 道	Village and town Routes	36226	34795			105	749	33940	1431
专用公路	Highways for Special Use	1004	993			24	83	887	11
村 道	Village Routes	75771	70175			33	432	69711	5595
本年新建数	Newly Built in This Year	174	174	82	67	9		15	
国 道	National Routes	18	18	18					
省 道	Provincial Routes	131	131	64	67				
县 道	County Routes								
乡 道	Village and town Routes								
专用公路	Highways for Special Use								
村 道	Village Routes	24	24			9		15	
本年改建变更数	Changed in This Year	-21	889	1	61	126	416	285	-910
国 道	National Routes	8	8	1	26	19	-39		
省 道	Provincial Routes	-59	-59		8	-104	38		
县 道	County Routes	5	5		24	153	145	-317	
乡 道	Village and town Routes	20	309		3	42	112	152	-289
专用公路	Highways for Special Use	-2	-2			12	155	-168	
村 道	Village Routes	7	628			4	5	619	-621
本年年底到达数	End of This Year	149535	143403	3009	627	10640	15722	113406	6131
国 道	National Routes	5063	5063	2613	306	1926	97	122	
省 道	Provincial Routes	7447	7447	396	266	5936	554	296	
县 道	County Routes	23975	23970		52	2549	13535	7834	5
乡 道	Village and town Routes	36245	35104		3	148	861	34092	1141
专用公路	Highways for Special Use	1002	992			36	238	718	11
村 道	Village Routes	75802	70828			45	437	70345	4975

15—11 各市公路线路年底到达数（按技术等级分）（2011年）
Length of Highway Routes at the Year-end by Region (classified by technical level) (2011)

单位：公里（km）

地 区	Region	公路里程总计 Total Length of Highways	等级公路 Expressway and Class I to IV Highway 合计 Total	高速 Expressway	一级 First Class	二级 Second Class	三级 Third Class	四级 Forth Class	等外公路 Highway Below Class IV
总 计	**Total**	**149535**	**143403**	**3009**	**627**	**10640**	**15722**	**113406**	**6131**
合 肥 市	Hefei	14965	13352	425	106	908	1791	10122	1614
淮 北 市	Huaibei	3560	3560	37	36	219	495	2773	
亳 州 市	Bozhou	10843	10315	215	10	630	1476	7983	528
宿 州 市	Suzhou	12612	11916	213	5	1022	1282	9394	696
蚌 埠 市	Bengbu	6493	5977	152	19	520	659	4627	517
阜 阳 市	Fuyang	11384	10981	188	31	820	1140	8802	403
淮 南 市	Huainan	4180	4016	46	26	269	500	3175	164
滁 州 市	Chuzhou	14539	14539	269	91	890	1433	11857	
六 安 市	Luan	16219	15689	297	68	1138	1959	12227	529
马鞍山市	Maanshan	5095	4847	87	90	389	560	3721	248
芜 湖 市	Wuhu	8795	8392	115	80	636	1085	6475	403
宣 城 市	Xuancheng	11970	11781	116	21	887	931	9825	189
铜 陵 市	Tongling	1555	1529	65		239	112	1113	26
池 州 市	Chizhou	6828	6096	215	44	669	294	4876	731
安 庆 市	Anqing	14956	14902	319		968	1194	12420	54
黄 山 市	Huangshan	5541	5513	250		438	809	4017	28

15—12 公路密度及通达情况
Density and Reaching Status of Highways

指 标	Item	1995	2000	2005	2010	2011
公路密度	**Density of Highway**					
以国土面积计算（公里/百平方公里）	By Area of Territory (km/100 sq.m)	25.24	31.87	52.23	107.16	107.27
以人口数量计算（公里/万人）	By Population (km/10000 persons)	5.86	7.17	11.27	21.98	21.90
公路通达	**Reaching Status of Highways**					
乡镇数量（个）	Number of Townships (unit)	1854	1923	1547	1382	1381
#不通公路	Without Highway Communication	8	3	1		
不通公路乡镇所占比重（%）	Proportion of Townships Without Highway Communication (%)	0.43	0.20	0.06		
行政村数量（个）	Number of Villages (unit)	30523	29820	25553	17274	17130
#不通公路	Without Highway Communication	5000	4303	187	5	4
不通公路行政村所占比重（%）	Proportion of Villages Without Highway Communication (%)	16.38	14.40	0.73	0.03	0.02

15—13 主要年份民用车辆拥有量
Possession of Civil Vehicles

单位：万辆（10000 units）

指标	Item	1995	2000	2005	2010	2011
总计	**Total**			**575.48**	**909.66**	**990.68**
载客汽车	Passenger Vehicles	9.31	18.79	43.64	140.99	181.33
大型	Large			2.87	3.82	4.16
中型	Medium			4.10	4.94	4.88
小型	Small			29.62	124.91	164.66
微型	Minicar			7.05	7.31	7.63
载货汽车	Trucks	13.55	19.23	33.21	66.34	74.51
重型	Heavy			5.09	20.24	24.27
中型	Medium			12.86	12.41	11.36
轻型	Light			13.74	33.12	38.41
微型	Mini			1.52	0.56	0.47
其他汽车	Others			29.00	35.90	33.59
摩托车	Motorcycles	16.53	86.81	246.50	409.38	439.61
拖拉机	Tractors	89.08	168.74	218.46	248.58	252.59
#大中型	Large and Medium Size	0.96	2.96	10.48	12.47	14.53
挂车	Trailers	1.41	2.08	4.65	8.45	9.03
其他类型车	Other Types of Vehicle	0.77	1.64	0.02	0.02	0.02
机动车驾驶员（万人）	Number of Motor Drivers (10000 persons)		147.69	439.73	692.42	769.58
#汽车驾驶	Automobile Drivers		94.14	258.40	475.65	555.17

15—14 主要年份私人车辆拥有量
Possession of Private Vehicles

单位：辆（unit）

指标	Item	2000	2005	2010	2011
总计	**Total**	**156577**	**583762**	**5726403**	**6427373**
载客汽车	Passenger Vehicles	79225	229835	1078206	1447920
大型	Large		4396	4293	4054
中型	Medium		18314	22519	22075
小型	Small		154414	988464	1354964
微型	Minicar			62930	66827
载货汽车	Trucks	76691	121068	285022	330011
重型	Heavy			28064	33522
中型	Medium		41398	42674	41465
轻型	Light		60221	209976	251329
微型	Mini			4308	3695
其他汽车	Others		232859	298709	274812
摩托车	Motorcycles	681185		4058172	4368565
拖拉机	Tractors				
#大中型	Large and Medium Size				
挂车	Trailers			6249	6018
其他类型车	Other Types of Vehicle			45	47

注：2005年其他汽车含摩托车、拖拉机、其他类型车。

a) In 2005 other motor vehicles including motorcycles, tractors and other type of vehicles.

15—15 民用车辆拥有量营运情况（2011年）
Civilian Vehicles Capacity of Transportion Situation (2011)

单位：万辆（10000 units）

指标	Item	总计 Total	营运 For Business	非营运 Not for Business	总计中 In the Total: 进口 Import	个人 Individual	新注册 Registered Newly	报废 Write-off
总　计	**Total**	**990.68**	**123.11**	**614.98**	**4.85**	**642.74**	**101.19**	**6.17**
汽　车	Number	289.43	96.70	192.73	4.83	205.27	53.17	2.07
载客汽车	Passenger Vehicles	181.33	11.61	169.72	4.77	144.79	40.77	1.06
#大　型	Large	4.16	3.06	1.10	0.02	0.41	0.60	0.14
中　型	Medium	4.88	1.91	2.97	0.10	2.21	0.27	0.25
小　型	Small	164.66	6.18	158.49	4.64	135.50	39.38	0.60
微　型	Minicar	7.63	0.45	7.17	0.02	6.68	0.52	0.07
#轿　车	Cars	115.95	5.68	110.27	2.29	96.31	27.94	0.47
载货汽车	Trucks	74.51	60.47	14.04	0.04	33.00	10.78	0.54
#重　型	Heavy	24.27	23.69	0.58	0.02	3.35	4.39	0.07
中　型	Medium	11.36	10.77	0.59		4.15	0.41	0.19
轻　型	Light	38.41	25.80	12.61	0.02	25.13	5.97	0.26
微　型	Mini	0.47	0.22	0.25		0.37	0.01	0.01
#普通载货	General Trucks	37.09	26.13	10.96	0.03	21.87	5.20	0.40
其他汽车	Others	33.59	24.62	8.97	0.02	27.48	1.62	0.47
#三轮汽车	Tricar	20.18	14.40	5.78		20.04	1.13	0.23
低速货车	Low-Speed Truck	10.63	9.61	1.02		6.77	0.13	0.21
摩托车	Motorcycles	439.61	17.46	422.15	0.01	436.86	47.04	4.07
普　通	General	430.84	17.45	413.39	0.01	428.14	46.76	3.93
轻　便	Portable	8.77	0.01	8.76	0.00	8.72	0.28	0.14
拖拉机	Tractors	252.59						
#大中型	Large and Medium Size	14.53						
小型方向盘式	Small Direction Disc Type	69.05						
挂　车	Trailers	9.03	8.94	0.10		0.60	0.99	0.04
其他类型车	Other Types of Vehicle	0.02		0.02				
机动车驾驶员（人）	Number of Motor Drivers (10000 persons)	769.58						
#汽车驾驶员	Automobile Drivers	555.17						

15—16 各市民用车辆拥有量（2011年）
Possession of Civil Vehicles by Region (2011)

单位：辆（unit）

地区	Region	汽车 Number	载客汽车 Buses and Cars	载货汽车 Ordinary trucks	其他汽车 Other Motor Vehicles	摩托车 Motorcycle	拖拉机 Tractors	挂车 Trailers	其他类型车 Other Types of Vehicle	机动车驾驶员（人）Number of Motor Drivers (person)
总计	**Total**	**2894286**	**1813283**	**745064**	**335939**	**4396073**	**2525874**	**90325**	**229**	**7695788**
合肥市	Hefei	550400	437233	98940	14227	290076	214804	8468	28	1046407
淮北市	Huaibei	99203	60652	19777	18774	118306	119821	3484		242675
亳州市	Bozhou	233301	98483	71489	63329	301632	198796	9118		556975
宿州市	Suzhou	191595	96030	48646	46919	334213	248694	7004		584368
蚌埠市	Bengbu	117533	74181	40841	2511	187144	341012	7120	10	379690
阜阳市	Fuyang	335188	142867	121049	71272	448451	150332	23750		672172
淮南市	Huainan	103471	70832	30211	2428	74746	118385	3853		229173
滁州市	Chuzhou	156942	95019	51714	10209	238708	490565	8647		408380
六安市	Luan	245021	144969	89886	10166	443943	282639	8831		756311
马鞍山市	Maanshan	105814	81262	20044	4508	179700	49694	1811	183	301724
芜湖市	Wuhu	201308	161205	30902	9201	169830	59062	1346		476800
宣城市	Xuancheng	140390	85021	34464	20905	297448	56227	2387	1	559183
铜陵市	Tongling	49481	36812	10012	2657	48226	5782	290	7	145707
池州市	Chizhou	52369	34872	14171	3326	177007	72908	634		227810
安庆市	Anqing	176857	122409	41429	13019	827163	100538	879		807615
黄山市	Huangshan	107651	46891	20892	39868	258305	16615	2703		300798
其他	Other	27762	24545	597	2620	1175				

15—17 各市私人车辆拥有量（2011年）
Possession of Private Vehicles by Region (2011)

单位：辆（unit）

地区	Region	汽车总计 Total	载客汽车 Passenger Vehicles	大型 Large	中型 Medium	小型 Small	载货汽车 Trucks	中型 Light-heavy	轻型 Light	其他汽车 Others
总计	**Total**	**2052743**	**1447920**	**4054**	**22075**	**1354964**	**330011**	**41465**	**251329**	**274812**
合肥市	Hefei	379900	349692	412	4011	333594	20969	1434	18661	9239
淮北市	Huaibei	80648	50702	123	546	47820	11856	1306	6738	18090
亳州市	Bozhou	186711	87527	234	1231	79657	39388	3301	33320	59796
宿州市	Suzhou	150778	78864	312	1066	71477	26516	2806	18073	45398
蚌埠市	Bengbu	68751	57065	155	1389	52450	10270	1046	8574	1416
阜阳市	Fuyang	233459	118746	538	2239	108326	45502	2716	39651	69211
淮南市	Huainan	59354	50536	15	390	48409	7772	469	6743	1046
滁州市	Chuzhou	109147	73596	357	2123	65619	26385	5096	16635	9166
六安市	Luan	183336	123969	1072	3308	111064	50500	7123	36086	8867
马鞍山市	Maanshan	71964	62691	43	572	60481	6105	1250	4368	3168
芜湖市	Wuhu	150916	132110	144	1065	127990	11383	1574	8745	7423
宣城市	Xuancheng	102759	67730	98	1439	63206	21133	5184	13439	13896
铜陵市	Tongling	32823	27587	34	224	26854	3286	309	2782	1950
池州市	Chizhou	40512	27860	92	536	26403	9941	2087	7011	2711
安庆市	Anqing	148947	103996	413	1597	98325	32968	5156	25505	11983
黄山市	Huangshan	52517	35028	12	337	33070	6037	608	4998	11452
其他	Other									

15—18 公路营运汽车拥有量
Possession of Vehicles for Highway Business Transportation

年份 Year	汽车总计 (辆) Total Number (unit)	载客汽车 Passenger Vehicles 辆数 (辆) Number (unit)	客位 (客位) Number of Seats (seat)	载货汽车 Trucks 辆数 (辆) Number (unit)	#普通载货汽车 Ordinary Trucks	吨位 (吨) Capacity (ton)	#普通载货汽车 Ordinary Trucks
1995	125127	24417	468558	100710	99257	455623	58488
2000	195800	41083	634782	154717	152711	574050	560603
2004	243000	43072	697463	199928	195489	810672	782289
2005	265746	43515	691381	222231	215938	917083	861406
2006	317385	76114	872788	241271	229341	1007575	917584
2007	347440	78737	914353	268703	258529	1138171	1044463
2008	396461	81956	985120	314505	301548	1662018	1515155
2009	454224	86344	1054876	367880	349971	2089256	1892368
2010	472861	36815	868682	436046	417858	2723868	2504762
2011	551229	37683	908227	513546	496083	3366246	3121167

注：不包含出租车、公交车（下表同）。
a) Not including taxi, bus (the same the following table)。

15—19 各市公路营运汽车拥有量（2011年）
Possession of Vehicles for Highway Business Transportation by Region (2011)

地区	Region	汽车总计 (辆) Total Number (unit)	载客汽车 Passenger Vehicles 辆数 (辆) Number (unit)	客位 (客位) Number of Seats (seat)	载货汽车 Trucks 辆数 (辆) Number (unit)	#普通载货汽车 Ordinary Trucks	吨位 (吨) Capacity (ton)	#普通载货汽车 Ordinary Trucks
总计	**Total**	**551229**	**37683**	**908227**	**513546**	**496083**	**3366246**	**3121167**
合肥市	Hefei	84315	4260	110759	80055	78334	391692	366226
淮北市	Huaibei	14627	864	23265	13763	13360	75151	71990
亳州市	Bozhou	58206	2327	59432	55879	55747	358556	357517
宿州市	Suzhou	34160	1996	51350	32164	30213	347327	307287
蚌埠市	Bengbu	37061	1942	50609	35119	33210	364548	324888
阜阳市	Fuyang	76320	4150	104130	72170	71100	451580	428354
淮南市	Huainan	23002	925	25802	22077	20701	152367	128438
滁州市	Chuzhou	37592	2284	60240	35308	34230	336865	314838
六安市	Luan	50633	4543	106836	46090	45129	224230	214902
马鞍山市	Maanshan	13416	1449	32893	11967	11056	87946	77066
芜湖市	Wuhu	24929	1763	48414	23166	22146	132706	120549
宣城市	Xuancheng	24488	1909	43569	22579	21702	139087	129211
铜陵市	Tongling	8714	570	17179	8144	7794	38175	35811
池州市	Chizhou	11178	1515	29086	9663	9442	38772	37563
安庆市	Anqing	36644	5800	108837	30844	27792	157856	142629
黄山市	Huangshan	15944	1386	35826	14558	14127	69388	63898

15—20 国、省道公路交通量（2011年）
Highway Traffic Quantity of National and Provincial Rortes (2011)

指标	Item	国道 National Routes	省道 Provincial Routes
观测里程（公里）	Length of Observation (km)	2891.4	5410.3
年平均日交通混合当量合计（辆/日）	Year Average Diurnal Transportation Mix Equivalent Total (unit/day)	15304.0	8656.0
机动车（当量数）	Vehicle (Equivalent Number)	15295.0	8593.0
汽　车（当量数）	Automobile (equivalent number)	14007.0	6671.0
小型货车（自然数）	Jubilee wagon (natural number)	936.0	790.0
中型货车（自然数）	Medium freight vehicle (natural number)	998.0	436.0
大型货车（自然数）	Large Freight Vehicle (Natural Number)	728.0	322.0
小型客车（自然数）	Small Passenger Auto (natural number)	4129.0	2508.0
大型客车（自然数）	Large Passenger Auto (Natural Number)	550.0	306.0
拖拉机（当量数）	Tractors(Equivalent Number)	396.0	552.0
非机动车（当量数）	Converted Number of Non-motor Vehicles	9.0	63.0
行驶量（万车公里/日）	Driving Quantity (10000 vehicle-km/day)	10736.0	12518.0
适应交通量（辆/日）	Suitable Traffic Quantity (unit/day)	25361.0	14265.0
交通拥挤度	Crowded Degree of Traffic	0.60	0.61

15—21 各市民用运输船舶拥有量（2011年）
Number of Civil Transport Vessels Owned by Region (2011)

地区	Region	总艘数（艘） Total Number (unit)	机动船 Motor Vessels				驳船 Barges	
			艘数（艘） Number (unit)	净载重量（吨） Dead Weight Tonnage (ton)	载客量（客位） Passenger Capacity (seat)	功率（千瓦） Drawing Power (km)	艘数（艘） Number (unit)	净载重量（吨） Dead Weight Tonnage (ton)
总　计	**Total**	**29728**	**27691**	**25233638**	**16391**	**8089280**	**2037**	**759670**
合肥市	Hefei	3792	3772	3817026	3229	1061988	20	7600
淮北市	Huaibei	280	278	109711	407	47682	2	770
亳州市	Bozhou	1340	1246	746635		233214	94	42035
宿州市	Suzhou	832	743	371100		148761	89	25737
蚌埠市	Bengbu	3827	3546	3390681		991133	281	113849
阜阳市	Fuyang	2731	1989	1887115		541934	742	302327
淮南市	Huainan	1569	888	795415		258616	681	225688
滁州市	Chuzhou	1465	1452	669368		252236	13	7390
六安市	Luan	2728	2728	2600518	1703	656818		
马鞍山市	Maanshan	1362	1351	1163118	1398	362236	11	1397
芜湖市	Wuhu	4183	4126	4979136	300	1816989	57	9320
宣城市	Xuancheng	2193	2193	1612592	646	858447		
铜陵市	Tongling	646	628	517865		162548	18	3330
池州市	Chizhou	1097	1095	994595		254750	2	530
安庆市	Anqing	1485	1458	1541483	3862	421689	27	19697
黄山市	Huangshan	198	198	37280	5253	20239		

15—22 各市私人运输船舶拥有量（2011年）
Number of Private-owned Transport Vessels Owned by Region (2011)

地 区	Region	总艘数（艘）Total Number (unit)	机动船 Motor Vessels				驳船 Barges	
			艘数（艘）Number (unit)	净载重量（吨）Dead Weight Tonnage (ton)	载客量（客位）Passenger Capacity (seat)	功率（千瓦）Drawing Power (km)	艘数（艘）Number (unit)	净载重量（吨）Dead Weight Tonnage (ton)
总 计	**Total**	**3472**	**3454**	**1907274**	**6372**	**674729**	**18**	**7927**
合 肥 市	Hefei	1361	1361	565428	1481	201573		
淮 北 市	Huaibei	55	55	19722		8308		
亳 州 市	Bozhou							
宿 州 市	Suzhou							
蚌 埠 市	Bengbu							
阜 阳 市	Fuyang							
淮 南 市	Huainan							
滁 州 市	Chuzhou	73	73	34055		13480		
六 安 市	Luan	48	48	13239		6605		
马鞍山市	Maanshan	422	411	325451	1398	105018	11	1397
芜 湖 市	Wuhu							
宣 城 市	Xuancheng	875	875	470789	646	208397		
铜 陵 市	Tongling	108	108	53138		19920		
池 州 市	Chizhou	175	173	94689		28953	2	530
安 庆 市	Anqing	355	350	330763	2847	82475	5	6000
黄 山 市	Huangshan							

15—23 全省机场运输业务量（2011年）
Traffic Capacity of Airports (2011)

指 标	Item	运输起降架次（次）Number of Sorties of Taking-off and Landing	旅客（人）Number of Passengers (person)	#过站旅客 Transit Passengers	货邮合计（吨）Goods and Postal Parcels (ton)	#货物 Goods
总 计	**Total**	**50768**	**5112423**	**521026**	**40127.4**	**37893.7**
国内航线	Domestic Routes	48837	5018037	502150	40090.5	37856.8
港澳台航线	Hong Kong, Macao and Taiwan Routes	768	72374		125.3	124.8
国际航线	International Routes	1931	94386	18876	36.9	36.9
进 港	Arrival	25385	2316464		20254.8	18840.5
国内航线	Domestic Routes	24419	2278475		20222.0	18807.7
港澳台航线	Hong Kong, Macao and Taiwan Routes	384	35777		107.0	106.5
国际航线	International Routes	966	37989		32.8	32.8
出 港	Departure	25383	2795959	521026	19872.6	19053.2
国内航线	Domestic Routes	24418	2739562	502150	19868.5	19049.1
港澳台航线	Hong Kong, Macao and Taiwan Routes	384	36597		18.3	18.3
国际航线	International Routes	965	56397	18876	4.1	4.1

注：货邮吞吐量不包括行李，2007以前年度包含行李。过站旅客包含在出港部分，是旅客的其中项。

a) The cargo throughput does not include baggage, Befoer 2007 it included baggage. Transit Passengers have been included in export visitors, It is a part of the passengers.

15—24 民航机场吞吐量（2011年）
Volume of Passenger and Freight Handled in Civil Airports (2011)

项目	Item	旅客吞吐量（人）Passenger Handled (person)	#发运量 Delivered	货物吞吐量（吨）Cargo Handled (ton)	#发运量 Delivered
合计	**Total**	**5112423**	**2795959**	**40127.4**	**19872.6**
合肥机场	Hefei Airport	4398739	2397590	38425.3	18580.5
黄山机场	Huangshan Airport	465336	257060	1429.5	1263.2
安庆机场	Anqing Airport	76241	39570	263.8	28.9
阜阳机场	Fuyang Airport	172107	101739	8.8	

15—25 东航（安徽公司）基本情况
Basic Statistics on Anhui Branch of the Eastern Air Lines, Inc.

指标	Item	1995	2000	2005	2010	2011
民用航空航线条数（条）	Number of Civil Aviation Routes (unit)	39	64	63	57	40
#国内航线	Domestic Routes	39	59	57	53	39
民用航空线里程（公里）	Length of Civil Aviation Routes (km)	34590	60553	72263	76303	59052
#国内航线	Domestic Routes	34590	54017	60647	69728	56058
民用航班飞行机场（个）	Number of Civil Airports (unit)	3	34	45	50	34
民用飞机架数（架）	Number of Civil Aircraft (unit)	18	13	11	7	10
客运量（万人）	Passenger Traffic (10000 person)	93.00	153.45	214.05	208.17	214.45
旅客周转量（万人公里）	Passenger-kilometers (10000 passenger-km)	74218.0	150447.8	238451.4	242408.1	253483.2
货（邮）运量（吨）	Freight Traffic (ton)	10000.0	15653.9	29753.4	21814.2	20936.1
货（邮）周转量（万吨公里）	Freight Ton-kilometers (10000 ton-km)	1038.00	1628.29	3661.38	2668.88	2599.98
总周转量（万吨公里）	Total Air Traffic Ton-kilometers (10000 ton-km)	6364.00	15071.24	24977.00	24248.62	25159.51
#国际航线	International Routes	16.00	866.63	1584.94	145.12	435.00
国内航线	Domestic Routes	6348.00	14204.61	23392.06	24103.50	24724.51

15—26 邮电业务基本情况
Basic Statistics of Postal and Telecommunications Services

指标	Item	1995	2000	2005	2010	2011
邮电业务总量 （万元）	**Business Volume of Postal and Telecommunications Services (10000 yuan)**	**226453**	**1201398**	**2840149**	**3003244**	**3616143**
函　件 （万件）	Number of Letters (10000 pcs)	24345.5	19270.1	21141.0	21121.5	17390.6
包　件 （万件）	Number of Parcels (10000 pcs)	563.20	355.54	253.00	150.94	86.4
快　递 （万件）	Pieces of Express Mail Services (10000 pcs)	130.80	309.64	506.00	1302.53	921.2
报刊期发数 （万份）	Issue of Newspapers and Magazines (10000 copies)		929.81	738.00	602.24	521.8
纪特邮票 （万枚）	Commemorative and special stamps	11896.6	27645.0	4010.0	604.77	593.9
固定长途电话通话时长 （亿分钟）	Length of Long-distance Calls of Fixed Telephone (100 million minutes)				24.8	22.1
移动短信业务量 （万条）	Mobile Short Note Business Volume (10000 unit)			860595	3150048	2884368
互联网宽带接入用户（万户）	Number of Internet Broadband Access User (10000 households)				342.02	457.36
互联网上网人数 （万人）	Number of Internet Users (10000 persons)			276.0	1392.00	
移动电话年末用户 （万户）	Number of Mobile Telephone Subsecribers at Year-end (10000 subscribers)			1046.9	2798.70	3259.41
#3G移动电话用户	3G Mobile Phone Subscribers				119.14	442.42
固定电话年末用户 （万户）	Number of Fixed Telephone Subsecribers at Year-end (10000 subscribers)	124.05	483.82	1349.52	1230.97	1243.95
城　市	Urban	102.96	272.99	680.02	612.89	661.49
#住　宅	Household			501.76	388.29	408.04
农　村	Rural	21.08	210.83	669.50	618.08	582.46
#住　宅	Household			642.14	561.73	521.99
营业网点 （处）	Number of Postal Offices (unit)	2717	3562	3488	5496	4659
邮路及农村投递路线总长度 （公里）	Length of Postal Routes and Rural Delivery Routes (km)	189502	205887	206287	196442	188487
#汽车邮路	Highway Routes	23123	30061	51111	41321	52939
铁路邮路	Railway Routes	2974	2320	1725	2434	2292
长途光缆纤芯长度（芯公里）	Length of Long-distance Optical Cable Core(core kilometer)				713011	730352
长途电话交换机容量（路端）	Capacity of Long-distance Telephone Exchanges (circuit)		185549	350538	716701	582126
本地固定电话局用交换机容量 （万门）	Capacity of Local Telephone C.O. Switches Capacity (10000 lines)		717.05	1611.67	1214.90	1129.31

注：2010年电信业务总量是按照2010年不变价格计算（下同）。
a) The business volume of telecommunication services in 2010 is calculated at 2010 constant prices (same as below).

15—27 各市邮电业务量(2011年)
Post and Telecommunication Services by Region (2011)

地 区	Region	邮电业务总量(万元) Business Volume of Post and Telecommunications (10000 yuan)	邮政业务总量 Business Volume of Post	电信业务总量 Business Volume of Telecommunications	函件(万件) Number of Letters (10000 pcs)	快递(万件) Pieces of Express Mail Services (10000 pcs)	报刊期发数(万份) Newspapers and Magazines Circulation (10000 copies)	纪特邮票(万枚) Memorial and Special Postage Stamp (10000 pcs)	包裹(万件) Number of Parcels (10000 pcs)
总 计	**Total**	**3616142.53**	**268129.05**	**3348013.47**	**17390.63**	**921.20**	**521.83**	**593.88**	**86.45**
合肥市	Hefei	665781.13	39042.81	626738.32	5968.88	418.30	70.04	164.40	33.22
淮北市	Huaibei	129004.40	8209.75	120794.65	631.76		17.03	30.95	1.56
亳州市	Bozhou	197678.74	17825.10	179853.64	282.67		22.83	10.43	2.84
宿州市	Suzhou	247307.24	21778.48	225528.76	712.85	36.70	27.31	60.00	1.40
蚌埠市	Bengbu	189619.79	12074.90	177544.89	1041.43	78.50	23.38	28.16	4.11
阜阳市	Fuyang	344673.20	32598.18	312075.02	1355.49	98.30	11.55	28.07	5.61
淮南市	Huainan	160887.32	12245.73	148641.60	761.55		19.39	41.93	2.19
滁州市	Chuzhou	221769.08	10996.58	210772.50	419.23	61.50	35.90	18.03	2.76
六安市	Luan	230734.12	17793.50	212940.62	887.51	45.10	50.29	40.26	3.63
马鞍山市	Maanshan	135587.70	11693.82	123893.88	1347.10	0.60	32.11	30.39	2.74
芜湖市	Wuhu	230069.06	19182.58	210886.47	1838.28	79.30	40.55	26.43	8.87
宣城市	Xuancheng	159695.87	10472.53	149223.34	418.18		40.54	12.88	4.64
铜陵市	Tongling	68927.74	5541.11	63386.63	84.89		10.67	33.41	0.92
池州市	Chizhou	92469.01	8548.35	83920.66	230.91		24.02	8.09	1.39
安庆市	Anqing	271685.57	32476.39	239209.18	886.43	74.30	57.91	39.26	5.93
黄山市	Huangshan	94492.56	7649.24	86843.32	523.45	28.60	38.31	21.18	4.64
其 他	Others	175760.01		175760.01					

地 区	Region	互联网宽带接入用户(万户) Internet Wide Band Turning on Users (10000 subscriber)	移动电话年末用户(万户) Number of Mobile Telephone Subscribers (10000 subscriber)	固定电话年末用户(万户) Year-end Installed Telephones (10000 subscriber)	城市 Urban	#住宅 Residential Buildings	农村 Rural	#住宅 Residential Buildings	公用电话(万部) Public Telephone (10000 unit)
总 计	**Total**	**457.36**	**3259.41**	**1243.95**	**661.49**	**408.04**	**582.46**	**521.99**	**104.46**
合肥市	Hefei	87.40	574.69	204.18	141.18	70.03	63.00	52.72	23.22
淮北市	Huaibei	18.54	116.70	40.46	27.34	17.92	13.11	11.67	2.99
亳州市	Bozhou	20.14	195.79	71.70	23.82	15.40	47.89	43.88	4.47
宿州市	Suzhou	24.82	248.50	84.94	33.54	19.15	51.40	46.08	5.35
蚌埠市	Bengbu	26.55	175.92	66.92	39.14	25.14	27.78	24.35	6.96
阜阳市	Fuyang	33.07	321.02	106.77	44.03	27.02	62.74	59.21	4.91
淮南市	Huainan	24.70	144.70	48.76	35.00	23.59	13.76	11.15	4.42
滁州市	Chuzhou	28.63	221.98	79.64	34.68	21.94	44.96	39.53	24.32
六安市	Luan	24.78	246.20	95.18	29.90	20.98	65.28	59.88	3.40
马鞍山市	Maanshan	27.51	147.67	66.61	51.89	37.07	14.72	12.20	4.32
芜湖市	Wuhu	39.57	224.00	89.96	67.72	45.68	22.24	18.33	7.01
宣城市	Xuancheng	23.77	152.80	64.29	27.15	17.60	37.14	33.85	2.85
铜陵市	Tongling	12.39	56.98	24.48	19.40	11.37	5.09	4.17	1.92
池州市	Chizhou	12.92	87.11	35.77	15.10	9.56	20.67	18.98	1.46
安庆市	Anqing	37.06	257.61	119.59	46.66	32.47	72.93	68.36	4.50
黄山市	Huangshan	15.52	87.76	44.67	24.94	13.14	19.73	17.64	2.36
其 他	Others								

15—28 邮电局所数及邮递线路（年底数）
Postal and Telecommunication Services Facilities (year-end)

单位：处（unit）

年份 Year	邮电局所 Number of Post and Telecommunications Offices	邮政信筒信箱 Postal Mailbox	邮路总长度（公里）Length of Postal Routes (km)	#汽车邮路 Highway Routes	铁路邮路 Railway Routes	农村投递线路（公里）Rural Delivery Routes (km)
1995	2717	6646	53088	23123	2974	136414
2000	3562	6333	63445	30061	2320	142442
2002	3834	7689	72502	39853	2087	137147
2003	3400	8465	70671	38871	2087	137047
2004	3561	9063	70751	41061	2097	129916
2005	3488	6378	70599	51111	1725	135688
2006	3836	6471	64927	42634	2097	139571
2007	3894	6334	68800	44614	2097	141777
2008	6387	6112	88337	47466	1929	141632
2009	5867	6736	86463	50607	2485	150570
2010	5496	6693	45541	41321	2434	150902
2011	4659	4554	55668	52939	2292	132819

注：由于邮政系统调整，2010年的邮路总长度与往年口径不同，不具可比性。
a) As the postal system adjustment, the caliber of Length of postal routes in 2010 and previous years were different, did not have the commeasurability.

15—29 各市邮电局所数及邮递线路（2011年）
Postal and Telecommunication Services Facilities by Region (2011)

单位：处（unit）

地区	Region	邮政局所 Number of Post and Telecommunications Offices	电信局所 Number of Post and Telecommunications Offices	邮政信筒信箱 Postal Mailbox	邮路总长度（公里）Length of Postal Routes (km)	#汽车邮路 Highway Routes	铁路邮路 Railway Routes	农村投递线路（公里）Rural Delivery Routes (km)
总计	**Total**	**1803**	**2856**	**4554**	**55668**	**52939**	**2292**	**132819**
合肥市	Hefei	195	269	365	5494	5408		9776
淮北市	Huaibei	44	85	99	1057	1057		2110
亳州市	Bozhou	82	199	96	2095	2095		13854
宿州市	Suzhou	116	210	516	2730	2730		13509
蚌埠市	Bengbu	92	133	212	4438	4403		6553
阜阳市	Fuyang	192	363	66	3445	3445		18155
淮南市	Huainan	64	97	167	636	636		2944
滁州市	Chuzhou	162	277	945	2134	2134		12472
六安市	Luan	184	241	364	3461	3461		11975
马鞍山市	Maanshan	69	104	164	1616	1574		1555
芜湖市	Wuhu	113	111	288	4173	4173		3954
宣城市	Xuancheng	112	203	293	2470	2470		7604
铜陵市	Tongling	30	37	81	510	422		818
池州市	Chizhou	70	84	106	1342	1342		5903
安庆市	Anqing	187	312	393	3871	3809		15567
黄山市	Huangshan	91	120	399	2859	2735		6070
其他	Others		11		13338	11046	2292	

15—30 各市邮电通信线路
Telecommunication Facilities by Region

地 区	Region	长途光缆纤芯长度（芯公里）Length of Long-distance Optical Cable Core		本地用中继光缆纤芯长度（芯公里）Length of Local relaying Optical Cable Core	
		2010	2011	2010	2011
总 计	**Total**	**713011**	**730352**	**2490657**	**3408373**
合肥市	Hefei	108690	132061	413337	550561
淮北市	Huaibei	11148	11148	70681	78349
亳州市	Bozhou	18659	18659	119656	205403
宿州市	Suzhou	23028	23028	172806	241122
蚌埠市	Bengbu	55575	55575	108884	176570
阜阳市	Fuyang	22907	22907	141121	233533
淮南市	Huainan	14966	14966	84629	96790
滁州市	Chuzhou	46443	46443	248128	436342
六安市	Luan	22209	22209	207150	352284
马鞍山市	Maanshan	9715	9715	69093	83351
芜湖市	Wuhu	18236	18236	118970	176793
宣城市	Xuancheng	29789	31104	172883	215283
铜陵市	Tongling	14753	15326	37941	54154
池州市	Chizhou	18657	18656	105950	127085
安庆市	Anqing	45128	45128	217782	209158
黄山市	Huangshan	15661	15661	105877	156051
其 他	Others	225961	229530		15544.18

15—31 各市邮电通信设备年末拥有量（2011年）
Telecommunication Facilities at Year-end by Region (2011)

地 区	Region	接入网光缆线纤芯长度（芯公里）Length of Access Network Optical Cable Core	长途电话交换机容量（路端）Capactity of Long-distance Telephone Exchanges (circuit)	本地固定电话局用交换机容量（门）Capacity of Local Telephone C.O. Switches (line)	#接入设备网容量 Capacity of Connected Equipment Net	用户交换机容量（门）Capacity of Exchanges Owned by Users (line)
总 计	**Total**	**4800408**	**582126**	**11293078**	**3143126**	**86428**
合肥市	Hefei	765081	206153	1433952	485165	16724
淮北市	Huaibei	144385	9424	282652	159951	3584
亳州市	Bozhou	215673	17825	635033	120555	
宿州市	Suzhou	300690	27120	957217	129323	14398
蚌埠市	Bengbu	190778	29364	711814	249577	6756
阜阳市	Fuyang	320542	54823	1062049	282525	9058
淮南市	Huainan	189714	17639	511977	142668	1640
滁州市	Chuzhou	336669	17887	779168	116983	5390
六安市	Luan	339086	29853	847579	165474	3470
马鞍山市	Maanshan	179530	14610	514216	174824	2850
芜湖市	Wuhu	353190	31263	935057	189630	3956
宣城市	Xuancheng	222865	18941	678543	89213	2320
铜陵市	Tongling	109611	10075	213909	59485	457
池州市	Chizhou	162336	11098	293617	89737	2400
安庆市	Anqing	507208	41695	723633	423943	1621
黄山市	Huangshan	203925	15648	362832	151247	10400
其 他	Others	259124	28708	349830	112825	1404

注：用户交换机容量指标包括电信、铁通公司提供的数据。
a) The Indicators of Exchange Capacity include the data which telecommunications and tietong company provided.

15—32 邮电通信水平
Level of Postal and Telecommunication Services

指标	Item	1995	2000	2005	2010	2011
全省邮电通信水平	**National Level**					
平均每一邮政局所服务面积（平方公里）	Average Area Served by Every Post Office (sq.km)		63.70	68.84	54.32	77.32
平均每一邮政局所服务人员（万人）	Average People Served by Every Post Office (10000 person)		2.78	3.21	2.66	3.31
平均每人每年发函件数（件）	Annual Average Number of Letters Mailed per Capita (piece)	4.00	3.07	3.24	3.09	2.91
平均每百人每年订报刊数（份）	Annual Average Number of Newspaper and Magazine Subscribed per 100 Persons (piece)	15.47	14.81	11.33	8.82	8.74
平均每百人拥有电话机部数（含移动）（部）	Number of Telephone Sets Owned per 100 Persons (unit)	1.73	11.38	36.78	59.03	75.50
平均每百人拥有移动电话（部）	Number of Mobile Telephones Owned per 100 Persons (unit)		3.43	16.07	40.10	54.61
平均每千人拥有公用电话数（部）	Number of Public Telephones owned per 1000 Persons (unit)			10.70	12.89	17.50
农村邮电通信水平	**Rural Level**					
开通互联网业务的乡（镇）比重（%）	Percentage of Connecting Internet Service Township (%)				100.00	100.00
开通互联网业务的行政村比重（%）	Percentage of Connecting Internet Service Administrative Village (%)				100.00	100.00
通邮的乡（镇）比重（%）	Percentage of Townships with Postal Routes Communication (%)	100.00	100.00	100.00	100.00	100.00
通邮的行政村比重（%）	Percentage of Villages with Postal Routes Communication (%)	99.80	100.00	100.00	100.00	100.00
已通固定电话的行政村比重（%）	Percentage of Administrative Village with Telephone (%)	42.27	100.00	100.00	100.00	100.00

主要统计指标解释

铁路营业里程

又称营业长度（包括正式营业和临时营业里程），指办理客货运输业务的铁路正线总长度。凡是全线或部分建成双线及以上的线路，以第一线的实际长度计算；复线、站线、段管线、岔线和特殊用途线以及不计算运费的联络线都不计算营业里程。铁路营业里程是反映铁路运输业基础设施发展水平的重要指标，也是计算客货周转量、运输密度和机车车辆运用效率等指标的基础资料。

公路里程

是指凡达到交通部《公路工程技术标准》规定的技术等级公路，并经公路主管部门正式验收交付使用的里程。包括大中城市的郊区公路以及通过城镇街道的里程和桥梁、隧道、渡口的长度，不包括大中城市的街道、厂矿、林区生产用道和农业生产用道的里程。两条或多条公路共同经由同一路段，只计算一次，不得重复计算里程长度。按公路技术等级分：等级公路里程和等外公路里程，等级公路里程可分为高速公路、一级公路、二级公路、三级公路、四级公路里程。

内河航道里程

是指凡能通航机动船、木帆船以及运输排筏（指利用排筏经营运输），其枯水期水深在 0.3 米及以上的天然河流、人工河渠、湖泊、水库航道里程。不包括仅供放流木材的河道。湖泊、水库航道里程（库区航道）按固定航线计算。两省以河为界的航道里程，双方均按一半计算，以免重复。

民用航空航线里程

指民用运输班机飞行的航线长度。航线长度指机场之间的距离。航空航线里程以年末到达数为准，因气候关系不能全年通航的航线，按年末情况统计，如果年末能继续通航则计入总长度，否则应扣除不计。计算航线里程可按重复和不重复两种方法，前者是指各航线相加的总和，后者则要扣除各航线之间的重复区段计算。

货（客）运量

指在一定时期内，各种运输工具实际运送的货物（旅客）数量。它是反映运输业为国民经济和人民生活服务的数量指标，也是制定和检查运输生产计划、研究运输发展规模和速度的重要指标。货运按吨计算，客运按人计算。货物不论运输距离长短、货物类别，均按实际重量统计。旅客不论行程远近或票价多少，均按一人一次客运量统计；半价票、小孩票也按一人统计。

货物（旅客）周转量

指在一定时期内，由各种运输工具运送的货物（旅客）数量与其相应运输距离的乘积之总和。它是反映运输业生产总成果的重要指标，也是编制和检查运输生产计划，计算运输效率、劳动生产率以及核算运输单位成本的主要基础资料。计算货物周转量通常按发出站与到达站之间的最短距离，也就是计费距离计算。计算公式为：

货物（旅客）周转量＝Σ货物（旅客）运输量×运输距离。

民用汽车拥有量

指报告期末，在公安交通管理部门按照《机动车注册登记工作规范》，已注册登记领有民用车辆牌照的全部汽车数量。汽车拥有量统计的主要分类：根据汽车结构分为载客汽车、载货汽车及其他汽车；根据汽车所有者不同分为个人（私人）汽车、单位汽车；根据汽车的使用性质分为营运汽车、非营运汽车；根据汽车大小规格不同载客汽车分为大型、中型、小型和微型，载货汽车分为重型、中型、轻型和微型。

邮电业务总量（又称通信业务总量）

是以货币形式表现的通信企业为社会提供各类通信服务的总和。是用于观察通信业务发展变化总趋势的综合性总量指标。根据专业性质分为邮政业务总量和电信业务总量。电信业务总量又可细分为本地网通信业务总量、长途通信业务总量、移动通信业务总量、数据通信业务总量、电报业务总量等。按通信范围可分为：国内通信业务总量、国际及港澳台通信业务总量。计算公式为：

邮电业务总量＝Σ（各类通信业务量×不变单价）+出租代维及其他业务收入

＝邮政业务总量+电信业务总量

邮政业务总量＝Σ（各类邮政业务量×不变单价）+邮政出租代维及其他业务收入

电信业务总量＝Σ（各类电信业务量×不变单价）+电信出租代维及其他业务收入

移动电话用户

指通过移动电话交换机进入移动电话网、占用移动电话号码的电话用户。用户数量以报告期末在移动电话营业部门实际办理登记手续进入移动电话网的户数进行计算，一部移动电话统计为一户。计量单位：户。

电话用户

指接入国家公众固定电话网，并按固定电话业务进行经营管理的电话用户。1997 年以前，电话用户分为市内电话用户和农村电话用户。“市内电话用户”是指接入县城及县以上城市的电话网上的电话用户；“农村电话用户”是指接入县邮电局农话台及县以下农村电话交换点，以县城为中心（除市话用户外）联通县、乡（镇）、行政村、村民小组的用户。从 1997 年起，电话用户数分组调整为以用户所在区域划分为“城市电话用户”和“乡村电话用户”，与过去的按市内电话和农村电话划分方法不同。而电话用户总数、电话机总部数统计范围不变。

住宅电话用户

指安装在居民住宅或农民家里并按照住宅电话用户登记注册和收费的电话用户。包括私人付费、单位付费和按规定免费安装的住宅电话用户。

Explanatory Notes for Major Statistical Indicators

Length of Railways in Operation

refers to the total length of the trunk line under passenger and freight transportation (including both full operation and temporary operation). The calculation is based on the actual length of the first line even if this line has a full or partial double track or more tracks, excluding double tracks, station sidings, tracks under the charge of stations, branch lines, special-purpose lines and the non-payable connecting lines. The length of railways in operation is an important indicator to show the development of the infrastructure for the railway transport, and also the essential data to calculate volume of passenger freight transport, traffic density and utilization efficiency of the locomotives and carriages.

Length of Highways

refers to the length of highways which are built in conformity with the grades specified by the <Highway Engineering Standard> formulated by the Ministry of Communications, and have been formally checked and accepted by the departments of highways and put into use. The length of highways includes that of the suburb highways at large and medium-sized cities, highways passing through streets at small cities and towns, and also the length of bridges and ferries. It does not include the length of streets in big and medium-sized cities and highways built for the production purpose at factories, mines, forest areas and agricultural areas. If two or more highways go the same section of the way, the length of the section is only calculated for once and no duplication is allowed. They could be classified by technical level into class highway and substandard highways. Class highway includes express-way and first class, second class, third class and forth class highway.

Length of Navigable Inland Waterways

refers to the length of the natural rivers, artificial rivers and canals, lakes, and reservoirs open to navigation that deep in 0.3 meters and above in dry season, which enables the transport by motor vessel, wooden sailing boats and rafts (using rafts to transport), excluding river courses which are only used to float odd logs. If two provinces take river as circle, the length of section is only calculated half to both sides, so as not to repeat.

Length of Civil Aviation Routes

refers to the length of all routes for regular civil aviation flights and it is usually the distance between airports. The length is calculated at the end of the year as the standard. The lines that can't open all through the year because of the weather are calculated at the end of the year. If it could continue and open at the end of the year, it should be calculated, otherwise it should be deducted and disregarded. There are usually two ways to calculate the length: duplicated calculation and unduplicated calculation. The former is to put the length of all air routes together, and the later is not to allow the duplication in calculation.

Freight (Passenger) Traffic

refers to the volume of freight (passenger) transported with various means. Freight transport is calculated in tons and passenger traffic is calculated in the number of persons. Despite the type of freight and traveling distance, the freight transport is calculated in the actual weight of the goods: and despite the traveling distance and ticket price, the passenger traffic is calculated by the principle that one person can be counted only once in one travel. The passenger who travels with a half price ticket or a child ticket is also calculated as one person. The freight (passenger) traffic provides a quantitative measure to show how the transport industry serves the national economy and people, and is also an important indicator for planning the transport industry and for studying the development scale and speed of the transport industry.

Freight Ton-kilometers (Passenger-kilometers)

refer to the sum of the products of the volume of transported cargo (passengers) multiplying by the transport distance, usually using ton-kilometer and passenger-kilometer as units for measurement. Normally, the shortest distance between the departure station and the destination station (i.e., the payable distance) is the basis to calculate the freight ton-kilometers. This is an important indicator to show the total results of the transport industry, to prepare and examine the transport plan and to measure the efficiency, the labour productivity and the unit cost of transport. The formula is as follows:

Freight Ton-kilometers (Passenger-kilometers) =$\sum$ {Freight (Passenger) Traffic × Distance of Transportation}

Measuring unit: ton-kilometer (person-kilometer)

Possession of Civil Motor Vehicles

refer to the total numbers of vehicles that are registered and received vehicles license tags according to the Work Standard for Motor Vehicles Registration formulated by the Transport Management Office under the department of public security at the end of the reference period. They are divided into categories. According to the structure of motor vehicles, they are divided into passenger vehicles, trucks and others; according to ownership into private vehicles and vehicles for the unit's use; according to kind of usage into working vehicles and non-working vehicles; and according to size of vehicles into large passenger vehicles, medium-sized passenger vehicles, small passenger vehicles and mini passenger vehicles, heavy trucks, light-heavy trucks, light trucks and mini-trucks.

Business Volume of Post and Telecommunications (Also called Business Volume of Communications)

refers to the total amount of communications services, expressed in currency terms, provided by communications enterprises for the society. It is a comprehensive indicator reflects the total trend of communication service. It could be divided into business volume of post and telecommunication by type and business volume of telecommunication includes business volume of local network, long-distance, mobile communication, digital communication and telegram. It could be divided into domestic, international and business volume of Hong Kong, Macao and Taiwan by the coverage. The formula is as follows:

Business Volume of Post and Telecommunications = Σ (Transaction of Communication Service × Constant Price) + Income from Leasing Maintenance and other Services

= Business Volume of Postal Services + Business Volume of Telecommunication Services

Business Volume of Postal Services =Σ (Transaction of Postal Service × Constant Price) + Income from Leasing, Maintenance and other Services

Business Volume of Telecommunication Services = Σ (Transaction of Telecommunication Service × Constant Price) + Income from Leasing, Maintenance and other Services

Mobile Telephone Subscribers

refer to the persons who own mobile telephone number connected with the mobile telephone communication network and have registered in mobile communication enterprises. The number of subscribers is calculated only when the subscribers who have gone through all the register formalities and entered into the mobile telephone network at the end of the report. One mobile telephone is treated as a subscriber.

Telephone Subscribers

refer to subscribers that are connected to the public line telephone network provided with telephone services. Before 1997, telephone subscribers were classified as city subscribers and village subscribers. City subscribers referred to those connected to city telephone networks in county towns and cities, while village subscribers referred to those connected to village telephone stations at and below counties. Since 1997, the classification of telephone subscribers was modified on the basis of physical location of the subscribers as "urban telephone subscribers" and "rural telephone subscribers", which is different from the previous classification of categorizing "local telephones" and "rural telephones", while the definition of total subscribers and total number of telephones remain unchanged.

Household Telephone Subscribers

refer to telephone sets installed in the dwelling units of residents or peasant families and registered and charged according to house telephone subscribers. They included three types of payment for the service: private payment, unit payment and free installing service.

第十六篇

Chapter 16

国内贸易

DOMESTIC TRADE

简要说明

一、本篇资料反映我省国内市场发展情况和批发零售业、餐饮业和住宿业商品经营情况。主要内容有批发零售业商品流通，限额以上批发零售企业、住宿餐饮企业财务状况，社会消费品零售总额、国内集市贸易等。

二、本篇资料是根据国家统计局的批发零售、住宿餐饮业统计报表制度进行搜集和加工整理。

本资料的调查范围：财务状况报表为各种经济类型的限额以上批发和零售业法人企业、住宿和餐饮业法人企业。社会消费品零售总额报表为有零售业务的各种经济类型的企业、行政事业单位。以上统计报表从基层起报，自下而上逐级综合上报，主要采取全面调查方法，局部资料有的以抽样调查推断，有的利用工商、税务等部门的有关资料推算。

三、限额以上批发和零售业、住宿和餐饮业统计限额标准：批发业：年主营业务收入在2000万元及以上；零售业：年主营业务收入在500万元以及上；住宿业：年主营业务收入在200万元及以上；餐饮业：年主营业务收入在200万元及以上。

Brief Introduction

I. Data in this chapter show the development of Anhui's domestic market and the sales of the commodities in wholesale and retail sale trade as well as catering trade accommodation industry, including mainly the circulation of commodities in the wholesale and retail sale trades, the financial condition of the wholesale, retail, accommodation and catering trade enterprises, the total sales of the consumer goods in the whole country and the domestic fair trade, etc.

II. Data in this chapter are collected and processed in accordance with the statistical reporting scheme on wholesale and retail sale trades as well as accommodation industry, catering trade, stipulated by the National Bureau of Statistics.

Statistical coverage: Statistics on financial conditions include all corporate enterprises of wholesale, retail, catering trade above the designated size and star size accommodation. Statistics on retail sales of consumer goods include all enterprises, institutional units and peasants engaged in retail sale business. The method used in data collection is a complete enumeration, under which all units are covered in the survey and data are reported from lower to higher level statistical offices. For local data, sample surveys are used, and in some cases, administrative registers from industrial and commercial administration and taxation administration are used in the estimation.

III. Criteria for wholesale and retail sale trades, hotels and catering services above designated size are as follows: wholesale trade, having 20 or more employees at year-end with annual sales over 20 million yuan; retail trade, having 60 or more employees at year-end with annual sales over 5 million yuan; hotels, certified hotels with star-ranking; catering services, having 40 or more employees with annual income over 2 million yuan.

16—1 国内贸易基本情况
Basic Conditions of Domestic Trade

指　　标	Item	1995	2000	2005	2010	2011
法人机构　（个）	**Number of Corporation Unit (unit)**					
批发零售业	Engaged in Wholesale and Retail Trades	21644	651	815	2449	3297
住宿餐饮业	Accommodation and Catering Trade	2670	15	460	1021	1188
从业人员　（万人）	**Persons Engaged (10000 persons)**					
批发零售业	Engaged in Wholesale and Retail Trades	189.1	13.2	12.8	26.2	27.6
住宿餐饮业	Accommodation and Catering Trade	33.8	0.6	5.3	10.2	11.0
批发零售贸易业　（亿元）	**Wholesale and Retail Trade (100 million yuan)**					
商品购进总额	Total Purchases	1026.3	1901.1	1513.1	4653.0	6185.9
商品销售总额	Total Sale	1078.4	1764.0	3835.3	10044.5	12895.2
商品库存总额	Total Inventory	226.6	393.8	116.2	397.5	478.5
社会消费品零售总额（亿元）	**Total Retail Sales of Consumer Goods (100 million yuan)**	**599.6**	**1077.8**	**1776.7**	**4151.5**	**4900.6**
按销售单位所在地分	By Location of Establishments					
城　镇	Urban				3481.0	4061.1
#城　区	City				2352.2	2835.0
乡　村	Rural				670.5	839.5
按行业分	By Sector					
批发和零售业	Wholesale and Retail Trade	395.2	681.1	1509.6	3635.6	4303.3
住宿和餐饮业	Accommodation and Catering Trade	37.3	119.6	242.3	515.9	597.3
其　他	Others	106.1	22.4	24.8		

注：1．2000年及以后法人机构和从业人员为限额以上企业。
2．2005年及以后的商品购进总额、库存总额为限额以上口径，住宿业从2005年纳入统计范围。
3．1995—2004年、2005—2008年社会消费品零售总额分别是根据第一次和第二次经济普查结果重新调整后的数据。
4．2010年和2011年社会消费品零售总额为扣除其他的新口径数据；行业分组中取消“其他”。
5．2010年和2011年中按销售单位所在地分组调整为“1.城镇，其中：城区；2.乡村”（城镇+乡村=社会消费品零售额总额）。

a) Corporation unit and persons engaged refer to statistics for enterises above designated size after 2000.
b) After 2005, Total purchases and inveutory of commodities are above limited. Accommodation and Catering Trade are in statistcs from 2005
c) Total Retail Sales of Consumer Goods is readjustment data after first and the second economical general survey result In1995-2004,2005--2008.
d) The total retail sales of consumer goods sine 2010 to 2011 are adjusted newly according to the results newly. Conceling "others" in industry group.
e) In 2010 and 2011 ,according to the Marketing unit locus grouping adjustment is “1. City; 2. village” (city + village = Total Retail Sales of Consumer Goods).

16—2 消费品市场交易情况
Trade of Consumable Markets in Urban and Rural Areas

指　　标	Item	2005	2008	2009	2010	2011
消费品市场数　（个）	**Number of Consumable Markets (unit)**	**2877**	**1845**	**1698**	**1289**	**1314**
城市市场	Urban Area	890	703	665	556	514
农村市场	Rural Area	1987	1142	1033	733	800
消费品市场构成　（%）	**Composition of Consumable Markets (%)**					
城市市场	Urban Area	30.9	38.1	39.2	43.1	39.1
农村市场	Rural Area	69.1	61.9	60.8	56.9	60.9

16—3 限额以上批发零售、住宿餐饮业基本情况（2011年，按登记注册类型分）

Basic Conditions of Enterprises Above Designated Size in Wholesale and Retail Sale and Catering Trade by Registration (2011)

指　标	Item	法人企业（个）Number of Corporation Enterprises (unit)	从业人数（人）Engaged Persons (person)
总　计	**Total**	**4485**	**386656**
批发业合计	**Wholesale Trade**	**1093**	**93836**
国有控股	State-holding Enterprises	195	36996
内　资	Domestic-funded	**1074**	**88415**
国　有	State-owned	92	19079
集　体	Collective-owned	19	1085
股份合作	Cooperative	4	177
有限责任公司	Limited Liability Corporations	379	24542
股份有限公司	Share-holding Corporations Ltd.	55	18398
私　营	Private	501	23768
其　他	Other	24	1366
港澳台商投资	With Investment from Hong Kong, Macao and Taiwan	**9**	**990**
合资经营	Joint-venture	2	47
合作经营	Cooperative Management	1	4
独资经营	With Sole Fund	6	939
外商投资	With Foreign Investment	**10**	**4431**
中外合资经营	Joint-venture	3	223
外　资	Solely Foreign Funded	5	3646
外商投资有限公司	Foreign Investment Corporations Ltd.	1	300
其他外商投资	Other Foreign Investment	1	262
零售业合计	**Retail Trade**	**2204**	**182452**
国有控股	State-holding Enterprises	190	30285
内　资	Domestic-funded	**2145**	**167825**
国　有	State-owned	89	9892
集　体	Collective-owned	29	3253
股份合作	Cooperative	21	2662
联　营	Joint Ownership	4	90
有限责任公司	Limited Liability Corporations	675	69371
股份有限公司	Share-holding Corporations Ltd.	80	15147
私　营	Private	1162	62671
其　他	Other	85	4739
港澳台商投资	With Investment from Hong Kong, Macao and Taiwan	**22**	**6024**
合资经营	Joint-venture	1	10
合作经营	Cooperative Management	1	34
独资经营	With Sole Fund	18	5035
股份有限公司	Share-holding Corporations Ltd.	2	945
外商投资	With Foreign Investment	**37**	**8603**
中外合资经营	Joint-venture	7	2296
外　资	Solely Foreign Funded	27	5272
外商投资有限公司	Foreign Investment Corporations Ltd.	1	527
其他外商投资	Other Foreign Investment	2	508

16—3 续表 continued

指　标	Item	法人企业（个）Number of Corporation Enterprises (unit)	从业人数（人）Engaged Persons (person)
住宿业合计	**Accommodation**	**451**	**52529**
国有控股	State-holding Enterprises	104	15014
内　资	Domestic-funded	**432**	**49125**
国　有	State-owned	62	7675
集　体	Collective-owned	6	399
股份合作	Cooperative	7	517
有限责任公司	Limited Liability Corporations	142	20476
股份有限公司	Share-holding Corporations Ltd.	25	3386
私　营	Private	177	15571
其　他	Other	13	1101
港澳台商投资	With Investment from Hong Kong, Macao and Taiwan	**13**	**2229**
合资经营	Joint-venture	8	1175
合作经营	Cooperative Management	1	123
独资经营	With Sole Fund	4	931
外商投资	With Foreign Investment	**6**	**1175**
中外合资经营	Joint-venture	1	510
外　资	Solely Foreign Funded	5	665
餐饮业合计	**Catering Trade**	**737**	**57839**
国有控股	State-holding Enterprises	31	3427
内　资	Domestic-funded	**725**	**56055**
国　有	State-owned	23	2622
集　体	Collective-owned	5	402
股份合作	Cooperative	5	274
联　营	Joint Ownership	2	51
有限责任公司	Limited Liability Corporations	149	11126
股份有限公司	Share-holding Corporations Ltd.	22	1890
私　营	Private	479	36742
其　他	Other	40	2948
港澳台商投资	With Investment from Hong Kong, Macao and Taiwan	**6**	**962**
合资经营	Joint-venture	1	45
独资经营	With Sole Fund	5	917
外商投资	With Foreign Investment	**6**	**822**
中外合资经营	Joint-venture	1	50
中外合作经营	Chinese and Foreign Cooperative Management	1	20
外　资	Solely Foreign Funded	2	280
外商投资有限公司	Foreign Investment Corporations Ltd.	2	472

16—4 限额以上批发零售业商品购进、销售和库存情况（2011年，按注册类型分）

Total Purchases, Sales and Inventory of Enterprises Above Designated Size in Wholesale and Retail Trade by Registration (2011)

单位：万元（10000 yuan）

指标	Item	购进总额 Total Purchases Value	#进口 Imports	销售总额 Total Sales Value	批发 Wholesale Value	零售 Retail Value	年末库存总额 Stock (year-end)
总计	**Total**	**61858804**	**3273100**	**68811994**	**49457403**	**19354591**	**4784721**
批发业合计	**Wholesale Trade**	**44857667**	**3097139**	**49773322**	**47087276**	**2686046**	**2846815**
国有控股	State-holding Enterprises	22492028	2452666	25402353	23621193	1781160	1357805
内资	Domestic-funded	43479133	3094641	47796247	45123804	2672443	2664842
国有	State-owned	4899216	5396	6606781	5980055	626726	583170
集体	Collective-owned	215100		233524	204715	28809	4984
股份合作	Cooperative	135856		138117	134320	3797	12654
有限责任公司	Limited Liability Corporations	13281222	626515	14510725	14003093	507633	969139
股份有限公司	Share-holding Corporations Ltd.	14377873	2284893	15002721	13976007	1026714	378677
私营	Private	10204065	173981	10864613	10427318	437295	685259
其他	Other	365800	3856	439765	398296	41470	30959
港澳台商投资	With Investment from Hong Kong, Macao and Taiwan	111066	81	111609	109413	2196	2148
合资经营	Joint-venture	5252		5374	5374		611
合作经营	Cooperative Management	13855	81	14861	14861		320
独资经营	With Sole Fund	91960		91374	89179	2196	1217
外商投资	With Foreign Investment	1267468	2417	1865466	1854059	11407	179825
中外合资经营	Joint-venture	67294		68580	68571	9	45014
外资	Solely Foreign Funded	1154734	2417	1751891	1740493	11398	134284
外商投资有限公司	Foreign Investment Corporations Ltd.	24120		23630	23630		491
其他外商投资	Other Foreign Investment	21319		21365	21365		36
零售业合计	**Retail Trade**	**17001137**	**175961**	**19038672**	**2370126**	**16668546**	**1937906**
国有控股	State-holding Enterprises	4915502	18	5762368	1214275	4548093	325294
内资	Domestic-funded	15978485	175890	17805950	2359188	15446761	1780343
国有	State-owned	1309780	18	1344969	107746	1237223	52123
集体	Collective-owned	195233		204630	20300	184330	10047
股份合作	Cooperative	143052	280	199413	3139	196274	13513
联营	Joint Ownership	11431		11607	110	11497	1107
有限责任公司	Limited Liability Corporations	6259191	13385	6818489	892241	5926248	840156
股份有限公司	Share-holding Corporations Ltd.	2897652	40508	3495828	940783	2555044	192218
私营	Private	4754827	121698	5220760	381262	4839498	633821
其他	Other	407319		510254	13607	496647	37359
港澳台商投资	With Investment from Hong Kong, Macao and Taiwan	371924	72	452778	10136	442642	64378
合资经营	Joint-venture	980		1104	1104		27
合作经营	Cooperative Management	5807		5823		5823	82
独资经营	With Sole Fund	332010	72	357479	9032	348447	58378
股份有限公司	Share-holding Corporations Ltd.	33127		88371		88371	5891
外商投资	With Foreign Investment	650729		779944	802	779143	93184
中外合资经营	Joint-venture	120760		251002		251002	27099
外资	Solely Foreign Funded	456055		460704	802	459902	54222
外商投资有限公司	Foreign Investment Corporations Ltd.	34244		29540		29540	4703
其他外商投资	Other Foreign Investment	39670		38698		38698	7160

16—5 限额以上批发零售业商品购进销售情况（2011年，按行业分）

Total Purchases, Sales and Inventory of Enterprises Above Designated Size in Wholesale and Retail Trade by Sector (2011)

单位：万元（10000 yuan）

指　　标	Item	购进总额 Total Purchases Value	销售总额 Total Sales Value	批　发 Wholesale Value	零　售 Retail Value	年末库存总　额 Stock (year-end)
总　计	**Total**	**61858804**	**68811994**	**49457403**	**19354591**	**4784721**
批发业合计	**Wholesale Trade**	**44857667**	**49773322**	**47087276**	**2686046**	**2846815**
农畜产品批发	Wholesale of Farm Produce and Livestock Products	960729	955596	931592	24003	324247
谷物、豆及薯类批发	Wholesale of Corn, Bean and Potato	485949	455007	448921	6086	252135
种子、饲料批发	Wholesale of Seed, Feed	305103	326654	314572	12082	61697
棉、麻批发	Wholesale of Cotton, Linen	116812	117458	117458		9732
牲畜批发	Wholesale of Livestock	8279	8960	8960		11
其他农畜产品批发	Wholesale of Other Agricultural and Livestock Products	44586	47518	41683	5836	672
食品、饮料及烟草制品批发	Wholesale of Food, Beverages and Tobaccos	5982306	7384731	7237455	147276	695613
米、面制品及食用油批发	Wholesale of Rice, Flour and Edible Oil	1530900	1452468	1415226	37242	416468
糕点、糖果及糖批发	Wholesale of Cakes, Candy and Sugar	21562	22836	22516	320	3043
果品、蔬菜批发	Wholesale of Fruits, Vegetables	120731	127622	124685	2937	1143
肉、禽、蛋及水产品批发	Wholesale of Meat, Poultry, Eggs and Aquatic Products	123214	124672	115238	9433	9392
盐及调味品批发	Wholesale of Salt and Spices	118992	144623	143623	1000	10237
饮料及茶叶批发	Wholesale of Beverages and Tea	647558	795901	743906	51995	27983
烟草制品批发	Wholesale of Tobaccos	2798760	3961867	3936477	25390	200384
其他食品批发	Wholesale of Other Food	620590	754744	735785	18959	26964
纺织、服装及日用品批发	Wholesale of Textiles, Garments and Daily Consumer Articles	2374906	3115629	3094689	20940	192400
纺织品、针织品及原料批发	Wholesale of Textiles, Knitwear and Raw Materials	451386	540213	533976	6236	19141
服装批发	Wholesale of Garments	521664	588945	576312	12633	26704
鞋帽批发	Wholesale of Shoes and Hats	22443	21200	21200		4388
厨房、卫生间用具及日用杂货批发	Wholesale of Kitchen, Bathroom Appliances	9034	10329	10128	201	355
化妆品及卫生用品批发	Wholesale of Cosmetics and Health Supplies	1120686	1709099	1709099		129787
其他日用品批发	Wholesale of Other Commodities	249692	245843	243974	1869	12026
文化、体育用品及器材批发	Wholesale of Culture, Sports Appliances and Equipments	428821	474470	455465	19005	41722
文具用品批发	Wholesale of Stationery	118200	133455	128875	4580	14099
体育用品批发	Wholesale of Sport Goods	8444	21783	21675	108	582
图书批发	Wholesale of Book	289356	304898	293661	11237	21513
首饰、工艺品及收藏品批发	Wholesale of Jewelry, Crafts and Collectibles	4483	6197	5064	1133	4239
其他文化用品批发	Wholesale of Other Cultural Goods	8339	8138	6190	1948	1289
医药及医疗器材批发	Wholesale of Medicines and Medical Appliances	4884216	5410660	4627892	782769	343002
西药批发	Wholesale of Western Medicine	4698500	5221150	4468241	752910	327906
中药材及中成药批发	Wholesale of Chinese Herbal Medicines and Chinese Medicines	178446	180971	151531	29439	14888
医疗用品及器材批发	Wholesale of Medical Supplies and Equipment	7271	8539	8120	420	208
矿产品、建材及化工产品批发	Wholesale of Mineral Products, Building Materials and Chemical Products	19615784	21616673	20163580	1453093	689023
煤炭及制品批发	Wholesale of Coal and Related Products	2713474	2986133	2951125	35008	46360
石油及制品批发	Wholesale of Petroleum and Related Products	5236860	6560946	5193100	1367846	158350
非金属矿及制品批发	Wholesale of Western Medicine	48574	71080	71080		2309
金属及金属矿批发	Wholesale of Metal Materials	9261338	9590772	9584194	6579	238179
建材批发	Wholesale of Building Materials	679211	737232	705186	32046	45022
化肥批发	Wholesale of Chemical Fertilizer	1146323	1116594	1112118	4476	154292
农药批发	Wholesale of Pesticides	43573	40381	40381		8121
其他化工产品批发	Wholesale of Other Chemical Products	486431	513536	506397	7138	36392
机械设备、五金交电及电子产品批发	Wholesale of Machinery, Hardware and Electronic Equipment	7555341	7578030	7362121	215909	465328
农业机械批发	Wholesale of Agricultural Machinery	83853	95876	84046	11830	23667
汽车、摩托车及零配件批发	Wholesale of Motor Vehicles, Motorcycles and Parts	2011450	2079231	2001204	78027	112395
五金、交电批发	Wholesale of Hardware	87239	98356	95787	2569	5786
家用电器批发	Wholesale of Household Electrical Appliances	3264715	3196933	3139380	57553	159444
计算机、软件及辅助设备批发	Wholesale of Computer, Software and Assistant Appliances	232401	232728	197823	34905	5940

16—5 续表 continued

单位：万元（10000 yuan）

指 标	Item	购进总额 Total Purchases Value	销售总额 Total Sales Value	批 发 Wholesale Value	零 售 Retail Value	年末库存总额 Stock (year-end)
通讯及广播电视设备批发	Wholesale of Communications and Radio and Television Equipment	155394	170104	170104		10820
其他机械设备及电子产品批发	Wholesale of Other Mechanical Equipment and Electronic Products	1720289	1704803	1673779	31024	147276
贸易经纪与代理	Trade Broker and Agency	22798	45679	45679		2223
其他批发	Other Wholesale not Classified Elsewhere	3032766	3191853	3168803	23051	93259
再生物资回收与批发	Recycling and Renewable Materials Wholesale	2815172	2894243	2873018	21225	80170
其他未列明的批发	Wholesale of Other Unlisted	217594	297611	295785	1826	13089
零售业合计	**Retail Trade**	**17001137**	**19038672**	**2370126**	**16668546**	**1937906**
综合零售	Integrated Retail	5368382	6010348	398192	5612156	826376
百货零售	Retail of General Merchandise	2853964	3433819	373373	3060446	267203
超级市场零售	Retail of Supermarkets	2430977	2485533	19549	2465984	550185
其他综合零售	Retail of Others	83440	90996	5270	85726	8988
食品、饮料及烟草制品专门零售	Retail of Food, Beverages and Tobaccos	351361	388497	61879	326618	33572
粮油零售	Retail of Grain and Oil	26813	27406	10847	16559	2381
糕点、面包零售	Retail of Cakes, Bread	11283	12436	2700	9736	1105
果品、蔬菜零售	Retail of Fruit, Vegetables	2625	2804	54	2750	3
肉、禽、蛋及水产品零售	Retail of Meat, Poultry, Eggs and Aquatic Products	125990	127790	11708	116082	1788
饮料及茶叶零售	Retail of Tea, Beverages	91038	92292	26385	65906	16805
烟草制品零售	Retail of Tobacco Products	46428	49638	4989	44650	6477
其他食品零售	Retail of Other Food	47185	76131	5197	70935	5013
纺织、服装及日用品专门零售	Special Retail of Textiles, Garments and Daily Consumer Articles	314238	370340	58538	311802	77143
纺织品及针织品零售	Retail of Textile and Knitwear	5631	6276	1341	4935	1752
服装零售	Retail of Garments	197254	224244	38625	185619	52107
鞋帽零售	Retail of Shoes and Hats	15966	32116	5639	26477	6180
钟表、眼镜零售	Retail of Watches, Glasses	18390	23317		23317	10679
化妆品及卫生用品零售	Retail of Cosmetics and Hygiene Products	42029	46541	1255	45286	1704
其他日用品零售	Retail of Other Daily Necessities	34969	37846	11677	26169	4721
文化、体育用品及器材专门零售	Retail of Culture, Sports Appliances and Equipments	356586	379439	16345	363094	67265
文具用品零售	Retail of Stationery	3183	3202	202	3000	597
体育用品零售	Retail of Sports Goods	5915	5544		5544	2697
图书零售	Retail of Books	322014	341551	11104	330447	41529
珠宝首饰零售	Retail of Jewelry	21830	24158	4987	19172	15456
工艺美术品及收藏品零售	Retail of Arts and Crafts and Collectibles	1384	2730	5	2725	6301
其他文化用品零售	Retail of Other Cultural Goods	2260	2255	48	2208	685
医药及医疗器材专门零售	Retail of Medicines and Medical Appliances	1458872	1556130	449060	1107070	96283
药品零售	Retail of Medicines	1404198	1494502	436614	1057889	94140
医疗用品及器材零售	Retail of Medical Supplies and Equipment	54673	61628	12446	49181	2144
汽车、摩托车、燃料及零配件专门零售	Retail of Motor Vehicles, Motorcycles, Fuel and Parts	6900630	7775323	1043757	6731566	601610
汽车零售	Retail of Motor Vehicles	4275430	4563423	276858	4286565	505367
汽车零配件零售	Retail of Auto Parts	103327	104421	1783	102638	7947
摩托车及零配件零售	Retail of Motorcycles and Spare Parts	70633	74120	5776	68344	14116
机动车燃料零售	Retail of Fuel of Motor Vehicles	2451240	3033360	759340	2274019	74180
家用电器及电子产品专门零售	Special Retail of Household Electric Appliances and Electronic Products	1589379	1778695	256155	1522540	191535
家用电器零售	Retail of Household Electric Appliances	1266862	1470113	173887	1296227	137281
计算机、软件及辅助设备零售	Retail of Computer, Software and Assistant Appliances	233376	211739	62029	149710	47018
通讯设备零售	Retail of Communication Equipments	64319	71678	6178	65500	5086
其他电子产品零售	Retail of Other Electronic Products	24822	25165	14061	11104	2151
五金、家具及室内装修材料专门零售	Retail of Hardware, Furniture and Decoration Materials	475249	562701	62283	500418	30638
五金零售	Retail of Hardware	55400	58222	11026	47196	2539
家具零售	Retail of Furniture	117882	148342	45155	103187	7598
其他室内装修材料零售	Retail of Other interior decoration materials	301967	356138	6102	350035	20501
无店铺及其他零售	Non-shop and Other Retails	186440	217198	23917	193281	13484
邮购及电子销售	Mail and Electronic Sales	19543	30312		30312	3
生活用燃料零售	Retail of Living Fuel	40187	48577	7199	41378	3916
花卉零售	Retail of Flowers	17047	21544		21544	275
其他未列明的零售	Retail of Other Unlisted	109664	116765	16718	100047	9290

16—6 限额以上批发零售业主要商品分类销售额（2011年）

Total Sales of Enterprises Above Designated Size in Wholesale and Retail Sale by Category of Main Commodities (2011)

单位：万元（10000 yuan）

指　标	Item	合　计 Total	批　发 Wholesale	零　售 Retail Sale
总　计	**Total**	**63395875.6**	**43998240.8**	**19397634.8**
粮油、食品、饮料、烟酒类	Grain and Edible Vegetable Oil, Food, Beverages, Tobacco and Liquor	10131775	7001159	3130616
粮油、食品类	Grain and Edible Vegetable Oil, Food	4231389	2228788	2002601
#粮油类	Grain and Edible Vegetable Oil	1488261	930093	558168
肉禽蛋类	Meat, Poultry and Eggs	436079	85906	350173
水产品类	Aquatic Products	94021	24954	69067
蔬菜类	Vegetables	147287	62239	85048
干鲜果品类	melons and Fruits	192845	59562	133284
饮料类	Beverages	663058	354548	308510
烟酒类	Tobacco and Liquor	5237327	4417823	819504
服装鞋帽、针、纺织品类	Garments, Footwear, Hats, Knitwear and Textiles	2847936	1187308	1660628
服装类	Garments	1674136	570675	1103461
鞋帽类	Footwear and Hats	553961	210356	343605
针、纺织品类	Knitwear and Textiles	619840	406278	213562
化妆品类	Cosmetics	596999	329960	267038
金银珠宝类	Gold, Silver and Jewelry	532033	121012	411021
日用品类	Articles for Daily Use	1900604	1321574	579030
洗涤用品类	Washing Articles	633938	466049	167888
儿童玩具类	Toys	44942	10746	34196
五金、电料类	Hardware and Electrical Materials	132814	58512	74301
体育、娱乐用品类	Sports and Recreation Articles	112359	37519	74841
书报杂志类	Newspapers and Magazines	588994	286711	302283
电子出版物及音像制品类	E-journal and Video Products	32753	17729	15024
家用电器和音像器材类	Household Appliances and Video Appliances	4924431	3115713	1808718
中西药品类	Traditional Chinese and Western Medicines	6162656	4277820	1884835
西　药	Western Medicines	4009077	2947325	1061752
中草药及中成药	Chinese Herbal Medicine and Proprietary Chinese Medicine	795768	593615	202153
文化、办公用品类	Cultural and Official Goods	714415	409010	305405
家具类	Furniture	196593	18401	178192
通讯器材类	Communication Appliances	379953	189625	190328
煤炭及制品类	Coal and Related Product	3036611	2960372	76238
木材及制品类	Wood and Wooden Product	17196	17196	
石油及制品类	Petroleum and Related Product	8976491	5555257	3421233
化工材料类	Raw Chemical Materials	1967772	1967772	
化肥类	Chemical Fertilizer	956617	956617	
金属材料类	Metal Materials	7220651	7220651	
建筑及装潢材料类	Building and Decoration Materials	826332	351162	475170
机电产品及设备类	Mechanical and Electrical Products	1390213	1311470	78743
农机类	Agricultural Machinery	24911	24911	
汽车类	Automobile	5685733	1453312	4232421
种子饲料类	Seed and Feedstuff	284066	284066	
棉麻类	Cotton, Hemp	124666	116727	7939
其他类	Other	4611832	4388203	223629

16—7 限额以上批发零售企业主要财务指标情况（2011年，按登记注册类型分）

Main Financial Indicators of Enterprises Above Designated Size in Wholesale and Retail Sale by Registration (2011)

指　标	Item	企业数（个）Number of Enterprises (unit)	流动资产合计 Circulating Funds	#存　货 Stock
批发零售企业总计	**Total**	**3280**	**22041780**	**4698050**
批发企业合计	**Wholesale Trade**	**1094**	**15926179**	**3233357**
国有控股	State-holding Enterprises	195	8069000	1635310
内　资	Domestic-funded	1075	15429499	3017373
#国　有	State-owned	93	2878404	893113
集　体	Collective-owned	17	45821	3702
股份合作	Cooperative	4	4498	170
有限责任公司	Limited Liability Company	383	5104310	978665
国有独资公司	State-funded Corporations	19	625563	148730
其他有限责任公司	Other Limited Liability Corporations	364	4478748	829935
股份有限公司	Share-holding Corporations Ltd.	53	3884976	449649
私　营	Private	500	3308054	644070
私营独资	Private-funded	21	23618	5787
私营合伙	Private Partnership	4	3931	302
私营有限责任公司	Private Limited Liability Corporations	447	3186476	612229
私营股份有限公司	Private Share-holding Corporations Ltd.	28	94029	25752
其　他	Other	25	203435	48003
港澳台商投资	With Investment from Hong Kong, Macao and Taiwan	9	25403	4496
#合资经营	Joint-venture	2	1006	590
独资经营	With Sole Fund	6	18750	2295
外商投资	With Foreign Investment	10	471277	211488
#中外合资经营	Joint-venture	3	142373	90751
外　资	Solely Foreign Funded	5	325182	120399
零售企业合计	**Retail Trade**	**2186**	**6115601**	**1464693**
国有及国有控股	State Controlling Share Hold Enterprises	188	1877392	260220
内　资	Domestic-funded	2126	5605997	1327612
#国　有	State-owned	84	424866	45842
集　体	Collective-owned	28	28882	7744
股份合作	Cooperative	20	62761	12353
联　营	Joint Ownership Enterprises	4	2397	483
集体联营	Collective Joint Ownership	1	76	76
其他联营	Other Joint Ownership	2	1114	407
有限责任公司	Limited Liability Corporations	682	2117037	555120
国有独资公司	State-funded Corporations	2	10423	1443
其他有限责任公司	Other Limited Liability Corporations	680	2106615	553677
股份有限公司	Share-holding Corporations Ltd.	81	1128892	164543
私　营	Private	1129	1681131	503405
私营独资	Private-funded	156	96368	42401
私营合伙	Private Partnership	23	15440	5483
私营有限责任公司	Private Limited Liability Corporations	879	1418263	410156
私营股份有限公司	Private Share-holding Corporations Ltd.	71	151060	45366
其　他	Other	98	160029	38124
港澳台商投资	With Investment from Hong Kong, Macao and Taiwan	22	208849	24542
#独资经营	With Sole Fund	18	195599	22613
外商投资	With Foreign Investment	38	300756	112539
#中外合资经营	Joint-venture	7	135454	52909
外　资	Solely Foreign Funded	28	145453	50925
投资股份有限公司	Share-holding Corporation Ltd.	1	6006	2570

单位：万元（10000 yuan）

固定资产合　计 Total Fixed Assets	固定资产原　价 Original Value of Fixed Assets	累计折旧 Progessive Deprecia-tion	#本年折旧 Deprecia-tion this Year	资产总计 Total of Assets	负债合计 Total of Liabilities	流动负债 Working Liabilities	所有者权　益 Creditors' Equity	#实收资本 Capital Hold	#国家资本 National Capital
2576276	**3347481**	**1015853**	**201711**	**27503710**	**20057212**	**19560452**	**7716540**	**3565723**	**970225**
1136247	**1501927**	**476881**	**86482**	**18805981**	**13948682**	**13708445**	**4857299**	**1949113**	**603095**
702632	976126	318016	53530	9805084	6572096	6431017	3232988	938326	587195
1127321	1488656	471258	84807	18290057	13304285	13065313	4985773	1914111	603045
322651	443203	153462	24423	3487836	1697649	1679857	1790187	403492	335848
4547	5784	1724	155	51728	41557	40406	10172	9242	410
2031	2416	385	44	7160	4379	4241	2781	2696	
188272	255034	79476	15084	5589068	4556544	4457435	1032524	591043	88601
46525	70165	29775	4007	709913	481269	463638	228644	42651	34670
141747	184869	49701	11076	4879154	4075275	3993798	803880	548393	53931
371131	514857	153266	28469	5047956	3639101	3537761	1408855	378013	178146
227203	251400	78267	15193	3873651	3194310	3176186	679341	516603	
5076	5462	1089	217	29349	16880	16800	12469	7477	
1635	1658	267	252	5866	2826	2826	3040	1150	
211710	233037	73392	14029	3728428	3088418	3071694	640010	486542	
8782	11243	3520	696	110009	86187	84868	23822	21433	
11486	15962	4678	1440	232660	170745	169426	61915	13023	40
2121	2644	1281	449	28277	18789	18789	9487	23169	50
1	5	4		1008	757	757	251	51	50
1998	2276	1006	429	20831	12244	12244	8587	22493	
6805	10627	4342	1226	487647	625608	624343	-137961	11833	
39	85	60	9	142435	118595	117463	23840	10005	
6750	10503	4260	1210	341473	500518	500384	-159045	1728	
1440029	**1845554**	**538972**	**115230**	**8697729**	**6108530**	**5852006**	**2859241**	**1616610**	**367130**
361717	477609	163914	21124	2621783	1766224	1717568	855560	433069	355826
1217408	1556353	452266	93867	7882444	5490678	5265203	2661807	1410848	362630
117987	113318	35199	4887	628116	439808	415116	188308	164198	151258
22815	26376	5153	808	57397	35401	31313	21997	15415	284
13351	17690	4352	210	85278	62308	41330	22970	7208	180
114	298	183	8	2566	1531	1213	1035	768	
86	113	26	7	216	18	18	198	6	
11	133	122	2	1125	908	590	217	162	
449017	604244	191596	44002	2872458	2113906	2042700	1028594	476818	55077
3412	6028	2660	286	18574	2904	2904	15670	6449	6449
445605	598215	188936	43717	2853885	2111002	2039796	1012924	470368	48628
181666	283230	102088	14773	1617117	1023362	993089	593756	238062	155748
383694	456156	102352	26582	2342057	1610369	1554751	731688	463645	80
27029	33930	8597	1796	134260	85670	82052	48590	34727	
4022	6263	2405	269	20901	13450	13129	7451	4097	
321389	376627	82799	22257	1995010	1379912	1331104	615098	383291	80
31254	39336	8570	2261	191887	131337	128466	60550	41530	
48761	55042	11343	2597	277454	203994	185691	73460	44734	2
101580	120474	22743	7278	362361	208990	191175	153371	134387	4500
48607	59682	14924	5308	295962	151345	143631	144617	126959	
121040	168728	63963	14085	452925	408863	395628	44062	71376	
39065	73747	35295	6980	179165	145833	145833	33333	17427	
80877	92532	27318	6815	251579	237522	224287	14057	43063	
702	1575	873	231	6898	1898	1898	5000	5000	

16—7 续表 continued

指　　标	Item	主营收入 Project Settlement Income	主营成本 Project Settlement Cost	主营税金及附加 Project Settlement Tax and Extra Charges
批发零售企业总计	**Total**	**58013457**	**52877198**	**378739**
批发企业合计	**Wholesale Trade**	**41250950**	**37722754**	**301303**
国有控股	State-holding Enterprises	19447561	17675071	236693
内　资	Domestic-funded	39512848	36537816	290912
#国　有	State-owned	6124910	5124284	199682
集　体	Collective-owned	203858	191700	1778
股份合作	Cooperative	63308	62719	44
有限责任公司	Limited Liability Company	13295437	12566805	56208
国有独资公司	State-funded Corporations	1195011	940030	26084
其他有限责任公司	Other Limited Liability Corporations	12100426	11626775	30124
股份有限公司	Share-holding Corporations Ltd.	9933655	9396493	12531
私　营	Private	9468432	8862024	17523
私营独资	Private-funded	99186	92405	358
私营合伙	Private Partnership	30375	28622	7
私营有限责任公司	Private Limited Liability Corporations	9008603	8425603	16666
私营股份有限公司	Private Share-holding Corporations Ltd.	330268	315394	492
其　他	Other	423248	333791	3147
港澳台商投资	With Investment from Hong Kong, Macao and Taiwan	109801	104380	20
#合资经营	Joint-venture	5285	4703	1
独资经营	With Sole Fund	89891	85663	20
外商投资	With Foreign Investment	1628301	1080557	10371
#中外合资经营	Joint-venture	67840	63059	51
外　资	Solely Foreign Funded	1522004	980875	10289
零售企业合计	**Retail Trade**	**16762507**	**15154444**	**77436**
国有及国有控股	State Controlling Share Hold Enterprises	4895584	4507579	22893
内　资	Domestic-funded	15690089	14251746	72520
#国　有	State-owned	1158601	1064696	3667
集　体	Collective-owned	209669	185236	539
股份合作	Cooperative	187012	174102	611
联　营	Joint Ownership Enterprises	10904	10294	12
集体联营	Collective Joint Ownership	1122	1064	4
其他联营	Other Joint Ownership	4517	4096	7
有限责任公司	Limited Liability Corporations	6094957	5512228	28264
国有独资公司	State-funded Corporations	25225	17203	95
其他有限责任公司	Other Limited Liability Corporations	6069732	5495025	28169
股份有限公司	Share-holding Corporations Ltd.	2976600	2778398	14772
私　营	Private	4535816	4090312	14873
私营独资	Private-funded	310043	274605	1690
私营合伙	Private Partnership	50589	45001	102
私营有限责任公司	Private Limited Liability Corporations	3705204	3337852	12334
私营股份有限公司	Private Share-holding Corporations Ltd.	469979	432853	747
其　他	Other	516530	436480	9782
港澳台商投资	With Investment from Hong Kong, Macao and Taiwan	391647	333872	2319
#独资经营	With Sole Fund	311867	265373	1447
外商投资	With Foreign Investment	680770	568826	2597
#中外合资经营	Joint-venture	219739	186747	859
外　资	Solely Foreign Funded	398099	335516	1606
投资股份有限公司	Share-holding Corporation Ltd.	29540	17072	68

单位：万元（10000 yuan）

其他业务利润 Other Business Profit	销售费用 Operating Expense	管理费用 Management Expense	#税金 Tax	财务费用 Financial Expenses	营业利润 Operating Profit	利润总额 Total Profit	应交所得税 Payable Income Tax	本年应付工资薪酬 Total Payable Wages this Year
218568	**2520202**	**1046764**	**56291**	**214999**	**1244395**	**1281771**	**278905**	**907673**
61921	**1701485**	**614715**	**37085**	**135331**	**858961**	**917456**	**213700**	**490239**
20750	455415	327359	20830	56051	714422	753834	160771	264271
49672	1128916	554267	35249	136845	935663	993862	209631	410538
6655	116934	201758	12850	-18444	504995	525076	119784	147160
157	2863	1556	130	609	5510	1521	85	2268
16	308	396	5	160	-303	-302	2	181
20857	290998	147429	9190	52929	199500	233934	50062	103366
4625	75459	44743	879	3078	110584	114284	25746	30624
16231	215539	102686	8311	49851	88916	119650	24316	72742
9626	290254	90968	6949	53443	120864	124467	14031	91691
11902	385735	103761	6013	48230	66883	66691	12816	58530
208	2586	1768	114	252	2030	1790	436	1281
0	204	264	7	390	888	888	183	281
11092	377416	97609	5746	43622	62595	63306	12029	54768
602	5529	4120	146	3965	1371	708	168	2199
460	41825	8399	111	-82	38214	42474	12851	7342
17	23554	1254	20	88	-19478	-19394		3267
	284	10	5		286	286		108
17	22873	1139	15	68	-19856	-19781		3046
12232	549015	59194	1816	-1602	-57224	-57012	4069	76434
	2334	28		18	2128	2127	331	594
12232	542788	59118	1812	-1623	-57211	-56986	3728	73490
156646	**818717**	**432049**	**19206**	**79669**	**385434**	**364315**	**65206**	**417434**
48819	181253	109689	5136	4173	148787	146952	19264	102683
125329	673615	395627	18020	76405	375200	354278	58486	376995
10671	51879	25776	1030	605	21893	20775	1134	29579
759	5534	4886	278	927	13346	13274	175	5535
2617	7810	3925	34	915	2266	2317	105	4062
8	222	255	5	31	98	105	8	142
	48	11			-4	2		40
8	154	183	5	1	84	84	8	59
60711	312771	165207	6303	26801	112984	109861	27827	160968
257	2854	2127	115	-219	3450	3456		2526
60453	309917	163080	6188	27020	109535	106405	27827	158442
28643	94256	50473	3633	4766	93107	93174	13784	47827
19406	178283	127842	6022	38534	102604	89585	13264	119484
407	11013	11681	842	2836	5789	5239	596	8898
58	1874	1213	102	493	1964	1954	134	1053
17507	152420	108465	4515	31687	80250	67711	9260	99735
1434	12976	6483	563	3518	14601	14681	3275	9798
2515	22859	17263	715	3828	28902	25185	2189	9399
8441	44287	15482	712	1905	2224	2355	2191	12303
8095	42084	9245	522	47	1768	1905	2075	9487
22877	100815	20940	474	1359	8010	7683	4529	28137
15087	32540	11017	43	-226	3801	3850	1742	8274
6582	60542	9542	330	1232	-4609	-5037	2113	17303
663	3038	9	5		10016	10032	368	1048

16—8 限额以上批发零售企业主要财务指标情况（2011年，按行业分）
Main Financial Inventory of Enterprises Above Designated Size in Wholesale and Retail by Sector (2011)

指　标	Item	企业数（个） Number of Enterprises (unit)	流动资产合计 Circulating Funds	#存货 Stock
总　计	**Total**	**3280**	**22041780**	**4698050**
批发业合计	**Wholesale Trade**	**1094**	**15926179**	**3233357**
农畜产品批发	Wholesale of Farm Produce and Livestock Products	76	532060	334523
食品、饮料及烟草制品批发	Wholesale of Food, Beverages and Tobaccos	165	2936416	634745
#米、面制品及食用油批发	Wholesale of Rice, Flour and Edible Oil	38	705559	288108
烟草制品批发	Wholesale of Tobaccos	18	1384664	202206
纺织、服装及日用品批发	Wholesale of Textiles, Garments and Daily Consumer Articles	61	755628	166892
#服装批发	Wholesale of Garments	19	256429	18482
文化、体育用品及器材批发	Wholesale of Culture, Sports Appliances and Equipments	25	459096	37524
医药及医疗器材批发	Wholesale of Medicines and Medical Appliances	140	1491948	348760
矿产品、建材及化工产品批发	Wholesale of Mineral Products, Building Materials and Chemical Products	339	6640982	1083850
#煤炭及制品批发	Wholesale of Coal and Related Products	61	534869	80777
石油及制品批发	Wholesale of Petroleum and Related Products	38	2192243	589601
金属及金属矿批发	Wholesale of Metal Materials	98	2793987	172172
建材批发	Wholesale of Building Materials	52	276377	45101
化肥批发	Wholesale of Chemical Fertilizer	32	640106	149917
机械设备、五金交电及电子产品批发	Wholesale of Machinery, Hardware and Electronic Equipment	196	2465764	533916
#汽车、摩托车及零配件批发	Wholesale of Motor Vehicles, Motorcycles and Parts	79	535252	103200
家用电器批发	Wholesale of Household Electrical Appliances	35	1154234	278321
计算机、软件及辅助设备批发	Wholesale of Computer, Software and Assistant Appliances	10	123131	5241
贸易经纪与代理	Trade Broker and Agency	8	10231	2091
其他批发	Other Wholesale not Classified Elsewhere	84	634055	91057
零售业合计	**Retail Trade**	**2186**	**6115601**	**1464693**
综合零售	Integrated Retail	518	1880647	560015
#百货零售	Retail of General Merchandise	230	1092087	215807
超级市场零售	Retail of Supermarkets	266	753799	333477
食品、饮料及烟草制品专门零售	Retail of Food, Beverages and Tobaccos	125	126517	32858
纺织、服装及日用品专门零售	Special Retail of Textiles, Garments and Daily Consumer Artic	85	225478	66862
#服装零售	Retail of Garments	44	170440	42329
文化、体育用品及器材专门零售	Retail of Culture, Sports Appliances and Equipments	83	158158	42576
#体育用品零售	Retail of Sports Goods	3	2994	2595
图书零售	Retail of Books	56	124242	17991
医药及医疗器材专门零售	Retail of Medicines and Medical Appliances	119	591851	96040
#药品零售	Retail of Medicines	109	564289	93943
汽车、摩托车、燃料及零配件专门零售	Retail of Motor Vehicles, Motorcycles, Fuel and Parts	667	2361030	463872
#汽车零售	Retail of Motor Vehicles	512	1409275	385132
机动车燃料零售	Retail of Fuel of Motor Vehicles	74	899255	60418
家用电器及电子产品专门零售	Special Retail of Household Electric Appliances and Electronic Products	421	578900	157290
#家用电器零售	Retail of Household Electric Appliances	333	470061	133382
计算机、软件及辅助设备零售	Retail of Computer, Software and Assistant Appliances	65	78846	16226
通讯设备零售	Retail of Communication Equipments	13	18231	5580
五金、家具及室内装修材料专门零售	Special Retail of Hardware, Furniture and Decoration Materials	92	128913	31142
无店铺及其他零售	Non-shop and Other Retails	76	64108	14039

单位：万元（10000 yuan）

固定资产合计 Total Fixed Assets	固定资产原价 Original Value of Fixed Assets	累计折旧 Progessive Deprecia-tion	#本年折旧 Deprecia-tion this Year	资产总计 Total of Assets	负债合计 Total of Liabilities	流动负债 Working Liabilities	所有者权益 Creditors' Equity	#实收资本 Capital Hold	#国家资本 National Capital
2576276	**3347481**	**1015853**	**201711**	**27503710**	**20057212**	**19560452**	**7716540**	**3565723**	**970225**
1136247	**1501927**	**476881**	**86482**	**18805981**	**13948682**	**13708445**	**4857299**	**1949113**	**603095**
79146	98404	27415	4998	714001	487425	466426	226576	104048	41901
255413	369378	134451	21434	3504872	1442227	1417617	2062645	315774	184453
31838	38578	10142	1474	788792	689988	671022	98804	48731	29015
150052	227633	91955	13150	1662305	175051	175132	1487254	121483	100278
73514	102909	30726	5859	958368	965865	947526	-7497	92285	16066
56910	75813	18993	3534	398305	283327	266906	114978	74724	13460
15026	23420	9717	1493	661060	381676	380730	279384	107246	81951
100021	127076	32939	7726	1658441	1442595	1437422	215846	170561	7323
495767	638571	200320	35173	7926734	6301200	6143384	1625535	887213	251911
32993	35187	15921	2250	702506	521868	471193	180638	145264	4547
354623	480563	148639	25340	2935752	2079077	2000888	856675	388639	204963
51013	53503	15976	3022	2978678	2790097	2773122	188581	158819	18505
12823	15420	4348	1210	304932	242904	241409	62028	54633	4980
32308	35304	7177	2012	778131	505511	499427	272620	98310	5000
78777	92277	27150	6877	2666997	2400527	2392897	266470	171391	14937
21690	29233	8367	1839	590727	516372	514997	74355	60862	2600
9442	10905	3641	1342	1169887	1127409	1127489	42478	41652	4000
1986	2680	798	190	131650	115405	115405	16245	15627	3000
594	883	289	45	10876	5630	5615	5246	3990	
37988	49009	13875	2878	704633	521537	516828	183096	96605	4555
1440029	**1845554**	**538972**	**115230**	**8697729**	**6108530**	**5852006**	**2859241**	**1616610**	**367130**
693712	918543	273599	54976	3048901	2164772	2025741	884130	530880	122954
387020	514740	147371	24763	1826369	1195220	1090356	631150	319775	113124
292039	384953	121139	28724	1170269	939794	905709	230475	199965	9230
29474	32004	9456	1864	168875	112046	108670	56829	36418	4151
39074	56136	17445	4637	339206	142420	141001	196786	83225	210
35964	50796	15216	4272	276365	104005	102728	172361	74657	
49072	68956	23491	2809	243319	92823	86206	150496	65315	36716
103	127	37	13	7613	6661	1181	951	1053	
41318	60263	22524	2635	195813	62524	61775	133289	59873	36716
55205	73614	21867	4931	681597	558003	553441	123595	102076	18414
52565	69480	20373	4865	649877	533511	528949	116366	96706	18414
454603	531554	141191	30221	3210404	2315525	2247021	894880	606695	176991
243859	278142	61671	18945	1875417	1372046	1343310	503372	373657	3312
202044	242316	76762	9834	1262738	892087	854380	370652	216939	173679
31485	43784	13067	3169	690432	518813	509353	171619	122121	4099
29491	39737	10972	2716	571949	444601	435319	127348	86729	2416
1372	2549	1200	237	83587	49409	49300	34178	28385	
391	1079	690	144	20406	13394	13394	7012	4143	1683
60218	93906	34323	11624	209852	141908	126418	337985	38348	
27186	27057	4534	999	105143	62222	54156	42921	31531	3597

16—8 续表 continued

指　标	Item	主营收入 Project Settlement Income	主营成本 Project Settlement Cost	主营税金及附加 Project Settlement Tax and Extra Charges
总　计	**Total**	**58013457**	**52877198**	**378739**
批发业合计	**Wholesale Trade**	**41250950**	**37722754**	**301303**
农畜产品批发	Wholesale of Farm Produce and Livestock Products	900722	821178	546
食品、饮料及烟草制品批发	Wholesale of Food, Beverages and Tobaccos	6693545	5300529	216648
#米、面制品及食用油批发	Wholesale of Rice, Flour and Edible Oil	1321543	1265636	880
烟草制品批发	Wholesale of Tobaccos	3477181	2551622	207934
纺织、服装及日用品批发	Wholesale of Textiles, Garments and Daily Consumer Articles	2754017	2126064	11348
#服装批发	Wholesale of Garments	539533	491756	882
文化、体育用品及器材批发	Wholesale of Culture, Sports Appliances and Equipments	369534	336084	581
医药及医疗器材批发	Wholesale of Medicines and Medical Appliances	4607370	4462285	3544
矿产品、建材及化工产品批发	Wholesale of Mineral Products, Building Materials and Chemical Products	16123502	15492109	20444
#煤炭及制品批发	Wholesale of Coal and Related Products	2885789	2791958	1996
石油及制品批发	Wholesale of Petroleum and Related Products	5695292	5393946	6171
金属及金属矿批发	Wholesale of Metal Materials	5097644	4986883	5169
建材批发	Wholesale of Building Materials	744055	699598	6115
化肥批发	Wholesale of Chemical Fertilizer	1094935	1046477	194
机械设备、五金交电及电子产品批发	Wholesale of Machinery, Hardware and Electronic Equipment	6963781	6473508	9031
#汽车、摩托车及零配件批发	Wholesale of Motor Vehicles, Motorcycles and Parts	1997341	1900655	1427
家用电器批发	Wholesale of Household Electrical Appliances	2875600	2599982	5441
计算机、软件及辅助设备批发	Wholesale of Computer, Software and Assistant Appliances	205681	200816	179
贸易经纪与代理	Trade Broker and Agency	44873	43215	7
其他批发	Other Wholesale not Classified Elsewhere	2793607	2667782	39155
零售业合计	**Retail Trade**	**16762507**	**15154444**	**77436**
综合零售	Integrated Retail	5126066	4500869	30361
#百货零售	Retail of General Merchandise	2861911	2549363	19348
超级市场零售	Retail of Supermarkets	2178238	1880885	8774
食品、饮料及烟草制品专门零售	Retail of Food, Beverages and Tobaccos	359104	315856	1301
纺织、服装及日用品专门零售	Special Retail of Textiles, Garments and Daily Consumer Artic	348535	279011	2195
#服装零售	Retail of Garments	209968	167877	1538
文化、体育用品及器材专门零售	Retail of Culture, Sports Appliances and Equipments	323664	246743	1658
#体育用品零售	Retail of Sports Goods	5535	5144	9
图书零售	Retail of Books	289696	217566	932
医药及医疗器材专门零售	Retail of Medicines and Medical Appliances	1412781	1308809	2523
#药品零售	Retail of Medicines	1358907	1261381	2408
汽车、摩托车、燃料及零配件专门零售	Retail of Motor Vehicles, Motorcycles, Fuel and Parts	7006603	6577968	17796
#汽车零售	Retail of Motor Vehicles	4209010	3925357	9598
机动车燃料零售	Retail of Fuel of Motor Vehicles	2637422	2503982	7985
家用电器及电子产品专门零售	Special Retail of Household Electric Appliances and Electronic Products	1472778	1339644	4097
#家用电器零售	Retail of Household Electric Appliances	1197393	1083255	3434
计算机、软件及辅助设备零售	Retail of Computer, Software and Assistant Appliances	189851	179085	354
通讯设备零售	Retail of Communication Equipments	62507	55622	255
五金、家具及室内装修材料专门零售	Special Retail of Hardware, Furniture and Decoration Materials	516270	414965	16298
无店铺及其他零售	Non-shop and Other Retails	196706	170580	1206

单位：万元（10000 yuan）

其他业务利润 Other Business Profit	销售费用 Operating Expense	管理费用 Management Expense	#税金 Tax	财务费用 Financial Expenses	营业利润 Operating Profit	利润总额 Total Profit	应交所得税 Payable Income Tax	本年应付工资薪酬 Total Payable Wages this Year
218568	**2520202**	**1046764**	**56291**	**214999**	**1244395**	**1281771**	**278905**	**907673**
61921	**1701485**	**614715**	**37085**	**135331**	**858961**	**917456**	**213700**	**490239**
2242	34140	23574	680	9692	14510	21389	1892	11993
6435	315590	237828	13912	-25585	668553	678822	162437	178605
1941	26577	8792	420	10479	7244	14840	3356	8739
1674	52033	175524	11386	-29979	521806	529086	127228	110679
16686	582874	82846	2724	2793	-31000	-52699	5374	86653
1332	17487	13521	778	2016	17926	6952	761	9351
2789	15516	8545	347	-2697	15414	14757	327	6760
3055	72985	47202	2061	7066	16845	15634	4094	25605
18121	278667	103754	13479	119107	125803	137500	21102	100280
2541	44552	12535	897	15325	20544	20698	3950	5471
7110	162552	35957	4741	15694	81791	77315	5298	63473
7010	31878	21907	2661	70455	-10249	893	5528	9739
244	5552	12421	4481	4541	16244	15687	1324	7618
816	17872	10563	340	9294	15805	20011	3678	5162
11980	375918	70840	2925	10689	40267	41323	8652	51567
3022	62947	12766	828	4939	18034	18835	1821	13305
2164	254269	20188	1010	-1039	-1541	-1338	1746	20389
160	2552	1302	67	269	1013	968	99	1391
116	875	510	22	142	247	311	47	342
497	24921	39618	935	14123	8323	60418	9776	28435
156646	**818717**	**432049**	**19206**	**79669**	**385434**	**364315**	**65206**	**417434**
116931	398379	206575	8298	26810	110780	114552	30091	189821
41758	139960	121661	4537	18579	85215	85681	18834	79282
75064	254801	80340	3618	7853	20969	25727	11044	107719
1766	17315	9727	345	2771	11107	10374	1767	12830
2891	33641	15742	456	1917	18915	17353	1860	16217
2080	19547	12204	346	1457	9425	8330	463	11366
2240	29384	20876	707	-465	28022	24216	149	20455
	394	111		-18	-104	-104	2	206
2101	26837	19503	689	-1036	28309	24812	80	18955
2549	52453	31721	1003	6613	13255	12776	2978	28819
2488	50099	29432	947	5978	12141	11736	2888	27859
14210	172652	92950	6184	32238	125922	117141	18800	95951
11178	95257	70995	4683	29752	90410	82707	16207	61028
2835	73253	17197	1275	1732	33639	33129	1839	31373
14642	86829	29081	1175	5275	24165	20179	5413	36209
11066	74253	23491	998	4467	19701	16111	4880	28930
1965	6468	3196	136	376	3681	3244	281	4018
1511	5426	1803	22	334	621	588	215	2899
888	15032	19289	664	3574	47951	42627	2606	12127
531	13032	6087	373	937	5316	5097	1543	5007

16—9 限额以上住宿业和餐饮企业主要财务指标情况（2011年）

Main Financial Indicators of Enterprises Above Designated Size in Catering Trades by Status of Registration and by Sector (2011)

指标	Item	企业数（个）Number of Enterprises (unit)	流动资产合计 Circulating Funds	#存货 Stock
总计	**Total**	**1181**	**981824**	**89354**
住宿业合计	**Total of Accommodation Enterprises**	**458**	**642754**	**51088**
国有控股	State-holding Enterprises	104	159769	13665
内资	Domestic-funded	439	598250	50004
国有	State-owned	61	99355	9218
集体	Collective-owned	6	3537	366
股份合作企业	Cooperative	7	2334	195
有限责任公司	Limited Liability Company	142	286531	23700
国有独资公司	State-funded Corporations	4	17467	928
其他有限责任公司	Other Limited Liability Corporations	138	269064	22772
股份有限公司	Share-holding Corporations Ltd.	30	25237	2548
私营	Private	175	165969	10657
私营独资	Private-funded	36	20833	1251
私营有限责任公司	Private Limited Liability Corporations	124	134134	8860
私营股份有限公司	Private Share-holding Corporations Ltd.	10	10464	487
其他	Other	18	15289	3321
港澳台商投资	With Investment from Hong Kong, Macao and Taiwan	13	41461	731
外商投资企业	Enterprises with Foreign Investment	6	3043	353
按国民经济行业分	**By Sector**			
旅游饭店	Tourist Hotel	341	569990	44417
一般旅馆	Common Hotel	109	67958	4182
其他住宿服务	Other Accommodation Service	8	4806	2489
餐饮业合计	**Catering Trade**	**723**	**339070**	**38266**
国有控股	State-holding Enterprises	32	14399	1522
内资	Domestic-funded	711	330652	36190
国有	State-owned	24	11128	1110
集体	Collective-owned	5	925	135
股份合作企业	Cooperative	5	1778	192
有限责任公司	Limited Liability Company	147	67318	7430
国有独资公司	State-funded Corporations	2	632	88
其他有限责任公司	Other Limited Liability Corporations	145	66686	7342
股份有限公司	Share-holding Corporations Ltd.	22	11805	1163
私营	Private	455	221201	24178
私营独资	Private-funded	106	33162	3794
私营有限责任公司	Private Limited Liability Corporations	306	160376	17865
私营股份有限公司	Private Share-holding Corporations Ltd.	27	24793	1938
其他	Other	51	16452	1982
港澳台商投资企业	With Investment from Hong Kong, Macao and Taiwan	6	3587	546
外商投资企业	Enterprises with Foreign Investment	6	4831	1530
按国民经济行业分	**By Sector**			
正餐服务	Dinner	692	318657	37014
快餐服务	Fast Food	18	14792	1116
饮料及冷饮服务	Drink and Cold Drink Service	6	437	71
其他餐饮服务	Other Catering Service	7	5184	65

单位：万元（10000 yuan）

固定资产合计 Total Fixed Assets	固定资产原价 Original Value of Fixed Assets	累计折旧 Progessive Deprecia-tion	#本年折旧 Deprecia-tion this Year	资产总计 Total of Assets	负债合计 Total of Liabilities	流动负债 Working Liabilities	所有者权益 Creditors' Equity	#实收资本 Capital Hold	#国家资本 National Capital
1290138	**1568270**	**431644**	**84529**	**2930971**	**1975677**	**1578107**	**955293**	**793725**	**137588**
948383	**1158866**	**328805**	**60422**	**2038686**	**1401652**	**1061228**	**637035**	**519957**	**124294**
301161	433954	149162	19080	561849	349436	309903	212413	158812	112331
844072	1029569	297940	54395	1791906	1198707	946270	593199	465025	120697
159382	218915	71779	10184	319988	202093	173469	117894	90745	65373
10887	10428	1884	346	17035	9982	3985	7053	1189	
7269	3787	558	118	10032	5258	4491	4774	2192	50
338897	403995	128803	24848	786279	518729	361685	267550	209297	36292
13030	19614	8866	912	31691	15063	9516	16627	4100	1100
325867	384380	119937	23936	754588	503666	352169	250923	205197	35192
82800	115141	34116	6513	127029	83916	82040	43113	29806	16940
186592	209049	48003	10278	432535	305633	247863	126902	113152	
28735	27940	5333	1159	60274	39093	27384	21181	20867	
125476	142740	36541	8369	327135	234133	199333	93002	83993	
30680	35743	5176	466	42888	31666	20405	11222	6741	
58246	68255	12797	2109	99009	73096	72736	25913	18641	2042
78194	96899	24384	5786	215270	174148	110876	41122	51523	3597
26117	32397	6481	242	31510	28797	4083	2713	3409	
801950	992099	298805	53779	1776253	1223105	905290	553148	444858	107450
106239	123208	26635	5797	210900	134669	120540	76231	67677	16844
40194	43558	3364	846	51533	43877	35398	7656	7422	
341756	**409404**	**102840**	**24107**	**892285**	**574026**	**516879**	**318259**	**273768**	**13294**
46738	58190	15707	2422	72053	60830	51989	11222	16419	13294
335726	398044	97371	23184	844036	551042	494625	292993	250117	13294
42795	52165	13621	2052	62090	52946	47324	9145	14397	12260
4232	6931	2699	222	5556	5719	2519	-163	2140	
1072	1545	476	88	3926	2886	2437	1040	1662	
77669	94809	27442	5256	186616	111670	90812	74946	58459	1034
241	308	67	66	1603	1109	1109	494	494	491
77428	94502	27375	5190	185014	110561	89703	74453	57966	544
11162	14213	3175	573	31864	21418	15538	10446	10258	
177431	203557	45449	13573	505343	324817	307372	180526	150639	
39559	44038	7442	1559	79709	35651	32746	44058	37099	
121162	141083	33293	10575	373339	252253	241829	121085	99282	
10809	11553	3443	738	42973	28427	24713	14547	11455	
17348	20817	4509	1420	44577	27780	24818	16797	12313	
4598	9743	5233	847	13500	8943	8214	4556	2794	
1432	1617	236	76	34749	14040	14040	20709	20857	
332770	393895	96060	22799	853286	547077	490488	306210	265765	13159
4893	11123	6239	1180	27028	20589	20056	6438	5690	136
668	726	83	11	1389	1157	1133	232	390	
3425	3659	458	116	10581	5203	5203	5379	1923	

16—9 续表 continued

指 标	Item	主营收入 Project Settlement Income	主营成本 Project Settlement Cost	主营税金及附加 Project Settlement Tax and Extra Charges
总 计	**Total**	**1369750**	**657595**	**72335**
住宿业合计	**Total of Accommodation Enterprises**	**660481**	**270984**	**35620**
国有控股	State-holding Enterprises	207564	94963	11211
内 资	Domestic-funded	610256	258096	33061
国 有	State-owned	91052	38233	4856
集 体	Collective-owned	3978	1688	196
股份合作企业	Cooperative	4691	1788	317
有限责任公司	Limited Liability Company	262047	106651	14794
国有独资公司	State-funded Corporations	18698	7484	1183
其他有限责任公司	Other Limited Liability Corporations	243350	99167	13611
股份有限公司	Share-holding Corporations Ltd.	59019	28916	3080
私 营	Private	160659	66763	8302
私营独资	Private-funded	23659	10873	1357
私营有限责任公司	Private Limited Liability Corporations	122446	49119	6328
私营股份有限公司	Private Share-holding Corporations Ltd.	12331	5393	559
其 他	Other	28810	14057	1518
港澳台商投资	With Investment from Hong Kong, Macao and Taiwan	35292	9335	1754
外商投资企业	Enterprises with Foreign Investment	14933	3553	805
按国民经济行业分	**By Sector**			
旅游饭店	Tourist Hotel	569706	229305	30819
一般旅馆	Common Hotel	83955	37859	4471
其他住宿服务	Other Accommodation Service	6820	3820	330
餐饮业合计	**Catering Trade**	**709269**	**386611**	**36715**
国有控股	State-holding Enterprises	41781	22286	2027
内 资	Domestic-funded	674246	372316	34758
国 有	State-owned	32444	16611	1488
集 体	Collective-owned	5266	2321	284
股份合作企业	Cooperative	2828	1265	168
有限责任公司	Limited Liability Company	130755	72297	6595
国有独资公司	State-funded Corporations	1373	566	76
其他有限责任公司	Other Limited Liability Corporations	129382	71732	6519
股份有限公司	Share-holding Corporations Ltd.	18628	10882	993
私 营	Private	441639	245167	22973
私营独资	Private-funded	65089	37501	3313
私营有限责任公司	Private Limited Liability Corporations	329322	180086	17179
私营股份有限公司	Private Share-holding Corporations Ltd.	37731	20830	1949
其 他	Other	40913	22138	2213
港澳台商投资企业	With Investment from Hong Kong, Macao and Taiwan	27864	10761	1562
外商投资企业	Enterprises with Foreign Investment	7159	3534	396
按国民经济行业分	**By Sector**			
正餐服务	Dinner	634490	349467	33134
快餐服务	Fast Food	64146	30542	3227
饮料及冷饮服务	Drink and Cold Drink Service	1933	986	87
其他餐饮服务	Other Catering Service	8701	5616	267

单位：万元（10000 yuan）

其他业务利润 Other Business Profit	销售费用 Operating Expense	管理费用 Management Expense		财务费用 Financial Expenses	营业利润 Operating Profit	利润总额 Total Profit	应交所得税 Payable Income Tax	本年应付工资薪酬 Total Payable Wages this Year
			#税金 Tax					
11879	**363894**	**242559**	**10687**	**47384**	**-372**	**-8567**	**13793**	**240776**
8321	**189588**	**158898**	**7624**	**30934**	**-15501**	**-14331**	**4970**	**128985**
4647	49765	49387	3086	2436	6297	7032	1268	42569
8294	174620	139729	7111	26074	-11303	-9667	4913	119997
3874	26957	26492	2123	518	-234	-907	513	19877
42	740	1234		544	-382	-371		682
	1747	460	85	228	152	163	67	991
3132	85243	59057	2567	16336	-16913	-14470	2403	52792
-6	3912	4021	59	238	1854	2429	224	3966
3139	81331	55036	2508	16098	-18768	-16899	2179	48826
427	9049	11098	774	968	6285	6073	102	11225
731	44511	34273	1296	7268	166	163	1506	29530
51	7307	3463	118	1037	-435	-352	172	4037
680	34606	27993	990	5708	-627	-775	1217	23255
	2239	2568	171	477	1096	1160	105	1978
89	6373	7115	267	213	-376	-318	322	4900
	10673	13673	512	4631	-4779	-5298		6921
26	4295	5496		230	581	634	57	2067
6945	165795	140531	6980	27834	-15748	-13299	4025	113324
1375	23053	16117	482	2940	835	-457	893	13854
	740	2250	162	160	-587	-576	51	1808
3558	**174306**	**83661**	**3063**	**16450**	**15129**	**5764**	**8823**	**111791**
221	10944	10146	417	273	-3677	-4284	152	6181
3558	159226	81669	3057	16095	13785	4585	8521	106487
212	9171	8473	333	230	-3319	-3895	34	4213
4	1157	1385	1	33	90	77	58	847
	1010	257	9	126	1	1	1	426
1173	31262	17720	523	3219	823	-262	1727	19923
	616	81	2	6	30	32	31	156
1173	30646	17639	521	3214	793	-293	1696	19767
13	4472	2501	284	1090	-1297	-2493	30	3754
1807	103378	46655	1589	10596	14736	10044	6103	70428
332	10724	6117	505	774	6993	4993	385	9708
1455	82544	35597	961	8212	7220	4480	5183	51785
11	8815	3473	68	1253	1421	1512	429	7229
349	8777	4624	304	756	2754	1114	569	6786
	12552	1690	6	336	964	801	269	4195
	2528	302		20	379	379	34	1109
3509	147632	81039	3030	15440	11331	3333	7888	102386
49	25068	2226	10	951	2181	2130	836	7834
	712	196	7	18	-66	-128	23	311
	895	200	16	41	1683	429	76	1259

16—10 限额以上批发和零售业连锁经营情况（2011年）
Basic Conditions of Chain-Enterprise Above Quota Wholesale and Retail (2011)

指标		Item		合计 Total	直销店 Directly-run Shops	加盟店 Alliance Shops
门店总数	（个）	Gross Number of Shops	(unit)	8831	3478	5353
从业人数	（人）	Number of People Engaged	(person)	89009	69058	19951
零售营业面积	（平方米）	Area of Business	(sq.m)	4641857	4235762	406095
连锁门店商品购进额	（万元）	Total Purchases	(10000 yuan)	12939440	11851772	1087669
#统一配送商品购进额		Centralized Purchase and Delivery		10189627	9335469	854157
#自有配送中心配送商品购进额		Total Revenue of Purchasing by Self Purchase and Delivery		4608280	4098803	509477
非自有配送中心配送商品购进额		Total Revenue of Purchasing by Non-self Purchase and Delivery		325743	103955	221788
连锁门店商品销售额	（万元）	Sales Value of Commodities	(10000 yuan)	13528204	12881312	646891
#零售额		Revenue of Retail Sales		8493212	8279939	213273

16—11 限额以上住宿和餐饮业连锁经营情况（2011年）
Basic Conditions of Chain-Enterprise Above Quota Lodging and food and Beverage Industry (2011)

指标		Item		合计 Total	直销店 Directly-run Shops	加盟店 Alliance Shops
门店总数	（个）	Gross Number of Shops	(unit)	256	240	16
从业人数	（人）	Number of People Engaged	(person)	9474	7851	1623
餐饮营业面积	（平方米）	Area of Business	(sq.m)	425771	356081	69690
客房数	（间）	Guestroom Number		760	379	381
床位数	（个）	Bed Capacity		1249	607	642
餐位数	（位）	Number of Seating Arrangement		60017	54219	5798
连锁门店商品购进(采购)额	（万元）	Chain shops Commodity Purchasing Volume	(10000 yuan)	42315	35039	7276
#统一配送商品购进额		Centralized Purchase and Delivery		30913	27767	3147
#自有配送中心配送商品购进(采购)额		Total Revenue of Purchasing by Self Purchase and Delivery		17878	16501	1377
非自有配送中心配送商品购进(采购)额		Total Revenue of Purchasing by Non-self Purchase and Delivery		2686	2686	
连锁门店营业额	（万元）	Chain shops Turnover	(10000 yuan)	101539	84648	16891
#餐费收入		Catering Income		92042	78379	13664
商品销售额		Total Sales of Goods		9497	6269	3228

16—12 各市限额以上批发和零售业连锁经营情况（2011年）

Basic Conditions of Chain-Enterprise Above Quota Wholesale and Retail by Region (2011)

地 区 Region	门店总数 (个) Gross Number of Shops (unit)	从业人员 (人) Number of People Engaged (person)	零售营业面积 (平方米) Area of Business (sp.m)	商品购进总额 (万元) Total Purchases (10000 yuan)	#统一配送商品购进额 Centralized Purchase and Delivery	#自有配送中心配送 Total Revenue of Purchasing by Self	商品销售额 (万元) Sales Value of Commodities (10000 yuan)	零售额 Retail
总　计 Total	**8831**	**89009**	**4641857**	**12939440**	**10189627**	**4608280**	**13528204**	**8493212**
合 肥 市 Hefei	7579	66675	3429531	11419886	9044988	4211971	12401021	7557898
淮 北 市 Huaibei								
亳 州 市 Bozhou	62	1128	14760	15036	755		13430	13430
宿 州 市 Suzhou								
蚌 埠 市 Bengbu	98	1571	53588	76105	76105		63566	63566
阜 阳 市 Fuyang	580	6597	197426	572553	332895	191795	135161	127956
淮 南 市 Huainan	68	2906	143564	133469	71006		129722	129722
滁 州 市 Chuzhou	21	540	9050	13260	13260	13260	12835	12835
六 安 市 Luan								
马鞍山市 Maanshan	156	1910	116858	198942	191682	188200	227072	119314
芜 湖 市 Wuhu	3	85	1300	2784	2784	2784	4259	2849
宣 城 市 Xuancheng	31	1555	107989	71886	71886		46525	46525
铜 陵 市 Tongling	14	112	3596	7274	3568		5114	4535
池 州 市 Chizhou								
安 庆 市 Anqing	219	5930	564195	428247	380697	270	489500	414582
黄 山 市 Huangshan								

16—13 各市限额以上住宿和餐饮业连锁经营情况（2011年）

Basic Conditions of Chain-Enterprise Above Quota Lodging and Food and Beverage Industry by Region (2011)

地 区 Region	门店总数 (个) Gross Number of Shops (unit)	从业人员 (人) Number of People Engaged (person)	餐饮营业面积 (平方米) Area of Business (sp.m)	客房数 (间) Guestroom Number (unit)	床位数 (个) Bed Capacity (unit)	餐位数 (位) Number of eating Arrangement (unit)	商品购进总额 (万元) Total Purchases (10000 yuan)	营业额 (万元) Turnover (10000 yuan)
总　计 Total	**256**	**9474**	**425771**	**760**	**1249**	**60017**	**42315**	**101539**
合 肥 市 Hefei	240	7656	390371	760	1249	50217	35790	86001
淮 北 市 Huaibei								
亳 州 市 Bozhou								
宿 州 市 Suzhou								
蚌 埠 市 Bengbu								
阜 阳 市 Fuyang								
淮 南 市 Huainan								
滁 州 市 Chuzhou								
六 安 市 Luan								
马鞍山市 Maanshan	12	1408	25500			8400	6354	12019
芜 湖 市 Wuhu								
宣 城 市 Xuancheng								
铜 陵 市 Tongling								
池 州 市 Chizhou								
安 庆 市 Anqing	4	410	9900			1400	170	3519
黄 山 市 Huangshan								

16—14 各市限额以上批发零售企业主要财务指标情况（2011年）

Main Financial Indicators of Enterprises Above Designated Size in Wholesale and Retail by Region (2011)

地 区	Region	企业数（个）Number of Enterprises (unit)	流动资产合计 Circulating Funds	#存货 Stock	固定资产合计 Total Fixed Assets	固定资产原价 Original Value of Fixed Assets
总 计	**Total**	**3280**	**22041780**	**4698050**	**2576276**	**3347481**
合肥市	Hefei	791	10342603	2368413	839164	1132227
淮北市	Huaibei	77	361741	51409	44371	62661
亳州市	Bozhou	154	438303	83456	61990	76456
宿州市	Suzhou	152	512852	149999	145644	153130
蚌埠市	Bengbu	207	944512	169847	113842	167790
阜阳市	Fuyang	186	1103685	252982	177634	236017
淮南市	Huainan	122	540648	141943	98213	133576
滁州市	Chuzhou	234	627349	276285	138404	172449
六安市	Luan	167	806421	201092	113079	158329
马鞍山市	Maanshan	139	1692432	177146	138266	170781
芜湖市	Wuhu	308	2481992	345967	279885	302928
宣城市	Xuancheng	176	427180	127319	90437	120204
铜陵市	Tongling	86	453402	100578	57651	80098
池州市	Chizhou	109	303247	50536	80807	123752
安庆市	Anqing	252	809673	150734	145405	192629
黄山市	Huangshan	120	195740	50346	51484	64455

16—15 各市限额以上住宿和餐饮企业主要财务指标情况（2011年）

Main Financial Indicators of Enterprises Above Designated Size in Catering Trades by Status of Registration and by Sector by Region (2011)

地 区	Region	企业数（个）Number of Enterprises (unit)	流动资产合计 Circulating Funds	#存货 Stock	固定资产合计 Total Fixed Assets	固定资产原价 Original Value of Fixed Assets
总 计	**Total**	**1181**	**981824**	**89354**	**1290138**	**1568270**
合肥市	Hefei	326	351642	35411	335363	450364
淮北市	Huaibei	7	4442	424	11710	16010
亳州市	Bozhou	38	20425	859	20821	21705
宿州市	Suzhou	38	18036	824	32336	43671
蚌埠市	Bengbu	57	38262	6440	30292	44955
阜阳市	Fuyang	54	38901	2115	23357	41112
淮南市	Huainan	31	24890	1984	33617	43013
滁州市	Chuzhou	60	51372	5402	48839	52224
六安市	Luan	60	30647	3413	77394	78297
马鞍山市	Maanshan	64	69569	4584	38133	54417
芜湖市	Wuhu	94	108769	7761	194913	230856
宣城市	Xuancheng	71	30641	3041	47783	57071
铜陵市	Tongling	54	41147	2817	28096	35002
池州市	Chizhou	52	29373	4215	73817	79151
安庆市	Anqing	97	43992	5156	96532	103674
黄山市	Huangshan	78	79716	4909	197136	216749

单位：万元（10000 yuan）

累计折旧 Progessive Depreciation	#本年折旧 Depreciation this Year	资产总计 Total of Assets	负债合计 Total of Liabilities	#流动负债 Working Liabilities	所有者权益 Creditors' Equity	#实收资本 Capital Hold	#国家资本 National Capital
1015853	**201711**	**27503710**	**20057212**	**19560452**	**7716540**	**3565723**	**970225**
356977	74322	12722390	9682255	9480014	3310176	1436618	514968
21294	5222	508728	327163	316885	181564	108923	27094
25067	4036	547204	385446	377253	161758	90237	26397
47776	7546	777762	428429	360170	349334	181541	95297
59365	11727	1126096	840682	833383	285414	141291	25285
75711	10476	1381461	1033358	1003903	348103	175003	37570
45971	8145	680532	418603	406077	261930	127396	14151
41273	6701	879777	543853	532193	335924	178734	54263
49665	8759	1031581	664273	652852	367308	126245	11196
47979	11131	1927802	1673002	1664039	254801	130443	33179
70678	16491	2971705	2343294	2290583	628410	391020	19423
32142	8852	618274	312510	302335	305764	117642	14655
22748	4031	559100	372347	362542	186753	109735	58828
44594	12441	457011	255959	244291	201052	87176	16338
51287	8668	1043845	636649	599233	407196	109658	10652
23326	3165	270444	139390	134700	131054	54062	10928

单位：万元（10000 yuan）

累计折旧 Progessive Depreciation	#本年折旧 Depreciation this Year	资产总计 Total of Assets	负债合计 Total of Liabilities	#流动负债 Working Liabilities	所有者权益 Creditors' Equity	#实收资本 Capital Hold	#国家资本 National Capital
431644	**84529**	**2930971**	**1975677**	**1578107**	**955293**	**793725**	**137588**
137152	28231	909603	626980	486047	282623	254771	62934
4695	2003	16732	6499	5714	10233	9435	4011
4177	999	52405	29872	29369	22533	18275	1087
12453	1431	53047	35148	26019	17899	13162	1772
14824	2979	81516	65233	64636	16282	23184	8031
19014	1919	81029	56896	53556	24133	22643	1612
10791	2266	70061	51544	47531	18517	24362	2979
10668	2412	108203	75012	71809	33191	26433	3233
14323	3696	120629	83555	72660	37075	33078	4162
17106	3120	179223	122558	120925	56665	51233	1102
44632	12010	343613	281355	204206	62258	60792	1269
13680	3802	112894	66224	59324	46670	20580	1111
8715	1713	106170	65197	48071	40973	21621	512
14493	3353	137341	65507	59324	71833	54031	25531
28729	4374	191512	95750	70145	95763	42363	2143
76191	10222	366994	248349	158772	118645	117762	16101

16—14 续表 continued

地 区	Region	主营收入 Project Settlement Income	主营成本 Project Settlement Cost	主营税金及附加 Project Settlement Tax and Extra Charges	其他业务利润 Other Business Profit
总 计	**Total**	**58013457**	**52877198**	**378739**	**218568**
合 肥 市	Hefei	27908226	25489272	121279	122078
淮 北 市	Huaibei	854544	760972	7547	4353
亳 州 市	Bozhou	1404405	1155628	20280	2312
宿 州 市	Suzhou	2380548	2223561	16372	2790
蚌 埠 市	Bengbu	1669788	1518761	15676	14020
阜 阳 市	Fuyang	4259378	3997177	23634	8899
淮 南 市	Huainan	1637653	1489587	13427	8535
滁 州 市	Chuzhou	1865844	1657110	19377	6647
六 安 市	Luan	2202480	1892327	28942	4719
马鞍山市	Maanshan	2914242	2738492	18090	12924
芜 湖 市	Wuhu	4973286	4630424	23009	11872
宣 城 市	Xuancheng	1574852	1429752	18820	2906
铜 陵 市	Tongling	1042987	958835	7592	3747
池 州 市	Chizhou	606061	519022	11611	2421
安 庆 市	Anqing	2003553	1785133	24707	8699
黄 山 市	Huangshan	715611	631146	8377	1644

16—15 续表 continued

地 区	Region	主营收入 Project Settlement Income	主营成本 Project Settlement Cost	主营税金及附加 Project Settlement Tax and Extra Charges	其他业务利润 Other Business Profit
总 计	**Total**	**1369750**	**657595**	**72335**	**11879**
合 肥 市	Hefei	539223	242923	29338	5871
淮 北 市	Huaibei	14025	9698	650	9
亳 州 市	Bozhou	25275	12287	1266	53
宿 州 市	Suzhou	29675	15702	1381	325
蚌 埠 市	Bengbu	41184	18955	2172	127
阜 阳 市	Fuyang	40069	21206	2020	470
淮 南 市	Huainan	38664	19613	2080	234
滁 州 市	Chuzhou	49928	26535	2721	370
六 安 市	Luan	52015	26408	2481	169
马鞍山市	Maanshan	64097	27741	3483	781
芜 湖 市	Wuhu	126394	52081	7131	1224
宣 城 市	Xuancheng	67987	33753	3524	691
铜 陵 市	Tongling	39149	19061	2284	408
池 州 市	Chizhou	44044	22639	1962	231
安 庆 市	Anqing	97248	53713	4338	282
黄 山 市	Huangshan	100773	55282	5506	633

单位：万元（10000 yuan）

销售费用 Operating Expense	管理费用 Management Expense	#税金 Tax	财务费用 Financial Expenses	营业利润 Operating Profit	利润总额 Total Profit	应交所得税 Payable Income Tax	本年应付工资薪酬 Total Payable Wages this Year
2520202	**1046764**	**56291**	**214999**	**1244395**	**1281771**	**278905**	**907673**
1474249	453649	27166	90267	455698	455002	94644	389356
43555	20636	887	4961	21104	20383	6166	20612
109946	44609	1020	-532	76716	76144	17171	43662
57875	34472	963	4684	45763	40121	10241	29453
62000	43664	1642	9774	33596	36908	8249	34095
108090	62982	2509	4766	71346	68663	13082	53807
66215	28803	1222	3788	42348	42318	8752	26607
94389	52233	1345	9043	40074	44083	11100	42674
89680	49054	5797	7576	141025	127706	28213	48208
74108	41317	4098	38919	16234	24650	11634	36502
151113	71724	4229	23010	85415	98259	21551	62587
50346	38111	1604	2125	40329	59947	13423	31497
26157	16741	471	5444	32443	47293	8124	15560
22244	19072	875	1373	35065	34507	5484	13429
62536	48063	1469	8272	80586	78253	15643	40292
27699	21636	995	1530	26652	27535	5429	19334

单位：万元（10000 yuan）

销售费用 Operating Expense	管理费用 Management Expense	#税金 Tax	财务费用 Financial Expenses	营业利润 Operating Profit	利润总额 Total Profit	应交所得税 Payable Income Tax	本年应付工资薪酬 Total Payable Wages this Year
363894	**242559**	**10687**	**47384**	**-372**	**-8567**	**13793**	**240776**
151945	90311	3242	18261	13213	9200	7472	88577
1196	4326	201	57	-1893	-1794	59	3270
7074	5430	139	507	-1239	-1340	190	5079
7062	5535	50	869	-548	-574	61	4364
10875	9324	383	876	89	-44	377	7086
10840	5954	322	843	-323	-430	179	7097
10893	5903	449	1364	-957	-772	140	6556
12079	9317	183	1411	-1765	-2591	331	9588
10496	10651	704	1642	459	57	388	9406
19705	13668	412	2737	-2456	-2230	492	14973
43943	25165	1185	6565	-7267	-6743	1274	21530
15470	8586	1036	1356	5986	5782	1126	9570
10609	5795	127	1517	248	421	192	7410
9940	6492	238	521	2719	2039	296	8819
21498	12499	538	3470	2012	-294	858	14772
20269	23603	1478	5390	-8649	-9255	358	22680

16—16 各市限额以上批发零售、住宿餐饮企业从业人数（2011年）

Number of Persons Engaged in Enterprises Above Designated Size in Wholesale and Retail Sale, and Inventory Catering Trade by Region (2011)

单位：人（person）

地 区	Region	合 计 Total	批发和零售业 Wholesale Trade and Retail Value	零售业 Retail Value	住宿和餐饮业 Accommodation and Catering Industry	餐饮业 Catering Value
总 计	**Total**	**386656**	**276288**	**182452**	**110368**	**57839**
合肥市	Hefei	123189	87430	47098	35759	22995
淮北市	Huaibei	9158	7840	5900	1318	235
亳州市	Bozhou	14423	11108	7561	3315	2584
宿州市	Suzhou	13791	10766	8102	3025	2176
蚌埠市	Bengbu	15597	11896	7925	3701	2308
阜阳市	Fuyang	26296	22199	14089	4097	2035
淮南市	Huainan	14433	11139	9275	3294	1350
滁州市	Chuzhou	22933	17528	10616	5405	2024
六安市	Luan	23665	18378	13353	5287	3413
马鞍山市	Maanshan	20229	13203	10386	7026	4246
芜湖市	Wuhu	30813	21880	15771	8933	2437
宣城市	Xuancheng	15577	10511	7549	5066	2668
铜陵市	Tongling	8640	5154	4146	3486	2085
池州市	Chizhou	9812	5499	4124	4313	1682
安庆市	Anqing	23304	15943	11904	7361	3886
黄山市	Huangshan	14476	5439	4246	9037	1678

16—17 各市限额以上批发零售业商品购进、销售和库存情况（2011年）

Total Purchases, Sales and Inventory of Enterprises Above Designated Size in Wholesale and Retail and Inventory by Region (2011)

单位：万元（10000 yuan）

地 区	Region	购进总额 Total Purchases Value	#进口 Imports	销售总额 Total Sales Value	批发 Wholesale Value	零售 Retail Value	年末库存总额 Stock (year-end)
总 计	**Total**	**61858804**	**3273100**	**68811994**	**49457403**	**19354591**	**4784721**
合肥市	Hefei	30819643	1217340	33620144	26807495	6812649	2210101
淮北市	Huaibei	930204	233	1018194	535947	482247	86449
亳州市	Bozhou	1268542		1480666	883103	597562	80262
宿州市	Suzhou	1771240	100	2540312	1564762	975550	134969
蚌埠市	Bengbu	1437133	60201	1893448	1056690	836759	259852
阜阳市	Fuyang	4403750		4951236	3482111	1469125	288557
淮南市	Huainan	1735369	865	1915182	1230459	684723	226604
滁州市	Chuzhou	1928119	485	2060290	1283031	777259	283927
六安市	Luan	2173963		2373923	1206557	1167366	262022
马鞍山市	Maanshan	4813320	1854315	4956156	4222171	733985	215202
芜湖市	Wuhu	5024211	124353	5494338	3767037	1727300	231106
宣城市	Xuancheng	1454327	1295	1758250	954882	803368	152997
铜陵市	Tongling	1136675	72	1199181	773393	425788	110167
池州市	Chizhou	635700	1949	692175	395773	296402	42201
安庆市	Anqing	1747577	3198	2056343	945882	1110461	146361
黄山市	Huangshan	579030	8693	802159	348110	454049	53946

16—18 亿元商品交易市场情况（2011年）
Market Above 100 million Yuan (2011)

指　　标	Item	市场个数（个）Number of Markets (unit)	年末摊位数（个）Number of Booths (unit)	总成交额（万元）Transaction Value (10000 yuan)
全　　省	**Total**	**138**	**94562**	**21915548**
综合市场	**Comprehensive Markets**	**44**	**50041**	**7961907**
生产资料综合市场	The Material of Production Comprehensive Markets	2	8342	2961441
工业品综合市场	Markets for Manufactured Goods	6	11512	886001
农业品综合市场	Markets for Agricultural Goods	19	13985	2652566
其他综合市场	Other Comprehensive Markets	17	16202	1461899
专业市场	**Specialized markets**	**94**	**44521**	**13953641**
生产资料市场	The Material of Production Markets	17	6062	5000780
农产品市场	Agricultural Product Markets	30	9507	2036021
食品饮料烟酒市场	Food, Drink, Tobacco and Liquor	4	2403	328118
纺织品服装鞋帽市场	Textile, Clothing, Shoes and Hats	9	7622	663096
日用品及文化用品市场	Daily Necessities and Cultual Product Markets	1	129	11340
电器通讯器材电子设备市场	Electrical Communication Equipment Electronic Equipment Markets	1	3902	893778
医药医疗用品及器材市场	Medicine and Medical Supplies and Equipment Markets	2	5662	3040407
家具五金及装饰材料市场	Furniture, Hardware and Decorative Materials Markets	18	4579	695435
汽车摩托车及零配件市场	Automobile and Motorcycle Spare Parts Markets	8	1592	1118531
花鸟鱼虫市场	Flower, Bird, Fish, Insect Markets	2	1600	110000
其他专业市场	Other Professional Markets	2	1463	56135

16—19 各市亿元商品交易市场情况（2011年）
Market Above 100 million Yuan by Region (2011)

地　区	Region	市场个数（个）Number of Markets (unit)	年末摊位数（个）Number of Booths (unit)	营业面积（平方米）Business Area (sq.m)	总成交额（万元）Transaction Value (10000 yuan)
总　　计	**Total**	**138**	**94562**	**9964660**	**21915548**
合 肥 市	Hefei	43	25868	3241543	9188387
淮 北 市	Huaibei	7	8875	615594	548935
亳 州 市	Bozhou	2	4866	42000	3154468
宿 州 市	Suzhou				
蚌 埠 市	Bengbu	7	4073	502228	204814
阜 阳 市	Fuyang	23	14170	1302740	1582248
淮 南 市	Huainan	7	2400	462084	513650
滁 州 市	Chuzhou	10	5150	747673	583657
六 安 市	Luan	3	3101	22860	79503
马鞍山市	Maanshan	8	2591	212170	475001
芜 湖 市	Wuhu	9	9304	737940	1080578
宣 城 市	Xuancheng	6	3319	38426	1084428
铜 陵 市	Tongling	7	1333	279560	798429
池 州 市	Chizhou	1	305	4921	17891
安 庆 市	Anqing	5	9207	1754921	2603559
黄 山 市	Huangshan				

16—20 亿元以上商品交易市场摊位分类情况（2011年）
Classification of Commodity Exchange Markets of Transaction Value over 100 Million Yuan (2011)

指　　标	Item	年末摊位数（个）Number of Booths (unit)	总成交额（万元）Transaction Value (10000 yuan)
合　计	**Total**	**94562**	**21915548**
食品、饮料、烟酒类	Food, Beverages, Tobacco and Liquor	31092	5782932
服装鞋帽、针、纺织品类	Clothing, Shoes, Hats and Textiles	21249	1646562
化妆品类	Cosmetics	1126	97895
金银珠宝类	Gold, Silver and Jeweler	228	20458
日用品类	Articles for Daily Use	3768	242041
五金、电料类	Hardware & Electrical Materials	2936	392373
体育、娱乐用品类	Sports & Recreational Articles	615	34370
书报杂志类	Newspapers and Magazines	395	181651
电子出版物及音像制品类	E-journal and Video Products	243	7582
家用电器和音像器材类	Household Appliances and Video Equipments	2404	744703
中西药品类	Traditional Chinese and Western Medicine	4846	3051562
文化办公用品类	Cultural and official Goods	968	74639
家具类	Furniture	1849	501344
通讯器材类	Communication Appliances	59	6139
煤炭及制品类	Coal and Related Products	8	302
木材及制品类	Wood and Wooden Products	878	463850
石油及制品类	Petroleum and Related Products	6	78
化工材料及制品类	Raw Chemical Materials and Related Products	736	202201
金属材料类	Metal Materials	2819	5337011
建筑及装潢材料类	Building and Decoration Materials	8998	1345772
机电产品及设备类	Mechanical & Electrical Products	2099	309718
汽车类	Automobile	559	896949
种子饲料类	Seed and Feedstuff	329	19109
棉麻类	Cotton and Hemp	69	4500
其他类	Others	6283	551807

16—21 各市社会消费品零售总额（2011年）
Total Retailsale of Consumer Goods in Major Years by Region (2011)

单位：万元（10000 yuan）

地　区	Region	社会消费品零售总额 Total Retail Sales of Consumer Goods	城　镇 Urban	城　区 City	乡　村 Rural	批发和零售业 Wholesale and Retail Sale Trade	住宿和餐饮业 Accomoda-tion and Catering Trade
总　计	**Total**	**49006396**	**40611731**	**28350103**	**8394665**	**43033367**	**5973029**
合 肥 市	Hefei	11111188	10759980	9354967	351208	10193562	917626
淮 北 市	Huaibei	1482829	1209855	990088	272974	1269261	213568
亳 州 市	Bozhou	2625919	1959655	617301	666264	2344833	281086
宿 州 市	Suzhou	2292308	1899883	885358	392425	2033095	259213
蚌 埠 市	Bengbu	3192848	2834241	2002909	358607	2804624	388224
阜 阳 市	Fuyang	3853790	2937104	1298910	916692	3380691	473099
淮 南 市	Huainan	2219529	2021590	1920286	197939	1953280	266249
滁 州 市	Chuzhou	2544698	2099040	1048094	445659	2181182	363516
六 安 市	Luan	3313383	1843150	1239933	1470234	2927903	385480
马鞍山市	Maanshan	2260928	2077874	1289820	183054	1962480	298448
芜 湖 市	Wuhu	4210117	3810301	2487456	399816	3657341	552776
宣 城 市	Xuancheng	2289078	1460462	740015	828616	1965638	323441
铜 陵 市	Tongling	1177528	1058187	1010917	119341	966850	210678
池 州 市	Chizhou	1070963	829426	521887	241536	925501	145461
安 庆 市	Anqing	3974884	2707162	1736579	1267723	3394409	580475
黄 山 市	Huangshan	1483407	1181495	1041238	301912	1185090	298317

16—22 各县（市）社会消费品零售总额（2011年）
Total Retailsale of Consumer Goods in Major Years by County or City (2011)

单位：万元（10000 yuan）

县（市）	County or City	社会消费品零售总额 Total Retail Sales of Consumer Goods	城镇 Urban	乡村 Rural	批发和零售业 Wholesale and Retail Sale Trade	住宿和餐饮业 Accomoda-tion and Catering Trade
合肥市辖区	Hefei Region of City	8842349	8842349		8218139	624211
巢湖市	Chaohu	615776	560356	55420	533901	81875
长丰县	Changfeng	272878	223504	49374	241260	31618
肥东县	Feidong	439803	351842	87961	389925	49878
肥西县	Feixi	446659	357327	89332	391538	55121
庐江县	Lujiang	493723	424602	69121	418800	74923
淮北市辖区	Huaibei Region of City	1078082	991226	86856	918792	159290
濉溪县	Suixi	404747	218629	186118	350469	54278
亳州市辖区	Bozhou Region of City	872918	734363	138555	775417	97501
涡阳县	Guoyang	643141	450019	193122	575420	67721
蒙城县	Mengcheng	600864	446454	154411	539628	61237
利辛县	Lixin	508996	328820	180176	454369	54627
宿州市辖区	Suzhou Region of City	1082994	936992	146002	1024547	58447
砀山县	Dangshan	293411	239240	54171	205622	87789
萧县	Xiaoxian	429568	358707	70862	377943	51626
灵璧县	Lingbi	259730	200502	59228	225018	34712
泗县	Sixian	226605	164442	62162	199965	26640
蚌埠市辖区	Bengbu Region of City	2019692	2002909	16783	1724299	295393
怀远县	Huaiyuan	565096	391788	173308	531306	33790
五河县	Wuhe	335729	241494	94235	308867	26862
固镇县	Guzhen	272331	198051	74280	240151	32179
阜阳市辖区	Fuyang Region of City	1497080	1243265	253821	1390169	106912
界首市	Jieshou	282053	190032	92021	225881	56172
临泉县	Linquan	469330	327468	141862	383875	85455
太和县	Taihe	782805	597991	184814	688874	93932
阜南县	Funan	398296	304664	93632	357707	40589
颍上县	Yingshang	424226	273685	150541	334187	90040
淮南市辖区	Huainan Region of City	1833663	1692648	141015	1618668	214995
凤台县	Fengtai	385866	328942	56924	334612	51254
滁州市辖区	Chuzhou Region of City	612619	583439	29180	552188	60431
天长市	Tianchang	403371	322107	81264	346717	56655
明光市	Mingguang	333500	263538	69962	271050	62450
来安县	Laian	295855	232826	63030	252814	43041
全椒县	Quanjiao	291996	234984	57012	249210	42786
定远县	Dingyuan	296115	253438	42677	246936	49179
凤阳县	Fengyang	311243	208708	102535	262267	48976
六安市辖区	Luan Region of City	1139826	942627	197199	1017484	122342
寿县	Shouxian	496195	207117	289078	444098	52097

16—22 续表 continued

单位：万元（10000 yuan）

县（市）	County or City	社会消费品零售总额 Total Retail Sales of Consumer Goods	城镇 Urban	乡村 Rural	批发和零售业 Wholesale and Retail Sale Trade	住宿和餐饮业 Accomoda-tion and Catering Trade
霍 邱 县	Huoqiu	606035	219017	387018	520766	85269
舒 城 县	Shucheng	421487	176817	244670	376959	44528
金 寨 县	Jinzhai	346382	158220	188162	304816	41566
霍 山 县	Huoshan	212747	97495	115252	185268	27479
叶 集 区	Yeji District	90711	41857	48854	78513	12198
马鞍山市辖区	Maanshan Region of City	1332700	1316896	15804	1158596	174104
当 涂 县	Dangtu	407792	326176	81616	361340	46452
含 山 县	Hanshan	209173	169019	40154	178008	31165
和 县	Hexian	311263	265783	45480	264536	46727
芜湖市辖区	Wuhu Region of City	2498121	2492644	5477	2209445	288677
芜 湖 县	Wuhu	317113	220488	96625	265548	51565
繁 昌 县	Fanchang	254117	178548	75569	216994	37123
南 陵 县	Nanling	401579	269127	132452	347460	54119
无 为 县	Wuwei	739187	649494	89694	617894	121293
宣城市辖区	Xuancheng Region of City	895736	566028	329708	792973	102763
宁 国 市	Ningguo	421078	267298	153780	362234	58844
郎 溪 县	Langxi	173343	103200	70143	136753	36590
广 德 县	Guangde	337818	223691	114127	297554	40264
泾 县	Jingxian	202716	122066	80649	161146	41570
绩 溪 县	Jixi	149731	93256	56474	116737	32994
旌 德 县	Jingde	108656	84922	23734	98240	10416
铜陵市辖区	Tongling Region of City	999408	947978	51430	821548	177860
铜 陵 县	Tongling	178120	110209	67911	145302	32818
池州市辖区	Chizhou Region of City	575123	522114	53009	492232	82891
东 至 县	Dongzhi	234947	136767	98181	211094	23853
石 台 县	Shitai	67286	39934	27352	57753	9533
青 阳 县	Qingyang	193606	130612	62994	164422	29184
安庆市辖区	Anqing Region of City	1508447	1506797	1650	1216505	291942
桐 城 市	Tongcheng	452662	225282	227380	388180	64482
怀 宁 县	Huaining	392090	139994	252096	342528	49562
枞 阳 县	Zongyang	374391	170390	204001	328628	45763
潜 山 县	Qianshan	321868	156929	164939	268294	53574
太 湖 县	Taihu	222548	88865	133683	205283	17265
宿 松 县	Susong	323507	243190	80318	295682	27825
望 江 县	Wangjiang	235717	103992	131725	216037	19680
岳 西 县	Yuexi	143656	71723	71932	133273	10383
黄山市辖区	Huangshan Region of City	772066	717529	54537	602859	169207
歙 县	Shexian	369596	256387	113209	308531	61066
休 宁 县	Xiuning	172390	101522	70868	148998	23391
黟 县	Yixian	53168	30373	22795	38479	14689
祁 门 县	Qimen	116187	75684	40503	86223	29964

主要统计指标解释

社会消费品零售总额

指国民经济各行业直接售给城乡居民和社会集团的消费品总额。它是反映各行业通过多种商品流通渠道向居民和社会集团供应的生活消费品总量，是研究国内零售市场变动情况、反映经济景气程度的重要指标。

社会消费品零售总额包括：⑴售给城乡居民作为生活用的商品和修建房屋用的建筑材料；⑵售给社会集团的各种办公用品和公用消费品；⑶售给机关、团体、学校、部队、企业、事业单位的职工食堂和旅店（招待所）附设专门供本店旅客食用，不对外营业的食堂的各种食品、燃料；企业、单位和国营农场直接售给本单位职工和职工食堂的自己生产的产品；⑷售给部队干部、战士生活用的粮食、副食品、衣着品、日用品、燃料；⑸售给来华的外国人、华侨、港澳台同胞的消费品；⑹居民自费购买的中、西药品、中药材及医疗用品；⑺报社、出版社直接售给居民和社会集团的报纸、图书、杂志，集邮公司出售的新、旧纪念邮票、特种邮票、首日封、集邮册、集邮工具等；⑻旧货寄售商店自购、自销部分的商品；⑼煤气公司、液化石油气站售给居民和社会集团的煤气灶具和罐装液化石油气；⑽农民售给非农业居民和社会集团的商品。不包括售给国民经济各部门企业、事业单位（包括国有经济的农场）生产经营用的各种原材料、燃料、设备、工具等和售给批发零售贸易业、餐饮业作为转卖用的商品，旧货寄售商店受托寄售卖出的商品，服务业的营业收入，邮局出售邮票的收入，自来水、电力、煤气生产（供应）单位的产品供应收入，也不包括农民之间的商品销售。

批发零售业商品购、销、存总额

指各种登记注册类型的批发、零售业（不包括个体）企业（单位）以本企业（单位）为总体的商品购进、销售、库存总额。

商品购进总额

指从本企业（单位）以外的单位和个人购进（包括从境外直接进口）作为转卖或加工后转卖的商品总额。它反映批发零售业从国内、国外市场上购进商品的总量。商品购进总额包括：⑴从工农业生产者购进的商品；⑵从出版社、报社的出版发行部门购进的图书、杂志和报纸；⑶从各种登记注册类型的批发零售贸易企业（单位）购进的商品；⑷从其他单位购进的商品，如从机关、团体、企业等单位购进的剩余物资，从餐饮业、服务业购进的商品，从海关、市场管理部门购进的缉私和没收的商品，从居民手中收购的废旧商品等；⑸从国（境）外直接进口的商品。不包括企业（单位）为自身经营用和未通过买卖行为而收入的商品以及销售退回、商品升溢等。

商品销售总额

指对本企业（单位）以外的单位和个人出售（包括对境外直接出口）的商品总额。它反映批发零售业在国内市场上销售商品以及出口商品的总量。商品销售总额包括：⑴售给城乡居民和社会集团消费用的商品；⑵售给工业、农业、建筑业、运输邮电业、批发零售业、餐饮业、服务业等作为生产、经营使用的商品；⑶售给批发零售业作为转卖或加工后转卖的商品；⑷对国（境）外直接出口的商品。不包括出售本企业（单位）自用的废旧包装用品；未通过买卖行为付出的商品；经本单位介绍，由买卖双方直接结算，本单位只收取手续费的业务；购货退出的商品以及商品损耗和损失等。

批发零售业库存

指报告期末各种登记注册类型的批发零售企业（单位）已取得所有权的商品。它反映批发零售企业（单位）的商品库存情况和对市场商品供应的保证程度。期末库存包括：⑴存放在批发零售贸易业经营单位（如门市部、批发站、经营处）仓库、货场、货柜和货架中的商品；⑵挑选、整理、包装中的商品；⑶已记入购进而尚未运到本单位的商品，即发货单或银行承兑凭证已到而货未到的部分；⑷寄放他处的商品，如因购货方拒绝承付而暂时存放在购货方的商品和已办完加工成品收回手续而未提回的商品；⑸委托其他单位代销（未作销售或调出）尚未售出的商品；⑹代其他单位购进尚未交付的商品。不包括所有权不属于本单位的商品、拨付除批发零售贸易业以外的其他行业所属独立核算加工厂等加工生产尚未收回成品的商品、代国家物资储备部门保管的商品等。

库存总额采用的计算价格是：农副产品采购单位按购进价计算；批发单位按进货价计算；零售单位按核算价格计算，即按什么价格核算就按什么价格计算。

批发和零售业、住宿和餐饮业重点企业限额标准

批发业：年销售额在 80000 万元及以上；零售业：年销售额在 20000 万元以及上；住宿业：年营业收入在 2000 万元及以上；餐饮业：年营业收入在 3000 万元及以上。

Explanatory Notes for Major Statistical Indicators

Total Retail Sales of Consumer Goods

refer to the sum of retail sales of consumer goods sold by all sectors of the national economy to urban and rural residents and social groups. This indicator is used to show the supply of consumers goods through various channels to households and institutions, and is very important for the study on changes at the domestic retail market, and on economic cycles.

The retail sales of consumer goods include: (1) commodities sold to urban and rural residents for their daily use and building materials sold to them for the construction or repair of houses; (2) office appliances and supplies sold to institutions; (3) food and fuels sold to canteens of institutions, enterprises, schools, military units and to canteens of hotels and hostels that only serve their guests, and commodities produced by enterprises, institutions or state farms and sold directly to their employees or their canteens; (4) grain and non-staple food, clothing, daily articles and fuels sold to military personnel; (5)consumer goods sold to foreigners, overseas Chinese, and Chinese compatriots from Taiwan, Hong Kong and Macao during their stay in the mainland of China; (6) Chinese and western medicines, herbs and medical facilities purchased by residents; (7) newspapers, books and magazines directly sold to residents and social groups by publishers, new and old commemorative stamps, special stamps, first-day covers, stamp albums and other stamp-collection articles sold by stamp companies; (8) consumer goods purchased and then sold by second-hand shops; (9) stoves and other heating facilities and liquefied gas sold by gas companies to households and institutions; and (10) commodities sold by farmers to non-agricultural residents and social groups. Excluded under this heading are: raw materials, fuels, equipment, tools sold to enterprises, institutions and state farms for production purpose; commodities sold to trade establishments for re-selling; commissioned sales at second-hand shops; operational income of urban public utilities; stamps sold at post offices; income of water, power, gas production and supply establishments from the supply of their products; and sales of commodities among farmers.

Purchase, Sales and Stock of Commodities by Wholesale and Retail Trade

refer to the purchase, sales and stock of commodities by wholesale and retail establishments of different status of registration (excluding individual sellers).

Total Purchases of Commodities

refer to the total value of purchases of commodities by the establishments from other establishments or individuals (including direct import from abroad) for the purpose of re-selling, either with or without further processing of the commodities purchased. This indicator is used to show the total value of purchases of commodities by wholesale and retail establishments from domestic and overseas markets. The total purchases include: (1) agricultural and industrial products purchased from producers; (2) books, magazines and newspapers purchased from distribution departments of the publishers; (3) commodities purchased from wholesale and retail establishments of different status of registration; (4) commodities purchased from other units, such as surplus materials purchased from government agencies, enterprises or institutions, commodities purchased from catering and service establishments, confiscated goods purchased from customs authorities or market management agencies, second-hand goods and wastes purchased from residents; and (5) commodities directly imported from abroad. Excluded are commodities purchased by establishments (units) for use in their own business operation, commodities obtained without buying or selling procedures, rejected commodities, etc.

Total Sales of Commodities

refer to value of commodities sold by the establishments to other establishments and individuals (including direct export). This indicator is used to show the total value of sales of commodities at domestic markets and export. The total sales include: (1) commodities sold to urban and rural residents and social groups for their consumption; (2) commodities sold to establishments in industry, agriculture, construction, transportation, post and telecommunications, wholesale and retail trades, catering trade and public utility for their production and operation; (3) commodities sold to wholesale and retail establishments for re selling, with or without further processing; and; (4)commodities for direct export to other countries. Excluded are selling of waste packaging materials used by the establishments (units) themselves, commodities transferred without buying or selling procedures, commission income from brokerage in transactions whose settlement is directly handled by buyers and sellers, rejected commodities in the purchase, loss in commodities, etc.

Commodity Stock of Wholesale and Retail Enterprises

refers to total commodities possessed by wholesale and retail enterprises (units) of various types of registration status at the end of the reference period, which reflects the commodity stock level of various wholesale and retail enterprises and the potential for market supply. It includes: (1) commodities located in storage, garages, counters, and shelves of operating units (such as sale stores, wholesale centers, and operating offices) of wholesale and retail enterprises; (2) commodities in the process of selecting, sorting, and packing; (3)commodities not arrived but recorded as purchase in the account, i.e. commodities not arrived but payment receipts for the commodities from the sellers or the banks arrived; (4) commodities deposited in other places rather than places mentioned above, for instance: commodities in the hold of purchasers temporarily due to the refusal of payment and commodities not taken back after going through the formalities; (5) commodities entrusted to other units to sell but not sold yet; (6) commodities purchased for other units but not delivered yet. Commodities not included as stock are those not owned by the enterprises (units), those allocated to financially independent factories rather than wholesale and retail enterprises for processing but not taken back yet, and finally those put in stock by wholesale and retail enterprises on behalf of the state material reserves units.

For the calculation of the value of commodities stock, the value is calculated at purchasing prices in agricultural goods purchasing units and wholesale units, and at the accounting prices in retail units.

Designated Size Standard of Mian Enterprises in Wholesale and Retail Trade and Accommodation and Catering Industry

Wholesale trade:sales value above 800 million yuan per yuan; Retail sale trade: Sales value above 200 million yuan per year; Accommodation industry: business income above 20 million yuan per year; Catering industry:business income above 30 million yuan per year.

第十七篇

Chapter 17

对外经济贸易

FOREIGN TRADE AND ECONOMIC COOPERATION

简要说明

一、我省进出口贸易的规模、进出口商品结构、贸易伙伴国的进出口总额以及三资企业的进出口变化情况，根据合肥海关资料加工整理。

二、利用外资资料来源于省商务厅，是根据国家商务部和国家统计局共同制订的《利用外资统计制度》加工、整理而成。

三、外商投资企业注册登记情况。资料来源于省工商行政管理局，是根据国家工商行政管理局制订的《工商行政管理系统统计报表制度》进行统计、加工、整理而得。凡以工商行政管理机关核准注册，在我省的中外合资经营企业、中外合作经营企业、外商独资企业、中外股份公司、在华从事经营活动的外国及港澳台地区企业及外国公司在我省境内设立的分支机构均列入统计范围。

四、对外承包工程和劳务合作的发展状况。资料来源于省商务厅，是根据国家商务部与国家统计局共同制订的《对外承包工程和劳务合作统计制度》通过全面调查方法进行加工、整理而得。

Brief Introduction

I. Data on scale of import and export, commodity structure, total volume of import and export to trade partner and change in import and export of joint, cooperative or exclusively foreign-funded ventures are collected in accordance with the data provided by the Hefei Customs.

II. Data on overall situation of the utilization of foreign capital in Anhui come from the Provincial Department of Commerce and are tabulated in accordance with the "Statistical Scheme on the Utilization of Foreign Capital" designed by the Ministry of Commerce and Economic Cooperation and the National Bureau of Statistics.

III. Data on the registration of the foreign-funded enterprises in various regions come from the Provincial Administration for Industry and Commerce and are tabulated in accordance with the "Statistical Reporting Scheme in the Administrative System of Administration for Industry and Commerce" stipulated by the State Administration for Industry and Commerce. The statistical coverage includes all the Sino-foreign joint ventures, Sino-foreign cooperative enterprises, ventures exclusively with foreign investment, Sino-foreign shareholding companies, foreign enterprises and enterprises of Hong Kong, Macao and Taiwan engaged in commercial activities and the branch offices of the foreign companies, which have been approved by and registered at the Administration for Industry and Commerce to set up in boundary of Anhui Province.

IV. Data on development of the contracted projects, labor services cooperation and design and consultation service with foreign countries come from the Provincial Department of Commerce and are collected with the method of complete enumeration and are tabulated in accordance with the "Statistical Reporting Scheme on the Contracted Projects and Labor Services Cooperation with Foreign Countries" jointly stipulated by the Ministry of Commerce and Economic Cooperation and the National Bureau of Statistics.

17—1 对外经济贸易基本情况
Foreign Trade and Economic Cooperation

指　标	Item	1995	2000	2005	2010	2011
进出口总额（万美元）	**Total Imports and Exports (USD 10000)**	**200739**	**334689**	**911971**	**2427677**	**3133782**
出口总额	Total Exports	139358	217206	519038	1241288	1708389
进口总额	Total Imports	61381	117483	392933	1186388	1425393
进出口差额	Balance	+77977	+99723	+126105	+54900	+282996
对外签订利用外资（合同）项目（个）	**Number of Projects for Utilization of Foreign Capital in the Signed Agreements & Contracts (unit)**	**757**	**250**	**421**	**281**	**263**
#对外借款	Foreign Loans	4	3			
外商直接投资	Foreign Direct Investments	753	247	421	281	263
对外签订利用外资（合同）金额（万美元）	**Total Amount of Foreign Capital to Be Utilized in the Signed Agreements & Contracts (USD 10000)**	**133856**	**75154**	**155358**	**216462**	**344324**
对外借款	Forign Loans	13216	8800			
外商直接投资	Foreign Direct Investments	120640	63602	155358	216462	344324
实际利用外资金额（万美元）	**Total Amount of Foreign Capital Actually Used (USD 10000)**	**76749**	**41521**	**68845**	**501446**	**662887**
对外借款	Forign Loans	28493	6922			
外商直接投资	Foreign Direct Investments	48256	31847	68845	501446	662887
外商投资企业基本情况	**Registered Foreign-funded Enterprises**					
年底登记户数（户）	Number of Registered Enterprises (unit)	2949	2216	2165	2546	2478
投资总额（万美元）	Total Investment (USD 10000)	610297	914400	1548601	3032426	3288412
注册资本（万美元）	Registered Capital (USD 10000)	422852	586788	890476	1734905	1843327
#外　方	Capital from Foreign Partners	232027	341328	593280	1293032	1371944
对外承包工程和劳务合作合同金额（万美元）	**Contracted Value of Contracted Projects and Lobor Cooperation (USD 10000)**	**1689**	**17609**	**50398**	**157772**	**200531**
#对外承包工程	Contracted Projects	866	11768	36396	151147	193661
对外劳务合作	Labor Cooperation	745	5350	4731	6625	6870

17—2 海关出口商品分类金额
Value of Exports by Category of Commodities (Customs Statistics)

单位：万美元（USD 10000）

指标	Item	2000	2005	2010	2011
总额	**Total**	**217206**	**519038**	**1241288**	**1708389**
初级产品	Primary Goods	28988	37045	78229	152661
食品及主要供食用的活动物	Food and Live Animals Used Chiefly for Food	18098	22603	47659	65752
饮料及烟类	Beverages and Tobacco	29	17	129	130
非食品原料	Non-edible Raw Materials	10246	14288	29947	33771
矿物燃料、润滑油及有关原料	Mineral Fuels, Lubricants and Related Materials	596	16	65	32
动、植物油脂及腊	Animal and Vegetable Oils, Fats and Wax	19	121	428	52976
工业制成品	Manufactured Goods	188218	481993	1163059	1555728
化学品及有关产品	Chemicals and Related Products	22855	60227	148644	162595
轻纺产品、橡胶制品、矿冶产品及其制品	Light and Textile Industrial Products, Rubber Products, Minerals Metallurgical Products	72552	205767	281446	514928
机械及运输设备	Machinery and Transport Equipment	25386	142220	421797	607652
杂项制品	Miscellaneous Products	67425	72718	310905	201837
未分类的商品	Goods not Classified		1061	267	68716

17—3 海关进口商品分类金额
Value of Imports by Category of Commodities (Customs Statistics)

单位：万美元（USD 10000）

指标	Item	2000	2005	2010	2011
总额	**Total**	**117483**	**392933**	**1186388**	**1425393**
初级产品	Primary Goods	45718	208280	629398	815148
食品及主要供食用的活动物	Food and Live Animals Used Chiefiy for Food	941	8113	27272	27416
饮料及烟类	Beverages and Tobacco		4	110	339
非食品原料	Non-edibla Raw Materials	43747	189954	568818	728200
矿物燃料、润滑油及有关原料	Mineral Fuels, Lubricants and Related Materials	577	8101	26226	24338
动、植物油脂及腊	Animal and Vegetable Oils, Fats and Wax	453	2108	6971	34855
工业制成品	Manufactured Goods	71765	184653	556991	610245
化学品及有关产品	Chemicals and Related Products	12448	30386	60091	72133
轻纺产品、橡胶制品、矿冶产品及其制品	Light and Textile Industrial Products, Rubber Products, Minerals Metallurgical Products	14791	42157	85325	124976
机械及运输设备	Machinery and Transport Equipment	41439	102515	367495	334878
杂项制品	Miscellaneous Products	3087	9595	43856	51901
未分类的商品	Goods not Classified			224	26357

17—4 海关进出口商品分类金额
Value of Imports and Exports by Category of Commodities (Customs Statistics)

单位：万美元（USD 10000）

品名	Item	2010 出口 Exports	2010 进口 Imports	2011 出口 Exports	2011 进口 Imports
总值	**Total**	**1241288**	**1186388**	**1708389**	**1425393**
初级产品	**Primary Goods**	**78229**	**629398**	**152661**	**815148**
食品及活动物	Food and Live Animals	47659	27272	65752	27416
活动物	Live Animals	76	4203	92	5662
肉及肉制品	Meat and Related Products	917	2162	1222	3323
乳品及蛋品	Dairy Products and Eggs	15	1394	100	3423
鱼、甲壳及软体类动物及其制品	Fish, Shellfish and Mollusks and Related Products	2311	228	3739	173
谷物及其制品	Cereals and Related Products	1417	3	2557	37
蔬菜及水果	Vegetables and Fruits	23120	3906	26868	4295
糖、糖制品及蜂蜜	Sugar, Sugar Products and Honey	5788	266	7004	795
咖啡、茶、可可、调味料及其制品	Coffee, Tea, Coco, Spices and Related Products	6401	438	9260	810
饲料（不包括未碾磨谷物）	Feed (excluding unbranded cereal)	1231	14055	1323	8030
杂项食品	Miscellaneous Food	6385	616	13588	868
饮料及烟类	Beverages and Tobacco	129	110	130	339
饮　料	Beverages	80	110	103	339
烟草及其制品	Tobacco and Its Products	49		27	
非食用原料（燃料除外）	Inedible Material (excluding fuel)	29947	568818	33771	728200
生皮及生毛皮	Raw Hides and Raw Furs		101	10	318
油籽及含油果实	Oil Seeds and Fruits Containing Oil	4113	9899	4726	19347
生橡胶（包括合成橡胶及再生橡胶）	Raw Rubber (including synthetic rubber and reclaimed rubber)	175	22944	370	34511
软木及木材	Cork and Timber	4268	2315	4238	4116
纸浆及废纸	Paper Pulp and Waste Paper	1626	31825	3943	46835
纺织纤维（羊毛条除外）及其原料	Textile Fibers (excluding wool taps) and Related Waste Material	4540	10798	9092	15775
天然肥料及矿物（煤、石油及宝石除外）	Natural Fertilizer and Mineral (excluding coal, petroleum and precious stone)	1951	1731	733	494
金属矿砂及金属废料	Metal Ore and Metal Waste Material	3	488551	10	606369
其他动、植物原料	Other Animal and Plant Material	13270	653	10649	434
矿物燃料、润滑油及有关原料	Mineral Fuel, Lubrication Oil and Related Raw Material	65	26226	32	24338
煤、焦炭及煤砖	Coal, Coke and Briquette	36	20164	3	21665
石油、石油产品及有关原料	Petroleum, Petroleum Products and Related Material	29	6061	29	2672
天然气及人造气	Natural Gas and Person Gas-producing		1		1
动植物油、脂及蜡	Animal Fat, Vegetable Oil and Wax	428	6971	52976	34855
动物油、脂	Animal Fat	245	1810	185	4282
植物油、脂	Vegetable Oil	169	5105	142	20495
已加工的动植物油、脂及动植物蜡	Processed Animal Fat, Vegetable Oil and Wax	14	56	5	259
其他动植物油、脂及蜡	Other Animal Fat,Vegetable Oil and Wax			52645	9819
工业制品	**Industrial Products**	**1163059**	**556991**	**1555728**	**610245**
化学成品及有关产品	Chemical Products and Related Products	148644	60091	162595	72133
有机化学品	Organic Chemical Products	74093	19443	79500	21365
无机化学品	Inorganic Chemical Products	8631	954	10195	1511

17—4 续表 continued

单位：万美元（USD 10000）

品名	Item	2010		2011	
		出口 Exports	进口 Imports	出口 Exports	进口 Imports
染料、鞣料及着色料	Dyestuff, Tanning Material and Coloring Material	4264	1014	8371	1280
医药品	Medical and Pharmaceutical Products	8686	7	14183	65
精油、香料及盥洗、光洁制品	Essential Oil, Perfume, Sanitary and Surface Finishing Articles	9384	1775	12418	3824
制成废料	Produced Wasted Articles	19226		15184	
初级形状的塑料	Primary Shaped Plastics	8002	28604	7851	30562
非初级形状的塑料	Non-primary Shaped Plastics	8058	2447	11265	3158
其他化学原料及产品	Other Chemical Material and Products	8298	5788	3627	10368
按原料分类的制成品	Products by Raw Material	281446	85325	514928	124976
皮革、皮革制品及已鞣毛皮	Leather and Its Products and Tan Hide	271	217	22503	27
橡胶制品	Rubber Products	41473	8565	60781	15051
软木及木制品（家具除外）	Cork and Wooden Products (excluding furniture)	9583	299	7184	196
纸及纸板、纸浆、纸及纸板制品	Paper, Paperboard, Paper Pulp and Paper Products	10510	1077	12660	1858
纺纱、织物、制成品及有关产品	Spinning, Fabric and Related Products	92856	11578	243409	14157
非金属矿物制品	Nonmetal Mineral Products	25560	5908	28605	25924
钢铁	Iron and Steel	57539	17106	64692	23516
有色金属	Nonferrous Metal	13640	36544	32059	38965
金属制品	Metal Products	30014	4030	43035	5283
机械及运输设备	Machinery and Transportation Equipment	421797	367495	607652	334878
动力机械及设备	Dynamic Machinery and Equipment	20446	42548	26778	52571
特种工业专用机械	Special Industrial Machinery	22145	78149	41713	76800
金工机械	Metalworking	5297	25737	6187	43362
通用工业机械设备及零件	General Industrial Machinery Equipment and Accessories	69373	59614	90239	112964
办公用机械及自动数据处理设备	Office Machinery and Automatic Data Processing Equipment	6294	1644	17900	11638
电信和声音的录制及重放装置设备	Telecommunication, Sound Recording and Playing Equipment	20977	2515	26119	2571
电力机械、器具及其电气零件	Electric Machinery, Implements and Spare Parts	137882	37667	157764	29742
陆路车辆（包括气垫式）	Land Route Vehicles (including hover-motor)	108994	7769	201871	4562
其他运输设备	Other Transportation Equipment	30370	9	39081	669
杂项制品	Miscellaneous Manufactured Articles	310905	43856	201837	51901
活动房屋、卫生水道、供热及照明装置	Prefabricated House, Sanitation, Water Pipe, Heating and Lighting Installation	4949	84	8797	165
家具及其零件、褥垫及类似填充制品	Furniture and Accessories, Mattress, Bedding Articles	41236	430	43598	568
旅行用品、手提包及类似品	Box and Bag, Travel Goods	26282	1	11921	1
服装及衣着附件	Garments, Clothing Accessories	118857	160	7681	29
鞋靴	Footwear	29320	5	33142	108
专业、科学及控制用仪器装置	Professional, Scientific and Dominating Instrument	12577	38222	32766	28842
摄影器材、光学物品及钟表	Photographic Equipment, Optical Goods, Clocks and Watches	1079	1219	1872	12164
杂项制品	Miscellaneous Manufactured Articles	76605	3734	62061	10025
未分类的商品	Goods Not Classified	267	224	68716	26357

17—5 安徽省同各国（地区）进出口总额
Anhui's Foreign Trade With Related Countries and Territories

单位：万美元（USD 10000）

国别（地区）	Country (territory)	2010 进出口总额 Total	2010 出口总额 Exports	2010 进口总额 Imports	2011 进出口总额 Total	2011 出口总额 Exports	2011 进口总额 Imports
合　计	**Total**	**2427677**	**1241288**	**1186388**	**3133782**	**1708389**	**1425393**
亚　洲	**Asia**	**922210**	**457252**	**464958**	**1123615**	**642923**	**480692**
阿富汗	Afghanistan	396	396		274	274	
巴　林	Bahrain	1347	1347		2390	2390	
孟加拉国	Bangladesh	11907	11709	198	14323	14077	246
不　丹	The Kingdom of Bhutan	2	2		121	121	
文　莱	Brunei	657	657		2977	2977	
缅　甸	Myanmar	2913	2880	33	4939	4836	103
柬埔寨	Cambodia	482	478	4	1762	1761	
塞浦路斯	Cyprus	607	607		425	425	
朝　鲜	Democratic People's Republic of Korea	561	253	308	811	450	361
香　港	Hong Kong	35917	31015	4902	45492	43144	2348
印　度	India	55264	40814	14450	72116	45631	26485
印度尼西亚	Indonesia	34035	16335	17699	51660	28239	23420
伊　朗	Iran	24693	22429	2264	40387	37616	2771
伊拉克	Iraq	9718	9712	6	14351	14351	
以色列	Israel	6387	5716	671	8994	8150	844
日　本	Japan	315491	76064	239427	300687	105240	195448
约　旦	Jordan	2262	2262		4358	4330	27
科威特	Kuwait	1912	1530	382	2501	2423	78
老　挝	Laos	2870	318	2552	12516	632	11884
黎巴嫩	Lebanon	1817	1817		2603	2600	2
澳　门	Macao	520	519	2	548	502	45
马来西亚	Malaysia	35860	24847	11012	67880	34755	33125
马尔代夫	Maldives	32	32		54	54	
蒙　古	Mongolia	2076	2076		3517	3517	
尼泊尔	Nepal	334	334		251	251	
阿　曼	Oman	2636	2301	335	3533	2535	997
巴基斯坦	Pakistan	12346	11231	1115	16102	14359	1743
巴勒斯坦	Palestine	28	28		37	37	
菲律宾	The Philippines	13564	9267	4297	19251	13581	5670
卡塔尔	Qatar	1716	1697	19	2655	2519	137
沙特阿拉伯	Saudi Arabia	14417	11784	2633	25446	21408	4038
新加坡	Singapore	22079	14510	7568	39648	33051	6597
韩　国	Republic of Korea	121495	37554	83942	128880	50634	78246
斯里兰卡	Sri Lanka	1786	1667	119	3604	3427	177
叙利亚	Syria	4790	4790		3382	3382	
泰　国	Thailand	32227	23650	8577	42609	28472	14137
土耳其	Turkey	28293	16260	12033	27999	26051	1949
阿联酋	United Arab Emirates	23415	23162	253	27949	27725	224
也门共和国	Arab Republic of Yemen	2327	2323	4	2431	2416	15
越　南	Viet Nam	18140	17224	915	23882	22977	905
台　湾	Taiwan	59624	19321	40303	79172	23914	55258
东帝汶	East Timor	94	94		71	71	
哈萨克斯坦	Kazakhstan	2824	2821	3	3228	3189	39

17—5 续表1 continued

单位：万美元（USD 10000）

国 别（地区）	Country (territory)	2010 进出口总额 Total	2010 出口总额 Exports	2010 进口总额 Imports	2011 进出口总额 Total	2011 出口总额 Exports	2011 进口总额 Imports
吉尔吉斯坦	Kirghiz Tanzania	1548	1548		1233	1233	
塔吉克斯坦	Tajikistan	274	274		310	310	
土库曼斯坦	Turkmenistan	617	610	8	1416	1373	43
乌兹别克斯坦	Uzbekistan	1059	986	73	1732	1513	219
亚洲其他	Other of Asia	8851	.	8851	13111		13111
非 洲	**Africa**	**169392**	**125582**	**43810**	**186313**	**138494**	**47820**
阿尔及利亚	Algeria	10170	10128	42	13039	12991	48
安哥拉	Angola	7589	7589		12078	12036	42
贝 宁	Benin	3311	3311		4148	4133	14
博茨瓦那	Botswana	450	450		758	758	
布隆迪	Burundi	35	35		2	2	
喀麦隆	Cameroon	934	909	25	1523	1512	11
加那利群岛	Canary Islands	16	16		13	13	
佛得角	Cape Verde	36	36		62	62	
中 非	Central Africa						
乍 得	Chad	33	33		18	18	
科摩罗	Comoros	4	4		20	20	
刚 果	The Congo	6130	1344	4786	584	550	34
吉布提	Djibouti	678	678		643	643	
埃 及	Egypt	18627	18480	146	17690	17266	424
赤道几内亚	Equatorial Guinea	83	83		419	419	
埃塞俄比亚	Ethiopia	8384	6094	2289	2954	1768	1186
加 蓬	Gabon	738	738		360	360	
冈比亚	Gambia	298	298		545	545	
加 纳	Ghana	6044	6044		8118	8109	
几内亚	Guinea	1400	1400		2181	2181	
几内亚比绍	Guineabissau				5	5	
科科迪瓦	Cote D'ivoire	1219	1178	41	1707	1707	
肯尼亚	Kenya	3660	3482	177	5587	5156	431
利比里亚	Liberia	11989	11989		713	713	
利比亚	Libya	3132	3132		1111	1111	
马达加斯加	Madagascar	632	595	37	923	861	61
马拉维	Malawi	125	125	1	758	758	
马 里	Mali	489	236	252	940	499	440
毛里塔尼亚	Mauritania	1230	325	904	569	569	
毛里求斯	Mauritius	651	651		913	912	1
摩洛哥	Morocco	7551	4862	2689	6841	6193	649
莫桑比克	Mozambique	3559	2990	569	3503	2879	624
纳米比亚	Namibia	943	219	725	205	205	
尼日尔	Niger	41	41		282	282	
尼日利亚	Nigeria	10884	10777	107	15899	15796	103
留尼汪	Reunion	134	125	8	130	130	
卢旺达	Rwanda	25	25		78	78	
圣多美普林西比	Sao Tome Principe	2	2				
塞内加尔	Senegal	1059	1059		1382	1350	33

17—5 续表2 continued

单位：万美元（USD 10000）

国 别（地区）	Country (territory)	2010 进出口总额 Total	2010 出口总额 Exports	2010 进口总额 Imports	2011 进出口总额 Total	2011 出口总额 Exports	2011 进口总额 Imports
塞舌尔	Seychelles	8	8		10	10	
塞拉利昂	Sierra Leone	351	351		275	275	
索马里	Somali	104	104		141	141	
南 非	South Africa	38005	14710	23296	41036	18871	22165
苏 丹	Sudan	3380	1591	1789	3893	1290	2603
坦桑尼亚	Tanzania	2762	1753	1008	3623	2776	848
多 哥	Togo	2230	2230		4186	4164	22
突尼斯	Tunisia	1896	1880	16	2100	2081	19
乌干达	Uganda	374	337	38	771	529	242
布基纳法索	Burkina Faso	103	103		304	164	140
扎伊尔	Zaire				11578	1278	10300
赞比亚	Zambia	6046	1223	4823	8785	1427	7359
津巴布韦	Zimbabwe	1762	1723	40	2864	2851	12
莱索托	Lesotho						
斯威士兰	Swaziland	3	3		4	4	
厄立特里亚	Eritrea	66	66		23	23	
马约特岛	Mayuete Island	17	17		21	21	
非洲其他	Other of Africa						
欧 洲	**Europe**	**412713**	**285118**	**127595**	**590660**	**410062**	**180595**
比利时	Belgium	18658	16160	2498	31148	28500	2647
丹 麦	Denmark	5156	4081	1076	6993	5562	1431
英 国	United Kingdom	39227	35981	3245	53723	48361	5362
德 国	Germany	113617	46925	66692	164764	74449	90315
法 国	France	30623	23017	7606	34993	25711	9282
爱尔兰	Ireland	2954	2462	492	4732	2473	2259
意大利	Italy	44674	35919	8755	59221	37248	21973
卢森堡	Luxembourg	349	344	5	239	161	78
荷 兰	Netherlands	26564	23268	3296	36288	32262	4026
希 腊	Greece	3659	3455	204	4296	4054	242
葡萄牙	Portugal	2494	2280	214	3427	3241	186
西班牙	Spain	21854	18332	3522	26665	22977	3688
阿尔巴尼亚	Albania	268	268		353	353	
安道尔	Andorra				3	3	
奥地利	Austria	5436	1980	3456	8944	2358	6586
保加利亚	Bulgariy	1365	1208	157	1308	1037	271
芬 兰	Finland	4731	3976	755	10872	6818	4054
直布罗陀	Gibraltar						
匈牙利	Hungary	1301	1060	241	2769	2384	385
冰 岛	Iceland	35	35		12	12	
列支敦士登	The Principality of Liechtenstein				1		1
马耳他	Malta	785	710	75	799	793	5
摩纳哥	Monaco	96	85	11	244	244	
挪 威	Norway	2393	1934	459	3489	2997	492
波 兰	Poland	9124	8676	448	13611	12879	732
罗马尼亚	Romania	2183	1898	286	3656	3085	571

17—5 续表3 continued

单位：万美元（USD 10000）

国 别（地区）	Country (territory)	2010			2011		
		进出口总额 Total	出口总额 Exports	进口总额 Imports	进出口总额 Total	出口总额 Exports	进口总额 Imports
圣马力诺	Sanmarino				1		1
瑞 典	Sweden	8532	4046	4486	10417	6138	4279
瑞 士	Switzerland	5112	1340	3772	6934	1232	5701
爱沙尼亚	Estonia	1256	1248	8	2065	2060	5
拉脱维亚	Latvia	1030	1007	23	1416	1410	6
立陶宛	Lithuania	2226	2172	54	2370	2323	47
格鲁吉亚	Georgia	284	284		1429	1429	
亚美尼亚	Armenia	35	35		51	51	
阿塞拜疆	Azerbaijan	197	197		385	385	
白俄罗斯	Byelorussia	309	303	6	439	290	149
摩尔多瓦	Moldora	51	51		82	82	
俄罗斯	Russia	38248	26618	11631	58720	48540	10180
乌克兰	Ukraine	6172	5891	282	18288	16543	1745
南斯拉夫	Yugoslavia						
斯洛文尼亚	Slovenia	2690	1546	1144	3466	2312	1154
克罗地亚	Croatia	1729	1253	476	2078	1764	314
捷克共和国	Czech	4074	2488	1586	5757	3400	2357
斯洛伐克	Slovak	2685	2465	220	3626	3555	71
前南马其顿	Macedonia	101	101		95	95	
波 黑	Bosnia	436	22	414	41	41	
塞尔维亚	Serbra	412	412		281	281	
黑山	Montenegro	116	116		169	169	
拉丁美洲	**Latin America**	**412404**	**146020**	**266385**	**546256**	**228380**	**317876**
安提瓜	Antigua	6008	6008	.	2	2	
阿根廷	Argentina	12974	11652	1322	15561	12899	2662
阿鲁巴岛	Aruba Island	11	11		20	20	
巴哈马	The Bahamas	15	15		63	63	
巴巴多斯	Barbados	28	28		63	48	15
伯利兹	Belize	24	24		30	30	
玻利维亚	Bolivia	488	468	20	1345	1345	
巴 西	Brazil	86646	31028	55618	147594	77180	70414
开曼群岛	Cayman Islands	34	3	32	2	2	
智 利	Chile	170256	21095	149161	179881	27429	152452
哥伦比亚	Colombia	9742	9737	5	17663	17663	
多米尼克	Commonwealth of Dominica	5	5		32	30	2
哥斯达黎加	Costa Rica	1974	1969	5	1442	1442	
古 巴	Cuba	302	302		372	372	
库腊索岛	Curacao	1	1		26	26	
多米尼加	Dominican	4917	1235	3683	3319	1092	2227
厄瓜多尔	Ecuador	4563	4430	132	6770	6510	260
法属圭亚那	French Guiana	3	3		260	260	
格林纳达	Grenada	44	44		13	13	
瓜德罗普	Guaderopu	31	31		38	38	
危地马拉	Guatemala	947	944	3	1305	1238	68
圭亚那	Guyana	167	167		147	147	
海 地	Haiti	901	901		1081	1081	

17—5　续表4　continued

单位：万美元（USD 10000）

国　别（地区）	Country (territory)	2010 进出口总额 Total	2010 出口总额 Exports	2010 进口总额 Imports	2011 进出口总额 Total	2011 出口总额 Exports	2011 进口总额 Imports
洪都拉斯	Honduras	513	511	1	731	731	
牙买加	Jamaica	295	295		498	498	
马提尼克	Matinik	43	43		57	57	
墨西哥	Mexico	14973	14611	362	21280	17710	3569
尼加拉瓜	Nicaragua	531	531		700	699	
巴拿马	Panama	6578	6435	143	10769	10661	108
巴拉圭	Paraguay	4830	4544	287	4399	4246	153
秘　鲁	Peru	65680	10490	55190	96201	13930	82271
波多黎各	Puerto Rico	1400	1400		1242	1242	
圣卢西亚	Saint Lucia	29	29		4	4	
圣马丁岛	Saint Martin Island	3	3		8	8	
圣文格林纳	Saint Article Greener	44	44				
萨尔瓦多	El Salvador	712	711	1	500	500	
苏里南	Surinam	166	164	2	204	204	
特立一巴哥	Trinidad and Tobago	503	503		974	974	
乌拉圭	Uruguay	8045	7626	419	9531	8225	1306
委内瑞拉	Venezuela	7871	7871		22014	19644	2370
英属维尔京群岛	Virgin	6	6		28	28	
圣其茨和尼维斯	The Federation of Saint Kitts and Nevis	5	5		2	2	
荷属安第列斯群岛	Antilles Guilder Ang	94	94		84	84	
拉丁美洲其他	Other of Latin America						
北美州	**North America**	**308197**	**204493**	**103704**	**391097**	**255775**	**135322**
加拿大	Canada	42850	20908	21942	65874	26581	39293
美　国	United States	265341	183583	81757	325199	229180	96020
格陵兰	Greenland	5		5	10		10
百慕大	Bermuda Is.	1	1		11	11	
北美洲其他	Other of North America				4	4	
大洋洲	**Oceanic**	**202206**	**22296**	**179911**	**295737**	**32750**	**262987**
澳大利亚	Australia	196245	18789	177457	285566	27797	257769
斐　济	Fiji	203	203		287	287	
新喀里多尼	New Karidoni	55	55		220	220	
瓦努阿图	Vanuatu	17	17		8	8	
新西兰	New Zealand	4884	2430	2454	8769	3872	4897
诺福克岛	Norfolk Island				708	387	321
巴布亚新几	Papua New Guinea	331	331		16	16	
所罗门群岛	Solomon Is.	93	93				
汤　加	Tonga				93	93	
萨摩亚	Samoa	6	6		6	6	
基里巴斯	Kiribati	4	4		3	3	
图瓦卢	Tuvalu	289	289				
密克罗尼西	Micronesia				1	1	
马绍尔群岛	Marshall Island	8	8				
贝劳共和国	Palau				2	2	
法属波利尼西亚	French Polynesia	70	70		59	59	
瓦利斯和浮图纳	Wallis and The Buddha Accepts				2	2	
大洋洲其他	Other of Oceania	1	1				
国别(地区)不详	**Nationality (Area) Unclear**	**26**		**26**	**655**	**452**	**202**

17—6 进出口商品贸易方式总值（2011年）
Total Value of Import and Export Trade Way (2011)

单位：万美元（USD 10000）

指标	Item	进出口 Imports & Exports		出口 Exports		进口 Imports	
		金额 Value	比重(%) Portion (%)	金额 Value	比重(%) Portion (%)	金额 Value	比重(%) Portion (%)
总计	**Total**	**3133782**	**100.00**	**1708389**	**100.00**	**1425393**	**100.00**
一般贸易	General Trade	2420386	77.24	1240683	72.62	1179704	82.76
国家间、国际组织无偿援助和赠送的物资	Between Countries, International Organizations Aid and Donated Materials	822	0.03	822	0.05		
其他境外捐赠物资	Other Donations of Goods Outside						
补偿贸易	Compensation						
来料加工装配贸易	Assembly Processing Trade	34376	1.10	12651	0.74	21725	1.52
进料加工贸易	Processing With Imported Trade	603793	19.27	411567	24.09	192226	13.49
加工贸易进口设备	Processing Trade Imported Equipment	3519	0.11			3519	0.25
寄售代销贸易	Consignment Selling Trade						
边境小额贸易	Small Amount Border Trade	5				5	
对外承包工程出口货物	Exports Contracted Projects	18976	0.61	18976	1.11		
租赁贸易	Lease Trade	15				15	
外商投资企业作为投资进口的设备、物品	Foreign-invested Enterprises as the Import Investment of Equipment, Goods	17868	0.57			17868	1.25
出料加工	Material Processing						
易货贸易	Barter						
免税外汇商品	Duty-free Foreign Exchange Goods						
保税仓库进出境货物	Inward and Outward Goods of Free Trade Storehouse	7654	0.24	103	0.01	7551	0.53
保税区仓储转口货物	Re-export Goods of Free Trade Zone	823	0.03	202	0.01	620	0.04
出口加工区进口设备	Export Processing Zones Imported Equipment	374	0.01			374	0.03
其他	Other	25171	0.80	23385	1.37	1786	0.13

17—7 主要年份对外承包工程和劳务合作
Contracted Projects and Labor Services Cooperation With Foreign Countries in Major Years

年份 Year	签订合同的国家（地区）数（个） Number of Countries or Territories With Contracts Signed	合同数（份） Number of Contracts	合同金额（万美元） Contracted Value (USD 10000)	完成营业额（万美元） Value of Business Fulfilled (USD 10000)
总计 Total				
1995	38	93	1689	3621
2000		126	17609	10344
2005		92	50398	28250
2006		207	65796	42373
2007		202	120004	71851
2008		172	151528	121157
2009		173	103014	161606
2010		257	157772	204835
2011		58	200531	251387
#对外承包工程 Contracted Projects				
1995	6	9	866	3180
2000		44	11768	7308
2005		19	36396	12585
2006		127	54218	30626
2007		35	113163	59298
2008		40	144575	107879
2009		55	98077	149363
2010		42	151147	192716
2011		58	193661	236706
对外劳务合作 Labour Cooperation				
1995	14	78	745	299
2000		69	5350	2922
2005		66	4731	6968
2006		75	9308	8865
2007		166	6810	12163
2008		124	6436	13001
2009		118	4937	12243
2010		215	6625	12119
2011			6870	14681
实际咨询 Design Consultation				
1995	5	6	78	142
2000		13	491	114
2005		7	9271	8697
2006		5	2270	2882
2007		1	31	390
2008		8	517	277
2009				
2010				
2011				

注：签订合同的国家（地区）是指表中所列年份同我省签订有承包工程和劳务合作的国家、地区数。

a) Countries or territories with contracts signed refers to the countries or territories having contracted projects and labor cooperation with Anhui province.

17—8 对外签订利用外资协议（合同）额
Utilization of Foreign Capital Through Signed Contracts (Agreements)

单位：万美元（USD 10000）

指　　标	Item	1995	2000	2005	2010	2011
总　　额	**Total**	**133856**	**75154**	**155358**	**216462**	**344324**
对外借款	**Foreign Loans**	**13216**	**8800**			
#外国政府贷款	Government Loans	600	5000			
国际金融组织贷款	Loans from International Financial organizations	5076	3800			
出口信贷	Export Credit	7540				
外商直接投资	**Foreign Direct Investments**	**120640**	**63602**	**155358**	**216462**	**344324**
#合资经营	Joint Ventures Enterprises	77780	5974	41919	47726	102951
合作经营	Cooperative Operation Enterprises	4047	20784	9563	9115	16326
独资经营	Foreign Own Investment Enterprises	38813	36844	102721	156738	213151
外商投资股份制	Foreign Invested Shareholding Enterprises			1155	2883	11896

17—9 实 际 利 用 外 资 额
Foreign Capital Actually Used

单位：万美元（USD 10000）

指　　标	Item	1995	2000	2005	2010	2011
总　　额	**Total**	**76749**	**41521**	**68845**	**501446**	**662887**
对外借款	**Foreign Loans**	**28493**	**6922**			
#外国政府贷款	Government Loans	10647				
国际金融组织贷款	Loans from International Financial organizations	11073				
外国银行商业贷款	Commercial Loans of Foreign Banks	6773				
外商直接投资	**Foreign Direct Investments**	**48256**	**31847**	**68845**	**501446**	**662887**
#合资经营	Joint Ventures Enterprises	31112	11921	24801	173910	212503
合作经营	Cooperative Operation Enterprises	1619	6965	2316	3922	2648
独资经营	Foreign Own Investment Enterprises	15525	12961	41728	307925	430223
外商投资股份制	Foreign Invested Shareholding Enterprises				15689	17513
外商其他投资	**Other Foreign Investment**		**2752**			
#补偿贸易	Compensation Trade					
加工装配	Processing Assembly		2752			

17—10 外商投资企业年末企业数、投资总额及注册资本（2011年）
Number, Investment and Registered Capital of Foreign-funded Enterprises (2011)

项　　目	Item	企业数（个）Number of Registered Enterprises (unit)	投资总额（万美元）Total Investment (USD 10000)	注册资本（万美元）Registered Capital (USD 10000)	#外方 Capital Invested by Foreign Partner
总　计	**Total**	**2478**	**3288412**	**1843327**	**1371944**
按投资方式分	**Grouped by Type of Investment**				
#中外合资	Joint Ventures Enterprises	593	597093	331026	157481
中外合作	Cooperative Operation Enterprises	33	63235	33373	20821
外资企业	Foreign Investment Share Enterprises	1831	2461237	1312080	1150192
外商投资股份制	Foreign Invested Shareholding Enterprises	21	166847	166847	43450
按国民经济行业分	**Grouped by Sector**				
农林牧渔业	Farming, Forestry, Animal Husbandry and Fishery	61	93592	42979	37509
采矿业	Mining and Quarrying	22	25072	11368	9551
制造业	Manufacturing	1556	1837289	1029390	777022
电力、煤气及水的生产和供应业	Production and Supply of Electric Power, Gas and Water	94	409522	128527	88730
建筑业	Construction	39	62166	39235	32072
交通运输、仓储及邮政业	Transportation, Storage and Postal Services	20	59054	43115	22638
信息传输、计算机服务和软件业	Information Circulation, Computer Service and Software	39	7986	5192	4779
批发和零售业	Wholesale and Retail Trade	124	104584	58386	54658
住宿和餐饮业	Accommodation and Catering Trade	60	50162	28992	25261
金融业	Banking	3	4100	4070	3015
房地产业	Real Estate Trade	204	307265	221864	189434
租赁和商务服务业	Leasing and Commercial Services	70	59892	44204	35978
科学研究、技术服务和地质勘查业	Scientific Research, Technical Services and Geological Prospecting	49	48437	25119	35978
水利、环境和公共设施管理业	Water Conservancy, Environmental and Public Facilities Management	29	31925	16116	13641
居民服务和其他服务业	Resident Services and Other Services	18	6620	6477	6086
教　育	Education	1	7	7	7
卫生、社会保障和社会福利业	Health Care, Social Protection and Social Welfare	2	2387	1764	951
文化、体育和娱乐业	Culture, Sports and Entertainment	10	8705	4287	2940
其他行业	Others	77	169647	132235	47889

17—11 各市外商投资企业年末企业数、投资总额及注册资本（2011年）
Number, Investment and Registered Capital of Foreign-funded Enterprises by Region (2011)

地　区	Region	企业数（个）Number of Registered Enterprises (unit)	投资总额（万美元）Total Investment (USD 10000)	注册资本（万美元）Registered Capital (USD 10000)	#外方 Capital Invested by Foreign Partner
总　计	**Total**	**2478**	**3288412**	**1843327**	**1371944**
合 肥 市	Hefei	817	1584925	930163	663979
淮 北 市	Huaibei	46	76428	34068	19382
亳 州 市	Bozhou	52	23323	14844	11831
宿 州 市	Suzhou	73	70854	33670	29739
蚌 埠 市	Bengbu	109	106343	65763	54284
阜 阳 市	Fuyang	60	92596	38176	28806
淮 南 市	Huainan	42	149197	48051	39971
滁 州 市	Chuzhou	160	123422	61982	48334
六 安 市	Luan	89	62233	39453	34788
马鞍山市	Maanshan	154	166169	94325	79756
芜 湖 市	Wuhu	325	385501	227216	172899
宣 城 市	Xuancheng	150	88177	49593	34947
铜 陵 市	Tongling	61	103627	56207	34186
池 州 市	Chizhou	143	133469	75384	56641
安 庆 市	Anqing	63	40686	26709	22606
黄 山 市	Huangshan	134	81463	47724	39796

17—12 外国和港澳台地区直接投资（按行业）（2011年）

Direct Investment of Foreign Countries, Hong Kong, Macao and Taiwan by Sector (2011)

指 标	Item	新签协议 Newly Signed Agreement 合同数（个）Number of Contracts (unit)	投资额（万美元）Investment (USD 10000)	实际投资合计（万美元）Total Actual Investment (USD 10000)	#现金 Cash	期末实有企业数（个）Number of Enterprises at the End of the Period (unit)	#本期新增企业 Newly Increased In this Period
总　计	**Total**	**263**	**344324**	**662887**	**662887**	**2478**	**252**
按投资方式分	**Grouped by Type of Investment**						
#合资企业	Joint Ventures Enterprises	97	102951	212503	212503	593	48
合作企业	Cooperative Operation Enterprises	7	16326	2648	2648	33	2
外资企业	Foreign Investment Enterprises	159	213151	430223	430223	1831	201
外商投资股份制	Foreign Invested Shareholding Enterprises		11896	17513	17513	21	1
按国民经济行业分	**Grouped by Sector**						
农林牧渔业	Farming, Forestry, Animal Husbandry and Fishery	10	15188	12675	12675	61	9
采矿业	Mining and Quarrying	2	11334	9716	9716	22	
制造业	Manufacturing	151	236133	430498	430498	1556	136
电力、煤气及水的生产和供应业	Production and Supply of Electric Power, Gas and Water	11	15996	45291	45291	94	9
建筑业	Construction	3	1009	1068	1068	39	3
交通运输、仓储及邮政业	Transportation, Storage and Postal Services	5	5042	7990	7990	20	3
信息传输、计算机服务和软件业	Information Circulation, Computer Service and Software	15	4077	529	529	39	11
批发和零售业	Wholesale and Retail Trade	24	16183	18279	18279	124	32
住宿和餐饮业	Accommodation and Catering Trade	7	686	8795	8795	60	4
金融业	Banking			1203	1203	3	1
房地产业	Real Estate Trade	7	15112	101658	101658	204	8
租赁和商务服务业	Leasing and Commercial Services	18	18324	6283	6283	70	24
科学研究、技术服务和地质勘查业	Scientific Research, Technical Services and Geological Prospecting	4	391	8362	8362	49	10
水利、环境和公共设施管理业	Water Conservancy, Environmental and Public Facilities Management	4	2541	5753	5753	29	1
居民服务和其他服务业	Resident Services and Other Services	1	308	553	553	18	
教　育	Education					1	
卫生、社会保障和社会福利业	Health Care, Social Protection and Social Welfare					2	
文化、体育和娱乐业	Culture, Sports and Entertainment			4234	4234	10	1
其他行业	Others					77	

17—13 各市外国和港澳台地区直接投资（2011年）

Direct Investment of Foreign Countries, Hong Kong, Macao and Taiwen by Sector by Region (2011)

地　区	Region	新签协议 Newly Signed Agreement 合同数（个）Number of Contracts (unit)	新签协议 Newly Signed Agreement 投资额（万美元）Investment (USD 10000)	实际投资合计（万美元）Total Actual Investment (USD 10000)	#现金 Cash	期末实有企业数（个）Number of Enterprises at the End of the Period (unit)	#本期新增企业 Newly Increased In this Period
总　计	**Total**	**263**	**344324**	**662887**	**662887**	**2478**	**252**
合肥市	Hefei	66	118105	145601	145601	817	74
淮北市	Huaibei	3	3887	30123	30123	46	3
亳州市	Bozhou	5	2288	24617	24617	52	7
宿州市	Suzhou	19	16885	25206	25206	73	17
蚌埠市	Bengbu	15	10470	45574	45574	109	14
阜阳市	Fuyang	14	10902	6488	6488	60	14
淮南市	Huainan	9	5089	12876	12876	42	9
滁州市	Chuzhou	22	33589	32297	32297	160	15
六安市	Luan	12	18253	20504	20504	89	11
马鞍山市	Maanshan	21	27847	99172	99172	154	20
芜湖市	Wuhu	25	63841	104077	104077	325	23
宣城市	Xuancheng	14	8995	31195	31195	150	14
铜陵市	Tongling	6	8406	23807	23807	61	6
池州市	Chizhou	7	2968	16705	16705	143	12
安庆市	Anqing	13	7727	26430	26430	63	6
黄山市	Huangshan	12	5072	18215	18215	134	7

17—14 外国和港澳台地区直接投资（按国别和地区）（2011年）

Direct Investment of Foreign Countries and Hong Kong, Macao and Taiwen by Countries and Regions (2011)

指标	Item	新签协议 Newly Signed Agreement 合同数（个）Number of Contracts (unit)	投资额（万美元）Investment (USD 10000)	实际投资合计（万美元）Total Actual Investment (USD 10000)	#现金 Cash	期末实有企业数（个）Number of Enterprises at the End of the Period (unit)	#本期新增企业 Newly Increased In this Period
合计	**Total**	**263**	**344324**	**662887**	**662887**	**2482**	**252**
亚洲	Asia	187	243131	465161	465161	1566	175
#不丹	Bhutan					2	
文莱	Brunei	3	3000	868	868	10	3
香港	Hong Kong	121	197723	373670	373670	916	113
印度	India	1	-112	262	262	4	1
印度尼西亚	Indonesia		400	19	19	6	
伊朗	Iran			343	343	2	
日本	Japan	11	17102	42334	42334	155	13
澳门	Macao	1	2480	8227	8227	14	
马来西亚	Malaysia	2	488	551	551	15	1
菲律宾	Philippines	1	8	304	304	6	2
新加坡	Singapore	7	7005	17179	17179	85	7
韩国	Republic of Korea	10	4095	7700	7700	66	8
泰国	Thailand	1	464			10	1
土耳其	Turkey					2	
阿拉伯联合酋长国	United Arab Emirates	1		110	110	6	1
台湾	Taiwan	28	10278	13094	13094	262	25
非洲	Africa	4	1990	2633	2633	20	4
#肯尼亚	Kenya			172	172	1	
利比里亚	Liberia			48	48	1	
毛里求斯	Mauritius	1	486	2022	2022	11	1
欧洲	Europe	13	25057	78460	78460	247	11
#比利时	Belgium					2	
丹麦	Denmark			4116	4116	5	
英国	United Kingdom	1	356	5999	5999	37	3
德国	Federal Republic of Germany	1	-10313	24747	24747	56	1
法国	France		9833	7009	7009	22	
爱尔兰	Ireland	1	14283	25632	25632	2	1
意大利	Italy	3	833	2905	2905	30	2
荷兰	Netherlands		278	323	323	13	
西班牙	Spain	3	713	2975	2975	20	1
奥地利	Austria			662	662	5	
瑞典	Sweden			273	273	4	
瑞士	Switzerland	1	7963	1420	1420	7	1
俄罗斯	Russia	1	8			15	1
捷克共和国	Czech	1	938	1130	1130	1	
拉丁美洲	Latin America	9	-7717	47008	47008	213	7
#阿根廷	Argentina			1114	1114	3	
巴巴多斯	Barbados		510	640	640	5	
巴西	Brazil	1	270			7	1
开曼群岛	Cayman Islands		-778	445	445	13	
英属维尔京群岛	Virgin	8	-7500	44603	44603	169	5
北美洲	North America	26	9463	26305	26305	320	33
#加拿大	Canada	7	93	2157	2157	49	7
美国	United States	19	7870	22648	22648	264	26
大洋洲	Oceanic	13	7715	4179	4179	93	12
#澳大利亚	Australia	4	1028	674	674	48	5
新西兰	New Zealand			651	651	7	1
萨摩亚	Samoa	7	5291	2704	2704	35	4
其他	Other	23	64685	39141	39141	23	10

17—15 各市商品进出口总额
Import and Export Commodities by Region

单位：万美元（USD 10000）

地区	Region	2010 进出口总额 Total	2010 出口总额 Exports	2010 进口总额 Imports	2011 进出口总额 Total	2011 出口总额 Exports	2011 进口总额 Imports	同比增长% Increased by %
总计	**Total**	**2427337**	**1241289**	**1186048**	**3133782**	**1708389**	**1425393**	**29.1**
合肥市	Hefei	1018034	583361	434673	1230891	781974	448917	20.9
淮北市	Huaibei	20005	14023	5982	20149	17156	2993	0.7
亳州市	Bozhou	23909	22209	1700	32832	30389	2443	37.3
宿州市	Suzhou	15444	12091	3353	22108	16795	5313	43.2
蚌埠市	Bengbu	54350	46737	7614	77005	55889	21116	41.7
阜阳市	Fuyang	35580	28265	7315	64678	50677	14001	81.8
淮南市	Huainan	12163	7162	5001	23878	9142	14736	96.3
滁州市	Chuzhou	91287	70766	20522	113152	88129	25023	24.0
六安市	Luan	45364	43509	1855	62565	58004	4561	37.9
马鞍山市	Maanshan	307302	68760	238542	419661	79366	340295	36.6
芜湖市	Wuhu	271362	170838	100524	396491	270417	126074	46.1
宣城市	Xuancheng	69181	58641	10540	99549	85456	14093	43.9
铜陵市	Tongling	341137	29704	311434	413074	51944	361130	21.1
池州市	Chizhou	21354	9734	11620	25753	16362	9391	20.6
安庆市	Anqing	68093	50565	17528	85824	60045	25779	26.0
黄山市	Huangshan	32773	24925	7847	46172	36644	9528	40.9

17—16 各市外商直接投资
Foreign Direct Investment by Region

地区	Region	项目（个）Number of Projects (unit)			合同外资额（万美元）Contract Value (USD 10000)		实际利用外资额（万美元）Used Value (USD 10000)		
		2010	2011	同比增长% Increased by	2010	2011	2010	2011	同比增长% Increased by
总计	**Total**	**281**	**263**	**-6.4**	**216462**	**344324**	**501446**	**662887**	**32.2**
合肥市	Hefei	81	66	-18.5	85809	118105	124219	145601	17.2
淮北市	Huaibei	7	3	-57.1	5318	3887	19151	30123	57.3
亳州市	Bozhou	5	5		1180	2288	15881	24617	55.0
宿州市	Suzhou	8	19	137.5	3733	16885	13429	25206	87.7
蚌埠市	Bengbu	17	15	-11.8	10966	10470	27262	45574	67.2
阜阳市	Fuyang	7	14	100.0	4723	10902	8882	6488	-27.0
淮南市	Huainan	5	9	80.0	-1687	5089	9913	12876	29.9
滁州市	Chuzhou	21	22	4.8	18151	33589	11745	32297	175.0
六安市	Luan	14	12	-14.3	8679	18253	13704	20504	49.6
马鞍山市	Maanshan	24	21	-12.5	19802	27847	82302	99172	20.5
芜湖市	Wuhu	44	25	-43.2	33678	63841	78103	104077	33.3
宣城市	Xuancheng	13	14	7.7	4371	8995	19654	31195	58.7
铜陵市	Tongling	5	6	20.0	2619	8406	25531	23807	-6.8
池州市	Chizhou	7	7		5311	2968	15152	16705	10.2
安庆市	Anqing	13	13		5936	7727	22255	26430	18.8
黄山市	Huangshan	10	12	20.0	7873	5072	14263	18215	27.7

主要统计指标解释

进出口总额

指实际进出我国国境的货物总金额。包括对外贸易实际进出口货物，来料加工装配进出口货物，国家间、联合国及国际组织无偿援助物资和赠送品，华侨、港澳台同胞和外籍华人捐赠品，租赁期满归承租人所有的租赁货物，进料加工进出口货物，边境地方贸易及边境地区小额贸易进出口货物（边民互市贸易除外），中外合资企业、中外合作经营企业、外商独资经营企业进出口货物和公用物品，到、离岸价格在规定限额以上的进出口货样和广告品（无商业价值、无使用价值和免费提供出口的除外），从保税仓库提取在中国境内销售的进口货物，以及其他进出口货物。进出口总额用以观察一个国家在对外贸易方面的总规模。我国规定出口货物按离岸价格统计，进口货物按到岸价格统计。

商品经营单位所在地进、出口额

指所在地海关注册登记的有进出口经营权的企业实际进、出口额。

商品目的地进口额和商品货源地出口额

目的地进口额是指进口货物的消费、使用或最终抵运地的实际进口额；货源地出口额是指出口货物的产地或原始发货地的实际出口额。

利用外资

指我国各级政府、部门、企业和其他经济组织通过对外借款、吸收外商直接投资以及用其他方式筹措的境外现汇、设备、技术等。

对外借款

是我国利用外资的重要部分。指通过对外正式签订借款协议，从境外筹措的资金，包括外国政府贷款、国际金融组织贷款、外国银行商业贷款、出口信贷以及对外发行债券等。1996年及以前还包括对外发行股票。

外商直接投资

指外国企业和经济组织或个人（包括华侨、港澳台胞以及我国在境外注册的企业）按我国有关政策、法规，用现汇、实物、技术等在我国境内开办外商独资企业、与我国境内的企业或经济组织共同举办中外合资经营企业、合作经营企业或合作开发资源的投资（包括外商投资收益的再投资），以及经政府有关部门批准的项目投资总额内企业从境外借入的资金。

对外承包工程

指各对外承包公司以招标议标承包方式承揽的下列业务：⑴承包国外工程建设项目，⑵承包我国对外经援项目，⑶承包我国驻外机构的工程建设项目，⑷承包我国境内利用外资进行建设的工程项目，⑸与外国承包公司合营或联合承包工程项目时我国公司分包部分，⑹对外承包兼营的房屋开发业务。对外承包工程的营业额是以货币表现的本期内完成的对外承包工程的工作量，包括以前年度签订的合同和本年度新签订的合同在报告期内完成的工作量。

对外劳务合作

指以收取工资的形式向业主或承包商提供技术和劳动服务的活动。我国对外承包公司在境外开办的合营企业，中国公司同时又提供劳务的，其劳务部分也纳入劳务合作统计。劳务合作营业额按报告期内向雇主提交的结算数（包括工资、加班费和奖金等）统计。

Explanatory Notes for Major Statistical Indicators

Total Imports and Exports at Customs

refer to the value of commodities imported into and exported from the boundary of China. They include the actual imports and exports through foreign trade, imported and exported goods under the processing and assembling trades and materials, supplies and gifts as aid given gratis between governments and by the United Nations and other international organizations, and contributions donated by overseas Chinese, compatriots in Hong Kong and Macao and Chinese with foreign citizenship, leasing commodities owned by tenant at the expiration of leasing period, the imported and exported commodities processed with imported materials, commodities trading in border areas (excluding mutual exchange goods), the imported and exported commodities and articles for public use of the Sino-foreign joint ventures, cooperative enterprises and ventures exclusively with foreign own investment. Also included are import or export of samples and advertising goods for whose CIF or FOB value are beyond the permitted ceiling (excluding goods of no trading or use value and free commodities for export), imported goods sold in China from bonded warehouses and other imported or exported goods. The indicator of the total imports and exports at customs can be used to observe the total size of external trade in a country. In accordance with the stipulation of the Chinese government, imports are calculated at CIF, while exports are calculated at FOB.

Import Export Value by Location of China's Foreign Trade Managing Units

refers to actual value of imports and exports carried out by corporations which have been registered by the local customhouse and are vested with right to run import export business.

Import Value of Commodities by the Places of their Destination and Export Value of Commodities by the Places of their Origin in China

The former indicator refers to the value of import commodities of the places of their consumption, utilization or the places of their final destination. The latter indicator refers to the value of export commodities of the places of their origin or the places of the commodities dispatched.

Utilization of Foreign Capital

refers to remittance, equipment and technology financed from abroad, by loans, foreign direct investment and other forms undertaken by the Chinese governments at all levels, by various departments, enterprises and other economic units.

Foreign Borrowings

an important part of China's utilization of foreign capital, it refer to funds borrowed from abroad through formal signing of borrowing agreements with foreign institutions, including loans of foreign governments, loans of international financial institutions, commercial loans of foreign banks, export credit, and funds raised by Chinese bonds (and shares before 1996) issued abroad.

Direct Investment by Foreign Entrepreneurs

refers to the investments inside China by foreign enterprises and economic organizations or individuals (including overseas Chinese, compatriots from Hong Kong and Macao, and Chinese enterprises registered abroad), following the relevant policies and laws of China, for the establishment of ventures exclusively with foreign own investment, Sino-foreign joint ventures and cooperative enterprises or for co-operative exploration of resources with enterprises or economic organizations in China. It includes the re investment of the foreign entrepreneurs with the profits gained from the investment and the funds that enterprises borrow from abroad in the total investment of projects which are approved by the relevant department of the government.

Contracted Projects with Foreign Countries

refer to projects undertaken by Chinese contractors (project contracting companies) through bidding process. They include: (1)overseas civil engineering construction projects financed by foreign investors; (2)overseas projects financed by the Chinese government through its foreign aid programs; (3)construction projects of Chinese diplomatic missions, trade offices and other institutions stationed abroad; (4)construction projects in China financed by foreign investment; (5)sub-contracted projects to be taken by Chinese contractors through a joint umbrella project with foreign contractor(s); (6)housing development projects. The business income from international contracted projects is the work volume of contracted projects completed during the reference period, expressed in monetary terms, including completed work on projects signed in previous years.

Service Cooperation with Foreign Countries

refers to the activities of providing technology and labour services to employers or contractors in the forms of receiving salaries and wages. Labour services providing by contractual joint ventures of Chine statistics of service co operation with foreign countries. The business income of labour service co operation is the income in the form of wages and salaries, overtime pay, bonuses and other remuneration received from the employers during the reference period.

第十八篇

Chapter 18

旅游

TOURISM

简要说明

一、旅游业发展情况。入境国际旅游(外国人、华侨、港澳同胞和台湾同胞)人数、不同经济类型的涉外饭店数量及规模情况的资料来源于省旅游局。

二、全省及各市国内旅游资料，是安徽省统计局、安徽省旅游局根据国家旅游局的抽样调查方案和工作要求，组织调查取得。

Brief Introduction

I. Development of tourism: Data on total number of international tourists received (foreigners, overseas Chinese, Chinese compatriots from Hong Kong, Macao and Taiwan), number of tourist hotel in various types and their scale come from the Provincial Tourism Administration.

II. Data on domestic tourism in the province and all cities are collected by the Provincial Statistical Bureau and the Provincial Tourism Administration in accordance with the sample survey scheme stipulated by the State Tourism Administration.

18—1 旅 游 事 业 发 展
Development of Tourism

指　　标	Item	1995	2000	2005	2010	2011
旅行社总数　（个）	Total Number of Travel Agencies (unit)	142	332	599	947	1057
组团社	Number of Groups	29	35	37	20	22
国内旅行社	Domestic Travel Agencies	113	297	562	927	1035
旅行社职工人数　（人）	Number of Staff and Workers of Travel Agencies (person)	2389	3848	6900	9593	9539
国际旅行社	International Travel Agencies	677	873	1392		
国内旅行社	Domestic Travel Agencies	1712	2975	5508		
入境旅游人数　（人）	Total Number of International Tourists Inbound (person)	142855	318430	632895	1984174	2628662
外 国 人	Foreigners	74626	167850	410580	1173988	1517481
港澳和台湾同胞	Compatriots from Hong Kong, Macao and Taiwan	68229	150580	222315	810186	1111181
国内居民出境总人数(人)	Total Number of Domestic Resident Outbound (person)		5140	64806	127800	139225
国内旅游人数　（万人次）	Total Number of Domestic Tourists (10000 persons)	1782	2974	4684	15349	22535
旅游收入	Income of Tourism					
国际旅游外汇收入(万美元)	Foreign Exchange Earnings (USD 10000)	4435.90	8621.45	18558.90	82025.22	117918.11
国内旅游收入　（亿元）	Earnings from Domestic Tourism (100 million yuan)	8.38	150.48	288.96	1094.81	1814.99
旅游部门基本情况	**Basic Statement of Tourism Departments**					
旅游管理机构　（个）	Number of Tourism Administrative Setups (unit)	42	91	100	105	117
职工人数　（人）	Number of Staff and Workers (person)	28547	50881	58000	59850	61500
旅游星级宾馆　（个）	Tourist Hotels With Star Class (unit)	60	163	373	453	462
#五星级	Five Star Class			5	14	17
四星级	Four Star Class		6	38	88	102
三星级	Three Star Class	10	52	111	182	190
二星级	Two Star Class	42	90	202	166	152
一星级	One Star Class	8	15	17	3	1
旅游涉外或星级宾馆	Tourist Hotels Concerning Foreign Affairs or With Star Class					
客　房　（间）	Number of Rooms (unit)	11818	22824	34759	44982	49002
床　位　（张）	Number of Beds (unit)	27415	48318	67782	81867	91908
客房出租率　（%）	Room Occupancy (%)	52.27	50.98	63.19	59.27	54.51
经营情况	Business Status					
营业收入　（亿元）	Business Income (100 million yuan)	11.39	38.83	51.75	50.38	60.74
利润总额　（万元）	Total Profits (10000 yuan)	6281.60	-2125.56	16960.99	21964.00	56200.00

注：2000年前的客房、床位、客房出租率为涉外饭店情况，2001年以后为星级宾馆情况。

a) Number of rooms, beds and room occupancy refered to hotels concerning foreign affairs before 2000 and they refered to hotels with star class after 2001.

18—2 各市旅游星级饭店（宾馆）住宿设施情况（2011年）
Accommodation Facilities of Hotels Concerning Foreign Affairs by Region (2011)

地 区	Region	饭 店（宾馆）（个）Number of Hotels (unit)	五星级 Five Star Class	四星级 Four Star Class	三星级 Three Star Class	二星级 Two Star Class	一星级 One Star Class	客 房（间）Number of Rooms (unit)	床 位（张）Number of Beds (unit)	客房出租率（%）Room Occupancy (%)
总 计	**Total**	**462**	**17**	**102**	**190**	**152**	**1**	**49002**	**91908**	**54.51**
合 肥 市	Hefei	79	7	18	31	23		10630	21694	37.57
淮 北 市	Huaibei	4	1		1	2		729	1279	63.74
亳 州 市	Bozhou	11		1	4	6		879	1816	55.00
宿 州 市	Suzhou	6		1	4	1		549	1027	48.09
蚌 埠 市	Bengbu	19	1	2	10	6		2060	3517	61.00
阜 阳 市	Fuyang	10		2	4	4		1086	1897	63.00
淮 南 市	Huainan	19		4	8	7		1512	2758	61.73
滁 州 市	Chuzhou	20	1	4	6	9		1923	3379	66.54
六 安 市	Luan	34	1	7	16	10		3451	6478	70.56
马鞍山市	Maanshan	22		6	8	8		1996	3532	53.22
芜 湖 市	Wuhu	33	1	8	11	13		3675	6129	70.49
宣 城 市	Xuancheng	35		6	18	11		2968	5468	68.57
铜 陵 市	Tongling	18	1	3	3	10	1	1440	2359	52.92
池 州 市	Chizhou	31		6	17	8		2490	4831	56.50
安 庆 市	Anqing	47		8	18	21		4105	7508	60.42
黄 山 市	Huangshan	74	4	26	31	13		9509	18236	48.16

注：本表星级宾馆（酒店）指2011年底止已得到国家旅游局或省旅游局批准的，不包括已报未批部分。

a) The star class of hotel in this table refer to be approved by the National Tourism Administration or Anhui Tourism Administration up to the Year-end of 2011 excluding those hed been reported but unapproved.

18—3 国际旅游外汇收入及构成
Foreign Exchange Earnings and It's Composition

指 标	Iten	2005 数额（万美元）Value (10000 USD)	2005 比重（%）Percentage (%)	2009 数额（万美元）Value (10000 USD)	2009 比重（%）Percentage (%)	2010 数额（万美元）Value (10000 USD)	2010 比重（%）Percentage (%)	2011 数额（万美元）Value (10000 USD)	2011 比重（%）Percentage (%)
总 计	**Total**	**18558.1**	**100.00**	**56583.9**	**100.00**	**82025.2**	**100.00**	**2628662.0**	**100.00**
长途交通	Long Distance Transportation	4676.6	25.20	17031.8	30.10	26986.3	32.90	820142.5	31.20
#民 航	Air	3544.6	19.10	10298.3	18.20	12385.8	15.10	622992.9	23.70
铁 路	Railway	575.3	3.10	1923.9	3.40	8202.5	10.00	76231.2	2.90
汽 车	Highway	278.4	1.50	2546.3	4.50	6398.0	7.80	76231.2	2.90
游 览	Visiting	686.7	3.70	2433.1	4.30	3691.1	4.50	139319.1	5.30
住 宿	Accommodation	2208.4	11.90	6903.2	12.20	8776.7	10.70	276009.5	10.50
餐 饮	Cater	1818.7	9.80	5036.0	8.90	7874.4	9.60	194521.0	7.40
商品销售	Commodity Sale	5957.2	32.10	14089.4	24.90	19111.9	23.30	644022.2	24.50
娱 乐	Entertainment	1132.0	6.10	2716.0	4.80	4839.5	5.90	189263.7	7.20
邮电通讯	Postal and Communication	631.0	3.40	2602.9	4.60	1886.6	2.30	55201.9	2.10
市内交通	Local Transportation	185.6	1.00	1075.1	1.90	1558.5	1.90	86745.8	3.30
其他服务	Other Service	1262.0	6.80	4696.5	8.30	7300.2	8.90	223436.3	8.50

18—4　接待外国人旅游人数（按国别分）
Number of Foreign Tourists by Country

单位：人（person）

指　标	Item	1995	2000	2005	2010	2011
总　计	**Total**	**74626**	**167850**	**410580**	**1173988**	**1517481**
#日　本	Japan	18725	47272	47040	135277	161563
韩　国	Republic of Korea	5578	21659	188096	405538	551714
新加坡	Singapore	12589	16568	13392	43507	65644
美　国	United States	7060	18456	37124	101700	134310
英　国	United Kingdom	964	3111	7639	49069	58742
法　国	France	1692	5836	13839	63837	73743
德　国	Federal Republic Of Germany	2115	4699	16012	52934	62912
俄罗斯	Russia	195	832	1636	23990	30412

18—5　国内旅游情况人数结构（按年龄、身份和职业分）（2011年）
Number of Domestic Tourists by Age, Identity and Occupation (2011)

单位：万人（10000 person）

指　标	Item	按身份分组 By Identity			按职业分组 By Occupation									
		人数合计（人） Total (person)	城镇居民 Urban Residents	非城镇居民 Unurban Residents	公务员 Public Servicers	企管人员 Business Managerial Staff	军人 Soliders	工人 Workers	服务销售人员 Sale-Ssmen	农民 Peasants	专业人员 Professional Staff	离退休人员 Retirees	学生 Students	其他 Otherents
合　计	**Total**	**22535**	**15857.3**	**6677.5**	**1414.7**	**4585.9**	**178.7**	**2448.7**	**3935.4**	**609.9**	**1527.3**	**1185.5**	**2550.3**	**4098.4**
65岁以上	65 and Over	1476	1067.4	408.8	50.5	127.7	12.2	73.3	90.8	101.1	55.7	745.8	16.1	192.0
45—64岁	45—64	5702	4188.1	1514.3	495.7	1388.1	40.6	824.3	911.4	214.8	429.6	383.1	52.3	1065.2
25—44岁	25—44	11416	8095.5	3320.7	794.1	2749.9	92.3	1331.1	2321.4	264.1	874.2	37.9	728.8	2340.8
15—24岁	15—24	3940	2506.3	1433.7	74.4	320.3	33.6	220.1	611.7	29.8	167.9	18.7	1753.1	500.5
14岁以下	14 and Under													

18—6 国内旅游主要经济指标
Main Economic Indicators of Domestic Tourism

年份 Year	人数 (万人次) Total Number (10000 person-times)	总收入 (万元) Total Income (10000 yuan)	一日游 One-day Tour		过夜旅游 Overnight Tour	
			人数 (万人次) Total Number (10000 person-times)	收入 (万元) Income (10000 yuan)	人数 (万人次) Total Number (10000 person-times)	收入 (万元) Income (10000 yuan)
2000	2974	1504750	630	50361	2344	1454389
2002	3884	2029176	764	122387	3120	1906789
2003	3338	1871134	319	136631	3019	1734503
2004	4329	2499461	702	128597	3627	2370864
2005	4684	2889576	917	203580	3767	2685996
2006	6159	3876315	1161	282663	4998	3593652
2007	7849	5436824	1601	540079	6248	4896745
2008	9938	7002353	2566	979407	7372	6022946
2009	12268	8637842	3901	1654709	8367	6983133
2010	15349	10948058	5332	2127490	10017	8820568
2011	22535	18149900	8379	3858400	14156	14291600

18—7 各市国内旅游主要经济指标（2011年）
Main Economic Indicators of Domestic Tourism by Region (2011)

地区	Region	总收入 (万元) Total Income (10000 yuan)	一日游 One-day Tour		过夜旅游 Overnight Tour	
			人数 (人次) Total Number (person-times)	收入 (万元) Income (10000 yuan)	人数 (人次) Total Number (person-times)	收入 (万元) Income (10000 yuan)
总计	**Total**	**18149900**	**83787700**	**3858400**	**141559800**	**14291600**
合肥市	Hefei	4011500	9092900	456000	27279400	3555600
淮北市	Huaibei	300700	2815400	103700	2517800	197000
亳州市	Bozhou	466100	3631200	115500	3559300	350700
宿州市	Suzhou	416200	3669200	126600	3962500	289700
蚌埠市	Bengbu	678300	6488600	197300	7316100	481100
阜阳市	Fuyang	490300	2618700	102000	5502500	388300
淮南市	Huainan	417900	4296600	103300	4046800	314500
滁州市	Chuzhou	609800	2472000	86500	6144900	523300
六安市	Luan	641600	1882700	55500	7861900	586100
马鞍山市	Maanshan	766600	7566200	344700	4755400	421900
芜湖市	Wuhu	1506100	4649300	229100	9738200	1277000
宣城市	Xuancheng	643500	2424800	93300	6534100	550100
铜陵市	Tongling	343100	2824400	110400	2867500	232700
池州市	Chizhou	1881200	12916600	919200	8125800	962100
安庆市	Anqing	1897400	8112100	391000	16300900	1506400
黄山市	Huangshan	3079600	8327000	424400	25046800	2655300

18—8 国内旅游人均花费（2011年）
Per Capita Costs of Domestic Tourism (2011)

单位：元（yuan）

指标	Item	平均每人花费 Per Capita Expenditure	交通费 Local Transportation	住宿费 Accommod-ation	餐饮费 Cater	购物费 Commodity Sale	平均逗留天数（天） Average Number of Days (day)
总花费	Total Expenditure	896.20	172.20	180.50	156.00	140.40	2.20
一日游	One-day Tour	480.00	118.90	14.80	92.10	87.40	1.00
过夜花费	Overnight Tour	1095.20	204.00	240.40	188.60	168.60	3.20
#宾馆饭店	Living in Hotel	1156.30	209.50	278.90	199.40	165.10	2.10
#住亲友家	Living in Relative's or Friend's Home	794.40	170.50	59.40	141.70	186.40	4.40

18—9 各市国内旅游人均花费（2011年）
Per Capita Costs of Domestic Tourism by Region (2011)

单位：元（yuan）

地区	Region	平均每人花费 Per Capita Expenditure	交通费 Local Transportation	住宿费 Accommod-ation	餐饮费 Cater	购物费 Commodity Sale	平均逗留天数（天） Average Number of Days (day)
总　计	**Total**	**896.20**	**172.20**	**180.50**	**156.00**	**140.40**	**2.20**
合 肥 市	Hefei	1254.60	319.90	244.20	209.80	205.10	2.40
淮 北 市	Huaibei	587.80	101.60	102.80	119.30	92.50	2.10
亳 州 市	Bozhou	778.00	115.50	104.20	165.10	140.40	1.70
宿 州 市	Suzhou	572.60	99.90	120.70	113.00	97.70	2.00
蚌 埠 市	Bengbu	529.60	93.30	129.50	89.80	83.70	2.00
阜 阳 市	Fuyang	607.80	110.30	92.90	100.60	150.40	2.70
淮 南 市	Huainan	584.60	96.00	116.80	144.90	83.40	2.20
滁 州 市	Chuzhou	690.20	147.10	154.40	122.90	95.30	2.60
六 安 市	Luan	665.40	132.10	116.70	121.10	93.80	1.30
马鞍山市	Maanshan	695.40	136.90	152.00	101.70	100.50	1.90
芜 湖 市	Wuhu	1166.00	124.30	234.20	233.70	183.70	3.40
宣 城 市	Xuancheng	734.70	158.60	132.50	106.60	94.70	1.70
铜 陵 市	Tongling	673.30	161.20	140.30	129.60	110.90	5.10
安 庆 市	Anqing	820.70	156.00	148.50	126.60	148.50	1.80
池 州 市	Chizhou	1142.60	143.80	218.20	219.60	169.20	2.30
黄 山 市	Huangshan	885.60	210.90	170.60	129.50	116.00	1.70

18—10 国家级黄山风景区旅游事业发展情况
Development of Tourism of Huang Shan Scenic at National Level

指标		Item		1995	2000	2005	2010	2011
接待人数	（人次）	Tourists Received	(person-time)	831058	1172871	1709658	2518346	2743999
接待海外游客		Overseas Tourists		41562	73485	159980	256753	276680
国内游客		Domestic Tourists		789496	1099386	1549678	2261593	2467319
营业收入	（万元）	Business Income	(10000 yuan)	18382	47881	75017	168945	181942
#游览设施		Touring Facilities		10140	18040	41505	78812	90200
住宿设施		Lodging Facilities		5248	9655	14517	19832	21688
娱乐设施		Entertainment Facilities		93		334	524	502
餐饮设施		Catering Facilities		2524	4004	7427	14580	16722
商业设施		Commercial Facilities		377	182	500	785	753
外汇收入	（万美元）	Foreign Exchange Earnings	(USD 10000)	291	588	2080	5398	5966
涉外宾馆（酒店）住宿设施		Lodging Facilities of Tourist Hotels						
宾馆（酒店）	（个）	Number of Hotels	(unit)	11	15	14	14	13
#五星级		Five Star Class					2	2
四星级		Four Star Class				6	8	7
三星级		Three Star Class		4	5	4	1	
二星级		Two Star Class		2	1	2		
客　房	（间）	Number of Rooms	(unit)	1420	1781	1496	2728	2762
床　位	（张）	Number of Beds	(unit)	4050	5775	4562	5690	5810
客房出租率	（%）	Room Occupancy	(%)	49	42	62	51	50
旅游车辆	（辆）	Number of Touring Vehicles	(unit)	64	191	95	131	116
#大型车辆		Large-sized Vehicles		19	25	65	96	76
中型车辆		Middle-sized Vehicles		30	50	5	6	11
小型车辆		Small-sized Vehicles		15	62	25	29	29

18—11 国家级九华山风景区旅游事业发展情况
Development of Tourism of Jiu Hua Shan Scenic at National Level

指 标		Item		1995	2000	2005	2010	2011
接待人数	（人次）	Tourists Received	(person-time)	438000	443900	648308	4001139	4908913
接待海外游客		Overseas Tourists		10019	13569	24695	150009	185637
国内游客		Domestic Tourists		427981	430331	623613	3851130	4723276
营业收入	（万元）	Business Income	(10000 yuan)	10940	12000	28962	390008	484634
#游览设施		Touring Facilities		1130	3579	11006	156003	193853
住宿设施		Lodging Facilities		2990	2493	7240	97502	121159
娱乐设施		Entertainment Facilities		350	293	579	7800	9692
餐饮设施		Catering Facilities		4010	2860	4345	58501	72695
商业设施		Commercial Facilities		2460	2775	5792	70201	87235
外汇收入	（万美元）	Foreign Exchange Earnings	(USD 10000)	1047	334	307		
涉外宾馆（酒店）住宿设施		Lodging Facilities of Tourist Hotels						
宾馆（酒店）	（个）	Number of Hotels	(unit)	3	3	8	9	9
#五星级		Five Star Class						
四星级		Four Star Class				1	2	2
三星级		Three Star Class			1	4	7	7
二星级		Two Star Class		2	2	3		
客 房	（间）	Number of Rooms	(unit)	216	299	646	831	917
床 位	（张）	Number of Beds	(unit)	545	625	1266	1551	1683
客房出租率	(%)	Room Occupancy	(%)	59	45	58	65	73
旅游车辆	（辆）	Number of Touring Vehicles	(unit)	78	59	64	112	93
#大型车辆		Large-sized Vehicles		19	19	32	61	20
中型车辆		Middle-sized Vehicles		37	30	22	17	69
小型车辆		Small-sized Vehicles		22	10	10	34	4

18—12 风景名胜区（2011年）
Scenic Spots (2011)

名　称 Name	级别 Grade	主要特点 Main Characteristics	类别 Kinds	面　积 （平方公里） Area(sq.km)	地址 Address
黄　山	国家级	世界自然和文化遗产，中国十大风景名胜。以“奇松、怪石、云海、温泉”四绝而闻名	山岳型	154	黄山市
九华山	国家级	中国四大佛教名山之一，是佛教地藏菩萨道场。始于唐开元年间，现存古寺庙94座，佛像1万余尊、文物五千余件	山岳型	120	池洲市
天柱山	国家级	“擎天一柱”海拔1450米，道、佛教同存，汉武帝封“南岳”。佛教二、三祖修行地。李白、白居易、苏轼等400余摩崖碑刻	山岳型	82.46	潜山县
琅琊山	国家级	宋代大文学家欧阳修《醉翁亭》而闻名，有著名醉翁亭、醒图、琅琊寺等	山岳型	78.2	滁州市
齐云山	国家级	中国四大道教名山之一，始于唐，盛于明，兴于清，有道教墓葬22外和大量摩崖石碑刻，属丹霞地貌	山岳型	110.4	休宁县
采石矶	国家级	长江三大名矶之首，有“采石山水甲江南”之誉。唐代大诗人李白留下许多不朽诗篇，并在附近香山归宿		48	马鞍山市
巢　湖	国家级	中国五大淡水湖之一，著名姥山、褒禅山、中庙、范增墓等景点	湖泊型	1000	巢湖市
花山谜窟	国家级	人工石窟群，口小内大，有36处，最高30米。所建年代？为何建？何年成？为“千古之谜”		80.6	黄山市
太极洞	国家级	洞龄2.5亿年，长5400多米，分干、水洞而得名。宋代范仲淹等留下不少碑文石刻，《中国石林》称为“桂林山水，广德石洞”	溶洞型	20	广德县
花亭湖	国家级	著名人口湖，有龙山、西风湖、佛图寺、海会寺等六大景区和温泉，沿湖生长方形法华竹而绝名	湖泊型	250	太湖县
浮　山	省　级	古火山之一，佛教禅宗鼻祖慧可大师道场，中国禅宗发祥地。有36岩、72洞、26怪石、34奇峰。南宋以来480多摩崖石刻	山岳型	45	枞阳县
天堂寨	省　级	主峰天堂顶海拔129米，有天塘“瑶池”。大小瀑布100余条而闻名，大别山山脉第二高峰	山岳型	37.2	金寨县
太平湖	省　级	安徽最大人工湖，有“西山观鱼，三峡水趣，桂林景色，龙门”等五大景区。堪与太湖媲美，漓江竟秀	湖泊型	260	黄山区
敬亭山	省　级	原名昭亭山，晋文帝时改为敬亭山，南齐谢眺以来李白等文人留下诗文800余篇，为中国著名“江南诗山”	山岳型	15.3	宣城市
白崖寨	省　级	建寨700余年，寨十华里，宽1米，高2.8—5米，大块岩石砌成。有炮台、点将台等，誉称“南国小长城”	山岳型	57	宿松县
西　山	省　级	溶洞、石、峰、泉、花、树、禽为一体，有古乌霞寺，著名“牡丹之乡”。唐代诗人李白等留下脍炙人口的诗文	山岳型	22.6	南陵县
齐山——秋浦仙境	省　级	全长180公里，是著名“诗河”。李白、杜牧、苏轼等留下40余首诗篇，有古石城遗址，昭明钓台、仰天堂古迹名胜	山岳型	25.78	池州市
石台溶洞群	省　级	石台称为“溶洞之县”，有蓬莱、鱼龙、慈云等100余处溶洞。著名“蓬莱仙洞”长3000余米，钟乳奇秀，玲珑剔透	溶洞型	29.3	池州市
小孤山	省　级	孤峰如柱，兀立长江，称“长江绝岛”，有古炮台、烽火石等古战场遗迹，古刹启秀寺是长江中唯一“妈祖古庙”		8.5	宿松县

18—12　续表　continued

名　称 Name	级别 Grade	主要特点 Main Characteristics	类　别 Kinds	面　积（平方公里） Area(sq.km)	地　址 Address
凤阳山	省　级	有明中都皇故城、明皇陵石刻、鼓楼台、龙兴寺、古钟、离城、佛教古寺、卧牛湖、奇洞等	山岳型	45	凤阳县
涂山——白乳泉	省　级	大禹娶涂山氏为妻，著名“启母石”——涂山氏化身。唐贞元年白乳泉得名，誉为“天下第七泉”	山岳型	66.35	怀远县
南岳山—佛子岭水库	省　级	古岳庙留汉武帝封石刻门楣，有书法家于佑仁题“小南岳”等文人石刻，为“远东第一坝”	山岳、湖泊型	175	霍山县
万佛山—龙河口水库	省　级	“世界第一人工土石大坝”，有周瑜祖坟、祖慈钓鱼台、五老观太极等景观，国家级保护动植物50余种	山岳、湖泊型	207	舒城县
皇藏峪	省　级	汉高祖称帝前因避秦兵而藏身此地，封为“皇藏峪”。有天然洞穴、井泉、峰峦叠翠、涧水淙淙	山岳型	22.76	萧　县
八公山	省　级	西汉淮南王刘安等八公在此炼丹并食之成仙得名，有珍珠、玛瑙等24泉、淮南王、碧霞元君庙等	山岳型	90	淮南市
大龙山	省　级	山势雄伟、蜿蜒似龙，有92峰、82岩、72岭、82洞、32壑、108奇石和乌、白、黄、赤四大名溪和6大瀑布等	山岳型	120	安庆市
颖州西湖	省　级	北宋宰相晏殊、文学家欧阳修、苏轼等留下113首诗篇。原碑林长廓、八卦阵、八仙石雕和“会老堂”等		24.32	阜阳市
龙须湖	省　级	湖水容量3252万立方米，植被丰富，珍禽野兽较多，湖光山色、风光秀美	湖泊型	110	郎溪县
铜锣寨	省　级	碧峰伟崖，陡不可攀，海拔1096米，有奇松、怪石、云海、温泉“四绝”，素称“江北小黄山”	山岳、古关寨	47	霍山县
大华山	省　级	云峰寺始唐朝，地藏王在此结庵1300余年。太平军的“羊破寨”、庆云寺等，东石笋高38米，为“中华第一石笋”	山岳型	56	六安市
合肥环城公园—西郊	省　级	西郊有蜀山风景、董铺和大房郢水库、森林公园、科学岛等，著名北宋“包拯”——包公祠座落环城公园	城市近郊公园	32	合肥市
紫蓬山	省　级	三国名刹——西庐寺，魏将李典，宋名将葛升墓，淮军名将刘铭传故居。有21米高的如来大佛，五百罗汉、文昌阁等	山岳型	48	肥西县
五柳	省　级	著名“呵泉、龙泉、珍珠泉”等，大方寺、闵祠等殷商文化遗址和众多汉墓		26	宿州市
凤凰山	省　级	宋代古民居，荆公书堂，大明寺，莲花寺和大雄宝殿等自然和人文景观20余处	山岳型	28.4	铜陵市
司空山	省　级	中华佛教禅宗发源地，有“祖禅刹、三祖洞、乌牛古石、南崖瀑布”等，赵朴初题为“禅宗第一山”	山岳型	46.8	岳西县
大历山	省　级	唐玄宗二年始建“翠观庵”，明建“尧舜寺”，有法藏寺、尧池、舜井、伏虎洞、白龙洞等，钟乳奇异，山色峻美	山岳型	26	东至县
卜塘	省　级	山恋叠峰、沟壑纵横、林木绢绣、飞泉叮咚，竹海、古树、清泉、钟鼓并称“四绝”	山岳型	45	马鞍山市
龙子湖	省　级	禹王庙、汤和墓、东明皇陵、中都城、龙兴寺、栖岩寺和淮河风情园等	湖泊型	36.2	蚌埠市
汤池	省　级	汉文帝建庐江国时称“坑泉”，水温63℃，为“华东第一温泉”，有三国周郎和小乔沐浴池、古寺、十三庵等	温泉	22.5	庐江县

18—13 国家级重点文物保护单位
National Grade Main Cultural Relics

名 称 Name	时 代 Era	地 址 Address	批 次 Batch	公布时间 Announcement Time
新四军军部旧址	1938－1941	泾县云岭乡	第一批	1961.3
明中都皇故城及皇陵石刻	明	凤阳县	第二批	1982.2
安丰塘（芍陂）	春秋－清	寿县	第三批	1988.1
龙川胡氏宗祠	明－清	绩溪县瀛洲乡	第三批	1988.1
潜口民宅	明－清	黄山市徽州区尘潜口村	第三批	1988.1
许国石坊	明	歙县	第三批	1988.1
花戏楼	清	亳州市谯城区	第三批	1988.1
广教寺双塔	宋	宣州市宣州区敬亭山	第三批	1988.1
和县猿人遗址	旧石器时代	和县陶店乡	第三批	1988.1
薛家岗遗址	新石器时代	潜山县	第四批	1996.11
大工山－凤凰山铜矿遗址	西周至宋	南陵县、铜陵市	第四批	1996.11
棠樾石牌坊群	明、清	歙县郑村乡	第四批	1996.11
老屋阁及绿绕亭	明	黄山市徽州区西溪南村	第四批	1996.11
罗东舒祠（宝伦阁）	明	黄山市徽州区呈坎村	第四批	1996.11
渡江战役总前委旧址	1949年3月－4月	肥东县撮镇瑶岗村	第四批	1996.11
陈山遗址	旧石器时代	宣州市宣州区	第五批	2001.6
凌家滩遗址	新石器时代	含山县	第五批	2001.6
尉迟寺遗址	新石器时代	蒙城县	第五批	2001.6
寿春城遗址	战国	寿县	第五批	2001.6
寿州窑遗址	南朝至塘	淮南市	第五批	2001.6
柳孜运河码头遗址	唐至宋	濉溪县	第五批	2001.6
繁昌窑遗址	宋	繁昌县	第五批	2001.6
皖南土墩墓群	西周至春秋	南陵县、繁昌县	第五批	2001.6
曹氏家族墓群	东汉、三国	亳州市谯城区	第五批	2001.6
朱然家族墓地	三国	马鞍山市	第五批	2001.6
水西双塔	宋	泾县	第五批	2001.6
亳州古地道	宋、元	亳州市谯城区	第五批	2001.6
白崖寨	元至清	宿松县	第五批	2001.6
程氏三宅	明	黄山市屯溪区	第五批	2001.6
呈坎村古建筑群	明、清	黄山市徽州区	第五批	2001.6
渔梁坝	唐至清	歙县	第五批	2001.6
宏村古建筑群	明、清	黟县	第五批	2001.6
西递村古建筑群	明、清	黟县	第五批	2001.6
寿县古城墙	宋至清	寿县	第五批	2001.6
查济古建筑群	宋至清	泾县	第五批	2001.6
天柱山山谷流泉摩崖石刻	宋至清	潜山县	第五批	2001.6
人字洞遗址	旧石器时代	繁昌县	第六批	2006.5
临涣城址	战国	濉溪县	第六批	2006.5
李白墓	唐	当涂县	第六批	2006.5
蒙城万佛塔	宋	蒙城县	第六批	2006.5
溪头三槐堂	明	休宁县	第六批	2006.5
振风塔	明	安庆市迎江区	第六批	2006.5
郑氏宗祠	明	歙县	第六批	2006.5
江村古建筑群	明至清	旌德县	第六批	2006.5
南屏村古建筑群	明至清	黟县	第六批	2006.5
祁门古戏台	明至清	祁门县	第六批	2006.5
许村古建筑群	明至民国	歙县	第六批	2006.5
黄田村古建筑群	清	泾县	第六批	2006.5
世太史第	清	安庆市迎江区	第六批	2006.5
竹山书院	清	歙县	第六批	2006.5
齐云山石刻	宋至清	休宁县	第六批	2006.5
李氏庄园	清	霍邱县	第六批	2006.5
刘铭传旧居	清	肥西县	第六批	2006.5
冯玉祥旧居	1936－1937年	巢湖市居巢区	第六批	2006.5
半塔保卫战旧址	1941年	来安县	第六批	2006.5
淮海战役总前委和华东野战军指挥部旧址	1948年	濉溪县、萧县	第六批	2006.5

18—14 省级文物保护单位
Provincial Cultural Relic Preservation Institutions

名 称 Name	时 代 Era	地 址 Address	批 次 Batch	公布时间 Announcement Time
古遗址（77处）				
龙潭洞遗址	旧石器时代	和县	第一批	1981年9月8日
银山遗址	旧石器时代	巢湖市	第二批	1986年7月3日
陈山旧石器出土地点	旧石器时代	宣城市宣州区	第三批	1989年5月27日
官山、毛竹山遗址	旧石器时代	宁国市	第四批	1998年5月4日
人字洞遗址	旧石器时代	繁昌县	第五批	2004年10月28日
薛家岗遗址	新石器时代	潜山县	第一批	1981年9月8日
张四墩遗址	新石器时代	安庆市	第一批	1981年9月8日
大城头遗址	新石器时代	肥东县	第一批	1981年9月8日
大陈墩遗址	新石器时代	肥东县	第一批	1981年9月8日
青凤岭遗址	新石器时代	亳州市	第一批	1981年9月8日
钓鱼台遗址	新石器时代	亳州市	第一批	1981年9月8日
胡家村遗址	新石器时代	绩溪县	第一批	1981年9月8日
花家寺遗址	新石器时代	萧县	第一批	1981年9月8日
傅庄遗址	新石器时代	亳州市	第三批	1989年5月27日
石山孜遗址	新石器时代	濉溪县	第三批	1989年5月27日
侯家寨遗址	新石器时代	定远县	第四批	1998年5月4日
尉迟寺遗址	新石器时代	蒙城县	第四批	1998年5月4日
古埂遗址	新石器时代	肥西县	第四批	1998年5月4日
玉石山遗址	新石器时代	灵璧县	第四批	1998年5月4日
凌家滩遗址	新石器时代	含山县	第四批	1998年5月4日
灰角寺遗址	新石器时代	太和县	第四批	1998年5月4日
黄家堰遗址	新石器时代	望江县	第四批	1998年5月4日
下阳遗址	新石器时代	广德县	第四批	1998年5月4日
双墩遗址	新石器时代	蚌埠市	第五批	2004年10月28日
中土坑遗址	新石器时代	祁门县	第五批	2004年10月28日
夫子城遗址	新石器时代	安庆市	第五批	2004年10月28日
小山口遗址	新石器时代	宿州市	第五批	2004年10月28日
古台寺遗址	新石器时代	宿州市	第五批	2004年10月28日
红墩寺遗址	新石器——商周	霍邱县	第三批	1989年5月27日
濮家墩遗址	新石器——商周	滁州市	第二批	1986年7月3日
阮墩遗址	新石器——商周	繁昌县	第五批	2004年10月28日
孙家城土城遗址	新石器——商周	怀宁市	第五批	2004年10月28日
东城都遗址	新石器——西周	六安市	第四批	1998年5月4日
化家湖遗址	新石器——汉	濉溪县	第五批	2004年10月28日
“伍奢冢”遗址	新石器——汉	利辛县	第五批	2004年10月28日
大城墩遗址	新石器——隋唐	含山县	第二批	1986年7月3日
斗鸡台遗址	夏、商	寿县	第四批	1998年5月4日
老邱堆遗址	殷	临泉县	第一批	1981年9月8日
倪邱集遗址	殷	太和县	第一批	1981年9月8日
青莲寺遗址	商周	寿县	第四批	1998年5月4日
贺胜台遗址	商周	阜南县	第四批	1998年5月4日
欧墩遗址	商周	郎溪县	第四批	1998年5月4日
烟墩山遗址	商周	马鞍山市	第五批	2004年10月28日
花城遗址	周	舒城县	第四批	1998年5月4日
牯牛山遗址	周	南陵县	第四批	1998年5月4日
石梁土城遗址	商周、唐宋	天长市	第三批	1989年5月27日
大工山古矿冶遗址	西周——宋	南陵县	第三批	1989年5月27日
凤凰山铜矿遗址（木鱼山、金牛洞、铜井山遗址、罗家村大炼渣）	西周——宋	铜陵市	第四批	1998年5月4日
古昭关遗址	春秋	含山县	第三批	1989年5月27日
钟离城遗址	春秋	凤阳县	第一批	1981年9月8日
寿春城遗址（含西南小城）	战国	寿县	第四批	1998年5月4日
陈胜、吴广起义遗址	秦	宿州市	第一批	1981年9月8日
蕲县古城遗址	秦	宿州市	第二批	1986年7月3日

18—14 续表1 continued

名 称 Name	时 代 Era	地 址 Address	批 次 Batch	公布时间 Announcement Time
垓下遗址	秦	固镇县	第二批	1986年7月3日
新阳城遗址	秦汉	界首市	第四批	1998年5月4日
东城遗址	秦——唐	定远县	第四批	1998年5月4日
龙城遗址	汉	肥东县	第一批	1981年9月8日
六安西古城遗址	汉	六安市	第一批	1981年9月8日
谷阳城遗址	汉	固镇县	第五批	2004年10月28日
北平城遗址	汉	涡阳县	第五批	2004年10月28日
临涣古城遗址	汉—元	濉溪县	第二批	1986年7月3日
三国新城遗址	三国	合肥市	第四批	1998年5月4日
寿州窑址	六朝——唐	淮南市	第一批	1981年9月8日
白土寨窑址	唐——宋	萧县	第一批	1981年9月8日
琴溪窑址	唐——宋	泾县	第二批	1986年7月3日
霞间窑址	五代——北宋	绩溪县	第三批	1989年5月27日
东门渡窑址	五代——北宋	芜湖县	第四批	1998年5月4日
清流关	南唐——宋	滁州市	第三批	1989年5月27日
柯家村遗址	宋	繁昌县	第一批	1981年9月8日
下符桥窑址	宋	霍山县	第二批	1986年7月3日
天静宫遗址	宋	涡阳县	第四批	1998年5月4日
汤池果树窑址	宋	庐江县	第五批	2004年10月28日
“古井贡酒”古井及窖池	宋——明	亳州市	第四批	1998年5月4日
明王台遗址	元	亳州市	第一批	1981年9月8日
明中都城城址	明	凤阳县	第一批	1981年9月8日
琉璃瓦窑址	明	当涂县	第一批	1981年9月8日
谢朓楼遗址	清	宣城市宣州区	第四批	1998年5月4日
古墓葬（45处）				
汤王墓	商	亳州市	第一批	1981年9月8日
武王墩	周	长丰县	第一批	1981年9月8日
万牛墩土墩墓群	周	繁昌县	第三批	1989年5月27日
千峰山土墩墓群	西周——春秋	南陵县	第二批	1986年7月3日
共姬墓	春秋	淮北市	第五批	2004年10月28日
黄泥孤堆（黄歇墓）	战国	淮南市	第五批	2004年10月28日
廉颇墓	战国	寿县	第五批	2004年10月28日
严氏孤堆	战国——汉	长丰县	第一批	1981年9月8日
薛家孤堆	汉	亳州市	第一批	1981年9月8日
虞姬墓	汉	灵璧县	第二批	1986年7月3日
刘安墓	汉	寿县	第二批	1986年7月3日
放王岗古墓群	汉	巢湖市	第四批	1998年5月4日
董园2号石墓	东汉	亳州市	第一批	1981年9月8日
曹四孤堆	东汉	亳州市	第一批	1981年9月8日
张园汉暮	东汉	亳州市	第四批	1998年5月4日
古城画像石墓	东汉	濉溪县	第四批	1998年5月4日
周瑜墓	三国	庐江县	第三批	1989年5月27日
朱然墓	三国·吴	马鞍山市	第二批	1986年7月3日
宋山古墓	三国·吴	马鞍山市	第四批	1998年5月4日
李白墓	唐	当涂县	第一批	1981年9月8日
何城墓	唐	庐江县	第五批	2004年10月28日
陈翥墓	北宋	铜陵县	第四批	1998年5月4日
明皇陵	明	凤阳县	第一批	1981年9月8日
汤和墓	明	蚌埠市	第二批	1986年7月3日
郑之珍墓	明	祁门县	第三批	1989年5月27日
万孺人墓	明	广德县	第五批	2004年10月28日
常氏三王墓	明	怀远县	第五批	2004年10月28日
化明塘严氏墓	明	五河县	第五批	2004年10月28日
余珊墓	明	桐城市	第五批	2004年10月28日
方以智墓	清	枞阳县	第一批	1981年9月8日
戴东原墓	清	休宁县	第一批	1981年9月8日
渐江墓	清	歙县	第二批	1986年7月3日
邓石如墓	清	怀宁县	第二批	1986年7月3日

18—14　续表2　continued

名　称 Name	时　代 Era	地　址 Address	批　次 Batch	公布时间 Announcement Time
姚鼐墓	清	枞阳县	第二批	1986年7月3日
戴名世墓	清	桐城市	第二批	1986年7月3日
刘大木魁墓	清	枞阳县	第三批	1989年5月27日
梅文鼎墓	清	宣城市宣州区	第三批	1989年5月27日
姚莹墓	清	桐城市	第三批	1989年5月27日
梅清墓	清	宣城市宣州区	第四批	1998年5月4日
赵文楷墓	清	太湖县	第四批	1998年5月4日
吴汝纶墓	清	枞阳县	第四批	1998年5月4日
孝子墩古墓	清	长丰县	第五批	2004年10月28日
施闰章墓	清	宣城市宣州区	第五批	2004年10月28日
皋陶墓		六安市	第三批	1989年5月27日
六安汉代王陵墓地	西汉	六安市金安区		2007年8月9日
古建筑（234处）				
芍陂遗址	春秋——清	寿县	第二批	1986年7月3日
汉阙遗址及水牛墓	汉	淮北市	第五批	2004年10月28日
七门堰	汉——清	舒城县	第四批	1998年5月4日
杏花村古井	唐	池州市贵池区	第三批	1989年5月27日
禹王宫	唐——清	怀远县	第三批	1989年5月27日
渔梁坝	唐——清	歙县	第三批	1989年5月27日
西风禅寺及摩崖石刻	唐——近代	太湖县	第五批	2004年10月28日
广教寺双塔	宋	宣城市宣州区	第一批	1981年9月8日
景德寺塔	北宋	宣城市宣州区	第四批	1998年5月4日
多宝庵塔	北宋	六安市	第四批	1998年5月4日
天寿寺塔	宋	广德县	第一批	1981年9月8日
万佛塔	宋	蒙城县	第一批	1981年9月8日
太平塔	宋	潜山县	第一批	1981年9月8日
广济寺塔	宋	芜湖市	第一批	1981年9月8日
黄金塔	宋	无为县	第一批	1981年9月8日
长庆寺塔	宋	歙县	第一批	1981年9月8日
水西大观塔及小方塔	宋	泾县	第一批	1981年9月8日
米公祠	宋	无为县	第一批	1981年9月8日
黄山塔	宋	当涂县	第二批	1986年7月3日
净居寺塔	宋	青阳县	第五批	2004年10月28日
东谯楼	宋	歙县	第五批	2004年10月28日
新州石塔	南宋	歙县	第一批	1981年9月8日
伟溪塔	南宋	祁门县	第三批	1989年5月27日
万寿塔	南宋	和县	第四批	1998年5月4日
仙人塔	南宋	宁国市	第四批	1998年5月4日
望江寺塔	南宋	六安市	第四批	1998年5月4日
上水关、下水关、广惠桥	宋、明、唐	滁州市	第五批	2004年10月28日
亳州古地下道	宋——元	亳州市	第二批	1986年7月3日
寿县古城墙	宋——清	寿县	第二批	1986年7月3日
丰乐亭	宋——清	滁州市	第二批	1986年7月3日
衙署前门	宋——清	芜湖市	第五批	2004年10月28日
硖山口《慰农亭》及摩崖石刻	宋——清	凤台县	第五批	2004年10月28日
法华禅庵塔	元	嘉山县	第二批	1986年7月3日
寿县孔庙	元——清	寿县	第五批	2004年10月28日
白崖寨	元——清	宿松县	第二批	1986年7月3日
曹门厅	明	歙县	第一批	1981年9月8日
方文泰宅	明	歙县	第一批	1981年9月8日
老屋阁及绿绕亭	明	歙县	第一批	1981年9月8日
苏雪痕宅	明	歙县	第一批	1981年9月8日
罗润坤、罗来龙宅	明	歙县	第一批	1981年9月8日
张林福宅	明	歙县	第一批	1981年9月8日
方春福宅	明	歙县	第一批	1981年9月8日
三槐堂	明	休宁县	第一批	1981年9月8日
方士载宅	明	歙县	第一批	1981年9月8日
贞白门	明	歙县	第一批	1981年9月8日

18—14 续表3 continued

名 称 Name	时 代 Era	地 址 Address	批 次 Batch	公布时间 Announcement Time
觉寂塔	明	潜山县	第一批	1981年9月8日
迎江寺及振风塔	明	安庆市	第一批	1981年9月8日
龙兴寺	明	凤阳县	第一批	1981年9月9日
圣僧庵壁画	明	歙县	第一批	1981年9月8日
潜口明代民居建筑群	明	歙县	第二批	1986年7月3日
程氏宅	明	黟县	第二批	1986年7月3日
胡文光刺史坊	明	黟县	第二批	1986年7月3日
奕世尚书坊	明	绩溪县	第二批	1986年7月3日
郑村忠烈坊	明	歙县	第二批	1986年7月3日
黄村进士第	明	休宁县	第二批	1986年7月3日
太和县文庙大成殿	明	太和县	第二批	1986年7月3日
寿县清真寺	明	寿县	第二批	1986年7月3日
六角楼	明	黄山市	第三批	1989年5月27日
冯村进士坊	明	绩溪县	第三批	1989年5月27日
鼓楼基座	明	凤阳县	第三批	1989年5月27日
程大位故居	明	黄山市屯溪区	第三批	1989年5月27日
大观亭	明	歙县	第四批	1998年5月4日
郑氏宗祠	明	歙县	第四批	1998年5月4日
丰口四面坊	明	歙县	第四批	1998年5月4日
殷尚书坊及大司徒坊	明	歙县	第四批	1998年5月4日
韩氏宗祠	明	黟县	第四批	1998年5月4日
梓坞祠堂	明	休宁县	第四批	1998年5月4日
程氏宗祠	明	黄山市屯溪区	第四批	1998年5月4日
岩寺文峰塔	明	黄山市徽州区	第四批	1998年5月4日
长春社	明	黄山市徽州区	第四批	1998年5月4日
五教堂	明	绩溪县	第三批	1989年5月27日
敦履堂	明	绩溪县	第四批	1998年5月4日
父子进士坊	明	旌德县	第四批	1998年5月4日
叶家桥	明	当涂县	第四批	1998年5月4日
清溪塔	明	池州市贵池区	第四批	1998年5月4日
兴济桥	明	池州市贵池区	第四批	1998年5月4日
汪氏宗祠	明	石台县	第四批	1998年5月4日
净信寺	明	青阳县	第四批	1998年5月4日
法云寺塔	明	岳西县	第四批	1998年5月4日
观音寺塔	明	六安市	第四批	1998年5月4日
江淮桥	明	含山县	第四批	1998年5月4日
运河桥	明	阜南县	第四批	1998年5月4日
薛阁塔	明	亳州市	第四批	1998年5月4日
玉虚宫牌坊	明	休宁县	第四批	1998年5月4日
柯乔门坊	明	青阳县	第四批	1998年5月4日
中江塔	明	芜湖市	第五批	2004年10月28日
水东花戏楼	明	宣城市宣州区	第五批	2004年10月28日
明代城墙	明	郎溪县	第五批	2004年10月28日
耿村明代耿姓民宅	明	广德县	第五批	2004年10月28日
叶集江西会馆	明	六安市	第五批	2004年10月28日
天心堂	明	歙县	第五批	2004年10月28日
金紫祠	明	黄山市徽州区	第五批	2004年10月28日
敬本堂	明	歙县	第五批	2004年10月28日
大邦伯祠	明	歙县	第五批	2004年10月28日
金柱塔	明	当涂县	第五批	2004年10月28日
司谏第	明（弘治）	歙县	第一批	1981年9月8日
许国石坊	明（1583年）	歙县	第一批	1981年9月8日
程氏三宅	明末	屯溪	第一批	1981年9月8日
宝伦阁	明末清初	歙县	第一批	1981年9月8日
石牌坊群	明——清	歙县	第一批	1981年9月8日
太平桥	明——清	歙县	第一批	1981年9月8日
化城寺	明——清	九华山风景区	第一批	1981年9月8日
龙川胡氏宗祠	明——清	绩溪县	第二批	1986年7月3日

18—14　续表4　continued

名　称 Name	时　代 Era	地　址 Address	批　次 Batch	公布时间 Announcement Time
太平山房	明——清	青阳县	第二批	1986年7月3日
安城堡	明——清	太湖县	第二批	1986年7月3日
桐城县文庙	明——清	桐城市	第二批	1986年7月3日
江宁会馆	明——清	亳州市	第三批	1989年5月27日
霍山文庙	明——清	霍山县	第三批	1989年5月27日
镇淮楼	明——清	和县	第三批	1989年5月27日
南谯楼	明——清	歙县	第三批	1989年5月27日
舒余庆堂	明——清	黟县	第三批	1989年5月27日
道德中宫	明——清	亳州市	第三批	1989年5月27日
安庆谯楼	明——清	安庆市	第四批	1998年5月4日
查济民居（含宝公祠、德厅屋、进士门、二甲祠、洪公祠、怀素堂）	明——清	泾县	第四批	1998年5月4日
许氏宗祠及听泉楼	明——清	绩溪县	第三批	1989年5月27日
慈光阁	明——清	黄山风景区	第四批	1998年5月4日
姥山塔	明——清	巢湖市	第四批	1998年5月4日
吴氏大宗祠	明——清	泾县	第五批	2004年10月28日
三溪乐成桥	明——清	旌德县	第五批	2004年10月28日
毛坦厂老街重点古建筑	明——清	六安市	第五批	2004年10月28日
杜氏宗祠	明——清	池州市贵池区	第五批	2004年10月28日
榉根关古徽道	明——清	石台县	第五批	2004年10月28日
金氏宗祠	明——清	东至县	第五批	2004年10月28日
屏山村古建筑群	明——清	黟县	第五批	2004年10月28日
南屏村古建筑群	明——清	黟县	第五批	2004年10月28日
洪坑牌坊群及洪氏家庙	明——清	徽州区	第五批	2004年10月28日
合一堂	明——清	祁门县	第五批	2004年10月28日
古城岩明清建筑群	明——清	休宁县	第五批	2004年10月28日
稠墅牌坊群	明——清	歙县	第五批	2004年10月28日
棠樾古民居	明——清	歙县	第五批	2004年10月28日
池河太平桥	明——清	定远县	第五批	2004年10月28日
左忠毅公祠	明——清	桐城市	第五批	2004年10月28日
章氏宗祠	明——清	池州市贵池区	第五批	2004年10月28日
太和城关清真寺	明——清	太和县	第四批	1998年5月4日
祁门古戏台群	明——清	祁门县	第三批	1989年5月27日
教弩台旧址	清	合肥市	第一批	1981年9月8日
陶公祠	清	东至县	第一批	1981年9月8日
华祖庵	清	亳州市	第一批	1981年9月8日
包公祠	清	合肥市	第一批	1981年9月8日
琅琊寺	清	滁州市	第一批	1981年9月8日
太白楼	清	马鞍山市	第一批	1981年9月8日
醉翁亭	清	滁州市	第一批	1981年9月8日
花戏楼	清	亳州市	第一批	1981年9月8日
西递清代民居建筑群	清	黟县	第二批	1986年7月3日
泗县文庙大成殿	清	泗县	第二批	1986年7月3日
踏歌岸阁	清	泾县	第二批	1986年7月3日
铁砚山房	清	怀宁	第二批	1986年7月3日
旌德文庙	清	旌德县	第三批	1989年5月27日
文昌阁	清	泾县	第三批	1989年5月27日
资福寺	清	阜阳市	第三批	1989年5月27日
沫河口关卡	清	五河县	第三批	1989年5月27日
显通寺	清	淮北市	第三批	1989年5月27日
半山阁	清	桐城市	第三批	1989年5月27日
蒙城文庙	清	蒙城县	第四批	1998年5月4日
阜阳文峰塔	清	阜阳市	第四批	1998年5月4日
南京巷钱庄	清	亳州市	第四批	1998年5月4日
闵子骞祠及墓	清	宿州市	第四批	1998年5月4日
林探花府	清	宿州市	第四批	1998年5月4日
国光楼	清	全椒县	第四批	1998年5月4日
中庙	清	巢湖市	第四批	1998年5月4日
武壮公祠	清	庐江县	第四批	1998年5月4日

18—14 续表5 continued

名　称 Name	时　代 Era	地　址 Address	批　次 Batch	公布时间 Announcement Time
振湖塔	清	肥东县	第四批	1998年5月4日
包氏宗祠	清	肥东县	第四批	1998年5月4日
四望堡寨址	清	霍山县	第四批	1998年5月4日
世太史第	清	安庆市	第四批	1998年5月4日
安庆关南清真寺	清	安庆市	第四批	1998年5月4日
廖河戏台	清	宿松县	第四批	1998年5月4日
雷阳书院	清	望江县	第四批	1998年5月4日
杨家祠堂	清	潜山县	第四批	1998年5月4日
东流双塔	清	东至县	第四批	1998年5月4日
崇德堂戏台	清	石台县	第四批	1998年5月4日
李氏宗祠	清	青阳县	第四批	1998年5月4日
曹氏宗祠	清	青阳县	第四批	1998年5月4日
侯家祠堂	清	朗溪县	第四批	1998年5月4日
溥公祠	清	旌德县	第四批	1998年5月4日
黄田村古民居群	清	泾县	第四批	1998年5月4日
翟氏宗祠	清	泾县	第四批	1998年5月4日
金溪花戏楼	清	泾县	第四批	1998年5月4日
汪氏住宅	清	绩溪县	第四批	1998年5月4日
湖村民居（余社旺宅、章祖望宅、章祖强宅、章秀珍宅）	清	绩溪县	第四批	1998年5月4日
绩溪文庙	清	绩溪县	第四批	1998年5月4日
周氏宗祠	清	绩溪县	第四批	1998年5月4日
檀干园	清	黄山市徽州区	第四批	1998年5月4日
宏村民居（承志堂、三立堂、南湖书院）	清	黟县	第四批	1998年5月4日
竹山书院	清	歙县	第四批	1998年5月4日
吴氏宗祠	清	歙县	第四批	1998年5月4日
潘氏宗祠	清	歙县	第四批	1998年5月4日
风雨廊桥	清	歙县	第四批	1998年5月4日
庐州府城隍庙戏楼	清	合肥市	第五批	2004年10月28日
大孔祠堂	清	合肥市	第五批	2004年10月28日
唐五房圩转心楼	清	肥西县	第五批	2004年10月28日
父子进士祠堂	清	肥东县	第五批	2004年10月28日
尹氏宗祠	清	长丰县	第五批	2004年10月28日
云氏宗祠及《长生殿》戏文砖雕贞节坊	清	广德县	第五批	2004年10月28日
江村古民居群	清	旌德县	第五批	2004年10月28日
胡炳衡宅	清	绩溪县	第五批	2004年10月28日
石家村古建筑群	清	绩溪县	第五批	2004年10月28日
周氏祠堂	清	宁国市	第五批	2004年10月28日
六安古城墙	清	六安市	第五批	2004年10月28日
褚氏祠堂	清	舒城县	第五批	2004年10月28日
狮山中学玉玺楼	清	霍山县	第五批	2004年10月28日
霍邱文庙	清	霍邱县	第五批	2004年10月28日
祇园寺	清	九华山风景区	第五批	2004年10月28日
百岁宫	清	九华山风景区	第五批	2004年10月28日
甘露寺	清	九华山风景区	第五批	2004年10月28日
严氏宗祠	清	石台县	第五批	2004年10月28日
宁氏宗祠	清	青阳县	第五批	2004年10月28日
赛金花故居	清	黟县	第五批	2004年10月28日
倪望重宅（“一府六县”）	清	祁门县	第五批	2004年10月28日
苏氏宗祠与海宁学舍	清	黄山市黄山区	第五批	2004年10月28日
希范堂	清	黄山市黄山区	第五批	2004年10月28日
程氏宗祠	清	黄山市黄山区	第五批	2004年10月28日
钟鼓楼	清	休宁县	第五批	2004年10月28日
曹氏二宅	清	歙县	第五批	2004年10月28日
员公支祠	清	歙县	第五批	2004年10月28日
周氏宗祠	清	歙县	第五批	2004年10月28日
古戏台、火神庙、嘉祐院古建筑群	清	明光市	第五批	2004年10月28日
尊胜禅院旧址	清	来安县	第五批	2004年10月28日
程文炳宅	清	阜阳市颍东区	第五批	2004年10月28日

18—14　续表6　continued

名　　称 Name	时　　代 Era	地　　址 Address	批　　次 Batch	公布时间 Announcement Time
臧家公馆	清	界首市	第五批	2004年10月28日
徐氏宗祠暨杨虎城在太和旧居	清	太和县	第五批	2004年10月28日
孙氏宗祠	清	岳西县	第五批	2004年10月28日
占庄老屋	清	潜山县	第五批	2004年10月28日
萧县文庙	清	萧县	第五批	2004年10月28日
建德文庙大成殿	清——民国	东至县	第三批	1989年5月27日
黄宾虹故居	清——民国	歙县	第三批	1989年5月27日
尤家花园及故居	清——民国	颍上县	第五批	2004年10月28日
肉身殿	民国	九华山风景区	第一批	1981年9月8日
李家圩地主庄园	民国	霍邱县	第一批	1981年9月8日
贞一堂	民国	祁门县	第四批	1998年5月4日
淮南市日寇侵华罪行遗址	1939—1945年	淮南市（含：万人坑、碉堡	第二批	1986年7月3日
管鲍祠		颍上县	第二批	1986年7月3日
陋室		和县	第二批	1986年7月3日
霸王祠		和县	第二批	1986年7月3日
石窟寺及石刻（30处）				
九女坟画像石刻	汉	宿州市	第二批	1986年7月3日
小孤山石刻	南北朝——清	宿松县	第三批	1989年5月27日
花山石窟群	唐——清	黄山市屯溪区	第五批	2004年10月28日
玉蟹泉摩崖石刻	唐——宋——清	凤阳县	第四批	1998年5月4日
琴高山摩崖石刻	唐——清	泾县	第五批	2004年10月28日
刘冲崖刻	唐——清	九华山风景区	第五批	2004年10月28日
琅琊山摩岩崖石刻及碑刻	唐——民国	滁州市	第四批	1998年5月4日
黄山摩崖石刻	唐—近代	黄山风景区	第五批	2004年10月28日
程九万墓石刻	宋	青阳县	第四批	1998年5月4日
磐石山摩崖造像	宋	灵璧县	第四批	1998年5月4日
华阳洞石刻	宋	含山县	第五批	2004年10月28日
刘源题字石刻	宋末元初	潜山县	第一批	1981年9月8日
米芾芜湖县学记碑和明刻李阳冰歉卦碑	宋、明	芜湖市	第一批	1981年9月8日
王乔洞石窟造像	宋——明	巢湖市	第一批	1981年9月8日
浮山摩崖石刻	宋——清	枞阳县	第一批	1981年9月8日
山谷流泉摩岩石刻	宋——清	潜山县	第一批	1981年9月8日
齐云山碑刻及摩岩石刻	宋——清	休宁县	第一批	1981年9月9日
新安碑园石刻	宋——清	歙县	第二批	1986年7月3日
齐山摩崖石刻	宋——清	池州市	第三批	1989年5月27日
贵池区万罗山摩崖石刻	宋——民国	池州市贵池区	第四批	1998年5月4日
吴复墓石刻	明	肥东县	第三批	1989年5月27日
阮峰墓石刻	明	枞阳县	第四批	1998年5月4日
汪珊墓石刻	明	青阳县	第四批	1998年5月4日
陈德墓石刻	明	凤阳县	第五批	2004年10月28日
报恩寺罗汉	明末清初	寿县	第一批	1981年9月8日
金鸡碑及五猖神庙碑	清	怀宁县	第二批	1986年7月3日
汪由敦墓石刻	清	休宁县	第三批	1989年5月27日
杨捷墓石刻	清	天长市	第四批	1998年5月4日
张廷玉墓石刻	清	桐城市	第四批	1998年5月4日
慧居寺菩萨、罗汉塑像	清——民国	九华山风景区	第一批	1981年9月8日
近现代重要史迹及代表性建筑（69处）				
王步文故居	清	岳西县温泉镇	第四批	1998年5月4日
刘铭传故居	清	肥西县南分路乡	第四批	1998年5月4日
胡适故居	清	绩溪县	第四批	1998年5月4日
李鸿章故居及享堂	清	合肥市	第四批	1998年5月4日
安庆天主堂	清	安庆市	第五批	2004年10月28日
英驻芜领事署	清	芜湖市	第五批	2004年10月28日
天主堂	清	芜湖市	第五批	2004年10月28日
圣雅各中学旧址	清	芜湖市	第五批	2004年10月28日
怀远教会建筑旧址	清	怀远县	第五批	2004年10月28日
许世英故居	清	东至县	第五批	2004年10月28日
李克农故居	清	巢湖市居巢区	第五批	2004年10月28日

18—14 续表7 continued

名 称 Name	时 代 Era	地 址 Address	批 次 Batch	公布时间 Announcement Time
汪晓娣等宅（孙起孟旧居）	清	休宁县	第五批	2004年10月28日
太平天国英王府及太平天国英王府壁画	清	安庆市	第五批	2004年10月28日
三河大捷遗迹及古民居	清、近代	肥西县	第五批	2004年10月28日
安徽大学红楼及敬敷书院旧址	清、近代	安庆市	第五批	2004年10月28日
王稼祥故居	近代	泾县	第二批	1986年7月3日
吴樾故居	近代	桐城市	第二批	1986年7月3日
施从云墓	近代	桐城市	第二批	1986年7月3日
冯玉祥故居	近代	巢湖市	第三批	1989年5月27日
张治中故居	近代	巢湖市	第三批	1989年5月27日
老芜湖海关	近代	芜湖市	第五批	2004年10月28日
观瀑楼及听涛居	近代	黄山风景区	第五批	2004年10月28日
黄山古观景亭	近代	黄山风景区	第五批	2004年10月28日
张乐行故居	1810年——?	涡阳县	第一批	1981年9月8日
捻军会盟旧址	1855年	涡阳县	第一批	1981年9月8日
太平军枞阳会议旧址	1858年	枞阳县	第一批	1981年9月8日
太平军攻城图壁画	太平天国	绩溪县	第一批	1981年9月8日
同仁医院旧址	1906年	安庆市	第四批	1998年5月4日
熊成基安庆起义会议旧址	1908年	安庆市	第一批	1981年9月8日
熊、范二烈士专祠	1912年	安庆市	第四批	1998年5月4日
砀山天主教堂	1917年	砀山县	第四批	1998年5月4日
安徽邮务管理局旧址	1926年	安庆市	第四批	1998年5月4日
中共安徽地委旧址	1926-1927年	安庆市	第四批	1998年5月4日
中国国民党安徽省党部旧址	1926年-1927年	安庆市	第四批	1998年5月4日
“四 ·九”暴动旧址	1928年	阜阳县	第一批	1981年9月8日
立夏节起义旧址	1929年	金寨县	第一批	1981年9月8日
红军第11军32师成立旧址	1929年	金寨县	第一批	1981年9月8日
列宁小学旧址	1929—1931年	金寨县	第一批	1981年9月8日
独山革命旧址群	1929—1932年	六安市	第一批	1981年9月8日
赤城县赤色邮政局旧址	1930年	金寨县	第四批	1998年5月4日
六安中心县委、六英霍暴动总指挥部旧址	1930年	金寨县	第五批	2004年10月28日
苏家埠战斗旧址	1932年	六安市	第一批	1981年9月8日
红军中央独立第2师司令部旧址	1934年	岳西县	第一批	1981年9月8日
中共鄂豫皖省委会议旧址	1934年	金寨县	第一批	1981年9月8日
皖南苏区江边特区革命委员会旧址	1934年	黟县	第一批	1981年9月8日
中国工农红军第二十八军重建会议旧址	1935年	岳西县	第一批	1981年7月3日
中共皖浙赣省委驻地旧址	1936—1937年	休宁县	第四批	1998年5月4日
南方八省红军游击队集中地旧址	1938年	歙县	第一批	1981年9月8日
安徽省民众总动员委员会旧址	1938年	六安市	第四批	1998年5月4日
中共鄂豫皖区委员会旧址	1938—1939年	金寨县	第一批	1981年9月8日
新四军四支队驻舒旧址	1938.2 —1939.6	舒城县	第五批	2004年10月28日
新四军军部旧址	1938—1941年	泾县	第一批	1981年7月3日
新四军四师司令部旧址	1938—1941年	涡阳县	第一批	1981年7月3日
半塔保卫战旧址	1940年	来安县	第一批	1981年9月8日
新四军七师司令部旧址	1941—1945年	无为县	第三批	1989年5月27日
抗大八分校旧址	1942—1945年	天长市	第四批	1998年5月4日
野人寨抗日阵亡将士墓	1943年	潜山县	第四批	1998年5月4日
陈独秀墓	1947年	安庆市	第四批	1998年5月4日
淮海战役双堆集战场旧址	1948年11月	濉溪县	第一批	1981年9月8日
渡江战役期间总前委旧址	1949年3—4月	肥东县	第二批	1986年7月3日
渡江战役中线指挥部旧址	1949年	枞阳县	第一批	1981年9月8日
新四军抗日殉国烈士墓	1949年	泾县	第一批	1981年9月8日
渡江战役总前委孙家圩子旧址	1949年	蚌埠市	第五批	2004年10月28日
中共淮海战役总前委旧址	近现代	濉溪县、萧县	第一批	1981年9月8日
洪家大屋	近现代	祁门县	第一批	1981年9月8日
林散之墓	1991年	马鞍山市采石风景区	第五批	2004年10月28日
安徽省博物馆陈列展览大楼	1956年	合肥市庐阳区		2007年8月9日
江淮大戏院主体建筑	1956年	合肥市庐阳区		2007年8月9日
金寨革命烈士陵园	建国后	金寨县		2009年2月25日

18—15 自然保护区
Nature Protection Areas

名　　称 Name	级　别 Grade	保护对象 Protection Objects	类　　型 Kinds	面　　积 (公顷) Area(hectares)	地　　址 Address
牯牛降自然保护区	国家级	中亚热带常绿阔叶林，珍稀动植物	森林生态	6713	祁门县，石台县
鹞落坪自然保护区	国家级	北亚热带常绿阔叶林，珍稀动植物	森林生态	12300	岳西县
天马自然保护区	国家级	北亚热带常绿落叶阔叶林，珍稀动植物	森林生态	28914	金寨县
杨子鳄自然保护区	国家级	野生杨子鳄	野生动物	18565	宣州市
升金湖自然保护区	国家级	白头鹞等珍稀水禽，湿地生态	湿地生态	33400	东至县
淡水豚自然保护区	国家级	珍稀水生生物	野生动物	31518	铜陵县
皇甫山自然保护区	省　级	森林生态，鸟类	森林生态	3600	滁州市
清凉峰自然保护区	省　级	中亚热带常绿阔叶林，珍稀动植物	森林生态	2761	歙　县
皇藏峪自然保护区	省　级	暖温带落叶阔叶林	森林生态	2067	萧　县
清凉峰自然保护区	省　级	中亚热带常绿阔叶林，珍稀动植物	森林生态	5050	绩溪县
岭南自然保护区	省　级	中亚热带常绿阔叶林，珍稀动植物	森林生态	2771	休宁县
十里山自然保护区	省　级	中亚热带常绿阔叶林，珍稀动植物	森林生态	1936	黄山区
板桥自然保护区	省　级	中亚热带常绿阔叶林，珍稀动植物	森林生态	5000	宁国市
板仓自然保护区	省　级	北中亚热带常绿落叶阔叶林，珍稀动植物	森林生态	1523	潜山县
万佛山自然保护区	省　级	北亚热带常绿落叶阔叶林，珍稀动植物	森林生态	2000	舒城县
枯井园自然保护区	省　级	北中亚热带常绿落叶林，珍稀动植物	森林生态	4000	岳西县
五溪山自然保护区	省　级	中亚热带常绿阔叶林，珍稀动植物	森林生态	4050	黟　县
天湖自然保护区	省　级	中亚热带常绿阔叶林，珍稀动植物	森林生态	4500	徽州区
佛子岭自然保护区	省　级	森林生态	森林生态	6667	霍山县
老山自然保护区	省　级	中亚热带常绿阔叶林，珍稀动植物	森林生态	16909	贵池区
九龙峰自然保护区	省　级	中亚热带常绿阔叶林，珍稀动植物	森林生态	2720	黄山区
查湾自然保护区	省　级	中亚热带常绿阔叶林，珍稀动植物	森林生态	1600	祁门县
紫石塔自然保护区	省　级	中亚热带常绿阔叶林，珍稀动植物	森林生态	6670	东至县
沿江自然保护区	省　级	珍稀水禽及其生境	湿地生态	120000	安庆市
沱湖自然保护区	省　级	珍稀水禽及其生境	湿地生态	4200	五河县
十八索自然保护区	省　级	珍稀水禽及其生境	湿地生态	7500	贵池区
八里河自然保护区	省　级	珍稀水禽及其生境	湿地生态	14600	颍山县
东西湖自然保护区	省　级	珍稀水禽及其生境	湿地生态	14200	霍邱县
石臼湖自然保护区	省　级	珍稀水禽及其生境	湿地生态	10666	当涂县
酥梨种质资源保护区	省　级	种质资源	植　　物	13980	砀山县
颍州西湖自然保护区	省　级	湿地及水禽	湿地生态	11000	颍州区
六股尖自然保护区	省　级	华东黄杉等珍稀植物	森林生态	2747	休宁县
盘台自然保护区	省　级	南方红豆杉等	森林生态	668	青阳县
大方寺自然保护区	省　级	暖温带落叶阔叶林	森林生态	2080	埇桥区
女山湖自然保护区	省　级	珍稀水禽	湿地生态	21000	明光市

主要统计指标解释

旅游人数

(1) 入境旅游人数：指报告期内来我国观光、度假、探亲访友、就医疗养、购物、参加会议或从事经济、文化、体育、宗教活动的外国人、港澳台同胞等入境游客。统计时，外国人、港澳台同胞每入境一次统计 1 人次。

(2) 出境人数：指中国（大陆）居民因公或因私出境前往其他国家、中国香港特别行政区、澳门特别行政区和台湾省观光、度假、探亲访友、就医疗养、购物、参加会议或从事经济、文化、体育、宗教活动的人数，即出境游客。统计时，按每出境一次统计 1 人次。

(3) 国内旅游人数：指在报告期内在中国（大陆）观光游览、度假、探亲访友、就医疗养、购物、参加会议或从事经济、文化、体育、宗教活动的中国（大陆）居民人数，其出游的目的不是通过所从事的活动谋取报酬。统计时，国内游客按每出游一次统计 1 人次。

国际旅游(外汇)收入

指入境游客在中国（大陆）境内旅行、游览过程中用于交通、参观游览、住宿、餐饮、购物、娱乐等全部花费。

国内旅游收入

又称旅游总花费。指国内游客在国内旅行、游览过程中用于交通、参观游览、住宿、餐饮、购物、娱乐等全部花费。

国际旅行社

指经营业务范围包括入境旅游业务、出境旅游业务和国内旅游业务的旅行社。

国内旅行社

指经营范围仅限于国内旅游业务的旅行社。

星级饭店

指设备、设施、服务符合《旅游饭店星级的划分与评定》（GB/T14308-2003），通过相关旅游管理部门评定，并取得星级饭店称号的饭店（含预备星级饭店）。

Explanatory Notes for Major Statistical Indicators

Number of Tourists

(1) Visitor arrivals refer to the number of foreigners, Chinese compatriots from Hong Kong, Macao and Taiwan Chinese (mainland) who come to China (mainland) for sight-seeing, vacation, visiting relatives, medical treatment, shopping, attending conference, or to engage in economic, cultural, sports and religious activities. In compiling statistics, each time of entering China is counted as one person-time.

(2) Number of Chinese residents going abroad refer to the number of Chinese (mainland) residents going to other countries, Hong Kong Special Administrative region, Macao Special Administrative region and Taiwan for on official or private purposes, for sight-seeing, vacation, visiting relatives, medical treatment, shopping, attending conference, or to engage in economic, cultural, sports and religious activities. In compiling statistics, each time of leaving is counted as one person-time.

(3) Number of domestic tourists refers to the number of Chinese (mainland) residents who travel within China (mainland) for sight-seeing, vacation, visiting relatives, medical treatment, shopping, attending conference, or to engage in economic, cultural, sports and religious activities. In compiling statistics, each time of travelling is counted as one person-time.

Foreign Exchange Earnings from International Tourism

refer to the total expenditure of foreigners, overseas Chinese, Chinese compatriots from Hong Kong, Macao and Taiwan during their stay in the mainland of China on transportation, sighting, accommodation, food, shopping and entertainment.

Income from Domestic Tourism

refer to expenditure of domestic tourists on transportation, sighting, accommodation, food, shopping and entertainment while they travel.

International Travel Agencies

refer to travel agencies engaged in tourism entering China, Chinese residents going abroad and domestic tourism.

Domestic Travel Agencies

refer to travel agencies only engaged in domestic tourism.

Star-rated Hotels

refer to hotels rated with stars as assessed by the relevant tourism authorities according to GB/T14308-2003 standard with reference to their infrastructure, facilities and service levels.

第十九篇

Chapter 19

教育、科技

EDUCATION, SCIENCE

简要说明

一、教育统计资料包括公办教育和民办教育、学历教育和非学历教育。具体有高等教育（研究生教育、普通高等教育和成人高等教育）中等教育（高中阶段教育和初中阶段教育）、初等教育（小学）、学前教育、特殊教育（盲聋哑和弱智儿童学校等）以及教育经费等资料。主要指标包括学校数、在校学生数、招生数、毕业生数、教职工数和专任教师数、教育经费等。

教育事业统计资料由省教育厅提供；技工学校的资料由省人力资源和社会保障厅提供。

二、科技统计资料主要内容包括：全社会以及工业企业、政府部门属研究机构、高校的研究与试验发展（R&D）活动情况；国内外专利申请和授权情况；技术市场交易情况；开发区高新技术企业主要经济指标；科协系统科技活动情况；气象、质量监督检验检疫等综合技术服务部门业务活动情况；大中型工业企业研究与试验发展（R&D）活动情况等。

资料来源：全省综合资料、企业及有关行业企事业单位的研究与试验发展（R&D）活动情况由省统计局文化产业处提供；政府部门属研究机构资料、科学研究和研究与试验发展（R&D）活动情况资料由省科技厅提供；科协系统科技活动资料由省科协提供；专业技术人员资料由省人力资源和社会保障厅提供；气象、技术市场资料、产品质量监督抽查、专利等资料，分别由省气象局、省质量监督检验检疫局、省知识产权局等部门提供。

Brief Introduction

I. Data on education cover the situations on education funded by government and non-government agencies, and the education with and without academic credentials including higher education (education of postgraduates, general higher education and adult education), secondary education (senior and junior high schools), elementary education (primary schools), preschool education, special education (schools for the blind, deaf-mutes and mentally retarded) and their expenditure. The main indicators include the number of schools, the number of students enrolled, the number of new students enrolled, the number of graduates, the number of staff and workers, the number of full-time teachers, sources and outlay of education funding, and education expenditure from the State budget.

The provincial Ministry of Education provides statistical data on education undertakings and education funding. Data on technical training schools are provided by provincial Ministry of Human Resources and Social Security.

II. Data on technology mainly include: data on scientific and technological activities, R&D activities all over the country, including industrial enterprises, scientific and technological institutions under government departments, universities and colleges; data on domestic and foreign patents application accepted and granted, data on production, research and development activities of high-tech enterprises, data on scientific and technological papers; data on import and export trade of high-technological products; data on technological markets; main economic indicators of high and new-tech industrial enterprises in development zones; data on the number of scientific and technological personnel in state-owned enterprises and institutions; data on the scientific and technological activities in the system of associations for science and technology; data on operation institutions and activities of of meteorology, surveying and mapping, product quality supervision, data from the Second National Census on R&D Resources.

Sources of data: data on national aggregates and R&D activities of various enterprises and institutions and data from the Second National Census on R&D Resources are from National Bureau of Statistics; data on scientific and technological institutions under government departments are from Ministry of Science and Technology, and State Administration of Science, Technology and Industry for National Defense; data on scientific research, technical service and geologic prospecting, scientific and technological papers; technological markets and high and new-tech industrial enterprises in development zones are from Ministry of Science and Technology; data on scientific and technological activities in universities and colleges are from Ministry of Education; data on import and export trade of high-technological products are from General Administration of Customs; Data on the number of scientific and technological personnel are from Ministry of Human Resources and Social Security. The China Association for Science and Technology provides data on the scientific and technological activities of associations for science and technology. Data on the development of surveying and mapping, meteorology, earthquake, product quality supervision and patents are provided separately by the State Bureau of Surveying and Mapping, China Meteorological Administration, China Earthquake Administration, National Bureau of Marine Administration, General Administration of Quality Supervision, Inspection and Quarantine, and State Intellectual Property Office.

19—1 教育事业基本情况
Basic Statistics on Education

指　　标	Item	1995	2000	2005	2010	2011
学校数　（所）	**Number of Schools (unit)**					
普通高等学校	Regular Institutions of Higher Education	35	42	81	100	104
中等学校	Secondary Schools	5059	4621	4533	4241	4124
#普通中等专业学校	Regular Specialized Secondary Schools	152	138	98	108	112
中等技术学校	Technical Secondary Schools	111	104	79	95	98
中等师范学校	Teacher Secondary Schools	41	34	19	13	14
普通中学	Regular Secondary Schools	4170	3767	3948	3788	3695
高　中	Senior Secondary Schools	617	674	760	743	734
初　中	Junior Secondary Schools	3553	3093	3188	2995	2961
职业中学	Vocational Secondary Schools	737	716	487	345	317
小　学	Primary Schools	29343	24281	20142	13997	13343
幼儿园	Kindergartens	2243	3932	2715	4018	4613
特殊教育	Special Schools	44	70	67	62	63
专任教师　（万人）	**Number of Full-time Teachers (10000 persons)**					
普通高等学校	Regular Institutions of Higher Education	1.16	1.51	3.24	4.93	5.12
中等学校	Secondary Schools	16.53	18.63	22.04	25.18	25.97
#普通中等专业学校	Regular Specialized Secondary Schools	0.85	0.88	0.61	0.77	0.96
中等技术学校	Technical Secondary Schools	0.63	0.68	0.48	0.67	
中等师范学校	Teacher Secondary Schools	0.22	0.21	0.14	0.10	
普通中学	Regular Secondary Schools	14.03	15.81	19.70	23.01	23.12
高　中	Senior Secondary Schools	2.04	2.92	5.11	6.69	6.96
初　中	Junior Secondary Schools	11.98	12.90	14.59	16.32	16.16
职业中学	Vocational Secondary Schools	1.65	1.94	1.73	1.40	1.90
小　学	Primary Schools	26.73	27.37	25.95	24.57	24.33
幼儿园	Kindergartens	2.21	2.65	1.65	2.96	3.62
特殊教育	Special Schools	0.06	0.09	0.10	0.12	0.12
招生数　（万人）	**New Student Enrollment (10000 persons)**					
普通高等学校	Regular Institutions of Higher Education	2.94	7.62	19.87	29.69	31.34
中等学校	Secondary Schools	124.11	150.27	185.31	158.37	149.39
#普通中等专业学校	Regular Specialized Secondary Schools	4.41	4.92	7.85	10.44	9.55
中等技术学校	Technical Secondary Schools	3.52	4.41	7.24	9.52	
中等师范学校	Teacher Secondary Schools	0.90	0.51	0.61	0.92	
普通中学	Regular Secondary Schools	105.23	129.75	155.43	129.74	120.25
高　中	Senior Secondary Schools	11.44	21.96	43.46	42.41	44.17
初　中	Junior Secondary Schools	93.78	107.78	111.97	87.33	76.08
职业中学	Vocational Secondary Schools	14.47	15.59	22.03	18.19	19.58
小　学	Primary Schools	119.94	116.60	81.52	81.90	79.19
幼儿园	Kindergartens		84.29	50.02	66.60	66.09
特殊教育	Special Schools	0.40	0.22	0.24	0.22	0.17
在校学生　（万人）	**Student Enrollment (10000 persons)**					
普通高等学校	Regular Institutions of Higher Education	8.80	18.24	58.91	93.90	99.13
中等学校	Secondary Schools	328.76	422.79	534.19	484.20	454.37
#普通中等专业学校	Regular Specialized Secondary Schools	12.08	19.19	18.55	28.93	27.71
中等技术学校	Technical Secondary Schools	9.50	16.60	16.63	26.51	
中等师范学校	Teacher Secondary Schools	2.59	2.59	1.92	2.42	
普通中学	Regular Secondary Schools	281.53	358.32	460.86	406.58	377.74
高　中	Senior Secondary Schools	28.94	54.14	116.90	127.60	127.89
初　中	Junior Secondary Schools	252.58	304.18	343.96	278.99	249.85
职业中学	Vocational Secondary Schools	35.14	45.28	54.78	48.68	48.92
小　学	Primary Schools	606.88	644.24	584.11	460.44	443.58
幼儿园	Kindergartens	103.48	116.19	72.38	100.82	116.81
特殊教育	Special Schools	1.54	1.83	1.80	1.40	1.26
毕业生数　（万人）	**Graduates (10000 persons)**					
普通高等学校	Regular Institutions of Higher Education	2.90	2.59	11.70	23.22	25.61
中等学校	Secondary Schools	81.48	123.18	160.90	163.94	161.21
#普通中等专业学校	Regular Specialized Secondary Schools	3.20	6.04	3.78	9.61	10.26
中等技术学校	Technical Secondary Schools	2.39	4.37	3.20	8.98	
中等师范学校	Teacher Secondary Schools	0.81	1.68	0.58	0.63	
普通中学	Regular Secondary Schools	71.26	102.31	142.61	136.57	134.62
高　中	Senior Secondary Schools	7.37	13.15	30.10	44.38	42.42
初　中	Junior Secondary Schools	63.89	89.16	112.52	92.19	92.20
职业中学	Vocational Secondary Schools	7.02	14.83	14.51	17.76	16.33
小　学	Primary Schools	103.24	121.20	116.25	87.41	76.94
幼儿园	Kindergartens			40.24	38.89	40.00
特殊教育	Special Schools	0.07	0.20	0.20	0.16	0.12

19—2 研 究 生 数
Number of Postgraduates

单位：人（person）

年 份 Year	研究生数 Number of Postgraduates 在学人数 Student Enrollment	#硕士 Master	招生数 New Student Enrollment	#硕士 Master	毕业生数 Graduates	#硕士 Master
1995	2828	2389	1051	845	588	516
2000	5820	4689	2522	2060	1135	890
2005	21505	17865	8198	7000	4148	3300
2009	34603	30503	13067	11784	9244	8206
2010	38991	34669	14047	12728	9302	8224
2011	41773	37103	14774	13389	11106	10043

19—3 普通高等学校本科分科学生数
Number of Students of the Ordinary College Undergraduate Course Branch

单位：人（person）

项 目	Item	2010 毕业生数 Graduates	2010 招生数 New Student Enrollment	2010 在校学生数 Student Enrollment	2011 毕业生数 Graduates	2011 招生数 New Student Enrollment	2011 在校学生数 Student Enrollment
合 计	**Total**	**90398**	**135461**	**482387**	**105891**	**144175**	**518600**
哲 学	Philosophy	50	55	224	56	53	219
经济学	Economics	5514	7474	26825	5935	8368	29284
法 学	Law	3087	3650	13197	3240	3466	13259
教育学	Education	3916	4242	16323	4011	4529	16628
文 学	Literature	14889	20754	75977	18657	21789	78948
历史学	History	557	515	2291	658	449	2057
理 学	Science	13807	20220	72698	16911	20853	75066
工 学	Engineering	25601	44128	151162	31515	48208	167991
农 学	Agriculture	1970	2765	9720	2153	2746	9972
医 学	Medicine	6960	10049	42042	7247	10441	45227
管理学	Management	14047	21609	71928	15508	23273	79949

19—4 普通高等学校专科分科学生数
Number of Students of the Ordinary College Specialty Undergraduate Branch

单位：人（person）

项 目	Item	2010 毕业生数 Graduates	2010 招生数 New Student Enrollment	2010 在校学生数 Student Enrollment	2011 毕业生数 Graduates	2011 招生数 New Student Enrollment	2011 在校学生数 Student Enrollment
合 计	**Total**	**141827**	**161399**	**456567**	**150244**	**169184**	**472667**
农林牧渔大类	Farm, Forest, Animal and Fishery Category	1646	2166	5527	1742	2094	5764
交通运输大类	Transportation Category	1773	2828	7556	2084	2974	8428
生化与药品大类	Biochemical and Drug Category	3426	3698	10750	3688	3669	10665
资源开发与测绘大类	Resource Development and Mapping Category	1587	2152	5237	1227	1820	5366
材料与能源大类	Materials and Energy Category	1439	1646	4770	1665	1612	4543
土建大类	Construction Category	7691	11659	30279	9392	14208	36125
水利大类	Water Conservancy Category	316	534	1520	421	634	1733
制造大类	Manufacture Category	21520	23187	68309	24374	24948	69037
电子信息大类	Electronic Information Category	22954	23161	69202	24006	22295	65724
环保、气象与安全大类	Environmental, Meteorological and Safety Category	311	501	1220	321	327	1091
轻纺食品大类	Textile, Food Category	2110	2709	7697	2379	2857	8017
财经大类	Finance and Economics Category	29153	36713	102748	30875	39061	109664
医药卫生大类	Medical and Health Category	15578	17360	44489	14098	18277	48369
旅游大类	Tourism Category	4739	6793	18768	5876	7094	19892
公共事业大类	Public Category	1240	1103	3710	1314	1112	3520
文化教育大类	Culture and Education Category	19074	16801	50101	18425	17413	48817
艺术设计传媒大类	Art Design and Media Category	5107	6585	17708	5499	7052	19192
公安大类	Public Security Category	607		1753	1320	38	1078
法律大类	Law Category	1556	1803	5223	1538	1699	5642

19—5 普通高等学校分科专任教师数（2011年）
Number of Full-time Teachers by Field of Study in Regular Higher Educational Institutions (2011)

单位：人（person）

项 目	Item	合 计 Total	正高级 With Chief Senior Title	副高级 With Deputy Senior Title	中 级 With Middle-rank Title	初 级 With Junior Title	未定职级 Undetermined rank
合 计	**Total**	**51185**	**3811**	**13292**	**19681**	**11347**	**3054**
哲 学	Philosophy	1653	108	419	693	341	92
经济学	Economics	3718	210	919	1472	852	265
法 学	Law	2231	133	563	964	462	109
教育学	Education	3970	145	1018	1604	940	263
文 学	Literature	10081	392	2126	4127	2791	645
历史学	History	669	83	218	246	99	23
理 学	Science	7306	886	2141	2725	1255	299
工 学	Engineering	12571	1001	3475	4718	2662	715
农 学	Agriculture	991	152	338	345	120	36
医 学	Medicine	4085	508	1214	1316	817	230
管理学	Management	3910	193	861	1471	1008	377

19—6 普通中等专业学校分科学生数（2011年）
Number of Students by Field of Study in Regular Specialized Secondary Schools (2011)

单位：人（person）

项　目	Item	毕业生数 Graduates	招 生 数 New Student Enrollment	在校学生数 Student Enrollment
合　计	**Total**	**289204**	**405504**	**947984**
农林牧渔类	Farm, Forestry, Herd Fish Class	15296	43418	85698
资源环境类	Resources Environment Class	3694	4940	12197
能源与新能源类	Energy and New Energy Class	796	536	783
土木水利类	Construction Water Conservation Class	6424	9466	24617
加工制造类	Processing Manufacture Class	76264	94284	222547
石油化工类	Petroleum Chemical Industry Class	1898	2390	6235
轻纺食品类	Light Industry and Food Class	2135	3096	8009
交通运输类	Transportation Class	7789	15745	31517
信息技术类	Information Technology Class	84994	104800	240308
医药卫生类	Medicine Health Class	18234	22119	68102
休闲保健类	Leisure Health Care Class	772	652	1493
财经商贸类	Finance and Economics Business Class	24383	31130	73972
旅游服务类	Tourist Service Class	7391	9642	24798
文化艺术类	Cultural and art Class	10042	21007	47196
体育与健身	Sportsand Fitness Class	2982	3006	8132
教育类	Education Class	8542	18807	43343
司法服务类	Judicial Service Class	161	167	351
公共管理与服务类	Public Administration and Service Class	3943	7195	16323
其　他	Other	13464	13104	32363

19—7 普通中等专业学校分科专任教师数（2011年）
Full-time Teachers in Regular Specialized Secondary Schools by Field of Study (2011)

单位：人（person）

项　目	Item	合　计 Total	正 高 级 With Chief Senior Title	副 高 级 With Deputy Senior Title	中　级 With Middle-rank Title	初　级 With Junior Title	未定职级 Undetermined rank
总　计	**Total**	**9561**	**49**	**2680**	**3168**	**2852**	**812**
文化基础课	Cultural Base	3904	14	1101	1270	1234	285
专业课：小　计	Professional Course: Total	5257	34	1528	1731	1495	469
农林牧渔类	Farm, Forestry, Herd Fish Class	165		82	46	24	13
资源环境类	Resources Environment Class	20		6	7	3	4
能源与新能源类	Energy and New Energy Class	58		18	11	28	1
土木水利类	Construction Water Conservation Class	122		44	52	19	7
加工制造类	Processing Manufacture Class	1080	1	319	363	307	90
石油化工类	Petroleum Chemical Industry Class	11		11			
轻纺食品类	Light Industry and Food Class	101	10	41	24	19	7
交通运输类	Transportation Class	192	2	45	86	48	11
信息技术类	Information Technology Class	842	5	223	261	273	80
医药卫生类	Medicine Health Class	610	7	186	177	164	76
休闲保健类	Leisure Health Care Class	14	2	1		1	10
财经商贸类	Finance and Economics Business Class	382		133	143	78	28
旅游服务类	Tourist Service Class	208	6	50	67	54	31
文化艺术类	Cultural and art Class	343		49	126	144	24
体育与健身	Sportsand Fitness Class	202		46	83	53	20
教育类	Education Class	669		190	223	205	51
司法服务类	Judicial Service Class	5		3	1	1	
公共管理与服务类	Public Administration and Service Class	51		15	18	15	3
其　他	Other	182	1	66	43	59	13
实习指导课	Practice and Instruction	400	1	51	167	123	58

19—8 技工学校数和学生数
Number of Technical Schools, Students, Staff and Teachers

年 份 Year	学校数 (所) Schools (unit)	在校学生数 (人) Student Enrollment (person)	毕业生数 (人) Graduates (person)	招生数 (人) New Student Enrollment (person)	教职工数 (人) Staff and Teachers (person)
1995	130	91661	28998	33435	8687
2000	114	42628	24532	13583	6359
2005	109	86431	27287	34393	6031
2006	95	87463	28792	39482	5319
2007	93	87041	29515	38355	5601
2008	96	101131	37599	50210	5735
2009	93	93647	31393	31836	6716
2010	91	83154	34982	29441	6295
2011	91	71144	34252	25768	6284

19—9 初中毕业生和小学毕业生升学率及小学学龄儿童入学率
Percentage of Graduates of Junior Secondary Schools and Primary Schools Entering Higher Level Schools, Percentage of School-Age Children Enrolled

年 份 Year	初中毕业生升学率 Percentage of Graduates of Junior Secondary Schools Entering Senior Secondary Schools Entering Senior			小学毕业生升学率 Percentage of Graduates of Primary Schools Entering Junior Secondary Schools			小学学龄儿童入学率 Percentage of School-age Children Enrolled		
	初中毕业生数 (万人) Graduates of Junior Secondary Schools (10000 persons)	高级中等学校招生数 (万人) Students Entering Senior Secondary Schools (10000 persons)	升学率 (%) Percentage of Graduates of Junior Secondary Schools Entering Senior Secondary Schools	小学毕业生数 (万人) Graduates of Primary Schools (10000 persons)	初级中等学校招生数 (万人) Students Entering Junior Secondary Schools (10000 persons)	升学率 (%) Percentage of Graduates of Junior Schools Entering Junior Secondary Schools	学龄儿童数 (万人) School-age Children (10000 person)	已入学学龄儿童数 (万人) School-age Children Enrolled in Schools (10000 persons)	入学率 (%) Enrollment Ratio
1995	67.36	21.26	31.56	103.24	101.95	98.76	554.98	553.28	99.70
2000	97.60	32.66	33.46	121.20	118.22	97.55	620.02	617.94	99.67
2005	117.50	71.10	60.51	116.25	115.73	99.56	549.35	546.83	99.54
2006	118.17	77.60	65.66	110.40	110.37	99.97	523.41	521.96	99.72
2007	114.66	79.13	69.02	96.02	99.49	103.62	513.99	512.98	99.81
2008	108.59	76.94	70.86	103.93	105.17	101.18	493.73	492.92	99.84
2009	101.67	74.70	73.47	98.37	99.17	100.81	466.60	466.03	99.88
2010	92.20	77.32	83.86	87.41	87.34	99.92	446.82	446.50	99.93
2011	92.21	77.91	84.49	76.94	76.09	98.89	431.67	430.72	99.78

19—10 平均每万人口在校学生数和大中小学学生构成
Student Enrollment per 100 Population and Composition of Students Enrolled

年 份 Year	各级学校在校学生数占全省人口(%) Students as Percentage of Total Population	平均每万人口中（人） Number of Students per 10000 Population (person)			大中小学学生占学生总数（%） Students of Different Level as Percentage of Total Students (%)		
		大学生 University and College Students	中学生 Secondary School Students	小学生 Primary School Students	大学生 University and College Students	中学生 Secondary School Students	小学生 Primary School Students
1995	15.93	14.67	469.22	1011.47	0.92	29.46	63.51
2000	17.38	29.05	574.05	1032.11	1.67	32.83	59.03
2001	18.16	42.14	622.54	1155.78	2.42	37.59	60.20
2002	17.72	52.17	633.81	1086.41	2.94	35.76	61.30
2003	17.75	64.39	672.49	1038.18	3.63	37.89	58.49
2004	19.72	77.72	788.67	967.00	3.94	40.00	49.04
2005	19.21	90.42	791.40	896.49	4.71	41.21	46.68
2006	20.36	108.63	853.27	913.73	5.34	41.91	44.88
2007	20.28	119.41	835.75	898.17	5.89	41.21	44.29
2008	19.87	131.93	815.38	849.35	6.64	41.03	42.74
2009	19.23	143.12	785.08	793.87	7.44	40.82	41.28
2010	18.95	155.45	753.69	762.25	8.20	39.77	40.23
2011	18.70	166.26	715.57	743.95	8.89	38.26	39.78

注：中学生数中不包括中等专业学校在校学生数。

a) The number of secondary school students excludes the students of specialized secondary schools.

19—11 各级学校教师负担学生数
Student-teacher Ratio by Level of School

单位：人（person）

年 份 Year	普通高等学校 Regular Institutions of Higher Education		中等学校 Secondary Schools		小学 Primary Schools		幼儿园 Kindergartens	
	专任教师数 Full-time Teachers	平均每个教师负担学生数 Student-teacher Ratio	专任教师数 Full-time Teachers	平均每个教师负担学生数 Student-teacher Ratio	专任教师数 Full-time Teachers	平均每个教师负担学生数 Student-teacher Ratio	专任教师数 Full-time Teachers	平均每个教师负担学生数 Student-teacher Ratio
1995	11566	7.61	165255	19.89	267271	22.71	22148	46.72
2000	15065	12.11	186323	22.69	273745	23.53	26470	43.90
2001	17914	14.08	193963	22.27	276103	25.06	14033	65.25
2002	21131	15.62	199966	23.22	272010	25.27	14088	58.09
2003	24744	16.57	205907	24.14	266458	24.82	14162	50.49
2004	29538	16.97	212495	24.64	262528	23.76	15005	48.26
2005	32438	18.16	220408	24.24	259493	22.51	16516	43.83
2006	36797	18.04	227771	23.90	256368	21.78	18122	40.45
2007	40743	17.93	235381	22.85	254777	21.57	19220	40.69
2008	43624	18.53	241885	21.80	251020	20.73	20738	42.21
2009	46374	18.93	246388	20.68	248595	19.59	25004	37.52
2010	49298	19.05	251776	19.23	245726	18.74	29591	34.07
2011	51185	19.37	259691	17.50	243319	18.23	36161	32.30

19—12 各级学校女学生和女教师数
Number of Female Students and Teachers by Level of School

指　　标	Item	1995	2000	2005	2010	2011
女学生数　　（万人）	**Number of Female Students　(10000 persons)**	**423.59**	**504.95**	**546.15**	**479.02**	**460.68**
普通高等学校	Regular Institutions of Higher Education	2.17	5.96	25.50	44.81	47.95
普通中等专业学校	Regular Specialized Secondary Schools	5.05	10.94	10.52	16.33	15.87
普通中学	Regular Secondary Schools	116.23	161.20	211.58	186.49	173.23
职业中学	Vocational Secondary Schools	15.20	20.37	25.14	21.86	22.46
小　学	Primary Schools	284.94	306.48	273.41	209.53	201.17
女学生占学生总数的百分比(%)	**Percentage of Female Students to Total Students (%)**	**44.85**	**46.45**	**46.39**	**45.97**	**46.20**
普通高等学校	Regular Institutions of Higher Education	24.63	32.67	43.29	47.72	48.37
普通中等专业学校	Regular Specialized Secondary Schools	41.80	56.99	56.71	56.44	57.26
普通中学	Regular Secondary Schools	41.28	44.99	45.91	45.87	45.86
职业中学	Vocational Secondary Schools	43.26	44.98	45.89	44.91	45.91
小　学	Primary Schools	46.05	47.57	46.81	45.51	45.35
女教师数　　（万人）	**Number of Female Teachers　(10000 persons)**	**13.16**	**15.36**	**18.19**	**21.44**	**22.06**
普通高等学校	Regular Institutions of Higher Education	0.30	0.48	1.19	2.00	2.10
普通中等专业学校	Regular Specialized Secondary Schools	0.29	0.31	0.23	0.33	0.40
普通中学	Regular Secondary Schools	3.14	4.05	5.78	7.91	8.94
职业中学	Vocational Secondary Schools	0.32	0.45	0.50	0.48	0.62
小　学	Primary Schools	9.10	10.06	10.48	10.71	9.99
女教师占教师总数的百分比(%)	**Percentage of Female Teachers to Total Teachers(%)**	**29.63**	**32.33**	**35.51**	**39.07**	**39.80**
普通高等学校	Regular Institutions of Higher Education	26.00	32.05	36.82	40.56	41.03
普通中等专业学校	Regular Specialized Secondary Schools	34.65	32.05	38.25	43.14	41.78
普通中学	Regular Secondary Schools	22.38	35.17	29.36	34.39	38.68
职业中学	Vocational Secondary Schools	19.61	23.29	28.79	34.43	32.78
小　学	Primary Schools	34.06	36.76	40.40	43.58	41.08

19—13 各级各类成人学校基本情况（2011年）
Student Enrollment in Adult Schools by Level and Type (2011)

单位：人（person）

指标	Item	学校数（所）Schools (unit)	毕业生数 Graduates	招生数 New Student Enrollment	在校学生数 Student Enrollment	教职工人数 Teachers and Staff	#专任教师 Full-time Teachers
总计	**Total**	**568**	**370309**	**99562**	**531521**	**6746**	**4164**
成人高等教育	**Adult's Higher Education**		**57846**	**79036**	**162395**	**1353**	**740**
成人高等学校	**Adult Education Schools**	**6**	**2229**	**2063**	**4463**	**1353**	**740**
广播电视大学	Radio and TV Universities	1	1711	997	1899	284	133
职工、农民高等学院	Schools of Higher Education for Staff, Workers and Peasants	3	110	768	1803	370	289
管理干部学院	Colleges for Management Cadres	1	408	298	761	699	318
教育学院	Institute of Education	1					
普通高等学校办函授部或夜大学、成人脱产班	**Correspondence Department, Evening University or Classes for Adults Who Temporarily Released from Their Work**		**55617**	**76973**	**157932**		
成人中等专业学校	**Specialized Secondary Schools for Adults**	**72**	**22816**	**20526**	**50700**	**3176**	**2212**
成人中小学校	**Secondary and Primary Schools for Adults**	**130**	**13100**		**14890**	**550**	**28**
成人中学	Secondary Schools for Adults	29	8705		2860	12	8
职工中学	Staff Middle School	25	8650		2800	4	4
农民中学	Secondary Schools for Peasants	4	55		60	8	4
成人小学	Primary Schools for Adults	101	4395		12030	538	20
农民小学	Primary Schools for peasants	101	4395		12030	538	20
#扫盲班	Literacy Courses	80	4281		11945	530	14
成人技术培训学校	**Technical Training Schools for Adults**	**366**	**276547**		**303536**	**1667**	**1184**
职工技术培训学校	Technical Training Schools for Staff and Workers	25	27637		25352	153	132
农民技术培训学校	Technical Training Schools for Peasants	269	208436		238282	523	336
其他培训机构（含社会培训机构）	Other Training Organs (Including Social Training Organs)	72	40474		39902	991	716

19—14 各市普通高等学校和中等专业学校情况（2011年）
Number of Specialized Secondary Schools by Region and Type (2011)

单位：人（person）

地区	Region	学校数（所）Number of Schools (unit)		毕业生数 Number of Graduates		招生数 New Student Enrollment		在校学生数 Student Enrollment	
		高等 Advanced	中等 Middle	高等 Advanced	中等 Middle	高等 Advanced	中等 Middle	高等 Advanced	中等 Middle
总计	**Total**	**104**	**112**	**256135**	**102608**	**313359**	**95480**	**991267**	**277122**
合肥市	Hefei	48	34	112740	32133	132797	25133	409507	75804
淮北市	Huaibei	3	5	7918	4814	10550	5200	34107	17602
亳州市	Bozhou	2	4	3033	10796	4172	8551	10776	20988
宿州市	Suzhou	2	6	6440	6204	7250	5532	22630	18547
蚌埠市	Bengbu	5	11	13515	7233	18845	6064	60886	17080
阜阳市	Fuyang	4	9	8453	6533	10841	6587	35650	21338
淮南市	Huainan	5	5	16011	6328	18594	7003	63594	18573
滁州市	Chuzhou	4	3	11043	3250	13638	2541	42178	9110
六安市	Luan	5	3	9052	1828	12347	2719	37473	8202
马鞍山市	Maanshan	4	6	10524	4992	14335	6195	46009	15420
芜湖市	Wuhu	9	7	30965	4661	34126	3744	119024	11738
宣城市	Xuancheng	1	4	1312	1054	2379	2227	6039	4288
铜陵市	Tongling	3	2	7193	1147	9738	943	28379	2673
池州市	Chizhou	2	2	4847	2296	7042	1275	20292	4080
安庆市	Anqing	5	5	9568	7346	11847	9546	38373	24630
黄山市	Huangshan	2	6	3521	1993	4858	2220	16350	7049

19—15 各市特殊教育情况（2011年）
Basic Statistics on Special Education by Region (2011)

单位：人（person）

地区	Region	学校数（所）Number of Schools (unit)	毕业生数 Number of Graduates	招生数 New Student Enrollment	在校学生数 Student Enrollment	教职工数 Number of Staff and Teachers	#专任教师 Full-time Teachers
总计	**Total**	**63**	**1244**	**1701**	**12635**	**1480**	**1239**
合肥市	Hefei	6	136	243	1229	213	179
淮北市	Huaibei	1	13	40	276	48	45
亳州市	Bozhou	4	61	105	740	125	105
宿州市	Suzhou	5	83	93	2981	185	139
蚌埠市	Bengbu	5	49	40	411	97	87
阜阳市	Fuyang	6	81	320	1303	147	127
淮南市	Huainan	1	248	39	271	37	30
滁州市	Chuzhou	3	62	112	760	51	46
六安市	Luan	7	64	90	679	123	97
马鞍山市	Maanshan	3	74	66	598	71	64
芜湖市	Wuhu	4	95	95	641	103	82
宣城市	Xuancheng	4	52	131	639	49	42
铜陵市	Tongling	1	29	19	179	28	26
池州市	Chizhou	3	21	81	566	47	35
安庆市	Anqing	8	146	175	977	129	109
黄山市	Huangshan	2	30	52	385	27	26

19—16 各市普通中学分城乡学校数和在校学生数（2011年）

Number of Regular Secondary Schools and Student Enrollment by Urban and Rural Areas and by Region (2011)

地 区	Region	学校数（所） Number of Regular Secondary Schools (unit)							
		合计 Total	#高中 Senior Secondary Schools	城区 Urban Areas	#高中 Senior Secondary Schools	镇区 Counties and Towns	#高中 Senior Secondary Schools	乡村 Rural Areas	#高中 Senior Secondary Schools
总 计	**Total**	**3695**	**734**	**573**	**240**	**1453**	**433**	**1669**	**61**
合肥市	Hefei	361	114	115	52	126	55	120	7
淮北市	Huaibei	143	28	52	17	44	10	47	1
亳州市	Bozhou	301	37	15	5	133	31	153	1
宿州市	Suzhou	278	47	14	7	132	33	132	7
蚌埠市	Bengbu	172	36	31	11	49	22	92	3
阜阳市	Fuyang	471	52	56	21	174	26	241	5
淮南市	Huainan	135	38	54	22	33	14	48	2
滁州市	Chuzhou	287	61	38	16	112	42	137	3
六安市	Luan	418	64	21	7	167	50	230	7
马鞍山市	Maanshan	103	29	22	10	47	18	34	1
芜湖市	Wuhu	207	44	43	15	90	26	74	3
宣城市	Xuancheng	165	24	22	9	81	13	62	2
铜陵市	Tongling	47	17	19	9	13	5	15	3
池州市	Chizhou	109	23	16	8	49	14	44	1
安庆市	Anqing	379	98	39	21	157	63	183	14
黄山市	Huangshan	119	22	16	10	46	11	57	1

地 区	Region	在校学生数（人） Student Enrollment (person)							
		合计 Total	#高中 Senior Secondary Schools	城区 Urban Areas	#高中 Senior Secondary Schools	镇区 Counties and Towns	#高中 Senior Secondary Schools	乡村 Rural Areas	#高中 Senior Secondary Schools
总 计	**Total**	**3777435**	**1278903**	**892347**	**418892**	**2015126**	**781384**	**869962**	**78627**
合肥市	Hefei	427960	152735	159140	63904	198596	81080	70224	7751
淮北市	Huaibei	146588	48985	55008	25442	65775	22178	25805	1365
亳州市	Bozhou	304309	82385	48715	25176	191667	57078	63927	131
宿州市	Suzhou	340900	104369	43781	22355	222804	72953	74315	9061
蚌埠市	Bengbu	190681	62505	40094	16704	104461	45106	46126	695
阜阳市	Fuyang	499349	143450	107893	55255	258527	66103	132929	22092
淮南市	Huainan	133206	44922	72994	33091	32854	11529	27358	302
滁州市	Chuzhou	256841	78233	60979	29335	137987	48234	57875	664
六安市	Luan	407381	142350	52855	27391	232504	109934	122022	5025
马鞍山市	Maanshan	129138	45810	36771	15604	74687	30206	17680	
芜湖市	Wuhu	195841	74895	42965	17655	112751	52596	40125	4644
宣城市	Xuancheng	127977	44888	36939	19255	60427	22810	30611	2823
铜陵市	Tongling	40666	15537	23881	9536	9547	4172	7238	1829
池州市	Chizhou	98726	37853	27758	16585	51664	21042	19304	226
安庆市	Anqing	413126	173361	64425	32045	225424	119693	123277	21623
黄山市	Huangshan	64746	26625	18149	9559	35451	16670	11146	396

19—17 各市普通中学分城乡招生数和毕业生数（2011年）

Number of New Student Enrollment and Graduates of Regular Secondary Schools by Urban and Rural Areas and by Region (2011)

单位：人（person）

地 区	Region	招生数 New Student Enrollment							
		合计 Total	#高中 Senior Secondary Schools	城区 Urban Areas	#高中 Senior Secondary Schools	镇区 Counties and Towns	#高中 Senior Secondary Schools	乡村 Rural Areas	#高中 Senior Secondary Schools
总　计	**Total**	**1202525**	**441743**	**297849**	**144975**	**646738**	**269019**	**257938**	**27749**
合肥市	Hefei	137971	56752	53981	22710	64867	30978	19123	3064
淮北市	Huaibei	48560	17199	18809	8903	22178	7786	7573	510
亳州市	Bozhou	100560	26330	16479	8555	63951	17755	20130	20
宿州市	Suzhou	107311	36047	15120	8117	70181	24827	22010	3103
蚌埠市	Bengbu	61990	20392	13276	5500	33723	14676	14991	216
阜阳市	Fuyang	167633	51223	36421	19446	86310	23812	44902	7965
淮南市	Huainan	42183	14668	24010	10841	10308	3749	7865	78
滁州市	Chuzhou	78336	25259	20106	10107	41764	14770	16466	382
六安市	Luan	129846	51442	18917	10488	75913	39109	35016	1845
马鞍山市	Maanshan	41330	17013	12182	5570	23837	11443	5311	
芜湖市	Wuhu	61011	27100	13511	5974	35926	19235	11574	1891
宣城市	Xuancheng	40412	15973	11528	6059	19629	8569	9255	1345
铜陵市	Tongling	13755	6156	8414	3910	3148	1646	2193	600
池州市	Chizhou	31932	13867	9653	6097	16581	7664	5698	106
安庆市	Anqing	118987	53250	19259	9379	67046	37351	32682	6520
黄山市	Huangshan	20708	9072	6183	3319	11376	5649	3149	104

地 区	Region	毕业生数 Number of Graduates							
		合计 Total	#高中 Senior Secondary Schools	城区 Urban Areas	#高中 Senior Secondary Schools	镇区 Counties and Towns	#高中 Senior Secondary Schools	乡村 Rural Areas	#高中 Senior Secondary Schools
总　计	**Total**	**1346201**	**424199**	**303747**	**133487**	**702556**	**263694**	**339898**	**27018**
合肥市	Hefei	146453	48688	52724	20023	67099	26644	26630	2021
淮北市	Huaibei	50730	16942	19279	8324	20819	8183	10632	435
亳州市	Bozhou	94551	28342	14431	7451	59584	20891	20536	
宿州市	Suzhou	128956	38448	16011	7610	81593	26554	31352	4284
蚌埠市	Bengbu	67346	24136	13705	5527	37848	17797	15793	812
阜阳市	Fuyang	177923	47278	37212	17947	93507	22365	47204	6966
淮南市	Huainan	48411	14301	25306	10701	11861	3468	11244	132
滁州市	Chuzhou	84274	29245	20127	9673	45034	19093	19113	479
六安市	Luan	132530	37787	13986	5375	71271	30416	47273	1996
马鞍山市	Maanshan	48100	16468	13631	5856	27695	10612	6774	
芜湖市	Wuhu	78447	23586	16776	6204	42892	16205	18779	1177
宣城市	Xuancheng	47438	14784	12817	6283	22784	7584	11837	917
铜陵市	Tongling	14141	4817	7895	2737	3453	1400	2793	680
池州市	Chizhou	37046	12304	9961	5347	19340	6957	7745	
安庆市	Anqing	164389	58246	23398	11119	84551	40071	56440	7056
黄山市	Huangshan	25466	8827	6488	3310	13225	5454	5753	63

19—18 各市小学分城乡学校数和在校学生数（2011年）

Basic Statistics on Primary Schools by Urban and Rural Areas and by Region (2011)

地区	Region	学校数（所）Number of Primary Schools (unit)	城区 Urban Areas	镇区 Counties and Towns	乡村 Rural Areas	在校学生数（人）Student Enrollment (person)	城区 Urban Areas	镇区 Counties and Towns	乡村 Rural Areas
总计	**Total**	**13343**	**827**	**2450**	**10066**	**4435804**	**758783**	**1430975**	**2246046**
合肥市	Hefei	1051	150	197	704	435430	177346	124297	133787
淮北市	Huaibei	371	63	42	266	159286	47222	37310	74754
亳州市	Bozhou	1360	44	186	1130	491650	35622	145520	310508
宿州市	Suzhou	1099	26	318	755	400353	30978	152590	216785
蚌埠市	Bengbu	837	49	89	699	249849	40814	55255	153780
阜阳市	Fuyang	2238	67	352	1819	790989	77485	241445	472059
淮南市	Huainan	440	55	63	322	146578	58317	28026	60235
滁州市	Chuzhou	596	52	160	384	277098	46290	118356	112452
六安市	Luan	1762	31	313	1418	424716	32112	144878	247726
马鞍山市	Maanshan	343	37	78	228	135798	34608	50947	50243
芜湖市	Wuhu	540	55	121	364	210265	47416	77142	85707
宣城市	Xuancheng	271	23	76	172	134600	25800	64688	44112
铜陵市	Tongling	96	32	17	47	39811	22666	7207	9938
池州市	Chizhou	395	28	86	281	101123	19903	37417	43803
安庆市	Anqing	1607	98	299	1210	371217	47439	119314	204464
黄山市	Huangshan	337	17	53	267	67041	14765	26583	25693

地区	Region	毕业生数（人）Number of Graduates (person)	城区 Urban Areas	镇区 Counties and Towns	乡村 Rural Areas	招生数（人）New Student Enrollment (person)	城区 Urban Areas	镇区 Counties and Towns	乡村 Rural Areas
总计	**Total**	**769388**	**127273**	**260294**	**381821**	**791856**	**130158**	**244897**	**416801**
合肥市	Hefei	77932	28545	21743	27644	75218	31985	20787	22446
淮北市	Huaibei	31515	8943	7113	15459	25915	7834	5973	12108
亳州市	Bozhou	75411	5812	25103	44496	85109	5746	23128	56235
宿州市	Suzhou	77619	5263	33716	38640	76851	5536	27985	43330
蚌埠市	Bengbu	44464	6733	10171	27560	41150	7245	9405	24500
阜阳市	Fuyang	123949	11134	40915	71900	159997	13430	44710	101857
淮南市	Huainan	26981	10522	5307	11152	25081	9894	4718	10469
滁州市	Chuzhou	52862	8273	22842	21747	45959	7547	19072	19340
六安市	Luan	73863	5326	26317	42220	77233	5374	25634	46225
马鞍山市	Maanshan	24205	6194	9327	8684	20904	5709	7799	7396
芜湖市	Wuhu	35834	7486	12734	15614	35487	8369	12817	14301
宣城市	Xuancheng	24091	4433	11191	8467	23308	4420	11000	7888
铜陵市	Tongling	7482	4286	1297	1899	6509	3558	1181	1770
池州市	Chizhou	16670	3353	6311	7006	18827	3608	6324	8895
安庆市	Anqing	65332	8646	21525	35161	62511	7428	20012	35071
黄山市	Huangshan	11178	2324	4682	4172	11797	2475	4352	4970

19—19 各市职业中学基本情况（2011年）
Basic Statistics on Vocational Secondary Schools by Region (2011)

单位：人（person）

地　区	Region	学校数（所） Number of Schools (unit)	毕业生数 Number of Graduates	招生数 New Student Enrollment	在校学生数 Student Enrollment	教职工数 Number of Staff and Teachers	#专任教师 Full-time Teachers
总　计	**Total**	**317**	**163254**	**195845**	**489165**	**23355**	**18974**
合肥市	Hefei	50	27760	24285	64125	2399	1591
淮北市	Huaibei	18	5732	4658	12813	798	482
亳州市	Bozhou	15	8241	11513	24268	1999	1741
宿州市	Suzhou	16	10921	6830	19054	1642	1481
蚌埠市	Bengbu	13	5705	3406	10098	1078	994
阜阳市	Fuyang	46	19587	19584	49517	2641	2223
淮南市	Huainan	11	5076	7106	20371	402	298
滁州市	Chuzhou	21	11780	16119	46653	1769	1278
六安市	Luan	33	13440	22844	56925	1905	1534
马鞍山市	Maanshan	10	6773	7052	13049	366	322
芜湖市	Wuhu	12	8607	11268	28333	691	521
宣城市	Xuancheng	12	9502	9443	25845	1478	1261
铜陵市	Tongling	5	3002	1425	8482	292	215
池州市	Chizhou	7	6415	8821	19895	1232	1155
安庆市	Anqing	34	15847	36170	73663	4189	3538
黄山市	Huangshan	14	4866	5321	16074	474	340

19—20 各市幼儿园基本情况（2011年）
Basic Statistics on Kindergartens by Region (2011)

单位：人（person）

地　区	Region	园数（所） Number of Schools (unit)	毕业生数 Number of Graduates	招生数 New Student Enrollment	幼儿数（人） Student Enrollment	教职工数 Number of Staff and Teachers	#教师 Teachers
总　计	**Total**	**4613**	**400023**	**660850**	**1168051**	**58928**	**36161**
合肥市	Hefei	619	40783	67517	136703	11282	6231
淮北市	Huaibei	148	22252	31319	48713	2130	1577
亳州市	Bozhou	284	41953	68672	124798	3671	2776
宿州市	Suzhou	262	22324	56157	86889	3172	2301
蚌埠市	Bengbu	242	17883	38663	54873	2795	1689
阜阳市	Fuyang	454	47548	80374	153500	6096	4296
淮南市	Huainan	105	10293	18452	27838	2074	1262
滁州市	Chuzhou	360	32607	46395	88024	2434	1669
六安市	Luan	593	57363	80151	123753	5724	3518
马鞍山市	Maanshan	196	14833	21110	42751	3350	1689
芜湖市	Wuhu	424	22218	36333	70071	5710	3112
宣城市	Xuancheng	418	20304	24147	58435	4373	2455
铜陵市	Tongling	60	4051	6418	11734	1094	597
池州市	Chizhou	129	10912	16362	34548	1260	706
安庆市	Anqing	192	24991	51899	72567	2391	1377
黄山市	Huangshan	127	9708	16881	32854	1372	906

19—21 各级各类学校教育经费收入情况表（2011年）

Basic Statistics on Educational Funds in Various Schools (2011)

单位：千元（1000 yuan）

指标	Item	合计 Total	国家财政性教育经费 Government Appropriation for Education	#预算内教育经费 Budgetary	民办学校中举办者投入 Conducting Investment of Voluntary School	社会捐赠经费 Donations for Education	事业收入 Undertaking Revenue	其他收入 Other Income
总计	**Total**	**86831314**	**67593739**	**61914227**	**578996**	**219874**	**16564795**	**1873910**
高等学校	Institutions of Higher Education	21173747	11290626	10979698	40260	24998	8528887	1288976
普通高等学校	Regular Institutions of Higher Education	20846661	11160831	10851928	40260	24998	8342940	1277632
本科学校	Undergraduate Courses Schools	16270337	8850185	8731369	28000	24276	6315606	1052270
专科学校	Specialized Courses Schools	4576324	2310646	2120559	12260	722	2027334	225362
职业学校	Vocational Schools	3546697	1705522	1641231	2260	674	1629066	209175
成人高等学校	Institutions of Higher Education for Adults	327086	129795	127770			185947	11344
中等职业学校	Vocational Secondary Schools	6317357	4767375	3309610	111103	3466	1300117	135296
中等专业学校	Specialized Secondary Schools	2759541	2004409	1383419	8375	680	688964	57113
职业高中	Vocational Schools	2888123	2379182	1620402	34103	2786	445085	26967
#农 村	Rural Areas	798955	703078	515627	1577	751	90818	2731
技工学校	Technical Schools	333620	198569	148571			88930	46121
成人中等专业学校	Specialized Secondary Schools for Adults	336073	185215	157218	68625		77138	5095
中 学	Secondary Schools	28777792	23448409	21254506	220411	88204	4758518	262250
普通中学	Regular Secondary Schools	28777792	23448409	21254506	220411	88204	4758518	262250
普通高中	Senior Secondary Schools	10787359	7132033	6145088	67620	33974	3431692	122040
#农 村	Rural Areas	1976830	1315662	1274832	2499	12836	622861	22972
普通初中	Regular Junior Secondary Schools	17990433	16316376	15109418	152791	54230	1326826	140210
#农 村	Rural Areas	11814993	11516033	11024552	47746	6347	202093	42774
成人中学	Secondary Schools for Adults							
小 学	Primary Schools	25571178	24942499	23618709	98586	60068	383364	86661
普通小学	Regular Primary Schools	25571178	24942499	23618709	98586	60068	383364	86661
#农 村	Rural Areas	18402001	18131662	17539492	61932	16630	145358	46419
成人小学	Primary Schools for Adults							
特殊教育	Special Education	195011	187700	165470		1815	2242	3254
特殊教育学校	Schools for Special Education	193093	185798	163761		1815	2242	3238
工读学校	Schools of Working and Studying in Part-time	1918	1902	1709				16
幼儿园	Kindergartens	2285804	864417	726362	108636	965	1288965	22821
教育行政单位	Educational Administration unit	872964	719736	623765		35686	83486	34056
教育事业单位	Education Unit	1143670	965307	830413		4486	143701	30176
其 他	Others	493791	407670	405694		186	75515	10420

注：1、捐赠收入中港、澳、台及海外捐赠 17008 千元。
　　2、其他收入中资产处置收入45192千元，联合办学（班）收入13225千元。

a) The donation of income of Hong Kong, Macao and Taiwan and overseas is 17,008 thousand Yuan.

b) Asset disposal income of other income is 45192000 yuan, Joint schools (classes) incomeis 13225000 yuan.

19—22 全省科技活动基本情况
Basic Statistics on Scientific and Technological Activities

指　　标	Item	1995	2000	2005	2010	2011
科技活动	**Scientific and Technological Activities**					
科技机构数　（个）	Number of Scientific Technological Research Institutions (unit)	882	984	917	2221	2091
科技活动人员　（万人）	Personnel Engaged in S&T Activities (10000 persons)	6.77	9.72	8.94	23.65	26.78
#高中级技术职称	Intermediate and Senior Title					
#大学本科及以上学历	Bachelor's degree or above				9.66	11.26
科技经费筹集额　（亿元）	Funding for S&T Activities (100 million yuan)	15.34	49.01	133.18		
#政府资金	Government Fund	2.95	13.88	31.39		
企业资金	Self-raised Funds by Enterprise	8.13	25.44	76.70		
科技经费内部支出　（亿元）	Internal Expenditures on S&T Activities (100 million yuan)	13.36	42.69	127.63		
#劳务费	Service Fees			19.25		
固定资产购建费	Purchases or Construction of Fixed Assets			57.43		
研究与试验发展经费支出	Expenditure on R&D (100 million yuan)	2.74	20.02	45.61	163.72	214.64
#基础研究	Basic Research			4.12	12.23	17.72
应用研究	Applied Research			9.15	15.66	19.17
试验发展	Experimental Development			27.99	135.83	177.76
#政府资金	Government Fund			14.48	36.07	46.89
企业资金	Self-raised Funds by Enterprise			27.40	118.86	159.65
#相当于GDP比例　（%）	Proportion of Expenditure on R&D to GDP (%)			0.85	1.32	1.40
科技成果及获奖数　（项）	**Achievements in S&T and National Prizes Won (item)**					
重大科学技术成果	Number of Major Achievements in Science and Technology	556	511	546	780	860
国家发明奖	Number of National Invention Prizes Awarded					
国家科学技术进步奖	Number of National Scientific and Technological Progress Prizes Awarded	1	1	4	7	16
获国家自然科学奖	Number of National Natural Sciences Prize Awarded			1	2	
技术市场成交额　（万元）	**Transaction Value in Technical Market (10000 yuan)**		**61011**	**142553**	**461470**	**650337**
专　　利	**Patent**					
专利申请受理量　（件）	Total Patent Applications Examined (unit)	1026	1877	3516	37780	48556
发　　明	Creation and Inventions	152	301	903	6396	10982
实用新型	Utility Models	734	1080	1715	14417	23209
外观设计	Designs	140	496	898	16967	14365
专利申请授权量　（件）	Total Patent Applications Authorized (unit)	574	1482	1939	16012	32681
发　　明	Creation and Inventions	18	104	238	1111	2026
实用新型	Utility Models	469	894	1072	8839	16128
外观设计	Designs	87	484	629	6062	14527

19—23 县以上政府部门属研究与开发机构及科技信息与文献机构数、人员数

State-owned Research and Development Institutions and Information and Literature Institutions at and Above County Level and Persons Engaged

年份 Year	合计 Total		自然科学技术领域 Field of Natural Sciences and Humanities			社会、人文科学技术领域 Field of Social Sciences and Humanities			科技信息和文献机构 Scientific-technical Information and Literature Institutions		
	机构（个）Institutions (unit)	从业人员（人）Employees (person)	机构（个）Institutions (unit)	从业人员（人）Employees (person)	科技活动人员 S&T Personnel	机构（个）Institutions (unit)	从业人员（人）Employees (person)	科技活动人员 S&T Personnel	机构（个）Institutions (unit)	从业人员（人）Employees (person)	科技活动人员 S&T Personnel
1995	196	12881	167	12127	5874	10	383	290	19	371	251
2000	167	7373	139	6690	4523	10	369	289	18	314	229
2005	125	6425	100	5764	4155	8	327	292	17	334	307
2006	122	6412	97	5748	4183	8	327	301	17	337	312
2007	116	6027	91	5364	4140	8	331	299	17	332	310
2008	108	6292	85	5431	4153	8	389	336	15	472	415
2009	104	6224	81	5397	4278	7	343	310	16	484	454
2010	104	6227	83	5405	4402	7	335	313	14	487	455
2011	100	6318	80	5641	4699	7	336	280	13	341	325

19—24 县级以上政府部门属研究与开发机构及科技信息与文献机构科技经费筹集和支出总额

Total Funds and Total Expenditures of State-owned Research and Development Institutions and Information and Literature Institutions at and Above County Level

单位：万元（10000 yuan）

年份 Year	合计 Total		自然科学技术领域 Field of Natural Sciences and Humanities			社会、人文科学技术领域 Field of Social Sciences and Humanities			科技信息和文献机构 Scientific-technical Information and Literature Institutions		
	科技活动收入 S&T Income	科技经费内部支出 Intramural Expenditure on S&T	科技活动收入 S&T Income	政府资金 Government Funds	科技经费内部支出 Intramural Expenditure on S&T	科技活动收入 S&T Income	政府资金 Government Funds	科技经费内部支出 Intramural Expenditure on S&T	科技活动收入 S&T Income	政府资金 Government Funds	科技经费内部支出 Intramural Expenditure on S&T
1995	49598	47068	48239	12430	45784	776	566	727	583	424	557
2000	101388	51908	98004	26988	48804	1871	1231	1741	1513	955	1363
2005	69881	66852	63694	51429	61396	3991	2268	3026	2196	1774	2430
2006	76227	67613	69374	52703	61476	3937	2482	3656	2916	2485	2481
2007	90051	83437	81096	62910	76123	4910	3123	4457	4045	3008	2857
2008	100551	90811	85274	71395	77284	5405	3970	5361	9872	6965	8166
2009	156716	103130	142846	107400	91744	6543	4455	5364	7327	5182	6022
2010	191056	134839	172837	149390	118150	8210	5816	6851	10009	8608	9837
2011	225659	175123	212688	142596	163397	7812	5551	7352	5159	4306	4374

19—25 自然科学和技术领域经费收入（2011年）

Receipts in the Field of Natural Science and Technology (2011)

单位：千元（1000 yuan）

指　　标	Item	科技活动收　　入 S&T Income	政　府资　金 Government Funds	非政府资　金 Non-Government Funds	生产经营活动收入 Production Activities Income	其他收入 Others
总　　计	**Total**	**2126879**	**1425962**	**700917**	**178158**	**128184**
按隶属关系分	**Group by Administrative Relationship**					
省级部门属	Under the Provincial Departments	727758	558954	168804	111152	60761
地市级部门属	Under the Prefectural Departments	127695	123159	4536	25217	22342
中央部门属	Under the Departments of the State Council	1271426	743849	527577	41789	45081
中国科学院	Under the Chinese Academy of Science	1271426	743849	527577	41789	45081
按学科领域分	**Group by Branch of Science**					
自然科学	Natural Science	1400653	840275	560378	125814	66310
农业科学	Agriculture	297732	261997	35735	3459	32240
医学科学	Medicine	25792	15658	10134	28270	2134
工程科学与技术	Engineering and Technology	391795	297125	94670	20615	26610
社会、人文科学	Social Sciences and Humanities	10907	10907			890

19—26 自然科学和技术领域经费支出（2011年）

Expenditures in the Field of Natural Science and Technology (2011)

单位：千元（1000 yuan）

指　　标	Item	科技经费内部支出 Intramural Expenditure on S&T	人员劳务费 Personnel Expenditure	其　他日常支出 Other Routine Expenditure	设　备购置费 Expenditure for Equipment	生产经营支　出 Expenditure of Production	其他支出 Others
总　　计	**Total**	**1633971**	**407898**	**739572**	**214923**	**118239**	**171525**
按隶属关系分	**Group by Administrative Relationship**						
省级部门属	Under the Provincial Departments	635716	190997	335677	73033	70288	57110
地市级部门属	Under the Prefectural Departments	109364	49550	26094	6581	5620	25901
中央部门属	Under the Departments of the State Council	888891	167351	377801	135309	42331	88514
中国科学院	Under the Chinese Academy of Science	888891	167351	377801	135309	42331	88514
按学科领域分	**Group by Branch of Science**						
自然科学	Natural Science	1001211	202671	447903	140002	101800	107365
农业科学	Agriculture	284212	98984	114248	24602	4471	30084
医学科学	Medicine	22906	13141	7904	1781	925	18345
工程科学与技术	Engineering and Technology	313616	87185	165286	47479	11043	15500
社会、人文科学	Social Sciences and Humanities	12026	5917	4231	1059		231

19—27 科协系统科技活动情况（2011年）

Basic Statistics on Scientific and Technological Activities of Associations for Science and Technology (2011)

项目		Item		科协合计 Total Number of Associations for Science & Technology	#省科协 provincial Associations	省级学会 Provincial-level Learned Societies
机构数	（个）	**Number of Associations or Learned Societies**	**(unit)**	**109**	**1**	**152**
直属单位		Enterprises and Non-profit Organizations Attached to Associations or Learned Societies		47	8	
人员数	（人）	**Personnel**	**(person)**			
机关		Associations		809	39	354
直属单位		Enterprises and Non-profit Organizations Attached to Associations or Learned Societies		538	157	
学会理事		Members of Councils				9266
学术活动		**Academic Activities**				
国内学术会议		Domestic Academic Meetings				
次数	（次）	Number	(times)	688	60	411
参加人数	（人次）	Number of Participants	(person-time)	99299	6000	43873
交流论文数	（篇）	Number of Papers Presented	(unit)		1500	11143
国际学术会议		International Meetings Held in China				
次数	（次）	Number	(times)	2	2	11
参加人数	（人次）	Number of Participants	(person-time)	465	465	617
交流论文数	（篇）	Number of Papers Presented	(unit)	182	182	70
国际民间科技交流		International Folk Exchange of S&T				
接待来访科技团组	（个）	International Group on S&T Received Home	(unit)	18	3	50
接待总人数	（人次）	Person Received	(person-time)	220	70	199
外派科技团组	（个）	Number of Study Tours Sent Aboard	(unit)	10	7	36
外派总人数	（人次）	Total People Sent Aboard	(person-time)	171	131	324
科技培训		**Training Program**				
院校培训人数	（人次）	Number of Persons Trained in Universities and Colleges	(person-time)			
科普活动		**Activities for Popular Science**				
讲座次数	（次）	Number of Lectures	(times)	3930	41	1003
听讲座人数	（人次）	Number of Participants	(person-time)	1788718	36020	156290
展览次数	（次）	Number of Exhibitions	(times)	2300	21	202
参观展览人数	（人次）	Number of Participants	(person-time)	4722914	55000	245953
青少年科技竞赛次数	（次）	Number of Teenagers Participating in Science and Technology Competitions	(time)	324	9	56
咨询活动		**Consultative Activities**				
完成合同	（项）	Number of Consultative Contracts Completed	(item)	786	482	265
合同实现金额	（万元）	Revenue from Fulfillment of Consultative Contracts	(10000 yuan)	16974	1742	2118
出版		**Publications**				
科技期刊种数	（种）	Number of Academic Journals	(kind)	1	1	59
论文集种数	（种）	Number of Collections of Articles	(kind)	23	23	88
论文集发行量	（册）	Number of Copies Distributed	(copies)	2600	2600	13822
科技报纸种数	（种）	Number of Scientific & Technological Newspapers	(kind)	1	1	1

19—28 研究与试验发展（R&D）研究机构情况（2011年）
Research Institution of （R&D）(2011)

指 标	Item	机构数 (个) Number of Institutions (unit)	R&D人员 (人) R&D Personnel (person)	#博 士 Dr.	R&D经费支出 (万元) R&D Funds Disburse (10000 yuan)	科研用仪器设备原价 (万元) Initial cost Used Scientific Research Equipment (10000 yuan)	进 口 Import
总 计	**Total**	**2091**	**62506**	**2760**	**925646**	**1628238**	**277024**
按学科分	**Group by Branch of Science**						
自然科学	Natural Science	43	3207	917	101767	176094	54187
农业科学	Agriculture	102	1052	99	13063	13467	3183
医学科学	Medicine	84	1274	299	4179	36729	22173
工程科学与技术	Engineering and Technology	1786	56090	1228	804918	1399540	197315
社会、人文科学	Social Sciences and Humanities	76	883	217	1717	2409	168
按国民经济行业分	**Grouped by Sector**						
农、林、牧、渔业	Farming, Forestry, Animal Husbandry and Fishery	39	95	2	625	820	62
采矿业	Mining and Quarrying	16	1223	9	8696	138237	350
制造业	Manufacturing	1493	46776	414	604021	984846	166177
电力、燃气及水的生产和供应业	Production and Supply of Electricity Gas and Water	5	177	4	7831	109453	993
建筑业	Construction	66	1704	9	14483	44917	1941
交通运输、仓储和邮政业	Transport, Storage and Postal Services	6	59	1	6137	2534	
信息传输、计算机服务和软件业	Information Circulation, Computer Services and Software	21	37	3	167	266	
批发和零售业	Wholesale and Retail Trade						
住宿和餐饮业	Accommodation and Catering Trade						
金融业	Banking						
房地产业	Real Estate						
租赁和商务服务业	Leasing and Commercial Services	2	6		103	98	
科学研究、技术服务和地质勘查业	Scientific Research, Technical Services and Geological Prospecting	117	8629	879	249107	157696	4666
水利、环境和公共设施管理业	Water Conservancy, Environmental and Public Facilities Management	4				14	
居民服务和其他服务业	Resident Services and Other Services						
教 育	Education	306	3616	1436	33832	187640	102172
卫生、社会保障和社会福利业	Health, Social Securities and Social Welfare	16	185	3	644	1717	664
文化、体育和娱乐业	Culture, Sports and Entertainment						
公共管理和社会组织	Public Management and Social Organizations						
按机构类型分	**Grouped by Organization Type**						
政府部门办	Government Department	139	9195	980	253611	159532	4666
与国内高校合办	Collaborate with Domestic University	21	245	118	1187	8740	4202
与国内独立机构合办	Collaborate with Domestic Independent Institution	1	25	3	9	2	1
与境外机构合办	Collaborate with Foreign Institution						
与境外注册外商独资企业合办	Collaborate with Foreign Sole Ownership Enterprise Registed in Foreign						
与境内注册其他企业合办	Collaborate with Domestic Other Enterprise	31	275	87	2054	12040	4626
单位自办	Unit Oneself	1899	52766	1572	668785	1447924	263530
其 他	Other						
按隶属关系分	**Grouped by Subordination Relations**						
中 央	Central	173	12176	1422	299117	429551	68429
地 方	Local	1918	50330	1338	626529	1198687	208596

19—29 科技活动、研究与试验发展（R&D）人员（2011年）
People in S&T Activity, R&D (2011)

指 标	Item	科技活动人员（万人）Personnel Engaged in S&T Activities (10000 person)	#大学本科及以上 University Degree and Above
总 计	**Total**	**26.78**	**11.26**
按隶属关系分	**Grouped by Subordination Relations**		
中 央	Central	3.60	1.53
地 方	Local	23.19	9.73
按国民经济行业分	**Grouped by Sector**		
农、林、牧、渔业	Farming, Forestry, Animal Husbandry and Fishery	0.13	0.02
采矿业	Mining and Quarrying	1.51	0.15
制造业	Manufacturing	15.87	4.98
电力、燃气及水的生产和供应业	Production and Supply of Electricity Gas and Water	0.59	0.08
建筑业	Construction	1.18	0.15
交通运输、仓储和邮政业	Transport, Storage and Postal Services	0.07	0.05
信息传输、计算机服务和软件业	Information Circulation, Computer Services and Software	0.23	0.04
批发和零售业	Wholesale and Retail Trade		
住宿和餐饮业	Accommodation and Catering Trade		
金融业	Banking	0.01	
房地产业	Real Estate		
租赁和商务服务业	Leasing and Commercial Services	0.01	
科学研究、技术服务和地质勘查业	Scientific Research, Technical Services and Geological Prospecting	1.69	1.19
水利、环境和公共设施管理业	Water Conservancy, Environmental and Public Facilities Management	0.01	
居民服务和其他服务业	Resident Services and Other Services		
教 育	Education	5.22	4.60
卫生、社会保障和社会福利业	Health, Social Securities and Social Welfare	0.27	0.03
文化、体育和娱乐业	Culture, Sports and Entertainment		
公共管理和社会组织	Public Management and Social Organizations		

R&D单位数（个） R&D Institutions (unit)	有R&D活动单位 Activity for R&D	R&D人员（万人） Staff of R&D (10000 person)	#研究人员 Staff of Researcher	#全时人员 Staff of Full Time	#博士 Dr.	R&D人员折合全时当量（人年） Full-time Equivalent of R&D Personnel (man-years)	#研究人员 Staff of Researcher	基础研究 Basic Research	应用研究 Apply Researcher	试验发展 Experimental and Development Researcher
13341	**1745**	**12.26**	**5.76**	**7.68**	**0.55**	**81087**	**37109**	**6976**	**9799**	**64314**
160	70	2.17	1.31	1.54	0.20	14998	9179	2551	2871	9576
13181	1675	10.09	4.46	6.14	0.36	66089	27930	4425	6928	54738
147	25	0.04	0.01	0.02		294	104		10	284
436	14	0.80	0.47	0.29		4740	3198		1289	3450
11781	1344	7.41	2.47	5.18	0.11	50836	16943		189	50655
214	20	0.11	0.05	0.03		703	344		7	696
137	22	0.53	0.31	0.37		4266	2300	13	248	4005
31	4	0.02	0.01	0.01		210	106		103	107
73	6	0.01	0.01	0.01		126	58			126
12										
14	1					1	1			1
178	94	1.02	0.59	0.76	0.09	8371	4977	1912	3088	3371
22	3					8	5			8
192	170	2.12	1.71	0.98	0.34	10438	8410	5051	4768	613
93	42	0.21	0.13	0.03		1095	664		97	998
11										

19—30 研究与试验发展（R&D）产出情况（2011年）
Output of R&D (2011)

指 标	Item	专 利 申请数（件） Patent Applications (piece)	发明专利 Inventions
总 计	**Total**	**22122**	**6960**
按隶属关系分	**Grouped by Subordination Relations**		
中 央	Central	2061	1173
地 方	Local	20061	5787
按国民经济行业分	**Grouped by Sector**		
农、林、牧、渔业	Farming, Forestry, Animal Husbandry and Fishery	29	28
采矿业	Mining and Quarrying	291	104
制造业	Manufacturing	18555	5187
电力、燃气及水的生产和供应业	Production and Supply of Electricity Gas and Water	368	94
建筑业	Construction	183	54
交通运输、仓储和邮政业	Transport, Storage and Postal Services	8	2
信息传输、计算机服务和软件业	Information Circulation, Computer Services and Software	32	21
批发和零售业	Wholesale and Retail Trade		
住宿和餐饮业	Accommodation and Catering Trade		
金融业	Banking		
房地产业	Real Estate		
租赁和商务服务业	Leasing and Commercial Services		
科学研究、技术服务和地质勘查业	Scientific Research, Technical Services and Geological Prospecting	867	505
水利、环境和公共设施管理业	Water Conservancy, Environmental and Public Facilities Management	1	1
居民服务和其他服务业	Resident Services and Other Services		
教 育	Education	1782	962
卫生、社会保障和社会福利业	Health, Social Securities and Social Welfare	6	2
文化、体育和娱乐业	Culture, Sports and Entertainment		
公共管理和社会组织	Public Management and Social Organizations		

专利授权数（件）Patents Granted (piece)	发明专利 Inventions	有效发明专利数（件）Number of patents In Force (piece)	专利所有权转让及许可数（件）Patent all Power Transfer and Clearance Number (piece)	专利所有权转让及许可收入（万元）Patent all Power Transfer and Clearance Income (10000 yuan)	集成电路布图设计登记数（件）Registration Number of Integrated Circuit Layout (unit)	植物新品种权授予数（项）Granted Number of Plant Variety Right (unit)	形成国家或行业标准数（项）Standard Number of Formed Nation and Industry (unit)	发表科技论文（篇）Scientific Papers Issued (piece)	出版科技著作（种）Publication on Science and Technology (kind)
1206	**559**	**7659**	**838**	**9969**	**10**	**42**	**1020**	**43811**	**1221**
627	372	1677	27	1975	4	1	259	9122	63
579	187	5982	811	7994	6	41	761	34689	1158
		3				1	1	61	1
		68					6	754	
		4944	666	7406			796	2785	
		80	2				4	844	
		87					37	355	
1	1	1					2	127	
		11	9	13			11	9	
476	172	675	73	2095	4	28	144	3366	30
								6	
729	386	1790	88	455	6	13	19	34321	1184
								1183	6

19—31 研究与试验发展（R&D）经费支出情况（2011年）
Research and Development (R&D) Funds and Internal Expenditure (2011)

单位：万元（10000 yuan）

项目	Item	R&D经费支出 Expenditure for R&D	经常性支出按活动类型分 By Activities			#人员劳务费 Labor Expenses
			基础研究 Fundamental Research	应用研究 Applied Rescarch	试验发展 Experimental	
总计	**Total**	**2146440**	**177150**	**191712**	**1777579**	**469539**
按执行部门分组	**Grouped by Execution Department**					
科研机构	Scientific Research Institution	223960	78438	73102	72421	43649
高等学校	College	187315	95367	63304	28645	34067
工业企业	Industrial Enterprise	1628304		30175	1598128	357184
非工业企业	Non-Industrial Enterprise	97521	3343	23419	70758	29519
事业单位	Institution	9340	2	1712	7627	5120
按隶属关系分组	**Grouped by Subordination Relations**					
中央	Central	482159	122502	104412	255244	105414
地方	Local	1664281	54649	87300	1522336	364125

19—32 各市研究与试验发展（R&D）研究机构情况（2011年）
Research Institution of（R&D）by Region (2011)

地区	Region	机构数（个） Number of Institutions (unit)	R&D人员（人） R&D Personnel (person)	#博士 Dr.	R&D经费支出（万元） R&D Funds Disburse (10000 yuan)	科研用仪器设备原价（万元） Initial cost Used Scientific Research Equipment (10000 yuan)	进口 Import
总计	**Total**	**2091**	**62506**	**2760**	**925646**	**1628238**	**277024**
合肥市	Hefei	727	24703	1928	385920	778014	134193
淮北市	Huaibei	90	1807	66	15959	154598	3235
亳州市	Bozhou	35	521	3	6564	24995	968
宿州市	Suzhou	55	701	26	4536	13882	2127
蚌埠市	Bengbu	126	2973	32	27063	53177	6887
阜阳市	Fuyang	49	752	42	13018	14723	288
淮南市	Huainan	56	827	59	8965	16255	1205
滁州市	Chuzhou	178	2357	46	23795	61753	5441
六安市	Luan	61	1912	5	13612	62562	28808
马鞍山市	Maanshan	86	2947	80	84344	72175	22554
芜湖市	Wuhu	286	11625	225	120339	206388	44429
宣城市	Xuancheng	77	2166	7	29782	33389	6257
铜陵市	Tongling	58	1641	14	32633	42351	3182
池州市	Chizhou	36	401	10	4991	7979	999
安庆市	Anqing	96	2331	15	22815	42475	14573
黄山市	Huangshan	68	1157	7	11212	16589	1881

注：本表及19—33、34、35表总计中含“其他项目”数据。
a) The "total" in this table and the 19-33、34、35 table includes data of "other projects".

19—33 各市科技活动、研究与试验发展（R&D）人员（2011年）

People in S&T Activity, R&D by Region (2011)

地　区	Region	科技活动人员（万人） Personnel Engaged in S&T Activities (10000 person)	#大学本科及以上 University Degree and Above	R&D单位数（个） R&D Institutions (unit)	有R&D活动单位 Activity for R&D	R&D人员（人） Staff of R&D (person)	#女性 Female	#研究人员 Staff of Researcher	全时人员 Staff of Full Time	非全时人员 Staff of Non-Full Time
总　计	**Total**	**26.78**	**11.26**	**13341**	**1745**	**122640**	**24480**	**57637**	**76780**	**45860**
合肥市	Hefei	10.05	4.69	2436	505	48221	9935	21406	33163	15058
淮北市	Huaibei	1.14	0.37	555	65	5533	710	4231	3270	2263
亳州市	Bozhou	0.27	0.11	460	23	1114	405	381	767	347
宿州市	Suzhou	0.34	0.15	892	46	1532	368	695	930	602
蚌埠市	Bengbu	1.37	0.67	635	146	8094	1849	4325	4318	3776
阜阳市	Fuyang	0.49	0.18	653	67	2463	584	1191	1205	1258
淮南市	Huainan	1.53	0.37	380	53	7662	933	3468	2680	4982
滁州市	Chuzhou	1.26	0.49	899	127	5102	920	2237	3262	1840
六安市	Luan	0.63	0.31	793	49	2460	569	1030	1663	797
马鞍山市	Maanshan	1.65	0.60	678	80	6158	1000	3457	3612	2546
芜湖市	Wuhu	3.85	1.81	1726	266	15781	3106	5927	9203	6578
宣城市	Xuancheng	0.74	0.17	826	86	3501	694	949	2494	1007
铜陵市	Tongling	1.18	0.31	201	49	4382	811	2615	2389	1993
池州市	Chizhou	0.26	0.11	375	42	839	182	443	406	433
安庆市	Anqing	0.98	0.37	1378	66	3785	1129	1789	2716	1069
黄山市	Huangshan	0.47	0.19	431	65	2327	444	979	1341	986

地　区	Region	博士毕业 Doctor	硕士毕业 Master	本科毕业 University Degree	其他学历 Other	R&D人员折合全时当量（人年） Full-time Equivalent of R&D Personnel (man-years)	#研究人员 Staff of Researcher	基础研究 Basic Research	应用研究 Apply Researcher	试验发展 Experimental and Development Researcher
总　计	**Total**	**5539**	**16420**	**39995**	**60686**	**81087**	**37109**	**6976**	**9799**	**64314**
合肥市	Hefei	3254	7666	16307	20994	31392	13610	3957	4469	22970
淮北市	Huaibei	158	511	1522	3342	3829	2944	181	153	3495
亳州市	Bozhou	16	151	310	637	883	283	13	44	825
宿州市	Suzhou	34	237	426	835	755	346	39	96	619
蚌埠市	Bengbu	395	1274	2575	3850	4881	2379	340	551	3992
阜阳市	Fuyang	138	317	828	1180	1553	752	144	175	1235
淮南市	Huainan	128	633	997	5904	4311	1901	369	1446	2496
滁州市	Chuzhou	108	580	1600	2814	3556	1439	173	222	3161
六安市	Luan	60	288	986	1126	1691	644	62	193	1435
马鞍山市	Maanshan	195	973	2432	2558	3829	1982	163	355	3312
芜湖市	Wuhu	609	1694	5797	7681	10093	3473	531	454	9107
宣城市	Xuancheng	31	79	906	2485	2547	684		116	2431
铜陵市	Tongling	70	472	1473	2367	3434	1967	109	185	3140
池州市	Chizhou	31	173	281	354	551	278	104	43	405
安庆市	Anqing	89	331	1346	2019	2909	1370	190	92	2627
黄山市	Huangshan	52	229	902	1144	1509	601	57	44	1409

19—34 各市研究与试验发展（R&D）产出情况（2011年）

Output of R&D by Region (2011)

地 区	Region	专利申请数（件） Patent Applications (piece)	发明专利 Inventions	专利授权数（件） Patents Granted (piece)	发明专利 Inventions	有效发明专利数（件） Number of patents In Force (piece)	专利所有权转让及许可数（件） Patent all Power Transfer and Clearance Number (piece)
总 计	**Total**	**22122**	**6960**	**1206**	**559**	**7659**	**838**
合肥市	Hefei	7722	2772	627	429	2965	139
淮北市	Huaibei	337	105	1	1	132	42
亳州市	Bozhou	241	55	1	1	38	
宿州市	Suzhou	185	58	2	1	42	6
蚌埠市	Bengbu	1462	529	63	7	416	18
阜阳市	Fuyang	280	57	1	1	69	2
淮南市	Huainan	845	254	90	16	287	36
滁州市	Chuzhou	1344	298	19	5	388	24
六安市	Luan	534	106	15	4	165	5
马鞍山市	Maanshan	1249	350	88	23	495	86
芜湖市	Wuhu	5700	1684	231	51	1587	336
宣城市	Xuancheng	509	124			330	50
铜陵市	Tongling	554	130	2	1	163	14
池州市	Chizhou	360	112			47	28
安庆市	Anqing	349	147	3	1	230	22
黄山市	Huangshan	253	83	13	3	177	30

地 区	Region	专利所有权转让及许可收入（万元） Patent all Power Transfer and Clearance Income (10000 yuan)	集成电路布图设计登记数（件） Registration Number of Integrated Circuit Layout (unit)	植物新品种权授予数（项） Granted Number of Plant Variety Right (unit)	形成国家或行业标准数（项） Standard Number of Formed Nation and Industry (unit)	发表科技论文（篇） Scientific Papers Issued (piece)	出版科技著作（种） Publication on Science and Technology (kind)
总 计	**Total**	**9969**	**10**	**42**	**1020**	**43811**	**1221**
合肥市	Hefei	5410		36	401	22872	569
淮北市	Huaibei				31	1710	26
亳州市	Bozhou			1	16	255	9
宿州市	Suzhou	180			20	763	12
蚌埠市	Bengbu	423			28	3464	54
阜阳市	Fuyang			1	6	892	55
淮南市	Huainan	146			25	2723	63
滁州市	Chuzhou	652		3	36	1331	75
六安市	Luan	25			34	1274	39
马鞍山市	Maanshan	1537			68	1803	28
芜湖市	Wuhu	1555	6		139	3436	202
宣城市	Xuancheng				31	144	
铜陵市	Tongling				34	640	24
池州市	Chizhou				2	400	1
安庆市	Anqing				62	1087	46
黄山市	Huangshan	41		1	40	455	18

19—35 各市研究与试验发展（R&D）经费支出情况（2011年）
Research and Development (R&D) Funds and Internal Expenditure by Region (2011)

单位：万元（10000 yuan）

地 区	Region	R&D经费 Expenditure for R&D	经常性支出按活动类型分 By Activities 基础研究 Fundamental Research	应用研究 Applied Rescarch	试验发展 Experimental	按支出用途分 By Expenditure #人员劳务费 Labor Expenses	#设备购置费 Expenditure for Equipment
总 计	**Total**	**2146440**	**177150**	**191712**	**1777579**	**469539**	**335204**
合 肥 市	Hefei	782592	126616	75422	580555	188214	113740
淮 北 市	Huaibei	80094	2024	3947	74123	22536	11304
亳 州 市	Bozhou	18326	50	1485	16791	6147	3387
宿 州 市	Suzhou	17744	380	1707	15657	3645	2037
蚌 埠 市	Bengbu	97093	6105	5109	85880	20299	10797
阜 阳 市	Fuyang	29864	1260	1486	27118	5340	5720
淮 南 市	Huainan	71669	6628	28960	36083	24583	8275
滁 州 市	Chuzhou	91465	1656	2123	87686	14594	16553
六 安 市	Luan	33528	289	896	32344	6368	9796
马鞍山市	Maanshan	203070	1364	17619	184088	28137	43847
芜 湖 市	Wuhu	330319	9496	3985	316838	74198	51766
宣 城 市	Xuancheng	56611	11	968	55632	13640	9821
铜 陵 市	Tongling	122240	608	1845	119787	23380	16457
池 州 市	Chizhou	18158	1033	184	16941	3749	3516
安 庆 市	Anqing	49468	3575	1785	44108	9776	9932
黄 山 市	Huangshan	24104	335	329	23440	5377	3631

19—36 高等学校科技活动情况
Basic Statistics on Higher Education for Scientific and Technological Activities

指 标	Item	1995	2000	2005	2010	2011
科技活动人员 （人）	S&T Personnel (person)	19457	23242	24530	31082	52220
#科学家和工程师	Scientists and Engineers	18619	22366	23608		
研究与发展人员全时当量（人年）	Full-time Equivalent of R&D Personnel (man.year)	4000	7100	5022	7337	10439
#科学家和工程师	Scientists and Engineers	3900	6800	4395		
#基础研究	Fundamental Research	1000	1300	1500	3273	5051
应用研究	Applied Research	1000	1500	2501	3471	4770
实验发展	Experimental Development	2900	4000	397	595	624
科技经费筹集额 （万元）	Sources of Funds for S&T (10000 yuan)	12087	40266	121861		
#政府资金	Government Funds	3019	29000	69818		
银行贷款	Bank Loans	36	1300	103		
科技经费内部支出额 （万元）	Intramural Expenditure for S&T (10000 yuan)	12235	26816	109522		
#劳务费	Labor Expenses	2824	3309	16454		
固定资产购置费	Expenses on Fixed Assets	2627	7401	22857		
#研究与发展经费支出	R&D Expenditure	6246	17259	66574	141849	187315

19—37 各市科协系统科技活动情况（2011年）

Basic Statistics on Scientific and Technological Activities of Associations for Science and Technology by Region (2011)

地 区	Region	国内学术会议 Domestic Academic Meetings 次数（次）Number (times)	人数（人）Number of Participants (person-time)	科普活动 Activities for Popular Science 讲座（次）Number of Lectures (times)	人数（人次）Number of Participants (person-time)	展览（次数）Number of Exhibitions (times)	参观展览（人次）Number of Participants (person-time)
总 计	**Total**	**628**	**91949**	**3989**	**1752698**	**2277**	**4689717**
合 肥 市	Hefei	306	45709	567	133520	238	2389137
淮 北 市	Huaibei	40	6300	119	80640	103	122300
亳 州 市	Bozhou	10	1170	336	155220	172	153900
宿 州 市	Suzhou	27	1581	248	124296	217	197418
蚌 埠 市	Bengbu	19	8580	179	42840	127	109920
阜 阳 市	Fuyang	49	4030	238	420237	166	299262
淮 南 市	Huainan	1	300	83	83430	71	181622
滁 州 市	Chuzhou	34	819	243	53920	127	144500
六 安 市	Luan	23	2348	297	88145	103	175580
马鞍山市	Maanshan	7	725	492	111740	237	111870
芜 湖 市	Wuhu	28	3500	375	200310	154	200950
宣 城 市	Xuancheng	8	1370	163	46760	106	97018
铜 陵 市	Tongling	14	3640	121	42800	110	139820
池 州 市	Chizhou	2	300	55	13730	33	41010
安 庆 市	Anqing	26	6072	252	64850	126	171850
黄 山 市	Huangshan	34	5505	221	90260	187	153560

地 区	Region	咨询活动 Consultative Activities 合同（项）Number of Consultative Contracts Completed (item)	实现金额（万元）Revenue from Fulfillment of Consultative Contracts (10000 yuan)	国际民间科技交流 International Folk Exchange of S&T 来访团组（个）International Group on S&T Received Home (unit)	接待人数（人次）Person Received (person-time)	外派团组（个）Number of Study Tours Sent Aboard (unit)	外派人数（人次）Total People Sent Aboard (person-time)
总 计	**Total**	**296**	**14795**	**15**	**150**	**2**	**13**
合 肥 市	Hefei	137	936	15	150	1	10
淮 北 市	Huaibei						
亳 州 市	Bozhou	2	38				
宿 州 市	Suzhou	20	6000			1	3
蚌 埠 市	Bengbu	2	22				
阜 阳 市	Fuyang	10	29				
淮 南 市	Huainan	13	42				
滁 州 市	Chuzhou						
六 安 市	Luan						
马鞍山市	Maanshan	13	141				
芜 湖 市	Wuhu	66	676				
宣 城 市	Xuancheng	2	5				
铜 陵 市	Tongling	14	6383				
池 州 市	Chizhou	4	280				
安 庆 市	Anqing						
黄 山 市	Huangshan	13	243				

19—38 大中型工业企业科技活动基本情况
Basic Statistics on Science and Technology Activities of Large and Medium-sized Industrial Enterprises

指　标	Item	1995	2000	2005	2010	2011
有研究与试验发展活动的企业（个）	Number of Enterprises Having R&D Activities (unit)				374	467
有研究与试验发展活动的企业占全部企业的比重 (%)	Percentage of Enterprises Having R&D Activities to Total Number of Enterprises (%)				33.39	31.51
科技机构数 (个)	Number of Scientific and Technological Institutions(unit)	483	261	321	692	671
科技活动人员 (万人)	Personnel Engaged in S&T Activities (10000 persons)	3.02	5.43	4.41	11.20	13.59
#高中级技术职称	High and Middle Technical Title					
研究与试验发展折合全时人员 (万人年)	Full-time Equivalent of R&D Personnel (10000 man-year)				3.42	4.45
#高中级技术职称	High and Middle Technical Title					
科技机构科技活动人员数 (万人)	Personnel Engaged in S&T Activities in S&T Institutions (10000 persons)				4.68	5.02
#高中级技术职称	High and Middle Technical Title					
科技经费筹集额 (亿元)	Funding for S&T Activities (100 million yuan)	7.60	22.06	83.66		
#政府资金	Government Funds					
企业资金	Self-raised Funds by Enterprises	4.95	17.22	62.76		
金融机构贷款	Loans from Finance Institutions					
科技经费内部支出 (亿元)	Intramural Expenditures on S&T Activities (100 million yuan)					
#开发新产品经费支出	Expenditure on New Product Development				166.77	188.80
研究与试验发展经费支出 (亿元)	Expenditure on R&D (100 million yuan)				104.02	131.57
#政府资金	Government Funds				9.16	10.88
企业资金	Self-raised Funds by Enterprises				94.24	120.02
研究与试验发展经费支出占主营业务收入的比重 (%)	Percentage of Expenditure on R&D To Sales Revenue (%)				0.93	0.91
技术引进经费支出 (亿元)	Expenditure for Acquisition of Foreign Technology (100 million yuan)				4.47	10.65
消化吸收经费支出 (亿元)	Expenditure for Assimilation of Technology (100 million yuan)				3.34	6.39
购买国内技术支出 (亿元)	Expenditure for Purchase of Domestic Technology (100 million yuan)				3.87	6.41
专利申请数 (件)	Patent Applications (piece)				7676	10993
#发明专利数	Invention Patents				1967	3217
拥有发明专利数 (件)	Invention Patents Owned (piece)				2536	2486

19—39　各市大中型工业企业R&D基本情况（2011年）

R&D Basic Situation of Large and Middle scale Industrial Enterprise by Region (2011)

地　区	Region	企业单位数（个）Number of Enterprises (unit)	#有R&D活动 Activity for R&D	#有科技机构 Unit Of S&T	新产品销售收入（万元）Revenue of New Pproduct Sales (10000 yuan)	R&D人员合计（人）Staff Of R&D (person)	#参加项目人员 Staff of Participa-ting in Project	#女性 Female
总　计	**Total**	**1482**	**467**	**531**	**27792518**	**64121**	**56828**	**10842**
合肥市	Hefei	280	124	122	10428063	22609	19746	3982
淮北市	Huaibei	69	17	19	309093	4128	3760	410
亳州市	Bozhou	49	7	13	201769	829	765	300
宿州市	Suzhou	75	16	19	214284	732	636	175
蚌埠市	Bengbu	69	32	31	746182	3020	2784	597
阜阳市	Fuyang	86	15	12	269344	1102	887	177
淮南市	Huainan	41	14	12	106570	5911	5469	446
滁州市	Chuzhou	133	35	58	1365983	2807	2510	465
六安市	Luan	107	21	24	979026	1446	1309	361
马鞍山市	Maanshan	80	24	34	2743195	3053	2719	372
芜湖市	Wuhu	179	90	92	5989964	9167	8198	1577
宣城市	Xuancheng	88	28	29	701141	2456	2034	516
铜陵市	Tongling	38	11	16	2734471	2872	2399	437
池州市	Chizhou	20	4	6	87865	207	162	14
安庆市	Anqing	150	22	34	823126	2697	2467	874
黄山市	Huangshan	18	7	10	92444	1085	983	139

地　区	Region	#研究人员 Staff of Researcher	#全时人员 Staff of Full Time	R&D人员折合全时当量合计（人年）Total Work Volume of Conversion Staff of Full Time (person year)	#研究人员 Staff of Researcher	应用研究人员 Staff of Apply Researcher	试验发展人员 Staff of Experimental and Development Researcher
总　计	**Total**	**23559**	**42967**	**44468**	**16445**	**1434**	**43034**
合肥市	Hefei	6703	17458	14527	4287	18	14509
淮北市	Huaibei	3098	2525	3018	2294		3018
亳州市	Bozhou	233	690	725	205	10	715
宿州市	Suzhou	265	570	368	144	2	366
蚌埠市	Bengbu	1425	2175	1995	929		1995
阜阳市	Fuyang	383	529	757	287		757
淮南市	Huainan	2219	1852	3479	1319	1280	2200
滁州市	Chuzhou	938	1991	2187	693		2187
六安市	Luan	501	1118	1120	365	10	1110
马鞍山市	Maanshan	1242	1890	2472	985	35	2437
芜湖市	Wuhu	2701	5821	6343	1802		6343
宣城市	Xuancheng	552	1847	1897	426	79	1818
铜陵市	Tongling	1704	1725	2544	1493		2544
池州市	Chizhou	67	104	162	54		162
安庆市	Anqing	1181	1974	2155	929		2155
黄山市	Huangshan	347	698	719	235		719

19—40 各市大中型工业企业R&D经费情况（2011年）

R&D Funds Basic Situation of Large and Middle Scale Industrial Enterprise by Region (2011)

单位：万元（10000 yuan）

地 区	Region	R&D经费内部支出合计 Expenditure for R&D	按活动类型分组 Grouped by Active Type：应用研究支出 Applied Research Expenditure	试验发展支出 Experiment Development Expanditure	按支出用途分组 Grouped by Using of Funds：经常费支出 Normal Funds Expenditure	#人员劳务费 Salary	资产性支出 Capital Expenditure	#土建工程 Construction Project
总 计	**Total**	**1315698**	**28902**	**1286796**	**1123805**	**292959**	**191893**	**7495**
合 肥 市	Hefei	412084	1008	411076	363999	105220	48085	2008
淮 北 市	Huaibei	64863		64863	57961	20263	6902	168
亳 州 市	Bozhou	17113	1188	15924	13370	5847	3742	449
宿 州 市	Suzhou	9866	249	9617	8615	1809	1251	5
蚌 埠 市	Bengbu	51926		51926	48764	10113	3162	170
阜 阳 市	Fuyang	18480		18480	15725	3076	2755	155
淮 南 市	Huainan	53726	24849	28877	49538	20770	4188	216
滁 州 市	Chuzhou	66337		66337	54474	9431	11863	496
六 安 市	Luan	26563	301	26262	19143	4690	7420	98
马鞍山市	Maanshan	145809	556	145253	110619	15853	35190	654
芜 湖 市	Wuhu	249209		249209	212704	54372	36505	674
宣 城 市	Xuancheng	41361	751	40611	34446	10467	6915	182
铜 陵 市	Tongling	103938		103938	90567	19579	13371	1319
池 州 市	Chizhou	9353		9353	7265	1944	2088	63
安 庆 市	Anqing	34775		34775	27850	7073	6925	837
黄 山 市	Huangshan	10295		10295	8766	2453	1529	

地 区	Region	按资金来源分组 Grouped by Source of Funds：政府资金 Govern-ment	企业资金 Enterprise	境外资金 Alien	R&D经费外部支出 Outside Expenditure	对境内研究机构支出 Foreign Research Instition	对境内高等学校支出 Demestic University
总 计	**Total**	**108840**	**1200232**	**3036**	**129351**	**37597**	**19580**
合 肥 市	Hefei	40566	371254	18	77482	15701	4487
淮 北 市	Huaibei	8143	56720		6614	2257	4092
亳 州 市	Bozhou	1606	15507		1000	910	72
宿 州 市	Suzhou	1002	8583		604	109	486
蚌 埠 市	Bengbu	9879	41973		2155	1020	995
阜 阳 市	Fuyang	5557	12923		1182	732	293
淮 南 市	Huainan	3148	50553		2536	454	1621
滁 州 市	Chuzhou	3959	62378		2044	1191	662
六 安 市	Luan	1839	23936	788	2550	1953	79
马鞍山市	Maanshan	4700	140915	194	4067	2504	790
芜 湖 市	Wuhu	19765	227669	81	21265	7599	1921
宣 城 市	Xuancheng	1486	37304	1956	1554	399	1069
铜 陵 市	Tongling	6336	97602		1821	611	1208
池 州 市	Chizhou		9353		390	279	7
安 庆 市	Anqing	577	33544		3447	1879	1547
黄 山 市	Huangshan	276	10019		642		251

19—41 各市大中型工业企业全部R&D项目和政策情况（2011年）

All R&D Items and Policies Situation of Large and Middle Scale Industrial Enterprise by Region (2011)

地 区	Region	项目数 (项) Number of Items (unit)	参加项目人员 (人) Staff Taken Part in Items (person)	项目人员折合全时当量 (人年) ZFull-time Equivalent of Staff Taken Part in Items (person/year)	全部项目经费内部支出 (万元) All Project Interior Expense (10000 yuan)	使用来自政府部门的科技活动资金 (万元) Using from Government Department's Technique Cctivity Fund (10000 yuan)	研究开发费用加计扣除减免税 (万元) Total Research and Development Expense Counting Tax Reliefs (10000 yuan)	高新技术企业减免税 (万元) Tax Reliefs of High and New Technology Enterprises (10000 yuan)
总 计	**Total**	**5449**	**56828**	**39348**	**1083056**	**191631**	**55327**	**140415**
合 肥 市	Hefei	2330	19746	12708	341176	61583	16921	73122
淮 北 市	Huaibei	202	3760	2806	61353	15047	1263	328
亳 州 市	Bozhou	96	765	668	13822	5100	16	206
宿 州 市	Suzhou	61	636	314	8290	1858	1233	403
蚌 埠 市	Bengbu	324	2784	1813	42823	10420	1533	3061
阜 阳 市	Fuyang	69	887	601	15213	9463	549	2024
淮 南 市	Huainan	286	5469	3140	42509	5620	7452	1695
滁 州 市	Chuzhou	235	2510	1967	54528	7084	3063	5022
六 安 市	Luan	114	1309	1015	20385	4117	617	1699
马鞍山市	Maanshan	245	2719	2194	116871	8229	6060	10235
芜 湖 市	Wuhu	828	8198	5646	205599	46761	7672	18456
宣 城 市	Xuancheng	327	2034	1595	30634	1751	2987	7224
铜 陵 市	Tongling	124	2399	2132	85725	11004	1596	9505
池 州 市	Chizhou	5	162	127	6244	556	175	330
安 庆 市	Anqing	149	2467	1983	27872	2475	3837	3803
黄 山 市	Huangshan	54	983	640	10012	564	355	3303

19—42 各市大中型工业企业自主知识产权和技术情况（2011年）

Self-owned Intellectual Property Rights and Technology Situation of Large and Middle Scale Industrial Enterprise by Region (2011)

地 区	Region	专利申请数（件）Number of Patent Application (unit)	发明专利 Patent of Invention	有效发明专利数（件）Invention Number of Patents Effectively (unit)	境外授权 Overseas Authorization	专利所有权转让及许可数（项）Patent all Power Transfer and Clearanc eNumber (item)	专利所有权转让及许可收入（万元）Patent all Power Transfer and Clearance Income (10000 yuan)	发表科技论文（篇）Publish Technical Papers (unit)
总 计	**Total**	**10993**	**3217**	**2486**	**21**	**414**	**4221**	**3710**
合肥市	Hefei	4395	1265	687	8	63	2820	1725
淮北市	Huaibei	140	27	47		24		608
亳州市	Bozhou	146	23	16				45
宿州市	Suzhou	94	35	21	3	1	180	28
蚌埠市	Bengbu	354	124	93		11	120	79
阜阳市	Fuyang	76	11	21				74
淮南市	Huainan	415	141	54		4		289
滁州市	Chuzhou	651	128	204	1	6	50	35
六安市	Luan	263	28	49	4	5	25	76
马鞍山市	Maanshan	733	153	171		58		437
芜湖市	Wuhu	2863	1041	663	5	145	1026	57
宣城市	Xuancheng	318	63	210		50		57
铜陵市	Tongling	245	73	74		9		100
池州市	Chizhou	19	3	1		8		28
安庆市	Anqing	202	72	120		15		57
黄山市	Huangshan	79	30	55		15		15

地 区	Region	拥有注册商标数（件）Registered Trademark Nubmer (unit)	境外注册 Overseas Registered	形成国家行业标准数（项）National and Industry Standard Number (item)	引进技术经费支出（万元）Introduction Technology funds Experditure (10000 yuan)	消化吸收经费支出（万元）Digestion Absorption Funds Experditure (10000 yuan)	购买国内技术经费支出（万元）Purchasing Domestic Technology Funds Experditure (10000 yuan)	技术改造经费支出（万元）Technological Transforma-tion Funds Experditure (10000 yuan)
总 计	**Total**	**3766**	**732**	**506**	**106543**	**63949**	**64071**	**1712916**
合肥市	Hefei	1364	329	233	48590	7062	27172	369255
淮北市	Huaibei	53	2	9	220	1054	770	37596
亳州市	Bozhou	445	34	12	170	315	1236	7245
宿州市	Suzhou	100	1	12	556	252	656	34919
蚌埠市	Bengbu	192	23	7	20	54	956	65007
阜阳市	Fuyang	57		2		2575	1614	46755
淮南市	Huainan	47		20		414	210	62059
滁州市	Chuzhou	233	24	12	7729	2298	2323	41386
六安市	Luan	104	5	26	7746	4784	4625	17746
马鞍山市	Maanshan	127	9	18	5354	2779	1640	416265
芜湖市	Wuhu	768	247	68	19525	27063	18141	58672
宣城市	Xuancheng	69	10	16	106	2244	763	15425
铜陵市	Tongling	29	10	18	8287	620	280	175756
池州市	Chizhou	4	1					69690
安庆市	Anqing	146	35	45	8235	10936	3687	272258
黄山市	Huangshan	28	2	8	7	1500		22882

19—43 省级以上开发区主要经济指标
Main Economic Indicators of Development Areas above the Provincial Level

项目	Item	2005	2010	2011
全区经营（销售）收入 （万元）	Business (Sales) Income (10000 yuan)	28434212	106648759	147424997
#区内工业销售收入	Industrial Sales Value	17810979	76160676	113578559
#区内主导产业销售收入	Sales Vale of Leading Industry	13051703	75154403	98623514
工业总产值（当年价格） （万元）	Gross Industrial Output Value (10000 yuan)	19656636	86688472	126425635
#外资企业	Solely Foreign-funded Enterprises	6856607	22723482	35142228
#规模以上工业企业	Industrial Enterprises Above Definited Size	17651523	80245963	116878691
第二产业增加值 （万元）	The Value-added of the Secondary Industry (10000 yuan)		24996921	34567569
#工业增加值	Industrial Added Value		23036230	32203224
出口总额 （万美元）	Total Export (USD 10000)	180147	627112	945489
#外资企业	Solely Foreign-funded Enterprises	98162	259144	379706
进口总额 （万美元）	Total Import (USD 10000)	83341	491467	547879
#外资企业	Solely Foreign-funded Enterprises	59992	370153	347839
税收总额 （万元）	Total Tax (10000 yuan)	859850	3699792	4748294
#外资企业	Solely Foreign-funded Enterprises	247420	915632	1062578
#内资企业	Domestic Funded Enterprises	587301	2425233	3381171
财政收入 （万元）	Financial Revenue (10000 yuan)	1238406	5164713	6515563
#土地收入	Revenue From Land	347797	1577733	1512629
固定资产投资总额 （万元）	Investment in Fixed Assets (10000 yuan)	5865200	36269297	40300729
#基础设施投资	In Infrastructure Projects	1379397	5452776	5389949
利用外商直接投资情况	Foreign Direct Investments			
当年新批进区外商投资企业 （个）	Foreign Investment Enterprises Entered this Year(unit)	243	191	167
当年建成投产企业 （个）	Built Up and Produced this Year (unit)	107	69	181
新批外商投资项目投资总额 （万美元）	Total Amount of Foreign Investment Items Approved Newly (USD 10000)	282748	367650	1929991
#合同外资金额	Foreign Investment Amount by Contract	181471	287950	853499
当年实际利用外商直接投资额 （万美元）	Foreign Direct Investment Amount Actually Used this Year (USD 10000)	63873	341308	459459
利用内资情况	Domestic Investment			
当年新批进区省外境内企业 （个）	Number of Domestic Funded Enterprises Approved into Development Areas (unit)	1159	2923	2843
当年建成投产企业 （个）	Built Up and Produced this Year (unit)	420	1663	1987
合同引进省外境内资金 （万元）	Amount of Domestic Funds Out of Anhui Province Indroduced by Contracts (10000 yuan)	5518988	41815886	50300483
当年实际利用省外境内资金 （万元）	Ammount of Domestic Funds Out of Anhui Province Accually Used this Year (10000 yuan)	2531565	21137637	27557544
当年实际利用省内资金 （万元）	Ammount of Funds of Anhui Province Accually Used this Year (10000 yuan)	1313202	7321334	8069081

19—44 各市省级以上开发区主要经济指标（2011年）
Main Economic Indicators of Development Areas above the Provincial Level by Region (2011)

地　区	Region	全区经营（销售）收入（万元）Business (Sales) Income (10000 yuan)	#区内工业销售收入 Industrial Sales Value	#区内主导产业销售收入 Sales Vale of Leading Industry	工业总产值（当年价格）（万元）Gross Industrial Output Value (10000 yuan)	#规模以上工业企业 Industrial Enterprises Above Definited Size	第二产业增加值（万元）The Value-added of the Secondary Industry (10000 yuan)	#工业增加值 Industrial Added Value	出口总额（万美元）Total Export (USD 10000)	进口总额（万美元）Total Import (USD 10000)	税收总额（万元）Total Tax (10000 yuan)
总　计	**Total**	**147424997**	**113578559**	**98623514**	**126425635**	**116878691**	**34567569**	**32203224**	**945489**	**547879**	**4748294**
合 肥 市	Hefei	50852191	33707965	29154809	41889661	38455428	11260491	9983854	364187	299949	1696088
淮 北 市	Huaibei	2530000	2222350	1411352	2280000	2135250	682135	670135	6488	849	107574
亳 州 市	Bozhou	1646005	1361510	1054181	1524851	1140289	699337	437337	10509	1659	55133
宿 州 市	Suzhou	2794157	1711199	1371999	1735544	1662544	494513	477203	14700	6400	66299
蚌 埠 市	Bengbu	9042006	7347232	6024889	8392044	8176681	2494927	2309603	35546	10529	209001
阜 阳 市	Fuyang	4554110	2595200	3077678	2695260	2005679	773119	718168	29160	8159	85374
淮 南 市	Huainan	963350	716565	676999	733046	559302	216035	216035	17336	9142	34378
滁 州 市	Chuzhou	7592716	6931059	5818817	7356530	6290230	1904951	1870138	30693	13006	188974
六 安 市	Luan	5188093	4485046	4147681	5110333	4842990	1502521	1446687	32045	2645	255866
马鞍山市	Maanshan	8614790	6680617	6017078	6820171	6489849	1849085	1808106	34600	21711	376875
芜 湖 市	Wuhu	27283709	25041835	21828738	26117654	25585813	6778070	6621997	241118	115824	1004024
宣 城 市	Xuancheng	5831188	5273591	4474875	5840303	4801655	1332132	1305220	48478	9747	215994
铜 陵 市	Tongling	5357663	4744453	4465890	4560646	4145673	1024929	979056	19563	16522	114864
池 州 市	Chizhou	1771623	1476100	1357780	1642327	1466400	506250	440170	13778	10748	63257
安 庆 市	Anqing	12694706	8709192	7315711	9125811	8547876	2889513	2772159	44783	20863	253809
黄 山 市	Huangshan	708691	574646	425038	601455	573032	159561	147356	2506	126	20785

地　区	Region	财政收入（万元）Financial Revenue (10000 yuan)	固定资产投资总额（万元）Investment in Fixed Assets (10000 yuan)	#基础设施投资 In Infrastructure Projects	当年新批进区外商投资企业（个）Foreign Investment Enterprises Entered this Year (unit)	新批外商投资项目投资总额（万美元）Total Amount of Foreign Investment Items Approved Newly (USD 10000)	当年实际利用外商直接投资（万美元）Foreign Direct Investment Amount Actually Used this Year (USD 10000)	当年新批进区省外境内企业（个）Number of Domestic Funded Enterprises Approved into Development Areas (unit)	合同引进省外境内资金（万元）Amount of Domestic Funds Out of Anhui Province Indroduced by Contracts (10000 yuan)	当年实际利用省外境内资金（万元）Ammount of Domestic Funds Out of Anhui Province Accually Used this Year (10000 yuan)	当年实际利用省内资金（万元）Ammount of Funds of Anhui Province Accually Used (10000 yuan)
总　计	**Total**	**6515563**	**40300729**	**5389949**	**167**	**1929991**	**459459**	**2843**	**50300483**	**27557544**	**8069081**
合 肥 市	Hefei	2081555	14148858	1929719	44	1103913	111294	428	9421693	7140830	1115286
淮 北 市	Huaibei	160000	1176363	76200	5	9650	19160	64	624800	504453	315257
亳 州 市	Bozhou	55820	851316	247775	9	21900	13412	107	1838100	528670	401057
宿 州 市	Suzhou	71013	417733	175300	7	38470	10000	127	929000	808800	278500
蚌 埠 市	Bengbu	477547	3303436	446509	7	196436	28868	142	3929314	1925347	659818
阜 阳 市	Fuyang	256266	938428	96195	8	5723	1439	139	1496096	563697	179023
淮 南 市	Huainan	34378	376999	81121	3	19186	7251	29	381000	781000	461210
滁 州 市	Chuzhou	243702	1879777	331226	12	27987	22247	274	3255404	2344050	482180
六 安 市	Luan	292602	1654963	261538	6	5254	15815	259	2383628	1346830	431196
马鞍山市	Maanshan	500290	3228656	230739	16	10638	61665	209	2036330	1804224	463603
芜 湖 市	Wuhu	1308946	5786940	374412	24	92475	80520	443	13013323	5141199	1365409
宣 城 市	Xuancheng	384278	1638976	319105	4	3350	26176	265	4004440	1097655	171495
铜 陵 市	Tongling	119604	1378822	300205	4	21452	34460	121	1102013	903033	670745
池 州 市	Chizhou	109539	698158	106200	5	329562	7015	41	3293900	576400	145320
安 庆 市	Anqing	392748	2679626	398605	12	43395	19291	162	2339042	1965234	906426
黄 山 市	Huangshan	27275	141677	15100	1	600	847	33	252400	126122	22556

19—45 部分开发区主要经济指标（2011年）
Main Economic Indicators of Enterprises in Development Areas (2011)

指 标	Item	合肥高新技术产业开发区 Hefei New High Technology Industry Devlopment District	合肥经济技术开发区 Hefei Economy and Technology Development District	合肥瑶海经济开发试验区 Hefei Yaohai Economy Development District	芜湖经济技术开发区 Wuhu Economy and Technology Development District
全区企业经营收入 （万元）	Business Income (10000 yuan)	12150000	15554747	6354616	17973954
工业总产值 （万元）	Gross Industrial Output Value (10000 yuan)	10150000	15341587	4016172	16394856
出口总额 （万美元）	Total Export (USD 10000)	61203	139976	32607	198008
进口总额 （万美元）	Total Import (USD 10000)	56852	182900	52930	98541
税收总额 （万元）	Total Tax (10000 yuan)	388042	630063	150108	654057
财政收入 （万元）	Financial Revenue (10000 yuan)	400587	763199	296111	837126
固定资产投资总额 （万元）	Investment in Fixed Assets (10000 yuan)	2350000	3161483	3671816	2116088
#基础设施投资额	In Infrastructure Projets	710000	293387	583407	191062
利用外商直接投资情况	**Foreign Direct Investment**				
当年新批进区外商投资企业 （个）	Number of Foreign Funded Enterprises Approved into Development Areas (unit)	12	14	4	7
新批外部投资项目投资总额 （万美元）	Foreign Investment Actually Used (USD 10000)	22796	921457	3556	46165
#合同外资金额	Foreign Capital Through Contracts	22796	53339	3556	31159
当年实际利用外商直接投资额 （万美元）	Ammount of Accually Foreign Direet Investment at this Year (USD 10000)	33277	45453	5669	46873
利用内资情况	**Domestic Investment**				
当年新批进区省外境内企业 （个）	Number of Domestic Funded Enterprises Approved into Development Areas (unit)	47	95	70	153
当年建成投产企业	Built Up and Produced this Year	40	81	4	394
合同引进省外境内资金金额 （万元）	Ammount of Domestic Funds Out of Anhui Province Indroduced by Contracts (10000 yuan)	1633500	1025518	4865200	7067344
当年实际利用省外境内资金金额 （万元）	Ammount of Domestic Funds Out of Anhui Province Accually Used this Year (10000 yuan)	850000	992898	2154098	1346681

指 标	Item	蚌埠高新技术产业开发区 Bengbu New High Technology Industry Devlopment District	铜陵经济技术开发区 Tongling Economy and Technology Development District	安庆经济技术开发区 Anqing Economy and Technology Development District	滁州经济技术开发区 Chuzhou Economy and Technology Development District
全区企业经营收入 （万元）	Business Income (10000 yuan)	4453500	4120000	6302861	3535000
工业总产值 （万元）	Gross Industrial Output Value (10000 yuan)	3778100	3650000	3714813	3188800
出口总额 （万美元）	Total Export (USD 10000)	29753	14783	18341	13212
进口总额 （万美元）	Total Import (USD 10000)	8548	14366	14174	9451
税收总额 （万元）	Total Tax (10000 yuan)	59234	72088	113215	81142
财政收入 （万元）	Financial Revenue (10000 yuan)	100603	72088	120058	83300
固定资产投资总额 （万元）	Investment in Fixed Assets (10000 yuan)	903400	800812	725148	728703
#基础设施投资额	In Infrastructure Projets	80500	220254	97669	149000
利用外商直接投资情况	**Foreign Direct Investment**				
当年新批进区外商投资企业 （个）	Number of Foreign Funded Enterprises Approved into Development Areas (unit)	1	2	6	8
新批外部投资项目投资总额 （万美元）	Foreign Investment Actually Used (USD 10000)	4500	4000	15157	22817
#合同外资金额	Foreign Capital Through Contracts	3000	1426	12375	15637
当年实际利用外商直接投资额 （万美元）	Ammount of Accually Foreign Direet Investment at this Year (USD 10000)	11513	18862	8417	15171
利用内资情况	**Domestic Investment**				
当年新批进区省外境内企业 （个）	Number of Domestic Funded Enterprises Approved into Development Areas (unit)	26	55	41	140
当年建成投产企业	Built Up and Produced this Year	4	6	22	118
合同引进省外境内资金金额 （万元）	Ammount of Domestic Funds Out of Anhui Province Indroduced by Contracts (10000 yuan)	85500		732200	178000
当年实际利用省外境内资金金额 （万元）	Ammount of Domestic Funds Out of Anhui Province Accually Used this Year (10000 yuan)	60500	626593	761800	1038000

19—46 合肥国家高新技术产业开发区企业经营状况（2011年）

Enterprises Business of Hefei National Development Zone for New and High-level Technology Industries (2011)

经济类型 Ownership	企业数（家）Enterprises (unit)	总产值（万元）Gross Output Vaue (10000 yuan)	总收入（万元）Total Revenue (10000 yuan)	#技术性收入 Technical Revenue	利税总额（万元）Total Pre-tax Profit (10000 yuan)	#利润 Profit	出口创汇（万美元）Foreign Exchange Earned Through Export (USD 10000)	年末职工人数（人）Number of Staff and Norkers at Year-end (person)	全员劳动生产率（万元/人）Overall Labor Productivity (10000 yuan /person)
总计 Total	**407**	**19501370**	**19374953**	**307194**	**4374824**	**2102376**	**170921**	**139457**	**42.1**
#三资企业 Joint, Cooperative or Exclusively Foreign-funded Ventures	44	2913000	2773100	17900	290850	129800	42705	19330	36.8
国有经济 State-owned	25	4701290	4690820	163000	2481859	824424	35900	25930	48.0
集体经济 Collective-owned									
私营企业 Private	160	1691600	1731300	50374	971300	43396	23701	14392	39.0
联营经济 Jointly-operated									
股份制经济 Share Holding	192	9226680	9083453	76454	734065	1136096	74550	80101	41.9
中外合资 Sino-foreign Joint Venture	11	3628000	3598000	9600	143900	82170	27950	15730	52.0
港澳台侨与大陆合资 China-Hong Kong/macao/ Taiwan Joint Venture	8	157900	158180		26300	8100	8320	1810	40.0
港澳台侨独资企业 H.K/Macao/Taiwan Funded	3	71200	81310	7766	14300	6300		694	35.0
其他经济 Others	8	24700	31890		3100	1890	500	800	32.0

19—47 合肥国家高新技术产业开发区产品概况（2011年）

Products of Hefei National Development Zone for New and High-level Technology Industries (2011)

单位：万元（10000 yuan）

技术领域	Field of Technology	产品数（种）Quantity of Products (kind)	产值 Output Value	年销售收入 Annual Sales Revenue	出口额 Volume of Export
总计	**Total**	**927**	**17174438**	**16303291**	**92237**
电子与信息	Electronics and Information Industry	389	453003	435848	17377
生物医药技术	Biology and Medicine	107	485053	439412	5275
新材料	New Materials	39	452219	468238	6948
光机电一体化	Photoelectric, Mechanical and Electrical products	192	7239090	6894422	59000
新能源高效节能	New Energy Sources and Energy Saving Devices	47	4226804	3952906	1454
环境保护	Environmental Protection	20	45845	42552	
航空航天技术	Aviation Technology	7	4855	4520	
核应用技术	Nuclear Application Technology	7	2784	2319	
其他高技术	Other High-level Technology	90	1622641	1410514	1620
非高技术	Unhigh-level Technology	29	2642144	2652560	563

19—48 全省监督抽查产品质量情况
Results of Sampling Check on Product Quality Under Provincial Supervision

年份 Year	抽查企业（个） Number of Enterprises Selected (unit)	无不合格品企业数（个） Number of Enterprises Without Products Unqualified	抽查产品 Products Selected in Sampling		合格产品（批次） Number of Products Qualified (kind)	样品合格率（%） Rate of Sample Products Qualified (%)
			（类） Number of Types	（种） Number of Kinds		
1995	714	427	47	1083	716	66.10
2000	34063	94204	12	102		
2005	16282	12966	12	99	14656	80.59
2006	16701	13666	12	99	15495	83.03
2007	15964	2539	12	102	15558	85.59
2008	17021	15001	12	114	16665	88.14
2009	19424	17100	12	103	21981	89.34
2010	11459	10154	12	110	12954	90.77
2011	17537	16009	12	157	25077	93.75

注：2000年的34063、94204均为产品品种数。
a) Data "34062、94204" of 2000 are number of Kinds of Products.

19—49 技术市场成交情况
Business of Technological Markets

项目	Item	成交项目（项）Transaction Projects (item) 2010	2011	成交金额（万元）Transaction Value (10000 yuan) 2010	2011
总计	**Total**	**4831**	**5795**	**461470**	**650337**
按卖方分	**By Selling Party**				
企业法人	Enterprise Artificial Person	2121	3152	396645	561954
事业法人	Institution Artificial Person	2702	2617	63568	85591
社团法人	Social Organization Artificial Person	8	15	1257	1428
自然人	Natural Person		2		812
机关法人	Agencies & Organization Artificial Person		1		40
其他	Others		8		511
按买方分	**By Buying Party**				
企业法人	Enterprise Artificial Person	3644	4064	419802	554126
事业法人	Institution Artificial Person	796	898	25111	34738
社团法人	Social Organization Artificial Person	9	12	55	172
自然人	Natural Person	10	27	439	366
机关法人	Agencies & Organization Artificial Person	352	757	15166	55925
其他	Others	20	37	896	5009

19—50 产品质量监督检查情况（2011年）
Results of The Quality of Products and Commodities Under State Supervision (2011)

项 目	Item	产品质量 Product Quality 监督检验企业数（个） Number of Enterprises Supervised & Checked (unit)	有不合格产品企业所占比例（%） Proportion of Enterprises With Products Unqualified (%)	批次合格率（%） Rate of Batch-time Qualified (%)
总 计	**Total**	**17537**	**8.71**	**93.75**
农用产品	**Agricultural Products**	**800**	**13.38**	**87.95**
拖拉机	Tractor	10		100.00
农用配件	Fitting Used in Agricultural	13		100.00
农用化肥	Chemical Fertilizers	578	16.44	84.73
化学农药	Chemical Pesticides	54	11.11	92.00
饲 料	Forages	91	1.10	99.17
农用薄膜	Agricultural Films	4		100.00
加工食品和饮料	**Food and Beverage**	**5030**	**5.71**	**97.10**
食用盐	Table Salt	1		100.00
白酒	White Spirit	169	15.98	90.68
家用电器	**Household Electric Appliances**	**143**	**7.69**	**96.08**
洗衣机	Washer	17		100.00
冰箱、冷藏冷冻箱	Refrigerator, Household Freezer	33	3.03	98.67
空调器	Air-conditioner	8		100.00
电热器具	Electric Heating Appliances	11	27.27	84.62
其他家用电器	Other	45	11.11	91.80
轻工产品	**Light Industrial Products**	**2574**	**6.57**	**94.08**
纸	Paper	70	11.43	89.29
纸制品	Paper Products	107	4.67	94.03
家 具	Furniture	148	17.57	85.47
眼镜（架、片）	Spectacles (glass & frame)	1409	3.19	96.97
灯泡灯管	Electric Bulbs & Fluorescence Tubes	12		100.00
电热燃气淋浴器	Electric Heating Fuel Gas Shower	3		100.00
铝制品，压力锅	Aluminum Product, Pressure Cooker	1		100.00
玻璃制品	Glass Product	62	6.45	94.74
日用五金	Daily Hardware	2		100.00
燃气灶具	Cooking Utensils of Gas	26	3.85	97.50
合成洗涤剂	Synthetic Detergent	30	3.33	97.92
化妆品	Cosmetics	10		100.00
橡胶，塑料制品	Rubber, Plastic Product	385	13.77	87.53
其他轻工产品	Other	309	8.41	93.81
纺织、鞋类产品	**Textile and Shoes**	**319**	**18.50**	**86.93**
布（印染、色织、坯布）	Cloth	41	39.02	62.79
服装	Clothing	119	10.92	93.46
棉纺织	Cotton Product	55	16.36	86.36
毛织品	Woolen Product	3	66.67	33.33
皮革及制品	Leather and Product	6		100.00

19—50 续表 continued

项目	Item	产品质量 Product Quality 监督检验企业数(个) Number of Enterprises Supervised & Checked (unit)	有不合格产品企业所占比例(%) Proportion of Enterprises With Products Unqualified (%)	批次合格率(%) Rate of Batch-time Qualified (%)
丝麻织品	Silk & Fabrics	11		100.00
其他轻纺产品	Other Textile Product	61	18.03	88.17
化工产品	**Chemical Products**	**394**	**3.30**	**97.10**
涂料，油漆	Paint	201	3.98	96.47
化学试剂	Chemical Reagent	26		100.00
其他化工产品	Other Chemical Industry Product	167	2.99	97.42
建材产品	**Building Raw Materials**	**5723**	**10.97**	**90.17**
水　泥	Cement	498	1.00	99.41
水泥预制构件	Cement Prefabricated Components	1053	8.93	91.58
砖　瓦	Bricks & Tiles	2943	14.00	87.08
平板玻璃	Plate Glass	19		100.00
水暖管件	Waterpipe	85	24.71	84.14
卫生建筑陶瓷	Health Structural Ceramics	9		100.00
装饰材料	Decorating Materials	116	10.34	90.32
石棉制品	Asbestos Products	10	10.00	90.91
人造板	Building Board	276	5.07	94.83
其他建材产品	Other Building Product	696	9.63	90.59
机械、电器产品	**Mechanical and Electrical Products**	**1529**	**9.16**	**92.44**
轴　承	Bearings	29	6.90	96.08
阀门、泵	Valves	88	1.14	99.17
电线、电缆	Electric Wire	498	16.67	85.31
通用设备	General Equipment	61	3.28	98.50
电动工具	Power Tool	1		100.00
工业专用设备	Industry Special Purpose Equipment	87	5.75	95.41
电工仪器仪表	Electrician Instruments and Meters	193	2.59	97.65
低压电器元件	Low-voltage Electric Elements	187	3.74	96.59
消防器材	Fire Equipment	7	14.29	88.89
安全防范设备	Safe Guard Equipment	29	20.69	86.84
电动机，柴油机	Electric Motor, Diesel Engine	19	26.32	78.26
汽车，摩托车	Automobile, Motorcycle	76	6.58	95.97
自行车	Bicycle	25		100.00
其他机电产品	Other Mechanical and Electrical Product	229	7.86	93.58
冶金产品及金属制品	**Metallurgical and Metal Products**	**510**	**15.69**	**86.25**
线　材	Wire Rod	173	24.86	79.92
型　材	Section Steel	53	9.43	92.00
其他冶金产品	Other Metallurgical Product	284	11.27	89.26
能源产品	**Energy product**	**354**	**7.63**	**93.01**
原　煤	Raw Coal	159	3.14	96.88
汽油，柴油	Gasoline, Diesel	91	9.89	92.17
其他能源产品	Other Energy Product	104	12.50	88.29
医疗器械	**Medical instrument**	**13**		**100.00**
普通医疗器械	Ordinary Medical Instrument	1		100.00
其他医疗器械产品	Other Medical Instrument Product	12		100.00
其他产品	**Others**	**148**	**4.73**	**97.45**

19—51 三种专利申请受理、授权量
Three Types of Patent Applications Examined and Authorized

单位：项（item）

指　　标	Item	2000	2005	2010	2011
申请受理量合计	**Total Applications Examined**	**1877**	**3516**	**37780**	**48556**
发　　明	Creations and Inventions	301	903	6396	10982
实用新型	Utility Models	1080	1715	14417	23209
外观设计	Designs	496	898	16967	14365
在三种专利申请中	**Of the Three Tyree Types of Patent Application**				
个　　人	Individual	1423	2282	15316	14714
大专院校	Universities and Colleges	72	209	981	1793
科研单位	Research Institutions	75	167	719	900
工矿企业	Industrial and Mineral Enterprises	300	839	20600	31032
机关团体	Government Agencies and Organizations	7	19	164	117
申请授权量合计	**Total Applications Authorized**	**1482**	**1939**	**16012**	**32681**
发　　明	Creations and Inventions	104	238	1111	2026
实用新型	Utility Models	894	1072	8839	16128
外观设计	Designs	484	629	6062	14527
在三种专利申请中	**Of the Three Tyree Types of Patent Application**				
个　　人	Individual	1085	1234	4852	11297
大专院校	Universities and Colleges	30	85	503	833
科研单位	Research Institutions	58	70	364	487
工矿企业	Industrial and Mineral Enterprises	302	537	10254	19991
机关团体	Government Agencies and Organizations	7	13	39	73

19—52 各市三种专利申请受理、授权量（2011年）

Three Types of Patent Applications Examined and Authorized by Region (2011)

单位：项（item）

地区 Region	申请受理量合计 Total Applications Examined	发明 Creations and Inventions	实用新型 Utility Models	外观设计 Designs	在三种专利申请中 Of the Three Tyree Types of Patent Application：个人 Individual	大专院校 Universities and Colleges	科研单位 Research Institutions	工矿企业 Industrial and Mineral Enterprises	机关团体 Government Agencies and Organizations
总计 Total	**48556**	**10982**	**23209**	**14365**	**14714**	**1793**	**900**	**31032**	**117**
合肥市 Hefei	11478	3619	5795	2064	1904	1164	611	7774	25
淮北市 Huaibei	874	209	537	128	369	2	10	482	11
亳州市 Bozhou	979	119	368	492	465			514	
宿州市 Suzhou	835	260	435	140	467	2		345	21
蚌埠市 Bengbu	3368	1250	1534	584	1565	29	132	1631	11
阜阳市 Fuyang	1787	346	945	496	1016	3		767	1
淮南市 Huainan	1956	337	904	715	544	273	9	1125	5
滁州市 Chuzhou	3640	427	1354	1859	1740	15	5	1867	13
六安市 Luan	1660	226	1052	382	426	2		1230	2
马鞍山市 Maanshan	2449	493	1441	515	819	92		1537	1
芜湖市 Wuhu	12385	2467	4887	5031	3513	179	125	8559	9
宣城市 Xuancheng	2693	278	1228	1187	1161			1532	
铜陵市 Tongling	1907	438	1241	228	157	5	2	1742	1
池州市 Chizhou	1048	182	605	261	130	5		908	5
安庆市 Anqing	914	201	552	161	299			612	3
黄山市 Huangshan	583	130	331	122	139	22	6	407	9

地区 Region	申请授权量合计 Total Applications Authorized	发明 Creations and Inventions	实用新型 Utility Models	外观设计 Designs	在三种专利申请中 Of the Three Tyree Types of Patent Application：个人 Individual	大专院校 Universities and Colleges	科研单位 Research Institutions	工矿企业 Industrial and Mineral Enterprises	机关团体 Government Agencies and Organizations
总计 Total	**32681**	**2026**	**16128**	**14527**	**11297**	**833**	**487**	**19991**	**73**
合肥市 Hefei	10712	760	4460	5492	4032	627	297	5735	21
淮北市 Huaibei	434	43	322	69	209	3	5	209	8
亳州市 Bozhou	451	28	225	198	187			264	
宿州市 Suzhou	326	24	235	67	153			149	24
蚌埠市 Bengbu	2219	169	1041	1009	1181	5	56	975	2
阜阳市 Fuyang	985	72	575	338	587			398	
淮南市 Huainan	870	52	503	315	212	80	10	567	1
滁州市 Chuzhou	2111	46	1016	1049	714	3		1390	4
六安市 Luan	1098	23	706	369	276			822	
马鞍山市 Maanshan	1379	102	911	366	434	24		921	
芜湖市 Wuhu	7566	538	3662	3366	1711	77	117	5653	8
宣城市 Xuancheng	2285	45	831	1409	1191			1093	1
铜陵市 Tongling	758	23	610	125	87	3		667	1
池州市 Chizhou	521	15	390	116	56			465	
安庆市 Anqing	587	45	419	123	172			412	3
黄山市 Huangshan	379	41	222	116	95	11	2	271	

主要统计指标解释

普通高等学校

指按国家规定的设置标准和审批程序批准举办的，通过全国普通高等学校统一招生考试，招收高中毕业生为主要培养对象，实施高等学历教育的全日制大学、独立设置的学院和高等专科学校、高等职业学校及其他机构（独立学院和分校、大专班）。

成人高等学校

指按照国家规定的设置标准和审批程序批准举办的，通过全国成人高等教育统一招生考试，招收具有高中毕业或同等学历的人员为主要培养对象，利用函授、业余、脱产等多种形式对其实施高等学历教育的学校。包括职工高等学校、农民高等学校、管理干部学院、教育学院、独立函授学院、广播电视大学、其他机构等。其他机构是承担国家成人招生计划任务不计校数的机构。

小学学龄儿童入学率

指调查范围内已入小学学习的学龄儿童占校内外学龄儿童总数（包括弱智儿童，不包括盲聋哑儿童）的比重。计算公式为：

小学学龄儿童入学率＝已入学的小学学龄儿童数/校内外小学学龄儿童总数×100%

财政性教育经费

包括财政预算内教育经费，各级政府征收用于教育的税费，企业办学校教育经费，校办产业、勤工俭学和社会服务收入用于教育的经费。

研究与试验发展（R&D）

指在科学技术领域，为增加知识总量，以及运用这些知识去创造新的应用进行的系统的创造性的活动，包括基础研究、应用研究、试验发展三类活动。国际上通常采用 R&D 活动的规模和强度指标反映一国的科技实力和核心竞争力。

基础研究

指为了获得关于现象和可观察事实的基本原理的新知识(揭示客观事物的本质、运动规律，获得新发现、新学说)而进行的实验性或理论性研究，它不以任何专门或特定的应用或使用为目的。其成果以科学论文和科学著作为主要形式。用来反映知识的原始创新能力。

应用研究

指为获得新知识而进行的创造性研究，主要针对某一特定的目的或目标。应用研究是为了确定基础研究成果可能的用途，或是为达到预定的目标探索应采取的新方法(原理性)或新途径。其成果形式以科学论文、专著、原理性模型或发明专利为主。用来反映对基础研究成果应用途径的探索。

试验发展

指利用从基础研究、应用研究和实际经验所获得的现有知识，为产生新的产品、材料和装置，建立新的工艺、系统和服务，以及对已产生和建立的上述各项作实质性的改进而进行的系统性工作。

R&D 人员

指参与研究与试验发展项目研究、管理和辅助工作的人员，包括项目（课题）组人员，企业科技行政管理人员和直接为项目（课题）活动提供服务的辅助人员。反映投入从事拥有自主知识产权的研究开发活动的人力规模。

R&D 人员全时当量

指全时人员数加非全时人员按工作量折算为全时人员数的总和。例如：有两个全时人员和三个非全时人员（工作时间分别为 20%、30%和 70%)，则全时当量为 2+0.2+0.3+0.7=3.2 人年。为国际上比较科技人力投入而制定的可比指标。

R&D 经费内部支出合计

指调查单位用于内部开展 R&D 活动（基础研究、应用研究和试验发展）的实际支出。包括用于 R&D 项目（课题）活动的直接支出，以及间接用于 R&D 活动的管理费、服务费、与 R&D 有关的基本建设支出以及外协加工费等。不包括生产性活动支出、归还贷款支出以及与外单位合作或委托外单位进行 R&D 活动而转拨给对方的经费支出。

R&D 经费内部支出中政府资金

指 R&D 经费内部支出中来自各级政府部门的各类资金，包括财政科学技术拨款、科学基金、教育等部门事业费以及政府部门预算外资金的实际支出。

R&D 经费内部支出中企业资金

指 R&D 经费内部支出中来自本企业的自有资金和接受其他企业委托而获得的经费，以及科研院所、高校等事业单位从企业获得的资金的实际支出。

新产品销售收入

指报告期企业销售新产品实现的销售收入。

发明（专利）

指对产品、方法或者其改进所提出的新的技术方案。是国际通行的反映拥有自主知识产权技术的核心指标。

实用新型（专利）

指对产品的形状、构造或者其结合所提出的适于实用的新的技术方案。反映具有一定技术含量的技术成果情况。

外观设计（专利）

指对产品的形状、图案、色彩或者其结合所作出的富有美感并适于工业上应用的新设计。反映拥有自主知识产权的外观设计成果情况。

Explanatory Notes for Major Statistical Indicators

Regular Institutions of Higher Education

refer to educational establishments set up according to the government evaluation and approval procedures, recruiting graduates from senior secondary schools as the main target by National Matriculation TEST. They include full-time universities, colleges, institutions of higher professional education, institutions of higher vocational education, institutions of higher vocational education and others (non-university tertiary, branch schools and undergraduate classes).

Institutions of Higher Education for Adults

refer to educational establishments, set up in line with relevant rules approved by the government, enrolling staff and workers with senior secondary school or equivalent education, and providing higher education courses in many forms of correspondence, spare time, or full time for adults. Professionals thus trained receive a qualification equivalent to graduates studying regular courses at regular universities, colleges and professional colleges. Institutions of higher learning for adults include schools of higher education for staff and workers, schools of higher education for peasants, colleges for management cadres, pedagogical colleges, independent correspondence colleges, Radio and TV universities and other educational establishments. Other educational establishments have undertakings to enrol adult students but not enumerated in the schools under the State Plan.

Enrollment Rate of Primary School age Children

refers to the proportion of school age children enrolled at schools to the total number of school age children both in and outside schools (including retarded children, but excluding blind, deaf and mute children). The formula is:

Enrollment Rate of Primary School age Children=(Total Primary School age Children at Schools)/(Total Primary School age Children Both at and Outside Schools)×100%

Government Appropriation for Education

refers to State budgetary fund for education, taxes and fees collected by governments at all levels that are used for education purpose, education fund for enterprise-run schools, income from school-run enterprises, work-study programme and social services that are used for education purpose.

Research and Development (R&D)

refers to systematic and creative activities in the field of science and technology aiming at increasing the knowledge and using the knowledge for new application. R&D includes 3 categories of activities: basic research, applied research and experimentation for development. The scale and intensity of R&D are widely used internationally to reflect the strength of S&T and the core competitiveness of a country in the world.

Basic Research

refers to empirical or theoretical research aiming at obtaining new knowledge on the fundamental principles regarding phenomena or observable facts to reveal the intrinsic nature and underlying laws and to acquire new discoveries or new theories. Basic research takes no specific or designated application as the aim of the research. Results of basic research are mainly released or disseminated in the form of scientific papers or monographs. This indicator reflects the innovation capacity for original knowledge.

Applied Research

refers to creative research aiming at obtaining new knowledge on a specific objective or target. Purpose of the applied research is to identify the possible uses of results from basic research, or to explore new (fundamental) methods or new approaches. Results of applied research are expressed in the form of scientific papers, monographs, fundamental models or invention patents. This indicator reflects the exploration of ways to apply the results of basic research.

Experiments and Development

refer to systematic activities aiming at using the knowledge from basic and applied researches or from practical experience to develop new products, materials and equipment, to establish new production process, systems and services, or to make substantial improvement on the existing products, process or services. Results of experiment and development activities are embodied in patents, exclusive technology, and monotype of new products or equipment. In social sciences, experiment and development activities refer to the process of converting the knowledge from basic or applied researches into feasible programmes (including conduct of demonstration projects for assessment and evaluation). There are no experiment and development activities in the science of humanities. This indicator reflects the capability of transferring the results of S&T into technique and products, and measures the realization of S&T in spearheading the economic and social development.

Scientists and Engineers

refer to persons who have completed university or higher education or obtained titles of senior and middle level professional positions.

R & D Personnel

refer to persons engaged in research, management and supporting activities of R & D, including persons in the project teams, persons engaged in the management of S&T activities of enterprises and supporting staff providing direct service to the research projects. This indicator reflects the size of personnel engaged in R&D activities with independent intellectual property.

Full-time Equivalent of R&D Personnel

refers to the sum of the full-time persons and the full-time equivalent of part-time persons converted by workload. For instance, if there are 2 full-time persons and 3 part-time workers (20%, 30% and 70% of working hours respectively on R&D activities), the full-time equivalent are 2+0.2+0.3+0.7=3.2 person-years. This is an internationally comparable indicator of S&T manpower input.

Total Internal Expenditure of Funds on R&D

refers to the real expenditure of surveyed units on their own R&D activities (basic research, application study, test and development) including direct expenditure on R&D activities, indirect expenditure of management and services on R&D activities, expenditure on capital construction and material processing by others. Excluding the expenditure on production activities, return of loan, and fees transferred to cooperated and entrusted agencies on R&D activities.

Internal Expenditure of Government Funds

refersto the expenditure of funds on R&D activities from government agencies at different levels, including appropriate funds on science and technology from financial departments, scientific funds, operating expenses from education departments and the real expenditure of extra budgetary funds from government agencies.

Internal Expenditure of Funds of Enterprises

refers to the expenditure of funds on R&D activities from self-raised funds of enterprises and funds from other enterprises through entrustment, and the expenditure of funds of institutions, such as institution of scientific research and universities, from enterprises.

Sales Income of New Products

refers to the real sales income of new products of the enterprises at the reporting period.

Patented Inventions

refer to new technical proposals to the products or methods or their modifications. This is universal core indicator reflecting the technologies with independent intellectual property.

Patented Utility Models

refer to the practical and new technical proposals on the shape and structure of the product or the combination of both. This indicator reflects the condition of technological results with certain technical content.

Designs

refer to the aesthetics and industrially applicable new designs for the shape, pattern and colour of the product, or their combinations. This indicator reflects the appearance design achievements with independent intellectual property.

第二十篇

Chapter 20

卫生和社会服务

PUBLIC HEALTH AND SOCIAL SERVICES

简要说明

一、本篇主要反映卫生、民政、劳动保障事业的发展情况。

卫生部分主要包括卫生机构、卫生人员、卫生设施，医疗服务，农村和社区卫生、妇幼保健、医疗保障制度等情况。

民政事业和劳动保障统计资料主要包括社会服务企事业机构、人员、床位情况，优抚和社会救济情况，社区服务设施和农村社会保障网络情况，婚姻服务情况等情况。

二、卫生部分的资料来自省卫生厅。民政事业和劳动保障统计资料分别由省民政厅、省人力资源和社会保障厅依据统计报表制度整理提供。

Brief Introduction

I. Data in this chapter mainly reflect the development of public health, civil affairs, labor and social security.

Data on public health include mainly the number of health institutions, health personnel, health facility; health expenses, medical services, rural and community health, maternal and child health, people's health, major diseases as the causes of death, and health security system.

Data on civil affairs and labor and social security include: institutions, personnel and beds of social services， social welfare relief, community service facilities and rural network of social security, marriage registration service, funeral and interment services, social donations and welfare lottery, retirement pensions, arbitration of labor disputes, etc.

II. Data on public health are mainly from the Information Center under the Ministry of Health. Data on civil affairs, labor and social security are from the Ministry of Civil Affairs and the Ministry of Human Resources and Social Security based on statistical reporting form scheme.

20—1 卫 生 机 构 数
Number of Health Institutions

单位：个（unit）

年 份 Year	总 计 Total	医院卫生院 Hospitals	#县及县以上医院 At and Above County Level	疗养院、所 Sanatoriums	门诊部、所 Clinics	专科防治所、站 Specialized Prevention & Treatment Centers or Stations	疾病预防控制中心(防疫站) Disease Prevention and Controlling Center (Anti-epidemic Clinics)	妇幼保健院(所、站) Maternity and Child Care Centers	医学科学研究机构 Research Institutes of Medical Science	其他卫生机构 Other Institutions
1995	6593	3243	466	10	2772	68	132	109	15	177
2000	6705	2953	482	11	3156	63	166	110	15	164
2005	9197	2684	317	9	6039	54	132	117	14	148
2006	9288	2585	313	9	6182	50	130	116	14	202
2007	8502	2552	309	9	4649	48	129	118	14	983
2008	7854	2564	312	8	3871	44	127	119	13	1108
2009	7010	2426	321	8	3095	47	124	118	13	1179
2010	7383	2175	297	8	2960	50	124	119	13	1934
2011	7563	2313	295	8	2792	52	124	119	11	2144

注：1、2007年后门诊部、所项不包括社区卫生服务站。
2、本表机构总计中不含村卫生室数。

a) Clinics in 2007 Doesn't Include Health Service Station for Community.

b) Total number of Institutions in this table do not include number of village health rooms.

20—2 卫 生 机 构 人 员 数
Number of Engaged Persons in Health Institutions

单位：人（person）

年 份 Year	人员合计 Total	#卫生技术人员 Medical Technical Personnel	#执业(助理)医师 Licensed (Assistant) Doctors	#注册护士 Registered Nurse	每万人口专业卫生技术人员数 Number of Medical Technical Personnel per 10000 Population
1995	184884	150619	66714	36308	25.05
2000	188278	153808	69943	41226	24.64
2005	193973	159788	66102	47329	26.00
2006	204498	169181	69421	50392	27.69
2007	214121	174724	69132	55081	28.58
2008	227470	187785	73845	60860	30.65
2009	244477	202382	79230	69291	33.00
2010	247493	205403	81097	76550	34.00
2011	315514	217709	84773	84495	36.48

注：本表2011年度人员含村卫生室人员情况。

a) 2011 personnel in the table include village health room personnel.

20—3 卫生机构、床位、人员数（2011年）
Number of Health Units, Beds and Staff (2011)

指标	Item	机构数（个）Health Institutions (unit)	床位数（张）Beds (unit)	人员数（人）Persons Engaged (person)	#卫生技术人员 Medical technical Personnel
总计	**Total**	**22884**	**203042**	**315514**	**217709**
医院	Hospitals	916	139802	160238	132842
综合医院	Comprehensive Hospitals	644	107579	123705	102828
中医医院	Hospitals of Traditional Chinese Medicine	88	15733	20609	17513
中西医结合医院	Hospitals Combined by Medium Doctors	13	1237	1131	937
专科医院	Specialized Hospitals	168	15067	14743	11524
口腔医院	Stomatological Hospitals	9	106	523	443
眼科医院	Ophthalmology Hospitals	23	694	790	525
耳鼻喉科医院	Ear, Nose and Throat Hospitals	4	115	125	108
肿瘤医院	Malignant Tumour Hospitals	8	1599	1363	1062
心血管病医院	Cardiovascular Disease Hospitals	1	175	198	149
妇产(科)医院	Gynecology Hospitals	13	487	680	508
儿童医院	Children's Hospitals	2	499	826	738
精神病医院	Mental Hospitals	16	4938	3594	2712
传染病医院	Infection Hospitals	8	1758	1949	1554
皮肤病医院	Dermatological Hospitals	2	20	59	45
结核病医院	Tubercle Hospitals	2	590	614	510
麻风病医院	Leprosy Hospitals	2	14	9	4
骨科医院	Orthopedic Hospitals	17	917	997	797
康复医院	Rehabilitation Hospitals	14	1214	1020	800
整形外科医院	Plastic Surgery Hospital	2	20	46	43
美容医院	Cosmetology Hospitals	3	160	125	92
其他专科医院	Other Specialized Hospitals	42	1761	1825	1434
护理院	Nursing Hospitals	3	186	50	40
基层医疗卫生机构	The basic medical institutions	21434	56318	133747	68818
社区卫生服务中心(站)	Community Health Service Center (station)	1924	8664	17252	15034
社区卫生服务中心	Community Health Center	402	7145	9668	8281
社区卫生服务站	Community Health Service Station	1522	1519	7584	6753
卫生院	Commune Hospitals	1397	47354	46897	39889
街道卫生院	Hospitals in the Streets	2	128	109	101
乡镇卫生院	Township Hospitals	1395	47226	46788	39788
中心卫生院	Center Hospital	444	21767	22324	19199
乡卫生院	Rural Hospitals	951	25459	24464	20589
村卫生室	Village Health Room	15321		61733	6451
门诊部	Outpatient Departments	138	300	1688	1467
诊所、卫生所、医务室	Clinics、Health Institute、Medical Office	2654		6177	5977
专业公共卫生机构	Professional Public Health Institutions	443	5704	18915	14733
疾病预防控制中心	Disease Prevention and Controlling Center	124		5388	4113
专科疾病防治院（所、站）	Specialized Disease Prevention and Treatment Canters (stations)	52	2150	2716	1988
健康教育所（站、中心）	Health Education Offices (stations or centers)	2		20	8
妇幼保健院（所、站）	Maternity and Child Care Centers (stations)	119	3551	6817	5605
急救中心（站）	First-aid Center (station)	11	3	386	192
采供血机构	Blood Collecting and Supply Organizations	23		1105	810
卫生监督所(中心)	Health Supervision Centers	111		2470	2007
计划生育技术服务机构	Birth Control Technical Services	1		13	10
其他卫生机构	Other Health Institutions	91	1218	2614	1316
疗养院	Sanatoriums	8	1218	537	337
医学科学研究机构	Research Institutes of Medical Science	11		264	117
医学在职培训机构	Medical On-the-job Training Organizations	28		724	194
临床检验中心（所、站）	Clinical Testing Center (station)	5		415	242
其他	Other	39		674	426

注：本表含村卫生室情况。

a) This table includes village health room.

20—4 卫生机构各类人员数（2011年）
Persons Engaged in Health Care Institutions by Type of Occupation (2011)

单位：人（person）

指　标	Item	合　计 Total	按设置主办单位分 Grouped by Managing Organization 政府办 Set Up by Government	社会办 Set Up by Society	个人办 Set Up by Individual
总　计	**Total**	**260232**	**195118**	**40261**	**24853**
卫生技术人员	Medical Technical Personnel	217709	162126	34386	21197
其他技术人员	Other Technical Personnel	11532	9566	1133	833
管理人员	Managerial Personnel	11772	8553	1950	1269
工勤技能人员	Logistics Workers	19219	14873	2792	1554
卫生技术人员	**Medical Technical Personnel**				
执业（助理）医师	Licensed (Assistant) Doctors	84773	59925	15695	9153
#执业医师	Licensed Doctors	64934	47995	10196	6743
注册护士	Registered Nurses	84495	62972	13309	8214
药师（士）	Pharmaceutics Personnel	10998	8606	1592	800
技师（士）	Laboratory Personnel	13577	10967	1642	968
#检验师	Teacher of Examine	9285	7516	1187	582
其　他	Others	23866	19656	2148	2062

注：本表合计不包括乡村医生和卫生员。
a) The total of this table does not include rural doctors and health workers.

20—5 各市卫生机构人员数（2011年）
Number of Persons Engaged in Health Institutions by Region (2011)

单位：人（person）

地　区	Region	合　计 Total	#卫生技术人员 Medical Technical Personnel	#执业（助理）医师 Licensed (Assistant) Doctors	#执业医师 Licensed Doctors	#注册护士 Senior and Junior Nurses
总　计	**Total**	**315514**	**217709**	**84773**	**64934**	**84495**
合肥市	Hefei	47885	36917	14011	11969	15991
淮北市	Huaibei	15104	11180	4224	3427	4885
亳州市	Bozhou	19547	10519	3603	2342	3688
宿州市	Suzhou	23025	13671	5744	3225	4473
蚌埠市	Bengbu	18994	13304	4993	3908	5633
阜阳市	Fuyang	35683	21518	8304	5803	7295
淮南市	Huainan	15663	11511	4437	3737	4960
滁州市	Chuzhou	18988	12801	5071	3845	4786
六安市	Luan	25095	15590	6381	4422	5207
马鞍山市	Maanshan	12370	9387	3456	2849	3949
芜湖市	Wuhu	20805	15822	6365	5180	6630
宣城市	Xuancheng	12793	9610	3833	2922	3613
铜陵市	Tongling	5783	4704	1883	1718	1941
池州市	Chizhou	8211	5796	2416	1864	2191
安庆市	Anqing	27170	18718	7492	5667	6539
黄山市	Huangshan	8398	6661	2560	2056	2714

注：本表含村卫生室情况。
a) This table includes village health room.

20—6 各市卫生机构、床位数（2011年）

Number of Health Institutions, Beds and Persons Engaged by Region (2011)

地区	Regio	机构合计（个）Health Institutions (unit)	医院、卫生院 Hospital	疾病预防控制中心 Disease Prevention and Controlling Center	妇幼保健所、站 Maternity and Child Care Centers	门诊部 Outpatient Departments	床位合计（张）Beds Total (unit)	#医院、卫生院 Hospital
总计	**Total**	**22884**	**2313**	**124**	**119**	**138**	**203042**	**187156**
合肥市	Hefei	2107	267	12	12	66	34251	31844
淮北市	Huaibei	678	117	5	6		11166	9897
亳州市	Bozhou	1534	128	5	5		10900	10193
宿州市	Suzhou	1759	166	6	6		12761	12039
蚌埠市	Bengbu	1355	137	9	9	10	13853	13102
阜阳市	Fuyang	2331	246	9	10		22075	20118
淮南市	Huainan	1175	104	8	9	4	11736	9790
滁州市	Chuzhou	1453	155	8	8	3	12009	11156
六安市	Luan	2510	193	9	9	2	14842	13963
马鞍山市	Maanshan	814	90	7	7	12	6486	5976
芜湖市	Wuhu	1339	137	9	8	14	14004	13088
宣城市	Xuancheng	1217	121	8	8	5	8556	7923
铜陵市	Tongling	296	31	5	2	1	4186	3649
池州市	Chizhou	878	87	6	3	8	4536	4331
安庆市	Anqing	2361	203	10	10		16067	14815
黄山市	Huangshan	1077	131	8	7	13	5614	5272

注：本表机构合计含村卫生室情况。

a) The total of institution of this table includes village health room.

20—7 医疗机构门诊、住院服务情况（2011年）

Outpatient Service of Medical Institution、the Situation of Hospital Service (2011)

医院机构类别	Type of Hospital	总诊疗人次数（人次）Total Number of Patients Treated (person-times)	#门、急诊 Out-patients and Emergency Patients	入院人数（人）Hospital Admissions (person)	出院人数（人）Being Out of Hospital (person)	每百门、急诊入院人数（人）Hospital Admissions per 100 Out-patient Times and Emergency Patient-times (person)
总计	**Total**	**204450916**	**192489070**	**5990859**	**5958702**	**5.11**
医院	Hospitals	63419555	62152488	4400861	4388588	7.08
疗养院	Sanatoriums	72936	67145	11762	11706	17.52
社区卫生服务中心(站)	Community Health Service Centers	15416904	14422356	108531	110737	0.75
卫生院	Commune Hospitals	35373179	34673014	1308486	1285786	3.77
门诊部	Clinics	1080004	1074182	4981	5419	0.46
诊所、卫生所、医务室	Clinics、Health Institute、Medical Office	9399157	9076653			
妇幼保健院（所、站）	Maternity and Child Care Centers (stations)	4345673	3645487	143646	143795	3.94
专科疾病防治院（所、站）	Speclalized Disease Prevention and Treatment Centers (stations)	282248	254941	12592	12671	4.94

20—8 重大传染病救治及救助情况
Significant Infectious Diseases Treatment and Rescue Situation

		2010	2011
重大传染病救治财政投入（万元）	Significant Financial Investment for Treatment of Infectious Diseases (10000 yuan)		
艾滋病	AIDS	1837.00	1812.44
结核病	Tuberculosis	1545.00	746.91
晚期血吸虫病	Blood-sucking Advanced Disease	3010.00	2962.00
其　他	Other		
重大传染病免费救治（人）	Free Treatment of Major Infectious Diseases (person)		
艾滋病	AIDS	2702	3331
结核病	Tuberculosis	9547	9833
晚期血吸虫病	Blood-sucking Advanced Disease	6106	5924
其　他	Other		

20—9 医疗机构病床使用情况（2011年）
Utilization of Hospital Beds at and Above County Level (2011)

医院类别	Type of Hospital	病床周转次数（次） Turnover of Beds (times)	病床工作日（日） Number of Days per Bed in Use in a Year (days)	病床使用率（%） Utilization Rate of Beds (%)	出院者平均住院日（日） Average Hospi-talization Period (days)
总　计	**Total**	**30.84**	**278.00**	**76.16**	**8.64**
医　院	Hospitals	32.57	318.23	87.19	9.51
疗养院	Sanatoriums	12.05	155.38	42.57	5.95
社区卫生服务中心（站）	Community Health Service Centers	15.40	138.54	37.95	6.89
卫生院	Commune Hospitals	28.71	187.14	51.27	5.95
门诊部	Clinics	18.98	129.46	35.47	6.76
妇幼保健院（所、站）	Maternity and Child Care Centers (stations)	43.06	269.17	73.74	6.13
专科疾病防治院（所、站）	Speclalized Disease Prevention and Treatment Centers (stations)	6.79	193.74	53.08	27.27

20—10 主要年份医院病床使用情况
Hospital Beds Usage in Main Years

年 份 Year	实有床位(张) Hospital Beds (number)	出院人数(人) Patients Discharged from Hosptials (person)	病床周转次数(次) Turnover of Beds (time)	病床工作日(日) Number of Days per Bed in Use in a Year (days)	病床使用率(%) Utilization Rate (%)	出院者平均住院日(日) Average Stay Days in Hospital (day)
2005	82224	1866751	24.18	250.52	68.64	9.60
2006	133956	2071908	27.62	225.94	61.90	7.51
2007	147848	4045739	29.66	252.44	69.16	7.98
2008	159802	4991581	33.09	269.46	73.82	8.39
2009	113785	3318862	30.40	311.20	85.26	9.80
2010	122171	3718022	31.12	313.48	85.88	9.72
2011	139738	4388588	32.57	318.23	87.19	9.51

20—11 各市医院病床使用情况（2011年）
Hospital Beds Usage by Region (2011)

地 区	Region	实有床位(张) Hospital Beds (number)	出院人数(人) Patients Discharged from Hosptials (person)	病床周转次数(次) Turnover of Beds (time)	病床工作日(日) Number of Days per Bed in Use in a Year (days)	病床使用率(%) Utilization Rate (%)	出院者平均住院日(日) Average Stay Days in Hospital (day)
总 计	**Total**	**139738**	**4388588**	**32.57**	**318.23**	**87.19**	**9.51**
合肥市	Hefei	27585	770067	29.37	319.15	87.44	10.48
淮北市	Huaibei	8705	236424	27.83	304.68	83.48	10.33
亳州市	Bozhou	5746	264756	46.49	332.68	91.15	7.00
宿州市	Suzhou	6690	234079	36.80	325.09	89.07	8.44
蚌埠市	Bengbu	11059	327670	30.07	313.62	85.92	10.07
阜阳市	Fuyang	13180	472869	37.23	346.21	94.85	9.06
淮南市	Huainan	8574	215401	26.30	314.22	86.09	11.97
滁州市	Chuzhou	7645	241336	32.89	303.31	83.10	8.80
六安市	Luan	7377	273242	38.38	309.17	84.70	8.03
马鞍山市	Maanshan	4853	160888	34.23	317.90	87.10	8.50
芜湖市	Wuhu	10854	302446	28.84	295.90	81.07	9.93
宣城市	Xuancheng	5783	209304	37.20	330.00	90.41	9.53
铜陵市	Tongling	3416	78598	23.85	350.35	95.99	14.25
池州市	Chizhou	3287	112609	34.51	309.57	84.81	8.79
安庆市	Anqing	10923	362653	34.85	315.40	86.41	8.81
黄山市	Huangshan	4061	126246	31.99	315.18	86.35	9.83

20—12 主要年份乡镇卫生院病床使用情况
Hospital Beds Usage of Beds of Township Hospitals in Main Years

年份 Year	实有床位(张) Hospital Beds (number)	出院人数(人) Patients Discharged from Hosptials (person)	病床周转次数(次) Turnover of Beds (time)	病床工作日(日) Number of Days per Bed in Use in a Year (days)	病床使用率(%) Utilization Rate (%)	出院者平均住院日(日) Average Stay Days in Hospital (day)
2005	36873	1177482	36.08	141.97	38.90	3.61
2006	38390	1162179	33.22	144.52	39.60	3.99
2007	40837	1473432	38.24	167.75	45.96	3.96
2008	47251	1943976	44.10	205.00	56.13	4.20
2009	51302	2054152	42.50	220.60	60.44	4.80
2010	48944	1495925	31.71	193.91	53.13	5.49
2011	47226	1281046	28.68	186.76	51.17	5.94

20—13 各市乡镇卫生院病床使用情况（2011年）
Hospital Beds Usage of Beds of Township Hospitals by Region (2011)

地区	Region	实有床位(张) Hospital Beds (number)	出院人数(人) Patients Discharged from Hosptials (person)	病床周转次数(次) Turnover of Beds (time)	病床工作日(日) Number of Days per Bed in Use in a Year (days)	病床使用率(%) Utilization Rate (%)	出院者平均住院日(日) Average Stay Days in Hospital (day)
总计	**Total**	**47226**	**1281046**	**28.68**	**186.76**	**51.17**	**5.94**
合肥市	Hefei	4259	79167	19.41	142.28	38.98	6.35
淮北市	Huaibei	1188	38403	33.23	237.70	65.12	5.72
亳州市	Bozhou	4447	196184	47.50	270.64	74.15	5.45
宿州市	Suzhou	5221	169937	34.38	238.73	65.40	6.56
蚌埠市	Bengbu	2043	48763	24.37	183.60	50.30	6.80
阜阳市	Fuyang	6938	297514	44.80	259.18	71.01	5.44
淮南市	Huainan	1156	49581	48.82	235.34	64.48	4.39
滁州市	Chuzhou	3511	63909	19.15	145.93	39.98	6.81
六安市	Luan	6586	161973	25.52	164.22	44.99	6.11
马鞍山市	Maanshan	1123	10687	10.01	93.30	25.56	7.23
芜湖市	Wuhu	2234	11910	6.67	57.62	15.79	6.37
宣城市	Xuancheng	2140	26477	12.69	116.20	31.84	7.31
铜陵市	Tongling	233	3695	16.26	114.29	31.31	6.99
池州市	Chizhou	1044	27706	27.62	184.62	50.58	6.12
安庆市	Anqing	3892	76660	20.55	138.58	37.97	5.81
黄山市	Huangshan	1211	18480	16.60	142.32	38.99	6.95

20—14 主要年份村卫生室基本情况
The Basic Situation of Health Room in Main Years

年 份 Year	机构数（个）Health Institu-tions (unit)	按设置、主办单位分 Grouped by Managing Organization					乡村医生和卫生员（人）Rural Doctors and Health Workers (person)		
		村 办 Set Up by Village	乡卫生院设点 Spot of Township Commune Hospital	联合办 Joint Set Up	私人办 Private Set Up	其 他 Others		乡村医生 Rural Doctors	卫生员 Health Workers
2005	22847	11339	580	2393	7466	1069	46523	43416	3107
2006	22372	11743	1250	2037	6615	727	46271	44433	1838
2007	20612	10053	1433	1623	6477	1026	44463	43062	1401
2008	19276	9014	2217	1714	5059	1272	49516	47505	2011
2009	17788	8236	3202	1258	3730	1362	54844	52607	2237
2010	15636	7912	3501	1020	1748	1455	55784	53638	2146
2011	15321	7534	4053	1120	1155	1459	55282	52875	2407

20—15 各市村卫生室基本情况（2011年）
The Basic Situation of Health Room by Region (2011)

地 区	Region	机构数（个）Health Institu-tions (unit)	按设置、主办单位分 Grouped by Setting Up and Managing Organizations					乡村医生和卫生员（人）Rural Doctors and Health Workers (person)		
			村 办 Set Up by Village	乡卫生院设点 Spot of Township Commune Hospital	联合办 Joint Set Up	私人办 Private Set Up	其 他 Others		乡村医生 Rural Doctors	卫生员 Health Workers
总 计	**Total**	**15321**	**7534**	**4053**	**1120**	**1155**	**1459**	**55282**	**52875**	**2407**
合肥市	Hefei	1123	126	620	56	91	230	3283	3151	132
淮北市	Huaibei	308	189	70	2	34	13	1360	1327	33
亳州市	Bozhou	1277	844	310	86	1	36	6738	6373	365
宿州市	Suzhou	1299	809	209	195	64	22	6522	6251	271
蚌埠市	Bengbu	923	673	147	24	48	31	2905	2764	141
阜阳市	Fuyang	1769	1191	201	84	9	284	9827	9284	543
淮南市	Huainan	573	38	188		61	286	1797	1574	223
滁州市	Chuzhou	1049	393	414	142	26	74	3842	3631	211
六安市	Luan	1998	559	1253	79	46	61	6744	6613	131
马鞍山市	Maanshan	392	167	168	7	47	3	1046	1016	30
芜湖市	Wuhu	774	319	243	65	109	38	1926	1898	28
宣城市	Xuancheng	841	481	86	30	218	26	1386	1357	29
铜陵市	Tongling	137	75	36			26	198	197	1
池州市	Chizhou	619	349	32	27	133	78	1547	1536	11
安庆市	Anqing	1576	1061	40	192	50	233	5405	5155	250
黄山市	Huangshan	663	260	36	131	218	18	756	748	8

20—16 民政行业单位基本情况
Basic Conditions of Civil Affairs Agencies

项 目	Item	单位数 （个） Number of Enterprises (unit)		职工人数 （人） Number of Staff and Workers (person)	
		2010	2011	2010	2011
民政行业单位	**Civil Affairs Agencies**				
民政行政机关	Civil Affairs Administrative Departments	123	122	2702	2701
民政事业单位	Civil Affairs Institutions				
优抚安置单位	Agencies for Serviceman	141	142	1539	1464
救灾储备单位	Salvation and Institutions	10	12	25	31
社区服务中心	Community Service Centers	573	603	3955	4420
婚姻登记服务类单位	Marriage Registration Institutions	72	73	372	379
收养类单位	Residential Institutions	2368	2410	14662	15448
救助类单位	Salvation Institutions	36	38	343	362
殡仪类单位	Funeral and Interment Institutions	185	181	3098	2952
福利彩票发行单位	Welfare Lottery Issuing Institutions	42	42	353	426
慈善团体	Charity Institutions				
老龄行政机构	Aging Population Institutions	98	97	222	227
其他事业单位	Other Institutions	41	35	200	148
民间组织	Non-governmental Organizations				
社会团体	Social Organization	9260	10465		
基金会	Fund Organization	36	40		
民办非企业单位	Non-enterprise Units Run by NGO	5560	6383		
基层群众自治组织	Grass Roots Autonomy Organizations				
社区居委会	Neighborhood Committee	3354	3407		
村委会	Village Committee	15546	14882		
福利企业	Social Welfare Enterprises	385	371	19141	18365

20—17 社会福利救济主要费用情况
Basic Statistics on Social Welfare Relief Funds

单位：万元（10000 yuan）

指 标	Item	1995	2000	2005	2010	2011
总 计	**Total**	**41792.4**	**81751.9**	**230317.2**	**662248.6**	**864493.1**
国家支出	Government Funds	13482.9	34226.4	210274.1	662248.6	864493.1
优抚对象补助金额	Funds for Family Members of Martyrs and Disabled Veterans	19759.0	39372.4	88134.3	156802.1	178205.4
国家支出	Government Funds	9915.0	21314.6	71018.2	156802.1	178205.4
困难户得救济金额	Funds for Poor Households	1386.4	9539.6	110022.3	392297.4	548888.3
国家支出	Government Funds	370.7	8404.2	110022.3	392297.4	548888.3
社会散居孤老残幼供养金额	Funds for Orphans, Disabled, Elderly and Young Persons in Society	15028.5	25044.1	22867.4	58797.5	67128.6
国家支出	Government Funds	1553.1	1385.3	22867.4	58797.5	67218.6
城乡各种福利院支出	Funds for Urban and Rural Welfare Homes of All Types	5618.5	7795.8	9293.2		70180.8
光荣院	Homes for the Disabled Veterans	357.3	659.1	951.3	9848.6	11688.2
国家支出	Government Funds	347.0	659.1	934.5	9848.6	11688.2
城乡社会福利院	Social Welfare Homes	5261.2	7136.7	8341.9	44503.0	58492.6
国家支出	Government Funds	1297.1	2463.2	5431.7	44503.0	58492.6

20—18 社会福利事业单位基本情况（2011年）
Basic Statistics on Social Welfare Institutions (2011)

项　目	Item	单位数（个）Number of Homes (unit)	工作人员（人）Number of Staff and Workers (person)	床位（张）Number of Beds (unit)	年末收养人数（人）Number of Persons Housed (person)
总　计	**Total**				
收养性福利事业单位	Adopting Social Welfare Institutions	2410	15448	234238	183485
国家办	Run by Governments				
集体和民办	Run by Collective Units and Privates				
#光荣院	Homes for Disabled Veterans	48	389	2663	1383
社会福利院	Social Welfare Homes	57	1068	6491	4636
儿童福利院	Baby Welfare Homes	21	575	3391	2691
城镇老年性福利机构	Urban Elderly Welfare Units	163	1942	17805	10837
农村老年性福利机构	Rural Elderly Welfare Units	2105	10797	201207	162795
优抚安置单位	Units for Arranging the Family Members of Martyrs and Disabled Veterans	142	1466		
救助类单位	Rescue Agencies	38	362	2154	216

20—19 享受补助、救济人员情况
Persons Receiving Subsidies or Relief Funds

单位：人、户（person、household）

指　标	Item	2000	2005	2010	2011
城乡居民最低生活保障人数	**Number of Persons Receiving Lowest Cost-of-living in urban Area and Rural Area**	**229433**	**1228365**	**3030182**	**3007942**
城镇居民最低生活保障人数	Number of Persons Receiving Lowest Cost-of-living in Urban Area	126460	977182	883944	842005
农村居民最低生活保障人数	Number of Persons Receiving Lowest Cost-of-living in Rural Area	102973	251183	2146238	2165937
传统救济情况	**Traditional Relief**				
农村定期救济户数	Number of Households Receiving Periodic Relief in Rural Areas		617775	519831	508728
#困难户	Households in Urgent Need		174210	52199	50519
#五保户	Households Enjoying the Five Guarantees		375129	467632	458209

20—20 婚姻服务情况
Number of Marriage and Divorces

指标		Item		1995	2000	2005	2010	2011
内地居民登记结婚	(对)	Registered Marriages	(couple)	609626	491959	439401	650861	710498
初　婚	(人)	First Marriages	(person)	1202392	956554	832838	1038265	1262251
再　婚	(人)	Remarriages	(person)	16860	27358	45964	263457	158745
离　婚	(对)	Divorces	(couple)	29877	42723	57476	132374	146767
离婚率	(‰)	Divorce Rate	(‰)	1.00	1.37	1.76	3.89	4.28

20—21 各市婚姻服务情况（2011年）
Number of Marriage and Divorces by Region (2011)

地区	Region	内地居民登记结婚 (对) Registered Marriages (couple)	初婚 (人) First Marriages (person)	再婚 (人) Remarriages (person)	登记离婚数 (对) Quantity of Registered Divorcing (couple)	离婚率 (‰) Divorce Rate (‰)
总　计	**Total**	**710498**	**1262251**	**158745**	**88766**	**2.59**
合肥市	Hefei	92261	160691	23831	13504	4.50
淮北市	Huaibei	26857	42940	10774	3592	3.26
亳州市	Bozhou	61395	116019	6771	5689	1.89
宿州市	Suzhou	70662	131329	9995	6954	2.15
蚌埠市	Bengbu	42531	76034	9028	5736	3.15
阜阳市	Fuyang	105290	201474	9106	7379	1.45
淮南市	Huainan	27298	40409	14187	3462	2.83
滁州市	Chuzhou	48127	86010	10244	5943	2.63
六安市	Luan	61776	115606	7946	5576	1.58
马鞍山市	Maanshan	24533	39631	9435	6104	6.83
芜湖市	Wuhu	35477	59894	11060	6735	4.38
宣城市	Xuancheng	29863	44835	14891	6186	4.44
铜陵市	Tongling	6720	10661	2779	1992	5.38
池州市	Chizhou	12924	22888	2960	2181	2.71
安庆市	Anqing	51429	90622	12236	5463	1.77
黄山市	Huangshan	13355	23208	3502	2270	3.07

注：本表数据由民政厅提供，离婚人数不包括法院的调解和判决离婚数。
a) Data in this table are provided by provincial department of civil affairs. The number of divorces excludes those mediated and iudged by courts.

20—22 城乡居民最低生活和社会保障网络基本情况

Basic Statistics on People Receiving Lowest Cost-of-living and Social Security Network in Urban and Rural Area

年 份 Year	城镇社区服务设施数（个） Number of Urban Welfare Facilities (unit)	#社区服务单位个数 Number of Community Service	城镇便民、利民服务网点（个） Number of Urban Service Points for Civilian (unit)	城乡居民最低生活保障 People Receiving Lowest Cost-of-living in Urban and Rural Area			
				城镇低保人数（万人） Number of Persons Receiving Lowest Cost-of-living in Urban Area (10000 person)	保障金额（万元） Amount of Money (10000 yuan)	农村低保人数（万人） Number of Persons Receiving Lowest Cost-of-living in Rural Area (10000 person)	保障金额（万元） Amount of Money (10000 yuan)
1995	7661		13094				
2000	7868	1728	17334	12.64	12054.2	10.30	1802.4
2005	6815	327	18327	97.72	76012.5	25.12	3594.9
2006	5419		12323	100.92	89285.5	27.10	5763.2
2007	3649		17452	100.40	119365.7	142.00	53082.4
2008	3675		16727	99.35	160436.7	186.27	102582.1
2009	4982		14306	94.98	185934.6	212.93	160335.4
2010	3623		13105	88.40	197149.3	214.62	195417.7
2011	3929	2176	9018	84.20	268292.0	216.59	280596.0

20—23 各市城乡居民最低生活保障和社会保障网络基本情况（2011年）

Basic Statistics on People Receiving Lowest Cost-of-living and Social Security Network in Urban and Rural Area by Region (2011)

地 区	Region	城镇社区服务设施数（个） Number of Urban Welfare Facilities (unit)	城镇便民、利民服务网点（个） Number of Urban Service Points for Civilian (unit)	城乡居民最低生活保障 People Receiving Lowest Cost-of-living in Urban and Rural Area			
				城镇低保人数（人） Number of Persons Receiving Lowest Cost-of-living in Urban Area (person)	保障金额（万元） Amount of Money (10000 yuan)	农村低保人数（人） Number of Persons Receiving Lowest Cost-of-living in Rural Area (person)	保障金额（万元） Amount of Money (10000 yuan)
总 计	**Total**	**3929**	**9018**	**842005**	**268288.9**	**2165937**	**280596.3**
合 肥 市	Hefei	612	1192	60284	23994.9	181475	24895.4
淮 北 市	Huaibei	169	34	67557	20869.7	40192	5889.1
亳 州 市	Bozhou	28		32445	12029.2	213552	28961.6
宿 州 市	Suzhou	239	204	44463	11307.0	224050	25418.9
蚌 埠 市	Bengbu	458	3479	50626	15426.0	94860	13228.0
阜 阳 市	Fuyang	161	1	112002	29773.0	355001	44542.4
淮 南 市	Huainan	248	50	62556	16079.1	44523	6718.3
滁 州 市	Chuzhou	887	1255	69150	21788.3	152841	19696.8
六 安 市	Luan	34		73413	22179.7	272489	33265.5
马鞍山市	Maanshan	312	255	42474	14534.8	51593	8356.4
芜 湖 市	Wuhu	236	543	62379	24337.0	98022	13701.6
宣 城 市	Xuancheng	33	22	33100	13900.6	89305	13375.2
铜 陵 市	Tongling	123	18	21120	6771.6	10996	1749.8
池 州 市	Chizhou	1		21288	6248.7	54727	8505.8
安 庆 市	Anqing	255	1893	65863	20499.9	227603	25033.4
黄 山 市	Huangshan	133	72	23285	8549.4	54708	7258.1

20—24 工伤保险情况
Sitution of Industrial Injury Insurance

单位：人、万元（person, 10000 yuan）

项目	Item	2005	2010	2011
参保人数	Insurance Population	1481894	3594632	4220190
农民工人数	Number of Rural Workers		1239885	1459733
享受伤残待遇人数	Number of Enjoy Wounded and Disabled Treatment Population	8356	39101	56164
享受工伤保险待遇的职业病人数	Number of Enjoy Industrial Injury Insurance Treatment Population	2806	5407	5623
因工死亡人数	Number of On-duty Deaths	95	575	1013
供养亲属人数	Number of Support Relatives	4717	4348	6215
基金收入	Fund Revenue	14709	65403	129380
基金支出	Fund Expense	7176	42040	64340
累计结余	Accumulative Surplus	17243	107429	172469
储备金	Reserve Fund	357	9785	15016

20—25 各市基本医疗保险情况（2011年）
Medical Insurance Situation by Region (2011)

地区	Region	参保人数（人） Numbers of Population Participated in Medical Insurance (person)			基金（万元） Fund (10000 yuan)			
		合计 Total	职工小计 Total of Staffs & Workers	退休人员小计 Total of Retirees	收入 Income	支出 Expenditure	累计结余 Accumulative Surplus	个人帐户 Personal Account
总计	**Total**	**6593154**	**4774609**	**1818545**	**1073432**	**883504**	**1248637**	**453215**
合肥市	Hefei	1506938	1162832	344106	340420	249970	407169	121646
淮北市	Huaibei	417549	297346	120203	44359	28911	66253	20948
亳州市	Bozhou	187287	137815	49472	32664	26857	42552	16423
宿州市	Suzhou	268048	208677	59371	40750	24289	71527	19761
蚌埠市	Bengbu	421780	279804	141976	61493	51086	60804	29964
阜阳市	Fuyang	346196	260673	85523	53044	45611	54110	31406
淮南市	Huainan	490464	317574	172890	50403	52132	58095	20694
滁州市	Chuzhou	360647	274057	86590	61657	45095	87052	31826
六安市	Luan	312569	227965	84604	47936	39272	87367	27625
马鞍山市	Maanshan	444266	302180	142086	78503	71415	58266	36784
芜湖市	Wuhu	546232	378984	167248	85556	83175	60637	34605
宣城市	Xuancheng	349089	248307	100782	37317	39071	35431	11091
铜陵市	Tongling	258472	183864	74608	32264	25236	41474	20055
池州市	Chizhou	132648	102732	29916	18094	16655	23050	11778
安庆市	Anqing	393373	279904	113469	64725	62508	67633	7737
黄山市	Huangshan	157596	111895	45701	24248	22220	27217	10871

注：合肥市医疗保险基金收入、支出、累计结余项目中包含省本级相应项目基金。
a) The medcial insurance fund income,expenditure and accumulative suplus of Hefei city including provincial corresponding item fund.

20—26 基本养老保险情况
Conditions of Basic Endowment Insurance

年份 Year	参保职工（人）Active Contributors (person) 年末数 Number at the year-end	#企业 Enterprises	离休、退休退职人员年末人数（人）Retirees at the Year-end (person)	基金收支情况（万元）Revenue and Expenses (10000 yuan) 基金收入 Revenue	基金支出 Expenses	累计可用结余基金 Total Usable Balance
1995	2099011	2099011	442875	131000	99000	105938
2000	3119157	3091751	903164	431000	526700	148000
2005	3469852	3383325	1247613	1210063	1011918	585680
2006	3614088	3532764	1338138	1639319	1304720	925172
2007	3855442	3767541	1447758	2076644	1540523	1461173
2008	4202763	4107353	1581377	2648464	1975524	2134114
2009	4586947	4492001	1694577	3006151	2334678	2805587
2010	4920498	4824616	1774880	3432478	2708340	3529725
2011	5377490	5245417	1915225	4594510	3341022	4783213

20—27 各市基本养老保险情况（2011年）
Conditions of Basic Endowment Insurance by Region (2011)

地区	Region	参保职工（人）Active Contributors (person) 年末数 Number at the year-end	#企业 Enterprises	离休、退休退职人员年末人数（人）Retirees at the Year-end (person)	基金收支情况（万元）Revenue and Expenses (10000 yuan) 基金收入 Revenue	基金支出 Expenses	累计可用结余基金 Total Usable Balance
总计	**Total**	**5377490**	**5245417**	**1915225**	**4594510**	**3341022**	**4783213**
合肥市	Hefei	1161357	1125503	283928	806045	537891	871136
淮北市	Huaibei	263750	263750	62949	182570	103973	364796
亳州市	Bozhou	103308	103308	37342	73030	61162	108537
宿州市	Suzhou	172747	172747	56348	90838	93702	97265
蚌埠市	Bengbu	327118	327118	127876	198653	205853	32061
阜阳市	Fuyang	228309	201409	83842	147674	135705	138256
淮南市	Huainan	287998	287998	109829	180610	166859	53268
滁州市	Chuzhou	286203	284299	98279	181791	144988	324948
六安市	Luan	213708	213708	91994	141108	134671	186342
马鞍山市	Maanshan	394252	358475	156136	288975	294407	229600
芜湖市	Wuhu	475239	475239	206016	390107	315240	179040
宣城市	Xuancheng	225110	225110	62958	141363	97868	216296
铜陵市	Tongling	164247	164247	52637	83086	80765	103249
池州市	Chizhou	94802	94802	22919	65259	38070	91949
安庆市	Anqing	383359	351721	138471	248226	244823	164356
黄山市	Huangshan	144437	144437	44241	77050	68890	69031

注：总计数中含省直数据。
a) Provincial data is contained in the total number.

20—28 主要年份城镇居民参加医疗保险情况
Medical Insurance for Urban Residents in Main Years

年份 Year	参保人数（人）People Participated in Medical Insurance (person)	基金收支情况（万元）Revenue and Expenses (10000 yuan)		
		基金收入 Revenue	基金支出 Expenses	累计结余 Balance at Year-end
2007	4670801	54104	4588	49516
2008	7950481	96295	42962	104297
2009	8655631	147704	97360	155885
2010	9308874	184683	133787	206781
2011	9535889	252180	176054	275948

20—29 各市城镇居民参加医疗保险情况（2011年）
Medical Insurance for Urban Residents by Region (2011)

地区	Region	参保人数（人）People Participated in Medical Insurance (person)	基金收支情况（万元）Revenue and Expenses (10000 yuan)		
			基金收入 Revenue	基金支出 Expenses	累计节余 Accumulative Surplus
总计	**Total**	**9535889**	**252180**	**176054**	**275948**
合肥市	Hefei	1464292	39405	24250	62372
淮北市	Huaibei	520360	12816	11576	13818
亳州市	Bozhou	521096	12999	7735	11385
宿州市	Suzhou	532646	14428	9873	15820
蚌埠市	Bengbu	584689	13638	8766	19179
阜阳市	Fuyang	643445	16777	8419	23746
淮南市	Huainan	590569	18684	12605	22372
滁州市	Chuzhou	680382	18143	10233	23559
六安市	Luan	700673	18006	12733	19498
马鞍山市	Maanshan	504112	15371	12398	10605
芜湖市	Wuhu	928681	20217	18849	13320
宣城市	Xuancheng	407765	10623	7628	6939
铜陵市	Tongling	192188	5320	5170	3079
池州市	Chizhou	170925	3990	2571	4327
安庆市	Anqing	876539	25390	18663	20335
黄山市	Huangshan	217527	6373	4586	5595

注：合肥市参保人数、基金收入、支出、累计结余项目中包含省本级相应项目基金。
a) In Hefei City, number of insurance, fund income and expenditure, the cumulative surplus items include in the provincial level corresponding project fund.

20—30 新型农村合作医疗基本情况
Basic Information of New Type Rural Cooperative Medical

年　份 Year	参合人口 (万人) Participation Population (10000 persons)	参合率 (%) Participation Rate	补偿受益 (万人次) Compensation Benefit (10000 persons times)	住院率 (%) Hospitalization Rate (%)	住院实际补偿比 (%) Hospitalization Compensation Rate (%)	基金总额 (万元) The Total Volume of Funds (10000 yuan)	当年筹资 (万元) Yearly Raised Fund (10000 yuan)	农民缴纳 Fund from Farmers	基金支出 (万元) Fund Expenditure (10000 yuan)	#住　院 Hospitalization
2003-2004	336.6	75.5	186.4	3.1	23.0	13327.3	13327.3	4003.9	8930.6	7586.1
2005	614.0	81.2	181.7	3.1	23.2	20506.0	17376.6	6271.5	14804.6	12553.6
2008	4523.9	90.2	1798.3	5.5	46.1	494812.5	430155.8	72296.2	380801.8	346963.6
2009	4651.7	93.6	2477.7	6.6	46.9	590908.0	471793.3	92409.4	506910.8	452125.8
2010	4750.2	96.0	4260.2	6.3	46.3	806507.7	721087.9	142981.6	632122.3	528924.6
2011	4917.1	98.7	6379.8	6.6	51.3	1307626.7	1129839.8	148044.7	932038.5	728213.2

20—31 各市新型农村合作医疗基本情况（2011年）
Basic Information of New Type Rural Cooperative Medical by Region (2011)

地　区	Region	参合人口 (万人) Participation Population (10000 persons)	参合率 (%) Participation Rate	补偿受益 (万人次) Compensation Benefit (10000 persons times)	住院率 (%) Hospitalization Rate (%)	住院实际补偿比 (%) Hospitalization Compensation Rate (%)	基金总额 (万元) The Total Volume of Funds (10000 yuan)	当年筹资 (万元) Yearly Raised Fund (10000 yuan)	农民缴纳 Fund from Farmers	基金支出 (万元) Fund Expenditure (10000 yuan)	#住　院 Hospitalization
总　计	**Total**	**4917.1**	**98.7**	**6379.8**	**6.6**	**51.3**	**1307626.7**	**1129839.8**	**148044.7**	**932038.5**	**728213.2**
合 肥 市	Hefei	244.6	104.6	276.5	5.6	47.3	64832.6	56387.9	7336.6	45361.6	37421.7
淮 北 市	Huaibei	121.4	97.7	212.0	6.9	55.5	33407.5	27883.9	3641.2	24765.8	17215.8
亳 州 市	Bozhou	480.0	96.5	937.8	7.5	51.2	124142.2	109874.8	14399.6	91006.9	68101.1
宿 州 市	Suzhou	483.7	97.6	680.1	6.4	53.6	128198.5	111590.6	14570.3	90109.3	64253.4
蚌 埠 市	Bengbu	253.4	97.4	424.0	6.8	56.5	69796.7	58186.2	7600.9	46750.8	36436.4
阜 阳 市	Fuyang	795.8	98.8	1350.0	6.9	55.6	228935.2	184780.7	23882.7	151182.5	115621.2
淮 南 市	Huainan	122.2	101.4	98.9	5.8	56.4	31570.8	27980.1	3664.8	21396.6	18503.7
滁 州 市	Chuzhou	339.7	97.4	386.1	6.1	52.3	91122.4	76370.2	10187.9	63775.0	50889.2
六 安 市	Luan	571.2	99.1	443.3	6.4	48.5	145124.1	130724.6	17138.4	104856.6	87362.1
马鞍山市	Maanshan	55.2	100.0	94.9	6.9	46.8	12899.1	12672.4	1650.6	11352.5	9248.6
芜 湖 市	Wuhu	100.6	104.5	144.8	5.5	46.6	25086.8	23002.6	3076.0	19889.4	14625.2
宣 城 市	Xuancheng	224.1	99.8	340.4	6.9	50.6	59089.3	52354.0	7063.1	42672.7	31107.3
铜 陵 市	Tongling	31.2	102.4	28.0	6.6	53.1	9083.2	8113.0	936.6	7264.2	5535.3
池 州 市	Chizhou	132.2	100.2	67.8	7.2	54.3	33844.4	30513.7	3965.6	27069.4	23091.0
安 庆 市	Anqing	488.2	98.4	533.6	6.3	48.6	131227.8	112149.8	14645.5	91918.2	71384.0
黄 山 市	Huangshan	110.9	99.3	155.4	7.5	51.9	28181.2	25644.1	3404.9	22398.0	17180.5

注：因系统行政区划未及时调整，总计中包含原巢湖市数据。

a) Because the system of administrative division is not adjusted, the total includes the original data of Chaohu city.

20—32 民生工程卫生服务体系基本情况
The Basic Information of Livelihood Projects of Health Service System

				2010	2011
农村卫生达标	（个数）	Rural Health Standards	(unit)		
乡镇卫生院		Township Hospitals		77	
中心院		Center Court			
一般院		General Hospital			
村卫生室		Village Health Office		8400	655
城市社区规范化建设	（个数）	Standardization of Construction in Urban Communities	(unit)		
社区卫生服务中心		Community Health Center		76	100
社区卫生服务站		Community Health Service Station		345	271
社区卫生服务机构总数	（个数）	The Total of Community Health Service	(unit)	1730	1924
社区卫生服务中心		Community Health Center		373	402
社区卫生服务站		Community Health Service Station		1357	1522
社区培训	（人）	Community Training	(person)		
全科医师		General Doctor		1975	1808
社区护士		Community Nurse		1576	1809
规范化建设资金财政投入	（万元）	Standardization of Construction Funds for Financial Investment	(10000 yuan)		
农村卫生体系建设		Rural health System Construction		52702.6	3790.8
社区卫生体系建设		Community Health System Construction		7150.0	7168.0

注：2011年社区培训内社区护士培训包含其他卫生技术人员培训情况。

a) In 2011 the community training, the community nurse training include other health technical personnel training.

20—33 农村社会养老保险情况
Situation of Rural Old-age Insurance

单位：万人、万元（10000 persons, 10000 yuan）

项　目	Item	2005	2010	2011
参保人数	People Participated in	147	572	2377
本年领取养老金人数	People Receiving Old-age Pension This Year	2	155	595
本年保险资金收入	Insurance Fund Revenue This Year	3272	190449	578441
本年保费收入	Insurance Premium This Year	1608	188068	574793
个人缴费	Individual Paying	1111	85199	238615
集体补助	Collective Subsidy	497	1422	362
政府补贴	Government Subsidy		101447	335815
本年基金运营收益	Fund Operating Earning	1559	2122	3564
其他收入	Other Earning	106	258	83
本年保险金支出	Insurance Expenditure This Year	1143	91880	312522
养老金支出	Old-age Pension Expenditure	807	89497	308368
本年提取管理费	Management Fee Drawed This Year	43		
年末基金滚存结余	Fund Blance Year-end	61321	243158	492660

20—34 各市失业保险基本情况（2011年）
Basic Conditions of Unemloyment Insurance by Region (2011)

单位：万人（10000 persons）

地区	Region	本年参保人数 Contributors This Year				
		合计 Total	企业 Enterprises	国有企业 State-owned Enterprises	集体企业 Collected-owned Enterprises	事业单位 Institutions
总计	**Total**	**397.72**	**289.42**	**142.75**	**33.05**	**92.59**
合肥市	Hefei	89.61	73.13	29.76	1.84	9.02
淮北市	Huaibei	24.14	21.02	14.65	1.50	3.13
亳州市	Bozhou	15.50	8.73	4.00	1.36	6.77
宿州市	Suzhou	21.55	13.42	6.09	1.94	8.13
蚌埠市	Bengbu	20.57	14.69	5.85	0.84	5.88
阜阳市	Fuyang	27.00	15.77	13.21	2.36	11.23
淮南市	Huainan	30.01	27.23	21.83	4.94	2.78
滁州市	Chuzhou	22.01	15.62	4.54	2.87	6.39
六安市	Luan	22.50	12.51	6.73	3.52	9.99
马鞍山市	Maanshan	22.79	19.47	3.86	1.87	3.14
芜湖市	Wuhu	31.35	25.91	12.60	3.63	5.43
宣城市	Xuancheng	14.52	10.28	3.24	1.76	4.08
铜陵市	Tongling	14.16	12.41	8.29	1.02	1.74
池州市	Chizhou	7.30	4.67	2.03	0.58	2.58
安庆市	Anqing	25.70	8.89	4.13	2.54	9.57
黄山市	Huangshan	9.00	5.65	1.96	0.49	2.73

地区	Region	领取失业保险金人数 Beneficiaries of Unemployment Insurance this year	基金（万元） Fund (10000 yuan)		
			收入 Income	支出 Expenditure	累计结余 Accumulative Surplus
总计	**Total**	**11.56**	**234138.48**	**65131.10**	**441205.90**
合肥市	Hefei	2.22	70153.23	9162.84	137699.56
淮北市	Huaibei	0.52	15623.71	1770.87	43614.83
亳州市	Bozhou	0.37	3879.36	1403.58	10551.86
宿州市	Suzhou	0.54	5438.83	1589.65	14065.89
蚌埠市	Bengbu	0.55	12851.50	2784.32	22641.10
阜阳市	Fuyang	1.05	10210.61	4867.56	23361.92
淮南市	Huainan	0.26	23331.37	13136.51	32801.17
滁州市	Chuzhou	1.09	11123.55	3783.53	19705.08
六安市	Luan	0.66	8653.97	2216.69	18490.36
马鞍山市	Maanshan	0.85	19709.76	3249.21	31753.35
芜湖市	Wuhu	1.21	16474.23	8658.18	25714.68
宣城市	Xuancheng	0.28	4801.34	884.17	10210.33
铜陵市	Tongling	0.55	8697.68	5744.07	12284.71
池州市	Chizhou	0.19	3409.81	624.94	7296.36
安庆市	Anqing	1.06	15249.12	4714.97	18512.50
黄山市	Huangshan	0.16	4530.41	540.00	12502.18

20—35 就业训练中心综合情况
Comprehensive Insitution of Occupation Training Center

项　目		Item		2005	2010	2011
就业训练中心个数	(个)	Numbers of Occupation Training Center	(unit)	82	117	117
在职教职工总人数	(人)	Total Numbers of Teaching and Administra ltive Staffs on the Job	(person)	553	1519	1537
教　师		Teachers		344	1019	1098
兼职教师人数	(人)	Part-time Teachers	(person)	378	790	806
经费来源总计	(万元)	Total of Source of Fund	(10000 yuan)	5425	68404	68576
财政补助费		Fiscal Subsidies		800	12991	13406
职业培训补贴		Subsidies for Vocational Training		4046	45595	55170
就业训练人数	(人)	Numbers of Occupation Training Persons	(person)	133638	249678	253896
女　性		Female		70251	117532	129805
上年末结转		Carried Forward from the Previous Year		2315		
结业人数	(人)	Graduation Population	(person)	133159	245696	253749
按训练对象分组		Grouped by Training Object				
劳动预备制学员		Labor Preparation System Student		6403	18678	19756
下岗失业人员		Laid-off Workers		78717	75320	78045
农村劳动者		Employment of Rural Labor		25686	122584	123086
其他人员		Other Person		22353	33096	33009
按训练期限分组		Grouped by Training Allowed Time				
六个月以下		6 Month & Below		127263	236125	245197
六个月至一年		6 Month－1 Year		5230	10380	6080
一年以上		1 Year & up		666	3173	2619
按获取证书分组		Grouped by Obtained Certificate				
初级职业资格		Elementary Professional Qualification		52379	158562	190659
中级职业资格		Intermediate Professional Qualification		7362	35261	49459
高级职业资格		Senior Professional Qualification		877	4589	7908
技师资格		Technician Qualification		290	3216	3205
就业人数	(人)	Employment Figures (person)	(person)	90253	194623	233698
农村劳动者		Employment of Rural Labor		17700	115328	175296

20—36 人力资源服务机构综合情况（2011年）
Human Resources Service Organization Comprehensive Situation (2011)

项　目		Item		公共就业服务机构 Public Employment Service Organization	公共人才服务机构 Public Talented Person Service Organization	国有性质服务企业 State-owned Service Enterprise	私营性质服务企业 Private Service Enterprise
服务机构数	(个)	Service Organization	(unit)	7892	129	29	402
从业人员人数	(人)	Population of Jobholder	(person)	13826	870	302	2310
#大专及以下		Junior College and Below		10880	378	168	1631
本　科		Undergraduate Course		2924	466	118	633
硕士及以上		Master and Above		22	26	16	46
#取得职业资格人数		Obtaining Professional Qualification Population		4117	479	186	1016
设立固定招聘场所	(个)	Fixed Employment Advertise Place	(unit)	10807	83	47	300
总资产	(万元)	Total Assets	(10000 yuan)	26465	15263	63532	21563
建立人力资源服务网站	(个)	Human Resources Service Network	(unit)	166	50	19	112
全年营业总收入	(万元)	Annual Business Gross Income	(10000 yuan)	757	3309	10265	30713

20—37 人力资源服务业务基本情况（2011年）
Human Resources Service Basic Situation (2011)

项　目	Item	公共就业服务机构 Public Employment Service Organization	公共人才服务机构 Public Talented Person Service Organization	国有性质服务企业 State-owned Service Enterprise	私营性质服务企业 Private Service Enterprise
服务人员总数 （人）	Total of Service Personnel Registration (person)	3182190	1665607	469628	2385682
登记要求流动人员 （人）	Nubmer of Registration Requesting Flowing Personnel (person)	886588	233033	176329	656392
#大专及以下	Junior College and Below	812219	126852	78698	441919
本　科	Undergraduate Course	73671	98478	81387	200200
硕士及以上	Master and Above	698	7703	16244	14273
实现就业和流动人数 （人）	Realizing Employment and Flowing Population (person)	737960	325595	61418	711366
服务用人单位数 （个）	Number of Service Personnel Units (unit)	47672	94216	18849	44517
#国有企、事业单位	State-owned Enterprise and Institution	2773	3965	759	4357
私营企业	Private Enterprise Foreign-funded Enterprise	43425	88964	18001	36075
外资企业	Foreign-funded Enterprise	1474	1287	89	4085
建立人力资源数据库 （人次）	Establishment Human Resources Database (person time)	14076	92	66	157581
现存数据库求职信息总量 （人次）	Total of Extant Database Seeking Employment Information (person time)	1314580	1992748	3511839	4484293
#全年入库求职信息	Whole Year Warehousing Seeking Employment Information	439480	397229	319901	1457512
现场招聘服务	Scene Employment Advertise Service				
举办招聘会次数 （次）	Number of Times of Conducting Job Fair (time)	2655	2525	62	1283
#毕业生专场	Graduate Specially	269	350	39	233
农民工专场	Peasant Laborer Specially	949	241	11	715
参会用人单位 （家）	Attending the Meeting Employer (unit)	51155	106584	1453	48116
提供招聘岗位 （个）	Providing Employment Post (unit)	1670249	1665894	12189	735433
参会求职人数 （人）	Attending the Meeting Seeking Employment Population (person)	1428677	1755317	39835	1018911
网络招聘服务 （条）	Network Employment Advertise Service (unit)				
发布岗位信息	Issue Post Information	549830	374246	39075	1165753
发布求职信息	Issue Seeking Employment Information	222526	202666	96728	1407865
劳务(人才)派遣服务	The Service (talented person) to Dispatch to Serve				
派遣单位 （个）	Detached Organization (unit)	2610	382	529	958
派遣人员总量 （人）	Total of Detached Personnel (person)	38516	17557	24543	54867
登记要求派遣人数 （人）	Registration Requesting Detached Population (person)	14198	4370	14971	35170
人力资源管理咨询	Human Resources Management Consulting				
服务用人单位 （个）	Service Employer Unit (unit)	23743	6612	377	15153
人力资源外包服务	Human Resources Outsourcing Service				
服务用人单位 （个）	Service Employer Unit (unit)	3268	2185	2395	1778
流动人员档案管理	Flowing Personnel Record Management				
现存档案数量 （人）	Number of Extant File (person)	517704	645953	232377	106448
依托档案提供服务 （次）	Depending on the File to Provide Service (time)	278440	307542	121539	44758
培训服务	Training Service				
举办培训班 （个）	Conducting Training Class (unit)	5279	322	1045	1124
参加人数 （人）	Participating Population (person)	139028	27776	77849	61495
测评服务	Evaluation Service				
测评人数 （人）	Evaluation Population (person)	22978	13069	26060	7288
猎头服务	Headhunting Service				
成功推荐人才 （人）	Successful to Recommend Talented Person (person)	3191	1016	363	3373

20—38 各市职业技能鉴定综合情况（2011年）
Vocational Skill Appraisal Comprehensive Situation by Region (2011)

单位：人（person）

地 区 Region	鉴定机构数（个） Number of Appraisal Institution (unit)				考评人员人数 Number of Evaluation Staff	鉴定考核人数 Appraisal Number of Assessment			
	小计 Total	#鉴定中心 Appraisal Center	#职业技能鉴定所 Vocational Skill Appraisal Institution	#行业特有工种鉴定站 Industry-specific Types of Appraisal Points		小计 Total	初级 Primary	中级 Middle-level	高级 High level
总计 Total	**437**	**43**	**371**	**10**	**8439**	**573246**	**240732**	**237885**	**82037**
合肥市 Hefei	68	5	63		1115	110162	22317	69246	16003
淮北市 Huaibei	18	1	17		307	17009	3009	7752	5996
亳州市 Bozhou	11	1	10		231	22646	13299	7714	1453
宿州市 Suzhou	31	6	19		390	37930	18095	14650	3688
蚌埠市 Bengbu	26	1	25		255	22841	7195	11066	3950
阜阳市 Fuyang	23	1	22		216	33989	17503	12416	3300
淮南市 Huainan	29	2	27		1090	35521	20749	7946	4481
滁州市 Chuzhou	18	1	14		582	42735	20862	15358	5900
六安市 Luan	35	9	26		334	42361	29722	8896	3368
马鞍山市 Maanshan	22	2	20		664	30865	18068	9740	2342
芜湖市 Wuhu	27	1	26		1103	46446	16063	19788	9969
宣城市 Xuancheng	26	8	7	7	221	31371	19428	8657	3083
铜陵市 Tongling	18	1	16	1	402	11036	2922	4514	3100
池州市 Chizhou	13	1	12		114	19353	12126	3710	3289
安庆市 Anqing	26	1	23	2	280	24771	6527	14669	2752
黄山市 Huangshan	8	1	7		106	17356	12726	2342	2051
省直	38	1	37		1029	26854	121	19421	7312

地 区 Region			获取证书人数 Number of Obtaining a Certificate						通过率(%) Pass Rate (%)
	技师 Technician	高级技师 Senior Technician	小计 Total	初级 Primary	中级 Middle-level	高级 High level	技师 Technician	高级技师 Senior Technician	
总计 Total	**11525**	**1067**	**481165**	**209149**	**204416**	**62096**	**5380**	**124**	**83.94**
合肥市 Hefei	2256	340	98865	20955	65768	11379	674	89	89.75
淮北市 Huaibei	252		12539	2345	5920	4157	117		73.72
亳州市 Bozhou	180		21164	12401	7162	1438	163		93.46
宿州市 Suzhou	805	692	30344	16327	10852	2965	181	19	80.00
蚌埠市 Bengbu	630		18475	5558	9512	2920	485		80.89
阜阳市 Fuyang	770		24784	12952	9424	2110	298		72.92
淮南市 Huainan	2335	10	27979	17656	6854	3003	463	3	78.77
滁州市 Chuzhou	615		34003	17107	11979	4425	492		79.57
六安市 Luan	375		37062	26749	7562	2526	225		87.49
马鞍山市 Maanshan	715		24020	15247	6779	1532	462		77.82
芜湖市 Wuhu	626		38621	13302	16490	8307	522		83.15
宣城市 Xuancheng	201	2	27788	17106	7713	2766	201	2	88.58
铜陵市 Tongling	500		8916	2688	3656	2222	350		80.79
池州市 Chizhou	228		18011	11634	3239	2987	151		93.07
安庆市 Anqing	800	23	19529	5144	12085	1862	427	11	78.84
黄山市 Huangshan	237		16007	11859	2340	1639	169		92.23
省直			23058	119	17081	5858			85.86

20—39　全省33项民生工程完成情况（2011年）

Completion status of 33 Livelihood Projects in Entire Province（2011）

项　　目		Item		数　量 Number
生活保障类项目		**Life Guarantee Projects**		
农村低保人数	(万人)	Rural Minimal Social Security Number	(10000 persons)	216.3
覆盖面	(%)	Coverage	(%)	4.17
农村五保户供养	(万人)	The Rural Household of the Five Guarantees	(10000 persons)	46.02
发放资金总额	(亿元)	Total Issued Capital	(100 mollion yuan)	8.2
计划生育家庭奖励扶助	(万人)	Birth Control Reward and Assistance	(10000 persons)	13.4
水库移民后期扶持	(万人)	Reservoir Resettlement Support Later Stage	(10000 persons)	85
打卡发放扶持资金总额	(亿元)	Total Grant Funds to Support Into Card	(100 mollion yuan)	5.2
城市低收入家庭住房困难保障	(万户)	The Urban Low Income Family House Safeguard	(10000 househilds)	27.7
#享受租赁补贴		The Rental Subsidies		19.3
享受实物方式		The Physical Way		8.4
开工廉租住房和公租房	(万套)	Construction of Low-cost Housing and Public Rental Housing		19.1
竣工廉租房	(万套)	Completion of Low Rent Housing		5.8
竣工公租房	(万套)	Public Rental Housing		1.1
重度残疾人生活救助	(万人)	Severe Disabilities Relief	(10000 persons)	40.9
贫困精神残疾人补助和药费		Poor Mental Assistance to Disabled and Drugs		5.7
社会（儿童）福利中心建设	(个)	Society (Child) Welfare Center Construction	(unit)	21
光荣院建设项目竣工	(个)	Glorious Hospital Construction Projects	(unit)	5
教育培训类项目		**Education and Training Projects**		
城乡义务教育经费保障机制改革	(万人)	The Urban and Rural Compulsory Education Funds Guarantee Mechanism Reform		700
高校、中职学校和普通高中家庭经济困难学生资助	(万人)	Colleges and Universities, Vocational Schools and Ordinary High School Home The Student Financial Assistance	(10000 persons)	100
新型农民培训	(万人)	The New Peasant Training Project	(10000 persons)	48.7
投入资金总额	(亿元)	Total Investment	(100 mollion yuan)	2.3
农民工技能培训	(万人)	Peasant Laborer Skill Training Project	(10000 persons)	35.2
投入资金总额	(亿元)	Total Investment	(100 mollion yuan)	1.5
校舍安全工程	(万㎡)	School Building Safety Projects		944
投入资金总额	(亿元)	Total Investment	(100 mollion yuan)	59
农村留守儿童之家建设	(个)	Rural Left-children's Home Construction	(unit)	7000
留守儿童活动室		Left-children's Active Rooms		455
医疗卫生类项目		**Medical and Health Projects**		
新型农村合作医疗	(万人)	New-type Rural Cooperatives Medical Service	(10000 persons)	4917
受益人数	(万人)	The Number of Beneficiaries	(10000 persons)	6362.5
参合率	(%)	Participation Rate	(%)	98.98
累计支付补偿资金总额	(亿元)	Total Payment of Compensation Funds	(100 mollion yuan)	93.2
实际补偿比例	(%)	Actual Proportion of Compensation	(%)	51.25
城镇居民基本医疗保险	(万人)	Urban Resident Basic Medical Insurance	(10000 persons)	952.6
参保率	(%)	Insurance Rate	(%)	95
住院费用支付比例	(%)	Hospitalization Expenses Payment Ratio	(%)	70
城乡医疗救助制度	(万人)	Urban and Rural Medical Assistance System	(10000 persons)	362
支付资金总额	(亿元)	Payment Amount	(100 mollion yuan)	9.42
重大传染病病人医疗救治和生活救助保障机制	(万人)	Major Infectious Disease Medical Treatment and Life Aid and Security System	(10000 persons)	5.5
生活救助人数	(人)	The Number of Life Aid	(person)	4701
城乡卫生服务体系建设		Urban and Rural Health Services System Construction		
建设村卫生室	(个)	Construction of Village Hygiene Room	(unit)	655
建设规范化社区卫生服务机构	(个)	Construction of Standardized Community Health Service Institutions	(unit)	371

20—39 续表 continued

项目		Item		数量 Number
贫困白内障患者复明工程	(例)	Poor Cataract Patients Fuming Project		14634
提高妇女儿童健康水平		Enhancing Women and Children Health Standard		
免费婚检	(万人)	Free Pre-marital Medical Check-up	(10000 persons)	101.2
补助农村住院分娩孕产妇	(万人)	Subsidize Countryside in Hospital Childbirth Pregnant Woman	(10000 persons)	54.3
补助扩大国家免疫规划接种	(万人)	Subsidize to Expand National Immunization Planning	(10000 persons)	1549.5
建设妇幼保健机构	(所)	Construction of MCH Organization	(unit)	26
农业农村基础设施项目		**Agricultural and Rural Infrastructure Projects**		
农村饮水安全工程	(个)	Rural Drinking Water Safety Projects	(unit)	1002
解决饮水安全人数	(万人)	Number of Solving Drinking Water Security	(10000 persons)	312.2
政策性农业保险		Policy Agricultural Insurance		
政策性农保承保农作物	(亿亩)	Policy Agricultural Crop Insurance		1.06
政策性农保承保牲畜	(万头)	Policy Agricultural Livestock Iinsurance		136.4
五保供养服务机构建设		The Five-guarantees Service Institution Construction		
新建、改扩建农村五保供养服务机构	(所)	The New, Expansion of Rural Five-guarantees Service Organizations	(unit)	311
农村沼气建设工程		Construction of Rural Biogas Projects		
下达农村沼气中央和省级补助资金总额	(亿元)	Total Subsidies of Rural Biogas Issued by Central and Provincial	(100 mollion yuan)	1.82
病险水库除险加固工程		The Reinforcement of Dangerous Reservoir		
完成省计划小型病险水库	(座)	Completion of Small and Dangerous Reservoirs of Provincial Plans		318
完成国家计划小型病险水库	(座)	Completion of Small and Dangerous Reservoirs of State Plans		156
农村危房改造和清洁工程		Completion of Rural Dilapidated Buildings Renovation and Cleaning Projects		
完工农村危房改造	(万户)	Completion of Rural Renovation of Dilapidated Buildings		10.2
完工垃圾转运站	(个)	Completion of Landfill Transfer Station	(unit)	206
完工垃圾池	(万个)	Completion of Landfill Pond		1.56
一事一议财政奖励补助		Financial Reward of a Discussion of a Matter		
村级公益事业审批项目	(个)	Village Public Welfare Projects for Approval	(unit)	24074
建成完工项目		Completion Project		23983
农村公路危桥加固改造		Rural Highway Dangerous Bridge Reinforcing		
完工公路危桥加固改造	(座)	Completed Highway Dangerous Bridge Reinforcing		669
完成公路危桥加固改造投资总额	(亿元)	Investment of Completed Highway Dangerous Bridge Reinforcing	(100 mollion yuan)	7.3
文化建设类项目		**Cultural Construction Projects**		
广播电视村村通工程		Radio and TV Coverage to Every Village Projects		
完成20户以下广播电视“盲村”建设	(户)	Finished Under 20 Households Radio and Television "Blind" Village Construction		7072
“农家书屋”工程		"Farm Book House" Projects		
完成农家书屋工程	(个)	Finished "Farm Book House"	(unit)	6924
投入资金总额	(亿元)	Total Investment	(100 mollion yuan)	1.4
乡镇综合文化站建设		Town Cultural Station Construction		
完成乡镇文化站建设个数	(个)	Number of Finished Township Cultural Station Construction		583
投入资金总额	(亿元)	Total Investment	(100 mollion yuan)	2.4
家电下乡和以旧换新		Home Appliances Going to the Countryside and Old Exchang New		
累计销售新家电	(万台)	Cumulative Sales of New Home Appliances		978.57
财政补贴资金总额	(亿元)	Total Financial Subsidy Funds	(100 mollion yuan)	31

注：1、此表由省民生办提供。
　　2、水库移民发放扶持资金完成年计划1.1倍。
a) This Table Provided by the Office of province livelihood of the people.
b) Reservoir resettlement supporting funds is completed 1.1 times of yearly plan.

主要统计指标解释

卫生机构

指从卫生行政部门取得《医疗机构执业许可证》，或从民政、工商行政、机构编制管理部门取得法人单位登记证书，为社会提供医疗保健、疾病控制、卫生监督服务或从事医学科研和教育等工作的单位。卫生机构包括医院、疗养院、社区卫生服务中心（站）、卫生院、门诊部、诊所（卫生所、医务室）、急救中心（站）、采供血机构、妇幼保健院（所、站）、专科疾病防治院（所、站）、疾病预防控制中心（防疫站）、卫生监督所、卫生监督监测机构、医学科研机构、医学在职培训机构、健康教育所（站）等其他卫生机构。

医疗机构

指从卫生行政部门取得《医疗机构执业许可证》的机构，包括医院、疗养院、社区卫生服务中心（站）、卫生院、门诊部、诊所（卫生所、医务室）、妇幼保健院（所、站）、专科疾病防治院（所、站） 、急救中心(站)和临床检验中心。

社区卫生服务中心（站）

指为本社区居民提供预防、医疗、保健、康复、健康教育、计划生育技术服务等的基层卫生机构。包括社区卫生服务中心和社区卫生服务站。

卫生人员

指在医疗、预防保健、医学科研和在职教育等卫生机构工作的职工，包括卫生技术人员、其他技术人员、管理人员和工勤人员。

卫生技术人员

包括执业（助理）医师、注册护士、药师（士）、检验和影像人员等卫生专业人员。不包括从事管理工作的卫生技术人员。

执业医师

指《医师执业证》“级别”为“执业医师”且实际从事医疗、预防保健工作的人员，不包括实际从事管理工作的执业医师。执业医师类别分为临床、中医、口腔和公共卫生四类。

执业助理医师

指《医师执业证》“级别”为“执业助理医师”且实际从事医疗、预防保健工作的人员，不包括实际从事管理工作的执业助理医师。执业助理医师类别同样分为临床、中医、口腔和公共卫生四类。

每万人口执业（助理）医师

每万人口执业（助理）医师=（执业医师数+执业助理医师数）/人口数×10000。人口数系公安部户籍人口。

每万人口医院、卫生院床位数

每万人口医院卫生院床位数=（医院床位数+卫生院床位数）/人口数×10000。人口数系公安部户籍人口。

每万人口卫生技术人员

每万人口卫生技术人员=卫生技术人员数/人口数×10000。人口数系公安部户籍人口。

参加新农合人数

指根据本地新农合实施方案到年内新农合筹资截止时已缴纳新农合资金的人口数。

新农合当年基金支出

指本年度实际从新农合基金帐户中支出用于新农合补偿的资金。

新农合补偿支出受益人次

指年内新农合参合人员因病就医获得补偿的人次数，包括住院、家庭帐户形式、门诊、特殊病种大额门诊、住院正常分娩、体检和其他补偿人次之和。

新农合本年度筹资总额

指为本年度筹集的、实际进入新农合专用帐户的基金数额。包括本年度中央及地方财政配套资金、农民个人交纳资金（含民政部门及其他相关部门代缴的救助资金）、新农合基金本年度产生的全部利息收入及其他渠道实际筹集到的新农合基金额。筹资数额以进入新农合专用帐户的基金数额为准，不含上年结转额资金。

城市居民最低生活保障人数

指在报告期末家庭平均收入在当地规定的最低生活保障线以下的城镇居民数。包括“三无”对象，失业人员和在职、下岗、退休人员等。

农村居民最低生活保障人数

指报告期末在建立农村最低生活保障制度的地区，得到当地政府或集体给予最低生活保障的农业人口家庭人数。

五保户

指无法定抚养义务人，或者虽有法定抚养义务人，但是抚养人无抚养能力的；无劳动能力的；无生活来源的老年人、残疾人和未成年人。

农村传统救济人数

指未开展最低生活保障制度的农村地区，仍沿用传统救济制度救济的贫困人口数。

社会福利企业

指以集中安置有一定劳动能力的残疾人员就业为目的（残疾职工占生产人员 10%以上）、带有社会福利性质的企业总称。主要包括福利工厂、假肢厂和其他福利企业。

社区服务设施数

指报告期末设立的以非营利为目的，为本社区居民服务，特别是为老年人、残疾人、儿童服务的社区服务中心、活动站、服务站、养老院、老年公寓（托老所），残疾人工疗站、残疾儿童日托所、家务服务站、婚姻介绍所等福利性设施以及职工社会保险管理服务的机构数。几种不同类型的社区服务单位，共用一个场所的，只能统计为一个社区服务设施。成为社区服务设施的条件：（1）是独立核算单位；（2）有固定的从业人员；（3）有一定的服务项目；（4）有一定的场所。

城镇职工基本养老保险

1.（参保）职工人数

指报告期末按照国家法律、法规和有关政策规定参加基本养老保险并在社保经办机构已建立缴费记录档案的职工人数，包括中断缴费但未终止养老保险关系的职工人数，不包括只登记未建立缴费记录档案的人数。

2.（参保）离退休人员人数

指报告期末参加基本养老保险的离休、退休和退职人员的人数。

3.基金收入

指根据国家有关规定，由纳入基本养老保险范围的缴费单位和个人按国家规定的缴费基数和缴费比例缴纳的养老保险基金，以及通过其他方式取得的形成基金来源的收入。包括单位和职工个人缴纳的基本养老保险费、基本养老保险基金利息收入、上级补助收入、下级上解收入、转移收入、财政补贴和其他收入。

4.基金支出

指按照国家政策规定的开支范围和开支标准从养老保险基金中支付给参加基本养老保险的个人的养老金、丧葬抚恤补助，以及由于保险关系转移、上下级之间调剂资金等原因而发生的支出。包括离休金、退休金、退职金、各种补贴、医疗费、死亡丧葬补助费、抚恤救济费、社会保险经办机构管理费、补助下级支出、上解上级支出、转移支出、其他支出等。

5.基金累计结余

指截止报告期末基本养老保险基金收支相抵后的累计余额。

基本医疗保险

1.参保人数

指报告期末按国家有关规定参加相应基本医疗保险的人数。

2.基金收入

指由用人单位和个人按照国家规定的缴费基数、缴费比例或缴费标准缴纳的基本医疗保险基金，财政补助资金以及通过其他方式取得的形成基金来源的款项，包括：单位缴纳收入、个人缴纳收入、财政补助收入（含医疗救助补助个人收入）、财政补贴收入、利息收入和其他收入。

3.基金支出

指按照国家政策规定的开支范围和开支标准，从基本医疗保险基金中支付给参保人员的医疗保险待遇支出，以及其他支出。包括住院医疗费用支出、门急诊医疗费用支出、个人账户基金支出、其他支出。

4.基金累计结余

指截止报告期末基本医疗保险基金累计结余金额。

失业保险

1.参保人数

指报告期末按照国家法律、法规和有关政策规定参加了失业保险的城镇企业、事业单位的职工及地方政府规定参加失业保险的其他人员的人数。

2.基金收入

指报告期内筹集的失业保险基金的总额，包括失业保险费收入、利息收入、财政补贴收入、其他收入、转移收入、上级补助收入、下级上解收入。

3.基金支出

指报告期内为保障失业人员基本生活、促进其再就业等支出的基金总额，包括失业保险金支出、医疗补助金支出、丧葬补助金和抚恤金支出、职业培训和职业介绍补贴支出、农民合同制工人一次性生活补助支出、其他支出、转移支出、上级补助支出、下级上解支出。

4.基金累计结余

指截止报告期末失业保险基金收支相抵后的累计余额。

工伤保险

1.参加保险人数

指报告期末依据国家有关规定参加工伤保险的职工人数和有雇工的个体工商户的雇工数。

2.享受保险待遇人数

指年初至报告期末因工伤或职业病而享受工伤保险待遇的人数。为享受工伤医疗待遇中未评定等级的人数、享受伤残待遇人数以及享受因工死亡待遇人数之和。

3.基金收入

指根据国家有关规定，由参加工伤保险的单位按国家规定的缴费基数和缴费比例缴纳的工伤保险基金，以及通过其他形式取得的形成基金来源的款项。包括：单位缴纳的社会统筹基金收入、财政补贴收入、利息收入、其他收入。

4.基金支出

指按照国家政策规定的开支范围和开支标准从工伤保险基金中支付给参加工伤保险的人员及供养直系亲属工伤保险待遇支出及其他支出。包括工伤医疗费、伤残补助金、工亡补助金、护理费、丧葬补助费、工伤预防费用、职业康复费用和其他支出。

5.基金累计结余

指截止报告期末工伤保险基金累计结余金额。

民生工程

省政府实施 2011 年 33 项民生工程，着力保障和改善民生。民生工程是政府坚持以人为本，贯彻落实科学发展观，切实保障公民基本权利，提高生活水平，重点关心弱势群体，采取的一系列积极政策举措。

Explanatory Notes for Major Statistical Indicators

Health Care Institutions

refer to the units which have been qualified the Certification of Health Care Institution by the administration of public health, or qualified the Certification of Corporate Unit by the civil affairs, administration for industry and commerce, commission office for public sector reform, and engaging in medical care, disease prevention and control, health supervision and inspection, medicine research and health education, etc., including: hospitals, sanatoriums, community health service centers (stations), health centers, clinics (health stations and infirmaries), first-aid centres (stations), blood gathering and supplying institutions, women and children care agencies (centres and stations), special disease prevention and curing agencies (centres and stations), disease prevention and control centres (epidemic prevention stations), health supervision and inspection agencies, sanitary inspection institutions, medicinal scientific research and on-job training institutions, health education centres and so on.

Medical Organizations

refer to the institutions which have been qualified the Certification of Health Care Institution by the administration of public health, including: hospitals, sanatoriums, community health service centers (stations), health centers, clinics (health stations and infirmaries), women and children care agencies (centres and stations), special disease prevention and curing agencies (centres and stations), first-aid centres (stations) and clinic inspection centers.

Community Health Service Centres (stations)

refer to the primary units that provide the health care for community residents, such as disease prevention and control, medical treatment, health care, rehabilitation, health education, family planning technical services, including community health service centres and community health service stations.

Health Care Employee

refer to all employee engaged in the health care institutions, such as medical organizations, disease prevention and control centres, health care agencies, medicinal scientific research and on-job training institutions, including medical technical personnel, other technical personnel, manager and labour.

Medical Technical Personnel

refer to the professional staff engaged in health care, including licensed (assistant) doctors, registered nurse, pharmacists, laboratory technician, and imaging staff, excluding the medical technical personnel engaged in management job.

Licensed Doctors

refer to the medical workers who have obtained the licenses of qualified doctors and are employed in medical treatment, disease prevention or healthcare institutions, excluding the licensed doctors engaged in management job. The licensed doctors are divided into 4 categories: clinician, Chinese medicine physicians, dentist and public health physicians.

Licensed Assistant Doctors

refer to the medical workers who have obtained the licenses of qualified assistant doctors and are employed in medical treatment, disease prevention or healthcare institutions, excluding the licensed assistant doctors engaged in management job. The classification of licensed assistant doctors is clinician, Chinese medicine, dentist and public health.

Number of Licensed (Assistant) Doctors per 10000 Population

the formula is: Number of Licensed Doctors per 10000 Population = (Number of Licensed Doctors + Number of Licensed Assistant Doctors)/ Population×10000

The population is the figure of household registration from the Ministry of Public Security.

Number of Beds of Hospitals and Health Care per 10000 Population

the formula is: Number of Beds of Hospitals and Health Care per 10000 Population = Number of Beds of Hospitals + Number of Beds of Health Care) / Population ×10000

The population is the figure of household registration from the Ministry of Public Security.

Number of Medical Technical Personnel per 10000 Population

the formula is: Number of Medical Technical Personnel per 10000 Population = Number of Medical Technical Personnel/Population ×10000

The population is the figure of household registration from the Ministry of Public Security.

Number of Persons Participated in the New Rural Cooperative Medical System

refers to the number of persons who have given payment to the new cooperative medical system by the deadline of fundraising during the year according to the implementation plan of the new system.

Expenditure of Funds for the New Rural Cooperative Medical System This Year

refers to expenditures on compensation funds for the new rural cooperative medical system from the fund account of new cooperative medical system this year.

Persons Benefited from the Compensation Expenditure of New Rural Cooperative Medical System

refers to the number of persons participated in the new system who have been compensated for medical treatment in the year, including hospitalization, family account form, out-patient, large special diseases out-patient, normal childbirth in hospital, medical examination and other compensations

Funds Raised for the New Rural Cooperative Medical

System this Year

refers to the amount of funds raised this year and put into the special new rural cooperative medical account, including the matching funds of central and local governments, paid money by farmers (including relief funds paid by the civil affairs department and other relevant departments), all the interest income generated this year of the funds and funds actually raised from other channels this year. The amount of funding equals to the funds entering into the special new rural cooperative medical account, excluding the carry-over funds from the previous year.

Number of Urban Residents Entitled to Minimum Living Allowances

refers to the number of those whose average family income is below a minimum local standard by the end of the reporting period, including both the employed and unemployed, laid off and retired, and those jobless people without stable residence or valid IDs.

Number of Rural Residents Entitled to Minimum Living Allowances

refers to the number of those receiving the minimum living allowances from the local government or community in the rural areas where this allowances system is in place as of the end of the reporting period.

Households Enjoying Five Guarantees

refers to those senior citizens, handicapped or under-aged who, without labour ability, can not make a living by themselves and whose statutory providers are unable to support them or who have no statutory providers at all.

Number of Rural Recipients of Traditional Relief

refers to the poor people entitled to traditional relief in rural areas where the minimum living allowances system is not in place.

Social Welfare Enterprises

refers to those welfare-oriented enterprises employing a significant number of handicapped people with certain labour ability (handicapped employees shall exceed 10% of the production staff), including welfare factories, artificial limb plants as well as other welfare enterprises.

Number of Service Facilities in Communities

refers to the number non-profit welfare facilities set up community residents' in particular the community-based centers that serve senior citizens, the handicapped or children, recreational centers, service centers, nursing homes, apartments for the elderly (nursery for the aged), work and treatment stations for the handicapped, day-care centers for handicapped children, domestic help agencies and dating services, as well as social insurance management agencies for the employees. Different types of community service providers that share the same premise are regarded as one community service facility. The requirements for a social service facility of communities include: (1) independent accounting; (2) fixed employees; (3) provision of certain services; and (4) with certain places.

Basic Pension Insurance

1. Number of staff and workers covered

refer to staff and workers participating in the basic pension insurance programme according to national laws, regulations and related policies at the end of the reference period, who have already had payment records in social security management agencies, including those who have interrupt payment without terminating the insurance programme. Those who have registered in the programme but with no payment records are not included.

2. Number of retirees participating in the basic pension insurance programme

refer to the number of retirees participating in basic pension insurance programmes by the end of the reference period.

3. Revenue of the basic pension insurance programme

refers to payments made by employers and individuals participating in the pension insurance programme in accordance with the basis and proportion stipulated in State regulations, and income from other sources that become source of pension insurance fund, including the premium paid by employers and staff and workers, interest income, subsidies from higher level agencies, income as transfer from subordinate agencies, transferred income, government financial subsidies and other income.

4. Expenditure of basic pension insurance programme

refer to payment made on pensions and funeral subsidies to those retired and resigned people covered in pension insurance programmes according to related national policies on scope and standard of expenditure. Also included are expenditure which arises due to shift of the insurance relationship or adjustment of funds among agencies. More specifically, included are pensions for resigned people, pensions for retired people, pension for people quitting jobs, various subsidies, medical fees, funeral subsidies, compensation payments, management fees for social security agencies, expenses on subsidies to lower subordinates, expenses as transfer to agencies at higher level, transferred expenditure and other expenditure.

5. Balance of basic pension insurance programme

refers to the balance of basic pension insurance funds at the end of the reference period after deducting expenses from revenue.

Basic Medical Care Insurance

1. Number of people participating in the insurance programme

refers to people participating in the basic medical care insurance programme according to related regulations as at the end of reference period.

2. Revenue of the insurance programme

refers to payments made by employers and individuals participating in the medical care insurance programme in accordance with the basis and proportion stipulated in State regulations, and income from other sources that become source of medical insurance fund, including income paid by units, individual paid income, financial assistance's income (including individual income from medicaid), financial subsidies' income, interest income and other income.

3. Expenditure of the insurance programme

refers to payment made to people covered in basic medical

care insurance programme within the scope and standards of expenditure according to related national policies, and medical care payment and other expenses, including medical expenses of hospital inpatients, medical expenses for outpatients and emergency patients, payment from individual accounts and other expenditure.

4. Balance of the basic medical care insurance programme

refers to the balance of medical care insurance funds at the end of the reference period.

Unemployment Insurance

1. Number of people covered

refers to staff and workers in urban enterprises or institutions who have participated in the unemployment insurance programme according to relevant policies and regulations, and other people who have participated according to local government regulations, as at the end of reference period.

2. Revenue of the unemployment insurance programme

refers to the total unemployment insurance funds raised in the reference period, including unemployment insurance premium, interest income, financial subsidies, other income, transferred income, subsidies from higher level agencies and income as transfer from subordinate agencies..

3. Expenditure of the unemployment insurance programme

refers to total expenses during the reference period to guarantee the basic livelihood of unemployed people, and to encourage their re-employment. Included are unemployment relief, medical fees, funeral subsidies, compensation payments, training expenses, management fees for unemployment insurance agencies, subsidies to lower level agencies, expenses as transfer to higher level agencies, transferred expenditure and other expenditure.

4. Balance of the unemployment insurance programme

refers to the balance of revenue of the programme after deducting expenses at the end of the reference period.

Work Injury Insurance

1. Number of people covered

refers to staff and workers who have participated in the work injury insurance programme and number of employees in private business according to relevant national regulations at the end of the reference period.

2. Number of beneficiaries

refers to number of people benefited from work injury insurance, as a result of work injury or occupational disease. It is the sum of beneficiaries from the work injury medical treatment withut rating, disabilities and deaths at work places.

3. Revenue of the work injury insurance programme

refers to payments made by employers participating in the work injury insurance programme in accordance with the basis and proportion stipulated in State regulations, and income from other sources that become source of work injury insurance fund, including income of social comprehensive funds paid by employers, government financial subsidies, interest income and other income.

4. Expenditure of the work injury insurance programme

refers to payments made from work injury insurance funds to those who participated in the work injury insurance programme and their direct dependents within the scope and standards of expenditure according to related national policies, and other expenditure, including medical fees for work injury, injury and disability subsidies, death subsidies, nursing fees, funeral subsidies, injury prevention fees, occupational rehabilitation fees and other expenditure.

5. Balance of the work injury insurance programme

refers to the balance of the work injury funds at the end of the reference period.

Maternity Insurance

1. Number of people covered

refers to people who have participated in the maternity insurance programme according to relevant regulation at the end of the reporting period.

2. Number of enjoying insurance

refers to people of sum who enjoy treatment of inductrial injury insurance, medical treatment for not rating work-related injuries , the disability beneficiaries and the worker death and treatment at the beginning of the year to the end of the reporting period

3. Revenue of maternity insurance

refers to payments made by employers participating in the maternity insurance programme in accordance with the basis and proportion stipulated in State regulations, and income from other sources that become source of maternity insurance fund, including income of funds paid by employers, interest income and other income.

4. Expenditure of the maternity insurance programme

refers to payments made from maternity insurance funds to staff and workers who participate in the maternity insurance programme within the scope and standards of expenditure in accordance with related national policies, expenses paid for pregnancy, child delivery or surgeries related to family planning, and other expenditure, including allowance for child bearing, medical fees and other expenditure.

5. Balance of the maternity programme

refers to the balance of the maternity insurance funds at the end of reference period.

Civil Engineering

The provincial government implemented 33 people's livelihood projects in 2011，vigorously ensuring and improving people's livelihood. Civil engineering is the government action of a series of positive policies, to the people-oriented, to implement the scientific outlook on development, to earnestly safeguard the basic rights of citizens, to raise the standard of living, to focus of interest of vulnerable groups.

第二十一篇

Chapter 21

文化和体育

CULTURE AND SPORTS

简要说明

一、本篇主要反映文化、体育、新闻出版、广播电影电视事业的发展情况。

文化部分主要包括艺术表演团体、艺术表演场所、公共图书馆、文化馆、文化站、广播、电视、新闻出版以及文物等文化事业的机构、人员、经费和业务活动情况。体育部分主要包括群众体育和竞技体育，主要内容有体育系统职工情况，竞技体育成绩，群众体育活动等情况。

二、根据各部门制定的统计报表制度汇总加工整理而成。艺术业、图书馆业、群众文化服务业的资料主要来自省文化厅；文物资料来自省文物局；广播、电视资料来自省广播电视局；新闻出版资料来自省新闻出版局；体育部分的资料来自省体育局。

Brief Introduction

I. Data in this chapter mainly reflect the development of culture; sports; news and publication; and radio broadcasting, films and television.

Data on culture cover mainly the situations on institutions, personnel and business activities of cultural undertakings including arts performing groups and performance venues; public libraries; museums; cultural centres; archives; cultural stations; broadcasting; films; television; news and publication; and cultural relics. Data on sports cover mass sports (sports for all) and athletic sports, including mainly the number of staff and workers in sports departments, number of stadiums and gymnasiums, achievements in athletic sports events, mass sports activities and the international exchanges of sports delegations.

II. Data are collected and tabulated in accordance with the statistical reporting schemes stipulated by the departments concerned. Data on the arts, libraries, mass culture are provided by the Ministry of Culture. Data on archives are from State Archives Administration. Data on cultural relics are from State Administration of Cultural Heritage. Data on radio, film and television are mainly from State Administration of Radio, Film and Television. Data on news and publication are mainly provided by General Administration of Press and Publication. Data on sports are mainly from General Administration of Sport.

21—1 文化艺术和文物事业机构、人员情况（2011年）

Number of Institutions and Personnel in Culture, Art and Cultural Relies (2011)

机构类别	Category of Institution	机构数（个）Number of Institutions (unit)	从业人员（人）Number of Persons Engaged (person)
文化及相关产业	**Culture and Relative Industry**	**13970**	**87718**
艺术事业	Art Institutions	1361	19605
艺术表演团体	Art Performance Troupes	1294	18207
话剧、儿童剧、滑稽剧团	Drama, Children, Plays and Comedy Troupes	2	2
歌剧、舞剧、歌舞剧团	Opera, Ballet and Dance Troupes	7	1
歌舞团、轻音乐团	Song and Dance Troupe, Light Muscic Troupe	211	5
文工团、文宣队、乌兰牧骑	Cultural and Performance Troupes and Ulanmuchi (equestrain art troupes)	1	1
戏曲剧团	Local Opera Troupes	177	42
#京　剧	Beiking Opera Troupes	1	1
曲艺、杂技、木偶、皮影团	Recitation and Ballad Troupes, Acrobatics and Circus Troupes, Puppet Show Troupes and Shadow Play Troupes	793	6
艺术表演场所	Art Centers	67	1398
剧场、影剧院	Theaters and Music Halls	46	798
图书馆事业	Libraries	100	1267
群众文化事业	Mass Culture	1532	5782
省级文化馆、群众艺术馆	Provincial Cultural Building & People's Art Center	1	37
地市级文化馆、群众文化馆	Prefeture-level City Cultural Building & People's Art Center	13	247
县、市文化馆	County & City Cultural Building	106	1234
文化站	Cultural Stations	1412	4264
乡镇文化站	Township Cultural Stations	1271	3919
艺术教育事业	Culture and Education	7	589
文化市场经营单位	Cultural Market Management Unit	11507	69582
文艺科研	Literary and Scientific Research	11	150
文化科技研究	Cultural Science and Technology Research	3	43
综合性艺术研究	Comprehensive Artistic Research	3	17
地方戏艺术研究	Local Opera art Research	4	83
其他科研机构	Other Scientific Research Institution	1	7
文物业	**Cultural Relics**		
文物机构合计	Total of Cultural Relic Organization	93	571
文物保护管理机构	Cultural Relic Protection Management Organization	91	518
文物科研机构	Scientific and Research Historical Relics Agency	1	44
其他文物机构	Other Historical Relics Agency	1	32
博物馆合计	Museums	131	1832
艺术类博物馆	Comprehensive Museum	6	68
综合性博物馆	Historical Museum	66	1091
历史类博物馆	Other Museum	38	388
文物商店	Cultural Relics Agencies	2	56

注：根据文化部最新统计指标体系，艺术表演团体数据以前仅为文化部门系统内数据，2011年数据含非文化部门数据，故作相应调整。

a) According to the Ministry of culture of the latest statistical index system, performing arts groups data previously only include cultural departments within the system, 2011 data contain non-culture department data, corresponding adjustment is made.

21—2 艺术表演团体演出情况（2011年）
Basic Statistics on Performance of Art Troupes (2011)

种　　类	Item	演出场数（场）Number of Performances (shows)	#到农村演出 Shows in Rural Areas	国内演出观众人数（千人次）Number of Audience While Perfoming at Home (1000 person-times)
总　　计	**Total**	**5920**	**920**	**3239**
国有剧团	Troupes Sponsored by State-owned Units	5540	610	3174
集体经营剧团	Troupes Sponsored by Collective Units	380	310	65
按剧种分	**Art Troupes**			
话剧、儿童剧、滑稽剧团	Drama, Children, Plays and Comedy Troupes			
歌剧、舞剧、歌舞剧团	Opera, Ballet and Dance Troupes			
歌舞团、轻音乐团	Song and Dance Troupe, Light Music Troupe	240	180	430
文工团、文宣队、乌兰牧骑	Cultural and Performance Troupes and Ulanmuchi (equestrian art troupes)			
戏曲剧团	Local Opera Troupes	1370	710	1394
曲艺、杂技、木偶、皮影团	Recitation and Ballad Troupes, Acrobatics and Circus Troupes, Puppet Show Troupes and Shadow Play Troupes	4000		1030

21—3 群众艺术馆、文化馆站业务活动及经费情况（2011年）
Basic Statistics on Activities and Expenditures of Mass Art Centers and Cultural Centers (2011)

项　　目	Item	总　计 Total	群众艺术馆、文化馆 Mass Art Centers Cultural Centers	文化站 Cultural Stations
单位数 （个）	Number of Units (unit)	1532	120	1412
举办展览 （个）	Exhibition (unit)	3908	688	3220
组织文艺活动 （次）	Art Performances and Story-telling Sessions (times)	17757	4024	13733
举办训练班	Training Coirses			
班　次 （次）	Number of Classes (times)	12850	4629	8221
结业人次 （人次）	Number of Persons Completing Courses (person-times)	949	198	750
群众艺术馆、文化馆负责指导单位	Units Responsible for Guiding Mass Art Centers and Cultural Centers			
馆办文艺团体 （个）	Literature Groups Hold by Art and Cultural Buildings	392	392	
群众业余演出团、队 （个）	Part-time Art Groups (unit)	5306	1184	4122
总支出 （万元）	Total Expenditures (10000 yuan)	51422	15078	363440

21—4 公共图书馆业务活动及经费情况（2011年）
Facilities, Services and Expenditures of Public Libraries (2011)

项　　目		Item		总　计 Total	省级公共图书馆 Public Libraries at Provincial Level	地市级公共图书馆 Public Libraries at Prefectural Level	县级公共图书馆 Public Libraries at County Level
公共图书馆	（个）	Number of Public Libraries	(unit)	100	1	14	85
总藏量	（千册）	Total Collections	(1000 volumes)	13754	3287	4270	6197
图　书		Books		9601	1987	2860	4754
＃古　籍		Ancient Works		610	352	163	95
报　刊		Newspapers and Periodicals		1540	288	616	636
开架书刊	（千册）	Open Books and Periodicals	(1000 volumes)	3704	550	1146	2006
发放借书证数	（千个）	Number of Library Cards Distributed	(1000 units)	440	128	158	154
图书流通情况		Circulation of Books					
总流通人次	（千人次）	Total Number of Circulation	(1000 person-times)	11765	1383	3436	6946
书刊外借册次	（千册次）	Number of Books Borrowed by the Readers	(1000 volume-times)	8432	1506	2818	4108
为读者服务举办各种活动		Service Activities Provided for Readers					
次　数	（次）	Number of Activities	(times)	1722	114	350	1258
参加人数	（千人次）	Number of Readers Involved	(1000 person-times)	725	77	321	327
总支出	（万元）	Total Expenditures	(10000 yuan)	15666	2713	4867	8086
＃基本支出		Basic Expenditures		8973	1408	3107	4458
＃藏量购置费		Purchase Expenses		1732	500	442	790
本年新购藏量	（千册）	Number of Books Purchased During the Year	(1000 volumes)	799	131	209	459
公用房屋建筑面积	（千平方米）	Floor Space of Public Buildings	(1000 sq.m)	245	37	88	121
＃书　库		Stack Rooms		51	8	20	24
阅览室		Reading Rooms		64	9	25	30
阅览室坐席数	（千个）	Seating Capacity of Reading Rooms	(1000 seats)	17	2	6	9

21—5 博物馆、文物机构业务活动及经费情况（2011年）
Facilities, Services and Expenditures of Museums and Cultural Relic Agencies (2011)

项　　目		Item		文物保护管理机构 protection and Management Agencies	文物科研机　构 Scientific and Research Historical Relics Preservation	其　他文物机构 Other Agencies	博 物 馆 Museums
藏　品	（件）	Number of Units	(unit)	82159	3284	543	527660
＃一级品		Number of Exhibitions	(unit)	283	27	10	1664
业务活动		Art Performances and Story-telling Sessions					
陈列展览	（个）	Training Courses	(unit)	107			881
参观人次	（千人次）	Number of Classes	(1000 person-times)	1350			25712
总支出	（万元）	Total Expenditures	(10000 yuan)	7954	3573	166	24557
＃基本支出		Basic Expenditures		4003	564	66	11231
修缮费		Cultural Centers in County Towns		2184	2009	78	10740
增加值	（万元）	Cultural Clubs	(10000 yuan)	2684	1301	87	9538

21—6 广播、电视事业发展情况
Basic Statistics on Broadcasting and Television Stations

指标		Item		2000	2005	2010	2011
职工人数	(人)	Number of Staff and Workers	(person)	15655	16026	20041	21821
广播电台	(座)	Number of Broadcasting Stations	(set)	15	17	15	15
中波发射台及转播台	(座)	Number of Broadcast Transmission Stations and Relaying Stations	(set)	23	22	23	23
中波发射机功率	(千瓦)	Broadcast Power of Transmitters	(kw)	472	633	903	1082
县广播电视台	(座)	Number of Wire Broadcast Stations in Counties and Cities	(set)	50	62	62	61
广播人口覆盖率	(%)	Listener Rating	(%)	94.80	95.58	97.31	97.62
电视台	(座)	Number of Television Stations	(set)	17	17	15	15
电视发射台及转播台	(座)	Television Transmission Stations and Relaying Stations	(set)	350	218	163	146
电视发射机功率	(千瓦)	Power of Trandmitters	(kw)	320.14	429.30	849.91	846.52
电视人口覆盖率	(%)	Viewer Rating	(%)	93.82	95.00	97.50	97.92

21—7 广播、电视覆盖率
Listeners and Viewers Rate

指标	Item	覆盖人口（万人） Covered Population (10000 persons)		覆盖率（%） Covering Ratio (%)	
		2010	2011	2010	2011
广　播	**Broadcasting**	**6611.51**	**6663.97**	**97.31**	**97.62**
中央台第一套节目	Program I of China National Broadcasting	6482.18	6552.21	95.41	95.98
省台第一套节目	Program I of Provincial Broadcasting	6438.26	6516.29	94.76	95.45
地市台第一套节目	Program I of Prefectural (city) Broadcasting	5751.80	5954.25	84.66	87.22
县级台节目	Programs of County Broadcasting	4357.99	4529.34	64.14	66.35
电　视	**Television**	**6624.66**	**6684.65**	**97.50**	**97.92**
中央电视台第一套节目	Relaying Program I of CCTV	6538.22	6632.19	96.23	97.15
省电视台第一套节目	Program I of Provincial Television	6497.60	6613.25	95.63	96.87
地市级电视台节目	Programs of Prefectural (city) Television	5759.09	6105.84	84.76	89.44
县级电视台节目	Programs of County Television	4565.88	4725.39	67.20	69.22

21—8 广播、电视节目制作时间
Basic Statistics on Broadcasting and Television

单位：小时（hour）

指标	Item	2010	2011
广播节目制作	**Production of Broadcasting**	**228141**	**191932**
#新　闻	News Programs	41969	39485
专　题	Special Subject Programs	80961	57210
综　艺	Variety Entertainment	59507	48755
广播剧	Broadcasting Play	965	1745
广　告	Advertisement	19744	20924
其　他	Others	24995	23813
电视节目制作	**Production of TV Programs**	**82427**	**76953**
#新　闻	News Programs	24727	24231
专　题	Special Subject Programs	18378	20181
综　艺	Variety Entertainment	8181	7864
影视剧	TV Play	949	1215
广　告	Advertisement	19564	14376
其　他	Others	10628	9086

21—9 广播、电视宣传基本情况（2011年）
Basic Statistics on Broadcasting and Television (2011)

项目	Item	节目套数（套）Number of Programs (set)	全年公共节目播出时间（小时）Time of Program Transmission All the Year (hour)	制作节目时间（小时）Time of Making Program (hour)	新闻节目 News Programs	专题节目 Special Subject Programs	综艺节目 Variety Emtertainment
无线广播合计	**All Radio Broadcasting Stations**	**106**	**519610**	**191932**	**39485**	**57210**	**48755**
安徽台	Anhui Broadcasting Station	9	72531	36279	4052	14728	4684
地方台	Local Station	97	447079	155653	35433	42482	44071
电视播映合计	**All Television Stations**	**117**	**641252**	**76953**	**24231**	**20181**	**7864**
安徽电视台	Anhui Television Station	8	43826	14808	3382	3011	1917
地方台	Local Television Station	109	597426	62145	20849	17170	5947

21—10 图书、杂志和报纸出版数量
Number of Books, Magazines and Newspaper Published

年份 Year	图书 Books Published				杂志 Magazines Published				报纸 Newspapers Publised			
	种类（种）Number of Publications (kind)	#新出版 New Publications	总印数（万册）Printed Copies (10000 copies)	总印张数（万印张）Printed Sheets (10000 sheets)	种类（种）Number of Publications (kind)	每期平均印数（万册）Average Printed Copies Per Issue (10000 copies)	总印数（万册）Printed Copies (10000 copies)	总印张数（万印张）Printed Sheets (10000 sheets)	种类（种）Number of Publications (kind)	每期平均印数（万册）Average Printed Copies Per Issue (10000 copies)	总印数（万份）Printed Copies (10000 copies)	总印张数（万印张）Printed Sheets (10000 sheets)
1985	788	702	20708	67570	88	284	2375	9342	52	422	43826	31309
1990	1514	1107	22117	75645	79	215	1825	4735	38	239	32258	22527
1995	1926	1069	27555	109340	123	347	3197	8076	52	361	47569	49024
2000	2125	1002	30992	156767	150	621	7736	19538	84	416	76083	114736
2001	2984	1029	28540	125807	160	596	7276	18042	90	404	74768	123464
2002	2976	1396	27822	140010	183	500	6161	16696	101	389	70819	144237
2003	3489	1698	27423	153904	186	478	6013	16953	101	400	80566	221686
2004	4389	2344	28461	204565	171	388	5000	14057	95	427	87206	237351
2005	3970	1847	25220	118056	177	433	5804	17418	97	393	98134	302498
2006	3751	1689	21528	121327	174	451	5634	17020	97	401	99753	295248
2007	3378	1492	23800	133893	176	457	6342	24403	99	495	106760	327679
2008	5139	1964	27900	194730	176	444	5908	19513	98	465	101600	383952
2009	5560	1331	27204	172802	176	432	5977	23776	97	472	105905	357801
2010	5646	2669	23891	163954	178	404	5842	23115	98	519	116988	470953
2011	7804	4087	25185	186306	180	397	5948	24675	98	505	120769	607734

21—11 主要年份少年儿童读物和课本出版情况
Number of Books Published for Children and Textbooks in Major Years

年 份 Year	种 数（种） Number of Publications (knd)		总印数（万册） Printed Copies (10000 copies)		总印张（千印张） Printed Sheets (1000 sheets)	
	儿童读物 Books for Children	课 本 Textbooks	儿童读物 Books for Children	课 本 Textbooks	儿童读物 Books for Children	课 本 Textbooks
2000	235	109	372	19539	14215	904167
2005	399	310	873	15293	20428	671142
2006	500	381	2021	14331	65455	830716
2007	580	353	4226	7266	115379	468487
2008	703	443	3110	15101	113255	969202
2009	796	750	1204	15019	48429	1066395
2010	1094	449	1489	10563	90700	789666
2011	1155	633	1452	10536	92877	797456

21—12 主要年份出版印刷生产情况
Conditions of Printing in Main Year

年 份 Year	企业数 (个) Number of Enterprises (unit)	工业销售产值 (万元) Industrial Sales Value (10000 yuan)	印刷产量 Output of Printing		装订产量 (万令) Output of Bookbinding (10000 ream)	用纸量 (万令) Amout of Paper Used (10000 ream)	用纸量 (万吨) Amout of Paper Used (10000 tons)
			黑 白 (万令) Black and White (10000 ream)	彩 色 (万对开色令) Color (10000 bisect color ream)			
2005	238	160224	849.00	2773.00	530.00	1030.00	26.00
2006	231	204190	693.60	2085.35	771.66	960.48	25.45
2007	229	215581	579.65	2434.26	868.37	1048.75	32.36
2008	218	228002	2723.73	2139.71	1246.09	1192.62	34.05
2009	253	167122	794.43	3772.60	1014.55	2615.78	16.32
2010	258	302870	1094.23	2715.25	809.97	1040.70	30.04
2011	261	391576	1228.30	2293.39	1015.33	928.90	33.90

21—13 主要年份录像制品出版数量情况
Statistics on Volume of Publication of Video Products in Main Year

单位：万盒、万张（10000 cassettes, 10000 discs）

年 份 Year	录像制品 Total of Video Products	激光数码视盘 VCD	高密度激光视盘 DVD-V	录像带及其他 VT and Others	#新版录像制品 New Publication of Video Products	激光数码视盘 VCD	高密度激光视盘 DVD-V	录像带及其他 VT and Others	发行数量 Number Publicated
2000	412.80	404.88	8.00						
2005	404.32	397.84	6.48						
2006	193.30	187.50	5.30	0.50					
2007	82.35	79.60	2.75						
2008	85.82	49.53	36.29		84.32	49.53	34.79		34.90
2009	105.69	33.78	71.91		105.69	33.78	71.91		80.90
2010	90.44	27.20	59.72	3.52	89.44	27.20	58.72	3.52	59.44
2011	64.14	10.05	54.09		57.79	10.05	47.74		53.45

21—14 主要年份出版物发行机构数和网点数
Issuing Institutions and Spots of Publication in Main Year

年 份 Year	发行机构合计（处） Total	国有书店及国有发行点 State-owned Bookstore and Issuing Spots	供销社 Supply and Marketing Cooperatives	出版社 Press	网上书店 Online Bookstore	文化教育广电邮政系统 Cultural, Educational Broadcasting and Postal Systems	新华书店系统外批发网点 Wholesale Spots Outside Xinhua Bookstore	集体个体零售 Collective and Personal Retail	新华书店系统出版社自办发行从业人数（人） Persons Engaged in Own Issuance of Presses of Xinhua Book-Store System (persons) 全部职工 All Staff	国有书店及发行点 State-owned Bookstores and Issuing Spots
2005	5950	498		10		1436	248	3758	5253	5155
2006	5867	502		10		1436	239	3680	5355	5253
2007	6024	507		10		1517	290	3700	5223	5113
2008	5691	523		10		1520	290	3348	5476	5361
2009	7443	592		10		3208	299	3334	5403	5256
2010	7723	579		11	1	3576	330	3226	5029	4878
2011	8858	607		11	2	3580	329	4329	5157	5002

21—15 体育活动基本情况
Basic Statement of Sports

指　　标	Item	1995	2000	2005	2010	2011
举办全民健身活动次数（次）	Times of Activities That the Whole Nation in Health Conducted (times)			1354	2920	5861
现代体育项目活动	Modern Sports Activities				1382	
民间传统体育活动	Traditional Sports				1538	
参加全民健身活动人数（人）	People Participating the Activities That the Whole Nation in Health (person)			1492763	3247599	3444479
现代体育项目活动	Modern Sports Activities				2030546	
民间传统体育活动	Traditional Sports				1217053	
优秀运动员（人）	Number of Athletes in Grades (person)	436	1345	1408	852	847
运动健将	International Master of Sports			35	159	154
一级运动员	First Grade Sportsman	39	139	86	280	269
二级运动员	Second Grade Sportsman	96	428	1287	160	147
等级教练员人数（人）	Number of Coaches in Grades (person)				652	680
等级裁判员发展人数（人）	Number of Referees in Grades (person)				864	1287
在国内外比赛中获奖牌数（枚）	Number of Medals Won in the Matches Both Inside and Outside the Country (unit)	74	92	78.5	160.0	107.0
金　牌	Gold Medals	28	25	22.5	57.0	42.0
银　牌	Silver Medals	21	31	27	42.0	32.0
铜　牌	Bronze Medals	25	36	29	61	33
体育俱乐部（个）	Sports Club (unit)				445	591
青少年体育俱乐部	Youth Sports Club				172	238
社区体育健身俱乐部	Community Sports Fitness Club				177	257
其它体育俱乐部	Other Sports Club				46	96

注：1、优秀运动员2008年以前为等级运动员。
2、从2011年全国体育事业统计年报统计指标进行了调整，举办全民健身活动次数和参加活动人数不再分现代体育项目和民间体育活动项目。

a) Before 2008, Top athletes were athlete in Grades .

b) The 2011 national sports statistics and statistical indicators were adjusted, Number of held in national fitness activities and the number of participating in activities no longer apart modern sports And the folk sports activities

21—16 全省体育场地数
Number of Stadiums and Gymnasiums

单位：个（unit）

指　　标	Item	2009		2010		2011	
		总计 Total	体育系统 Sports System	总计 Total	体育系统 Sports System	总计 Total	体育系统 Sports System
总　　计	**Total**	**12974**	**246**	**18556**	**4535**	**19362**	**5341**
#体育场	Stadiums	84	26	84	27	87	30
体育馆	Gymnasiums	50	33	50	34	53	37
游泳跳水馆	Swimming and Diving Centers	7	5	7	6	7	6
室内外游泳池	Indoor and Outdoor Swimming Pools	29	12	140	41	140	41
有固定看台的灯光球场	Illuminated Fields With Fixed Seating	76	26	76	26	76	26
运动场	Playground	304	33	301	34	303	36
小运动场	Small Playground	2562	10	2561	10	2561	10
篮、排球场	Basketball and Volleyball ground	9862	101	13838	4077	14638	4877

21—17 体育系统职工人数（2011年）
Number of Staff and Workers in Sports System (2011)

单位：人（person）

人员分类	Category of Personnel	合计 Total	#优秀运动队 Excellent Sports Teams	体育运动学校 Physical Education and Sports Schools	业余学校 Sparetime Sports Schools	公共体育场馆 Public Stadiums and Cymnasiums	机关人员 Officers
总计	**Total**	**4246**	**1122**	**257**	**553**	**104**	**1727**
公务员	Public Servants	684					684
运动员	Athletes	847	847				
专职教练员	Full-time Coaches	680	120	131	429		
专职文化教师	Full-time Teachers	230		83	19		69
科技人员	Scientific and Technical Personnel	44					19
医务人员	Medical Personnel	30					
管理人员	Administrative Personnel	784	104	16	49	55	417
其他	Others	947	51	27	56	49	538

21—18 等级运动员、等级裁判员发展人数（2011年）
Number of Athletes and Referees in Grades by Type of Sports (2011)

单位：人（person）

运动项目	Item	等级运动员 Number of Athletes in Grades	运动健将 International Master of Sports	一级 First Grade Sportsman	二级 Second Grade Sportsman	等级裁判员 Number of Referees in Grades	国际、国家级 International National Referees	一级 First Grade Referees	二级 Second Grade Referees
总计	**Total**	**1079**	**47**	**26**	**1006**	**1287**	**16**	**133**	**1138**
#田径	Track and Field	72			72	353	2	126	225
游泳	Swimming	39	1	5	33	2			2
体操	Gymnastics	6	2	4		4	1		3
蹦床	Spring Bed	8			8	1		1	
举重	Weightlifting	2		1	1	4	1	1	2
拳击	Boxing	46	8	1	37	6	2	1	3
中国式摔跤	Chinese style wrestling	14		1	13	3		3	
国际式摔跤	Wrestling	25	1		24	1			1
柔道	Judo	18	1	6	11	2			2
跆拳道	Kickboxing	67	4	6	57	2		1	1
击剑	Fencing	47	4		43	2			2
赛艇	Racing Shell	12			12	1			1
皮划艇	Canoeing	20	1		19				
射击	Shooting	20			20				
足球	Football	30			30	57			57
篮球	Basketball	58			58	313			313
排球	Volleyball	35			35	14			14
乒乓球	Table Tennis	61			61	126			126
羽毛球	Badminton					126			126
网球	Tennis	34			34	17	2		15
健美操	Aerobics	3	3			44			44
手球	Handball	151	4		147				
技巧	Skill	5	5						
武术	Wu Shu	194	2		192	36			36
国际象棋	International Chess	14			14	1			1
中国象棋	Chinese Chess	11			11	4			4
围棋	Weiqi	6			6	2			2
其他	Others	81	11	2	68	166	8		158

主要统计指标解释

文化及相关产业

指为社会公众提供文化、娱乐产品和服务的活动以及与这些活动有关联的活动的集合。根据提供文化、娱乐产品和服务活动的属性特点，划分为公益性文化活动和经营性文化活动两大类。

文化及相关产业是第三产业的重要组成部分。是在我国《国民经济行业分类》基础上的派生分类，有文化服务和相关文化服务两大类：

艺术表演团体

指由文化部门主办或实行行业管理（经文化市场行政部门审批或已申报登记并领取相关许可证），专门从事表演艺术等活动的各类专业艺术表演团体，含民间职业剧团。如话剧团、方言话剧团、滑稽剧团、儿童剧团、歌剧团、木偶团、皮影团等以及由若干剧种组成的综合性专业艺术表演团体。不包括群众业余文艺表演团体。

艺术表演场所

指由文化部门主办或实行行业管理（经文化市场行政部门审批或已申报登记并领取相关许可证），有观众席、舞台、灯光设备，公开售票、专供文艺团体演出的文化活动场所。附属于文化部门机构内非独立核算的剧场、排演场，公开营业的也应单独统计。

广播节目综合人口覆盖率

指根据国家广电总局制定的《广播电视人口覆盖率统计技术标准和方法》进行统计调查的，在对象区内采用无线、有线、卫星等技术手段能够收听到包括中央、省、地市、县广播节目其中任意一套的人口数占全省总人口数的百分比。

电视节目综合人口覆盖率

指根据国家广电总局制定的《广播电视人口覆盖率统计技术标准和方法》进行统计调查的，在对象区内采用无线、有线、卫星等技术手段能够收看到包括中央、省、地市、县级电视节目中任意一套的人口数占全省总人口数的百分比。

等级运动员人数

指经考核正式批准授予等级运动员称号的人数。运动员等级分为国际级运动健将、运动健将、一级运动员、二级运动员、三级运动员、少年级运动员。

等级裁判员人数

指经考核正式批准授予等级裁判员称号的人数。裁判员等级分为国际裁判、国家级裁判、一级裁判、二级裁判、三级裁判。

体育场

指有 400 米跑道（中心含足球场），有固定道牙，跑道 6 条以上，并有固定看台的室外田径场地。体育场按看台容纳观众人数分为：甲级 25000 人以上，乙级 15000-25000 人，丙级 5000-15000 人，丁级 5000 人以下。

体育馆

指有固定看台，可供篮球、排球、羽毛球、乒乓球、体操等项目训练比赛活动用的室内运动场地。体育馆按看台容纳观众人数分为：甲级 6000 人以上，乙级 4000-6000 人，丙级 2000-4000 人，丁级 2000 人以下。

Explanatory Notes for Major Statistical Indicators

Culture and Related Industries

refer to the aggregate of activities, providing the mass with culture goods, amusement goods and services. According to the characteristics of culture goods, amusement goods and services, they can be classified into two categories, or nonprofit cultural activities and profit cultural activities.

Culture and related industries is the important component of the tertiary industry. These are the derivative sector from the Industrial Classification of the National Economy and are composed of two categories of culture services and related cultural services.

Arts Performance Troupes

refer to the various professional performing arts groups, which sponsored by the cultural sectors or guided by the cultural society (approved by the cultural market administration, or registered and permitted with the relative certificate), including non-governmental troupes, such as drama troupes, dialect troupes, comedy troupes, children troupes, Opera troupes, puppetry troupes, Shadowgraph troupes, etc., comprehensive professional arts performance troupes. The mass amateur arts performance troupes are not included.

Arts Performance Places

refer to the various sites for cultural activities, which sponsored by the cultural sectors or guided by the cultural society (approved by the cultural market administration, or registered and permitted with the relative certificate), with the facility of auditorium, stage, and lighting, and selling tickets in public. The theaters and rehearse sites which are affiliated to the cultural sectors without independent financial accounts which are open to the public should be covered independently.

Radio Coverage of Population

refers to the percentage of population, which can listen to one of central, provincial, city, prefecture, and county radio programs by wireless, cable, satellite and other technical means, in the surveying area, to national total population, according to Statistical Standard and Method on Television and Radio Coverage of Population established by the State Administration of Broadcasting, Film and Television.

Television Coverage of Population

refers to the percentage of population, which can watch one of central, provincial, city, prefecture, and county television programs by wireless, cable, satellite and other technical means, in the surveying area, to national total population, according to Statistical Standard and Method on Television and Radio Coverage of Population established by the State Administration of Broadcasting, Film and Television.

Number of Athletes in Grades

refers to the number of athletes who have been given titles through examination. The titles of athletes include international masters of sports, masters of sports, first-grade, second-grade and third-grade sportsmen and young athletes.

Number of Referees in Grades

refers to the number of referees who have been given titles after examination. They are classified as international referees, national referees and referees of the first, second and third grades.

Stadiums

refer to stadiums for track and field events with six lane 400-meter tracks around soccer fields, permanent track marks and permanent bleachers. Stadiums are classified according to seating capacity. They include: Class A stadiums seating 25000 people each. Class B stadiums seating 15000 to 25000 people each. Class C stadiums seating 5000 to 15000 people each, and Class D stadiums seating fewer than 5000 people.

Gymnasiums

refer to indoor sports grounds with permanent seats in which basketball, volleyball. badminton, table tennis and gymnastics competitions can be held. Gymnasiums are classified according to seating capacity. They include Class A gymnasiums seating over 6000 people. Class B gymnasiums seating 4000 to 6000 people. Class C gymnasiums seating 2000 to 4000 people, and Class D gymnasiums seating fewer than 2000 people.

第二十二篇

Chapter 22

公共管理及其他

PUBLIC MANAGEMENT AND OTHERS

简要说明

本篇主要包括社会活动参与、公检法司、残疾人事业和妇联干部情况等内容。

一、社会活动参与的内容主要包括历届安徽省人大代表和政协委员情况以及工会组织和妇联组织情况。

二、公检法司的资料主要包括公安机关的刑事案件立案情况和治安案件查处情况，交通、火灾事故情况，人民检察院的办案情况，人民法院审理案件和收结案情况，以及律师、公证、调解工作等情况。

Brief Introduction

Data in this chapter show statistics on participation in social activities, public security, procuratorial, legal and judicial affairs, disabled persons, women's Federation cardres and so on.

I. Data on participation in social activities cover mainly information on representatives to the National People's Congress (NPC), members of the Chinese People's Political Consultative Conference (CPPCC) and National trade unions. Data on number of NPC and CPPCC representatives are provided by NPC and CPPCC respectively.

II. Data on public security, procuratorial, legal and judicial affairs cover information such as criminal cases registered and offense cases handled by the public security agencies, traffic or fire accidents, cases handled by procuratorate's offices, cases accepted and settled by the people's courts, and statistics on lawyers, notarization and mediation.

22—1 历届安徽省人民代表大会代表人数
Number of Anhui Province the National People's Congress Represents

单位：人（person）

			代表总数 Total Number of Deputies	#女 代 表 Female Deputies	占代表总数(%) As Percentage to Total	少数民族代表 Ethnic Minority Deputies	占代表总数(%) As Percentage to Total
一 届	First Congress	(1954)	448	69	15.40	8	1.79
二 届	Second Congress	(1958)	496	68	13.71	9	1.81
三 届	Third Congress	(1964)	497	96	19.32	9	1.81
五 届	Fifth Congress	(1978)	998	196	19.64	28	2.81
六 届	Sixth Congress	(1983)	813	167	20.54	34	4.18
七 届	Seventh Congress	(1988)	729	157	21.54	28	3.84
八 届	Eighth Congress	(1993)	729	164	22.50	27	3.70
九 届	Ninth Congress	(1998)	728	195	26.79	35	4.81
十 届	Tenth Congress	(2003)	732	204	27.87	33	4.64
十一届	Eleventh Congress	(2008)	730	212	29.04	34	4.66

22—2 历届政协安徽省委员会委员人数
Number of Anhui Province Political Consultative Conference Committee Member

单位：人（person）

			委员总数 Total Number of Deputies	#中国共产党委员 Deputies from the Communist Party of China	占委员总数(%) As Percentage to Total	少数民族委员 Ethnic Minority Deputies	占委员总数(%) As Percentage to Total
一 届	First Congress	(1954)	171	53	30.99	6	3.51
二 届	Second Congress	(1958)	308	88	28.57	8	2.60
三 届	Third Congress	(1964)	372	108	29.03	18	4.84
四 届	Fourth Congress	(1978)	506	297	58.70	21	4.15
五 届	Fifth Congress	(1983)	724	231	31.91	30	4.14
六 届	Sixth Congress	(1988)	694	234	33.72	40	5.76
七 届	Seventh Congress	(1993)	705	245	34.75	40	5.67
八 届	Eighth Congress	(1998)	730	273	37.40	37	5.07
九 届	Ninth Congress	(2003)	740	278	37.57	37	5.00
十 届	Tenth Congress	(2008)	745	286	38.39	38	5.10

22—3 妇联组织及工作情况
Basic Statistics of Women's Associations

项　　目	Item	2005	2010	2011
妇联组织数（个、所）	Number of Women's Associations (unit)	33121	30830	33476
妇女儿童活动中心（个）	Number of Activity Centers for Women and Children (unit)	53	62	56
妇联兴办各类家长学校（个）	Number of Householders' Schools Set Up by Women's Associations (unit)	16981	15406	14480
家长人数（万人）	Number of Householders (10000 persons)	332.58		
妇联自办托幼园所（所）	Number of Nurseries and Kindergartens Set Up by Women's Associations (unit)	64	44	44
入托儿童数（人）	Number of Children Enrolled (person)	12052	12741	13200
资助女童入学或返校数（人）	Number of Sponsored Female Children Beginning or Returning to School (person)	18533	90709	15680
社会捐助总额（万元）	Total Social Donation (10000 yuan)	1062.0	4454.0	1318.0
妇联陪审员人数（人）	Number of Juniors in Women's Associations (person)	258	397	116
妇联维权干部中取得律师资格证书的人数（人）	Number of Upholding Right Cadres in Women's Associations Got Lawyer Credentials (person)	13	309	12
来信件数（件）	Number of Incoming Letters (unit)	497		
来访人数（人）	Number of Coming Visitors (person)	11745		
双学双比活动	Status of "Double-study and Double-emulation"			
接受技术培训人数（万人）	Number of Technique Trainees (10000 persons)	66.00	99.96	42.69
获绿色证书人数（人）	Number of Persons got Green Certificates (person)	13436	12376	
女农民技术员人数（人）	Number of Female Peasant Technicians (person)	15041		19120
妇代会主任是农民技术员数（人）	Number of Female Peasant Technicians on Women's Conference (person)	7555	515	
建立各类农业科技指导合作性组织	All Kinds of Agricultural S&T Guidance and Cooperative Association		1598	
农村妇女科技指导中心（个、所）	Number of Rural Women's S&T Guidance Centres (unit)	206		
农村妇女专业技术协会（个、所）	Number of Rural Women's Associations of Professional Technique (unit)	2877		939
妇联自（联）办农业基地（亩）	Agricultural Base (jointly) Organized by the Women's Federation (mu)	1108.5	2896.0	151622.0
三八绿色工程	March Eighth Green Project			
基地个数（个）	Number of Bases (unit)	651	733	294
基地亩数（亩）	Area of Bases (mu)	81129.8	242658.0	82072.0
巾帼扶贫	Woman's Anti-poverty			
脱贫户数（户）	Number of Households Shaking Off Poverty (household)	30902	8135	
扶贫项目数（个）	Number of Anti-poverty Projects (unit)	422	41	
农村妇女学校数（所）	Number of Rural Woman Schools (unit)	996	1924	
失业妇女再就业	Unemployed Female Reemployed			
妇联培训失业妇女人数（人）	Unemployed Women Trained by the Women's Federation (person)	70994	115028	71244
建立培训基地或学校数（个、所）	Number of Training Bases or Schools (unit)	216		
帮助失业妇女就业人数（人）	Number of Unemployed Female Reemployed (person)	63641	71715	26923
巾帼创业带头人数（人）	Number of Undertaking Pace-setters of Woman (person)	1351		
获职业资格证书人数（人）	Number of People Obtained details of the Job (person)	11213		8037
社区妇女工作	Women's Work of Community			
妇联建立及管理的巾帼社区服务实体数（个、所）	Number of Serving Entities of Community Set Up and Organized by the Women's Federation (unit)	691		
中华巾帼志愿者数（人）	Number of Chinese Woman Volunteers (person)	24002		
受表彰情况	Basic Statistics on Commendation			
"双学双比"女能手数（人）	Female Deft Hands of "Double-study and Double-emulation" (person)	10618		
评选巾帼建功标兵数（人）	Women Pacesetters in Performing Meritorious Services (person)	1450	1948	865
巾帼文明示范岗数（个、所）	Number of Woman's Civilization Demonstration Posts (unit)	1139	2000	1013
三八红旗手（人）	March 8th Red Banner Winners (person)	3474	3655	3650
三八红旗集体（个）	March 8th Red Banner Groups (unit)	442	1049	810
五好文明家庭（户）	"Five Good" Civilized Families (household)	62863	426502	55368
十星级家庭（户）	Ten Star Class Families (household)	49545		

22—4 工 会 组 织 情 况
Basic Statistics on Trade Unions

年 份 Year	工会基层组织数（个） Number of Grassroots Unions (unit)	全省已建工会组织的基层单位职工与会员人数（人） Membership and Number of Staff and Workers in Grassroots Unions (person)						工会专职工作人员人数（人） Number of Full-time Personnel of Unions (person)
		职工人数 Number of Staff and Workers	#女职工 Female	#农民工 Rural Workers	会员人数 Membership	#女会员 Female	#农民工 Rural Workers	
2000	31912	3536165	1334967		3192764	1194474		
2005	35828	4599881	1614030		4384087	1502544		13684
2009	57519	6843598	2325186	2117190	6330614	2205830	1922219	18356
2010	61256	7102254	2437677	2282833	6663678	2317129	2082135	29837
2011	81569	7441468	2651160	2641849	6943609	2505211	2399562	26167

22—5 妇 女 参 政 议 政 状 况
Basic Conditions on Women's Participating in the Administration and Discussion of State Affairs

项 目	Item	2000	2005	2010	2011
省(区、市)人大代表数 (人)	Provincial (area, city) National People's Congress number (persons)	743	732	739	750
#女性	Female	195	204	212	212
省(区、市)政协委员数 (人)	Provincial (area, city) CPPCC Member Number (persons)	738	750	743	741
#女性	Female	142	151	165	164
中共党员人数 (万人)	The number of members of the Communist Party of China (10000 persons)	259.40	285.00	315.90	324.50
#女性	Female	37.40	44.80	59.20	63.20
省级党委领导班子中女干部配备率 (%)	Female Cadres Portion of Provincial Rank Party Committee Leading Group (%)	100.00	100.00	100.00	100.00
省级政府领导班子中女干部配备率 (%)	Female Cadres Portion of Provincial Rank Government Leading Group (%)		100.00	100.00	100.00
地级党委领导班子中女干部配备率 (%)	Female Cadres Portion of Region Rank Party Committee Leading Group (%)	24.00	70.60	85.30	100.00
地级政府领导班子中女干部配备率 (%)	Female Cadres Portion of Region Rank Government Leading Group (%)	75.00	70.60	100.00	93.70
县级党委领导班子中女干部配备率 (%)	Female Cadres Portion of County Rank Party Committee Leading Group (%)	40.00	98.10	82.90	99.04
县级政府领导班子中女干部配备率 (%)	Female Cadres Portion of County Rank Government Leading Group (%)	82.00	97.10	87.60	97.12
公务员中女性比重 (%)	Female Portion of Civil Servant (%)		19.60	20.50	20.10

22—6 妇 女 儿 童 教 育 培 训 情 况
Basic Conditions on Women and Children's Education and Training

项 目	Item	2000	2005	2010	2011
国有企事业单位各类专业技术人员数 (万人)	Number of Professional and Technical Personnel in State-owned Enterprises and Institutions (10000 persons)	85.5	81.4		83.2
#女 性	Female	27.4	29.0		32.9
脱盲人口数 (万人)	Number of People Casting Off Illiteracy (10000 persons)	20.4	8.6	0.4	0.4
#女 性	Female	14.0	2.8	0.2	0.2
小学学龄儿童入学率 (%)	Percentage of School-age Children Enrolled (%)	99.7	99.5	99.9	99.8
女 性	Female	99.7	99.5	99.9	99.8
男 性	Male	99.7	99.5	99.9	99.8
小学辍学率 (%)	Percentage of Primary School Students Quitting Their Studies (%)	0.40	0.70	0.17	0.20
女 性	Female	0.40	0.60	0.15	0.20
男 性	Male	0.40	0.80	0.19	0.20
普通初中辍学率 (%)	Percentage of Junior Secondary School Students Quitting Their Studies(%)	2.00	2.40	1.08	0.80
女 性	Female	1.80	2.50	1.11	0.70
男 性	Male	2.20	2.30	1.05	1.00

22—7 妇女卫生保健状况
Basic Conditions on Women Hygiene

项目	Item	2000	2005	2010	2011
农村改水受益人口普及率 (%)	Percentage of People Benefited from Remade Water in Rural Area (%)	98.5	99.0	99.56	96.06
农村享有卫生厕所的人口覆盖率 (%)	Coverage Rate of people Who Enjoy Sanitary Toilet (%)	40.1	54.2	57.55	58.01
妇幼保健机构病床数 (张)	Number of Sickbeds in Maternity and Child Care Organs (unit)	2121	2322	3265	3551
妇幼保健机构医生数 (人)	Number of Doctors in Maternity and Child Care Organs (person)	1933	2010	2248	1946
孕产妇系统管理率 (%)	Percentage of Pregnant and Lying-in Women Under System Management (%)	74.8	59.4	39.04	37.46
住院分娩率 (%)	Percentage of Childbirths in Hospital (%)	73.9	86.1	98.69	98.69
孕产妇死亡率 (1/10万)	Death Rate of Pregnant and Lying-in Women (1/100 thousand)	48.4	41.2	25.46	20.31
非住院分娩消毒接生率 (%)	Percentage of Practicing Midwifery With New Methods Out of Hospital (%)	96.1	96.1	99.31	99.31
已婚育龄妇女避孕率 (%)	Contraception Rate of Married Women in Their Childbearing Age (%)	91.9	91.4	89.71	87.51
婚前医学检查率 (%)	Percentage of Medical Examinations Before Marriage (%)	21.3	4.5	68.92	77.67

22—8 儿童卫生保健状况
Basic Conditions on Children Hygiene

项目	Item	2000	2005	2010	2011
婴儿死亡率 (‰)	Death Rate of Infants (‰)	29.00	21.77	10.70	8.81
5岁以下儿童死亡率 (‰)	Death Rate of Children Below Five (‰)	34.70	24.23	13.32	11.04
住院分娩出生缺陷发生率 (‰)	Percentge of Childbirth Defects in Hospital (‰)	10.20	8.83	12.11	10.63
卡介苗接种率 (%)	Rate of Inoculating With BCG Vaccine (%)	99.70	99.62	99.68	99.79
脊髓灰质炎疫苗接种率 (%)	Rate of Inoculating With Polio Vaccine (%)	98.90	97.76	99.66	99.68
百白破疫苗接种率 (%)	Rate of Inoculating With Joint Vaccine of Pertussis, Diphtheria and Tetanus	98.30	97.60	99.64	99.61
麻疹疫苗接种率 (%)	Rate of Inoculating With Measles Vaccine (%)	98.60	97.13	99.61	99.69
乙肝疫苗接种率 (%)	Rate of Inoculating With Hepatitis B Vaccine (%)	86.30	96.95	99.68	99.78
7岁以下儿童保健管理率 (%)	Percentage of Children Below Seven Under Health Management (%)	71.80	65.98	61.43	65.53
新生儿访视率 (%)	Investigation Rate to Newborn (%)	81.40	68.88	59.83	61.46
新生儿破伤风发病率 (1/万)	Morbidity of Tetanus of Newbon (1/10000)	0.20	0.03	0.03	…

22—9 残疾人事业基本情况
Basic Information of People With Disabilities

指　　标		Item		2005	2010	2011
康　　复		**Rehabilitation**				
白内障复明手术		Sight-restoring Cataract Surgery				
白内障复明手术	(万例)	Sight-restoring Cataract Surgeries	(10000 cases)	2.5	2.9	2.3
人工晶体植入率	(%)	Artificial Intra-ocular Lens Implantation Rate	(%)	84	96	96
低视力配用助视器	(人)	Vision-aids Provided for Individuals With Low-vision	(person)	3646	1058	500
聋儿康复		Rehabilitation of Children With Hearing Disability				
年收训聋儿	(人)	Hearing and Speech Training	(person)	1126	769	518
聋儿入普幼普小率	(%)	Enrollment Rate of Trained Children to Ordinary Kindergartens and Primary Schools	(%)	14.6	37.0	51.0
培训家长	(人)	Parents Trained	(person)	1141	1102	1059
精神病防治康复		Prevention and Treatment of Psychiatric Diseases				
开展精神病防治康复工作市县数	(个)	Counties Carried on the Works of Prevention and Treatment of Psychiatric Diseases	(unit)	10	44	82
综合防治康复精神病人数	(万人)	Prevention and Treatment Provided for Patients With Severe Psychiatric Diseases	(10000 persons)	5.4	13.2	15.1
监护率	(%)	Guardianship Rate	(%)	95.5	91.2	77.0
显好率	(%)	Significant Improvement Rate	(%)	70.6	56.7	49.9
社会参与率	(%)	Social Involvement Rate	(%)	63.9	44.8	38.3
肇事率	(%)	Violent Events Rate	(%)	0.05	0.06	0.05
康复训练与服务	(人)	Rehabilitation Training and Service	(person)			
肢体残疾康复训练数		Function Training Provided to Persons With Physical Disability		3490	3782	9680
智残儿童康复训练数		Rehabilitation Training Provided to Children With Intellectual Disability		1640	1031	586
脑瘫儿童康复训练数		Rehabilitation Training Provided to Children With Cerebral Palsy		652	303	157
麻风畸残康复		Rehabilitation of People With Leprosy				
矫治手术	(例)	Orthopedic Surgeries	(case)	85		
发放辅助用具	(件)	Assistant Devices Provided	(unit)	4530		
康复训练	(人)	Rehabilitation Training	(person)	56		
教　　育		**Education**				
未入学适龄残疾儿童少年	(万人)	School-age Disabled Children Without Schooling	(10000 persons)	1.39	0.99	0.88
职业教育与培训		Vocational Education and Training				
机构数	(个)	Facilities	(unit)	65	413	159
教育与培训人数	(人)	Number of Educated and Trained	(person)	16972	26513	32900
就　　业		**Employment**				
城镇残疾人就业状况		Employment of Urban Handicapped				
当年安排就业人员	(人)	Persons Employed in the Year	(person)	19484	12782	13042
#按比例就业		Employed by Quota Scheme		5151	3295	3134
集中就业		Employed at Welfare Enterprises		7942	3323	2753
个体就业		Self-employed		6391	6164	7155
未安排就业	(人)	Unemployed	(person)	64015	78344	76810
农村残疾人就业状况		Employment of Rural Handicapped				
就　业	(万人)	Employed	(10000 persons)	95.6	107.7	106.1
未就业	(万人)	Unemployed	(10000 persons)	16.4	24.0	24.0
残疾人就业服务机构	(个)	Employment Placement Service Facilities for Disabled Jobseekers	(unit)	107	115	
省		Provinces		1	1	1
市		Cities (inc. cities at county level)		17	17	16
县(含县级市)		County		53	58	50
市辖区		Districts Under the Jurisdiction of Cities		36	41	28
盲人按摩		**Massage by Persons With Visual Disability**				
保健按摩员培训	(人)	Massage Therapists Training	(person)		2000	409
医疗按摩员培训	(人)	Keep-fit Massager Training	(person)	513	327	139
扶　　贫		**Poverty Alleviation**				
扶持人数	(万人次)	Number of Supporting	(10000 person times)	8.5	11.9	13.8
脱贫人数	(万人次)	Number of Going out poor	(10000 person times)		2.4	3.5
残联组织建设		**Organization Building of Disabled Persons' Federation**				
残疾人工作者数	(人)	Workers for Handicapped	(person)	2800	3061	2481

注：中残联对于扶贫统计指标已重置，我省相应调整扶贫指标。相应的2010年该指标数据也予以变更。

a) The poverty alleviation statistical indictors have been reset by The CDPF, for Corresponding the superior, my province adjusts poverty indictors. 2010 data is changed.

22—10 律师、公证、调解工作基本情况
Basic Statistics on Lawyers, Notarization and Mediation

指标		Item		1995	2000	2005	2010	2011
律师工作		**Lawyers**						
律师事务所	（个）	Number of Law Offices	(unit)	265	326	407	500	519
律　师	（人）	Lawyers	(person)	3284	3073	3820	5019	5355
#专职律师		Full-time Lawyers		2012	1972	3424	4411	4780
兼职律师		Part-time Lawyers		1272	1101	347	281	297
公职律师		Government Lawyers				49	97	88
公司律师		Corporation Counsel					11	11
法援律师		Legal Aid Lawyers					219	179
聘请担任常年法律顾问的单位	（处）	Number of Units With Permanent Legal Advisors	(unit)	12390	8713	10322	1027	872
民事、经济诉讼代理	（件）	Civil, Economic Litigation Agents	(case)	14301	42404	89734	69615	76592
刑事诉讼辩护及代理	（件）	Defense and Agent of Criminal Cases	(case)	10420	16549	18217	15164	16013
行政诉讼代理	（件）	Agent of Administrative Action	(case)		1957	3089	1428	1368
非诉讼法律事务	（件）	Number of Non-litigious legal Affairs	(case)	18850	12477	23253	5188	5435
解答法律询问	（件）	Number of Legal Advisory Services	(case)	120808	32165	186503	237728	298773
代写法律事务文书	（件）	Number of Legal Documents Written on Behalf of Clients	(case)	44111	40189	16580	20596	23901
公证工作		**Notarization**						
公证处	（个）	Number of Notary Offices	(unit)	104	113	108	84	84
公证人员	（人）	Notaries personnel	(person)	533	590	666	769	796
#公证员		Notaries			396	399	350	350
公证员助理		Assistant Notaries				100	201	217
办理公证文书	（件）	Number of Notarized Documents	(unit)	560614	336817	250658	375828	311001
涉外及港澳台公证文书	（件）	Number of Foreign-related, Hong Kong, Macao and Taiwan Notarized Documents	(case)			29105	53614	58277
人民调解工作		**Number of People's Mediation**						
司法助理员	（人）	Number of Judicial Assistants	(person)	2311	2564	4148	4307	4213
人民调解委员会	（个）	Number of people's Mediation Committees	(unit)	36988	38180	31180	23094	17825
调解人员	（人）	Number of Mediators	(person)	337279	282420	205785	139366	134853
调解民间纠纷	（件）	Number of Civil Disputes Mediated	(case)	350946	288952	198869	329660	376432

22—11 劳动争议仲裁委员会受理及处理案件情况（2011年）
Labour Disputes Accepted and Handled by Labour Dispute Arbitration Committees (2011)

单位：件（case）

案件类别	Category of Cases	合计 Total	国有企业 State-owned Enterprises	城镇集体企业 Urban Collective-owned Enterprises
上期未结案件数	**Number of Cases Left Over from Last Period**	**389**	**30**	**19**
案件受理情况	**Cases Accepted**			
案件数	Number of Cases	8684	789	265
#集体争议案件数	Number of Collective Disputes	66	4	2
劳动者当事人数（人）	Number of Persons Involves (person)	11705	969	343
#集体争议劳动者当事人数	Number of Persons Involved in Collective Disputes	1834	47	28
案件处理情况	**Case Settled**			
结案件数	Number of Cases Settled	8598	787	274
处理方式	**Manners of Settlement**			
仲裁调解	By Mediation	4020	323	138
仲裁裁决	By Arbitration Lawsuit	3639	371	104
其他方式	Others	939	93	32
处理结果	**Result of Settlement**			
用人单位胜诉	Won by Units	653	88	42
劳动者胜诉	Lawsuit Won by Laborers	3859	295	85
双方部分胜诉	Lawsuit Partly Won by Both Parties	3683	350	132
本期未结案数	**Number of Cases Dissettled**	**301**	**31**	**5**
案外调解争议数	**Number of Cases Settled by Other Forms**	**3983**	**324**	**127**

案件类别	Category of Cases	外商投资及港澳台投资企业 Foreign Funded and Hong Kong, Macao & Taiwan Chinese Funded Enterprises	私营企业 Private Enterprises	其他 Others
上期未结案件数	**Number of Cases Left Over from Last Period**	**13**	**232**	**92**
案件受理情况	**Cases Accepted**			
案件数	Number of Cases	169	6776	332
#集体争议案件数	Number of Collective Disputes		55	1
劳动者当事人数（人）	Number of Persons Involves (person)	181	9355	399
#集体争议劳动者当事人数	Number of Persons Involved in Collective Disputes		1694	36
案件处理情况	**Case Settled**			
结案件数	Number of Cases Settled	174	6665	341
处理方式	**Manners of Settlement**			
仲裁调解	By Mediation	76	3175	160
仲裁裁决	By Arbitration Lawsuit	87	2763	144
其他方式	Others	11	727	37
处理结果	**Result of Settlement**			
用人单位胜诉	Won by Units	17	451	18
劳动者胜诉	Lawsuit Won by Laborers	76	3197	102
双方部分胜诉	Lawsuit Partly Won by Both Parties	78	2718	204
本期未结案数	**Number of Cases Dissettled**	**8**	**231**	**11**
案外调解争议数	**Number of Cases Settled by Other Forms**	**142**	**3068**	**189**

22—12 公安机关立案的刑事案件情况
Criminal Cases Registered in Public Security Organs

案件类别	Category of Cases	立案（起）Number of cases Registered (case) 2010	2011	构成（%）Vomposition (%) 2010	2011
总　计	**Total**	**225582**	**226176**	**100.00**	**100.00**
杀　人	Homicide	362	342	0.16	0.15
伤　害	Injury	5837	5262	2.59	2.33
抢　劫	Robbery	5059	4392	2.24	1.94
强　奸	Rape	1340	1275	0.59	0.56
拐卖人口	Kidnapping and Selling People	709	693	0.31	0.31
盗　窃	Larceny	173520	172975	76.92	76.48
诈　骗	Fraud	12297	14089	5.45	6.23
伪造、变造货币，持有使用伪造货币	Forging and Fabricating Bills or Using Forged Bills	24	10	0.01	…
其　他	Others	26434,	27138	11.72	12.00
总计中：青少年刑事案件作案成员占全部作案比重	In Total: Proportion of Young People In Criminal Cases	15047	13593	33.42	29.91

22—13 公安机关受理、查处治安案件情况
Offense Caese Against Public order Handled by Public Security Organs

单位：起（case）

案件类别	Category of Cases	2010 受理 Number of Cases Accepted to be Treated	2010 查处 Number of Cases Investigated and Treated	2011 受理 Number of Cases Accepted to be Treated	2011 查处 Number of Cases Investigated and Treated
总　计	**Total**	**623134**	**608454**	**625708**	**610553**
扰乱单位、公共场所秩序	Disturbing Unit & Public Order	5804	5710	4751	4656
寻衅滋事	Making Trouble	3505	3292	3243	3071
阻碍执行职务	Handling Public Affairs	1275	1245	1165	1140
非法携带枪支、弹药、管制刀具	Illegal Holding of Gun、Ammo & Tube Cutting Tool	1073	1058	913	891
违反危险物质管理规定	Violation of Management Rule of Dangerous Material	821	808	817	802
殴打他人	Hitting other People	308320	304831	306887	301948
盗　窃	Stealing	49249	41553	48981	43242
诈骗、抢夺、敲诈勒索财物	Swindle Snatch & Blackmail Blackmailing Money & Goods	4143	3504	4368	3930
哄　抢	Making Scramble	54	50	55	49
卖淫、嫖娼	Prostitution & Go Whoring	1163	1165	1522	1494
赌　博	Gambling	8220	8007	8474	8244
其　他	Other	239507	237231	244532	241086

22—14 各市公安机关立案的刑事案件情况（2011年）
Criminal Cases Registered in Public Security Organs By Region (2011)

单位：起（case）

地 区	Region	总 计 Total	杀 人 Homicide	伤 害 Injury	抢 劫 Robbery	强 奸 Rape	拐卖人口 Kidnapping and Selling People
总 计	**Total**	**226176**	**342**	**5262**	**4392**	**1275**	**693**
合 肥 市	Hefei	49202	46	407	676	172	62
淮 北 市	Huaibei	7276	11	130	192	68	20
亳 州 市	Bozhou	9666	35	687	241	111	32
宿 州 市	Suzhou	13925	24	120	386	129	17
蚌 埠 市	Bengbu	16011	16	517	226	110	12
阜 阳 市	Fuyang	18179	55	1039	915	120	172
淮 南 市	Huainan	14069	15	210	493	59	60
滁 州 市	Chuzhou	16879	19	524	267	143	63
六 安 市	Luan	15998	34	454	220	114	55
马鞍山市	Maanshan	11898	13	208	178	41	62
芜 湖 市	Wuhu	15178	16	207	196	54	8
宣 城 市	Xuancheng	7426	20	164	76	38	7
铜 陵 市	Tongling	3554	6	55	66	8	1
池 州 市	Chizhou	3802	7	26	33	24	4
安 庆 市	Anqing	18145	19	364	208	75	83
黄 山 市	Huangshan	4968	6	150	19	9	35

地 区	Region	盗 窃 Larceny	诈 骗 Fraud	伪造、变造货币，持有使用伪造货币 Forging and Fabricating Bills or Using Forged Bills	其 他 Others	#青少年刑事案件作案成员占全部作案比重(%) Proportion of Young People In Criminal Cases
总 计	**Total**	**172975**	**14089**	**10**	**27138**	**29.91**
合 肥 市	Hefei	40575	3258		4006	44.20
淮 北 市	Huaibei	5218	549		1088	30.50
亳 州 市	Bozhou	6665	557		1338	19.37
宿 州 市	Suzhou	9752	940	2	2555	23.46
蚌 埠 市	Bengbu	12150	1089		1891	25.63
阜 阳 市	Fuyang	13056	585	1	2236	23.73
淮 南 市	Huainan	11031	835		1366	28.59
滁 州 市	Chuzhou	12837	921		2105	28.28
六 安 市	Luan	12280	694		2147	24.83
马鞍山市	Maanshan	9365	700		1331	25.52
芜 湖 市	Wuhu	11820	1041		1836	30.96
宣 城 市	Xuancheng	5538	507	1	1075	25.59
铜 陵 市	Tongling	2729	347	2	340	37.11
池 州 市	Chizhou	2925	205		578	33.78
安 庆 市	Anqing	13761	1346	4	2285	30.23
黄 山 市	Huangshan	3273	515		961	29.12

22—15 各市公安机关查处治安案件情况（2011年）
Offense Caese Against Public order Handled by Public Security Organs By Region (2011)

单位：起（case）

地 区	Region	总 计 Total	扰乱单位、公共场所秩序 Disturbing Unit & Public Order	寻衅滋事 Making Trouble	阻碍执行职务 Handling Public Affairs	非法携带枪支、弹药、管制刀具 Illegal Holding of Gun、Ammo & Tube Cutting Tool	违反危险物质管理规定 Violation of Management Rule of Dangerous Material
总 计	**Total**	**610553**	**4656**	**3071**	**1140**	**891**	**802**
合肥市	Hefei	191845	538	607	227	188	65
淮北市	Huaibei	20014	29	320	18	28	
亳州市	Bozhou	28719	100	211	80	27	120
宿州市	Suzhou	42710	124	196	97	33	78
蚌埠市	Bengbu	37681	232	313	67	31	7
阜阳市	Fuyang	20488	325	236	121	38	24
淮南市	Huainan	30464	586	66	26	75	4
滁州市	Chuzhou	24581	119	56	45	45	22
六安市	Luan	31318	195	177	72	47	72
马鞍山市	Maanshan	18368	178	193	28	41	12
芜湖市	Wuhu	47233	1115	80	49	63	302
宣城市	Xuancheng	19555	164	103	62	70	17
铜陵市	Tongling	11891	55	32	6	27	2
池州市	Chizhou	9263	131	116	15	5	5
安庆市	Anqing	56748	623	259	115	73	69
黄山市	Huangshan	19675	142	106	112	100	3

地 区	Region	殴打他人 Hitting Other People	盗 窃 Stealing	诈骗、抢夺、敲诈勒索财物 Swindle Snatch & Blackmail Blackmailing Money & Goods	哄 抢 Making Scramble	卖淫、嫖娼 Prostitution & Go Whoring	赌 博 Gambling	其 他 Other
总 计	**Total**	**301948**	**43242**	**3930**	**49**	**1494**	**8244**	**241086**
合肥市	Hefei	82427	16012	1421	6	760	2525	87069
淮北市	Huaibei	6643	1492	92	1	5	15	11371
亳州市	Bozhou	13270	884	57	2	36	173	13759
宿州市	Suzhou	21752	1244	80	1	49	72	18984
蚌埠市	Bengbu	22362	2764	499	2	50	1321	10033
阜阳市	Fuyang	11389	1314	132	1	46	174	6688
淮南市	Huainan	11108	4321	303	20	13	310	13632
滁州市	Chuzhou	15206	3245	279	1	46	311	5206
六安市	Luan	19013	833	96	4	42	264	10503
马鞍山市	Maanshan	9774	4894	231		94	176	2747
芜湖市	Wuhu	26439	1338	96	4	63	506	17178
宣城市	Xuancheng	11106	1038	202	3	43	613	6134
铜陵市	Tongling	2327	1494	164	1	14	24	7745
池州市	Chizhou	6855	232	25		11	47	1821
安庆市	Anqing	31681	1971	243	3	111	697	20903
黄山市	Huangshan	10596	166	10		111	1016	7313

22—16 检察机关直接立案侦查案件情况（2011年）
Cases Under Direct Investigation by Procurator's Offices (2011)

案件类别	Category of Cases	受案（起） Cases Accepted (case)	立案合计 Total Number of Cases Registered 件 (case)	人 (person)	大案（件） Large Cases (case)	要案（人） Key Cases (person)	结案合计 Total Number of Cases Setted 件 (case)	人 (person)
总　计	**Total**	**1405**	**1287**	**1756**	**84**	**66**	**1222**	**1655**
贪污贿赂案件小计	**Sub-total of Cases on Corruption and Bribery**	**1122**	**1056**	**1423**		**56**	**1002**	**1331**
贪　污	Corruption	396	354	630		1	343	592
贿　赂	Bribery	641	616	667		50	569	611
挪用公款	Misappropriation of Public Funds	78	80	110		1	83	108
集体私分	Collectve Illegal Possession of Public Funds	7	6	16		4	7	20
巨额财产来源不明	Unstated Source of Large Properties							
渎职案件小计	**Sub-total of Cases on Abuse and Dereliction of Duty**	**283**	**231**	**333**	**84**	**10**	**220**	**324**
滥用职权	Abuse of Power	119	99	135	39	6	93	128
玩忽职守	Dereliction of Duty	93	77	91	36	2	74	89
徇私舞弊	Fraudulent Practice	60	49	71	7	2	46	68
其　他	Others	11	6	36	2		7	39

22—17 检察机关处理申诉案件情况（2011年）
Appeals Handled by Procurator's Offices (2011)

单位：件（case）

案件类别	Category of Cases	受理 Cases Accepted	立案复查 Cases Registered of Reinves-tigation	结案 Cases Settled	#改变原决定 Original Decision Changed
总　计	**Total**	**4645**	**1189**	**1179**	**246**
不服刑事拘留	Appeals Against Criminal Detention	35			
不服不立案	Appeals Against Rejection of The Case	319			
不服逮捕	Appeals Against Arrest	61			
不服不批准	Appeals Against Rejection of Arrest	188	152	151	47
不服不起诉	Appeals Against Rejection of Prosecute	347	324	311	73
不服撤案	Appeals Against Withdrawal of the Case	8	2	2	
不服原免于起诉	Appeals Against Original Exemption of Lawsuit	4	5	4	
不服刑事判决	Appeals Against Judgment of Criminal Case	988	539	543	
不服劳教	Appeals Against Judgment of Reeducation Through Labor	14			
其　他	Others	2681	167	168	126

22—18 人民法院行政一审案件收结案情况（2011年）
First Trial Administrative Cases Accepted and Settled by Courts (2011)

单位：件（case）

项 目 Item	收 案 Cases Accepted	结 案 Cases Settled	维 持 Affirmation of Original Judgement	撤 销 Cancellation	驳回起诉 Reject	撤 诉 Withdrwal	其 他 Other	结案中单独提起行政赔偿 Of the Cases Settled: Set Administrative Compensation Alome
总 计 Total	**4717**	**4553**	**494**	**262**	**276**	**891**	**2630**	**133**
公 安 Public Security	577	564	156	52	25	217	114	33
资 源 Resources	1278	1226	78	85	76	208	779	29
城 建 City Construction	904	826	79	61	93	199	394	40
工 商 Industry and Commerce	93	90	11	3	6	30	40	1
卫 生 Health	31	31	5		2	3	21	
环 保 Environmental Protection	36	36	3			1	32	
交 通 Traffic	53	53	3	1	2	18	29	2
税 务 Tax	3	3	1			1	1	
其 他 Others	1742	1724	158	60	72	214	1220	28

22—19 人民法院刑事一审案件收结案情况（2011年）
First Trial Criminal Cases Accepted and Settled by Courts (2011)

单位：件（case）

案件类别	Category of Cases	收 案 Cases Accepted	结 案 Cases Settled
总 计	**Total**	**26562**	**25491**
危害公共安全罪	Offences Against Public Security	5162	5011
破坏社会主义市场经济秩序罪	Offences Against Socialist Economic Order	1098	1011
侵犯公民人身权利、民主权利罪	Offences Against Citizens' Personal and Democratic Rights	6740	6429
侵犯财产罪	Offences Against Properties	7762	7498
妨碍社会管理秩序罪	Offences Against Social Management of order	4503	4364
危害国防利益罪	Offences Against National Defense	4	3
贪污贿赂罪	Offences on Corruption and Bribery	1130	1042
渎 职 罪	Offences on Dereliction of Duty	161	131
其 他	Others	2	2

22—20 人民法院合同纠纷一审案件收结案情况（2011年）

First Trial Cases of Contract Disputes Accepted and Settled by Courts (2011)

单位：件（case）

项　　目	Item	收　　案 Cases Accepted	结　　案 Cases Settled	判　　决 Hudgement	驳回起诉 Reject	撤　　诉 Withdrwal	调　　解 Mediation	其　　他 Other
总　　计	**Total**	**98807**	**91535**	**39555**	**1672**	**24936**	**24165**	**1207**
买卖合同	Buying and Selling Contracts	21016	19103	7226	274	5516	5829	258
房地产开发经营合同	Real Estate Developing and Managing Contracts	3225	2852	1331	56	727	676	62
供用电、水、气、热力合同	Electricity, Water and Gas and Using Contracts	114	106	36		45	24	1
借款合同	Loan Contracts	34407	32923	15271	489	7937	8863	363
租赁合同	Leasing Contracts	4324	4003	1716	75	1264	909	39
建设工程合同	Construction Project Contracts	4048	3350	1515	87	825	863	60
承揽合同	Contractor	1920	1714	590	15	474	600	35
运输合同	Transportation Contracts	926	835	398	14	187	214	22
知识产权合同	Intellectual property Right	37	36	6		13	15	2
经营合同	Operating Contracts	2448	2247	1526	21	293	383	24
农村承包合同	Rural Contracts	730	657	341	11	175	127	3
电信合同	Telecommunication Contracts	184	180	25	7	129	15	4
服务合同	Service Contracts	5442	5356	1827	124	2908	476	21
劳动争议	Labour Contention	7255	6428	2553	220	1707	1850	98
劳务合同	Labour Contracts	1789	1682	633	36	434	554	25
其　　他	Others	10942	10063	4561	243	2302	2767	190

22—21 人民法院婚姻家庭、继承、权属、侵权纠纷及其他民事一审案件收结案情况（2011年）

First Trial Civil Cases of Marriage and Family, Inheritance, Right and Infringement Disputes and Other Civil Cases Accepted and Settled by Courts (2011)

单位：件（case）

项　　目	Item	收　　案 Cases Accepted	结　　案 Cases Settled	判　　决 Hudgement	驳回起诉 Reject	撤　　诉 Withdrwal	调　　解 Mediation	其　　他 Other
总　　计	**Total**	**137441**	**129819**	**50649**	**1033**	**27113**	**47269**	**3755**
婚姻家庭	Marriage and Family	69388	68320	22070	361	17145	28118	626
继　　承	Inheritance	1024	924	330	9	205	368	12
所有权及与所有权相关权利纠纷	Ownership and Related Right Disputes	10025	9147	3723	271	2760	2260	133
票据、证券权益纠纷	Rights and Interests Disputes of Bills and Securities	37	33	17		12		4
股东权纠纷	Shareholder Right Disputes	495	419	217	9	94	75	24
知识产权	Intellectual Property Right	1347	1315	403	9	599	290	14
不正当竞争纠纷	Illegitimate Competition Disputes	72	69	12		49	5	3
人身权纠纷	Personal Right Disputes	46250	41980	21565	215	4937	15046	217
特殊侵权纠纷	Special Infringement Disputes	2844	2449	1061	49	591	715	33
不当得利	irrational Interests	994	900	372	23	273	215	17
无因管理	No Cause management	9	9	3		2	4	
适用特别程序案件	Cases Suitable for Special Procedure	4319	3751	692	69	309	33	2648
其　　他	Others	637	503	184	18	137	140	24

22—22 全省统计执法检查情况（2011年）

Statistical Law Enforcement Inspection Situation (2011)

地 区 Region	检查单位（个）Inspection Unit (unit)	统计违法行为（件）Statistical Illegal Activity (case)	立案案件（件）Put on Record Case (case)	结案案件（件）Settled Lawsuit Case (case): 合计 Total	按违法性质分 Grouped by Illegal Character: 提供不真实或不完全整统计资料 Provide False or Incomplete Entire Statistics	拒报 Refusing to Report	迟报 Late Reported	拒绝、阻碍统计调查、统计检查 Refuse or Hinder the Survey, Statistical Check	未按规定设置原始记录和统计台帐 Installing Original Records & Statistical Table Account Without the Regulation
总 计 Total	**7710**	**1385**	**932**	**901**	**206**	**33**	**108**	**1**	**177**
省统计局	32	13	10	9	6				
合肥市 Hefei	505	80	44	44	19		3		5
淮北市 Huaibei	139	23	23	23			1		2
亳州市 Bozhou	285	59	29	20			17	1	1
宿州市 Suzhou	1756	359	135	130	9	6	16		38
蚌埠市 Bengbu	300	37	37	37	1				
阜阳市 Fuyang	487	119	103	102	35	19	19		26
淮南市 Huainan	407	61	61	61	32	1	5		16
滁州市 Chuzhou	402	90	57	57	3		2		5
六安市 Luan	373	48	48	48	8	2	3		28
马鞍山市 Maanshan	319	75	56	46	2				5
芜湖市 Wuhu	593	96	72	72	22	5	23		8
宣城市 Xuancheng	370	51	51	51	22		12		11
铜陵市 Tongling	205	26	26	26	1				
池州市 Chizhou	678	70	46	44	10		7		7
安庆市 Anqing	536	100	86	83	10				7
黄山市 Huangshan	323	78	48	48	26				18

地 区 Region	结案案件（件）Settled Lawsuit Case (case): 其他 Other	按处理情况分 Grouped by Handling Situation: 通报批评 Circulation Criticism	警告 Admonition	罚款 Fines: 件数 Cases	罚款 Fines: 金额（万元）Sum of Money (10000 yuan)	其他 Other	未结案案件（件）Settling Lawsuit Cases (case)	统计强制执行案件 Statistics Compulsory Execution Cases: 件数 Cases	处理结果 The Results
总 计 Total	**376**	**404**	**150**	**128**	**42.4**	**244**	**29**	**2**	**已结案**
省统计局	3					9	1		
合肥市 Hefei	17	26	13	1	0.1	4			
淮北市 Huaibei	20	10				13			
亳州市 Bozhou	1	2	17	4	1.2	1	9		
宿州市 Suzhou	61	97	2	38	15.6		3		
蚌埠市 Bengbu	36	5				32			
阜阳市 Fuyang	3	74	1	27	3.0		1		
淮南市 Huainan	7	21	11	2	0.5	29			
滁州市 Chuzhou	47					57			
六安市 Luan	7	34	6	8	4.3				
马鞍山市 Maanshan	39	2	4	1	1.0	39	10	1	已结案
芜湖市 Wuhu	14	5	67	10	6.6			1	已结案
宣城市 Xuancheng	6	15	8	11	2.7	17			
铜陵市 Tongling	25	26		1	2.0				
池州市 Chizhou	20	23	21	1	0.2		2		
安庆市 Anqing	66	52		24	5.2	7	3		
黄山市 Huangshan	4	12				36			

22—23 交通和火灾事故发生情况
Basic Statistics on Traffic Accidents and Fires

指　标	Item	1995	2000	2005	2010	2011
交通事故发生数 (起)	Number of Traffic Accidents (case)	4137	25809	17474	7714	14008
一次性死亡三人以上事故	Accidents With More Than Three Deaths One Time	51	57	85	54	47
重　大	Serious	2097	3669	4021	2424	2427
一　般	Ordinary	1989	22083	13368	5236	13815
交通事故损失 (万元)	Losses of Traffic Accidents (10000 yuan)	1698.0	7970.0	6118.0	2349.6	4837.5
一次性死亡三人以上事故	Accidents With More Than Three Deaths One Time	197.0	304.0	306.0	116.6	147.9
重　大	Serious	683.0	1589.0	1933.0	1143.2	2023.1
一　般	Ordinary	818.0	6077.0	3879.0	1089.8	4437.3
火灾事故发生数 (起)	Number of Fires (case)	2012	6099	9182	5174	5400
特　大	Extraordinarily Serious	5	2	1	13	
重　大	Serious	72	8	6	47	
较　大	Larger					3
一　般	Ordinary	1935	6089	9175	5114	5397
火灾事故损失 (万元)	Losses of Fires (10000 yuan)	2946.0	5704.0	3393.4	8474.3	5496.0
特　大	Extraordinarily Serious	312.0	2373.0	361.5	2495.1	
重　大	Serious	1167.0	358.0	370.9	2500.7	
较　大	Larger					123.0
一　般	Ordinary	1467.0	2973.0	2661.0	3478.5	5373.0

22—24 交通事故情况（2011年）
Basic Statistics on Traffic Accidents (2011)

指　标	Region	发生数 (起) Number of Araffic Accidents (case)	死亡人数 (人) Number of Deaths (person)	受伤人数 (人) Number of Injuries (person)	损失折款 (万元) Losses Coverted Into Cash (10000 yuan)
总　计	**Total**	**14008**	**2757**	**16500**	**4837.5**
#一次性死亡三人以上事故	Accidents With More Than Three Deaths One Time	47	184	192	148
一般事故	Ordinary	13958	2574	16301	4688.0
机动车	Motor-driven Vehicles	12876	2658	15157	4740.5
#汽　车	Automobiles	9324	2036	10387	4257.0
摩托车	Motorcycles	2812	401	3967	288.7
拖拉机	Tractors	550	167	583	99.4
农业运输车	Transport Vehicles for Agricultural Use	120	43	109	30.5
非机动车	Non-motor-driven Vehicles	1055	69	1281	77.1
#自行车	Bicycles	88	6	99	4.8
#其它非机动车	Other Non-motor-driven Vehicles	838	53	1033	60.5
行人、乘车人	Pedestrians	61	27	41	18.7

注：机动车其中数的受伤人数及损失折款有重复计算。

a) Theirs is repeated calculation in the number of injured persons and losses converted into cash of motor-driven vehicles.

22—25 主要年份火灾事故情况
Basic Statistics on Fires in Main Year

年 份 Year	发生数 (起) Number of Traffic Accidents (case)	死亡人数 (人) Number of Deaths (person)	受伤人数 (人) Number of Injuries (person)	直接经济损失 (万元) Losses Converted into Cash (10 000 yuan)	人口火灾发生率 (1/10万人) Average Number of Fires Per 100 Thousand Persons
2000	6099	79	148	6819.4	9.8
2005	7621	93	98	4956.1	11.8
2006	9141	38	45	5638.9	14.0
2007	6755	60	36	5623.8	10.2
2008	5882	72	29	8618.6	8.7
2009	5475	45	24	8400.4	8.1
2010	5174	35	21	8474.3	8.0
2011	5400	33	13	5496.0	9.1

22—26 火灾事故发生情况（2011年）
Basic Statistics on Fires (2011)

项 目 Item	合 计 Total	按事故发生程度分 By Serious Degree of Fires			
		特 大 Extraordinarily Serious	重 大 Serious	较 大 Larger	一 般 Ordinary
发 生 （起）Fires (case)	5400			3	5397
死 亡 （人）Deaths (person)	33			10	23
受 伤 （人）Injuries (person)	13			1	12
损失折款 （万元）Losses Converted Into Cash (10000 yuan)	5496			123	5373
平均每起事故损失（元）Average Loss Per Fire (yuan)	10178			410000	9957

22—27 各市交通事故情况（2011年）
Basic Statistics on Traffic Accidents by Region (2011)

地　区	Region	合计 Total 发生数（起）Number of Traffic Accidents (case)	死亡人数（人）Number of Deaths (person)	受伤人数（人）Number of Injuries (person)	损失折款（万元）Losses Coverted Into Cash (10000 yuan)	#城区 Urban Areas 发生数（起）Number of Traffic Accidents (case)	死亡人数（人）Number of Deaths (person)	受伤人数（人）Number of Injuries (person)
总　计	**Total**	**14008**	**2757**	**16500**	**4837**	**6274**	**956**	**7179**
合肥市	Hefei	1852	392	2012	1267	1365	140	1495
淮北市	Huaibei	500	75	614	1035	364	40	440
亳州市	Bozhou	1720	189	2073	319	818	74	1071
宿州市	Suzhou	1060	220	1169	285	321	85	373
蚌埠市	Bengbu	480	122	660	218	260	40	264
阜阳市	Fuyang	542	192	602	211	229	69	252
淮南市	Huainan	632	90	700	200	366	39	382
滁州市	Chuzhou	218	192	241	251	23	21	18
六安市	Luan	726	269	833	220	248	96	267
马鞍山市	Maanshan	636	133	739	96	288	61	335
芜湖市	Wuhu	1585	247	1680	469	782	96	742
宣城市	Xuancheng	1551	159	1930	599	402	71	554
铜陵市	Tongling	288	28	257	59	153	12	163
池州市	Chizhou	162	107	161	59	33	39	38
安庆市	Anqing	1419	290	1928	332	264	58	323
黄山市	Huangshan	697	95	901	147	358	15	462

22—28 各市火灾事故情况（2011年）
Basic Statistics on Fires by Region (2011)

地　区	Region	发生数（起）Number of Fires (case)	死亡人数（人）Number of Deaths (person)	受伤人数（人）Number of Injuries (person)	直接经济损失（万元）Direct Losses (10000 yuan)	人口火灾发生率（1/10万人）Average Number of Fires Per 100 Thousand People
总　计	**Total**	**5400**	**33**	**13**	**5496**	**9.1**
合肥市	Hefei	1179	1		460	15.8
淮北市	Huaibei	270		1	236	12.8
亳州市	Bozhou	82	6	4	545	1.7
宿州市	Suzhou	246	4	1	556	4.6
蚌埠市	Bengbu	620	2		172	19.6
阜阳市	Fuyang	282	7	2	309	3.7
淮南市	Huainan	435	2	1	109	18.6
滁州市	Chuzhou	261			357	6.6
六安市	Luan	723	5		409	12.9
马鞍山市	Maanshan	231		1	344	10.0
芜湖市	Wuhu	386	1	2	499	11.2
宣城市	Xuancheng	59			318	2.3
铜陵市	Tongling	59			64	8.1
池州市	Chizhou	91			133	6.5
安庆市	Anqing	408	5		693	7.7
黄山市	Huangshan	68		1	289	5.0

22—29 灾　害　情　况（2011年）
Statistics on Disasters (2011)

项　目	Item	自然灾害直接经济损失（亿元）Direct Losses of Natural Disasters (100 million yuan)	农业经济损　失 Agricultural Losses	农作物灾害（万公顷）Area of Crop Disaster (10000 hectare) 受灾面积 Areas Covered	绝收面积 Areas of Total Crop Failure	受灾人口（万人）Population Covered (10000 persons)
总　计	**Total**	**93.15**	**69.55**	**22.79**	**6.85**	**2490.57**
旱　灾	Drought	47.69	47.33	16.67	3.81	1951.87
洪涝灾	Floods	45.46	22.22	6.12	3.04	538.70

22—30 救　灾　情　况
Statistics on Disaster Relief

单位：万元　(10000 yuan)

项　目	Item	财政资金投入 Investment of Financial Fund		救灾物资投入（折款）Investment of Relief to Disaster Areas		接受捐赠下拨 Appropriation to Lower Levels From Donation	
		2010	2011	2010	2011	2010	2011
总　计	**Total**	**30356**	**30673**			**1331**	**1064**
中　央	Central Government	20000	26500				
省　级	Provincial-level	8406	2440				
地　市	Prefecture-level	269	384			574	184
县　级	County-level	1681	1349			757	880

主要统计指标解释

律师

指受聘参加法律顾问处工作，担任法律顾问、刑（民）事代理人、刑事辩护人，办理非诉讼事件、解答法律询问，代写法律事务文书等主要从事律师业务的专职法律工作者和兼职律师。

公证人员

指在公证处工作的人员总称，包括公证处主任、副主任、公证员、公证员助理(助理公证员)和其他从事辅助性工作的人员。

公证文书

指公证处根据当事人申请，依照事实和法律，按照法定程序制作的，具有法律效力的司法证明文书。

调解人员

指在人民调解委员会担负调解民间一般民事纠纷和轻微违法行为引起纠纷的工作人员，包括调解委员会的委员和调解小组的调解员。

调解民间纠纷

指调解委员会依照法律规定，根据自愿原则，用说服教育的方法调解民间发生的有关民事权利和义务的争执，促成当事双方达到协议和谅解，解决纠纷。包括婚姻家庭纠纷，财产权益纠纷等，不包括法院受理调解的民事案件数。

特大火灾

指造成 30 人以上死亡，或者 100 人以上重伤，或者 1 亿元以上直接财产损失的火灾。

重大火灾

指造成 10 人以上 30 人以下死亡，或者 50 人以上 100 人以下重伤，或者 5000 万元以上 1 亿元以下直接财产损失的火灾。

一般火灾

指造成 3 人以下死亡，或者 10 人以下重伤，或者 1000 万元以下直接财产损失的火灾。

人民检察院直接立案侦查案件

指按照管辖的规定，由人民检察院直接立案侦查的贪污贿赂犯罪、渎职犯罪、国家机关工作人员利用职权实施的侵犯公民人身权利和民主权利的犯罪以及经省级人民检察院决定立案侦查的国家机关工作人员利用职权实施的其他重大犯罪案件。

立案

指检察机关对犯罪线索进行初步调查后，认为存在职务犯罪事实并需要追究刑事责任时，依法决定作为刑事案件进行侦查的诉讼活动，是追究犯罪的开始。

大案

贪污贿赂犯罪案件指贪污、贿赂数额在 5 万元以上，挪用公款案在 10 万元以上，其他案件在 50 万元以上。渎职犯罪大案一般为直接经济损失 5 万元以上，死亡 1 人以上或者重伤 3 人以上的案件；或虽然没有造成经济损失和伤亡，但犯罪情节恶劣或造成严重后果的案件。

要案

指县、处级以上干部的犯罪案件。该指标主要反映职务犯罪案件中县、处级以上干部被人民检察院依法立案侦查的情况。

青少年罪犯

指人民法院在报告期内判决发生法律效力的有罪判决中 14 周岁以上不满 25 周岁的罪犯。其中 14 周岁以上不满 18 周岁的罪犯为未成年罪犯。

行政案件

指公民、法人和其他组织不服行政机关作出的具体行政行为，向人民法院提起行政诉讼，人民法院依法审理的案件。

单独赔偿

指单独提起行政赔偿的案件。当事人对行政行为的合法性没有争议，就行政侵权造成的损害赔偿单独提起赔偿诉讼。

受理劳动争议案件数

指劳动争议仲裁委员会根据国家有关规定，对劳动争议当事人的申请予以审查，符合受理条件而正式立案、准备处理的劳动争议案件数。

收案

是指人民法院在报告期（月、季、年）内对符合诉讼法规定的立案条件，已决定立案的案件数。

结案

是指人民法院在统计报告期内，审理完毕或认为不需要再审理，决定结束审理或者做出实体或程序方面处理的案件数。

Explanatory Notes for Major Statistical Indicators

Lawyers

are legal workers who are employed full time by legal counseling firms to act as legal advisers, agents in criminal or civil lawsuits, or defenders in criminal lawsuits, or to handle non-litigious legal affairs, to advise on matters of law or to write legal papers for others. Both full-time and part time lawyers are included.

Notary Personnel

refers to people working for notary offices including: directors, deputy directors, notaries, assistant notaries and other people providing assistance.

Notary Documents

refer to the judicial notary documents drawn up at the request of the interested party and are in accordance with facts and the law and following certain legal proceedings.

Mediators

refer to workers on people's mediation committees responsible for mediating in civil disputes and cases of slight infraction of the law. They include members of the mediation committees and mediators of mediation groups.

Mediation of Civil Disputes

refers to mediation committees' work in mediating in civil disputes concerning civil rights and duties through persuasion and education in accordance with the provisions of law on a voluntary basis, so as to solve disputes by helping the parties involved come to an agreement and understanding. These disputes include divorce cases and disputes over property ownership, but exclude the civil cases to be handled by the court.

Extraordinarily Serious Fire Case

refers to a case which has caused over 30 deaths; or over 100 serious injuries; or a direct property loss over 100 million yuan.

Serious Fire Case

refers to a case which has caused over 10 to 30 deaths; or over 50 to 100 serious injuries; or a direct property loss over 50 million to 100 million yuan.

Ordinary Fire Case

refers to a case which has caused less than three deaths; or less than 10 serious injuries; or a direct property loss less than 10 million yuan.

Cases Registered and Handled Directly by People's Procuratorate Offices

refer to those serious criminal cases that, according to the functional jurisdiction, are registered and handled by the People's Procuratorate Offices, including the ones on bribery and corruption, the ones on abuse and dereliction of duty, offences against citizens' personal and democratic rights by government officials abusing their powers; and that are registered and handled by the provincial Procuratorate offices in relation to other major crimes committed by government officials by abusing their powers.

Acceptance of Case

refers to the decision made by the procurators office to confirm the act of crime after initial investigation and to start legal proceedings of the case as criminal case.

Large Case

In case of corruption and bribery, it refers to the case involves a bribery of over 50000 yuan, or a misappropriation of over 100000, or other cases involving 500000 yuan. In case of offence on dereliction of duty, it refers to the case that causes an economic loss of over 50000, loss of one life, or severe injury of 3 persons; or a case that displays extremely disgusting behavior of the offender or results in grave aftermath.

Key Cases

refer to crimes committed by county and director-level officials. This indicator reflects the situation of those county and director-level officials involved in criminal cases registered and handled by People's Procuratorate offices.

Juvenile Criminals

refers to the offenders within the age range of 14 to 25 convicted guilty by the court during the reporting period while those between 14 and 18 are defined as minor offenders.

Administrative Cases

refers to the cases filed by citizens, corporations and other organizations against the specific administrative conducts of administrative authorities and handled by the court.

Separate Compensation

refers to cases that are separately filed for administrative compensation by the party who has no dispute on the legality of administrative conducts but brings proceedings separately to claim for damages caused by administrative tort.

Number of Labour Disputes Cases Accepted

refers to the number of cases of labour disputes submitted that, after being reviewed by the labour dispute arbitration committees in line with the relevant national regulations, are accepted and registered for treatment.

Cases Accepted

refers to the number of cases During the report period (month ,season ,year) that meet the specification of procedural law: and are determined in Acceptance of Cases.

Cases Settled

refers to the number of cases During the report period that are finished or need not checked, are determined in finishing and are Made a substantive or procedural aspects of processing.

第二十三篇

Chapter 23

企业景气调查

BUSINESS SURVEY OF ENTERPRISES

简要说明

一、根据国家统计局《关于印发〈企业景气调查制度〉的通知》(国统字[1997]381 号)文件精神，国家统计局安徽调查总队决定对 1124 户重点景气调查企业进行定期统计调查。

二、本资料由国家统计局安徽调查总队提供。

Brief Introduction

I. The "Notice of the System of Enterprise Business Survey" (NBS [1997] No.381) stipulated by NBS,, The NBS Survey Office in Anhui decided to 1124 key enterprises received business survey.

II. The data are provided by The NBS Survey Office in Anhui.

23—1 全省企业景气指数（2011年）
Business Indices of Enterprises in Anhui Province (2011)

指　　标	Item	一季度 The First Quarter	二季度 The Second Quarter	三季度 The Third Quarter	四季度 The Fourth Quarter
总体状况	**Total**	**145.5**	**142.2**	**141.0**	**137.8**
按行业门类分	**By Sector**				
工　业	Industry	143.4	141.8	139.9	138.8
建筑业	Construction	139.4	142.4	148.8	142.7
交通运输、仓储和邮政业	Transportation, Storage, Postal & Telecommunication	130.2	119.0	118.8	115.1
批发和零售业	Wholesale & Retail Trade	164.5	160.6	162.2	159.6
房地产业	Real Estate Trade	136.3	122.9	113.4	93.0
社会服务业	Social Service	170.8	151.8	146.7	139.5
信息传输、计算机服务和软件业	Information Transmission, Computer Services and Software	172.6	172.6	170.0	175.2
住宿和餐饮业	Lodging and Catering	133.7	132.3	132.2	135.6
按企业注册类型分	**By Type of Registration**				
国有企业	State-owned Enterprises	152.6	154.2	146.5	146.3
集体企业	Collective-owned Enterprises	102.9	120.6	111.8	102.9
股份合作企业	Share Holding Cooperative Enterprises	142.9	142.9	142.9	171.4
有限责任公司	Limited Liability Companies	144.7	136.0	137.4	135.7
股份有限公司	Company Limited With Share Holding	161.1	161.6	152.6	144.7
私营企业	Private Owned Enterprises	129.0	128.0	124.8	113.2
港、澳、台投资企业	Hong Kong, Macao and Taiwan Investing Enterprise	125.0	125.0	137.5	125.0
外商投资企业	Foreign Investing Enterprise	148.9	151.5	144.7	140.4
按企业规模分	**By Scale of Enterprises**				
大　型	Large-sized	172.5	163.4	152.1	145.8
中　型	Middle-sized	147.9	145.5	143.6	138.7
小　型	Small-sized	129.3	125.0	127.4	125.9
特殊分类	**Specially Classified**				
国家重点企业	Key Enterprises	168.0	163.5	143.9	115.1
国家试点企业集团成员	National Experiment Site Enterprise Group Members	193.0	193.0	193.0	193.0
出口企业	Export Enterprise	151.4	147.8	142.4	139.5
上市公司	Listed Companies	173.3	171.0	153.7	147.0
国有控股企业	State Controlling Share Hold Enterprises	153.7	147.1	146.0	144.9

23—2 全省企业家信心指数（2011年）
Faith Indices of Enterprises in Anhui Province (2011)

指　标	Item	一季度 The First Quarter	二季度 The Second Quarter	三季度 The Third Quarter	四季度 The Fourth Quarter
总体状况	**Total**	**147.5**	**140.1**	**136.8**	**129.6**
按行业门类分	**By Sector**				
工　业	Industry	149.4	138.4	136.1	128.3
建筑业	Construction	148.7	140.9	130.4	136.1
交通运输、仓储和邮政业	Transportation, Storage, Postal & Telecommunication	128.4	135.3	132.8	129.0
批发和零售业	Wholesale & Retail Trade	151.4	152.2	153.0	144.6
房地产业	Real Estate Trade	128.4	117.7	106.2	80.1
社会服务业	Social Service	150.3	153.8	149.4	138.7
信息传输、计算机服务和软件业	Information Transmission, Computer Services and Software	180.5	179.3	183.0	173.3
住宿和餐饮业	Lodging and Catering	136.8	136.6	144.4	143.3
按企业注册类型分	**By Type of Registration**				
国有企业	State-owned Enterprises	154.0	157.2	154.1	147.9
集体企业	Collective-owned Enterprises	111.8	129.4	114.7	111.8
股份合作企业	Share Holding Cooperative Enterprises	171.4	157.1	157.1	185.7
有限责任公司	Limited Liability Companies	144.7	134.0	133.1	125.9
股份有限公司	Company Limited With Share Holding	151.2	145.6	143.6	126.0
私营企业	Private Owned Enterprises	148.6	140.9	133.9	133.2
港、澳、台投资企业	Hong Kong, Macao and Taiwan Investing Enterprise	131.3	143.8	150.0	137.5
外商投资企业	Foreign Investing Enterprise	158.8	155.0	148.5	138.9
按企业规模分	**By Scale of Enterprises**				
大　型	Large-sized	153.5	141.3	138.0	120.2
中　型	Middle-sized	151.6	143.1	139.1	131.2
小　型	Small-sized	135.9	132.4	132.2	127.1
特殊分类	**Specially Classified**				
国家重点企业	Key Enterprises	164.8	163.6	164.8	116.0
国家试点企业集团成员	National Experiment Site Enterprise Group Members	193.0	200.0	193.0	133.3
出口企业	Export Enterprise	147.3	137.1	134.7	120.2
上市公司	Listed Companies	143.9	145.4	138.4	115.5
国有控股企业	State Controlling Share Hold Enterprises	150.0	141.3	140.8	130.5

23—3 全省分行业企业景气指数（2011年）
Business Indices of Enterprises in Anhui Province by Sector (2011)

指　标	Item	一季度 The First Quarter	二季度 The Second Quarter	三季度 The Third Quarter	四季度 The Fourth Quarter
工　业	**Industry**				
企业家信心指数	Faith Indices of Enterprises	149.4	138.4	136.1	128.3
企业景气指数	Business Indices of Enterprises	143.4	141.8	139.9	138.8
生产成本	Production Cost	54.6	56.6	67.3	71.6
生产总量	Production Total Quantity	112.5	135.0	126.4	121.4
产品订货	Product Ordering	119.1	127.1	120.6	119.2
#国外订货	From Overseas	104.7	109.3	108.7	105.3
产品销售	Product Sale	114.3	138.9	128.0	119.7
产品销售价格	Product Selling Price	129.4	117.7	106.6	96.8
产成品库存	Finished Product Stock	139.1	133.0	134.3	126.6
盈利(亏损)变化	Profit (Loss) Change	117.1	125.1	117.8	115.2
流动资金	Floating Capital	109.9	100.8	97.1	96.5
企业融资	Enterprise Financing	95.8	94.1	88.3	89.8
货款拖欠	Loan Delinquency	104.5	105.1	102.8	106.1
劳动力需求	Labor Force Demand	132.9	129.2	123.1	116.6
固定资产投资	Fixed Asset Investment	118.1	128.6	131.0	124.3
科技创新	Technological Innovation	123.3	128.1	125.6	128.3
主要原材料及能源购进价格	Purchase Price of Major Raw Materials and Energy	34.0	42.9	52.6	77.2
主要原材料及能源供应	Supply of Major Raw Materials and Energy	132.7	123.6	130.6	137.7
建筑业	**Construction**				
企业家信心指数	Faith Indices of Enterprises	148.7	140.9	130.4	136.1
企业景气指数	Business Indices of Enterprises	139.4	142.4	148.8	142.7
工程合同	Project Contract	107.3	123.6	117.2	121.8
#国(境)外工程合同	From Overseas	74.2	86.1	84.5	86.4
建筑工程量	Construction Resilience	103.7	141.0	139.9	135.4
新开工工程量	Newly started Construction Resilience	118.2	128.7	125.6	107.0
技术设备能力	Technical Equipment Ability	155.9	155.6	154.5	150.8
工程进度	Project Progress	121.1	147.3	146.3	136.7
工程结算收入	Revenue of Project Settlement Accounts	100.9	121.5	133.1	137.4
建筑材料购进价格	Purchase Price of Building Material	43.3	50.9	54.6	91.9
工程结算成本	Costs of Project Settlement Accounts	54.4	53.8	50.4	67.5
盈利(亏损)变化	Profit (Loss) Change	120.2	120.0	114.5	126.2
流动资金	Floating Capital	88.1	82.6	80.7	71.4
企业融资	Enterprise Financing	74.5	78.3	73.8	61.5
工程款拖欠	Project Funds Delinquency	99.1	91.7	73.9	74.7
劳动力需求	Labor Force Demand	136.6	139.8	141.7	126.7
固定资产投资	Fixed Asset Investment	103.5	116.4	113.0	103.2

23—3 续表1 continued

指　标	Item	一季度 The First Quarter	二季度 The Second Quarter	三季度 The Third Quarter	四季度 The Fourth Quarter
交通运输、仓储和邮政业	**Transport、Post、Telecommunication Services**				
企业家信心指数	Faith Indices of Enterprises	128.4	135.3	132.8	129.0
企业景气指数	Business Indices of Enterprises	130.2	119.0	118.8	115.1
业务预订	Business Orders	132.9	102.2	122.6	116.5
业务量	Business Volume	127.1	99.7	130.8	124.6
业务收费价格	Business Charge Price	106.3	107.6	115.3	105.0
业务成本	Business Cost	48.4	66.6	46.9	56.3
盈利(亏损)变化	Profit (Loss) Change	118.5	105.4	107.0	90.8
流动资金	Floating Capital	92.4	80.6	81.9	79.3
企业融资	Enterprise Financing	74.0	77.8	73.8	71.8
货款拖欠	Loan Delinquency	98.7	110.0	101.1	96.2
劳动力需求	Labor Force Demand	121.9	111.9	119.7	110.6
固定资产投资	Fixed Asset Investment	117.4	124.7	124.1	134.7
批发和零售业	**Wholesale & Retail Sale Trade**				
企业家信心指数	Faith Indices of Enterprises	151.4	152.2	153.0	144.6
企业景气指数	Business Indices of Enterprises	164.5	160.6	162.2	159.6
购货合同	Purchasing Contract	130.4	127.5	132.0	121.2
商品购进价格	Purchasing Price of Commodities	55.3	61.8	64.4	80.2
商品销售	Commodity Marketing	115.6	118.1	132.8	125.5
#出　口	Export	100.2	113.1	108.4	101.7
商品销售价格	Selling Price of Commodities	141.9	127.8	135.8	111.3
商品库存	Commodity Stock	141.6	141.5	139.9	135.3
经营费用	Management Cost	74.7	67.4	64.3	65.5
竞争能力	Competitive Ability	157.9	153.7	159.5	157.8
盈利(亏损)变化	Profit (Loss) Change	128.3	128.4	136.0	131.5
流动资金	Floating Capital	132.2	126.0	131.5	123.8
企业融资	Enterprise Financing	113.8	111.7	115.5	114.7
货款拖欠	Loan Delinquency	111.5	116.6	104.3	112.0
劳动力需求	Labor Force Demand	117.9	116.6	120.9	119.2
固定资产投资	Fixed Asset Investment	117.3	119.1	121.4	119.4

23—3 续表2 continued

指　标	Item	一季度 The First Quarter	二季度 The Second Quarter	三季度 The Third Quarter	四季度 The Fourth Quarter
房地产业	**Real Estate Industry**				
企业家信心指数	Faith Indices of Enterprises	128.4	117.7	106.2	80.1
企业景气指数	Business Indices of Enterprises	136.3	122.9	113.4	93.0
土地开发	Land Space Developed	94.5	89.0	86.8	78.2
完成投资	Finished Investment	105.7	110.9	102.4	89.1
新开工情况	Newly Started	97.7	95.3	89.7	79.3
房屋竣工	Buildings Completed	90.3	99.9	103.0	98.0
商品房预售	Commercial Houses Sold in Advince	81.2	79.7	73.6	67.0
商品房销售	Commercial Houses Sold	82.1	87.6	73.7	66.6
商品房销售价格	Commercial Houses Selling Price	129.1	123.5	106.0	81.3
待售商品房	Vacant Commercial Houses	148.5	134.9	128.3	126.9
盈利(亏损)变化	Profit(Loss) Change	106.0	95.9	87.4	65.6
流动资金	Floating Capital	91.9	85.9	77.8	60.9
企业融资	Enterprise Financing	71.9	62.9	61.0	47.1
货款拖欠	Loan Delinquency	112.6	113.7	116.0	105.7
劳动力需求	Labor Force Demand	103.7	97.5	94.9	77.9
固定资产投资	Fixed Asset Investment	94.2	88.5	87.2	79.1
社会服务业	**Social Service Industry**				
企业家信心指数	Faith Indices of Enterprises	150.3	153.8	149.4	138.7
企业景气指数	Business Indices of Enterprises	170.8	151.8	146.7	139.5
服务预订	Service Orders	129.5	132.6	127.6	117.4
竞争能力	Competitive Ability	162.6	159.7	153.5	154.0
旅游客源	Traveling Source of Tourists	139.1	152.2	147.8	92.0
收费(服务)价格	Charge(service) Price	105.4	106.1	97.9	102.6
业务量	Business Volume	141.6	132.7	123.2	117.4
营业成本	Business Cost	61.3	61.7	65.2	72.4
盈利(亏损)变化	Profit (Loss) Change	120.5	114.3	110.5	107.0
流动资金	Floating Capital	125.8	127.6	115.1	118.6
企业融资	Enterprise Financing	102.3	93.5	93.4	99.9
货款拖欠	Loan Delinquency	109.0	94.5	97.3	104.1
劳动力需求	Labor Force Demand	139.0	135.0	127.3	120.5
固定资产投资	Fixed Asset Investment	140.8	123.8	127.6	137.6

23—3 续表3 continued

指 标	Item	一季度 The First Quarter	二季度 The Second Quarter	三季度 The Third Quarter	四季度 The Fourth Quarter
信息传输、计算机服务和软件业	**Information Transmission、Computer Service & Software Industry**				
企业家信心指数	Faith Indices of Enterprises	180.5	179.3	183.0	173.3
企业景气指数	Business Indices of Enterprises	172.6	172.6	170.0	175.2
产品销售（提供服务）	Product Sale (Service Provide)	111.5	177.1	125.0	175.8
产品订货	Product Ordering	146.6	153.4	144.5	161.5
竞争能力	Competitive Ability	163.4	164.4	150.7	157.3
销售（收费）价格	Selling(charge) Price	62.4	62.0	67.8	71.7
营业收入	Business Income	155.2	118.6	158.5	164.5
营业成本	Business Cost	102.2	90.1	43.8	31.2
盈利(亏损)变化	Profit(Loss) Change	139.3	100.6	95.3	99.9
流动资金	Floating Capital	148.1	147.6	148.0	150.2
企业融资	Enterprise Financing	140.4	128.8	131.5	137.2
货款拖欠	Loan Delinquency	131.8	68.8	83.7	124.7
劳动力需求	Labor Force Demand	151.1	103.6	158.5	152.5
固定资产投资	Fixed Asset Investment	94.1	151.7	143.3	153.8
住宿和餐饮业	**Lodging and Catering**				
企业家信心指数	Faith Indices of Enterprises	136.8	136.6	144.4	143.3
企业景气指数	Business Indices of Enterprises	133.7	132.3	132.2	135.6
业务预订	Service Ordering	89.5	106.5	110.0	122.2
业务量	Business Volume	94.7	103.2	113.3	120.0
竞争能力	Competitive Ability	134.4	128.0	133.0	142.2
客房出租	Guest Room Hiring	77.3	90.2	96.0	100.0
收费(服务)价格	Charge (service) Price	112.6	103.2	110.0	107.8
营业收入	Business Income	85.3	100.0	113.3	114.4
营业成本	Business Cost	61.1	68.8	50.0	66.7
盈利(亏损)变化	Profit (Loss) Change	93.7	104.3	102.2	112.2
流动资金	Floating Capital	100.0	97.9	98.9	102.2
企业融资	Enterprise Financing	83.0	81.5	85.6	75.6
货款拖欠	Loan Delinquency	83.7	108.6	101.2	102.3
劳动力需求	Labor Force Demand	133.7	114.0	123.3	133.3
固定资产投资	Fixed Asset Investment	102.1	107.5	117.8	114.4

主要统计指标解释

企业家信心指数

也称为宏观经济景气指数，它是根据企业家对当前本企业所在国民经济行业当前经济运行态势所做出的定性判断和对未来发展变化所做出的定性预期（通常是指对“乐观”“不变”“不乐观”的选择）而编制的景气指数，用以综合反映当前宏观经济状况和企业家对宏观经济的看法与信心、综合反映未来宏观经济运行景气状况的发展变化趋势和企业家对宏观经济的看法与信心。

企业景气指数

也称企业生产经营综合景气指数，它是根据企业家对当前企业生产经营状况所做出的综合定性判断和对未来发展变化所做出的综合定性预期（通常是指对“上升”“不变”“下降”的选择）而编制的景气指数，用以综合反映当前企业生产经营综合景气状况和未来发展变化的趋势。

企业景气调查

也称为经济周期调查或短期经济观测调查，它是以企业家或负责人为调查对象，采用问卷调查方式，定期收集企业家对宏观经济运行和企业经营景气现状的定性判断、对未来经济景气状况变动预期的一种统计调查。

Explanatory Notes for Major Statistical Indicators

Faith Index of Entrepreneur

also called "macro business index". It is usually drawn up according to the entrepreneurs' judgment and anticipation to the external market economic environment and macro policy (including "optimistic", "ordinary", "not optimistic"), so as to reflect the entrepreneurs' feeling and faith about macro economy., and reflect the entrepreneurs' feeling and faith about future macro economy business and development changing Tendency

Business Index of Enterprise

also called "comprehensive production and management index of enterprise". It is usually drawn up according to the entrepreneurs' judgment and development changing tendency to the operation status of enterprise, so as to reflect the status of production and operation of enterprises. business and development changing Tendency .

Business Survey of Enterprise

Business Survey of Enterprise is a survey system set up adapted to the new situation of socialist market economy and drawing on the experience of the countries with market economy. The business indices of enterprise are drawn up through giving out regular questionnaire to some entrepreneurs and collecting their judgment and anticipation to the operation status of enterprise and macro economical situation.

第二十四篇

Chapter 24

省级和县级主要经济指标及位次

MAIN ECONOMIC INDICATORS AND THEIR ORDERS OF PRECEDENCE OF PROVINCE AND COUNTY

简要说明

一、本篇包括全国分省(市)主要年份经济指标及位次和本省县级主要经济指标及位次。

二、各县资料均来自本年鉴各篇。

三、人均指标依据年平均人数计算。

Brief Introduction

I. This chapter includes main economic indicators and their orders of precedence of provinces and counties of Anhui in major years.

II. Data of counties are extracted from the concerned data in other chapters in this yearbook.

III. Per capita indicators are calculated in accordance with annual average population.

24—1 全国分省（市）主要年份生产总值及位次
Gross Domestic Product and Their Orders of Precedence in Major Years by Province or City

本表按当年价格计算 (Data in value terms in this table are calculated at current prices.) 单位：亿元（100 million yuan）

省（市） Province or City	1995	位次 Order of Precedence	2000	位次 Order of Precedence	2005	位次 Order of Precedence	2010	位次 Order of Precedence	2011	位次 Order of Precedence
全国 National Total	**60794**		**99215**		**184937**		**401513**		**471564**	
北京 Beijing	1507.69	15	3161.00	13	6886.31	10	14113.58	13	16251.93	13
天津 Tianjin	931.97	23	1701.88	22	3697.62	20	9224.46	20	11307.28	20
河北 Hebei	2849.52	6	5043.96	6	10096.11	6	20394.26	6	24515.76	6
山西 Shanxi	1076.03	20	1845.72	20	4179.52	16	9200.86	21	11237.55	21
内蒙古 Inner Mongolia	857.06	24	1539.12	24	3895.55	19	11672.00	15	14359.88	15
辽宁 Liaoning	2793.40	7	4669.10	8	8009.01	8	18457.27	7	22226.70	7
吉林 Jilin	1137.23	19	1951.51	19	3620.27	22	8667.58	22	10568.83	22
黑龙江 Heilongjiang	1991.40	13	3151.40	14	5511.50	14	10368.60	16	12582.00	16
上海 Shanghai	2499.43	8	4771.17	7	9154.18	7	17165.98	9	19195.69	11
江苏 Jiangsu	5155.25	2	8553.69	2	18305.66	3	41425.48	2	49110.27	2
浙江 Zhejiang	3557.55	4	6141.03	4	13437.85	4	27722.31	4	32318.85	4
安徽 Anhui	**1810.66**	**14**	**2902.09**	**15**	**5350.17**	**15**	**12359.33**	**14**	**15300.65**	**14**
福建 Fujian	2094.90	12	3764.54	10	6568.93	11	14737.12	12	17560.18	12
江西 Jiangxi	1169.73	18	2003.07	18	4056.76	18	9451.26	19	11702.82	19
山东 Shandong	4953.35	3	8337.47	3	18516.87	2	39169.92	3	45361.85	3
河南 Henan	2988.37	5	5052.99	5	10587.42	5	23092.36	5	26931.03	5
湖北 Hubei	2109.38	11	3545.39	12	6520.14	12	15967.61	11	19632.26	10
湖南 Hunan	2132.13	10	3551.49	11	6511.34	13	16037.96	10	19669.56	9
广东 Guangdong	5933.05	1	10741.25	1	22366.54	1	46013.06	1	53210.28	1
广西 Guangxi	1497.56	16	2080.04	16	4075.75	17	9569.85	18	11720.87	18
海南 Hainan	363.25	28	526.82	28	894.57	28	2064.50	28	2522.66	28
重庆 Chongqing	1016.25	22	1603.16	23	3070.49	24	7925.58	23	10011.37	23
四川 Sichuan	2443.21	9	3928.20	9	7385.11	9	17185.48	8	21026.68	8
贵州 Guizhou	636.21	26	1029.92	27	1979.06	26	4602.16	26	5701.84	26
云南 Yunnan	1222.15	17	2011.19	17	3472.89	23	7224.18	24	8893.12	24
西藏 Tibet	56.11	31	117.80	31	251.21	31	507.46	31	605.83	31
陕西 Shaanxi	1036.85	21	1804.00	21	3675.66	21	10123.48	17	12512.30	17
甘肃 Gansu	557.76	27	1052.88	26	1933.98	27	4120.75	27	5020.37	27
青海 Qinghai	167.80	30	263.68	30	543.32	30	1350.43	30	1670.44	30
宁夏 Ningxia	175.19	29	295.02	29	606.10	29	1689.65	29	2102.21	29
新疆 Xinjiang	814.85	25	1363.56	25	2604.19	25	5437.47	25	6610.05	25

注：因分级核算，各省、市、自治区汇总数不等于全国数据（后同）。
a) Because of Caculating in different levels, the sum total data of every province、municipalities directly under the central government autonomous region were not equal to the whole country data.

24—2 全国分省（市）主要年份生产总值第一产业及位次
Gross Domestic Product of Precedence and Their Orders of Precedence by Province or City

本表按当年价格计算 (Data in value terms in this table are calculated at current prices.) 单位：亿元（100 million yuan）

省（市） Province or City	1995	位次 Order of Precedence	2000	位次 Order of Precedence	2005	位次 Order of Precedence	2010	位次 Order of Precedence	2011	位次 Order of Precedence
全国 National Total	**12136**		**14945**		**22420**		**40534**		**47712**	
北京 Beijing	72.16	26	76.58	27	97.99	27	124.36	29	136.27	29
天津 Tianjin	60.80	27	73.69	28	112.38	26	145.58	27	159.72	27
河北 Hebei	631.34	7	824.55	6	1503.07	3	2562.81	3	2905.73	5
山西 Shanxi	168.69	23	179.86	25	262.42	25	554.48	24	641.42	25
内蒙古 Inner Mongolia	260.18	19	350.80	18	589.56	18	1095.28	17	1306.30	17
辽宁 Liaoning	392.20	13	503.40	13	882.41	12	1631.08	11	1915.57	11
吉林 Jilin	303.99	16	398.73	16	625.61	17	1050.15	19	1277.44	18
黑龙江 Heilongjiang	371.20	15	383.15	17	684.60	15	1302.90	14	1701.50	12
上海 Shanghai	59.82	28	76.68	26	80.34	28	114.15	30	124.94	30
江苏 Jiangsu	866.24	2	1048.34	3	1461.49	5	2540.10	4	3064.77	3
浙江 Zhejiang	549.96	10	630.98	11	892.83	11	1360.56	13	1583.04	14
安徽 Anhui	**584.12**	**9**	**741.77**	**8**	**966.50**	**9**	**1729.02**	**9**	**2015.31**	**10**
福建 Fujian	464.82	11	640.57	10	841.20	13	1363.67	12	1612.24	13
江西 Jiangxi	374.64	14	485.14	14	727.37	14	1206.98	15	1391.07	16
山东 Shandong	1010.13	1	1268.57	1	1963.51	1	3588.28	1	3973.85	1
河南 Henan	762.99	4	1161.58	2	1892.01	2	3258.09	2	3512.24	2
湖北 Hubei	619.77	8	662.30	9	1082.13	8	2147.00	8	2569.30	8
湖南 Hunan	685.30	5	784.92	7	1274.15	7	2325.50	6	2768.03	6
广东 Guangdong	864.49	3	986.32	4	1428.27	6	2286.98	7	2665.20	7
广西 Guangxi	449.64	12	538.70	12	912.50	10	1675.06	10	2047.23	9
海南 Hainan	128.90	24	192.00	24	300.75	24	539.83	25	659.23	24
重庆 Chongqing	264.19	18	284.87	20	463.40	20	685.38	21	844.52	21
四川 Sichuan	662.46	6	945.58	5	1481.14	4	2482.89	5	2983.51	4
贵州 Guizhou	227.13	21	271.20	21	368.94	22	625.03	22	726.22	22
云南 Yunnan	302.69	17	431.80	15	669.81	16	1108.38	16	1411.01	15
西藏 Tibet	23.48	31	36.39	31	48.04	31	68.72	31	74.47	31
陕西 Shaanxi	217.27	22	258.22	22	435.77	21	988.45	20	1220.90	19
甘肃 Gansu	110.65	25	194.10	23	308.06	23	599.28	23	678.75	23
青海 Qinghai	39.62	29	40.12	30	65.34	30	134.92	28	155.08	28
宁夏 Ningxia	35.41	30	46.03	29	72.08	29	159.29	26	184.14	26
新疆 Xinjiang	240.71	20	288.18	19	509.99	19	1078.63	18	1139.03	20

24—3 全国分省（市）主要年份生产总值第二产业及位次

Gross Domestic Product of Secondary Industry and Their Orders of Precedence in Major Years by Province or City

本表按当年价格计算 (Data in value terms in this table are calculated at current prices.) 单位：亿元（100 million yuan）

省（市）	Province or City	1995	位次 Order of Precedence	2000	位次 Order of Precedence	2005	位次 Order of Precedence	2010	位次 Order of Precedence	2011	位次 Order of Precedence
全国	**National Total**	**28679**		**45556**		**87598**		**187383**		**220592**	
北京	Beijing	645.81	15	1033.29	15	2026.51	17	3388.38	23	3752.48	24
天津	Tianjin	518.55	18	863.83	16	2051.17	16	4840.23	19	5928.32	19
河北	Hebei	1322.77	8	2514.96	5	5232.50	6	10707.68	6	13126.86	6
山西	Shanxi	494.45	19	858.37	17	2353.16	14	5234.00	16	6635.26	16
内蒙古	Inner Mongolia	308.78	24	582.57	24	1773.21	20	6367.69	14	8037.69	13
辽宁	Liaoning	1390.00	7	2344.40	6	3953.28	8	9976.82	7	12152.15	7
吉林	Jilin	475.22	20	768.89	20	1580.83	21	4506.31	21	5611.48	21
黑龙江	Heilongjiang	1048.60	9	1731.70	9	2971.68	11	5204.11	17	6330.53	18
上海	Shanghai	1419.41	5	2207.63	8	4452.92	7	7218.32	12	7927.89	14
江苏	Jiangsu	2715.26	2	4435.89	2	10355.04	3	21753.93	2	25203.28	2
浙江	Zhejiang	1854.52	4	3273.93	4	7166.15	4	14297.93	4	16555.58	4
安徽	**Anhui**	**660.09**	**14**	**1056.78**	**14**	**2245.90**	**15**	**6436.62**	**13**	**8309.38**	**12**
福建	Fujian	882.34	11	1628.45	10	3200.26	9	7522.83	10	9069.20	11
江西	Jiangxi	403.74	23	700.76	22	1917.47	18	5122.88	18	6390.55	17
山东	Shandong	2355.78	3	4164.45	3	10628.62	2	21238.49	3	24017.11	3
河南	Henan	1394.98	6	2294.15	7	5514.14	5	13226.38	5	15427.08	5
湖北	Hubei	780.18	12	1437.38	11	2810.01	12	7767.24	9	9815.94	9
湖南	Hunan	770.67	13	1293.18	13	2596.71	13	7343.19	11	9361.99	10
广东	Guangdong	2900.22	1	4999.51	1	11339.93	1	23014.53	1	26447.38	1
广西	Guangxi	535.86	16	732.76	21	1510.68	22	4511.68	20	5675.32	20
海南	Hainan	78.48	28	103.97	30	220.07	30	571.00	30	714.50	30
重庆	Chongqing	412.28	22	623.83	23	1259.12	24	4359.12	22	5543.04	22
四川	Sichuan	980.91	10	1433.11	12	3067.23	10	8672.18	8	11029.13	8
贵州	Guizhou	232.52	27	391.20	27	826.63	27	1800.06	27	2194.33	27
云南	Yunnan	534.78	17	833.25	18	1432.76	23	3223.49	24	3780.32	23
西藏	Tibet	13.24	31	27.05	31	63.52	31	163.92	31	208.79	31
陕西	Shaanxi	441.67	21	782.58	19	1849.28	19	5446.10	15	6935.59	15
甘肃	Gansu	256.83	26	421.65	26	838.56	26	1984.97	26	2377.83	26
青海	Qinghai	64.58	30	108.83	29	264.61	29	744.63	29	975.18	29
宁夏	Ningxia	74.67	29	121.43	28	281.23	28	827.91	28	1056.15	28
新疆	Xinjiang	283.97	25	537.58	25	1164.79	25	2592.15	25	3225.90	25

24—4 全国分省（市）主要年份生产总值第三产业及位次

Gross Domestic Product of Precedence Industry and Their Orders of Precedence in Main Years by Province or City

本表按当年价格计算 (Data in value terms in this table are calculated at current prices.) 单位：亿元（100 million yuan）

省（市）	Province or City	1995	位次 Order of Precedence	2000	位次 Order of Precedence	2005	位次 Order of Precedence	2010	位次 Order of Precedence	2011	位次 Order of Precedence
全国	**National Total**	**19978**		**38714**		**74919**		**173596**		**203260**	
北京	Beijing	789.72	10	2051.13	6	4761.81	5	10600.84	5	12363.18	5
天津	Tianjin	352.62	22	764.36	20	1534.07	18	4238.65	14	5219.24	14
河北	Hebei	895.41	7	1704.45	8	3360.54	7	7123.77	7	8483.17	7
山西	Shanxi	412.89	17	807.49	18	1563.94	17	3412.38	19	3960.87	20
内蒙古	Inner Mongolia	288.10	25	605.74	24	1532.78	19	4209.02	15	5015.89	15
辽宁	Liaoning	1011.20	6	1821.20	7	3173.32	9	6849.37	8	8158.98	8
吉林	Jilin	358.02	21	783.89	19	1413.83	20	3111.12	22	3679.91	23
黑龙江	Heilongjiang	571.60	14	1036.55	15	1855.22	15	3861.59	17	4549.97	17
上海	Shanghai	1020.20	5	2486.86	4	4620.92	6	9833.51	6	11142.86	6
江苏	Jiangsu	1573.75	3	3069.46	2	6489.14	2	17131.45	2	20842.21	2
浙江	Zhejiang	1153.07	4	2236.12	5	5378.86	4	12063.82	4	14180.23	4
安徽	**Anhui**	**566.45**	**15**	**1103.54**	**14**	**2137.77**	**14**	**4193.68**	**16**	**4975.95**	**16**
福建	Fujian	747.74	11	1495.52	11	2527.47	13	5850.62	13	6878.74	13
江西	Jiangxi	391.35	18	817.17	16	1411.92	21	3121.40	21	3921.20	21
山东	Shandong	1587.44	2	2904.45	3	5924.74	3	14343.14	3	17370.89	3
河南	Henan	830.40	8	1597.26	9	3181.27	8	6607.89	9	7991.72	9
湖北	Hubei	709.43	12	1445.71	13	2628.00	12	6053.37	11	7247.02	11
湖南	Hunan	676.16	13	1473.39	12	2640.48	11	6369.27	10	7539.54	10
广东	Guangdong	2168.34	1	4755.42	1	9598.34	1	20711.55	1	24097.70	1
广西	Guangxi	512.06	16	808.58	17	1652.57	16	3383.11	20	3998.33	19
海南	Hainan	155.87	28	230.85	28	373.75	28	953.67	28	1148.93	28
重庆	Chongqing	339.78	23	694.46	23	1347.97	24	2881.08	24	3623.81	24
四川	Sichuan	799.84	9	1549.51	10	2836.74	10	6030.41	12	7014.04	12
贵州	Guizhou	176.56	27	367.52	27	783.49	27	2177.07	25	2781.29	25
云南	Yunnan	384.68	19	746.14	22	1370.32	23	2892.31	23	3701.79	22
西藏	Tibet	19.39	31	54.37	31	139.65	31	274.82	31	322.57	31
陕西	Shaanxi	377.91	20	763.20	21	1390.61	22	3688.93	18	4355.81	18
甘肃	Gansu	190.28	26	437.13	26	787.36	26	1536.50	27	1963.79	27
青海	Qinghai	63.60	30	114.73	30	213.37	30	470.88	30	540.18	30
宁夏	Ningxia	65.10	29	127.56	29	252.79	29	702.45	29	861.92	29
新疆	Xinjiang	290.17	24	537.80	25	929.41	25	1766.69	26	2245.12	26

24—5 全国分省（市）主要年份城镇固定资产投资及位次
Urban Investment in Fixed Assets and Their Orders of Precedence in Main Years by Province or City

单位：亿元（100 million yuan）

省（市） Province or City	1995	位次 Order of Prece-dence	2000	位次 Order of Prece-dence	2005	位次 Order of Prece-dence	2010	位次 Order of Prece-dence	2011	位次 Order of Prece-dence
全国 National Total	**20019.26**		**24243**		**75096.48**		**270251.99**		**301932.85**	
北京 Beijing	864.85	9	1186	6	2595.41	10	5350.84	22	5519.86	23
天津 Tianjin	396.55	17	526	17	1367.48	24	6252.22	20	7040.48	20
河北 Hebei	907.75	6	1048	7	3361.65	7	14621.72	6	15795.22	6
山西 Shanxi	270.64	23	457	22	1671.91	19	5845.23	21	6837.41	21
内蒙古 Inner Mongolia	251.32	24	347	24	2563.54	11	8838.67	12	10291.69	12
辽宁 Liaoning	865.49	8	1028	8	3669.71	5	15793.64	4	17431.46	3
吉林 Jilin	320.29	20	485	20	1595.92	21	7695.62	16	7221.64	18
黑龙江 Heilongjiang	517.62	14	741	13	1638.17	20	6495.85	19	7206.33	19
上海 Shanghai	1597.89	3	1679	2	3198.57	8	5106.86	24	4877.01	24
江苏 Jiangsu	1764.76	2	1645	3	6211.87	2	22809.04	1	26299.40	1
浙江 Zhejiang	1482.62	4	1445	5	4756.95	4	11980.32	8	13651.48	8
安徽 Anhui	**476.10**	**15**	**576**	**15**	**2140.03**	**14**	**11104.35**	**9**	**11986.02**	**10**
福建 Fujian	683.02	12	810	12	1970.12	15	7992.46	14	9692.55	13
江西 Jiangxi	282.54	22	322	25	1933.93	16	8470.19	13	8756.10	15
山东 Shandong	1308.62	5	1564	4	7274.83	1	22585.11	2	25928.45	2
河南 Henan	783.14	11	885	11	3528.29	6	15799.22	3	16932.15	4
湖北 Hubei	785.09	10	988	10	2433.23	12	9959.91	10	12223.71	9
湖南 Hunan	523.00	13	634	14	2174.91	13	9301.29	11	11360.51	11
广东 Guangdong	2315.83	1	2536	1	5760.73	3	15270.71	5	16688.44	5
广西 Guangxi	403.15	16	398	23	1554.25	22	6719.29	17	7563.89	16
海南 Hainan	182.08	25	150	28	351.51	29	1278.62	29	1611.41	28
重庆 Chongqing			459	21	1786.43	17	6597.78	18	7366.15	17
四川 Sichuan	901.42	7	1016	9	2989.60	9	12552.58	7	13705.29	7
贵州 Guizhou	161.79	26	288	27	916.09	26	2945.78	27	3734.08	27
云南 Yunnan	390.45	18	504	19	1550.18	23	5308.93	23	5927.01	22
西藏 Tibet	35.13	30	49	31	187.22	31	463.26	31	516.31	31
陕西 Shaanxi	310.18	21	529	16	1761.18	18	7744.17	15	9123.72	14
甘肃 Gansu	145.76	27	322	26	790.22	27	3054.73	26	3865.99	26
青海 Qinghai	53.11	29	132	29	312.56	30	967.44	30	1365.99	30
宁夏 Ningxia	62.17	28	124	30	382.71	28	1397.52	28	1583.46	29
新疆 Xinjiang	331.97	19	520	18	1210.09	25	3274.20	25	4444.99	25

注：2011年数据包括城镇项目、农村非农户、房地产投资。
a) The 2011 data includes the town projects, the non-farmers in rural districts, the real estate investment.

24—6 全国分省（市）主要年份农林牧渔业总产值及位次

Gross Output Value of Farming, Forestry, Animal Husbandry, and Fishery and Their Orders of Precedence in Main Years by Province or City

本表按当年价格计算 (Data in value terms in this table are calculated at current prices.) 单位：亿元（100 million yuan）

省（市） Province or City	1995	位次 Order of Precedence	2000	位次 Order of Precedence	2005	位次 Order of Precedence	2010	位次 Order of Precedence	2011	位次 Order of Precedence
全国 National Total	**20340.90**		**24777**		**39450.89**		**69319.76**		**81303.92**	
北京 Beijing	164.47	26	195	27	268.85	26	328.02	26	363.14	26
天津 Tianjin	133.25	27	156	28	258.41	27	317.33	27	349.48	28
河北 Hebei	1147.83	6	1549	5	2600.83	3	4309.42	3	4895.88	5
山西 Shanxi	299.68	22	302	25	483.80	24	1047.85	22	1207.57	22
内蒙古 Inner Mongolia	373.59	20	518	18	980.21	18	1843.57	18	2204.51	18
辽宁 Liaoning	761.80	12	967	12	1671.57	9	3106.53	9	3633.63	9
吉林 Jilin	490.28	16	598	17	1050.49	17	1850.28	16	2275.15	16
黑龙江 Heilongjiang	670.03	14	625	16	1294.41	14	2536.30	12	3223.51	12
上海 Shanghai	182.47	25	216	26	233.39	28	287.03	29	314.58	29
江苏 Jiangsu	1686.78	2	1874	3	2576.98	4	4297.14	4	5237.45	3
浙江 Zhejiang	891.71	10	1040	10	1428.28	12	2172.86	14	2534.90	14
安徽 Anhui	**980.26**	**9**	**1220**	**7**	**1666.19**	**10**	**2955.45**	**10**	**3459.66**	**10**
福建 Fujian	765.38	11	1029	11	1396.15	13	2307.06	13	2730.94	13
江西 Jiangxi	631.71	15	760	14	1142.99	15	1900.58	15	2207.27	17
山东 Shandong	1857.48	1	2294	1	3741.81	1	6650.94	1	7409.75	1
河南 Henan	1304.25	5	1981	2	3309.70	2	5734.20	2	6218.64	2
湖北 Hubei	988.53	8	1126	9	1775.58	8	3501.99	8	4252.90	8
湖南 Hunan	1046.97	7	1219	8	2056.24	7	3787.47	6	4508.20	6
广东 Guangdong	1445.48	4	1632	4	2447.57	6	3754.86	7	4384.44	7
广西 Guangxi	743.50	13	827	13	1448.37	11	2720.99	11	3323.37	11
海南 Hainan	202.10	24	309	24	475.88	25	821.31	25	1002.35	25
重庆 Chongqing			413	21	662.19	21	1021.13	23	1265.33	21
四川 Sichuan	1520.26	3	1370	6	2457.46	5	4081.81	5	4932.73	4
贵州 Guizhou	344.85	21	412	22	571.84	22	997.82	24	1165.46	24
云南 Yunnan	474.46	17	680	15	1068.58	16	1810.53	19	2306.49	15
西藏 Tibet	35.90	30			67.74	31	100.77	31	109.37	31
陕西 Shaanxi	381.65	19	472	20	730.72	20	1666.06	20	2058.60	19
甘肃 Gansu	289.37	23	323	23	521.53	23	1057.02	21	1187.76	23
青海 Qinghai	55.10	29	58	30	94.04	30	201.32	30	230.82	30
宁夏 Ningxia	56.55	28	78	29	138.00	29	305.94	28	354.68	27
新疆 Xinjiang	415.19	18	487	19	831.06	19	1846.18	17	1955.39	20

24—7 全国分省（市）主要年份工业增加值及位次
Value-added of Industry and Their Orders of Precedence in Main Years by Province or City

本表按当年价格计算 (Data in value terms in this table are calculated at current prices.) 单位：亿元（100 million yuan）

省（市）	Province or City	1999	位次 Order of Precedence	2000	位次 Order of Precedence	2005	位次 Order of Precedence	2010年比上年增长位次 Compared to Last Year	2011年比上年增长位次 Compared to Last Year
全 国	**National Total**	**21564.74**		**25394.80**		**66425.20**			
北 京	Beijing	584.48	13	722.65	12	1705.40	15	27	31
天 津	Tianjin	490.09	16	630.09	14	1783.00	13	1	3
河 北	Hebei	946.62	7	1132.66	8	3219.00	7	22	21
山 西	Shanxi	400.65	19	428.71	19	1712.00	14	8	17
内蒙古	Inner Mongolia	235.73	25	279.54	24	1135.50	20	14	12
辽 宁	Liaoning	935.84	8	1194.03	7	3007.40	8	18	22
吉 林	Jilin	412.22	18	496.19	18	1200.80	19	12	14
黑龙江	Heilongjiang	933.80	9	1213.05	6	2166.30	10	26	26
上 海	Shanghai	1541.71	4	1687.18	4	3994.70	5	17	30
江 苏	Jiangsu	2234.58	2	2604.37	2	8054.00	3	24	25
浙 江	Zhejiang	1267.75	5	1560.11	5	4904.70	4	23	29
安 徽	**Anhui**	**494.51**	**14**	**507.38**	**17**	**1373.90**	**17**	**4**	**4**
福 建	Fujian	665.02	10	797.12	11	2235.20	9	11	19
江 西	Jiangxi	248.97	23	269.73	25	828.50	24	9	11
山 东	Shandong	2098.80	3	2549.35	3	8411.90	1	27	23
河 南	Henan	993.62	6	1116.39	9	3228.00	6	14	10
湖 北	Hubei	646.42	11	1011.77	10	1847.90	12	4	7
湖 南	Hunan	461.82	17	528.06	16	1535.90	16	7	8
广 东	Guangdong	2788.16	1	3423.86	1	8290.00	2	19	27
广 西	Guangxi	281.80	21	323.88	22	833.10	23	1	6
海 南	Hainan	54.63	30	63.25	30	138.00	30	16	23
重 庆	Chongqing	239.47	24	283.73	23	716.40	25	1	1
四 川	Sichuan	634.31	12	662.44	13	2034.40	11	6	2
贵 州	Guizhou	196.04	27	216.99	27	561.60	27	25	5
云 南	Yunnan	491.12	15	531.47	15	1018.10	21	27	16
西 藏	Tibet	8.42	31	9.25	31	17.40	31	30	8
陕 西	Shaanxi	345.95	20	411.17	20	1267.20	18	13	17
甘 肃	Gansu	225.57	26	244.73	26	601.80	26	21	20
青 海	Qinghai	58.32	29	63.34	29	179.50	29	10	12
宁 夏	Ningxia	61.60	28	73.68	28	202.30	28	19	15
新 疆	Xinjiang	256.72	22	356.62	21	933.30	22	31	28

注：工业为月度快报口径。
a) Data in the table are preliminary statistics.

24—8 全国分省（市）主要年份社会消费品零售总额及位次

Total Retail Sales of Consumer Goods and Their Orders of Precedence in Main Years by Province or City

本表按当年价格计算 (Data in value terms in this table are calculated at current prices.) 单位：亿元（100 million yuan）

省（市）	Province or City	1995	位次 Order of Precedence	2000	位次 Order of Precedence	2005	位次 Order of Precedence	2010	位次 Order of Precedence	2011	位次 Order of Precedence
全　国	**National Total**	**20620.0**		**34152.6**		**67958.7**		**154554.0**		**183918.6**	
北　京	Beijing	827.0	12	1443.3	11	2902.8	11	6229.3	10	6900.3	10
天　津	Tianjin	375.6	20	736.6	18	1190.1	23	2902.6	22	3395.1	23
河　北	Hebei	852.1	10	1613.9	9	2952.9	10	6821.8	6	8035.5	9
山　西	Shanxi	376.0	19	629.1	21	1401.2	17	3207.9	19	3903.4	19
内蒙古	Inner Mongolia	295.0	23	484.0	24	1344.1	19	3337.3	17	3991.7	17
辽　宁	Liaoning	1122.0	6	1847.6	5	2999.0	6	6809.6	7	8095.3	7
吉　林	Jilin	481.5	17	810.9	17	1460.8	16	3501.8	16	4119.8	16
黑龙江	Heilongjiang	682.7	13	1094.0	14	1760.1	15	4001.0	15	4750.1	15
上　海	Shanghai	970.0	7	1722.3	8	2973.0	8	6036.9	11	6814.8	12
江　苏	Jiangsu	1650.0	2	2604.1	2	5699.9	3	13482.3	3	15988.4	3
浙　江	Zhejiang	1395.7	4	2298.8	4	4631.7	4	10163.2	4	12028.0	4
安　徽	**Anhui**	**599.6**	**15**	**1077.8**	**15**	**1765.0**	**14**	**4151.5**	**14**	**4900.6**	**14**
福　建	Fujian	670.4	14	1372.8	12	2345.8	13	5310.0	13	6276.2	13
江　西	Jiangxi	410.9	18	704.9	19	1236.2	21	2932.9	21	3485.1	22
山　东	Shandong	1442.7	3	2545.9	3	6126.4	2	14211.6	2	17155.5	2
河　南	Henan	906.7	9	1786.7	7	3358.4	5	7893.5	5	9453.6	5
湖　北	Hubei	931.8	8	1789.4	6	2964.6	9	6719.4	8	8275.2	6
湖　南	Hunan	837.4	11	1364.7	13	2459.1	12	5775.3	12	6884.7	11
广　东	Guangdong	2304.1	1	4071.9	1	7882.6	1	17414.7	1	20297.5	1
广　西	Guangxi	535.5	16	859.2	16	1397.0	18	3271.8	18	3908.2	18
海　南	Hainan	109.2	27	172.5	28	268.6	28	623.8	28	759.5	28
重　庆	Chongqing			643.4	20	1215.8	22	2878.0	23	3487.8	21
四　川	Sichuan	1300.5	5	1523.7	10	2981.4	7	6634.7	9	8044.6	8
贵　州	Guizhou	197.6	26	343.7	27	606.9	27	1482.7	25	1751.6	25
云　南	Yunnan	369.6	21	583.2	23	1034.4	24	2500.3	24	3000.1	24
西　藏	Tibet			42.9	31	73.1	31	180.8	31	219.0	31
陕　西	Shaanxi	369.5	22	607.6	22	1322.4	20	3147.7	20	3790.0	20
甘　肃	Gansu	229.9	25	362.7	26	632.8	26	1369.4	26	1648.0	26
青　海	Qinghai	57.8	28	82.1	30	160.5	30	346.0	30	410.5	30
宁　夏	Ningxia	57.2	29	90.2	29	174.3	29	403.6	29	477.6	29
新　疆	Xinjiang	253.7	24	374.5	25	637.8	25	1324.5	27	1616.3	27

注：我省1995年至2004年的数据是根据2004年经济普查结果进行了调整。

a) The data of Anhui Province since 1995 to 2004 were adjusted according to the result of 2004 economic census.

24—9 全省分县（市）主要经济指标及位次（2011年）
Main Economic Indicators and Their Orders of Precedence of All Counties (2011)

县（市）	County (City)	生产总值（亿元） Gross Demestic Product (100 million yuan)		人均生产总值（元） Per Capita Gross Demestic Product (yuan)		财政收入（万元） Government Revenue (10000 yuan)		人均财政收入（元） Per Capita Government Revenue (yuan)		财政支出（万元） Government Expenditure (10000 yuan)	
		指标 Amount	位次 Order of Prece-dence	指标 Amount	位次 Order of Prece-dence	指标 Amount	位次 Order of Prece-dence	指标 Amount	位次 Order of Prece-dence	指标 Amount	位次 Order of Prece-dence
巢湖市	Chaohu	180.45	8	20195	18	65683	28	735.10	36	215109	33
长丰县	Changfeng	214.18	5	27776	10	131020	9	1699.20	17	282153	19
肥东县	Feidong	288.12	2	26476	11	157804	4	1450.09	22	354121	2
肥西县	Feixi	344.37	1	38238	3	214885	1	2296.60	7	352756	3
庐江县	Lujiang	131.65	21	11133	47	86923	18	735.03	37	319562	7
濉溪县	Suixi	144.48	16	13079	40	79411	20	718.88	38	292594	17
涡阳县	Guoyang	154.53	13	10308	53	74783	23	498.86	49	309374	11
蒙城县	Mengcheng	139.77	19	10576	52	77204	22	584.17	44	301037	15
利辛县	Lixin	116.90	26	7413	58	50561	42	320.63	58	317575	9
砀山县	Dangshan	99.15	38	9982	55	34570	53	348.03	57	203597	35
萧县	Xiaoxian	144.13	17	10074	54	52996	40	370.41	55	301834	14
灵璧县	Lingbi	110.59	30	8958	56	31704	55	256.81	60	252430	24
泗县	Sixian	107.13	31	11532	44	37545	49	404.15	54	203084	36
怀远县	Huaiyuan	167.20	11	12358	43	78121	21	577.42	45	315255	10
五河县	Wuhe	111.38	29	15257	35	65932	26	903.15	32	221662	31
固镇县	Guzhen	100.77	37	16018	32	53287	39	847.00	33	190909	41
界首市	Jieshou	86.13	45	10913	48	47930	44	607.27	42	177897	46
临泉县	Linquan	102.02	35	4603	62	37616	48	169.71	61	338506	4
太和县	Taihe	124.78	24	7249	60	60014	35	348.63	56	303732	12
阜南县	Funan	98.19	39	5887	61	27642	57	165.73	62	292887	16
颍上县	Yingshang	145.47	15	8532	57	101902	14	597.66	43	334228	5
凤台县	Fengtai	196.03	6	31116	7	153071	5	2005.28	10	253550	23
天长市	Tianchang	184.91	7	29187	8	134573	7	2124.07	9	282687	18
明光市	Mingguang	81.64	47	12547	41	52756	41	810.83	34	180089	44
来安县	Laian	85.52	46	17042	27	64525	29	1285.79	25	168815	49
全椒县	Quanjiao	79.72	49	17107	26	73561	24	1578.44	18	191373	40
定远县	Dingyuan	102.79	34	10578	51	63491	31	653.38	41	259199	21
凤阳县	Fengyang	103.24	33	13643	38	82564	19	1091.04	29	247084	26
寿县	Shouxian	101.29	36	7378	59	37333	51	271.92	59	319362	8
霍邱县	Huoqiu	174.96	9	10676	50	102341	13	568.58	46	379217	1

24—9 续表1 continued

县（市）	County (City)	生产总值（亿元）Gross Demestic Product (100 million yuan) 指标 Amount	位次 Order of Prece-dence	人均生产总值（元）Per Capita Gross Demestic Product (yuan) 指标 Amount	位次 Order of Prece-dence	财政收入（万元）Government Revenue (10000 yuan) 指标 Amount	位次 Order of Prece-dence	人均财政收入（元）Per Capita Government Revenue (yuan) 指标 Amount	位次 Order of Prece-dence	财政支出（万元）Government Expenditure (10000 yuan) 指标 Amount	位次 Order of Prece-dence
舒城县	Shucheng	113.74	27	11401	46	53642	38	537.72	48	241786	27
金寨县	Jinzhai	72.07	52	10822	49	37400	50	561.55	47	218597	32
霍山县	Huoshan	104.52	32	28571	9	66085	25	1806.41	14	174102	47
当涂县	Dangtu	247.67	4	37868	4	180205	2	2755.30	5	302239	13
含山县	Hanshan	80.31	48	18015	25	54117	37	1214.01	26	151501	53
和县	Hexian	91.87	43	16899	28	63310	32	1046.47	31	184978	42
芜湖县	Wuhu	125.06	22	36050	5	134374	8	3873.66	3	224450	29
繁昌县	Fanchang	141.73	18	50653	1	136605	6	4882.21	1	221671	30
南陵县	Nanling	124.93	23	22513	15	87328	16	1573.64	19	197176	39
无为县	Wuwei	267.63	3	18758	23	113220	10	793.54	35	329379	6
宁国市	Ningguo	162.69	12	42077	2	160704	3	4156.27	2	256007	22
郎溪县	Langxi	72.59	50	21268	16	65716	27	1925.50	12	157249	52
广德县	Guangde	121.97	25	23727	12	100011	15	1945.51	11	207002	34
泾县	Jingxian	56.81	54	15988	33	50334	43	1416.66	24	142707	55
绩溪县	Jixi	40.33	58	22754	13	43715	45	2466.61	6	105986	58
旌德县	Jingde	24.67	60	16385	30	27079	58	1798.25	15	77843	60
铜陵县	Tongling	92.92	42	31767	6	87166	17	2979.94	4	163747	50
东至县	Dongzhi	88.16	44	16131	31	62307	34	1140.09	28	180999	43
石台县	Shitai	15.25	62	14017	36	11532	62	1059.98	30	66379	61
青阳县	Qingyang	54.67	56	20082	19	62813	33	2170.51	8	131593	56
桐城市	Tongcheng	170.07	10	22579	14	109129	11	1448.81	23	265250	20
怀宁县	Huaining	138.95	20	20012	20	108938	12	1568.98	20	252288	25
枞阳县	Zongyang	149.44	14	15409	34	64035	30	660.28	40	237286	28
潜山县	Qianshan	97.41	40	16634	29	41183	47	703.27	39	198194	38
太湖县	Taihu	70.03	53	12360	42	23856	59	421.02	53	179143	45
宿松县	Susong	111.49	28	13378	39	36966	52	443.57	52	200562	37
望江县	Wangjiang	72.33	51	11481	45	28270	56	448.74	51	163556	51
岳西县	Yuexi	56.12	55	13939	37	19155	60	475.76	50	149817	54
歙县	Shexian	96.38	41	19898	21	58271	36	1203.03	27	173701	48
休宁县	Xiuning	49.95	57	18177	24	42668	46	1552.84	21	126223	57
黟县	Yixian	18.95	61	19820	22	17948	61	1876.94	13	63949	62
祁门县	Qimen	38.72	59	20617	17	32400	54	1725.27	16	97254	59

24—9 续表2 continued

县（市）	County (City)	职工平均工资（元）Average Wage of Staff and Workers (yuan)		规模以上工业增加值（亿元）Gross Industrial Output Value at and Above Township Level (100 million yuan)		人均工业增加值（元）Per Capita Gross Industrial Output Value (yuan)		农林牧渔业总产值（万元）Gross Output Value of Farming, Forestry, Animal Husbandry and Fishery (10000 yuan)	
		指标 Amount	位次 Order of Precedence	指标 Amount	位次 Order of Precedence	指标 Amount	位次 Order of Precedence	指标 Amount	位次 Order of Precedence
巢湖市	Chaohu	35772	24	68.54	14	7670.87	17	379691	35
长丰县	Changfeng	38703	12	79.87	10	10358.67	12	733173	11
肥东县	Feidong	38515	13	108.35	5	9956.05	14	907016	2
肥西县	Feixi	39088	9	145.34	1	15533.47	9	805120	6
庐江县	Lujiang	32146	39	26.63	37	2252.01	53	622800	20
濉溪县	Suixi	33715	35	71.36	13	6459.73	20	538375	24
涡阳县	Guoyang	32823	38	51.12	21	3409.97	47	676176	19
蒙城县	Mengcheng	32069	40	30.20	32	2284.77	52	701241	17
利辛县	Lixin	28099	55	11.53	57	730.89	60	717239	14
砀山县	Dangshan	27108	58	36.87	27	3712.26	45	577651	23
萧县	Xiaoxian	29960	48	54.41	19	3802.88	43	810676	5
灵璧县	Lingbi	29681	51	24.84	40	2012.09	55	793872	7
泗县	Sixian	27373	57	22.28	45	2398.64	51	710035	15
怀远县	Huaiyuan	28591	54	57.27	17	4232.71	38	887768	3
五河县	Wuhe	31484	43	35.01	28	4795.61	33	691148	18
固镇县	Guzhen	26695	61	34.71	29	5516.67	25	620913	21
界首市	Jieshou	26734	60	39.15	25	4959.98	31	354711	36
临泉县	Linquan	30406	46	14.85	52	669.86	61	958530	1
太和县	Taihe	29752	49	29.29	33	1701.54	56	734974	10
阜南县	Funan	31008	45	14.89	51	892.64	59	727930	12
颍上县	Yingshang	44885	5	86.33	8	5063.15	30	708985	16
凤台县	Fengtai	52636	1	11.80	56	1545.84	57	347515	37
天长市	Tianchang	37727	14	124.57	4	19661.09	3	411748	30
明光市	Mingguang	26208	62	13.86	54	2129.85	54	439200	29
来安县	Laian	35981	22	37.54	26	7481.05	18	282263	42
全椒县	Quanjiao	35481	25	26.17	38	5615.77	23	329333	39
定远县	Dingyuan	31482	44	14.47	53	1489.22	58	749726	9
凤阳县	Fengyang	31597	42	29.01	34	3832.88	42	477763	25
寿县	Shouxian	27009	59	8.80	58	641.18	62	725432	13
霍邱县	Huoqiu	31614	41	77.64	11	4313.29	37	780277	8

24—9 续表3 continued

县（市）	County (City)	职工平均工资（元）Average Wage of Staff and Workers (yuan)		规模以上工业增加值（亿元）Gross Industrial Output Value at and Above Township Level (100 million yuan)		人均工业增加值（元）Per Capita Gross Industrial Output Value (yuan)		农林牧渔业总产值（万元）Gross Output Value of Farming, Forestry, Animal Husbandry and Fishery (10000 yuan)	
		指标 Amount	位次 Order of Precedence	指标 Amount	位次 Order of Precedence	指标 Amount	位次 Order of Precedence	指标 Amount	位次 Order of Precedence
舒城县	Shucheng	34141	32	32.50	30	3258.00	48	439471	28
金寨县	Jinzhai	32981	37	23.77	43	3568.95	46	266047	45
霍山县	Huoshan	29083	53	57.32	16	15668.92	8	170181	54
当涂县	Dangtu	48530	2	95.48	6	14598.58	10	440391	27
含山县	Hanshan	37535	15	24.48	41	5490.86	26	279146	43
和县	Hexian	34845	29	28.76	35	4754.61	34	342541	38
芜湖县	Wuhu	44630	6	67.85	15	19558.99	4	243108	48
繁昌县	Fanchang	46011	4	128.22	3	45824.61	1	130783	56
南陵县	Nanling	38894	10	46.13	24	8312.45	16	399779	32
无为县	Wuwei	37071	16	131.68	2	9229.37	15	875782	4
宁国市	Ningguo	44089	7	91.32	7	23618.41	2	277750	44
郎溪县	Langxi	35858	23	56.10	18	16437.89	6	194014	52
广德县	Guangde	43028	8	84.36	9	16410.87	7	261191	46
泾县	Jingxian	35214	26	19.44	48	5471.73	28	214675	50
绩溪县	Jixi	38829	11	18.76	49	10584.86	11	136091	55
旌德县	Jingde	34703	30	8.73	59	5799.51	21	92602	59
铜陵县	Tongling	46630	3	50.32	22	17202.89	5	121141	58
东至县	Dongzhi	36314	19	20.61	46	3771.53	44	382243	33
石台县	Shitai	29197	52	3.37	62	3099.06	50	47028	62
青阳县	Qingyang	36693	18	16.04	50	5542.65	24	122982	57
桐城市	Tongcheng	36953	17	75.23	12	9987.78	13	381814	34
怀宁县	Huaining	34269	31	49.96	23	7195.49	19	326352	40
枞阳县	Zongyang	34124	33	53.21	20	5486.75	27	446467	26
潜山县	Qianshan	33068	36	30.70	31	5241.93	29	259518	47
太湖县	Taihu	34029	34	22.58	44	3984.34	40	312856	41
宿松县	Susong	30035	47	25.99	39	3118.75	49	596519	22
望江县	Wangjiang	27996	56	24.23	42	3846.57	41	403350	31
岳西县	Yuexi	29704	50	19.88	47	4937.34	32	198317	51
歙县	Shexian	36010	21	27.89	36	5758.97	22	231360	49
休宁县	Xiuning	36286	20	12.29	55	4471.10	35	178443	53
黟县	Yixian	34861	28	4.19	61	4385.82	36	54439	61
祁门县	Qimen	34899	27	7.64	60	4070.12	39	80284	60

24—9 续表4 continued

县（市）	County (City)	人均农林牧渔业总产值（元）Per Capita Gross Outpnt Value of Farming, Forestry, Animal Husbandry and Fishery (yuan)		农民人均纯收入（元）Annual per Capita Net Income of Rural Residents (yuan)		社会消费品零售总额（万元）Total Retail Sale of Consumer Goods (10000 yuan)		人均社会消费品零售总额（元）Per Capita Total Retail Sale of Consumer Goods (yuan)	
		指 标 Amount	位 次 Order of Prece-dence	指 标 Amount	位 次 Order of Prece-dence	指 标 Amount	位 次 Order of Prece-dence	指 标 Amount	位 次 Order of Prece-dence
巢 湖 市	Chaohu	4249.34	59	6883.30	28	615776	4	6891.50	8
长 丰 县	Changfeng	9508.53	2	7291.48	21	272878	42	3538.95	52
肥 东 县	Feidong	8334.73	5	8388.61	10	439803	14	4041.43	43
肥 西 县	Feixi	8604.80	4	8463.63	9	446659	13	4773.71	31
庐 江 县	Lujiang	5266.49	36	6951.61	26	493723	10	4175.00	41
濉 溪 县	Suixi	4873.70	40	6099.96	41	404747	20	3664.01	48
涡 阳 县	Guoyang	4510.64	48	6123.30	40	643141	3	4290.27	38
蒙 城 县	Mengcheng	5305.96	34	6159.00	39	600864	6	4546.45	35
利 辛 县	Lixin	4548.38	47	4292.43	59	508996	8	3227.80	54
砀 山 县	Dangshan	5815.38	27	5431.07	50	293411	39	2953.86	57
萧 县	Xiaoxian	5666.11	30	6031.62	42	429568	15	3002.41	56
灵 璧 县	Lingbi	6430.62	20	5489.30	48	259730	44	2103.90	62
泗 县	Sixian	7643.04	8	5648.19	47	226605	48	2439.24	59
怀 远 县	Huaiyuan	6561.84	17	6664.28	30	565096	7	4176.85	40
五 河 县	Wuhe	9467.48	3	6616.17	31	335729	30	4598.88	33
固 镇 县	Guzhen	9869.44	1	6607.34	32	272331	43	4328.70	36
界 首 市	Jieshou	4494.17	49	6322.10	36	282053	41	3573.59	50
临 泉 县	Linquan	4324.62	54	4301.54	58	469330	11	2117.49	61
太 和 县	Taihe	4269.62	57	6012.50	44	782805	1	4547.48	34
阜 南 县	Funan	4364.29	52	4242.60	61	398296	23	2387.97	60
颍 上 县	Yingshang	4158.20	60	5127.02	55	424226	16	2488.09	58
凤 台 县	Fengtai	4552.56	46	7041.00	25	385866	25	5054.97	30
天 长 市	Tianchang	6498.93	18	9000.51	7	403371	21	6366.71	11
明 光 市	Mingguang	6750.29	15	6431.88	34	333500	31	5125.72	28
来 安 县	Laian	5624.64	32	8188.01	14	295855	38	5895.49	19
全 椒 县	Quanjiao	7066.67	12	7469.00	20	291996	40	6265.51	13
定 远 县	Dingyuan	7715.41	6	6358.15	35	296115	37	3047.31	55
凤 阳 县	Fengyang	6313.36	22	6857.76	29	311243	36	4112.89	42
寿 县	Shouxian	5283.75	35	5432.60	49	496195	9	3614.08	49
霍 邱 县	Huoqiu	4335.05	53	5725.00	46	606035	5	3367.00	53

24—9 续表5 continued

县（市）	County (City)	人均农林牧渔业总产值（元）Per Capita Gross Outpnt Value of Farming, Forestry, Animal Husbandry and Fishery (yuan)		农民人均纯收入（元）Annual per Capita Net Income of Rural Residents (yuan)		社会消费品零售总额（万元）Total Retail Sale of Consumer Goods (10000 yuan)		人均社会消费品零售总额（元）Per Capita Total Retail Sale of Consumer Goods (yuan)	
		指标 Amount	位次 Order of Prece-dence	指标 Amount	位次 Order of Prece-dence	指标 Amount	位次 Order of Prece-dence	指标 Amount	位次 Order of Prece-dence
舒城县	Shucheng	4405.34	51	5817.88	45	421487	17	4225.06	39
金寨县	Jinzhai	3994.61	62	5430.60	51	346382	28	5200.81	25
霍山县	Huoshan	4651.83	44	6022.61	43	212747	50	5815.34	20
当涂县	Dangtu	6733.50	16	10845.00	1	407792	19	6235.07	14
含山县	Hanshan	6262.12	23	8319.00	12	209173	51	4692.41	32
和县	Hexian	5661.98	31	8235.00	13	311263	35	5144.97	27
芜湖县	Wuhu	7008.18	13	9693.34	3	317113	34	9141.55	2
繁昌县	Fanchang	4674.14	43	9479.52	4	254117	45	9082.05	3
南陵县	Nanling	7203.97	9	9210.58	5	401579	22	7236.40	6
无为县	Wuwei	6138.17	25	7285.37	22	739187	2	5180.81	26
宁国市	Ningguo	7183.42	10	10000.66	2	421078	18	10890.29	1
郎溪县	Langxi	5684.67	29	6318.49	37	173343	55	5079.01	29
广德县	Guangde	5080.94	37	9202.53	6	337818	29	6571.57	10
泾县	Jingxian	6042.09	26	6312.11	38	202716	52	5705.49	21
绩溪县	Jixi	7678.91	7	7076.54	24	149731	57	8448.52	4
旌德县	Jingde	6149.48	24	6435.09	33	108656	60	7215.60	7
铜陵县	Tongling	4141.45	61	8380.20	11	178120	54	6089.39	17
东至县	Dongzhi	6994.29	14	6946.54	27	234947	47	4299.07	37
石台县	Shitai	4322.66	55	3867.93	62	67286	61	6184.75	16
青阳县	Qingyang	4249.65	58	7080.14	23	193606	53	6690.07	9
桐城市	Tongcheng	5069.02	38	8484.78	8	452662	12	6009.61	18
怀宁县	Huaining	4700.29	42	7523.72	19	392090	24	5647.07	22
枞阳县	Zongyang	4603.64	45	5219.00	53	374391	26	3860.44	46
潜山县	Qianshan	4431.68	50	4719.05	56	321868	33	5496.41	24
太湖县	Taihu	5521.43	33	4553.38	57	222548	49	3927.63	44
宿松县	Susong	7157.84	11	5299.99	52	323507	32	3881.88	45
望江县	Wangjiang	6402.56	21	5132.19	54	235717	46	3741.64	47
岳西县	Yuexi	4925.71	39	4255.20	60	143656	58	3568.05	51
歙县	Shexian	4776.54	41	7749.30	17	369596	27	7630.49	5
休宁县	Xiuning	6494.17	19	8023.56	15	172390	56	6273.87	12
黟县	Yixian	5693.06	28	7706.95	18	53168	62	5560.14	23
祁门县	Qimen	4275.04	56	7750.14	16	116187	59	6186.84	15

附　录

APPENDIX

简要说明

一、附表 1：贫困县监测情况由省农村贫困监测办公室提供。贫困概念指在一定的社会方式和生活方式下，个人家庭所得难以维持基本生存要求状况。

二、附表 2：全部林业部门产业总产值由省林业厅提供。

三、附表 3：全省建制镇基本情况由省局农业处提供。

Brief Introduction

Ⅰ. The attached schedule 1: Data on observation and survey of counties are provided by the Rural Poverty Observation and Survey Office of Anhui Province. Poverty means that the income of the persons in the family can't meet the basic living demand in certain social and living style.

Ⅱ. The attached schedule 2 : Gross Output Value of All Industries in Forestry System was provided by Department of Forestry of Anhui Province.

Ⅲ. The attached schedule 3 : Basic situation of entire province organic town was provided by Department of agriculture of Anhui Province.

附录1—1　全省农村贫困监测调查情况（2010年）
Observation and Survey of Poverty in Rural Areas (2010)

		贫困人口（万人）Poor Population (10000 persons)	贫困发生率（%）Proportion of Poor Population to the Total (%)
总　计	**Total**	**209.33**	**3.97**
扶贫开发重点县	Key Counties of Poverty-relief and Development	133.30	5.69
国家扶贫开发重点县	National Key Counties of Poverty-relief and Development	113.00	6.34
省扶贫开发重点县	Prvincial Key Counties of Poverty-relief and Development	20.30	3.62
非扶贫开发重点县	Non-key-counties of Poverty-relief and Development	76.03	2.59

附录1—2　各市农村贫困监测调查情况（2010年）
Observation and Survey of Poverty in Rural Areas by Region (2010)

地　区	Region	贫困人口（万人）Poor Population (10000 persons)	贫困发生率（%）Proportion of Poor Population to the Total (%)
总　计	**Total**	**209.33**	**3.97**
合肥市	Hefei	6.96	2.49
淮北市	Huaibei	2.90	2.33
亳州市	Bozhou	10.90	2.04
宿州市	Suzhou	18.75	3.38
蚌埠市	Bengbu	3.07	1.18
阜阳市	Fuyang	39.49	4.47
淮南市	Huainan	2.47	1.90
滁州市	Chuzhou	11.75	3.35
六安市	Luan	33.80	5.58
马鞍山市	Maanshan	0.33	0.52
芜湖市	Wuhu	0.99	1.03
宣城市	Xuancheng	5.64	2.48
铜陵市	Tongling	0.34	1.10
池州市	Chizhou	4.18	3.17
安庆市	Anqing	45.87	9.09
黄山市	Huangshan	5.41	4.84

附录1—3 农村扶贫开发重点县监测调查情况（2010年）
Observation and Survey of Poor County (2010)

地　　区	Region	贫困人口（万人）Poor Population (10000 persons)	贫困发生率（%）Proportion of Poor Population to the Total (%)
总　　计	**Total**	**133.30**	**5.69**
国家扶贫开发重点县	**At National Level**	**113.00**	**6.34**
长丰县	Changfeng	3.98	5.96
枞阳县	Zongyang	8.40	9.78
潜山县	Qianshan	5.23	9.94
太湖县	Taihu	7.41	14.81
宿松县	Susong	5.06	7.01
岳西县	Yuexi	5.98	16.82
临泉县	Linquan	8.53	4.15
阜南县	Funan	8.49	5.56
颍上县	Yingshang	6.35	4.23
无为县	Wuwei	8.60	6.91
金安区	Jinan District	4.57	6.72
裕安区	Yuan District	5.23	6.16
寿　县	Shouxian	4.58	3.81
霍邱县	Huoqiu	5.12	3.26
舒城县	Shucheng	5.33	6.14
金寨县	Jinzhai	5.80	10.01
霍山县	Huoshan	2.77	8.91
利辛县	Lixin	6.95	4.83
石台县	Shitai	2.23	25.55
泾　县	Jingxian	2.39	8.40
省扶贫开发重点县	**At Provincial Level**	**20.30**	**3.62**
潘集区	Panji District	0.93	2.59
凤台县	Fengtai	1.09	1.83
歙　县	Shexian	1.88	4.45
休宁县	Xiuning	1.11	4.71
祁门县	Qimen	1.20	8.13
埇桥区	Yongqiao District	4.32	3.00
灵璧县	Lingbi	4.98	4.39
泗　县	Sixian	3.49	4.12
郎溪县	Langxi	0.85	3.01
绩溪县	Jixi	0.45	3.20

附录1—4　山区、库区县农村贫困监测调查情况（2010年）

Observation and Survey of Counties in Mountain Area and Reservoir Area (2010)

地　　区	Region	贫困人口（万人）Poor Population (10000 persons)	贫困发生率（%）Proportion of Poor Population to the Total (%)
总　计	**Total**	**66.18**	**6.33**
库区县合计	**Total of Counties in Reservior Area**	**25.88**	**8.95**
六安市	**Luan**	**23.70**	**7.21**
金安区	Jinan District	4.57	6.72
裕安区	Yuan District	5.23	6.16
舒城县	Shucheng *	5.33	6.14
金寨县	Jinzhai *	5.80	10.01
霍山县	Huoshan *	2.77	8.91
宣城市	**Xuancheng**	**4.80**	**2.40**
宣州区	Xuanzhou District	1.06	1.53
广德县	Guangde	0.32	0.71
泾　县	Jingxian	2.39	8.40
绩溪县	Jixi	0.45	3.20
旌德县	Jingde	0.52	4.10
宁国市	Ningguo	0.07	0.23
池州市	**Chizhou**	**4.18**	**3.17**
贵池区	Reigon Guichi	1.10	2.13
东至县	Dongzhi	0.48	1.01
石台县	Shitai *	2.23	25.55
青阳县	Qingyang	0.36	1.51
安庆市	**Anqing**	**28.08**	**10.26**
桐城市	Tongcheng	4.40	6.82
潜山县	Qianshan	5.23	9.94
太湖县	Taihu *	7.41	14.81
宿松县	Susong	5.06	7.01
岳西县	Yuexi	5.98	16.82
黄山市	**Huangshan**	**5.41**	**4.84**
屯溪区	Tunxi District	0.08	2.02
黄山区	Huangshan District *	0.47	3.81
徽州区	Huizhou Distric	0.32	4.26
歙　县	Shexian *	1.88	4.45
休宁县	Xiunin	1.11	4.71
黟　县	Yixian	0.36	4.70
祁门县	Qimen	1.20	8.13

注："*"号为库区县。

a) "*" Means the county (district) in reservoir area.

附录2 全部林业部门产业总产值
Gross Output Value of All Industries in Forestry System, Anhui Province

单位：万元（10000 yuan）

指　　标	Item	2011
总　　计	**Total**	**11718236**
第一产业	**The First Industry**	**1820685**
林木的培育和种植	Silviculture	598662
育种和育苗	Seeds and seedlings	374566
造　林	Afforestation	101348
林木的抚育和管理	Forest tending and management	346215
木材和竹材的采运	Timber and Bamboo Logging and Transportation	594086
木材采运	Timber logging and transportation	459957
竹材采运	Bamboo logging and transportation	157648
经济林产品的种植与采集	Economic Forest Planting and Products Collecting	1787136
花卉的种植	Flowers Industry	269695
陆生野生动物繁育与利用	Land Wild Animals Raising and Utilization	58709
林业服务业	Forestry Service Industry	23178
第二产业	**The Second Industry**	**6473669**
木材加工及木、竹、藤、棕、苇制品制造	Timber processing and wood, bamboo, vine, palm, and reeds products	4842487
木、竹、藤家具制造	Wooden, Bamboo and Vine Furniture	425312
木、竹、苇浆造纸	Wood, Bamboo and Reeds Pulp/Paper	54112
林产化学产品制造	Forestry Chemical Products	63928
木质工艺品和木质文教体育用品制造	Wooden Craftwork and Education/Sports Tools	255543
非木质林产品加工制造业	Non-wood Forestry Products	559298
其　他	Others	109410
第三产业	**The Third Industry**	**1482133**
林业旅游与休闲服务	Forestry Tourism and Relaxation Service	994071
林业生态服务	Forestry Zoology Service	157321
林业专业技术服务	Forestry Technical Service	48170
林业公共管理服务	Forestry Public Adminstration and Service	169614

注：该表由省林业厅提供，统计核算执行国家林业局部门统计制度，并由国家统计局备案。

a) The table is provided by Forestry Department of Anhui Province, the statistics is in accordance with the regulation made by China State Forestry Administration, which is put on records in China State Statistic Bureau.

附录3　全省建制镇基本情况（2011年）
Basic Conditions on Organic Town of the Province (2011)

镇 Town	总人口（人） Population (person)	从业人员数（人） Number of Employed Persons (person)	粮食总产量（吨） Grain (ton)	肉类总产量（吨） Output of Meat (ton)	企业个数（个） Number of Enterprises (unit)	工业企业 Industry and Enterprise	财政总收入（万元） Total Revenue (10000 yuan)	农民人均纯收入（元） Per Net Income of Farmer (yuan)
合肥市瑶海区								
大兴镇	31623	13089	2081	251	226	104	3808	10042
合肥市庐阳区								
大杨镇	34177	27072	2338	2272	121	101	27504	12176
合肥市蜀山区								
井岗镇	105452	33744			645	86	17000	11467
南岗镇	18500	9875	30	1364	48	40	2100	11289
合肥市包河区								
淝河镇	98247	45688		1325	232	163	3920	10008
大圩镇	21800	13434	7420	1632	31	17	1822	9656
合肥市长丰县								
水湖镇	119831	79630	47010	173816	445	89	9100	7291
庄墓镇	30287	14560	17857	4773	28	24	899	8455
杨庙镇	39868	23596	38736	5149	60	49	1500	6681
吴山镇	49503	30172	44450	10126	89	58	5795	7315
岗集镇	62987	33105	29054	7065	261	189	22600	7678
双墩镇	92457	53841	57723	23440	256	183	48500	8919
下塘镇	94215	50683	73061	16837	187	89	4606	8695
朱巷镇	42872	15345	36498	11027	35	35	1600	7691
三十头镇	56365	32692	19592	6834	395	210	16000	8614
合肥市肥东县								
店埠镇	182207	142948	54290	8013	637	209	45000	9845
撮镇镇	92007	49746	29890	3352	631	379	62000	9543
梁园镇	84118	50066	65826	10954	84	43	3000	8446
桥头集镇	55965	34293	22944	3368	125	125	5130	9093
长临河镇	50129	40724	30221	6990	40	12	399	8560
石塘镇	69606	40080	49203	5840	155	43	1800	9183
古城镇	74193	54400	67436	10692	16	9	1500	7456
八斗镇	77827	40481	63949	10794	63	9	3362	7688
元疃镇	28790	19030	29850	5298	39	33	2610	8403
白龙镇	74281	49388	61888	9390	38	33	2915	7890
包公镇	60526	36453	39805	5972	25	16	1137	7965
陈集镇	29092	20106	34534	2409	14	8	2560	7505
合肥市肥西县								
上派镇	145295	99620	16920	10612	598	190	49983	9290
三河镇	74430	42566	36794	3268	187	78	13200	8897
高刘镇	67045	46875	63960	4260	147	68	4485	8307
官亭镇	88141	57989	63212	21851	113	64	2853	8427
小庙镇	71625	50870	59925	21152	249	118	7737	8763
山南镇	76948	48628	59563	8557	268	156	6750	8480
花岗镇	105618	63556	80385	22465	191	135	2988	8596
紫蓬镇	41520	26000	9307	2653	105	57	2713	8712
桃花镇	71638	39630			295	135	48000	10447
丰乐镇	58907	30974	37219	2096	46	40	2216	8124
合肥市庐江县								
庐城镇	144845	73756	50023	3608	3842	485	14512	7982
冶父山镇	56127	33276	41193	4310	145	109	7396	7528
万山镇	46025	21725	39557	1900	107	59	3033	7100
汤池镇	48206	22419	33212	1820	369	86	2265	6833
郭河镇	63242	33678	52722	3082	114	41	2150	7460
金牛镇	36256	21521	34690	2650	43	35	1037	6384
石头镇	37618	18204	34555	450	94	43	1073	7008
同大镇	84104	41691	71315	992	76	55	3216	7513
白山镇	62709	23347	48283	3516	71	25	1202	6625
盛桥镇	72570	34445	54169	5225	325	104	1290	7153

附录3 续表1 continued

镇 Town	总人口（人）Population (person)	从业人员数（人）Number of Employed Persons (person)	粮食总产量（吨）Grain (ton)	肉类总产量（吨）Output of Meat (ton)	企业个数（个）Number of Enterprises (unit)	工业企业 Industry and Enterprise	财政总收入（万元）Total Revenue (10000 yuan)	农民人均纯收入（元）Per Net Income of Farmer (yuan)
白湖镇	89150	39344	60628	1800	125	89	1801	6507
龙桥镇	58377	36042	39629	2004	76	39	1623	6369
矾山镇	66964	35297	22117	1810	201	179	3904	6668
罗河镇	70227	32925	40624	2248	70	32	1702	7508
泥河镇	94322	54325	79558	4350	225	80	3504	7355
乐桥镇	60157	30588	51244	1584	67	60	379	5814
柯坦镇	62266	25786	79945	3720	172	72	687	5413
合肥市巢湖市								
栏杆镇	47643	28586	31179	1537	20	16	1722	6489
苏湾镇	59528	34200	49200	7025	115	38	980	6585
柘皋镇	78502	49884	40793	2870	162	62	3200	7134
银屏镇	36810	18166	14822	1171	74	42	5187	6735
夏阁镇	68240	38920	25974	2810	145	48	5300	6682
中垾镇	33370	20858	32118	3145	92	84	3600	7093
散兵镇	39678	22165	10429	186	121	118	8138	7376
烔炀镇	63889	40054	23922	1856	62	59	3750	6933
黄麓镇	41780	22217	12054	2915	61	59	5660	6896
槐林镇	70566	35528	47748	1814	146	123	4758	7278
坝镇镇	34720	18700	23303	3583	50	45	1860	6832
淮北市杜集区								
朔里镇	30422	15155	12942	1498	262	128	7559	7454
石台镇	28651	14220	11348	1984	2706	89	5582	7281
段园镇	28449	18933	10756	1630	158	117	8064	7448
淮北市相山区								
渠沟镇	65349	34193	31563	3850	112	106	5048	6462
淮北市烈山区								
烈山镇	68990	37482	18600	7360	273	124	4500	6318
宋疃镇	52829	34816	26311	8924	116	79	1517	6107
古饶镇	88171	55035	80850	46747	818	40	1060	6041
淮北市濉溪县								
濉溪镇	130903	48656	13776	1841	332	105	19644	6067
韩村镇	70402	34650	64316	2483	344	188	21368	6175
刘桥镇	62729	27464	34211	4843	175	141	5354	6135
五沟镇	102711	55916	163339	5354	175	46	20359	6138
临涣镇	94694	50277	91324	3631	121	58	5305	6130
百善镇	119945	61857	134005	5730	451	97	8305	6068
铁佛镇	129156	52125	136761	5341	369	99	4834	6067
南坪镇	99617	62127	181034	5702	299	36	2605	6242
双堆集镇	103449	48641	242162	5300	53	36	636	6049
孙町镇	106058	60880	156614	5221	101	32	10239	6067
亳州市谯城区								
古井镇	70123	42000	58000	1100	150	130	3200	5388
卢庙镇	39625	21543	17020	6290	120	15	717	4519
华佗镇	46270	29530	20000	3233	22	17	547	5452
魏岗镇	56000	25000	18000	7800	35	25	1543	5410
牛集镇	68760	38200	48000	6500	180	30	550	5165
颜集镇	51252	35876	25000	2677	20	5	430	5000
五马镇	42661	27369	25000	2500	30	20	800	5109
十八里镇	71343	49939	35000	5270	1514	910	8275	5201
谯东镇	71389	39800	30000	3200	50	19	565	4931
十九里镇	30507	14460	6100	392	188	115	6300	5165
沙土镇	63000	35000	44500	1150	30	23	600	5192
观唐镇	67500	42100	46900	4700	48	36	645	5209
大杨镇	63099	32643	63763	5358	56	48	1592	5265
城父镇	65734	32222	58770	4364	26	18	960	5144
十河镇	66100	35500	57000	2700	55	40	1200	5169
双沟镇	80316	44793	80744	1104	45	34	1162	5196

附录3　续表2　continued

镇　　Town	总人口（人） Population (person)	从业人员数（人） Number of Employed Persons (person)	粮食总产量（吨） Grain (ton)	肉类总产量（吨） Output of Meat (ton)	企业个数（个） Number of Enterprises (unit)	工业企业 Industry and Enterprise	财政总收入（万元） Total Revenue (10000 yuan)	农民人均纯收入（元） Per Net Income of Farmer (yuan)
淝河镇	50013	29300	53903	1095	23	10	900	5196
古城镇	58950	30720	50037	2708	143	25	711	5040
龙扬镇	64650	46260	56000	320	12	12	504	4760
立德镇	47676	38416	39588	1986	29	16	396	4760
亳州市涡阳县								
西阳镇	42815	23440	40615	2509	667	22	222	6401
涡南镇	59226	30746	63962	3100	592	177	177	5871
楚店镇	55739	34263	54835	1757	223	135	574	5864
高公镇	45132	27938	39703	2391	50	26	231	6164
高炉镇	50648	29782	57451	1296	1472	339	529	6281
曹市镇	71178	36462	94495	2706	973	52	263	6275
青町镇	74503	40726	77491	3520	596	79	222	6156
石弓镇	52901	35246	51981	2195	35	20	221	6136
龙山镇	68319	35125	63491	3208	36	30	381	6318
义门镇	83252	50132	49922	1416	1230	230	361	6016
新兴镇	75874	35971	79098	2047	162	64	232	6175
临湖镇	65137	35674	66529	2927	51	22	252	6093
丹城镇	60715	34467	73188	2228	648	250	169	6139
马店集镇	50072	34220	54723	2492	52	52	411	6112
花沟镇	59223	34489	52043	2507	388	205	171	5843
店集镇	38616	20544	37140	2201	818	76	217	6015
陈大镇	55865	33227	43634	2045	795	264	182	6152
牌坊镇	81544	41786	99009	3368	346	67	267	6206
公吉寺镇	50301	27265	46208	2231	752	212	233	6049
标里镇	64007	34260	59545	2415	82	46	221	6097
亳州市蒙城县								
城关镇	108400	56385	1701	118	471	136	5001	5876
双涧镇	64745	38276	54558	3828	258	194	259	5321
小涧镇	67992	41120	73764	3820	360	190	850	5234
坛城镇	56144	30904	67089	4724	380	141	490	5287
许疃镇	68145	40106	84885	4140	190	76	2750	5360
板桥集镇	78643	39986	84919	4138	196	98	664	5227
马集镇	66933	38471	71962	3898	136	120	465	5068
岳坊镇	58912	30212	80494	4076	392	298	766	
立仓镇	105747	57872	119747	5164	390	126	932	5178
楚村镇	97155	45884	91446	5526	126	119	640	5168
乐土镇	99670	43525	113360	4720	376	134	615	
三义镇	78962	54998	64268	3913	38	27	660	
篱笆镇	65026	32905	59995	4068	42	12	950	5201
亳州市利辛县								
城关镇	192256	127850	63794	7195	845	223	6107	4999
阚疃镇	85808	42422	63610	6047	83	255	1438	4614
张村镇	84865	49400	52233	6820	84	286	1031	4354
江集镇	66164	38152	54983	4385	54	304	1489	4355
旧城镇	53380	27261	45550	3678	37	317	511	4110
西潘楼镇	66274	36539	36823	1843	95	362	14000	4311
孙集镇	44496	18148	37445	2115	25	376	538	4254
汝集镇	67884	45816	52916	6145	56	390	710	4257
巩店镇	75514	46937	58768	4211	85	409	716	4366
王人镇	61939	30910	49235	4133	32	427	2552	4356
王市镇	53993	28076	35237	2695	56	443	738	4252
永兴镇	53089	30660	42825	6812	55	455	715	4251
马店镇	70553	39941	45993	3080	46	471	448	4254
大李集镇	57746	25065	43177	2926	28	480	482	4154
胡集镇	89091	42314	61327	5082	71	487	900	4207
展沟镇	40622	18982	34716	1648	42	494	458	4158
程家集镇	58940	32735	54424	4128	69	507	520	4272

附录3　续表3　continued

镇　　Town	总人口（人）Population (person)	从业人员数（人）Number of Employed Persons (person)	粮食总产量（吨）Grain (ton)	肉类总产量（吨）Output of Meat (ton)	企业个数（个）Number of Enterprises (unit)	工业企业 Industry and Enterprise	财政总收入（万元）Total Revenue (10000 yuan)	农民人均纯收入（元）Per Net Income of Farmer (yuan)
中疃镇	57740	36403	59506	1946	95	521	894	4258
望疃镇	100209	53236	98221	6490	59	535	2226	4253
宿州市埇桥区								
符离镇	110560	78769	42016	10505	292	203	3059	5919
芦岭镇	85668	51771	60181	3968	160	86	1586	5862
朱仙庄镇	83190	36820	58398	7695	207	198	2474	5761
褚兰镇	49107	28391	35412	6240	36	30	1351	5606
曹村镇	64909	36057	58192	5552	51	46	1640	5922
夹沟镇	71840	37084	69880	3400	32	16	1934	5780
栏杆镇	72551	42225	61465	3573	36	36	1592	5823
时村镇	85073	39736	44894	3149	52	34	1820	5781
永安镇	64356	39862	43435	3684	20	19	1489	5818
灰古镇	35867	20945	20253	4273	34	23	1072	5698
大店镇	80140	41788	84363	7745	38	29	1571	6200
西寺坡镇	58048	33246	52129	3200	54	24	1671	5910
桃园镇	36416	18620	46633	1893	122	46	1109	5856
祁县镇	82798	33653	46422	5125	336	192	1655	5926
大营镇	39338	19676	49996	6519	22	16	1054	5704
宿州市砀山县								
砀城镇	189451	61510	22172	4568	624	179	3725	6290
赵屯镇	60279	44316	27856	3520	65	33	361	6154
李庄镇	56230	34914	10360	3268	73	49	847	6250
唐寨镇	79324	45869	9868	2685	74	40	538	6296
葛集镇	63646	31420	9610	2010	55	27	649	6315
周寨镇	78666	54452	25805	6459	138	112	1116	6249
玄庙镇	96645	46485	25646	6980	109	57	532	6230
官庄镇	55549	26427	20037	2480	31	22	540	6133
曹庄镇	42578	24375	23813	2416	33	23	566	6178
关帝庙	104230	53554	42905	5417	64	32	825	6104
朱楼镇	41859	25801	21488	3206	49	28	603	6130
良梨镇	62228	34850	3308	3010	39	14	616	6131
程庄镇	64012	35848	16528	1541	18	10	282	6358
宿州市萧县								
龙城镇	112139	62793	26129	3688	199	173	4661	4970
黄口镇	94933	49324	43452	5500	30	16	647	4150
杨楼镇	79451	46462	56253	4709	651	157	537	4815
闫集镇	52819	25136	33894	2934	469	212	57	4528
新庄镇	78562	36811	46652	7622	32	32	389	4110
刘套镇	46590	22210	22635	3312	200	70	344	4260
马井镇	69973	34213	41322	4980	286	98	137	4200
大屯镇	67990	32106	34450		26	25	115	4350
赵庄镇	68869	34353	51890	3735	509	225	340	4368
杜楼镇	66906	34607	50281	6976	58	47	1624	4782
丁里镇	42550	19833	23645	3560	78	41	357	4172
王寨镇	76836	39600	35525	5326	20	17	1685	4804
祖楼镇	48431	25640	32604	4600	47	30	95	4560
青龙镇	28516	12703	17431	1985	116	36	150	4809
张庄寨镇	74755	37131	68469	3621	35	29	325	3958
永固镇	30652	15310	18254	2713	385	118	2304	4957
白土镇	30243	16419	22099	2579	22	22	454	4536
官桥镇	21203	13360	17664	4014	266	26	219	3920
宿州市灵璧县								
灵城镇	152556	91207	49428	4865	362	132	3479	5654
韦集镇	53702	32225	62648	4519	36	30	1036	5415
黄湾镇	51102	26459	50969	2966	26	14	933	5498
娄庄镇	83922	42250	105266	10818	32	27	1565	5728
杨疃镇	76164	37040	75625	4647	15	12	1315	5153

附录3　续表4　continued

镇　Town	总人口（人）Population (person)	从业人员数（人）Number of Employed Persons (person)	粮食总产量（吨）Grain (ton)	肉类总产量（吨）Output of Meat (ton)	企业个数（个）Number of Enterprises (unit)	工业企业 Industry and Enterprise	财政总收入（万元）Total Revenue (10000 yuan)	农民人均纯收入（元）Per Net Income of Farmer (yuan)
尹集镇	79872	36929	52976	9714	51	28	1433	5639
浍沟镇	55312	33765	33665	2164	30	25	964	5669
尤集镇	57272	29579	41660	2974	109	57	1158	5404
下楼镇	70463	42398	45392	9274	33	28	1551	5048
朝阳镇	76890	40561	53284	6656	40	33	1474	5841
渔沟镇	68572	35532	46052	6533	87	71	2352	6328
高楼镇	74720	40401	51004	5011	54	35	1309	5506
冯庙镇	80821	46066	65900	5666	31	28	1704	5923
宿州市泗县								
泗城镇	92660	58380	31683	6817	220	46	3269	7004
墩集镇	35240	21644	32680	6927	14	10	167	4653
丁湖镇	58310	33780	79140	12566	5	5	258	5411
草沟镇	86125	50319	74620	13245	22	22	463	5688
长沟镇	49439	28292	71000	4000	28	26	269	4756
黄圩镇	64512	40884	53212	10961	985	356	2729	6247
大庄镇	66113	38643	62190	6030	40	40	1347	5850
山头镇	72071	74992	3840	3333	28	8	370	5650
刘圩镇	47413	33198	40425	9943	15	14	501	5660
黑塔镇	82151	47532	72850	7592	125	15	229	5872
草庙镇	20164	15912	30340	3869	19	6	157	6568
屏山镇	64035	35410	101338	9225	30	20	1000	6742
蚌埠市龙子湖区								
长淮卫镇	45601	34609	17547	1435	215	56	1860	6753
蚌埠市禹会区								
秦集镇	46661	29793	32091	1047	182	167	3575	5994
蚌埠市淮上区								
小蚌埠镇	51718	29807	7669	2322	137	92	24600	7246
吴小街镇	28237	18357	9661	4124	120	90	5300	6464
曹老集镇	48199	30174	49167	1384	35	12	1800	6204
蚌埠市怀远县								
城关镇	193058	86880	26056	3488	715	168	17472	7423
包集镇	78700	44289	68213	6002	43	23	2217	6932
龙亢镇	65181	34126	58664	4641	31	12	2221	6938
河溜镇	64669	39615	73233	4329	16	3	1873	6512
常坟镇	103526	69880	79819	9388	78	54	3313	7260
马城镇	86617	41218	55373	8730	162	73	2998	6710
双桥镇	54406	29408	58924	7990	54	34	1792	6443
魏庄镇	45267	29976	49680	4220	48	5	1237	6425
万福镇	55053	35782	71809	4168	20	12	1240	6469
唐集镇	66724	42154	105703	7005	98	60	2184	6663
蚌埠市五河县								
城关镇	105471	69252	20732	3291	492	108	4204	6795
新集镇	51848	31685	50428	5555	6	4	1034	6630
沫河口镇	70603	36923	107169	3732	65	19	3247	6610
小溪镇	30041	21634	34937	6771	146	121	528	6372
双忠庙镇	56339	35450	60950	5260	48	27	917	6581
小圩镇	44007	30720	50495	4036	39	14	673	6583
东刘集镇	65265	39792	98685	9354	35	4	1519	6799
头铺镇	53798	27560	41064	4375	14	6	1114	6554
大新镇	28432	17963	29148	1354	11	5	796	6572
武桥镇	29126	18486	37942	4423	28	19	704	6580
朱顶镇	48820	32865	36741	7240	60	48	1121	6576
浍南镇	56512	33760	113114	5488	45	19	1169	6684
申集镇	51343	31096	72353	5178	31	12	707	6365
蚌埠市固镇县								
城关镇	121275	28000	36667	11734	300	125	14857	6870
王庄镇	38653	22629	36529	8313	14	13	1199	6750

附录3　续表5　continued

镇　　Town	总人口（人）Population (person)	从业人员数（人）Number of Employed Persons (person)	粮食总产量（吨）Grain (ton)	肉类总产量（吨）Output of Meat (ton)	企业个数（个）Number of Enterprises (unit)	工业企业 Industry and Enterprise	财政总收入（万元）Total Revenue (10000 yuan)	农民人均纯收入（元）Per Net Income of Farmer (yuan)
新马桥镇	56645	34021	43026	8315	89	66	2788	6429
连城镇	47463	27225	30518	8265	48	29	2240	6521
刘集镇	57418	35812	49382	11509	38	38	2313	6880
任桥镇	57179	32657	56134	11559	34	14	1711	6670
湖沟镇	63028	37140	52246	9502	32	23	2317	6459
濠城镇	31067	20418	28305	8471	16	6	1222	6440
阜阳市颍州区								
王店镇	66353	22968	41118	3807	15	13	829	6196
程集镇	45276	23404	29014	3877	19	18	1385	6267
三合镇	36750	22648	28837	3470	18	8	434	6212
西湖镇	33797	20934	24117	3280	6	6	741	6246
九龙镇	41525	27687	27660	3807	26	12	646	6162
三十里铺镇	42358	25415	23113	3168	6	5	879	6157
袁集镇	47516	24163	27762	3239	22	19	341	5922
阜阳市颍东区								
口孜镇	81256	53226	43198	4317	65	14	877	4175
插花镇	83380	49500	54387	4897	66	14	2170	4803
袁寨镇	64914	39940	22366	3757	30	14	469	4786
枣庄镇	43153	21228	43715	3646	18	8	1180	3780
老庙镇	42350	23150	36706	5058	17	8	650	3960
正午镇	47303	21946	34051	5476	26	13	564	4803
杨楼孜镇	40213	28226	19102	2860	35	12	3655	3894
新乌江镇	47158	27600	34875	4121	34	15	637	3980
阜阳市颍泉区								
伍明镇	115218	71307	73246	9021	22	18	920	6157
宁老庄镇	110281	63796	67471	9371	67	58	1104	6066
闻集镇	134410	66555	74300	7443	78	47	647	6037
行流镇	100600	60062	55676	9665	72	46	680	5775
阜阳市临泉县								
城关镇	185496	93675	27052	2698	525	190	3954	5372
杨桥镇	66580	38616	38566	2934	55	31	508	5241
同城镇	60986	35112	37155	12692	47	22	442	5120
谭棚镇	64276	36896	52249	7061	38	32	486	5069
老集镇	69832	33886	40627	3993	108	59	457	4866
滑集镇	75935	44970	45121	1926	16	11	514	4512
吕寨镇	58999	36850	39132	2111	38	19	450	4163
单桥镇	61381	37237	38392	2503	10	8	466	4122
长官镇	81936	39739	64314	5721	14	14	582	5206
宋集镇	89400	50861	57059	5742	57	34	479	4250
张新镇	58393	35410	33342	1947	16	4	423	4252
艾亭镇	73909	38085	45390	3628	82	47	456	4496
陈集镇	67048	33756	54458	3017	24	10	414	4292
韦寨镇	85986	51042	58229	3192	164	56	606	4127
迎仙镇	76954	42960	57176	2010	12	11	449	4136
瓦店镇	70216	37138	44759	6639	20	12	404	4572
姜寨镇	71420	37450	43435	3496	22	18	539	4496
庙岔镇	69817	37734	46101	6490	18	4	433	4155
黄岭镇	74169	39252	46950	8242	23	17	434	4480
白庙镇	56123	28781	30821	806	30	12	430	4098
关庙镇	66999	29760	51945	6588	16	11	452	4326
阜阳市太和县								
城关镇	156520	97900	14560	3765	1325	272	10081	6398
旧县镇	55709	29246	46685	3456	39	10	1303	6050
税镇镇	44230	18225	23650	2880	181	35	200	5816
皮条孙镇	21720	17201	14270	1002	81	81	604	6304
原墙镇	56493	32684	35320	2745	45	39	124	6121
倪邱镇	55982	27900	35680	2180	16	16	524	5850

附录3　续表6　continued

镇　　Town	总人口（人）Population (person)	从业人员数（人）Number of Employed Persons (person)	粮食总产量（吨）Grain (ton)	肉类总产量（吨）Output of Meat (ton)	企业个数（个）Number of Enterprises (unit)	工业企业 Industry and Enterprise	财政总收入（万元）Total Revenue (10000 yuan)	农民人均纯收入（元）Per Net Income of Farmer (yuan)
李兴镇	69973	38144	31650	1856	38	26	2022	5986
大新镇	57072	30194	35880	2985	68	35	466	6334
肖口镇	56462	34131	32540	3685	116	56	24504	6340
关集镇	50260	33821	33510	2480	16	16	71	5814
三塔镇	67235	35980	51585	6725	45	40	91	5907
双浮镇	46702	25104	27835	2460	25	17	234	5700
蔡庙镇	33480	18995	23330	2365	37	37	103	5890
三堂镇	48286	32407	41580	7280	73	45	137	6019
苗集镇	47706	24101	41850	5185	48	15	276	5821
赵庙镇	62069	34789	34260	2180	63	48	204	5222
宫集镇	44698	28594	34420	2365	43	11	83	5392
坟台镇	82774	51391	62050	4001	43	8	172	5981
洪山镇	64987	49925	48320	4400	37	22	87	5810
清浅镇	40604	13599	25650	1820	13	12	193	5663
五星镇	45262	28787	25020	2964	36	32	1373	6029
高庙镇	23605	14253	16428	1780	20	17	23	5828
桑营镇	42144	22712	31125	2005	49	9	184	5900
大庙镇	53200	34048	29540	2290	29	29	79	5864
阮桥镇	45892	32583	37010	3146	26	22	64	5633
双庙镇	49219	29042	21435	2224	144	26	133	6008
阜阳市阜南县								
鹿城镇	181546	57250	33379	1780	634	126	6617	5616
方集镇	42825	22468	13884	3464	264	89	168	3465
中岗镇	42487	20031	19149	4531	59	15	519	3861
柴集镇	69130	43013	42817	3245	318	51	417	4380
新村镇	57344	35607	30755	2718	209	65	318	4309
三塔镇	75619	35531	41357	4406	15	4	479	4212
朱寨镇	76400	42093	35486	5723	10	5	419	3906
柳沟镇	46085	24984	30130	2492	23	12	231	4278
赵集镇	50449	30128	18307	2355	280	90	327	4556
田集镇	59807	37283	36162	3645	361	41	493	4272
苗集镇	61083	28024	40239	4496	11	10	296	3821
黄岗镇	58929	34695	30336	1611	41	41	1926	4643
焦陂镇	68027	46835	39823	3522	44	32	244	4226
张寨镇	59471	34815	34902	3317	30	6	229	4256
王堰镇	59024	28079	38173	3153	37	25	271	3296
地城镇	40667	20088	29339	3720	20	13	231	3808
洪河桥镇	69321	41927	22675	3336	230	75	345	3709
王家坝镇	31848	15733	6096	1535	4	3	152	4029
王化镇	39025	19835	24706	1991	11	6	160	3851
曹集镇	47499	23538	25976	2261	175	58	847	3952
阜阳市颍上县								
慎城镇	164922	90707	38031	2796	76	60	6816	5220
谢桥镇	112300	65730	57840	2986	130	75	3318	5230
南照镇	52130	39900	35225	1203	78	36	569	5045
杨湖镇	55806	32062	22862	497	24	17	292	4929
江口镇	75373	38129	33025	1271	27	13	436	4388
润河镇	70873	36477	52741	1303	42	19	215	5195
新集镇	48808	22809	34655	1065	11	4	186	5050
六十铺镇	68350	21232	53573	1691	14	9	477	5100
耿棚镇	84010	50406	38203	3546	66	52	193	4460
半岗镇	58360	30079	52069	1225	24	19	185	4985
王岗镇	40316	20860	31988	762	25	10	234	5161
夏桥镇	52956	28154	50739	1774	45	35	638	5072
江店孜镇	55434	29803	53309	1074	9	4	247	5222
陈桥镇	48272	27611	45502	2171	23	19	248	5083
黄桥镇	68148	35448	31561	4712	37	30	436	5200

附录3　续表7　continued

镇　　Town	总人口（人）Population (person)	从业人员数（人）Number of Employed Persons (person)	粮食总产量（吨）Grain (ton)	肉类总产量（吨）Output of Meat (ton)	企业个数（个）Number of Enterprises (unit)	工业企业 Industry and Enterprise	财政总收入（万元）Total Revenue (10000 yuan)	农民人均纯收入（元）Per Net Income of Farmer (yuan)
八里河镇	54726	24663	42540	1218	15	7	554	5110
迪沟镇	44189	22630	30909	897	20	9	611	5335
西三十铺镇	45534	24870	26449	863	340	162	219	5190
红星镇	36733	15420	35271	1030	13	7	276	4718
十八里铺镇	55127	31062	34097	7470	77	47	291	4860
鲁口镇	35405	21402	20753	306	6	2	483	4999
古城镇	41324	20993	35156	3787	42	21	1112	5191
阜阳市界首市								
光武镇	62269	36676	29768	1016	113	85	4168	6370
泉阳镇	43560	28270	39819	1863	35	11	368	6339
芦村镇	30567	17059	24604	867	19	4	139	6291
新马集镇	46351	27435	29988	1378	16	12	460	6221
大黄镇	37111	19124	25591	698	31	29	254	6336
田营镇	31706	16958	18539	684	43	41	40654	6360
陶庙镇	56886	31432	41198	1333	42	31	551	6332
王集镇	51160	30890	24426	1637	10	8	278	6321
砖集镇	49114	32292	30869	2495	22	16	465	6320
顾集镇	38991	19470	18859	3991	4	2	350	6339
代桥镇	30032	16790	25468	1529	6	6	262	6293
舒庄镇	32336	17181	23626	1748	4	1	365	6175
淮南市大通区								
上窑镇	30264	15411	20891	1013	256	142	4923	9734
洛河镇	16782	10388	8058	712	1995	628	1181	9186
九龙岗镇	30767	19743	12037	447	99	52	3795	8338
淮南市田家庵区								
舜耕镇	28882	4667	2516	909	1950	181	49257	9911
安成镇	28179	18732	12403	1121	1156	347	43974	9489
曹庵镇	38701	21007	25623	2372	18	18	1103	7655
淮南市谢家集区								
望峰岗镇	47776	22584	1253	207	820	55	9694	10201
李郢孜镇	44362	28752	4365	643	736	109	7600	10506
唐山镇	21786	11208	8574	716	621	45	6125	10484
杨公镇	36207	20115	40907	1092	264	75	600	6256
淮南市八公山区								
八公山镇	19830	5933	995	290	588	156	15000	9321
山王镇	53941	17263	6784	824	66	53	6980	8965
淮南市潘集区								
高皇镇	53350	28399	26443	2741	40	28	913	6429
平圩镇	41092	21300	22242	2788	32	25	10152	6492
泥河镇	38784	20395	37211	1701	37	10	836	6033
潘集镇	38439	24960	51051	1436	16	10	7000	6430
芦集镇	61019	27824	54806	1954	24	16	706	6439
架河镇	30745	20695	23010	1840	16	10	1180	5951
淮南市凤台县								
城关镇	60101	9139			2876	90	8630	
新集镇	51407	33275	49055	2611	1125	168	12000	7700
朱马店镇	43212	22228	47833	2619	365	98	480	6860
岳张集镇	49264	39375	47000	2589	321	163	32244	7453
顾桥镇	30186	17014	26561	1745	107	40	3674	7118
毛集镇	53282	35412	40245	2190	145	57	8428	8486
夏集镇	31681	19481	35200	1985	52	27	1830	6858
桂集镇	44226	26746	42643	4425	490	85	1257	7812
凤凰镇	41473	28430	38027	3685	94	21	1256	7663
焦岗镇	46086	26800	45272	2841	28	7	810	6472
滁州市南谯区								
乌衣镇	49499	23987	50070	1016	56	41	4785	8010
沙河镇	23510	12716	39120	1578	68	53	3541	8005

附录3　续表8　continued

镇　　Town	总人口（人）Population (person)	从业人员数（人）Number of Employed Persons (person)	粮食总产量（吨）Grain (ton)	肉类总产量（吨）Output of Meat (ton)	企业个数（个）Number of Enterprises (unit)	工业企业 Industry and Enterprise	财政总收入（万元）Total Revenue (10000 yuan)	农民人均纯收入（元）Per Net Income of Farmer (yuan)
章广镇	30204	17181	32737	1360	10		315	7119
黄泥岗镇	20725	13960	29187	628	31	21	1208	7491
珠龙镇	18913	10061	19720	1010	21	7	1775	7479
大柳镇	13038	6050	15165	509	24	20	1358	7458
腰铺镇	27790	19263	27394	3179	179	162	15500	8007
施集镇	31008	16806	31223	1057	20	16	854	7597
滁州市来安县								
新安镇	107746	70562	49920	2546	472	209	10200	8277
半塔镇	78359	49297	66389	4912	172	94	1927	8231
水口镇	60805	32352	63768	4967	60	45	12700	8562
汊河镇	41010	25216	41595	2831	158	135	8071	8491
大英镇	16571	11040	16788	954	40	9	792	8242
雷官镇	29212	16947	30769	1824	11	9	1050	8152
施官镇	43307	31787	51824	2825	54	40	1338	7848
舜山镇	36154	19798	38722	2226	14	12	1826	8116
滁州市全椒县								
襄河镇	122810	55562	47993	3875	628	298	30770	7586
古河镇	40333	20056	39934	5033	89	80	2065	7055
大墅镇	48517	23230	57100	4019	56	24	1147	7857
二郎口镇	54820	25955	67786	8668	79	63	1533	7280
武岗镇	22674	9030	28032	2829	55	32	1013	6842
马厂镇	41084	22358	34736	6164	36	20	550	7424
石沛镇	28330	13848	26967	4971	46	23	653	6933
十字镇	37840	17229	50092	3552	215	109	8857	7973
西王镇	26705	13010	30950	1019	36	20	320	6823
六镇镇	44083	23335	68196	5851	73	40	1153	7639
滁州市定远县								
定城镇	161732	87650	97564	12019	1725	465	6102	6688
炉桥镇	102983	60115	94229	8677	2235	1379	4000	6673
永康镇	65172	29718	71396	6167	76	40	715	6546
吴圩镇	64603	38495	85689	9499	143	23	800	6082
朱湾镇	22752	14213	32560	198	20	10	400	5890
张桥镇	57514	31820	91084	9860	632	78	1100	6436
藕塘镇	52813	27163	83476	3843	266	86	707	6381
池河镇	53613	25733	79320	11389	21	17	320	6350
连江镇	42931	25023	47000	4206	12	9	485	6204
界牌集镇	28203	12158	46320	4149	6	4	605	5717
仓镇	34082	19086	59815	5721	7	6	440	6482
三和集镇	34107	21660	43000	4535	12	10	640	5881
西卅店镇	37784	32164	33226	6023	18	12	710	6177
桑涧镇	38155	26312	57980	4248	46	23	565	6500
蒋集镇	31121	18152	39000	4823	11	4	350	6334
大桥镇	27103	18261	34500	6395	6	5	212	6138
滁州市凤阳县								
府城镇	139800	70215	61897	5106	192	77	17648	6882
临淮镇	45722	26546	12082	2913	320	75	4655	6965
武店镇	65408	40437	34522	5215	520	420	897	6994
西泉镇	40268	21053	35521	3321	468	292	559	6897
官塘镇	36803	21300	34829	2796	30	27	91	6818
刘府镇	67761	37848	71595	3992	157	140	14779	6979
大庙镇	48836	25302	69101	4195	239	231	15283	7025
殷涧镇	28039	18687	42170	3306	54	24	211	6831
总铺镇	51350	27850	71006	3356	143	123	820	6790
红心镇	33000	21360	49276	3386	17	8	84	6658
板桥镇	62913	38946	70824	3130	156	99	5329	6798
大溪河镇	30211	13930	48223	1528	20	6	162	6873
小溪河镇	54186	29684	75835	2236	468	205	1206	6905

附录3　续表9　continued

镇　Town	总人口（人）Population (person)	从业人员数（人）Number of Employed Persons (person)	粮食总产量（吨）Grain (ton)	肉类总产量（吨）Output of Meat (ton)	企业个数（个）Number of Enterprises (unit)	工业企业 Industry and Enterprise	财政总收入（万元）Total Revenue (10000 yuan)	农民人均纯收入（元）Per Net Income of Farmer (yuan)
枣巷镇	28063	19246	29178	621	6	2	19	6844
滁州市天长市								
铜城镇	76164	48660	113753	3295	454	365	45094	9200
汊涧镇	60650	30055	57719	3599	114	98	5011	9003
秦栏镇	65468	50625	50638	2356	429	388	13614	10030
大通镇	41307	22280	75457	2984	76	75	1380	8270
杨村镇	40330	22469	50986	1782	132	129	5583	9154
石梁镇	32252	19947	38417	1581	65	63	3430	8980
金集镇	38836	22610	40605	1864	115	95	3266	8790
永丰镇	24579	16656	41434	1717	49	47	2425	9000
仁和集镇	43979	26548	50074	1165	138	116	3298	9259
冶山镇	33817	20901	33146	1574	96	96	4320	8840
郑集镇	22568	11793	21109	1827	51	50	1276	8586
张铺镇	32540	18670	56401	1694	53	43	1119	8360
新街镇	25891	13828	30306	1556	56	55	1245	8542
万寿镇	14994	8946	16693	1368	41	26	2348	9030
滁州市明光市								
张八岭镇	34696	17916	30035	1572	73	32	515	6424
三界镇	21825	11712	17507	1855	21	11	469	6814
管店镇	20401	8698	11220	2589	73	35	662	6870
自来桥镇	30661	15083	27195	5517	22	9	439	6485
涧溪镇	51258	29982	51735	5845	62	52	945	6912
石坝镇	50826	32953	59097	7468	49	42	905	6364
苏巷镇	24074	10665	41813	3200	22	14	662	6767
桥头镇	32010	17894	46523	2483	26	17	1013	6065
女山湖镇	41701	25196	37081	2455	26	18	1322	6652
古沛镇	30945	19480	36160	1750	35	19	802	6382
潘村镇	70662	34539	38597	4229	41	23	1025	6529
柳巷镇	31861	15656	20666	750	14	5	222	5225
六安市金安区								
木厂镇	42372	24973	24744	2207	18	5	730	5940
马头镇	35746	24085	21949	1698	9	6	394	5250
东桥镇	37148	22872	43030	7393	16	6	430	5632
张店镇	50228	27693	30436	2824	115	9	725	6247
毛坦厂镇	22838	7803	6854	713	24	13	1021	6633
东河口镇	52287	27502	25561	1099	15	10	636	5312
双河镇	45830	27057	32789	1958	30	20	524	5333
施桥镇	58133	30930	34089	808	565	242	580	5743
孙岗镇	56522	39210	39880	4425	27	24	1027	6006
三十铺镇	70901	35973	53424	2736	107	47	5084	6020
椿树镇	36263	21760	27898	1219	32	22	610	5590
六安市裕安区								
苏埠镇	80729	57611	22898	9385	532	124	3470	6428
韩摆渡镇	51351	27890	14234	2095	32	18	532	5251
新安镇	69695	44133	18936	3954	55	32	2534	5326
顺河镇	47047	28764	37242	2052	15	15	655	5060
独山镇	74806	46162	28352	3090	68	38	2766	6647
石婆店镇	43873	26859	20853	1031	17	17	330	4853
城南镇	38922	21488	13626	3042	125	56	7600	6613
丁集镇	52431	29350	39316	1009	22	18	1050	5480
固镇镇	42004	27766	35761	3259	53	53	745	6005
徐集镇	40370	24640	30130	480	20	20	1670	5352
分路口镇	50698	27799	33493	1883	45	25	4652	6888
江家店镇	42965	26703	36467	5507	67	42	820	5214
六安市寿县								
寿春镇	126952	38550	42372	9155	1150	327	4560	6280
双桥镇	58149	31756	77498	11648	730	35	1470	5295

附录3　续表10　continued

镇　　Town	总人口（人）Population (person)	从业人员数（人）Number of Employed Persons (person)	粮食总产量（吨）Grain (ton)	肉类总产量（吨）Output of Meat (ton)	企业个数（个）Number of Enterprises (unit)	工业企业 Industry and Enterprise	财政总收入（万元）Total Revenue (10000 yuan)	农民人均纯收入（元）Per Net Income of Farmer (yuan)
涧沟镇	51811	27605	45133	5877	8	8	1700	5760
丰庄镇	41208	23932	54380	2702	46	16	1817	5693
正阳关镇	62295	37451	72049	2024	20	10	1535	6396
迎河镇	77479	36197	77988	11816	22	14	2349	5650
板桥镇	67216	37931	67136	7014	9	6	1451	4924
安丰塘镇	49668	26574	76614	1387	12	11	601	6052
堰口镇	62648	37098	82180	8785	47	36	1788	5300
保义镇	60358	34196	80796	5991	32	7	2069	5080
隐贤镇	50466	28250	54526	1150	187	75	809	5530
安丰镇	82134	48357	104680	8012	56	18	2246	6066
众兴镇	53918	31492	60211	2080	18	18	1102	5450
茶庵镇	32203	17673	47166	1745	26	19	628	5500
三觉镇	61283	38152	91001	6998	95	34	840	5962
炎刘镇	70859	43349	110917	11891	11	5	2236	5600
刘岗镇	40762	23449	77257	5822	58	12	583	5280
双庙集镇	31814	18695	69334	4408	15	7	631	5336
小甸镇	70867	41228	99249	6405	126	56	1230	5630
瓦埠镇	25088	16042	30062	5177	10	8	641	5120
大顺镇	38691	26127	63477	6693	37	23	522	5113
六安市霍邱县								
城关镇	153454	92551	34006	1262	852	128	6322	6370
河口镇	27115	12488	21903	753	259	18	532	5795
周集镇	85896	32828	84035	3975	1289	193	1171	5860
临水镇	60555	38997	71714	4326	262	72	3089	5814
新店镇	74016	38562	101165	12895	45	23	1809	6577
石店镇	53489	29832	85780	20062	292	104	1190	6320
马店镇	41783	22926	31060	9021	117	102	1120	5976
孟集镇	56774	24645	92129	11926	501	196	1034	5686
花园镇	42236	22621	47265	3605	377	89	791	4782
户胡镇	62083	22942	78968	13412	176	7	720	6576
长集镇	38826	19300	30983	4588	13	8	1578	6480
洪集镇	43334	24304	47335	4366	949		500	5680
姚李镇	58981	31598	38216	12450	95	49	1650	6310
乌龙镇	41103	25480	52778	17441	1032	8	410	6900
高塘镇	50096	26957	77383	15098	876	408	1289	5700
龙潭镇	42648	23709	476	15490	77	30	592	5566
岔路镇	34976	20620	49723	10607	18	9	802	6100
冯井镇	50890	24260	43702	5463	11	8	995	5763
众兴集镇	38644	16086	33743	1513	9	4	620	4835
夏店镇	38203	20832	37597	5101	409	160	389	5400
曹庙镇	37015	20479	32443	14799	330	51	489	4924
六安市舒城县								
城关镇	191795	128672	32086	7680	996	677	8327	7602
晓天镇	38058	20447	9097	950	42	2	276	4846
桃溪镇	34889	16327	33636	2200	62	45	5026	7198
万佛湖镇	40036	19969	11723	1560	104	80	910	6585
千人桥镇	57822	34132	39429	2440	70	45	986	7352
百神庙镇	45493	30830	32817	2130	52	34	520	6156
杭埠镇	55968	31624	41009	2415	67	62	2821	7565
舒茶镇	31858	19328	15971	3550	51	47	579	5872
南港镇	53229	31180	20068	1710	132	84	611	6004
干汊河镇	58257	34908	22567	2998	85	76	735	6296
张母桥镇	35199	18605	13400	1125	22	18	340	5992
五显镇	37289	23853	7497	4319	64	49	281	6091
山七镇	35083	18230	8268	881	13	2	159	4924
河棚镇	21623	12671	4636	448	30	15	279	4865
汤池镇	50196	26270	22227	1692	21	18	251	5314

附录3　续表11　continued

镇　　Town	总人口（人） Population (person)	从业人员数（人） Number of Employed Persons (person)	粮食总产量（吨） Grain (ton)	肉类总产量（吨） Output of Meat (ton)	企业个数（个） Number of Enterprises (unit)	工业企业 Industry and Enterprise	财政总收入（万元） Total Revenue (10000 yuan)	农民人均纯收入（元） Per Net Income of Farmer (yuan)
六安市金寨县								
梅山镇	117801	49476	12691	4570	6949	3230	5507	5852
麻埠镇	15413	8341	282	28	163	43	829	5652
青山镇	23694	12198	4209	696	790	460	689	6290
燕子河镇	33667	13580	11379	1593	1132	46	601	6072
天堂寨镇	17419	9598	6592	525	624	18	1132	5836
古碑镇	44853	20183	11511	1624	1217	469	1132	5885
吴家店镇	29171	9120	9932	1851	50	27	909	5267
斑竹园镇	21727	12714	7076	1427	33	33	851	6177
汤家汇镇	49202	23608	12905	2595	516	26	2109	5671
南溪镇	52717	30690	12855	2307	123	8	858	6023
双河镇	25225	11528	5260	584	22	18	381	5682
六安市霍山县								
衡山镇	70772	42465	8387	3734	756	292	19582	8006
佛子岭镇	17634	10151	2533	620	23	10	633	5952
下符桥镇	20005	9922	12949	675	41	37	1161	6045
但家庙镇	15678	10400	10609	741	59	35	504	6229
与儿街镇	36254	18543	18244	640	104	41	1066	6608
黑石渡镇	26158	14357	6790	400	58	41	421	5999
诸佛庵镇	34256	15141	7080	635	94	80	1069	7214
落儿岭镇	10014	4912	1619	216	58	55	1859	7464
磨子潭镇	14924	9995	4797	555	45	39	702	5896
大化坪镇	25274	12288	7143	548	240	50	469	6123
漫水河镇	20280	9564	6650	620	9	9	254	6425
上土市镇	18494	11087	6557	750	25	6	193	5205
六安市叶集区								
集镇	98879	51241	38262	4979	160	151	1099	6276
马鞍山市雨山区								
向山镇	51536	9635	5115	2371	273	211	17015	11572
银塘镇	18280	11397	5106	572	610	112	2500	12240
马鞍山市当涂县								
姑孰镇	143499	115021	28882	608	4570	2501	87146	10945
黄池镇	48777	16700	45000	300	120	57	3751	9500
乌溪镇	24524	10400	11928	557	97	81	4377	10500
石桥镇	56278	27566	56157	787	1982	426	8510	10842
塘南镇	33194	17922	30325	2105	52	40	1572	10833
护河镇	31965	17268	39534	2193	55	47	4842	10651
太白镇	37578	28652	27990	993	480	251	36150	11036
丹阳镇	55861	25342	43682	1039	317	176	15400	10828
博望镇	87513	49895	49555	287	680	481	32654	11320
新市镇	40754	23202	25224	1241	136	90	12500	10901
年陡镇	41414	15266	41762	1794	166	135	3646	10884
马鞍山市含山县								
环峰镇	143995	91050	53592	4711	254	138	32736	9140
运漕镇	41649	23916	33779	561	59	12	4905	8820
铜闸镇	33866	24640	19649	215	62	55	3736	7196
陶厂镇	39021	21552	21407	2214	89	43	4502	8490
林头镇	73313	42705	29186	2654	309	288	36070	9823
清溪镇	49252	26416	25085	1329	185	118	7245	7750
仙踪镇	66063	47111	37637	761	52	37	12734	7258
昭关镇	25289	15400	28485	365	25	23	1677	7148
马鞍山市和县								
历阳镇	139007	78320	40382	2780	3420	227	19666	8897
白桥镇	53666	33112	35269	406	61	38	6383	8081
姥桥镇	63897	34500	35350	1338	103	38	2042	7888
功桥镇	51115	35274	31735	989	16	6	1731	8272
西埠镇	56629	36695	50068	3820	182	143	2483	8116

附录3　续表12　continued

镇　Town	总人口（人） Population (person)	从业人员数（人） Number of Employed Persons (person)	粮食总产量（吨） Grain (ton)	肉类总产量（吨） Output of Meat (ton)	企业个数（个） Number of Enterprises (unit)	工业企业 Industry and Enterprise	财政总收入（万元） Total Revenue (10000 yuan)	农民人均纯收入（元） Per Net Income of Farmer (yuan)
香泉镇	41800	27498	36654	23621	55	50	6590	8127
乌江镇	63936	42437	43550	3021	331	235	21152	8409
善厚镇	34229	19946	30826	743	43	34	2332	7831
石杨镇	40216	26859	28228	1908	78	63	28200	7939
芜湖市弋江区								
火龙岗镇	70756	37675	22989	3287	365	229	7554	8602
芜湖市鸠江区								
沈巷镇	124625	88300			318	259	13800	8048
芜湖市三山区								
峨桥镇	56614	31267	18741	2052	136	68	2771	8171
芜湖市芜湖县								
湾沚镇	115274	86815	42204	6008	771	259	26733	9878
六郎镇	83258	44835	57143	3348	357	187	21632	9878
陶辛镇	54576	29021	44666	1892	132	76	10946	9512
红杨镇	57725	29275	44586	1990	153	31	10368	9474
花桥镇	38460	22938	29011	1355	95	64	12155	9510
芜湖市繁昌县								
繁阳镇	105228	58921	15925	1958	604	193	31732	9610
荻港镇	41402	28104	8219	2082	107	62	37714	9725
孙村镇	57501	43760	18320	1950	522	522	26250	9690
平铺镇	31240	19071	30573	2750	55	17	2646	8636
新港镇	20471	12451	2872	858	105	60	19617	9475
峨山镇	24526	12552	9522	1679	70	60	5529	9490
芜湖市南陵县								
籍山镇	138709	54202	65514	11972	610	230	13700	9241
许镇镇	110613	73500	115422	9568	164	152	23571	9701
弋江镇	96073	57645	80868	9988	265	158	18000	9665
三里镇	48952	28584	37308	6428	137	86	5067	9697
何湾镇	45222	32195	30615	4255	55	31	4823	9514
工山镇	57149	35284	40894	5463	69	57	2451	9521
烟墩镇	20732	13481	13134	5734	25	20	2962	9225
家发镇	30502	17315	31007	2986	86	72	4544	9500
芜湖市无为县								
无城镇	198700	126642	27225	2470	325	175	28070	10082
襄安镇	63030	32184	27109	1157	75	52	2296	6655
二坝镇	54386	38234	7310	1598	68	58	2865	8162
汤沟镇	64206	37917	4293	3068	121	68	1217	6845
陡沟镇	75738	41456	10530	243	116	32	1378	7040
石涧镇	78629	43599	43842	5542	116	81	3029	6115
严桥镇	65422	37640	43644	2899	91	73	1210	5976
开城镇	65624	28965	49275	2114	84	69	1533	5965
蜀山镇	66713	36142	51586	1548	121	57	2013	6996
牛埠镇	68417	41976	32741	1625	72	43	2480	6015
刘渡镇	43218	24047	17479	1590	59	51	741	6685
姚沟镇	37106	21245	4952	415	74	42	10068	9725
泥汊镇	70123	40522	12290	1680	125	78	26000	7581
白茆镇	85692	51291	16239	561	126	59	2006	8355
福渡镇	42099	21999	3917	1228	88	51	3093	7594
泉塘镇	62147	30256	41512	9470	76	58	1550	7365
赫店镇	42609	22051	24347	2007	26	22	1301	8360
红庙镇	44310	18568	24085	720	29	22	992	5960
高沟镇	50721	36045	6136	2465	857	435	75060	10998
宣城市宣州区								
水阳镇	90246	54750	15346	1028	1319	353	10065	9817
狸桥镇	65834	40500	28474	2435	458	380	10783	9927
沈村镇	41010	26604	37434	4076	371	293	1665	8677
古泉镇	26538	15929	17847	2109	62	46	1636	9119

附录3 续表13 continued

镇 Town	总人口（人）Population (person)	从业人员数（人）Number of Employed Persons (person)	粮食总产量（吨）Grain (ton)	肉类总产量（吨）Output of Meat (ton)	企业个数（个）Number of Enterprises (unit)	工业企业 Industry and Enterprise	财政总收入（万元）Total Revenue (10000 yuan)	农民人均纯收入（元）Per Net Income of Farmer (yuan)
洪林镇	43310	28107	36176	1149	693	177	4035	8344
寒亭镇	20157	11695	29103	2083	400	90	3065	9005
文昌镇	20394	11684	9548	391	320	54	1458	8932
孙埠镇	53943	30787	36953	3143	2019	667	30300	9607
向阳镇	45113	26584	27093	4064	158	85	4300	9145
杨柳镇	36928	23901	36089	3382	896	132	1304	8967
水东镇	32444	19949	9795	3000	1111	172	12200	9840
新田镇	20410	11235	9929	963	268	93	1706	9089
周王镇	19980	10774	11202	1022	682	53	2316	8652
溪口镇	25111	16495	3079	576	636	86	344	7479
宣城市郎溪县								
建平镇	64871	29495	34151	626	183	80	22330	6917
十字镇	33252	18490	30849	550	400	335	6727	6570
新发镇	16074	12800	18187	649	86	83	25163	6647
涛城镇	27197	16397	35466	3841	39	31	4412	6371
南丰镇	33568	20366	30196	460	52	18	2451	6317
梅渚镇	26152	12178	30985	893	120	120	22471	7023
东夏镇	18784	11696	20926	273	9	9	88	5932
毕桥镇	19279	9681	16441	590	91	53	284	6332
宣城市广德县								
桃州镇	150758	86987	31130	24500	1158	197	15451	9700
柏垫镇	46057	27782	5389	2310	123	97	1421	8650
誓节镇	75268	49612	34798	5134	68	40	4411	8835
邱村镇	72404	47020	54728	10600	1968	412	6708	9590
新杭镇	81795	42100	36214	3563	2317	523	74013	9624
宣城市泾县								
泾川镇	95002	49132	12024	2130	676	246	12572	7205
茂林镇	22928	7925	13822	988	18	13	2093	5862
榔桥镇	34739	22463	21197	2305	786	357	3111	7113
桃花潭镇	31772	15957	15662	1060	213	115	1040	5861
琴溪镇	19394	15518	9931	1544	72	57	1598	6920
蔡村镇	21573	12100	15990	954	38	20	453	6254
云岭镇	42901	25518	25546	1774	126	101	5609	5210
黄村镇	23617	15705	15095	1268	71	16	369	5554
丁家桥镇	16607	11712	10526	1298	430	359	1700	6202
宣城市绩溪县								
华阳镇	51623	26860	4293	569	522	260	1120	7500
临溪镇	10336	6716	5790	1336	64	43	191	7420
长安镇	24396	14030	9207	1650	50	39	249	7117
上庄镇	14650	8740	5301	1097	46	31	467	7275
扬溪镇	12625	7827	5592	1096	24	20	167	7235
伏岭镇	20653	12530	9305	1640	54	43	46	6655
金沙镇	8269	4457	2639	626	14	10	228	7174
瀛洲镇	9354	5448	4177	626	263	33	565	7168
宣城市旌德县								
旌阳镇	23808	13530	8924	1568	282	180	2788	6669
蔡家桥镇	15047	8414	8183	1039	48	34	292	6492
三溪镇	13133	7265	7389	1032	52	43	856	6505
庙首镇	12057	6536	4708	764	42	8	1161	6265
白地镇	13453	7339	7482	920	21	18	342	6007
俞村镇	13102	8270	6081	838	21	16	577	6337
宣城市宁国市								
港口镇	38211	22984	10316	2956	135	71	10802	10460
梅林镇	21992	15258	5668	3401	79	72	2400	10090
中溪镇	29305	20063	6504	3332	140	112	6850	10277
宁墩镇	14705	9076	5497	1592	56	39	1549	9625
仙霞镇	21772	12740	5514	2629	21	21	700	10870

附录3　续表14　continued

镇　　Town	总人口（人）Population (person)	从业人员数（人）Number of Employed Persons (person)	粮食总产量（吨）Grain (ton)	肉类总产量（吨）Output of Meat (ton)	企业个数（个）Number of Enterprises (unit)	工业企业 Industry and Enterprise	财政总收入（万元）Total Revenue (10000 yuan)	农民人均纯收入（元）Per Net Income of Farmer (yuan)
甲路镇	14682	11733	2086	3051	272	40	1506	9792
胡乐镇	13532	5720	5130	3446	37	33	800	9949
霞西镇	23167	14904	6483	7801	31	20	615	9494
铜陵市狮子山区								
西湖镇	24832	14875	6296	541	854	126	4791	9600
铜陵市郊区								
铜山镇	16689	8608	4055	773	21	19	2381	9545
大通镇	26697	14138	3446	461	117	84	5194	8616
铜陵县								
五松镇	41864	35914	378	1249	1005	155	996	8398
顺安镇	50212	25010	13446	1685	345	121	2420	8473
钟鸣镇	46716	26336	15733	1087	102	80	926	8450
天门镇	43968	26956	18883	3258	2436	263	550	8512
池州市贵池区								
殷汇镇	48935	27186	17648	2287	76	26	2000	7507
牛头山镇	41034	23630	18120	1936	98	32	13310	7765
涓桥镇	32839	19718	17209	1846	80	56	1378	7637
梅街镇	22412	14000	6566	2418	86	79	3419	6962
梅村镇	27109	14235	7092	1061	53	47	450	6864
唐田镇	24791	13593	7257	1048	57	21	490	6866
牌楼镇	22593	11616	9166	886	35	28	1023	6802
乌沙镇	46963	25342	22184	1248	159	121	1393	7174
棠溪镇	11099	5801	4615	662	39	37	1450	7187
池州市东至县								
尧渡镇	102264	51050	21304	2220	310	230	8600	7643
东流镇	36042	23620	33812	4491	147	45	5006	7013
大渡口镇	70556	43508	11049	4023	1075	130	10066	7455
胜利镇	58954	33234	41679	1563	73	58	1300	7043
张溪镇	60796	48377	24990	2815	65	40	1309	6576
洋湖镇	31267	17283	8608	1532	1399	270	285	6543
葛公镇	27094	15537	4009	860	28	23	260	6522
香隅镇	34863	19530	29560	1920	1245	80	1674	6982
官港镇	29764	17032	6127	2213	40	12	462	6722
昭潭镇	20160	11296	5630	1507	49	42	385	7067
龙泉镇	26028	15392	21265	1500	88	53	730	6875
泥溪镇	24208	12797	3539	2107	93	21	225	6692
池洲市石台县								
仁里镇	29426	16027	1329	456	271	180	3163	4275
七都镇	17313	11932	4553	634	28	23	1002	4182
仙寓镇	14869	8405	1958	363	7	6	633	3796
丁香镇	9968	5715	1908	320	28	19	420	3468
小河镇	20229	11594	4318	548	45	28	286	3529
横渡镇	9294	5107	1793	541	19	7	1118	3956
池州市青阳县								
蓉城镇	77617	25620	21100	2850	415	67	12981	7528
木镇镇	24912	15962	18256	1950	95	82	4400	7022
庙前镇	25575	12303	11019	2464	77	40	1672	7122
陵阳镇	25751	15325	17811	994	120	56	5650	7047
新河镇	17929	11375	15415	1508	70	62	3190	6887
丁桥镇	21002	12432	12276	510	64	59	5472	7554
朱备镇	9263	5821	5296	24	14	7	241	6783
杨田镇	21441	11877	13806	464	54	44	1475	6581
池州市九华山风景区								
九华镇	5103	4000			95		707	
安庆市开发区								
老峰镇	30000	16000	4264	399	40	36	843	5600
安庆市大观区								

附录3　续表15　continued

镇　Town	总人口（人）Population (person)	从业人员数（人）Number of Employed Persons (person)	粮食总产量（吨）Grain (ton)	肉类总产量（吨）Output of Meat (ton)	企业个数（个）Number of Enterprises (unit)	工业企业 Industry and Enterprise	财政总收入（万元）Total Revenue (10000 yuan)	农民人均纯收入（元）Per Net Income of Farmer (yuan)
海口镇	44772	23000	30000	1300	152	53	1600	7800
安庆市宜秀区								
大龙山镇	22509	10379	2994	1229	69	38	4605	8110
杨桥镇	26393	14532	8295	642	63	33	1864	7627
罗岭镇	27930	20840	17188	850	51	25	775	8559
安庆市怀宁县								
高河镇								
高河镇	104620	49150	30332	2651	98	72	10987	8959
石牌镇	94683	58816	33677	6526	146	83	3302	8791
月山镇	31400	14529	8339	630	227	192	17000	8717
马庙镇	56835	39660	36644	16830	1382	935	9826	8787
金拱镇	32000	17305	20083	1893	119	102	2288	8728
茶岭镇	32454	20335	13566	1717	91	61	3920	8641
公岭镇	27318	13854	17933	1191	31	25	743	6336
黄墩镇	42339	29553	17926	846	80	30	1340	7939
三桥镇	28264	17852	23126	3616	24	23	968	7505
小市镇	23878	11892	25513	65	68	58	580	7154
黄龙镇	19785	16223	10433	521	14	12	304	6050
平山镇	67679	18027	13922	2566	47	47	1500	7569
腊树镇	34669	20267	25561	1195	22	20	600	6818
洪铺镇	39147	18152	18031	870	30	25	480	6499
江镇镇	35759	19509	13032	1319	49	23	378	7564
安庆市枞阳县								
枞阳镇	90521	54312	17255	1912	156	37	7376	5164
ou山镇	50812	30342	26411	723	612	205	1842	5000
汤沟镇	92062	57800	35065	1502	47	42	560	5018
老洲镇	74650	56780	31632	4918	95	60	993	4463
陈瑶湖镇	50765	28354	50124	475	111	106	1212	5873
周潭镇	45277	17236	3500	1310	22	11	646	5088
横埠镇	78586	44037	50187	2103	92	25	3771	4753
项铺镇	29800	16341	15809	700	133	80	608	4300
钱桥镇	56820	34800	50048	1064	103	63	1490	3800
其林镇	44127	24335	49733	1624	136	33	354	5435
义津镇	54073	29880	51470	2579	816	97	1640	4300
浮山镇	20583	15120	15017	300	4		830	3921
会宫镇	45439	21270	30174	3200	37	19	1500	4670
官埠桥镇	41417	21352	29220	3058	45	42	1820	5260
安庆市潜山县								
梅城镇	108014	51001	36591	4529	160	83	4235	5307
源潭镇	77551	34580	47529	2881	856	307	4180	5317
余井镇	60755	31002	36835	2164	98	84	600	4813
王河镇	52769	26426	17920	1958	18	8	616	5085
黄铺镇	50344	26546	26807	3406	71	58	900	5118
槎水镇	36659	19237	9168	1011	149	137	1420	4069
水吼镇	33729	18760	8518	1462	30	24	280	4025
官庄镇	31246	11843	16832	917	126	118	1110	4082
黄泥镇	21578	13542	8575	2092	73	24	370	5017
黄柏镇	15196	4537	4029	681	83	74	216	3939
天柱山镇	13329	7252	1910	284	34	8	2410	4263
安庆市太湖县								
晋熙镇	78458	51107	10983	6799	5798	578	8189	6520
徐桥镇	49174	24649	34355	8119	92	68	1481	5813
新仓镇	74410	39880	30887	13628	180	45	2990	5283
小池镇	41856	22956	24163	9087	325	248	2710	4534
寺前镇	29797	17403	5305	1313	56	29	1209	3902
天华镇	31830	16190	5484	3096	16	2	760	3868
牛镇镇	25166	12255	5661	1186	5	5	1300	3930

附录3　续表16　continued

镇　　Town	总人口（人）Population (person)	从业人员数（人）Number of Employed Persons (person)	粮食总产量（吨）Grain (ton)	肉类总产量（吨）Output of Meat (ton)	企业个数（个）Number of Enterprises (unit)	工业企业 Industry and Enterprise	财政总收入（万元）Total Revenue (10000 yuan)	农民人均纯收入（元）Per Net Income of Farmer (yuan)
弥陀镇	38355	20280	9554	1205	310	142	1161	4480
北中镇	38800	21300	7875	3230	22		580	3993
百里镇	24316	11791	9220	1610	46	20	450	3783
安庆市宿松县								
孚玉镇	84100	49900	7766	1873	123	50	5453	6324
复兴镇	54838	31671	7981	154	52	25	2837	6535
汇口镇	47240	28028	12331	137	46	36	1000	5880
许岭镇	48735	34056	48664	320	79	15	390	4660
下仓镇	38021	18307	31018	934	10	3	588	4500
二郎镇	32856	17143	11668	588	20	18	1270	4800
破凉镇	44501	19835	21746	613	87	43	1900	4200
凉亭镇	41346	25342	16097	812	38	31	606	4162
长铺镇	33120	31400	17500	620	30	25	530	4650
安庆市望江县								
华阳镇	158210	65210	28157	2491	340	159	1505	5327
杨湾镇	33907	21182	14533	2084	98	8	210	5112
漳湖镇	27888	15791	32407	6321	16	5	640	5128
赛口镇	43064	24702	34618	4261	36	21	310	5201
高士镇	80819	44659	62929	4403	118	85	1300	5214
鸦滩镇	79476	42362	60291	4329	165	137	1496	5105
长岭镇	76138	42174	47370	4001	150	125	2898	5212
太慈镇	76465	41312	51202	4118	38	33	2930	5089
安庆市岳西县								
天堂镇	53837	18450	2836	683	2610	282	4466	4807
店前镇	24874	14830	4975	560	87	68	380	4580
来榜镇	23112	12130	3575	626	175	50	1883	3490
菖蒲镇	23280	11150	3869	304	110	68	650	3180
头陀镇	10275	4808	3717	243	56	53	253	3300
白帽镇	20911	12628	10447	491	62	62	295	4650
温泉镇	33402	17852	7171	549	70	52	1001	4610
响肠镇	19294	9970	3645	1103	45	29	155	3026
河图镇	10737	5333	1360	362	68	27	490	4180
五河镇	19433	11750	6117	450	42	39	200	2750
主簿镇	8050	4865	3203	319	48	41	380	5960
冶溪镇	24986	13648	7485	1178	19	19	230	4305
黄尾镇	6997	3361	1606	93	15	13	380	2950
安庆市桐城市								
孔城镇	82385	41330	58647	2243	121	114	5322	7934
吕亭镇	61052	37829	36429	2990	1355	140	5200	8872
范岗镇	73979	38998	38095	4898	3100	2200	4864	9073
新渡镇	68476	43428	44968	2308	1507	1208	5966	9264
双港镇	60073	36010	29400	1732	2437	402	3870	8279
大关镇	73636	44186	33674	3400	926	93	6781	8805
青草镇	70189	38786	39311	6382	328	246	5387	8581
金神镇	61587	33507	64331	2564	1097	515	8618	8034
嬉子湖镇	24773	13296	8550	850	75	27	384	5631
唐湾镇	13229	7468	2411	150	28	17	1080	4830
黄甲镇	14001	8200	1402	265	15	14	501	4900
鲟鱼镇	1022	602			29	8	1703	10125
黄山市屯溪区								
屯光镇	19531	11767	3155	1343	132	38	8402	9454
阳湖镇	37244	18581	1134	1632	170	65	8349	9462
黎阳镇	13707	8762	1394	1194	323	51	10090	9466
新潭镇	11328	7959	3018	1591	186	47	5160	8571
奕棋镇	10417	6947	3647	1523	70	37	5461	8420
黄山市黄山区								
甘棠镇	17967	9920	5121	980	55	32	14808	9758

附录3 续表17 continued

镇 Town	总人口(人) Population (person)	从业人员数(人) Number of Employed Persons (person)	粮食总产量(吨) Grain (ton)	肉类总产量(吨) Output of Meat (ton)	企业个数(个) Number of Enterprises (unit)	工业企业 Industry and Enterprise	财政总收入(万元) Total Revenue (10000 yuan)	农民人均纯收入(元) Per Net Income of Farmer (yuan)
仙源镇	11065	6357	5816	653	36	25	1629	7772
汤口镇	15020	10007	968	711	141	15	8682	10347
谭家桥镇	8214	4919	7288	868	29	19	3675	7898
太平湖镇	11094	5808	3227	247	44	13	5660	7977
焦村镇	14821	8034	9235	693	50	25	1686	7785
耿城镇	8790	2980	5111	482	24	14	16100	9452
三口镇	10063	5769	5970	795	16	14	1810	7798
乌石镇	12493	6213	4861	458	20	11	1026	7135
黄山市徽州区								
岩寺镇	27188	19781	9253	2305	96	56	17008	8632
西溪南镇	16162	9572	8504	1128	57	34	5075	8316
潜口镇	12806	9515	4701	30	25	13	3680	8205
呈坎镇	13062	8403	3999	750	51	39	4408	7989
黄山市歙县								
徽城镇	62136	43495	2846	2633	684	352	2880	10685
深渡镇	25219	17810	2568	553	46	19	1834	8640
北岸镇	25576	16668	5666	2206	63	42	3662	7521
富堨镇	15960	9103	10658	1281	36	12	3200	9073
郑村镇	16285	11868	8096	2170	78	14	3319	9458
桂林镇	28087	18571	11014	4219	92	46	7329	9344
许村镇	9641	5610	5097	305	3	3	370	7224
溪头镇	17762	9777	3277	998	16	6	482	6833
杞梓里镇	30705	19918	2098	1444	14	13	1844	7461
霞坑镇	20012	13629	2926	478			849	7562
岔口镇	17809	9899	699	64	11	9	555	5770
街口镇	14140	7800	40	40	9	3	250	7222
王村镇	23422	17120	7837	1770	43	9	1875	7973
黄山市休宁县								
县海阳镇	50987	14136	12660	3441	1540	105	20090	8443
齐云山镇	13199	7965	6750	1680	3	3	1899	8437
万安镇	23103	13818	15215	4254	1185	310	3821	8439
五城镇	23009	15065	10656	1929	17	17	1633	8472
东临溪镇	19822	12150	6416	1205	46	28	3574	8574
兰田镇	12928	8394	4755	1439	5	5	860	8140
溪口镇	22736	10598	10143	1410	37	30	3602	8171
流口镇	5516	3674	123	113	3	3	426	6326
汪村镇	10744	6615	1249	395	6	6	180	6629
商山镇	21556	16472	13267	5928	41	27	2573	8600
黄山市黟县								
碧阳镇	41160	31592	10790	1714	182	157	5045	8154
宏村镇	17877	11890	7556	1254	46	17	3716	8024
渔亭镇	9620	5600	2800	454	41	24	2170	7856
西递镇	6240	4590	1392	333	25	3	1685	8076
黄山市祁门县								
祁山镇	52489	26859	5507	1109	2687	853	13760	9050
小路口镇	6706	4748	2598	204	210	16	178	8007
金字牌镇	11691	7210	3631	566	120	36	2723	8700
平里镇	7214	4838	2186	256	30	10	680	8520
历口镇	15324	8367	4113	397	11	9	389	7400
闪里镇	9638	8124	3410	333	11	11	310	7500
安凌镇	13666	7901	7885	989	18	10	158	6800
凫峰镇	10576	6850	3536	450	156	56	91	7950

安徽统计资料发行最新书目

（仅供参考，以最后出书为准）

安徽统计年鉴—2012（含光盘）
中国统计年鉴—2012（含光盘）
安徽统计年鉴—2011（含光盘）
中国统计年鉴—2011（含光盘）
中国县（市）社会经济统计年鉴—2011
中国科技统计年鉴—2011
中国发展报告—2011
国际统计年鉴—2011
中国农村统计年鉴—2011
中国工业经济统计年鉴—2011
中国能源统计年鉴—2011
中国贸易外经统计年鉴—2011
安徽省第二次全国农业普查资料汇编（农民卷、农村卷、农业卷）
安徽省国民经济核算历史资料（1952—2003）
国民经济行业分类注释—2011
合肥统计年鉴—2012
淮北统计年鉴—2012
亳州统计年鉴—2012
宿州统计年鉴—2012
蚌埠统计年鉴—2012
阜阳统计年鉴—2012
淮南统计年鉴—2012
滁州统计年鉴—2012
六安统计年鉴—2012
马鞍山统计年鉴—2012
芜湖统计年鉴—2012
宣城统计年鉴—2012
铜陵统计年鉴—2012
池州统计年鉴—2012
安庆统计年鉴—2012
黄山统计年鉴—2012
全国各省市统计年鉴—2012